NOUVELLE HISTOIRE

DE PARIS

ET DE SES ENVIRONS.

Tome Quatrième.

PARIS.—IMPRIMERIE DE BOURGOGNE ET MARTINET
Rue Jacob 30.

NOUVELLE

HISTOIRE
DE PARIS

ET DE SES ENVIRONS,

PAR

M. J. DE GAULLE,

Ancien élève de l'École des Chartes et professeur d'histoire.

AVEC DES NOTES ET UNE INTRODUCTION

PAR M. CH. NODIER.

De l'Académie Française.

PARIS,

P. M. POURRAT FRÈRES, ÉDITEURS,

RUE DES PETITS-AUGUSTINS, 5.

M DCCC XXXIX.

NOUVELLE HISTOIRE DE PARIS
ET DE SES ENVIRONS.

NEUVIÈME ÉPOQUE.
PARIS SOUS LOUIS XIII.
1610-1643.

CHAPITRE PREMIER.

Faits généraux. (Suite.)

Les états-généraux, si impatiemment attendus du peuple et des mécontents, s'assemblèrent d'abord pour conférer au couvent des Augustins. Les présidents des trois ordres étaient le cardinal Joyeuse, le baron de Senecey, et Robert Miron, prévôt des marchands. Les députés de la ville, prévôté et vicomté de Paris furent l'évêque Henri de Gondi, Louis Dreux, grand archidiacre, Charles Faye, conseiller au parlement et chanoine de Notre-Dame, Denis Colona, vicaire de Saint-Victor, Adam Oger, prieur des chartreux, Antoine Fayet, curé de Saint-Paul, et Rolland Hébert, curé de Saint-Côme; Henri de Vaudetar, baron de Person, Robert Miron, président aux requêtes et prévôt des marchands, Henri de Mesmes, lieutenant civil, Israël Desneux et Pierre Clapisson, échevins, Pierre Sainctot et Jean Perrot, conseillers de la ville, et Nicolas Paris, bourgeois de Paris. On comptait cent quarante députés du clergé, parmi lesquels cinq cardinaux, sept archevêques, quarante-sept évêques et deux chefs d'ordre; pour la noblesse, cent trente-deux gentilshommes, et pour le tiers-état cent quatre-vingt-deux députés, presque tous officiers de justice ou de finance; en tout quatre cent soixante-quatre députés (1). Après des messes et une procession solennelle, l'ouverture des états eut lieu à l'hôtel du Petit-Bourbon, si-

---

(1) Félibien, t. II, p. 1301.

tué près du Louvre, le 27 octobre 1614 (1). Les trois ordres avaient délibéré séparément sur de graves questions ; la noblesse demanda qu'on abolît le *droit de paulette*, qui rendait héréditaires les offices de finances et de judicature ; le clergé pria que l'on reçût en France les décrets de discipline du concile de Trente; le tiers-état, entre autres demandes importantes, exprimait le vœu de voir supprimer cette multitude de pensions non méritées, dont les grands étaient pourvus, et réclamait une loi formelle sur l'indépendance dans laquelle devait être le roi de toute autorité spirituelle et temporelle. Ces questions épineuses seulevèrent de grands débats, excitèrent des querelles parmi les trois ordres, et la clôture des états eut lieu, le 23 février 1615, avant que rien n'eût été décidé.

Ainsi les états-généraux de 1614, les derniers de la monarchie (car on ne peut donner ce nom à l'assemblée de 1789), ne produisirent aucun résultat. Le gouvernement se contenta de faire aux députés d'assez belles promesses qu'il ne tint pas et il ne consentit à l'abolition du droit annuel que moyennant l'augmentation de la gabelle et des aides pour dix ans. S'il faut en croire quelques historiens, à peine avait-on laissé aux députés le temps de rédiger leurs cahiers; voici du moins ce qu'on lit dans une lettre d'un secrétaire d'état adressée dans ce temps au gouverneur de Saumur : « Ils assurent que leurs cahiers vont être achevés, encore qu'ils s'amusent quelquefois à certaines propositions bien éloignées de celles qui doivent les occuper (2). Mais s'ils ne sont pressés de la considération du bien public, ils le seront dorénavant de celle du respect qu'ils doivent à Madame, sœur du roi, qui fait un superbe ballet et ne le peut danser que dans la même salle de Bourbon où le roi recevra leurs cahiers (3). » Mais après la dissolution des états, la régente et ses conseillers n'en furent pas moins attaqués avec violence. Ce fut au tour du parlement, qui devint l'instrument du duc de Bouillon et d'autres mécontents, qui n'avaient point trouvé d'auxiliaires zélés parmi les députés. J'ai raconté ailleurs la conduite des magistrats et l'audace qu'ils

---

(1) Voy. t. II, p. 246.

(2) Un faiseur de projets, fortement appuyé par la noblesse, vint offrir le plan d'un mont-de-piété « où il y aurait des deniers pour prêter à l'intérêt du denier seize sur des gages que donnerait ceux qui auraient de l'argent. » Le tiers-état rejeta cette invention « comme un moyen d'introduire de nouveaux usuriers en France, où il y en avait déjà trop. » Un autre particulier avait insisté souvent pour qu'on l'entendit au sujet de la marine qu'il vouloit réformer et remettre en bel appareil. Le tiers-état lui donna audience; mais comme, dans son discours, parlant du temps où l'on avoit commencé à négliger la construction et l'entretien des vaisseaux, il s'étoit avisé de s'en prendre à la mémoire de François 1er, une clameur générale s'éleva contre lui « pour avoir osé blasphémer contre un grand roi, père des armes et des lettres ; » et sans qu'on laissât achever sa harangue, il fut appréhendé au corps, mis en lieu sûr, ramené devant la chambre qui le blâma, et livré au chancelier qui finit par le mettre à la liberté. » M. Bazin, t. I, p. 305. — (3) M. Bazin, t. I, p. 306.

montrèrent en attaquant Marie de Médicis et ses courtisans (1). Cette démarche ne fit qu'augmenter le désordre.

Chaque jour des scènes violentes venaient jeter le trouble dans Paris. Depuis que le chevalier de Guise avait tué impunément, au milieu de la rue Saint-Honoré, le baron de Luz, dont il avait à se plaindre (5 janvier 1613), les meurtres et les duels devenaient plus fréquents. Les historiens contemporains ne tarissent point sur ce sujet. Un grave incident avait interrompu un instant les délibérations des états. Le sieur de Bonneval, député de la noblesse du Haut-Limousin, ayant donné des coups de bâton au député du tiers du Bas-Limousin, le tiers-état porta plainte au roi de cette insulte faite au corps entier de la bourgeoisie. L'affaire fut renvoyée au parlement, et l'agresseur, qui s'était enfui, fut condamné à mort comme *violateur de la liberté et sûreté des états*, et exécuté en effigie sur le pont Saint-Michel.

« Le 15 juin de la même année, le prévôt des marchands et les échevins, accompagnés du greffier, allèrent prier le roi et la reine sa mère, de vouloir bien faire l'honneur à la ville d'allumer le feu, la veille de Saint-Jean. Le roi dit qu'il iroit volontiers; pour la reine, elle s'en excusa, mais elle permit que sa fille accompagnât le roi son frère. Aussi, outre la dépense du feu de joie ordinaire préparé par un nommé Domino, on fit dresser par le sieur Morel, ingénieur et artificier, un feu d'artifice devant l'Hôtel-de-Ville. Le roi arriva à la Grève le 23, sur les six heures du soir, accompagné des ducs de Guise et de Vendôme, de plusieurs autres seigneurs, du gouverneur de la ville, des cent-suisses et des gardes-du-corps. Il fut conduit dans la grande salle de l'Hôtel-de-Ville où il demeura quelque temps à voir danser, puis il s'alla reposer dans la chambre du greffier. Vers les sept heures, le prévôt des marchands lui présenta une écharpe tressée d'œillets blancs, et la lui passa sur l'épaule. Le gouverneur, le prévôt, les échevins en prirent chacun une autre composée de roses et de giroflées rouges. Ensuite tout le cortége sortit pour faire en cérémonie le tour des deux feux. Les cent-suisses marchoient les premiers; après eux venoient les trompettes et les tambours, les hautbois et les cornets à bouquins, le portemanteau du roi, deux aumôniers du roi en surplis, le greffier de la ville, seul et vêtu de sa robe mi-partie, les quatre échevins deux à deux, vêtus aussi de leurs costumes, le gouverneur avec le prévôt des marchands, puis le roi seul, sans manteau, avec son écharpe d'œillets blancs et son épée, suivi des ducs de Guise et de Vendôme, du maréchal de Souvray, gouverneur du roi, et de Vitry, capitaine de ses gardes. Le roi fit ainsi deux fois le tour du feu de Domino qui étoit le plus rapproché de la rivière, et une fois celui de Morel. Après quoi le

(1) Voy. t. II, p. 377.

HISTOIRE DE PARIS.

prévôt des marchands, prenant des mains du contrôleur du bois de la ville une torche de cire allumée, la présenta au roi qui s'en servit pour mettre le feu à un petit tas de bois dressé auprès de la croix. Cela fait, Louis XIII fut reconduit aux cris de vive le Roi au petit bureau de l'Hôtel-de-Ville d'où, avec une fusée, il mit le feu à l'artifice de Domino, après lequel on eut le plaisir de celui de Morel. La soirée se termina par des collations. Dans celle qui fut offerte au roi, rien ne lui plut davantage qu'un rocher artificiel de confitures et de sucreries où se jouoient des oiseaux vivants, et où l'on voyoit des fontaines jaillissantes d'eau et de vin, et, un grand navire en sucre. Le roi goûta fort l'invention, et fit porter cet objet au Louvre (1). »

Malgré les sourdes cabales qui menaçaient de tous côtés, le roi quitta Paris au mois d'août pour se rendre dans le midi, et terminer une double union projetée depuis trois ans et vivement désirée. Louis XIII devait épouser l'infante d'Espagne, Anne d'Autriche, qui n'avait que cinq jours de plus que lui, et sa sœur Élisabeth devait être mariée au prince d'Espagne. Les deux mariages furent célébrés par procuration, et le roi se remit en chemin au mois de décembre pour amener à Paris sa nouvelle épouse.

La reine-mère arriva dans la capitale avant eux. Le prévôt des marchands et les échevins, informés qu'elle devait descendre d'abord à l'abbaye de Saint-Victor pour rendre grâces au ciel de son heureux voyage, se préparèrent à lui rendre les honneurs d'usage, et à la tête d'environ mille bourgeois sous les armes, ils l'attendirent le 11 mai, près des Cordelières-Saint-Marcel, où elle arriva vers le soir. Le prévôt des marchands lui fit sa harangue qui commençait en ces termes pompeux : « Madame, Votre Majesté, fort à propos a voulu prévenir et
» devancer le retour du roi pour nous donner par degrés le contente-
» ment tant désiré par les Parisiens de recevoir leurs Majestés : faisant
» comme l'Aurore qui, ramenant le Soleil, chasse peu à peu les brouil-
» lards de la nuit ; de crainte que si les hommes sortant d'une profonde
» obscurité, se trouvaient en un instant éclairés de cette grande lu-
» mière, leur foible vue n'en fût endommagée. Ainsi, Madame, la ville
» de Paris ayant gémi long-temps sous le faix de l'épais nuage d'appré-
» hension flottant continuellement entre la crainte et l'espérance, pour
» être éloignée de Vos Majestés, son unique espoir, se trouveroit étonnée
» de se voir tout-à-coup environnée de tous les soleils et plongée en
» l'abîme de tant de joies unies ensemble, si votre présence, devançant
» celle du roi, ne lui affermissoit le courage et la résolution (2). »

(1) Félibien, t. II, p. 1302. — L'année suivante, le roi se dispensa d'aller allumer le feu de la Saint-Jean ; mais la reine Anne y alla à sa place et parut très satisfaite de la fête qu'on lui offrit. Elle y retourna même l'année qui suivit (1618); mais elle pria que les boites et l'artillerie ne fussent tirées qu'après son départ.

(2) Félibien, preuves, t. V, p. 533.

La nouvelle reine, Anne d'Autriche, était attendue avec impatience. Dès le mois d'avril, le prévôt des marchands avait commandé aux colonels des seize quartiers de la ville de réunir une compagnie de cinq cents hommes par quartier. Mais au lieu de huit mille hommes qui devaient être ainsi rassemblés, il s'en trouva douze mille et plus, tous bien équipés. Le 16 mai, à la pointe du jour, les tambours et les trompettes annoncèrent l'arrivée du roi et de la reine. Chaque compagnie en armes s'achemina aussitôt vers Montrouge, et toutes furent rangées en bataille le long du grand chemin. Ce fut seulement à cinq heures du soir que le cortége royal se mit en marche. Plus de cinquante mille personnes étaient sorties de Paris pour le voir passer. Les principaux corps de la ville haranguèrent le roi et sa jeune épouse à la porte Saint-Jacques, puis ils les conduisirent à Notre-Dame et de là au Louvre, au milieu d'une multitude de peuple qui faisait retentir les airs de ses acclamations.

Louis XIII, de retour à Paris, fit exécuter les clauses du traité de Loudun. Le ministère fut entièrement changé. On retira les sceaux au chancelier Brulard de Sillery, et on les donna au président du Vair. Les finances qu'avait le président Jeannin furent confiées à Barbin, homme obscur, mais qui ne manquait ni de talents ni d'énergie. Richelieu, créature du maréchal d'Ancre, qui lui avait déjà fait obtenir l'évêché de Luçon et la grande aumônerie de la reine, fut appelé au conseil, et ce fut la première fois qu'il parut avec éclat sur la scène politique. Ces *remaniements*, pour me servir d'une expression moderne, ne changeaient point la situation des affaires, et les différentes factions étaient plus turbulentes que jamais. Au milieu d'elles, le maréchal d'Ancre assumait sur lui la haine populaire ; attaqué de toutes parts, il devait succomber, « par la raison, dit un écrivain du temps, qu'il faut qu'à la fin tout bois soit rongé par les vers, et tout drap dévoré par les teignes. » Un incident assez léger en apparence, mais d'une haute importance pour quiconque connaît le caractère parisien, vint mettre le comble à l'exaspération du peuple. Durant l'absence du roi, les bourgeois avaient fait la garde des portes, et l'ordre avait été donné de ne laisser sortir personne à cheval sans passeport. Or, il arriva que le maréchal d'Ancre, étant venu passer quelques jours à Paris au temps de Pâques, se présenta pour sortir à la porte de Bussy avec son escorte ordinaire de cavaliers et de gardes. La sentinelle lui refusa le passage et appela le poste à son aide ; un sergent sortit aussitôt du corps-de-garde, fit fermer la barrière et plaça douze de ses soldats en bataille au travers de la rue, présentant lui-même sa hallebarde au maréchal. Celui-ci fut contraint de retourner sur ses pas, demanda le colonel du quartier, fit donner une réprimande aux bourgeois et continua sa route. Concini ne songeait plus à cette aventure, mais le cordonnier

Picard, qui était le sergent de garde en cette journée, était devenu célèbre, et il était regardé dans la rue de la Harpe comme l'ennemi personnel du maréchal d'Ancre. Le 19 juin de la même année (1616), les valets du maréchal ayant rencontré dans le faubourg Saint-Germain l'orgueilleux cordonnier, le frappèrent cruellement à coups de bâton. Une violente clameur s'éleva aussitôt contre le maréchal. Son écuyer, qui avait commandé cette exécution, n'eut que le temps de se sauver; deux de ses laquais furent pendus au bout du pont Saint-Michel, et Concini lui-même crut prudent de quitter la ville pour laisser s'amortir l'indignation des Parisiens (1).

Le retour du prince de Condé à Paris, le 20 juillet, loin de calmer l'agitation des esprits, ne fit qu'exciter d'inquiètes ambitions. Condé pouvait jouer le beau rôle de conciliateur; il se laissa entraîner et conspira. C'était du moins l'opinion générale. Sully engagea la reine-mère à prendre des mesures énergiques et lui dit « qu'il voudroit la voir dans la campagne, au milieu de douze cents chevaux. » C'était l'avertir qu'il ne la croyait point en sûreté au Louvre. Marie de Médicis, qui, suivant ses propres expressions, *ne dormoit pas toujours*, prépara secrètement le coup d'état qu'elle méditait. Le marquis de Thémines et un lieutenant italien des chevau-légers, appelé d'Elbène, réunirent quelques hommes dévoués; les troupes eurent l'ordre de se tenir sous les armes, et le 31 août tout était prêt pour l'arrestation des princes. Le cœur faillit à la reine, mais l'affaire fut remise au lendemain. Pendant la nuit, la régente fit empaqueter ses pierreries et ses effets les plus précieux, et disposa tout pour s'enfuir avec le roi, si le peuple se soulevait. Le lendemain 1er septembre 1616, le prince de Condé se rendit vers dix heures du matin au Louvre; Thémines et ses gens étaient déjà à leur poste. Marie de Médicis aperçut d'une fenêtre le prince recevant des placets, et dit à ceux qui l'entouraient: « Voilà maintenant le roi de France, mais ce sera aujourd'hui le roi de la fève. » Condé assista au conseil des finances, fut très bien accueilli du jeune roi, et monta ensuite chez la reine. Mais au moment où il allait pénétrer dans les appartements, Thémines et ses deux fils parurent aussitôt et le firent prisonnier.

Les ordres étaient donnés en même temps pour arrêter Vendôme, Mayenne, Cœuvres, Joinville, Guise et Bouillon; mais on ne put les surprendre. Quelques uns tâchèrent, en sortant de Paris, de soulever le peuple. La douairière de Condé parcourut les rues tout en larmes, criant qu'on assassinait son fils, et exhortant les Parisiens à prendre les armes. Cette tentative était restée inutile, lorsque le fameux Picard ameuta la populace et la conduisit rue de Tournon à l'hôtel du maré-

---

(1) M. Bazin, t. I, p. 429.

chal d'Ancre, qui était alors absent de Paris. En peu d'instants tout fut saccagé ; lorsqu'il ne resta plus que les pierres et la charpente, les mutins vinrent assiéger dans le faubourg Saint-Germain la maison de Raphaël Corbinelli, l'homme d'affaires de Concini, et les mêmes scènes s'y renouvelèrent. Lorsque le guet arriva, tout était terminé. Il n'y eut point d'autre soulèvement. On ne transféra cependant le prince de Condé à la Bastille que dans la nuit du 24 au 25 septembre.

Concini revint triomphant à la cour; tout plia devant lui. Cet homme, dont on a exagéré la vanité et l'orgueil, ne s'abusait pas sur sa position. Il voulait revenir en Italie, mais sa femme s'y opposait. Tandis que la reine-mère défendait ses favoris contre leurs ennemis, ceux-ci parvenaient à gagner Louis XIII et à lui persuader que sa mère ne l'aimait pas et voulait gouverner seule. Bassompierre raconte qu'il entendit dire un jour à Louis, parlant de Charles IX : « Le sonner du cor ne le fit pas mourir, mais c'est qu'il se mit mal avec la reine Catherine sa mère à Monceaux, et qu'il la quitta et s'en vint à Meaux ; mais si, par la persuasion du maréchal de Retz, il ne fût pas revenu à Monceaux, il ne seroit pas mort. » A la tête du parti opposé à Marie de Médicis, était un gentilhomme provençal, nommé Charles d'Albert de Luynes, qui avait su plaire au roi par ses talents dans la vénerie et son adresse à inventer chaque jour de nouveaux plaisirs. Il avait acheté la capitainerie du Louvre, qui lui donnait logis en cour, et il ne quittait pas le roi un seul instant.

Tandis que l'on conspirait sourdement au Louvre contre le maréchal d'Ancre et la reine-mère, les princes, qui s'étaient réfugiés dans les provinces, avaient levé l'étendard de la guerre civile. Des mesures énergiques furent prises pour anéantir les rebelles et assurer la tranquillité de la capitale. Des potences avaient été placées dans quelques rues, plus pour l'épouvante que pour l'effet (1). Un ancien garde-du-corps écossais, nommé Stuart, fut décapité devant le Louvre, le 27 février 1617, pour avoir enrôlé des soldats au nom des princes; un gentilhomme normand, appelé Hurtevent, subit la même peine, le 21 mars suivant, à la Croix-du-Trahoir. Pendant ce temps, le duc de Mayenne était assiégé dans Soissons, et sans doute les princes eussent été réduits à l'impuissance, lorsqu'un événement imprévu vint changer la face des affaires.

Luynes avait réussi complétement à faire son complice du jeune roi. Louis XIII, sans cesse assailli de dénonciations mystérieuses, ne se croyait plus en sûreté dans le Louvre, ni dans la chambre de sa mère; chaque démarche de Marie de Médicis ou du maréchal d'Ancre semblait, à ses yeux fascinés, un indice de leurs sinistres projets. Luynes

(1) M. Bazin, t. I, p. 492.

lui persuada sans peine de les prévenir; mais le roi hésitait d'abord à autoriser l'assassinat du maréchal et voulait qu'on traduisît Concini devant le parlement, afin de le punir par *voie de justice*. Luynes représenta tout délai comme dangereux, et le roi consentit enfin à donner l'ordre de la mort de Concini. Quelques historiens ont prétendu que le jeune roi voulait seulement faire arrêter le maréchal; mais cette assertion est dénuée de tout fondement. « C'étoit bien dans la pensée de tous, dit un écrivain moderne, la mort donnée par trahison et surprise du bras d'un homme armé à un homme sans défense. Le roi lui-même avoit choisi le lieu du meurtre. Il vouloit amener le maréchal dans son petit arsenal du Louvre, et le livrer ainsi au coup qui le devoit frapper. Ce projet, concerté entre le roi et son favori, avoit pourtant des complices; mais on les avoit choisis si bas que cela même mettoit le secret à l'abri de la défiance. Les hommes que le roi approchoit de sa personne, pour délibérer avec lui de ce grand dessein, étoient un commis obscur du contrôleur-général, appelé Déageant, un domestique de la reine, du nom de Marsillac, un nommé Tronçon, connu, dit-on, seulement pour avoir prostitué ses sœurs, un aventurier en soutane qu'on appeloit le Travail, et un jardinier des Tuileries. Ces gens-là n'étoient cependant que pour le conseil. Il falloit pour agir une main plus noble, qui relevât cette action au-dessus d'un simple assassinat, et y mît en quelque sorte le sceau de l'autorité royale. On attendit que le mois d'avril arrivât, où le capitaine des gardes entrant en quartier devait être le baron de Vitry, le seul de son rang qui n'eût pas amitié avec le maréchal. Le baron « reçut agréablement la proposition, » promit de faire ce qu'on attendoit de lui, fit venir son frère, enseigne des gendarmes, pour s'y faire aider, et se tint prêt à gagner le bâton de maréchal de France, qu'on lui avoit promis. »

Le coup manqua une première fois, mais le 24 avril les mesures furent mieux prises; le roi, sous prétexte d'aller à la chasse, avait fait monter à cheval son régiment des gardes, le seul dont il pût disposer pour soutenir l'entreprise. Vitry se plaça sur le pont-levis du Louvre avec quelques gentilshommes, et donna ordre de fermer la grande porte aussitôt que Concini serait passé. Vers dix heures du matin, le maréchal arriva, suivi d'une troupe assez nombreuse; les conjurés laissèrent passer le cortège; alors Vitry s'approcha du maréchal et lui dit, en lui portant la main sur le bras droit : « Le roi m'a commandé de me saisir de votre personne. » Le maréchal, étonné, s'écria en italien : *Moi* (1) ? Mais Vitry et deux ou trois de ses gens lâchent en même temps leurs pistolets et le maréchal tombe mort à leurs pieds. Le bruit des armes et

---

(1) Suivant une autre relation, il dit : *A moi!* pour appeler du secours.

les cris de *vive le Roi!* apprirent aux conjurés que la partie était gagnée. Louis XIII fit ouvrir les fenêtres de la grande salle, s'y montra, soulevé par le colonel des Corses, Jean-Baptiste d'Ornano, et s'écria : « Grand merci, mes amis, maintenant je suis roi. » Le gouverneur de Paris monta aussitôt à cheval et parcourut les rues pour rassurer le peuple ; d'Ornano fut chargé d'aller annoncer au parlement la grande nouvelle. Pendant ce temps les courtisans accouraient de toutes parts et se partageaient avec impudence, sous les yeux du jeune roi, les dépouilles du maréchal.

Le cadavre de cet infortuné, dépouillé de ce qu'il avait de plus précieux, avait été jeté dans la petite salle des portiers. Le soir on le mit dans un mauvais linge, attaché aux deux bouts avec des ficelles, et on l'inhuma secrètement sous les orgues de l'église Saint-Germain-l'Auxerrois. Mais le lendemain, dit un écrivain contemporain :

« Dès les sept ou dix heures du matin, quelqu'un ayant monstré l'endroit dans l'église Saint-Germain-l'Auxerrois, où l'on avoit enterré ledit mareschal, il y eut plusieurs qui le voulurent venir voir, et qui donnèrent sujet à d'autres d'y aller prendre garde. Le premier désordre fut de ceux qui alloient cracher sur cette tombe, et trespigner des pieds là-dessus ; après lesquels d'autres commencèrent à gratter à l'entour avec les ongles, et firent tant qu'ils découvrirent les jointures des pierres. Les prestres commencèrent de les chasser ; mais estant sortis de l'église en procession, le peuple s'y mit en telle furie qu'en moins de rien ils eurent osté quelques pierres. Et ayant descouvert le corps par le costé des pieds, les attachèrent avec les cordes des cloches, et mirent telle force, sans avoir patience d'attendre que tout le corps fust découvert et déterré, qu'ils l'arrachèrent hors de terre, criant toujours : *Vive le Roi!* Le tumulte fut si grand, qu'il ne fust pas au pouvoir des prestres, revenans de la procession, d'y remédier, ny mesme de dire plus de messes dans l'église, tant la foule estoit grande de tous costez du peuple qui montoit sur les bancs et jusques sur les treillis des chapelles et sur les arcades. Quelques officiers voulurent s'aller présenter pour interrompre ce désordre, mais ils se trouvèrent trop foibles pour rien avancer envers tant de peuple. Le grand prévost fut aussi envoyé avec plusieurs archers ; mais dès qu'il parut, le peuple se mit à crier qu'on l'enterreroit tout vif, s'il s'approchoit davantage ; de sorte qu'il fut contraint de se retirer. Le corps fut donc tiré hors de l'église par la grande porte, et traisné jusques dans le logis de Barbin, qui est vis-à-vis, où ils firent la première pause, et luy dirent toutes sortes de pouilles qu'on se pouvoit imaginer ; et sans les archers des gardes-du-corps, qui estoient à la porte pour le garder, on alloit l'enfoncer et piller toute sa maison. On luy fit voir tout ce spectacle par une fenestre, dont il eut belle peur. De là ils traisnèrent le corps, ne cessant de le battre à coups de bastons et de pierres, jusques au bout du Pont-Neuf, près d'une potence qui y avoit esté plantée un mois ou deux auparavant, par le commandement dudit mareschal, contre ceux qui n'estoient pas de son haleine.

» Il se trouva parmi ce peuple quelques laquais des Escossais qui avoient esté exécutez à mort à sa poursuite, lesquels furent des premiers et plus hardis à faire la proposition de le pendre à ladite potence. Un grand laquais qui avoit esté au service du mareschal (qui en estoit sorty depuis quinze ou vingt jours, parce que ledit mareschal luy avoit dit qu'il le vouloit faire pendre), fut celuy qui en vouloit avoir l'honneur, disant que celuy qui le vouloit faire pendre, seroit pendu luimesme; et ayant eu la préférence, fut enlevé et porté sur la potence, et l'attacha et le pendit par les pieds. Tandis qu'il travailloit à cela, une des compagnies des gardes du roy passa sur le Pont-Neuf pour s'en aller entrer en garde; mais elle ne se mit point en devoir d'empescher ce peuple d'assouvir sa furie sur le corps; tant parce qu'ils n'en avoient pas sceu le commandement, que pour estre en trop petit nombre, à comparaison de ce peuple : outre qu'ils n'étoient guère marris de voir un si juste jugement de Dieu sur ce misérable; au contraire, voyant qu'il leur manquoit de la corde pour l'achever d'arrester, ils leur jetoient en passant les mesches de leurs arquebuses pour les y employer. Ce corps demeura pendu plus d'une grande demi-heure, pendant lequel temps d'un costé le laquais qui l'avoit pendu tendit son chapeau aux assistans, leur demandant quelque chose pour celuy qui avoit pendu le mareschal : ce qui fut trouvé si plausible, qu'en montrant, son chapeau fut remply de sols et de deniers que chacun luy portoit comme à l'offrande, jusques aux plus pauvres gueux et mendiants, dont tel n'avoit qu'un denier en son pouvoir, qui ne laissoit pas que de luy porter de bon cœur, tant la haine publique estoit grande contre ce misérable. D'autre part le peuple se rua derechef sur ce corps tout pendu, les uns à coups de poings, les autres à coups de bastons, de cousteaux, de poignards et d'espées; d'autres luy crevèrent les yeux, d'autres luy coupèrent le nez et les oreilles, et autres parties de son corps. Après ils lui avallèrent (abattirent) les bras à coups d'espées, et puis luy coupèrent la teste; et tous ces morceaux estoient portés et traisnés en divers quartiers de la ville, avec des cris, acclamations et imprécations horribles dont le retentissement alloit d'un bout de la ville à l'autre.

» Au bruit de ces cris la mareschale demanda ce que c'estoit : ses gardes luy dirent que c'estoit son mary qu'on avoit pendu; et elle qui n'avoit pas encore respandu de larmes, monstra s'émouvoir grandement, sans pleurer toutesfois; mais elle ne laissa pas de dire que son mary estoit un *presumptuos*, un *orguillos*, qu'il n'avoit rien eu qu'il n'eust bien mérité ; qu'il y avoit trois ans entiers qu'il n'avoit couché avec elle : que c'estoit un meschant homme ; et que pour s'éloigner de luy, elle s'estoit résolüe de se retirer en Italie à ce printemps, et avoit appresté tout son fait, offrant de le vérifier. Comme le bruit du peuple se sembloit approcher du lieu où son fils estoit, il demanda si on ne venoit pas le tuer : on luy dit que non, et qu'il estoit en seureté ; il respondit : qu'il voudroit mieux qu'on le tuast puisqu'il ne pouvoit estre que misérable le reste de sa vie, comme il avoit esté depuis qu'il avoit la connoissance de sa vie ; mesme n'estant jamais approché de son père ny de sa mère qu'il n'eust rapporté quelques soufflets pour toutes ses caresses. Les archers qui gardoient le fils, ouvrirent les fenêtres qui donnent sur ledit pont, et luy firent voir ce funeste spectacle de son père pendu, afin qu'il apprît à mieux vivre. Quand ils furent à la rue de l'Arbre-Sec, il y eut un homme vestu d'écarlate, si enragé, qu'ayant mis sa main dans le corps ouvert, il en tira sa main toute sanglante et la porta dans sa bouche, pour sucer le sang, et avaler quelque petit morceau qu'il en avoit arraché ; ce qu'il fit à la veüe de plusieurs honnestes gens, qui estoient aux fenestres. Un autre eut moyen de luy arracher le cœur, et l'aller cuire sur les charbons, et manger publiquement avec du vinaigre. Ce peuple impatient, et ne pouvant estre plus long-temps en un lieu, dépendit le reste de ce corps, le traisna jusques en Grève, où ils le rependirent à une autre potence que ledit mareschal y avoit fait planter, et y pendirent par mesme moyen une grosse poupée qu'ils avoient fait avec le linceul dans lequel il avoit esté enterré, pour représenter la mareschalle en effigie ; puis s'en allèrent encore le traisner jusques à la Bastille, où ils luy ostèrent les entrailles, et en ayant bruslé une partie, traisnèrent le reste au faubourg Saint-Germain, devant sa grande maison, et devant celle de M. le prince, où ils luy arrachèrent quelqu'autre partie d'autour du cœur, et la bruslèrent. Après firent encore quelques tours de ville repassant par le Pont-Neuf, bruslèrent quelque autre partie devant la statue du feu roy, et allèrent achever de brusler tout le reste du corps en Grève, devant l'Hostel-de-Ville, dont le feu ne fut composé que de potences qu'ils avoient brisées, et jetèrent les cendres en l'air, afin que les éléments eussent part à la sépulture ; d'autres gardèrent les cendres, et les vendirent le lendemain un quart d'escu l'once : et finalement s'en revinrent mettre le feu à la potence du Pont-Neuf, où il avoit esté premièrement pendu (1). »

La chute du maréchal d'Ancre devait amener celle de Marie de Mé-

(1) *Relation exacte de tout ce qui s'est passé à la mort du maréchal d'Ancre*. Ce curieux mémoire, réimprimé dans la collection Michaud et Poujoulat, est attribué à Michel de Marillac, garde-des-sceaux, né à Paris le 9 octobre 1563, mort prisonnier à Châteaudun, le 7 août 1632.

dicis. A cette fatale nouvelle, *elle se mit à marcher à grands pas, échevelée et battant des mains*. Lorsqu'on vint lui dire qu'on ne savait comment apprendre à la maréchale la mort de son mari : « J'ai bien autre chose à penser, s'écria-t-elle ; si l'on ne peut dire à la maréchale que son mari est tué, il le lui faut chanter aux oreilles. Qu'on ne me parle plus de ces gens-là ! » Louis XIII, non seulement refusa de voir sa mère, mais il interdit à tout le monde l'entrée de ses appartements, dans lesquels elle se vit traitée en prisonnière. Ses gardes furent désarmés ; on mura les portes qui communiquaient de son logis avec les autres parties du Louvre, et on abattit le pont qui conduisait à son jardin. Au bout de quinze jours, elle fit demander au roi la permission de se retirer dans quelque ville de son apanage. Louis y consentit, et le 3 mai, la mère et le fils se virent quelques instants. Tout ce qu'ils devaient se dire était réglé, jusqu'aux termes et aux gestes. Après avoir balbutié quelques regrets à son fils et l'avoir embrassé, Marie voulut ajouter des prières en faveur du surintendant Barbin et d'Éléonore Galigaï, détenus prisonniers. Louis la regarda avec embarras, et se retira sans rien dire : elle avança pour retenir Luynes qui sortait avec le roi, mais le jeune prince appela plusieurs fois son favori d'un ton absolu. La reine rentra dans son appartement, fondant en larmes, et quelques instants après elle se jeta la tête enveloppée dans le fond de son carrosse. Ses gardes auxquels on avait rendu leurs armes, les chevau-légers du roi et beaucoup de noblesse formaient une longue escorte qui marchait avec les trompettes sonnantes par la ville. Dans un des carrosses qui la suivaient était l'évêque de Luçon, Richelieu.

Les princes révoltés avaient fait leur paix avec Louis XIII et Luynes, son favori, à l'exception de Condé, qui avait été transféré au château de Vincennes, sous la garde d'un régiment ; la reine-mère et ses partisans étaient disgraciés. Il ne restait plus qu'un seul coup à frapper ; on fit le procès *à la mémoire du maréchal d'Ancre, à la maréchale et à leurs adhérens*. Ce procès, instruit par le parlement, fut un tissu d'iniquités. Aucun outrage ne manqua à Éléonore Galigaï. Elle fut d'abord entièrement dépouillée et volée par les archers. Lorsqu'elle fut prête à partir pour la Bastille, le marquis du Hallier paraissant croire qu'elle pouvait encore cacher quelque chose, elle releva jusqu'à la ceinture une robe sous laquelle elle portait un caleçon d'étoffe rouge, et le marquis ne craignit pas de porter insolemment sa main jusques sur le caleçon. A cet outrage, elle se contenta de dire froidement : « Maintenant je dois tout souffrir. » Elle arriva à la Bastille dans un tel dénûment que la femme du capitaine fut obligée de lui prêter deux chemises ; quelques jours après, on la transféra à la Conciergerie ; quelques écus qu'elle avait ramassés lui furent volés encore au moment où elle entrait dans cette nouvelle prison (1). L'acte d'accusation porté contre elle se composait des chefs suivants : « Impiétés; entreprises contre l'autorité du roi et son état ; traités et négociations secrètes avec les étrangers ; fonte d'artillerie; changement des armoiries du roi et application de celles du maréchal sur les magasins; interversion des deniers publics appliqués au profit du maréchal et de sa femme; transport d'iceux hors du royaume sans permission du roi. » La plupart de de ces allégations ne purent être prouvées. On insista beaucoup sur le crime de sorcellerie, et les preuves furent des lettres écrites par le secrétaire de la maréchale à un médecin juif, nommé Montallo. La Place, son écuyer, soutint que, depuis l'arrivée de ce juif italien à la cour, elle avait cessé d'aller à la messe, et qu'elle s'amusait à faire de petites boules de cire qu'elle avait l'habitude de porter à sa bouche. Son carrossier déposa qu'il l'avait vue sacrifier un coq blanc à minuit, dans l'église des Augustins. On ajouta qu'elle consultait souvent, sur le sort de son fils, une femme nommée Isabelle, regardée comme sorcière. Enfin on crut découvrir dans quelques livres hébreux, saisis dans son cabinet, le moyen dont elle s'était servie pour obtenir un si grand ascendant sur les volontés de la reine. Interrogée sur ce point, on prétend qu'elle répondit : « Mon sortilège a été le pouvoir que doivent avoir les âmes fortes sur les esprits foibles. » Répartie dramatique, qui n'est citée par aucun écrivain contemporain, mais que la tradition a presque rendue authentique. Ce procès était si infâme et si ridicule en même temps, que l'un des deux rapporteurs refusa d'opiner contre la maréchale, et que plusieurs des juges votèrent pour son simple bannissement, quoique Luynes eût insinué aux magistrats que le *roi ne croyait pas sa vie en sûreté sans la mort de la Galigaï*.

Le procès commencé au mois de mai fut terminé le 8 juillet de la même année (1617). Ce jour-là, à une heure, on conduisit la maréchale dans la chapelle des prisonniers, où elle entendit à genoux la lecture de l'arrêt qui venait d'être rendu. Un cri de douleur lui échappa, et saisissant un prétexte pour se rattacher à la vie, elle dit aussitôt qu'elle était enceinte. Mais l'un des commissaires lui ayant rappelé « qu'elle avoit déclaré n'avoir pas eu la compagnie de son mari depuis deux ans, qu'ainsi ce qu'elle avançoit seroit contre son honneur, » elle se résigna et livra ses mains à l'exécuteur qui se tenait tout prêt. L'arrêt déclarait Concini et sa veuve criminels de lèse-majesté divine et humaine, condamnait la mémoire du mari à perpétuité, et la veuve « à avoir la tête tranchée, son corps et tête brûlés et réduits en cendres, leurs biens féodaux tenus de la couronne réunis au domaine, leurs autres fiefs immeubles et biens de toute sorte, même ceux hors le royaume,

(1) M. Bazin, t. II, p. 16.

acquis au roi. » Enfin leur maison près du Louvre devait être rasée, et leur fils fut déclaré *ignoble* et incapable d'offices et de dignités (1). Le même jour, la maréchale d'Ancre fut conduite en place de Grève. Sa contenance était ferme et assurée. En sortant de la Conciergerie pour monter en charrette, elle remarqua l'immense multitude qui se pressait sur le chemin, et dit doucement : « Que de peuple pour voir une pauvre affligée ! » Au pied de l'échafaud, elle reconnut dans la foule un gentilhomme qu'elle avait autrefois maltraité, et lui demanda pardon. Elle s'adressa aussi au peuple pour réclamer ses prières, et se recommanda plusieurs fois à la miséricorde de ceux qu'elle avait offensés (2). Les Parisiens furent profondément émus à la vue de tant de résignation et d'une si grande infortune. Ils oublièrent la cupidité et l'orgueil de cette malheureuse, et peut-être, dans ce moment solennel où elle expiait si cruellement ses fautes, pardonnèrent-ils à la mémoire de ce maréchal d'Ancre, si abhorré du peuple, et si méconnu de la plupart de ses contemporains (3).

« C'est toujours la même auberge, dit le duc de Bouillon après la mort de Concini, en désignant la cour de France, il n'y a de changé que le bouchon. » En effet, Luynes remplaçait le maréchal d'Ancre, et les mécontents ne tardèrent pas à reparaître. Une assemblée de notables, convoquée à Rouen, n'amena aucun résultat, et le peuple commençait à murmurer contre l'avidité de Luynes et de sa famille, lorsqu'un événement imprévu vint jeter la consternation au château du Louvre. Le duc d'Épernon, s'étant brouillé mortellement avec le favori, ne crut pas pouvoir se venger d'une manière plus éclatante qu'en faisant évader la reine mère du château de Blois et en la mettant à la tête de ses troupes. Louis XIII lève une armée et la guerre commence ; mais elle ne tarde pas à tourner en négociations, grâce à l'habileté de l'évêque de Luçon (4). L'accommodement se fit, le roi vit sa mère à Tours, et tous deux se firent un accueil très cordial (30 avril 1619). Quant au duc d'Épernon, on le remercia pour ainsi dire de sa révolte, et l'on déclara que « l'ayant fait dans la persuasion que c'était pour le service du roi, il n'y avoit rien qui ne dût être agréable à Sa Majesté. » La méfiance existait cependant toujours entre Marie de Médicis et son fils. La reine-mère, indignée du crédit de Luynes, ne voulut point revenir à Paris et ne cessait point de conspirer contre le favori. Celui-ci, pour

---

(1) Ce malheureux enfant, accablé d'outrages, fut renfermé quelques mois dans le château de Nantes, d'où il fut enfin envoyé à Florence. Il y mourut de chagrin.

(2) M. Bazin, t. II, p. 27.

(3) Bassompierre et le maréchal d'Estrées font l'éloge de Concini : « De sorte, ajoute le premier, qu'en examinant les circonstances de sa mort, on ne peut l'attribuer qu'à un mauvais destin. »

(4) Richelieu avait suivi la fortune de Marie de Médicis et il avait été exilé à Avignon. Ce fut Luynes qui le tira de son exil pour l'employer dans cette affaire.

inquiéter ses adversaires, fit sortir de Vincennes le prince de Condé, ennemi déclaré de la reine-mère. Alors l'orage éclata; un grand nombre de seigneurs se retirèrent dans leurs provinces et embrassèrent le parti de Marie. La guerre recommença et les armes du roi furent victorieuses; la reine, bloquée dans Angers, s'empressa de demander la paix qui lui fut accordée, *avec décharge pour ceux qui l'avaient assistée.* Le fils et la mère eurent ensuite à Brissac une entrevue plus cordiale que celle de l'année précédente. — « Je vous tiens, Madame, dit Louis en embrassant sa mère, vous ne m'échapperez plus! — Vous n'aurez pas de peine à me retenir, répliqua Marie; je viens dans le dessein d'être toujours auprès de vous, persuadée d'y trouver le traitement que je dois attendre d'un bon fils (août 1620). »

Tandis que les deux reines, Anne d'Autriche et Marie de Médicis reprenaient la route de Paris, le roi entrait dans le Béarn à la tête de son armée, pour faire exécuter de force l'arrêt ordonnant la réunion du Béarn à la couronne, l'érection du conseil de cette province en parlement et la restitution des biens ecclésiastiques que les huguenots possédaient depuis près de soixante ans. Il revint bientôt à Paris, et son arrivée dans cette ville mérite d'être remarquée parce que ce fut peut-être la seule fois que ce prince montra, comme dit Anquetil, un peu de galanterie. Le 7 novembre, de grand matin, il entra sans avoir annoncé sa venue. Il traversa la ville au galop, accompagné de cinquante-quatre jeunes seigneurs et précédé de quatre maîtres de poste qui sonnaient du cor. Le bruit que faisait cette brillante troupe de cavaliers tira les bourgeois de leurs lits; les fenêtres se remplirent de curieux qui, sitôt qu'ils reconnurent le prince, firent retentir les ais des cris de « vive le roi! » Le peuple le suivit en foule jusqu'au Louvre, où la garde, voyant accourir ce torrent de cavaliers et de fantassins qui poussaient des clameurs confuses, s'était mise en défense. A la vue du roi, les barrières s'ouvrent, les gardes joignent leurs acclamations à celles du peuple. Les Parisiens manifestèrent par des réjouissances publiques leur joie de voir sitôt le roi revenir triomphant de son expédition contre les huguenots du Midi. Le peu de boutiques qui se trouvaient ouvertes furent fermées; les travaux cessèrent et furent remplacés par des danses, des repas, des feux de joie. Ce fut peut-être la journée la plus riante du règne de Louis XIII.

Malgré les efforts des sages esprits qui prévoyaient les dangers des discordes civiles, l'expédition du roi en Béarn alluma une nouvelle guerre de religion. Les réformés des différentes provinces de France prirent l'alarme en voyant les dispositions peu favorables du gouvernement à leur égard; ils se réunirent en synode national malgré la défense qui leur en fut faite, et dans cette assemblée, résolurent de soutenir leurs prétentions les armes à la main. Ils avaient le projet de faire de la France une république semblable à celle des Provinces-Unies des Pays-Bas, et même ils en divisèrent l'administration en huit *cercles* dont ils se partagèrent le gouvernement. Le duc de Rohan et le duc de Soubise furent leurs deux principaux chefs militaires. Mais ils n'avaient que de bien faibles chances de succès. Une grande partie des réformés n'étaient nullement disposés à mettre l'épée à la main pour la religion, tandis que Louis XIII était décidé à écraser la rébellion et que l'assemblée du clergé de France votait en même temps un million d'or destiné spécialement aux frais du siége de La Rochelle, la métropole de l'hérésie.

La prise de La Rochelle était difficile; le roi jugea plus prudent de commencer par s'assurer des provinces révoltées du Midi. Le duc de Luynes, qui n'avait jamais porté l'épée, fut créé connétable, et le duc de Lesdiguières (un protestant), maréchal-général des camps et armées. Les troupes royales parcoururent victorieusement l'Anjou, le Poitou, la Saintonge et le Quercy; mais l'impéritie du connétable échoua devant la première ville qui se trouva capable de résister. Louis XIII passa trois mois devant Montauban et finit par être contraint de se retirer après avoir perdu la moitié de ses soldats et un grand nombre de seigneurs, parmi lesquels se trouva le duc de Mayenne.

La nouvelle de la mort du duc de Mayenne alluma la colère du peuple de Paris qui le chérissait (21 septembre 1621). On le pleura d'abord; puis les plus animés parlèrent de le venger en massacrant les huguenots. Le dimanche (26 septembre), le duc de Montbazon, gouverneur de Paris, prévoyant une émeute, fit occuper le chemin de Charenton et de la porte Saint-Antoine, où il se rendit lui-même avec ses gardes, accompagné des lieutenants civil et criminel, du chevalier du guet, du prévôt de Paris et des archers de la ville. Le matin se passa tranquillement; mais au retour du prêche de l'après-dînée, les huguenots, surtout ceux qui étaient en carrosses, furent injuriés par un ramas de gens, « la plupart filoux, artisans et vagabonds, » qui commencèrent dans la Vallée-de-Fécamp à donner sur eux. Ceux-ci, joints aux archers, tous armés d'épées et de pistolets, se mirent en défense pour repousser les agressions. Un combat s'engagea, dans lequel il y eut de part et d'autre des blessés et des morts. Les réformés fuyant du côté de Paris, rencontrèrent à la porte Saint-Antoine la populace qui se rua sur eux, moins pour les battre que pour les voler. Plusieurs bons catholiques qui étaient sortis de la ville pour se promener furent insultés et dépouillés. On les arrêtait pour les fouiller, et sous prétexte de chercher leurs chapelets, on prenait aux uns la bourse, aux autres le manteau. De la Vallée-de-Fécamp, une partie de cette populace courut à Charenton, força la porte de la Cour du Temple, pilla les boutiques de quelques libraires, la maison du concierge, la salle du consistoire et finit par mettre le feu au prêche. Après quoi les uns passèrent la rivière au Port-à-l'Anglais, afin de rentrer dans Paris du côté de l'Université ; les autres revinrent par la porte Saint-Antoine, agitant un étendard blanc et criant vive le roi ! — Aussitôt l'alarme se répandit par la ville ; l'effervescence populaire menaçait hautement de mort tous les huguenots. Le lendemain le parlement s'assembla et rendit un arrêt ordonnant aux lieutenants civil et criminel « d'informer promptement tant des meurtres que de l'incendie arrivés la veille, avec défenses sur peine de la vie à toutes personnes de s'assembler de jour ni de nuit sans ordre des magistrats, et d'user de reproches les uns envers les autres sous prétexte de diversité de religion. »

Mais tandis qu'on rendait cet arrêt, « des vagabonds qui ne respiraient que le trouble, allèrent à Charenton, ruinèrent et pillèrent deux maisons des religionnaires. En même temps il se fit une émotion populaire au faubourg Saint-Marceau, où il y eut quelques gens tués. Les Gobelins étoient aussi menacés d'être pillés, comme un lieu qui servoit d'asile à un grand nombre de protestants, si le duc de Montbazon n'étoit accouru avec ses gardes pour apaiser le tumulte. Mais il ne fut pas plus tôt retourné dans son hôtel, que la populace mutinée pilla deux maisons de la rue des Postes qui appartenoient à des huguenots. Le prévôt de l'île y étant accouru sur l'heure avec ses archers, surprit quatre de ces séditieux chargés de leur butin, qui furent conduits en prison, et le lendemain punis pour servir d'exemple, savoir, deux pendus, et les deux autres fouettés la corde au cou et bannis pour neuf ans. L'exécution se fit en Grève, le 28 septembre, conformément à l'arrêt du même jour ; et par là cessa toute cette émotion de religion, qui ne dura pas trois jours. Il y a apparence que le prêche fut bientôt rétabli, puisque les réformés y tinrent leur synode national en 1623 et 1631, en présence du sieur Galand, conseiller-d'État, nommé par le roi pour présider à leurs synodes (1). »

Pendant ces événements tragiques, la peste ravageait la capitale. « Il y resta si peu de personnes de condition à cause de la contagion, dit l'abbé de Marolles, dans le mois d'août et de septembre, que m'étant une fois trouvé avec M. de Vardes pour aller à la promenade du côté de Vincennes, nous ne trouvâmes par les rues que deux carrosses, depuis la porte de Nesle jusqu'à celle de Saint-Antoine (2). »

Un événement notable pour Paris signala l'année 1622 ; c'est l'érection de l'évêché de cette ville en archevêché. Ce projet était formé depuis long-temps. Louis XIII en fit la demande au pape Grégoire XV, qui donna sa bulle d'érection, en date du 20 octobre 1622. L'arche-

(1) Félibien, t. 11, p. 1318.
(2) Mémoires de Michel de Marolles, abbé de Villeloin.

vêché de Paris eut pour suffragants les évêques de Chartres, de Meaux et d'Orléans (1), et il ne fut plus suffragant de l'archevêché de Sens, mais il resta toujours sous la dépendance du prélat de Lyon, *primat des Gaules*. Jean-François de Gondi, doyen de Notre-Dame et coadjuteur du cardinal de Retz, son frère, dernier évêque de Paris, fut le premier archevêque de la capitale (2).

La guerre contre les protestants fut plus violente que ne le prévoyaient les catholiques. Louis XIII en subit les dangers et les fatigues avec une grande bravoure. Bassompierre fait en cette occasion un bel éloge du jeune roi : « Le feu roi son père, dit-il, qui étoit dans l'estime que chacun sait, ne témoignoit pas pareille assurance. » Mais cette guerre était terrible pour les deux partis ; on en vint aux négociations et l'on signa à Montpellier un traité qui confirmait l'édit de Nantes dans toutes ses clauses (octobre 1622). — L'année suivante se passa tout entière en mesquines intrigues de courtisans qui cherchaient à se supplanter les uns les autres. « De part et d'autre, dit un contemporain, on jouoit au *boute-hors*. » Il était un homme qui examinait silencieusement le cours des événements, et qui se disposait à paraître sur la scène politique; c'était Richelieu, le conseiller de la reine-mère. Il venait d'être promu au cardinalat, malgré ses ennemis qui, connaissant sa supériorité, craignaient de le voir arriver au pouvoir. Les circonstances devaient nécessairement l'appeler au ministère. Au commencement de l'année 1624, le chancelier de Sillery et le marquis de Puisieux, qui avaient la prépondérance dans le cabinet, succombèrent sous les intrigues du marquis de la Vieuville, surintendant des finances, et furent disgraciés. La Vieuville eut alors l'imprévoyance de proposer au roi le cardinal de Richelieu.

Il fallut presque forcer celui-ci à entrer au ministère. Il refusa longtemps, et ses *Mémoires* veulent faire croire qu'il se sacrifia malgré lui au bien de l'État. « Il avouait que Dieu lui avoit donné quelques lumières et quelque force d'esprit, mais avec une débilité de corps qui ne lui per-

---

(1) On y ajouta depuis l'évêché de Blois, créé sous Louis XV.

(2) L'érection de l'évêché de Paris en archevêché fut vivement combattue par l'archevêque de Sens, et ces différents durèrent jusqu'en 1664. Pour y mettre fin, Louis XIV donna à Henri de Gondrin, archevêque de Sens, et à ses successeurs, l'abbaye de Notre-Dame-du-Mont-Saint-Martin, dans le diocèse de Cambrai. En même temps, pour indemniser le chapitre et le grand-archidiacre de Sens, le roi ordonna que toutes les fois que l'archevêché de cette ville viendrait à vaquer, « les fruits de l'abbaye du Mont-Saint-Martin appartiendroient, la première année de chaque vacance, aux doyen, chanoines et chapitre de Sens, pour être employés en ornements d'église; sur lesquels fruits seroit prise, à chaque vacance, la somme de mille livres au profit de l'archidiacre, à condition que l'archevêque, son chapitre et son archidiacre renonceroient pour toujours à tous droits utiles et honorifiques sur l'église de Paris et ses suffragants, et même à tous droits métropolitains et diocésains sur l'hôtel de Sens. » Voyez pour l'*hôtel des archevêques de Sens*, à Paris, t. III, p. 235.

mettoit pas de consacrer utilement au service du roi le peu de qualités qu'il pouvoit avoir. Il craignoit de plus qu'on ne profitât de ce qu'il feroit en cette place pour réveiller les mauvaises impressions qu'on avoit voulu donner au roi contre la reine sa mère, à qui l'on savoit qu'il étoit si obligé. Il offroit de soulager ceux qui s'occupoient actuellement des affaires, et dont il reconnaissoit la haute capacité, par un travail particulier qu'il feroit avec eux une fois par semaine. Enfin, s'il ne pouvoit vaincre la résolution du roi, il demandoit au moins à être dispensé de recevoir les sollicitations des particuliers, pour être à même de donner tout son temps et toutes ses forces aux affaires publiques. » Richelieu avait alors trente-neuf ans passés. Il entra modestement au conseil; mais son influence ne tarda pas à s'y faire sentir. La Vieuville commit tant de fautes qu'il eut le sort de Sillery, et au mois d'août 1624, le règne de Richelieu commença. Le roi avait de l'antipathie pour cet homme. « Je connois mieux que vous l'évêque de Luçon, disoit-il à sa mère; c'est un profond et dangereux esprit, et dont il faut se défier. » Louis XIII pressentait sans doute qu'il trouverait un maître en ce nouveau ministre. Richelieu débuta dans la carrière par un coup de maître. « Sa première pensée, dit un historien moderne qui a fort bien apprécié le système politique du cardinal, fut de neutraliser l'Angleterre, seule alliée des protestants de France. Cela fut fait de deux manières. D'une part on soutint la Hollande, on lui prêta de l'argent pour en obtenir des vaisseaux; de l'autre, le mariage du roi d'Angleterre avec la belle Henriette de France, fille d'Henri IV, augmenta l'indécision naturelle de Charles 1er et la défiance des Anglais pour son gouvernement. Le cardinal commence par une alliance avec les Anglais et les Hollandais hérétiques et une guerre contre le pape; on peut juger d'après cela quelle liberté d'esprit il portait dans la politique. Le pape, livré aux Espagnols, occupait pour eux le petit canton suisse de la Valteline, leur gardant ainsi la porte des Alpes, par où leurs possessions d'Italie communiquaient avec l'Autriche; Richelieu achète des troupes suisses, les envoie contre celles du pape, et rend la Valteline aux Grisons, non sans s'être assuré par une décision de la Sorbonne qu'il peut le faire en sûreté de conscience. Après avoir battu le pape, il bat, l'année suivante (1625), les protestants qui ont repris les armes; il les bat et les ménage ne pouvant encore les écraser (1). »

Mais tandis que le cardinal rendait la France puissante et respectée à l'étranger, les factions désolaient le royaume et l'on conspirait déjà contre l'habile ministre. Le foyer de toutes les intrigues était la cour du jeune duc d'Anjou, Gaston, frère du roi. C'était un homme médiocre et d'un caractère faible et impressionnable. Ceux qui l'entou-

(1) M. Michelet, *Précis d'hist. de France*, p. 204 et suiv.

raient voulurent en faire l'instrument de leurs vengeances ou de leur ambition, et lorsqu'ils surent que Richelieu voulait donner à Gaston la main de mademoiselle de Montpensier, ils résolurent de lui faire épouser une princesse étrangère; ce qui aurait donné à ce parti un appui au dehors. Richelieu essaya d'abord de gagner les mécontents; il donna le bâton de maréchal au colonel d'Ornano, gouverneur du jeune prince. Les *aversionnaires* (on appelait ainsi les ennemis du cardinal), s'enhardirent et conspirèrent de nouveau; mais ils voulaient lutter contre un terrible adversaire. Le 4 mai 1626, le maréchal d'Ornano et quelques autres personnages importants furent arrêtés à Fontainebleau, où était la cour, et mis en prison. Ce coup d'état venait de jeter l'effroi parmi les mécontents, lorsqu'on apprit que Gaston, le duc de Vendôme, son frère le grand-prieur, et plusieurs autres jeunes seigneurs avaient juré d'aller poignarder le cardinal dans sa maison de Fleury. Henri de Talleyrand, marquis de Chalais, maître de la garde-robe du roi, l'un des complices de Gaston, dénonça ce projet, et fournit ainsi de nouvelles armes à Richelieu. Celui-ci feignit de craindre pour sa vie, s'il restait plus long-temps à la cour; le roi lui donna une compagnie de gardes à cheval pour la sûreté de sa personne et se mit de plus en plus sous la dépendance d'un homme dont il admirait secrètement les talents et l'énergie.

Chalais avait promis à Richelieu, après l'avoir averti du complot qui le menaçait, de le servir auprès de Gaston. Mais ce jeune seigneur, entraîné par la belle duchesse de Chevreuse, sa maîtresse, et ennemi mortelle du cardinal, manqua à sa parole, et proposa même au marquis de La Valette, gouverneur de Metz, de recevoir le duc d'Anjou dans cette place forte pour en faire un point d'appui pour la guerre civile. Le comte de Louvigny s'étant brouillé avec Chalais, dénonça lâchement les desseins de son ami, et l'accusa en outre de conspirer avec Gaston contre la vie du roi. Aussitôt Chalais fut soumis au jugement d'une commission qui, sous la présidence de Michel de Marillac, fut chargée « d'informer secrètement de plusieurs menées et factions très importantes, décréter contre toutes personnes que besoin seroit et instruire leur procès. » On arrêta aussitôt le duc de Vendôme et le grand-prieur, et l'on acheva le procès de Chalais, enfermé dans la prison de Nantes. Pendant ce temps, Richelieu songeait toujours au mariage de Gaston avec mademoiselle de Montpensier. Le jeune prince alla trouver le ministre et tenta, par les prières ou les menaces, d'obtenir la grâce de ses amis. « Mais avec trois conserves, dit Richelieu au nonce du pape, et deux prunes de Gênes, je chassai toute l'amertume de son cœur. » Gaston céda, et tandis qu'on célébrait son mariage, on exécutait à Nantes l'infortuné Chalais. Quelque temps après, le maréchal d'Ornano mourut à Vincennes, peut-être empoisonné. Les ennemis du cardinal s'humilièrent ou passèrent à l'étranger. La reine elle-même, Anne d'Autriche, fut traitée durement par son époux, qui lui reprocha, en plein conseil, d'avoir *voulu deux maris à la fois*. Louis faisait allusion au dessein imputé aux mécontents d'enfermer le roi dans un monastère, sous prétexte d'impuissance, et de remarier Anne à Gaston. — *J'aurais trop peu gagné au change*, répondit avec dédain la princesse.

Délivré pour quelque temps de ses ennemis, Richelieu poursuivit ses projets de réforme et d'administration politique. Il fit convoquer par le roi une assemblée de *notables*, composée de prélats, d'officiers de la couronne, de gens de justice et de finance; aucun prince, aucun duc et pair n'y assistèrent. L'ouverture eut lieu le 2 décembre 1626, dans la *salle haute des Tuileries*. L'habile ministre voulait se servir de cette assemblée pour compléter l'abaissement de la haute noblesse; mais il déguisa ce but sous l'apparence de sages réformes financières. La situation des finances était très fâcheuse; la cour annonça que pour y porter remède, elle proposait les moyens suivants : la réduction des frais de la maison du roi et de la reine-mère, la suppression des charges de connétable et d'amiral, et enfin la démolition d'un grand nombre de forteresses de l'intérieur. On le voit, il y avait là toute autre chose que des mesures d'économie : le démantèlement des forteresses inutiles à la défense du royaume devait rendre plus difficiles les rébellions des princes et des gouverneurs de provinces, et la suppression de la connétablie et de l'amirauté accroissait extrêmement la puissance du chef du ministère. Les notables qui furent congédiés le 24 février 1627, adoptèrent tous les projets de Richelieu : l'entretien à perpétuité de quarante-cinq vaisseaux de guerre, la destruction des forteresses de l'intérieur et la réduction des *gages, pensions et appointements* au taux du règne de Henri IV. Un seul article fut rejeté : celui de ne punir les criminels d'État que de la privation de leurs charges et emplois. Richelieu s'y attendait; il obtenait ainsi la sanction des rigueurs qu'il méditait.

Cet homme ne recula jamais devant l'exécution de ses projets : « Je n'ose rien entreprendre sans y avoir bien pensé, disoit-il; mais quand une fois j'ai pris ma résolution, je vais droit à mon but, je renverse tout, je fauche tout, et ensuite je couvre tout de ma robe rouge. » Les lois portées contre les duellistes étaient inutiles; la monomanie du duel s'était emparée des grands seigneurs. Richelieu voulut leur donner une terrible leçon. François de Montmorency, comte de Bouteville, l'un des plus furieux *raffinés* de l'époque, quitta Bruxelles où il s'était réfugié, et vint tout exprès à Paris pour se battre avec le marquis de Beuvron. Celui-ci prit pour seconds le marquis de Bussy et Busquet, son écuyer; Bouteville amena François de Rosmadec, comte des Chapelles, et La Berthe. Ce fameux duel eut lieu en plein midi, dans la Place-Royale, le 12 mai 1627. Bussy fut tué sur la place et La Berthe grièvement blessé. Beuvron et Bouteville s'enfuirent sains et saufs, mais des ordres étaient déjà donnés pour les arrêter, et ils furent conduits à la Bastille. Le parlement les condamna à la peine de mort, et malgré les sollicitations et les prières de toute la cour, la sentence reçut son exécution en place de Grève, le mardi 22 juillet (1).

Le roi tomba malade vers cette époque (2); les affaires n'en marchèrent pas moins. Richelieu méditait et exécutait; il était tout à la fois la tête et le bras. Les protestants s'agitaient toujours dans les provinces, et l'étranger trouvait en eux d'utiles auxiliaires; le cardinal résolut de frapper un grand coup. Le beau Buckingham, ministre de Charles Ier, avait eu la fatuité de se déclarer amoureux d'Anne d'Autriche, dans un voyage qu'il fit en France. Lorsqu'il voulut revenir adorer l'objet de sa folle passion, Richelieu le fit prévenir qu'il pourrait s'en repentir. L'Anglais irrité fit déclarer la guerre à la France, et après s'être concerté avec les principaux chefs du parti protestant, il vint au secours de La Rochelle que menaçait le cardinal. Mais les Anglais furent battus, et l'*Amsterdam française*, isolée de la mer par une prodigieuse digue, succomba enfin après un siége de quinze mois (28 octobre 1628). Les protestants conservèrent la liberté de leur culte, mais les fortifications de La Rochelle furent démolies. Richelieu ne voulait pas que cette ville, le *repaire de l'hérésie*, pût jamais servir d'asile à la rébellion. La chute de cette dernière forteresse du protestantisme ruina, comme on le prévoyait, le parti de la haute noblesse. « Vous verrez, disait Bassompierre, que nous serons assez fous pour prendre La Rochelle. » La nouvelle de cette victoire fut reçue à Paris avec une joie extraordinaire. Le corps de ville donna au chancelier de Saint-Simon, qui avait apporté les lettres du roi, une chaîne et une médaille d'or, *le tout*, dit un historien, *du prix de* 1,800 *livres*.

La France n'avait plus à s'inquiéter de l'Angleterre, qui était en révolution. Charles Ier demanda et obtint la paix, et ce nouveau traité fut publié à Paris avec une grande solennité. Le 10 mai 1629, « sur les trois heures, le Châtelet et l'Hôtel-de-Ville descendirent à la Grève, et là fut faite en leur présence la première publication de la paix par les hérauts d'armes du roi, et puis on fit la même chose dans les autres places publiques de la ville. L'ordre de la marche étoit tel : vingt archers de chacune des trois compagnies de la ville, conduits par leurs capitaines, alloient devant à pied. Suivoient, du côté du Châtelet, les quatre maîtres des sergents à cheval; après eux les quatre audienciers

---

(1) Félibien, t. II, p. 1341.

(2) Il se trouva mal en tenant un lit de justice au parlement. En sortant, il dit à Bassompierre, qui l'aidait à descendre : J'ai la fièvre; je n'ai fait que trembler sur mon lit de justice. — C'est pourtant un endroit, sire, répondit le maréchal, où vous faites trembler les autres. »

du Châtelet, à cheval et en housse, et à côté d'eux, à gauche, quatre sergents de la ville, aussi à cheval et en housse avec leurs robes mi-parties. Après eux, dix trompettes du roi, cinq de chaque côté; ensuite deux hérauts d'armes, à cheval, bottés et éperonnés, l'épée au côté, vêtus de leurs cottes de cérémonie, un bâton fleurdelisé à la main et la toque de velours sur la tête. Après venoient le greffier de la ville et celui du Châtelet, côte à côte, le premier vêtu de sa robe mi-partie et l'autre avec une robe noire; puis Moreau, lieutenant civil, à droite, et à gauche Sanguin, sieur de Livri, prévôt des marchands. Dans le même ordre suivoient, à droite, les autres lieutenants, les quatre conseillers du Châtelet et le procureur du roi, et à gauche les échevins en robes mi-parties comme le prévôt, le procureur du roi de la ville en robe rouge et le receveur de la ville en manteau noir à manches. Les commissaires du Châtelet marchoient à la suite des conseillers du même siége. En cet ordre on alla de la Grève à la Croix-du-Tiroir, aux halles, devant Saint-Jacques-de-l'Hôpital, au cimetière Saint-Jean, à la place Royale, à la place Maubert et au bout du faubourg Saint-Michel (1). »

Les années suivantes furent signalées par une suite brillante de succès militaires. Dans presque toutes les expéditions, Louis commandait en personne. Il envahit la Savoie pour soutenir les droits du duc de Nevers au duché de Mantoue. Le duc de Savoie fit sa soumission, et les Espagnols furent forcés de lever le siége de Casal. L'armée royale rentra en France par le midi, et terrassa les derniers débris des troupes calvinistes qui s'agitaient encore. La ville de Privas fut saccagée, les autres n'osèrent se défendre, et la paix fut rétablie par un édit de pacification accordé aux religionnaires, le 20 novembre 1629, à Montauban. Le 21 novembre, Richelieu fut nommé officiellement premier ministre. Au commencement de l'année suivante, la guerre se renouvelle en Savoie, en Piémont, dans le Montferrat et dans le reste de l'Italie; les Français et les Vénitiens secourent Mantoue; l'empereur s'empare de nouveau de la Valteline, Richelieu ravitaille Casal que Spinola vient assiéger encore une fois; Créqui s'empare de Pignerol, Schomberg de Brigueras; enfin Louis XIII lui-même arrive se mettre à la tête de ses troupes, et se rend maître en quelques jours de toute la Savoie. Français et Espagnols ensanglantent ce malheureux pays, et le duc Charles-Emmanuel meurt de douleur de voir ses états livrés aux ravages de ses ennemis et de ses alliés. Sur ces entrefaites, Jules Mazarin, qui apparaît dans l'histoire pour la première fois, ménage une suspension d'armes qui est bientôt suivie d'un traité conclu à Ratisbonne, entre le roi et l'empereur, le 13 octobre 1630.

Louis XIII était tombé malade à Lyon, et si dangereusement, qu'on

(1) Félibien, t. II, p. 1345.

s'attendait à le perdre. Ce fut un moment de péril extrême pour Richelieu. Tous ses ennemis se réveillèrent et un complot formidable s'ourdit contre lui. Les deux frères de Marillac, le maréchal et le chancelier, séduits sans doute par l'espoir de succéder à la toute-puissance du cardinal, étaient les principaux instruments de cette conjuration, si l'on peut appeler ainsi le parti déclaré à la tête duquel se plaça ostensiblement la mère du roi. Pendant sa convalescence, Louis, obsédé des sollicitations, des plaintes, des remontrances de sa mère, auxquelles se joignirent les larmes et les prières de son épouse, se laissa facilement arracher la promesse de congédier le cardinal. Mais Richelieu seul avait la clef de toutes les affaires d'état, et en réfléchissant à la multitude d'affaires difficiles où il se trouvait engagé, le roi résolut de tout tenter pour conserver son ministre. Il se flatta de pouvoir tout concilier, d'obtenir que sa mère n'exigeât pas absolument l'éloignement d'un homme si nécessaire, et en même temps d'amener Richelieu à céder quelque chose au ressentiment d'une femme. Celui-ci était dans une crise trop pressante pour ne pas accepter avec joie ce moyen terme. Il épuisa toute son adresse à renouveler ces prévenances, ces fines attentions de courtisan qui lui avaient gagné jadis les bonnes grâces de la reine-mère. Enfin il fut convenu, à force de peines, que Marie de Médicis consentirait à recevoir les soumissions que lui présenteraient le cardinal et madame de Combalet sa nièce.

Le 11 novembre, fête de saint Martin, jour fameux dans les fastes de l'histoire de ce temps, et qu'on a nommé *la journée des dupes*, est fixé pour cette explication, qui devait tout raccommoder, et qui brouilla tout. Madame de Combalet est admise en présence du roi, à l'audience de la reine, qui demeurait au Luxembourg. Elle se jette à ses pieds et lui demande pardon de lui avoir déplu. Marie la reçoit froidement, et bientôt, lasse de se retenir, elle se laisse aller à toute la fougue de son caractère, l'accable de reproches et d'injures, la traite d'ambitieuse, d'ingrate, de fourbe, de femme débordée, et avec tant de pétulance que le monarque ne peut la contenir, et est obligé de faire signe à cette dame de se retirer. Il tâche de calmer sa mère, la conjure de se modérer ; et, croyant avoir trouvé un moment favorable, il appelle le cardinal. Celui-ci, qui avait vu sa nièce toute en larmes, entra lui-même en tremblant. Cette scène commença et finit comme l'autre. La reine, plus irritée qu'adoucie par les excuses de Richelieu, qu'elle traite de soumission hypocrite, pleure, sanglote, s'écrie que le cardinal est un perfide, un scélérat, l'homme le plus méchant et le plus détestable du royaume. « Vous ignorez ses projets, dit-elle à son fils, il n'attend que le moment où le comte de Soissons aura épousé sa nièce, pour lui mettre votre couronne sur la tête. — Mais, madame, lui disait le roi attendri et ému ; madame, que dites-vous là ? A quel excès vous transporte votre colère? C'est un homme de bien et d'honneur; il m'a toujours servi fidèlement; je suis très satisfait de lui; vous me désobligez, vous me mettez à la gêne; j'aurai de la peine à revenir du chagrin que vous me faites. » Peu touchée de l'état où elle mettait son fils, dont peu de chose altérait la santé, elle persévéra dans son emportement : il est obligé, pour mettre fin à une scène aussi désagréable, d'ordonner brusquement au cardinal de sortir. Celui-ci se croit perdu, il se retire consterné; et peu après le roi sort lui-même, profondément blessé de la double offense de sa mère, qui lui manquait si souvent de paroles et d'égards.

Aussitôt que la reine se trouve seule, ses femmes entrent; ses confidents, ses officiers, ses domestiques s'empressent, tout le monde est bien venu. Elle leur raconte d'un air de triomphe ce qu'elle a dit, ce qu'elle a fait, comme elle a humilié le cardinal, comme il était confus et désespéré; elle ajoute que, si son fils ne lui a pas donné gain de cause devant son ministre, c'est par une condescendance qui ne durera pas. Tous ceux qui l'entourent applaudissent à sa fermeté. Les courtisans, voyant que le roi s'est retiré sans rien dire, que tout est en désordre et en confusion chez le cardinal; qu'il brûle ses papiers, qu'il fait emballer ses meubles, et se dispose à un prompt départ; les courtisans, cette nation mobile qui tourne sans cesse au vent de la faveur, courent en foule chez la reine, remplissent ses appartements. Elle se montre, parle, écoute, caresse, remercie et respire avec volupté l'encens que ses flatteurs lui prodiguent.

Mais Richelieu, tout déconcerté qu'il paraissait, n'était pas sans espérance. Saint-Simon, favori du roi, qui avait tout vu, tout entendu, et qui était tout dévoué au cardinal, lui rendit en cette occasion le plus grand service, en lui faisant dire d'avoir bon courage. C'est à lui que nous devons la connaissance des perplexités de Louis XIII. « Eh bien! lui dit le roi en quittant sa mère, que dites-vous de cela? — J'avoue, répondit le favori, que je croyais être dans un autre monde; mais enfin, sire, vous êtes le maître. — Oui, je le suis, répliqua le roi, et je le ferai sentir. » Mais il lui en coûtait pour exécuter cette résolution. « L'obstination de ma mère me fera mourir, disait-il à Saint-Simon. Son entêtement contre le cardinal est si grand, qu'il est impossible de lui faire entendre raison. Elle veut que je chasse un ministre qui me sert fidèlement, et que je confie l'administration de mes affaires à des ignorants, plus attachés à leurs préjugés qu'à la raison, et préférant leur intérêt particulier à celui du royaume. » Cependant il hésitait à heurter de front l'obstination de la reine-mère. L'incertitude dont son esprit était agité se peignait dans tous ses mouvements; il se promenait à grands pas, se jetait sur son lit, se relevait précipitamment, demandait à boire, cherchait à la fenêtre la fraîcheur de l'air, et ouvrait ses habits comme un homme qu'un feu intérieur aurait dévoré. Dans cet état, un mot de Saint-Simon fut comme un trait de lumière qui le décida. « Je suis persuadé, dit-il au roi, que, pour l'intérêt de son service, Votre Majesté protégera le cardinal contre une cabale de gens sans mérite, qui en veulent plus au ministère qu'au ministre. Sans attaquer directement la reine-mère, Votre Majesté peut se contenter d'éloigner ceux qui lui inspirent des idées contraires à votre volonté; et tout ira bien ensuite. » Cet expédient plut à Louis; et afin d'être plus libre de le suivre, il résolut de quitter Paris et de se rendre à Versailles.

Cependant le cardinal de La Valette, sur le bruit du départ de Richelieu, était allé le trouver, et lui représentant que le plus mauvais parti qu'il pût prendre était la retraite, il le détermina à se rendre au contraire à Versailles, et à y faire valoir ses services pendant que les courtisans lui laissaient encore la place libre. Il l'y accompagna, et le ministre n'osant paraître d'abord devant le roi, il se présenta seul, à l'effet de s'assurer de ce qu'il y avait à craindre ou à espérer pour son ami. Aussitôt que le roi l'aperçut : « Vous avez été sans doute bien surpris? lui dit-il. — Plus qu'on ne peut imaginer, répond La Valette. — Monsieur le cardinal, reprend le monarque, a un bon maître : allez lui faire mes compliments, et dites-lui que, sans délai, il se rende à Versailles. » Le cardinal averti paraît, il presse et embrasse les genoux du roi; mais, après les premiers remerciements, il le prie de lui permettre de quitter le ministère. Le prince refuse; le prélat insiste. On prétend qu'il ne faisait pas cette demande de bonne foi; cependant il est possible qu'il eût peut-être mieux aimé faire sa retraite, que de se trouver par la suite exposé à de pareils assauts. Mais le roi le tranquillisa à cet égard, en lui promettant de le protéger contre tous (1).

Le lendemain, le garde des sceaux, Marillac, plein de l'idée qu'il allait désormais gouverner le royaume, est arrêté au point du jour et envoyé en prison. Son frère, qui commandait en Italie, est saisi de même et ramené en France sous bonne garde. Sans parler du crime de péculat et de concussion, ils étaient coupables d'avoir tenté de faire manquer la guerre en Italie en retenant les sommes qui y étaient destinées, conspirant ainsi contre l'État dans le but de ruiner le crédit de Richelieu. Le maréchal eut la tête tranchée en 1632.

La reine-mère s'enfuit à Bruxelles avec son fils Gaston d'Orléans. Aidé par le duc de Lorraine dont il avait épousé la fille en secondes noces, Gaston, après le supplice de Marillac, rassemble quelques troupes de vagabonds et se jette sur la France où l'appelait, en Languedoc, le duc de Montmorency, qui venait de lever, avec une partie des nobles

---

(1) Anquetil, *Hist. de France*.

mécontents, l'étendard de la révolte. Mais, pour aller joindre Montmorency, il fallait traverser tout le royaume. Partout les villes fermèrent leurs portes aux soldats de Gaston qui pillaient tout sur leur passage, et malgré leur jonction à Castelnaudary, les rebelles furent battus (1632). Aussitôt Gaston jeta les armes et fit encore la paix en livrant ses compagnons. Il jura expressément « d'aimer les ministres du roi, en particulier M. le cardinal. » Mais Montmorency, blessé et pris, fut décapité à Toulouse.

Cependant Richelieu prenait une part active à la lutte qui se livrait en Allemagne entre les états du nord et la maison d'Autriche dont la prépondérance énorme était effrayante. Il soutint, à force d'argent, le roi de Suède Gustave-Adolphe, et après la glorieuse mort de ce prince (1632), il prépara la France à la guerre. Lorsque le moment parut favorable, la guerre fut déclarée aux Espagnols, 1635. Ses commencements furent pourtant difficiles. Les Impériaux envahirent la Bourgogne et les Espagnols la Picardie. L'ennemi n'était plus qu'à trente lieues de la capitale.

La consternation fut grande dans Paris. « La plupart des habitants de l'Ile-de-France, croyant avoir déjà les Espagnols à leurs trousses, abandonnèrent leurs maisons et leurs villages pour se mettre en sûreté dans les villes voisines. Les religieux et les religieuses, comme les autres, désertaient leurs monastères. Pendant tout le mois d'août, on ne voyait entrer dans Paris que charrettes et chariots chargés de gens qui s'y réfugiaient avec leurs meubles. Le roi, pour arrêter les entreprises de l'ennemi et mettre Paris à couvert d'un siége, fit couper tous les ponts de la rivière d'Oise, et ordonna la levée de nouvelles troupes. Les portes de Paris furent gardées depuis le 13 août jusqu'au 27 septembre.

« Le roi déclara la reine gouvernante de Paris pendant son absence, et nomma lieutenant-général, Timoléon d'Espinay, seigneur de Saint-Luc, maréchal de France. Par diverses ordonnances publiées dans le même temps, il avait été fait injonction à tous gentilshommes et soldats sans condition, de s'enrôler dans vingt-quatre heures chez le maréchal de la Force, et aux maîtres de faire enrôler leurs laquais capables de porter les armes Tous ceux qui avaient carrosse furent obligés de fournir un cheval avec un laquais ou cocher, comme les propriétaires ou principaux locataires de chaque maison, de fournir un homme avec un baudrier et une épée ; et les maîtres de poste un cheval avec un de leurs postillons. Il fut défendu à tous artisans de retenir dans leurs maisons plus d'un serviteur, soit apprenti, soit compagnon. Le travail des ateliers fut interrompu, et les bâtiments cessèrent. Les maîtres d'hôtel du roi et gentilshommes servants qui n'étaient pas de quartier, eurent ordre de se rendre à l'armée de Picardie, montés et armés, aussi bien que les privilégiés et exempts de la taille; de sorte qu'en moins de quinze jours le roi se trouva avoir une armée des plus nombreuses. Les bourgeois fournirent volontairement l'argent nécessaire pour l'entretien de ces nouvelles troupes; à quoi contribuèrent aussi tous les chapitres, colléges, communautés, fabriques et monastères rentés. On songea en même temps à fortifier la ville et à la munir de provisions. Le tiers des habitants des bourgs et des villages d'alentour eurent commandement de se rendre aux lieux ordonnés pour travailler aux fortifications de Paris. Les greniers des communautés et les galeries même du Louvre furent ouvertes à ceux qui voulurent y apporter des blés (1). « La capitale mise en état de défense, le roi marcha contre les Espagnols, leur reprit Corbie et quelques autres villes, et l'année suivante ils furent battus dans le midi. Pour conserver le souvenir de ces victoires, Louis, dont la dévotion augmentait avec l'âge, déclara, le 10 février 1638, qu'il mettait la France sous la protection de la sainte Vierge, et ordonna, le jour de l'Assomption, une procession solennelle. Il fit vœu en même temps de faire reconstruire le grand autel de l'église Notre-Dame, projet qui ne fut exécuté que sous le règne suivant (2). Deux ans auparavant, il avait fait offrir à cette église par l'abbé Des Roches, chantre et chanoine de la cathédrale, une grande lampe d'argent ciselée du poids de 320 marcs.

La naissance du dauphin, depuis Louis XIV, vint mettre le comble aux prospérités de ce règne. Anne d'Autriche, après vingt ans de mariage, donnait enfin un héritier à la couronne de France. « Ce fut à Saint-Germain-en-Laye qu'il vint au monde, le dimanche 5 septembre 1638, un peu avant midi. — On le baptisa le même jour, mais les cérémonies du baptême furent différées jusqu'au 21 avril 1643, que le cardinal Mazarin et la princesse de Condé, choisis pour parrain et marraine, le nommèrent Louis sur les fonts. La nouvelle de la naissance du dauphin ayant été incontinent portée à Paris, fut annoncée dans tous les quartiers de la ville au bruit de quarante pièces de canon de la Bastille et de trois cents boîtes de l'Arsenal. Dès le même soir il y eut des feux de joie devant l'Hôtel-de-Ville et dans toutes les rues, avec illuminations aux fenêtres, par ordre du gouverneur et du prévôt des marchands. Le lendemain on fit jouer un feu d'artifice dans la Grève. Tout Paris ne pouvant assez exprimer sa joie de la naissance d'un prince qui étoit comme le gage assuré de sa prospérité future, continua ses divertissements trois jours entiers. Mais ces réjouissances ne se bornèrent pas à des démonstrations de joie purement profanes; la religion et la piété y eurent la meilleure part. Comme jamais dauphin ne fut demandé à Dieu par des vœux plus ardents et plus réitérés, aussi

(1) Félibien, t. II, p. 1364.
(2) Voy. t. I de cette histoire, p. 115.

jamais ne rendit-on des actions de grâces plus solennelles. Dès le lendemain de la naissance du jeune prince, le *Te Deum* fut chanté sur les dix heures du matin à Notre-Dame, en présence des cours souveraines, du gouverneur de Paris, du prévôt des marchands et des échevins. L'archevêque Jean-François de Gondi fit faire le jour suivant une procession générale où il assista à la tête du clergé, accompagné du gouverneur et du corps de ville, pendant que le parlement et les autres cours allèrent à Saint-Germain-en-Laye complimenter le roi et la reine sur la naissance du dauphin leur fils. Henri de Bourbon, légitimé de France, nommé à l'évêché de Metz, et abbé de Saint-Germain-des-Prés, fit faire, le 8 septembre, jour de la Nativité de la Vierge, une procession générale dans le faubourg de sa juridiction, dont les rues furent tendues de riches tapisseries. Le soir du même jour il y eut des feux et toutes sortes de réjouissances. En un mot, toutes les églises, les communautés, les compagnies et tous les corps de la ville n'omirent rien pour signaler à l'envi leur parfaite reconnaissance du grand présent qu'ils avoient reçu du ciel. Les ambassadeurs des cours étrangères qui se trouvèrent pour lors à Paris, témoignèrent la part qu'ils prenoient à la joie commune de toute la France, par des feux, des illuminations et des festins avec la dernière magnificence. Quelques jours après, le roi fit grâce à un grand nombre de prisonniers, en faveur du dauphin héritier de la couronne; et après que la reine fut relevée de ses couches, elle vint à Paris le 3 novembre, pour rendre à Dieu ses actions de grâces dans l'église de Notre-Dame (1). »

En 1631, la disette et la contagion avaient exercé de grands ravages dans Paris. La peste recommença en 1636 et 1638, malgré les mesures de salubrité ordonnées par le parlement. La police était fort mal faite; nous voyons dans les *Registres du parlement* qu'on renouvelait chaque année des ordonnances contre les voleurs qui pullulaient dans Paris. *Il n'y avoit alors sûreté ni le soir ni le matin.* En 1624, on fut obligé d'ordonner aux bourgeois d'avoir des armes dans leurs boutiques pour être prêts à donner main-forte aux gens des lieutenants civil et criminel. On condamna aux galères *tous soldats, vagabonds et autres portant épée, mendiants valides, tire-manteaux, joueurs de cartes, dez et merelles, soi-disant filous.* « Mais le mal, dit un historien, surmontoit les remèdes, et la vigilance des magistrats avoit toujours de l'occupation sur cette matière. L'usage du tabac, devenu commun, ouvrit aux vagabonds, aux soldats sans occupation et aux filous, de nouveaux moyens d'exercer leurs voleries. Ils contrefaisoient les étrangers, et menant plusieurs personnes aux cabarets et autres lieux où l'on se rassembloit pour prendre du tabac, ils usoient de violence pour

(1) Félibien, t. II, p. 1368.

leur ôter leur or, leur argent et leurs habits. Le parlement ordonna, par son arrêt du 23 juin 1629, que tous ces soldats, filous et autres vagabonds, joueurs et mendiants valides vuideroient la ville sous vingt-quatre heures; quant au tabac, il fut défendu à qui que ce fût, excepté aux épiciers, d'en vendre ou de permettre qu'on s'assemblât dans sa maison pour en user, à peine de 500 livres d'amende et de punition corporelle, si le cas le requéroit. » En 1637, les vols devinrent si fréquents dans Paris, que le roi permit aux habitants d'avoir des armes pour repousser les brigands. — Les pages et les laquais, qui formaient au milieu de la capitale une immense population, inquiétaient également les Parisiens. En 1632, il leur fut fait défense « de s'assembler à la porte Saint-Antoine ni ailleurs; de molester aucune personne, ni de commettre insolences, de porter pistolets, bâtons ni épées. Enjoint aux maîtres de les retenir près d'eux en leur devoir, et leur défend de faire porter leur épée, à peine de 300 livres d'amende et d'en répondre civilement. » Deux ans après, nouvelle ordonnance. « Il est défendu aux laquais et serviteurs auxquels leurs maîtres donnent argent pour leur dépense, d'entrer dans les cabarets avec aucunes armes pour y boire et manger, et d'y séjourner plus d'une demi-heure à dîner et autant à souper, et, incontinent après, se retirer chez leurs maîtres, et de ne point se trouver dans lesdits cabarets après sept heures du soir, et à ladite heure les cabarets doivent être fermés en hiver. » Ces mesures étaient insuffisantes. Le 20 mai 1636, deux commissaires de police qui conduisaient sous bonne escorte sept à huit faux monnayeurs arrêtés dans la rue du Champ-Fleuri, furent attaqués dans la rue du Four par les gens de la duchesse de Soissons. Deux soldats furent blessés mortellement, l'un des commissaires fut battu, un maître d'armes, qui avait pris sa défense, reçut quarante coups d'épée (1). Je pourrais multiplier ces exemples. Quelques troubles eurent lieu cependant à cette époque, qui n'eurent d'autre motif que la misère publique. Le 5 février 1631, le peuple se souleva contre un financier appelé Jean de Bryais; sa maison fut saccagée. Au mois de mai 1636, nouvelle sédition contre le prévôt des marchands; elle avait le même motif (2).

La guerre, plus glorieuse que jamais pour la France, se poursuivait avec autant d'activité que de bonheur sur toutes les frontières, vers le Rhin, les Alpes et les Pyrénées. Au commencement de l'année 1642 ce fut vers cette dernère frontière que se dirigèrent toutes les forces du royaume; on était résolu de se tenir sur la défensive en Allemagne et en Italie, et à faire la conquête du Roussillon. Le roi et le cardinal se rendirent dans le Midi pour diriger les opérations. Les hostilités furent promptement entamées et marchèrent avec succès. Tout-à-coup, un complot

---

(1) M. Dulaure, t. V, p. 6.
(2) *Registres du parlement*, cités par M. Dulaure. *Ibid.*, p. 78.

tramé par le grand-écuyer Cinq-Mars faillit détruire un moment la puissance du cardinal et attirer de grands malheurs sur la France. Cinq-Mars avait appuyé son projet sur les secours de l'Espagne. Il était si bien dans les bonnes grâces du roi ; Louis XIII paraissait si fatigué de son ministre ; Richelieu était resté à Tarascon, si faible et si malade, que les conjurés croyaient pouvoir le laisser mourir en paix. Mais le cardinal fut instruit de tout assez à temps pour apprendre au roi que les conjurés avaient conclu un traité secret avec les Espagnols. Cinq-Mars était perdu. Avant de reprendre le chemin de la capitale, Louis XIII passa à Tarascon pour rendre visite à Richelieu. Ils étaient si malades tous deux, que le cardinal ne put se lever pour recevoir le roi, et qu'on fut obligé de dresser un lit au monarque près de la couche de son ministre pour qu'ils pussent s'entretenir ensemble. Louis subit les reproches les larmes aux yeux, dit-on, et autorisa le cardinal à agir en toutes choses avec la même autorité que si ce fût lui-même ; puis il partit se dirigeant vers le Nord. — Le 12 septembre 1642 furent décapités à Lyon, Cinq-Mars et son ami le vertueux de Thou. La reine-mère, Marie de Médicis, errante et fugitive, âgée de soixante-dix-huit ans, et dans le plus profond dénûment, était morte à Cologne le 3 juillet.

Ainsi Richelieu, sur son lit de mort, voyait autour de lui tous ses ennemis anéantis. Le 2 décembre 1642, ce grand homme, réduit à la dernière extrémité par la maladie qui minait depuis long-temps ses membres débiles, reposait dans son palais cardinal, lorsque Louis XIII arriva de Saint-Germain pour le voir. Richelieu lui dit qu'il quittait la vie « avec la satisfaction de n'avoir jamais desservi le roi, et de laisser son État en haut point et tous ses ennemis abattus. » Ensuite il le supplia de protéger sa famille. Puis il l'entretint des affaires du royaume, et lui recommanda, dit-on, Mazarin comme son successeur. Le roi, durant cette visite, lui donna tous les soins de la familiarité la plus intime ; il lui fit prendre de sa main deux jaunes d'œufs et le quitta en pleurant. Le soir, le curé de Saint-Eustache apporta au mourant le viatique. A la vue du Saint-Sacrement, il s'écria : « Voilà mon juge devant qui je paraîtrai bientôt ; je le prie de bon cœur qu'il me condamne si j'ai eu autre intention que le bien de la religion et de l'État. » Le prêtre lui ayant demandé quels étaient ses sentiments envers ses ennemis : « Je leur pardonne, dit-il, de tout mon cœur, et comme je prie Dieu qu'ils me pardonnent. » Et comme son confesseur l'engageait à bénir toutes les personnes rassemblées en grand nombre autour de son lit : « Je n'en suis pas digne, répondit-il ; mais puisque vous le commandez, je recevrai de vous la bénédiction pour la leur donner. » Le lendemain, le roi vint encore visiter Richelieu et resta avec lui plus d'une heure. Le soir, la nuit de ce jour et durant la matinée du jour suivant, un changement notable parut se manifester dans l'état du malade ; mais au moment où ceux qui l'entouraient croyaient au retour de la vie, il tomba en faiblesse, perdit la parole, et vers l'heure de midi il expira (1). « Ainsi mourut à l'âge de cinquante-huit ans cet homme éminent, qui avait rendu à la France la force et la puissance ; son sceptre de fer prépara les splendeurs du règne de Louis XIV (2). »

Les funérailles de Richelieu furent célébrées avec pompe. « On lui dressa un lit funèbre sur lequel il fut offert cinq jours durant, en habit de cardinal avec la chape et le bonnet rouge, à l'admiration des Parisiens, qui se pressèrent tout ce temps, et sans être arrêtés par la nuit, aux abords du palais-cardinal, en telle foule qu'il ne falloit pas moins de la durée d'un jour pour arriver à son tour devant le catafalque. Enfin, plus d'une semaine après sa mort, le 13 décembre, il fut placé le soir sur un char magnifique traîné par six chevaux, et conduit en l'église de Sorbonne, où son testament ordonnoit qu'il fût enterré. » Dans ce testament, mélange singulier de pensées pieuses et d'orgueilleuses précautions pour la perpétuité de son nom et de sa fortune, où le cardinal avoit à distribuer deux duchés-pairies, deux hôtels, onze terres titrées, d'énormes revenus et des meubles somptueux, où les seuls legs faits à des serviteurs désignés de sa maison s'élevoient à 300,000 livres, il se trouvoit une disposition remarquable au profit du roi. Outre le palais-cardinal, sa chapelle d'or, son grand buffet d'argent ciselé et son gros diamant, déjà donnés et reçus entre vifs, outre aussi un hôtel à démolir pour faire une place devant le palais, et huit tentures de tapisserie avec trois lits pour en meubler les principaux appartements, le cardinal de Richelieu prioit le roi de trouver bon qu'on lui remît entre les mains 1,500,000 livres de son argent comptant, « de laquelle somme, ajoutoit-il, je peux dire avec vérité m'être servi très utilement aux plus grandes affaires de son État, en sorte que, si je n'eusse eu cet argent en ma disposition, quelques affaires qui ont bien succédé eussent apparemment mal réussi ; ce qui me donne sujet d'oser supplier Sa Majesté de destiner cette somme que je lui laisse pour l'employer en diverses occasions qui ne peuvent souffrir la longueur des formes de finances. » C'est peut-être là ce qu'on auroit dû appeler son testament politique (3). » Les 19 et 20 janvier suivants, Louis XIII fit célébrer à Notre-Dame un service solennel pour la mémoire de son ancien ministre. Toutes les cours y assistèrent par son ordre, ainsi que le bureau de la ville et l'Université ; mais le recteur et ses suppôts se retirèrent bientôt, après une violente contestation, parce que le maître des cérémonies ne

---

(1) M. Bazin, t. IV, p. 437.

(2) On examina curieusement son cadavre. « Les chirurgiens qui firent l'ouverture de la tête de son éminence, dit une relation adressée au marquis de Fontenay-Mareuil, la jugèrent un miracle de nature ; tous les organes de l'entendement s'y trouvaient doublés et triplés. »—(3) *Ibid.*, p, 438 et suiv.

leur avait réservé que quatre places. M. de Pont de Courlay, le duc de Richelieu, son fils, et le marquis de Brézé conduisaient le deuil. Le cardinal Mazarin assista au service, sur un fauteuil de velours violet placé à part du côté de l'épître, pour éviter toute querelle de préséance avec les évêques et archevêques, dont les places étaient désignées du côté de l'évangile. La cérémonie fut magnifique. L'église était toute tendue de drap et de velours, éclairée de trois mille cierges; au milieu du chœur était une chapelle ardente à neuf clochers, où l'on avait placé le simulacre du cercueil. L'archevêque de Paris officia, et l'oraison funèbre fut prononcée par l'évêque de Sarlat, Jean de Lingendres, « dont l'auditoire fut ravi; » ce sont les termes du procès-verbal (1).

Le jour même de la mort de Richelieu, Louis XIII appela dans ses conseils le cardinal Mazarin, et le lendemain il dicta de Paris une lettre adressée aux parlements et aux gouverneurs des provinces, par laquelle il leur annonçait « que Dieu ayant voulu retirer à lui le cardinal de Richelieu, il étoit résolu de conserver et d'entretenir tous les établissements ordonnés durant son ministère, de suivre tous les projets arrêtés avec lui pour les affaires du dehors et de l'intérieur, en sorte qu'il n'y auroit aucun changement; et que continuant dans ses conseils les mêmes personnes qui l'y servoient si dignement, il y avoit appelé le cardinal Mazarin dont il avoit éprouvé la capacité et l'affection à son service dans les divers emplois qu'il lui avoit donnés, et dont il n'étoit pas moins assuré que s'il fût né parmi ses sujets. »

La mort du redoutable cardinal causa de tous côtés une explosion d'allégresse. Les étrangers espéraient que les vastes projets préparés par son génie tomberaient en de trop faibles mains pour être conduits à leurs fins. En France, tout ce qu'il y avait d'exilés, de prisonniers, de mécontents, se mit à demander sa réintégration, sa liberté, et Mazarin qui sentait le règne de Louis XIII près de s'achever, se gardait d'amasser des haines contre lui, se montrait plein de douceur. Les ducs de Vendôme, de Mercœur, de Beaufort, de Guise, d'Elbeuf, d'Épernon, une quantité d'autres seigneurs reparurent l'un après l'autre, et se pressèrent autour d'Anne d'Autriche, long-temps opprimée comme eux. La foule des nouveaux venus afflua dans Paris; dans chaque famille il y avait quelque retour à fêter, et l'on peut croire que dans les premiers moments la mémoire du cardinal ne fut nullement respectée. On lança l'injure sur son tombeau; on lui reprocha surtout d'avoir aimé la guerre et le sang, et d'avoir entretenu des liaisons coupables avec madame de Combalet, sa nièce (2).

(1) Voy. le procès-verbal de cette cérémonie, rédigé par M. de Sainctot, maître des cérémonies de France. Félibien, *Preuves*, t. V, p. 825 et suiv.

(2) On connaît environ deux cents pièces de vers, distiques, rondeaux, quatrains et sonnets qui furent alors publiés contre sa mémoire.

Louis XIII cependant pressentait la la mort qui s'avançait à grands pas. Il habitait toujours Saint-Germain, et l'on voyait chaque jour décliner sa santé. Vers la fin de février 1643, on crut que c'en était fait; cependant il se rétablit un peu, mais pour retomber bientôt dans un état de langueur dont son caractère inquiet augmentait le danger. « Ces gens-ci, disoit-il en voyant les grands qui regardoient avec curiosité son lit de douleur, ces gens-ci viennent voir si je mourrai bientôt; si j'en puis revenir, je leur ferai payer cher le désir qu'ils ont que je meure. »

Le souci qui rongeait les derniers moments de Louis XIII, c'était de laisser son royaume à des mains qu'il croyait indignes s'il ne les haïssait pas. Il aurait voulu ne confier la régence ni à sa femme ni à son frère, qui lui étaient odieux. L'adroit Mazarin l'engagea à balancer la reine et le duc d'Orléans l'un par l'autre, en leur accordant à tous deux un pouvoir étroitement limité. Le 10 avril, le roi convoqua auprès de lui son épouse, ses enfants, tous les grands et les officiers du royaume qui se trouvaient à Saint-Germain, et fit lire à haute voix par le secrétaire-d'État de La Vrillière *sa très expresse et dernière volonté qu'il vouloit être exécutée après sa mort*. Cet acte contenait la nomination de la reine à la régence et du duc d'Orléans à la lieutenance-générale du royaume, mais en même temps la création d'un conseil de régence sans lequel l'un ni l'autre ne pourrait rien décider. Ce conseil, présidé par le prince de Condé, se composait de Mazarin, du chancelier Séguier, du surintendant Boutillier et de son fils Chavigny. Louis commanda à tous les assistants de jurer le maintien de sa déclaration; il la fit signer par les membres du conseil de régence, et la signa lui-même. Gaston obéit complaisamment; mais Anne d'Autriche, irritée de ce qu'elle appelait la violation de ses droits, écrivit secrètement une protestation qu'elle envoya cachetée à Paris par un de ses aumôniers pour en faire parapher la suscription par deux notaires. Le roi, de son côté, fit imprimer sa déclaration et la fit répandre avec le plus de publicité possible. Puis, satisfait de son œuvre, Louis XIII passa ses derniers jours dans une douce quiétude, et rendit l'âme le 14 mai, anniversaire de la mort de son père, âgé seulement de quarante-deux ans (1643).

CHAPITRE DEUXIÈME.

Monuments. — Institutions.

Carmes déchaussés, rue de Vaugirard, n° 70. —La réforme que sainte Thérèse avait introduite dans l'ordre des Carmes, en 1568, s'étant répandue d'Espagne en Italie, et y ayant fait de grands progrès, le pape Paul V, informé de la piété et des travaux de ces religieux, engagea Henri IV à les recevoir à Paris. Le P. Denis de la Mère de Dieu, et le P. de Vaillac, dit de *saint Joseph*, carmes déchaussés, étaient les porteurs de ce bref, daté du 20 avril 1610. La nouvelle de l'assassinat du roi, qu'ils apprirent en chemin, ne les arrêta pas, et ils arrivèrent à Paris au mois de juin de la même année. Le cardinal de Joyeuse, auquel le pape les avait adressés, et Robert Ubaldini, nonce du Saint-Siége, les présentèrent au roi et à la reine régente, au mois de mai de l'année suivante, et obtinrent pour eux des lettres-patentes, en date du mois de mars 1611, qui furent ensuite enregistrées au parlement. Il ne restait plus des formalités nécessaires que le consentement de l'évêque de Paris, Henri de Gondi, qui l'accorda le 22 mai de la même année (1).

Le même jour, les Carmes déchaussés prirent possession d'une maison qui leur fut donnée rue de Vaugirard, par Nicolas Vivian ou Vivien, maître des comptes, leur fondateur, qui l'avait achetée, avec un jardin fort étendu, de Robert de Barrat, maître d'hôtel de la maison du roi, et de Françoise Fromage, sa femme. On bâtit à la hâte les logements nécessaires et l'on fit une chapelle dans une salle qui avait autrefois servi de prêche aux protestants. Cette chapelle ne pouvant suffire à l'affluence des fidèles, Jean du Tillet, greffier en chef du parlement, en fit construire une plus grande à ses frais. Elle fut consacrée par le nonce, le 6 novembre de la même année. Mais peu de temps après, comme le concours du peuple augmentait chaque jour, on songea à construire un couvent et une autre église. Le 7 février 1613, Nicolas Vivian, comme principal fondateur, posa la première pierre des bâtiments, et le 20 juillet de la même année, Marie de Médicis posa celle de l'église, qui ne fut achevée qu'en 1620. L'évêque de Chartres la dédia solennellement le 21 décembre 1625 (2).

Cette église est grande et régulièrement construite ; elle est surmontée d'un dôme, le premier qui ait été bâti à Paris, si l'on excepte

---

(1) Félibien t. II, p. 1284. — Dubreuil, p. 387 et suiv. — Piganiol, t. VII, p. 278, — Jaillot, t. V, *quartier du Luxembourg*, pt 110. — (2) Dubreuil, p. 391.

celui de la chapelle de Notre-Name aux Petits-Agustins (1). La coupole fut peinte par Bertholet Flamael, peintre de Liége, qui jouissait d'une certaine réputation; elle représente le *prophète Élie enlevé au ciel*, et fut réparée en 1711. Le grand autel fut construit par le chancelier Séguier, l'un des bienfaiteurs de cette maison. Il est d'un assez beau dessin, et décoré de colonnes corinthiennes en marbre de Dinan, et des statues d'Élie et de sainte Thérèse. Le tableau qui est au milieu a pour sujet la *Présentation de J.-C. au Temple;* c'est l'ouvrage de Quentin Varin, peintre amiénois, qui fut un des maîtres du Poussin. Cette toile, donnée aux Carmes par la reine Anne d'Autriche, est fort estimée.

La chapelle à gauche est celle de la Vierge; elle était autrefois ornée d'une assez belle statue de marbre blanc, faite à Rome par Antonio Raggi, dit le Lombard, sur les dessins de Bernin. Elle représente la Vierge assise tenant l'enfant Jésus sur ses genoux. Cette statue coûta dix mille francs au cardinal Antoine Barberini, qui la fit transporter à Rome et la donna aux Carmes déchaussés. Pendant la révolution on la transféra au Musée des monuments français, d'où on l'en tira pour la placer à Notre-Dame, dans la chapelle de la Vierge. On a remplacé dans l'église dont nous nous occupons, la Vierge d'albâtre par un plâtre moulé sur l'original. La chapelle à droite, dédiée à sainte Thérèse, renferme un tableau de J.-B. Corneille, représentant l'*Apparition de N.-S. à sainte Thérèse et à saint Jean de la Croix*. Elle est décorée de colonnes de marbre de Dinan, et ornée de deux grands tableaux de De Sève aîné. D'autres chapelles étaient richement ornées, notamment celle de saint Jacques-le-Majeur, qui contenait des peintures de Pierre Van-Mol et de Philippe de Champagne (2).

En 1711, on posa la balustrade de fer qui règne sur la corniche dans toute l'étendue de l'église. Une tombe de bronze, ornée de bas-reliefs sur les dessins d'Oppenord, fermait l'entrée du caveau où l'on enterrait les religieux. On remarquait dans l'intérieur de l'église plusieurs tombeaux, entre autres ceux de maître Vivian, fondateur du couvent; d'Éléonore de Valançay, évêque de Chartres, depuis archevêque de Reims, mort en 1651; de Pierre Bertius, de Leyde, *savant cosmographe du roi*, mort en 1629.

Le monastère était vaste, mais n'avait rien que de très simple dans sa construction. La seule chose qu'on y remarquât, c'était la blancheur extrême des murs, enduits d'une sorte de stuc aussi brillant que le marbre, et dont la composition a été pendant long-temps un secret très soigneusement gardé par ces religieux, qui en étaient les inventeurs. C'est l'espèce d'enduit connu depuis sous le nom de *blanc des carmes*.

---

(1) Voy. t. III, p. 541. — (2) Brice, t. III, p. 426.

Ils étaient aussi les inventeurs de l'*eau de mélisse* qui porta leur nom, et dont ils faisaient tous les ans un débit considérable. Le commerce de cette eau se continue de nos jours.

La bibliothèque, distribuée en deux pièces, contenait environ douze mille volumes. « Ce qu'on y remarque de plus rare, dit Piganiol, c'est un manuscrit de Flodoart ou Frodoard, chanoine de Reims, qui a composé une chronique de ce qui est arrivé en France de plus considérable, depuis l'an 919 jusqu'en 966. On prétend que ce manuscrit est l'original (1). »

Les jardins étaient vastes et bien cultivés. Indépendamment de l'espace qu'occupait leur couvent, les Carmes déchaussés possédaient autour de leurs cloîtres de grandes portions de terrains sur lesquelles ils avaient fait bâtir, vers la fin du siècle dernier, plusieurs beaux hôtels qui donnaient dans la rue du Regard et dans la rue Cassette. Ces propriétés nouvelles, dont ils tiraient un grand revenu, avaient rendu leur couvent l'un des plus riches de l'ordre. « Il faut leur rendre justice, ajoute plaisamment Saint-Foix ; les richesses ne les enorgueillissent pas ; ils continuent toujours d'envoyer des frères quêteurs dans les maisons (2). »

Le couvent des Carmes déchaussés, supprimé en 1790, fut vendu vers l'an 1808 ; une société de dames acheta l'église et y fit célébrer l'office divin. Sous la restauration, une partie des bâtiments fut détruite. L'église fut rendue au culte, et l'on donna l'autre portion du couvent à des religieuses carmélites.

Noviciat des Jésuites, rue du Pot-de-Fer-Saint-Sulpice, nos 12 et 14. Lorsque les jésuites furent rappelés en France, en 1603, ils résolurent de profiter de cette circonstance pour obtenir un troisième établissement (3), dans lequel ils formeraient et mettraient à l'épreuve ceux qui se présenteraient pour être admis dans leur société. Le roi le leur permit, et Madeleine Luillier, veuve de Claude Leroux, sieur de Sainte-Beuve, conseiller au parlement, acheta, en 1610, l'ancien hôtel de Mézières, et le donna à ces religieux pour en faire leur noviciat. L'acte de fondation est du 13 avril 1612. Les jésuites firent successivement l'acquisition de plusieurs maisons voisines, en sorte que leur terrain se trouvait renfermé entre les rues du Pot-de-Fer, Mézières, Cassette et Honoré-Chevalier.

François Sublet des Noyers, secrétaire d'état au département de la guerre, fit construire à ses dépens l'église de cette communauté. La première pierre en fut posée par Henri de Bourbon, abbé de Saint-Germain. Commencée en 1630, elle fut achevée en 1642, et bénite par l'é-

(1) Piganiol, t. VII, p. 284. — (2) Saint-Foix, t. I, p. 312. — (3) Ils avaient un collége et une maison professe dont j'ai parlé ailleurs.

vêque de Boulogne, sous l'invocation de saint François-Xavier. Cette église, qui n'existe plus, était petite, mais fort régulière; c'était l'une des belles églises des couvents de Paris. Un excellent architecte, frère Martel-Ange, jésuite lyonnais, avait été chargé d'en tracer les dessins et d'en conduire les travaux. L'intérieur était décoré de pilastres doriques, à l'aplomb desquels s'élevaient des arcs-doubleaux enrichis d'ornements qui représentaient les vases et les instruments employés dans les cérémonies religieuses.

L'église du Noviciat des Jésuites était fort riche. Le grand autel fut reconstruit en 1700, aux dépens de Louis XIV, sur les dessins de Jules-Hardouin Mansard, et sous la direction de Robert de Cotte, premier architecte du roi. Il était d'une grande magnificence, et tout y attirait l'attention, jusqu'au tabernacle, ouvrage d'un nommé Villers, orfèvre des Gobelins (1). De chaque côté, on voyait les statues des saints Ignace et Xavier, par Coustou le jeune. Mais ce qu'il y avait de plus admirable dans cette église, c'était le grand tableau du Poussin, représentant *saint François-Xavier qui ressuscite un mort au Japon*. Cette toile, que Sauval a su apprécier avec goût (2), et qui est fort estimée des connaisseurs, se trouve aujourd'hui dans la collection du Musée. On voyait aussi dans cette église, *la Vierge*, par Simon Vouet; *Jésus-Christ prêchant*, par Jacques Stella, et un très beau Christ de Sarrazin.

Dans cette même maison, à côté de l'église, était la *chapelle des Congréganistes*, c'est-à-dire des séculiers qui faisaient partie de la congrégation. Cette chapelle était richement ornée. Le plafond, qui représentait l'*Assomption de la Vierge*, avait été peint par un artiste italien assez médiocre, nommé Girardini. Mais sur l'autel et sur les côtés étaient *une Annonciation*, de J.-B. Champagne, et deux tableaux estimés de Mignard: *saint Jérôme dans le désert*, et *la Vierge dictant à saint Ignace son livre des Exercices spirituels dans la grotte de Manrèze* (3).

Après l'expulsion des jésuites en 1763, la maison du Noviciat et son enclos furent vendus à des particuliers, changés de destination ou démolis en partie. La loge des francs-maçons, dite du *Grand-Orient*, y établit pendant quelques années le lieu de ses séances.

Minimes de la Place-Royale, rue de la Chaussée-des-Minimes, n° 6. L'ordre des Minimes, fondé par saint François de Paule, prit de grands accroissements en France, même du vivant de ce saint homme, et au siècle dernier on en comptait cent soixante-quatre. Ces religieux avaient déjà deux couvents près de Paris, celui de Chaillot ou des *Bons-Hommes* (4) et celui de Vincennes. Les historiens ne sont point

---

(1) Brice, t. III, p. 436. — Piganiol, t. VII, p. 298. — (2) Sauval, t. I, p. 462. — (3) Piganiol, t. VII, p. 302. — (4) Voy. t. III, p. 186.

d'accord sur l'origine du couvent des Minimes de Paris. Il paraît qu'Ange de Joyeuse légua, vers 1589 ou 1590, son hôtel de la rue Saint-Honoré à ces religieux, sous condition de faire bâtir un couvent de leur ordre dans ce faubourg, et d'y entretenir un maître d'école pour l'instruction des enfants de ce quartier. Il survint sans doute des difficultés pour l'exécution de ce projet, car il n'eut pas lieu (1).

Enfin les Minimes de la province de France eurent un couvent à Paris. Olivier Chaillon, chanoine de Notre-Dame et descendant d'une sœur de saint François de Paule, entra dans cet ordre, et, par le don qu'il leur fit de ses biens, il mit ces religieux en état de fonder un établissement au mois d'octobre 1609; ils achetèrent de MM. de L'Hôpital, seigneurs de Vitri, une partie des jardins de l'ancien palais des Tournelles (2). Henri IV approuva cette acquisition par des lettres du mois de janvier 1610, qui furent confirmées par celles de Louis XIII, du 15 juin de la même année. Les Minimes se contentèrent d'abord de quelques bâtiments construits à la hâte, et d'une petite chapelle où la messe fut célébrée pour la première fois, le 25 mars 1610, jour de l'Annonciation; ce qui fit désigner quelquefois cette maison sous le nom de l'*Annonciade* (3).

Bientôt après, Marie de Médicis voulut se déclarer fondatrice de ce couvent; elle fit rembourser aux Minimes la somme qu'ils avaient payée pour leur acquisition, et ses libéralités, jointes à celles des marquis de La Viéville et de Sourdis, de Lefebvre d'Eaubonne, président à la chambre des comptes, de Lefebvre d'Ormesson, conseiller d'État, etc., mirent ces religieux à même de faire construire leur couvent. La première pierre de l'église fut posée au nom de Marie de Médicis par l'évêque de Grenoble, le 18 septembre 1611. Les événements politiques qui agitèrent la France, retardèrent sans doute la continuation des travaux; car la première pierre du grand autel ne fut posée que le 4 mai 1630, et l'église dédiée seulement le 29 août 1679, sous l'invocation de saint François de Paule, par Bouthillier de Chavigny, évêque de Troyes. — Cette église était fort belle. Le portail avait été élevé par François Mansard, et c'est le dernier ouvrage de ce grand homme. Il était composé de deux ordres d'architecture : le premier, dorique, consistait en huit colonnes, dont les bases et les chapiteaux étaient confondus; le second était formé de quatre colonnes composites. Dans le tympan du fronton, on voyait un bas-relief représentant Sixte IV, accompagné de plusieurs cardinaux, qui ordonne à saint François de Paule de se rendre auprès de Louis XI.

(1) Jaillot, t. 1, *qxartier du Palais-Royal*, p. 56. — T. III, *quartiar Saint-Antoine*, p. 82 et suiv.
(2) C'était l'emplacement des bâtiments que Henri III avait fait élever pour des religieux hiéronimites. — (3) Dubreuil, p. 664.

Le grand autel, décoré de six colonnes corinthiennes de marbre de Dinan, avait pour tableau une *Descente de Croix*, copiée d'après celle de Daniel de Volterre, qui se voit à Rome dans l'église des Minimes de la Trinité-du-Mont. Des deux côtés de l'autel étaient deux statues de Gilles Guérin, représentant la *Vierge* et *saint François de Paule*. Les chapelles n'étaient pas moins décorées. On remarquait dans celle de saint François de Paule le chef-d'œuvre de Vouet; il représentait ce saint *ressuscitant un enfant*. Neuf panneaux et autant de camaïeux avaient été peints par les élèves de Vouet. Lahire, Sarrazin, Nicolas Coypel, Jean Dumont dit le Romain, et d'autres artistes distingués contribuèrent également à embellir cette église.

Quelques personnages illustres étaient ensevelis chez les Minimes. Les entrailles de *Henri de Bourbon, prince de Condé*, y avaient été déposées. — L'une des chapelles appartenait à la famille *Colbert-Villacerf;* elle était décorée avec goût; le tombeau d'Edouard Colbert, surintendant des bâtiments du roi, mort en 1699, est l'un des plus beaux ouvrages de Coustou l'aîné. — Le monument du duc de *La Viéville*, ministre d'État et surintendant des finances, n'était pas moins remarquable. — Dans la chapelle d'Angoulême, étaient les sépultures de cette famille. On y admirait les tombeaux de *Diane de France*, duchesse d'Angoulême, fille légitime de Henri II, morte à Paris en 1619, et de *Charles de Valois*, duc d'Angoulême, fils naturel de Charles IX et de Marie Touchet. Il fut mis à la Bastille pour avoir conspiré contre Henri IV, et il y passa douze ans; il mourut en 1650. Citons aussi les sépultures des familles de *L'Hôpital*-Vitry, de Castille, de Verthamont; toutes les chapelles qui les renfermaient étaient décorées avec magnificence. — On voyait dans la même église les tombeaux de *Nicolas Le Jay*, premier président du parlement, mort en 1640, après avoir passé par plusieurs charges importantes; — *d'Abel de Sainte-Marthe*, doyen de la cour des aides, garde de la Bibliothèque royale de Fontainebleau, et auteur de quelques ouvrages estimés des érudits. — Le célèbre *Jean de Launoy*, docteur en théologie, surnommé le *dénicheur de saints*, mort en 1678, etc. — Ces monuments ont été transférés, pendant la révolution, au Musée des monuments français.

Le cloître de ce couvent était bien construit. Dans deux galeries, qui régnaient au-dessus, étaient deux tableaux du P. Fr. Niceron, l'un des hommes de son temps les plus instruits en optique. Le chapitre attirait également l'attention des visiteurs; il était orné de plusieurs travaux de Prévôt. Dans le réfectoire, Laurent Lahire avait représenté tous les instituteurs des ordres religieux.

L'ordre des Minimes, dont la règle était fort rigide, a produit non seulement des hommes remarquables par leur piété et leurs vertus, mais encore des savants et des érudits. La bibliothèque ne contenait que quinze à seize mille volumes tout au plus, mais on y trouvait des livres curieux, entre autres d'anciens rituels, donnés par le docteur de Launoy. *François Niceron* y plaça diverses pièces d'optique ; ce savant mathématicien, né à Paris, était religieux de ce couvent. Voici les noms d'autres savants de cette communauté : *Marin Mersenne*, philosophe distingué, grand ami de Descartes ; *Hilarion de Coste*, historien, auteur des *Éloges des Dames illustres*. — *François Giry*, auteur d'une *Vie des Saints*. — Le célèbre botaniste *Charles Plumier*, mort en 1705 (1).

Le couvent des Minimes fut supprimé en 1790 ; l'église fut démolie huit ans après pour prolonger la rue de la Chaussée-des-Minimes. Les bâtiments du couvent sont occupés aujourd'hui par une caserne de gardes municipaux à pied.

Prêtres de la Mission, établis dans la maison de Saint-Lazare, rue du Faubourg-Saint-Denis, n° 117. — Ce ne fut pas, comme le dit le P. Hélyot, dans son *Histoire des Ordres religieux*, à l'instar de la Congrégation de l'Oratoire, ni dans le but de former un séminaire ou une maison de noviciat pour les ecclésiastiques, que saint Vincent de Paul jeta les fondements de la Congrégation de la Mission. Ce titre seul annonce l'objet qu'il se proposait ; il avait reconnu par lui-même le besoin qu'on a d'instruction dans les campagnes, et l'utilité que la religion avait retirée des missions qu'il y avait faites. Il s'associa quelques prêtres capables de l'aider dans ses pieuses fonctions, et le fruit qu'elles produisirent dans les différentes terres du comte de Joigny, auquel Vincent de Paul était attaché, fit naître à ce seigneur, ainsi qu'à sa femme, le désir de former à Paris un établissement de ce genre, et sous la direction de cet homme vertueux.

Ce projet fut conçu dès 1617, mais il ne reçut son exécution que quelques années après. De Gondi, archevêque de Paris, frère du comte de Joigny, entra dans les vues de ce dernier, et donna à Vincent de Paul la place de principal et de chapelain du collège des Bons-Enfants, près de Saint-Victor, dont il prit possession le 6 mars 1624. Le 1ᵉʳ du même mois, ce prélat destina ce collège à la fondation de la nouvelle congrégation, à laquelle il l'unit par son décret du 8 juillet 1627. Le mauvais état où se trouvaient alors ce collège et les maisons qui en dépendaient, la modicité du revenu et la nécessité urgente d'en reconstruire la plus grande partie, engagèrent le comte et la comtesse de Joigny à perfectionner l'œuvre qu'ils avaient commencée, en dotant ce nouvel établissement d'une somme de 40,000 livres. Le contrat, qui est du 17 avril 1625, annonce la piété des fondateurs et l'objet de

(1) Brice, t. II, p. 224 et suiv. — Piganiol, t. IV, p. 469 et suiv.

l'institution, « dont les membres devoient s'occuper de l'instruction « des pauvres de la campagne, ne prêcher ni administrer les sacre- » ments dans les grandes villes, sinon dans le cas d'une notable néces- » sité, et assister spirituellement les pauvres enfants, afin qu'ils profitent » de leurs peines corporelles (1). »

L'exercice des missions fit connaître à saint Vincent de Paul que sa petite communauté ne pouvait suffire à tous les besoins de ce genre; il pensa avec raison que le moyen le plus sûr pour remédier aux désordres était non seulement de prêcher dans les campagnes, mais de former des ecclésiastiques et de les rendre capables d'instruire les populations. Les services que la congrégation rendit dès le commencement furent si utiles à la religion, que le pape Urbain VIII, par sa bulle du mois de janvier 1632, l'érigea en titre, sous le nom de *Prêtres de la Mission*. Louis XIII autorisa cet institut (2).

En 1632, ainsi que je l'ai dit ailleurs (3), les Prêtres de la Mission furent transférés à la maison de Saint-Lazare, qui devint le chef-lieu de la congrégation. Ces religieux, dont on ne peut nier les grands services, et qui s'augmentèrent peu à peu, furent supprimés à la révolution.

Couvent des Ursulines, rue Saint-Jacques, n°s 243 et 245. L'ordre des Ursulines fut institué dans l'année 1537 par la bienheureuse Angèle, qui habitait la ville de Brescia en Lombardie. Ce ne fut dans le principe qu'une congrégation de filles et de femmes qui se vouaient à la pratique de toutes les vertus chrétiennes, et s'occupaient spécialement de l'instruction des jeunes personnes de leur sexe. Cet institut fut confirmé en 1544, par Paul III, sous le nom de *Compagnie de sainte Ursule*, et Grégoire XIII l'approuva de nouveau en 1572. Ces filles vivaient alors séparément dans leurs maisons; mais dans la suite plusieurs se réunirent, pratiquant la vie commune, sans toutefois faire de vœux ni garder la clôture. Elles ne tardèrent pas à s'introduire en France; et Françoise de Bermont, l'une d'entre elles, avec la permission de Clément VIII, établit en 1594 une congrégation d'Ursulines à Aix en Provence, où leur réputation s'accrut encore et contribua à augmenter le nombre de leurs maisons.

On fit venir d'Aix à Paris deux de ces ursulines, Françoise de Bermont et Lucrèce de Monte. A leur arrivée au mois de mars 1608, on les logea à l'hôtel de Saint-André au faubourg Saint-Jacques, qu'on loua exprès. Les soins qu'elles apportaient à l'éducation des jeunes filles déterminèrent Madeleine Luillier, veuve de M. de Sainte-Beuve, conseiller au parlement, à leur procurer un établissement. Mais pour le rendre plus stable, elle voulut que ces filles, qui jusque là étaient séculières et sans

(1) Vie de saint Vincent-de-Paul, p. 78. — (2) Félibien, t. II, p. 1336. — (3) Voy. t. I, p. 420 et suiv.

clôture, fussent désormais religieuses et cloîtrées; et qu'outre les trois vœux ordinaires de religion, elles en fissent un quatrième particulier de vaquer à l'instruction des jeunes filles, et leur passa un contrat de deux mille livres de rente perpétuelle pour l'entretien de douze religieuses, après avoir obtenu des lettres-patentes du roi, datées du mois de décembre 1611, enregistrées au parlement le 12 septembre de l'année suivante. Le pape Paul V confirma cet établissement, et permit d'ériger en corps de religion ces filles qui auparavant n'étaient que séculières. Sa bulle, datée du 13 juin 1612, porte que le monastère bâti et doté par la dame de Sainte-Beuve dans la ville ou les faubourgs de Paris, sera sous le titre de Sainte-Ursule, et sous la règle réformée de saint Augustin. Ainsi autorisée, la fondatrice acheta l'hôtel de Saint-André, « et une grande place au lieu appelé les Poteries, tenant d'un côté à l'hôtel de Saint-André, de l'autre aboutissant à une petite ruelle nommée rue de Paradis, autrement rue Jean-le-Riche, et d'autre part depuis la rue du Faubourg-Saint-Jacques, jusqu'au chemin qui est devant la porte de la Santé au faubourg Saint-Marcel. » On construisit une vaste maison dans cette place, et dans une partie des bâtiments de l'hôtel Saint-André, on éleva une petite chapelle pour le dehors, et un chœur en dedans pour les religieuses. Tous les lieux réguliers étant disposés pour recevoir une communauté, Anne de Boussi, abbesse de Saint-Étienne de Reims, fut priée de venir pour former aux exercices du cloître les sujets qui se présentaient. Elle arriva à Paris le 11 juillet 1612, accompagnée de quatre de ses religieuses, et le 11 novembre suivant elle donna l'habit à douze filles, en présence de Henri de Gondi, évêque de Paris.

Le nombre des religieuses ursulines s'étant peu à peu augmenté, la fondatrice fit construire une nouvelle église dont la première pierre fut posée par la reine Anne d'Autriche, le 22 juin 1620; elle fut achevée en 1627, et dédiée le 14 mars de la même année par Jean-François de Gondi, archevêque de Paris. Cette église, qui a subsisté jusque dans les derniers temps de la monarchie, était petite, mais assez jolie. L'autel était décoré d'un riche tabernacle et orné d'un tableau représentant l'Annonciation, par Van-Mol, élève de Rubens. A gauche de l'autel on voyait un Saint Joseph, sans nom d'auteur, et un autre tableau représentant sainte Angèle instruisant des enfants, par Robin.

Au milieu du chœur des Ursulines avait été inhumée madame de Sainte-Beuve, fondatrice du monastère, morte le 29 août 1628.

Dans l'église on remarquait la tombe de *Jean de Montreuil* ou *Montereul*, conseiller du roi et son résident en Angleterre et en Écosse, mort le 27 avril 1651. Piganiol remarque comme une singularité, que, dans l'énumération des titres du défunt, on avait omis la qualité d'académicien. Jean de Montreuil était en effet membre de l'Académie française, quoiqu'il eût fait bien peu de chose pour mériter cet honneur. De retour de son ambassade en Écosse, Montreuil avait accepté la place de secrétaire des commandements du prince de Conti, et lorsque celui-ci eut été enfermé à Vincennes avec le duc de Longueville et le grand Condé, il ne cessa de correspondre avec eux et de s'agiter pour leurs intérêts. Il ne fut pas récompensé de son dévouement, sa mort ayant suivi de près l'élargissement des princes.

La maison des Ursulines de Paris a été le modèle de toutes celles qui s'établirent depuis en France. L'ordre entier était divisé en onze provinces, et la province de Paris contenait quatorze monastères. Les services que rendaient les Ursulines avaient fait multiplier leurs établissements au point qu'on en comptait plus de trois cents en France.

Après la suppression des ordres religieux en 1790, les bâtiments de ce monastère ont été démolis, et sur leur emplacement on a ouvert la rue des Ursulines, qui communique de la rue Saint-Jacques à la rue d'Ulm.

Ursulines de la rue Sainte-Avoie. — Ce couvent, espèce de succursale de l'établissement des Ursulines de la rue Saint-Jacques, avait pour fondatrice, comme celui dont je viens de parler, Madeleine Lhuillier, et était situé rue Sainte-Avoie, sur l'emplacement de la maison n° 47. Les bâtiments qu'il occupait avaient été précédemment habités par la *communauté des femmes veuves de la rue Sainte-Avoie*. En parlant de cette communauté, j'ai raconté l'installation des Ursulines au même lieu en 1622, et l'histoire de ce nouvel établissement jusqu'à sa suppression en 1790 (1).

Église des prêtres de l'Oratoire, rues Saint-Honoré et de l'Oratoire. — Les malheurs des derniers règnes avaient introduit des désordres et des abus dans le clergé de France. M. de Bérulle, fondateur des Carmélites et depuis nommé cardinal, pensa que le seul moyen d'y porter remède serait de former une pépinière de jeunes ecclésiastiques qui, sous les yeux et l'autorité des évêques, pussent remplir dignement toutes les fonctions du sacerdoce, instruire la jeunesse et aller en mission. L'évêque de Paris, Henri de Gondi, l'ayant encouragé dans ce dessein, M. de Bérulle s'associa cinq religieux, Jean Bance, François Bourgoin, Paul Montezeau, Antoine Bezard et Guillaume Gibien; et le 11 novembre 1611, il s'établit avec eux à l'hôtel du Petit-Bourbon, rue du faubourg Saint-Jacques, là où fut construit plus tard le Val-de-Grâce. Protégée par Marie de Médicis, cette institution fut encouragée, et le pape Paul V l'approuva, par sa bulle du 10 mai 1613, sous le nom

---

(1) Voy. *Communauté des Femmes veuves de la rue Sainte-Avoie*, t. II, p, 335.

de *Congrégation de l'Oratoire de N. S. J.-C. en France* (1). Les oratoriens, dont le nombre augmentait, cherchèrent un logement plus convenable, et ils achetèrent pour 90,000 livres, en 1616, à la duchesse de Guise, l'hôtel du Bouchage, bâti par le duc de Joyeuse, et qui avait appartenu à Gabrielle d'Estrées (2). M. de Bérulle fit aussitôt bâtir une chapelle, et il y travailla lui-même, portant la hotte comme un simple manœuvre. Mais cette chapelle, trop petite pour l'affluence des fidèles, fut bientôt détruite. Plusieurs acquisitions que les oratoriens firent dans les rues Saint-Honoré, du Coq et du Louvre, leur fournirent les moyens de faire construire l'église que nous voyons aujourd'hui. La première pierre fut posée, le 22 septembre 1621, par M. le duc de Montbazon, gouverneur de Paris, et les travaux furent terminés en 1630. Le portail du côté de la rue Saint-Honoré, bâti en 1745, fut reconstruit en 1774 (3). Le 23 décembre 1643, le roi leur accorda un brevet par lequel il déclare les religieux ses chapelains, et qualifie leur église de son *oratoire royal*.

Cette église royale est vaste et bien construite, quoiqu'elle ne mérite pas tous les éloges passionnés de Sauval (4). Commencée par l'architecte Metezeau, elle fut continuée par Jacques Le Mercier et achevée par un nommé Caquier. Le manque d'argent, qui ne fit décorer cette église que peu à peu, a nui beaucoup à la symétrie et à la régularité de l'intérieur. Quelques ornements étaient de fort mauvais goût; mais on y remarquait une belle *Annonciation* de Goorchim, un *Ecce homo* de Coypel, une *Adoration des Mages*, peinte par Vouet; des tableaux de Champagne, de Challe, et le magnifique mausolée du cardinal de Bérulle, l'un des plus beaux ouvrages de François Angier (5). Nicolas de Harlay, sieur de Sancy, connu par la satire ingénieuse de d'Aubigné (*la Confession de Sancy*), fut enseveli dans cette église, ainsi que le lieutenant civil d'Aubray, frère aîné de la marquise de Brinvilliers, dont il fut la seconde victime.

Tous les ans, le jour de la fête de Saint-Louis, l'Académie des sciences et celle des inscriptions et belles-lettres faisaient chanter dans l'église de l'Oratoire une messe en musique, et on y prononçait le panégyrique de ce saint roi (6).

La bibliothèque de cette maison, composée de près de trente mille

---

(1) Cette congrégation fut surnommée *de France* pour la distinguer de celle de l'*oratoire de Rome*, appelée *Lavallicelle*.

(2) Suivant la tradition, ce fut dans cet hôtel que Châtel frappa Henri IV d'un coup de couteau, t. III, p. 524. Cet hôtel tenait d'un côté au Louvre et de l'autre à la rue Saint-Honoré; la principale entrée donnait rue du Coq.

(3) Félibien, t. II, P. 1286. — Jaillot, t. I, *quartier du Louvre*, p. 42 et suivantes.— Sauval', t. I, p. 639. — Piganiol, t. II, p. 281 et suiv.

(4) « Cette église, dit-il, est aussi belle que pas une d'Italie. » — (5) Sauval, t. I, p. 431.— Brice, t. I, p. 228 et suiv.—Piganiol, p. 285 et suiv. — (6) Piganiol, p. 296.

volumes, était fort curieuse. On y voyait un grand nombre de manuscrits, dont plusieurs, en langue orientale, avaient été donnés par Achille de Harlay, marquis de Sancy, ambassadeur de France à Constantinople. Le plus remarquable était le *Pentateuque samaritain*, qui a été depuis imprimé dans la grande Bible polyglotte de Le Jay. Cette bibliothèque ne pouvait être en meilleures mains, car on sait que les oratoriens n'étaient pas moins distingués par leur science que par leur piété. Voici les noms des hommes célèbres qui ont été membres de cette congrégation : *François Bourgoing*, né à Paris, mort en 1662, auteur de plusieurs ouvrages religieux et éditeur des décrets du cardinal de Bérulle. — *Louis-Abel de Sainte-Marthe*, théologien et poëte latin, mort en 1697. — *Nicolas Bourbon*, chanoine de Langres, professeur de grec au collége royal, reçu à l'Académie française en 1637, entra chez les pères de l'Oratoire quelque temps après, et y mourut en 1644 avec la réputation d'un des meilleurs poëtes latins que la France ait jamais produits. — *Jean Morin*, mort en 1659, célèbre par ses connaissances en théologie et dans les langues orientales. — *Charles le Cointe*, né à Troyes, mort à Paris en 1681, connu par son grand ouvrage des *Annales ecclésiastiques*. — *Denis Amelotte*, qui traduisit le Nouveau-Testament par ordre de l'assemblée du clergé, tenue en 1655. — *Jérôme Vignier*, mort en 1661, savant estimé de son temps. — *Gérard du Bois* composa, par ordre de M. de Harlay, archevêque de Paris, l'histoire de l'église de cette capitale (1690-1710). Cette histoire est en latin et très bien écrite. — *Louis Thomassin*, mort en 1695, auteur d'un grand nombre d'ouvrages, parmi lesquels on distingue l'*Ancienne et moderne discipline de l'Église*, en trois volumes in-folio. — *Bernard Lami*, mort en 1715, savant et antiquaire. — Le célèbre *Nicolas Mallebranche*, l'un des grands philosophes de la France. — *Jacques Lelong*, né à Paris, ainsi que Mallebranche, connu par ses travaux d'érudition. Sa *Bibliothèque historique de la France* sera toujours d'un inappréciable secours pour les historiens (1). — *Charles Reyneau*, mort en 1728, membre de l'Académie des sciences et auteur d'excellents ouvrages de mathématiques. — *Dumarsais*, le président *Hénault*, *Foncemagne*, etc. — Enfin il ne faut pas oublier que les prêtres de l'Oratoire donnèrent à l'Église d'illustres prédicateurs : *François Senault*, né à Paris, *Mascaron*, *Massillon*, *Joseph Maure*, *Terrasson*, etc. (2).

Les prêtres de l'Oratoire avaient en France quatre-vingts maisons, en y comprenant les colléges et séminaires ; celle de Paris était la principale. C'est là que résidait le général de la congrégation. Cette communauté, dont tous les membres s'illustraient par leurs talents, leur savoir ou leurs vertus, avait des règlements tout-à-fait spéciaux ; les

(1) Voy. à la fin de cette période l'article *Sciences et lettres*.
(2) Brice, t. I, p. 233 et suiv. — Piganiol, t. II, p. 297 et suiv.

oratoriens ne faisaient point de vœux. L'avocat-général Talon a dit : « C'est un corps où tout le monde obéit et où personne ne commande. » Bossuet, dans l'oraison funèbre du P. Bourgoin, s'exprime ainsi : « Congrégation à laquelle le fondateur n'a voulu donner d'autre esprit que l'esprit même de l'Évangile, d'autres règles que les saints canons, d'autres vœux que ceux du baptême et du sacerdoce, d'autres liens que ceux de la charité. » Aucun écrivain de l'école philosophique n'a osé attaquer cette société célèbre, et M. Dulaure lui-même, si partial et si injuste dans ses récriminations contre le clergé, fait le plus grand éloge de cette communauté et des hommes qui en ont fait partie.

Les oratoriens furent supprimés en 1792. Leur église servit pendant plusieurs années aux assemblées du district et de la section du quartier. En 1802, elle fut cédée aux protestants de la confession de Genève, qui l'occupent encore aujourd'hui. — Au nº 1, rue de l'Oratoire-du-Louvre, était le couvent, dont les bâtiments furent successivement occupés par la conservation générale des hypothèques, l'administration de la caisse d'amortissement, le conseil impérial des prises maritimes, et plusieurs sociétés littéraires.

Outre le chef-lieu de la congrégation, les oratoriens avaient à Paris le *séminaire de Saint-Magloire*, dont j'ai parlé (1), et un *noviciat* auquel je consacrerai plus tard un article spécial.

Bénédictines de la Ville-l'Évêque. — Cette maison, située au coin des rues de la Madeleine et de la Ville-l'Évêque, était un prieuré qui fut fondé le 12 avril 1613, sous l'invocation de Notre-Dame-de-Grâce, par deux sœurs, Catherine et Marguerite d'Orléans-Longueville. Elles consacrèrent à cet établissement un terrain de treize arpents où se trouvaient deux maisons, et demandèrent à Marie de Beauvilliers, abbesse de Montmartre, quelques religieuses de son monastère pour occuper le nouveau prieuré de la Ville-l'Évêque. Marie de Beauvilliers leur envoya huit ou dix religieuses à la tête desquelles elle plaça Marguerite de Vegni-d'Arbouze, qui fut plus tard abbesse et réformatrice du Val-de-Grâce. La règle de saint Benoît, dans toute sa rigueur, fut observée dès le commencement par les religieuses bénédictines de la Ville-l'Évêque. Le 20 mai 1647 elles obtinrent leur séparation de l'abbaye de Montmartre et devinrent indépendantes, moyennant une somme de 36,000 livres qu'elles payèrent à ce monastère.

Le seul nom remarquable qui soit attaché au prieuré des Bénédictines de la Ville-l'Évêque est celui de *Suzanne Habert*, Parisienne célèbre au XVIe siècle par son esprit et sa piété. Après la mort de son

(1) Voy. t. III, p. 424 et 425.

mari, Charles Dujardin, valet-de-chambre de Henri III (1615), elle fit don aux Bénédictines d'une partie de ses biens, sous la condition qu'elle serait entretenue aux frais de la maison le reste de sa vie. Elle y mourut dix-huit ans après, en 1633.

Le prieuré des Bénédictines de la Ville-l'Évêque a aussi porté le nom de Petit-Montmartre, à cause de son origine. Il fut supprimé en 1790, et ses bâtiments ayant été vendus à diverses personnes, son ancien emplacement s'est couvert de maisons particulières.

Couvent des Jacobins de la rue Saint-Honoré, situé sur l'emplacement du marché Saint-Honoré.—Les Dominicains ou Frères prêcheurs, qui avaient pris le nom de Jacobins depuis leur établissement au grand couvent de la rue Saint-Jacques (1), au commencement du XIIIe siècle, s'étaient fort relâchés de la discipline à laquelle saint Dominique, leur fondateur, les avait soumis. Le P. Sébastien Michaëlis, né en 1543, à Saint-Zacharie, dans le diocèse de Marseille, avait acquis par ses succès dans la prédication beaucoup de crédit auprès des dominicains ses confrères, et il en profita pour introduire la réforme parmi eux. Après avoir fait recevoir ses nouveaux règlements dans quelques couvents de la Provence et du Languedoc, il vint avec cinq religieux de cette réforme, assister au chapitre général de l'ordre, qui se tint à Paris en 1611. Malgré ses efforts, les jacobins du grand couvent de la rue Saint-Jacques s'opposèrent si opiniâtrement à l'établissement de la nouvelle discipline, que le chapitre ne put l'adopter. Seulement Michaëlis demanda au roi la permission de faire bâtir à Paris un nouveau couvent de jacobins qui seraient assujettis à sa réforme. Cette autorisation lui fut accordée par lettres-patentes du mois de septembre de la même année 1611, enregistrées le 23 mars 1613. Il obtint aussi le consentement de Henri de Gondi, évêque de Paris, qui donna 50,000 livres pour la construction du couvent et de l'église. Avec ce secours, augmenté des libéralités de Jean du Tillet de la Bussière, les bâtiments s'élevèrent bientôt sur un enclos de dix arpents situé dans la partie de la rue Saint-Honoré appelée alors rue Neuve-Saint-Honoré, entre l'hôtel de Vendôme et l'emplacement actuel de la rue Neuve-Saint-Roch.

L'église et le couvent des Jacobins de la rue Saint-Honoré étaient, à l'extérieur, d'une architecture fort simple, mais on y voyait plusieurs objets d'art très remarquables.

François Porbus avait peint pour le maître-autel une *Annonciation*, et un *Saint-François* pour une des chapelles de la nef.

Marie de Médicis et Anne d'Autriche, qui visitaient souvent ce mo-

---

(1) Voy. t. I, p. 527.

nastère, y avaient fait construire et enrichi la chapelle de saint Hyacinthe. Un tableau représentant ce saint avait été peint par Nicolas Colombel, peintre de l'Académie royale.

Une autre chapelle à gauche du maître-autel avait été bâtie et décorée aux frais de Catherine de Rougé de Plessis-Bellière, veuve de François de Blanchefort de Créqui, maréchal de France. Une copie de la *Descente de croix* de Lebrun, faite par Houasse, ornait l'autel de cette chapelle. Le tombeau du maréchal de Créqui avait été exécuté par Coustou l'aîné et Joli, d'après les dessins de Lebrun. La figure était de Coyzevox.

Parmi les monuments sépulcraux de l'église, on distinguait encore celui du célèbre peintre *Pierre Mignard*, dit le Romain, mort en 1695, âgé de quatre-vingt-cinq ans. La comtesse de Feuquières, sa fille, y était représentée à genoux, priant Dieu pour son père. Selon M. Dulaure, elle avait quatre-vingt-deux ans lorsque l'artiste dessina son buste pour ce tombeau, et conservait encore à cet âge les traits de la beauté; Germain Brice assure au contraire que madame de Feuquières posa pour ce buste à l'époque la plus brillante de sa jeunesse. Ce tombeau, ouvrage de Lemoine et Desjardins, avait été, ainsi que celui du duc de Créqui, transféré au Musée des monuments français.

Plusieurs autres personnages distingués avaient été inhumés dans cette église: *Nicolas de Verdun*, premier président du parlement de Paris, mort au mois de mars 1627. — *Thomas Campanella*, dominicain fameux par la singularité de son esprit et par les orages de sa vie, mort le 29 mai 1639, à l'âge de soixante-onze ans. — *André Félibien*, écuyer, sieur des Avaux et de Javercy, historiographe des bâtiments du roi, auteur des *Entretiens sur les vies et les ouvrages des peintres*, mort le 11 juin 1695, à soixante-dix-sept ans. — *Nicolas André Félibien*, l'un des fils du précédent, prieur de Saint-Etienne-de-Vicasel, grand-vicaire de Bourges, mort à Paris, le 16 septembre 1711, auteur de plusieurs ouvrages de droit-canon, restés manuscrits.

Ce couvent a été illustré par un grand nombre de religieux célèbres dans les lettres et les sciences, ou distingués par l'éminence de leurs vertus, entre autres le père Sébastien Michaëlis, auteur de la réforme de l'ordre de Saint-Dominique, premier vicaire-général de la nouvelle congrégation, et premier prieur du couvent dont nous donnons la description, mort en 1618 (1). — *Jacques Goar*, Parisien, missionnaire apostolique dans le Levant, auteur d'un Eucologe ou Rituel des Grecs, mort le 22 septembre 1653. — Antoine Le Quieu, plus connu sous le nom latin de *Cuveus*, né à Paris le 23 février 1601, fameux par le succès de ses prédications contre les calvinistes à Genève, en Provence et

---

(1) M. Dulaure s'est trompé en donnant à Michaëlis la qualité de général de l'ordre de Saint-Dominique.

en Languedoc, mort le 7 octobre 1677. — *François Combefis*, professeur de philosophie et de théologie dans les couvents des dominicains réformés, et habile helléniste, né à Marmande en 1605, mort à Paris le 23 mars 1679, éditeur de plusieurs collections des Pères grecs et des écrivains de l'histoire byzantine, depuis Théophane jusqu'à Nicéphore-Phocas. — *Michel Lequien*, savant helléniste et orientaliste, qui a donné entre autres ouvrages une bonne édition grecque et latine des œuvres de saint Jean Damascène, l'*Oriens christianus*, et de bons travaux sur le texte de la Bible; né à Boulogne-sur-Mer, mort à Paris le 12 mars 1733. — *François Penon*, né à Paris, auteur d'un abrégé de la Somme de saint Thomas, sous le titre de *Hymnus angelicus*, et d'une chronologie latine non imprimée; mort en 1698, à soixante-quinze ans. — *Jacques Barelier*, dominicain, botaniste distingué, mort le 25 juillet 1673, auteur d'un ouvrage estimé sur les plantes qui croissent en France, en Espagne et en Italie, publié en 1714 par Antoine de Jussieu. — *Jacques Quétif*, né à Paris le 6 août 1618, bibliothécaire du couvent de la rue Saint-Honoré pendant quarante-six ans, auteur de plusieurs ouvrages distingués, entre autres de l'histoire littéraire de l'ordre des frères prêcheurs, continuée par Echard; mort en 1698. — *Jean-Baptiste Labat*, voyageur célèbre, né à Paris en 1663, mort au couvent de la rue du Bac, le 6 janvier 1738, connu par les relations intéressantes qu'il a publiées de ses voyages aux îles de l'Amérique, en Guinée, en Ethiopie, etc.

La bibliothèque de ce couvent était d'abord peu considérable, quoiqu'en 1638, à la naissance du dauphin qui fut depuis Louis XIV, les religieux se fussent avisés de la dédier à ce prince. On lisait sur la porte de ce dépôt : *Hæc principi delphino bibliotheca dicata fuit, die natali ejus, 5 septembre* 1638; mais on ne croit pas que cette dédicace leur ait attiré aucune libéralité de quelque valeur. Ce fut aux soins de Quétif, durant quarante-six ans, que la bibliothèque de ce monastère dut ses premiers et ses plus précieux accroissements, et même le legs qu'elle reçut, peu de mois après la mort de ce religieux, des livres de Piques, docteur en Sorbonne; elle était, en 1789, composée de plus de trente mille volumes, bien choisis, au moins en ce qui concerne les sciences ecclésiastiques, l'histoire et les langues orientales.

Ce fut dans la salle de cette bibliothèque que siégea, pendant la révolution, la fameuse Société des amis de la Constitution, qui, à cause du couvent, reçut le nom de Société des Jacobins. Je n'aurai que trop d'occasions d'en parler dans la suite.

Les bâtiments du couvent des Jacobins réformés furent démolis vers la fin de la période révolutionnaire, et, sur leur emplacement, on a bâti en 1810 le beau marché appelé d'abord *marché des Jacobins*, et depuis 1815, *marché Saint-Honoré*.

Jacobins du faubourg Saint-Germain. — Eglise Saint-Thomas-d'Aquin.
— Le couvent des Jacobins était situé place Saint-Thomas-d'Aquin, entre la rue du Bac et la rue Saint-Dominique. En 1641, le général des dominicains, Nicolas Rodolphi, dans le dessein de réformer les couvents de son ordre, vint à Paris et obtint l'autorisation d'y fonder une troisième maison de Jacobins sous le titre de *Noviciat général de l'ordre de Saint-Dominique en France.* Le parlement tenta de s'opposer à cet établissement. Il était effrayé de l'accroissement des maisons religieuses de Paris, surtout depuis le règne de Louis XIII, que les religieux bénédictins, auteurs de l'*Histoire de Paris*, Félibien et Lobineau, appellent le règne de la fécondité monastique. Mais le parlement n'osa résister à Richelieu qui protégeait le général des dominicains, et le roi, par lettres-patentes du mois de juillet 1632, autorisa l'établissement des Jacobins réformés.

Cependant ils devaient encore obtenir l'approbation de l'archevêque de Paris et celle du prieur du grand couvent de la rue Saint-Jacques; mais, sans attendre davantage, quatre jacobins tirés de la rue Saint-Honoré étaient venus habiter l'emplacement assigné à leur nouveau monastère. C'était une petite maison du faubourg Saint-Germain, entourée de jardins et de terres cultivées, le tout de la contenance de neuf arpents environ. Quelque modeste que fût leur logement, ils le conservèrent ainsi et y demeurèrent pendant cinquante-et-un ans. En 1682, ils élevèrent un bâtiment du côté de la rue de l'Université, et en 1735 ils firent construire divers autres corps de logis qui ne furent terminés qu'en 1740.

L'église des Jacobins, bâtie en 1682, est l'ouvrage de Pierre Bullet, l'un des meilleurs architectes de l'époque. La première pierre en fut posée le 5 mars 1683, par Hyacinthe Serroni, archevêque d'Albi, et Anne de Rohan-Montbazon, duchesse de Luynes. Elle ne fut entièrement achevée que vers 1779 (1), et durant ce long espace de près d'un siècle que dura cette construction, les Jacobins se virent souvent obligés, pour subvenir aux frais, d'avoir recours à la générosité des fidèles et même à des emprunts onéreux.

A l'intérieur, depuis le portail jusqu'au fond du sanctuaire, l'édifice de P. Bullet a quatre-vingt-quatre mètres de longueur, et de hauteur environ vingt-quatre. La décoration du monument est pleine de richesse, et les vitraux, dit une ancienne description, « distribuent » une lumière si douce, que les yeux les plus foibles n'en sont point » offensés. » Parmi les ouvrages d'art, on y voit des tableaux et des sculptures dus à Lebrun, François Lemoine, Fr. Romié, Martin, et surtout à Jean André, religieux de la maison et peintre habile.

(1) Voy. Hurtaut, t. III, p. 296.

Parmi les religieux qui ont illustré ce couvent, on distingue *Vincent Baron*, savant théologien, docteur conventuel de l'Université de Toulouse, et inquisiteur en 1663; et *François Romain*, qui s'est rendu célèbre par ses talents comme ingénieur et comme architecte. Il commença en 1684 la construction du pont de Maestricht, et, de retour à Paris, fut chargé par Louis XIV d'ouvrages importants et de l'inspection des bâtiments de la généralité de Paris.

L'église des Jacobins renfermait les tombeaux d'un grand nombre de personnages distingués : *Philippe de Montaut*, duc de Noailles et maréchal de France, et son épouse *Suzanne de Baudéan de Neuillau de Parabeyre*. — *Françoise Berteau de Fréauville*, épouse de Louis Le Goy, qui avait donné au couvent une partie de sa bibliothèque. — *Maximilien de Bellefourière*, marquis de Soyecourt. — *Hyacinthe Serrani*, premier archevêque d'Alby, dominicain ; il fit preuve de talents diplomatiques dans quelques négociations. — *Jacques de Fieux*, évêque et comte de Toul. — *Henriette de Conflans*, marquise d'Armentières. — *François-René du Bec-Crespin-Grimaldi*, marquis de Vardes. — *Marie de Bellenave*, marquise de Clérembault. — *Marguerite de Laigue*, marquise de Leuville, dont le tombeau fut élevé par G.-M. Oppenord, premier architecte du duc d'Orléans. — *Fr.-Amable de Monestay*, marquis de Chazeron. — *Arthur Poussin*, docteur en théologie, qui fit don aux Jacobins de sa bibliothèque. La plupart de ces monuments tumulaires furent transférés au Musée des monuments français.

La bibliothèque des Jacobins était fort belle et se composait d'environ trente mille volumes. Leur maison, vaste et bien construite, fut consacrée pendant la révolution au *Musée d'artillerie*, dont je parlerai plus loin.

En 1802, leur église a été érigée en paroisse sous le vocable de *Saint-Thomas-d'Aquin*. Elle a conservé la plupart de ses anciens ornements, entre autres : une belle statue de saint Vincent de Paul recueillant les *enfants nouveaux nés*. On y remarque deux bons tableaux modernes, une *Descente de croix* par M. *Guillemot*, et un *saint Thomas-d'Aquin* par M. *Scheffer*. L'un et l'autre ont été donnés à l'église par la ville, le premier en 1819 et le second en 1823.

Couvent des Filles de la Madeleine ou *Madelonnettes*, rue des Fontaines-du-Temple, nos 14 à 16. En 1618, un riche marchand de vin de Paris, nommé Robert Montoy, rencontra deux filles publiques qui lui témoignèrent le plus vif désir de changer de vie et de se convertir. Homme d'une rare piété, le marchand les recueillit chez lui. Le bruit du fait se répandit, et trois autres personnes bienfaisantes, un curé de Saint-Nicolas-des-Champs, un capucin et un officier des gardes-du-corps se joignirent à Robert Montoy pour former un établissement de

PALAIS DU LUXEMBOURG.

Publié par Pourrat frères, à Paris.

(2) Cette ferme était située à l'est du jardin actuel et du côté de la rue d'Enfer.

filles repenties. En peu de temps ils parvinrent à en réunir vingt dont la ferveur pieuse était si grande, qu'elles demandèrent à être cloîtrées afin d'échapper sans retour aux tentations du monde. Cependant leur établissement n'était pas assez riche pour être bien solide, lorsqu'en 1620, la marquise de Maignelay leur acheta une maison dans la rue des Fontaines, se déclara leur fondatrice, et leur fit un don de 101,600 livres que le roi augmenta d'une rente annuelle de 3,000 livres. En 1625 on mit à la tête de cette nouvelle communauté plusieurs religieuses qui furent d'abord des dames de la Visitation, puis des Ursulines, puis des Hospitalières, et enfin des religieuses de Saint-Michel. Changements qui s'expliquent par les difficultés de diriger une semblable congrégation.

L'église du monastère fut bâtie en 1680, et dédiée à la Vierge.

En 1793, le couvent des Madelonnettes devint une prison publique. Depuis 1795, il est spécialement destiné à la détention des femmes prévenues de délits. Je parlerai de cette prison en m'occupant de la période à laquelle appartient son établissement (1).

Palais du Luxembourg, rue de Vaugirard, n°s 19 et 21. C'était dans l'origine une grande maison accompagnée de jardins que Robert de Harlay de Sanci avait fait bâtir vers le milieu du XVIe siècle ; ce que prouve un arrêt de la cour des aides donné en 1564, dans lequel elle est qualifiée d'*Hôtel bâti de neuf*. Le duc de Piney Luxembourg l'acheta de Jacqueline de Marinvillier, veuve de Robert de Harlay, et y ajouta, en 1583 et années suivantes, plusieurs pièces de terre contiguës pour agrandir les jardins. Enfin cette propriété fut achetée, en 1612, par la reine Marie de Médicis. Le contrat de vente, passé le 2 avril de cette année, dit « que cet hôtel consistait en trois corps de logis, cour devant et autres cours et jardins derrière, tenant aux héritiers Pellerin, au pavillon appelé la *Ferme-du-Bourg*, et au sieur de Montherbu ; d'autre part aux terres naguère acquises par ledit sieur duc de Luxembourg, par devant sur la rue de Vaugirard... *Item* le parc... *Item* une maison devant l'hôtel du Luxembourg, aboutissant sur les rues de Vaugirard, Garancière et du Fer-à-Cheval... *Item* trois arpents quarante-deux perches et demie, tenant à la muraille des Chartreux... *Item* sept quartiers de terre audit lieu... *Item* cinq quartiers de terre audit lieu, etc. Ladite vente faite moyennant 90,000 livres. » L'année suivante, Marie de Médicis acheta la ferme de l'Hôtel-Dieu, nommée le *Pressoir de l'Hôtel-Dieu*, contenant sept arpents et demi (2). Elle y joignit vingt-cinq autres arpents de terre au lieu appelé le *Boulevard*. En 1614, elle acquit d'un particulier (Antoine Arnauld), deux jardins, contenant ensemble environ deux mille quatre cents toises de superficie, puis elle se

---

(1) Voy. *Prison des Madelonnettes.*
(2) Cette ferme était située à l'est du jardin actuel et du côté de la rue d'Enfer.

fit céder plusieurs parties du clos de Vigneroi, qui appartenaient aux Chartreux et à divers autres propriétaires. Ces religieux reçurent en échange des terres situées sur le chemin d'Issy, qui depuis ont formé leur petit clos, et qu'ils ont possédées jusqu'au moment de la révolution (1).

Ce fut sur ce vaste emplacement que Marie de Médicis conçut le projet de faire élever une demeure royale, et de l'entourer de jardins somptueux. Les fondements en furent jetés en 1615, sous la direction et sur les dessins de Jacques De Brosse, qui reçut l'ordre d'imiter, autant que le terrain pourrait le permettre, le plan du palais Pitti, demeure du grand-duc de Toscane à Florence. Les travaux furent poursuivis avec tant d'activité qu'en peu d'années cet édifice fut achevé.

Le palais du Luxembourg est l'un des plus beaux monuments qui existent dans ce genre. Le Bernin avouait qu'il n'en connaissait point qui pût lui être préféré. Son plan présente une dimension de soixante toises en longueur et de cinquante sur les deux moindres côtés, qui sont ceux de la façade sur la rue de Tournon et de la partie correspondante qui donne sur le jardin. Ce plan, à la réserve du corps des bâtiments du jardin, forme un carré presque exact, dont toutes les parties se correspondent avec art et symétrie. La simplicité du plan répond à sa régularité. Il se compose d'une seule et vaste cour, environnée de portiques, et flanquée de quatre corps de bâtiments carrés qu'on appelle pavillons. La seule irrégularité qu'on y remarque est causée par la saillie que produisent les deux pavillons du fond de la cour sur les ailes des portiques latéraux. Toutefois cette *avance*, qui annonce le corps principal du bâtiment, était autrefois motivée en ce qu'elle venait à la rencontre d'une terrasse, pratiquée au-devant de cette partie de l'édifice et dont l'effet était fort agréable. La terrasse a été supprimée pour donner aux voitures la facilité d'approcher du palais.

On pénètre dans la cour du Luxembourg par deux façades principales, l'une du côté de la rue de Tournon à laquelle elle fait face, et l'autre du côté du jardin vis-à-vis de l'avenue qui conduit à l'Observatoire. La première façade présente à ses extrémités deux pavillons; et au milieu, au-dessus de la porte, s'élève, sur un corps avancé de forme quadrangulaire, un dôme circulaire, orné d'un cadran, vis-à-vis la rue de Tournon, et de statues dans les entre-colonnements. De chaque côté du dôme, deux terrasses pareilles servent à communiquer du dôme aux deux pavillons (2). Rien de plus symétrique et de plus grandiose que cette façade. Du côté du jardin, il semble que le plan du monument eût été plus heureux sans cette addition de deux énormes pa-

---

(1) Jaillot, t. V, *quartier du Luxembourg*, p. 100 et suiv.

(2) Ces terrasses étaient supportées dans l'origine par un mur massif. On l'a ouvert et on y a percé quatre arcades servant de communication du dôme aux deux pavillons de la façade.

villons, qui, avec le corps du milieu, orné de colonnes, doublent, dans cette partie, l'épaisseur du bâtiment et donnent un aspect lourd et massif à son élévation (1). Au milieu de cette façade (2), au second étage, on a placé un vaste cadran solaire environné de six statues colossales. Les deux premières, ouvrage distingué dû à d'Espercieux, sont appuyées sur les colonnes inférieures. Elles représentent la *Victoire* et la *Paix*. Les quatre autres statues sont la *Force* et le *Secret*, de Beauvalet; l'*Activité* et la *Guerre*, de Cartelier.

De grands travaux viennent d'être exécutés dans ce palais, du côté du jardin. Lors du *procès d'avril*, la salle des séances de la Chambre des Pairs étant trop petite pour contenir toutes les personnes appelées à siéger dans cette enceinte, on fit élever, au-devant de la façade du jardin, et sur le même dessin que cette façade, une construction provisoire, qui ajoutait une profondeur au moins égale à celle du corps que ce bâtiment était destiné à agrandir. On le détruisit pour le reconstruire d'une manière définitive, et ses travaux viennent d'être achevés sous la direction de M. de Gisors, architecte du palais. Ce bâtiment considérable contient, au rez-de-chaussée, une grande galerie devant servir d'annexe aux orangeries, des vestibules et des appartements de réception; au premier étage, une vaste bibliothèque et une grande salle des séances législatives et judiciaires. La salle actuelle sert, lors des procès, de salle de délibérations secrètes. Toutes les dépendances nécessaires au service de la Chambre des Pairs se trouvent dans les deux pavillons qui flanquent la nouvelle façade, laquelle est du reste absolument semblable à l'ancienne.

La cour est entourée d'arcades ouvertes et d'arcades fermées (3). La façade intérieure est décorée d'un bas-relief allégorique sculpté par Duret, mais on ne sait à qui attribuer les quatre figures qui sont au-dessous. Aux deux portes latérales, on voit dans des *impostes* les bustes de Marie de Médicis et de Henri IV.

Trois ordres d'architecture décorent ce palais, dont tous les murs et massifs sont couverts de *bossages*, ornements dans le genre italien. Le rez-de-chaussée est d'ordre toscan, le premier étage d'ordre dorique, le second d'ordre ionique.

Le Luxembourg a été restauré de 1795 à 1805; il a subi à l'intérieur

(1) On sait que ce genre de construction tire son origine des tours gothiques dont jadis étaient flanqués nos châteaux. Le type s'en est conservé dans presque tous les monuments français et principalement dans ceux du xvie et du xviie siècle. Saint-Victor, 1re partie, t. IV, p. 289.

(2) Le corps du milieu était surmonté d'un lanternon assez mesquin qu'on a fait disparaître.

(3) Sur la petite terrasse qui s'élevait dans le fond de la cour, étaient de belles statues de marbre, qui furent vendues avec les meubles de Marie de Médicis, lorsque cette princesse s'enfuit du royaume. Piganiol, t. VII, p. 163.

des changements qui ont été heureusement exécutés par l'architecte Chalgrin. Le principal est le changement de l'escalier d'honneur, qui était placé sous le vestibule du principal corps de bâtiment et qui n'avait rien de remarquable. L'escalier actuel, situé dans l'aile droite de la cour, est magnifique. Vingt-deux colonnes d'ordre ionique supportent sa voûte, ornée de caissons. Des statues et des trophées décorent successivement des entablements qui ne sont point occupés par des croisées. Les statues sont : celles de Desaix, par Goix fils ; de Caffarelli, par Corbet ; de Marceau, par Dumont ; de Joubert, par Stouff ; de Kléber, par Rameau. Les trophées sont de Hersent. Deux bas-reliefs, par Duret, représentant Minerve et les Génies, sont à ses extrémités. Cet escalier conduit au premier étage, qui est distribué en différents appartements. A son extrémité supérieure se trouvent la *salle des gardes* et la *salle des garçons de service*. On voit dans cette dernière un *Hercule couché*, l'un des chefs-d'œuvre de Puget ; l'*Épaminondas*, de Duret ; *Miltiade*, par Boizot ; et une statue représentant *Persée vainqueur de la Gorgone*. Ensuite vient la *salle des messagers d'État*, décorée de deux statues, l'une représentant la *Prudence*, et l'autre le *Silence*, ouvrage de Mouchi et de Seine ; la *salle du conseil*, la *salle de la réunion*, celle des séances au lieu où était anciennement la chapelle (1). Elle fut établie en 1804. C'est la plus riche et la plus remarquable de cet étage. Son plan est un hémicycle de soixante-quinze pieds de diamètre. Dans les intervalles d'un ordre de colonnes corinthiennes en stuc sont les statues de *Solon*, *Périclès*, *Cincinnatus*, *Scipion*, *Caton d'Utique*, *Lycurgue*, *Cicéron*, *Léonidas*, *Aristide*, *Phocion*, *Démosthène* et *Camille*. Les autres salles remarquables sont la *salle du trône*, où Barthélemi a représenté, au milieu de la voûte, *Henri IV sur un char guidé par la Victoire*, et la salle du pavillon à gauche, dont la tenture et l'ameublement sont en velours peint, représentant des vues de Rome. Au rez-de-chaussée sont la chapelle et la salle dite du *Livre d'or*, parce qu'on y devait renfermer, suivant l'usage de l'antique république vénitienne, les titres des nobles pairs. Ce projet n'est pas exécuté, et il n'est guère probable qu'il le soit de sitôt (2). Cette salle est décorée de magnifiques boiseries qui ornaient les appartements de Marie de Médicis.

Il existe plusieurs autres salles moins importantes, mais toutes sont ornées avec luxe. Dans les deux ailes opposées de la cour sont les magnifiques galeries de tableaux, connues sous le nom de *Musée du Luxem-*

---

(1) La chapelle n'avait rien de remarquable. Le tableau de l'autel était attribué à Perrin del Vaga, dit Pietro Buonacorsi, élève de Raphaël. C'était une *Descente de croix*. Piganiol, t. VII, p. 165.

(2) « Le *livre d'or*, dit un écrivain du temps de la restauration, est orné d'arabesques et de peintures de Philippe de Champagne, réunis avec tant d'art qu'ils semblent avoir été composés originairement pour cette place. »

bourg. Je consacrerai plus tard un article spécial à cette riche collection.

Le jardin du Luxembourg est l'une des plus belles promenades de Paris. Dans l'origine, son étendue était de quatre cent quarante toises; mais en 1782 on en supprima toute la partie occidentale, où l'on devait, disait-on, établir une foire. Six ans après, on y bâtit deux maisons situées dans la nouvelle rue Madame. Les jardins s'étendirent en conséquence plus d'un côté que de l'autre, et le palais ne se trouva point placé au centre de ces plantations. Cependant, en 1793 et 1794, on se servit pour l'agrandissement du jardin de l'enclos du couvent des Chartreux, sur lequel on construisit aussi des ateliers d'armes. Après la terreur, ces ateliers furent abattus, mais on conserva la pépinière des Chartreux, qui, considérablement agrandie et tenue avec le plus grand soin, est l'un des plus beaux ornements de ce jardin.

A la fin de l'an IV (1795), la Convention fit commencer la magnifique avenue qui s'étend du palais du Luxembourg jusqu'à l'Observatoire. Cette allée, ouverte sur l'ancien terrain des Chartreux, termine, de ce côté, le jardin, et présente pour perspective le monument de l'Observatoire, dont l'axe s'est trouvé, par le plus heureux des hasards, absolument le même que celui du monument élevé par De Brosse. A l'entrée de l'avenue sont placés deux lions en marbre, copiés de l'antique; l'extrémité supérieure est fermée par une belle grille qui naguère était à l'entrée.

Ce jardin éprouva sous l'empire des améliorations successives; les travaux furent dirigés par M. Chalgrin, puis par M. Baraguei, architecte de la Chambre des pairs. On apporta de grands changements au plan de Jacques De Brosse. Son ordonnance générale est un parterre entouré de plates-bandes, au milieu duquel est un grand bassin octogone avec jet d'eau. Des terrasses, bordées de balustrades et recourbées en pente douce à l'extrémité opposée au palais, ceignent le parterre et sont autant de promenades qui le dominent. A droite s'étend une profonde futaie percée d'allées, qui sont en berceau; à gauche sont aussi des polygones de futaies, dont le plan est légèrement incliné et d'où l'on domine l'ensemble du jardin. L'avenue de l'Observatoire sert de prolongement au parterre. De riches et somptueuses écoles de rosiers sont distribuées à diverses places, et les talus de gazons qui tapissent le pourtour du parterre sont encore une plantation de rosiers magnifiques. A droite de l'avenue de l'Observatoire, on voit l'immense pépinière du Luxembourg et un jardin qui appartient à l'École de Médecine; à gauche est un vaste terrain enfoncé, de forme triangulaire, où l'on tient école de la culture des arbres fruitiers. Huit issues principales donnent accès dans ce jardin, qui est ouvert depuis le matin jusqu'à la nuit.

Le milieu du jardin du Luxembourg formait, comme l'ont prouvé plusieurs fois des découvertes d'antiquités, l'emplacement d'un camp romain, établi près de Paris au temps de Julien (1).

Je ne parle point des statues qui décorent cette promenade. Copiées d'après l'antique, elles sont toutes fort médiocres et mutilées pour la plupart. Il serait urgent d'y remédier. A gauche, on voit la *fontaine* ou *grotte du Luxembourg*. Elle se compose de deux avant-corps formés par des colonnes d'ordre toscan, et d'une grande niche au milieu, qui est surmontée d'un attique et d'un fronton cintré; dans l'entre-colonne des avant-corps se présentent de chaque côté une plus petite niche, à laquelle un masque de fer sert de clef. Ses nombreux ornements sont des bossages et des congélations. Ce monument, construit par De Brosse et sculpté par de bons artistes, était dans un état déplorable, lorsqu'en 1802 Chalgrin fut chargé de le restaurer. Les deux figures placées au-dessus du fronton, qui représentent un fleuve et une naïade, furent refaites. On plaça un petit rocher des cavités duquel s'échappe un jet d'eau, et qui sert de piédestal à une mauvaise figure en marbre blanc, représentant Vénus au bain. On sculpta aussi des congélations dans la totalité de l'attique, à la place des armes de France et des Médicis, qui avaient été effacées pendant la révolution. Cette fontaine, qui est à peu près masquée par les arbres, s'alimente des eaux d'Arcueil.

Le Luxembourg a eu différents maîtres. Il devait porter le nom de palais *Médicis ;* mais la reine Marie l'ayant légué à Gaston de France, duc d'Orléans, son second fils, ce prince y fit mettre le sien (*palais d'Orléans*), ainsi que le témoignait l'inscription restée sur la principale porte jusqu'au moment de la révolution. Toutefois il ne conserva ni l'un ni l'autre de ces noms; l'ancienne habitude prévalut, et l'on continua de l'appeler palais du Luxembourg. Échu depuis pour moitié à Anne Marie-Louise d'Orléans, duchesse de Montpensier, il lui fut abandonné moyennant la somme de 500,000 livres. Une transaction faite en 1672 le fit passer ensuite à Élisabeth d'Orléans, duchesse de Guise et d'Alençon, laquelle en fit don au roi en 1694. Ce palais fut depuis occupé successivement par la duchesse de Brunswick et par mademoiselle d'Orléans, reine douairière d'Espagne. Enfin, étant rentré dans le domaine royal à la mort de cette princesse, Louis XVI le donna, en 1779, à Monsieur, depuis Louis XVIII, qui l'habita jusqu'au mois de juin 1791. Pendant la terreur, le Luxembourg fut changé en maison d'arrêt; et sous la constitution de l'an IV, le directoire le choisit pour sa résidence et le lieu de ses séances. Il y resta depuis le 5 novembre 1795 jusqu'à sa suppression, le 10 novembre 1799. Le 24 décembre de la même année, le sénat conservateur fut organisé, et on lui destina le Luxem-

(1) Voy. t. I, p. 41 et suiv.

bourg, qui avait été occupé au commencement du consulat par les chefs du gouvernement. Le sénat y tint ses séances jusqu'en 1814 ; époque à laquelle le *palais du Sénat conservateur* changea son nom contre celui de *Palais de la Chambre des Pairs*.

Petit-Luxembourg, hôtel situé rue de Vaugirard, et contigu, du côté de l'ouest, au palais du Luxembourg, dont il est une dépendance. — Ce petit palais fut commencé vers l'an 1629 par l'ordre de Richelieu, qui l'habita jusqu'à ce qu'on eût achevé le palais-cardinal (1). Il donna alors à la duchesse d'Aiguillon, sa nièce, le Petit-Luxembourg, qui passa, à titre d'hérédité, à Henri-Jules de Bourbon-Condé. L'*hôtel d'Aiguillon* prit alors le nom de *Petit-Bourbon*. La princesse Anne, palatine de Bavière, veuve de Jules de Bourbon, le choisit pour sa demeure ordinaire, et y fit exécuter, en 1710 et 1711, de grands embellissements, sous la direction du célèbre architecte Germain Boffrand.

La *Société des arts*, formée en 1730, sous la protection de Louis de Bourbon-Condé, comte de Clermont, tenait des séances le dimanche et le jeudi de chaque semaine dans cet hôtel (2). De 1796 à 1799, quatre des directeurs habitèrent le Petit-Luxembourg (le cinquième logeait dans le grand palais). Pendant les dix premiers mois de son consulat, Bonaparte y demeura ; il fut ensuite successivement occupé par Joseph Bonaparte, roi de Naples, et par la reine d'Espagne. C'est maintenant la résidence du chancelier de France, président de la chambre des Pairs.

La grande porte de cet hôtel est décorée de quatre colonnes ioniques. L'intérieur est parfaitement distribué : à main gauche, sous le vestibule, est un grand escalier d'ordre corinthien des plus ingénieux et des mieux ordonnés. Au pied de cet escalier vient se rendre un corridor voûté, qui passe sous la rue et communique à un grand bâtiment, situé de l'autre côté, où sont placées les offices, cuisines et écuries. Ces travaux font honneur à Boffrand (3). En 1812 et 1813 on a démoli des bâtiments qui formaient la communication, sur la rue de Vaugirard entre le grand et le Petit-Luxembourg.

Les Filles de la Visitation de Sainte-Marie, rue Saint-Antoine, entre les n°s 214 et 216. — L'ordre des *Visitandines* fut fondé par saint François de Sales ; sa mission était de visiter et de consoler les malades et les pauvres, en l'honneur de Dieu et en mémoire de la visite que la Sainte-Vierge fit à sainte Elisabeth. La réputation de cette nouvelle

---

(1) Le Petit-Luxembourg est construit sur l'emplacement de la seconde maison vendue à Marie de Médicis par le duc d'Epinay. Voy. l'acte de vente mentionné ci-dessus.
(2) Brice, t. III, p. 415.
(3) Piganiol, t. VII, p. 260. — Brice, t. III, p. 412 et suiv.

communauté fit bientôt naître le projet de lui procurer une maison à Paris. Françoise Frémiot, veuve de Christophe de Rabutin, baron de Chantal, première supérieure de l'ordre, conduisit de Bourges, sur l'invitation de saint François de Sales, trois religieuses de la Visitation, qui, le 6 avril 1619, arrivèrent à Paris. Elles demeurèrent quelque temps dans le faubourg Saint-Marceau, en attendant la permission de l'évêque de Paris et les lettres-patentes du roi. Le 1er juillet 1619, elles se rendirent au faubourg Saint-Michel, où on leur avait préparé une maison. Mais cette petite communauté fit en peu de temps d'immenses progrès. Les Filles de la Visitation furent transférées, en 1621, à l'hôtel du Petit-Bourbon, situé rues du Petit-Musc et de la Cerisaie. Cette nouvelle résidence ne se trouvant bientôt plus assez grande, la supérieure, Hélène-Angélique Lhuillier, acheta, en octobre 1628, l'hôtel de Cossé, situé rue Saint-Antoine, et dont le jardin était contigu à celui des religieuses. Les dispositions nécessaires pour approprier cet hôtel à l'usage de la communauté furent achevées le 14 août de l'année suivante (1).

Le commandeur de Silleri donna une somme considérable pour la construction de l'église, dont il posa la première pierre, le 31 octobre 1632, et qui fut dédiée le 14 septembre 1634, par André Frémiot, archevêque de Bourges, frère de madame de Chantal, sous le titre de Notre-Dame-des-Anges.

Cette église, dont les dessins ont été donnés par François Mansard, est construite sur le modèle de Notre-Dame-de-la-Rotonde, à Rome. Quoique les proportions n'en soient pas vastes, elle est assez remarquable par la régularité de son architecture ; mais le portail et beaucoup de détails à l'intérieur manquent de goût. Le dôme est soutenu par quatre arcs, entre lesquels des pilastres corinthiens portent une grande corniche régnant dans le pourtour. La porte d'entrée, élevée sur un perron de quinze marches et ornée de deux colonnes corinthiennes fuselées (2), est sous un de ces arcs. L'intérieur de l'église est mal éclairé. Ce défaut est surtout sensible dans la partie de l'édifice où était placé l'ancien maître-autel, renommé autrefois pour la profusion de pierres précieuses et d'ornements dont il était décoré aux jours de grande fête.

L'intérieur du dôme est couvert d'une peinture à fresque représentant l'Assomption de la Vierge. Le sanctuaire était orné de plusieurs tableaux de Lepautre et de Perrier. Des figures de bronze, d'un beau style, ornaient les tombeaux placés dans les deux chapelles de côté.

Dans la nef avait été inhumé le frère de la fondatrice, *André Frémiot*, archevêque de Bourges, né à Dijon en 1573, d'une famille noble et

---

(1) Jaillot, t. III, *quartier Saint-Antoine*, p. 21 et suiv.
(2) En forme de fuseau, c'est-à-dire renflées au milieu de leur fût.

illustre dans la magistrature. Prélat pieux et savant, homme d'état droit et habile, il se démit volontairement de son archevêché après l'avoir administré vingt ans, et accepta de Louis XIII les fonctions d'ambassadeur à Rome, où il mérita d'être appelé par Urbain VIII l'*ornement de l'église gallicane*. André Frémiot mourut à Paris en 1641. —

Nicolas Fouquet, né à Paris en 1615, surintendant des finances, fameux par son procès et ses malheurs, fut aussi inhumé dans l'église de la Visitation (1680).

Le couvent de la Visitation des filles Sainte-Marie fut supprimé en 1790, et ses bâtiments furent vendus. L'église a été conservée, et sert depuis 1802 de temple aux calvinistes de la confession de Genève.

Les Filles de la Visitation de Sainte-Marie, rue Saint-Jacques, nos 193 et 195. — Dès les premiers temps de la fondation des Visitandines et de leur établissement dans la rue Saint-Antoine, il se présenta un si grand nombre de personnes pour entrer dans la congrégation, qu'elles furent en état de former une seconde maison à Paris. En 1623, elles achetèrent trois maisons de la rue Saint-Jacques et firent construire à leur place un couvent où elles s'installèrent le 13 août 1626. Plus tard, on en bâtit un troisième à Chaillot et un quatrième dans la rue du Bac (1).

L'église ne fut entièrement achevée qu'en 1780. On lui donna, comme à celle de la Visitation de la rue Saint-Antoine, la forme d'une rotonde. On y remarquait, au-dessus de l'autel, un saint François de Sales, peint par Lebrun, et une Visitation par Suvée.

Ce couvent supprimé en 1790 fut rouvert, au bout de trente ans, en 1820, en faveur des religieuses de Saint-Michel qui l'occupent encore aujourd'hui (2).

Bénédictins anglais, rue Saint-Jacques, n° 269, entre le Val-de-Grâce et l'impasse des Feuillantines. — La persécution excitée contre les catholiques par Jacques VI, successeur d'Elisabeth, forcèrent à l'exil les bénédictins établis en Angleterre. Ils se retirèrent à Dieulouard en Lorraine, et formèrent en même temps un établissement à Douai, qui était alors sous la domination espagnole. C'est vers ce temps-là (en 1611), qu'ils furent appelés par Marie de Lorraine, abbesse de Chelles, pour diriger son monastère, et qu'elle conçut le projet de leur procurer un établissement à Paris, tant pour y former des sujets propres à veiller sur sa communauté, que pour faire des missions en Angleterre.

(1) Voy. les monuments du règne de Louis XIV.
(2) Voy. l'art. *Filles de Saint-Michel*.

Elle en fit venir six qu'elle plaça d'abord, en 1615, au collège de Montaigu, et ensuite dans le faubourg Saint-Jacques; mais le refus qu'ils firent, en 1618, de se prêter à une nouvelle translation, les brouilla avec leur bienfaitrice. Dans l'extrémité où ils se trouvèrent alors réduits, ces religieux furent secourus par le P. Gabriel Gifford, alors chef des trois congrégations italienne, espagnole et anglaise, qu'on avait réunies, en 1617, sous le nom de *Congrégation bénédictine anglaise*; il pourvut à leurs besoins, et loua pour eux, rue de Vaugirard, une maison qui se trouve aujourd'hui comprise dans les bâtiments du Luxembourg. Six ans et demi après, ils furent transférés dans la rue d'Enfer; ils logèrent ensuite dans une maison que les Feuillantines avaient habitée; enfin le P. Gifford, étant devenu archevêque de Reims, acheta pour eux, au même endroit, trois maisons avec jardins, sur l'emplacement desquelles on construisit le monastère qu'ils ont occupé jusque dans les derniers temps.

Ces religieux obtinrent, en 1642, de l'archevêque de Paris, la permission de s'y établir et de célébrer l'office divin dans leur chapelle, ce qui fut confirmé par des lettres-patentes de Louis XIV. Ce prince qui les protégeait leur en accorda bientôt de nouvelles, par lesquelles il leur permit de posséder des bénéfices de leur ordre ainsi que les religieux nés dans le royaume, et attribua au grand-conseil la connaissance de toutes les affaires qui pourraient les concerner.

En 1674 on démolit l'ancienne maison et la salle qui leur servait de chapelle, pour construire de nouveaux bâtiments et commencer l'église qui existait encore de nos jours. La première pierre en fut posée par mademoiselle Marie-Louise d'Orléans, depuis reine d'Espagne, et le roi contribua à la dépense, d'une somme de 7,000 francs. Cette église fut achevée et bénite le 28 février 1677, sous le titre de *Saint Edmond*, roi d'East-Angle, c'est-à-dire de la partie orientale de l'Angleterre. Le P. Schirburne, alors prieur de la maison de Paris, à qui l'on devait en grande partie ces constructions, ayant été élu général de la congrégation, ajouta encore à ses bienfaits en obtenant l'union à cette communauté de son prieuré de Saint-Étienne de Choisy-au-Bac. La reine Anne d'Autriche fut aussi une des bienfaitrices les plus zélées de l'établissement.

L'église de ce monastère était petite, mais bien ornée. On vantait la décoration du grand autel, et la menuiserie des stalles des religieux.

Dans l'une des chapelles on voyait une Vierge peinte par la princesse palatine, Louise de Bavière, abbesse de Maubuisson, qui donnait à la peinture tous les loisirs que lui laissaient ses pieuses fonctions. Cette princesse était petite-fille de Jacques Ier, roi d'Angleterre. Un tableau sans nom d'auteur, représentant saint Edmond, martyr, était placé sur le maître-autel.

Dans cette église était déposé le corps de Jacques II, roi de la Grande-Bretagne, mort à Saint-Germain-en-Laye, le 6 septembre 1701 (1), ainsi que celui de Louise Marie-Stuart, sa fille, morte au même lieu, le 18 avril 1712.

La maison de Fitz-James avait aussi sa sépulture dans cette église.

Après la suppression des couvents en 1790, les bâtiments de ces monastères sont devenus propriété particulière, et sont occupés aujourd'hui par une filature de coton.

Bénédictines anglaises ou *Filles anglaises*, rue des Anglaises, n° 20, quartier du faubourg Saint-Marcel, entre la rue de Lourcine et la rue du Petit-Champ-de-l'Alouette (1). — La persécution qui obligea les bénédictins anglais de se réfugier en France, y amena en même temps les religieuses du même ordre. Elles se réfugièrent d'abord à Cambrai, où elles obtinrent une maison en 1623. Elles s'établirent aussi à Paris, en 1620, selon Sauval, Félibien et Piganiol, ou seulement en 1632 selon Jaillot. Quoi qu'il en soit de cette date, le premier établissement des bénédictines anglaises à Paris était situé au faubourg Saint-Germain. Peu de temps après, on les transféra au faubourg Saint-Jacques. Des personnes charitables leur ayant acheté, au Champ-de-l'Alouette, une maison et un terrain propre à construire un monastère, elles y entrèrent en 1644. Leur établissement, autorisé en 1650 par le cardinal de Retz, fut confirmé par lettres-patentes en 1674 et 1676, enregistrées le 4 septembre 1681.

L'église des bénédictines anglaises, qui avait été consacrée sous le titre de Notre-Dame-de-bonne-Espérance, était fort petite, et remarquable uniquement par son extrême propreté. Elle avait été rebâtie peu d'années avant la révolution. La bénédiction du maître-autel, érigé aux frais de M. d'Avignon, secrétaire du roi, avait été faite le 14 septembre 1784.

Les bénédictines anglaises étaient chargées, par un des articles de leurs statuts, de prier spécialement pour le rétablissement de la religion catholique en Angleterre, et pour la conversion de ceux qui ne la professent pas.

Depuis la suppression des ordres religieux, les bâtiments de ce monastère sont occupés par une manufacture.

Filles-du-Calvaire, rue de Vaugirard, n° 23. — Le fameux père Jo-

---

(1) Conformément aux dernières volontés de ce prince, aucun ornement ne distinguait son tombeau, sur lequel étaient gravés ces seuls mots : Ci gist *Jacques II, roi de la Grande Bretagne.*

(2) Plusieurs écrivains ont confondu à tort les bénédictines anglaises avec les religieuses anglaises établies rue des Fossés-Saint-Victor.

seph avait institué une congrégation de bénédictines sous l'invocation de *Notre-Dame-du-Calvaire*, et travaillait à établir à Paris un couvent de cet ordre. La reine Marie de Médicis voulut participer à cette fondation pieuse, et offrit aux Filles-du-Calvaire un monastère à Paris, dans l'enceinte même du nouveau palais qu'elle venait de faire élever (le Luxembourg). Le P. Joseph s'était déjà assuré de la dévote libéralité de madame de *Lauzon*, veuve d'un conseiller au parlement, qui devait faire don au couvent de 18,000 livres comptant et de 1,200 livres de rente. Avec de si généreuses protections, les Filles-du-Calvaire ne pouvaient manquer de trouver à Paris un établissement facile. En effet, six religieuses arrivèrent le 22 octobre 1620 dans la capitale, où elles furent reçues par la dame de Lauzon, qui leur avait fait préparer un logement près de la porte Saint-Michel.

Marie de Médicis voulait que leur couvent fût bâti dans son jardin du Luxembourg; elle leur donna même 1,000 livres de rente et cinq arpents de terre près de son palais. Les travaux commençaient déjà, lorsque les architectes de la reine arrêtèrent sa ferveur, en lui démontrant combien cette bâtisse nuirait au magnifique aspect du Luxembourg.

Les Filles-du-Calvaire cherchèrent un autre emplacement; elles achetèrent, le 19 mars 1622, une maison de la rue de Vaugirard, appelée de *Montherbu* ou l'hôtel des Trois-Rois, et s'y firent disposer un monastère en si grande diligence, que le 28 du mois de juillet suivant elles y furent introduites par madame de Lauzon.

Leur église fut élevée aussitôt après aux frais de la reine. En son absence, Marie de Bragelongue, femme du chancelier Claude Bouthiller, posa la première pierre de cet édifice au mois de mai 1625. On eut soin de placer dans cette pierre une médaille d'argent portant l'inscription suivante :

« A la gloire de Dieu et de la très Sainte-Vierge, sa mère, Marie de
» Médicis a posé la première pierre de cette église et monastère, afin
» que, comme elle reconnoît cette mère du roi des rois pour conserva-
» trice de son royaume et de sa royale lignée, et pour le modèle et
» exemplaire de sa vie et de son nom, aussi elle la puisse avoir dans le
» ciel pour médiatrice de son salut éternel. L'an de notre rédemption
» 1625. »

L'église étant achevée fut consacrée par l'évêque de Laon le jeudi saint de l'an 1631. La reine fit en outre pour le couvent des dépenses considérables; ce fut elle qui fit construire le cloître, le chœur, la tribune, l'appartement du prédicateur, les parloirs, et une chapelle intérieure qui porta le nom de chapelle de la reine. Le 3 juillet 1630, elle lui avait accordé un demi-pouce d'eau des fontaines de son palais. L'année suivante elle donna aux religieuses la cloche de leur église, qui fut baptisée le 13 avril 1631, et nommée Marie.

En objets d'art on remarquait seulement dans cette église quatre tableaux de Philippe de Champagne. Au-dessus de la porte extérieure était une assez bonne sculpture représentant une *Notre-Dame-de-Pitié*, parce que « le P. Joseph voulut que ce couvent fût établi pour honorer et imiter le mystère de la compassion de la Vierge aux douleurs de son adorable Fils (1). » Il n'y avait qu'un seul tombeau de quelque intérêt, celui de *Pierre Patris*, dont le fils s'est fait connaître par quelques poésies dévotes. L'inscription funéraire est ainsi conçue : « Cy gist maître Pierre de Patris, premier maréchal-des-logis de son altesse royale Monsieur, frère unique du feu roi Louis XIII, d'heureuse mémoire, capitaine et gouverneur du comté et château de Limours, Montlhéry, et premier écuyer de feu son altesse royale madame douairière; lequel est décédé au palais d'Orléans, le 6 d'octobre 1671, âgé de quatre-vingt-huit ans. »

Filles du Calvaire, au Marais. Autre couvent de la même congrégation, autrefois situé rue des Filles-du-Calvaire, à l'extrémité de la rue Saint-Louis. Peu après l'établissement des Filles du Calvaire de la rue de Vaugirard, le P. Joseph obtint des libéralités du roi et du cardinal de Richelieu le moyen de former un second monastère de ces religieuses. Il avait le projet de lui donner le nom de *Crucifixion*, et voulait qu'il contînt un assez grand nombre de filles pour qu'elles fissent sans interruption une prière continuelle au pied de la croix. Ce couvent, cependant, porta le nom de *la Transfiguration*.

On en jeta les fondements en 1635. Richelieu devait en poser la première pierre, mais il chargea de ce soin sa nièce madame de Combalet, depuis duchesse d'Aiguillon. Douze religieuses et une supérieure tirées du couvent de la rue de Vaugirard furent introduites par madame de Combalet dans le couvent de la Transfiguration, le 10 avril 1637.

Le cœur du P. Joseph appartenait aux Capucins de la rue Saint-Honoré, mais les Filles du Calvaire du Marais le demandèrent avec tant d'instance qu'on le leur céda. « Ces religieuses, dit un historien, conservent aussi très précieusement le manteau du P. Joseph, et le regardent avec autant de respect et de vénération que si c'était celui qu'Élie laissa à Elisée. »

Ce couvent fut supprimé en 1790, et l'on abattit ses bâtiments sur l'emplacement desquels on a construit la rue Neuve-de-Bretagne et la rue Neuve-de-Ménilmontant.

Annonciades célestes, dites Filles-Bleues, rue Culture-Sainte-Catherine, n° 23. L'ordre des Annonciades avait été institué à Gênes vers

---

(1) Hurtaut, t. II, p. 15.

1602, par une pieuse veuve d'une maison illustre, Victoire Fornari, et s'était fort répandu en Italie, en Allemagne, en Lorraine. Dès 1616, ces religieuses eurent un établissement à Nanci; ce fut de ce monastère que Henriette de Balzac, marquise de Verneuil, en fit venir quelques unes pour établir un couvent à Paris. Par contrat du 16 juillet 1621, madame de Verneuil fonda en leur faveur une rente de 2,000 livres. L'évêque de Paris approuva ce nouvel établissement en 1622, et le roi l'autorisa par des lettres-patentes enregistrées le 31 août 1623.

Les religieuses que la marquise de Verneuil avait fait venir de Nanci s'installèrent dans un hôtel assez vaste que cette dame avait loué pour elles rue Culture-Sainte-Catherine. Cet hôtel, connu sous le nom d'hôtel Danville parce qu'il avait appartenu à la maison de Montmorenci, appartenait alors aux filles de Jean de Vienne, contrôleur-général des finances. Les donations qui furent faites aux Annonciades les mirent en état d'acheter cet hôtel en 1626, moyennant 96,000 livres. En 1629, il fut défendu aux Annonciades de faire aucun établissement dans le royaume sans le consentement du monastère de Paris.

La décoration de l'église des Annonciades était due aux libéralités de la comtesse des Hameaux, une des principales bienfaitrices du couvent. Le corps de cette dame reposait, avec le cœur de son mari, dans la chapelle intérieure.

On admirait dans cette église le tableau du principal autel représentant une *Annonciation*, peinte par Le Poussin. On y montrait aussi aux curieux un *Ecce Homo*, et une *Mère de douleur*, deux demi-figures peintes, fort anciennes, qui paraissaient être d'Albert Durer ou de son école. Ces deux tableaux n'étaient exposés que le jeudi-saint.

La maréchale de Rantzau, dont la conversion à la religion catholique et la fervente piété furent célèbres au commencement du règne de Louis XIV, habita quelques années le couvent des Annonciades-Célestes, et le quitta en 1666 pour aller fonder une maison du même ordre à Hildesheim en Allemagne, où elle mourut en odeur de sainteté âgée de quatre-vingts ans.

La vie des religieuses annonciades, sans être des plus austères, était fort retirée. Elles portaient un habit blanc, un manteau et un scapulaire bleu, ce qui leur a fait donner le nom d'Annonciades-Célestes ou Filles-Bleues. Suivant de Chuyes et Sauval, on les appelait d'abord Célestines; ce dernier nom fut changé pour que l'on ne confondît pas leur ordre avec celui des Célestins (1).

Devenus propriété particulière après la suppression des ordres religieux, les bâtiments de ce couvent ont été occupés, sous l'empire, par des bureaux dépendants des Droits réunis. Un commissionnaire de roulage y est établi maintenant.

(1) Jaillot, *quartier Saint-Antoine*, p. 58, t. III.

Annonciades du Saint-Sacrement de Saint-Nicolas de Lorraine. La guerre et l'incendie du bourg de Saint-Nicolas en Lorraine obligèrent les religieuses annonciades qui y étaient établies à venir chercher un asile à Paris en 1636. Elles louèrent d'abord, rue du Colombier, une maison où elles obtinrent la permission de faire célébrer la messe. Quelques mois après, leur établissement ayant été régulièrement autorisé, elles le transférèrent rue du Bac, où elles furent remplacées deux ans après par les *religieuses de la Conception* ou *Récollettes* (1). On les transféra alors rue de Vaugirard ; mais la maison qu'elles habitaient ayant été vendue par autorité de justice, en 1656, des religieuses de l'Assomption vinrent occuper leur place. On n'a pas de renseignements plus précis sur cette congrégation.

Annonciades des dix Vertus. Ces religieuses, venues de Bourges à Paris, en avril 1636, s'établirent d'abord rue des Saints-Pères, entre les rues Taranne et de Grenelle. Après avoir fait autoriser leur établissement par l'abbé de Saint-Germain-des-Prés, en 1637, elles obtinrent de Gaston d'Orléans, frère du roi, une dotation de deux mille livres de rente sur tous les biens de sa fille, *Mademoiselle*. En 1640, ces religieuses furent transférées, à leur sollicitation, dans une maison rue de Sèvres près des Petites-Maisons. Ce nouveau couvent fut bénit en présence de mademoiselle de Bourbon, fondatrice principale, et de la princesse de Condé.

Ce monastère ne subsista que jusqu'en 1654. Les religieuses se virent alors obligées de l'abandonner à leurs créanciers, et il fut acquis par les Dames de l'Abbaye-au-Bois, dont je parlerai ailleurs.

Couvent des Annonciades du Saint-Esprit, aujourd'hui *église de Saint-Ambroise*, rues de Popincourt et Saint-Ambroise. Lorsque Louis XII eut fait casser son mariage avec Jeanne de France, fille de Louis XI, cette malheureuse princesse se retira à Bourges, capitale du duché de Berri qu'on lui avait abandonné. Ce fut dans cette ville qu'elle institua, en 1500, l'ordre de la bienheureuse vierge Marie, dit de l'Annonciade, ou des dix vertus de la Sainte-Vierge.

On vient de voir que des religieuses de cet ordre s'étaient établies à Paris en avril 1636. D'autres, venues du couvent de Melun, avaient obtenu en 1632 la permission de s'établir à Saint-Mandé près Vincennes. Le roi ayant eu besoin du terrain qu'elles occupaient, elles acquirent de M. Angran, secrétaire du roi, une grande maison et un terrain rue de Popincourt, près du lieu où avait été la maison de campagne de Jean de Popincourt, premier président du parlement sous Charles VI.

(1) Voy. ci-après l'article consacré à cette communauté.

Elles s'y transportèrent le 12 août 1636. Il y avait dans cette maison une chapelle dédiée à sainte Marthe, dont elles se servirent jusqu'en 1659. Devenues alors plus riches, elles firent bâtir une église qui fut dédiée, le 9 décembre de cette même année, sous le titre de Notre-Dame-de-Protection. Le couvent des Annonciades du Saint-Esprit fut supprimé vers l'an 1780. L'église, solidement construite, est devenue, depuis la révolution, la seconde succursale de la paroisse Sainte-Marguerite, sous le titre d'église Saint-Ambroise.

Congrégation de Notre-Dame de l'Annonciade, rue Cassette. Tout ce qu'on sait de cette congrégation, qui paraît avoir subsisté peu de temps à Paris, c'est qu'elle avait été formée dans le diocèse de Troyes par dame Marie d'Abra de Raconis, et qu'elle fut tranférée à Paris en 1628, sous ce titre : Institut des Sœurs de la congrégation de Notre-Dame de l'Annonciade.

Hôpital Notre-Dame de la Miséricorde ou des Cent-Filles, rue Censier, n° 11, et rue du Pont-aux-Biches. — Cet établissement fut fondé, en 1624, par Antoine Séguier, président au parlement de Paris, « pour cent pauvres orphelines de père et mère, natives de la ville et faubourg de Paris en loyal mariage, destituées de tous moyens, âgées de six à sept ans à leur entrée, y être nourries, instruites en la croyance de Dieu, et enseignées en tout ouvrage convenable à leur sexe, y demeurer jusques à l'âge de vingt-cinq ans, et qu'elles soient d'âge pour conserver et défendre leur virginité. Et peuvent néanmoins en sortir plus tôt, si elles sont désirées par maison de religion, dames, demoiselles et bourgeoises pour leur service ou leur enseigner métier (1). » Le fondateur acheta, le 21 mars 1622, à madame de Mesmes, une maison dont j'ai déjà parlé (2), et qui était connue sous le nom du *petit séjour d'Orléans*. Au mois de janvier de l'année suivante, il obtint des lettres-patentes qui érigeaient cette maison en hôpital, sous le titre de *Notre-Dame de la Miséricorde*.

Une inscription placée dans la chapelle portait que, le 17 janvier 1624, Antoine Séguier avait fondé et fait bâtir cet hôpital pour cent pauvres orphelines, et l'avait doté de seize mille livres de rente. Il ne fut achevé qu'en 1627, trois ans après sa mort. On voyait dans la chapelle le buste en marbre de Séguier (3).

Le roi ne se contenta pas d'approuver cet établissement; il ordonna, par ses lettres-patentes du 22 avril 1656, que les compagnons d'arts et métiers, qui, après avoir fait leur apprentissage, épouseraient les filles de cet hôpital, seraient reçus *maîtres*, sans faire de *chef-d'œuvre* et

---

(1) Dubreuil, p. 489. — (2) Voy. t. III, p. 239. — (3) Piganiol, t. V, p. 220.

sans payer aucun droit de réception, sur la simple présentation de l'extrait de célébration de leur mariage. La maison accordait une dot à ces pauvres filles, lorsqu'elles se mariaient ou qu'elles faisaient profession religieuse. Elles avaient pour costume une robe de gros drap gris et un bonnet blanc. Les règlements avaient été rédigés par François de Montholon, cousin d'Antoine Séguier, et Mathias Maréchal, avocat au parlement; ils furent revus par les sieurs Porcher, Montholon et Charles, administrateurs de la maison; Guerapin de Vaureal maître des comptes; Jacques Mallet et Nicolas Tardif. Le roi les approuva et confirma en 1672. Cet établissement était administré, sous les ordres du premier président, du procureur-général et du chef mâle du nom et famille du fondateur, par une gouvernante et quatre maîtresses choisies par trois gouverneurs et confirmées par les chefs que je viens de nommer (1).

En 1779, l'hôpital de Notre-Dame de Miséricorde n'avait de revenus suffisants que pour l'entretien de soixante-cinq à soixante-quinze orphelines. Supprimée pendant le cours de la révolution, cette maison a été donnée aux hôpitaux de Paris. Plusieurs manufactures y sont établies.

Les Prêtres de la doctrine chrétienne, rue des Fossés-Saint-Victor, n° 37. — Cette congrégation, instituée en 1592 par un gentilhomme avignonnais, César de Bus, fut introduite en 1626 dans le diocèse de Paris par l'archevêque François de Gondi (2). Le 16 décembre de l'année suivante, le supérieur-général, Antoine Vigier, acheta d'un prêtre nommé Julien Joly, une grande et vieille maison appelée *l'hôtel de Verberie*, située rue des Fossés-Saint-Victor (3). Les religieux occupèrent aussitôt après leur acquisition un petit corps-de-logis qui faisait partie de cet hôtel, et firent décorer une salle qui servit de chapelle. Ce ne fut que peu à peu qu'ils firent construire le bâtiment qui existe aujourd'hui et qui prit le nom de *maison Saint-Charles*, parce que leur chapelle est sous l'invocation de saint Charles Borromée.

Cette chapelle n'avait rien de remarquable; on y voyait seulement le tableau du maître-autel, peint par Lebrun, représentant *saint Charles pendant la peste de Milan* (4). La bibliothèque de cette maison était fort belle; elle avait été donnée aux religieux par Jean Miron, docteur en théologie de la Faculté de Paris. Depuis 1718, elle était ouverte

(1) Jaillot, t. IV, *Quartier de la place Maubert*, p. 26.
(2) Jaillot, t. IV, *Quartier de la place Maubert*, p. 172. — Cette congrégation avait, depuis 1610, divers établissements dans les provinces.
(3) « La maison et la rue des Prêtres de la doctrine chrétienne occupent un terrain qu'on appelait le *Clos des arènes*, parce que Chilpéric y avait fait bâtir un cirque, en 577. » Saint-Foix, t. I, p. 102. Voy. t. I de cette histoire, p. 50.
(4) Piganiol, t. V, p. 202.

au public les mardi et vendredi de chaque semaine. Le P. Baizé, homme de talent et de goût, en fut long-temps le bibliothécaire (1).

Les prêtres de la doctrine chrétienne firent de grands progrès à Paris et dans les provinces. J'ai déjà dit qu'en 1749 il furent mis en possession de Saint-Julien-des-Ménétriers (2). Plusieurs séminaires et colléges les reçurent comme professeurs, et l'on compte des prédicateurs distingués parmi ces religieux. Les *ignorantins* (c'est le nom que leur donne très injustement le peuple) furent supprimés le 5 avril 1792 et rétablis sous l'empire. Sous le nom de Frères de la doctrine chrétienne, ils dirigent aujourd'hui, avec beaucoup de zèle et de succès, les écoles de charité affectées aux garçons.

Depuis 1792, la maison de Saint-Charles, chef-lieu de la congrégation, et qui renfermait vingt prêtres et vingt novices, est devenue une propriété particulière.

Religieuses du Saint-Sacrement, près du Louvre. — Nous n'avons pas d'indication plus précise sur l'emplacement de ce couvent, qui n'a existé que fort peu de temps, et dont la plupart des historiens n'ont pas daigné s'occuper. Sébastien Zamet, évêque de Langres, conçut le projet d'instituer un ordre de religieux dont l'unique occupation serait d'adorer nuit et jour le Saint-Sacrement. La règle de cette communauté devait être d'une rigueur extrême. Zamet, suivant l'expression d'un grave historien, « étoit de ces hommes à vues singulières, qui, avec une teinture de piété, jointe à une grande vivacité d'imagination, proposent des desseins quelquefois chimériques, où l'esprit du monde se déguise souvent sous les apparences de celui de Dieu. » Il changea entièrement son projet de règlement, et ne destina ce couvent qu'à des filles riches et bien nées. « Dans ce dessein, il vouloit que l'habit fût beau et auguste, de belle serge blanche avec de grands manteaux traînants, un scapulaire rouge de belle écarlate, de beau linge, l'église magnifique, et toutes choses d'un grand ajustement; qu'on dît matines le soir à huit heures; que tout fût doux et agréable dans la maison pour ne point faire peur aux filles de la cour; que les religieuses fussent polies et agréables; qu'il y eût peu d'austérités du corps; que les sœurs du chœur ne fissent aucun travail bas et pénible; qu'on les instruisît à bien parler et qu'on leur façonnât l'esprit par les nouvelles du siècle. Pour la clôture, elle devait être si exacte, que l'évêque de Langres ne vouloit pas même que les prêtres entrassent au-dedans pour les cérémonies de la sépulture ecclésiastique (3). »

Le pape accorda une bulle; mais l'archevêque de Paris et le roi refusèrent d'approuver la fondation de cette nouvelle communauté. La

(1) Brice, t. II, p. 403. — (2) T. II, p. 462. — (3) Félibien, t. II, p. 1340.

princesse de Longueville mit tout en œuvre pour l'exécution du projet de Sébastien Zamet, et ses adversaires consentirent enfin. Le roi donna, au mois d'octobre 1630, des lettres-patentes qui furent enregistrées au parlement le 12 mai 1633. Une riche dévote nommée Bardeau donna 30,000 livres pour l'acquisition d'une maison proche du Louvre, et la mère Angélique Arnaud fut la première supérieure de cette congrégation qui suivait la règle de saint Augustin.

Le couvent des religieuses du Saint-Sacrement, sur lequel nous n'avons point d'autres renseignements, fut supprimé peu d'années après, sans doute comme dérisoire et inutile.

Couvent des Augustins déchaussés ou *Petits-Pères*, aujourd'hui *église de Notre-Dame-des-Victoires*, à l'angle du passage des Petits-Pères et de la rue Notre-Dame-des-Victoires. — J'ai dit, en parlant du couvent des Petits-Augustins, que Marguerite de Valois avait établi, rue des Saints-Pères, vingt augustins déchaussés en 1607, et que, bientôt après, cette princesse les renvoya sous les plus légers prétextes, et les remplaça par des augustins de la réforme de Bourges (1). Les religieux, expulsés malgré leurs protestations, se virent obligés de revenir dans leur couvent de Villars-Benoît, en Dauphiné. Mais au mois de juillet 1619 ils rentrèrent à Paris, et obtinrent de M. de Gondi, le 19 juin de l'année suivante, la permission d'établir un couvent de leur réforme. Ils achetèrent hors de la porte Montmartre, près de l'église Saint-Joseph (aujourd'hui marché de ce nom), à Jean Charpentier, commissaire des guerres, une chapelle et un hospice. Mais la communauté s'augmentant chaque jour, les augustins achetèrent, au mois de septembre 1628, un arpent et demi de terre dans un endroit appelé les *Burelles*, près du Mail, entre le faubourg Montmartre et le faubourg Saint-Honoré ; ils accrurent bientôt ce terrain qui s'étendait sur le fief de la Grange-Batelière (2).

Lous XIII se déclara fondateur de ce nouveau couvent, et le 9 décembre 1629, il posa la première pierre de l'église, en ordonnant que cet édifice fût placé sous l'invocation de Notre-Dame-des-Victoires. C'était une marque de sa reconnaissance envers la Sainte-Vierge qui, disait-il, l'avait aidé à triompher des protestants. Cette église, située où est aujourd'hui la sacristie, était trop petite pour un quartier qui se peuplait tous les jours. On en commença une autre en 1656, sur les dessins de Pierre Lemuet, ingénieur et architecte du roi, et sous la direction de Liberal Bruant, puis de Fabriel Leduc. Elle fut bénite le 20 avril de l'année suivante ; mais elle ne put être achevée faute d'argent. On ne la continua qu'en 1737 Hyacinthe Leblanc, évêque de

(1) Voy. t. III, p.539.
(2) Jaillot, t. II, *Quartier Montmartre*, p. 50. — Piganiol, t. III, p. 81 et suiv.

Joppé, ancien religieux de la congrégation, posa la première pierre de ces nouveaux ouvrages le 23 août, et consacra l'église le 13 novembre 1740. Silvain Cartaud, architecte du duc d'Orléans, dirigea les travaux.

L'église de Notre-Dame-des-Victoires est bâtie avec assez de goût. Le portail, dessiné par Cartaud, est composé des ordres ionique et corinthien ; ce dernier est placé au-dessus de l'avant-corps, que couronnent les extrémités du premier ordre. Les sculptures sont de Charles Rebillé et de Fournier. Le premier a exécuté également de beaux ornements dans l'intérieur.

Des tableaux remarquables ornent ou ornaient cette église, qui est l'une des plus riches de Paris. Le chœur est décoré de sept tableaux peints par Carle Vanloo. Celui du milieu, placé au-dessus du maître-autel, représente la *Vierge assise sur un nuage, tenant d'une main l'enfant Jésus, et offrant de l'autre une palme à Louis XIII*. Ce prince, prosterné aux pieds de la mère de Dieu, lui présente le plan de l'église qu'il lui dédie sous le titre de Notre-Dame-des-Victoires. Le cardinal de Richelieu est à gauche du roi, et à sa droite, un ministre apporte sur un plat les clefs de La Rochelle, dont on aperçoit les murs dans le lointain. Les trois tableaux à droite représentent la *Prédication de saint Augustin*, encore prêtre, devant Valère, évêque d'Hippone ; le *Sacre de saint Augustin* ; la *Mort de saint Augustin*. A gauche : le *Baptême de saint Augustin*, de son fils Odéodat et de son ami Alype ; sa *Conférence avec les donatistes* ; la *Translation des reliques de saint Augustin à Pavie*. Pour compléter l'histoire de l'évêque d'Hippone, le préfet de la Seine, sous la restauration, M. de Chabrol, a fait don à cette église de deux tableaux peints par Gaillot, représentant la *Conversion de saint Augustin*, et *sainte Monique voyant en songe la conversion de son fils*.

L'église de Notre-Dame-des-Victoires n'a point de bas-côtés, mais la nef est accompagnée de six chapelles. Dans la croisée de droite on remarque celle de Notre-Dame-de-Savone, toute revêtue de marbre de Languedoc et décorée d'après les dessins de Claude Perrault. Le frère Fiacre, mort dans ce monastère en odeur de sainteté, fut le promoteur de cette dévotion, qui était populaire en Italie. Dans la chapelle voisine est le tombeau du marquis de l'Hôpital, gouverneur de la ville et province de Toul en Lorraine, mort le 29 avril 1702. Il fait honneur au sculpteur Poultier. Le tableau d'autel, qui représente la *Descente du Saint-Esprit sur les apôtres*, et une assez bonne copie d'un tableau de Gaudentio Ferrari, l'un des grands maîtres italiens.

Dans une autre chapelle près de la porte à main gauche, dont le tableau est de Bon Boullongne, on voit le tombeau de *J.-B. Lulli* et de son beau-père, *Michel Lambert*, également célèbre comme musicien.

C'est l'ouvrage d'un sculpteur nommé Cotton. De chaque côté du monument sont des pleureuses en marbre, d'une proportion élégante, qui représentent les deux genres de musique, le tendre et le pathétique; puis des trophées d'instruments de musique. Au-dessus d'une pyramide en marbre est le buste en bronze de Lulli, accompagné de deux petits anges de marbre blanc (1). Ce grand artiste est mort à Paris le 22 mars 1687, à l'âge de cinquante-quatre ans.

La sacristie est fort belle ; on y voyait avant la révolution quelques objets précieux.

Le couvent des Petits-Pères, commencé sur les dessins d'un ingénieur nommé Galopin, fut bâti à plusieurs reprises. Il était décoré avec magnificence. Le réfectoire, vaste et bien éclairé, contenait une douzaine de tableaux, dont plusieurs étaient signés par Lafosse, Louis Boullongne et Galloche (2). Le cloître et le jardin étaient également disposés avec goût; mais ce qu'il y avait de plus remarquable était la bibliothèque, dont Piganiol a laissé une longue et minutieuse description. J'y renvoie le lecteur. Il me suffit de dire qu'elle était ornée de tableaux fort estimés, et qu'au milieu du plafond on voyait une peinture à fresque, peinte en dix-huit heures par Paul Mattei, artiste napolitain. Cet ouvrage, exécuté en 1703, représentait la Religion, accompagnée de la Vérité, qui chasse l'Erreur avec un fouet. Trente mille volumes formaient la bibliothèque, qui était parfaitement dirigée. Le cabinet des médailles et antiques n'était pas moins riche. Indépendamment des objets précieux de la collection, il renfermait plus de quarante tableaux, ouvrages des grands maîtres de toutes les écoles et de tous les temps (3).

Dans l'enceinte de ce couvent était le *dépôt de la marine*; on louait aux religieux une grande salle dans laquelle on plaçait les papiers de ce ministère qui n'étaient point d'un usage journalier. « Le comte de Toulouse, amiral de France, étant chef du conseil de marine, donna à ce dépôt, en 1711, un objet plus étendu et plus important, en ordonnant qu'on y apportât toutes les cartes, les plans et les journaux de marine. Cette collection, ajoute Piganiol, est aujourd'hui la plus belle qu'il y ait au monde dans ce genre-là. »

Les augustins déchaussés ou Petits-Pères (4) ont compté parmi eux

---

(1) Brice, t. I, p. 462.
(2) Piganiol, t. III, p. 111 et suiv. — *Voyage pitt. de Paris*, p. 152.
(3) Piganiol, p. 119. — *Voyage pitt.*, p. 150 et suiv.
(4) Ce dernier nom leur vient, suivant quelques auteurs, de la petitesse et de la pauvreté de leur premier établissement. D'autres lui donnent l'origine suivante : Henri IV ayant aperçu un jour au Louvre les pères Matthieu de Sainte-Françoise et François Emnet, qui étaient fort petits, il demanda en riant quels étaient ces *petits pères-là*; et le surnom en resta aux religieux de leur ordre.

quelques hommes de mérite. Citons entre autres *Pierre Guibourg*, plus connu sous le nom de *père Anselme*, né à Paris et mort en 1694. Ses travaux de généalogie, dont j'aurai occasion de parler (1), seront toujours estimés. — Les PP. *Ange* et *Simplicien*, érudits modestes, qui ont revu les travaux d'Anselme; le premier a donné d'excellentes éditions du *Dictionnaire historique* de Moréri. — Le P. *Placide de Sainte-Hélène*, né à Paris, mort en 1734, géographe ordinaire du roi, etc., etc. — Les Petits-Pères portaient dans l'origine une longue barbe, un grand capuchon pointu, et n'avaient que des sandales. En 1726, Benoît XIII leur ordonna de raser leur barbe et d'avoir un capuce rond; en 1546, ils obtinrent la permission de porter la chaussure comme les autres religieux augustins. Ce couvent, de fondation royale, avait des armoiries qui lui avaient été données par Louis XIII; elles se composaient d'une Notre-Dame-des-Victoires d'argent, en champ d'azur, accompagnée de trois fleurs-de-lys d'or. L'écusson, surmonté d'une couronne royale fermée, était entouré de deux palmes et tenu par deux anges.

En 1790, la suppression des Petits-Pères fit fermer aussi leur église, où la bourse se tint pendant quelques années. Elle fut réouverte en 1802, et devint la première succursale de la paroisse Saint-Eustache. Les vastes bâtiments du couvent sont occupés par la mairie du 3ᵉ arrondissement. On a placé une caserne d'infanterie dans ceux qui donnent sur la place Notre-Dame-des-Victoires.

Abbaye de Port-Royal, rue de la Bourbe, nᵒ 3, et rue d'Enfer, nᵒ 74. — Depuis l'an 1204, il y avait à Chevreuse une abbaye de l'ordre de Cîteaux, fondée par Matthieu de Montmorency, seigneur de Marly, et Mathilde de Garlande, sa femme, dans le fief de Porrois ou Porrais (*Portus regis; Porregius*), d'où lui est venu le nom de *Port-Royal*.

L'abbaye de Port-Royal était tombée, comme une foule d'autres maisons religieuses, dans un grand dérèglement de mœurs, lorsque l'abbesse, *Jacqueline-Marie-Angélique Arnaud*, entreprit de les réformer. A force de persévérance et de vertu l'abbesse parvint à opérer une réforme dont le résultat fut si éclatant, que le nombre des religieuses prit bientôt un grand accroissement. En 1625 on en comptait quatre-vingts. Leur demeure était devenue trop petite, et l'insalubrité causée par les exhalaisons de marais voisins exigeait qu'elles se choisissent une nouvelle habitation. Mais c'était un dessein difficile à exécuter: l'abbaye n'avait pour tout revenu que 6,500 livres de rente.

Catherine Marion, veuve de l'avocat célèbre Antoine Arnaud, et mère de l'abbesse Marie-Angélique, consentit à faire les frais de la

(1) Voy. à la fin de la période suivante.

translation, et acheta à cet effet une grande maison appelée maison de *Clagny* ou de *Cluny*, et située à Paris à l'extrémité du faubourg Saint-Jacques.

Elle en fit donation aux religieuses, dont une partie vint à Paris et en prit possession le 28 mai 1625. Cette maison prit le nom de Port-Royal de Paris; l'ancienne abbaye de Chevreuse se distingua par la désignation de Port-Royal-des-Champs. L'abbaye de Port-Royal de Paris jouit à sa naissance d'une prospérité extraordinaire. La marquise d'Aumont, Anne Hurault de Chiverny, l'ayant choisie pour y passer ses derniers jours dans la retraite, lui donna des biens considérables, acquitta presque toutes ses dettes, et paya en partie les dépenses occasionnées par l'établissement des religieuses à Paris. Une foule de personnes illustres imitèrent la marquise d'Aumont et prodiguèrent leurs libéralités au monastère de Port-Royal : la marquise de Sablé, la princesse de Guémené, mademoiselle d'Aquaviva, M. de Sévigné, madame Le Maître, qui depuis y prit le voile, le garde-des-sceaux de Guénégaud, sa femme Élisabeth de Choiseul Praslin, madame de Pontcarré, madame de la Guette de Champigny, M. Benoist, conseiller-clerc au parlement, Bricquet, avocat-général, madame de Boulogne, veuve du baron de Saint-Ange, et madame Lecamus de Rubantel, qui toutes deux se firent religieuses après la mort de leurs maris. Madame Séguier, veuve de M. de Logny de Gragneule, M. Le Maitre et les frères Séricourt de Sacy léguèrent tous leurs biens à Port-Royal. Louise-Marie de Gonzagues de Clèves, qui avait été élevée dans cette abbaye, sollicita en sa faveur la générosité de son mari le roi de Pologne, qui envoya aux religieuses de riches présents, parmi lesquels on citait un ciboire formé d'une agate enchâssée dans l'or et enrichi de diamants. — Port-Royal-des-Champs fut réparé, assaini, et une partie de la congrégation y retourna, car la maison de Paris, à son tour, était devenue trop petite (1647).

En quelques années cette prodigieuse fortune s'écroula. Port-Royal servait d'asile aux hommes éminents poursuivis par la haine des jésuites ; il ne tarda pas à souffrir de l'animosité des persécuteurs dont le gouvernement de Louis XIV était devenu l'instrument aveugle. Au mois d'août 1664, l'archevêque de Paris vint, à la tête de la force publique, présider à l'envahissement du couvent de la rue de la Bourbe. Les paisibles religieuses, tout d'un coup assaillies par le lieutenant de police et deux cents de ses gardes, furent traitées en prisonnières, et douze d'entre elles furent dispersées dans diverses communautés de la ville; quatre autres subirent le même sort quelques mois après. En 1665, le plus grand nombre d'entre elles fut envoyé à Port-Royal-des-Champs, où l'on établit en garnison une soldatesque chargée de les priver de toute communication avec le dehors. Les malheureuses filles n'avaient pas même la liberté de descendre dans leur jardin. Cela dura jusqu'en 1669.

Cette année, le roi rendit un arrêt qui séparait les deux maisons de Port-Royal en deux titres d'abbayes indépendantes l'une de l'autre. Celle de Paris devait être à perpétuité de nomination royale, celle de Chevreuse devait, comme par le passé, rester élective; le roi partagea en même temps les biens de la communauté en deux parts, et ordonna que les deux tiers appartiendraient à Port-Royal-des-Champs, où se trouvaient quatre-vingts religieuses, et l'autre tiers à Port-Royal-de-Paris, où il y en avait seulement dix.

Le monastère de Port-Royal-des-Champs subsista encore quarante ans; mais les persécutions n'étaient point finies et la haine des jésuites n'était pas satisfaite. Le 11 juillet 1709, le cardinal de Noailles, archevêque de Paris, rendit contre elles un décret de suppression. Le 29 octobre suivant, le lieutenant de police d'Argenson, à la tête d'une nombreuse troupe de soldats, vint signifier aux religieuses, réduites alors au nombre de vingt-deux, qu'elles eussent à quitter la maison et à choisir leur retraite dans l'un des autres couvents du royaume. Il ne leur accorda qu'un quart d'heure pour faire leurs préparatifs.

Le couvent fut rasé, et ses biens furent donnés à Port-Royal-de-Paris.

Depuis l'affaire de 1665, l'on avait placé dans cette maison celles des filles de Port-Royal qui avaient consenti à se séparer de leurs sœurs et à embrasser les doctrines des jésuites. Elles oublièrent à tel point leur ancienne liaison avec les religieuses de Port-Royal-des-Champs, qu'en 1707 elles leur intentèrent un procès au sujet du partage des biens de la communauté. Ce procès fit un grand scandale, mais du moins la maison de Paris ne fut pas enveloppée dans le désastre qui anéantit celle des Champs.

L'église de l'abbaye de Port-Royal-de-Paris est un ouvrage de Le Pautre. Elle fut commencée le 22 avril 1646, achevée en 1648, et bénite le 7 juin de la même année par l'archevêque de Paris. Les seules peintures remarquables qu'on y voyait étaient quelques tableaux de Philippe de Champagne. On y conservait une épine de la couronne de Jésus, à la vertu de laquelle on attribua la guérison miraculeuse (1646 et 1656), de deux jeunes filles atteintes de maladies incurables. L'une d'elles était la nièce de Pascal.

On remarquait encore dans l'église le tombeau de messire *Louis de Pontes* et celui de la belle duchesse *de Fontanges.*

Un grand nombre des hommes les plus remarquables du siècle de Louis XIV ont illustré Port-Royal. Un collège y avait été établi par le savant Lancelot, qui eut pour successeur Nicolle, Antoine Arnaud de Sacy, et pour élèves Racine et Lenain de Tillemont. Ces écoles de Port-Royal, dont le premier plan avait été imaginé par l'abbé de Saint-Cyran (Duvergier de Hauranne), furent étendues à l'éducation des jeunes personnes, florirent surtout de 1646 à 1660, et produisirent une heureuse influence sur les progrès de la raison et du langage.

Port-Royal-de-Paris fut supprimé en 1790 et converti par la Convention en prison révolutionnaire ; l'hospice de la *Maternité* y fut placé en 1801, et celui de l'*Accouchement* en 1804.

Hospitalières de la Charité Notre-Dame ou *religieuses de la Charité de l'ordre de Saint-Augustin*, impasse des Hospitalières, rue de la Chaussée-des-Minimes. L'hôpital de la Charité Notre-Dame, spécialement destiné aux pauvres filles et femmes malades, fut fondé en 1624 par la Mère Françoise de la Croix, aidée des libéralités de madame d'Orsay qui loua pour elle et ses religieuses une vaste maison rue des Tournelles. Le titre de fondateur fut réservé à M. Faure, maître d'hôtel du roi; il donna de quoi acheter la maison, la meubler et y fonder douze lits pour les femmes ou filles malades, sans fortune, qui ne peuvent se résoudre à se rendre à l'Hôtel-Dieu. Madeleine Brulart, veuve de cet homme bienfaisant, fut aussi l'une des principales bienfaitrices de l'établissement.

Quoique protégées par Marie de Médicis, qui avait autorisé en 1625 l'installation des hospitalières, elles eurent à lutter pendant quelques années contre l'opposition des Frères de la Charité et des administrateurs de l'Hôtel-Dieu. Mais le parlement maintint les religieuses dans leurs droits en 1628, et le 9 juin 1629, l'archevêque de Paris les mit en possession et leur donna l'habit religieux.

Le nombre des lits de cet hôpital s'accrut peu à peu; il était de vingt-trois en 1775. M. Dulaure prétend que les malades y payaient 30 livres par mois, et celles qui passaient dans cette maison le reste de leur vie, 400 livres par an. Les auteurs du dernier siècle affirment au contraire que les malades y étaient reçus gratuitement.

Les bâtiments et la chapelle de cet hôpital n'avaient rien de remarquable. On vantait le dévouement des religieuses et les soins qu'elles donnaient aux femmes malades.

La maison des Hospitalières de Notre-Dame se faisait gloire d'avoir servi de retraite à madame de Maintenon, avant qu'elle parût à la cour de Louis XIV.

Après la suppression des ordres religieux à la révolution, on a établi dans les bâtiments de cet hôpital une filature de coton fondée en faveur des indigents.

Hospitalières de la Roquette, rue de la Roquette, n° 103. Peu d'années après l'établissement des Hospitalières de la rue de la Chaussée-des-Minimes, ces mêmes religieuses aidées des libéralités de la duchesse de Mercœur, achetèrent, le 30 janvier 1636, une autre maison située au faubourg Saint-Antoine, et connue sous le nom de la *Rochette* ou la *Roquette*, et y établirent un autre hôpital, avec une chapelle sous l'invocation de Saint-Joseph. Les lettres-patentes pour ce second hôpital furent expédiées au mois d'octobre 1639. Les deux maisons de la place Royale et de la Roquette n'en faisaient qu'une. Les religieuses de la place Royale allaient tour à tour à la Roquette servir les malades et y prendre l'air. Mais en 1690, les religieuses se trouvant au nombre de plus de quatre-vingts, résolurent de se séparer, et obtinrent de l'archevêque de Paris un décret qui consacra cette séparation. Ce décret fut confirmé par des lettres-patentes enregistrées au parlement, le 12 juin 1691. Dès lors les biens des deux maisons furent partagés, et les religieuses eurent le choix de l'une ou de l'autre.

Depuis ce temps il n'y eut plus rien de commun entre les deux maisons que les vœux sous la règle de Saint-Augustin et la soumission à la juridiction de l'archevêque de Paris. L'hôpital de la Roquette eut même des constitutions différentes qui ne reçurent jamais l'approbation du Saint-Siége. On appelait les religieuses de la Roquette Hospitalières de Saint-Joseph, pour les distinguer des Hospitalières de la Charité Notre-Dame.

Cet hôpital contenait, avant la révolution, dix-neuf lits destinés aux femmes vieilles ou infirmes. Depuis sa supression en 1792, il est occupé par un établissement industriel.

Séminaire de Saint-Nicolas-du-Chardonnet, situé près de l'église de ce nom, rue Saint-Victor, n° 102 (1). — Adrien Bourdoise (et non Bourgoin, ainsi que l'appelle M. Dulaure), réunit en 1612 dix ecclésiastiques qu'il établit au collège du Mans, puis successivement aux colléges du cardinal Lemoine et de Montaigu. Ce respectable prêtre se consacrait, ainsi que ses collègues, à l'instruction des jeunes clercs. En 1620, ils logèrent près de l'église de Saint-Nicolas-du-Chardonnet, dans une maison appartenant à Guillaume Compaing, l'un d'entre eux; mais s'y trouvant trop resserrés, ces prêtres la quittèrent, en 1624, pour aller habiter le collége des Bons-Enfants, rue Saint-Victor. Les services qu'ils rendirent à la paroisse engagèrent le curé, Georges Froger, à se les attacher, et les confrères de Bourdoise revinrent à la maison de Compaing qu'ils augmentèrent de différentes acquisitions. Armand de Bourbon, prince de Conti, leur donna 40,000 livres, et l'archevêque de Paris érigea cette société en séminaire par des lettres du 20 avril 1644. Les bâtiments furent alors augmentés; en 1730, on construisit une maison où étaient reçus, comme pensionnaires, des étudiants qui embrassaient l'état ecclésiastique (2).

(1) Voy. t. II, p. 58 et suiv. — (2) Jaillot, t. IV, *Quartier de la place Maubert*, p. 150 et suiv. — Piganiol, t. V, p. 327 et suiv.

En disant que le séminaire de Saint-Nicolas-du-Chardonnet fut supprimé en 1792, et devint propriété particulière, M. Dulaure aurait dû ajouter que ce séminaire a été rétabli sous l'empire, époque à laquelle M. Cottret, aujourd'hui évêque de Beauvais, en fut nommé supérieur. C'est dans cette maison, vulgairement connue sous le nom de *petit Séminaire*, que les jeunes gens destinés à l'état ecclésiastique font des études préparatoires avant d'entrer au séminaire de Saint-Sulpice.

Séminaire des Trente-Trois, rue de la Montagne-Sainte-Geneviève, n° 52. — Il fut fondé par Claude Bernard, dit le *Pauvre-Prêtre*, dont j'ai déjà eu occasion de parler (1). En 1633, il rassembla cinq pauvres écoliers en l'honneur des *cinq plaies* de Notre-Seigneur ; ce nombre devint ensuite égal à celui des apôtres ; enfin il trouva le moyen de le porter jusqu'à trente-trois, qui est celui des années que Jésus-Christ, suivant l'opinion la plus commune, a passées sur la terre. De là le nom qu'on leur donna des *Trente-Trois pauvres Écoliers*. Ils furent d'abord placés dans une salle basse du collége des Dix-Huit, où ils ne couchaient que sur la paille ; ensuite dans le collége de Montaigu, peu après dans une maison située vis-à-vis ce collége, et nommée l'*hôtel de Marli*. La reine Anne d'Autriche contribua, par le don qu'elle fit à ces pauvres écoliers de trente-trois livres de pain par jour, à soutenir cet établissement, et mérita par là d'en être nommée la fondatrice (2).

Les libéralités des personnes pieuses mirent bientôt les chefs de cette communauté en position d'acheter l'hôtel d'Albiac, situé rue de la Montagne-Sainte-Geneviève, et de le faire distribuer convenablement. Cette acquisition eut lieu en 1654 ; et l'on obtint, trois ans après, la permission des grands-vicaires de l'archevêché pour l'érection de cette maison en séminaire ecclésiastique, permission qui fut confirmée par des lettres-patentes de 1658.

On y procurait la subsistance et l'instruction à de pauvres écoliers français ou suisses, jusqu'à ce qu'ils fussent en état d'être promus au sacerdoce. On n'exigeait d'eux rien autre chose, sinon qu'ils fussent nés de légitime mariage, bien constitués, clercs tonsurés ou en état de l'être, assez avancés dans leurs études pour étudier la philosophie, et dépourvus de tous moyens d'existence. Ce séminaire était conduit par trois directeurs pour le temporel, trois pour le spirituel, et par un préfet qui était à la tête de la communauté (3).

(1) Voy. t. III, p. 544.
(2) C'est ce que constatait l'inscription suivante, gravée sur la porte : « Ce séminaire de la famille de J.-C. fut fondé par Anne d'Autriche, en 1638. »
(3) Jaillot, t. IV, *Quartier de la place Maubert*, p. 57 et suiv. — Félibien, t. II, p. 1461. — Piganiol, t. V, p. 171 et suiv.

Cet établissement a été supprimé en 1792. C'est maintenant une propriété particulière.

Saint-Roch, église paroissiale, rue Saint-Honoré, entre les n°s 296 et 298. — L'emplacement de cette église était anciennement occupé par une grande maison accompagnée de jardins, appelée l'*hôtel de Gaillon*; elle avait donné son nom à ce quartier et à la rue Neuve-Saint-Roch, le long de laquelle elle s'étendait. A côté de cet hôtel était une chapelle de Sainte-Suzanne, dont on ne connaît ni le fondateur ni l'origine; mais soit qu'elle eût été bâtie par le propriétaire de cet hôtel, soit à cause de sa proximité, elle est appelée dans tous les anciens titres la *chapelle de Gaillon* ou de *Sainte-Suzanne de Gaillon*. A côté de cette chapelle, et à l'endroit où depuis on a construit le portail et les marches de l'église Saint-Roch, Jean Dinocheau, bourgeois de Paris, et sa femme, en avaient fait construire une autre dès l'année 1521, sous le titre des *Cinq-Plaies*.

Un Espagnol nommé Jacques Moyen ou Moyon, domicilié à Paris, et *premier maître faiseur d'aiguilles*, obtint en 1576 des lettres-patentes qui lui permettaient d'établir, dans un des faubourgs, un hôpital pour les Français et les étrangers affligés des écrouelles, et il avait jeté les yeux sur la maison et la chapelle de Gaillon (1). D'un autre côté les habitants du quartier, dont le nombre augmentait chaque jour, avaient dessein d'y faire construire une église succursale de Saint-Germain-l'Auxerrois, et la chapelle des Cinq-Plaies leur parut convenable. Étienne Dinocheau, neveu du fondateur, renonça aussitôt, de son plein gré, aux droits qu'il pouvait avoir sur cette chapelle, et y ajouta, le 13 décembre 1577, un grand jardin et une place contiguë. L'official, par une sentence du 18 août de l'année suivante, permit aux habitants du faubourg Saint-Honoré d'avoir une église succursale, et ils acquirent, le 30 octobre suivant, la chapelle de Gaillon et ses dépendances. Mais de grands obstacles vinrent s'opposer à l'exécution de ce projet. D'abord Jacques Moyon, qui voulait établir son hôpital sur l'emplacement choisi par les habitants, interjeta appel comme d'abus de la sentence de l'official; après d'assez vives contestations, il termina lui-même le différend en plaçant l'hôpital des scrofuleux au faubourg Saint-Jacques (2). Cinq ou six ans après, en 1587, on construisit une église ou chapelle de Saint-Roch, sur l'emplacement des chapelles de Gaillon et des Cinq-Plaies.

(1) M. Dulaure. et l'auteur de l'article *Saint-Roch*, dans le *Paris pittoresque*, se sont trompés en attribuant à Jacques Moyon la fondation de la chapelle des *Cinq plaies*.

(2) « Il prit à rente, dit Félibien, une maison et une place situées au faubourg Saint-Jacques, vers la fausse porte; et le parlement, par arrêt du 18 août 1581, ordonna qu'il en seroit mis en possession. C'est tout ce que nous avons pu savoir de cet hôpital des écrouellés. » T. II, p. 1131.

Mais de nouvelles querelles éclatèrent à cette occasion. Le curé, les chanoines et les marguilliers de Saint-Germain-l'Auxerrois intentèrent un procès au chapelain de Saint-Roch; c'était une simple question d'intérêt pécuniaire. Ces débats ne cessèrent qu'au commencement du XVIIe siècle.

Par suite des conventions particulières faites entre le chapitre et le curé de Saint-Germain-l'Auxerrois, c'était ce dernier qui nommait le desservant de l'église Saint-Roch. Jean Rousse, qu'il avait installé à cette place par ses lettres du 5 novembre 1621, paraît être le premier qui en ait joui paisiblement. Il engagea les habitants du quartier à acheter l'hôtel Gaillon et à demander que leur église fût distraite de celle de Saint-Germain et érigée en paroisse. Cette acquisition fut faite en 1622; mais la demande fut rejetée par le chapitre et les curés de Saint-Germain et de la Ville-l'Évêque. Enfin tous les obstacles furent levés, et on prononça, le 30 juin 1633, l'érection de la chapelle Saint-Roch en église paroissiale (1).

L'accroissement du faubourg Saint-Honoré rendait chaque jour plus insuffisante la chapelle bâtie en 1587. L'acquisition de l'hôtel Gaillon permit de construire un plus vaste édifice, et le 28 mars 1653, Louis XIV et la reine Anne d'Autriche, sa mère, posèrent la première pierre de l'église actuelle. Mais les guerres continuelles, les maladies épidémiques qui affligèrent Paris, et surtout le manque d'argent en retardèrent les travaux jusqu'en 1720. Le célèbre Law, qui voulait parvenir à la charge de contrôleur-général des finances, converti par l'abbé de Tencin, abjura le protestantisme, entendit la messe et fit sa première communion à Saint-Roch, sa paroisse. Il donna 100,000 livres en billets de banque pour achever l'église; cependant les constructions ne furent entièrement achevées qu'en 1740.

L'église de Saint-Roch, commencée sur les dessins de Jacques Lemercier, premier architecte du roi, fut continuée par son successeur, Robert de Cotte. Ce dernier fournit le dessin du magnifique portail que nous voyons aujourd'hui, et qui fut exécuté par son fils, Jules-Robert de Cotte, intendant-général des bâtiments du roi et directeur-général de la monnaie des médailles. La première pierre en fut posée le 1er mars 1636. Ce portail, élevé au-dessus d'un grand nombre de marches, est composé de deux ordres d'architecture, du dorique et du corinthien, placés l'un sur l'autre; ces deux ordres sont couronnés par un fronton triangulaire, au dessus desquels s'élève une croix. Avant la révolution, on avait ajouté à l'architecture du portail divers ornements de sculpture. Deux anges avaient été placés de chaque côté de la croix; au-dessus de l'ordonnance dorique, on voyait

(1) Jaillot, t. I, *quartier du Palais-Royal*, p. 34 et suiv. — Lebeuf, t. I, p. 121 et suiv. — Félibien, t. II, p. 1130, 1131 et 1356.

T. IV. 6

se dessiner deux groupes qui représentaient chacun deux pères de l'Église. Tous ces ouvrages de sculpture étaient de Claude Francin. Les candélabres, les guirlandes, les trophées et tous les autres ornements étaient dus à Louis de Monteau (1). Ces accessoires ont été supprimés à la révolution et n'ont point reparu. Ce portail a quatre-vingt-quatre pieds de largeur et autant de hauteur ; on le regarde comme un des plus réguliers de la capitale.

L'église de Saint-Roch est grande et vaste ; mais on a blâmé avec raison la disposition des différentes parties qui la composent. Elle est divisée en cinq parties distinctes : la nef, le chœur, la chapelle de la Vierge, la chapelle de la Communion, aujourd'hui de l'Adoration, et enfin la chapelle du Calvaire. La longueur de la nef est de quatre-vingt-dix pieds, celle du chœur de quarante-neuf, et leur largeur de quarante-deux pieds. Vingt piliers, ornés de pilastres doriques, revêtus de marbre à leur base, soutiennent la voûte de la nef ; quarante-huit piliers supportent ses bas-côtés ; dix-huit chapelles leur servent de ceinture jusqu'au rond-point ; trois grandes chapelles sont placées en arrière, deux autres sous la croisée, et deux autres sont adossées aux piliers de l'entrée du chœur. La décoration brillante et même théâtrale du chœur a été l'objet des plus justes critiques ; l'ensemble viole également les convenances et les règles fondamentales du bon goût. On voit à droite de l'entrée du chœur la statue de *saint Roch*, par Bochot ; à gauche, *Jésus au jardin des Olives*, de Falconnet. Derrière l'autel du chœur, Lethières a peint en médaillon l'*Apparition du Sauveur à Marie-Madeleine*. Aux extrémités de la croisée sont deux autels, l'un en face de l'autre, décorés sur les dessins de Boullée. On y voit quatre grandes figures de marbre, parmi lesquelles on distingue une statue de *saint Augustin*, par d'Huez, et un *saint François de Sales*, de Pajou. Deux tableaux cintrés, de vingt-deux pieds de haut sur douze de large, font le principal ornement de ces chapelles : l'un est *saint Denis prêchant dans les Gaules*, par Vien ; l'autre, dû à Doyen, représente la *Maladie des Ardents*.

La chapelle de la Vierge, située derrière le chœur, fut bâtie en 1709 par le secours d'une loterie (2). Elle est de forme circulaire et ornée de pilastres corinthiens. Sa coupole, peinte à fresque, représente l'*Assomption de la Vierge* ; c'est l'un des meilleurs ouvrages de Pierre. On a placé sur l'autel un groupe exécuté sur les dessins de Falconnet, et qui représente une scène de l'Assomption. A l'entrée de la chapelle, on voit la *Résurrection de la fille de Jaïre*, par Delorme ; la *Résurrection de Lazare*, par Vien ; le *Triomphe de Mardochée*, par Jouvenet ; *Jésus chassant les vendeurs du temple*, par Thomas ; *Jésus bénissant les enfants*, par Vien, et un *saint Sébastien* de Rémi.

(1) Piganiol, t. II, p. 419. — (2) Brice, t. I, p. 269.

La chapelle de la Communion vient ensuite ; elle est moins grande que la précédente. Pierre a peint sur la coupole le *Triomphe de la religion;* c'est une fort belle composition. Il y a quelques années, sur chaque côté de l'autel, s'élevait un groupe d'anges inclinés vers le tabernacle comme pour l'adorer. Ce groupe, dû à Paul Slodtz, était exécuté sans proportions et sans goût; aussi a-t-il disparu, grâce au curé actuel de Saint-Roch, M. Olivier, qui a fait arranger cette chapelle et lui a donné le nom de chapelle de l'Adoration. L'autel représente l'arche sainte, telle qu'elle existait dans le temple de Jérusalem. Cette arche d'alliance, dorée dans toutes ses surfaces, est soutenue par douze pieds tournés, et recouverte, dans quelques parties, de cercles dorés, six à droite et six à gauche; ces douze pieds sont l'emblème des douze commandements de Dieu. De chaque côté, deux petites tables appuyées sur des têtes de chérubins, images des tables des pains dans le temple des Juifs, y ont été ajoutées. L'autel est traversé dans toute sa longueur par deux rouleaux dorés comme le reste et disposés pour transporter l'arche; deux chérubins sont placés au-dessus comme pour en garder l'entrée (1). A côté de cette chapelle on a placé un tableau de Champmartin: c'est *saint Jean Baptiste prêchant dans le désert;* et un *saint Sébastien* de Bellay.

Derrière la chapelle de la Vierge, sur le terrain qui servait de cimetière, est la chapelle du Calvaire, qui a été bâtie en 1753, sur les dessins du sculpteur Falconnet et de l'architecte Boullée. Deux portes étroites et basses introduisent dans cette chapelle, qui est fort remarquable. Au-dessus de l'autel, dans une vaste niche éclairée dans le fond par une ouverture cachée, ce qu'on appelle en termes techniques *jour céleste*, s'élève une croix où le Christ est appendu; à ses pieds la Madeleine en pleurs est agenouillée : c'est le Calvaire vu de loin dans son extrémité (2); sur le premier plan sont couchés des soldats romains veillant sur le lieu de l'exécution; ensuite on aperçoit des troncs d'arbres et des plantes au milieu desquels le démon, sous la forme d'un serpent, se glisse. Au bas de la montagne, plus avant, Falconnet a représenté le lieu du supplice avec tous les instruments de mort et de tortures. Au milieu s'élève l'autel, tombeau antique en marbre bleu, couleur qui donne une teinte plus sombre à toute la chapelle. Au milieu du tabernacle, on aperçoit une colonne antique tronquée, autour de laquelle sont groupés les instruments de la Passion. Toutes les figures et la niche qui domine l'autel sont dues au ciseau de Michel Anguier. A droite, on a ajouté une scène sépulcrale; de chaque côté se dressent de vastes rochers, au milieu desquels apparaît l'ouverture d'une grotte assez profonde dont l'entrée, de chaque côté, est

(1) *Paris pitt.*, t. II, p. 25.
(2) Ce morceau avait été, dit-on, exécuté pour le maître-autel de la Sorbonne.

ornée de groupes en ronde bosse d'une grandeur plus que naturelle : c'est Jésus-Christ descendu de la croix, enseveli et mis au tombeau par les saintes femmes et quelques uns de ses disciples. Toutes ces figures ont été sculptées par Deseine, en 1807 ; au-dessus de cette partie de la chapelle on lit : *Douzième et dernière station*. Dans les autres chapelles qui environnent la nef et le chœur, les autres onze stations sont indiquées par des bas-reliefs dus au même sculpteur, et par plusieurs petits tableaux tirés de la vie de Jésus-Christ. Deux de ces petites prébendes sont décorées de deux tableaux faits et donnés récemment, dit-on, par une jeune princesse du sang royal de France. Le premier, à gauche en entrant, représente *saint Joseph soutenu par la Vierge* ; le second, à droite, est une *sainte Cécile* (1).

La chaire du prédicateur attire les regards des curieux ; elle a été exécutée sur les dessins de Chasle, et restaurée par Laperche. Les quatre vertus cardinales soutiennent cette espèce de tribune, dont les panneaux sont ornés des vertus théologales. L'abat-voix est formé par un rideau qui représente le voile de l'erreur ; il est levé par un génie, symbole de la vérité. La rampe de l'escalier est également remarquable. On a gâté ce monument en couvrant de dorure les bas-reliefs, les Vertus et l'ange qui forment les principaux sujets de cette chaire. Vis-à-vis est un tableau moderne représentant *Jésus-Christ expirant sur la croix*.

Les sculptures de l'intérieur de cette église ont été exécutées par Charpentier. Saint Roch est fort riche en tableaux. Parmi les anciens maîtres, on cite les noms de Le Lorrain, de Lemoine, de Jouvenet, de Michel Corneille, d'Antoine Coypel, etc. Parmi les modernes, on remarque le *saint Barthélemy* de M. Charles Muller. La chapelle destinée aux mariages renferme un groupe de *saint Joachim et sainte Anne*, en marbre, restauré par Lesueur. La chapelle des *baptêmes* est décorée par un groupe de marbre blanc représentant le *Baptême de Jésus-Christ par saint Jean*, exécuté par J.-B. Lemoine, pour le maître-autel de Saint-Jean-en-Grève.

Sous les deux piliers de l'orgue, à droite, est un cénotaphe sur lequel on a sculpté le buste de *Pierre Corneille*, qui n'avait pas eu de tombeau. Ce monument, dont M. Legrand, architecte, eut la première idée, fut posé, le 10 août 1821, aux frais du duc d'Orléans, aujourd'hui roi des Français. De l'autre côté, une grande table en marbre blanc contient les noms des personnages illustres ensevelis à Saint-Roch, et dont les tombeaux ont été détruits en 1792 : *André Le Nôtre*, créateur de l'art des jardins en France, né à Paris en 1625, mort en 1700. — *François et Michel Anguier*, frères et tous deux excellents sculpteurs, nés à Eu en Normandie, morts en 1669 et 1686. — *François Séraphin Regnier*

(1) *Paris pitt.*, t. II, p. 26.

Desmarets, littérateur distingué dans son temps, qui fit des vers italiens assez bons pour qu'on les attribuât à Pétrarque; né à Paris, il y mourut en 1713. — *Antoinette de la Garde, marquise des Houlières*, si célèbre par ses poésies; elle mourut à Paris le 17 février 1694.—*Alexandre Lainez*, mort en 1710, poëte singulier, dit Voltaire, dont on a recueilli un petit nombre de vers heureux. — *Marie-Anne de Bourbon, princesse de Conti*, fille de Louis XIV et de madame de La Vallière. — *Nicolas Ménager*, célèbre négociant de Rouen, qui fut l'un des plénipotentiaires de la France au congrès d'Utrecht; mort en 1714. Son monument était l'œuvre de Simon Mazière. Enfin le dernier homme célèbre qui ait été inhumé dans l'église de Saint-Roch, est le vertueux *abbé de l'Épée*, fondateur de l'institution des Sourds-Muets.

On a rassemblé dans deux chapelles les restes de mausolées ayant appartenu à Saint-Roch ou aux églises dans la circonscription de cette paroisse : à droite, celui du *cardinal Dubois*, par Guillaume Coustou, dit le jeune, qui décorait l'église collégiale de Saint-Honoré; le buste de *Lesdiguières*, par Coustou l'aîné; le tombeau du *duc de Créqui*, exécuté sur les dessins de Lebrun par Coysevox, en société avec Coustou l'aîné et Joly; celui de *Pierre Mignard*, par J.-B. Lemoine : ces deux monuments proviennent de l'église des Jacobins de la rue Saint-Honoré. Dans la chapelle à gauche, on remarque le mausolée du célèbre *Maupertuis*, mort à Bâle en 1759. Ce tombeau, élevé à la mémoire du savant académicien par son ami La Condamine, est dû au talent de J.-B. d'Huez. — Le buste d'*André Le Nôtre*, par Coysevox. — Le médaillon du *maréchal d'Asfeld*. — Les restes du tombeau de madame de *la Live de Sully*, par Falconnet, et de celui du comte d'*Harcourt*, par Renard.

Ce fut devant Saint-Roch que se porta l'état-major des troupes commandées par Bonaparte dans le soulèvement des sections de Paris contre la Convention, le 13 vendémiaire an IV (28 octobre 1795). La fusillade fut vive en cet endroit; l'artillerie endommagea le portail de l'église dont l'intérieur fut transformé en ambulance.

L'église de Saint-Roch, l'une des plus riches de Paris, est depuis fort long-temps la paroisse de la famille d'Orléans. Cure du deuxième arrondissement, elle a pour succursale unique l'église de Notre-Dame-de-Lorette.

Filles de Saint-Thomas-d'Aquin, couvent autrefois situé sur l'emplacement actuel de la Bourse. — Anne de Caumont, femme de François d'Orléans-Longueville, comte de Saint-Pol et duc de Fronsac, obtint du cardinal Barberini, légat d'Urbain VIII, une bulle, en date du 5 octobre 1625, qui lui permettait de fonder à Paris ou dans les faubourgs un monastère de religieuses de l'ordre de Saint-Dominique. Elle fit venir aussitôt du couvent de Sainte-Catherine-de-Sienne à Toulouse sept religieuses, qui arrivèrent à Paris le 27 novembre 1626. A la tête de ces religieuses était Marguerite de Sénaux, qui portait, depuis sa profession religieuse, le nom de Marguerite de Jésus. On les plaça d'abord à *l'hôtel de Bonair*, rue Neuve-Sainte-Geneviève, et l'archevêque ayant donné son consentement le 6 mars de l'année suivante, elles y furent installées *en attendant un autre lieu plus propre et plus convenable* (1). En 1632, elles s'établirent rue Vieille-du-Temple, puis en 1642 (le 7 mars) elles vinrent occuper le monastère qu'elles avaient fait construire en face de la rue Vivienne et qu'elles ont toujours habité depuis. Elles placèrent leur maison sous l'invocation de Saint-Thomas-d'Aquin, parce que ce fut le jour de la fête de ce saint qu'elles entrèrent dans leur couvent.

Les bâtiments et le jardin de ces religieuses occupaient tout le terrain qu'occupe aujourd'hui la place de la Bourse jusqu'aux rues Feydeau et Notre-Dame-des-Victoires, et s'étendaient même jusqu'à la rue Richelieu. La porte principale s'élevait vis-à-vis l'extrémité de la rue Vivienne. L'église, qui n'a été achevée qu'en 1715, n'offrait rien de remarquable, si ce n'est le tombeau de la comtesse de Saint-Pol.

Ce couvent fut supprimé en 1790, et ses bâtiments furent occupés par différents particuliers jusqu'en 1808, époque où l'on a commencé l'édifice de la Bourse.

Le Prieuré de Notre-Dame de Consolation ou du Cherche-Midi, autrefois situé rue du Cherche-Midi, n° 25. — Des religieuses augustines de la congrégation de Notre-Dame de Laon, fondées pour instruire la jeunesse, achetèrent en 1634 une grande maison de la rue du Cherche-Midi, et ayant obtenu pour cela des lettres-patentes, au mois de septembre de la même année, elles vinrent s'y établir, et y firent élever une petite église qui fut bénite sous le nom de Saint-Joseph.—Leurs lettres-patentes cependant ne furent enregistrées que dix ans après. Durant cet intervalle, elles s'étaient tellement endettées, que le parlement ordonna (3 mars 1663) que leur maison serait vendue aux enchères, ce qui en effet fut exécuté quelques années après, en 1669. Dans une pareille extrémité, les religieuses du Cherche-Midi prirent le parti de placer leur maison sous la dépendance de l'abbaye de Malnoue, dont la supérieure, *Marie-Éléonore de Rohan*, voulut bien à cette condition rembourser les adjudicataires de leur maison; ce qui lui coûta 55,100 livres. Par suite de la transaction qui fut faite à ce sujet, des religieuses bénédictines furent introduites dans ce monastère à la place des augustines, et madame de Rohan mit à leur tête une supérieure de son choix.

(1) Sauval.

Elle-même y vint demeurer, et y mourut le 8 avril 1681, à l'âge de cinquante-deux ans. Son tombeau fut placé dans l'église, et *Pelisson* lui composa une longue épitaphe qu'on a traduite en latin et en italien, qu'on a imprimée nombre de fois, et qu'on a citée comme un modèle de style tumulaire.

En 1737, les religieuses du Cherche-Midi entreprirent la construction d'une nouvelle église. La première pierre en fut posée le 2 mars par le cardinal de Rohan, et la duchesse de Mortemart posa la seconde le lendemain. Les travaux furent poursuivis avec tant d'ardeur, qu'un an après, le 20 mars 1738, la nouvelle église fut solennellement bénite.

Des maisons particulières s'élèvent aujourd'hui sur l'emplacement de ce couvent, supprimé en 1790.

Chanoinesses du Saint-Sépulcre, ou religieuses de *Belle-Chasse*, rue Saint-Dominique-Saint-Germain et rue de Bellechasse. Cet ordre monastique était très peu connu en France, lorsqu'en 1622, la comtesse de Challigny en fit venir quelques religieuses à Charleville. La baronne de Plancy, en 1632, en appela cinq de Charleville à Paris. Leur établissement dans cette ville éprouva d'abord assez de difficulté parce qu'elles étaient pauvres, et qu'on ne voulait plus autoriser de nouvelle maison de religieuse à moins qu'elle ne fût suffisamment dotée. Enfin en 1635, elles achetèrent un bâtiment situé au lieu appelé *Belle-Chasse*, et la duchesse de Croï leur fit don d'une rente de 2,000 livres. Elles y firent promptement disposer leur habitation, et s'y installèrent le 20 octobre de la même année. Ce ne fut qu'au mois de mai 1637 qu'elles obtinrent la confirmation de leur établissement par lettres-patentes qui les qualifient : « Chanoinesses de l'ordre du Saint-Sépulcre-de-Jérusalem, sous la règle de Saint-Augustin. »

Il paraît qu'en 1642 le couvent de Belle-Chasse fut le théâtre d'un grand scandale. On lit dans les registres manuscrits du parlement que, le 31 juillet de cette année et les jours précédents, un sieur de Meigneux, accompagné de plusieurs personnes dont les noms sont mystérieusement omis, y était allé commettre des excès qui ne sont pas spécifiés (1). Le parlement fit défense au sieur de Meigneux, « d'aller audit monastère et d'y mener..... ni autrement, à peine de la vie ; enjoint à la prieure de faire fermer les portes du couvent et d'empêcher qu'il soit usé d'aucune violence en contravention audit arrêt ; de garder soigneusement la dame de Nérestan étant en ladite maison, et de ne pas permettre qu'elle en sorte. »

Ce couvent a été supprimé en 1790. On a ouvert sur l'emplacement

---

(1) M. Dulaure, t. IV, p. 391.

qu'il occupait une nouvelle rue qui fait le prolongement de la rue de Belle-Chasse, et qui porte le même nom.

Hospice des Incurables, rue de Sèvres, n° 54. La première pensée de ce charitable établissement est due à la femme d'un conseiller au Châtelet, Marguerite Rouillé. En 1632, elle donna à l'Hôtel-Dieu une rente de 622 livres avec les maisons et les jardins qu'elle avait à Chaillot, sous la condition qu'il y serait fondé un hôpital portant le nom de *Pauvres Incurables de Sainte-Marguerite*, et destiné à recueillir de pauvres gens des deux sexes affligés de maladies incurables. Vers le même temps, un prêtre nommé Jean Goullet avait laissé en mourant une somme considérable pour la création d'un établissement analogue. Le cardinal de La Rochefoucault résolut de faire exécuter ce legs en l'augmentant de ses propres deniers. Il acheta plus de la moitié de dix-sept arpents de terre que l'Hôtel-Dieu possédait au-delà des Petites-Maisons, le long du chemin de Sèvres, et détermina Marguerite Rouillé à y transférer la fondation qu'elle avait entreprise à Chaillot. L'édifice fut commencé. De nouvelles libéralités du cardinal et la générosité d'une personne qui voulut rester inconnue, en accélérèrent l'achèvement. En 1637, l'établissement fut confirmé par lettres-patentes.

Dans ce premier état, l'hospice des Incurables se composait de deux salles contenant trente-six lits, dix-huit pour chaque sexe. Cette maison, servie avec beaucoup de soins par les sœurs de charité, était sous la direction des administrateurs de l'Hôtel-Dieu; mais ses revenus étaient séparés et employés seulement à l'usage des incurables. Aussi les fondations successives accrurent rapidement ses ressources, au point qu'avant la révolution on y comptait près de quatre cents lits. En 1790, il y en avait quatre cent quarante; le nombre s'en est élevé depuis à cinq cents.

En 1802, les incurables-hommes ont été transportés dans une maison spéciale, au faubourg Saint-Martin, et depuis cette époque, l'établissement de la rue de Sèvres est demeuré uniquement affecté aux incurables-femmes.

Les Filles du précieux sang, couvent situé rue de Vaugirard, n° 60. — Une réforme ayant été introduite dans un couvent de Grenoble, appartenant aux filles de l'ordre de Cîteaux, ces religieuses cherchèrent à faire un établissement à Paris. L'abbé de Saint-Germain-des-Prés, à qui elles s'adressèrent, leur permit, le 20 décembre 1633, de fonder un couvent dans l'étendue de sa juridiction. Le même mois, le roi leur accorda des lettres-patentes. Grâce à la générosité de la duchesse d'Aiguillon, qui leur donna la somme de 8,050 livres, les nouvelles religieuses achetèrent, en 1636, rue du Pot-de-Fer, au coin de la rue Mézières, une maison qui appartenait à François-Robert de Montri. Mais cet établissement, qui prit le nom de Sainte-Cécile, leur fit contracter des dettes qu'elles n'étaient pas en état d'acquitter; elles furent obligées d'abandonner leur maison à leurs créanciers, en 1656, et de louer, rue du Bac, un corps-de-logis qui depuis a fait partie du *séminaire des Missions-Étrangères.*

Les libéralités de quelques personnes pieuses leur rendirent leur prospérité, et elles achetèrent le 20 décembre 1658, rue de Vaugirard, une grande maison qu'elles augmentèrent peu à peu. Les *Filles de Sainte-Cécile* prirent, le 20 février de l'année suivante, le titre de *Filles du précieux sang de Notre-Seigneur.* Au temps où Félibien écrivait, cette communauté se composait de trente religieuses et neuf sœurs converses (1). Ce couvent, supprimé à la révolution, est aujourd'hui une propriété particulière.

Petites Cordelières, rue de Grenelle Saint-Germain, à l'hôtel Beauvais. — Ce couvent fut dans l'origine une succursale du couvent des Cordelières du faubourg Saint-Marcel (2), qui sous Louis XIII se trouvèrent assez nombreuses pour demander l'autorisation d'établir un petit monastère. Le 25 mars 1632, elles obtinrent pour cette fondation des lettres-patentes qui furent vérifiées au parlement le 17 août 1633. Dès le mois de décembre de la même année, un auditeur de la chambre des comptes, nommé Pierre Poncher, et sa sœur Marguerite, leur donnèrent, dans la rue des Francs-Bourgeois du Marais, une maison que ces religieuses vinrent habiter sous le nom de *religieuses de Sainte-Claire de la Nativité.* Bientôt elles s'y trouvèrent à l'étroit, et en 1687 elles achetèrent l'hôtel de Beauvais, où avaient logé l'année précédente le doge de Gênes et les quatre sénateurs qui étaient venus avec lui faire satisfaction à Louis XIV. Elles s'établirent dans cette somptueuse maison au mois d'août 1687, et la salle de bal de l'ancien hôtel de Beauvais devint l'église des Petites-Cordelières.

Le 4 juin 1749, M. de Beaumont, archevêque de Paris, rendit, sans qu'on sache pourquoi, un décret qui supprimait cette communauté. En 1752, leur maison fut adjugée au comte de Saint-Simon moyennant la somme de 350,000 livres.

Les Filles de la Croix (3), rue de Charonne, n° 86. — Marie de Sénaux, plus connue sous le nom de la mère Marguerite de Jésus, après avoir contribué à fonder à Paris le couvent des *Filles de Saint-Thomas-*

---

(1) Félibien, t. II, p. 1364. — Jaillot, t. V, *Quartier du Luxembourg*, p. 106 et suiv. — Hurtaut, t. III, p. 37. — (2) T. II, p. 256.

(3) Il existait à Paris d'autres congrégations qui portaient le même nom; j'en parlerai à la date de leur fondation.

d'Aquin (1), en sortit en 1636 avec six religieuses pour établir un autre monastère du même ordre de Saint-Dominique, sous le nom de *Filles de la Croix*. Elles occupèrent successivement une maison de la rue Plâtrière, près Saint-Eustache, et une autre rue Matignon. Enfin elles achetèrent, le 21 juin 1639, une propriété rue de Charonne, dans le faubourg Saint-Antoine, où elles firent construire un monastère dont la princesse de Condé, la duchesse d'Aiguillon et la maréchale d'Effiat posèrent la première pierre le 3 août de la même année. Les Filles de la Croix y furent installées solennellement le 16 janvier 1641. Charlotte-Marie Coiffier d'Effiat, fille du maréchal de ce nom, est regardée comme la fondatrice de ce couvent; elle lui donna tous ses biens et s'y fit religieuse.

Ce couvent était assez beau; l'église était petite, mais ornée avec goût. On y remarquait le tableau du maître-autel : c'était une *Élévation de la croix*, peinte par Jouvenet en 1706, d'après un petit tableau original sur cuivre qui était conservé dans l'intérieur du monastère. Plusieurs personnages connus étaient ensevelis dans cette église : *Savinien Cyrano de Bergerac*, mort en 1655, à l'âge de trente-cinq ans, auteur du *Pédant joué* et des *États et empires de la lune*; célèbre par son caractère original et son humeur belliqueuse. — Le comte *Blaise-François de Pagan*, mort en 1665, excellent militaire, à qui la science est redevable, entre autres ouvrages, d'un *Traité des fortifications* et de *Tables astronomiques*, etc., etc. (2).

Ce monastère, supprimé en 1790, appartient au gouvernement. En 1815 on y établit une congrégation de religieuses sous le titre de *Dames de la Croix*.

Filles de Saint Joseph ou la Providence, rue Saint-Dominique-Saint-Germain, n° 82. — Cette communauté de filles séculières devait son origine à Marie Delpech, connue sous le nom de mademoiselle de Létan. Élevée à Bordeaux dans une maison d'orphelines, elle en devint la bienfaitrice, et lui fit donner, en 1638, des statuts et règlements par l'archevêque de cette ville. L'utilité de ce nouvel établissement, qui avait pour but d'instruire et d'élever les orphelines, fit naître à quelques personnes pieuses le dessein d'en former une semblable à Paris. Mademoiselle de Létan s'y rendit le 11 janvier 1639, et se logea d'abord rue du Vieux-Colombier, dans une maison occupée par quelques religieuses venues de Charleville. Le nombre de ses élèves s'augmentant tous les jours, elle loua une grande maison rue du Pot-de-Fer, près du noviciat des jésuites; mais elle devint encore trop petite. Enfin, le 3 février 1540, elle acheta dans le même faubourg Saint-Germain, rue

---

(1) Voy. ci-dessus p. 85.
(2) Jaillot, t. III, *Quartier Saint-Antoine*, p. 67. — Piganiol, t. V, p. 108 et suiv.

Saint-Dominique, une maison qui porte aujourd'hui le n° 82. Le roi approuva cet établissement, et l'archevêque de Paris donna aux filles de Saint-Joseph des statuts qu'elles suivirent avec une exactitude dont tous les historiens font l'éloge (1).

Ainsi que je l'ai déjà dit, le but de cette communauté était l'éducation des pauvres orphelines. Elles étaient reçues dès l'âge de neuf ou dix ans, et on leur enseignait les ouvrages convenables à leur sexe, jusqu'à ce qu'elles fussent en état de se marier, d'embrasser une profession ou d'entrer au couvent.

Cette institution a été supprimée en 1792. La chapelle, qui sert de magasin, existe encore; le reste des bâtiments est occupé par les bureaux du ministère de la guerre.

Les Chanoinesses régulières de l'ordre de Saint-Augustin, sous le titre de *Notre-Dame de la Victoire de Lépante et de Saint-Joseph*, rue de Picpus. — Elles furent établies à Paris par Jean-François de Gondi, archevêque de Paris, et M. Tubeuf, surintendant des finances de la reine, et depuis président de la chambre des comptes, qui, en 1640, firent venir à Paris six religieuses du couvent de Saint-Etienne de Reims. Elles furent placées à Picpus, où M. Tubeuf avait acheté une maison et un enclos de sept arpents. Le roi confirma seulement au mois de décembre 1647 cet établissement, sur lequel nous n'avons, vu sa faible importance, que fort peu de renseignements. Ces religieuses portaient le titre de *Notre-Dame de la Victoire*, parce qu'elles avaient ajouté à leur règle l'obligation particulière de célébrer, le 7 octobre de chaque année, la victoire remportée sur les Turcs dans le golfe de Lépante, à pareil jour de l'année 1571. Du temps de Félibien, elles étaient au nombre de quarante religieuses et de dix converses (2).

Ce couvent, supprimé en 1790, est aujourd'hui une propriété particulière.

Bénédictines de Notre-Dame de Liesse, rue de Sèvres, n° 3, au-delà du boulevard, sur l'emplacement actuel de *l'hôpital Necker*.—Ces religieuses, établies, en 1631, à Réthel, dans le diocèse de Reims, furent obligées par les malheurs de la guerre de se réfugier à Paris en 1636. Avec le consentement de l'abbé de Saint-Germain, elles louèrent une maison rue du Vieux-Colombier, où elles remplirent les devoirs de leur institut, dont le principal but était l'éducation des jeunes filles. Le roi approuva cette communauté, qui fut protégée pour la comtesse de Soissons

---

(1) Jaillot, t. V, *Quartier Saint-Germain*, p. 41 et suiv. — Félibien, t. II, p. 1371. — Piganiol, t. VIII, p. 166.

(2) Félibien, t. II, p. 1371. — Jaillot, t. III, *Quartier Saint-Antoine*, p. 105 et suiv.

et la duchesse de Longueville ; et quelques années après, elles fondèrent un plus grand établissement.

Marie Briçonnet, veuve d'Etienne Le Tonnelier, conseiller au grand conseil, avait légué, en 1626, à Geneviève Poulain et à Barbe Descoulx, une propriété, connue sous le nom de *Jardin-d'Olivet*, pour y bâtir une maison et une chapelle, et y instruire des jeunes filles, en attendant qu'on pût y établir une communauté de religieuses. Cette petite communauté subsistait avec peine ; elle n'avait point de revenus assurés et n'avait pu obtenir de lettres-patentes. En 1645, la supérieure céda son couvent aux religieuses de Notre-Dame-de-Liesse, à condition d'y conserver les filles séculières qui s'y trouvaient alors, et d'admettre à la profession religieuse celles qui voudraient l'embrasser et qui en seraient jugées capables. Cette translation fut autorisée par les autorités compétentes. « Je ne sais à quelle occasion, dit Jaillot, les bénédictines se réfugièrent quelque temps après à Port-Royal ; mais cette émigration ne fut que momentanée. Douze ans à peine s'étoient écoulées que cette maison se trouva réduite à deux à trois religieuses. » On voulut y fonder un nouvel établissement ; le roi s'y opposa. La chapelle ou église fut bâtie en 1663 (1).

En 1778, le couvent des bénédictines de Notre-Dame de Liesse était presque désert lorsqu'il fut supprimé. Sur son emplacement, madame Necker, femme du contrôleur-général des finances, fonda l'hôpital qui porte son nom et auquel je consacrerai plus tard un article spécial (2).

Religieuses de Fervaques. — En 1636, pour les mêmes raisons que les bénédictines de Notre-Dame de Liesse, les religieuses de Fervaques, de l'ordre de Cîteaux, au diocèse de Noyon, se retirèrent à Paris et s'établirent au faubourg Saint-Germain. Le prieur de l'abbaye de Saint-Germain-des-Prés consentit à cet établissement, mais à condition que les religieuses ne placeraient point de croix à leur porte, qu'elles n'auraient ni cloches ni tabernacle, et qu'elles n'admettraient aucun séculier à leur chapelle. En 1643, l'abbé de Clairvaux et l'abbé de Saint-Germain leur permirent d'établir un monastère en forme, et le roi leur accorda des lettres-patentes. Toutefois, ajoute Félibien, ce monastère n'a pas subsisté long-temps, et l'on ignore jusqu'au lieu de sa situation (3).

Académie française. — Un littérateur parisien, plus connu par son goût pour la littérature que par ses œuvres, Valentin Conrart, conseiller et secrétaire du roi, réunissait dans sa maison, rue Saint-Denis, quelques gens de lettres, dont la société portait les noms d'*Académie*

---

(1) Félibien, t. II, p. 1369. — Piganiol, t. VII, p. 412 et suiv. — Jaillot, t. V, *Quartier du Luxembourg*, p. 94 et suiv. — (2) Voy. *Hôpital Necker*.

(3) Félibien, t. II, p. 4370.

française éminente des beaux-esprits ou de *l'éloquence*. Ces titres sont bien exagérés lorsqu'on voit parmi les principaux membres de cette assemblée Godeau, Gombault, Chapelain, Giry, Habert, l'abbé de Cerisy son frère, Serisay, Malleville, tous gens d'esprit, mais d'un talent fort médiocre. Un nommé Faret y introduisit Desmarets et l'abbé Boisrobert, tous deux poëtes aux gages du cardinal de Richelieu. Ils en parlèrent à leur maître, qui protégeait volontiers les littérateurs, et qui fit offrir ses services à la société de Conrart (1). Serisay, Malleville et quelques autres voulaient qu'on refusât le cardinal ; mais l'avis de Chapelain l'emporta. Sur le rapport de son premier ministre, Louis XIII donna, au mois de janvier 1635, des lettres-patentes portant qu'il serait formé une société de gens de lettres, au nombre de *quarante*, sous le nom d'*Académie française*. Ces lettres ne furent enregistrées que le 10 juillet 1637, après une longue résistance du parlement, qui ajouta cette clause : « Que l'Académie ne pourroit connoître que de la langue françoise et des livres qu'elle auroit faits ou qu'on exposeroit à son jugement. » Cette clause ne fut pas illusoire, en ce sens que l'Académie n'a jamais cessé d'être un corps exclusivement littéraire.

L'Académie tint encore ses séances chez un de ses membres ou chez Richelieu lui-même ; mais, après la mort de cet homme illustre, le chancelier Séguier, qui avait voulu être compris parmi les académiciens, leur prêta une salle de son bel hôtel. Enfin Louis XIV voulut succéder à Séguier dans ces honorables fonctions, et ce nouveau protecteur accorda, en 1673, à l'Académie française un appartement au Louvre. Cette salle des séances, qui était l'ancienne *salle du conseil*, était ornée des portraits d'un grand nombre d'académiciens, de ceux de Richelieu, de Pierre Séguier, de Christine de Suède ; ce dernier avait été donné par cette savante princesse (2). L'Académie siégea au Louvre jusqu'au temps de la Convention, où toutes les sociétés littéraires furent supprimées et remplacées par l'*Institut*. La loi organique du 3 brumaire an IV (24 octobre 1796) porte que la troisième classe de l'Institut sera désignée sous le nom de *littérature et beaux-arts*. En l'an XI, Bonaparte fit une nouvelle division en quatre classes, dont la seconde, ayant pour objet la langue et la littérature nationale, compta quarante membres ; c'était, quant à ses attributions et au nombre de ses membres, l'ancienne Académie française. Elle en reprit le titre en 1815, quoique l'organisation de l'Institut fût conservée presque en entier, et sa première séance solennelle eut lieu le 24 avril 1816, sous la présidence du duc de Richelieu. L'Académie française tient ses séances au palais de l'Institut.

L'organisation de cette illustre compagnie a éprouvé peu de change-

---

(1) Vigneul-Marville, *mélanges*, t. III, p. 34. — (2) G. Brice, t. I, p. 86.

ments depuis son établissement. L'Académie a trois officiers : un *directeur* pour présider les assemblées et recueillir les avis, un *chancelier* pour garder les sceaux et sceller les actes expédiés par l'ordre de l'Académie (1), et un *secrétaire* pour écrire les délibérations. Le directeur et le chancelier sont élus au sort tous les trois mois, mais le secrétaire est perpétuel. Conrart, mort en 1675, fut le premier secrétaire ; cette charge est aujourd'hui remplie par M. Villemain. Les registres de l'Académie commencent au 13 mars 1634.

L'Académie s'assemble trois fois par semaine, et chaque membre assistant reçoit un *jeton de présence*, qui représente à la fin de l'année un traitement d'à peu près 1,800 francs. Dès son origine, elle distribua tous les ans alternativement un prix d'éloquence et un prix de poésie. Ils consistaient l'un et l'autre en une médaille d'or de 600 livres qu'on avait portée depuis long-temps à 1,200. Le prix d'éloquence a été fondé par Balzac, l'un des écrivains qui ont le plus contribué à former la langue. Trois académiciens firent d'abord les frais du prix de poésie. Après leur mort, l'Académie pourvut elle-même à cette dépense jusqu'à ce que François de Clermont, évêque de Noyon, l'un de ses membres, eût fondé ce prix à perpétuité par un placement de 3,000 livres sur l'Hôtel-de-Ville de Paris. On a ajouté depuis un prix Monthyon, qui récompense les bonnes actions, les meilleures traductions et les ouvrages de morale. Cette distribution, faite en séance solennelle, avait lieu autrefois le 25 août, jour de la fête de Saint-Louis. Jadis l'Académie faisait chanter à cette occasion, dans la chapelle du Louvre, une messe en musique, à la fin de laquelle le panégyrique du même saint était prononcé par un habile prédicateur (2).

Le principal but de l'Académie est non seulement de récompenser les littérateurs, mais aussi d'épurer et de former la langue. Elle se proposa dans l'origine de publier successivement un dictionnaire, une grammaire, une rhétorique et une poétique. Le dictionnaire seul a paru. Commencé en 1638, il fut publié en août 1694 ; ce beau travail a eu depuis plusieurs éditions, dont la dernière est de 1835.

L'Académie nomme par la voix du scrutin aux places vacantes ; mais les candidats doivent se porter eux-mêmes et faire une visite aux académiciens. L'élection est soumise à l'approbation du roi ; ce n'est plus qu'une simple formalité. Le célèbre avocat Olivier Patru fut le premier qui prononça un discours de remerciement le jour de sa réception, et cet usage a été observé depuis. Tous les hommes célèbres dont s'enorgueillit la France ont fait partie, à quelques exceptions près, de cet

(1) Au siècle dernier, l'Académie française scellait en cire bleue tous ses actes. L'image du cardinal de Richelieu était gravée sur le sceau ; une couronne de lauriers au-dedans de laquelle étaient ces mots : *à l'immortalité*, lui servait de contre-scel. — Piganiol, t. I, p. 195. — (2) G. Brice, t. I, p. 86.

illustre corps. Dans l'origine, les grands seigneurs ambitionnaient beaucoup cet honneur, et un grand nombre l'ont obtenu, quelquefois même, il faut l'avouer, par une injuste faveur. C'est ce qui faisait dire au spirituel Champfort : « Il y a de tout dans notre Académie françoise, même des gens de lettres. » Aujourd'hui les académiciens profitant de leur indépendance, se souviennent sans doute de l'apologue raconté par Patru, lorsqu'un grand seigneur ignorant voulut remplacer Conrart : « Un ancien Grec avait une lyre admirable à laquelle il se rompit une corde. Au lieu d'en remettre une de boyau, il en voulut une d'argent, et la lyre n'eut plus d'harmonie. » Quelque amères que soient souvent les critiques à l'occasion de certaines nominations, certes c'est un beau corps que celui qui compte parmi ses membres Chateaubriand, Lamartine et Villemain.

Jardin royal des plantes, situé vers l'extrémité sud-est de Paris, entre la rue du Jardin-des-Plantes, n° 18 et le quai Saint-Bernard. — Dès le temps de Henri IV on avait compris que la botanique, si nécessaire à la médecine, devait être étudiée, non dans les livres des anciens, où elle est confuse, imparfaite et défigurée, mais dans les campagnes; réflexion très simple et très naturelle, mais qui fut tardive. On avait également songé que le travail d'aller chercher les plantes dans la campagne était immense, et qu'il serait extrêmement commode d'en rassembler le plus grand nombre possible dans quelque jardin qui deviendrait le livre commun de tous les étudiants et le seul livre infaillible. Ce fut dans cette vue que Henri IV fonda le Jardin-des-Plantes de la Faculté de Montpellier (1598).

Cependant le Jardin-des-Plantes de Paris ne fut établi qu'un grand nombre d'années après (1). En 1626, Hérouard, premier médecin de Louis XIII, obtint des lettres-patentes qui ordonnaient la création d'un établissement de ce genre; mais les dispositions contenues dans cet acte sont très vagues et disent seulement que « ce jardin sera construit en l'un des faubourgs de la ville de Paris, ou autres lieux proches d'icelle, de telle grandeur qu'il sera jugé propre, convenable et nécessaire. Mais Hérouard mourut, et l'exécution de ce projet fut encore ajournée.

Elle fut reprise peu de temps après par Bouvard, premier médecin, et Guy de La Brosse, médecin ordinaire du roi. En 1633, le roi accorda aux pressantes sollicitations de la Brosse, qui venait de succéder à Bouvard, de nouvelles lettres pour l'organisation définitive de l'établissement. En conséquence, La Brosse fit l'acquisition du ter-

(1) Il est vrai qu'au rapport de Germain Brice, « on trouve dans quelques mémoires particuliers que *Jean Robin* avait commencé quelque chose de pareil dans le quartier de Saint-Victor, par les ordres du roi Henri IV; mais ce projet ne fut suivi d'aucune exécution. » (Voy. G. Brice, *Descript. de Paris*, t. II, p. 375.)

rain de la butte de *Coupeaux*, qui comprenait environ quatorze arpents. Le terrain de Coupeaux ou *des Copeaux* était une voirie : la voirie des bouchers; située d'abord au carrefour du même nom, où elle se trouvait encore en 1303, la voirie des bouchers avait été reculée jusqu'à l'endroit où se trouvait la butte, aujourd'hui le Belvédère ou Labyrinthe. Cette butte, avec ses dépendances, appartenait dans l'origine à l'abbaye de Sainte-Geneviève et avait passé depuis en la possession de différents particuliers; elle s'était insensiblement formée par l'amas des gravois et des immondices qu'on y avait transportés depuis très longtemps. L'acquisition de ces terrains fut entièrement terminée en 1636. C'était sur cet ignoble emplacement que devait s'élever l'un des plus beaux établissements scientifiques de la France.

Guy de la Brosse sentit combien serait peu utile un jardin de plantes médicinales que l'on se bornerait à cultiver pour l'exposer aux regards des curieux; il sentit la nécessité d'en faire une école d'application où les nombreux étudiants de la capitale pussent venir prendre une instruction complète. Il fit donc immédiatement construire des salles convenables pour des cours de botanique, de chimie, d'astronomie et d'histoire naturelle, et des logements pour les professeurs. Il sollicita même de l'archevêque, et obtint, le 20 décembre 1639, la permission d'avoir une chapelle avec tous les priviléges dont jouissaient les chapelles de fondation royale ou particulière.

A ses premiers pas, cette institution, si éminemment utile, rencontra des obstacles. Elle empiétait ostensiblement sur les attributions de la Faculté de médecine, qui ne put voir sans jalousie s'élever en dehors de son sein un établissement qui complétait les lacunes de son enseignement. La Faculté donc fit valoir ses anciens priviléges; mais ce fut en vain. Les clameurs s'apaisèrent, et Guy de La Brosse continua son œuvre. En 1640, eurent lieu publiquement l'ouverture et l'inauguration du nouvel établissement auquel on donna le nom de *Jardin royal des herbes médicinales*. La Brosse, afin d'ajouter encore à la publicité de la cérémonie, fit distribuer un catalogue imprimé des plantes cultivées au Jardin royal avec leur dessin. Il ne put jouir long-temps des honneurs que lui devait la reconnaissance publique : il mourut l'année suivante (1641). Il consacra toute la dernière partie de sa vie à enrichir ce Jardin royal pour lequel il faisait venir des plantes de toutes les parties du monde. Ce fut à force d'obsessions qu'il arracha, pour ainsi dire, au cardinal de Richelieu les sommes nécessaires à l'entretien de l'établissement; et l'on a dit (1), mais à tort je crois, que le terrain de Coupeaux avait été acheté à ses propres frais. Il fut enterré dans la chapelle de la maison, où l'on trouva son tombeau, sous l'empire, en changeant la distribution de l'édifice.

(1) *Biogr. univ.* t. VI, p. 32.

Parmi les successeurs de La Brosse, Fagon fut le plus distingué, et il rendit de véritables services à la science. Il fut secondé par Colbert, qui fit acquérir, au nom du roi, les peintures que Gaston, duc d'Orléans, avait fait faire par Robert d'après les plantes de son jardin de Blois; en même temps, une chaire d'anatomie était créée et confiée au savant Joseph Duvernay. Fagon, devenu vieux, donna sa démission et fit agréer le jeune Pitton de Tournefort dont il avait deviné les talents. Celui-ci enrichit pendant vingt ans le Jardin-des-Plantes, et mourut en 1708, léguant à l'administration sa collection et son magnifique herbier. Il avait fait construire, l'année même de sa mort, deux serres chaudes; avant lui, il n'en existait encore qu'une seule, construite par Vautier, vers 1650. Les deux frères Joseph et Bernard de Jussieu poursuivirent dignement la tâche commencée par leurs prédécesseurs. En 1739, Cysternay du Fay pressentit l'avenir d'un savant qui, malgré sa jeunesse, venait d'être nommé membre de l'académie des sciences; c'était Buffon, qui succéda, en 1739, à son protecteur.

Buffon préluda, dès son entrée au Jardin-des-Plantes, aux immenses travaux qui devaient lui donner un si grand lustre. Son attention se porta d'abord sur le cabinet, qui ne se composait alors que de deux salles et d'une petite pièce où étaient déposés, sans ordre, quelques squelettes d'animaux; il fit agrandir les salles de la collection aux dépens de son propre logement; il fit acheter deux maisons voisines du cabinet, que l'on y réunit pour le logement de l'intendance, divisa la nouvelle galerie en quatre salles, dont deux pour les animaux, une pour les minéraux, et la quatrième pour les herbiers et les anciens droguiers. Dès ce moment le cabinet devint public.

Le Jardin, borné à cette époque à la hauteur de la pépinière actuelle du côté du levant, à celle des serres au nord et des galeries à l'ouest, était trop étroit pour l'extension que venait de prendre l'école de botanique pour laquelle Buffon avait obtenu une somme de 36,000 livres. Il fut prolongé en conséquence par la réunion des terrains qui le séparaient de la Seine, de ceux de Saint-Victor et de quelques chantiers du quai; une longue et belle rue à laquelle on donna depuis le nom de Buffon, fut pratiquée au sud, parallèlement à la rue de Seine et en détermina de ce côté les limites. Ces vastes et nombreux travaux qui semblaient devoir absorber tout le temps et toute l'attention de l'administrateur qui les dirigeait, ne le détournaient qu'avec peine du soin que réclamaient ses immortelles œuvres. Parvenu à l'apogée de sa gloire, il ne lui manquait plus que l'hommage inouï jusqu'alors qui lui fut solennellement rendu à cette époque, au nom du roi, par d'Angivillier, directeur des bâtiments; le sculpteur Pajou exécuta par ses ordres le buste de Buffon, qui fut de son vivant placé dans le vestibule du grand escalier des galeries. Avec le nom de Buffon se répandait au loin la renommée du Jardin-des-Plantes, monument de la capitale d'abord, il fut bientôt une institution nationale, et l'Europe le prit enfin sous son patronage : particuliers et gouverneurs, à l'envi, voulurent contribuer à l'enrichir de leurs dons ; l'Académie des sciences donna sa collection anatomique qu'elle venait d'acquérir du savant Hunaud et que l'on adjoignit à celle de Duvernay ; la collection zoologique que Sonnerat venait de faire dans l'Inde, celle que Commerson avait rapportée du voyage de Bougainville, celle de Dombeyan, du Pérou et du Chili, vinrent successivement accroître les richesses du Jardin, tandis que les missionnaires envoyaient les produits inconnus de la Chine, et que le roi de Pologne et Catherine de Russie faisaient contribuer le sol septentrional à l'immense collection qui dès lors réunissait presque tous les produits du globe. Mais quel travail prodigieux ne coûtait pas cette irruption soudaine de milliers d'objets divers à classer et mettre en ordre ! Les bâtiments eux-mêmes ne tardèrent pas à devenir encore trop petits ainsi que l'amphithéâtre, qui ne suffisait plus déjà au nombre toujours croissant des élèves qui venaient y puiser la science et aux curieux qui accouraient de tous les pays admirer tant de merveilles. Il fallut donc faire de nouvelles acquisitions, et de cette époque datent la serre de Buffon, le nouvel amphithéâtre et des additions considérables faites aux galeries. Enfin pour terminer le tableau de l'état où se trouvait alors le Jardin-des-Plantes, toujours sous l'influence et par le pouvoir magique de Buffon, des voyageurs brevetés sont désignés pour parcourir le monde et rapporter les produits de leurs courses scientifiques dans les collections du cabinet ; Daubenton et Lacépède ont la garde des collections ; Vanspaendonck reproduit avec un merveilleux talent sur les vélins qui enrichissent aujourd'hui la bibliothèque, les formes et les couleurs des plantes et des animaux les plus rares ; Faujas de Saint-Fond correspond avec tous les savants de l'Europe ; de Jussieu et Desfontaines démontrent la botanique et la physique végétale ; Portal procède à ses savantes leçons d'anatomie, et enfin Fourcroy, joignant à ses propres lumières les immortels travaux de Cavendish, de Lavoisier, de Guyton-Morveau, donne une vie nouvelle à la chimie qui se répand avec un prodigieux succès (1). » Buffon mourut en 1788, et eut pour successeur le marquis de la Billarderie qui émigra dès les premiers troubles de la révolution.

L'assemblée constituante déclara que le Jardin-des-Plantes, jusqu'alors dépendant de la maison du roi, entrerait dans le domaine national et serait, à ce titre, à la charge du Trésor public. Enfin un décret de la Convention (10 juin 1793) constitua et organisa cet établissement sous le nom de *Muséum d'histoire naturelle*. On créa douze chaires comprenant la chimie générale et appliquée, la botanique, la culture,

(1) *Paris pitt.*, t. II, p. 517 et suiv.

la zoologie avec ses subdivisions, l'anatomie humaine, la zoonomie ou anatomie et physiologie générale des animaux, la minéralogie, la géologie, et l'iconographie ou la peinture des objets d'histoire naturelle. Le personnel fut en même temps augmenté; on ajouta aux professeurs déjà nommés un nouveau garde du cabinet, un jardinier en chef et quatre aides-naturalistes. Les talents de Bernardin de Saint-Pierre, nommé intendant du Jardin-des-Plantes au commencement de la période républicaine, le dévouement des professeurs, qui renoncèrent d'eux-mêmes à leurs traitements, préservèrent ce bel établissement d'une ruine totale au milieu des orages de la révolution. De savants voyageurs enrichirent le *Muséum* de leurs collections, et, en 1795, le directoire ordonna quelques agrandissements indispensables ; on acheta plusieurs maisons situées le long de la rue Cuvier, habitées autrefois par les *Religieux nouveau-convertis*, et l'on commença la construction de la grande serre tempérée, terminée cinq ans plus tard, et du cabinet d'anatomie qui ne s'acheva qu'en 1817. Cependant la détresse était si grande dans les finances que le gouvernement ne put suffire à la nourriture des animaux ; Delaunay, garde de la ménagerie, fut réduit à faire tuer les moins utiles pour nourrir les autres. Mais le consulat et l'empire réparèrent ces désastres. Le savant Chaptal, devenu ministre, s'occupa du Jardin-des-Plantes avec une véritable sollicitude. Il envoya Delaunay à Londres pour acheter la superbe ménagerie de Pembrocke ; il fit agrandir l'école de botanique, terminer les galeries supérieures du cabinet, acquit des chantiers voisins pour augmenter les parcs de la ménagerie, et fit construire la galerie de botanique et un laboratoire de zoologie. Napoléon seconda noblement son ministre, et le Muséum se vit tout-à-coup enrichi, par acquisition ou par conquête, des découvertes des savants français et étrangers. Enfin Cuvier parut, et son génie vint rendre aux études du Jardin-des-Plantes une nouvelle vigueur. Après avoir complété et fixé l'anatomie comparée, il créa une science, celles des *fossiles*. Ses travaux seuls exigeant de nouvelles constructions, le cabinet d'anatomie fut agrandi et ouvert pour la première fois au public ; la grande galerie subit la dernière transformation qui en fait aujourd'hui le bâtiment principal ; et l'on construisit au centre de la ménagerie, la rotonde pour les grands herbivores.

Sous la restauration le Jardin-des-Plantes, qui reprit son ancien titre de *Jardin-du-Roi*, fut augmenté, et ces travaux d'amélioration ont pris un nouvel essor depuis 1830. Je vais donner une description rapide de cet établissement ; une énumération détaillée exigerait plus d'un volume.

Le Jardin, limité au nord par la rue Cuvier, au sud par la rue Buffon, à l'est par la grille d'entrée, du côté du quai Saint-Bernard et du pont d'Austerlitz, et à l'ouest par les bâtiments des galeries, se compose de trois parties : le *jardin bas, la colline* ou *jardin haut*, et la *vallée suisse* ou *ménagerie*. La première partie est divisée par de longues allées couvertes qui forment trois zones longitudinales : l'une au milieu, en face de l'entrée, comprenant la culture des plantes médicinales, celles des fleurs de jardin, la pépinière et les semis de naturalisation ; une autre, à gauche, comprenant les semis de la pépinière et les plantes usuelles ; la troisième, à droite, constituant l'école de botanique proprement dite, renferme *six mille cinq cents espèces* de plantes rangées suivant la méthode naturelle de Jussieu. Les serres chaudes, admirables et récentes constructions, séparent le *jardin bas* d'avec la colline ; le reste de l'école de botanique est séparé d'avec la *ménagerie* par une grande allée de marronniers et la fosse aux ours.

Les serres chaudes séparent le *jardin bas* d'avec la *colline*, plantée de sapins et d'arbres verts, et le *plateau*, dont une partie est occupée par deux nouvelles serres en pavillons. La colline est dessinée en labyrinthe ; on y voit le cèdre du Liban, planté en 1734 par le célèbre Bernard de Jussieu qui l'apporta d'Angleterre. Un peu plus haut, on rencontre une colonne élevée à la gloire de Daubenton, savant illustre, et qui, avec Buffon dont il était le collaborateur, a le plus contribué aux progrès de la science. Le sommet de cette colline est couronné par un kiosque, d'où l'on découvre une partie de Paris. Ce kiosque, construit par Verniquet, architecte du jardin, est de forme circulaire et dans une proportion de treize pieds de diamètre sur environ vingt-cinq de hauteur. Il est tout en fer et revêtu de cuivre. Le dessous, entouré d'un appui, forme un belvédère. Huit lances y servent de piliers et supportent un couronnement pyramidal. Sur la frise de la corniche on lisait l'inscription suivante : *Dum lumine et colore sol mundum vivificat, Ludovicus XVI sapientiâ et justitiâ, humanitate et munificentiâ undique radiat*. DCC. LXXXVI (1). Cette corniche est surmontée d'un amortissement avec panneaux en mosaïque à jour. Au-dessus est une lanterne composée de petites colonnes avec arcades, dont la corniche porte cette inscription : *Horas non numero nisi serenas ;* inscription qui avait rapport à un méridien très ingénieux, que l'action du soleil mettait seule en mouvement, et qui marquait l'heure de midi par douze coups frappés sur un tambour chinois. Le marteau de ce méridien représentait le globe de la terre, et était renfermé dans une sphère armillaire, posée sur un *piédouche*, laquelle couronnait ce petit édifice (2).

Au bas de la colline, du côté du nord, sont l'amphithéâtre, la galerie de botanique, l'administration et un pavillon servant de logement à

---

(1) Saint-Victor, 1re partie, t. III, p. 493.

(2) L'entrée de cet amphithéâtre élégant, servant aux leçons de chimie, d'anatomie et de médecine, est ornée de deux beaux palmiers de Sicile, de vingt-cinq pieds de haut, dont on fit présent à Louis XIV.

quelques professeurs; plus bas la grande serre *tempérée* et le cabinet d'anatomie comparée (1). Quinze salles renferment cette dernière collection, commencée en 1775 par Daubenton. Ce superbe cabinet est ouvert aux seuls étudiants tous les jours de onze heures à deux heures, dimanches et jeudis exceptés. Les étrangers ne peuvent y être admis qu'en obtenant la permission de l'un des professeurs du Musée.

Tout le reste du Jardin, du nord au levant, que l'on nomme la *vallée suisse*, est consacré à la ménagerie (2); elle est composée de dix-sept enceintes ou parcs pour le logement des animaux paisibles, indépendamment de la rotonde des éléphants, de la faisanderie, de la volière aux oiseaux de proie, du *palais des singes*, de la fosse aux ours et de la grande galerie contenant les loges des animaux féroces.

Le cabinet d'histoire naturelle occupe tout le bâtiment à deux étages, se développant sur une façade de deux cent quatre-vingt-dix pieds, au-delà de la cour, à l'extrémité du jardin opposée à la Seine. Le rez-de-chaussée est occupé dans sa partie droite par une collection des instruments aratoires; dans la même salle se fait le cours d'agriculture; la partie gauche sert de dépôt ou de magasin pour les objets que leur trop grand volume empêche de classer dans les salles qu'ils devraient occuper.

Les collections de géologie et de minéralogie, la galerie de botanique et la bibliothèque viennent d'être transférées dans une magnifique galerie qui s'étend en face des serres, le long de la rue Buffon.

La bibliothèque se compose de dix mille volumes sur toutes les parties de l'histoire naturelle, des herbiers de Tournefort et de Levaillant, etc. On y remarque une magnifique collection de dessins de plantes et d'animaux renfermée dans plus de cent volumes in-folio. Cette collection, commencée il y a plus d'un siècle, a été continuée par les célèbres Vanspaendonck et Redouté. Elle est connue sous le nom de *vélins du muséum*.

Le Jardin-des-Plantes est public tous les jours depuis l'heure où commencent les travaux, en toute saison, jusqu'à la retraite militaire. La ménagerie est ouverte tous les jours de onze heures à trois heures en hiver et à six heures en été. Le cabinet d'histoire naturelle est public de trois heures à six heures en été et jusqu'à la nuit en hiver. Les étrangers, montrant leurs passeports, y sont admis les lundis, mercredis et samedis de onze heures à deux heures. La bibliothèque est ouverte au public les mêmes jours et aux mêmes heures que le cabinet.

Hôpital des Convalescents, situé rue du Bac, n° 98. En 1628, Angélique Favre, veuve du surintendant des finances Claude de Bullion,

(1) On y plaça pendant la révolution le corps du maréchal de Turenne, pour le soustraire au vandalisme des Jacobins.
(2) La ménagerie de Versailles y fut placée en 1794.

conçu et exécuta la première le dessein d'offrir un asile aux convalescents qui, sortis des hôpitaux sans être dans un état de santé parfaite, étaient exposés à des rechutes dangereuses. Mais elle ne put créer un vaste établissement; elle dut se contenter de fonder une maison qui servit d'annexe à l'hôpital de la Charité, et qui ne contint d'abord que huit lits. Cette dame charitable, voulant rester inconnue, fit cette fondation sous le nom de André Gervaise, chanoine de l'église de Reims. Elle obtint à cet effet des lettres-patentes qui ne furent enregistrées que trois ans après, en 1631; et il paraît même que l'établissement ne fut entièrement organisé qu'en 1642 (1). Il était placé dans un hôtel de la rue du Bac que la fondatrice avait acheté de M. Lecamus, évêque de Belley. On y recevait les convalescents sortant de l'hôpital de la Charité, et on les gardait pendant huit jours; par une exclusion singulière, les prêtres, les soldats et les laquais n'y pouvaient entrer. Néanmoins, l'utilité de cet établissement excita la générosité de plusieurs personnes, entre autres celle du cardinal Mazarin qui en créa un semblable pour les convalescents sortant de l'Hôtel-Dieu.

La maison des convalescents de la rue du Bac s'accrut successivement; en 1775, elle possédait vingt-et-un lits. Le 6 août 1650, André Gervaise avait obtenu la permission d'y fonder une chapelle qui reçut le titre de *Notre-Dame-des-Convalescents*.

L'hôpital des Convalescents fut supprimé en 1792, et devint une propriété du gouvernement.

Église de Sainte-Marguerite, rue Saint-Bernard, nos 28 et 30 (faubourg Saint-Antoine). En 1625, un curé de Saint-Paul, nommé Antoine Fayet, fit bâtir à ses frais, et sur un terrain qui lui appartenait, une chapelle qu'il destinait à servir de sépulture à sa famille, et qu'il plaça sous l'invocation de Sainte-Marguerite. Cette fondation était fort commode pour les habitants de ce quartier qui se trouvaient fort éloignés de Saint-Paul leur paroisse; ils y firent célébrer l'office divin et demandèrent qu'elle fût érigée en succursale. Les marguilliers de Saint-Paul s'opposèrent vivement à ces prétentions, et ce ne fut qu'en 1634 que l'archevêque de Paris accorda à la chapelle Sainte-Marguerite le titre d'église succursale de Saint-Paul. En 1712, cette succursale devint entièrement indépendante, et forma une cure particulière servant de paroisse aux habitants du faubourg. Grâce aux accroissements prodigieux de cette partie de la ville, le nombre de ses paroissiens s'élevait, au milieu du XVIIIe siècle, à plus de quarante mille. Son territoire s'étendait, d'un côté, depuis la porte Saint-Antoine jusqu'au-delà du couvent de Picpus, et de l'autre, depuis le petit Bercy jusques aux moulins de Ménilmontant.

(1) Félibien, t. II, p. 1267.

Aussi fut-on obligé d'y faire des agrandissements successifs dont les plus importants eurent lieu en 1713 et en 1765, et qui furent si considérables, qu'à cette époque la chapelle primitive ne formait plus que le dixième de l'église. On prit, en 1765, une portion du cimetière contigu, et l'architecte *Louis* y construisit une chapelle curieuse par son style qu'on pouvait appeler sépulcral. Éclairée seulement par une ouverture carrée pratiquée à la voûte, elle est remplie de bas-reliefs, d'inscriptions et d'ornements lugubres; un tombeau antique forme le maître-autel, et derrière s'élève un grand tableau de trente pieds de haut, peint par *Briard*, et représentant le *Purgatoire*. On y voit encore un beau groupe sculpté d'après les dessins de *Girardon* par deux de ses élèves *Le Lorrain* et *Nourrisson;* c'est une *Descente de Croix*. Les murs intérieurs sont décorés de peintures à fresque exécutées par *Brunetti*. Sur un médaillon ménagé entre les arcades qui forment l'entrée, on a sculpté le portrait de *Vaucanson*, célèbre mécanicien, mort en 1782.

Dans l'église, on remarquait une excellente peinture de *sainte Marguerite dans sa prison*, exécutée en 1656, par *Alphonse du Fresnoy*; et un autre bel ouvrage de *Louis Boullogne*, premier peintre du roi. On y a vu aussi, pendant long-temps, le tombeau d'*Antoine Fayet*. Ce tombeau était formé d'un vaisseau de marbre noir soutenu par quatre anges de marbre blanc. C'était un fort beau monument, mais en 1737 le curé *Goy*, offensé de la nudité des anges, profita de quelques réparations auxquelles travaillait dans le chœur l'architecte *l'Épée*, pour cacher aux yeux ces figures; il les fit enterrer de plus de deux pieds sous terre.

Ce curé, du reste, fut un des plus généreux et des plus éclairés bienfaiteurs de son église. Par son testament, il légua à la fabrique deux bibliothèques. L'une, nombreuse et choisie, devait être ouverte tous les jours aux ecclésiastiques de la paroisse, et au public les lundi, mercredi et vendredi; l'autre était composée uniquement de livres de piété en langue vulgaire destinés à être prêtés aux paroissiens pauvres qui en demanderaient. En outre, il laissa pour l'entretien et l'augmentation de la première une rente annuelle de 400 livres, et de 50 livres pour la seconde, et de 800 livres pour les deux prêtres qui feraient les fonctions de bibliothécaires. Le curé Goy fonda encore des rentes considérables pour répandre l'instruction parmi les enfants pauvres de la paroisse.

Aujourd'hui, l'église Sainte-Marguerite, paroisse du huitième arrondissement, a deux succursales, celles de Saint-Antoine (1) et de Saint-Ambroise (2).

Chapelle Saint-Joseph. Elle était située rue Montmartre, n° 144, au

---

(1) Voy. *Hôpital Saint-Antoine.* — (2) Voy. *Annonciades.*

coin de la rue Saint-Joseph. Le chancelier Séguier désirant obtenir des marguilliers de Saint-Eustache la cession d'une partie du cimetière qu'ils avaient rue du Bouloi, leur donna en échange un terrain qu'il possédait en haut de la rue Montmartre pour y établir un autre cimetière avec une chapelle. Le contrat fut conclu, et l'église Saint-Eustache prit possession de l'emplacement sur lequel elle fit élever aussitôt la chapelle Saint-Joseph, dont les frais de construction furent payés par le chancelier qui en posa la première pierre le 14 juillet 1640. Cette chapelle a été illustrée par les tombeaux de *Molière* et *La Fontaine*, qui y furent inhumés, le premier en 1673, et l'autre en 1675. Ces précieuses dépouilles furent transportées au Musée des monuments français, puis, en 1818, au cimetière du *Père-Lachaise*. — La chapelle Saint-Joseph a été démolie au commencement de la révolution, et sur son emplacement s'est élevé le marché qui existe encore aujourd'hui sous le même nom.

Capucins du faubourg Saint-Jacques, couvent situé place des Capucins. Cette maison, qui était le noviciat des capucins de la province de Paris, fut fondé par François-Godefroy, seigneur de la Tour, qui légua à ces religieux, par testament du 27 avril 1613, sa *maison de la Tour*, située au faubourg saint-Jacques. La grange servit de chapelle, jusqu'à ce que le cardinal Pierre de Gondi, évêque de Paris, eut fourni les fonds nécessaires à la construction d'une église et d'une partie du couvent. Cet établissement n'avait rien de remarquable; on voyait seulement dans l'église deux beaux tableaux de Lebrun : une *Présentation au Temple* et une *Assomption de la sainte Vierge* (1).

Ce couvent ayant été supprimé en 1783, les Capucins furent transférés dans celui de la rue Neuve-Sainte-Croix, dont je parlerai ailleurs. Les bâtiments des Capucins du faubourg Saint-Jacques ont été consacrés, en 1784, à l'*hôpital des Vénériens* (2).

Couvent des Capucins du Marais, aujourd'hui *église de Saint-François d'Assise*, rue du Perche, n° 13, et rue d'Orléans au Marais. — Ce couvent fut fondé en 1623, par le P. Athanase Molé, syndic des capucins, frère du chancelier, sur l'emplacement du Jeu-de-Paume de la rue d'Orléans. L'église ne fut achevée que par les secours et la protection du garde-des-sceaux d'Argenson (3). Elle fut rebâtie vers le milieu du dernier siècle (4). On n'y remarquait que deux tableaux de La Hire, et des sujets de la *Vie de la Vierge*, par un nommé Robert, peintre du cardinal de Rohan.

A la suppression des communautés religieuses, les bâtiments et les

---

(1) Brice, t. III, p. 147. — Piganiol, t. VI, p. 219. — (2) Voy. *Hôpital des vénériens*. — (3) Piganiol, t. IV, p. 371. — (4) Brice, t. II, p. 109.

jardins de ce couvent furent vendus à des particuliers. Mais en 1802, l'église fut rendue au culte et érigée en seconde succursale de la paroisse de Saint-Merri, sous le titre de *Saint-François-d'Assise*. Elle fut alors décorée de tableaux et de statues, de candélabres et de dorures. Il y a peu d'années, de grands embellissements ont été faits dans cette église, et les abords en ont été rendus plus faciles. On remarque vers le chœur une belle statue de *saint François-d'Assise* à genoux, en marbre d'Égypte, qui fait pendant à une autre statue également à genoux. — Parmi les tableaux qui ornent cette église, on distingue dans la nef à droite : *saint Charles donnant la communion aux pestiférés; les stygmates de saint François,; saint Jean l'évangéliste*, donné par la ville de Paris, en 1824; *saint Louis, malade, visitant les pestiférés*, par Scheffer ; *le Christ à la colonne*, par De Georges; donné par la ville. Dans le chœur, *saint François-d'Assise devant le Soudan d'Égypte*, peint par Lordon, et donné, en 1824, par la ville; au-dessus de l'œuvre, un petit Christ d'un bon style ; au fond du chœur, le *Baptême de Jésus*, peint par Guillemot, donné par la ville en 1819; une *Descente de Croix;* une *Communion de sainte Thérèse*, donné, en 1818, par le comte de Seize, etc.

Couvent des Feuillants de la rue d'Enfer, rue d'Enfer, n° 43. — J'ai déjà parlé d'un couvent de cet ordre établi rue Saint-Honoré (1). Le nombre des sujets qui se présentaient pour embrasser leur institut obligea bientôt les Feuillants à fonder un noviciat. Ils achetèrent un terrain dans la rue d'Enfer, avec une permission de l'archevêque de Paris, en date du 11 octobre 1630, et le 21 juin 1633, Pierre Séguier, alors garde-des-sceaux, posa la première pierre de cette maison, qui devint en peu de temps un monastère assez important. L'église ne fut commencée que vingt-six ans après; les inscriptions qu'on mit sous les premières pierres portent qu'elles furent posées par Antoine de Barillon, seigneur de Morangis, et par Louis de Rochechouard, comte de Maure, le 28 juillet 1659. Cette église, qui n'avait rien de remarquable, fut bénite le 1er octobre de la même année, sous l'invocation des *saints Anges gardiens*, nom sous lequel ces religieux étaient quelquefois désignés (2).

Ce couvent, supprimé en 1790, est aujourd'hui une propriété particulière.

Couvent des Pères de Nazareth, rue du Temple, n° 117. — En parlant du monastère de Picpus, j'ai mentionné la réforme connue sous le nom du *Tiers-Ordre de Saint-François* (3). Les pères de Nazareth ap-

---

(1) Voy. t. III, p. 478. — (2) Jaillot, t. V, *quartier du Luxembourg*, p. 42. — (3) Voy. t. III, p. 535.

partenaient à cet ordre. En 1613, ils achetèrent un hospice rue Neuve-Saint-Laurent, et en prêtèrent une partie aux filles Sainte-Elisabeth, religieuses de la même réforme, dont je parlerai dans l'article suivant. En 1630, le monastère des filles de Sainte-Elisabeth, rue du Temple, ayant été terminé, les pères de Nazareth fondèrent un établissement permanent dans l'hospice qu'elles venaient de quitter; les bâtiments étaient disposés d'une façon convenable pour une communauté, et la direction des religieuses, dont ils étaient chargés, exigeait qu'ils fussent à portée d'en remplir les fonctions. Le chancelier Séguier pourvut à cet établissement et reçut le nom de fondateur. L'approbation de l'archevêque ne date cependant que du 27 janvier 1642, et les lettres-patentes du roi ne furent accordées qu'en 1650 (1).

L'église de ce couvent, placée sous l'invocation de Notre-Dame de Nazareth, fut achevée en 1732, par la générosité d'une personne inconnue, qui déposa dans le tronc la somme de 5,000 livres. Le cœur du chancelier Séguier était déposé dans une chapelle réservée aux sépultures de sa famille. Cette église n'avait rien de remarquable; on voyait seulement sur le maître-autel une *Annonciation* de Lebrun, et dans l'une des chapelles un tableau fort estimé de Jouvenet, représentant *Marthe et Marie* (2).

Ce couvent, qui était la demeure du vicaire-général du tiers-ordre, fut supprimé en 1790, et devint propriété particulière.

Couvent des religieuses de Sainte-Élisabeth ou des *Filles du tiers-ordre de Saint-François*, aujourd'hui *église de Sainte-Élisabeth*, rue du Temple, n$_{os}$ 107 et 109. — Le père Vincent Mussart, fondateur de la réforme du tiers-ordre, étendit son zèle jusque sur les couvents de filles. Le premier couvent de cette réforme fut fondé en 1604 à Verceil, près Besançon, puis transféré à Salins en 1608; les religieuses mirent cet établissement sous le vocable de sainte Élisabeth, reine de Hongrie. Le P. Mussart trouva des prosélytes à Paris; sa belle-mère et sa sœur embrassèrent sa réforme, et leur exemple fut suivi par dix autres femmes. Il reçut en même temps plusieurs contrats de donation faits en faveur de cette petite communauté, dont Louis XIII autorisa l'établissement par des lettres-patentes de janvier 1614. Mussart avait loué une partie d'un hospice appartenant aux PP. de Nazareth; il y établit douze novices et une supérieure qui y demeurèrent jusqu'à l'entier achèvement d'un monastère plus vaste, rue du Temple. Marie de Médicis, qui en 1614, s'était déclarée fondatrice de cette communauté, conjointement avec le roi son fils, posa la première pierre, tant de l'église que du monastère, le 14 avril 1628. Ils furent achevés en 1630. L'église fut dédiée le 14 juil-

---

(1) Jaillot, t. III, *quartier du Temple*, p. 41 et suiv.
(2) Brice, t. II, p. 79.

let 1646, sous les titre et invocation de Notre-Dame-de-Pitié et de Sainte-Élisabeth de Hongrie, par le coadjuteur Jean-François-Paul de Gondi (1).

Ce couvent fut supprimé en 1790, et les bâtiments furent vendus. L'église servit long-temps de magasin de farine. En 1803, elle fut choisie pour la seconde succursale de la paroisse de Saint-Nicolas-des-Champs, et on la restaura entièrement. En 1829 elle fut agrandie. Le portail est décoré de deux ordres d'architecture : le dorique et l'ionique ; l'intérieur de l'église est d'ordre dorique. Le chœur des religieuses a été transformé en une chapelle de la communion. L'église de Sainte-Élisabeth est l'une des moins remarquables de Paris.

Les Nouveaux convertis, rue de Seine-Saint-Victor. — Le zèle pour la conversion des protestants était grand dans le XVIIe siècle, et fit naître plusieurs associations de personnes pieuses et charitables, qui ne se contentaient point de leur donner l'instruction religieuse, mais qui cherchaient encore à procurer des moyens d'existence à ceux qui en étaient dépourvus. Dès l'an 1632, le P. Hyacinthe, capucin, forma ainsi une société dont le but était de se consacrer au soulagement et à la conversion des protestants. Des vues si louables déterminèrent l'archevêque de Paris à autoriser cette association sous le nom de *Congrégation de la propagation de la foi* et sous le vocable de l'*exaltation de la sainte Croix*. Ses lettres furent données le 5 mai 1534 ; et cette société, formée en faveur des deux sexes, reçut l'approbation du pape Urbain VIII, le 3 juin de la même année. Des lettres-patentes du roi confirmèrent cet établissement en 1635 (2).

Les assemblées se tinrent d'abord au couvent même des capucins de la rue Saint-Honoré, dans une chapelle de la cour de ce monastère. Le succès en fut tel qu'on fut obligé de séparer les hommes d'avec les femmes, ce qui forma deux communautés (3). Celle des hommes fut établie dans une maison de l'île de la Cité. Les *Nouveaux convertis* l'habitèrent jusqu'en 1656, époque à laquelle ils furent transférés, en vertu d'un arrêt du conseil, dans la rue de Seine-Saint-Victor, derrière le jardin de l'abbaye. Ils y occupèrent deux maisons contiguës qui n'avaient rien de remarquable ; leur chapelle n'avait d'autre ornement qu'un *Christ* placé sur le maître-autel. On ne sait à quelle époque fut supprimée cette communauté séculière qui existait encore en 1775.

Couvent des Nouvelles catholiques, rue Sainte-Anne, n° 63. — Cette communauté de femmes fut fondée dans le même but que celle dont je

(1) Piganiol, t. IV, p. 357 et suiv. — Jaillot, t. III, *quartier du Temple*, p. 38 et suiv.
(2) Jaillot, t. II, *quartier de la place Maubert*, p. 128 et suiv.
(3) Voy. les *Nouvelles catholiques*.

viens de parler. Établie par le P. Hyacinte, la sœur Garnier et une demoiselle Gaspé, sous le titre de l'*Exaltation de la sainte Croix*, elle fut autorisée en 1634 par l'archevêque de Paris, le pape Urbain VIII et le roi Louis XIII. Les *Nouvelles catholiques* demeurèrent d'abord rue des Fossoyeurs, aujourd'hui Servandoni; elles furent transférées rue Pavée au Marais, puis rue Sainte-Avoie, et en 1651 elles étaient rue Neuve-Saint-Eustache. Enfin, en 1672, elles achetèrent rue Sainte-Anne, au sieur Grandval, un terrain assez vaste où elles firent construire un couvent et une chapelle (1). La première pierre du maître-autel fut posée, au nom de la reine, par la duchesse de Verneuil, le 12 mai 1672; et le 27 du même mois, la chapelle fut bénite sous le titre de l'*Exaltation de la sainte Croix* et de *Sainte-Clotilde*.

Louis XIV, par lettres-patentes de 1673, accorda à cette maison une aumône annuelle de 1,000 livres et déclara qu'elle pouvait jouir de tous les priviléges accordés aux maisons de fondation royale, mais en même temps il ne l'autorisa que sous la condition expresse de rester toujours dans l'état séculier. Les Nouvelles catholiques avaient pour sceau une croix avec l'inscription suivante : *Vincit mundum fides nostra* (2).

Supprimé en 1790, ce couvent fut vendu quelques années après par le gouvernement, et ensuite transformé en maison particulière.

Les Filles ou *Sœurs de la Charité*, couvent situé rue du faubourg Saint-Denis, n° 112, vis-à-vis Saint-Lazare. — En 1617, saint Vincent de Paul institua en province l'*Association de la Charité des servantes des pauvres*, pieuse et louable institution qui fut bientôt adoptée dans un grand nombre de localités et même à Paris, dans la paroisse de Saint-Sauveur. « Mais ce n'étoit alors, dit un écrivain du siècle dernier, que ce que nous appelons encore aujourd'hui des *assemblées des Dames de Charité*. Le zèle et la prévoyance ne suffisoient pas, il falloit des forces et une certaine capacité qu'on ne peut guère trouver dans des personnes délicates et nourries dans la mollesse. On avait besoin de servantes robustes, qui ne fussent ni rebutées de l'humeur des malades, ni excédées par les services pénibles et continuels qu'il falloit leur rendre. » Louise de Marillac, veuve de M. Le Gras, secrétaire des commandements de Marie de Médicis, eut le courage d'entreprendre cette rude tâche, et elle fonda, en novembre 1633, dans une maison qu'elle possédait près de Saint-Nicolas-du-Chardonnet, la communauté des *Filles de la Charité* ou *Servantes des pauvres malades*. Le nombre de ces saintes femmes s'augmenta avec tant de rapidité qu'on fut obligé

---

(1) Piganiol et d'autres historiens se sont trompés en avançant que le maréchal de Turenne, après sa conversion, avait donné à ces religieuses leur maison de la rue Sainte-Anne.

(2) Jaillot, t. II, *quartier Montmartre*, p. 7. — Piganiol, t. III, p. 138.

de transférer leur établissement à la Villette, au mois de mai 1636. Mais cinq ans après, elles vinrent s'établir rue du Faubourg-Saint-Denis, vis-à-vis la maison de Saint-Lazare, sous l'administration et la direction de laquelle elles avaient été mises. Cette communauté fut érigée en confrérie, le 20 novembre 1646, par le cardinal de Retz, alors coadjuteur. En 1655, il approuva, en qualité d'archevêque, les règlements rédigés par saint Vincent de Paul, et en 1658 le roi approuva cette utile institution (1).

La maison du faubourg Saint-Denis fut supprimée en 1792. On y a établi depuis une caserne, et la *maison royale de santé*, établissement fondé par M. le docteur Dubois, où l'on reçoit les malades moyennant une rétribution journalière. Mais les *Sœurs de la Charité* ne tardèrent pas à exercer de nouveau leur pieux ministère. La maison, chef-lieu de leur ordre, fut rétablie rue du Vieux-Colombier, n° 15, et en 1813, rue du Bac, n° 132, à l'ancien hôtel de La Vallière.

Les Sœurs de la Charité, surnommées par le peuple : *Sœurs grises*, à cause de la couleur de leurs vêtements, sont aujourd'hui en grand nombre à Paris ; elles sont distribuées dans les paroisses, où elles dirigent gratuitement les écoles de jeunes filles, assistent et soignent les malades et portent des secours à domicile. Elles desservent aussi la plupart des hôpitaux. Ces pieuses filles ne sont point cloîtrées ; après cinq ans d'épreuve, elles font des vœux simples qu'elles renouvellent chaque année.

Religieuses de Notre-Dame-des-Prés, à l'extrémité de la rue de Vaugirard. — Cette communauté fut fondée, en 1629, à Mouzon, en Champagne, par Henriette de La Vieuville, veuve d'Antoine de Joyeuse, comte de Grandpré. La guerre obligea ces religieuses, en 1637, de chercher un asile à Paris. Elles obtinrent, le 8 mars 1638, de l'archevêque de Paris, la permission de s'établir momentanément à Picpus, et elles y restèrent jusqu'en 1640. Lorsqu'en 1671 on démolit les fortifications de Mouzon, les bâtiments du couvent furent compris dans l'ordonnance qui prescrivait cette destruction. Les religieuses obtinrent la permission de revenir à Paris en 1675, et elles s'établirent rue du Bac. En 1689, elles achetèrent une maison rue de Vaugirard ; mais leur couvent ne fut jamais en prospérité. Leur misère obligea enfin, en 1739, l'autorité ecclésiastique à transférer dans d'autres monastères les dix religieuses qui faisaient alors partie de cette communauté. L'archevêque donna, le 18 avril 1741, son décret de suppression, et dans la nuit du 30 au 31 août suivant on exhuma les corps ensevelis dans ce couvent ; ils furent transportés dans l'église Saint-Sulpice.

(1) Jaillot, t. II, *quartier Saint-Denis*, p. 63 et suiv. — Piganiol, t. III, p. 440 et suiv.

Ces religieuses avaient pris le nom de *Notre-Dame-des-Prés*, parce qu'on avait réuni à leur maison de Mouzon, en 1649, un ancien monastère de Guillemites, fondé au diocèse de Reims, dans un lieu appelé *les Prés Notre-Dame* (1).

Carmélites du Marais, rue Chapon, entre les nos 17 et 25. — J'ai parlé de l'introduction des Carmélites à Paris et du chef-lieu de leur ordre, établi dans la rue d'Enfer, à Notre-Dame-des-Champs (2). La jeune reine Anne d'Autriche, qui protégeait ces religieuses, les fit autoriser à fonder un second couvent dans la capitale. Elles se logèrent d'abord dans une maison qui leur appartenait, rue Chapon (septembre 1617). Mais comme ce lieu n'était ni assez grand, ni assez commode, elles jetèrent les yeux sur un hôtel voisin, qui appartenait depuis le XIVe siècle à l'évêque et au chapitre de Châlons. Cette acquisition eut lieu en 1619. Aidées par les libéralités de la duchesse d'Orléans-Longueville, du duc son fils, et de quelques autres personnes, les Carmélites firent construire un couvent et une chapelle qui fut dédiée en 1625. Malgré les richesses de cette communauté, rien n'était plus triste que le monastère de la rue Chapon (3).

Lorsque les Carmélites furent supprimées en 1790, on vendit tout le terrain qui appartenait à ces religieuses et qui s'étendait entre les rues Chapon, Transnonain et de Montmorency. On y a construit différentes maisons particulières.

Couvent des Feuillantines, situé impasse des Feuillantines, n° 12. — Ces religieuses ont pour fondateur Jean de La Barrière, auteur de la réforme des Feuillants (4). Elles n'avaient, en 1622, qu'un seul couvent établi à Toulouse, et les Feuillants, auxquels elles étaient soumises, leur refusaient l'autorisation d'en fonder un autre. Enfin, Anne Gobelin, veuve d'Estourmel de Plainville, capitaine des gardes-du-corps, s'étant adressée à la reine Anne d'Autriche, obtint un ordre qui surmonta tous les obstacles. Le 28 novembre 1622, six Feuillantines arrivèrent de Toulouse et se logèrent dans la maison des Carmélites, d'où elles furent conduites en procession par les Feuillants dans le couvent qui leur était destiné.

La fondatrice avait assuré à ces religieuses un fonds inaliénable, et leur avait acheté dans le faubourg Saint-Jacques une maison fort commode. La chapelle fut changée depuis en une église et dédiée en 1719. Elle avait été bâtie et le monastère avait été réparé au moyen du bénéfice d'une loterie qui leur fut accordé par arrêt du conseil du 29 mars 1713.

(1) Jaillot, t. V, *quartier du Luxembourg*, p. 113 et suiv. — Félibien, t. II, p. 1518. — Piganiol, t. VII, p. 286 et suiv. — (2) Voy. t. I, p. 374 et suiv. — (3) Brice, t. II, p. 31. — Jaillot, t. II, *quartier Saint-Martin*, p. 10 et suiv. — (4) Voy. t. III, p. 478.

L'église, construite sur les dessins d'un architecte fort médiocre, nommé Jean Marot, était peu digne d'attirer l'attention. On y voyait seulement une assez bonne copie de *la Sainte-Famille* de Raphaël (1).

Ce couvent, supprimé à la révolution, est devenu propriété particulière.

Couvent des Religieuses de l'Assomption, aujourd'hui *église paroissiale de la Madeleine*, rue Saint-Honoré, entre les nos 369 et 371. — J'ai parlé (2) de l'événement qui amena la suppression de l'hôpital des Haudriettes, et la translation des veuves qui l'habitaient dans une maison fondée en 1622 dans la rue Saint-Honoré, sous le nom de couvent des Filles de l'Assomption : voici le lieu de poursuivre ce récit.

Depuis le commencement du xive siècle, « les douze pauvres femmes veuves s'occupant d'œuvres de piété, » aussi nommées *les Bonnes-Femmes d'Étienne Haudry*, vivaient dans leur maison du quartier de la Grève, mais, à ce qu'il paraît, d'une manière assez peu édifiante, vers la fin surtout. On racontait que « le démon s'était introduit chez plu-
» sieurs des bonnes-femmes, et possédait particulièrement Marthe
» Brossier l'une d'entre elles. »

Le 3 février 1622, les jésuites vendirent aux Haudriettes une maison située à l'angle de la rue Saint-Honoré et de la rue Neuve-du-Luxembourg, et qu'ils avaient achetée, dix-sept ans auparavant, du cardinal François de La Rochefoucauld. Le cardinal, auquel sa qualité de grand-aumônier de France donnait le pouvoir de réformer les Haudriettes, et qui avait résolu de le faire, supprima six mois après cette congrégation hospitalière, et fit servir l'établissement de la rue Saint-Honoré à une institution nouvelle qu'il fonda sous le nom de couvent des religieuses de l'Assomption. Il avait même déjà cédé à ces dernières une partie de l'emplacement (3) d'un hôtel contigu qu'il habitait. Le couvent de l'Assomption fut soumis à la juridiction du grand-aumônier de France et reçut la règle de saint Augustin.

Sur quarante religieuses qui se trouvaient à cette époque dans l'hôpital des Haudriettes, six seulement avaient secondé les vues du cardinal et favorisé la suppression de la communauté. Le 20 juillet 1622, elles lui avaient présenté une requête le suppliant d'ordonner leur translation dans un autre lieu où elles pussent rigoureusement observer les règlements de l'église. Le prélat vint dès le lendemain visiter l'hôpital, constata la justesse de leurs réclamations, et chargea Berger,

(1) Jaillot, t. IV, *quartier Saint-Benoît*, p. 144 et suiv. — Piganiol, t. VI, p. 161 et suiv. — Brice, t. III, p. 101 et suiv.
(2) Voy. l'art. Chapelle et hôpital des Haudriettes, t. II, p. 322.
(3) Avant les dames de l'Assomption, cet emplacement était occupé par l'hôpital appelé *Hôpital de La Rochefoucauld*.

conseiller au parlement, et d'Hinselin, correcteur en la chambre des comptes, de chercher pour les Haudriettes un autre logement. C'est alors que peu de jours après il fut déclaré comme résultat des recherches des deux commissaires, que nul endroit ne convenait mieux que l'hôtel où le cardinal avait assis les premiers fondements du couvent de l'Assomption.

Le 4 septembre, il fut enjoint aux deux mêmes officiers de faire conduire au plus tôt les Haudriettes à l'Assomption. Deux jours après, le 6, Berger et Hinselin vinrent, assistés de quelques dames de haut rang et de haute piété, procéder à la translation. Quinze Haudriettes furent, ce jour-là, enlevées de leur couvent, et transportées dans celui de la rue Saint-Honoré.

« Le 20 novembre suivant, une sentence du cardinal de La Rochefoucauld autorisa cette translation, supprima l'hôpital d'Étienne Haudri, et en attribua les revenus au couvent de l'Assomption. Le pape Grégoire XV et le roi approuvèrent la suppression de cet hôpital et la mutation des Haudriettes ; mais celles de ces religieuses qui n'avaient pas voulu être transférées au couvent de l'Assomption avec leurs co-recluses formèrent un pourvoi au grand-conseil, et firent opposition à l'enregistrement des bulles du pape et des lettres-patentes du roi. Un arrêt du 13 décembre 1624 intervint, qui ordonna que ces filles seraient réintégrées dans leur hôpital, et seraient rétablies en tous leurs biens et revenus. Le cardinal de La Rochefoucauld eut le crédit de faire évoquer l'affaire au conseil privé, lequel fit défense aux Haudriettes de se prévaloir du jugement qu'elles avaient obtenu, et cassa, le 11 juillet 1625, l'arrêt du grand-conseil du 13 décembre 1624. A peine le cardinal fut-il mort, que les Haudriettes firent intervenir Adam Haudri, l'un des descendants de leur fondateur, et adressèrent requête au parlement, le 16 juin 1645 : « Suppliant la cour d'empêcher » que la mémoire et les monuments de la charité de leur fondateur » fussent abolis, et de vouloir bien rétablir dans son hôpital les veuves » qu'il y avait fondées. » Le 16 mars 1646, elles présentèrent une requête au grand-conseil, pour l'engager à maintenir son arrêt du 13 décembre 1624, et de leur faire rendre leur hôpital et leurs biens. En 1649, elles firent intervenir le cardinal Alphonse du Plessis, grand-aumônier de France, et elles obtinrent, le 9 août 1651, un arrêt qui condamnait les Filles de l'Assomption à rapporter les titres et papiers qui leur constituaient les biens et revenus de l'hôpital des Haudriettes. Les religieuses de l'Assomption formèrent pourvoi par requête civile, et obtinrent des lettres-patentes du roi qui portaient approbation de leur conduite, et autorisaient les actes du feu cardinal de La Rochefoucauld. Survint un arrêt du 11 décembre qui appointa les parties; enfin, le 15 du mois de juin 1659, les administrateurs de l'hôpital général étant intervenus au procès, démontrèrent que le roi leur avait accordé, par lettres du mois de décembre 1657, toutes les maisons, revenus, hôpitaux, et tous les autres biens des pauvres de la prévôté de Paris, soit usurpés, délaissés ou détournés pour un usage autre que pour celui déterminé par leur fondateur. Les administrateurs de l'hôpital général durent céder devant le crédit des Filles de l'Assomption, et ils se laissèrent débouter de leur demande. »

Jusqu'en 1670 les religieuses de l'Assomption n'eurent qu'une petite chapelle. S'y trouvant trop à l'étroit, elles achetèrent alors un hôtel voisin sur l'emplacement duquel elles firent construire l'église que nous voyons encore aujourd'hui. Cet édifice fut achevé en 1676 ; le 14 août de cette année, la veille de l'Assomption de la Vierge, l'église fut bénite par l'archevêque de Bourges qui, le lendemain, y dit la première messe et officia pontificalement.

Ce monument est l'ouvrage de *Charles Érard*, alors directeur de l'Académie royale de peinture, et mort en 1689 directeur de l'école de Rome. Il est de forme ronde, et consiste en un dôme décoré de quatre arcs, entre lesquels sont des pilastres corinthiens accouplés qui soutiennent un grand entablement. La circonférence de la calotte sphérique qui surmonte le dôme est d'environ soixante mètres dans œuvre. On a surtout reproché à cette église d'être trop élevée pour son diamètre. L'effet résultant de ce vice, qu'exagère encore la nudité du mur, donne à l'intérieur du dôme la désagréable apparence d'un puits profond, et nullement la grâce d'une coupole bien proportionnée. Enfin, si l'on descend à l'examen des détails, on trouve dans le dessin de ce monument bien des fautes graves qui choquent le goût et blessent les règles de l'art. Ce qu'il y a de plus remarquable dans sa construction, c'est la charpente, ou *forêt*, en bois de châtaignier.

Dans l'intérieur de l'Assomption se voyaient plusieurs bons tableaux : Une *Nativité* peinte par *Houasse*; une *Passion*, par *Noël Coypel*; une *Visitation* et une *Purification*, par *Antoine Coypel*; un *Saint Pierre en prison*, par *Charles La Fosse*; un *Mariage de la Vierge*, par *Bon Boullongne*; une *Annonciation*, par *Stella*; enfin une *Assomption de la Vierge*, peinte à fresque sur la voûte, par *La Fosse*. Parmi quelques peintures modernes qu'on a placées dans cette église depuis qu'elle est devenue paroissiale, on remarque un ouvrage de M. *Gautherot* où saint Louis est représenté donnant la sépulture à un soldat de son armée.

Les religieuses de l'Assomption furent supprimées par suite du décret sur l'aliénation des biens domaniaux ecclésiastiques, rendu dans la séance de la convention du 19 mars 1790. Avec elles disparut la procession solennelle de l'Assomption, citée dans les annales religieuses à cause de sa magnificence, et célébrée avec dévotion jusqu'en 1789. Le rapporteur du projet d'aliénation était M. de Larochefoucauld, l'un des descendants du cardinal qui fut le fondateur des Filles de l'Assomption. Lorsque les églises furent rendues au culte catholique, en 1795, l'église de l'Assomption reprit sa destination primitive. On ne sait ce qu'elle devint pendant la tourmente révolutionnaire : ce qu'on peut affirmer, c'est que l'église fut transformée en magasin. Les archives du couvent furent aussi brûlées à cette époque (1).

Napoléon, qui avait placé son patron à la date du 15 août, jour de la fête l'Assomption, décida que cette église serait à l'avenir la paroisse du premier arrondissement de Paris, et la désigna sous le titre d'église impériale (1802). Elle remplaça ainsi l'église de Sainte-Madeleine de la Ville-l'Evêque qu'on avait démolie au commencement de la révolution, et dont elle reçut officiellement le nom.

L'abbé *Catelin*, qui fut tué à Saint-Firmin dans les septembrisades, était curé de l'Assomption. Parmi ses successeurs on distingue M. *Feutrier*, qui devint depuis évêque de Beauvais et ministre de l'instruction publique et des cultes. Son cœur est inhumé à côté du maître-autel (2).

A gauche du portail, dans la cour même qui précède l'église, on remarque une chapelle élevée en 1822 et dédiée à saint Hyacinthe.

Le culte de l'église de l'Assomption sera incessamment transporté à la nouvelle église de la Madelaine presque entièrement terminée aujourd'hui. L'Assomption sera consacrée, dit-on, au culte protestant.

Palais-Royal, rue Saint-Honoré, n° 204. — En 1629, le cardinal de Richelieu fit bâtir par son architecte, Jacques Lemercier, au milieu de la rue Saint-Honoré, sur l'emplacement des hôtels d'Armagnac et de Rambouillet, un hôtel qui porta le nom du propriétaire. Quelques années après, en 1636, le premier ministre de Louis XIII fit de nouvelles acquisitions, et alors on vit s'élever, sous le nom de *Palais-Cardinal*, un somptueux édifice qui excita l'admiration du grand Corneille :

> Non, l'univers entier ne peut rien voir d'égal
> Aux superbes dehors du Palais-Cardinal.
> Toute une ville entière, avec pompe bâtie,
> Semble d'un vieux fossé par miracle sortie,
> Et nous fait présumer, à ses superbes toits,
> Que tous ses habitants sont des dieux ou des rois.

La principale entrée du Palais-Cardinal était, comme aujourd'hui, sur

---

(1) Voy. Notice sur l'*Assomption*, par M. *C.-M. de Lally-Tolendal*, dans le *Paris pittoresque*, t. II, p. 165.

(2) L'inscription funéraire est gravée sur un marbre noir, et ainsi conçue : « Ici est déposé le cœur de monseigneur Jean-François-Hyacinthe Feutrier, évêque de Beauvais, pair de France, ministre des affaires ecclésiastiques, ancien curé de la Madeleine, décédé à Paris le 26 juin 1830, âgé de 45 ans. Sa mémoire sera toujours en bénédiction. »

la rue Saint-Honoré. On avait construit dans l'aile droite une vaste salle de spectacle, qui pouvait contenir environ trois mille spectateurs. Ce fut sur ce théâtre que l'on représenta les deux tragi-comédies du cardinal, *Europe* (1) et *Mirame*, compositions célèbres par leur médiocrité et le nom de leur auteur. L'aile gauche était occupée par une galerie, ornée de peintures représentant les principaux faits de la vie du cardinal. Sous l'aile gauche de la seconde cour était la *galerie des hommes illustres*, séparée de l'autre par la chambre de Richelieu.

Ainsi que nous l'avons déjà déjà vu (2), Richelieu fit à Louis XIII une donation entre-vifs de son palais, le 6 juin 1636, et la renouvela par son testament, daté de Narbonne, en 1642. Le roi n'habita point le Palais-Cardinal. Mais Anne d'Autriche quitta le Louvre, au commencement d'octobre 1643, avec ses deux fils, Louis XIV et le duc d'Anjou, encore enfants, et vint demeurer dans cette résidence qui prit alors le nom de *Palais-Royal*. On acheva la démolition de l'hôtel de Sillery, que le cardinal avait fait commencer dans le but de faire une place devant son palais, et l'on abattit en même temps plusieurs édifices voisins et quelques chétives maisons d'un aspect irrégulier. Louis XIV, alors âgé de cinq ans, occupa la chambre de Richelieu, et la reine-régente se réserva un appartement beaucoup plus vaste et plus élégant. Elle ordonna de nombreux embellissements dans cette demeure, et se fit construire une salle de bains, un oratoire et une galerie. La galerie était placée à l'endroit le plus retiré; c'est là que le grand conseil se tenait. Il fallait un appartement pour le duc d'Anjou, depuis duc d'Orléans, frère du roi. Pour le pratiquer, on détruisit, à l'aile gauche du palais, dans la

---

(1) « A propos de cette comédie d'*Europe*, dit Vigneul-Marville, on ne sera pas fâché d'apprendre quelques particularités que je tiens de feu M. Baluze, qui les avoit apprises lui-même de M. de Bois-Robert. Après que le cardinal de Richelieu eut composé cette pièce, il l'envoya par M. de Bois-Robert à messieurs de l'Académie, et les fit prier d'en dire leur avis sans le flatter, et de corriger s'ils y trouvoient quelque chose qui ne fût pas dans les règles du théâtre et de la poésie. Ces messieurs obéirent trop ponctuellement à cet ordre, et en firent une critique si sévère qu'ils ne laissèrent presque aucun vers sans y toucher. Bois-Robert l'ayant ensuite rapportée à son maître, Son Éminence fut si piquée de la hardiesse des académiciens, qu'elle déchira sa pièce sur-le-champ et en jeta les morceaux dans la cheminée : c'étoit en été et il n'y avoit point heureusement de feu allumé. Le cardinal s'étant couché là-dessus, il lui prit une tendresse de père pour sa chère *Europe*; il fut fâché de l'avoir si maltraitée, et ayant fait appeler Cherest, son secrétaire, il lui ordonna de ramasser exactement tous les papiers qui étoient dans la cheminée, et d'aller voir s'il ne trouveroit point de colle dans la maison, ajoutant qu'il pourroit du moins avoir de l'empois chez les femmes qui avoient soin de son linge. Cherest alla à leur appartement et ayant trouvé ce qu'il cherchoit, il passa une partie de la nuit avec le cardinal à recoller cette comédie. Le lendemain matin, Richelieu la fit recopier en sa présence et changea presque toutes les corrections des Académiciens. » Vigneul-Marville, *Mélanges*, t. III.

(2) Voy. *Faits généraux du règne de Louis XIII*.

cour qui donne sur la place, la vaste galerie consacrée à immortaliser les grandes actions du cardinal (1).

Le 21 octobre 1652, Louis XIV abandonna la résidence du Palais-Royal pour aller habiter le Louvre. Ce palais fut alors donné à la reine d'Angleterre, Henriette-Marie de France, femme de l'infortuné Charles Ier. La fille de cette princesse épousa Monsieur, duc d'Orléans, frère de Louis XIV, dans la chapelle du Palais-Royal, le 31 mars 1661; ils eurent ce palais pour résidence. Mais ce ne fut qu'au mois de février 1692, après le mariage du fils de ce prince, Philippe d'Orléans, alors duc de Chartres et depuis régent de France, avec Marie-Françoise de Bourbon, fille légitimée de Louis XIV, que ce monarque donna les lettres-patentes qui constituaient la propriété du Palais-Royal au duc d'Orléans, son frère, à titre d'apanage. A cette occasion, le roi acheta divers terrains sur la rue de Richelieu ainsi que l'hôtel de Brion, et ce fut sur l'emplacement de ces acquisitions que Mansard éleva une galerie décorée par Coypel, et représentant en quatorze tableaux les principaux sujets de de l'*Énéide*. Monsieur fit orner en même temps cette superbe résidence et ajouta un grand appartement dans l'aile du côté de la rue de Richelieu.

Philippe d'Orléans, son fils, propriétaire du Palais-Royal, y fit exécuter de grands travaux. Il choisit Oppenord, qui passait pour le plus habile architecte de son temps, et lui confia le grand salon qui servait d'entrée à la vaste galerie construite par Mansard. Enfin lorsque Philippe d'Orléans eut été nommé régent, après la mort de Louis XIV, il forma au Palais-Royal cette magnifique galerie de tableaux qui fit pendant long-temps l'admiration de toute la France. Elle fut vendue à la révolution; lord Stafford en acheta la plus grande partie. Louis, fils de Philippe, succéda à son père le 2 décembre 1723; le nouveau propriétaire du Palais-Royal se borna à faire l'acquisition d'une maison appartenant à l'abbé de Francière, pour en étendre les dépendances du côté du passage de l'Opéra, que l'on appelait alors *cour aux ris* (2). Son fils, Louis-Philippe, occupa la même résidence. Ce fut sur la galerie du Palais-Royal, donnant sur le jardin, que Louise-Henriette de Bourbon-Conti, sa femme, lut, aux acclamations de la multitude, le bulletin de la bataille d'Hastenbeck gagnée, en 1757, par le maréchal d'Estrées sur l'armée du duc de Cumberland.

En 1763, la salle de l'Opéra, qui faisait partie du Palais-Royal (du côté de la Cour-des-Fontaines) fut incendiée avec une grande partie du corps principal de l'édifice. On répara ces désastres aux frais de la ville qui, depuis 1749, avait le privilége de l'Opéra.

(1) *Paris pitt.*, t. II, p. 507.
(2) Ou *Court-Orry*. C'est sur l'emplacement de ce passage que l'on a ouvert, en 1782, la rue de Valois.

En 1780, le duc d'Orléans transmit son palais par avancement d'hoirie à son fils, Louis-Philippe Joseph, alors duc de Chartres, auquel il en fit cession par un acte légal. Ce prince forma le projet d'agrandir et d'embellir cette propriété déjà si magnifique. Louis, son architecte, proposa d'isoler le jardin et de l'entourer de portiques surmontés de bâtiments dont la décoration et l'ordonnance devaient s'accorder avec celles de la grande façade du Palais. Ce projet souleva de nombreuses oppositions ; les propriétaires des maisons qui environnaient le jardin et qui avaient des terrasses, des portes, des escaliers sur ce jardin, protestèrent avec violence. « Tout le monde vous jette la pierre, dit-on au prince. — Tant mieux, répondit-il, les constructions iront plus vite. » Le parlement décida en faveur du duc, qui obtint, en 1784, la permission d'*accenser* (1) les terrains des maisons bâties au pourtour du jardin, à raison de 20 sols par toise : le tout formant 3,500 toises. Pour l'exécution du plan de M. Louis, il fallut abattre une grande allée de marronniers superbes plantés par Richelieu, et qui formaient une promenade célèbre dans les écrits du temps. L'Opéra ayant été incendié une seconde fois, en 1781, on transféra ce spectacle dans la salle qui subsiste encore aujourd'hui sous le nom de *théâtre de la Porte-Saint-Martin*. L'architecte put alors exécuter son projet sur un plan plus vaste. En 1787 et 1788, on démolit successivement le grand corps de logis qui fermait le jardin des princes du côté du sud ; l'aile où se trouvait le salon d'Oppenord, ainsi que la grande galerie de Coypel qui séparait le jardin de la rue de Richelieu ; enfin l'aile, dite l'*aile de la chapelle*, qui le séparait de la seconde cour (2). La nouvelle salle du Palais-Royal, aujourd'hui le Théâtre-Français, fut terminée vers 1790, ce fut la dernière construction faite par le duc d'Orléans, Philippe-*Egalité*, mort sur l'échafaud révolutionnaire en 1793 (3).

Le *Palais-Egalité* fut alors réuni au domaine de l'Etat ; on le vendit ou on le loua en partie. Mais le premier consul chassa les locataires qui l'occupaient, et en 1802 le Palais-Royal prit le nom de *Palais du Tribunat*, parce que le tribunat y tint ses séances jusqu'en 1807. La salle des séances, bâtie en 1801, fut démolie en 1827 pour la continuation des grands appartements, après avoir servi, pendant treize ans, de chapelle. Après la dissolution du tribunat, le Palais-Royal fut réuni au domaine extraordinaire de la couronne. Le 18 mai 1814, le duc d'Orléans, aujourd'hui roi des Français, reprit possession du palais ; la duchesse y donna le jour au duc de Nemours,

---

(1) L'accensement d'un terrain était une aliénation à perpétuité, moyennant un cens annuel et non rachetable. — (2) *Paris pitt.*, t. II, p. 511.

(3) Une autre salle de spectacle connue sous le nom de *Salle Montansier*, était établie au Palais-Royal ; c'est aujourd'hui le *Théâtre du Palais-Royal*. J'en parlerai ailleurs.

le 25 octobre de la même année. Pendant les *cent-jours*, le Palais-Royal devint la résidence du prince Lucien Bonaparte.

De 1815 à 1830, le duc d'Orléans fit exécuter au Palais-Royal des travaux qui en ont fait l'un des plus beaux monuments de Paris. La galerie du rez-de-chaussée derrière le théâtre, qui était encore occupée par de vieilles échoppes en planches, ayant été incendiée le 31 octobre 1827, on dut opérer cette reconstruction, qui donna lieu à des améliorations importantes; on continua, de ce côté de la cour, le système de boutiques établies sur les deux autres, et l'on rendit ainsi la circulation plus facile dans le portique qui conduit de la cour de Nemours aux galeries du jardin. Enfin, en 1829, on démolit les *galeries de bois* pour construire sur leur emplacement la belle *galerie d'Orléans*.

Le jardin, qui a été planté et replanté plusieurs fois, est très élégant. En 1787, le duc d'Orléans avait fait construire au centre un vaste *cirque* qui ne fut jamais entièrement achevé et qui fut incendié en 1798. Il est remplacé aujourd'hui par un bassin circulaire de soixante-un pieds de diamètre avec un jet d'eau construit entre deux grands parterres.

Des événements importants ont eu le Palais-Royal pour théâtre. Ce fut là que commença la guerre civile connue sous le nom de la *Fronde*. Le 18 janvier 1650, la régente, Anne d'Autriche, fit arrêter dans la salle du conseil les princes de Condé, de Conti et le duc de Longueville (1).

En 1768, Christian VII, roi de Danemarck, étant venu à Paris, le duc d'Orléans, Louis-Philippe, s'empressa de lui donner un bal magnifique au Palais-Royal; ce fut en y dansant que ce prince se cassa le tendon d'Achille dans le salon d'Oppenord. — Le même palais servit de théâtre aux désordres du régent et de sa cour.

Le jardin du Palais-Royal fut pendant la révolution un lieu de rendez-vous pour les différents partis. C'est là que, le 12 juillet 1789, Camille Desmoulins proposa au peuple de prendre les armes et d'arborer une nouvelle cocarde comme signe de ralliement. Plus tard, après la terreur, les *jacobins* y furent poursuivis (2). C'est chez Février, restaurateur au n° 114, que, le 19 janvier 1793, Pâris, ancien garde-du-corps, assassina Pelletier de Saint-Fargeau, membre de la Convention, qui avait voté la mort du roi.

Au mois de juin 1830, Louis-Philippe, duc d'Orléans, donna au Palais-Royal une fête magnifique à l'occasion de la présence du roi de Naples à Paris; le roi Charles X y assistait. Des scènes de désordre eurent lieu dans le jardin, et une certaine agitation, signe précurseur de graves événements, régnait dans les esprits. « C'est une fête magnifique, dit M. de Salvandy, et tout-à-fait napolitaine : *nous dansons sur un volcan.* » — Un mois après, la révolution éclatait. Le 26 juillet,

---

(1) Voy. les Faits généraux du règne de Louis XIV.
(2) Voy. les Faits généraux de la Révolution.

des groupes nombreux se formèrent au Palais-Royal et on y fit un appel au peuple. Enfin le 1er août, la commission municipale, présidée par le général Lafayette, vint offrir au duc d'Orléans les fonctions de lieutenant-général du royaume, et bientôt après la couronne royale. Quelques mois après, le roi quitta le Palais-Royal et vint habiter les Tuileries.

Imprimerie royale. Vieille rue du Temple, n° 89. — C'est à tort que l'on a fait remonter au règne de François Ier l'origine de l'Imprimerie royale. Il est vrai que ce fut sous François Ier que brillèrent les Morel et les Estienne, qui les premiers portèrent le titre d'*imprimeurs du roi*; mais c'était une désignation purement honorifique. « La libéralité du roi était à la hauteur des grandes entreprises typographiques d'Henri Estienne; elle allait même à ce point qu'elle venait au devant de ses désirs et les surpassait tous. François Ier fit plus encore pour Robert Estienne. L'argent n'est pas une récompense; et le 24 juin 1539, il nomma Robert son *imprimeur royal* pour les lettres hébraïques et latines, puis son imprimeur royal pour le grec, après l'impression de la magnifique édition de l'Eusèbe de 1544. Ces seules distinctions dont se rirait sans doute aujourd'hui le typographe le plus obscur, enfantèrent de nouvelles merveilles typographiques (1). »

Ce fut sous le ministère du duc de Luynes qu'on vit pour la première fois une imprimerie consacrée spécialement aux besoins du gouvernement. Le 2 février 1620, Louis XIII rendit une ordonnance qui constitua le premier privilége des imprimeurs royaux. Par cet acte, les sieurs Nurel et Mettayer, imprimeurs ordinaires du roi, obtinrent le privilége exclusifs d'imprimer les édits, les ordonnances, les déclarations et toutes les publications officielles.

Richelieu, qui devint premier ministre l'année suivante, 1621, s'empara de cette idée, et lui donnant aussitôt toute l'extension dont elle était susceptible, fonda l'Imprimerie royale, l'une de nos belles et de nos plus fécondes institutions. Il comprit l'importance littéraire d'une imprimerie placée sous la protection du gouvernement et dont les productions fussent publiées avec tout le soin possible, c'est-à-dire à l'aide de dépenses auxquelles un gouvernement seul est capable de subvenir.

L'Imprimerie royale fut organisée en 1642. Par ordre du cardinal, Sublet des Noyers en fut nommé intendant, Trichet Dufrêne, correcteur, et Sébastien Cramoisy, imprimeur. On la consacra, pour ainsi dire, en commençant ses travaux par l'impression de l'*Imitation de Jésus-Christ*. « Ses premières productions ravirent toute la terre, dit Félibien. En deux ans seulement, il sortit des nombreuses presses de cette

(1) *Robert-Estienne et François Ier*, Nouvelles recherches sur l'état des lettres et de l'imprimerie au XVIe siècle, par *Crapelet*. 1839, p. 35.

imprimerie soixante-dix gros volumes grecs, latins, français, italiens, entre autres la Collection des conciles ; et tous imprimés d'un gros caractère, très net et très beau, et sur le plus fin papier, le plus fort et le plus grand dont on se fût jamais servi. Et parce que le soin qu'on en prit ne fut pas moins grand que la dépense, on ne doit pas s'étonner qu'un si riche travail ait porté l'imprimerie à son plus haut degré de perfection. Le patriarche de Constantinople en félicita le sieur Des Noyers par une lettre fort obligeante. Les sept premières années, l'Imprimerie royale, coûta au roi plus de 360,000 livres (1). »

Depuis lors, cet établissement a toujours marché dans un état croissant de prospérité. Ses principales productions sont : le grand recueil des conciles généraux, en trente-sept volumes ; une Bible vulgate en huit volumes ; les grandes collections historiques des bénédictins, telles que le *Gallia Christiana* et le Recueil des historiens de France, de D. Bouquet ; les Ordonnances des rois de France, par Bréquigny ; l'histoire Byzantine, la plupart des ouvrages de l'Institut ; les publications scientifiques faites sous la direction des différents ministères. On y imprime aussi les livres jugés assez utiles pour que le gouvernement fasse les frais de l'impression. L'ouvrage moderne qui fait le plus d'honneur à l'Imprimerie royale, est la grande et magnifique Collection orientale. Cet établissement possède aujourd'hui des poinçons, des matrices et des caractères des langues de presque tous les peuples de la terre qui connaissent l'usage de l'écriture ; notamment les cent trente-sept mille caractères de la langue chinoise. En 1804, le pape y trouva, lorsqu'il vint à Paris, cent cinquante presses qui lui offrirent l'Oraison dominicale en autant de langues différentes.

L'Imprimerie royale fut d'abord établie au Louvre où elle occupait le rez-de-chaussée et l'entresol d'une aile du château. Elle fut ensuite transportée vis-à-vis la place des Victoires, dans l'hôtel de Toulouse, où se trouvait aussi la Monnaie, qui n'en était séparée que par un vestibule. Un décret du 6 mars 1809 ordonna sa translation au *Palais-Cardinal* construit rue Vieille-du-Temple, derrière l'hôtel Soubise, par Armand Gaston, cardinal de Rohan (2). L'hôtel de Toulouse devint la Banque de France.

Voici la liste chronologique des directeurs de l'Imprimerie royale : *Sébastien Cramoisy*, le premier revêtu de ce titre, vers 1640, était dès 1585 un des bons imprimeurs de Paris. Il avait été échevin et administrateur des hôpitaux. Après avoir honorablement rempli ces fonctions qu'il devait à sa probité et à ses talents, il mourut (1669), laissant une nombreuse famille de typographes. Son frère *Claude Cramoisy*, qui avait dirigé l'Imprimerie royale en second et sous ses ordres, était mort

(1) Félibien, t. II, p. 1374. — (2) Voy. t. III, p. 681 et

en 1661. Sébastien fut remplacé dans la direction par son petit-fils; mais celui-ci s'acquitta si mal de son emploi qu'on le lui ôta en 1701, pour le donner à *Jean Anisson*, imprimeur distingué de Lyon. Quatre ans après, en 1705, Anisson remit la direction à son beau-frère *Claude Rigault*, qui fut forcé, par sa mauvaise santé, de la céder, en 1723, à son neveu *Louis-Laurent Anisson*. Ce dernier mourut sans postérité en 1761. Son frère, *Jacques*, qui lui avait été adjoint dès l'année 1733, obtint sa survivance, et après avoir glorieusement marché sur les traces de ses prédécesseurs, mourut en 1788. Son fils, *E.-A.-J. Anisson Duperron*, né à Paris en 1748, était déjà directeur de l'Imprimerie royale en 1783. Ce fut entre ses mains que cet établissement changea de nom et prit celui d'Imprimerie exécutive nationale. Au mois de décembre 1790, il fit, conformément à un décret du gouvernement, l'inventaire des effets existant à l'Imprimerie royale, et le déposa aux archives. Après la journée du 10 août, Anisson Duperron fut obligé de quitter l'établissement qu'il avait illustré comme ses ancêtres. Peu de temps après, il fut condamné à mort par le tribunal révolutionnaire, et guillotiné (25 avril 1794). Il eut pour successeur *Dubois Laverne*, qui avait été correcteur sous sa direction. Parmi les directeurs de l'Imprimerie royale postérieurs à cette époque, on remarqua sous l'empire, M. *Marcel*, et sous la restauration M. *de Vaubois*. Aujourd'hui, cette place importante est dignement occupée par M. *Lebrun*, pair de France.

La pensée des rois en fondant l'imprimerie royale avait été de créer un établissement dans l'intérêt des lettres et non dans l'intérêt des services publics. Aussi, si cette imprimerie était chargée de certaines impressions pour le compte de l'État, elle ne les avait pas toutes; elle n'en avait pas même la plus grande partie. En revanche, le directeur n'était pas un fonctionnaire chargé, moyennant un traitement, de pourvoir à un service public; c'était une sorte d'entrepreneur, à qui l'État livrait un matériel précieux, avec certaines charges et certains priviléges. Du reste, ce directeur pouvait donner à son industrie personnelle et à l'établissement tels développements qu'il jugerait convenables, sauf les priviléges accordés à d'autres imprimeurs. La famille Anisson Duperron, dans laquelle le privilége se perpétua depuis 1691, fit tous ses efforts pour y amener la centralisation des impressions destinées aux services publics. Ainsi en 1775, un arrêt du conseil du 22 mai, réunit à l'imprimerie royale celle qui était établie depuis la fin de 1683 dans l'hôtel de la Guerre, à Versailles, pour y faire différents ouvrages d'impressions relatives aux départements des affaires étrangères, de la guerre et de la marine. En 1789, un autre arrêt du conseil opéra la réunion de l'imprimerie dite *du Cabinet*, à Versailles, d'après l'accord conclu entre l'imprimeur privilégié du cabinet et le directeur de l'imprimerie royale. Le privilége de ce dernier venait d'être renouvelé par un arrêt du 26 mars

1789, suivi de lettres-patentes du 19 avril, lorsqu'arriva la révolution. L'assemblée constituante conserva l'ancien état de choses quant à l'administration générale de l'imprimerie royale, mais elle ne poursuivit point l'idée d'y centraliser toutes les impressions des services publics. Ce fut la convention qui réalisa complétement cette idée et qui constitua, en l'an III (1795), l'*imprimerie de la République* destinée à tous les besoins du gouvernement.

Sous le directoire, l'existence d'une imprimerie nationale fut de nouveau mise en discussion. Sa suppression fut demandée dans un but d'économie et au nom de la liberté industrielle. Mais, en dépit d'une vive opposition, l'établissement fut maintenu. Aux termes d'un décret du 22 mai 1804, l'imprimerie de la république prit le titre d'imprimerie impériale. Un décret du 24 mars 1808 donna à son organisation ce caractère grandiose et unitaire que Napoléon aimait à voir dans les services publics, et qui, du reste, répondait aux vastes proportions de son empire. L'Imprimerie royale demeura exclusivement chargée des impressions du ministère, du service de la maison impériale, de celui du conseil d'État et de l'impression du Bulletin des lois; mais désormais elle ne put faire aucun travail pour le compte des particuliers.

La restauration, adoptant les principes de l'ancienne monarchie, une ordonnance du 28 décembre 1814 déclara que l'imprimerie du gouvernement cesserait d'être régie aux frais de l'État. Son administration fut mise au compte d'un directeur qui gardait, en qualité d'usufruitier, les poinçons et tout le matériel de l'établissement. De nombreuses réclamations s'étant élevées contre cet ordre de choses qui paraissait abusif, une nouvelle ordonnance de 1823 réorganisa l'imprimerie royale sur le pied où elle est encore aujourd'hui (1).

L'administration est confiée à un fonctionnaire qui porte le titre de directeur. Cinq employés supérieurs dirigent sous ses ordres les diverses parties du service. Ce sont les chefs de la typographie, du Bulletin des lois et des travaux accessoires, du service intérieur, de la comptabilité et du contrôle. Ces employés sont nommés par le garde-des-sceaux; le directeur est nommé par le roi, entre les mains duquel il prête serment.

Sous l'habile direction de M. P. Lebrun, cet établissement semble aujourd'hui réunir tous les suffrages. Nous nous plaisons à reconnaître, disait récemment un rapporteur du budget du ministère de la justice (1837), les améliorations qui y ont été introduites; les procédés les

(1) Après la révolution de juillet on demanda de nouveau la suppression de l'Imprimerie royale, sous prétexte qu'elle était inutile et dispendieuse pour l'État, et en outre nuisible à l'intérêt privé. Une commission fut nommée, qui, après un examen approfondi, se décida pour le maintien de cette institution.

plus ingénieux ont remplacé les vieux moyens, et l'art typographique paraît être arrivé à un degré de perfection qui ne semble guère devoir être dépassé.

Ce n'est pas seulement par le luxe ou par l'excellence des dispositions typographiques que se recommandent les ouvrages sortis des presses de ce grand établissement : sous le rapport de la correction, les produits de l'Imprimerie royale tiennent plus que jamais le premier rang, et sont recherchés par les bibliophiles et les savants de tous les pays.

Le budget des dépenses de l'Imprimerie royale a été, pour l'exercice de 1837, de 1,971,200 francs; les recettes effectives sont évaluées à 2,050,000. En 1834, ce dernier chiffre avait été surpassé.

Quant à l'importance du matériel de l'Imprimerie royale, l'ordonnance royale du 12 janvier 1820 a disposé qu'il serait fait chaque année un inventaire du fonds mobilier de l'établissement ; mais cet inventaire annuel n'est qu'un inventaire par récolement. Un inventaire général est fait tous les cinq ans, par une commission dont les membres sont pris dans le sein du conseil d'État et de la cour des comptes. On fait alors la pesée des caractères, dont le poids et la valeur ne doivent être portés dans les années d'intervalle que par évaluation, afin de ne pas interrompre inutilement le service.

L'Imprimerie royale occupe cent vingt-cinq presses ordinaires et deux presses mécaniques mues par la vapeur.

Elle a des machines à sécher, à satiner, à régler, inventées ou perfectionnées dans l'établissement.

Elle emploie à son exploitation environ quatre cent cinquante mille kilogrammes de caractères, et conserve annuellement, dans sa réserve, cinq à six mille formes composées dans toutes les dimensions, pour les besoins instantanés de l'administration, et surtout des administrations financières.

Son cabinet de poinçons possède, pour la typographie étrangère :

1° Quarante caractères ou alphabets différents, chacun sur plusieurs corps (on en compte quatre-vingt-douze), et formant ensemble neuf mille trois cents quatre-vingt-six poinçons et treize mille six cent trente-deux matrices.

2° Deux corps de chinois, gravés anciennement, et formant cent vingt-six mille cinq cent quatre-vingt-dix groupes en bois.

3° Un autre corps de chinois, exécuté d'après un nouveau système, au moyen duquel on pourra, avec cinq ou six mille groupes, en représenter soixante mille, chacun de ces groupes étant formé de signes mobiles qui peuvent se décomposer selon les besoins de la langue chinoise. Le nombre des poinçons de ce caractère gravés jusqu'à ce jour est de cinq mille cinq cent quarante-sept.

On grave en ce moment deux nouveaux corps de géorgien, un caractère guzarati, et l'on frappe deux nouveaux corps de caractères hébreux. La typographie étrangère vient en outre d'être augmentée de neuf corps, nouvelle gravure de caractères allemands.

La typographie française se compose de cinquante-sept corps de caractères romains, dont seize de nouvelle gravure. Les caractères de l'Imprimerie royale ont été en grande partie renouvelés dans ces dernières années.

Outre ces objets, qui sont ceux qui donnent un prix véritable au matériel de l'Imprimerie royale, cet établissement possède un dépôt considérable des neuf série, du Bulletin des lois et des autres ouvrages vendus pour le compte de l'Imprimerie royale, des ustensiles pour la fonderie, la composition, la reliure et le service intérieur, puis des meubles meublants, et une bibliothèque récemment établie à l'Imprimerie royale, et qui mérite de fixer l'attention. Cette bibliothèque, au 1er janvier 1837, se composait de mille dix ouvrages formant deux mille deux cent vingt-neuf volumes, tous imprimés dans l'établissement, à partir de 1528. Trois cent quatre autres ouvrages, formant plus de quatre cents volumes, sortis également des presses de l'Imprimerie royale, ne se trouvent pas dans sa bibliothèque. L'administration s'occupe de les faire rechercher afin d'en acquérir un exemplaire, et de posséder ainsi la collection complète des différents livres imprimés dans ce grand établissement national.

La valeur de ce matériel était estimée, au 31 décembre 1836, à 1,544,714 francs 75 centimes, dont environ 280,000 francs pour les poinçons, 200,000 francs pour les papiers en magasin, et 300,000 francs pour le dépôt du Bulletin des lois et autres ouvrages. Quant aux caractères, ils sont évalués seulement à 551,624 francs 67 centimes, à raison de 1 franc 20 centimes le kilogramme, ce qui ne représente que leur valeur brute.

Quant à l'immeuble affecté au service de l'Imprimerie royale, le tableau officiel des propriétés immobilières appartenant à l'État l'évalue à 1,038,000 francs (1).

Couvent et église du Val-de-Grâce, rue Saint-Jacques, entre les nos 277 et 279. — Cette ancienne abbaye royale et monastère de filles de la réforme de Saint-Benoît, fut d'abord fondée vers le Xe siècle au Val-Profond, près Bièvre-le-Châtel, à trois lieues de Paris. Anne de Bretagne, femme de Louis XII, l'ayant prise sous sa protection, changea son nom en celui de *Val-de-Grâce de Notre-Dame de la Crèche*,

---

(1) J'ai emprunté la plus grande partie de ces détails au premier volume de l'utile ouvrage publié par MM. Macarel et Boulatignier, sous le titre : *De la fortune publique en France et de son administration*. (Paris, Pourchet; 1838, in-8o).

et en sollicita la réforme, qui y fut introduite en 1514 par Étienne Poncher, évêque de Paris. Au commencement du XVIIe siècle, la situation malsaine de l'abbaye et la vétusté des bâtiments engagèrent les religieuses à se retirer à Paris. Elles achetèrent, au mois de mai 1621, un vaste emplacement au faubourg Saint-Jacques, avec une maison alors occupée par les prêtres de l'Oratoire, et qui portait le nom de *Petit-Bourbon* ou de *Fief-de-Valois* (1). Anne d'Autriche, qui voulait faire bâtir un monastère pour y trouver un refuge contre la tyrannie de Richelieu, se déclara fondatrice de l'abbaye du Val-de-Grâce, et fit à cet effet rembourser la somme de 36,000 livres, prix de la première acquisition. Les bâtiments étant en état de recevoir une communauté régulière, les religieuses y furent transférées le 20 septembre 1621. Anne d'Autriche posa la première pierre du cloître le 3 juillet 1624, et par lettres-patentes de février 1631, Louis XIII déclara cette abbaye de fondation royale.

Après vingt-deux ans de mariage, Anne d'Autriche mit au monde, le 5 septembre 1638, un fils qui fut Louis XIV. La reine, au comble de la joie, fit vœu d'élever à Dieu un temple magnifique. Le 1er avril 1645, le jeune prince posa la première pierre de l'église avec toutes les cérémonies en usage dans des circonstances aussi solennelles. On frappa une médaille d'or du poids de trois marcs et trois onces, et de trois pouces et demi de diamètre, représentant d'un côté la reine et son fils, de l'autre la façade du monument et la date du 5 septembre 1638; elle fut encastrée dans la première pierre. Les travaux, suspendus pendant les troubles de la minorité, furent repris en 1655; les bâtiments du cloître furent achevés en 1662 et ceux de l'église en 1665.

Ce vaste édifice est l'un des plus réguliers qu'on ait élevés dans le XVIIe siècle. François Mansard fournit les dessins du monastère et de l'église; mais il ne conduisit ce dernier bâtiment que jusqu'à neuf pieds du haut de l'aire de l'église, et des raisons particulières lui firent ôter la conduite des travaux de cet édifice. On les donna à Jacques Lemercier, puis à Pierre Lemuet, auquel on associa Gabriel Leduc. Piqué de cette injustice, Mansard se vengea de l'incapacité de ses remplaçants d'une manière aussi fine qu'ingénieuse. Il engagea le secrétaire-d'État, Henri Duplessis de Guénégaud, à faire bâtir dans son château de Fresnes, à sept lieues de Paris, une chapelle où il exécuta en petit le beau projet qu'il avait conçu pour le Val-de-Grâce, et en fit un chef-d'œuvre (2).

Quoique élevé successivement par différents architectes, ce monument est exécuté avec ensemble. Il se compose de plusieurs grands corps-de-logis, de jardins, et de l'église. On entre dans une vaste cour formée par le grand portail du temple au milieu, et par deux ailes

---

(1) Voy. *Prêtres de l'Oratoire.* — (2) Roquefort, p. 260.

de bâtiments qui se terminent par un pavillon carré; cette cour est séparée de la rue dans toute sa largeur par une grille de fer. Sur seize marches s'élève le grand portail de l'église; avancé au milieu, il forme un portique soutenu de huit colonnes corinthiennes isolées et accompagnées de niches dans lesquelles étaient les statues en marbre de *Saint Benoît* et de *Sainte Scolastique*, sculptées par Michel Anguier. Ce portail est couronné d'un fronton sur lequel on lisait cette inscription, qui faisait allusion aux motifs qui ont déterminé la fondation de cette église : *Jesu nascenti Virginique matri.* Au-dessus du premier ordre s'en élève un second formé de colonnes composites, s'unissant au premier de chaque côté par de grands enroulements. Il est aussi terminé par un fronton orné d'un bas-relief où, pendant la révolution, on avait placé les symboles de la liberté et de l'égalité. Ces ornements subsistèrent jusqu'en 1817, époque où ils furent remplacés par un cadran d'horloge. C'était dans le tympan de ce fronton qu'étaient autrefois les armes de France écartelées d'Autriche avec une couronne fermée.

L'intérieur de l'église du Val-de-Grâce est décoré de pilastres d'ordre corinthien à cannelures rudentées, et le pavé, du marbre le plus précieux, est divisé par compartiments correspondant à ceux de la voûte. Dans la voûte de la nef, qui est surchargée d'ornements, on remarque six médaillons représentant les têtes de la *Sainte-Vierge*, de *Saint Joseph*, de *Sainte Anne*, de *Saint Joachim*, de *Sainte Elisabeth* et de *Saint Zacharie.* Ces sculptures sont dues à François Anguier. La décoration du grand-autel, aussi ingénieuse que belle, fut élevée d'après le dessin de Gabriel Leduc. Six grandes colonnes torses d'ordre composite, de marbre revêtu de bronze, sont portées sur des piédestaux de marbre; elles sont chargées de palmes et de rinceaux de bronze doré. Des chapiteaux, également dorés, soutiennent un baldaquin formé par six grandes courbes; au-dessous est un *amortissement* de six consoles terminé par une croix posée sur un globe. Quatre anges placés sur les entablements des colonnes, tiennent des encensoirs; sur les faisceaux de palmes appuyés au même entablement sont suspendus de petits anges qui tiennent des cartels où sont écrits des versets du *Gloria in excelsis Deo.* Sur l'autel et sous le baldaquin on voyait jadis le groupe de François Anguier, représentant l'*Enfant Jésus dans la crèche*, avec les figures de la Vierge et de saint Joseph. J'ai dit que cet ouvrage se trouve aujourd'hui dans la chapelle de l'Adoration, à Saint-Roch (ç). Derrière ces figures se voit le tabernacle en forme de niche, soutenu par douze petites colonnes et orné d'un bas-relief représentant une *Descente de croix* par le même artiste.

Le dôme du Val-de-Grâce est, après ceux du Panthéon et des Invalides, le plus élevé de tous ceux de Paris; il a été peint à l'intérieur par Mignard. Cette peinture, exécutée à fresque, le plus grand morceau de ce genre qu'il y ait en Europe, contient deux cents figures, dont les plus grandes ont seize à dix-sept pieds de haut, et les plus petites neuf à dix. L'artiste ne mit que treize mois à cette composition, où il a essayé de représenter le bonheur et la gloire des saints dans le ciel. On y voit dans la ligne supérieure l'Agneau immolé, entouré d'anges prosternés, et le chandelier à sept branches. Plus haut, un ange porte le livre scellé des sept sceaux, ouvert, et où sont écrits les noms des élus. La croix est vue dans les airs, portée et soutenue par des anges; de côté et d'autre sont des groupes de saints avec leurs attributs, des apôtres, des martyrs, des confesseurs, etc., qui contemplent la majesté divine. Un trône de nuées, sur lequel sont les trois personnes de la sainte Trinité, occupe le centre. Le Père, dans son éternité et sa puissance infinie, a la main droite étendue, et de la gauche il tient le globe du monde; le Fils, toujours occupé du salut des humains, présente à son père les élus qu'il lui a donnés et fait parler pour eux le sang qu'il a répandu; le Saint-Esprit, sous la figure d'une colombe, est au-dessus du Père et du Fils. La Trinité est entourée d'un cercle de lumière qui éclaire tout le tableau. Enfin des anges, des archanges, des séraphins, des chérubins, des martyrs, des confesseurs, etc., entourent la Divinité. La Vierge Marie est à genoux auprès de la croix; elle est entourée de la Madeleine et des saintes femmes qui assistèrent à la mort du Sauveur. Enfin dans la partie inférieure se voit la reine Anne d'Autriche offrant à Dieu le plan de l'édifice qu'elle vient de faire construire. C'est cette peinture, la plus belle de Mignard, que Molière a célébrée dans son poëme intitulé *le Val-de-Grâce.*

Dans la chapelle de Sainte-Anne, située à gauche, toujours tendue de noir, et fermée par une grille d'un beau travail, reposaient, sous un cénotaphe, le cœur d'Anne d'Autriche et celui du duc d'Orléans. Ils y restèrent jusqu'à la révolution. Cette église avait été destinée à recevoir les cœurs des princes et des princesses de la famille royale, et principalement ceux de la famille d'Orléans. Madame, sœur de Louis XIV, fut la première qui vint habiter ces demeures funèbres. Plus tard, le 17 janvier 1696, par un ordre du roi, tous les cœurs des princes qui depuis y avaient été déposés furent descendus dans le caveau situé sous la chapelle Sainte-Anne; ils étaient au nombre de trente en 1792.

Ce monastère était fort riche en ornements et reliquaires d'or ou d'argent. Anne d'Autriche avait accordé aux religieuses plusieurs priviléges, tels que le droit de porter les armoiries royales, celui d'inhumer les cœurs des princes et princesses de la famille royale, enfin celui de réclamer et de conserver la première chaussure de chaque fils et de chaque fille des princes du sang.

Pendant la révolution, l'église du Val-de-Grâce changea plusieurs fois de destination. Elle devint sous l'empire un magasin général d'habillements et d'effets destinés au service des hôpitaux militaires. Cependant on avait eu le soin de construire un plancher pour conserver le marbre et une cloison pour préserver l'architecture (1). Le couvent, transformé alors en hôpital militaire, a encore la même destination (2). A la restauration, on fit exécuter dans l'église des réparations considérables, et elle fut rendue au culte vers la fin du règne de Louis XVIII.

Académie royale pour la noblesse, située dans la vieille rue du Temple. — Elle fut fondée en 1636 par le cardinal de Richelieu, qui donna 22,000 livres pour cet établissement. Vingt jeunes gentilshommes devaient y être logés et nourris pendant deux années. Ils devaient y recevoir des leçons de stratégie, de mathématiques, d'histoire, etc. On pouvait y admettre des pensionnaires ; mais ils devaient être nobles. Cette institution n'eut qu'une existence peu durable.

Filles de la Conception, rue Saint-Honoré, au coin de la rue Neuve-de-Luxembourg. Ces religieuses étaient du tiers-ordre de saint François. Par contrat du 3 février 1635, Anne Petau, veuve de René Regnault de Traversé, conseiller au parlement, donna 40,000 livres au couvent des Filles de la Conception de Toulouse pour obtenir treize religieuses de cet ordre. Elles vinrent prendre, au mois de septembre suivant, possession de la maison qu'on leur avait destinée et qui appartenait à François-Théodore de Nesmond, président au parlement de Paris. Cette communauté était dans une grande misère, lorsque Louis XIV, à la requête de M. d'Argenson, lui accorda une loterie de 1,080,000 livres, dont le bénéfice suffit pour rétablir ses affaires (3).

L'église des Filles de la Conception renfermait deux tableaux des frères Boullongne : l'un représentait la *Conception de la Vierge*, et l'autre avait pour sujet *saint Germain donnant une médaille à sainte Geneviève*.

Ce couvent a été supprimé en 1790 ; on a élevé sur son emplacement des maisons particulières.

Notre-Dame de Sion, couvent des *Religieuses anglaises, chanoinesses régulières réformées de l'ordre de saint Augustin*, rue des Fossés-Saint-Victor, n°ˢ 23 et 25. — Ces religieuses vinrent en France au commencement de 1633, et obtinrent, au mois de mars de cette même année, des lettres-patentes qui leur permettaient de s'établir à Paris ou dans les faubourgs. Jean-François de Gondi, archevêque de cette ville, y joi-

---

(1) *Paris Pitt.*, t. II, p. 327. — (2) Voy. *Hôpital militaire du Val-de-Grâce*.
(3) Jaillot, t. I, *quartier du Palais-Royal*, p. 56 et suiv.

gnit son consentement, sous certaines conditions dont la principale était qu'on n'y recevrait que des filles nées de père et de mère anglais Elles se logèrent d'abord au faubourg Saint-Antoine et ensuite sur les fossés Saint-Victor. Sœur Marie Tresduray, leur abbesse, obtint, en 1655, de nouvelles lettres-patentes qui leur accordait la permission de recevoir parmi elles des filles françaises et des Etats alliés à la France. Ces lettres furent enregistrées le 7 septembre de la même année, à la charge néanmoins que lesdites abbesse et religieuses ne pourraient avoir à la fois plus de dix Françaises professes. La maison qu'elles occupaient et qu'elles avaient fait reconstruire avait appartenu à Jean-Antoine Baïf, poëte célèbre dans le XVIe siècle. C'est là qu'il avait établi, comme nous l'avons déjà dit, cette académie de musique dont les concerts attiraient ce qu'il y avait de plus considérable à la cour, et que Charles IX et Henri III honorèrent souvent de leur présence. Il rassemblait aussi dans cette maison les beaux esprits de son temps, et l'on peut regarder ces réunions comme le premier modèle des sociétés savantes qui ont donné naissance à nos diverses académies.

La maison de ces religieuses portait le nom de Notre-Dame-de-Sion.

Dans cette église, qui est bien entretenue, et à laquelle on arrive par un escalier de trente-cinq marches, on voyait autrefois sur le maître-autel, *Joseph d'Arimathie et les saintes femmes ensevelissant le corps de Notre-Seigneur,* par un peintre inconnu.

Au côté gauche de cet autel, près la croisée, *Jésus-Christ portant sa Croix,* également sans nom d'auteur.

On remarquait aussi, du même côté, les épitaphes de plusieurs seigneurs anglais inhumés dans cette église.

Les Filles anglaises habitent encore leur maison, et n'ont pas cessé de l'habiter un seul instant pendant la révolution.

Bureau des domestiques. C'est en 1628, sous le ministère de Richelieu, que fut établi le premier bureau pour l'enregistrement et le signalement des domestiques. Il y eut ensuite une ordonnance qui obligeait « non seulement les *valets* et *gens de service* de se faire enregistrer et signaler au bureau établi pour eux, cour de Lamoignon, mais encore tous particuliers arrivant à Paris pour y travailler, de quelques professions, arts et métiers que ce fût, sans exception, ainsi que les domestiques sortant des maisons, qui étaient tenus de dire d'où ils sortaient et où ils allaient loger. Le bureau en tenait registre. Cet établissement dura jusqu'en 1690. En 1751, il fut rétabli par un ancien militaire (1). » Ces

(1) Hurtaut, t. I, p. 703 et suiv. — « Les domestiques, ajoute cet auteur, payent dix sols pour l'enregistrement, quand ils sont en état. Les maîtres payent trente sols en les prenant; et si au bout de dix ou douze jours ils n'étoient pas contents, le bureau leur en procure d'autres sans nouveaux frais. »

établissements sont aujourd'hui très nombreux. On en trouve dans presque tous les quartiers de Paris.

Manufacture royale des glaces, rue Saint-Denis. — Ce bel établissement fut fondé sous Louis XIII. Le 1er août 1634, le roi accorda des lettres-patentes à Eustache Grandmont et Jean-Antoine d'Anthonneuil pour une manufacture de glaces et miroirs, « sans préjudice des droits du maître de la verrerie, et sans qu'ils pussent entreprendre sur le métier de marchands miroitiers de la ville, ni empêcher le commerce ordinaire des glaces (1). » Cette manufacture languissait, lorsqu'en 1666 Colbert l'érigea en établissement royal, et fit construire pour elle de vastes bâtiments, rue de Reuilly, n° 24, dans le faubourg Saint-Antoine. Elle était située auparavant rue de l'Université (2). Charles Rivière-Dufrény, célèbre par son originalité, et auteur d'ouvrages dramatiques assez estimés, obtint de Louis XIV le privilége de cette manufacture; mais il le céda pour une somme assez modique. Le temps du privilége étant expiré, le roi ordonna aux nouveaux entrepreneurs de donner à Dufrény 3,000 livres de pension viagère; mais le dissipateur s'accommoda avec ceux qui lui payaient cette rente, et s'en dépouilla de manière à n'y plus revenir. Le monarque ayant appris ce dernier trait de Dufrény, s'écria qu'il ne se croyait pas assez puissant pour l'enrichir (3).

Dans l'origine, on ne fabriqua que des glaces soufflées; leur dimension ne pouvait excéder quatre pieds. En 1688, Lucas de Nehon inventa la manière de les couler. Ce travail s'exécute à Saint-Gobin, bourg de la Picardie, près de La Fère, département de l'Aisne. De là les glaces sont transportées à Paris sur des charriots construits exprès. Elles reçoivent à Paris le poli nécessaire.

La manufacture royale des glaces, l'un des plus beaux établissements de ce genre, a été transférée rue Saint-Denis depuis quelques années. Les bâtiments qu'elle occupait rue de Reuilly ont été changés en caserne d'infanterie.

Filles de l'Immaculée Conception, ou *Récollettes*, rue du Bac, n° 75.— Cet ordre fut fondé à Tolède, en 1484, par Béatrix de Silva. En 1501, le pape Alexandre VI mit ces religieuses sous la direction des *Frères-Mineurs*, et leur donna la règle de *Sainte-Claire*; ce fut alors qu'elles prirent le nom de *Récollettes*, sous lequel elles ont été introduites en France. Quelques religieuses de cet ordre, établies à Verdun, profitèrent de la générosité de la présidente de Lamoignon pour se procurer une maison à Paris. Elles obtinrent à cet effet de l'abbé de Saint-Ger-

---

(1) Félibien, t. II, p. 1380. — (2) Brice, t. IV, p. 61. — (3) *Anecdotes dramatiques*, t. III, p. 169.

main, le 8 septembre 1627, une permission qui fut confirmée et autorisée par lettres-pattentes du mois de janvier 1635. Elles ne profitèrent pas de cette permission, et cédèrent, par acte du 12 décembre 1634, aux religieuses Récollettes de Saint-Nicolas de Tulle, leurs droits et privilèges. Celles-ci achetèrent une maison rue du Bac et s'y établirent en 1637.

Ces religieuses étaient sous la direction des Récollets, qui, se trouvant trop éloignés de leurs subordonnées, obtinrent, en 1658, la permission de faire bâtir, rue de la Planche, près de ce couvent, un hospice pour sept ou huit d'entre eux. Ils l'occupèrent jusqu'en 1708.

Les Récollettes reçurent le titre de *Filles de l'immaculée conception* de la reine Marie-Thérèse d'Autriche, qui, voulant établir un couvent de la Conception de Notre-Dame, jeta les yeux sur ces religieuses. Elle obtint une bulle, du 18 août 1663, qui les autorisa à prendre *l'habit, l'institut, la règle et la dénomination de religieuses de l'immaculée conception de la Vierge-Marie.* Elles demeurèrent cependant sous la direction des Récollets. L'année suivante, ce couvent fut déclaré de fondation royale. Louis XIV fournit aux frais de la construction de l'église, qui, commencée le 13 juillet 1693, fut bénite le 5 décembre 1694 (1). Le grand autel était orné d'une *Conception de la Vierge,* par Lafosse.

Ce couvent, supprimé en 1790, forme aujourd'hui une propriété particulière.

Maison de Scipion, rue de la Barre ou de Scipion. Un riche traitant, sous le règne de Henri III, Scipion Sardini, avait fait bâtir un hôtel dans cette rue. En 1622, cette maison fut achetée pour être convertie en hospice destiné à recevoir les vieillards pauvres et infirmes. En 1636, elle fut donnée à l'hôpital général pour y établir sa boucherie, sa boulangerie, etc. ; elle portait alors le titre de *Sainte-Marthe* (2).

Cet établissement renferme aujourd'hui la boulangerie générale de tous les hôpitaux et hospices civils de Paris.

Hôpital des Pauvres de Notre-Dame-de-Pitié, rue Copeau, n° 1, entre les rues du Battoir et du Jardin-des-Plantes. — En 1612, Louis XIII ordonna de renfermer les mendiants qui envahissaient chaque jour les rues de la capitale. Les magistrats achetèrent aussitôt une grande maison où se trouvait le *jeu de paume de la Trinité,* entre la rue du Battoir et celle du Jardin-des-Plantes ; on joignit successivement à cette première acquisition celle des maisons et jardins de la ruelle Sainte-Anne situés entre ces deux rues, ainsi qu'une partie de la rue du Puits-l'Hermite, en sorte, dit Jaillot, que le terrain des *Pauvres enfermés sous le nom de Notre-Dame-de-Pitié* s'étend aujourd'hui jusqu'à la rue d'Or-

(1) Jaillot, t. II, *quartier Saint-Germain*, p. 10 et suiv.
(2) Jaillot, t. IV, *quartier de la place Maubert*, p. 8.

léans. Ce local fut augmenté peu à peu, et on construisit un hôpital qui reçut le nom de *Pitié*, parce que sa chapelle était sous l'invocation de *Notre-Dame-de-Pitié* ; il était destiné, ainsi que la maison de Scipion, aux vieillards qui n'avaient aucune ressource (1).

En 1657, l'hôpital-général, dit de la *Salpêtrière*, ayant été ouvert pour les mendiants, la maison de la Pitié devint une de ses dépendances, et fut occupée par les enfants des mendiants et par les orphelins. Les filles apprenaient à lire, à écrire, à coudre, à tricoter. Les garçons étaient élevés de manière à pouvoir gagner leur vie ; ils occupaient une cour séparée qu'on appelait la *Petite-Pitié*. Ces pauvres enfants devaient être nés à Paris. « Plusieurs personnes, dit Piganiol, vont souvent à cet hôpital demander des filles pour les servir ; d'autres sont mariées à des artisans. Pendant quelque temps on en a fait embarquer un nombre considérable pour nos colonies où elles ont été mariées. Cet hôpital est le lieu ordinaire où les administrateurs de l'hôpital-général tiennent leurs assemblées (2). »

Pendant la révolution, la maison de la Pitié reçut le nom d'*hospice des Orphelins*, puis *des Enfants de la Patrie*. En 1809, elle devint une annexe de l'Hôtel-Dieu ; j'en parlerai à cette époque (3).

Chambre de Justice, à l'Arsenal. — Ce tribunal extraordinaire fut créé en 1631, pour juger les délits de fausse monnaie et *plusieurs autres crimes*. Malgré les énergiques protestations du parlement, cette chambre subsista jusqu'à la mort de Richelieu, qui la fit servir à ses vengeances. Voici les noms des membres qui la composaient : deux conseillers d'État, Favier et Fouquet ; six maîtres des requêtes, de Criqueville, Deschamps, de Nesmond, Barillon, de Laffémart et Dupré ; six conseillers au grand-conseil, de La Bistrate, Charpentier, Le Tonnelier, de Montmagny, de Bouqueval et Lanier. D'Argenson, maître des requêtes, était le procureur-général, et Dujardin, greffier (4). Des commissions extraordinaires avaient été instituées par Richelieu sur tous les points de la France ; ce fut une *chambre souveraine* de ce genre qui jugea Marillac au château de Ruel (5).

Chambre du domaine. Elle fut instituée par le cardinal de Richelieu, en vertu de lettres-patentes du 26 septembre 1631, et fut permanente jusqu'à sa mort. Elle était chargée de confisquer et de réunir au domaine du roi les terres et biens-meubles des ennemis du ministre et des partisans de la reine-mère et de Gaston. Cette chambre tenait probablement ses séances au Palais-de-Justice.

(1) Jaillot, t. IV, *quartier de la place Maubert*, p. 30 et 123. — (2) Piganiol, t. V° p. 258. — (3) Voy. *Hôpital de la Pitié.* — (4) *Mercure français*, t. XVII, p. 713. — (5) T. III, p. 87.

Théâtres du Marais et de l'hôtel de Bourgogne. J'ai dit qu'au commencement du xvii⁰ siècle les comédiens qui occupaient l'hôtel de Bourgogne, et qui le louaient probablement des *Confrères de la Passion*, se divisèrent en deux troupes : l'une continua à jouer dans la même salle ; l'autre éleva un nouveau théâtre à l'*hôtel d'Argent*, rue de la Poterie (1). Il est parlé de ces deux troupes dans une ordonnance de police du 12 novembre 1609, par laquelle il leur est fait défense de finir leurs représentations plus tard qu'à quatre heures et demie en hiver ; d'exiger plus de cinq sols au parterre et dix aux loges ; de représenter aucune pièce qu'elle n'ait été auparavant communiquée au procureur du roi. La troupe de l'*hôtel d'Argent*, qui payait, à chaque représentation, un écu tournois aux *Confrères de la Passion*, maîtres du privilége dramatique, loua, quelque temps après, un jeu de paume dans la rue Vieille-du-Temple, et y établit le *Théâtre du Marais*. S'il faut en croire Piganiol, ces deux troupes se réunirent vers l'an 1619, faute de spectateurs ; le succès de *Mélite* (1625), la première pièce du grand Corneille, leur permit de se séparer de nouveau (2). Ce fut sur le célèbre théâtre de l'*hôtel de Bourgogne* que *Jodelle* fit jouer ses pièces sous Henri II ; ainsi que *Baïf*, sous Charles IX ; *Robert Garnier*, sous Henri III et Henri IV ; *Hardy, Mairet, Tristan, Rotrou* et *Corneille*, sous Louis XIII et Louis XIV ; *Racine* sous ce dernier prince. Parmi les acteurs qui s'y sont distingués, citons *Pierre Le Messier* dit *Bellerose* (1629-1643), qui créa des rôles dans la plupart des pièces de Corneille ; la fameuse *Champmeslé*, qui débuta au théâtre du Marais, en 1669, et passa l'année suivante à celui de Bourgogne ; elle fut tendrement aimée de Racine. — Sa rivale, mademoiselle *Desœillets* ; — *Jodias de Soulas*, dit *Floridor*. Ce fut à l'occasion de ces débuts que Louis XIX déclara que la profession de comédien n'était pas incompatible avec la qualité de gentilhomme.— *Gros Guillaume, Gauthier-Garguille* et *Turlupin*, trois célèbres *farceurs*, dont je m'occuperai ailleurs (3). — *Bertrand Haudrin* dit *Saint-Jacques* et *Guillot Gorju, Dulaurier* dit *Bruscambille, Jean Farine*, tous trois artistes célèbres à leur époque. — *Claude Joffin*, connu dans les rôles comiques sous le nom de *Jodelet*, acteur du Marais et ensuite de l'hôtel de Bourgogne. — *Zacharie Jacob*, dit *Montfleury ;* Richelieu voulut que le mariage de cet excellent comédien se célébrât à son château de Ruel. — *Raimond Vaisson*, comique plein de vérité, créateur de l'emploi des *Crispin*, etc. Le chef de la troupe du Marais était *Mondory*, que Richelieu combla de richesse. Cette troupe,

---

(1) « Hardy, qui était l'auteur banal du théâtre et associé avec les comédiens, pour *une part*, même dans les pièces dont il n'était pas l'auteur, répondait à ceux qui lui apportaient son contingent des représentations de *Mélite : bonne farce ;* parce que cette part se trouvait bien augmentée par le succès de la pièce. » *Anecdotes dramatiques*, t. I, p. 539. — (2) Voy. *Théâtre de l'Estrapade.* — (3) T. III, p. 574.

comme nous le verrons plus tard, se réunit aux débris de celle de Molière, et s'établit rue de Seine en 1673. Quelques années après, en 1680, la *troupe royale* de l'hôtel de Bourgogne, fut unie à ces artistes ; et il n'y eut plus alors dans Paris qu'une seule *comédie* française.

Théâtre d'Avenet, rue Michel-le-Comte. — En 1632, un nommé Jacques Avenet loua, rue Michel-le-Comte, le *jeu de paume de La Fontaine*, et y établit, avec la permission du lieutenant civil, un troisième théâtre (1). Ces comédiens débutèrent en 1633 par *la Mélisse*, pastorale comique en cinq actes et en vers, avec des chœurs, par *Du Rocher*; mais il ne paraît pas que ce théâtre ait eu une longue existence. Je lis dans les *Anecdotes dramatiques* : « Les habitants des rues Michel-le-Comte et Grenier-Saint-Lazare présentèrent requête au parlement pour se plaindre de l'incommodité que leur apportait ce nouveau spectacle. Ils exposèrent que la rue Michel-le Comte, étroite et fréquentée, était composée de vingt-quatre maisons à portes cochères, habitées par des personnes de qualité et officiers des cours supérieures, qui n'avaient pas la liberté d'aller et de venir, à cause de l'embarras des carrosses et des chevaux qu'attirait, dans cette rue et les environs, la comédie établie au jeu de paume de la Fontaine ; embarras si grand que les gens de pied mêmes avaient bien de la peine à s'en tirer, et que les habitants étaient souvent obligés d'attendre jusqu'à la nuit pour pouvoir entrer dans leurs maisons, au hasard d'être dépouillés par les laquais et les filous. Le parlement, par son arrêt du 22 mars 1633, reçut les habitants appelants de la permission du lieutenant civil ; et par provision fit défenses aux comédiens du jeu de paume de la Fontaine de représenter aucunes pièces jusqu'à ce qu'autrement en fût ordonné (2). » Depuis cette époque, nous ne voyons plus de traces du théâtre d'Avenet.

Théâtre du Palais-Royal. — Le cardinal de Richelieu, passionné pour le théâtre, fit construire, comme on l'a vu (3), dans son palais deux salles de spectacle, l'une pouvant contenir six cents personnes, et l'autre plus de trois mille. Dans la première, il faisait jouer devant lui les comédiens du Marais ; la seconde était réservée aux grandes représentations. Le grand théâtre, qui occupait la partie méridionale de la cour actuelle des Fontaines, présentait un parallélogramme large de neuf toises. Lemercier en avait été l'architecte. La scène était à l'une des extrémités ; l'enceinte réservée aux spectateurs était occupée par un amphithéâtre de vingt-sept degrés, que terminait une espèce de portique. Deux balcons

---

(1) Je ne compte point les théâtres de collége ou de société ; ils n'ont pas eu assez d'importance pour obtenir un article spécial. — (2) T. I, 538. — (3) Voy. ci-dessus *Palais-Royal*.

dorés, posés l'un sur l'autre de chaque côté, commençaient au portique et venaient finir assez près de la scène. La toiture de cette salle était admirable; elle était supportée par huit chênes de vingt toises chacun, que l'on trouva dans les forêts du Bourbonnais et qui revinrent à huit mille livres (1). Ce fut sur ce théâtre que l'on représenta, en 1639, *Mirame*, tragi-comédie de Desmarets, attribuée à Richelieu, qui dépensa 100,000 écus pour monter cet ouvrage. On sait que le ministre-auteur, furieux du peu de succès de cette pièce, dit avec dépit à Desmarets : « Eh bien ! les Français n'auront jamais de goût ; ils n'ont point été charmés de Mirame. » Desmarets ne savait que répondre ; l'un de ses amis nommé Petit, qui l'accompagnait, répondit : « Monseigneur, ce n'est point du tout la faute de l'ouvrage, qui sans doute est admirable, mais bien celle des comédiens. Votre Eminence ne s'est-elle pas aperçue que non seulement ils ne savoient point leurs rôles, mais même qu'ils étoient tous ivres? — Effectivement, reprit le cardinal, je me rappelle qu'ils ont tous joué d'une manière pitoyable. » Cette idée le mit en bonne humeur et il retint à souper Desmarets et Petit, qui firent en sorte d'avoir le lendemain des spectateurs bienveillants.

En 1638, Richelieu avait fait représenter sur son théâtre l'*Aveugle de Smyrne*, pièce à laquelle il avait travaillé. Mondori, qu'une maladie fort grave venait d'obliger à quitter l'hôtel de Bourgogne, reçut l'ordre d'y jouer le principal personnage ; il ne put achever son rôle. Richelieu lui assura, pour récompenser son zèle, une pension de 2,000 livres. Enfin, en 1643, le ministre fit jouer sa fameuse pièce d'*Europe*; elle fut d'abord représentée à l'hôtel de Bourgogne en même temps que *le Cid*. Un comédien en ayant annoncé la seconde représentation pour le surlendemain, le parterre cria, au milieu des huées, *le Cid ! le Cid !* Richelieu indigné retira sa pièce et fit écrire par l'Académie la trop fameuse critique du chef-d'œuvre de Corneille.

Le grand théâtre du Palais-Royal, construit par Richelieu, fut occupé depuis, comme nous le verrons ailleurs, par la troupe de Molière, et, après la mort de ce grand homme, par l'*Académie royale de musique*.

Théâtre de l'Estrapade, à la porte Saint-Jacques. — Trois garçons boulangers du faubourg Saint-Laurent, Henri Legrand, Hugues Guérin ou Guéru et Robert Guérin, résolurent un jour de monter un théâtre. Legrand prit les noms de *Belleville* et de *Turlupin*, Hugues se nomma tantôt *Fléchelles*, tantôt *Gauthier-Garguille*, et Robert Guérin adopta les noms de *Lafleur* et *Gros-Guillaume*. Ils louèrent un petit jeu de paume à la porte Saint-Jacques vers l'ancien fossé de l'Estrapade, et donnèrent deux représentations par jour ; ils jouaient d'une

(1) *Anecdotes dram.*, t. I, p. 330 et suiv. — Sauval, t. VII, p. 161.

heure à deux pour les écoliers, et le soir pour le peuple. Le prix des places était de 2 sols 6 deniers par tête. Ce petit théâtre obtint une si grande vogue que les comédiens de l'hôtel de Bourgogne demandèrent sa suppression. Richelieu fit venir à son palais les trois *farceurs*, qui parvinrent à dérider son Eminence, et ce fut en riant aux éclats que le cardinal enjoignit aux comédiens plaignants de tuer la concurrence en admettant sur leur théâtre les trois artistes de l'Estrapade. Ils obtinrent un grand succès, et l'on sait que *Turlupin* a donné son nom aux quolibets et aux mauvaises plaisanteries dont il était si prodigue. Cet acteur était grand, bien fait et de bonne mine. *Gauthier-Garguille* représentait les vieillards ridicules; il avait à la tête une calotte noire et plate, aux pieds des pantoufles, un bâton à la main et une longue barbe au masque. Des manches de frise rouge encadraient un pourpoint et des chausses de frise noire. Ce *farceur*, qui chantait d'une manière fort amusante, a publié un recueil de chansons (imprimé en 1631 et réimprimé en 1658). *Gros Guillaume* était un excellent ivrogne, gros, gras et ventru, qui ne venait sur la scène que garrotté de deux ceintures, l'une au-dessus du nombril et l'autre auprès de la poitrine, en sorte qu'il ressemblait à un tonneau. Il ne portait point de masque, contre l'usage de ce temps-là, mais il se couvrait la figure de farine (1). Ce trio comique fit courir les Parisiens pendant fort long-temps à l'hôtel de Bourgogne. Mais un jour Gros-Guillaume osa contrefaire une grimace très familière à un magistrat. Il fut décrété de prise de corps, ainsi que ses deux compagnons. Ceux-ci purent s'enfuir, mais Guillaume fut renfermé dans les cachots de la Conciergerie; il y tomba malade de frayeur et mourut. Turlupin et Garguille ne purent lui survivre, et tous trois allèrent de vie à trépas dans la même semaine, vers l'an 1634. Leurs enfants se firent comédiens, et les deux veuves laissées par Turlupin et Garguille se remarièrent, la première à d'Orgemont, acteur de la troupe du Marais, et la seconde, fille du fameux Tabarin, à un gentilhomme normand. — Ces trois célèbres artistes furent ensevelis à Saint-Sauveur (2); voici l'une de leurs épitaphes :

> Gaultier, Guillaume et Turlupin,
> Ignorants en grec et latin,
> Brillèrent tous trois sur la scène
> Sans recourir au sexe féminin
> Qu'ils disaient un peu trop malin.
> Fesant oublier toute peine,
> Le jeu de théâtre, badin,
> Dissipait le plus fort chagrin :
> Mais la mort en une semaine,
> Pour venger son sexe mutin,
> Fit à tous trois trouver leur fin (3).

(1) *Anecdotes dram.*, t. III, p. 219. — (2) Voy. t. II, p. 110. — (3) *Le Monde dramatique*, t. IV, p. 145 et suiv.

Théâtres de marionnettes. — L'introducteur de ce charmant spectacle, la providence des enfants et des oisifs de la bonne ville de Paris, fut *Jean Brioché*, pauvre arracheur de dents, établi sur le Pont-Neuf. Pour sortir de la misère, il eut l'idée, vers 1640, de bâtir un petit théâtre semblable à ceux des *Fantoccini*, qu'il avait souvent admirés en Italie. Le succès fut complet, et Brioché était déjà célèbre, lorsqu'en 1646 il obtint du lieutenant-criminel Daubray la permission de s'établir à la foire Saint-Germain et de parcourir les boulevards et les grandes places. Il vint enfin se fixer à l'extrémité du Pont-Neuf, au Château-Gaillard (1). Brioché conçut bientôt le projet d'aller porter son industrie à l'étranger, et s'étant associé un musicien nommé Voisin, il partit pour la Suisse. Mais son voyage ne fut pas heureux. Les Suisses, effrayés de la figure étrange de polichinelle et de ses confrères de bois, arrêtèrent Brioché comme magicien et le jetèrent en prison. Peut-être même lui eût-on fait un mauvais parti, lorsqu'un capitaine des gardes françaises, nommé Dumont, en ce moment à Soleure pour y faire des recrues, reconnut et parvint à faire mettre en liberté le pauvre artiste qui regagna Paris sur-le-champ.

De concert avec son fils Fanchon (ou François), il rouvrit son théâtre au Château-Gaillard, qui avait vu sa prospérité. Pendant son absence, un Anglais avait trouvé le moyen de faire mouvoir les marionnettes au moyen de ressorts; mais Paris, peu rancunier, ne se souvint que des plaisanteries amusantes que Brioché faisait faire aux siennes, et revint de nouveau assiéger sa porte.

La mort vint surprendre notre artiste au milieu de ses succès, l'arracher à ses marionnettes, à son public dont il était chéri; son fils Fanchon lui succéda et le surpassa même, dit-on, dans son *noble métier*. C'est lui que désigne Boileau dans sa septième épître, quand il s'écrie à propos de la Phèdre de Pradon :

>   Mais pour un tas grossier de frivoles esprits,
>   Admirateurs zélés de toute œuvre insipide,
>   Que non loin de la place où Brioché préside,
>   Sans chercher dans les vers ni cadence ni son,
>   Il s'en aille admirer le savoir de Pradon.

Des gens d'esprit de l'époque ne dédaignèrent pas d'écrire de petites pièces satiriques pour les marionnettes de Brioché, car en 1703 elles jouèrent avec un immense succès une parade intitulée : *Polichenelle demandant une place à l'Académie;* elle était de Malezieux, chancelier de Dombes, un des quarante, qui l'avait écrite à l'instigation du duc

---

(1) T. III, p. 566.

de Bourbon, auquel on avait fermé les portes de l'Académie. Avant le lever du rideau, Polichinelle venait chanter le couplet suivant :

> On fait savoir aux curieux
> De la part de polichinelle,
> Que l'historien Malezieux
> A fait la pièce nouvelle,
> Et qu'à tous les honnêtes gens
> Il la fait voir à ses dépens.

Un critique parodia ce dernier vers :

> . . . .
> Que le chancelier Malezieux
> N'a point fait la pièce nouvelle,
> Que le véritable histrion
> Est monsieur le duc de Bourbon.

Depuis ce moment nous ne trouvons nulle part trace de Brioché; déjà il avait rencontré des imitateurs; en 1668, Archambault, Arthur, Réron; en 1690, Bertrandet, d'autres encore, obtinrent des autorisations *pour donner dans les foires de Saint-Laurent, Saint-Germain et autres lieux, des jeux de marionnettes* (1).

Brioché a eu de nombreux successeurs. Nous devons citer parmi eux le célèbre *Pierre*, dont le *spectacle pittoresque et mécanique* était établi sous l'empire, rue du Port-Mahon, n° 4, et, sous la restauration, dans la *galerie Montesquieu; Séraphin*, dont le spectacle de marionnettes et d'ombres chinoises est encore situé au Palais-Royal, galerie de Valois, n° 121; enfin, au boulevard du Temple, les frères *Maffey*, qui ont surpassé tous leurs devanciers.

Théâtre de Tabarin, place du Pont-Neuf, du côté de la place Dauphine. — Tabarin, malgré la célébrité de son nom, est fort peu connu; c'était un bouffon aux gages du charlatan Mondor, qui vendait du baume et de l'onguent. Toutes ses farces consistaient dans des questions que lui adressait son maître et auxquelles il répondait par des quolibets plus grossiers qu'ingénieux. C'est à l'une d'elles, où l'on enfermait dans un sac des personnages que l'on voulait duper, que Boileau fait allusion dans son *Art poétique*, quand il reproche à Molière d'avoir *sans honte à Térence allié Tabarin*. Les œuvres de ce bouffon ont été plusieurs fois réimprimées (2).

Saint-Louis-en-l'Île, église, première succursale de Notre-Dame, rue Saint-Louis, entre les n°s 13 et 15. Ce n'était dans l'origine qu'une petite chapelle que Nicolas le jeune, maître couvreur, qui avait commencé le

---

(1) J'ai emprunté plusieurs de ces détails à une spirituelle notice de M. Alphonse Fourtier sur *Jean Brioché*. — (2) *Biogr. univ.*, art. *Tabarin*.

premier à bâtir dans l'île Notre-Dame en 1600, fit construire quelques années après (vers 1616). Le nombre des habitants de l'île s'étant augmenté, cette chapelle fut agrandie à la fin de 1622. Le procès-verbal que fit dresser l'archevêque de Paris, le 3 avril 1623, porte qu'elle était large de six ou sept toises sur dix ou douze de longueur, vitrée, couverte en ardoises, et ornée d'un tableau représentant saint Louis et sainte Cécile. Enfin le 14 juillet de la même année, elle fut érigée en paroisse sous le titre de *Notre-Dame-de-l'île;* elle ne le conserva pas long-temps, puisque vingt ans après on disait le curé de *Saint-Louis-en-l'île*.

Les habitants de l'île firent dans la suite rétablir cette église, et la chapelle servit alors de nef. La première pierre fut posée par M. de Péréfixe, archevêque de Paris, le 1er octobre 1664, et les travaux furent dirigés par l'architecte Levaw. Mais ces constructions n'étaient point en harmonie; on reconstruisit la nef au commencement du XVIIIe siècle, et l'église, achevée par Leduc, fut bénite le 14 juillet 1726 (1). Cette église n'offre rien de remarquable.

CHAPITRE TROISIÈME.

Topographie.

Fossés de la ville. Nouvelle enceinte. Dès le commencement du règne de Louis XIII, on agita l'exécution d'un projet qui devait singulièrement contribuer à l'embellissement et à la prospérité de Paris. Une société, à la tête de laquelle était le sieur Cosnier, proposa au conseil du roi d'entourer la ville d'un fossé navigable qui aurait eu dix toises de large et cinq pieds de profondeur dans les plus grandes sécheresses. Pour cela, Cosnier devait agrandir le fossé existant déjà depuis l'Arsenal jusque à la porte Saint-Denis, puis, au lieu de continuer jusqu'à la porte Saint-Honoré, en creuser un nouveau qui, enfermant les faubourgs Montmartre et Saint-Honoré, aurait été aboutir au-delà des Tuileries. Des ponts auraient été construits aux portes Saint-Antoine, Saint-Denis, Saint-Martin et du Temple; on eût établi vers ces diverses portes, et de plus aux portes Montmartre et Saint-Honoré, des ports et des quais pour le débarquement des marchandises; on eût bordé ces

(1) Jaillot, t. I, *quartier de la Cité*, p. 209 et suiv.

fossés de hautes murailles; enfin l'on eût pratiqué au-dessous, en tunnel, deux aqueducs qui les auraient traversés pour disperser au loin l'eau des égouts. Cosnier offrait encore de rebâtir à neuf la porte Neuve (1), la porte Montmartre et la porte Saint-Honoré, de combler les fossés renfermés dans l'enceinte de la ville; par ce nouveau plan et pour terminer tout cela, il ne demandait que la concession de certains droits, et quatre ans, à commencer du 1ᵉʳ janvier 1612. Ces projets furent rejetés; cependant on les exécuta en partie dans la suite. Mais pour la navigation des fossés souvent proposée depuis, « on ne l'a jamais voulu entreprendre, dit Félibien, dans la peur que l'ouverture des terres imbibées de toutes les immondices de la ville, ne causât dans l'air une corruption pernicieuse (2).

Cependant l'accroissement rapide de la population de Paris, la continuelle progression des fondations religieuses qui se multiplièrent sous le règne de Louis XIII, et qui la plupart occupaient de vastes enclos, donnèrent souvent lieu à des projets d'agrandissement de l'enceinte. Entre les faubourgs Montmartre et Saint-Honoré se trouvait un grand espace vide que Charles IX avait projeté d'enfermer dans une enceinte nouvelle qu'il fit commencer en 1563. Un secrétaire du roi, nommé Boyer, reprit, en 1626, le projet de Charles IX qu'on avait abandonné et qu'il proposait d'exécuter sur un plus vaste plan. Il voulait élever, depuis la porte de la Conférence (3) jusqu'à l'Arsenal, une muraille garnie de remparts plantés d'arbres, et percée de huit portes flanquées de vingt et un bastions. Mais, lésée par les avantages qu'on accordait à l'entrepreneur, la ville s'opposa, en 1628, à l'exécution de ce plan.

Trois ans après, Barbier, intendant des finances, proposa de continuer jusqu'à la porte de la Conférence la clôture qui s'étendait depuis l'Arsenal jusqu'à la porte Saint-Denis. On passa à ce sujet un contrat qui fut revêtu de la signature royale, et l'on commença la construction de la porte Neuve-Saint-Honoré. Cependant un arrêt du conseil cassa le contrat l'année suivante parce qu'il blessait aussi trop d'intérêts. Barbier fut obligé de se borner à un plan moins étendu, qu'il exécuta sous le nom de Charles Froger, secrétaire de la chambre du roi. Les conditions de ce nouveau marché étaient que les entrepreneurs se chargeaient de faire construire une enceinte commençant à la porte Saint-Denis, longeant les *Fossés jaunes* (4), et allant jusqu'à la porte Saint-Honoré qu'ils devaient achever. Ils étaient également tenus de bâtir deux autres portes, l'une faubourg Montmartre et l'autre entre le faubourg Montmartre et le faubourg Saint-Honoré; de combler les anciens fossés où l'eau crou-

---

(1) Sur le quai, entre le Louvre et les Tuileries. — (2) Félibien, t. II, p. 1294.
(3) Située sur la rive de la Seine, à l'extrémité du jardin des Tuileries.
(4) Rue Bourbon-Villeneuve.

pissait, d'abattre les anciens murs et de construire de nouveaux quartiers. Le tout devait être achevé sous deux ans.

Le roi déchargea Froger des hypothèques dont pouvaient être grevés les terrains et maisons qu'il devait acheter, et, de plus, lui fit don de soixante-dix-neuf mille livres tirées de son épargne. Ce fut le seul argent déboursé par le Trésor royal pour cette entreprise. Du reste Froger obtint, outre ces 79,000 livres, des avantages qui, pour ne rien coûter au roi, n'en étaient pas moins réels, et très onéreux pour les habitants. Il put acheter, sans payer de droits au fisc, toutes terres situées dans les faubourgs Saint-Honoré et Montmartre, sur le pied du quarantième de leur revenu, à moins que les propriétaires ne préférassent recevoir le prix porté dans leur contrat d'acquisition ; il eut la faculté de faire aplanir la butte Saint-Roch, d'en abattre les moulins pour les remplacer par des maisons ; il reçut en pur don tous les terrains des remparts, portes, fossés et édifices publics destinés par le nouveau projet à être démolis, et la propriété de leurs matériaux lui fut acquise. Cinq commissaires spéciaux furent nommés pour veiller à l'exécution du contrat, avec mission de terminer tous les différends qu'il ferait naître et pour le jugement desquels ils furent établis seuls compétents à l'exclusion du parlement et de toutes les autres juridictions ordinaires (1).

Les travaux furent donc commencés. L'ancienne porte Saint-Honoré, située vers l'endroit où la rue Saint-Honoré est coupée par la rue Richelieu, fut abattue. Sur son emplacement s'éleva une boucherie, et la nouvelle porte Saint-Honoré fut bâtie à l'extrémité de la rue de ce nom, sur le bord de la rue Royale. On démolit de même l'ancienne porte Montmartre (1633), et à sa place on établit également une boucherie. Elle fut reculée dans la rue Montmartre de l'angle formé par la rue Neuve-Saint-Eustache à celui formé par la rue des Jeûneurs. Elle subsista soixante-sept ans ; on la détruisit au commencement du XVIIIe siècle (2). Une troisième porte fut construite entre les deux précédentes, dans la rue Richelieu, près de la rue Feydeau. Elle reçut le nom de *Porte-Richelieu*, et elle a subsisté jusqu'en 1701.

On voit ainsi que c'est dans la nouvelle enceinte due à Louis XIII que s'élevèrent les belles rues comprises entre le Louvre, le Palais-Royal, la place des Victoires, la porte Saint-Denis et le boulevard Bonne-Nouvelle, le boulevard Poissonnière, la rue Feydeau, la rue Neuve-Saint-Augustin, la Madeleine et les Tuileries (3).

Là ne se bornèrent pas les agrandissements de Paris sous le règne de

---

(1) Félibien, Preuves, t. V, p. 91. — (2) Au sujet de la porte Neuve, de la porte Montmartre et de la porte Saint-Honoré, voy. t. III, p. 557.

(3) Vers 1631, en creusant les nouveaux fossés, les ouvriers trouvèrent une épée à poignée d'or enrichie de pierres précieuses, dont la ville fit présent au roi. Félibien, t. II, p. 1329.

Louis XIII; on termina en outre plusieurs autres quartiers. Plusieurs rues élevées autour de l'église Notre-Dame-Bonne-Nouvelle, bâtie en 1624, renouvelèrent l'ancien village de la *Ville-Neuve*, qui, située autrefois sur cet emplacement, avait été détruit pendant le siége de Paris sous la Ligue. Son nom est encore rappelé par celui de la rue *Bourbon-Villeneuve*. Le Marais, ce quartier si long-temps vague, dont une grande partie se composait encore de champs en culture et de vastes enclos, se couvrit également de maisons et de rues nouvelles. Sur l'emplacement de la rue *Culture-Saint-Gervais*, on construisit en 1620 les rues *Saint-Gervais* et *Saint-Anastase*. En 1636, on traça les rues d'*Anjou*, de *Beaujolais*, de *Beauce*, de *Bourgogne*, de *Bretagne*, de *Forez*, de la *Marche*, du *Perche*. Henri IV avait eu le projet de construire ce quartier sur le plan d'une grande allégorie. Il devait être établi au Marais une vaste place portant le nom de *place de France*, à laquelle seraient venues aboutir huit rues larges chacune de six toises, bordées de bâtiments uniformes et désignées toutes par le nom d'une des provinces du royaume. Dans la Cité, la rue *Sainte-Anne*, près le palais, fut percée en 1631; l'année précédente, on avait ouvert la petite rue *Saint-Louis* qui n'existe plus.

Un plan d'une importance beaucoup plus réelle était celui de créer un nouveau quartier dans les deux îles de la Seine situées entre la Cité et l'île Louvier, et nommées, l'une *Ile Notre-Dame*, l'autre *Ile aux Vaches*. La première seule contenait des habitations, mais de pauvre apparence et peu nombreuses. Louis XIII avait, en 1614, nommé à ce sujet des commissaires qui devaient traiter pour l'exécution du projet avec l'évêque et le chapitre de l'église de Paris, propriétaires des deux îles. Christophe Marie, entrepreneur-général des ponts de France, se chargea de conduire les travaux. Il s'obligea à réunir les deux îles en comblant le canal qui les séparait, à les environner dans le délai de dix ans de quais revêtus de pierres de taille, à y construire des maisons, des rues larges de quatre toises et un pont de communication avec la ville. Il obtint la faculté d'établir dans l'île un jeu de paume et une maison de bains, et le droit d'y lever sur chaque maison 12 deniers de cens pendant soixante ans. Le contrat passé le 19 avril, fut ratifié par lettres-patentes le 6 mai 1614.

Dès cette année 1614, Marie commença le pont qui porte encore aujourd'hui son nom. Le 11 octobre, le roi, assisté de sa mère Marie de Médicis, en posa la première pierre en présence d'une assemblée de notables dans laquelle se trouvaient le président Miron, prévôt des marchands, les échevins Desvieux, Clapisson, Huot et Pasquier de Bucy; le procureur de la ville, Perrot, et le greffier Clément (1). Le

---

(1) Voy. ci-après *Pont-Marie*.

chapitre de la cathédrale s'opposa vivement à l'exécution de ces travaux ; à tel point qu'on fut obligé de porter l'affaire au conseil du roi Le chapitre perdit son procès. Marie continua ses opérations, et après avoir bâti une partie de l'île, il transporta son privilége à Jean de La Grange, secrétaire du roi. Comme on avait reconnu la nécessité de faire quelques changements au projet primitif, le traité fut renouvelé avec La Grange, qui s'engagea à continuer les ouvrages de son prédécesseur, et de plus à construire en six ans un pont de bois pour joindre l'île au quartier Saint-Landry, et un pont de pierre pour la réunir aux Tournelles (1). On lui permit en compensation d'établir douze étaux de bouchers, des bateaux de lavandières et de bâtir des maisons sur le pont des Tournelles et le pont Marie.

Le nouvel entrepreneur ne conserva pas long-temps son privilége ; Marie et ses associés lui intentèrent un procès, obtinrent la nullité de la cession qu'ils lui avaient faite, et reprirent leurs travaux. Mais ils ne furent pas plus heureux ; les chanoines de Notre-Dame renouvelèrent leurs oppositions. Pour lever toutes les difficultés, le roi traita avec le chapitre et lui acheta, moyennant une somme de 50,000 livres, ses droits seigneuriaux sur l'île Notre-Dame (1642). Le paiement des 50,000 livres fut mis à la charge des entrepreneurs. Ceux-ci imaginèrent de faire ordonner par le conseil du roi que la somme serait prise sur les propriétaires des maisons et les masures de l'île ; aussi ces propriétaires en furent tellement irrités contre eux, qu'ils consentirent à tous les sacrifices pour obtenir de leur être subrogés. Ils offrirent de terminer les travaux, de payer les 50,000 livres promises par le roi au chapitre métropolitain et de donner en outre pareille somme pour hâter les travaux. Ils eurent gain de cause. Les bâtiments de l'île Notre-Dame, commencés par Marie en 1614, continués par La Grange en 1623, repris depuis par Marie en 1627, ne furent achevés qu'en 1647, sous la direction des habitants mêmes de l'île.

Au faubourg Saint-Germain, on vit aussi s'élever en grand nombre de nouvelles constructions. La rue Sainte-Marguerite fut bâtie en 1635 ; deux ans après ce fut la rue Saint-Benoît qui fut sinon bâtie, au moins fort augmentée. Les acquéreurs du vaste hôtel de Nevers furent autorisés à élever sur son emplacement des maisons et des rues nouvelles (14 octobre 1637). Le petit Pré-aux-Clercs se couvrit également de constructions qui formèrent la rue des *Petits-Augustins* et quelques autres. En 1641, les moines de Saint-Germain achevèrent la construction des murs de clôture de leur abbaye et augmentèrent de moitié l'étendue de leur jardin. Tout près de là se formèrent encore de nouvelles rues telles que les rues de *Verneuil* et de *Bourbon* ; l'ancien *chemin*

---

(1) Voy. plus loin *Pont de la Tournelle* et *Pont-Rouge*.

aux vaches devint la belle rue Saint-Dominique. Le grand Pré-aux-Clercs vit ses jardins et ses prairies disparaître sous une foule de couvents, de maisons et d'hôtels.

Enfin, pour terminer ce que j'ai à dire sur la topographie de Paris sous le règne de Louis XIII, je dois rapporter un arrêté rendu le 15 janvier 1638 par le conseil d'État, à la requête d'Oudart de Féron, prévôt des marchands. « Par cette ordonnance, le roi voulant que la ville et ses faubourgs fussent d'une étendue certaine et limitée, suivant ses édits et déclarations des années 1627 et 1634, ordonna qu'il fût fait un plan et qu'il y eût des bornes plantées aux limites par les trésoriers de France, au-delà desquelles il ne fût permis à personne d'élever aucun bâtiment jusqu'aux bourgs et villages voisins, sans lettres-patentes expresses scellées du grand sceau et registrées au bureau des mêmes trésoriers de France, en présence du prévôt de Paris, les prévôts des marchands et les échevins appelés. Il fut aussi défendu par le même arrêt de bâtir aucune maison, boutique ou échoppe sur les quais et ponts, aussi bien qu'aux places publiques destinées à la décoration et commodité de la ville (1). »

Nettoyage des rues et pavage de la ville. — Félibien nous a conservé dans les pièces justificatives de son volumineux ouvrage, un long procès-verbal de l'inspection qui fut faite en 1636, des rues de Paris et de la banlieue, qui se trouvaient alors si mal entretenues que la salubrité publique en était compromise. Le 3 avril, un commissaire spécial, Anne de Beaulieu, reçut une commission du roi portant « pouvoir général et spécial de controller et avoir regard, l'œil et le soing sur tous les contractants et entrepreneurs tant du nettoyement des boues et immondices que pavaige de la ville faubourg et banlieue de Paris, présens et advenir; » et en vertu de cette commission, il examina l'état de toutes les rues de la ville et de la banlieue. Sa visite dura depuis le 21 avril jusqu'au 30 juin. D'après son rapport, le nombre total des rues que renfermaient alors la ville et les faubourgs était de cinq cent quinze.

Pour la plupart de ces rues (près des trois quarts), les termes descriptifs du procès-verbal sont à peu près ceux-ci : *rue orde, boueuse et pleine d'immondices.* Il en est un très petit nombre qui portent l'épithète de *rue nette.* Quelquefois le procès-verbal entre dans des détails qui donnent une affreuse idée de l'état des rues de Paris à cette époque.

Anne de Beaulieu rédigea à ce sujet un projet d'ordonnance rempli de sages dispositions qui promettaient un prompt remède à ce dangereux désordre. Il est probable que son plan ne fut exécuté qu'en partie,

(1) Félibien, t. II, p. 1367.

car pendant long-temps encore l'état physique de Paris fut loin d'être satisfaisant (1).

Marché aux chevaux, rue du Marché-aux-Chevaux, près le boulevard de l'Hôpital. Ce marché se tenait d'abord, sous Henri III, sur une partie de l'emplacement de l'hôtel des Tournelles, et sous le règne de Henri IV, près de la porte Saint-Honoré, dans un endroit qui depuis a formé une partie du jardin des Capucines ; ce même lieu servait aussi de marché aux cochons. Un nommé Jean Baudouin obtint, en 1627, des lettres du roi qui lui permirent de transférer ce dernier marché sur l'emplacement dont nous parlons, lequel se nommait anciennement *la Folie Eschalart*. Cette translation éprouva des obstacles, et fut arrêtée par des oppositions que levèrent de nouvelles lettres données en 1639 et enregistrées en 1640. Par ce dernier arrêt, il était ordonné que le lieu destiné à ce marché contiendrait quatre arpents, qu'il serait entouré de murs, et que l'impétrant ferait paver les rues qui devaient lui servir d'entrée. Au mois d'avril de l'année suivante, le sieur Baranjon, apothicaire et valet de chambre du roi, obtint la permission d'établir au même endroit un marché aux chevaux, le mercredi de chaque semaine, ce qui n'empêchait pas qu'on ne continuât tous les samedis de conduire les chevaux aux marchés de la porte Saint-Honoré. Ce dernier fut bientôt supprimé, et depuis l'on n'a point cessé de le tenir dans le lieu dont nous parlons.

C'est un vaste terrain planté d'arbres, formant avenue, et dans lequel on entre d'un côté par le boulevard, de l'autre par la rue qui en porte le nom. A l'une de ses extrémités est un pavillon construit en 1760 par ordre de M. de Sartine, et qui sert de logement à l'inspecteur de police chargé de présider à ce marché. On a exécuté, en 1818, de grands travaux sur cet emplacement. Ce marché se tient les mercredis et les samedis ; on y vend des chevaux, des ânes et des mulets.

Cours-la-Reine. Cette promenade célèbre, qui fait aujourd'hui partie des *Champs-Élysées* (2), commence place Louis XV, et finit Allée des Veuves et quai de Billy ; elle s'étendait autrefois jusqu'à la Seine, dont elle est aujourd'hui séparée par la route de Versailles. C'était anciennement un terrain sur lequel étaient éparses quelques petites maisons, accompagnées de jardins, de prés et de terres labourables. La reine Marie de Médicis en acheta une partie et y fit planter, en 1616, trois allées formées par quatre rangs d'ormes et fermées aux deux extrémités par des grilles de fer. Cette promenade connue sous le nom de

---

(1) Voy. Félibien, Preuves, t. IV, p. 119 à 151. — (2) Voy. *Champs-Elysées*.

Cours-la-Reine, était destinée à la reine-mère et à sa cour. Les arbres qu'on y avait plantés furent arrachés et on les remplaça en 1723 (1).

Quais. — Deux quais principaux ont été construits à Paris pendant cette période.

Quai Malaquais. Il commence rue de Seine et Pont-des-Arts, et finit rue des Saints-Pères et quai Voltaire. Avant la construction de ce quai, le bord de la Seine se nommait en cet endroit le *port Malaquest* et le *heurt du port aux Pasteurs* (2) ; une partie de l'espace qui forme le quai s'appelait l'*Écorcherie* ou la *Sablonnière*. Vers 1540, l'Université aliéna la plus grande partie du *petit Pré-aux-Clercs*, et l'on fit combler alors la *petite Seine*, canal large de quatorze toises, qui servait de limite au pré et qui s'étendait depuis la Seine jusqu'au bas de la rue Saint-Benoît. On construisit des maisons sur cet emplacement, et le *port Malaquest* reçu le nom de *quai de la reine Marguerite*, en 1641, à cause du voisinage de l'hôtel de cette princesse. Ce quai reprit ensuite son ancien nom et fut pavé sous Louis XIV, par arrêt du conseil du 1er juillet 1669 (3).

Quai de Gèvres. Il commence pont Notre-Dame et rue Planche-Mibray, et finit Pont-au-Change et à la place du Châtelet. Avant 1641, ce quai ne présentait qu'un terrain allant en pente jusqu'à la rivière, en partie couvert par les rues de la *Tuerie* et de l'*Écorcherie*. A cette époque, le marquis de Gèvres, dont il a retenu le nom, demanda ce terrain au roi et l'obtint, malgré l'opposition des bouchers et des propriétaires des forges du Pont-au-Change. « Par des lettres, le roi cède à perpétuité au marquis de Gèvres, les places entre le pont Notre-Dame et le Pont-aux-Changeurs, du côté de l'Écorcherie, dans la largeur qui se rencontrait depuis la culée du pont Notre-Dame jusqu'à la pointe de la première pile, à condition d'y faire bâtir un quai porté sur des arcades et piliers posés d'alignement depuis ladite pointe jusqu'à celle du Pont-aux-Changeurs, et de pratiquer quatre rues, dont une de vingt pieds de large, avec des maisons des deux côtés sur la longueur de soixante-quinze toises (elle fut nommée rue de Gèvres) ; l'autre de neuf pieds de large sur soixante-trois toises de long, avec des maisons d'un seul côté (c'est le quai de Gèvres) ; un parapet de trois pieds de haut pour conserver la vue sur la rivière, et deux autres rues de douze pieds de large, pour séparer les maisons du quai d'avec celles du pont Notre-Dame et du Pont-aux-Changeurs (4). » Les parapets furent garnis d'étalages et ensuite de petites boutiques. Elles furent supprimées en 1786. Alors la rue de Gèvres, qui était au nord du quai, disparut pour

---

(1) Jaillot, t. I, *quartier du Palais-Royal*, p. 16. — (2) Voy. t. III, p.   — (3) Jaillot, t. V, *quartier Saint-Germain*, p. 71 et suiv. — (4) Jaillot, t. I, *quartier Saint-Jacques de la Boucherie*, p. 39.

se confondre avec le quai, et l'élargir comme nous le voyons aujourd'hui. On y a fait, à diverses reprises, d'importantes améliorations.

Nous devons mentionner également quatre quais construits sous le règne de Louis XIII, et qui existent encore.

Quai d'Anjou. — Il part de la pointe est de l'île Saint-Louis et va jusqu'au pont Marie. Il a été construit de 1614 à 1646. Dans l'origine, la partie septentrionale se nommait d'*Anjou*, et l'occidentale d'*Alençon*. Le nom d'Anjou prévalut en 1780. De 1792 à 1805, il s'appela *quai de l'Union*.

Quai de Bourbon. — Il s'étend depuis le pont Marie jusqu'à la rue Blanche de Castille, à la pointe occidentale de l'île Saint-Louis. Construit de 1614 à 1646, il prit le nom de *Bourbon*; en 1792, on le nomma *quai de la République*, puis d'*Alençon*, en 1806. Son premier nom lui a été rendu en 1814.

Quai de Béthune. — Il commence rue Blanche de Castille et finit au pont de la Tournelle. Construit aussi de 1614 à 1646. Dans l'origine, il a été nommé *quai Dauphin* ou *des Balcons*, puis de *Béthune*. En 1792, ce fut le quai de *la Liberté*. Son nom actuel lui a été rendu dès 1806.

Quai d'Orléans. — Il s'étend depuis le pont de la Tournelle jusqu'au pont de la Cité. Construit de 1614 à 1646, il fut nommé pendant la révolution *quai de l'Égalité*.

Ponts. Outre les ponts qui furent réparés, quatre nouveaux s'élevèrent pendant cette période.

Pont Marie (1). Ce pont, qui communique du quai des Ormes à l'île Saint-Louis, fut commencé en 1614, ainsi que nous l'avons vu précédemment, par Christophe Marie. Plusieurs fois interrompu, il ne fut entièrement achevé qu'en 1635. Le 1er mars 1658, la Seine entraîna deux arches du côté de l'île et les vingt-deux maisons qui étaient bâties dessus. Le roi ordonna, l'année suivante, que la pile et les deux arches fussent rétablies jusqu'au rez-de-chaussée et que l'on reconstruisit, en attendant, un pont de bois aboutissant au reste du pont. Il accorda pour couvrir tous ces frais un droit de péage pendant dix ans. Le pont ne fut reconstruit que vers 1670; mais la nouvelle partie ne fut point couverte de maisons. A la fin de 1788 et au commencement de 1789, on détruisit les vingt-huit maisons qui restaient, et on exécuta sur ce pont des travaux qui l'ont rendu plus commode.

Pont de la Tournelle. Il communique du quai de la Tournelle à l'île Saint-Louis (2). Ce pont fut construit, en 1614, par Marie ; il était alors de bois. Enlevé par les glaces en 1637, il fut rebâti également en bois.

---

(1) Il existait autrefois un pont à peu près dans le même endroit que celui-ci. C'était le *pont d'Emprès Saint-Bernard-aux-Barrés*. Voy. t. III, p. 206.

(2) Au XIVe siècle, il y avait à cette place un pont de bois. *Id., ibid.*

Comme il menaçait ruine en 1641, on ordonna de l'abattre. Sauval, qui vivait alors, se contente de dire qu'en 1651 une partie de ce pont fut emportée, *et depuis si bien réparée qu'il n'y paraît pas* (1). Selon toute apparence, il avait été rebâti en pierre, car les arrêts du conseil des 20 septembre 1653 et 5 mars 1654 et les lettres-patentes du 9 juillet suivant, ordonnent au prévôt des marchands de faire rétablir incessamment le *pont de pierre de la Tournelle*, ce qui fut exécuté en 1656, comme le porte une inscription placée sous une des arches. Ce pont a été réparé depuis à diverses époques.

Pont-Rouge. Il servait de communication entre la pointe occidentale de l'île Saint-Louis et l'île de la Cité. Ce pont fut d'abord construit en bois par Christophe Marie; mais il ne fut achevé qu'après avoir éprouvé mille obstacles de la part des chanoines de Notre-Dame. Sauval place cette date en 1642, mais le pont était terminé avant cette époque, ainsi que le prouve l'événement suivant, dont j'emprunte le récit à Félibien: « Pour le jubilé que le pape accorda en 1634, on ordonna à Paris une procession générale de l'église cathédrale à celle des Grands-Augustins, le 5 juin. Comme les paroisses devoient se rendre de bonne heure à Notre-Dame, il arriva que trois de ces paroisses, s'empressant de passer toutes à la fois par le pont de bois qui traversoit de l'île Notre-Dame à la Cité, firent une si grande foule qu'il y eut deux balustrades du pont, du côté de la Grève, qui furent rompues, et le pont entier fut sur le point d'être ruiné. Plusieurs effrayés du brisement des balustrades et croyant que le pont fondoit déjà sous eux, se précipitèrent dans l'eau; d'autres y tombèrent par l'ouverture des balustres; d'autres enfin, étouffés ou écrasés par la multitude, augmentèrent le désastre. On compte qu'il y eut bien vingt personnes tuées et quarante blessées (2). » Deux ans après, à l'occasion du jubilé, le parlement ordonna qu'on mettrait, pour prévenir un semblable accident, des barrières aux ponts de bois. Celui-ci fut si endommagé par les glaces en 1709, qu'on fut obligé l'année suivante de le détruire. On le rétablit en 1717, et on le fit peindre en rouge; c'est de là que lui vint son nom. Il n'y avait point de maisons dessus, et il n'y passait aucune voiture. On y percevait le péage d'un liard.

Comme le Pont-Rouge menaçait ruine en 1795, il fut détruit, et on le reconstruisit, en 1804, quelques toises plus loin, sous le nom de *pont de la Cité* (3).

Pont-Barbier, sur l'emplacement actuel du Pont-Royal. — Jusqu'en 1632 on communiquait du Prés-aux-Clercs aux Tuileries par un bac qui traversait la Seine, bac qui a donné son nom à un chemin, ensuite à la rue du Bac. A cette époque, le sieur Barbier, qui possédait

---

(1) Sauval, t. I, p. 239. — (2) Félibien, t. II, p. 1362. — (3) Voy. *Pont de la Cité.*

un clos à l'ouest de ce chemin, construisit sur la rivière un pont en bois qui reçut le nom de *pont Barbier*. On le nomma ensuite *pont Sainte-Anne*, en l'honneur de la reine Anne d'Autriche ; le *pont des Tuileries*, parce qu'il conduisait à ce palais, et plus communément le le *Pont-Rouge*, à cause de sa couleur (1). Il fut brisé plusieurs fois, malgré la solidité de ses dix arches. Enfin, ayant été emporté par les glaces le 20 février 1684, Louis XIV ordonna de le rebâtir en pierre à ses dépens ; ce pont reçut alors le nom de *Pont-Royal* (2).

Pont Saint-Charles, dans l'intérieur de l'Hôtel-Dieu, sur le petit bras de la Seine. La salle *Saint-Charles*, construite en 1606, lui donna ce nom ; il existait déjà auparavant.

Pont au Double ou *Petit-Pont de l'Hôtel-Dieu*, sur le petit bras de la Seine, de la rue de la Bûcherie à celle de l'Évêché. Construit par les administrateurs de l'Hôtel-Dieu, il fut achevé en 1634. Louis XIII ordonna que les piétons qui passeraient sur ce pont paieraient un double tournois, et les gens à cheval six deniers. Mais, quelque temps après, on n'en permit l'entrée qu'aux gens à pied. Cette taxe d'un double tournois, qui équivalait à deux deniers, fut cause qu'on nomma ce pont *au Double*. On paya depuis un liard, parce que le *double* avait cessé d'avoir cours. Cet impôt fut supprimé en 1789.

Fontaines. Les accroissements que prit la capitale sous ce règne nécessitèrent une grande distribution des eaux dans les divers quartiers. Sully avait ordonné, en 1609, des fouilles et des tranchées du côté de Rungis, afin de rétablir, s'il était possible, l'ancien aqueduc romain. La régente, Marie de Médicis, poursuivit ce projet, et l'entreprise fut adjugée le 8 octobre 1612, à Jean Coing, maître maçon de Paris, pour la somme de 460,000 livres. Le 17 juillet 1613, Louis XIII et la régente posèrent la première pierre de l'aqueduc, qui fut bâti sur les dessins de Jacques Desbrosses, et achevé en 1624 (3). Une partie traverse Arcueil et se termine au *Château-d'Eau* situé à côté de l'Observatoire. Les frais de cet ouvrage furent payés par un droit d'entrée imposé sur les vins.

Les eaux de Rungis furent distribuées de la manière suivante : dix-huit pouces furent livrés au roi pour le palais et le jardin du Luxembourg, et douze pouces à la ville. On restaura alors les anciennes fontaines, et l'on en construisit de nouvelles. Le 28 juin 1624, le roi posa la première pierre de la *fontaine de la Grève*. Outre le grand bassin, il y avait au haut une nymphe qui tenait quatre cornes d'abondance d'où s'échappaient les eaux. Cette fontaine fut abattue en 1638, et ensuite on en rebâtit une autre plus simple, sans bassin, ayant quatre tuyaux

(1) Jaillot, t. V, *quartier Saint-Germain*, p. 66. — (2) Voy. *Pont-Royal*. — (3) Voy. t. I, p. 47 et suiv.

élevés au-dessus de la portée d'un homme. Cette dernière fut détruite vers l'an 1674, et transportée à la place Maubert (1).

Fontaine Saint-Severin, à l'angle des rues Saint-Severin et Saint-Jacques. Bâtie en 1624, elle se compose d'un édifice présentant trois faces divisées dans leur hauteur en quatre parties. Une calotte ronde, supportant un campanille, couvre le bâtiment. Cette fontaine, alimentée par la pompe Notre-Dame, porte une inscription latine dont voici la traduction : « Tandis que les nymphes haletantes montent vers le sommet de la montagne, l'une d'elles, éprise de la beauté du vallon, y fixe sa demeure (2). »

Fontaine des Tournelles, au coin de la rue du même nom et de la rue Saint-Antoine. Construite en 1641, et rétablie en 1719, elle est alimentée par la pompe Notre-Dame.

Fontaine du Regard-Saint-Maur, rue Saint-Martin. Ce monument, composé d'un pavillon carré surmonté d'un dôme, fut bâti sous le règne de Louis XIII. Le pavillon est formé d'un soubassement, puis d'un étage orné de pilastres angulaires. On a pratiqué du côté de la rue une porte d'entrée pour l'inspection des eaux qui viennent de l'aqueduc du pré Saint-Gervais et de Belleville.

Fontaine du Chaume, dite de *Braque* et des *Vieilles-Haudriettes*, rue des Vieilles-Haudriettes. Construite en 1635, par ordre de la ville, elle prit alors le nom de *Fontaine-Neuve*. Elle a été rebâtie en 1775 sur les dessins de Moreau. Son fronton, surmonté d'un attique, est orné d'une naïade sculptée par Mignot. Ses eaux viennent de Belleville.

Citons aussi la *fontaine Sainte-Geneviève*, rue et Montagne-Sainte-Geneviève, la *fontaine du collège de Navarre*, dont la première pierre fut posée en cérémonie par MM. du bureau de la ville, le 27 mai 1625 (3), etc., etc.

Château-d'Eau. Ce réservoir, dont nous venons de parler, fut bâti en 1615 en même temps que le Luxembourg ; il est situé à l'angle de la rue Cassini.

Hôtel de Condé, rue de Condé. L'emplacement de cet hôtel faisait anciennement partie du clos Bruneau. Antoine de Corbie y fit bâtir un *séjour* ou *maison de plaisance*, que Jérôme de Gondi, duc de Retz et maréchal de France, acheta au mois de juillet 1610. Cet hôtel qu'il avait agrandi, embelli et rendu l'un des plus magnifiques d'alors, fut vendu et adjugé par décret, en 1612, à Henri de Bourbon, prince de Condé. Dans le siècle dernier, la famille de Condé l'ayant abandonné pour occuper le palais Bourbon, il fut démoli, et l'on choisit cet emplacement, comme nous le verrons plus tard, pour y construire le théâtre Français, aujourd'hui l'Odéon, et les rues adjacentes.

(1) Hurtaut, t. IV, p. 54. — (2) Roquefort, p. 203. — (3) Félibien, t. II, p. 1329.

Hôtel de Bullion, rue Jean-Jacques Rousseau (ancienne rue Plâtrière). Cette magnifique résidence fut bâtie en 1630, sur les dessins de Levau, pour Claude de Bullion, surintendant des finances. Elle était remarquable par la magnificence de sa décoration intérieure. On y admirait surtout deux galeries où Simon Vouet, Blanchard et Sarrazin avaient déployé tous leurs talents. La galerie haute était l'ouvrage de Vouet qui y avait peint l'histoire d'Ulysse. Blanchard avait représenté, dans la galerie basse, les douze mois de l'année, sous la forme de figures allégoriques de grandeur naturelle, dont le Titien, disait-on, n'aurait pas désavoué la grâce et le coloris.

Hôtel de Royaumont. Cet hôtel, situé rue du Jour, tenait son nom de Philippe Hurault, évêque de Chartres, et abbé de Royaumont, qui le fit bâtir en 1613. Sous le gouvernement de Richelieu, cette maison fut célèbre pendant deux ans comme rendez-vous général des duellistes de Paris. Elle était alors occupée par François de Montmorency, comte de Bouteville, qui fut décapité pour s'être battu en duel malgré les ordres du roi. Les braves de la cour et de la ville s'assemblaient tous les matins dans une salle basse de l'hôtel de Royaumont, où l'on trouvait toujours, disent les mémoires du temps, du pain et du vin à discrétion, et des fleurets pour s'escrimer.

Hôtel de Sully, depuis *hôtel Turgot*, rue Saint-Antoine. Il fut construit par du Cerceau, pour le ministre de Henri IV, dont il porta le nom. Il occupait une partie de l'emplacement de l'ancien hôtel des Tournelles. Il ne paraît pas du reste qu'il offrît rien de remarquable.

Hôtel de Nivernois, rue de Tournon, n° 7. Cet hôtel avait d'abord appartenu au fameux maréchal d'Ancre Concini, après la mort duquel il fut pillé et confisqué au profit du roi. Louis XIII l'habita, quelque temps après son retour de Savoie, pour être plus près de sa mère qui demeurait au Luxembourg. Il fut affecté depuis au logement des ambassadeurs extraordinaires. Enfin on l'échangea contre l'hôtel de Pontchartrain, avec le duc de Nivernois entre les mains duquel il resta jusques à la révolution. Cet hôtel avait été restauré par M. Peyre aîné, architecte, et passait alors pour l'une des plus agréables habitations de Paris. Il fut ensuite occupé par le conseiller d'État chargé du contentieux des domaines nationaux.

Hôtel de Toulouse, aujourd'hui *Banque de France*, rue de la Vrillière, n° 3. Bâti vers 1620, sur les dessins de François Mansard, pour Raymond Phelipeaux, sieur d'Herbaut, de la Vrillère et du Verger, secrétaire d'État, il appartint ensuite à Rouillé, maître des requêtes (1705). En 1713, le comte de Toulouse ayant acheté cet hôtel qui portait toujours le nom de ses premiers propriétaires, il lui fit quitter ce nom pour prendre le sien. Robert de Cotte, premier architecte du roi, y fit de grands changements. C'était l'un des plus riches hôtels de Paris pour les sculptures et les peintures qui le décoraient (1). Le duc de Penthièvre le posséda ensuite jusqu'en 1793. Il devint domaine national, et la Banque de France le fit reconstruire sur un nouveau plan en 1811 (2).

CHAPITRE QUATRIÈME.

ÉTAT DES LETTRES, DES SCIENCES, DES ARTS, DU COMMERCE ET DE L'INDUSTRIE A PARIS, SOUS LE RÈGNE DE LOUIS XIII.

§ I. Lettres. — Sciences.

Les troubles qui désolèrent la France au commencement du règne de Louis XIII ne ralentirent point le grand mouvement intellectuel que j'ai signalé pendant la période précédente. Lorsque Richelieu parvint au ministère, il usa de son pouvoir absolu pour donner à la littérature française les encouragements qui lui avaient manqué jusqu'alors. Les pensions accordées à plusieurs gens de lettres, la création de l'Académie, la fondation de l'Imprimerie royale, donnèrent à la littérature une nouvelle impulsion. Nous devons enregistrer un grand nombre d'écrivains parisiens appartenant à cette période.

Charles Vion d'Alibray, mort en 1655, fils d'un auditeur des comptes de Paris, auteur de pièces de théâtre, entièrement oubliées aujourd'hui (3). Il s'est peint lui-même comme un buveur dans les vers suivants :

> Je me rendrai du moins fameux au cabaret.
> On parlera de moi, comme on fait de Faret.
> Qu'importe-t-il, ami, d'où nous vienne la gloire?
> Je la puis acquérir sans beaucoup de tourment;
> Car, grâce à Bacchus, je sçais bien boire;
> Et je bois tous les jours avecque Saint-Amant.

On sait que Faret et Saint-Amant étaient d'excellents ivrognes et de détestables poëtes. D'Alibrai ne trouvait pas plus qu'eux l'inspiration au fond de la *dive bouteille*. On a cependant de lui quelques vers qui ne manquent pas de mérite.

(1) Hurtaut, t. III, p. 271 et suiv. — (2) Voy. *Banque de France*. — (3) *Anecdotes dram.*, t. III, p. 5.

LOUIS XIII.   153

François Hédelin, abbé d'Aubignac, protégé par le cardinal de Richelieu, dont il éleva le neveu, fut célèbre par ses querelles avec Corneille, Ménage, mademoiselle de Scudéri, Richelet, enfin avec tous les gens de lettres de son époque. Il a publié un grand nombre d'ouvrages de tous genres et tous oubliés, à l'exception peut-être de la *Pratique du théâtre* et de *Térence justifié*. On connaît le mot du grand Condé à la lecture de la détestable tragédie de *Zénobie*, ouvrage de cet auteur. Quelqu'un dit à ce prince que cette pièce était l'ouvrage dramatique dans lequel les règles d'Aristote étaient le mieux observées. « Je sais très bon gré à l'abbé d'Aubignac, répondit-il, d'avoir suivi les règles d'Aristote ; mais je ne saurais pardonner aux règles d'Aristote d'avoir fait faire une si méchante pièce à l'abbé d'Aubignac (1). » Cet auteur, né à Paris en 1604, mourut à Nemours en 1676.

Charles le Beys, fut l'un de ces petits auteurs qui griffonnaient des vers détestables au cabaret et qui mouraient dans la misère, comme ils avaient vécu. Ses ouvrages sont entièrement oubliés. Louis XIII lui ordonna de composer un poëme épique sur ses campagnes ; Beys l'écrivit en latin. Il fut mis à la Bastille comme auteur de la *Miliade*, l'une des plus violentes satires qui aient paru contre Richelieu. Beys n'eut pas de peine à prouver son innocence ; et, rendu à la liberté, il reprit ses habitudes de débauches, au point qu'il en perdit presque la vue. Né à Paris vers 1610, il y mourut le 26 septembre 1659.

Jérôme Bignon, né à Paris le 24 août 1589, mort dans la même ville le 7 avril 1656. Ce fut l'homme le plus savant de son siècle. A l'âge de dix ans il publia une *Chorographie* ou *Description de la Terre-Sainte*, plus exacte que toutes celles qui avaient alors paru. Deux autres ouvrages d'érudition sur la *ville de Rome* et sur *l'élection du pape* attirèrent sur Bignon l'attention de Henri IV, qui le choisit pour être, en qualité d'enfant d'honneur, auprès du dauphin, depuis Louis XIII. Le *Traité de l'excellence des rois et du royaume de France* mit le comble à la réputation de Bignon, qui se livra au barreau, vers 1620. Il fut nommé conseiller d'État, puis avocat-général au parlement cinq ans après, et il ne se distingua pas moins dans la carrière administrative et politique que dans les lettres. En 1642, après la mort de de Thou, il fut nommé grand-maître de la bibliothèque du roi. Parmi les écrits de Bignon les plus utiles à l'étude de l'histoire de France, il faut citer le savant ouvrage intitulé : *Marculfi Monachi formulæ*. L'abbé Pérau a écrit, en 1757, la *Vie de Jérôme Bignon*.

Jean-Pierre Camus, évêque de Belley, né à Paris, le 3 novembre 1582. Ce prélat, ami de saint François de Sales, est surtout célèbre par sa haine contre les moines : il les poursuivit avec acharnement.

---

(1) Les *Trois siècles de notre littérature*, in-18, 1773, t. I, p. 41.

T. IV.

Il les comparait, avec leurs courbettes, à des cruches qui se baissent pour mieux s'emplir. « Jésus-Christ, disait-il, avec cinq pains et trois poissons ne nourrit que trois mille personnes, et qu'une seule fois en sa vie; saint François, avec quelques aunes de bure, nourrit tous les jours, par un miracle perpétuel, quarante mille fainéants. » Malgré les devoirs multipliés de son ministère, qu'il remplissait tous exactement, l'évêque de Belley trouva encore le temps de composer, sur différents sujets, des ouvrages dont le nombre s'élève au-delà de deux cents (1). Ses *romans spirituels* eurent un succès prodigieux; le style est négligé, mais il est abondant, vif, animé, plein de métaphores (2). Camus prononça trois discours devant les États-généraux de 1614; ils furent imprimés à Paris, l'année suivante. Sur la fin de sa vie, cet excellent homme vint établir sa demeure à l'hôpital des Incurables de Paris. Il y mourut le 26 avril 1652, et y fut inhumé; il venait d'être promu à l'évêché d'Arras.

Jean Chapelain, l'un des premiers membres de l'Académie française, naquit à Paris le 4 décembre 1595, d'une famille honorable; son père était notaire au Châtelet. Protégé par Richelieu, par le duc de Longueville et d'autres personnages, les talents de Chapelain lui valurent une brillante réputation et un rang distingué dans le monde. C'était un homme réellement instruit, et il fut pendant long-temps chef de la littérature en France. Ses diverses compositions, et en première ligne une ode à la louange de Richelieu, justifiaient assez bien ce poste éminent. Mais à l'apparition de la fameuse *Pucelle* (1656), Chapelain, attaqué de toutes parts, succomba sous le ridicule. On sait que Boileau fut l'un de ses ennemis les plus acharnés. Chapelain était un homme fort honorable; il n'avait qu'un seul vice, l'avarice; elle fut cause de sa mort. Un jour qu'il allait à l'Académie par un temps de pluie, n'ayant voulu ni payer pour passer le ruisseau sur une planche, ni attendre qu'il fût moins large, dans la crainte de perdre ses jetons, il eut, en le traversant, de l'eau jusqu'à mi-jambes, et, arrivé à l'Académie, au lieu de s'approcher du feu, il s'assit à un bureau pour qu'on ne s'aperçût pas que ses jambes étaient mouillées. Le froid le saisit et il en eut une oppression de poitrine, dont il mourut le 22 février 1674, âgé de 79 ans. On trouva 50,000 écus chez lui (3).

Colletet (Guillaume), l'un des premiers membres de l'Académie française, né à Paris le 12 mars 1598, fut d'abord avocat au parlement, puis il embrassa la carrière littéraire. Ce fut l'un des cinq auteurs dramatiques employés par Richelieu. Le cardinal lui fit un jour présent de 600 livres pour six vers contenant la description de la pièce d'eau du jardin; il ajouta « qu'il ne lui donnoit cette somme que pour ces vers,

---

(1) Voy. *Mémoires de Nicéron*, t. XXXVI, p. 105-138. — (2) *Biog. univ.*
(3) *Biogr. univ.*

et que le roi n'étoit pas assez riche pour payer le reste. » Colletet témoigna sa reconnaissance au cardinal par ce distique :

> Armand qui pour six vers m'a donné 600 livres,
> Que ne puis-je à ce prix lui vendre tous mes livres.

Cependant Richelieu ayant voulu lui faire changer une expression dans un des vers de cette description, Colletet osa lui résister. On voit, avait-il dit :

> La canne s'humecter de la bourbe de l'eau.

Au lieu d'*humecter*, le cardinal aurait préféré *barboter*. Colletet trouvait le mot trop bas; et non content d'en avoir dit son avis, de retour chez lui, il écrivit à ce sujet une longue lettre au cardinal. Celui-ci achevait de la lire, lorsqu'il survint quelques uns de ses courtisans, qui lui firent compliment sur je ne sais quel heureux succès des armes du roi, et lui dirent que rien ne pouvait résister à son Eminence. « Vous vous trompez, leur répondit-il en riant, et je trouve, dans Paris même, des personnes qui me résistent. » Et comme on lui eut demandé quelles étaient donc ces personnes si audacieuses : « Colletet, dit-il ; car, après avoir combattu hier avec moi sur un mot, il ne se rend pas encore (1). » Colletet obtint des places lucratives et gagna de l'argent avec sa plume. Il mourut cependant dans la plus grande misère, le 11 février 1659, par suite de son inconduite. Ses amis furent obligés de se cotiser pour son enterrement. Les vers de cet écrivain ne sont point sans mérite, et l'on estime encore son *Art poétique* (Paris, 1658, in-12). Je m'occuperai de son fils François dans la période suivante.

Conrart (Valentin). J'ai déjà parlé de Conrart, conseiller et secrétaire du roi, qui fut, pour ainsi dire, le père de l'Académie française (2). C'était un homme de goût; mais il n'a publié qu'un très petit nombre de vers qui ne valent pas la peine d'être cités. Boileau qualifie, peut-être avec raison, ce silence de prudent. Conrart fut le premier secrétaire perpétuel de l'Académie. Né à Paris en 1603, il y mourut le 23 septembre 1675.

Pierre Costar, bachelier de Sorbonne, né à Paris en 1603, mort en 1660, n'est connu que par ses querelles avec les admirateurs de Balzac, qui mettaient cet écrivain au-dessus de Voiture. Une femme d'esprit disait de lui : « que c'étoit le pédant le plus galant et le galant le plus pédant qu'on pût jamais trouver. » Outre sa *Défense de Voiture*, on a de Costar deux volumes de lettres d'un style pitoyable.

Antoine Coutel, né à Paris en 1622, mort à Blois, où il avait passé la plus grande partie de sa vie; poëte oublié, auteur d'un recueil de poésies qui a pour titre *Promenades de messire Antoine Coutel*. C'était

---

(1) *Biogr. univ.* — (2) Voy. ci-dessus *Académie française*.

un homme de talent, et madame Deshoulières passe pour lui avoir emprunté les traits les plus délicats de sa jolie idylle des *Moutons* (1).

Charles Coypeau, sieur *d'Assoucy*, né à Paris en 1604, mort en 1674. On ne peut même pas dire de lui à présent ce que Boileau disait de son temps :

> Et jusqu'à d'Assoucy, tout trouva des lecteurs.

Son *Ovide en belle humeur* et ses autres bouffonneries sont pitoyables. Il mourut dans la misère, après une vie pleine de malheurs et d'aventures.

Jean Desmarets de Saint-Sorlin, né à Paris en 1595, fut l'un des protégés de Richelieu, qui le nomma contrôleur-général de l'extraordinaire des guerres et secrétaire-général de la marine du Levant. Il fut l'un des *cinq auteurs* du cardinal et l'un des premiers membres de l'Académie française. Ses nombreux ouvrages sont tombés dans un oubli dont personne, je crois, ne cherchera à les tirer. Desmarets ne manquait point d'esprit, mais il avait une imagination déréglée qui tournait souvent au burlesque. Il mourut à Paris en 1676.

Pierre Du Ryer, né à Paris en 1605, d'une famille noble, reçu à l'Académie française en 1646, mort en 1656, fut secrétaire du duc de Vendôme, et obtint, vers la fin de sa vie, le brevet d'historiographe de France, avec une pension sur le sceau. On a dit de cet écrivain : *Magis fami quàm famæ inserviebat*. En effet il travaillait à la hâte pour faire subsister sa famille du produit de ses ouvrages. On dit que son libraire lui donnait un écu par feuille de ses traductions qui sont en grand nombre. Le cent des grands vers lui était payé 4 francs et le cent des petits 40 sous (2). Il a laissé dix-neuf pièces de théâtre. On trouve dans quelques unes des éclairs d'un véritable génie. Du Ryer s'était retiré avec sa pauvre famille dans un petit village auprès de Paris. « Un beau jour d'été, dit Vigneul-Marville, nous allâmes, plusieurs ensemble, lui rendre visite. Il nous reçut avec joie, nous parla de ses desseins et nous montra ses ouvrages ; mais ce qui nous toucha, c'est que, ne craignant pas de nous laisser voir sa pauvreté, il voulut nous donner la collation. Nous nous rangeâmes sous un arbre ; on étendit une nappe sur l'herbe ; sa femme nous apporta du lait et lui des cerises, de l'eau fraîche et du pain bis. Quoique ce régal nous semblât très bon, nous ne pûmes dire adieu à cet excellent homme, sans pleurer de le voir si maltraité de la fortune. »

Hugues Guérin ou Gueru. J'ai parlé de ce célèbre *farceur*, qui se rendit surtout célèbre par ses chansons, et qui portait au théâtre le

---

(1) Les *Trois siècles*, t. I, p. 234 et suiv. — M. Charles Nodier, *Questions de littérature légale*, p. 55.

(2) *Anecdot. dram.*, t. III, p. 176.

nom de *Gauthier-Garguille* (1). Ses chansons ont été imprimées plusieurs fois. On peut considérer avec raison cet enfant de Paris comme l'un des créateurs du vaudeville et de la chanson. Voici l'une de ses compositions :

> Que l'amour est rigoureux !
> Qu'il assortit mal ses flammes !
> Quand j'étois jeune amoureux
> Il me fit hayr des dames.
> Ore il m'offre des fillettes,
> Quand j'ai passé soixante ans.
> Mais c'est donner des noisettes
> A ceux qui n'ont plus de dents (2).

Henri-Auguste de Lomenie, comte de Brienne, secrétaire d'État, né à Paris en 1595, mort en 1666. Il a laissé des *mémoires* assez intéressants.

Alexandre Hardy, l'un des plus féconds et des plus médiocres de nos auteurs dramatiques, était natif de Paris et vécut sous Henri IV et sous Louis XIII. Il commença à travailler pour le théâtre en 1601 et mourut en 1630. Il a fait, dit-on, plus de sept cents pièces, dont cinquante-quatre sont imprimées. Hardy, quoique portant le titre de *poëte du roi*, vécut et mourut dans la misère ; il passe pour avoir été le premier qui ait reçu des honoraires de ses pièces.

Claude de l'Estoile, seigneur du Saussay, fils du fameux Pierre de l'Estoile, naquit à Paris en septembre 1597. Il fut l'un des premiers membres de l'Académie française et l'un des cinq auteurs employés par Richelieu. C'était un homme de goût et de critique, mais on ne connaît de lui que la *Belle esclave* et l'*Intrigue des filous*, deux pièces assez médiocres. On a dit de lui, comme de Malherbe et de Molière, que lorsqu'il avait composé un ouvrage, il le lisait à sa servante. Claude de l'Estoile mourut en 1651 ou 1652.

Habert (Philippe), commissaire d'artillerie, l'un des premiers qui furent reçus à l'Académie française, né à Paris en 1603, mort en 1637. On a de lui un poëme de trois cents vers, intitulé le *Temple de la mort*, fort remarquable pour son temps. — Son frère, Germain, abbé et comte de Cérisy, était également un poëte distingué ; il fut membre de l'Académie et mourut à Paris, sa patrie, en 1655.

Antoine Le Maistre, avocat au parlement de Paris, neveu du célèbre Arnaud et frère de De Sacy, né en 1608, mort à Port-Royal en 1658. Il eut une immense réputation au barreau ; mais ses plaidoyers, autrefois si estimés, sont aujourd'hui dans un juste oubli.

Claude de Malleville, l'un des premiers membres de l'Académie

---

(1) Voy. ci-dessus *Théâtre de l'Estrapade*.
(2) *Personnages célèbres dans les rues de Paris*, par J. Gouriet, 2 vol. in-8, 1811.

française, né à Paris en 1597, mort en 1647. Il fut secrétaire du maréchal de Bassompierre. Malleville, l'un des beaux esprits de son siècle, a laissé des vers fort agréables. Ils ont été publiés en 1647 et 1659.

François de la Mothe Le Vayer, naquit à Paris en 1588, d'une famille noble, originaire du Maine. Il succéda, en 1625, à son père dans ses fonctions de substitut du procureur-général au parlement. Mais il les abandonna bientôt pour se livrer à la culture des lettres. L'Académie française lui ouvrit ses portes le 14 février 1639. Le cardinal de Richelieu, qui l'honorait d'une estime particulière, satisfait de l'ouvrage que Le Vayer venait de publier sur l'éducation d'un prince (1640), l'avait désigné en mourant pour être le précepteur du dauphin. Mais la reine Anne d'Autriche, influencée par quelques envieux, refusa son consentement, sous prétexte que La Mothe était marié. Il fut néanmoins chargé, en 1649, de diriger les premières études du jeune duc d'Orléans, frère du roi. Les progrès de l'élève frappèrent vivement la reine, qui rendit enfin justice aux talents du maître et lui confia, en mai 1652, le soin de terminer l'éducation du roi. Lors du mariage de Louis XIV, en 1660, La Mothe Le Vayer cessa toute fonction auprès de lui. Il put alors se livrer sans partage à l'instruction de MONSIEUR (1). Les nombreux ouvrages publiés par ce savant homme, que Naudé appelait le *Plutarque de la France*, indiquent une érudition immense et une critique indépendante. La meilleure édition est celle de Dresde, 1756-1759, en quatorze volumes in-8°. La Mothe Le Vayer mourut sans postérité, en 1672, à l'âge de quatre-vingt-cinq ans.

Gabriel Naudé, fameux bibliographe, et l'un des savants les plus distingués de son temps, naquit à Paris le 2 février 1600. Il s'occupa d'abord de médecine, et fut nommé, en 1633, médecin ordinaire de Louis XIII. Ses talents en bibliographie le firent successivement nommer bibliothécaire du président de Mesmes, des cardinaux de Bagni et Barberini, et enfin de Mazarin, dont il forma la magnifique collection (2). Après la vente de cette belle bibliothèque (1652), ordonnée par le parlement, Naudé se rendit à Stockholm auprès de la reine Christine; il mourut à Abbeville, à son retour, le 29 juillet 1653. Ce savant homme a laissé d'assez nombreux ouvrages, qui sont tous au-dessous de leur réputation; il faut citer surtout les *Considérations politiques sur les coups d'État*, qui ne valent plus la peine d'être réfutés.

Pierre Du Puy, conseiller au parlement, garde de la bibliothèque du roi, l'un des plus savants hommes de son siècle, naquit à Paris en 1578, et y mourut en 1651. Ses travaux et ses recherches sur l'histoire de France sont fort estimés; on consulte encore avec fruit son *Traité de la loi salique*, l'*Histoire des Templiers*, etc.

(1) *Biogr. univ.* — (2) Voy. *Bibliothèque Mazarine.*

LOUIS XIII.

Jean-Armand Du Plessis, duc de Richelieu, cardinal et ministre d'État, né à Paris en 1585, mort à Paris en 1642. Richelieu se piquait de bel esprit, et il aimait beaucoup à écrire. J'ai déjà parlé de ses *tragi-comédies* (1). Nous avons en outre ses *Mémoires sur le règne de Louis XIII* (de 1610 à 1638); ils ont été rédigés par le ministre, ou du moins écrits sous sa dictée (2).

Marie Le Jars de Gournay, célèbre par son esprit et par son affection pour son oncle Montaigne, qui l'appelait sa fille, naquit à Paris vers la fin de 1566. Son père était trésorier de la maison du roi et capitaine de plusieurs châteaux. Elle mourut à Paris le 15 juillet 1645, à l'âge de soixante-dix-neuf ans, et fut inhumée à Saint-Eustache (3). Tous les savants et les gens de lettres de l'époque se réunissaient chez cette femme de goût, qui entre autres ouvrages a publié deux éditions des *Essais de Montaigne*. On peut consulter, pour plus de détails, sa vie écrite par elle-même et imprimée à la fin de ses œuvres.

A cette liste d'écrivains parisiens, il faut joindre les célèbres imprimeurs de la famille des *Estienne* (4); *Jacques Goar*, auteur d'un *Rituel des Grecs*; *Antoine Lequien*, fameux prédicateur (5), etc.

L'homme qui s'est le plus distingué dans les sciences médicales pendant cette période est un Parisien. *Riolan* (Jean), fils d'un médecin estimé dans l'Université de Paris, naquit à Paris en 1580. Il devint, fort jeune, professeur d'anatomie et de pharmacie à la Faculté de médecine. En 1601 il publia des recherches intéressantes sur la chirurgie et les fit suivre d'autres travaux qui lui acquirent dans le monde savant une juste réputation. En 1618, Riolan fit paraître son *Anthropographie*, ouvrage qui l'a immortalisé. Il fut nommé premier médecin de Marie de Médicis, et profita de l'influence que lui donnait cette place pour solliciter la formation du *Jardin-des-Plantes*. Riolan, qui a laissé un grand nombre d'ouvrages tous écrits en latin, est mort à Paris le 19 février 1657.

Charles Guillemeau, fils d'un célèbre chirurgien de la Faculté de Paris, naquit dans cette ville en 1588 et y mourut en 1656. Il exerça d'abord la chirurgie et obtint le titre de premier chirurgien du roi. S'étant ensuite fait recevoir docteur en médecine, il abandonna sa première profession et tint un rang distingué dans la Faculté, quoique, dit un biographe, il fût plutôt homme de cour et de plaisir que savant médecin. Il fut disgracié par le cardinal Mazarin, pour son attachement au parti de Marie de Médicis. La Faculté le choisit, en 1634, pour occuper la charge de doyen. Il a publié trois ouvrages de chirurgie, qui ont été assez estimés.

(1) Voy. *Théâtre du Palais-Royal*. — (2) Voy. la notice en tête des *Mémoires de Richelieu*, dans la collection Michaud. — (3) T. II, p. — (4) T. III, p. 606. — (5) Voy. ci-dessus, p. 49.

Les sciences mathématiques furent aussi cultivées avec succès pendant cette période. *Jean-François Niceron*, religieux minime (1), publia d'excellents travaux sur l'optique, et l'on attendait de lui de nouvelles découvertes, lorsqu'il mourut à Aix, le 22 septembre 1646, à l'âge de trente-trois ans. Il était né à Paris en 1613.

II. Beaux-Arts

Les arts firent des progrès peu sensibles sous le règne de Louis XIII. Le style de la renaissance fut complétement négligé pour l'étude de l'antique, et cette nouvelle imitation fut souvent servile. C'est une époque de transition qui devait aboutir aux chefs-d'œuvre du règne de Louis XIV. Nous pouvons cependant citer de grands artistes pendant cette période, et principalement dans la peinture.

Ce fut un Parisien, *Simon Vouet,* qui fut le chef de l'école française sous Louis XIII. Simon Vouet, né à Paris en 1582, était élève de son père, Laurent Vouet, dont il ne put recevoir que des leçons médiocres. Ses progrès néanmoins furent si rapides, qu'en 1596 (il n'avait alors que quatorze ans) il fut choisi pour aller peindre en Angleterre une Française de haut rang, qui s'y était momentanément réfugiée. Le jeune Simon travaillait avec une étonnante facilité. Il recueillit à Londres des sommes assez considérables; et, lorsqu'il revint à Paris, la réputation qu'il y rapportait attira chez lui une foule de personnes opulentes. Peu de temps après, le baron de Harlay de Sancy, nommé à l'ambassade de la Porte, l'emmena avec lui à Constantinople, où il eut bientôt occasion de se signaler par un effort de talent dont le succès passa son espérance. Admis avec la légation à une audience solennelle d'Achmet Ier, dont la figure lui était inconnue, il examina si bien les traits de ce sultan, qu'il n'hésita pas, un moment après, à le peindre de mémoire, et qu'il en fit un portrait frappant de ressemblance. Il s'ennuya de son séjour en Turquie, et se rendit à Venise. De Venise il vint à Rome, où le pape Urbain s'empressa d'employer son pinceau à l'embellissement de Saint-Pierre et de San-Lorenzo. Informé de sa haute capacité, le roi de France lui accorda, à titre d'encouragement, une pension de 400 francs, et bientôt après ses glorieux succès firent naître dans l'esprit de Louis XIII, qui aimait la peinture, le désir de fixer près de lui un si habile artiste. Vouet eut ordre de revenir à Paris, où il fut accueilli de toute la cour avec une extrême faveur. On le logea au Louvre; sa pension fut considérablement augmentée; le roi, qui le nomma son premier peintre, voulut prendre de lui des leçons de pastel, qui ne furent pas infructueuses. Accablé de travaux auxquels il semblait ne pouvoir suffire, Vouet, trop avide peut-être de gain ou d'honneurs, crut devoir peu à peu renoncer à sa première manière, qui était forte et

(1) Voy. ci-dessus p. 40 et 41.

savante, pour se livrer à une pratique expéditive qui altéra sensiblement la beauté de son coloris. On cite cependant quelques beaux tableaux dont il orna dans ce temps les églises de Saint-Eustache, de Saint-Merry, des Carmélites de la rue Chapon, des Jésuites de la rue Saint-Antoine et de Saint-Nicolas-du-Chardonnet. Le Saint-Paul qu'il composa pour les minimes de la Place-Royale, obtint surtout le suffrage des amateurs. Indépendamment des plafonds, des galeries et des appartements qu'il décora de ses peintures, tant au château de Saint-Germain-en-Laye qu'au Luxembourg, à l'hôtel de Bullion, à l'hôtel Bretonvilliers, à l'hôtel Séguier, aux châteaux de Ruel, de Videville et de Chilly, il fit aussi des dessins-modèles pour les tapisseries royales, et nombre de peintures au pastel, genre d'ouvrage dans lequel il excellait. Forcé de se faire aider dans ses entreprises par une foule d'élèves, dont quelques uns, comme Perrier, étaient déjà des peintres connus, il devint le chef d'une école dont il retira encore plus de gloire que de ses propres tableaux. Ce fut de son atelier que sortirent les Lebrun, les Lesueur, les Mignard, les Dufresnoy; et, à cet égard, Vouet fut à peu près pour son époque ce que le respectable Vien a été de nos jours : l'un et l'autre, peintres d'histoire, d'un ordre très élevé, ont rendu à l'art d'éminents services en le faisant rentrer dans la route du bon goût, et tous deux, sur beaucoup de points, ont été surpassés par leurs élèves. Vouet, sur la fin de sa carrière, eut un sujet de mécontentement qui le fit, dit-on, sortir des bornes de la modération, et lui suscita de fâcheuses inimitiés. Louis XIII ayant ordonné au Poussin de revenir en France, dit en apprenant l'arrivée de ce peintre illustre : *Voilà Vouet bien attrapé!* En supposant que Vouet ne fût pas naturellement porté à l'envie, il faut avouer qu'un pareil mot était plus que suffisant pour le rendre jaloux. Quoi qu'il en soit, les mortifications que lui fit éprouver le triomphe du Poussin ne purent être de longue durée : le retour de ce dernier en France date de la fin de 1640, et dès le 5 juin 1641 (1), Vouet avait cessé de vivre.

L'un des plus grands artistes de ce siècle, *Eustache Lesueur*, le *Raphaël français*, est également parisien. Né en 1617, il montra de bonne heure pour le dessin des dispositions qui le firent placer dans l'école de *Simon Vouet*, dont il devint bientôt le premier élève. Lesueur lutta pendant toute sa vie contre la jalousie de ses rivaux, entre autres de Lebrun, et il ne réussit qu'à force de travail et d'énergie. On connaît ses beaux tableaux de la *Vie de saint Bruno*, aujourd'hui déposés au musée du Luxembourg, et ses délicieuses peintures de l'hôtel du président de Torigny, connu depuis sous le nom de *l'hôtel Lambert*. Épuisé par le travail, en butte à mille persécutions, ce grand artiste, attaqué d'une maladie de langueur, se retira chez les Chartreux. Ce

(1) Voy. l'article *Vouet* dans la *Biogr. univ.*

fut dans ce pieux asile qu'il mourut en 1655, à l'âge de trente-huit ans. Il fut inhumé sans pompe à Saint-Étienne-du-Mont (1). Mort sans enfants, Lesueur n'a laissé que des neveux, dont un des descendants directs était le célèbre musicien que les arts ont récemment perdu, l'auteur des *Bardes* et de la *Caverne* (2).

Après *Lesueur* et *Simon Vouet*, on place au premier rang *Jacques Blanchard*, né à Paris en 1600. Il reçut les premières leçons de son art de l'antiquaire *Bellori*, son oncle maternel, étudia quelque temps à Lyon, et alla, en 1624, à Rome avec son frère, nommé *Jean*, qui ne s'est point élevé au-dessus de la médiocrité (mort en 1665). Jacques Blanchard passa plusieurs années en Italie, et en revint avec une immense réputation. Ses productions, qui toutes sont des tableaux de sainteté, lui firent donner le surnom du *Titien français*. On remarque surtout *la descente du Saint-Esprit* et *saint André à genoux devant sa croix*; ces deux beaux tableaux sont à Notre-Dame. Blanchard n'avait que trente-huit ans lorsqu'il fut attaqué d'une fluxion de poitrine, et mourut à Paris en 1638, laissant un fils, nommé *Gabriel*, qui cultiva la peinture, mais ne soutint point le grand nom de son père.

Citons après ces trois célèbres artistes, *Louis Boullongne*, chef d'une illustre famille de peintres, et dont on voit à Notre-Dame quelques beaux tableaux d'histoire. Né à Paris, en 1609, il y mourut en 1674. — *Laurent de la Hire*, né à Paris en 1606, mort en 1656, peintre d'histoire assez correct et dont le coloris était remarquable; il enrichit de ses productions plusieurs églises de la capitale. — *Louis Testelin*, né à Paris en 1615, mort en 1655; Notre-Dame possède deux tableaux de cet excellent peintre d'histoire.

Parmi les sculpteurs, on remarque en première ligne *Simon Guillain*, né à Paris en 1581, d'un sculpteur de Cambrai, qui s'était fait quelque réputation dans son art. Guillain travailla plusieurs années à Rome, et revint à Paris, où il fut chargé de travaux importants, tels que le monument du Pont-au-Change (3), les statues qui décoraient le portail et l'église de la Sorbonne, le maître-autel de Saint-Eustache, etc. Il mourut à Paris, en 1658, à l'âge de soixante-dix-sept ans.

L'architecture fit de grands progrès sous le règne de Louis XIII. Les nombreux couvents et hôtels élevés à Paris à cette époque excitèrent l'émulation des artistes. Deux des principaux architectes appartiennent à Paris, *Mansard* et *Lemercier*.— *François Mansard*, naquit à Paris, en 1598, d'une famille dont le chef, suivant l'abbé Lambert, dans son *Histoire littéraire du siècle de Louis XIV*, était italien et se nommait *Michael Mansarto, cavaliere romano* (4). Germain Gauthier, architecte

---

(1) Voy. t. I, p. 515. — (2) Voy. un article de M. Gence sur *Eustache Lesueur*, dans la *Biogr. univ.* — (3) Voy. *Pont-au-Change*.

(4) Un des fils de ce Mansard n'aurait été rien moins que maître de mathématiques du

du roi, oncle de Mansard, lui enseigna les éléments de son art, et le jeune artiste prépara par de fortes études la réputation qu'il devait acquérir. Mansard doit être regardé comme l'un de nos premiers architectes. Mais il avait un défaut qui lui fit beaucoup de tort; il était toujours mécontent de ce qu'il avait fait : il lui arriva souvent d'exiger qu'on abattît tout ce qu'il avait élevé, pour recommencer sur un nouveau plan qui lui semblait meilleur. C'est lui qui a inventé cette sorte de toiture brisée qui porte le nom de *mansarde*. Il mourut à Paris, en septembre 1666, laissant un neveu qui devait dignement continuer sa renommée.

Jacques Lemercier naquit à Pontoise, sur la fin du XVIe siècle. Il fit de sérieuses études sur son art en Italie, et à son retour en France (1629), Richelieu lui confia l'exécution du collége de la Sorbonne. Six ans après, il chargea cet architecte de l'église du même nom et du *Palais-Cardinal*. Lemercier obtint le titre de premier architecte du roi, et de nombreux travaux consolidèrent sa réputation. Son dernier ouvrage fut l'église de Saint-Roch, commencée en 1653. Sa mort, arrivée en 1660, l'empêcha de terminer cet édifice, qui fut achevé sur ses plans.

III. Industrie. — Commerce.

Malgré les troubles de la régence, le commerce fut assez florissant sous ce règne, et l'industrie ne resta point stationnaire. J'ai parlé de la grande manufacture de glaces établie à Paris en 1634. Il faut signaler ici d'autres manufactures. En 1640, Raphaël de la Planche, trésorier-général des bâtiments du roi, obtint la continuation d'un privilége qu'il avait obtenu dès 1629, pour une manufacture de *Tapisseries du roi, façon de Flandres*, située au faubourg Saint-Germain. Marc de Comans, et Alexandre de Comans, son fils, obtinrent des lettres-patentes pour un semblable établissement, en 1607 et 1625, et leur privilége fut prorogé en 1644 (1).

Le 16 février 1635, le parlement vérifia les lettres qui permettaient à Jean Boudet, natif d'Agen, de fabriquer à Paris des tapisseries, d'après un procédé de son invention.

Les carrosses ou voitures étaient introduits à Paris depuis Catherine de Médicis, qui eut la première un coche assez grossier. Mais l'usage n'en était point répandu. Sous Louis XIII, cette partie si importante de l'industrie parisienne prit une certaine extension. Bassompierre se fit construire un petit carrosse avec des glaces (jusque là on

---

roi Robert et architecte de Hugues Capet. Le nom de Mansard se trouve dans l'histoire de Charles V, dans le journal de Charles VII, et se rattache à un grand nombre des monuments des règnes de Louis-le-Gros, de Louis VII, de Philippe-le-Bel et de François Ier. *Biogr. univ.* — (1) Félibien, t. II, p. 1380.

n'y mettait que des rideaux). En 1614, François Micaire, maître sellier et Jean de Saint-Blunon, menuisier, obtinrent la permission de perfectionner les carrosses et de les rendre plus commodes. Nous verrons, sous le règne suivant, le nombre des voitures s'augmenter considérablement.

Enfin, ce qui atteste les progrès de la civilisation, c'est l'établissement des *ateliers de charité*, en 1632, où l'on fit travailler tous les pauvres valides.

Le luxe, cependant, suivait, comme sous les règnes précédents, les progrès des arts et de l'industrie. Les lois somptuaires et les arrêts du parlement pour en arrêter les excès, continuèrent d'être impuissants. Un édit du 18 novembre 1633 défendit à tous sujets « de porter sur leurs chemises, coulets (collets), manchettes, coiffes et sur autre linge, aucune découpure et broderie de fil d'or et d'argent, passements, dentelles, points coupés, manufacturés tant dedans que dehors le royaume. » Une seconde ordonnance du mois de mai 1634, prohibe, pour les habillements, l'emploi de toute espèce de drap d'or ou d'argent, fin ou faux, et toutes broderies où ces matières sont employées. Elle porte que les plus riches habillements seront de velours, satin, taffetas, sans autre ornement que deux bandes de broderie de soie; défend de vêtir les pages, laquais et cochers autrement qu'en étoffe de laine, avec des galons sur les coutures; et à tous carrossiers de faire, vendre ou débiter des carrosses ou litières brodés d'or ou d'argent ou de soie, et d'en dorer les bois, etc. (1). Au milieu du faste inouï de la cour de Louis XIII, de semblables défenses étaient illusoires. Le costume éprouva d'assez grandes modifications sous ce règne. On abandonna la barbe; on se contenta de porter des moustaches au-dessus de la lèvre supérieure et de conserver, en se rasant le visage, un petit bouquet de poil au menton. Ce fut aussi vers 1630, suivant le Dictionnaire de Trévoux, que la mode des grandes perruques commença à s'introduire à Paris, à l'imitation de l'abbé Rivière qui en fit usage le premier. D'abord on les composa de peu de cheveux, que les fabricants passaient un à un, par le moyen d'une aiguille, au travers d'un léger *canepin* ou *treillis*, pour mieux imiter la nature, en laissant à nu la partie qui devait couvrir le crâne; ce que l'on recouvrait ensuite par une calotte de laine ou d'étoffe, comme les portent encore aujourd'hui les comédiens dans les rôles *à manteaux*. A ces perruques succédèrent, sous Louis XIV, celles qu'on appelait *in-folio* (2).

Les femmes adoptèrent, pendant cette période, des modes plus ou moins ridicules, entre autres les *vertugades* et les *vertugadins*, intro-

---

(1) M. Dulaure, t. V, p. 67. — (2) *Musée des monum. français*, par A. Lenoir. p. 146.

duits en France par les Espagnols. Le *vertugade* était un gros bourrelet que les dames mettaient à la ceinture pour donner plus d'ampleur à leurs jupes; le second était un fil de fer recouvert de grosse toile, qui servait au même usage, mais d'une manière plus large (1). La principale mode des femmes, sous ce règne, mode toute parisienne, est celle des *signals*. Je vais en emprunter la description à un écrit du temps, publié par le P. Ripaut, gardien des capucins de Saint-Jacques de Paris (2) : « Ce sont autant d'enseignes d'incontinence, qui marquent le degré et le point de l'affection que les dames ont pour leurs serviteurs, et les hommes pour leurs maîtresses... Si vous me demandez quels sont ces *signals* d'impureté, je réponds que ce sont plusieurs nœuds de ruban de soye de la couleur dont ils conviennent, qui ont chacun leur nom, leur lieu et leur signification : l'un s'appelle le *mignon*, et se place sur le cœur; l'autre au-dessus, proche le *mignon*, et se nomme le *favori*; sur le haut de la tête, et se dit le *galant*, avec le petit dizain de perles, de musc ou de diamants; sur le sein, et c'est l'*assassin des dames* dont elles se parent et se vantent, disant : *c'est là mon assassin*... Sans oublier le nœud pendant à l'éventail, qu'on nomme le *badin*, et le petit livret de prières dit le *bijou*. Je me suis laissé dire qu'il y en a qui, pour toute dévotion, n'ont dedans que des figures et des discours déshonnêtes. Mais ce n'est pas tout, car elles ont des cheveux sur le front, à double étage, dont je tais le nom par modestie, comme aussi celui du peigne qui les dresse et arrange sur le front (noms qui sont horribles). Les cheveux frisés sur leurs tempes ont nom les *cavaliers*; les *moustaches* pendantes et les cheveux bavolant le long du visage s'appellent *les garçons*. Les *mouches* sur le visage, sur le sein, et même sur la mamelle, aux plus libertines, portent parfois le nom d'*assassins* quand elles sont plus que les autres en forme longue, comme pour couvrir une plaie; mais particulièrement sur le visage des hommes auxquels ils (les hommes) donnent toujours le nom d'*assassin*, et mettent le *galant* à la moustache. »

Nous avons vu que l'usage du tabac devint fréquent sous Louis XIII (3). On sait que cette plante fut introduite en France par Jean Nicot, ambassadeur en Portugal, qui mourut en 1600 (4). Le tabac, qui reçut le nom de *nicotiane*, eut du reste ses adversaires ainsi que ses partisans, et la faculté de médecine de Paris fit soutenir une thèse sur les mauvais effets de cette plante, prise en poudre ou en fumée. On raconte, comme quelque chose d'assez plaisant, que le docteur qui y présidait eut sa tabatière, et ne cessa de prendre du tabac pendant toute la séance (5).

(1) *Ibid.*, p. 149. — (2) Cité par M. Dulaure, t. V, p. 76 et 77. — (3) Voy. ci-dessus p. 29 et 30. — (4) T. I, p. 275. — (5) Saint-Foix, t. II, p. 395.

DIXIÈME ÉPOQUE.

Paris sous Louis XIV.

1643-1715.

CHAPITRE PREMIER.

Faits généraux.

Louis XIV n'avait pas cinq ans accomplis lorsqu'il monta sur le trône; ce jeune âge était de mauvais augure pour la France, qui se trouvait exposée de nouveau à tous les malheurs de la guerre civile. Dès le lendemain de la mort du roi son père, le jeune prince se rendit à Paris, et le lundi suivant (18 mai 1643), il tint son lit de justice au parlement. Par une violation flagrante des dernières dispositions de Louis XIII, les magistrats déclarèrent Anne d'Autriche seule régente, *avec plein-pouvoir de se choisir tels ministres qu'elle jugerait à propos* (1). Les anciens serviteurs du roi défunt, les créatures de Richelieu, furent aussitôt disgraciés, et le cardinal Mazarin, élevé à l'école du ministre de Louis XIII, obtint toute la faveur d'Anne d'Autriche. Le duc de Beaufort, second fils du duc de Vendôme, se mit en même temps à la tête d'un parti ennemi de l'ancien gouvernement, et dévoué, du moins en apparence, à la reine-régente. Leurs airs de suffisance et de protection firent donner à ces mécontents le nom de *cabale des importants*. Heureusement pour la gloire de la France, au milieu des puériles agitations de ces ambitieux courtisans, le duc d'Enghien, connu sous le nom du *Grand-Condé*, inaugurait ce règne par la brillante victoire de Rocroy, remportée sur les Espagnols.

L'année suivante (novembre 1644), on vit arriver à Paris Henriette de France, reine d'Angleterre, que la guerre civile obligeait à se réfugier dans sa patrie. Elle y fut reçue avec tous les honneurs dus à son rang et à sa naissance. Le duc d'Orléans alla au-devant d'elle jusqu'à Bourg-la-Reine, et la princesse fut reçue à une lieue de la ville par le gouverneur, le duc de Montbazon, qui lui présenta le prévôt des marchands, Scarron de Maudiné, et les autres officiers municipaux. Le

---

(1) Voy. t. II, p. 379.

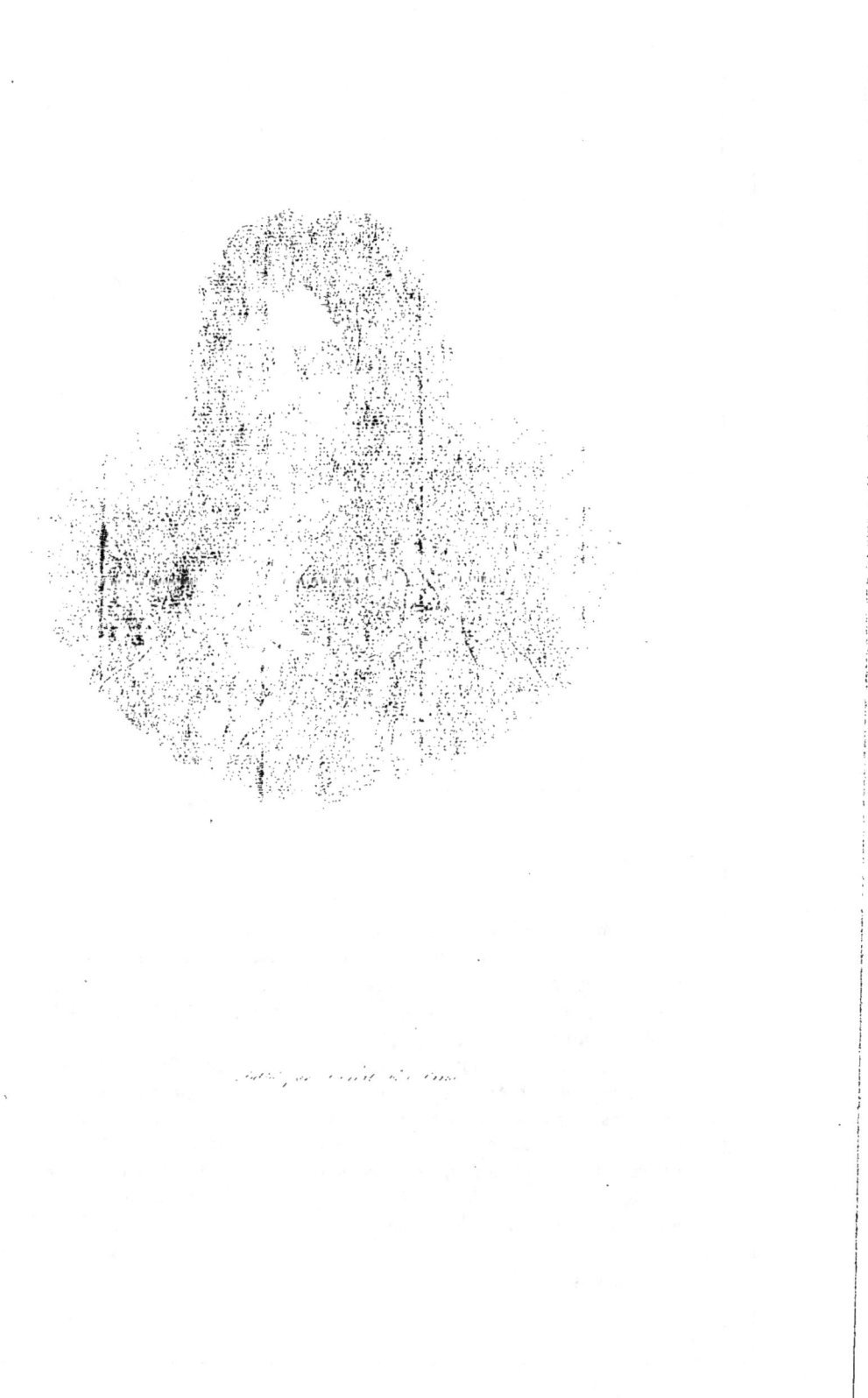

lirent donner à ces mécontents le nom de ... reusement pour la gloire de la France, au milieu des puériles agitations de ces ambitieux courtisans, le duc d'Enghien, connu sous le nom du *Grand-Condé*, inaugurait ce règne par la brillante victoire de Rocroy, remportée sur les Espagnols.

L'année suivante (novembre 1644), on vit arriver à Paris Henriette de France, reine d'Angleterre, que la guerre civile obligeait à se réfugier dans sa patrie. Elle y fut reçue avec tous les honneurs dus à son rang et à sa naissance. Le duc d'Orléans alla au-devant d'elle jusqu'à Bourg-la-Reine, et la princesse fut reçue à une lieue de la ville par le gouverneur, le duc de Montbazon, qui lui présenta le prévôt des marchands, Scarron de Maudiné, et les autres officiers municipaux. Le

(1) Voy. t. II, p. 379.

roi et la régente l'attendaient à Montrouge et la conduisirent, au milieu d'un brillant cortége, à ses appartements du Louvre. Quelque temps après, on célébra à Notre-Dame le service funèbre d'Élisabeth de France, reine d'Espagne, tante du roi. Jean-François-Paul de Gondi, archevêque de Corinthe, depuis peu coadjuteur de l'archevêque de Paris, dit la messe des funérailles (1). Ce personnage devint bientôt célèbre sous le nom de cardinal de Retz.

En 1645 eut lieu, à Paris, le mariage de Louise-Marie de Gonzague, fille de Charles Ier, duc de Mantoue, et de Catherine de Lorraine, avec Sigismond Ladislas, roi de Pologne. La cérémonie se fit le 5 novembre, dans la chapelle du Palais-Royal, où demeurait alors la cour, mais sans aucune pompe; ce qui étonna fort, disent les historiens du temps, les envoyés polonais qui étaient venus au nombre de quatre cents, tous richement vêtus et couverts de pierreries. Ce fut le palatin de Posnanie qui épousa Marie de Gonzague par procuration. Le jour du départ (27 novembre), le roi, la reine-mère, les princes et les princesses du sang et le corps de la ville conduisirent la nouvelle reine jusqu'au village de la Chapelle-Saint-Denis. Marie de Gonzague, qui n'avait accepté qu'avec regret le trône de Pologne, prit tristement le chemin de ses états, et elle y arriva encore trop tôt pour y trouver un vieux mari dont la caducité et la mauvaise humeur lui firent regretter plus d'une fois la brillante cour de France (2).

Les annales de Paris ne contiennent rien d'intéressant jusqu'en 1648. Louis XIV, qui avait été dangereusement malade, alla rendre grâce de sa guérison dans les églises de Notre-Dame et de Sainte-Geneviève, et au milieu de l'été il assista au feu de joie de la Saint-Jean. Il me semble que les détails d'une cérémonie qui fut si longtemps populaire ne seront pas déplacés ici. « Louis XIV s'étant rendu le 23 juin, sur les six à sept heures du soir, à la Grève, trouva devant l'Hôtel-de-Ville les trois compagnies d'archers de la ville, chacune de cent hommes, sous les armes, fort lestes et en bon ordre. Le duc de Montbazon, à la tête du président Le Feron, prévôt des marchands, des quatre échevins et des procureur du roi, greffier et receveur de la ville, tous en robe de cérémonie, reçut le roi à la descente du carrosse avec la reine régente et le duc d'Anjou (son frère). La duchesse de Montbazon et la présidente Le Feron se trouvèrent aussi là pour faire les honneurs de la ville. Après les compliments du gouverneur et du prévôt des marchands, le roi et la reine-mère furent conduits, au son des trompettes, des hautbois, des violons et des autres instruments, dans la grande salle, sur l'estrade couverte d'un haut dais qui leur avoit été préparée. Le roi s'étant montré incontinent à la fenêtre pour voir l'affluence du peuple accouru à la

(1) Félibien, t. II, p. 1831. — (2) *Ibid.*, p. 1385 et suiv.

solennité, fut salué d'une décharge de tous les canons de la ville. Le prévôt des marchands, les échevins et les autres officiers de la ville présentèrent ensuite au roi une écharpe blanche toute de fleurs d'orange, et le prévôt des marchands seul lui mit une petite couronne au bras et un bouquet à la main ; après quoi le gouverneur, le prévôt et les autres prirent aussi chacun une écharpe de fleurs rouges et un bouquet, et le maître des cérémonies conduisit le roi au milieu de la place de Grève. Il étoit entouré de la compagnie du grand-prévôt, des cents-suisses et de la noblesse de la cour, des joueurs d'instruments, de trompettes, des sergents, des officiers et des échevins de la ville. Le gouverneur marchoit à la droite du roi et le prévôt des marchands à la gauche, et près du roi étoient le cardinal Mazarin, le maréchal de Villeroy son gouverneur, le duc de Joyeuse, grand-chambellan, le comte d'Harcourt, grand-écuyer, et, derrière, le comte de Charost, capitaine des gardes. Tous passèrent dans cet ordre au milieu des barrières bordées des archers de la ville, et après avoir fait trois fois le tour du bûcher, le prévôt des marchands présenta la torche blanche allumée au roi, qui y mit le feu. On remonta ensuite à l'Hôtel-de-Ville, où le roi trouva une magnifique collation dressée sur deux tables, l'une de trois couverts, pour lui, pour la reine et pour le duc d'Anjou ; et l'autre de quarante couverts pour les princesses et dames de leur suite. Sur l'un des bouts de la table du roi s'élevoit un rocher de confiture de cinq pieds de haut, d'où jaillissoit une fontaine d'eau de fleur d'orange. Vis-à-vis du rocher étoient quatre grandes figures de sucre, de pâte et de confiture. Le reste étoit un mélange de poissons d'énorme grandeur, de fruits les plus rares pour la saison, et de toutes sortes de confitures. Dans le fond de la salle étoit le grand buffet de vermeil doré de la ville, outre celui du roi qui étoit aussi dans la même salle. Le roi et la reine-mère, pour témoigner davantage leur confiance en leurs hôtes, ne voulurent être servis que par les officiers de la ville. Après la collation, ils retournèrent aux fenêtres pour prendre le divertissement du feu d'artifice, qui dura plus d'une heure et ne céda en rien à la magnificence du reste. La fête finit par une décharge d'artillerie de quarante boîtes et de tout le canon de la ville ; de sorte que le roi et toute la cour se retirèrent fort satisfaits du spectacle. Le prévôt des marchands et les échevins allèrent exprès le lendemain au Palais-Royal remercier le roi de l'honneur qu'il avoit fait à sa bonne ville de Paris (1). »

Tandis que la cour se divertissait, ou s'occupait de ridicules cabales, Condé, le maréchal de Turenne, le marquis de La Ferté remportaient d'éclatantes victoires sur les ennemis de la France. Ces hauts faits, présages d'un règne glorieux, pouvaient faire espérer que la ré-

(1) Félibien, t. II, p. 1395 et suiv.

gence d'Anne d'Autriche ne serait point troublée. Mais trop de haines, d'ambitions, d'intérêts étaient aux prises. Le parti des *importants* avait été facilement renversé par la reine, qui avait fait renfermer à Vincennes son chef, le duc de Beaufort. D'autres mécontents lui succédèrent. Anne d'Autriche avait de l'opiniâtreté, mais nulle énergie; elle n'était pas assez forte pour résister à l'orage. Il n'y avait plus, dit un contemporain, que quatre petits mots dans la langue française : « la reine est si bonne (1)! » Au milieu du désordre de la cour et de l'agitation des esprits, résultat nécessaire de la longue contrainte sous laquelle on avait vécu pendant le ministère de Richelieu, il s'amassait peu à peu une haine presque générale contre Mazarin. Cet homme d'esprit, qui réussit à garder le pouvoir que lui disputaient de nombreux et redoutables ennemis, n'avait guère pour lui que la faveur de la reine. Ses grands défauts et surtout ses ridicules le firent détester des masses; il ne sut s'attirer ni l'estime ni la confiance. Il faut dire à la louange de Mazarin, qu'il se trouvait dans des circonstances singulièrement difficiles. Ce n'était point un léger fardeau que l'héritage de Richelieu. Fatigués du joug pesant du ministre de Louis XIII, les Parisiens s'en dédommagèrent amplement sur son successeur, qui se vit exposé sans cesse à de nouvelles attaques. Malheureusement ses ennemis enveloppèrent Anne d'Autriche dans leur haine. « *Effusa est contemptio super principes*, disoit l'avocat-général Talon, le mépris universel s'est répandu sur les princes. La personne du roi a été honorée à cause de l'innocence de son âge; mais celle de la reine a reçu toutes sortes d'opprobres et d'indignités ; le peuple s'étoit permis d'en parler avec insolence et sans retenue. »

La disposition des esprits annonçait de nouvelles querelles intestines. Cette fois le signal fut donné par le parlement, et ce n'est pas ce qu'il y a de moins bizarre dans l'histoire de ce temps. Le parlement s'arma contre l'autorité royale, dont il procédait ; c'était au fond la révolte des légistes contre la loi (2). Dans l'article que j'ai consacré à l'histoire du parlement de Paris, nous avons vu le commencement des troubles de la régence d'Anne d'Autriche, les dissensions des cours souveraines et du ministère, à l'occasion d'édits bursaux et de nouvelles exactions fiscales; enfin ce fameux *édit d'union* rendu par le parlement le 13 mai 1648, et par suite duquel toutes les cours souveraines se réunirent pour s'opposer aux actes de Mazarin (3). Ce fut le signal de la guerre. Les députés nommés par le parlement et les autres cours de justice se réunirent au palais, dans la *chambre de saint Louis*, et commencèrent à y tenir des assemblées régulières. La reine, obligée de tolérer cette espèce de comité, lui fit dire « que son intention était que les affaires

---

(1) *Mémoires du cardinal de Retz*, dans la collection de Michaud, t. I, 3e série.
(2) M. Michelet, *Précis*, p. 213. — (3) Voy. t. II, p. 380 et suiv.

s'y expédiassent en peu de temps, pour le bien de l'État, surtout qu'il y fût avisé aux moyens d'avoir de l'argent promptement. » Les députés s'occupèrent peu d'aviser aux moyens d'avoir de l'argent pour augmenter les ressources de l'État, mais beaucoup d'augmenter leur considération et leur crédit en s'attachant à la discussion de questions plus brillantes que solides. En dix séances qui durèrent dix jours, du 30 juin au 9 juillet, une multitude d'affaires passèrent sous les yeux des membres de la chambre de saint Louis. Justice, finances, police, commerce, administration militaire, domaine du roi, grâces, état de la maison royale, tout ce qui concerne le gouvernement y fut discuté. Soit désœuvrement, soit curiosité, une foule de gens s'amassaient dans les salles du palais et y passaient des journées entières à recueillir les faits et les nouvelles qu'ils allaient, le soir, colporter dans la ville avec les réflexions et les bons mots des jeunes conseillers qui ridiculisaient le ministre étranger dont ils eussent voulu ruiner complétement l'autorité. Les projets de réforme et les moyens, même violents, d'en assurer le succès devenaient le sujet de toutes les conversations. La politique était un intarissable sujet de conversation, dans les boutiques, dans les ateliers, sur les places publiques et jusque dans les marchés. Cette manie, si nouvelle alors, s'empara de toutes les têtes, et Paris se trouva en peu de temps à la veille d'une conflagration générale. Le peuple appela *Mazarins* les amis du gouvernement, et la cour donna par dérision aux partisans du désordre le nom de *Frondeurs*, enfants qui jouent à la fronde et s'enfuient à l'approche des agents de police chargés de les en empêcher.

Les principaux meneurs de ces cabales, qui divisaient en deux camps ennemis la magistrature et le ministère, étaient de jeunes ambitieux dont le but était de susciter à la régente des embarras de toute espèce afin de la forcer à changer ses ministres, dont ils espéraient envahir la place. C'étaient principalement Chateauneuf, Laigues, Fontrailles, Montrésor, Saint-Ibal, Chavigny et surtout Paul de Gondi, coadjuteur de l'archevêque de Paris, son oncle, décoré lui-même du titre d'archevêque de Corinthe, et célèbre sous le titre de cardinal de Retz. Il ne pouvait se passer long-temps sans une collision.

Anne d'Autriche méditait les moyens les plus violents pour se défaire de ces dangereux intrigants et des membres du parlement qui paraissaient le plus opposés au cardinal. La victoire de Lens, que le Grand-Condé venait de remporter sur les Espagnols, précipita l'exécution de ses projets. Le 26 août 1648, le roi, accompagné de toute la cour, se rendit à Notre-Dame pour assister au *Te Deum* d'actions de grâces chanté à cette occasion. La cérémonie se passa dans le plus grand calme; mais sur la fin, comme le roi se retirait, le bruit circula qu'on allait faire jeter à la Bastille une partie du parlement. Les conseillers effrayés se dispersèrent ; mais on n'en arrêta pas moins Blancmesnil et Pierre Broussel, que l'enthousiasme populaire surnomma le patriarche de la Fronde et le père du peuple. La reine avait compté avec raison pouvoir plus aisément saisir pour cet acte d'autorité un jour de réjouissance populaire, où les troupes royales et suisses étaient sur pied, et où l'on aurait peut-être un mouvement populaire à réprimer. En effet, le peuple s'ameuta, força les troupes, qui n'avaient point d'ordre pour agir, à se replier vers le Palais-Royal ; et sans le cardinal de Retz, que la cour supplia d'interposer son influence, la sédition allait devenir alarmante. « Je n'eus pas, dit-il dans ses mémoires, beaucoup de peine à engager le peuple à se retirer parce que l'heure du souper approchoit ; et j'ai observé à Paris, dans les émotions populaires, que les plus échauffés même ne veulent pas ce qu'ils appellent se désheurer. »

L'émeute ne fut qu'un instant étouffée. Dès le jour même, des barricades commencèrent à s'élever en quelques quartiers ; la reine fit ordonner à ceux des bourgeois qu'on savait fidèles au gouvernement, de prendre les armes pour résister aux gens du coadjuteur ; aussitôt ces derniers s'en autorisèrent pour établir, pendant la nuit, des corps-de-garde et des postes fortifiés. Le lendemain à six heures du matin (27 août 1648), le parlement était assemblé au Palais. Le chancelier Séguier se prépara à s'y rendre. Presque au sortir de chez lui, il trouva une barricade qui le força de quitter son carrosse et de se mettre dans sa chaise à porteur. Mais quelques pas plus loin la chaise elle-même est arrêtée par de nouvelles barricades, et force est au chancelier de continuer sa route à pied, accompagné de l'évêque de Meaux son frère, et de la jeune duchesse de Sully sa fille qui, sentant le danger de sa mission, ne veulent point l'abandonner. En effet, il ne tarde pas à rencontrer des gens de mauvaise mine qui le reconnaissent et le chargent d'injures ; un plaideur qui le haïssait parce qu'il n'avait pu gagner un procès, se joint à eux, et en quelques instants le magistrat se trouve environné d'une foule de furieux qui sont prêts à le frapper. Il arrive à grand peine au quai des Augustins, et trouvant ouvert l'hôtel d'O qu'occupait le duc de Luynes, il s'y jette avec les deux personnes qui l'accompagnent. Le péril où se trouvait le chancelier arriva jusqu'au Palais-Royal. Le duc de La Meilleraye, à la tête d'une compagnie des gardes, vint le tirer de l'hôtel d'O, que la populace avait fouillé en tous sens afin de le trouver, et qu'elle avait pillé en partie. Les séditieux, furieux de se voir enlever leur proie, poursuivent de huées Séguier et son cortége. La Meilleraye, toujours aussi imprudent que zélé, fait volte-face avec ses gardes, tire et tue une vieille femme qui passait. Aussitôt une grêle de pierres et de mousquetades fond sur les gardes et le carrosse ; plusieurs sont tués ; la duchesse de Sully est blessée légèrement, et ce n'est qu'à grande peine que cette troupe effrayée parvient au Palais-Royal où elle se réfugie.

Il était temps; car pendant que l'escorte de La Meilleraye était retardée par les frondeurs qu'il avait en tête, il leur venait des renforts qui auraient rendu sa fuite impossible. Les premiers arrivèrent de la porte de Nesle. La cour y avait placé des Suisses pour tenir cette sortie libre en cas de besoin. Un officier, déguisé en maçon, émissaire de Gondi, leur chercha querelle avec des soldats déguisés comme lui, les chargea, en tua trente ou quarante, leur prit un drapeau et les dispersa. Le bruit des mousquetades tira de leur travail des jardiniers du faubourg Saint-Germain. Ils se ramassèrent par pelotons, et remontèrent en foule le long de la rivière, vers le Pont-Neuf, pendant que les vainqueurs de la porte de Nesle prenaient le même chemin. A la même heure, du haut du faubourg Saint-Jacques, se précipitait une troupe formée par la femme de Martineau, conseiller des requêtes et colonel de ce quartier, fort attachée au coadjuteur. Ce fut elle qui fit donner le premier coup de tambour. A ce bruit, l'alarme se répandit avec la rapidité d'un incendie dans le pays latin, les faubourgs Saint-Marceau, Saint-Victor et la place Maubert. Ces quartiers vomirent en un instant des flots d'ouvriers d'imprimerie, de suppôts de colléges, des tanneurs, des bouchers, des bateliers, qui passèrent le Petit-Pont et le pont Saint-Michel, et se répandirent dans la Cité et autour du Palais, où tout était déjà en armes par les soins de Gondi. Ils se firent un drapeau d'un mouchoir blanc, au bout d'une perche, et se mirent à courir les rues en criant : « Liberté ! Broussel ! vive le roi, vive le parlement! » Quelques uns ajoutaient : « Vive le coadjuteur ! » Ils voulurent pénétrer par les Pont-au-Change et le pont Notre-Dame, dans les rues Saint-Denis et Saint-Martin ; mais les marchands joints à la bonne bourgeoisie, arrêtèrent cette populace effrénée. Ils tendirent les chaînes, qu'ils soutenaient avec des barriques pleines de terre, derrière lesquelles ils se tenaient en sentinelles, armés de piques, de mousquetons, et de toutes les armes qui leur tombaient sous la main. Ainsi se formaient les barricades. A dix heures du matin, on en comptait, dit Talon, douze cent soixante dans la ville, dont quelques unes furent plantées presque à la porte du Palais-Royal.

Dans ces circonstances, le parlement se décida à se présenter à la reine pour la prier de mettre fin aux troubles en rendant la liberté à Broussel et à Blancmesnil. Le corps entier, composé de cent soixante personnes, se mit en marche pour se rendre au Palais-Royal. « Il fut, dit le coadjuteur, reçu et accompagné dans toutes les rues avec des acclamations et des applaudissements incroyables. » Mais la reine le reçut fort mal, lui reprocha d'être l'auteur des discordes qui troublaient l'État, et ne consentit qu'à grande peine à laisser espérer plus de clémence pour le lendemain. Ce fut tout ce que le président Molé put obtenir.

Mais lorsque le parlement sortit du Palais-Royal, les bourgeois qui attendaient demandaient à grands cris les prisonniers. Le murmure alla croissant. Quand les conseillers arrivèrent à la croix du Trahoir, le désordre devint si grand qu'il fut impossible d'aller plus loin. Un marchand de fer, nommé Raguenet, capitaine de ce quartier, saisit le premier président par le bras, et, appuyant le pistolet sur son visage, lui dit : « Tourne, traître, si tu ne veux être massacré, toi et les tiens ; ramène-nous Broussel, ou le Mazarin et le chancelier en otage. »

Qu'on juge si le parlement fut épouvanté. Une vingtaine de conseillers et cinq présidents à mortier quittèrent leur rang et se confondirent dans la foule ; les autres étaient glacés de terreur. Molé seul, conservant son inaltérable dignité, rallie les débris de sa compagnie et retourne lentement au Palais-Royal, sous un continuel mugissement d'injures et de blasphèmes.

Anne d'Autriche dut plier. Le parlement fit séance à la hâte et arrêta que la reine serait remerciée de la liberté qu'elle accordait aux prisonniers, et que jusqu'aux vacances, la compagnie ne s'occuperait plus des affaires publiques. Ainsi se termina la journée du 27 août 1648 qui rappelle celle de 1588, et qui, comme elle, est célèbre dans notre histoire sous le nom de *Journée des barricades*. Les Parisiens, peu confiants dans les promesses de la cour, déclarèrent qu'ils resteraient en armes jusqu'à ce qu'ils vissent Broussel en pleine liberté. Broussel parut le lendemain matin. Dès qu'il fut dans la ville, les principaux bourgeois l'accostèrent, et la foule du peuple le suivit jusqu'au Palais en criant : « *Vive Broussel! vive notre libérateur! vive notre père!* » Depuis Notre-Dame jusqu'au Palais, tous les soldats lui portèrent les armes, et le premier président le félicita sur son retour. Le parlement rendit aussitôt après un arrêt qui enjoignait aux bourgeois de mettre bas les armes et d'ôter les barricades ; ce qui fut exécuté sur-le-champ. Il y eut cependant une assez vive alerte vers huit heures du soir. Le bruit courut que des troupes marchaient sur Paris, et quelques caissons de munitions qu'on dit sortir de l'Arsenal, répandirent l'alarme. Les bourgeois reprirent les armes et construisirent des barricades dans quelques quartiers ; mais les officiers du Châtelet et de l'Hôtel-de-Ville parvinrent à apaiser ces désordres et à renvoyer les bourgeois chez eux.

La fermentation était grande dans Paris ; à chaque instant, le peuple se soulevait. Mazarin, plus effrayé que jamais, demeura, pendant ce temps, déguisé, botté, et tout prêt à partir, parce que, disait-on, le peuple était résolu de le prendre pour otage, et, si la cour usait de violence, d'exercer sur lui les plus terribles représailles. On ne parvint à calmer la multitude qu'en éloignant les troupes et en réduisant la garde du roi à un très petit nombre de soldats. Ces concessions augmentèrent l'audace des frondeurs. Le parlement osa se proroger lui-même à l'approche des vacances, et força en quelque sorte la régente à lui accorder une prolongation de service, sous prétexte d'affaires qui ne souffraient aucun délai. Le peuple, excité par les libelles et les chansons que faisait distribuer chaque jour le coadjuteur, insultait Anne d'Autriche lorsqu'elle paraissait en public. Dans ces circonstances, il fallait prendre un parti décisif. Le 13 septembre 1648, de grand matin, la régente partit pour Ruel avec le jeune roi, Mazarin et le maréchal de Villeroi. « Elle ne quittait le Palais-Royal, écrivit-elle au prévôt des marchands, que pour le faire nettoyer, et elle ramènerait le roi dans huit jours. » La nouvelle de cette espèce de fuite et de l'arrestation de plusieurs frondeurs, par ordre de la princesse, exaspéra les esprits. Le parlement fit prier les princes de se rendre dans son sein pour y délibérer sur un arrêt de 1617, qui, à l'occasion du maréchal d'Ancre, défendait, et ce *sous peine de la vie*, aux étrangers, de s'immiscer dans le gouvernement de l'État; et malgré un arrêt du conseil, donné en cassation du sien, persista dans toutes ses conclusions. La reine, de plus en plus irritée, se fait alors amener furtivement de Paris son second fils, le duc d'Anjou, qu'une indisposition l'avait forcée d'y laisser. Aussitôt l'alarme se répand de nouveau partout; les bourgeois courent aux armes, le parlement donne ordre au prévôt des marchands et aux échevins de pourvoir à l'approvisionnement et à la sûreté de la ville, et enfin des députés des cours souveraines et le corps municipal se rendent à Ruel pour supplier Anne d'Autriche de ramener le roi à Paris. La régente ne fit qu'une réponse évasive.

Les deux partis étaient assez embarrassés, lorsque Condé arriva; on le prit pour négociateur. Le prince détourna la reine de tout projet violent, et lui proposa d'engager une conférence entre lui-même, le duc d'Orléans et les députés du parlement. Cette assemblée eut lieu à Saint-Germain, où la cour s'était transportée; et Gondi, par une démarche très adroite, parvint à en faire exclure Mazarin. Elle commença le 25 septembre, et dura, à plusieurs reprises, jusqu'au 22 octobre. Après de violentes discussions, le parlement l'emporta, et le samedi 24 octobre il enregistra une déclaration royale portant diminution d'un cinquième des tailles, suppression d'un petit tarif établi en 1646 pour la levée des *droits d'entrée*, la liberté des prisonniers d'État, le rétablissement des magistrats interdits, et la défense de troubler, par lettres de cachets ou autrement, les magistrats des cours souveraines dans l'exercice de leurs fonctions (1). Quelques jours après, Anne d'Autriche et son fils rentrèrent à Paris.

(1) Parmi les articles de cette fameuse *déclaration*, on remarque celui de la *sûreté publique*, qui bornait l'exercice du pouvoir absolu sur la liberté des citoyens. Le par-

(1649). Cette paix était trop désavantageuse à la régente, et l'exaspération des esprits était trop grande, pour que les partis pussent se rapprocher. Dès les premiers jours, les troubles recommencèrent. L'assemblée des chambres étant sans cesse différée, les magistrats prirent le parti de s'assembler eux-mêmes. La reine leur envoya aussitôt les princes et les pairs; mais Gaston, toujours flottant entre les deux partis, était un parlementaire dérisoire, et la brutalité de Condé augmenta le désordre. Il s'oublia, dit-on, jusqu'à menacer un nommé Quatresous, conseiller aux enquêtes, dont les clameurs l'importunaient, et fut obligé de faire une sorte d'amende honorable. Les huées l'accompagnèrent lorsqu'il sortit, la rage dans le cœur et jurant de ne plus s'exposer à de semblables avanies. « Il ne voulait pas, disait-il, de prince qu'il était, devenir bourgmestre de Paris. » Gondi profita de ces circonstances; il attacha à son parti une foule de gentilshommes inquiets et ambitieux, qui se jetaient de gaieté de cœur dans une querelle dont on ne pouvait prévoir l'issue; il excitait en même temps les passions populaires contre Mazarin et la reine-régente. Un homme célèbre alors, le chansonnier Carpentier de Marigni, inonda Paris de ses piquants *vaudevilles*, dans lesquels Anne d'Autriche elle-même était calomniée et tournée en ridicule; le Parisien ne désignait cette princesse que par le sobriquet de *Dame Anne*. Un tel état de choses ne pouvait durer plus long-temps. Le 6 janvier, à quatre heures du matin, le jeune roi et sa mère sortirent du Palais-Royal et se retirèrent à Saint-Germain, accompagnés du duc d'Anjou, du duc d'Orléans, des princes de Condé, de Conti, du duc d'Enghien, du cardinal Mazarin, du maréchal de Villeroi et de Villequier, capitaine des gardes. Le chancelier, les secrétaires d'État et les autres ministres partirent de Paris deux heures après (1).

La nouvelle du départ de la cour plongea Paris dans la consternation. Mais Gondi et ses partisans ranimèrent le courage des factieux. On prit les armes; on s'empara des portes; toutes les issues furent fermées à ceux qui voulaient gagner Saint-Germain; on pilla leurs bagages; on maltraita leurs gens, et ces excès furent, pour ainsi dire, autorisés par le parlement. La compagnie s'était réunie dès neuf heures du matin à la grand'chambre, et la lecture y avait été faite des lettres du roi, de la reine, du duc d'Orléans et du prince de Condé, adressées au corps municipal; le roi y déclarait vaguement qu'il n'était sorti de

lement demandait qu'il ne fût pas permis de garder personne en prison plus de vingt-quatre heures, sans l'interroger. La cour obtint avec beaucoup de peine que ce terme serait prolongé jusqu'à trois jours. Toutefois la régente ne voulut jamais consentir à ce que cet article fût inséré dans la déclaration; elle dit que sa parole devait suffire. Condé fut d'avis que le parlement devait s'en contenter, et cet avis prévalut.

(1) Félibien, t. II, p. 1403.

Paris que sur la connaissance qu'il avait eue des complots de quelques membres du parlement contre sa personne, et de leurs intelligences avec les ennemis; il exhortait les bourgeois à embrasser sa cause et à l'aider dans sa vengeance contre les rebelles. Aussitôt le parlement, entraîné par la faction des Frondeurs, rendit un arrêt qui ordonnait au prévôt des marchands et au lieutenant de police de pourvoir à la sûreté de la ville et à sa subsistance, d'en garder les portes, et même de tendre les chaînes dans les rues s'il en était besoin. Il était dit aussi que les officiers de la ville feraient éloigner les gens de guerre, avec défense de les recevoir dans les villes et villages à vingt lieues à la ronde de Paris (1). Le coadjuteur encourageait ces mesures violentes qui rendaient toute réconciliation impossible. La reine lui avait envoyé l'ordre écrit de sa main, de se rendre le même jour à Saint-Germain; mais il sut trouver le moyen de désobéir. Voici comment il raconte ce fait dans ses curieux mémoires : « Je fis mettre mes chevaux au carrosse, je reçus les adieux de tout le monde ; je rejetai avec une fermeté admirable toutes les instances que l'on me fit pour m'obliger à demeurer, et, par un malheur signalé, je trouvai au bout de la rue Neuve-Notre-Dame, Du Buisson, marchand de bois, et qui avoit beaucoup de crédit sur les ports. Il étoit absolument à moi; mais il se mit ce jour-là en mauvaise humeur. Il battit mon postillon et me rossa mon cocher. Le peuple accourant en foule renversa mon carrosse; et les femmes du Marché-Neuf firent d'un estau (étal) une machine sur laquelle elles me rapportèrent pleurantes et hurlantes à mon logis (2). » Cette comédie, préparée d'avance, n'abusa personne.

Le lendemain, le roi envoya signifier au parlement de se transférer à Montargis; à la chambre des comptes d'aller tenir ses séances à Orléans, et au grand conseil de se rendre à Mantes. Les cours envoyèrent des députés à Saint-Germain; ils n'y furent pas reçus. Alors les Frondeurs exaspérés ne mirent plus de bornes à leur colère, et le vendredi 8 janvier, le parlement rendit ce décret célèbre contre Mazarin, qui le déclare « ennemi du roi et de l'État, perturbateur du repos public, lui ordonne de se retirer le jour même de la cour, et dans huitaine du royaume; enjoignant, passé ce temps, aux sujets du roi de lui *courre sus*, et faisant défense à toute personne de le recevoir. » Les députés du parlement et des autres cours s'étant rendus le lendemain auprès de la reine, furent très mal accueillis et revinrent la rage dans le cœur. La guerre était déclarée. Le roi envoya au corps municipal une lettre par laquelle « sa majesté commandoit aux échevins et à tous les habitants de sadite ville, d'en chasser et mettre hors, le plus promptement qu'ils pourroient, tout le corps du parlement; leur promettant, en ce cas, la

---

(1) *Id., ibid.* — (2) *Mém. de Retz*, p. 86.

continuation de ses bonnes grâces; et qu'en même temps que ledit parlement sortiroit par une porte, sadite majesté y rentreroit par une autre pour leur en témoigner ses effets (1). » En même temps un arrêt du conseil du roi, publié à Poissy, défendait de vendre ni bestiaux ni vivres d'aucune espèce aux marchands de Paris.

Le duc de Montbazon, gouverneur de la capitale, et les officiers de l'Hôtel-de-Ville, avaient embrassé par nécessité ou de bonne volonté le parti de la Fronde. Ils se réunirent aux députés du parlement, de la chambre des comptes et de la cour des aides, et s'occupèrent à lever des troupes dans Paris; le commandement en fut donné au marquis de La Boulaye. Les ressources pécuniaires manquaient; le parlement donna 200,000 écus. Vingt conseillers créés par Richelieu et dédaignés de leurs confrères, voulurent effacer la honte de leur nouvelle création, et fournirent chacun en plus un subside de 15,000 livres. Les mauvais plaisants leur donnèrent le sobriquet des *Quinze-Vingts*.

Gondi attendait avec impatience le moment de donner des chefs à ses soldats peu aguerris. Le duc d'Elbeuf, prince de la maison de Lorraine, accourut à Paris avec sa famille dans le vain espoir d'y renouveler le rôle des Guise et des Mayenne. Il vint offrir ses services d'abord au corps de ville qui le reçut avec des transports de joie, puis au parlement, et fut sur-le-champ créé généralissime. Mais le coadjuteur, auquel il portait ombrage, fit si bien que le lendemain le prince de Conti fut nommé à sa place. La guerre civile était organisée, il n'y avait qu'à agir.

On songea d'abord à s'assurer de la Bastille. Cette forteresse, si redoutable pour Paris, avait été oubliée par la cour, qui n'y avait laissé pour toute défense que des soldats sans munitions et sans pain. Le frère du célèbre père Joseph, Du Tremblay, qui en était gouverneur, la rendit après la première décharge, et priva ainsi du plaisir de voir un siége, les dames de Paris, qui s'étaient fait apporter des chaises dans le jardin de l'Arsenal pour jouir de ce spectacle.

Le parlement donna ses soins à la concentration et à la régularisation de l'autorité; il forma plusieurs chambres administratives, absorba tout le pouvoir, adressa des remontrances à la cour, et envoya à tous les parlements et aux villes les plus considérables de la province une circulaire qui les invitait à se joindre à la capitale pour la délivrance du roi et l'expulsion de son ministre qui avait soulevé le peuple par son insupportable tyrannie. L'armée des Frondeurs s'organisa aussi; dans la vaste enceinte de Paris on trouva facilement de nombreux soldats; douze mille hommes furent levés en deux jours. La cour n'avait que Condé et huit à neuf mille hommes; mais c'était une troupe de guerriers formés dans les glorieuses campagnes de leur chef contre l'Espa-

---

(1) *Journal historique du temps*, in-folio. Manusc. de la Bibliothèque du roi, n° 1238 bis; supplément français.

gne, et malgré leur supériorité numérique, leurs ennemis n'osaient se mesurer avec eux.

C'est ici surtout que la Fronde prend cette physionomie plaisante, pour ne pas dire ridicule, avec laquelle tous les écrivains l'ont dépeinte. Les soldats-bourgeois de Paris, pleins de jactance dans leurs paroles, d'élégance et de richesse dans leurs habillements, se mettaient bravement en campagne pour jeter leurs armes et fuir à toutes jambes vers la ville lorsqu'ils voyaient poindre le moindre escadron royaliste. Ces pauvres troupes rentraient au milieu des huées, des brocards, des traits malins de toute espèce. On riait de la gaucherie de leurs évolutions militaires. Toujours battues lorsqu'elles osaient faire la moindre résistance, on ne les consolait de ces petits échecs que par de plus grandes risées. L'entrée de quelques convois qu'on avait pu dérober à la vigilance de l'ennemi, passait pour un grand triomphe, et l'on honorait du titre de bataille la plus petite escarmouche. Dans l'attaque de Charenton (1), la seule affaire sérieuse de ce siége burlesque, la seule où Condé éprouva de la résistance, et où les soldats furent obligés de déployer leur valeur, l'armée parlementaire, trois fois plus nombreuse que celle des royalistes, s'ébranla si lentement pour aller au secours des assiégés, qu'on voyait encore son arrière-garde au milieu de la Place Royale, tandis que les autres corps, arrêtés sur les hauteurs de Picpus, y contemplaient tranquillement l'assaut et la prise de la ville, sans oser seulement traverser la vallée de Fécamp, qui les séparait des royalistes. Une gaîté folle animait les deux partis : Marigny, Blot, le médecin Gui-Patin, Scarron, Mézerai, jeune alors, inondaient Paris de chansons, de ballades, de pamphlets, où ils déchiraient et plaisantaient tout le monde, royalistes et parlementaires. Condé, d'un autre côté, si dédaigneux et si railleur, réjouissait la cour des sarcasmes amers qu'il lançait sur ses valeureux adversaires. Les bons mots pleuvaient de tous côtés. Faisant allusion au prince de Conti son frère, qui était contrefait et presque bossu, il fit un jour une profonde salutation à un singe attaché dans la chambre du roi, lui donnant le titre de *généralissime de l'armée parisienne*. La cavalerie que fournirent les maisons les plus considérables de Paris fut nommée, par les Frondeurs eux-mêmes, *cavalerie des portes cochères*. Le régiment de Corinthe, levé par le coadjuteur, ayant été battu dans une rencontre, on appela cet échec *la première aux Corinthiens* (2). La prise de Charenton refroidit

(1) Le prince s'était d'abord emparé de ce poste et l'avait ensuite abandonné. Les frondeurs, qui le jugèrent utile pour favoriser l'arrivée de leurs convois, le fortifièrent et y jetèrent trois mille hommes de leurs moins mauvaises troupes, sous les ordres du marquis de Chanleu. Il fut tué dans l'attaque, après s'être défendu jusqu'à la dernière extrémité et avoir refusé quartier. (Saint-Victor, *Tableau de Paris*.)

(2) Voy. Saint-Victor, *Tableau de Paris*.

considérablement la belliqueuse ardeur des gens de la Fronde. L'établissement des troupes royales si près de la ville amena la disette à la place de l'abondance dont jusque là les Parisiens avaient joui. Dès que les privations se firent sentir, la fatigue et le dégoût succédèrent par degrés aux premiers mouvements de l'enthousiasme, sinon parmi le peuple, du moins dans la classe des bourgeois aisés, qui seuls supportaient tout le faix de la guerre. La partie la plus saine du parlement, qui n'était que bâillonnée par les factieux, désirait aussi vivement la paix. Quant aux chefs militaires, aux seigneurs mécontents, leur seul but était un mesquin intérêt personnel, et ils cherchaient, chacun de son côté, à faire avec la cour une paix avantageuse. Gondi seul et le duc de Beaufort s'efforçaient de prolonger ces dissensions civiles pour s'élever sur les ruines de Mazarin. Mais la merveilleuse habileté dont fit preuve l'intrigant coadjuteur fut inutile. On apprit tout-à-coup qu'une députation du parlement avait, dans la *conférence de Ruel*, conclu la paix avec la cour (mars 1649).

La conférence de Ruel avait duré jusqu'au jeudi 11 mars. Le traité fut signé à neuf heures du soir et revêtu de l'approbation de Mazarin lui-même, quoique les députés s'y opposassent, sous prétexte qu'ils n'oseraient présenter au parlement un acte souillé du nom d'un homme flétri par arrêt. Cet accommodement contient vingt-un articles, dont les principaux sont la promesse du parlement d'aller à Saint-Germain, où le roi tiendra son lit de justice, et de ne point faire d'assemblée de chambres pendant toute l'année 1649; une amnistie générale pour tous ceux qui ont pris les armes, et une espérance que donna la régente de ramener incessamment le roi à Paris. C'est à ces conditions, à quelques règlements de finance, et à une promesse assez vague de diminuer les tailles et de travailler à la paix générale, que se réduisit ce fameux traité. Aussi les députés furent-ils accueillis à Paris par des huées et des cris de mort. Un avocat nommé Boile, à la tête d'une troupe de gens armés, envahit le Palais-de-Justice demandant la signature du cardinal pour la faire brûler par la main du bourreau. La plupart des magistrats, mécontents du traité de Ruel, encourageaient ces désordres. Dans cette célèbre journée (13 mars), le premier président Molé montra un courage et une fermeté inouïe. Quelques uns de ses adversaires, redoutant pour lui la fureur du peuple, lui proposèrent de le faire évader. Il répondit gravement : « La cour ne se cache jamais. Si j'étais assuré de périr, je ne commettrais pas cette lâcheté, qui, de plus, ne servirait qu'à donner de la hardiesse aux séditieux ; ils me trouveraient bien dans ma maison, s'ils croyaient que je les eusse appréhendés ici. » Au milieu du tumulte, un forcené lui appuya un pistolet sur le visage. Sans pencher la tête, Molé se contenta de lui dire : « Quand vous m'aurez tué, il ne me faudra que six pieds de terre. »

Enfin il fut décidé, en présence du prince de Conti, des ducs d'Elbeuf, de Beaufort, de Bouillon, de Luynes et de Brissac, du maréchal de La Motte-Houdancourt et du coadjuteur, qu'on accepterait le traité de Ruel. On ordonna que les députés du parlement iraient de nouveau à Saint-Germain demander à la régente que le lit de justice eût lieu à Paris; qu'elle permît à la compagnie de s'assembler autant de fois qu'elle le jugerait nécessaire, et que le roi n'empruntât pas au *denier douze*, comme le marquait un des articles du traité. Les députés furent chargés en même temps de discuter les intérêts des grands seigneurs mécontents, qui, suivant l'usage, ne déposèrent les armes qu'en vendant au poids de l'or leur obéissance. La régente accéda à toutes les propositions du parlement, mais les députés ne purent obtenir la proscription de Mazarin, qui avait été décrétée à la majorité de quatre-vingt-deux voix contre quarante. Le prince de Condé et le duc d'Orléans s'y opposèrent avec force, en disant qu'il était étrange que des sujets voulussent imposer la loi à leur souverain. Enfin, le 1er avril, la paix fut lue, publiée et enregistrée au parlement, à la grande joie des Parisiens. De nombreuses députations vinrent féliciter le jeune roi à Saint-Germain, pendant tout le mois d'avril.

Ainsi se termina la première guerre civile qui troubla la régence d'Anne d'Autriche. Mais l'inquiétude des esprits, l'audace de quelques ambitieux et la haine générale contre Mazarin, rendaient la paix fort précaire. Le coadjuteur et tous les mécontents adoptèrent le titre de *Frondeurs*, et portèrent, en signe de ralliement, à leurs chapeaux, des cordons en forme de fronde. Le peuple, de son côté, était plus que jamais turbulent. La Tournelle ayant condamné à mort deux libellistes, la populace les enleva de l'échafaud, parce qu'ils s'écrièrent qu'ils étaient exécutés pour avoir lu des vers contre Mazarin. La régente, qui avait emmené le roi sur les frontières de la Flandre, vit qu'il était nécessaire d'en imposer aux factieux par son retour à Paris. L'entrée du roi eut lieu le 18 août. Quoiqu'il eût ordonné de ne faire aucuns préparatifs, il ne put empêcher les Parisiens de le recevoir en grande pompe. « Les bateliers du port de Saint-Paul, des Tournelles et du guichet du Louvre, au nombre de trois cents, se rendirent au village du Bourget, à trois lieues de Paris, où ils attendirent la cour; ils avaient des hauts-de-chausses chamarrés d'argent, des pourpoints blancs, des baudriers brodés, l'épée au côté, des plumes et des rubans sur leurs chapeaux; ils tenaient à la main, les uns des lances et les autres des avirons couverts de fleurs-de-lis d'or. Le roi regarda avec plaisir cette nouvelle milice qui défila devant lui, ayant en tête leurs capitaines et douze tambours, et il voulut la revoir après le dîner. La cour trouva à la *Croix penchée*, entre Saint-Denis et Paris, M. de Montbazon, gouverneur, à la tête de trois cents archers de la ville, qui lui présenta le prévôt des marchands et les échevins. Après la harangue des magistrats municipaux, le cortége se remit en route, précédé de sept à huit cents gentilshommes et d'un plus grand nombre de bourgeois, tous à cheval. Puis marchait la maison du roi. Le carrosse de la reine, dans lequel se trouvaient Anne d'Autriche, le roi, son frère le duc d'Anjou, le prince de Condé et le cardinal Mazarin, était accompagné du duc de Montbazon et du prévôt des marchands, qui se tenaient à chaque portière. Le carrosse du roi était suivi de plus de trois mille autres carrosses et de plus de huit mille hommes bien montés, qui étaient sortis de Paris au-devant de la cour. Toute la soirée se passa en divertissements, et de nombreuses illuminations éclairèrent la ville jusqu'au jour (1). » Cette fois on n'entendit aucun cri séditieux. Quand le Parisien s'amuse, il s'occupe fort peu de politique.

Le 5 septembre suivant, jour de la naissance du roi, la ville lui donna, ainsi qu'à la régente, le divertissement d'un feu d'artifice qui fut tiré sur la place de Grève et que suivirent un bal et une superbe collation. Le roi entrait dans sa douzième année; il commença à prendre part aux affaires de l'État, et le 7 octobre il assista pour la première fois au conseil des finances, qui se tint au Louvre. Un mois après, il reçut, dans la chapelle du Palais-Royal, le sacrement de la confirmation des mains de l'évêque de Meaux, son aumônier, qui lui fit faire sa première communion, le jour de Noël suivant, dans l'église de Saint-Eustache, sa paroisse (2).

Comme le prévoyaient avec raison le coadjuteur et les principaux meneurs de la Fronde, le calme ne pouvait renaître si facilement. Des événements imprévus vinrent donner le signal de nouveaux désordres.

Les Frondeurs appelaient de tous leurs vœux la convocation du parlement, que la cour regardait comme redoutable pour elle. Ils réussirent à précipiter cette convocation en soulevant le parlement et le peuple par une audacieuse imposture. Le surintendant de Hemeri, rendu depuis peu au maniement des finances et peu jaloux de la faveur des bourgeois, appliqua à certaines dépenses qu'il jugea nécessaires le revenu des gabelles destiné au paiement des rentes de l'Hôtel-de-Ville. Les rentiers n'étant pas payés se plaignirent amèrement et nommèrent pour veiller à leurs intérêts douze syndics; élection inusitée qui fournit un nouveau sujet de contestations. Sur ces entrefaites, les frondeurs imaginèrent de soulever le peuple en simulant un assassinat dont il serait facile de jeter l'odieux sur le cardinal. Guy Joly, conseiller au Châtelet, le plus turbulent des douze syndics des rentiers, se dévoua pour jouer le rôle d'assassiné. Les préparatifs de la comédie se firent chez

---

(1) Félibien, t. II, p. 1412. — (2) *Id.*, p. 1413.

Noirmoutiers, dans la maison de la rue Bétizy où l'amiral Coligny avait été tué. Un habile tireur, d'Estainville, désigné pour faire l'assassin, perça d'un coup de pistolet l'habit de Joly à l'endroit où il fallait qu'il le fût pour rendre le crime vraisemblable. Le lendemain, à sept heures et demie, Joly se présente en carrosse dans la rue des Bernardins, et baisse la tête à un signal convenu ; aussitôt le coup part, la balle traverse la voiture, le prétendu meurtrier s'enfuit de toute la vitesse de son cheval ; et Joly, après avoir fait panser par un chirurgien du voisinage une égratignure qu'il s'était faite au bras pendant la nuit, retourne chez lui entouré des témoignages de la sollicitude des assistants. Les Frondeurs aussitôt de se répandre par la ville, criant qu'on a voulu assassiner un syndic, et que ce premier crime des Mazarins n'est que le prélude des plus sanglantes exécutions.

Cet odieux artifice eut d'abord le succès qu'on en attendait. Mais l'adroit cardinal rendit la pièce à ses adversaires. Il aposta sur la place Dauphine de prétendus sicaires du duc de Beaufort qui feignirent d'en vouloir à la vie du prince de Condé, et blessèrent grièvement un de ses valets. Le prince eut grand'peur, et tout Paris, dupe de ce nouveau stratagème, jeta les hauts cris contre la Fronde, contre le coadjuteur et le duc de Beaufort. Ces deux derniers furent même mis en jugement devant le parlement avec plusieurs des leurs, et leur salut ne tint qu'à l'éloquence et à l'inébranlable sang-froid de Gondi.

(1650). Le grand Condé se trouvait au milieu des troubles de la Fronde dans une position assez ridicule ; il y jouait un véritable rôle de matamore, de héros de théâtre. Madame de Nemours dit à cette occasion dans ses Mémoires : « Presque tous les grands princes, même ceux qui deviennent les plus modérés et les plus judicieux dans la suite de leur vie, sont, dans leur jeunesse, aussi persuadés qu'on les craint, que les belles femmes, ou celles qui se piquent de l'être, sont persuadées qu'on les aime. Il n'est pas plus aisé de dépersuader ceux-là de la terreur que cause leur nom, que de détromper celles-ci de l'effet de leurs charmes. » Condé dédaignait tous les partis ; il se faisait marchander par eux. Son audace, et les fanfaronnades de ses partisans qu'on nommait les *petits-maîtres*, le perdirent. Le 18 janvier, vers quatre heures du soir, la régente et Mazarin attirèrent au Palais-Royal, sous prétexte d'un conseil, les princes de Condé et de Conti, et le duc de Longueville ; ils y furent arrêtés par Guitaut, capitaine des gardes de la reine. Ce coup imprévu terrassa Conti et Longueville, mais Condé ne témoigna que de la surprise. Cependant, comme on le faisait descendre par un escalier dérobé un peu obscur, et qui était bordé de gardes : « Voudrait-on, dit-il à Guitaut, renouveler ici la scène des états de Blois? — Non, non, mon prince, repartit celui-ci, ne craignez rien : jamais un assassinat ne se commettra sous mes yeux, et encore moins par mes ordres. »

Les prisonniers furent mis dans un carrosse à six chevaux, escorté de Miossens, capitaine de la compagnie des gendarmes du roi. « Amis, dit Condé aux soldats, ce n'est point ici la bataille de Lens. » Le carrosse fut conduit avec tant de rapidité, qu'il versa en route. Condé en sortit aussitôt et échappa à ses gardes; mais il fut arrêté par Miossens. « Je n'ai point dessein de m'enfuir, lui dit le prince. Mais cependant si vous vouliez! voyez ce que vous pouvez faire! » Le capitaine le supplia de ne point exiger d'un soldat ce que lui défendaient l'honneur et le devoir, et il conduisit à Vincennes ses illustres captifs.

A la nouvelle de ce coup d'Etat, le peuple, croyant que le duc de Beaufort avait été arrêté, prit les armes dans les quartiers des Halles et de Saint-Honoré. L'émeute devenait terrible. Le duc était alors auprès de Gaston d'Orléans, qui lui ordonna de sortir à cheval pour désabuser la multitude. Le *roi des halles* parcourut tout Paris et revint au Palais-Royal, escorté de plus de deux mille hommes armés. Le peuple, apprenant alors l'arrestation de Condé, fit des feux de joie dans tous les quartiers; car les partisans de Mazarin faisaient passer le prince pour l'auteur de la guerre civile. Mais les mesures énergiques adoptées par Mazarin ne firent qu'augmenter le désordre. Les partisans des princes se retirèrent dans leurs départements, disposés à chasser Mazarin, les armes à la main. La Normandie et la Bourgogne, qui s'étaient soulevées, furent soumises. Mais la princesse de Condé s'empara de Bordeaux, tandis que Turenne se mettait à la tête d'une armée espagnole, en prenant le titre de *lieutenant-général de l'armée du roi pour la liberté des princes*. Le maréchal s'approcha même jusqu'à dix lieues de Paris. Ce ne fut qu'à force d'intrigues que le cardinal put dissiper cette redoutable coalition; mais les embarras naissaient, pour ainsi dire, sous ses pas. Il avait voulu s'appuyer sur Gondi et les frondeurs, mais tous le trompaient, au moment où il voulait les abuser. C'étaient des ennemis irréconciliables. La voiture du duc de Beaufort ayant été arrêtée à dix heures du soir, au milieu de la rue Saint-Honoré, un de ses gentilshommes, nommé Saint-Égland, qui allait le chercher dans cette voiture à l'hôtel Montbazon, fut tué par ces misérables. Les frondeurs attribuèrent aussitôt ce meurtre à Mazarin, qui, disait-on, avait eu l'intention de faire poignarder le duc lui-même. Le jugement de plusieurs de ces brigands qu'on arrêta peu de temps après, et dont les aveux ne laissèrent aucun doute sur le véritable caractère de cet assassinat, ne fit point cesser leurs clameurs; et Beaufort osa se plaindre de leur exécution comme d'un attentat nouveau, dont le but était d'ensevelir à jamais un secret aussi important. La cour, dans sa défense, allégua que ce prétendu guet-apens n'était qu'une *joliade renforcée*.

Les princes avaient été transférés de Vincennes au château de Marcoussy, près de Montlhéry, et de là au fort du Havre (1). Chaque jour, ils envoyaient demander au parlement leur mise en jugement ou leur liberté; les *frondeurs* et les *petits-maîtres* appuyaient vivement leurs requêtes, et l'agitation des esprits était à son comble, lorsque Gondi parvint à entraîner Gaston d'Orléans dans son parti. Alors on demanda avec plus d'audace la liberté des princes et l'expulsion de Mazarin ; le duc d'Orléans refusa même d'assister au conseil tant que le cardinal resterait à la cour. Le rusé *Sicilien*, ainsi qu'on appelait celui-ci, prit alors le parti d'abandonner un instant le champ de bataille. Le lundi 6 février 1651, il sortit de Paris à pied, vers onze heures du soir, en habit gris, accompagné seulement de son écuyer et de trois autres personnes (2). Des chevaux les attendaient à la porte Richelieu; Mazarin gagna Saint-Germain. Mais ce n'était point assez. Le duc d'Orléans refusa de nouveau de rentrer au conseil jusqu'à ce que la reine eût déclaré que l'éloignement du cardinal était sans espérance de retour. La reine y consentit, et le parlement rendit, le 9 février, un arrêt qui enjoignait à Mazarin, à ses parents et domestiques italiens, de *vuider le royaume* de France dans la quinzaine après la publication de l'arrêt, qui fut faite le lendemain à son de trompe dans tous les faubourgs et carrefours de la ville. Trois jours auparavant, il avait été rendu un autre arrêt pour exclure à l'avenir du conseil du roi tous les étrangers, même naturalisés français, et ceux qui auraient prêté serment à des souverains étrangers. Enfin Anne d'Autriche signa la lettre qui ratifiait la délivrance des princes; mais ce n'était qu'une ruse pour les soustraire à la tyrannie des frondeurs. Tout était préparé pour sa fuite. Gaston était indécis, mais Gondi lui arracha le secret et se chargea seul de l'événement. Il fait monter Beaufort à cheval; le maréchal de La Motte, Laigues, Coligny, Tavannes, Nemours, imitent son exemple. On se saisit de toutes les portes qui avoisinent le Palais-Royal, et l'on y fait, à l'entrée et à la sortie, les perquisitions les plus sévères. Les bourgeois prennent les armes, et leurs patrouilles pénètrent jusque dans la chambre du jeune roi pour s'assurer par leurs propres yeux qu'il est bien en leur puissance. Le lendemain, Gondi, par son ascendant irrésistible, entraîne Gaston au parlement, et malgré les reproches amers, les plaintes éloquentes de Molé, lui fait tout approuver. La régente est

---

(1) Le comte d'Harcourt se chargea de cette translation, et le prince de Condé composa dans la voiture le couplet suivant :

>Cet homme gros et court
>Si connu dans l'histoire,
>Ce grand comte d'Harcourt,
>Tout couronné de gloire,
>Qui secourut Casal et qui reprit Turin,
>Est maintenant (bis) recors de Jules Mazarin,

(2) *Mém. de Joly.*

forcée de désavouer les projets de sa fuite, et les députés qui devaient ouvrir aux princes les portes de leur prison reçoivent l'ordre de partir ; mais avant qu'ils fussent arrivés au Havre, les princes étaient déjà délivrés.

C'était à Mazarin lui-même qu'ils devaient leur liberté. Il avait eu d'abord le projet de s'emparer des trois prisonniers et de les transférer à Brest, dont le gouverneur lui était entièrement dévoué. Mais apprenant l'arrêt du parlement porté contre lui et la quasi-captivité de la reine, il prit le parti de délivrer lui-même ses illustres captifs, qui le reçurent avec fierté, et il se retira à Bruyll, sur les terres de l'électeur de Cologne. Quelques jours après, le jeudi 16 février, les princes entrèrent à Paris. Ils furent reçus dans la plaine Saint-Denis par le duc d'Orléans, le duc de Beaufort et le coadjuteur, et ils trouvèrent sur leur passage, depuis l'entrée du faubourg Saint-Denis jusqu'au Palais-Royal, une multitude immense qui faisait retentir les airs des cris de *Vive le roi! Point de Mazarin!* La régente les reçut avec une sorte de bienveillance, et ils allèrent souper chez Gaston. Ce qu'il y eut de plus curieux dans cette journée, c'est que les Parisiens, qui treize mois auparavant avaient fait des feux de joie pour l'emprisonnement des princes, en firent pour leur délivrance. « Ce sont les restes de leurs fagots, » dit fort plaisamment le duc de Longueville. Le lendemain, les princes allèrent remercier le parlement de son intervention ; non seulement ils étaient libres, mais le roi les déclara innocents de tout ce qu'on leur avait reproché. D'autres arrêts furent rendus contre Mazarin, et la haine que lui portait le parlement rejaillit jusque sur le clergé ; car on ne se contenta pas d'avoir fait déclarer les étrangers inhabiles au ministère, on y comprit encore tous les cardinaux, même français, comme attachés par serment à un autre souverain que le roi. Cette déclaration fut enregistrée, le 19 avril, malgré l'opposition du clergé.

Les intrigues ne tardèrent pas à recommencer. Le maréchal de Turenne, revenu à la cour, avait juré au roi une fidélité qui ne se démentit jamais. Condé et les autres mécontents n'imitèrent point un si bel exemple. Le prince surtout redoubla d'audace et de vanité ; il se mit à la tête d'un parti qu'on appela la *petite fronde*, et fit tant que la reine indignée eut recours au coadjuteur pour se délivrer de ce redoutable adversaire. Condé trembla à son tour, en apprenant cette alliance, et il se retira à Saint-Maur, dans la nuit du 6 juillet ; c'était une véritable déclaration de guerre. Anne d'Autriche indécise prit le parti de prier Condé de revenir à Paris. Il n'y consentit qu'en forçant la reine à renvoyer trois ministres qu'il nommait les *valets* de Mazarin, c'étaient Le Tellier, Servien et de Lyonne. Ces tracasseries indignes d'un grand caractère, cette politique méticuleuse et ridicule, avilissaient le grand Condé, qui se trouvait obligé de lutter, et presque toujours à son désavantage, avec le coadjuteur. On comprend quelle agitation devait régner à Paris, au milieu de ces querelles sans cesse renaissantes. Tout le monde s'occupait des affaires publiques. Il n'était pas rare de voir au Palais quatre ou cinq cents militaires armés, et autant de bons bourgeois avec des pistolets ou des poignards sous leurs manteaux. Du reste la plupart n'avaient pas, pour s'attacher à un parti ou à l'autre, des motifs plus sérieux que les marquis de Canillac et de Rouillac. Ils se rencontrèrent chez le coadjuteur, auxquels ils venaient tous deux offrir leurs services. Dès que le premier aperçut le second : « Il me fit, dit Gondi, une révérence en arrière, en disant : Je venois, monsieur, pour vous assurer de mes services ; mais il n'est pas juste que les deux plus grands fous du royaume soient du même côté : je m'en vais à l'hôtel de Condé. Et vous remarquerez, s'il vous plaît, ajoute l'écrivain, qu'il y alla. » Des scènes scandaleuses éclataient chaque jour. Le prince de Conti, voyant madame et mademoiselle de Chevreuse, ses ennemies, sortir du Palais-de-Justice où la curiosité les avait attirées, les fit huer par la populace. Elles rentrèrent à leur hôtel, honteuses jusqu'aux larmes des injures qu'elles avaient reçues et dans lesquelles le nom du coadjuteur avait été mêlé. Dès le lendemain celui-ci aposta et cacha dans les détours du Palais des gens armés qui se présentèrent au prince d'un air menaçant quand il sortit : à son tour, il fut obligé de passer devant les dames de Chevreuse, en faisant de grandes révérences qu'elles lui rendirent d'un air hautain et ironique.

Le prince de Condé, à son retour de Saint-Maur (20 juillet), ne s'était point rendu au Palais-Royal. Il n'y alla que le 3 août, présenté par le duc d'Orléans, et fut très mécontent de la réception que lui fit la reine. Anne d'Autriche l'abhorrait. « Il périra, disait-elle dans sa fureur, ou je périrai. » Le prince menacé prit des précautions ; il resserra ses liaisons avec les Espagnols, ne parut plus à la cour, fit partir son fils et sa femme pour Montrond, place forte qui lui appartenait en Berri, et il sépara quelques troupes qui lui était affidées de celles du roi, de peur qu'elles n'en fussent enveloppées. La régente manda aussitôt le parlement, dont les députés se rendirent au Palais-Royal avec ceux de la chambre des comptes, de la cour des aides et du corps municipal (17 août). Là, en présence du roi, de la reine, du duc d'Orléans, des ducs et pairs, des officiers de la couronne, et des grands du royaume, le chancelier lut un discours contenant la résolution prise dans le conseil pour l'expulsion de Mazarin, et les nombreux griefs reprochés au prince de Condé. Celui-ci se rendit au parlement, se plaignit vivement de cette attaque, et demanda justice ; la séance fut fixée au 21 août.

Depuis long-temps les chefs des deux frondes ne paraissaient au Palais qu'avec des escortes nombreuses. On les renforça considérablement dans cette occasion, où il était question de décider enfin qui l'emporterait pour toujours du prince ou de la reine, dont le coadjuteur n'était que le champion. Dès la veille, le prélat rassembla son monde, et assigna les postes à ses gens. Il plaça la principale troupe dans les salles; il en introduisit d'autres dans les cabinets, dans les passages, sur les degrés. Les uns devaient attaquer de front les partisans de Condé; les autres, les prendre en flanc ou par derrière. La grand'chambre se trouva ainsi investie. Les armoires des buvettes étaient pleines de grenades, et il donna pour mot du guet Notre-Dame. Il arriva le premier au Palais, le matin du 21 août. Condé parut une heure après, avec un cortége moins nombreux, mais composé d'officiers et de gentilshommes, tous braves et très aguerris, qui avaient pour mot Saint-Louis. Toutes ces personnes, qui voyaient dans la troupe opposée des parents, des amis, ou du moins des connaissances, se mêlèrent et se mirent à converser, en attendant les ordres, dont la plupart ignoraient le but et le motif. Ayant pris sa place, le prince dit: « Qu'il ne pouvait assez s'étonner de l'état où il trouvait le Palais; qu'il paraissait plutôt un camp qu'un temple de justice, qu'il y avait des postes pris, des mots de ralliement donnés; qu'il ne concevait pas qu'il y eût dans le royaume des gens assez insolents pour lui disputer le pavé. » Cette phrase fut répétée deux fois en regardant le coadjuteur, qui lui fit une grande révérence et dit: « Sans doute je ne crois pas qu'il y ait dans le royaume personne assez insolent pour disputer le haut du pavé à Votre Altesse; mais il y en a qui ne peuvent et qui ne doivent, par leur dignité, quitter le pavé qu'au roi. — Je vous le ferai bien quitter, répondit le prince. — Il ne sera pas aisé, » repartit le coadjuteur. Il s'éleva à l'instant de la chambre des enquêtes une clameur favorable au prélat. Les présidents et les vieux conseillers se jetèrent entre les rivaux. Molé les conjura, au nom de saint Louis, par le salut de la France, de suspendre leur animosité, et de ne point ensanglanter le temple de la justice. On parvint à les calmer. Condé consentit à faire sortir du Palais ses amis; Gondi alla congédier les siens. Comme il rentrait de la salle dans la grande chambre, se coulant entre les deux battants de la porte qu'on tenait entre-bâillée, le duc de La Rochefoucauld le serra de manière qu'il avait la tête dans la chambre et tout le corps dehors. « Qu'on le tue! » s'écria le duc. Un des partisans de Gondi, qui se trouva là heureusement, le couvrit de son manteau; et Champlâtreux, fils du premier président, survenant à propos, le dégagea, non sans peine. En même temps, quelques imprudents ayant mis l'épée à la main, il y eut en un clin d'œil plus de quatre mille épées tirées. « Mais, par une merveille qui peut-être n'a jamais eu d'exemple, dit Gondi, ces épées, ces poignards, ces pistolets demeurèrent un moment sans action. » La présence d'esprit du marquis de Crenau, capitaine des gardes du prince de Condé, sauva tous ces braves. « Que faisons-nous ? s'écria-t-il ; nous allons faire égorger le prince et M. le coadjuteur ? *schelm* (infâme) qui ne remettra l'épée dans le fourreau ! » Il partit à l'instant un cri de *Vive le roi !* qui fut répété par les deux partis ; et ils s'écoulèrent chacun de leur côté. En reprenant sa place, le coadjuteur apostropha durement le duc de La Rochefoucauld, qui ne lui répondit pas moins vivement. Leurs amis allaient prendre parti dans la querelle, lorsque les anciens interposèrent encore leurs remontrances et leurs prières. On leva la séance de dix heures, et chacun retourna chez soi rêveur, chagrin, comme étourdi du malheur qui avait pensé arriver. L'abattement gagna aussi la ville. Pendant la matinée, on avait été soutenu par l'attente des événements. La populace, répandue dans les rues, criait, courait, faisait son vacarme ordinaire. Les bourgeois s'attroupaient, allant les uns chez les autres ; s'excitant à l'attaque et à la défense. Le peu d'ouvriers qui travaillaient avaient leurs armes auprès d'eux ; il ne fallait que le feu d'un mousquet pour embraser toute la ville. « Quel feu de joie pour Mazarin ! disait Condé, et ce sont ses deux capitaux ennemis qui ont été sur le point de l'allumer (1) ! »

Pour prévenir le retour de semblables désordres, le duc d'Orléans pria le coadjuteur de ne point se rendre le lendemain au parlement. Gondi prit pour prétexte de cette absence la procession de la *grande confrérie*, à laquelle tout le clergé de Paris était obligé d'assister. Comme il revenait des Cordeliers avec cette procession, le hasard fit qu'il rencontra dans la rue du Paon le prince de Condé qui s'en retournait à son hôtel. La populace, en apercevant le coadjuteur, cria *au Mazarin ! au Mazarin !* Condé lui imposa aussitôt silence, et il fit baisser la portière de son carrosse pour recevoir à genoux la bénédiction du coadjuteur ; les deux adversaires se saluèrent ensuite avec beaucoup d'empressement. Quelques jours après (5 septembre), le parlement, qui avait prié la régente d'étouffer cette affaire, enregistra une déclaration royale qui justifiait entièrement le prince de Condé.

Au milieu de ces déplorables dissensions, Louis XIV avait atteint sa quatorzième année, âge prescrit par les lois du royaume pour la majorité du souverain. Anne d'Autriche résolut de lui faire tenir aussitôt son lit de justice.

« Le jour de la cérémonie, l'une des plus magnifiques qu'on eût vues depuis long-temps, fut indiqué au 7 septembre. La cavalcade commença le matin sur les huit heures, depuis le Palais-Royal jusqu'au Palais. Deux trompettes précédaient un gros de noblesse de sept à huit cents gentilshommes, qui marchaient sans avoir pris de rangs, deux à deux, équipés et montés très lestement. Ensuite venait la compagnie

---

(1) Voy. Anquetil.

des chevau-légers de la reine, composée de cent maîtres; puis celle du roi, de deux cents, précédées chacune de quatre trompettes; suivait la compagnie du grand-prévôt, à pied, et celle des cent-suisses. Derrière eux marchait, à cheval, l'aide des cérémonies, qui précédait les seigneurs de la cour, magnifiquement vêtus et montés sur des chevaux de prix richement enharnachés. Ceux-ci étaient suivis de six trompettes et de six hérauts à cheval. Après venait le maître des cérémonies, à la tête du grand-maître de l'artillerie, et des maréchaux de France; le comte d'Harcourt, grand-écuyer, portait en écharpe l'épée du roi, suivi des pages et des valets-de-pied en grand nombre. Alors paraissait le roi, que sa bonne grâce faisait aisément reconnaître. Il était vêtu d'un habit en broderie d'or, et monté sur un cheval de poil isabelle, couvert d'une housse semée de croix du Saint-Esprit et de fleurs-de-lis d'or. Autour du roi marchaient ses écuyers et ses gardes-du-corps à pied. Il avait à sa droite le duc de Joyeuse, son grand-chambellan, et derrière lui le maréchal de Villeroi, son gouverneur, avec les capitaines de ses gardes, tous à cheval et superbement vêtus. Les princes et ducs-pairs suivaient sans aucun rang. Venait après le carrosse du corps de la reine, dans lequel elle était avec le duc d'Anjou, le duc d'Orléans, les princesses de Carignan, la duchesse d'Aiguillon, la marquise de Senecay et la marquise de Souvré. Le carrosse était environné des exempts et des gardes de la compagnie des gendarmes du roi, et suivi de plusieurs autres carrosses des princes et princesses de la cour. Toute cette pompeuse cavalcade passa le long des rues Saint-Honoré, de la Ferronnerie, de Saint-Denis, devant le Grand-Châtelet, par le pont Notre-Dame, le Marché-Neuf, et entra par la rue Sainte-Anne dans la cour du Palais. Toutes les rues étaient remplies d'une prodigieuse multitude de peuple, les uns aux fenêtres, les autres jusque sur les toits des maisons. Après que le roi eut entendu la messe dans la Sainte-Chapelle, quatre présidents et six conseillers, accompagnés du grand-maître des cérémonies, allèrent le recevoir. Il entra au parlement, s'assit sur son lit de justice et exposa le sujet de sa venue en ces termes : « Messieurs, je suis venu en mon parlement pour vous dire que, suivant la loi de mon État, j'en veux prendre moi-même le gouvernement, et j'espère de la bonté de Dieu que ce sera avec piété et justice. M. le chancelier vous expliquera plus particulièrement mes intentions. » Le chancelier prit aussitôt la parole et prononça une harangue fort éloquente, où il s'étendit sur les louanges du feu roi Louis XIII, sur les belles qualités du roi son fils, sur les soins que la reine sa mère avait pris de son éducation, et sur les témoignages d'affection que le duc d'Orléans avait fait paraître au bien de l'État pendant la minorité. Le chancelier se contenta de former des souhaits pour le retour du prince de Condé, qui, s'éloignant toujours de la cour, n'avait pas voulu prendre séance ce jour-là au parlement. Puis venant aux ordres qu'il avait d'expliquer les intentions du roi, il dit que le roi voulait gouverner son peuple avec douceur et clémence, et qu'il commençait par oublier entièrement les désordres passés. Ensuite s'adressant à messieurs du parlement, il ajouta : « Le roi m'a commandé de vous dire qu'il vous confirmait en vos charges et en tous vos droits, vos honneurs et priviléges, et qu'il vous fait les juges souverains des biens, de la vie et de l'honneur de ses sujets. » Lorsque le chancelier eut cessé de parler, la reine, qui était assise à la droite de son fils, un peu au-dessous, lui dit : « Monsieur, voici la neuvième année que par la volonté dernière du roi défunt, mon très honoré seigneur, j'ai pris soin de votre éducation et du gouvernement de votre État. Dieu ayant, par sa bonté, donné sa bénédiction à mon travail, et conservé votre personne qui m'est si chère et précieuse à tous vos sujets, à présent que la loi du royaume vous appelle au gouvernement de cette monarchie, je vous remets, avec grande satisfaction, la puissance qui m'avait été donnée pour la gouverner ; et j'espère que Dieu vous fera la grâce de vous assister de son esprit de force et de prudence, pour rendre votre règne heureux. » Le roi lui répondit en ces termes : « Madame, je vous remercie du soin qu'il vous a plu prendre de mon éducation et de l'administration de mon royaume. Je vous prie de continuer à me donner vos bons avis, et je désire qu'après moi vous soyez le chef de mon conseil. » La reine se leva aussitôt de son siége pour rendre hommage au roi, et comme elle s'abaissait, le roi descendit de son lit de justice, la releva et l'embrassa tendrement. Quand le roi eut repris sa place, le duc d'Anjou son frère, le duc d'Orléans son oncle, et le prince de Conti le saluèrent avec un profond respect ; ce que firent pareillement les pairs et grands-officiers de la couronne. Ensuite le premier président découvert, aussi bien que les autres présidents, et à genoux, puis relevé, prenant la parole, parla sur l'espérance d'un règne heureux sous le gouvernement d'un roi orné de tant de belles qualités. Il finit en assurant le roi du zèle et de la fidélité de la compagnie. On ouvrit aussitôt les portes, non pour faire entrer le monde dans la grand'chambre qui était toute pleine, mais pour observer les formes. Alors le greffier fit lecture de deux édits du roi, l'un contre les blasphèmes, l'autre contre les duels, qui furent enregistrés sur l'heure. Après cela le roi sortit, monta en carrosse au pied des degrés de la Sainte-Chapelle, et retourna au Palais-Royal, au bruit des acclamations du peuple. A son retour il fut salué de toute l'artillerie du petit fort qu'il avait fait construire dans le jardin de ce palais, ce qui servit comme de signal au canon de l'Arsenal, de la Bastille et de la Ville, qui tira en même temps. Sur le soir les réjouissances redoublèrent par toute la ville, où il y eut feux de joie et illuminations. Le lendemain, le roi alla faire ses prières à Notre-Dame, et reçut en ce jour-là les hommages du clergé, du grand-conseil et du corps de ville (1). »

Tandis que la régente faisait déclarer la majorité de son fils, Condé, cédant à un fol amour-propre et à de fatales suggestions, se retirait dans la Guienne et levait l'étendard de la révolte. Tout s'agita. Les partisans du prince essayèrent de faire embrasser leur cause par le duc d'Orléans, et ils ne songèrent rien moins qu'à enlever Gondi, pour soustraire Gaston à son invincible influence. Ce projet, conduit par un nommé Gourville, homme d'énergie et de talents, échoua par un hasard presque miraculeux. Le roi, pour prévenir une guerre imminente, fit rendre un arrêt par lequel le parlement défendit de tenir aucune assemblée, ni lever des troupes à Paris ou ailleurs, sans lettres-patentes signées d'un secrétaire d'État et scellées du grand sceau, à peine d'être déclaré criminel de lèse-majesté et perturbateur du repos public. Le prince de Condé, abandonné du parlement, envoya à cette compagnie un gentilhomme porteur de lettres qu'elle refusa d'ouvrir; elle enregistra au contraire, quelques jours après, une déclaration du roi contre les princes de Condé et de Conti, la duchesse de Longueville, les ducs de Nemours, de La Rochefoucauld et leurs partisans.

Tout-à-coup on apprit que le maréchal d'Hocquincourt avait réuni près de Sedan huit mille hommes, par ordre secret de la cour, et se disposait à protéger la rentrée de Mazarin en France. A cette nouvelle, Gondi, qui avait laissé sortir de Paris la régente, vit qu'il avait été joué, et il voulut réparer sa faute, qui était, ainsi qu'il le dit lui-même, *des plus lourdes, palpable, impardonnable*. Il entraîna Gaston et le parlement dans sa vengeance. Le roi appela aussitôt auprès de lui Molé, dans la crainte que s'il restait à Paris le duc d'Orléans ne s'emparât des sceaux. Le premier président partit, emmenant avec lui le surintendant et toute la chancellerie. Beaucoup de personnes de qualité suivirent son exemple. Bouillon et Turenne, que Gaston voulait faire arrêter, s'enfuirent, et la duchesse de Chevreuse elle-même se rangea du côté de la cour. Ces départs successifs jetaient l'alarme dans Paris; le duc d'Orléans l'augmentait encore par la violence de ses procédés. Avant le départ du premier président, il avait excité une émeute de la populace, s'imaginant donner ainsi à la cour une preuve de l'horreur que les Parisiens avaient pour le ministre exilé; des misérables avaient osé assiéger la maison de Molé, et l'intrépide magistrat les avait dissipés par sa seule présence. A peine fut-il parti que le parlement s'abandonna à tous les désordres, et ce fut au milieu d'une fermentation inouïe qu'il rendit cet arrêt fameux qui, déclarant de nouveau Mazarin criminel de lèse-majesté, perturbateur du repos public,

(1) Félibien, t. II, p. 1421.

proscrivait sa tête et fixait le prix de cette proscription à 50,000 écus (1). Mais les magistrats refusèrent de lever des contributions et de soudoyer des troupes pour s'opposer efficacement à la rentrée du ministre. Cette proposition fut rejetée d'une voix presque unanime, comme attentatoire à l'autorité royale.

Au milieu des arrêts du parlement, Mazarin, protégé par l'armée du maréchal d'Hocquincourt, rentrait en France et se voyait aussi bien accueilli par Louis XIV que par Anne d'Autriche. Mais Condé tenait toujours la campagne. Gaston, abandonné par Gondi, qui attendait les événements dans la retraite, après avoir reçu son chapeau de cardinal si impatiemment désiré, s'était enfin décidé à former une petite armée; elle était destinée, sous les ordres de Beaufort, à agir de concert avec les troupes espagnoles et françaises que Nemours amenait de Flandre pour le service du prince. Turenne commandait l'armée royale. Après un grand nombre d'escarmouches et d'engagements, qui augmentèrent la renommée militaire de Condé, sans amener aucun résultat, le prince prit le parti d'entrer à Paris. Il n'y fut reçu que très froidement, si ce n'est par le peuple qui l'accompagna jusqu'à son hôtel au milieu des cris de joie. Le parlement lui refusa l'autorisation qu'il demandait de lever des troupes. Une assemblée de l'Hôtel-de-Ville, où il espérait dominer, ne lui fut guère plus favorable; et sur l'invitation qu'il lui fit d'écrire aux principales villes du royaume pour former une *union* avec la capitale, il fut seulement arrêté qu'il serait fait une députation au roi pour le supplier de renvoyer Mazarin et de donner la paix à son peuple. La partie turbulente du peuple était pour Condé, mais la plupart des colonels de quartiers suivaient le parti de la cour; il y eut même, dit-on, un projet formé par Guénégaud, trésorier de l'épargne, pour livrer la porte du Temple à l'armée royale. L'éloignement des honnêtes gens, fatigués de la guerre civile, les intrigues de Mazarin, le manque de ressources, les excès populaires (2), tout contribuait à augmenter les embarras de Condé. Il tâchait de s'assurer Paris par tous les moyens imaginables. Le peuple, qui souffrait beaucoup, demanda la procession de la châsse de Sainte-Geneviève; elle fut ordonnée aussitôt par le parlement. Le même jour, on délibéra sur la manière de se pro-

(1) Cet arrêt, qui était inexécutable, fut tourné en ridicule, et Marigny fit afficher dans Paris une répartition des 150,000 livres, tant pour qui couperait le nez au cardinal, tant pour une oreille, tant pour un œil, etc.

(2) On ne respectait même plus les magistrats municipaux. Le procureur du roi de la ville et les échevins étant entrés au Palais de justice avec des archers, le peuple s'ameuta et cria qu'il n'y avait que le roi ou les enfants de France qui eussent droit d'entrer au palais avec des gardes armés. Les archers furent aussitôt enveloppés et leurs armes jetées dans le préau de la Conciergerie. Les prisonniers, qui étaient au nombre de cent trente-huit, s'en emparèrent, et forcèrent les portes, malgré la résistance des guichetiers. Félibien, t. II, p. 1427 et suiv.

curer les 50,000 écus promis à celui qui apporterait la tête de Mazarin, ce qui fit dire au conseiller Leclerc de Courcelles : « Nous sommes aujourd'hui en dévotion de fête double : nous ordonnons des processions et nous travaillons à faire assassiner un cardinal. » La solennité eut lieu avec le plus grand recueillement, et Condé y montra une dévotion qui parut bien théâtrale aux gens de bonne foi (16 juin 1652).

Les deux armées ravageaient les campagnes, sans qu'on pût prévoir l'issue de cette fatale querelle. Condé, à la tête des Parisiens, s'était emparé de Saint-Denis ; mais cette ville fut reprise le lendemain par les troupes du roi. La misère du peuple dans les provinces devenait effrayante. Les soldats du duc de Lorraine, illustre aventurier qui se faisait acheter par les deux partis, mirent par leurs brigandages le comble aux malheurs publics. Enfin Turenne parvint à repousser en Flandre ce prince, qui, suivant les expressions d'un contemporain, se conduisait « comme un bandit qui n'a ni foi ni loi, ni probité quelconque, » et cet événement imprévu ruina toutes les espérances de Condé et de sa faction. Quoique ce prince eût promis solennellement au parlement de tenir toujours ses troupes à dix lieues de la capitale, cependant, sous prétexte que la cour, après avoir pris le même engagement, ne l'avait pas rempli, il ne s'était fait aucun scrupule de violer sa promesse, en s'emparant de Charenton, du pont de Neuilly et de Saint-Cloud. Après la retraite du duc de Lorraine, il avait rassemblé le gros de son armée dans ce dernier village, étendant son camp jusqu'à Turenne, tandis que Turenne était venu occuper Chevrette, à une lieue de Saint-Denis, de manière que la rivière seule séparait les deux armées. Avec des forces très supérieures à celles de Condé, Turenne jugea qu'il lui serait facile de l'anéantir s'il pouvait le placer entre l'armée royale et les murs de Paris, parce que les intelligences que la cour avait su se procurer dans cette ville, où le désordre était à son comble (1), lui donnaient l'assurance que jamais les portes ne s'en ouvriraient pour frayer un passage à l'armée rebelle. Pour exécuter cette habile manœuvre, Turenne avait fait construire un pont de bateaux à Épinay, et le succès en eût été immanquable, si le coup d'œil perçant de Condé n'eût saisi d'abord tout son plan et reconnu le danger extrême où il allait se trouver. Il prit donc sur-le-champ la résolution de sortir d'une situation aussi périlleuse, de gagner Charenton avec sept ou huit mille hommes qui lui restaient, et de s'y poster sur cette langue de terre qui fait la jonction de la Seine avec la Marne.

Le prince leva son camp au milieu de la nuit (du 1er au 2 juillet 1652),

(1) « Le 25 juin, tout le parlement courut risque de la vie. Il s'éleva tout d'un coup une émeute à la porte du palais, où il y eut plus de vingt-cinq personnes tuées ou blessées, et plusieurs coups tirés sur les officiers du parlement, dont pas un ne fut atteint. » Félibien, p. 1429.

traversa le pont de Saint-Cloud, et se mit en marche rapidement et dans le plus grand silence. Son avant-garde était presque arrivée, lorsque Turenne à la tête de sa cavalerie fondit sur l'arrière-garde qui était encore vers le faubourg Saint-Denis. Condé vole au secours de ses soldats, les dégage et réunit toute sa petite armée à la tête du faubourg Saint-Antoine, derrière quelques faibles barricades qui se trouvaient là. Alors commença ce combat de Saint-Antoine, fameux dans nos annales par le lieu où il se donna, par l'importance de la cause, par l'acharnement des combattants et par la célébrité de ceux qui les commandaient. Les bourgeois de Paris, accourus sur leurs remparts, regardaient en tranquilles spectateurs; ils consentirent seulement à recevoir les blessés. L'ancienne idole de la populace, le duc de Beaufort, n'avait rien pu en obtenir. Condé, malgré son courage et son habileté, sans cesse pris en tête et en flanc par des troupes fraîches, voyait tomber autour de lui ses plus braves compagnons, et l'on pouvait prévoir le moment où il allait être écrasé si Paris n'ouvrait ses portes pour lui donner asile. Le roi venait d'en envoyer à l'Hôtel-de-Ville la défense positive.

Mais vers midi, quelques bandes d'ouvriers s'attroupèrent et se portèrent sur le Luxembourg où se tenait Gaston d'Orléans, demandant à grands cris l'ouverture des portes de la ville. A ces démonstrations plusieurs dames de qualité dont les parents combattaient dans l'armée du prince joignirent leurs prières, et Gaston se laissa arracher par Mademoiselle l'ordre d'ouvrir à Condé la porte Saint-Antoine. Il était temps : le maréchal de La Ferté venait de joindre Turenne, et les royalistes se disposaient à envelopper entièrement leurs ennemis. Déjà ils défilaient à la fois par Conflans et Popincourt; Condé, par une brillante charge de cavalerie, les repoussa jusqu'au-delà des barrières du faubourg, et pendant ce temps, son infanterie défila dans la ville; la cavalerie suivit et il entra des derniers. Les portes se refermèrent derrière eux. Des mousquetaires placés sur les remparts arrêtèrent les royalistes qui voulurent approcher, et Mademoiselle fit tirer sur eux le canon de la Bastille.

Grand fut l'étonnement de la cour quand elle s'aperçut que le prince lui avait échappé. Elle se croyait si sûre du triomphe qu'elle pensa, en entendant le canon de la Bastille, qu'on tirait sur les troupes de Condé. L'armée royale garda ses positions; Condé fit camper la sienne le long de la Bièvre, dans la plaine d'Ivry.

Le 14 juillet, le massacre de plusieurs personnes notables jeta l'épouvante dans Paris. A moins d'admettre que le crime fut commis sans préméditation, on ne peut l'attribuer qu'aux princes, qui voulurent se venger ainsi du danger que leur avait fait courir le conseil de l'Hôtel-de-Ville, en refusant, le jour de la bataille, d'ouvrir à leur armée les portes de Paris. Ils avaient demandé une assemblée générale de l'Hôtel-de-Ville, dans le but apparent de le remercier, mais en réalité, pour exciter une sédition dans la ville et la faire déclarer contre le roi. L'assemblée leur dit en entrant qu'un ordre royal venait de leur enjoindre de remettre toute délibération à huitaine. Les princes qui avaient prévu le fait se retirèrent sans objection, mais en remontant dans leur carrosse ils dirent tout haut : « La salle est pleine de mazarins. » Ces mots furent comme un signal de guerre donné à la foule de mécontents, de gens sans aveu et de soldats déguisés qui depuis le matin s'agitaient sur la place de Grève. A l'instant cette multitude ameutée se répandit en clameurs menaçantes. Après les invectives, ils en vinrent à une grêle de pierres qu'ils lancèrent contre les fenêtres de la maison de ville. Les gardes y répondirent par des coups de fusil, qui firent tomber quelques malheureux. La vue du sang augmenta la fureur; les gardes, toujours assaillis de pierres, se sauvèrent. Les mutins allèrent prendre du bois sur le port, l'amoncelèrent devant les portes de l'Hôtel-de-Ville et y mirent le feu. La fumée qui se répandit dans les salles força les conseillers de les quitter, et de chercher des asiles sous les combles et dans les endroits les plus reculés; ceux qui se présentaient aux fenêtres basses pour sortir furent massacrés sans distinction de mazarins ou de frondeurs. On remarqua même qu'il y en eut beaucoup plus des derniers, parce que, se flattant d'être épargnés, ils accoururent en grand nombre. Quelques-uns se sauvèrent à force d'argent, en arborant le signe de la faction, qui était la paille. Dès ce jour ce signe devint nécessaire. Les femmes le portèrent en place de bouquets, les hommes à la boutonnière, les moines à leurs frocs; et, comme au commencement des troubles, tout avait été à la fronde; à la fin, ajustements, bijoux, coiffures, tout fut à la paille.

Le profit de cette sanglante journée fut pour Mazarin. Les principales familles de la ville se trouvèrent plongées dans le deuil, et le parti des princes devint odieux à tous les honnêtes gens. Cependant Condé profita de la puissance que lui donnait la terreur des Parisiens : le gouverneur de Paris fut destitué et remplacé par le duc de Beaufort; la prévôté des marchands fut donnée au vieux Broussel, le patriarche de la fronde; un nouveau conseil fut créé, et le parlement sanctionna toutes ces mutations. Le 6 août, le roi cassa tous ces actes du parlement, et lui ordonna de se transporter à Pontoise. L'arrêt ne s'exécuta qu'en partie, en sorte qu'il y eut bientôt deux parlements qui se foudroyèrent mutuellement; mais celui de Pontoise, composé des meilleurs et des plus habiles conseillers présidés par Molé, assura la victoire au parti royaliste. Il décida Mazarin à s'éloigner momentanément pour ôter tout prétexte à la rébellion. Mazarin partit en effet pour Sedan. A cette nouvelle, un enthousiasme général se répandit dans Paris. En vain Condé fit ses efforts pour ramener les esprits en risquant un combat décisif avec Turenne; celui-ci sut faire à propos une retraite habile. Les principaux bourgeois de Paris, au nombre de cent quarante-neuf, allèrent à Saint-Germain, supplier le roi de rentrer dans *sa bonne ville*. Gondi s'était mis à leur tête, et en récompense il reçut des mains du roi le chapeau de cardinal. Le 21 octobre (1652), le jeune monarque rentra dans sa capitale au milieu des acclamations du peuple.

La réaction ne fut pas violente; pour toute punition le parti vaincu eut à subir quelques exils justement mérités. Le coadjuteur seul, qui ne voulut rien rabattre de sa morgue et de ses prétentions exorbitantes, fut enfermé à Vincennes. Mazarin revint à Paris, et fut fêté comme un roi (3 février 1653). Gondi fut transféré de Vincennes à Nantes d'où il s'échappa. Depuis lors, il mena une vie errante en Italie et en Lorraine, et plus tard, après la mort de Mazarin, il revint à Paris finir ses jours dans l'obscurité.

Les années suivantes furent absorbées presque entièrement par de glorieuses campagnes contre les ennemis de la France, surtout contre les Espagnols. Enfin fut conclu, en 1659, après vingt-cinq ans de guerre, le traité des Pyrénées ménagé par Mazarin dans la conférence qu'il eut avec Louis de Haro dans l'île de la Bidassoa. Les Parisiens prenaient une part si vive à cet événement qu'ils donnèrent, à cause de cela, le nom de *porte de la Conférence* à une porte qu'ils construisaient alors au bout du jardin des Tuileries. La paix des Pyrénées fut, à Paris, un sujet de réjouissances publiques qui durèrent plusieurs jours et furent suivies du mariage du roi. Cette solennité, qui était l'une des conditions du traité, fut célébrée à Saint-Jean-de-Luz, le 9 juin 1660. Le 26 août suivant, Louis XIV fit son entrée dans la capitale, nouvelle cérémonie pour laquelle les Parisiens déployèrent un luxe extraordinaire. Ils s'avisèrent, entre autres choses, de joindre au cortége de la ville cinquante hommes de chacun des corps des métiers tous équipés et armés de manière différente. Les horlogers étaient habillés en Flamands, les menuisiers en Italiens, les bouchers en Arméniens, les rôtisseurs en Turcs, les pâtissiers en Indiens, les tailleurs en Égyptiens, les fripiers en Juifs, etc. (1).

Le 9 mars 1661, le cardinal Mazarin, au comble de la fortune, termina paisiblement sa longue carrière. Il avait été pendant dix-sept ans premier ministre d'État. Il fut enlevé par une maladie de langueur, et quitta paisiblement ce monde, sans montrer ni craintes ni regrets. Il ne manifesta quelque scrupule qu'au sujet de ses énormes richesses. Son corps fut pendant quelques jours exposé sur un lit de parade, puis porté à la Sainte-Chapelle de Vincennes, en attendant qu'il pût être inhumé dans la chapelle du collége dont il avait, par son testament, ordonné la fondation.

(1) Félibien, t. II, p. 1470.

Avant de mourir, Mazarin avait réglé l'administration de l'État, et le jeune roi se sentait capable de prendre les rênes du gouvernement. Aussi quand le parlement vint lui demander à qui il s'adresserait désormais pour les affaires, Louis XIV répondit : « A moi. »

Dès les premiers pas, il agit avec une fermeté, une sagesse et un bonheur qui firent présager la gloire de son long règne. Ses relations avec l'extérieur mirent la France au premier rang des puissances européennes. Au-dehors ses brillantes campagnes, au-dedans l'admirable administration dont le grand Colbert fut l'âme pendant vingt-deux ans, produisirent ce qu'on a nommé *le grand siècle*.

Paris profita des circonstances et prit un nouveau développement à la faveur de ce gouvernement, dont la forte unité tendait à une extrême centralisation. C'est surtout alors que Paris devint une ville immense par son importance, son étendue et la magnificence de ses monuments; mais grâce à la tranquillité intérieure qui régna dans la France sous Louis XIV, il se passa dans la capitale un très petit nombre d'événements dignes de fixer notre attention.

Avide de luxe et de fêtes, Louis XIV, quelques mois après la mort de Mazarin, donna un *carrousel* si brillant, que le souvenir en est resté dans l'histoire. Cette fête eut lieu les 5 et 6 juin 1662. « Le roi, à la fleur de son âge, dit le grave historien à qui j'emprunte ce récit (1), invita ceux de son sang et les premiers officiers de ses troupes à une course de bagues et de têtes organisée suivant le projet imaginé par son ingénieur, le sieur Vigarani. Les seigneurs de la cour désignés pour entrer en lice furent divisés en cinq brigades représentant diverses nations dont ils portaient les habits et les armes. Le roy, chef de la première brigade, étoit vêtu à la romaine ainsi que tous les chevaliers de sa suite, au nombre de dix, sans compter un maréchal-de-camp, plusieurs trompettes et timbales. Les quatre autres brigades sous des habits de Persans, de Turcs, d'Arméniens et de Sauvages, étoient composées d'un pareil nombre de seigneurs et avoient à leur tête quelqu'un des princes du sang, avec des devises et des livrées particulières. Le cortége du roy étoit composé de plusieurs écuyers, vingt-quatre pages, cinquante chevaux de main, conduits chacun par deux palefreniers et cinquante valets de pied, vêtus en licteurs ou *estafiers romains*, et portant des faisceaux d'armes dorés. Monsieur, frère du roy, avoit aussi à sa suite plusieurs écuyers, dix-huit pages, vingt chevaux de main conduits par quarante palefreniers et vingt-quatre esclaves avec l'arc et le carquois à la façon des Perses. Le prince de Condé, le duc d'Enghien et le duc de Guise, chefs des trois autres brigades, étoient dans un équipage convenable à leur rang, et chaque cavalier étoit escorté de

(1) Félibien, t. II, p. 1478.

deux pages, deux chevaux de main et quatre palefreniers, tous équipés avec tant de magnificence qu'il sembloit qu'on eût rassemblé tout ce qu'il y avoit au monde de pierreries et de rubans pour l'ornement de cette fête. L'or et l'argent étoient employés avec une si grande profusion sur les habits, et les housses des chevaux, qu'à peine pouvoit-on discerner le fond de l'étoffe d'avec la broderie dont elle étoit couverte. Le roy et les princes brilloient extraordinairement par la quantité prodigieuse de diamants dont leurs armes et les harnois de leurs chevaux étoient enrichis. Le duc de Grammont, qui faisoit l'office de maréchal-de-camp-général, marchoit en tête de cette pompeuse cavalcade qui s'étant réunie au marché aux chevaux, derrière l'hôtel de Vendôme, au bout du faubourg Saint-Honoré, continua sa marche par la rue de Richelieu, à l'extrémité de laquelle elle entra dans le champ de bataille, sur une place située devant le château des Tuileries et appelée autrefois le *Jardin de Mademoiselle*. Cet endroit a conservé depuis le nom de *place du Carrousel*. Les quatre côtés du champ de bataille étoient environnés d'une galerie de soixante-dix toises de long sur chaque face, dans laquelle se plaça un nombre infini de spectateurs. Le roy commença la course avec trois cavaliers de sa brigade, armés chacun d'une lance et d'un dard pour emporter et darder les têtes de Maure et de Méduse, posées sur des bustes de bois doré. Les autres cavaliers le suivirent quatre à quatre, et presque tous signalèrent leur adresse, aussi bien du reste que le roy, qui en fit paroître beaucoup. L'honneur de la journée fut cependant déféré au marquis de Bellefonds, de la brigade de Monsieur, frère du roy. Il en reçut le prix des mains de la reine; c'étoit une boîte à portrait garnie de diamants. La fête recommença le lendemain et se termina comme le premier jour par un splendide souper chez la reine. »

Si la cour prodiguait l'argent en fêtes somptueuses, elle s'occupait aussi de soulager la misère publique. Le peuple souffrait cruellement. La disette était dans Paris. En 1660, la récolte avait été médiocre; en 1661 elle avait été mauvaise; au commencement de l'année 1662, le blé, qui ne valait auparavant que 13 livres 10 sous le septier, augmenta jusqu'à 50 francs. Le pain se vendait 8 sols la livre. Le gouvernement, en cette triste occasion, vint au secours du peuple avec une généreuse sollicitude. Les pauvres gens ne pouvant pas acheter de pain, s'étaient contentés de détestables aliments qui avaient engendré des maladies; des accapareurs, pour profiter de la détresse générale, poussaient encore à la hausse des blés, et le menu peuple, peu disposé à prendre son mal en patience, fomentait des émeutes et menaçait les riches. Heureusement, le roi fit venir des extrémités de l'Europe une grande quantité de blés qui arrivèrent à Paris au mois d'avril et furent déchargés au Louvre; puis il nomma, pour décider ce qu'il y avait à faire, une assemblée qui se réunit à la salle Saint-Louis, le 21 du même mois, et qui fit convertir le blé du roi en pain qu'on distribua au peuple à un prix modique. « Pour cet effet, on bâtit des fours aux Tuileries, et, par des fenêtres qu'on perça le long des murs du jardin en tirant vers la porte de la Conférence, où il n'y avoit point alors de terrasse, le pain du roi se vendit à raison de 2 sols 6 deniers la livre, ce qui fut d'un grand secours pour les pauvres. Outre cela, on permit aux pâtissiers, aux communautés et à tous particuliers d'en cuire et de le mettre en vente. » Le 4 mai 1662, les Parisiens firent une procession générale et des prières pour implorer du Ciel la fécondité de la terre. Mais en dépit des prières, la récolte de cette année fut encore médiocre et celle de l'année suivante le fut aussi. L'abondance ne revint qu'en 1664.

Au commencement de l'année 1666, après une longue et douloureuse maladie, la reine-mère, Anne d'Autriche, était à la dernière extrémité. Le 18 janvier, le parlement ordonna que, « sans tirer à conséquence pour l'avenir, » la châsse de Sainte-Geneviève serait descendue pour être visitée par les processions de la ville et des faubourgs; mais on n'eut guère le loisir de prier pour elle : Anne d'Autriche expira deux jours après.

En 1668, la contagion ravagea Paris et les environs. Les mesures les plus sévères furent prises pour arrêter le fléau. Les médecins, apothicaires et chirurgiens furent tenus de déclarer aux commissaires de leurs quartiers les individus qu'ils croyaient pestiférés et même ceux qu'ils soupçonnaient de l'être, sous peine de la privation de leurs maîtrises et de 1,000 livres d'amende. Ceux qui avaient seulement communiqué avec les malades étaient, dès qu'on l'apprenait, conduits dans une maison spéciale située au haut de la Courtille, près de l'hôpital Saint-Louis. La maladie empêcha pour cette année les foires du Lendit et de Saint-Laurent ; elle ne cessa entièrement que pendant l'hiver.

Louis accorda, au mois de mars 1669, des lettres-patentes pour la confirmation de la plupart des priviléges de la ville de Paris. Par cet édit, enregistré à la chancellerie, au parlement, à la chambre des comptes et à la cour des aides, il renouvela les franchises concédées aux Parisiens par un grand nombre de ses prédécesseurs (1), et dont les principales dispositions étaient les suivantes : l'exemption du droit de prise au profit de la maison royale, le droit de prélever sur les marchands forains le péage des ponts de Paris, de posséder des fiefs nobles, d'avoir la garde des enfants mineurs, de porter armes, livrées et ornements de chevalerie, l'exemption du logement des gens de guerre, le droit d'avoir des prisons dans l'Hôtel-de-Ville, etc., etc.

(1) En 1134, 1165, 1324, 1350, 1371, 1465, 1515 et 1543.

Quelques années plus tard (1674), la munificence royale se manifesta en faveur du chef du clergé parisien. La terre archiépiscopale de Saint-Cloud fut érigée en duché-pairie, et l'archevêque François de Harlay fut créé duc et pair de France. En conséquence, un siége de juridiction particulière fut établi au palais de l'archevêché.

Au mois de juillet 1676, eut lieu en place de Grève l'exécution de la fameuse marquise de Brinvilliers, l'un de ces monstres dont la science n'a pu encore expliquer l'horrible organisation. Marie-Marguerite de Brinvilliers, fille de Dreux d'Aubray, lieutenant civil, avait épousé en 1651 le marquis de Brinvilliers, fils d'un président la chambre des comptes et mestre-de-camp du régiment de Normandie. Elle débuta dans l'horrible carrière qu'elle devait parcourir avec tant d'audace par des liaisons criminelles avec un jeune officier de cavalerie du régiment de Tracy, nommé Gaudin de Sainte-Croix. Le père de la marquise, indigné de leur commerce scandaleux, s'adressa au roi, dont il obtint une lettre de cachet, et fit renfermer Sainte-Croix à la Bastille (1663). Sainte Croix y trouva un Italien nommé Exili, l'un de ces monstres qui avaient fait périr plus de cent cinquante personnes à Rome sous le pontificat d'Innocent X. Exili initia Sainte-Croix aux secrets de son art diabolique, et celui-ci, sortant de prison au bout d'un an, ne tarda pas à les apprendre à sa maîtresse, que la cupidité et le désir de la vengeance ne disposaient que trop à en profiter. De 1666 à 1670, le père, deux frères et une sœur de la marquise de Brinvilliers moururent empoisonnés. La vie du marquis ne fut pas respectée par ce monstre; mais comme elle ne voulait s'en défaire que pour épouser Sainte-Croix, et que cet homme ne voulait pas d'une pareille compagnie, il donnait en secret du contre-poison au mari, de sorte « qu'ainsi ballotté, dit madame de Sévigné, tantôt empoisonné, tantôt désempoisonné, il est demeuré en vie. » Alors Paris vit chaque jour de nouveaux crimes rester impunis, et la consternation était à son comble, lorsque Sainte-Croix mourut subitement au mois de juillet 1672. On rapporte que pendant qu'il composait un poison violent, le masque de fer qu'il mettait pour se garantir des vapeurs meurtrières de ses drogues, tomba, et qu'il fut suffoqué sur-le-champ. La justice mit les scellés sur les effets de cet aventurier qui n'avait pas de parents. La marquise eut l'imprudence de réclamer une cassette qui en faisait partie et qu'elle prétendit lui appartenir. Cet empressement parut suspect. On l'ouvrit et on y trouva un billet daté du 25 mai 1672, contenant la prière de remettre cette cassette, « sans rien ouvrir ni innover, à madame de Brinvilliers, rue Neuve-Saint-Paul, vu que tout ce qu'elle contient la regarde et appartient à elle seule. » Ce trésor de crimes renfermait des paquets de poisons de toute espèce, des lettres de la marquise à Sainte-Croix et une promesse de 30,000 livres qu'elle lui avait faite le 20 juin 1670, c'est-à-dire huit jours après l'empoisonnement du lieutenant-civil. Madame de Brinvilliers ne pouvant parvenir à soustraire cette cassette, se sauva en Angleterre et ensuite à Liége. Tout se découvrit peu à peu. Un ancien laquais de M. d'Aubray, Jean Amelin, dit *La Chaussée*, fut arrêté et mis à la torture; il avoua qu'il avait empoisonné les frères de la marquise, et il fut roué vif en place de Grève, le 24 mars 1673. Alors l'ordre fut donné de s'emparer de la Brinvilliers. Elle fut arrêtée à Liége par le fameux exempt Desgraies, et amenée à la Conciergerie. Elle avoua tous ses crimes et fut condamnée à mort par arrêt du 16 juillet 1676. « La Brinvilliers est morte comme elle a vécu, dit madame de Sévigné, c'est-à-dire résolument. » En allant à l'échafaud, elle remarqua et reconnut plusieurs femmes de distinction qui se montraient avides de la contempler; elle leur dit avec beaucoup de fermeté : « Voilà un beau spectacle à voir! » Elle avait désiré que le bourreau se plaçât devant elle, pour lui dérober la vue de l'exempt qui l'avait arrêtée et qui marchait à cheval devant la voiture; mais son confesseur lui fit entendre que cet aspect devait être considéré comme une espèce d'expiation, et elle dit vivement : « Ah! mon Dieu, je vous demande pardon, qu'on me laisse donc cette étrange vue! » — Elle monta seule nu-pieds sur l'échafaud, dit madame de Sévigné, et fut un quart d'heure mirodée, rasée, dressée et redressée par le bourreau; ce fut un grand murmure et une grande cruauté. Le lendemain on cherchoit ses os, parce que le peuple disoit qu'elle étoit sainte. » La marquise de Brinvilliers fut décapitée et brûlée le 16 juillet 1676, sur les sept heures du soir. On montre sa tête au muséum de Versailles; la régularité parfaite des os semble attester encore qu'elle fut d'une beauté remarquable (1).

Le supplice de la marquise de Brinvilliers n'arrêta point les empoisonnements. La surveillance de la police était impuissante. Enfin on arrêta une fameuse devineresse, connue sous le nom de la Voisin, et soupçonnée de vendre des poisons subtils que l'on nommait alors *poudres de succession*. Elle fut jetée à la Bastille en 1679, avec quarante de ses complices, parmi lesquels on cite une femme nommée la Vigoureux et son frère, et un prêtre, Etienne Guibourg Cœuvrit, dit Lesage. Le 11 janvier 1680, une chambre ardente fut établie à l'Arsenal pour juger la Voisin et ses complices. Plusieurs personnes de distinction furent enveloppées dans cette mystérieuse affaire, mais les juges se contentèrent de condamner à mort la Voisin, qui fut brûlée le jeudi 22 février. « Elle vint en carrosse de Vincennes à Paris, dit madame de Sévigné; on voulut la faire confesser; point de nouvelles. A cinq heures on la lia; et avec une torche à la main elle parut dans

(1) *Biog. univ.* — Félibien, t. II, p. 1509 et suiv. — Voy. aussi un article de madame la duchesse d'Abrantès, dans le *Musée des familles*.

le tombereau, habillée de blanc; c'est une sorte d'habit pour être brûlée; elle était fort rouge, et l'on voyait qu'elle repoussait le confesseur et le crucifix avec violence. A Notre-Dame elle ne voulut jamais prononcer l'amende honorable, et à la Grève elle se défendit autant qu'elle put de sortir du tombereau : on l'en tira de force, on la mit sur le bûcher; assise et liée avec du fer, on la couvrit de paille; elle jura beaucoup, elle repoussa la paille cinq ou six fois; mais enfin le feu s'augmenta, on la perdit de vue, et les cendres sont en l'air présentement. Voilà la mort de madame Voisin, célèbre par ses crimes et son impiété (1). »

A ces crimes multipliés, à ces scandaleux débordements, précurseurs des désordres de la régence et de Louis XV, vinrent se joindre des disettes et des maladies contagieuses qui décimèrent Paris. La capitale était aussi sombre que Versailles; la triste vieillesse de Louis XIV et de madame de Maintenon exerçait une fatale influence sur tous ceux qui les entouraient. De 1692 à 1694, une affreuse disette, suite des guerres continuelles et d'une mauvaise administration, se fit ressentir à Paris. Le parlement fit travailler les mendiants valides, et ceux qui voulurent se soustraire à leurs tâches furent renfermés pendant quinze jours à Bicêtre où à la Salpêtrière; la récidive fut punie de cinq ans de galères. Le roi vint au secours du peuple et il fit distribuer chaque jour cent mille livres de pain, à raison de deux sous la livre. Madame de Miramion, toujours active lorsqu'il agissait d'un acte de charité, seconda les vœux du monarque, et elle chercha à diminuer la misère publique; chaque jour elle distribuait *six mille potages* aux pauvres honteux de sa paroisse. Enfin ayant vu qu'il y avait à l'Hôtel-Dieu jusqu'à douze malades dans un même lit, elle en fit porter un grand nombre à l'hôpital Saint-Louis (2). En 1698 et 1699, la disette recommença et elle fut accompagnée d'une atroce maladie. « C'était, dit un écrivain contemporain, un scorbut mêlé de cette cruelle peste dont le poëte Lucrèce a fait la description dans son VIe livre. Enfin en 1709, l'hiver qui fut extrêmement rigoureux, fut suivi d'une nouvelle disette. Le scorbut exerçait toujours ses ravages; l'hôpital Saint-Louis était réservé pour ceux qui en étaient attaqués, et il y avait cependant en même temps quatre mille cinq cents malades à l'Hôtel-Dieu (3).

Ce fut au milieu d'événements aussi tristes et en présence d'un avenir plus sombre encore que Louis XIV vit approcher la mort. Le duc d'Orléans, Philippe, fils de *Monsieur*, devait gouverner le royaume pendant la minorité de Louis XV. Cédant à de vives sollicitations, le roi mourant déclara, dans son testament, qu'il formait un conseil de régence, afin de borner la puissance du régent; mais en remettant ce testament entre les mains du premier président, pour n'être ouvert qu'en

---

(1) Madame la duchesse d'Abrantès a également donné dans le *Musée des familles* un article fort intéressant sur *la Voisin*. — (2) Félibien, t. II, p. 1520. — (3) *Ibid.* p. 1528.

qu'en présence des pairs assemblés (1), il lui dit, s'il faut en croire les Mémoires de Saint-Simon : « Voici mon testament. L'exemple des rois mes prédécesseurs, et du roi mon père, ne me laisse pas ignorer ce que celui-ci pourra devenir ; mais on l'a voulu, on m'a tourmenté, on ne m'a donné ni paix ni patience qu'il ne fût fait. J'ai donc acheté mon repos. Prenez-le, emportez-le ; il deviendra ce qu'il pourra ; mais au moins je serai tranquille, et je n'en entendrai plus parler. » Après cet acte de sa dernière volonté, il ne fit plus que languir, et le 1er septembre 1715, il mourut à Versailles, à l'âge de soixante-dix-sept ans, après un règne de soixante-douze, le plus long dont il soit fait mention dans les fastes de l'histoire.

Louis XIV a été jugé par les uns avec un enthousiasme trop exclusif, par les autres avec une excessive sévérité. S'il est difficile de nier que son orgueil l'entraîna parfois dans des guerres désastreuses, dont les résultats furent plus tard bien funestes à la France, on ne peut nier qu'il n'ait possédé au plus haut degré les qualités qui font un grand prince, et son règne n'en restera pas moins l'un des plus glorieux de la monarchie. « Ce monarque, dit un éloquent écrivain, eut à la tête de ses armées Turenne, Condé, Luxembourg, Catinat, Créqui, Boufflers, Montesquiou, Vendôme et Villars. Château-Renaud, Duquesne, Tourville, Du Guay-Trouin, commandaient ses escadres ; Colbert, Louvois, Torcy, étaient appelés à ses conseils ; Bossuet, Bourdaloue, Massillon, lui annonçaient ses devoirs. Son premier sénat avait Molé et Lamoignon pour chefs, Talon et d'Aguesseau pour organes. Vauban fortifiait ses citadelles, Riquet creusait ses canaux, Perrault et Mansard construisaient ses palais, Puget, Girardon, Le Poussin, Lesueur et Lebrun les embellissaient ; Lenôtre dessinait ses jardins. Corneille, Racine, Molière, Quinault, La Fontaine, La Bruyère, Boileau, éclairaient sa raison et amusaient ses loisirs. Montausier, Bossuet, Beauvilliers, Fénelon, Huet, Fléchier, l'abbé de Fleury, élevaient ses enfants. C'est avec cet auguste cortége de génies immortels que Louis XIV, appuyé sur tous ces grands hommes, qu'il sut mettre et conserver à leur place, se présente aux regards de la postérité (2). »

(1) Voy. t. II, p. 384.
(2) Le cardinal Maury, *discours de réception à l'Acad. française* (1785).

CHAPITRE DEUXIÈME.

Monuments.—Institutions.

Hôtel royal des Invalides, entre les rues de Grenelle-Saint-Germain et de Grenelle au Gros-Caillou. — La pensée de cette belle institution n'appartient pas tout entière au grand siècle. Dès l'année 1575, Henri III avait formé, dans la rue de Lourcine, *une maison royale et hospitalière* pour les officiers et soldats infirmes, auxquels il donna une décoration qu'ils portaient sur la poitrine, et qui consistait en une croix nacrée avec cette devise : *Pour avoir bien servi*. Cette nouvelle institution de chevalerie reçut le nom d'*ordre de la Charité chrétienne*. Henri IV dota et agrandit cet établissement, dont il se déclara le protecteur. Louis XIII fit transférer les Invalides de la rue de Lourcine à Bicêtre. Là, mal logés, mal nourris, mal entretenus, ces vieux débris de Coutras, d'Arques, d'Ivry, de Castelnaudary et de Bormio, se virent bientôt forcés de quitter cet asile pour entrer dans des abbayes d'hommes, où ils ne furent guère mieux traités.

Louis XIV donna à l'institution créée par ses prédécesseurs les développements que réclamaient l'accroissement progressif des forces militaires de son règne, et le grand nombre d'invalides que ses nombreuses guerres avaient laissés à la suite des régiments. Un arrêt du conseil, du mois de mars 1660, assigna des fonds pour la construction des bâtiments, et la dotation de cet établissement royal ; des plans furent présentés, l'emplacement désigné et le terrain acheté. Le roi en posa la première pierre en 1670 ; et quatre ans après, l'hôtel des Invalides s'éleva majestueusement au nord-est de la vaste plaine de Grenelle, car Louis XIV voulait que tous les monuments élevés sous son règne fussent empreints de la grandeur de son nom et de sa magnificence. Dès l'année 1674, les bâtiments furent en état de recevoir une certaine quantité d'officiers et de soldats ; mais ce ne fut que trente ans plus tard que le monument fut achevé dans tout son ensemble, d'après les plans et sous la direction de Jules-Hardouin Mansard.

La façade de l'hôtel des Invalides regarde le septentrion ; elle a deux cents toises d'étendue, quatre étages et cent trente fenêtres. On aperçoit au-dessus de la principale porte d'entrée la statue équestre de Louis XIV.

Après avoir dépassé cette porte, on pénètre dans la grande cour ou

LES INVALIDES
(Côté du Boulevard)

cour royale, qui a trois cent quatre-vingt-dix pieds de long sur cent quatre-vingt-douze de large. Elle est entourée de quatre corps de logis, ayant chacun deux rangs d'arcades l'un sur l'autre, formant galeries. Le milieu de chaque face est accompagné d'une espèce de corps avancé avec un fronton : les combles sont ornés de tous côtés. Le grand état-major de l'hôtel, c'est-à-dire le gouverneur, le général commandant, l'intendant militaire, les officiers de santé et les bureaux, occupent les appartements de l'aile droite et de l'aile gauche de la façade. Des appartements particuliers ont été pratiqués, du côté de la plaine de Grenelle, pour loger les officiers supérieurs et quelques officiers subalternes ; les autres chambres, à très peu d'exceptions près, sont en commun, mais disposées de telle sorte que les militaires qui les occupent y sont fort à leur aise. Les dortoirs des officiers ont de quatre à six lits ; ceux des sous-officiers et soldats en ont cinquante. Dans un des grands salons de l'hôtel se trouvent rangés, dans l'ordre chronologique, les portraits en pied des maréchaux de France morts. C'est encore dans la direction de Grenelle, que se trouvent la manutention, la lingerie, l'infirmerie et les magasins de l'hôtel. Les cuisines, au nombre de deux, sont situées dans l'intérieur.

Dans les corps de bâtiments placés à droite et à gauche de la principale cour, sont quatre réfectoires, où l'on remarque des peintures à fresque représentant les siéges et les batailles les plus mémorables du règne de Louis XIV.

De la cour, on arrive successivement, par les galeries latérales, dans six autres cours, qui ont toutes leurs destinations particulières.

L'infirmerie de l'hôtel est tenue avec le plus grand soin et la plus grande propreté. Les malades y sont soignés par les sœurs de Saint-Vincent-de-Paul, avec cette sollicitude bienveillante qui caractérise ces femmes si généreusement dévouées au soulagement des malades. Elles sont au nombre de vingt-huit, et occupent un bâtiment entièrement séparé des autres. Le laboratoire fait partie de leur pavillon.

Au fond de la cour royale se trouve l'entrée de l'église. Cet édifice dont la construction complète le vaste bâtiment des Invalides, fut commencé en 1675 : les travaux durèrent trente ans ; quelques détails d'ornement n'étaient pas encore achevés à la mort de Louis XIV. Cette église se compose d'une grande nef et de deux bas-côtés, décorés de pilastres corinthiens. L'église des Invalides, l'un des plus beaux monuments modernes que possède la France, est due au talent de Mansard qui en fut l'architecte. Elle est surmontée d'un magnifique dôme de trois cents pieds de diamètre, c'est-à-dire d'environ neuf cents pieds de circonférence à sa base. Sa forme élégante et pyramidale s'élève à deux cent vingt-trois pieds et domine Paris. La façade de l'église regarde le midi : ses dimensions ont trente toises de largeur et seize de hauteur. Elle est élevée sur un perron de plusieurs degrés, décoré des ordres dorique et corinthien, superposés et couronnés par un fronton triangulaire. Les niches adjacentes, à l'entrée du portail, sont occupées par les deux statues colossales de saint Louis et de Charlemagne. La première est due au ciseau de Coustou aîné, la seconde à celui de Coysevox. Un troisième ordre de colonnes corinthiennes règne autour du dôme. Il est revêtu de plomb et orné de douze grandes côtes, dorées en 1813 par ordre de Napoléon. La dorure s'étend jusqu'à la hauteur qui recouvre la coupole. On remarque dans les intervalles qui séparent les côtes, des trophées militaires couronnés par un casque, dont l'ouverture sert de lucarne. L'intérieur du dôme contient six chapelles. La coupole centrale représente l'apothéose de saint Louis offrant à Dieu son épée et sa couronne. Cette œuvre, très estimée, est de Charles Lafosse. Sur les quatre pendentifs de cette coupole, sont représentés les quatre évangélistes, dus au talent du même peintre. La première voûte est divisée en douze parties égales, où sont représentés les douze apôtres, par Jouvenet. Les peintures qui décorent les quatre chapelles de Saint-Jérôme, de Saint-Ambroise, de Saint-Augustin et de Saint-Grégoire, sont de Louis Boullongne. La chapelle de la Vierge est une des plus remarquables ; elle est en marbre blanc et d'un très beau fini. La voûte du sanctuaire représente l'Assomption de la Vierge, et la Trinité, peints par Coypel. Les groupes d'anges qui ornent l'embrasure des croisées ont été exécutés par les deux frères Boullongne.

Les victoires de la révolution, du consulat et de l'empire avaient décoré la nef de neuf cent soixante drapeaux et étendards enlevés à l'ennemi. Ces trophées de notre gloire militaire disparurent en 1814, lors de la première invasion des alliés. Les Invalides les mirent eux-mêmes en cendre plutôt que de les livrer à leurs anciens possesseurs. Cent soixante-dix nouveaux drapeaux ont déjà remplacé les premiers.

Le pavé du dôme et des chapelles, en marbre de différentes couleurs, est orné de compartiments répartis avec art et d'un excellent goût. Les lignes de la sculpture y sont agréablement interrompues par des lys, des chiffres, les anciennes armes de France et le cordon du Saint-Esprit.

Le travail, la richesse des matériaux, les sentiments que communique le lieu, les noms et le souvenir qu'ils rappellent, dit Roquefort, tout se réunit pour émouvoir fortement et exciter l'admiration de celui qui pénètre dans l'intérieur du dôme des Invalides. L'effet qu'il produit comme masse monumentale dans le panorama de Paris, est peut-être plus merveilleux encore et plus généralement apprécié. C'est un de ces traits qui donnent une physionomie particulière et somptueuse à une ville, c'est l'accident le plus caractéristique et le plus pittoresque de son ensemble.

Les caveaux des Invalides renferment les dépouilles mortelles de plusieurs maréchaux de France et officiers-généraux morts gouverneurs de l'hôtel. En entrant dans ces voûtes souterraines, on aperçoit, à droite, le tombeau de Turenne, qui a pour vis-à-vis celui de Vauban. Les cendres des victimes de la catastrophe du 28 juillet 1835 reposent aussi dans les caveaux des Invalides.

Les Invalides ont la jouissance d'une bibliothèque d'environ vingt-six mille volumes, qui fut créée en 1799, par les soins du Premier Consul.

Le gouvernement leur a concédé une certaine partie de terrain dont ils ont formé de petits jardins qu'ils entretiennent avec soin. Quelques uns sont ornés, avec beaucoup de goût, de grottes, de temples, etc. Ces jardins sont indépendants de ceux qui entourent l'hôtel et qui sont destinés au gouverneur, au général-commandant et aux autres fonctionnaires. Quelques unes des cours qui flanquent les derrières et les deux côtés des bâtiments, sont garnies de plantations d'arbres qui procurent un abri agréable aux habitants de l'hôtel.

De nombreux canaux répandent avec abondance, dans toutes les parties de l'hôtel des Invalides, les eaux nécessaires à la salubrité et à la consommation journalière de ses habitants.

Le nombre des invalides existant aujourd'hui à l'hôtel est d'environ quatre mille. Pour y être admis, il faut avoir perdu un ou plusieurs membres, ou avoir trente ans de service effectif, et soixante ans d'âge. La perte de la vue, par suite d'événements de la guerre, est aussi un titre d'admission. Les militaires retirés du service doivent de plus jouir déjà d'une pension de retraite.

Les guerres de la révolution et l'accroissement successif de nos armées ayant considérablement augmenté le nombre des invalides, le gouvernement consulaire créa deux succursales en 1800, l'une à Louvain, l'autre à Avignon. Cette dernière subsiste encore ; elle peut contenir de huit cent à mille hommes.

Une ordonnance du 21 août 1822 assigne, dans l'armée, le premier rang aux invalides. Depuis cette époque, ils marchent en tête de tous les corps de l'armée.

Il existe dans l'hôtel une école destinée à recevoir les fils des invalides. Cette école, fondée par Louis XIV, se compose aujourd'hui de 18 élèves qui y apprennent l'état qui leur convient le mieux. A leur sortie, ces enfants entrent chez un maître ouvrier, ou, s'ils veulent servir, dans un régiment de l'armée, à leur choix.

Le régime alimentaire ne laisse rien à désirer. Deux cuisines et trente cuisiniers fournissent, soir et matin, aux heures prescrites par les règlements de l'hôtel, une nourriture abondante et saine aux officiers et aux invalides. Les premiers sont servis dans des réfectoires particuliers et en vaisselle plate, les seconds en étain propre et poli. Les tables, dressées dans de grandes galeries, contiennent chacune douze couverts.

La police et la discipline sont établies par des règlements particuliers. Les punitions, selon la gravité des fautes, sont : la prison, les amendes et le renvoi de l'hôtel pour les sous-officiers et les soldats; les arrêts pour les officiers. Lorsqu'un invalide veut se marier, il en fait la demande au commandant de l'hôtel, qui la transmet au gouverneur. Tout invalide peut passer la journée dehors ; mais il doit toujours être rentré avant dix heures.

L'hôtel des Invalides est ouvert tous les jours au public, depuis dix heures du matin jusqu'à quatre heures du soir.

A l'extérieur, l'hôtel des Invalides est entouré de boulevards bien plantés et de belles avenues. En 1724, une chaussée de deux cents toises de long et dix de large conduisait de la plaine à une avant-cour environnée d'un fossé revêtu de pierres de taille ; les portes de cette première cour sont encore accompagnées de deux petits pavillons qui servaient de corps-de-garde. C'est sous la grille qui sépare ces deux pavillons qu'on passe pour entrer dans la cour royale.

L'espace qui sépare l'hôtel des Invalides du rivage de la Seine est aujourd'hui rempli par une belle esplanade de forme rectangulaire, construite en 1750 sur les dessins de M. de Cotte, et qui s'étend jusqu'au quai d'Orsay, sur un vaste parallélogramme embelli de gazons, de belles allées sablées et de massifs d'arbres régulièrement plantés. Au centre est une fontaine d'un assez mauvais goût, peu digne, par ses proportions, comme par ses ornements, du beau monument qu'elle avoisine.

En 1800, le Premier Consul prescrivit la construction d'une batterie sur l'esplanade des Invalides. Depuis 1830, cette batterie s'est augmentée des bouches à feu de divers calibres provenant de la conquête d'Alger. La batterie des Invalides annonce à la capitale les grandes réjouissances publiques, les victoires remportées par nos armées et les entrées d'honneur des princes et princesses de la famille royale (1).

Hôpital général dit *la Salpêtrière*, boulevard de l'Hôpital, et rue Poliveau, 7. — L'Hôpital général doit son surnom à un petit arsenal, ou salpêtrière, établi au commencement du XVIIe siècle. Depuis longtemps le voisinage dangereux de l'Arsenal avait excité les alarmes de la ville de Paris, et donné lieu à des justes remontrances, restées presque toujours infructueuses. Cependant l'explosion de la tour de Billy, le 19 juillet 1538, força le gouvernement de cette époque à prévenir désormais le retour d'une semblable catastrophe. Soit incurie, soit pénurie d'argent, les choses étaient restées dans le même état qu'auparavant, lors-

_____
(1) J'ai emprunté la plupart de ces détails à une bonne notice de M. Sicard, sur l'Hôtel des Invalides.

que le 20 du mois de janvier 1563, une nouvelle explosion eut lieu. Cet évènement, et l'état de délabrement dans lequel était l'Arsenal, déterminèrent enfin Louis XIII à créer un *petit arsenal* dit *la Salpêtrière* sur la rive gauche de la Seine.

Le 27 avril 1656, Louis XIV rendit un édit qui ordonnait l'établissement d'un *hôpital général*, et prescrivait les règles qui devaient y être observées. *Bicêtre*, depuis long-temps abandonné, et la maison de *la Salpêtrière* furent désignés à cet effet.

Le nombre des pauvres et des mendiants qui étaient dans Paris s'élevait, en 1649, à quarante mille. On crut devoir remédier promptement aux désordres inévitables qu'entraînait avec elle cette masse de nécessiteux. Pompone de Bellièvre avisa aux moyens de contenir cette multitude de pauvres, inquiétante pour la sûreté de Paris. Il eut recours au roi pour l'exécution de ce louable projet. Louis XIV appuya de son autorité, et aida par ses bienfaits l'accomplissement de l'entreprise du président Bellièvre. Un édit porta création de l'*Hôpital-Général* pour y renfermer les *pauvres mendiants de la ville et des faubourgs de Paris*; et le 1er septembre suivant, le parlement vérifia l'édit royal. Non seulement le roi donna à l'*Hôpital-Général* les deux châteaux de *Bicêtre* et de *la Salpêtrière*, qui étaient les deux principales maisons qui le composaient à cette époque, plusieurs fonds en terre et en maisons; mais encore il le gratifia de plusieurs priviléges, et l'assista chaque année par des libéralités considérables. Louis XIV peut donc être regardé comme le véritable fondateur de l'*Hôpital-Général de la Salpêtrière*.

Le cardinal Mazarin donna 100,000 livres, et, par son testament, une somme de 60,000 livres ; le président de Bellièvre fit don, par contrat sur la ville, de 20,000 écus à l'Hôpital-Général, et laissa également une très forte somme par disposition testamentaire. La duchesse d'Aiguillon contribua aussi par des libéralités à favoriser cette pieuse institution. D'autres legs furent faits par un grand nombre de personnes dont les noms ne nous ont point été transmis.

Le 7 mai 1657, l'établissement de la Salpêtrière fut ouvert. « Les ma-
» gistrats, rapporte un historien anonyme de la ville de Paris, firent
» alors publier aux prônes de toutes les paroisses de Paris, que
» l'Hôpital-Général seroit ouvert le 6 mai 1657, pour tous les pauvres
» qui voudroient entrer de leur propre volonté, et défense fut faite à
» cri public à tous les mendiants de demander l'aumône dans Paris. La
» messe du Saint-Esprit fut chantée le 13 dans l'église de la Pitié, et le
» lendemain les pauvres furent enfermés...»

Notre-Dame de la Pitié, Saint-Louis-de-la-Salpêtrière, Saint-Jean-de-Bicêtre et Sainte-Marthe-de-Scipion, reçurent environ quatre ou cinq mille pauvres, et quelque temps après, le nombre s'éleva jusqu'à dix mille, en y comprenant les enfants trouvés.

Bicêtre renferma les *pauvres hommes et garçons valides ou invalides*, et la Salpêtrière reçut, avec les enfants au-dessous de quatre ans, toutes les femmes, quels que fussent leur âge et leurs infirmités, caduques, aveugles, estropiées, paralytiques, écrouellées, insensées, etc.

Libéral Bruand (1), architecte, fut chargé des constructions de l'hôpital de la Salpêtrière. Le bâtiment terminé, il restait à faire exécuter l'édit du 7 mai 1657. Ceux qu'on nommait les *bons pauvres* se rendirent sans difficulté à l'Hôpital-Général et dans les autres maisons destinées à les recevoir ; les archers durent employer la force pour y contraindre quelques autres.

En 1682 on comptait à l'Hôpital-Général neuf à dix mille pauvres. La misère y était excessive. Dans une assemblée tenue les 21 et 24 avril cette année, les directeurs de cet hôpital déclarèrent qu'ils seraient forcés d'ouvrir les portes de l'établissement, si l'on ne pourvoyait promptement à leurs pressants besoins. Le parlement ordonna que les communautés religieuses des deux sexes contribueraient pour 100,000 livres. Cet appel ne fut point écouté.

La misère augmentait. Les habitants des campagnes arrivaient en grand nombre à Paris pour demander l'aumône. Des ordres furent donnés afin que ces nouveaux pauvres fussent répartis dans les maisons annexées à l'Hôpital-Général jusqu'au temps de la récolte des blés. Ces maisons étaient celles de Bicêtre, de la Pitié et de Scipion.

Six ans après la fondation de l'Hôpital-Général, on trouve, à la date du 9 décembre 1662, dans les registres du Parlement, une réquisition du procureur-général de cette cour, ayant pour objet de réclamer des mesures sévères contre le grand nombre de vagabonds, de filous et de gens estropiés qui compromettent la sécurité des habitants de la ville et des faubourgs.

Le désordre et le brigandage ne cessèrent qu'à l'époque de la publication de l'édit de mars 1667, qui nomma La Reynie lieutenant du prévôt de Paris *pour la police*.

Parmi les immenses bâtiments élevés sur les dessins de l'architecte Bruand, et qui ont été considérablement agrandis depuis, il faut d'abord citer l'église dédiée à Saint-Louis. Elle consiste en un plan circulaire de dix toises de diamètre, couvert par un dôme octogone. L'intérieur est percé par huit arcades qui communiquent à quatre nefs chacune de douze toises de longueur, et à quatre chapelles (2). Ces nefs

---

(1) *Bruant* ou *Bruand*. Il existe actuellement, près de la Salpêtrière, une rue Bruant.

(2) Les nefs étaient autrefois séparées de manière à isoler les hommes d'avec les garçons, et les femmes d'avec les filles. Le grand autel est orné d'un tableau de la *Résurrection de Jésus-Christ*, qui est du frère André, religieux dominicain, et remarquablement beau. Il existe quatre chapelles actuellement dédiées à *la Vierge*, au *Bon Pasteur*, à saint *Vincent-de-Paul* et à sainte *Geneviève*.

et ces chapelles, disposées en rayons, aboutissent au centre de l'église, où s'élève l'autel principal. Le dessin général est tellement régulier, que du centre du dôme, l'œil embrasse à la fois l'enceinte de l'église sous huit côtés différents. La sacristie fut fondée en 1776. Quatre colonnes ioniques décorent le portique extérieur, surmonté d'un attique.

En sortant de l'église, à droite et à gauche, se développe sur une immense ligne un bâtiment très étendu. Deux voûtes ou passages conduisent dans les diverses divisions de la Salpêtrière. Ce sont les passages Lassay et Mazarin. A gauche en entrant, et sous un avant-corps qui précède la promenade située devant l'église, sont les bureaux du directeur et de l'économat. A gauche, au fond de cette même cour, sont placés les ateliers des ouvrières. Quand on a dépassé l'église, de vastes bâtiments et de grands jardins se découvrent des deux côtés. Le plan de toutes ces constructions n'est point régulier, parce que ces nombreux corps de bâtiment furent faits dans des temps différents. La façade seule de cet établissement est régulièrement construite.

L'emplacement de la Salpêtrière est le plus vaste qui ait été consacré à un établissement de ce genre dans aucun pays de l'Europe. La superficie des bâtiments, cours et jardins, contient près de cinquante-cinq mille toises carrées.

Lors de la fondation de l'Hôpital-Général, un *recteur* et vingt-deux prêtres y étaient attachés. On offrit cette direction aux missionnaires de Saint-Lazare, mais ils refusèrent par l'organe de Vincent, leur supérieur-général. L'archevêque de Paris était absent, ses grands-vicaires nommèrent pour recteur Louis Abelly, qui fut dans la suite évêque de Rhodez.

Le roi nomma pour la direction de l'établissement vingt-six personnes, avec le titre de directeurs perpétuels, et pour chefs de la direction, le premier président du parlement et le procureur-général. Par une déclaration expresse du roi, en date du 29 avril 1673, l'archevêque de Paris fut adjoint comme *chef*; et en 1690, le premier président de la chambre des comptes, celui de la cour des aides, le lieutenant-général de police et le prévôt des marchands furent aussi nommés *chefs*. Indépendamment de ces sept chefs et des vingt-six directeurs perpétuels, on nomma un receveur et un secrétaire.

Avant 1789, cet hospice contenait sept à huit mille femmes indigentes et autant de détenues, à titre de correction ou de sûreté ; des femmes et des filles enceintes, des nourrices avec leurs nourrissons; des enfants mâles depuis l'âge de sept à huit mois jusqu'à celui de quatre à cinq ans; des jeunes filles d'âges divers, des vieillards mariés des deux sexes, des folles furieuses, des imbéciles, des épileptiques, des aveugles, des paralytiques, des teigneuses, des estropiées, des incurables de toute espèce, des enfants scrofuleux, etc.

En 1720, il existait à la Salpêtrière deux salles contenant huit cents petites filles occupées à divers travaux. On y trouvait trois grands dortoirs contenant deux cent cinquante cellules, destinées aux époux âgés qui ne pouvaient plus subsister par leur travail. C'est ce qu'on appelait *les Ménages*.

Au centre de l'hôpital, il existait une maison de force (1) qui comprenait quatre prisons : le *Commun*, lieu destiné aux filles les plus dissolues; la *Correction*, contenant les filles qui donnaient des espérances de repentir; la *Prison*, réservée aux femmes détenues par ordre du roi; et la *Grande-Force*, aux femmes flétries par la justice.

Des changements considérables, et des améliorations heureusement exécutées ont eu lieu depuis 1802 jusqu'à ce jour, dans l'hospice de la *Salpêtrière*. Un ordre, un ensemble, une distribution de service remarquables distinguent cet immense établissement, dont la population équivaut à celle d'une petite ville.

Le service est distribué en cinq grandes divisions ou sections. La première cour renferme les épileptiques; la cour *Saint-Charles*, les femmes les plus âgées, les septuagénaires et les grandes infirmes; les cours *Sainte-Claire*, *Saint-Léon* et *de la Vierge*, contiennent un grand nombre de femmes âgées ou infirmes, indigentes, aveugles, paralytiques, cancérées, etc.

Le *bâtiment* (autrefois la *prison des filles débauchées*), sert de dépôt pour les *aliénées*. Ce service a particulièrement été amélioré. Ainsi, en 1836, au fond de l'établissement, on a construit des *chaumières*, des *pavillons suisses* pour les *aliénées convalescentes*. Les femmes souvent y atteignent quatre-vingt-dix ans. Il y a quelques années, une femme de cent quatre ans y est décédée. Le nombre des aliénées, en 1825, était de deux mille huit cent quatre. Depuis que l'on n'isole plus, généralement, les aliénés des deux sexes, qu'on ne provoque plus leur exaltation par des traitements barbares, en les enfermant dans des cabanons infects, des cours étroites et humides, en les chargeant de chaînes, l'aliénation est moins intense et par cela même plus docile à un traitement souvent heureux. Pour les aliénés, la moyenne proportionnelle des décès chez les hommes est de quarante-sept ans, et chez les femmes de cinquante ans.

La pension accordée aux femmes vieilles et infirmes qui peuvent se retirer dans leur famille, si celle-ci y consent, est de 120 francs pour les valides et de 130 francs pour les infirmes.

L'hôpital de la *Salpêtrière*, qu'on désigne aujourd'hui sous le nom d'*Hospice de la vieillesse* (femmes), est placé sous la direction su-

(1) Cette prison était dans l'endroit appelé aujourd'hui le *Grand Bâtiment*, qui ressemble encore, par sa distribution et son aspect, à un lieu de détention. Cette prison n'existe plus aujourd'hui; c'est un dépôt.

périeure du préfet de la Seine, président d'un conseil spécial d'administration.

Couvent des Théatins, quai Voltaire, sur l'emplacement de la maison n° 21. — L'ordre des Théatins, institué en Italie sous le titre de clercs réguliers, vers 1524, par saint Gaëtan, gentilhomme de Vicence, et par Jean-Pierre Caraffe, archevêque de Théate (Chieti), prit la dénomination de Théatins, lorsque l'archevêque de Théate eut été élu pape sous le nom de Paul IV. Le cardinal Mazarin ayant formé le dessein d'introduire cet ordre à Paris, acheta, en 1642, sur le quai Malaquais, une maison où il établit quatre religieux en 1644; mais leur établissement légal n'eut lieu que quatre années après. Ce fut seulement en 1648 que, sur leur requête présentée à Henri de Bourbon, abbé de Saint-Germain, ils obtinrent l'autorisation nécessaire. Le 7 août de la même année, le prieur de l'abbaye bénit leur chapelle, et le roi plaça lui-même la croix sur le portail de la maison, qui, d'après ses ordres, fut nommée *Sainte-Anne la royale*. Des lettres patentes confirmèrent, en 1653, l'établissement de cette communauté.

Les Théatins partagèrent la disgrâce de Mazarin et le suivirent dans sa fuite; aussi leur laissa-t-il en mourant un magnifique témoignage de sa bienveillance : par son testament il légua à ces religieux une somme de 300,000 livres pour bâtir une église à la place de leur chapelle qui était devenue trop petite. Ils en confièrent l'exécution au père Camille Guarini, qu'ils firent venir exprès d'Italie, où il passait, parmi les religieux de l'ordre, pour un grand architecte. Non seulement Guarini construisit un monument du plus mauvais goût, mais il lui donna des proportions si gigantesques, qu'il fallut en suspendre l'exécution. Cette église avait été commencée en 1662, et le prince de Conti en avait posé la première pierre au nom du roi. Ce ne fut qu'en 1714 qu'il fut possible d'en reprendre les travaux, au moyen d'une loterie que le roi accorda. De toute l'ancienne église on ne conserva que la croisée ; le nouvel édifice fut bénit en 1720.

Le portail, sur le quai, fut érigé en 1747 par les libéralités du dauphin, père de Louis XVI, et à la sollicitation de Boyer, évêque de Mirepoix, qui avait été religieux dans cette maison. Les dessins en furent donnés par Desmaisons, architecte, et tout médiocre qu'il était, ce portail passait alors pour un morceau distingué, en le comparant à ce que produisait le goût bizarre de cette époque.

La bibliothèque des Théatins était composée d'environ douze mille volumes.

Cette maison, la seule qu'il y eût en France de cet ordre, a produit plusieurs sujets d'un vrai mérite, et s'est toujours soutenue avec honneur, quoique la règle de son institut défendît, à la fois, à ses membres d'avoir aucune propriété et de demander l'aumône. Ils se contentaient de recevoir ce qu'on leur donnait.

Parmi les hommes dignes de mémoire qui ont porté l'habit de théatin, il faut distinguer le P. *Alexis du Buc*, controversite fameux, le P. *Quinquet* et le P. *Boursault*, fils de l'auteur comique du même nom, tous deux habiles prédicateurs; enfin, et surtout, le P. *François Boyer*, devenu successivement évêque de Mirepoix, membre des trois académies, et aumônier de la dauphine.

Parmi les curiosités de l'église des Théatins, on remarquait, derrière l'autel, le *Paralytique à la piscine*, copie d'un tableau de *Restout*, qui se voyait à Saint-Martin-des-champs. Dans la chapelle Sainte-Anne, *la Visitation*, sans nom d'auteur; dans la chapelle située vis-à-vis, *Saint-Gaëtan*, également sans nom d'auteur; dans le réfectoire, une *Cène* attribuée au Titien.

Le cœur du cardinal Mazarin avait été inhumé dans l'église des Théatins. On y voyait aussi les tombeaux de plusieurs hommes distingués: de *Pompée Varesi*, nonce du pape, mort en 1678; de *Delorme*, médecin célèbre, mort en 1678; d'*Edme Boursault*, auteur comique, mort en 1701; de *Louis d'Aubusson, duc de la Feuillade*, mort en 1725; de *Frédéric-Jules de la Tour d'Auvergne*, connu sous le nom de *chevalier de Bouillon* et de *prince d'Auvergne*, mort en 1733. Dans la chapelle de la Vierge on voyait aussi le mausolée du *marquis du Terrail*, maréchal des camps et armées du roi, exécuté par Broche jeune.

Quelques années après la suppression des couvents, les bâtiments des Théatins furent convertis en salle de spectacle; mais on n'y joua jamais; on y donna des bals et des fêtes, et en octobre 1815, on y établit un café appelé le café des Muses. De 1821 à 1823, ce café et toutes les anciennes dépendances du couvent ont été démolis et remplacés par une maison particulière.

Filles de la Congrégation de Notre-Dame, rue Neuve-Saint-Étienne-du-Mont, n° 6. — Pierre Fourrier, chanoine de Saint-Augustin, curé de Mataincourt en Lorraine, et la dame Alix Leclerc, avaient jeté, en 1597, les premiers fondements de cette société. Ce ne fut d'abord qu'une petite communauté séculière, destinée à instruire la jeunesse, à l'instar des filles de Sainte-Ursule. Le succès de cet institut engagea madame d'Aspremont à le faire transférer, en 1601, à Saint-Mihiel. Ce premier établissement fut bientôt suivi de plusieurs autres; mais il n'eut une forme stable et régulière qu'en 1617, époque à laquelle Alix et ses compagnes prirent l'habit religieux. Dès l'an 1615, elles avaient obtenu du pape Paul V la permission d'ériger leurs maisons en monastères, et d'y vivre en clôture, sous la règle de saint Augustin. Ce fut de l'un de ces monastères, établi à Laon en 1622, que sortirent les religieuses qui formèrent à Paris la maison dont nous parlons. Tout ce que Sauval et Piganiol, son copiste, disent à ce sujet, est fort inexact; leur erreur provient de ce qu'ils ont ignoré qu'il y a eu trois émigrations différentes des religieuses de la congrégation de Notre-Dame, et qu'elles sont venues toutes trois du monastère de Laon.

Celles qui font le sujet de cet article ne vinrent à Paris qu'en 1643. Le 9 juin de cette année, elles obtinrent de l'archevêque la permission de s'établir sur la paroisse Saint-Jean en Grève. Cependant Jaillot, qui avait consulté leurs titres, pense qu'elles n'y formèrent aucun établissement; ce qui le prouverait, c'est que la ville y ayant donné son consentement, elles achetèrent, le 4 octobre 1644, deux maisons rue Saint-Fiacre, au coin de celle des Jeux-Neufs (des Jeuneurs), et qu'au mois de janvier 1645, le roi leur accorda des lettres-patentes, confirmées le 10 août 1664.

Imbert Porlier, recteur de l'hôpital général, sous la direction duquel elles s'étaient mises, et qui demeurait à la Pitié, ayant senti toute l'utilité de cet établissement, forma le dessein de placer ces religieuses dans le quartier qu'il habitait. En conséquence, le 15 octobre 1673, il acquit la maison de Montauban, qui s'étendait jusqu'à la rue du Faubourg-Saint-Victor, et, le 28 octobre de l'année suivante la communauté fut transférée dans cette maison, dont ce généreux protecteur leur fit présent, par contrat du 18 avril 1681, ainsi que de quelques petites maisons et jardins qu'il possédait déjà dans le quartier. L'année suivante elles acquirent une maison et un jardin contigu à leur terrain, et firent bâtir une église, qui fut bénite le 15 août 1688. Depuis, toutes ces acquisitions furent amorties par lettres-patentes du mois d'août 1692.

Après la suppression des couvents, cette maison devint propriété particulière. Elle est aujourd'hui habitée par les *Dames de la Miséricorde*.

Communauté des Frères cordonniers. Cette association fut formée, en 1645, par les soins du baron de Renti. Ce vertueux gentilhomme, animé de la charité la plus ardente et d'un zèle infatigable pour les progrès de la religion, avait déjà procuré des instructions chrétiennes aux pauvres passants qu'on recevait à l'hôpital Saint-Gervais. Il voulut associer au même bienfait les artisans que l'ignorance et les mauvaises mœurs qui en sont la suite, entraînaient à consacrer le dimanche et les fêtes à des plaisirs dangereux et à mener une vie grossière et crapuleuse. Pour arriver à un but aussi louable, il ne dédaigna point de s'associer un cordonnier du duché de Luxembourg, nommé Henri-Michel Buch. La probité sévère de cet homme, son exactitude à remplir ses devoirs, sa douceur et son humanité l'avaient fait nommer le *bon Henri*. Encouragé par son digne protecteur, il parvint à rassembler quelques personnes de son état qui parurent disposées à suivre ses exemples. M. de Renti, conjointement avec Coquerel, docteur en Sorbonne, leur donna des réglements, et la petite communauté commença ses exercices. Les tailleurs se joignirent à eux peu de temps après; mais depuis ces deux communautés se séparèrent, et continuèrent, chacune de son côté, à observer les statuts qu'elles avaient adoptés, ce qui s'est pratiqué exactement jusque dans les dernières années du règne de Louis XVI. Les frères travaillaient et mangeaient en commun, récitaient certaines prières à des heures réglées, ne chantaient que des psaumes ou des cantiques, et donnaient aux pauvres le superflu de leurs profits.

Cette communauté a existé jusqu'au moment de la révolution.

Filles de la Providence, rue de l'Arbalète, n°s 24 et 26. — Cet utile établissement reconnaissait pour fondatrice Marie Lumagne, veuve de François de Polaillon, gentilhomme ordinaire du roi et conseiller d'État. Cette dame, qu'une fervente piété avait associée à toutes les œuvres de saint Vincent-de-Paul, son directeur, conçut le projet de retirer du libertinage les jeunes personnes que la séduction ou la misère avaient pu y engager, et de prévenir la chute de celles qui étaient sur le point de s'y précipiter. Les fondements de cette charitable institution furent jetés en 1630 dans une maison qu'elle possédait à Fontenay; peu de temps après madame de Polaillon transféra sa communauté naissante à Charonne. Elle y prospéra tellement, qu'en 1643 elle était déjà composée de cent filles. C'est alors que Louis XIII, dont elle avait attiré l'attention, permit à ces filles de venir se fixer à Paris, lui accordant, avec cette permission, la faculté de recevoir des donations, et tous les priviléges dont jouissent les maisons royales. Cette communauté reçut, par les mêmes lettres-patentes, le nom de *Maison de la Providence de Dieu*.

Toutefois il ne paraît pas que ces filles aient pensé alors à profiter de la faveur que le roi leur avait accordée : car en 1647 elles habitaient encore Charonne. On les voit enfin, dans le courant de cette année, venir occuper, rue d'Enfer, une maison qui fut depuis renfermée dans celle des Feuillants. Vincent-de-Paul, qu'on regarde avec raison comme le second instituteur de cette maison, et qui en fut nommé directeur, s'occupa activement de procurer à la communauté un emplacement plus vaste et plus commode. Ce fut à sa sollicitation que la reine Anne d'Autriche se déclara protectrice de la maison de la Providence. Elle avait acheté, en 1651, de l'Hôtel-Dieu, une maison fort spacieuse, qui avait été destinée à recevoir les pestiférés, et qu'on nommait *l'hôpital de la Santé* : on la divisa en deux parts, dont une fut comprise dans les jardins du Val-de-Grâce, et l'autre donnée aux Filles de la Providence. Elles en prirent possession le 11 juin 1652, ainsi que d'une chapelle sous l'invocation de saint Roch et de saint Sébastien, que l'Hôtel-Dieu y avait fait construire, et qu'on a depuis ornée et agrandie. Vincent-de-Paul leur donna alors des statuts, qu'elles ont conservés jusqu'à la fin, avec de très légers changements.

Cette maison était administrée par une supérieure qu'on élisait tous les trois ans, et qui faisait signer les registres de recettes et de dépenses par une dame séculière agréée par l'archevêque, laquelle avait la qualité de directrice et protectrice de la communauté. Les religieuses de la Providence ne faisaient que des vœux simples. Consacrées exclusivement à l'éducation des jeunes personnes, ce qui n'avait pas été le premier but de leur institution, elles ne cessèrent point de remplir dignement cet important ministère jusqu'au moment de la suppression des établissements religieux.

Une fonderie et une raffinerie de sucre ont été depuis établis dans les bâtiments de ce couvent.

Bibliothèque du Roi, rue de Richelieu, n. 58. — Quoiqu'il faille remonter assez haut dans notre histoire pour trouver l'origine de la bibliothèque du Roi, ce fut seulement sous le règne de Louis XIV que ce magnifique établissement, rendu public pour la première fois, reçut les accroissements et l'organisation qui lui assignent le premier rang parmi les dépôts littéraires de l'Europe.

Saint Louis et ses successeurs eurent, sinon des bibliothèques, au moins quelques livres plus ou moins précieux dont ils faisaient des présents aux savants et aux seigneurs de leur cour ; mais ce n'est qu'à dater du roi Jean qu'on peut fixer l'époque où la bibliothèque du roi se trouva constituée. J'ai dit ailleurs (1) que Jean avait laissé à son fils une vingtaine de volumes, précieux trésor qui s'augmenta par les soins de Charles V, et qui fut déposé au Louvre, dans la *Tour de la librairie*, et sous la garde de Gilles Mallet, alors valet-de-chambre du roi, et depuis maître-d'hôtel de sa maison. Les huit cent cinquante manuscrits, qui composaient alors cette collection, furent vendus aux Anglais après la mort de Charles VI (2), et Charles VII, occupé à reconquérir son royaume, ne songea guère à réparer cette perte.

Louis XI, prince instruit et qui se piquait d'être bon littérateur, rassembla les volumes que Charles V avait répartis dans diverses maisons royales, y joignit les livres de son père, ceux de Charles, son frère, et à ce qu'il paraît, quelques uns de ceux du duc de Bourgogne. L'imprimerie ne tarda pas à favoriser l'accroissement de sa bibliothèque. Louis XII fit transporter au château de Blois les volumes que ses deux prédéces-

---

(1) Voy. t. II, p. 580.— (2) *Id., Ibid.*

seurs avaient rassemblés au Louvre, où se trouvaient les commencements d'une précieuse collection de livres, dont plusieurs provenaient de ceux que le duc de Bedford avait tirés de la tour du Louvre, pour les transférer en Angleterre. Charles VIII avait réuni à la Bibliothèque Royale celle des rois de Naples ; Louis XII l'augmenta de celles que les ducs de Milan possédaient à Pise (1).

François Ier, en 1544, avait commencé une bibliothèque à Fontainebleau ; il l'accrut considérablement en y transférant les livres que Louis XII avait réunis à Blois, et il en donna la garde à Mellin de Saint-Gelais. Cette bibliothèque de Blois, dont on fit alors l'inventaire, se composait d'environ dix-huit cent quatre-vingt-dix volumes, dont cent neuf imprimés, et près de quarante manuscrits grecs, apportés de Naples par le célèbre Lascaris. François Ier enrichit de plus la bibliothèque de Fontainebleau d'environ soixante manuscrits grecs, que Jérôme Fondul acheta par ses ordres dans les pays étrangers. Jean de Pins, Georges d'Armagnac et Guillaume Pellicier, ambassadeurs à Rome et à Venise, achetèrent également pour le compte du roi tous les livres grecs qu'ils purent trouver. Deux cent soixante volumes en cette langue furent, d'après le catalogue dressé en 1544, le résultat de ces acquisitions. Guillaume Postel, Pierre Gille et Juste Tenelle furent ensuite envoyés dans le Levant ; ils en rapportèrent quatre cents manuscrits grecs et une quarantaine de manuscrits orientaux. La bibliothèque de Fontainebleau s'accrut encore des livres du Connétable de Bourbon, après la confiscation de ses biens.

Jusqu'alors la bibliothèque des rois de France n'avait eu pour administrateur qu'un simple garde en titre, quelques écrivains sous ses ordres, et un enlumineur. François Ier donna au savant Guillaume Budé la place de bibliothécaire en chef, avec le titre nouveau de *Maître de la librairie du Roi*. Pierre Duchâtel, évêque de Tulle, et depuis grand-aumônier de France, succéda à Guillaume Budé dans cet emploi, qu'il remplit également sous le règne de Henri II. On compte parmi ses successeurs Amyot, les De Thou, les Bignon, etc.

Il n'y avait guères que des manuscrits dans la Bibliothèque, lorsqu'en 1556 Henri II ordonna à tous les libraires de fournir à chacune des bibliothèques royales un exemplaire en vélin et relié de tous les livres qu'ils imprimeraient par privilége. Cette idée, dont les résultats auraient dû être plus profitables qu'ils ne le furent réellement, était due au savant Raoul Spifame (2).

Pendant la Ligue, la Bibliothèque royale éprouva plusieurs pertes fâcheuses. Dans une note que Jean Gosselin, qui en avait alors la garde,

---

(1) Pour plusieurs de ces détails je me suis servi des *Notices historiques* sur les Bibliothèques anciennes et modernes, par S.-L.-A. Bailly, sous-bibliothécaire de la ville. (Paris, in-8°, 1828.) — (2) Jaillot, t. II, *quartier Montmartre*, p. 56.

écrivit sur un manuscrit, intitulé *Marguerite historiale*, par Jean Massüe, on lit : « Que le président de Nully, fameux ligueur, se saisit, en 1593, de la librairie du roi, en fit rompre les murailles et la garda jusqu'à la fin de mars 1594 ; que pendant cet espace de temps, on enleva le premier cahier du manuscrit de Massüe, que Guillaume Rose, évêque de Senlis, et Pigenat, autres furieux ligueurs, firent, dans un autre temps, plusieurs tentatives pour envahir la Bibliothèque royale, et qu'ils en furent empêchés par le président Brisson, à la sollicitation de lui, Gosselin. »

Au mois de mai 1595, Henri IV ordonna la translation de la bibliothèque de Fontainebleau à Paris, et la fit placer dans les bâtiments du collége de Clermont, que les Jésuites, chassés de France, venaient de quitter. Là elle s'augmenta de huit cents volumes manuscrits, pour la plupart rares et précieux, qui avaient appartenu à Catherine de Médicis, et qui, depuis sa mort, étaient restés entre les mains de son aumônier, l'abbé de Belle-Branche. En 1604, les Jésuites rentrèrent en France et reprirent possession du collége de Clermont. La bibliothèque, gardée alors par le savant Isaac Casaubon, fut transférée dans une salle du cloître du couvent des Cordeliers, et plus tard, sous le règne de Louis XIII, dans une grande maison de cet ordre, située rue de la Harpe, au-dessus de l'église Saint-Côme. En 1617, Louis XIII avait rendu une ordonnance portant « qu'à l'avenir ne sera octroyé à quelque personne que ce soit aucun privilége pour faire imprimer ou exposer en vente aucun livre, sinon à la charge d'en mettre gratuitement deux exemplaires en la Bibliothèque du roi. » Aussi cette collection, confiée à deux savants, Pierre et Jacques Dupuy, prit-elle de grands accroissements ; à la fin du règne de Louis XIII, on n'y comptait pas moins de seize mille sept cent quarante-six volumes, tant imprimés que manuscrits.

Sous Louis XIV, la Bibliothèque du roi prit une nouvelle extension et fut rendue accessible au public. La maison de la rue de la Harpe était depuis long-temps insuffisante pour contenir une aussi vaste collection. Colbert la fit transporter dans deux maisons, contiguës à l'hôtel qu'il occupait lui-même. Ces deux maisons, situées rue Vivienne, furent achetées à cet effet de Beautrun qui les avait fait bâtir. Cette translation eut lieu en 1666. La bibliothèque demeura dans ce local jusqu'en 1721, époque à laquelle elle fut transportée dans les bâtiments qu'elle occupe aujourd'hui et qui faisaient partie du palais du cardinal Mazarin. Ce palais occupait tout l'espace aujourd'hui compris entre les rues Neuve-des-Petits-Champs, Richelieu, Colbert et Vivienne. A toutes les différentes bibliothèques et collections particulières qui tour à tour étaient venues se fondre dans la Bibliothèque royale, il faut ajouter les collections ou *fonds* de Cangé, de Charles d'Hozier (le généalogiste), de l'abbé de Louvois, de Colbert, de Dupuy, de Béthune, de Baluze, de Lancelot, de l'église de Paris, de Saint-Martial de Limoges, de Fontanieu, de La Vallière et de tant d'autres. Enfin le ministre Louvois, qui succéda à Colbert dans la direction de cette bibliothèque, fit rendre, le 31 mai 1689, un arrêt du conseil, tendant à remettre en vigueur l'ordonnance de Henri II, qui obligeait les libraires à fournir à la Bibliothèque royale des exemplaires des livres qu'ils faisaient imprimer par privilége, ce qui procura à cette collection une source intarissable de volumes. Sous Louis XV et son successeur, ces richesses littéraires s'accrurent toujours, et avec une rapidité qui ne nous permet pas d'en suivre le détail. Après 1790, époque de la suppression des maisons religieuses, cette immense collection s'augmenta d'un grand nombre de livres manuscrits ou imprimés, provenant des bibliothèques qui avaient appartenu à tous les couvents supprimés. Aujourd'hui, par suite du grand mouvement intellectuel de l'Europe, la Bibliothèque voit doubler ses richesses à chaque instant. Avant la Révolution, on y évaluait le nombre des livres imprimés, sans y comprendre une grande quantité de pièces détachées contenues dans des portefeuilles, à environ deux cent mille volumes. On y compte aujourd'hui plus de sept cent mille volumes imprimés et pareil nombre de pièces fugitives placées dans des cartons. La Bibliothèque royale s'accroît annuellement de neuf mille ouvrages français et de trois mille étrangers, ce qui permet de croire qu'en cinquante ans ce magnifique établissement aura doublé ses trésors.

Avant la révolution de 1789, la Bibliothèque royale se composait de cinq départements : les *livres imprimés*, les *manuscrits*, les *médailles antiques*, les *gravures* et les *titres* et *généalogies*; ce dernier département a été supprimé. — La grande collection des *manuscrits*, qui comprend aussi le cabinet des titres et généalogies, occupe cinq pièces, dont l'une est l'ancienne galerie du palais Mazarin. Le plafond, peint à fresque en 1651, par Romanelli, représente divers sujets de la Fable. Les manuscrits sont divisés par *fonds*, qui portent le nom de leurs anciens propriétaires; on évalue leur nombre à quatre-vingt mille. On y distingue des manuscrits du VIe et du VIIe siècles, écrits en or sur du vélin pourpre, ou en argent sur parchemin noir, la Bible dite de Charles-le-Chauve, les sermons de saint Bernard, les Heures d'Anne de Bretagne, celles de Henri III et de Louis XIV. On y conserve aussi des tablettes en cire sur lesquelles sont inscrites les dépenses de Philippe-le-Bel, pendant une année ou deux (1). La collection des manuscrits et des pièces originales relatives à l'histoire de France est la plus riche qu'on connaisse. Dans une des galeries de ce département on a exposé

---

(1) Ce curieux monument a été transcrit par Brussel à la fin de son savant ouvrage : *Nouvel examen sur l'usage des fiefs en France*.

aux yeux des curieux qui, deux fois par semaine, visitent la bibliothèque, une collection d'autographes des hommes célèbres de la France.

Le *cabinet des médailles et des antiques* n'est pas moins remarquable. François Ier est le premier prince qui ait pensé à faire une collection de médailles antiques; il en possédait vingt en or et une centaine en argent, qu'il avait fait enchâsser comme ornements dans divers ouvrages d'orfévrerie. Henri II joignit à celles de François Ier les médailles qui avaient été apportées en France par Catherine de Médicis. Sous Charles IX, cette collection, accrue chaque jour, avait déjà quelque importance, puisqu'on crut devoir nommer un gardien spécial pour veiller à sa conservation. Pendant les guerres de la Ligue, elle fut à peu près dispersée Henri IV et Louis XIII recueillirent de nouveau des médailles rares et curieuses; mais les plus heureux accroissements de ce dépôt eurent lieu sous Louis XIV, qui, ayant fait rassembler les collections particulières disséminées dans les résidences royales, en composa ce qu'on nommait au Louvre le *cabinet des antiques*. L'abbé Bruneau, qui était le garde de ces médailles, ayant été assassiné et volé dans le Louvre au mois de novembre 1666, on pensa à soustraire ce cabinet à de nouvelles tentatives de vol, en le transportant à la Bibliothèque royale. Ce que Colbert et d'autres ministres avaient fait pour les livres et les manuscrits, ils le firent également pour augmenter le nombre des médailles et des pierres gravées. En 1664, ce cabinet avait été enrichi des curieuses antiquités renfermées dans le tombeau de Childéric et que l'on peut encore voir aujourd'hui : ces divers objets ont été gravés dans le premier volume des *Monuments de la monarchie française* de Montfaucon. Louvois avait fait transporter la collection des médailles à Versailles, où elle avait été placée près de l'appartement du roi; elle fut dans la suite rapportée à la Bibliothèque royale. De Boze et l'abbé Barthélemy ont été attachés à la garde de ce cabinet, qui leur est redevable d'une excellente classification. Depuis 1789, on y a transporté les antiquités du trésor de la Sainte-Chapelle, etc. A diverses époques, des objets de grand prix furent soustraits dans ce cabinet, soit par des voleurs pour être portés à l'étranger, soit par l'autorité impériale pour servir de parure à l'impératrice Joséphine. En 1831, une nouvelle tentative de vol fut essayée et accomplie avec une audace incroyable; un grand nombre d'objets rares et précieux furent enlevés, et quoiqu'une partie ait été dans la suite retrouvée et rendue au cabinet des médailles, les pertes qu'il fit en cette malheureuse circonstance ne pourront être que difficilement réparées. D'après un calcul fait par les conservateurs eux-mêmes, le nombre des médailles enlevées et non recouvrées s'élève à deux mille sept cent soixante-deux. On compte aujourd'hui dans ce cabinet plus de quatre-vingt mille médailles.

Dans une des galeries des *imprimés*, on remarque un monument appelé le *Parnasse français*, composé par Titon du Tillet ; on y compte seize figures en bronze, en y comprenant le cheval Pégase ; à peu près autant de génies tenant des médaillons ; quelques autres médaillons sont suspendus à des branches de laurier ; le tout contre une espèce de montagne de trois pieds et quelques pouces. Les figures en pied représentent les poëtes et les musiciens de la France. Ce Parnasse a été érigé à la gloire de Louis XIV et des littérateurs de son siècle. Depuis, on y a ajouté les figures en pied de Rousseau, Crébillon et Voltaire.

Dans la pièce spécialement destinée aux livres de géographie, on voit deux immenses globes, terrestre et céleste. Ils furent commencés à Venise par Marc-Vincent Coronelli, d'après l'ordre du cardinal d'Estrées, qui, en 1683, en fit présent à Louis XIV, auquel il les avait dédiés. Butterfield, mécanicien allemand, qui venait s'établir à Paris, fut chargé de faire les deux cercles qui les entourent, le cercle horizontal et le cercle méridien, ainsi que les pieds qui les supportent ; le tout fut exécuté en bronze. Louis XIV, en 1704, fit placer ces globes à Marly ; en 1722, on les transféra au Louvre, dans un lieu humide, d'où on ne les retira qu'en 1782, pour les placer au lieu où on les voit maintenant (1). Ces globes, qui ne sont plus au niveau des connaissances actuelles, n'en sont pas moins remarquables comme objet de curiosité ; on n'en connaît point d'une aussi grande dimension.

La Bibliothèque royale est ouverte tous les jours, de dix heures à trois. Une ordonnance royale du 14 novembre 1832 confia l'administration de cet établissement aux conservateurs et à leurs adjoints, qui forment un conseil sous la présidence d'un directeur. L'organisation établie par cette ordonnance avait été modifiée par une autre ordondonnance royale du 22 février 1839, qui établissait un administrateur-général de la Bibliothèque ; M. Villemain, en arrivant au ministère de l'instruction publique, a rétabli l'ancien ordre de choses.

Parmi les améliorations de tout genre introduites récemment à la Bibliothèque du roi, il faut citer le chauffage des salles de lecture, qui étaient restées presque inabordables jusqu'ici pendant les mois d'hiver.

Il y a près de la Bibliothèque du roi une école spéciale de langues orientales vivantes, une école des chartes et un cours d'archéologie ; j'aurai occasion d'en parler.

Collège Mazarin ou des Quatre-Nations, aujourd'hui *palais de l'Institut*, quai Conti. — Le cardinal Mazarin ordonna par son testament la fondation d'un collége pour l'éducation de soixante gentilshommes

---

(1) M. Bailly, p. 82. — Hurtaut, t. I, p. 600 et suiv.

ou bourgeois de Pignerol et de son territoire, de l'état ecclésiastique, de l'Alsace, de la Flandre et du Roussillon. Il affectait pour cette fondation une somme de 2 millions de livres sur le plus clair de ses deniers comptant, plus « 45,000 livres de rentes à lui appartenant sur l'Hôtel-de-Ville de Paris. » Il joignait à cette donation celle de sa riche bibliothèque, sise en son hôtel de la rue Richelieu, et il en réglait lui-même le service, « la consacrant de nouveau à la commodité et à la satisfaction des gens de lettres. » Il manifestait le désir que les revenus temporels de l'abbaye Saint-Michel-en-l'Herm, revenus qui se montaient à 34,000 livres, fussent réunis à ceux qu'il affectait déjà auxdits collège et bibliothèque. Enfin, il supplie dans son testament le roi Louis XIV, que cette fondation « soit en sa protection perpétuelle et celles des rois ses successeurs. » Et il désigne pour ses exécuteurs testamentaires le premier président de Lamoignon, Fouquet, Michel Letellier, secrétaire d'État, l'évêque de Fréjus et Colbert.

Louis XIV approuva toutes les clauses de cette donation et en ordonna l'exécution par lettres-patentes.

On avait projeté d'abord d'établir ce collège sur le terrain occupé actuellement par le palais du Luxembourg; puis on se décida pour l'hôtel de Conti, situé sur la rive gauche de la Seine, et qui occupait tout l'espace compris entre la rivière et la porte de Bussi, terrain qui avait été occupé autrefois par le fameux hôtel de Nesle, et avait successivement passé, après de nombreux changements, à François II, aux ducs de Nevers, à la maison de Guénégaud, et enfin à celle de Conti.

Le collège fut construit d'après les plans de Levau, par Lambert et d'Orbay. Le même architecte ayant été primitivement chargé de dresser le plan du Louvre, il fit celui-ci de manière à établir une sorte d'harmonie entre ces deux édifices. La façade principale, sur le quai Conti, fut faite de forme demi-circulaire, et composée d'un avant-corps d'ordonnance corinthienne qui en occupe le centre, et de deux ailes dont la courbe vient se terminer en avant, sur le quai, par deux gros pavillons carrés. L'avant-corps en forme de portique, qui constituait le portail de l'église, fut couronné d'un fronton et surmonté d'un dôme circulaire extérieurement, lequel est terminé par une lanterne et une croix. Deux cours intérieures furent circonscrites par les constructions prolongées de l'avant-corps et de l'aile gauche. La première seulement présente une régularité symétrique, deux faces latérales à portiques et quelques ornements d'architecture. La partie moyenne du bâtiment, celle que recouvre le dôme, fut destinée à l'église. Des escaliers à vis furent pratiqués dans l'intérieur du dôme, ce qui altéra intérieurement la forme circulaire et le rendit elliptique; ces escaliers communiquaient à des tribunes et à la toiture de l'édifice. L'église, fastueusement décorée, offrait, entre autres objets remarquables, les figures des huit Béatitudes, placées sur les archivoltes des grands arcs de la nef, et dues au ciseau de Desjardins, un beau tableau de la Circoncision, attribué à Paul Véronèse, et le tombeau du cardinal Mazarin. La bibliothèque fut transférée de la rue Richelieu dans le nouveau collége, dont elle occupait alors presque toute la façade principale. Cette bibliothèque, qui avait été pillée et dispersée lors des troubles de la Fronde, fut classée, augmentée et mise en ordre par le savant Gabriel Naudé, telle à peu près qu'elle est aujourd'hui (1).

Le collége Mazarin, auquel on avait aussi donné le nom de *collége des Quatre-Nations*, par allusion à l'une des fins de sa fondation, conserva jusqu'à la révolution sa destination première.

En 1806, par décret impérial du 1er mai, l'Institut fut transféré au collége Mazarin, désormais affecté à ses séances; on réunit à la bibliothèque Mazarine celle de l'Institut qui en fut séparée plus tard; on disposa la collection des arts dans une partie de ce local, et ce fut alors qu'il prit le nom de Palais des Beaux-Arts. Quelques légers changements furent nécessités par cette nouvelle destination : l'église fut transformée par l'architecte Vaudoyer en salle de séances publiques; les bustes de Bossuet, Descartes, Fénelon, Pascal, d'Alembert, Rollin, Corneille, Molière, Racine, La Fontaine, Poussin, remplacèrent les ornements de l'ancienne église; la lanterne du dôme fut entièrement reconstruite; on transforma le portail de l'église en une espèce de portique à la base duquel on plaça deux lions de fonte formant fontaines. Le fronton reçut l'inscription de *Palais des Beaux-Arts*, qui depuis a été remplacée par celle de : *Institut de France*. L'aile droite a été consacrée aux deux bibliothèques réunies en 1819 et de nouveau séparées en 1821; celle de l'Institut occupant le bâtiment de la seconde cour, la bibliothèque Mazarine celui de la première. Toute la partie droite a été affectée aux séances des diverses classes de l'Institut et aux collections des arts et des sciences. Enfin l'aile occidentale était occupée par l'école des Beaux-Arts, transférée aujourd'hui dans l'édifice qui lui a été spécialement consacré, rue des Petits-Augustins.

Bibliothèque Mazarine, au palais de l'Institut, quai Conti. — Cette bibliothèque, ouverte pour la première fois au public en 1648, était alors rue Richelieu, dans le local aujourd'hui occupé par la Bibliothèque royale. Depuis huit heures du matin jusqu'à onze, et depuis deux heures de l'après-midi jusqu'à cinq, tous les jeudis, il s'y rassemblait quatre-vingts à cent personnes; et les autres jours de la semaine, les savants y venaient conférer et discuter entre eux. On peut faire même

---

(1) Voy. ci-après *Bibliothèque Mazarine*.

remonter l'ouverture de cette bibliothèque à l'année 1644, puisque dans le *Traité des plus belles Bibliothèques* du P. Jacob, on lit que celle du cardinal Mazarin était dès lors commune à tous ceux qui voulaient y aller étudier, *au grand contentement des doctes*. Cette bibliothèque composée de quarante mille volumes, avait été presque entièrement formée par les soins et les recherches de Gabriel Naudé, l'un des plus savants hommes du XVII° siècle, et l'un de ceux qui se connaissaient le mieux en livres.

En 1652, lors de la disgrâce de Mazarin, cette riche collection fut confisquée et vendue par arrêt du parlement de Paris. Il en fut formé une seconde par les soins du même Naudé, et bientôt cette nouvelle bibliothèque devint aussi considérable que l'ancienne. C'est celle que l'on voit aujourd'hui au palais de l'Institut. La Poterie succéda dans la charge de gardien de cette bibliothèque, à Naudé, mort en 1653. Pour la composer de nouveau, on acheta un grand nombre de livres de la première qui avaient été vendus à des libraires et à des particuliers. *Le syndic des libraires*, dit Guy-Patin, à ce sujet, *s'y employa tout de bon*. La collection de Descordes, chanoine de Limoges, acquise moyennant 20,000 livres, vint augmenter ces richesses. Après la mort de Naudé, le cardinal Mazarin acheta également 20,000 livres la bibliothèque de ce savant, qui, selon Guy-Patin, était « très pleine de petits livres bons, rares et curieux qui ne se pourraient, qu'avec grande peine, retrouver ni rencontrer ailleurs. » Ces ouvrages et autres qu'on acquit successivement, furent les fondements de la bibliothèque actuelle.

En 1664, Mazarin, donna par testament sa bibliothèque au collége qu'il fondait et qui devait porter son nom. « Le legs était fait pour la commodité et la satisfaction des gens de lettres, à la condition que la bibliothèque leur serait ouverte deux fois par semaine, à tel jour qu'il serait avisé. »

Cette bibliothèque fut confiée à l'administration et à la direction de la maison et société de Sorbonne, depuis le 14 avril 1688, date du contrat passé entre les exécuteurs testamentaires du cardinal Mazarin, et les docteurs de cette maison, jusqu'au 7 mai 1791, époque à laquelle Luce-Joseph Hooke en fit la remise à l'occasion de son refus de prêter serment à la constitution civile du clergé. Les manuscrits de cette bibliothèque ont été en partie transportés à la bibliothèque du roi.

D'un autre côté, la bibliothèque Mazarine a reçu depuis la révolution des accroissements assez considérables. Aujourd'hui elle possède près de cent mille volumes imprimés, et environ quatre mille cinq cents manuscrits. Il n'existe malheureusement pas de catalogue des manuscrits, qu'on dit précieux, et qui n'ont été, jusqu'à présent, d'aucun usage pour le public.

On trouve à la bibliothèque Mazarine peu d'ouvrages modernes, mais aucune bibliothèque de Paris n'est plus riche en anciens livres de droit, de théologie, de médecine, de sciences physiques et mathématiques. Elle possède la collection la plus précieuse de matériaux pour l'histoire d'Allemagne, et d'auteurs luthériens. On y remarque aussi une grande quantité de recueils contenant des pièces détachées et des opuscules du XVe siècle qui n'existent pas ailleurs.

Les salles de cette riche bibliothèque sont ornées de bustes en bronze et en marbre dont quelques uns sont antiques. On y voit aussi des modèles en reliefs des monuments pélasgiques de l'Italie et de la Grèce, collection précieuse due à la libéralité de M. Petit-Radel, administrateur de cette bibliothèque, mort récemment. Dans une autre salle est placé un beau globe terrestre de dix-huit pieds de diamètre, en lames de cuivre, exécuté par Buache pour le roi Louis XVI.

Le personnel de cette bibliothèque se compose d'un bibliothécaire administrateur, de cinq conservateurs et de deux sous-bibliothécaires.

La bibliothèque Mazarine est ouverte au public tous les jours, excepté les dimanches et les fêtes. Les vacances commencent le 15 août et finissent le 1er octobre.

Académie royale des Inscriptions et Belles-Lettres. Louis XIV ayant voulu qu'une société de gens de lettres fût uniquement occupée à recueillir et à inscrire sur des médailles, sur les monuments, sur les tapisseries de ses palais, tout ce qui devait immortaliser sa gloire et celle de son siècle, Colbert choisit parmi les membres de l'Académie française ceux qu'il crut les plus aptes à ce genre de travail ; et bientôt Chapelain, Ch. Perrault, l'abbé Bourleix et l'abbé Cassagne, sous sa présidence, formèrent une réunion à laquelle on donna le nom de *petite académie*. Ses attributions, selon le vœu et le but de leur fondateur, consistèrent à faire des inscriptions pour les bâtiments publics et pour les tapisseries des Gobelins ; des légendes de médailles, des devises de jetons ; enfin des plans pour les maisons royales, et ceux des places et villes conquises. Elle tint ses premières séances dans la bibliothèque de Colbert, rue Vivienne. En quelques années, tout ce que la mémoire devait conserver de cette époque se trouvait exécuté pour l'avenir ; une riche collection de médailles complétait ce que les monuments, les inscriptions de tableaux et de tapisseries n'avaient pu rendre, et constituait presque à elle seule l'histoire entière de ce règne. Le temps des conquêtes était passé ; les actes de puissance et les splendides fêtes se succédaient avec plus de lenteur, le grand règne touchait à sa fin ; et la *petite académie*, qui voyait déjà le terme de ses travaux et qui n'avait point reçu une organisation légale qui pût garantir son existence, commença à redouter une extinction prochaine. Ses craintes devinrent plus vives encore à la mort de Colbert. Louvois, successeur de ce grand ministre, accueillit la demande de conservation qui lui fut faite par les membres de cette compagnie ; il les admit chez lui, à l'exception de Perrault qu'il remplaça par Félibien, devenu depuis l'un de leurs plus zélés collaborateurs ; et pour assurer désormais leur existence, il leur fit donner, en 1701, environ huit ans après leur formation, une organisation stable, avec des statuts et un règlement qui les assimilait à l'Académie française, leur devancière. Dès-lors ses membres furent indépendants de celle-ci ; ils furent de même portés à quarante, dont dix honoraires, dix pensionnaires, dix associés et dix élèves. Des lettres-patentes vinrent confirmer leur organisation. Le nom de *petite Académie* qui n'était qu'un sobriquet et rappelait son démembrement d'avec l'Académie française, fut changé en celui d'*académie des Inscriptions et des Médailles*; lequel titre fut encore remplacé par celui d'*académie royale des Inscriptions et Belles-Lettres*, lorsque, par un arrêt du conseil d'État, on fit quelques modifications à son règlement. De ce nombre était la suppression de la classe des élèves; cette classe, qui consistait en une espèce de survivance pour les membres qui la composaient, établissait une distinction au moins inutile, et consacrait une sorte de hiérarchie qui ne devait point exister dans un corps où tout était sur le pied de l'égalité. Cette académie comptait, dès son organisation, parmi ses membres honoraires, le prince Gaston de Rohan, le P. Fr. de La Chaise, confesseur du roi, le duc d'Aumont, pair de France ; et parmi ses pensionnaires, Fontenelle, Rollin, Th. Corneille, J.-B. Rousseau, Dacier, Vertet, etc.

Personne n'ignore ce que les sciences historiques doivent de reconnaissance à l'ancienne académie des Inscriptions où siégeaient encore, au moment de sa suppression, l'abbé Barthélemy, Bréquigny, La Porte-Dutheil, Choiseul-Gouffier, de Laverdy, de Paulmy, Bailly, D. Poirier, D. Clément, Dacier, Sylvestre de Sacy, etc.

Académie royale des Sciences. — Peu de temps après avoir fondé l'académie des Inscriptions, Colbert, toujours prêt à deviner les grandes idées de son maître, le devançant pour les idées utiles, fut le premier cette fois à songer que le temps était venu de faire pour la science ce que ses prédécesseurs avaient fait pour les lettres, ce qu'il venait de faire lui-même pour l'histoire. En 1666, d'après ses propres recherches, et sur un mémoire qu'il se fit donner de tous les gens de lettres qui s'assemblaient alors chez Montmort, conseiller d'État, ainsi que de tous les savants répandus dans le royaume et même dans les pays étrangers; il fit appeler auprès de lui les savants Huyghens, Duclos, Bourdelin, Delachambre, Auzout, Pecquet, Mariotte, et quelques autres moins connus ; il leur proposa des pensions et de les réunir en un corps sous le nom d'*académie des Sciences*, pour s'occuper de l'objet de leurs études et féconder ainsi, par l'association, des travaux que l'isolement rendait beaucoup plus difficiles et moins fructueux. Telle a été l'origine de l'Académie des Sciences. Colbert assigna pour attributions aux nouveaux académiciens les mathématiques, l'astronomie, la botanique, la chimie et l'anatomie; on proposa peu après d'y joindre la théologie, proposition qui, sur les observations de la Sorbonne, fut bientôt rejetée.

L'Académie des Sciences tint ses premières séances dans une salle basse de la bibliothèque du roi, où l'on construisit un laboratoire pour les chimistes. Elle eut dans son sein, peu de temps après sa formation, quelques hommes remarquables, tels que Dominique Cassini, Lahire, l'architecte Blondel, et les naturalistes Duverney et Duhamel. En 1699, elle reçut, par les soins de Bignon et de Pontchartrain, une forme stable, un règlement, une existence légale et le droit de séance au Louvre, avantages qui furent confirmés par lettres-patentes de février 1713. Son règlement, basé sur les mêmes statuts que ceux des autres académies, contenait en outre quelques dispositions propres à éloigner toutes vaines discussions de ses conférences, et à leur donner le caractère profond et grave qu'exigeaient des études sérieuses. « L'on convint » de donner aux conférences académiques une forme bien différente » des exercices publics de philosophie, où il est moins question d'é- » clairer la vérité que de n'être pas réduit à se taire. Ici l'on voulut que » tout fût simple, tranquille, sans ostentation d'esprit ni de science, » que personne ne se crût engagé à avoir raison, et que l'on fût tou- » jours en état de céder sans honte : surtout qu'aucun système ne do- » minât dans l'académie, à l'exclusion des autres, et qu'on laissât toujours » toutes les portes ouvertes à la vérité (1). » Cette société comptait déjà à cette époque parmi ses membres, Fontenelle (de l'Académie française et de l'Académie des inscriptions et belles-lettres), Tournefort, Mallebranche, Ozanam, Réaumur, Petit, de Jussieu et autres savants non moins distingués; elle s'était associé Maupertuis, Boerhaave, Leibnitz, et les plus grands savants de l'Europe. Dans les derniers temps de son existence, l'Académie des sciences voyait perpétuer son illustration par d'autres hommes non moins célèbres : Lalande, Daubenton, Portal, de Jussieu, Darcet, Buffon, Perronnet, Cassini, Monge, Berthollet, Fourcroy, Haüy, etc.

Académie royale de peinture et de sculpture. — Colbert sentit qu'il manquait un complément aux corps savants et littéraires qu'il avait réunis. Il comprit que les arts demandaient à être élevés au même rang et qu'ils exigeaient les mêmes droits et les mêmes honneurs. Une querelle élevée entre les peintres de cette époque fut l'occasion qui vint

---

(1) *Mémoires de l'Académie des sciences*, préface.

féconder chez lui cette pensée. Les peintres formaient alors deux classes distinctes que l'on désignait, l'une par le nom de *maîtres* et qui formait la *Confrérie de Saint-Luc* (1) ; l'autre par celui de peintres sans maîtrise, ou *privilégiés*. Lebrun, à la tête de ces derniers, était parvenu, par le crédit du chancelier Séguier, à former une société autorisée par un arrêt du conseil privé et confirmée par lettres-patentes, à laquelle on avait accordé la galerie du collége de France. Colbert qui venait d'établir une école de peinture et de sculpture à Rome, pour y former des élèves entretenus par le roi, réunit bientôt cette dernière à la compagnie de Lebrun, et fonda ainsi l'Académie royale de Peinture et de Sculpture, à laquelle il assigna six grandes pièces du Louvre occupées par des tableaux et des plâtres moulés sur l'antique, et pour mettre fin à la querelle en question, il lui adjoignit l'ancienne académie de Saint-Luc, comme je l'ai dit en parlant de cette compagnie. L'Académie royale de Peinture et de Sculpture ainsi définitivement organisée, se maintint avec une juste réputation jusqu'à la Révolution. Réunie à l'ancienne Académie de Sculpture, elle forme aujourd'hui l'Académie royale des Beaux-Arts (2).

Académie royale d'Architecture. — Cette institution, projetée en 1671 par Colbert, prit, dès ce temps, la même forme que les autres académies, mais sans être régulièrement autorisée.

Cette autorisation ne lui fut accordée que sous le règne de Louis XV, au mois de février 1717.

Elle eut alors, comme l'Académie de Peinture et de Sculpture, ses écoles, ses prix et ses pensionnaires à Rome. Elle tenait aussi ses séances au Louvre ; mais elle continua de former un corps séparé jusqu'à sa suppression. Lors de la création de l'Institut, l'Académie d'Architecture fut réunie à celle de Peinture et de Sculpture pour former, en l'an IV, la troisième classe, puis, en 1803, la quatrième classe de l'Institut.

Observatoire, rue du faubourg Saint-Jacques, n. 26, et rue Cassini, n. 1. — Après l'établissement de l'Académie des Sciences, on sentit la nécessité, afin de favoriser les travaux de ses nouveaux membres, de construire un observatoire pour l'astronomie. Après bien des discussions sur l'emplacement que l'on devait destiner à l'érection de ce monument, on se décida pour celui qu'il occupe aujourd'hui. Le ministre Colbert chargea Claude Perrault de fournir les dessins de cet édifice, qui, commencé en 1667, se trouva entièrement terminé en 1672.

Le célèbre astronome Jean-Dominique Cassini, que Colbert avait

(1) Voy. *Académie de Saint-Luc*, t. III, p. 270. — (2) Voy. *Institut.*

mandé d'Italie et chargé de la direction des travaux, malheureusement quand ils étaient presque achevés, trouva les dispositions de ce monument peu favorables aux observations et exigea plusieurs changements. Les modifications demandées par Cassini ne plaisaient pas à Perrault, qui persista dans son plan; si bien que, l'édifice achevé, Cassini fut forcé de faire élever sur sa terrasse supérieure une petite tourelle, où, pendant longues années se sont faites toutes les observations.

La forme de cet édifice est un rectangle, dont les quatre façades correspondent aux points cardinaux du monde. Deux tours octogones s'élèvent aux deux angles de la façade méridionale. Une troisième, mais carrée, est au milieu de la façade du nord, où se trouve l'entrée. La ligne de sa face méridionale se confond avec la latitude de Paris. La méridienne est tracée dans la grande salle du second étage et la divise en deux parties égales. C'est de cette ligne, s'étendant de Dunkerque à Collioure, que les astronomes et les géographes français comptent leur longitude, et c'est de la mesure de cette ligne qu'ils ont déduit la longueur de la mesure appelée mètre. Ces deux lignes, qui se coupent au centre de la façade méridionale de l'Observatoire, ont servi de bases aux nombreux triangles d'après lesquels on a levé la carte générale de France, appelée *Carte de Cassini* ou *de l'Observatoire*.

Les planchers et les escaliers de ce monument sont voûtés. La plate-forme qui couronne l'édifice est élevée de quatre-vingt-cinq pieds au-dessus du sol. De là on peut contempler la voûte du ciel sur tout l'horizon. Six pièces en composent la distribution intérieure; leurs ouvertures sont exposées aux différents points du ciel. Malgré tout le faste extérieur de cet édifice consacré à l'astronomie, il ne s'y trouvait pas un seul lieu commode où l'on pût faire sûrement et tranquillement une série d'observations, pas un instrument en état, pas un cabinet pour y placer les objets les plus nécessaires aux astronomes et aux physiciens; on y manquait encore des machines dont l'exécution demandait une grande dépense. Cet état de dénûment a cessé; l'intérieur de l'Observatoire est devenu habitable; des cabinets convenables pour les observations et la conservation des instruments ont été construits au dehors et sur la plate-forme.

Au sol du rez-de-chaussée on voit une ouverture de trois pieds de diamètre, entourée d'une margelle en boiserie; elle communique aux souterrains qui existent au-dessous de cet édifice, et auxquels on descend par un escalier de trois cent soixante marches en forme de vis, et représentant, selon son axe, un vide cylindrique. Une pareille ouverture, faite à la voûte de ce rez-de-chaussée, correspond à celle-ci; elle s'élevait verticalement de la profondeur des caves jusqu'au sommet du bâtiment. On s'en est servi pour mesurer le degré d'accélération de la chute des corps graves. Ces expériences n'étant plus nécessaires, cette ouverture a été bouchée dans les voûtes des étages supérieurs. Les caves servent à des expériences sur la congélation, la réfrigération des corps et à diverses remarques sur la température.

Au premier étage on remarque un grand télescope, de deux pieds de diamètre, dont le pied mobile facilite toutes les directions. Cet instrument, plus embarrassant qu'utile depuis l'invention des lunettes achromatiques, ne sert aujourd'hui que comme un monument de l'art optique. Il est remplacé par les belles lunettes de Cauchoix et de Lerebours.

Au second étage se présente la grande salle qui contient des globes, des instruments de physique, et la statue en marbre du célèbre Cassini, mort en 1712. Cette figure assise, dont les proportions sont plus grandes que nature, a été exécutée par Moite en 1810. La ligne méridienne est tracée sur le pavé de cette salle.

En 1810, on a construit, sur la sommité de l'édifice, un bâtiment carré en pierre de taille, flanqué de deux tourelles. Dans l'une d'elles on a établi une lunette achromatique, dont le pivot est incliné comme l'axe de la terre, et qui sert à observer et à décrire la marche des comètes.

Un aéromètre sert à indiquer la force des vents sur un cadran placé sous la voûte de la salle du nord. Une cave de jauge indique la mesure d'eau pluviale dans un temps déterminé.

Le bâtiment contigu, situé à l'est de l'édifice principal, est celui où se font presque toutes les observations astronomiques et météorologiques, et l'on peut dire que c'est le seul vraiment utile. Ce bâtiment renferme, entre autres instruments, la lunette méridienne de Gambey, et le cercle mural de Frontin. Il a été complètement reconstruit en 1834.

L'Observatoire renferme une bibliothèque très riche en livres d'astronomie. Une loi du 7 messidor an III prescrivit de prendre dans les dépôts de livres appartenant à la nation et dans les doubles de la Bibliothèque nationale, les livres nécessaires pour compléter la bibliothèque astronomique, commencée à l'Observatoire. Cette bibliothèque se compose d'environ quatre mille volumes imprimés ou manuscrits. On y trouve, entre autres ouvrages précieux, les collections complètes des observations faites et imprimées à Paris, en Angleterre, en Allemagne et en Italie. Mais au premier rang des richesses bibliographiques de l'Observatoire, on doit placer les grandes tables logarithmiques et trigonométriques manuscrits, en dix-sept volumes grand in-folio, calculées au cadastre sous la direction de M. de Prony, et beaucoup d'autres manuscrits relatifs à l'astronomie ancienne, provenant de la bibliothèque de l'astronome Delisle [1].

---

[1] Voy. *De la fortune publique en France*, par MM. Macarel et Boulatignier, t. I.

Les grandes réparations exécutées en 1811 et 1813 ont débarrassé le quartier de l'Observatoire des bâtiments intermédiaires qui cachaient cet édifice à la vue, et ont mis sa façade à découvert. En 1820, on a dépensé 300,000 francs à la décoration extérieure de l'Observatoire, maintenant en perspective avec le Luxembourg. Ces deux beaux monuments, qui naguère semblaient s'isoler l'un de l'autre, communiquent par une magnifique avenue bordée de quatre rangs d'arbres, et la face de cette partie de Paris a été considérablement embellie. L'Observatoire a été environné, à la même époque, de la première terrasse projetée par Perrault; sa cour est fermée d'une grille et son entrée marquée par deux pavillons modernes.

Cet édifice est surtout remarquable par une singularité que n'offre aucun monument de Paris : le fer et le bois n'ont pas été employés dans sa construction : tout est en pierre.

C'est dans le bâtiment de l'Observatoire que le Bureau des Longitudes tient ses séances et que logent quelques uns de ses membres. L'Observatoire est ouvert au public tous les jours non fériés, de neuf à quatre heures.

Les Gobelins, manufacture royale des tapisseries de la couronne, rue Mouffetard, n° 270. — Dès les XIVe et XVe siècles, il y avait des drapiers et des teinturiers établis le long de la petite rivière de Bièvre, dont l'eau, disait-on, était très propre à la teinture. Le plus fameux de ces teinturiers, Gilles Gobelin, y demeurait en 1450 ; il trouva, à ce que l'on prétend, le secret de la belle écarlate, ou du moins la fit connaître en France, par le moyen de la cochenille, nouvellement apportée des Indes occidentales. Quoi qu'il en soit, Gilles Gobelin s'enrichit et fit des acquisitions considérables sur le bord de la Bièvre. Son fils augmenta cette fortune et laissa à ses enfants de grands biens qui leur furent partagés en 1510. Ceux-ci et leurs descendants continuèrent ce genre d'industrie, et acquirent une telle célébrité que le peuple donna le nom de Gobelins, non seulement au quartier où se trouvait leur établissement, mais encore à la rivière de Bièvre qui le traversait.

Les sieurs Canaye succédèrent aux Gobelins ; ils ne se bornèrent pas à teindre les laines en écarlate, et commencèrent, à ce qu'il paraît, à teindre les tapisseries de haute lice. Vers l'an 1655, les Canaye furent remplacés dans cette fabrique par un nommé Glucq, Hollandais, qui attira l'attention publique par le perfectionnement qu'il apporta dans ses travaux, perfectionnement qu'il dut principalement à un fort habile ouvrier en tapisserie de haute lice, qu'il avait fait venir de Bruges, et qui se nommait Jean Leansen. Il faut remarquer qu'alors, et même long-temps après, ces manufactures n'étant ni privilégiées ni attachées spécialement au service du roi, n'étaient soutenues que par la consommation que le public faisait des produits de leur industrie; car les manufactures diverses qu'Henri IV plaça, au commencement du XVIIe siècle, au palais des Tournelles, à la rue de la Tixeranderie et aux galeries du Louvre, n'eurent rien de commun avec les Gobelins. La perfection des ouvrages qui sortaient de cette fabrique fixa l'attention de Colbert; ce ministre, qui ne négligeait aucune occasion de protéger les arts et d'encourager les talents, résolut de la mettre sous la protection spéciale du roi et de l'employer uniquement à son service. A cet effet, il acheta, en 1662, toutes les maisons et jardins qui forment aujourd'hui le vaste emplacement des Gobelins. Ce ministre y fit construire les ateliers et les logements convenables pour les plus habiles artistes et ouvriers en tout genre; il fit donner à cet établissement une forme stable, par édit du roi, en 1667, et la direction en fut confiée au célèbre Lebrun, premier peintre du roi. Tous ces ouvriers, du moins la plus grande partie, étaient logés dans les Gobelins, où ils trouvaient toutes les commodités que les travaux auxquels ils étaient occupés pouvaient demander. Mais le défaut de calcul et le faste prodigieux de Louis XIV ayant nécessité des économies, l'on fut réduit, en 1694, à retirer les fonds destinés à l'entretien de ces ouvriers, et à les congédier.

Plusieurs salles ou galeries sont ornées de quelques figures en plâtre, de tableaux et de tapisseries anciennes et modernes. Les ateliers offrent des tapisseries sur le métier et des parties de tableaux commencés. Dans la basse lice, le métier de l'ouvrier est placé horizontalement comme celui du tisserand; dans la haute lice, la chaîne est verticale et l'ouvrier travaille en face de son ouvrage; il tourne le dos à son modèle et s'y porte de temps en temps pour comparer la teinte des fils à celle des parties du tableau qu'il copie. Par des procédés ingénieux, on est parvenu à exprimer avec la plus grande vérité, non seulement toute la correction du dessin des plus beaux tableaux, mais encore toute la force et la vivacité de leur coloris et la gradation des nuances, de sorte que ces tapisseries, vues à une distance convenable, rendent parfaitement l'effet des peintures les plus achevées. Les tentures que l'on exécute aux Gobelins représentent des sujets historiques. Auprès de cette manufacture est un atelier de teinture dirigé par un chimiste habile, où se teignent un nombre infini de nuances de toutes les couleurs, inconnues dans le commerce pour la plupart, mais nécessaires pour exprimer toutes les teintes que sait créer le génie du peintre. La laine est employée exclusivement dans ces tapisseries pour donner à leurs couleurs plus de fixité.

Les tapis de ce bel établissement excitent un véritable étonnement, et l'on ne conçoit pas la possibilité de produire avec la haute lice un effet aussi brillant que celui de la peinture; la seule observation qui se présente au véritable amateur des arts, en voyant ce chef-d'œuvre de la patience mécanique, c'est qu'une telle *copie* d'un tableau coûte souvent au gouvernement 20,000 francs et plus, et que l'on pourrait, pour cette somme, avoir deux tableaux originaux par des peintres du premier rang.

La manufacture des Gobelins a passé jusqu'à présent pour la première de ce genre qui existe dans le monde. La France doit à cet établissement les progrès extraordinaires que les arts et les manufactures y ont faits dans l'espace d'un siècle ; et la quantité d'ouvrages parfaits et d'excellents ouvriers qui sont sortis de cette grande école est presque incroyable. Rien n'égale surtout la beauté des tapisseries qu'on y exécute, et qui surpasse de beaucoup ce que les Anglais et les Hollandais ont jamais fait de mieux en ce genre. On attribue la beauté des couleurs de cette manufacture autant à l'habileté des moyens qu'on emploie pour les composer, qu'à certaines qualités particulières des eaux de la Bièvre. Les étrangers ont peine à croire que l'on puisse produire tant de merveilles sur des ouvrages de laine, et s'étonnent de l'indifférence des Parisiens pour cette manufacture admirable.

Outre une école de dessin où les artistes ouvriers s'instruisent des principes de l'art dont ils doivent copier les chefs-d'œuvre, il y a chaque année, dans cette manufacture, un cours de chimie appliquée à la teinture.

Le public est admis dans les ateliers et le salon d'exposition de la manufacture des Gobelins tous les samedis, depuis deux heures jusqu'à la fin du jour.

Religieuses de la présentation Notre-Dame, ou *Bénédictines mitigées*, rue des Postes, n°s 34 et 36. La dame Marie Courtin, veuve du sieur Billard de Carrouge, voulant favoriser sa nièce, religieuse du couvent des Bénédictines mitigées d'Arcisse, forma le projet de fonder à Paris un couvent du même ordre, dont cette religieuse eut été prieure perpétuelle. Elle proposa en conséquence à quelques unes de ces Bénédictines de se réunir à cette nièce, nommée Catherine Bachelier, et lui fit, en conséquence de cette réunion, une donation entre-vifs de 900 livres de rente, dont celle-ci devait jouir conjointement avec sa petite communauté. Le contrat fut passé en 1649, et, en conséquence de cette donation, Jean-François de Gondi, archevêque de Paris, permit à ces religieuses de s'établir dans une maison qu'elles avaient déjà louée rue des Postes, sous la condition qu'après la mort de la sœur Bachelier, leur prieure serait triennale. La division se mit bientôt entre elles ; l'archevêque fut obligé de les séparer dès l'année suivante, et permit à la sœur Bachelier de s'établir ailleurs. Elle se plaça dans la rue d'Orléans au faubourg Saint-Marcel, avec une compagne qu'elle avait amenée d'Arcisse, et madame de Carrouge ayant bien voulu élever jusqu'à la somme de 2,000 livres la rente qu'elle lui avait accordée, cette religieuse se vit en état de demander la confirmation de son établissement, ce qui lui fut accordé par des lettres-patentes de 1656.

Cette communauté s'étant assez rapidement augmentée, et le local qu'elle occupait se trouvant trop resserré, elle acheta, en 1671, une maison et un jardin d'environ deux arpents dans la rue des Postes, où elle avait pris son origine. Cette maison lui fut cédée par M. Olivier, greffier civil et criminel de la cour des aides, moyennant une rente de 615 livres, et sous la condition qu'on recevrait dans la communauté une fille pour être religieuse de chœur, laquelle ne paierait que 200 livres de rente. Il s'en réserva la nomination sa vie durant, et après lui à ses enfants seulement, à l'exclusion de leurs descendants.

Après la suppression des couvents, les bâtiments de ce monastère devinrent propriété particulière, et furent, quelque temps après, occupés par l'institution de M. Parmentier.

Hospitalières de la miséricorde de Jésus, dites *de Saint-Julien et de Sainte-Basilisse*, rue Mouffetard, 68. — Il existait dans le quartier Saint-Antoine une maison hospitalière destinée à servir d'asile et à fournir des remèdes et des secours aux pauvres femmes ou filles malades. L'utilité de cet établissement fit naître à Jacques Le Prévost de Herbelai, maître des requêtes, le dessein d'en former un semblable. Il fit à cet effet des propositions aux religieuses hospitalières de Dieppe; ces dames les ayant acceptées, il leur assura 1,500 livres de rente par contrat du 18 juin 1652, et leur procura une maison à Gentilly, où elles furent placées la même année, du consentement de l'archevêque de Paris. Des lettres-patentes données en 1655, et enregistrées en 1656, les autorisèrent à transférer leur domicile à Paris, dans les faubourgs Saint-Victor, Saint-Marcel, Saint-Jacques ou Saint-Michel. Elles avaient déjà acquis, dès 1653, du sieur Le Begue, la demeure qu'elles ont occupée jusqu'au moment de la révolution. Cette acquisition consistait en deux maisons accompagnées de cours et de jardins. On y construisit une chapelle et plusieurs bâtiments; mais au commencement du XVIIe siècle, ces bâtiments tombant en ruines, le roi les fit réparer et augmenter à ses frais, sous la direction de M. d'Argenson, alors lieutenant-général de police. La chapelle de ce couvent était sous l'invocation de Saint-Julien et de Sainte-Basilisse, dont ces religieuses prirent le nom.

Il y avait dans cette maison trente-sept lits, dont une partie avait été fondée par des particuliers qui avaient le droit de les faire occuper gratis. On payait pour les autres 36 francs par mois.

L'église des Hospitalières de la Miséricorde était petite et bien entretenue. On remarquait sur le maître-autel une *Résurrection de Notre-Seigneur*, par un peintre inconnu.

Les bâtiments de cette communauté appartiennent aujourd'hui à l'Hôtel-Dieu, et sont occupés par plus de quatre-vingts locataires.

Communauté de Filles de Sainte-Geneviève, rue Clovis. Cette communauté n'était point, comme quelques personnes l'ont pensé, un démembrement de celle que la demoiselle Blosset avait formée, et qui fut réunie aux Miramiones. Cette institution, absolument étrangère à l'autre, n'avait pour objet que l'instruction des jeunes filles pauvres, et formait ce qu'on appelle communément *école de charité*. Les filles qui se réunirent pour la composer furent placées rue de la Montagne-Sainte-Geneviève, dans une maison appartenant à l'abbaye; et cet établissement, fait en 1670, fut dû aux soins de M. Beurrier, alors curé de Saint-Étienne-du-Mont. Vers la fin du siècle dernier, il était administré par des filles tirées de la rue Saint-Maur.

Les bâtiments de cette communauté, après avoir été occupés par des particuliers pendant la révolution, sont devenus une dépendance du collége de Henri IV.

Séminaire des Prêtres irlandais, rue des Carmes, 23. J'ai dit en parlant du *collége des Lombards* ou d'Italie (1), que les bâtiments de ce collége se trouvaient presque abandonnés et tombaient en ruines, lorsque deux prêtres irlandais, Malachie Kelly et Patrice Maginn, conçurent le projet d'y former un nouvel établissement destiné aux prêtres et étudiants de leur nation. Dès l'année 1623, Louis XIII avait permis aux Irlandais de recevoir des legs et des donations dont l'objet devait être de leur procurer la facilité de faire leurs études à Paris. Louis XIV avait confirmé cette permission en 1672, en y ajoutant celle d'acheter une maison qui pût leur servir d'hospice. Celle dont ils firent l'acquisition était située rue d'Enfer, et ils y ont demeuré jusqu'en 1685. Ce fut pendant cet intervalle que les sieurs Maginn et Kelly jetèrent les yeux sur le collége des Lombards, espérant en faire une habitation plus commode pour leurs compatriotes; mais les trois proviseurs, qui l'habitaient encore, refusèrent d'abord de leur en céder la propriété, et se contentèrent de nommer onze Irlandais aux bourses vacantes depuis plusieurs années. Cette nomination fut confirmée en 1677; mais comme il était à craindre que ces nouveaux boursiers ne fussent inquiétés par des Italiens qui auraient pu venir réclamer leurs anciens droits, MM. Maginn et Kelly proposèrent de faire réédifier ce collége à leurs frais, sous la condition qu'ils en seraient proviseurs leur vie durant, et que ces places seraient toujours occupées à l'avenir par des sujets de leur nation; proposition qui fut acceptée, et que de nouvelles lettres-

(1) Voy. t. II. p. 466.

patentes confirmèrent en 1681. La reconstruction de ce collége fut exécutée en conséquence de cette transaction, et M. Magnin lui légua en outre 2,500 livres de rentes.

Malgré tous ces arrangements, il y eut, le 20 mars 1696, un acte d'association des boursiers irlandais à ceux du collége des Grassins. Un arrêt du parlement les renvoya, en 1710, au collége des Lombards. Toutefois cette association n'avait eu lieu que pour les étudiants seulement, et ne comprenait point ceux qui, après avoir fini leurs études, faisaient les préparations nécessaires pour pouvoir remplir dignement les fonctions de missionnaires en Irlande. Cette distinction fut consacrée par un autre arrêt du 20 mars 1728; ainsi cette maison devait être à la fois considérée comme un séminaire et un collége; c'étaient deux communautés réunies.

On y comptait, en 1776, cent prêtres et environ soixante clercs étudiants, dont le plus petit nombre payait une très modique pension; la charité des fidèles faisait le reste. A cette époque les clercs irlandais furent transférés dans la rue du Cheval-Vert, comme nous le dirons ci-après (1).

Quelques années auparavant, les bâtiments du collége des Lombards avaient été réparés, et la chapelle avait été reconstruite par la libéralité de M. de Vaubrun. Son porche, de forme elliptique, et décoré de colonnes et de pilastres ioniques, avec entablement, avait été élevé sur les dessins de Boscry, architecte. Sur le maître autel, on voyait un tableau représentant une Assomption, par Jeaurat.

Le séminaire des Prêtres irlandais était possesseur d'une petite bibliothèque.

Ses bâtiments sont maintenant habités par des particuliers; la chapelle sert de magasin.

Séminaire des Clercs irlandais, rue des Irlandais ou du Cheval-Vert, n° 3. — En 1578, Jean Lée, prêtre irlandais, échappé à la persécution d'Elisabeth, était venu se réfugier avec six écoliers de sa nation, au collége Montaigu. Le nombre de ces exilés s'étant bientôt accru, on les transféra au collége de Navarre, qu'ils quittèrent encore pour aller occuper une maison louée pour eux, au faubourg Saint-Germain, par le président Lescalopier. Je viens de dire comment, en 1677, ils furent établis, avec les prêtres irlandais, au collége des Lombards où ils restèrent jusqu'en 1776. A cette époque ils vinrent occuper, rue du Cheval-Vert, une maison plus commode qu'ils durent au zèle et à la libéralité de l'abbé Kelly, leur supérieur.

Le but de cet établissement était de former à l'état ecclésiastique de

---

(1) Voy. plus loin *Séminaire des Clercs Irlandais.*

jeunes Irlandais, pour les mettre en état de faire ensuite des missions dans leur pays.

La chapelle, bâtie sur les dessins de l'architecte Bellanger, est très simple. Une grande salle, pratiquée au-dessus, servait de bibliothèque.

C'est dans cette maison qu'à été établi, sous le consulat, le *collége des Irlandais, Anglais et Ecossais réunis* (1).

Filles de Sainte-Agathe ou *du silence*, rue de l'Arbalète, en face du couvent des Filles de la Providence. — Cette communauté, qui avait adopté la règle de Cîteaux, était aussi connue sous le nom de *Filles de la Trappe* ou *du silence*. Les religieuses qui la composaient s'établirent d'abord, vers 1697, dans la rue Neuve-Sainte-Geneviève, près la rue du Puits-qui-Parle. L'année suivante, la maison qu'elles occupaient ayant été vendue par décret, elles allèrent se loger au village de la Chapelle, où elles ne purent former un établissement. On les voit ensuite revenir à Paris, s'associer avec la demoiselle Guinard, qui occupait alors, dans la rue de Lourcine, l'hôpital de Sainte-Valère, et s'en séparer peu de temps après pour aller habiter deux maisons contiguës qu'elles venaient d'acquérir dans la rue de l'Arbalète. Elles y demeurèrent depuis l'année 1700 jusqu'en 1753, que l'archevêque de Paris jugea à propos de supprimer cette communauté. Les Filles de Sainte-Agathe s'occupaient principalement de l'éducation des jeunes demoiselles.

La maison de ces religieuses fut alors vendue et a été occupée depuis par une pension.

Prêtres de Saint-François-de-Sales, carrefour du Puits-l'Ermite, faubourg Saint-Marcel. Le cardinal de Noailles ayant supprimé en 1702 une communauté de Filles appelées les *Filles de la Crèche*, qui s'était établie vers l'année 1656, au carrefour du Puits-l'Ermite, destina la maison qu'elles occupaient à la communauté des Prêtres de Saint-François-de-Sales. Elle avait été formée depuis quelque temps par M. Witasse, docteur de Sorbonne, en faveur des pauvres prêtres de son diocèse, auxquels la vieillesse et les infirmités ne permettaient plus de remplir les devoirs de leur saint ministère. Cet établissement ayant été confirmé par lettres-patentes du mois de janvier 1700, les prêtres qui le composaient furent placées la même année sur les fossés de l'Estrapade, et en 1702, on les transporta au carrefour du Puits-l'Ermite, en vertu d'un décret du 1er mars de cette même année. Le cardinal de Noailles pour assurer la subsistance de ces prêtres infirmes, dont le nombre était assez considérable, non seulement leur affecta les biens des re-

(1) Voy. l'art. consacré à ce collège.

ligieuses de la Crèche, mais réunit encore à leur maison la mense prioriale de Saint-Denis-de-la Chartre, par son décret du 18 avril 1704, confirmée par lettres-patentes du même mois. Enfin, les religieuses bénédictines d'Issy ayant été dispersées en 1751, et leur abbaye réunie à celle de Gersy, on donna aux Prêtres de Saint-François-de-Sales la maison qu'elles occupaient. Ils en prirent possession en 1753, et conservèrent cependant celle du Puits-l'Ermite pour leur servir d'hospice.

Les bâtiments de cette communauté ont été réunis à l'hôpital de la Pitié.

Filles du Saint-Sacrement, rue Cassette, n° 22. — Des religieuses bénédictines de la conception Notre-Dame établies à Rambervilliers, furent obligées, pendant la guerre qui désolait la Lorraine, de se réfugier à Saint-Mihiel. Elles y vécurent dans une profonde misère; et des missionnaires envoyés dans cette province par saint Vincent-de-Paul, engagèrent Catherine de Bar, l'une de ces religieuses, à se rendre à Paris avec quelques unes de ses compagnes. Elles y arrivèrent en 1641. L'abbesse de Montmartre consentit à les recevoir, et bientôt après le reste de la communauté vint se réunir à elles dans un hospice qu'une dame pieuse leur avait préparé au village de Saint-Maur. Elles ne tardèrent pas à s'en voir expulser par les troubles qui commençaient à agiter Paris, et, en 1650, elles cherchèrent un asile dans une petite maison de la rue du Bac. Mesdames de Château-Vieux, de Cessac et Mangot de Villeran formèrent ensemble un fonds de trente mille francs destiné à l'établissement de cette communauté dont elles voulaient confier la direction à Catherine de Bar. Mais la régente Anne d'Autriche s'y opposa et fit défense à l'abbé de Saint-Germain de permettre qu'il se fît de nouveaux établissements religieux sur son territoire. Cependant un prêtre de Saint-Sulpice nommé Picoté, décida la reine à former une maison religieuse consacrée au culte perpétuel du Saint-Sacrement, dans l'espoir de faire cesser les maux qui affligeaient la France. L'application de son vœu s'étant faite naturellement à l'établissement déjà formé dans le même but, l'abbé de Saint-Germain, sur les ordres de la reine, donna son consentement le 19 mars 1653, et le roi ses lettres-patentes au mois de mai suivant.

Ces religieuses furent d'abord placées rue Férou, dans une maison où la croix fut posée le 12 mars 1654, en présence de la reine qui s'était déclarée fondatrice du nouveau couvent. Ce jour-là, Anne d'Autriche, un cierge à la main, voulut, la première, faire réparation des outrages faits au Saint-Sacrement pendant la guerre civile.

Outre les vœux ordinaires, les filles de ce monastère faisaient le vœu particulier de l'adoration perpétuelle du Saint-Sacrement. Chaque jour une sœur se mettait à genoux vis-à-vis d'un poteau placé au milieu du chœur, une torche allumée à la main et la corde au cou : dans cette humble posture, elle faisait amende honorable de toutes les impiétés commises contre le Saint-Sacrement.

Cependant l'habitation qu'occupaient ces religieuses, prise d'abord plutôt par nécessité que par choix, étant incommode et trop resserrée, leurs bienfaitrices achetèrent presque aussitôt un grand terrain dans la rue Cassette, et y firent construire un monastère, qui fut bénit en 1659, et où elles furent transférées dans la même année.

Cet institut, dont la mère Catherine de Bar avait dressé elle-même les constitutions, fut approuvé, en 1668, par le cardinal de Vendôme, alors légat en France, et confirmé depuis en 1676 et en 1705, par Innocent XI et Clément XI.

On remarquait dans l'église de ce couvent les peintures des plafonds, et deux tableaux représentant saint Benoît et sainte Scolastique. Les deux statues d'anges qui soutenaient le tabernacle étaient de Lespingola.

Après la suppression des maisons religieuses, les bâtiments de ce couvent ont été mis en vente et sont devenus propriété particulière.

Miramiones, ou *Filles de Sainte-Geneviève*, rue de la Tournelle, n° 5, au coin du quai de la Tournelle. — En 1636, la demoiselle Blosset s'étant associé quelques filles pieuses, s'établit avec elles sur les Fossés-Saint-Victor, au coin de la rue des Boulangers. Elles vivaient en commun, sans clôture, sans aucune singularité dans leur habillement, et s'occupaient à visiter les pauvres malades, à tenir de petites écoles, à donner des instructions chrétiennes aux pensionnaires qu'on leur confiait, et même aux personnes du dehors. Cette communauté prit le nom de Filles de Sainte-Geneviève, sous lequel elle fut approuvée par l'archevêque de Paris. Elle fut ensuite confirmée par lettres-patentes du mois de juillet 1661, enregistrée le 10 février suivant.

A peu près vers ce temps, madame Marie Bonneau, veuve de M. de Beauharnais de Miramion, conseiller au parlement, formait une semblable communauté. Cette dame, restée veuve à l'âge de seize ans, résista aux sollicitations du fameux comte de Bussi-Rabutin, et préféra la retraite et l'exercice des œuvres de charité à tous les avantages que pouvaient lui procurer sa jeunesse, sa fortune et sa beauté. Elle rassembla, en 1661, six jeunes personnes dans la maison qu'elle occupait rue Saint-Antoine, et donna le nom de *Sainte-Famille* à cette petite société. Quelques circonstances particulières la déterminèrent, peu de temps après, à venir demeurer près de Saint-Nicolas-du-Chardonnet.

Les rapports qui se trouvaient entre la communauté de Sainte-Geneviève et celle de la Sainte-Famille parurent à M. Féret, supérieur des deux maisons, un motif suffisant pour les réunir. Elles le furent sous le titre de Sainte-Geneviève, le 14 août 1665, et l'archevêque consentit à cette union le 14 septembre suivant. On dressa ensuite les constitutions, qui furent approuvées, au mois de juin 1668, par le cardinal de Vendôme, alors légat *à latere* en France; elles furent confirmées par des lettres-patentes enregistrées le 30 juillet de 1674 (1).

Les deux communautés ainsi réunies logèrent d'abord dans des maisons tenues à loyer, mais en 1691 elles se trouvèrent en état d'acheter de M. de Nesmond, évêque de Bayeux, une maison située sur le quai de la Tournelle, puis, en 1693, une autre maison contiguë; enfin madame de Miramion accrut considérablement leur établissement en leur faisant donation de deux autres maisons situées aussi sur le quai de la Tournelle et joignant les précédentes.

Les Miramiones ne faisaient point de vœux, et se consacraient, comme je l'ai dit, à l'instruction des pauvres et au soulagement des blessés pour lesquels elles préparaient des médicaments. Il y avait aussi dans leur maison cinquante cellules destinées à des dames qui désiraient passer quelque temps dans la retraite. Madame de Miramion, la principale fondatrice de cette institution, mourut en odeur de sainteté le 24 mars 1696, à l'âge de soixante-sept ans.

Le couvent des Miramiones fut supprimé, comme les autres maisons religieuses, en 1790. Ses bâtiments sont occupés aujourd'hui par la *Pharmacie des hôpitaux et hospices civils de Paris*.

Filles de la Société de la Croix, impasse Guémenée, n° 4. — Marie Lhuillier, veuve de Claude Marcel, avait fondé cette communauté, à Brie-Comte-Robert, en 1640. Trois ans après, en 1643, elle vint à Paris avec quelques unes de ses religieuses et acheta une portion de l'hôtel des Tournelles où elle s'installa. Ces filles s'occupaient de l'éducation des jeunes personnes de leur sexe, mais sans être assujetties à aucun vœu. La duchesse d'Aiguillon s'était déclarée fondatrice des Filles de la Société de la Croix. Elle leur procura plus tard un autre établissement à Ruel.

Cette communauté fut supprimée en 1790. Une filature de coton en occupe les bâtiments.

Filles de la Croix, rue d'Orléans-Saint-Marcel, n° 11. — La congrégation des Filles de la Croix destinées à l'instruction des jeunes filles, devait son origine, comme je l'ai dit dans l'article qui précède, à Marie Lhuillier, veuve de Claude Marcel. La maison qu'occupaient les Filles de la Croix, rue d'Orléans-Saint-Marcel, faisait partie du *petit séjour*

---

(1) Jaillot, *Rech. sur Paris.*

d'Orléans. C'était une dépendance de la communauté de l'impasse Guémenée. Cette maison était établie sous le titre de Sainte-Jeanne. Jaillot dit qu'elles acquirent ce lieu, ainsi que la maison voisine, à titre d'échange, de Marie-Anne Petaut, veuve de René Regnault de Traversay, par acte du 13 juillet 1656. Ces filles tenaient les écoles de charité de la paroisse Saint-Médard, et prenaient aussi des pensionnaires.

Les bâtiments de cette communauté sont aujourd'hui occupés par un maître de pension.

Institution ou *noviciat de l'Oratoire*, rue d'Enfer, n. 74. — Cette maison, connue sous le nom de l'*Institution*, était consacrée à recevoir ceux qui se destinaient à entrer dans la congrégation de l'Oratoire. C'était là qu'ils recevaient les premières instructions de leur ministère. Ce fut Nicolas Pinette, trésorier de Gaston, duc d'Orléans, qui l'acheta en 1650, la fit réparer d'une manière convenable, et la donna ensuite à cette congrégation en toute propriété. Les prêtres de l'Oratoire obtinrent, peu de temps après, par le crédit de Gaston lui-même, des lettres-patentes qui les gratifièrent de tous les priviléges dont jouissaient les maisons de fondation royale (1).

L'église, dont la première pierre fut posée au nom de ce prince le 11 novembre 1655, fut bénite deux ans après sous le vocable de la Sainte-Trinité et de l'Enfance de Jésus. On y voyait une *Présentation au temple*, de Simon François, de Tours, un *Ecce homo*, de Charles Coypel, et un magnifique mausolée, élevé en 1661 à la mémoire du cardinal de Bérulle. Ce monument avait été exécuté par Jacques Sarrazin, auquel on devait aussi la statue du même prélat que l'on voyait aux Carmélites (2).

Dans cette église avaient été enterrés *Françoise Chouberne*, l'une des bienfaitrices de la communauté, morte en 1655; *Henri de Barillon*, évêque de Luçon, mort en 1699; le maréchal de Biron, mort en 1756.

Les bâtiments du couvent étaient accompagnés d'un vaste enclos mal cultivé. La bibliothèque, peu considérable, offrait un choix de très bons livres et possédait quelques manuscrits précieux, entre autres, une copie fort ancienne des œuvres de saint Léon, pape (3).

L'institution, également célèbre par les hommes qu'elle a produits, ou qui s'y sont retirés, fut supprimée en 1792, et en 1801, cette maison fut consacrée à l'*hospice de la Maternité* et à l'*École d'accouchement*. En 1814, on y établit l'hospice de l'*Allaitement* ou *des Enfants-Trouvés*, dont je parlerai plus tard.

Orphelins de Saint-Sulpice ou *de la Mère de Dieu*, rue du Vieux-Co-

(1) Piganiol, t. VII, p. 246. — (2) Brice, t. III, p. 162. — (3) Piganiol, *ibid.*, p. 253.

lombier, n. 15. Cette bienfaisante institution eut pour fondateur M. Ollier, curé de Saint-Sulpice, qui l'établit en faveur des orphelins des deux sexes de sa paroisse. Il commença, en 1648, par placer les garçons dans différents ateliers pour y apprendre des métiers. Les filles furent rassemblées d'abord dans une maison de la rue de Grenelle, ensuite rue du Petit-Bourbon, dans un bâtiment qu'une dame Lesturgeon donna libéralement pour ce pieux usage.

En 1675 cet établissement avait encore changé de local, et était placé au coin de la rue du Canivet et de celle des Fossoyeurs, maintenant rue Servandoni. C'est alors que ceux qui le dirigeaient obtinrent du roi la confirmation de cette communauté sous le titre d'*Orphelins de la Mère de Dieu*. Les lettres-patentes qui accordent cette confirmation sont de 1678. On voit par ces lettres que le nombre des orphelins des deux sexes n'était point déterminé ; il a été porté jusqu'à cent dans les derniers temps.

Il y avait dans cette maison une chapelle sous le titre de l'Annonciation. On y recevait les orphelins dès la plus tendre enfance ; ils étaient élevés et instruits avec beaucoup de soin jusqu'à ce qu'ils eussent atteint l'âge convenable pour être mis en apprentissage ou placés avantageusement. Huit sœurs dirigeaient la maison, et s'étaient consacrées à cette œuvre de charité, sans s'y astreindre par aucun vœu.

Les bâtiments occupés par les orphelins de Saint-Sulpice ont été habités, vers 1802, par des sœurs de la Charité. En 1813, ces sœurs ayant été transférées rue du Bac, n. 152, la maison des orphelins a été convertie en une caserne de sapeurs-pompiers.

Couvent des Prémontrés réformés, rue de Sèvres, n. 11. — L'ordre des Prémontrés, fondé par saint Norbert au XIIe siècle, ne conservait plus que peu de traces de son ancienne discipline, lorsque le P. Daniel Picart, abbé de Sainte-Marie-aux-Bois en Lorraine, conçut le dessein d'y introduire la réforme. Secondé par Gervais Lairuels, abbé de Saint-Paul de Verdun, il établit à cet effet de nouveaux statuts qu'approuvèrent les papes et que suivirent plusieurs maisons de Prémontrés, ce qui donna naissance à une nouvelle congrégation sous le titre de la *Réforme de Saint Norbert*. Elle avait été confirmée par des lettres-patentes dès 1621 ; cependant, en 1660, elle n'avait point encore d'établissement à Paris. Il fut résolu d'en former un, dans le chapitre général tenu, cette même année, à Saint-Paul de Verdun. Toutes les maisons de l'ordre consentirent à en partager la dépense, et l'on députa le P. Paul Ferrier pour faciliter l'exécution de ce projet. La reine Anne d'Autriche, à laquelle il s'adressa, voulut l'aider non seulement de sa protection, mais encore de ses libéralités. Soutenus par une main si puissante, les Prémontrés achetèrent, en 1661, un terrain fort étendu et une maison appelée les Tuileries, située à l'angle que forment les rue de Sèvres et du Cherche-Midi. Ils y pratiquèrent les lieux réguliers nécessaires dans une communauté, obtinrent, en 1662, le consentement de l'abbé de Saint-Germain, et des lettres-patentes, dans lesquelles le roi se déclare leur fondateur, et les qualifie de *Chanoines réguliers de la Réforme de l'étroite observance de l'ordre de Prémontré.*

La reine-mère posa, le 13 octobre 1662, la première pierre de l'église, qui fut achevée en 1663, et bénite sous le titre du *Très saint Sacrement de l'autel et de l'immaculée Conception de la Sainte Vierge;* mais comme elle se trouva trop petite, les Prémontrés la firent rebâtir en 1719 sur un plan plus spacieux. La première pierre en fut posée par l'évêque de Bayeux, au nom du roi.

Cet édifice, élevé sur les dessins de Simonet, n'avait rien de remarquable sous le rapport de l'architecture. Le chœur était orné de huit tableaux, dont trois par *Frontier* et cinq par *Jollain.*

On estimait la menuiserie du chœur et des stalles, exécutée par un frère convers de cette maison. La voûte en trompe qui supportait le buffet d'orgue était admirée des constructeurs.

Parmi les sépultures de l'église des Prémontrés réformés, on citait celle du chevalier Turpin de Crissé, mort en 1684, et d'Anne de Salles, son épouse. Leur épitaphe, sur une table de marbre blanc, était appliquée à l'un des murs des bas côtés.

Démolis à la révolution, les bâtiments de cette communauté sont aujourd'hui remplacés par des maisons particulières.

Séminaire des missions étrangères, aujourd'hui *Église succursale de la paroisse Saint-Thomas d'Aquin.* — Le but de cette institution était de porter la lumière de l'Évangile dans les contrées où elle n'a pas encore pénétré. Ce fut Bernard de Sainte-Thérèse, évêque de Babylone, qui conçut ce pieux dessein, et en formant une société de missionnaires qu'il destinait à parcourir les pays étrangers; son intention était surtout que leurs travaux apostoliques se dirigeassent vers la Perse, où il avait lui-même long-temps prêché la foi chrétienne. Par contrat de donation du 16 mars 1663, il consacra à cette fondation les biens qu'il possédait au faubourg Saint-Germain, et principalement un terrain situé au coin de la rue du Bac et de la rue de la Fresnaye, dite depuis rue de Babylone. « Il donna, de plus, en faveur du futur séminaire, tous les biens-meubles qui lui appartenaient lors de son décès, avec sa chapelle complète et sa bibliothèque. Il y joignit la maison qu'il avait achetée dans la ville d'Ispahan, capitale de la Perse, avec les meubles, la chapelle et la bibliothèque qui y étaient. Les conditions que le donateur met à cette donation sont, qu'il sera établi, sur l'emplacement énoncé ci-dessus, un séminaire de personnes ecclésiastiques ou aspirantes à l'ordre ecclésiastique, et même de laïques, qui seront jugées capables et utiles au bien de l'œuvre, qui seront instruites aux études, sciences et langues nécessaires pour les missions, et envoyées à la maison d'Ispahan, pour se perfectionner dans les langues, et travailler à la conversion des âmes, sous la conduite de ceux qui auront la direction du séminaire ; que les maisons, meubles, chapelle et bibliothèque demeureront inséparablement unis au séminaire ; que le séminaire sera appelé *Séminaire des Missions étrangères*, enfin que la chapelle qui sera bâtie au séminaire portera le nom de *la Sainte-Famille* (1). »

Des lettres-patentes du mois de juillet de la même année 1663 confirmèrent cette fondation; l'abbé de Saint-Germain ayant donné son consentement le 10 octobre suivant, les sieurs Poitevin et Gasil, au profit desquels la donation avait été faite, y entrèrent le 27 du même mois. Une salle de cette maison leur servit d'abord de chapelle, et continua d'en servir jusqu'en 1683, époque à laquelle on en bâtit une plus régulière, dont la première pierre fut posée, au nom du roi, par M. François de Harlay, archevêque de Paris. Cette chapelle, qui est double, n'a rien de remarquable dans son architecture.

On voyait dans la chapelle basse, sur l'autel principal, une Adoration des Mages, par Mauperrin. Sur les deux autels à droite et à gauche, la Vierge et saint François Régis, par le même.

Dans la chapelle haute, sur le maître-autel, l'Adoration des Mages, par Carle Vanloo.

A droite, la Sainte Famille, par Restout; à gauche, une vierge, par D'André Bardou.

Dans cette église avaient été déposés : le cœur de Bernard de Sainte-Thérèse, archevêque de Babylone, fondateur de cette maison; le cœur de Louis Le Voyer d'Argenson, doyen et chanoine de Saint-Germain, l'un de ses bienfaiteurs; le cœur de Louise de Latour-d'Auvergne, dite Mademoiselle de Bouillon, morte en 1683.

La maison de ce séminaire, qui fut entièrement rebâtie en 1736, était accompagnée d'un assez grand enclos. Elle possédait une bibliothèque d'environ vingt-cinq mille volumes, où l'on comptait plusieurs manuscrits intéressants, et une collection précieuse de livres chinois.

Quoique l'objet principal des directeurs de ce séminaire fût de former, suivant le vœu du fondateur, des ecclésiastiques propres à suivre la carrière des missions, et à travailler à la conversion des infidèles, cependant ils se rendaient encore utiles, à Paris même, dans les fonctions du ministère ecclésiastique. Aux sermons publics ils joignaient des instructions particulières, faisaient le catéchisme aux enfants, rassem-

(1) Acte de donation cité par Hurtaut et Magny. *Dict. hist. de Paris.*

blaient des artisans et des ouvriers auxquels ils apprenaient les devoirs de la religion.

L'église a été rendue au culte, et est aujourd'hui seconde succursale de la paroisse de Saint-Thomas d'Aquin.

Les bâtiments, long-temps habités par des particuliers, sont maintenant occupés de nouveau par des prêtres de la mission.

Abbaye-aux-Bois ou *Monastère de Notre-Dame-aux-Bois*, aujourd'hui église succursale de la paroisse de Saint-Thomas d'Aquin, rue de Sèvres, n. 16. Cette communauté, de l'ordre de Cîteaux, doit son origine à des religieuses annonciades de l'ordre de Saint-François, qui vinrent de Bourges à Paris, et s'établirent, en 1637, dans la rue des Saints-Pères, où elles obtinrent la permission de célébrer l'office divin. Dans la suite, elles achetèrent un emplacement rue de Sèvres, où elles érigèrent un monastère qu'on appela d'abord des *Annonciades des dix vertus de Notre-Dame*. Mademoiselle d'Orléans, qui avait déjà donné deux mille livres de rente à ces religieuses, fonda ce monastère, qui fut entièrement construit, en 1643, et dédié la même année par Dom Benoît Brachet, prieur de l'abbaye Saint-Germain. La communauté se dispersa en 1654. La maison fut achetée 50,000 écus par les religieuses de la Franche-Abbaye de Notre-Dame-aux-Bois, qui avait été fondée en Picardie, en 1202, par Jean, seigneur de Nesle, châtelain de Bruges.

Ces religieuses avaient habité pendant près de quatre cent cinquante ans le lieu de leur premier établissement, lorsqu'en 1650, incommodées par le passage continuel des troupes et par les incursions des ennemis, elles le quittèrent pour se retirer à Compiègne. Grâce à la protection d'Anne d'Autriche, elles obtinrent, quatre ans après, l'autorisation de venir s'établir à Paris, où elles achetèrent, comme nous venons de le dire, l'établissement des Annonciades-de-Saint-François. Elles ne considéraient la maison de Paris que comme un hospice, et conservaient toujours le désir et l'espoir de retourner aux lieux où leur communauté avait été fondée. Après la publication du traité de paix des Pyrénées, plusieurs d'entre elles s'y transportèrent pour relever de ses ruines leur ancien monastère, mais un incendie consuma l'église et les lieux réguliers. Il fallut bien dès lors qu'elles ne songeassent plus qu'à la maison de Paris, dans laquelle on transféra le corps et le titre de l'abbaye *Notre-Dame-aux-Bois*, en 1667.

Ce fut Marie de Launoy qui, pendant tous ces temps de troubles, gouverna la maison et qui eut le titre d'abbesse depuis 1623 jusqu'en 1684. Les services qu'elle rendit, la régularité, l'ordre qu'elle fit régner dans la communauté, ont rendu long-temps sa mémoire chère à celles qui lui ont succédé dans son titre. Marie-Madeleine de Chaulmes, sa petite-nièce, qui avait été pendant trente ans sa coadjutrice, lui succéda et ne lui survécut que deux ans. Marguerite Mouchi de Montcaurel eut ensuite le titre d'abbesse jusqu'en 1715. On doit à Marie-Anne de Harlay les réparations qui s'exécutèrent dans plusieurs bâtiments qui tombaient en ruines. On lui doit aussi la nouvelle église qui fut bâtie en 1718, et dont la première pierre fut posée par Madame, veuve de Philippe de France, duc d'Orléans.

Cette maison a été supprimée en 1790, et son église est devenue, en 1802, la première succursale de Saint-Thomas-d'Aquin. Les tableaux qui s'y trouvent sont, au-dessus du maître-autel, une *Assomption*, un *Christ* par Lebrun, une *Descente de Croix*, une *sainte Famille*, *sainte Catherine de Sienne*, *sainte Madeleine*, et un portrait de madame de La Vallière.

On sait qu'une partie des bâtiments de l'Abbaye-aux-Bois est encore habitée par des dames réunies en communauté. Cette maison a acquis de nos jours beaucoup de célébrité à cause des personnages qui s'y réunissent dans les salons de madame Récamier. Le duc de Doudeauville, MM. de Matthieu de Montmorency, Chateaubriand, Ballanche, ont fait long-temps partie de ces réunions. « Aujourd'hui, dit M. Nodier, les saintes filles n'habitent plus qu'une partie de la sainte maison, mais la protection divine sous laquelle elles l'avaient placée ne l'a pas abandonnée. On s'y occupe comme autrefois d'œuvres de charité; on y entend comme autrefois des voix fortes et solennelles qui attestent la grandeur de Dieu, celles de Chateaubriand et de Ballanche; on y reconnaît, comme autrefois, une patronne *pleine de grâce* (1). »

Frères des écoles chrétiennes, rue Notre-Dame-des-Champs, en face de la rue de Fleurus. — Cet établissement, formé pour élever dans le travail et dans la piété de jeunes garçons nés de parents pauvres, succéda, dans cette rue, à une communauté de filles, connue sous le nom de *Communauté de mademoiselle Cossart*, ou des *Filles du Saint-Esprit*. Cet association, fondée en 1666 par cette pieuse demoiselle pour l'éducation des pauvres filles, ayant été supprimée d'abord en 1670, ensuite et définitivement en 1707, il se trouva que la fondatrice, qui semblait avoir prévu son peu de durée, avait ordonné que, dans le cas de sa suppression, la propriété en reviendrait à l'Hôpital-Général. Ses intentions furent remplies, et la maison, vendue par les administrateurs, après avoir eu plusieurs propriétaires, passa enfin, en 1722, aux frères des écoles chrétiennes.

Ces frères, indistinctement nommés les *frères des écoles*, les frères de l'Enfant-Jésus, (c'est leur véritable nom), et les frères de Saint-

(1) *Paris historique.*

Yon, parce que leur noviciat était établi à Saint-Yon, furent institués à Reims en 1679, par M. de Lasalle, docteur en théologie et chanoine de cette cathédrale. Le succès de cet établissement fit naître la pensée d'en former de semblables à Paris. M. de Lasalle y fut appelé en 1688, et les frères qu'il avait amenés avec lui ouvrirent leurs écoles dans la rue Princesse. Elles eurent tant de succès que l'on en trouve sept avant la fin de ce siècle, établis dans divers quartiers de cette partie méridionale de Paris. Enfin elles furent transférées, comme nous venons de le dire, rue Notre-Dame-des-Champs.

La chapelle du Saint-Esprit subsistait encore il y a quelques années, et l'on y disait la messe les dimanches et fêtes.

La communauté des Frères des écoles chrétiennes partagea le sort des autres établissements religieux et fut supprimée en 1792. Mais en 1806, la marquise de Trans releva cette utile institution et y réunit les frères de la Doctrine chrétienne (1) dans leur ancien chef-lieu, au Gros-Caillou. Dans le même temps, d'autres établissements ou noviciats furent aussi formés à Paris, jusqu'à ce que Louis XVIII, les rendant à leur première institution, eut transféré le chef-lieu général, alors à Lyon, à l'ancien hospice de M. Dubois, rue du faubourg Saint-Martin, n° 147. C'est de cette maison du noviciat connue sous le nom de l'Enfant-Jésus, que sont tirés les maîtres répartis dans les diverses écoles du royaume. Cette congrégation compte plus de deux cents écoles dans toute la France. Il y a quatre annexes à Paris, qui envoient dans les différents quartiers de la capitale des maîtres et des frères, pour instruire les enfants. Chaque école doit être composée de trois frères, dont un directeur.

Séminaire de Saint-Sulpice, place Saint-Sulpice. — Jean-Jacques Ollier, abbé de Pebrac, avait fondé, en 1641, un séminaire à Vaugirard, lorsqu'ayant été nommé l'année suivante curé de Saint-Sulpice, il transféra aussitôt cet établissement à Paris. Ce nouveau séminaire prit un si rapide accroissement que le presbytère où l'abbé Ollier avait placé ses premiers associés ne suffit bientôt plus, et qu'il fut obligé d'en placer une partie dans une maison de la rue Guisarde. Puis, au mois de mai 1645, il acheta dans la rue du Vieux-Colombier une grande maison avec un vaste jardin. Ce fut sur ce terrain que, du consentement de l'abbé de Saint-Germain, on commença (1645) la construction des édifices nécessaires à la communauté. Ce fut ce qu'on appela le *Grand-Séminaire*. Dans des bâtiments contigüs à la rue et au cul-de-sac Férou fut établie plus tard, en 1686, sous le nom de *Petit-Séminaire*, une communauté succursale qui porta d'abord le nom de Saint-Joseph.

(1) Voy. ci-dessus, p. 69.

La chapelle du grand-séminaire fut bénite en 1650; cependant, à la mort de l'abbé Ollier, arrivée en 1657, elle n'était pas très avancée. Alexandre Le Ragois de Bretonvilliers, qui lui succéda dans la cure de Saint-Sulpice, fit continuer l'édifice par l'architecte Dubois, et subvint de ses propres deniers aux dépenses de cette vaste entreprise.

La chapelle était remarquable par les belles peintures de Lebrun qui la décoraient. On y voyait aussi plusieurs ouvrages de Hallé, Marot, Restout, Leclerc et Verdier. Elle renfermait la sépulture de l'abbé Ollier, fondateur de la maison.

La communauté des étudiants en philosophie, instituée en 1687, partagea jusqu'en 1713 les études et les exercices du petit-séminaire. En 1694, on avait aussi réuni au petit-séminaire une autre communauté, celle de Sainte-Anne, établie en 1684 dans la rue Princesse.

Les Sulpiciens furent supprimés en 1792. Vers l'année 1800, les bâtiments de leur séminaire qui masquaient le portail de Saint-Sulpice furent démolis. La communauté ayant été rétablie en 1802, vint occuper la maison située à l'angle des rues de Vaugirard et du Pot-de-Fer, appartenant autrefois aux filles de l'instruction chrétienne ou de la Très-Sainte-Vierge. Depuis lors on lui a élevé un vaste bâtiment qui borde au sud la place Saint-Sulpice. La première pierre en a été posée le 21 novembre 1820, et c'est seulement dans ces dernières années qu'il a été achevé par l'établissement d'une grille en fer qui entoure la façade principale de l'édifice.

Séminaire anglais, rue des Postes, 22. — Ce séminaire fut fondé en 1684 par des prêtres anglais, sous l'invocation de Saint-Grégoire-le-Grand. Les lettres-patentes qui autorisèrent cette fondation portent permission d'établir une communauté d'ecclésiastiques séculiers anglais. En 1685, l'archevêque de Paris approuva cet établissement qui fut placé sous la dépendance du collége des Irlandais.

Le séminaire anglais avait une chapelle fort petite, qui n'offrait rien de remarquable. Il a été supprimé en 1792 et est devenu propriété particulière.

Séminaire du Saint-Esprit et de l'Immaculée Conception, rue des Postes, n° 26. — Claude François Poullart des Places, prêtre du diocèse de Rennes, fut le fondateur de ce séminaire, destiné à mettre les jeunes gens pauvres en état de suivre la carrière ecclésiastique. Cet établissement, dont la charité et l'humilité étaient la base, et auquel plusieurs personnes respectables s'empressèrent de coopérer, fut formé en 1703, rue Neuve-Sainte-Geneviève. M. Poullard voulut qu'on ne reçût dans son séminaire que des jeunes gens capables d'étudier la philosophie ou la théologie, et qu'après le temps destiné à cette étude ils pussent encore résider deux ans dans cette maison, pour se préparer complétement aux fonctions du sacerdoce. Du reste, il exigea qu'ils ne prissent aucun degré, qu'ils renonçassent à l'espoir des dignités ecclésiastiques, qu'ils se bornassent à servir dans les pauvres paroisses, dans les postes déserts ou abandonnés, pour lesquels les évêques ne trouvaient presque point de sujets, enfin à faire des missions tant dans le royaume que dans les colonies.

Cet établissement parut si utile, qu'il ne tarda pas à obtenir de puissantes protections : le clergé, assemblé en 1723, lui assigna une pension. Il en obtint un autre du roi en 1726, avec des lettres de confirmation. Placé d'abord, comme nous venons de le dire, rue Neuve Sainte-Geneviève, il fut transféré en 1731 dans la rue des Postes, au moyen d'un legs de 40,000 livres que M. Charles Le Baigue, prêtre habitué de Saint-Médard, avait fait à ce séminaire par son testament du 17 septembre 1723. Avec cette somme ils achetèrent d'abord une maison à laquelle ils firent depuis des réparations et des augmentations considérables. La première pierre des bâtiments neufs fut posée en 1769, par M. de Sartine.

La façade de ces bâtiments avait été construite sur les dessins de M. Chalgrin ; il était aussi l'architecte de la chapelle, dont l'intérieur était décoré d'un ordre ionique.

Sur la porte extérieure de la chapelle on remarquait un bas-relief représentant des missionnaires qui instruisaient des nègres, par *Duret*. Dans l'intérieur, deux autres bas-reliefs, par le même. Dans la salle des exercices, une *Assomption* par Adam. Une salle pratique au-dessus de la nef contenait la bibliothèque.

Cette maison était chargée de fournir les missionnaires des colonies de Cayenne et du Sénégal. Le séminaire du Saint-Esprit, supprimé en 1792, est aujourd'hui une dépendance du collége des Irlandais.

Séminaire de Saint-Pierre et de Saint-Louis, rue d'Enfer, n° 8. — Ce séminaire doit son institution à M. François de Chansiergues, diacre. Ayant réuni quelques pauvres ecclésiastiques qu'il aidait à subsister, il en forma de petites communautés et leur donna le nom de *Séminaire de la Providence*. M. de Lanzi, curé de Saint-Jacques-de-la-Boucherie, s'unit à M. de Chansiergues pour perfectionner ces institutions. Celle dont nous parlons fut d'abord placée dans une maison de la rue du Pot-de-Fer, cédée en pur don par François Pingré, sieur de Farinvilliers, et dame Catherine Pépin, son épouse. M. de Marillac, successeur de M. de Lanzi, voulut imiter son zèle et prendre la suite de ses projets. Propriétaire d'une maison assez vaste rue d'Enfer, il la destina en 1687 pour recevoir le séminaire de la rue du Pot-de-Fer. M. et madame de Farinvilliers y firent bâtir le corps-de-logis principal ainsi que la chapelle', et donnèrent 80,000 livres pour la fondation de douze places gratuites, depuis réduites à dix. Elles étaient à la nomination du supérieur; mais pour donner plus d'émulation aux jeunes clercs, on les mettait au concours.

M. de Marillac donna encore à cette communauté, en 1696, une maison joignant celle de la rue du Pot-de-Fer, deux autres maisons à Gentilly et 1,150 livres de rente. Enfin le cardinal de Noailles et M. de Marillac, conseiller d'État, frère de l'instituteur, mirent la dernière main à cet établissement, en le faisant confirmer par des lettres-patentes qu'ils obtinrent en 1696. Le roi gratifia alors ce séminaire d'une pension annuelle de 3,000 livres, et le clergé lui en accorda une de 1,000 livres.

Outre les places gratuites fondées par M. de Farinvilliers, il y en avait trois autres pour de jeunes clercs d'Aigueperse et de Riom, instituées par M. Fouet, docteur en théologie. Ce séminaire était en tout composé de cent quarante étudiants sous l'inspection de quatre personnes nommées par l'archevêque, qui prenait le titre de premier supérieur de cette maison, et payait la pension de trente à quarante ecclésiastiques.

La chapelle était grande et bien ornée. La première pierre en avait été posée en 1703 par le cardinal de Noailles. Le séminaire ne fut transféré dans cette nouvelle demeure que le 1er octobre de l'année suivante.

On voyait sur le maître-autel un tableau représentant *saint Pierre guérissant le boiteux*, par Jeaurat, *saint Louis*, *saint Charles*, une *Assomption*, l'*Ange consolant saint Pierre*, par le même.

La bibliothèque de cette maison était un legs de Louis-Bernard Oursel, prêtre, docteur en théologie, chanoine et grand-pénitencier de l'église de Paris.

Les bâtiments de ce séminaire, supprimé en 1792, servent de caserne aux vétérans qui forment la garde de la chambre des pairs. Dans son église est établie une fabrique de gaz hydrogène.

Congrégation de Jésus et de Marie, aussi nommée *des Eudistes;* rue des Postes. — Cette congrégation fut fondée par Jean Eudes, frère aîné de l'historien Eudes de Mézeray, qui s'établit à Caen dans le but de diriger les séminaires et de faire des missions. Son institution fut autorisée par lettres-patentes du 26 mars 1643, et se répandit assez rapidement surtout en Normandie. Plusieurs personnes dévotes appelèrent les Eudistes à Paris, en 1671. On leur donna en partie une maison située près de Saint-Josse, paroisse à laquelle ils s'attachèrent et dont l'un d'eux fut nommé curé. En 1703, ils acquirent pour leur servir d'hospice une maison de la rue des Postes, n° 20, et vinrent demeurer dans la cour du Palais. Là ils furent chargés de desservir l'église basse de la Sainte-Chapelle. Ce fut seulement en 1727 qu'ils s'établirent définitivement, et sous le titre de communauté, dans leur hospice de la rue des Postes. Ils fournissaient chez eux, pour un prix modique, aux ecclésiastiques qui venaient faire quelque séjour à Paris, un logement commode.

Les Eudistes furent supprimés, à la révolution, avec les autres communautés religieuses.

Hospice des Cordeliers de la Terre-Sainte, rue de la Ville-l'Évêque. — Le P. Michel de Picauville, religieux franciscain, commissaire-général des affaires de la Terre-Sainte, ayant obtenu au mois de juin 1655 des lettres-patentes par lesquelles le roi lui permettait d'établir en l'un des faubourgs de Paris un hospice pour recueillir les religieux de son ordre à leur retour du voyage de la Palestine, Nicolas Parfait, abbé de Bazonville, et chanoine de l'église de Paris, acheta le 2 mars 1656 une maison de la Ville-l'Évêque qu'il donna pour être affectée à cet établissement. Le 6 avril suivant, l'autorité épiscopale confirma la fondation de l'hospice des Cordeliers, qui subsista, malgré les oppositions du curé de la Ville-l'Évêque et du chapitre de Saint-Germain-l'Auxerrois.

On n'a aucun autre renseignement sur cette maison qui fut sans doute supprimée en 1792.

Foire Saint-Laurent, située entre les rues du Faubourg-Saint-Denis et du Faubourg-Saint-Martin, près la rue Saint-Laurent. Ainsi que je l'ai dit ailleurs (1), Louis-le-Gros accorda aux lépreux de Saint-Lazare une foire qui durait huit jours, et qui se tenait sur la route de Paris à Saint-Denis, entre le village de la Chapelle et Paris. Louis VII ajouta à cette foire, qui portait le nom de *Foire Saint-Lazare*, huit autres jours ; mais Philippe-Auguste l'acheta en 1185, pour accroître son fisc, et la transféra au lieu dit les *Champeaux*, où s'établirent ensuite les Halles. Le roi donna en échange à Saint-Lazare la *Foire Saint-Laurent*, qui ne durait qu'un jour, mais qui fut ensuite prolongée de huit, puis de quinze jours (2). Elle éprouva, à partir de l'année 1616, quelque interruption, et quoiqu'elle appartînt aux Prêtres de la Mission qui succédèrent, ainsi que nous l'avons vu (3), aux Prêtres de Saint-Lazare, ces religieux furent cependant obligés de recourir à l'autorité du roi, qui, par ses lettres-patentes du mois d'octobre 1661, « approuva, ratifia et confirma le don qui avoit été fait précédemment de la Foire aux Prêtres de la Mission, avec tous les droits et priviléges qui y étoient attachés. » Les religieux, munis de cette autorisation, firent entourer de murs cinq arpents, qui portent encore aujourd'hui le nom d'*enclos de*

---

(1) T. I, p. 416 et suiv. — (2) Jaillot, t. II, *quartier Saint-Denis*, p. 66. — (3) Voy. t. I, p. 420 et suiv.

la Foire Saint-Laurent; ils y firent élever des boutiques et des loges, qui étaient séparées par de belles allées de marronniers.

Cette foire durait trois mois, depuis la fin de juin jusqu'à la fin de septembre; on y trouvait les mêmes spectacles qu'à la foire Saint Germain. Il me suffit donc de renvoyer le lecteur à l'article consacré à ce dernier établissement (1). Des animaux savants, des joueurs de gobelets, des monstres, tout ce qui constitue ce qu'on appelle des *jeux forains*, se trouvaient dans cet enclos; des marchands de toute espèce y attiraient les chalands et les voleurs, et dans quelques humbles baraques on jouait, avec la permission de MM. les comédiens du roi, ces canevas souvent orduriers, mais toujours spirituels, qui furent l'origine de nos vaudevilles et de notre opéra-comique. Piron, l'auteur de la *Métromanie*, Lesage, l'immortel écrivain, ont fait leurs premières armes sur ces théâtres de saltimbanques. Les plus grands acteurs, entre autres Préville, y ont débuté.

Le fameux *gazetier* Lorel, qui écrivait au commencement du règne de Louis XIV, parle ainsi de la Foire Saint-Laurent. Le lecteur me pardonnera de citer ici cette ridicule versification, en faveur des curieux détails qu'on y trouve :

> Je fus en carrosse à la foire
> De Saint-Laurent, et, dit l'histoire,
> Environ cinq jours il y a,
> Où l'on voit *Mirabilia :*
> Savoir, avec leurs indiennes,
> Quantité d'aimables chrétiennes ;
> Voire même de qualité.
> Et comme à présent c'est l'été,
> Les plus mignonnes, les plus belles,
> N'y vont que le soir aux chandelles.

La foire était alors :

> Quatre assez spacieuses halles,
> Où les marchandes, les marchands,
> Tant de la ville que des champs,
> Contre le soleil et l'orage
> Ont du couvert et de l'ombrage.

On y trouvait :

> Citrons, limonades, douceurs,
> Arlequins, sauteurs et danseurs,
> Outre un géant dont la structure
> Est prodige de la nature ;
> Outre les animaux sauvages,
> Outre cent et cent batelages :
> Les fagotins et les guenons,
> Les mignonnes et les mignons,

(1) T. III, p. 179.

On voit un certain habile homme
(Je ne sais comment on le nomme),
Dont le travail industrieux
Fait voir à tous les curieux,
Non pas la figure d'Hérodes,
Mais du grand colosse de Rhodes,
Qu'à faire on a bien du temps mis ;
Les hauts murs de Sémiramis,
Où cette reine fait la ronde ;
Bref, les sept merveilles du monde,
Dont très bien les yeux sont surpris,
Ce que l'on voit à juste prix (1).

La foire Saint-Laurent fut abandonnée peu à peu par le public et cessa en 1775. Mais le 17 août 1778, les Prêtres de la Mission la rouvrirent sur de nouveaux frais. Les loges étaient bien construites ; on y trouvait de riches bazars, des cafés, des traiteurs, de nombreux théâtres, un magnifique *Waux-Hall* d'été. La foule y revint ; cependant en 1789, la Foire Saint-Laurent n'existait plus.

Il y a quatre ans, on a voulu la rétablir, et quelques affiches annoncèrent le *nouveau théâtre de la Foire Saint-Laurent*. Mais cette entreprise n'eut qu'une courte existence.

Foire Saint-Ovide, située d'abord place Vendôme, ensuite place Louis XV. En 1666, le duc de Créqui ayant donné aux Capucines de la place Vendôme des reliques de saint Ovide (2), ces religieuses solennisèrent dès lors tous les ans à la fin du mois d'août la fête du saint avec solennité. La multitude de fidèles qui se portait à cette cérémonie attira des marchands, des bateleurs, des saltimbanques. En 1762, on y mit en vente des figures représentant un jésuite sortant d'une coquille d'escargot et y rentrant. Ces charges devinrent à la mode (3). Les marchands s'étaient installés devant l'église des Capucines ; une ordonnance de police les obligea, en 1764, de s'établir sur la place Vendôme. Un entrepreneur y fit construire des loges et des baraques ; son entreprise réussit. Mais on s'aperçut enfin que ces baraques déshonoraient une des plus belles places de Paris, et en 1771 la foire Saint-Ovide fut transférée à la place Louis XV. Elle était fort brillante et fort suivie lorsqu'un violent incendie ruina tous les marchands et entrepreneurs, dans la nuit du 22 au 23 septembre 1777. On rétablit la foire, mais elle eut peu de succès, car elle fut abandonnée en 1784.

Filles de Saint-Chaumont ou de l'*Union Chrétienne*, rue Saint-Denis, n° 374. — Communauté séculière fondée, comme celle de la Providence, pour l'instruction des jeunes filles nouvellement converties à

---

(1) Gazette du 22 février 1664. — (2) T. III, p. 546. — (3) *Chroniques des petits théâtres*, t. II, p. 77.

la religion catholique, et de celles que leur position exposait aux dangers du monde. L'honneur de cette fondation appartient à la demoiselle Anne de La Croze, qui s'associa, pour son entreprise, un prêtre dauphinois nommé Le Vachet, et trois demoiselles qui avaient été comme elles élevées par madame de Polaillon. Toutes quatre se retirèrent en 1661, sous le nom de Filles de l'Union chrétienne, au village de Charonne, dans une maison qui appartenait à Anne de La Croze, et dont elle fit don à la communauté. L'établissement fut confirmé par lettres royales en 1673. Dix ans après, en 1683, les Filles de l'Union chrétienne étaient assez riches pour acheter, moyennant 92,000 livres, des créanciers du sieur de Menardeau, l'hôtel de Saint-Chaumont, situé près la porte Saint-Denis. Elles s'y établirent en 1685, et y firent bâtir une chapelle sous l'invocation de saint Joseph. Les maisons de cette communauté se sont multipliées depuis au point qu'on en a compté jusqu'à vingt, dont le séminaire de Saint-Chaumont était regardé comme le chef. La plus considérable de ces succursales était *le Petit Saint-Chaumont ou la Petite Union Chrétienne*, formée dans la maison n° 32 de la rue de la Lune. Cette maison appartenait d'abord au sieur Berthelot et à sa femme, qui l'avaient fait disposer pour y recevoir cinquante soldats revenus malades des armées. Ayant trop compté pour cette bonne œuvre sur l'appui de la générosité publique, ils furent obligés d'abandonner leur louable projet, et le 13 mai 1682 ils transportèrent leur établissement avec tout son mobilier aux Filles de l'Union chrétienne.

La communauté fondée par Anne de La Croze subsista jusqu'à la révolution. En 1790, toutes ses maisons furent supprimées, et sur l'emplacement de l'ancien hôtel Saint-Chaumont, l'on ouvrit un passage public qui porte le même nom encore aujourd'hui. Le Petit-Saint-Chaumont est une maison particulière.

Filles de Notre-Dame-de-la-Miséricorde, couvent situé rue du Vieux-Colombier, n° 8.— Madeleine Martin, fille d'un soldat, avait fondé à Aix un ordre religieux de ce nom. La réputation des vertus de cette fille se répandit en France et vint jusqu'à la reine Anne d'Autriche, qui lui écrivit de venir à Paris créer un établissement de son ordre. Malgré l'opposition de l'archevêque d'Aix, Madeleine arriva dans la capitale au mois de novembre 1648. Mais Paris était alors agité par des troubles si violents que la reine fut obligée d'en sortir la veille même du jour où elle devait donner audience à ces religieuses. Ce contre-temps ne découragea nullement la mère Madeleine, qui, au milieu des troubles, parvint à obtenir de la duchesse d'Aiguillon et de plusieurs autres personnes charitables des secours assez généreux pour lui permettre d'acheter une maison de la rue du Vieux-Colombier (1651). Elle fit ensuite l'acquisition de cinq autres petites maisons du voisinage, et fit solennellement confirmer son institution en 1662. — Ce couvent, supprimé en 1790, est devenu une maison particulière.

Abbaye du Verbe incarné et de Notre-Dame-de-Pentemont, située rue de Grenelle-Saint-Germain, nos 106 et 108. — En 1625, deux personnes pieuses, Catherine Florin et Jeanne-Marie Chésar de Martel, s'étaient associées à Lyon, pour former une communauté destinée à l'instruction des jeunes filles. Dès 1627, la dame de Martel essaya, soutenue par la protection d'Anne d'Autriche, d'avoir une seconde maison dans la capitale. Cependant ce ne fut qu'en 1643 qu'elle obtint la permission de s'y établir. Elle acheta pour cela une grande maison accompagnée de jardins, appelée l'*Orangerie*, appartenant à l'Hôpital-Général et située dans la rue de Grenelle. Le prieur de l'abbaye de Saint-Germain bénit la chapelle qu'elle y fit construire, et en 1644 introduisit la communauté dans son nouveau monastère, sous le nom d'*Augustines du Verbe incarné et du Saint-Sacrement*. Mais comme les revenus des Filles du Verbe incarné ne suffisaient point à leurs besoins, elles ne purent échapper aux mesures que le gouvernement prit vers 1670 contre les congrégations religieuses dont les ressources n'étaient pas assez considérables. En 1671 elles furent supprimées, tous leurs biens furent donnés à l'Hôpital-Général, et elles-mêmes furent transportées dans la maison de *la Crèche*, au faubourg Saint-Marcel, désignée pour servir de refuge aux religieuses des congrégations supprimées.

Vers la même époque, les religieuses de l'abbaye de Pentemont, près de Beauvais, chassées de leur demeure par les inondations de la rivière d'Avallon, avaient obtenu la permission de remplacer leur maison, devenue inhabitable, par un établissement à Paris (1672). Elles achetèrent des administrateurs de l'hôpital l'ancien couvent des Filles du Verbe incarné.

L'église de l'abbaye fut reconstruite au XVIIIe siècle d'une manière assez remarquable. Le dauphin, père de Louis XVI, en posa la première pierre en 1755.

En 1790, la maison fut définitivement supprimée. Ses bâtiments ont été changés en caserne et en maison particulière. De l'église on a fait un magasin de fournitures militaires.

Couvent des Filles Sainte-Marguerite et de Notre-Dame-des-Vertus, situé rue Saint-Bernard, faubourg Saint-Antoine. — En 1679, quelques pieuses dames firent venir de la maison de *Notre-Dame-des-Vertus* d'Aubervilliers quelques religieuses qu'elles placèrent dans une maison de la rue Basfroi, afin de former une maison d'instruction pour les jeunes filles. En 1681, l'abbé Mazure, curé de Saint-Paul, pour donner plus d'extension à cet établissement, lui fit don d'une maison qu'il possédait dans la rue Saint-Bernard. Les Filles de Notre-Dame-des-Vertus s'y transportèrent en 1685. Mais l'abbé Mazure mourut et ses héritiers attaquèrent la donation. Ils obtinrent gain de cause et firent vendre la maison à leur profit en 1690. Un conseiller de la cour des aides, M. de Bragelonge, vint au secours de la communauté; il acheta la maison et lui en transporta la propriété par une donation régulière. Il y joignit même une rente suffisante pour l'entretien de sept sœurs dans le but d'augmenter les moyens d'instruction des pauvres filles du faubourg. Le couvent de Notre-Dame-des-Vertus a subsisté jusqu'à la révolution.

Couvent des Filles de l'instruction chrétienne, rue du Pot-de-Fer, n° 17. — Cet établissement, qui portait aussi dans l'origine le nom de *Filles de la Très-Sainte-Vierge*, était dû à la charité de Marie de Gournai, veuve de David Rousseau, l'un des marchands de vins du roi, morte en odeur de sainteté, le 4 août 1688. Son but était l'instruction des pauvres filles. La maison était dirigée par une maîtresse qui, conformément aux statuts, ne prenait que le titre de *sœur aînée* et dans la suite celui de *sœur première*. Etablie d'abord rue du Gindre, elle fut transférée en 1738 dans un local plus vaste et plus commode, rue du Pot-de-Fer. Cette communauté fut supprimée en 1790. Ses bâtiments ont été occupés sous l'empire par le séminaire de Saint-Sulpice, et ont passé depuis à divers particuliers.

Monastère de la Visitation de Sainte-Marie, à Chaillot, entre les barrières Franklin et Sainte-Marie (1). — Ce couvent fut fondé par Henriette de France, fille de Henri IV et veuve de Charles Ier, roi d'Angleterre. Elle acheta à Chaillot, en 1651, une maison bâtie par Catherine de Médicis, et qui avait appartenu ensuite à Bassompierre, et elle en fit un couvent pour les religieuses de l'ordre de la Visitation. Ce monastère fut ensuite augmenté; Nicolas de Frémont, garde du trésor royal, et Geneviève Damont, sa femme, firent reconstruire l'église à leurs dépens, au commencement du XVIIIe siècle. On y voyait les cœurs d'Henriette de France, de son fils Jacques Stuart, IIe du nom, roi d'Angleterre, et de la fille de ce prince, Louise-Marie Stuart, morte à Saint-Germain-en-Laye, en 1718 (2).

Ce couvent, supprimé en 1790, fut vendu. Ce fut sur son emplacement que l'on jeta, en 1810, les fondements du palais du roi de Rome, dont les événements politiques arrêtèrent la construction.

Couvent des Filles de la Visitation de Sainte-Marie, situé rue du

---

(1) Voy. plus haut, p. 59 et 61. — (2) Hurtaut, t. IV, p. 841.

Bac, n° 58. — Le 6 septembre 1657, la comtesse d'Eufréville-Cisei, d'après les dernières volontés de son époux, passa avec les religieuses de la Visitation du faubourg Saint-Jacques, un contrat de fondation d'une nouvelle maison de la communauté, et ajouta 40,000 livres aux libéralités du comte d'Eufréville. Les sœurs qui devaient former la nouvelle maison s'établirent d'abord, en 1660, rue Montorgueil ; mais plus tard, en 1673, elles achetèrent dans la rue du Bac une habitation plus vaste et plus commode, dans laquelle fut bâtie une chapelle dont la première pierre fut posée par une pauvre femme, sans autre cérémonie (1675). Cette chapelle a été reconstruite depuis par l'architecte Hélin. On y voyait un tableau de Hallé, des statues de Bridau, et, sur le maître-autel, une *Visitation* de Philippe de Champagne. Ce couvent a été supprimé en 1790. Sur son emplacement a été ouvert le *passage Sainte-Marie*, qui vient de prendre récemment le nom de *rue des Filles de la Visitation Sainte-Marie*. L'église a été démolie il y a quelques années.

Religieuses de Notre-Dame-de-Bon-Secours, rue de Charonne, n° 95. — Ce prieuré, qui appartenait à l'ordre de Saint-Benoît, fut fondé, en 1648, par dame Claude de Bouchavanne, veuve de M. de Vignier, directeur des finances. Ayant obtenu, en 1646, la permission d'établir un couvent à Paris, elle acheta une maison rue de Charonne, et y plaça, en 1648, sa sœur, religieuse au monastère de Notre-Dame de Soissons, avec deux autres femmes du même couvent. Les lettres-patentes en faveur de cet établissement ne furent données qu'en 1667, et enregistrées le 16 mai 1670 (1).

Un jeune architecte, nommé Louis, qui arrivait de Rome, fit de grands travaux dans ce couvent vers les années 1779 et 1780. Il parvint à rendre l'église d'un aspect assez agréable (2). Le prieuré de Notre-Dame-de-Bon-Secours fut supprimé en 1790, et les bâtiments furent alors occupés par une filature de coton.

Filles de la Congrégation de la Croix, rue des Barres, n° 14. J'ai déjà parlé des deux couvents des *Filles de la société de la Croix*, établis impasse Guémenée et rue d'Orléans-Saint-Marcel. Le monastère dont nous nous occupons ici, et qui en était un démembrement, suivait la même règle (3). Il fut fondé en 1664, et supprimé en 1790. Les bâtiments ont été convertis en propriété particulière.

Institution de Sainte-Perrine ou *de Sainte-Geneviève*, rue de Chaillot. — Il existait à Nanterre des chanoinesses de Sainte-Geneviève, de

---

(1) Jaillot, t. III, *quartier Saint-Antoine*, p. 68 et suiv. — (2) Piganiol, t. V, p. 123 et suiv. — (3) Jaillot, t. III, *quartier Saint-Antoine*, p. 37.

l'ordre de Saint-Augustin (fondées en 1638). Elles furent transférées à Chaillot par lettres-patentes obtenues au mois de juillet 1671, et qui furent enregistrées au parlement le 3 août 1672 (1). Ce couvent fut connu sous le nom de *Notre-Dame-de-la-Paix*, mais en 1746 on y réunit l'abbaye de Sainte-Perrine, établie à la Villette, et ce dernier nom prévalut. Ce monastère fut supprimé en 1790. On y a établi en 1806 une *institution de vieillards* des deux sexes, qui paient une pension ou une somme fixe pour leur admission.

Religieuses ou *Filles de la Madeleine-de-Trainel*, rue de Charonne, n° 88. Ce couvent fut fondé, vers le milieu du XII° siècle, à Trainel, en Champagne, à deux lieues de Nogent-sur-Seine. En 1630, la prieure et ses compagnes, pour échapper aux malheurs de la guerre, se réfugièrent à Melun. Ne s'y trouvant pas en sûreté, en 1652, elles cherchèrent un asile à Paris, où elles demeurèrent dans une maison particulière ; et deux ans après, avec le consentement des archevêques de Paris et de Sens, elles firent bâtir, rue de Charonne, un couvent et une église, dont la reine Anne d'Autriche posa la première pierre (2).

Le principal bienfaiteur de cette maison fut le célèbre Marc-René d'Argenson. Il y fit élever de belles constructions, réparer l'église et construire une chapelle sous l'invocation de saint René, dans laquelle son cœur fut déposé, en exécution de ses dernières volontés. Cette chapelle, toute revêtue de marbre, avait été dessinée et sculptée par Cartault et Bousseau. « En entrant, en face, dit un écrivain contemporain, et dans le milieu de l'arcade, est un piédestal d'un marbre de couleur, sur lequel il y a un ange en marbre, à genoux sur des nuées, et tenant un cœur ; le tout est sur un fond de marbre bleu turquin. Au couronnement de cette arcade sont les armes de M. d'Argenson (mort en 1721), soutenues par un génie et ornées de festons de cyprès. Le génie, les armes et les ornements sont de bronze (3). » Dans la suite, la duchesse d'Orléans, qui avait fixé son séjour dans cette maison, y fit construire plusieurs vastes bâtiments.

Ce couvent fut supprimé en 1790, et remplacé par la belle filature de coton de MM. Richard et Lenoir-Dufresne.

Filles du saint Sacrement, aujourd'hui *église Saint-Denis du saint Sacrement*, rue Saint-Louis au Marais, entre les n°ˢ 50 et 52. J'ai parlé plus haut de l'installation des religieuses de cet ordre à Paris. En 1674, celles dont nous nous occupons ici furent chassées de Toul par la guerre et vinrent trouver un refuge dans le couvent de la rue Cassette. De là elles occupèrent dans la rue des Jeûneurs la maison que venaient de

---

(1) Piganiol, t. II, p. 395. — (2) Jaillot, t. III, *quartier Saint-Antoine*, p. 64 et suiv. —(3) Piganiol, t. V, p. 121.

quitter les religieuses de la congrégation de Notre-Dame. Mais cette maison, qu'elles ne tenaient qu'à loyer, ayant été vendue en 1680, on les transféra près la porte Richelieu. Le roi leur accorda des lettres-patentes au mois de juin de la même année. Les religieuses cherchaient un autre établissement, lorsque la duchesse d'Aiguillon vint à leur secours. Elle céda la terre et châtellenie de Pontoise au cardinal de Bouillon, qui lui donna en échange l'*hôtel de Turenne*, rue Saint-Louis au Marais (1). La duchesse en fit présent aux Filles du saint Sacrement qui y entrèrent le 16 septembre 1684. On y admirait un beau morceau d'architecture, de Desargues (2).

Ce couvent, qui portait le nom de *Monastère des Religieuses bénédictines de l'Adoration perpétuelle du très saint Sacrement de l'autel*, fut supprimé à la révolution.

L'église, dont la première construction date de 1684, est aujourd'hui sous le vocable de *saint Denis* et du *saint Sacrement*, et sert de troisième succursale à la paroisse de Saint-Merry. Elle a été rebâtie entièrement de 1826 à 1835, sur un plan très régulier et beaucoup moins exigu que l'ancien. Le nouvel édifice a trois nefs; l'autel est placé sous une voûte au fond de la nef principale. La façade est décorée de colonnes.

Religieuses anglaises, ou *de la Conception*, rue Moreau, n° 10, faubourg Saint-Antoine, au coin de la rue de Charenton. — Ces religieuses, qui étaient du tiers-ordre de Saint-François, avaient leur établissement à Nieuport, lorsque les désordres de la guerre les obligèrent de venir chercher un asile à Paris, sous la conduite de la dame Jernigan, leur abbesse. Elles se logèrent d'abord au faubourg Saint-Jacques en 1658. Deux ans après elles acquirent une maison et un jardin, rue de Charenton; en 1660, une bulle du pape Alexandre VII leur permit de prendre l'institut de l'ordre de la Conception, et, en 1670, leur fondation fut définitivement confirmée par lettres-patentes de Louis XIV.

La première pierre de leur église fut posée, le 2 juin 1672, par la femme du chancelier Le Tellier, et une chapelle bénite sous l'invocation de sainte Anne; mais celle qui subsiste encore aujourd'hui a été construite en 1676 aux frais de madame de Cleveland. La supérieure de cette maison était triennale, et portait le titre d'abbesse, suivant l'usage reçu dans l'ordre de Saint-François. Le monastère était appelé *Bethléem*.

Il a été supprimé en 1790. On y a établi une école gratuite de jeunes

---

(1) Cet hôtel, qui portait dans l'origine le nom de Le Vasseur, son propriétaire, avait appartenu ensuite au grand Turenne, et était passé, en 1675, au cardinal de Bouillon.
(2) Jaillot, t. III, *quartier du Temple*, p. 18 et suivant. — Piganiol, t. IV, p. 374 et suivantes.

filles dirigée par l'ancienne communauté des religieuses de la Croix.

Sainte-Pélagie, communauté religieuse située rue de la Clef, n° 14.
— La bienfaisante fondatrice des Miramiones, Marie Bonneau, veuve de J.-J. de Beauharnais de Miramion, conseiller au parlement, conçut le projet de retirer du vice sept à huit filles dont la conduite était portée aux derniers excès du scandale. Elle obtint, pour cela, la permission des magistrats, et plaça ces filles dans une maison particulière du faubourg Saint-Antoine, sous la conduite de deux femmes pieuses, capables de les instruire. Cet essai réussit assez pour inspirer le dessein d'ériger une maison publique destinée à ces retraites forcées. Madame de Miramion fut secondée par les dames d'Aiguillon, de Farinvilliers et de Traversai. Chacune d'elles donna 10,000 livres pour le nouvel établissement, qui, par autorisation royale, fut placé sous le nom de *Refuge*, dans des bâtiments dépendant de la Pitié et soumis à l'administration de l'Hôpital général (1665). Dans l'origine, le Refuge était uniquement destiné aux filles dont la réclusion était ordonnée d'autorité; mais les fondatrices crurent avec raison devoir y ouvrir un asile à celles qui d'elles-mêmes viendraient demander à y mener une vie pénitente. Cette partie de la maison fut celle qui porte spécialement le nom de *Sainte-Pélagie*, et les femmes qui l'habitaient, et qui furent bientôt en grand nombre, furent appelées *Filles de bonne volonté*. Elles devinrent même si nombreuses, qu'on fut obligé d'en transporter une partie dans une maison du faubourg Saint-Germain. Ces diverses maisons, dans lesquelles on enfermait quelquefois les femmes pour délits autres que le libertinage, subsistèrent jusqu'en 1790. Pendant la révolution, Sainte-Pélagie est devenue une prison d'hommes, dont je parlerai plus tard. La chapelle de Sainte-Pélagie renfermait les tombeaux de plusieurs membres de la famille d'Aligre. On y remarquait surtout celui de *Madeleine Blondeau*, veuve de messire Michel d'Aligre, l'une des principales bienfaitrices de la communauté. Il se composait d'un sarcophage en marbre sur lequel était agenouillé le génie de la religion; derrière s'élevait une pyramide que terminait un enroulement conique surmonté d'une urne en bronze. *Coysevox* était l'auteur de ce monument (1).

Couvent des Filles du Bon-Pasteur, rue du Cherche-Midi, n° 36. — Marie-Madeleine de Ciz, dame de Combé, née d'une famille protestante et restée veuve à vingt-un ans, venue à Paris faire abjuration, commença cet établissement en retirant chez elle, malgré sa pauvreté, quelques filles débauchées et repentantes (1686). Le roi récompensa les louables efforts de madame de Combé; il lui donna, en 1688, une maison

---

(1) Voy. *Prison de Sainte-Pélagie*.

de la rue du Cherche-Midi, confisquée sur un protestant qui s'était retiré à Genève, et y joignit 1,500 livres pour faire à cette maison les réparations convenables. L'exemple donné par Louis XIV fut suivi par plusieurs personnes charitables, et bientôt madame de Combé fut en état de construire une chapelle dans sa maison de la rue du Cherche-Midi, et de donner asile à plus de deux cents filles qui jouissaient d'environ 10,000 livres de rente, et travaillaient en commun pour le soutien de la maison.

La communauté a été supprimée en 1790, et ses bâtiments sont devenus la propriété de particuliers.

Couvent des Filles de Saint-Thomas-de-Villeneuve, rue de Sèvres, n° 27. — La communauté des Filles de Saint-Thomas-de-Villeneuve avait été fondée vers 1659 par le P. Ange Proust, augustin réformé de la province de Bourges et prieur du couvent de Lamballe, pour desservir les hôpitaux. Le roi confirma l'établissement par lettres-patentes en 1661, en lui laissant, en faveur du service des hospices, toute liberté d'extension. Cette institution du P. Ange prit aussitôt un développement rapide, et en 1700 les filles de Saint-Thomas étant venues à Paris, obtinrent la permission d'y avoir une maison particulière pour former des élèves et pour offrir une retraite à leurs sœurs affaiblies par l'âge et les infirmités. En 1726, Louis XV confirma les dispositions favorables de son prédécesseur à leur égard et leur permit d'acquérir jusqu'à 20,000 livres de rente pour l'entretien de quatre sœurs. Ces religieuses étaient des hospitalières suivant la règle de saint Augustin. Après le P. Ange, elles choisirent pour supérieur-général le curé de Saint-Sulpice. La maison de l'*Enfant-Jésus* et un hospice de la rue Copeau étaient dirigés par elles. On les supprima en 1790.

Couvent et église des Filles de Sainte-Valère, rue de Grenelle-Saint-Germain, n° 152. — L'église est depuis l'an 1802 la troisième succursale de la paroisse de Saint-Thomas-d'Aquin. — Cet établissement était, comme les précédents, une communauté de filles pénitentes. Le P. Dauce, dominicain, fut son principal fondateur. Le 30 avril 1704, on acheta un terrain pour cette maison; on y éleva une chapelle et des bâtiments où les filles repentantes furent admises en 1706. Elles étaient dirigées par les dames hospitalières de Saint-Thomas-de-Villeneuve. La fondation ne fut confirmée par lettres-patentes qu'en 1717. L'église de Sainte-Valère est très petite, mais assez jolie; autrefois on lisait cette inscription sur la porte : *Si scires donum Dei*.

Communautés supprimées. — On voit quelle étonnante quantité de monastères, surtout de monastères de femmes, s'étaient établis à Paris pendant le XVIIe siècle. Il y avait là un abus auquel les hommes les plus pieux sentirent la nécessité de mettre un terme. Des personnes imprévoyantes, comptant trop sur la dévotion et la libéralité publiques, fondèrent, sans offrir aucune garantie, des maisons de refuge, des établissements d'instruction pour les enfants, des hospices pour les malades de chaque paroisse. Elle achetaient des terrains, des maisons, des meubles, et ne pouvaient payer ; elles-mêmes étaient obligées d'emprunter pour vivre, et en peu de temps leurs fondations éphémères se trouvaient anéanties. Le 25 janvier 1670, le parlement commit deux conseillers, Guillaume Bernard et Robert de Laurens, pour faire une visite exacte de toutes ces maisons et pour examiner leurs titres de fondation. Les commissaires trouvèrent dans plusieurs de ces titres des causes de nullité suffisantes pour qu'on pût supprimer ces prétendues communautés. Ainsi fut-il fait des maisons du *Verbe incarné*, de la *Mère Ursule*, de la *Mère Maillard*, de l'*Annonciation*, de la *dame Cossard*, des *Bernardines de Charonne* au faubourg Saint-Germain, des *Filles de Sainte-Anne* au faubourg Saint-Marcel, et des *Bénédictines de la Consolation* (1). Les *Filles de la Crèche*, rue du Puits-de-l'Ermite, communauté établie vers l'an 1656, furent dissoutes en 1702 par le cardinal de Noailles. Un arrêt du 17 juin 1770, rendu sur le rapport des deux commissaires Besnard et de Laurens, supprima ces différentes maisons et ordonna que les religieuses qui les habitaient seraient renvoyées dans les lieux où elles avaient fait profession, ou recueillies dans le couvent du Verbe incarné.

Chapelle des Porcherons, située rue Coquenard. — Cet édifice servait autrefois de chapelle à un château du XIVe siècle, appartenant à la famille *Le Coq*, et nommé *château Le Coq* ou *château des Porcherons*. Elle n'avait rien de remarquable. On y établit en 1646 une confrérie sous l'invocation de *Notre-Dame-de-Lorette*, et en 1760 une école de charité. Cette chapelle fut vendue et démolie en 1800. C'est sur l'emplacement qu'elle occupait qu'on a élevé, il y a deux ans, l'église de *Notre-Dame-de-Lorette*.

Saint-Pierre de Chaillot, église, troisième succursale de la paroisse de la Madeleine, rue de Chaillot, entre les nos 50 et 52. Une bulle du pape Urbain II cite, dès l'an 1097, cette église sous le titre d'*Ecclesia de Caleio*; dans le XIIe siècle elle est nommée *Ecclesia de Callevio*, *de Cailloio* ou bien *de Chailloio*. Le Pouillé, Parisien du XIIIe siècle, désigne l'église de Chaillot sous le nom de *Chaillot*, comme étant alors à la nomination du prieur de Saint-Martin-des-Champs. Elle est égale-

---

(1) Félibien, Preuves, t. V, p. 210.

ment indiquée comme appartenant au district de l'archiprêtré de Paris, qu'on a appelé depuis l'archiprêtré de la Madeleine (1).

Lorsque Louis XIV, en 1659, érigea le village de Chaillot en faubourg de Paris, on fit des réparations à cette église : le sanctuaire fut rebâti. Vers le milieu du XVIIIe siècle, on construisit la nef et le portail. Terminé en demi-cercle sur la pente de la montagne, le sanctuaire est soutenu de ce côté par une tour solidement bâtie. L'église a une aile de chaque côté, mais ces deux ailes ne se rejoignent point derrière le grand-autel. Celui-ci est décoré d'un tableau représentant *saint Pierre délivré de prison*. La voûte du chœur se trouvant plus basse que celle de la nef, on a recouvert cette partie surbaissée d'un *Jéhovah* en sculpture, entouré d'une *gloire*. On voyait dans le chœur la sépulture d'*Amaury-Henri Goyon de Matignon*, comte de Beaufort en Bretagne, mort en 1701.

Depuis 1802, Saint-Pierre de Chaillot est la troisième succursale de la Madeleine.

Chapelle Sainte-Anne, rue du Faubourg-Poissonnière, entre les rues Bleue et Montholon. Le 19 mars 1655, l'abbesse de Montmartre permit à Roland de Bure, marchand confiseur, d'ériger en chapelle une maison qu'il possédait dans ce faubourg. Il la céda à l'abbaye en 1656. Le 25 juillet de l'année suivante elle fut consacrée, et l'archevêque permit d'y célébrer l'office divin, sous la condition expresse de reconnaître le curé de Montmartre pour pasteur (1). Cette chapelle, qui n'existait plus au commencement du règne de Louis XV, donna quelque temps son nom à la rue de la *Chaussée de la Nouvelle-France* (2), aujourd'hui rue du Faubourg-Poissonnière.

Hôpital des Enfants-Trouvés du faubourg Saint-Antoine, rue du Faubourg-Saint-Antoine, nos 124 et 126. — L'évêque de Paris et le chapitre de Notre-Dame pourvurent les premiers à l'établissement d'un hospice pour les Enfants-Trouvés. Ils destinèrent à cet usage une maison située au bas du Port-l'Évêque, qu'on nomma la *Maison de la Crèche*. On plaça dans la cathédrale une espèce de bureau ou de crèche où l'on mettait ces enfants pour faire un appel à la pieuse libéralité des fidèles. Ce fut ce premier asile qui les fit appeler les *pauvres enfants trouvés de Notre-Dame*, et c'est sous ce nom qu'Isabelle de Bavière, femme de Charles VI, leur fit un legs de 8 francs, par son testament du 2 septembre 1431. Du reste, ainsi qu'il est dit dans les lettres-patentes de François Ier, du mois de janvier 1536, c'était gratuitement que le *chapitre avait coutume de recevoir et de faire nourrir les bâtards pour*

(1) Hurtaut, à l'article *Chaillot*. — (2) Jaillot, t. II, *quartier Saint-Denis*, p. 4. — (3) On appelait autrefois *Nouvelle-France* le faubourg Poissonnière.

l'honneur de Dieu (1). Suivant un ancien usage, les seigneurs hauts-justiciers de la ville de Paris devaient fournir à l'entretien des Enfants-Trouvés. En 1552, ils prétendirent que cette charge devait être supportée en entier par l'évêque et le chapitre de Notre-Dame; mais le parlement rejeta leur requête, et ordonna à tous les seigneurs de Paris de payer chaque année pour cet entretien la somme de 960 livres (2). Les enfants trouvés étaient alors placés à l'hôpital de la Trinité (3). En 1570, ils furent transférés dans deux maisons situées au port Saint-Landri et qui appartenaient au chapitre Notre-Dame. Ces malheureuses créatures étaient livrées à la brutalité et à la cupidité de leurs gardiens, qui les vendaient en secret au prix de *vingt sous*, lorsque Vincent de Paul résolut de mettre un terme à ces scandaleux désordres. Il fonda en 1638 un nouvel hospice près de la porte Saint-Victor pour les enfants trouvés, et mit à la tête de cet établissement les dames de la Charité. Mais les ressources pécuniaires n'étaient point en rapport avec le nombre toujours croissant des enfants. Les administrateurs prirent alors le parti de tirer au sort ceux qui devaient être nourris; *les autres*, dit un historien, *étaient abandonnés* (4).

Saint Vincent de Paul parvint enfin à assurer le sort de ces pauvres enfants. En 1641, ils obtinrent du roi 4,000 livres de rente pour son établissement; trois ans après, il reçut une nouvelle rente de 8,000 livres, et en 1648 le château de Bicêtre pour y loger les enfants trouvés. Ils n'y restèrent pas long-temps; la vivacité de l'air leur était trop nuisible. Ils furent transférés dans une maison près de Saint-Lazare, sous la

---

(1) Jaillot, t. I, *quartier de la Cité*, p. 97.

(2) Voici la liste de ces seigneurs, tous ecclésiastiques, et le contingent de chacun d'eux :

L'évêque de Paris.	120 livres.
Le chapitre de Notre-Dame.	360
L'abbé de Saint-Denis	24
L'abbé de Saint-Germain-des-Prés	120
L'abbé de Saint-Victor.	84
L'abbé de Saint-Magloire	20
L'abbé de Sainte-Geneviève	32
L'abbé de Tiron.	4
L'abbesse de Montmartre	4
Le grand-prieur de France.	80
Le prieur de Saint-Martin-des-Champs.	60
Le prieur de Notre-Dame-des-Champs	8
Le chapitre de Saint-Marcel.	8
Le prieur de Saint-Denis de la Chartre.	8
Le chapitre de Saint-Merry.	16
Le chapitre de Saint-Benoît-le-Bien-Tourné.	12
TOTAL.	960 livres.

(3) T. I, p. 572. — (4) *Abrégé hist. de l'établis. de l'hôpital des enfants trouvés.*

direction des sœurs de la Charité. Le parlement vint alors en aide à l'homme respectable qui s'était dévoué à cette tâche avec tant de désintéressement, et un arrêt du 3 mai 1667 ordonna que les seigneurs hauts-justiciers de Paris seraient tenus de payer annuellement pour l'entretien des enfants trouvés la somme de 15.000 livres. Cet arrêt fut confirmé par le conseil d'Etat le 20 novembre 1668 (1). Enfin on acheta l'année suivante une maison et un grand emplacement rue du faubourg Saint-Antoine, et l'on y construisit un vaste bâtiment et une église dont la reine Marie-Thérèse d'Autriche posa la première pierre en 1676. Etienne d'Aligre, chancelier de France, Elisabeth Luillier, sa troisième femme, et le président de Bercy enrichirent cet établissement, qui avait été érigé en hospice et réuni à l'Hôpital-Général, par une déclaration royale du mois de juin 1670.

L'hôpital des Enfants-Trouvés de la rue Saint-Antoine a été remplacé par *l'hospice des Orphelins*, dont je parlerai dans la suite.

Hôpital des Enfants-Trouvés, parvis Notre-Dame, n° 2. Les administrateurs de l'hospice du faubourg Saint-Antoine achetèrent, en 1660, sur le parvis Notre-Dame, trois petites maisons qui appartenaient à l'Hôtel-Dieu, et y établirent un autre hospice pour les Enfants-Trouvés exposés. Ces bâtiments subsistèrent jusqu'en 1747, époque où on les fit démolir, ainsi que les églises de Saint-Christophe et de Sainte-Geneviève-des-Ardents. On reconstruisit alors un nouveau bâtiment qui fait honneur à l'architecte Boffrand; la première pierre en fut posée le 26 septembre 1747. La chapelle était décorée de peintures à fresque de Brunetti et Natoire (2).

Cette maison n'est plus un hôpital; elle sert aujourd'hui de *Bureau central d'admission dans les hôpitaux et hospices civils de Paris.*

Sainte-Madeleine de la Ville-l'Évêque, église paroissiale, située sur le boulevard de ce nom, à l'angle des rues de la Madeleine et de la Ville-l'Évêque. Au commencement du XIIe siècle, l'emplacement qu'occupent cette église et une partie des rues qui l'entourent, était couvert de vergers, de vignes et de prairies. Vers ce temps, l'évêque de Paris y ayant fait bâtir une maison de campagne et une chapelle, cette nouvelle habitation reçut le nom de *Ville-l'Évêque*, qui est restée à l'une des rues avoisinantes. Deux siècles après, la construction d'un grand nombre de maisons autour de la propriété épiscopale ayant formé sur

---

(1) Hurtaut, t. III, p. 237. — Il donna la répartition de cette taxe entre les seigneurs justiciers.

(2) Hurtaut, t. III, p. 240. — On voyait sur l'autel deux figures en pierre; l'une de saint Vincent-de-Paul, l'autre de sainte Geneviève-des-Ardents. Cette dernière figure était un débris de la vieille église de ce nom.

ce terrain un bourg assez populeux, Charles VIII fit démolir l'ancienne chapelle et posa la première pierre d'une nouvelle, le 21 février 1487. Enfin le 21 novembre 1491, il y fonda la *Confrérie de la Madeleine*, dont lui-même et la reine furent membres, et qui donna son nom à la chapelle.

La population de ce faubourg s'étant considérablement augmentée en moins de deux siècles, on érigea cette chapelle en paroisse vers l'an 1639 (1), et on la reconstruisit en 1659 ; mademoiselle de Montpensier en posa la première pierre, le 8 juillet de cette année. Les accroissements que Paris éprouva sous les règnes de Louis XIV et de Louis XV eurent bientôt réuni le bourg à la ville. Aussitôt que la rue Royale fut achevée, on songea à reconstruire l'église de la Madeleine, en regard du Palais-Bourbon et de la place Louis XV, achevés en 1754. Plusieurs projets furent présentés par les plus célèbres artistes de la capitale. Celui de Contant d'Ivry, architecte du duc d'Orléans, ayant été adopté, Louis XV posa la première pierre de ce monument, le 3 avril 1764. Les travaux ne purent être activés, faute d'argent, et furent même un instant suspendus. Cependant le bâtiment s'élevait déjà à quinze pieds au-dessus du sol, lorsque Contant mourut en 1777. Remplacé par M. Couture, ce dernier changea tous les plans de son prédécesseur, démolit une partie des premières constructions et recommença sur de nouveaux frais. Les travaux étaient déjà assez avancés, lorsque la révolution vint les interrompre.

Je parlerai ailleurs de cette nouvelle église, qui après bien des changements de destination et bien des lenteurs, est presque entièrement terminée aujourd'hui, et peut être regardée comme l'un des plus beaux édifices modernes de la capitale (2).

Bibliothèque des avocats. Étienne Gabriau, seigneur de Riparfond, l'un des plus célèbres jurisconsultes de son temps, est le fondateur de cette bibliothèque ; elle fut ouverte solennellement, le 5 mai 1708. Le cardinal de Noailles célébra une messe dans la chapelle haute de l'archevêché, à laquelle assistèrent les gens du roi et l'ordre des avocats. Après la messe, tous se rendirent à la bibliothèque, où le cardinal de Noailles vint avec ses officiers ecclésiastiques. Un discours fut prononcé pour l'inauguration de cet établissement.

C'est dans la bibliothèque des avocats que l'ordre donnait toutes les semaines des consultations gratuites aux pauvres. Tous les avocats inscrits au tableau étaient tenus d'y aller chacun une fois l'an. Des conférences y avaient lieu comme aujourd'hui tous les quinze jours sous la présidence du bâtonnier. On voyait dans cette bibliothèque les portraits

---

(1) Hurtaut, t. III, p. 456. — (2) Voy. *Église de la Madeleine.*

des membres les plus illustres du barreau français: Gilles Bourdin, Jérôme Bignon, Jacques et Denis Talon, Lamoignon, Joly de Fleuri, Mathias Maréchal, Gorillon, Jean-Marie Ricard, Germain Billard, Jean Issalis, Bonaventure de Fourcroix, Louis Dupré, Denis Lebrun, enfin le fondateur, Gabriau de Riparfond.

Le public y était admis les mardi, jeudi et vendredi après-midi.

La Bibliothèque des avocats était située autrefois dans la première cour de l'archevêché. Elle a été réunie, pendant la révolution, à celle de la ville, mais elle n'en fait plus partie maintenant. L'ordre des avocats possède encore aujourd'hui une bibliothèque particulière au palais de Justice, mais elle est peu considérable.

Comédie française. Nous avons vu qu'à la fin du règne de Louis XIII, il y avait deux théâtres principaux à Paris, le théâtre de l'*hôtel de Bourgogne* et celui du *Marais* (1). En 1650, le fils d'un tapissier de la Halle, Jean-Baptiste Poquelin, dit Molière, cédant à une vocation prononcée pour l'état de comédien, réunit quelques jeunes gens et éleva un théâtre dans le jeu de paume de la *Croix-Blanche*, rue de Bussi, faubourg Saint-Germain. Après avoir joué pendant trois ans sur cette scène qui prit le nom de *Théâtre illustre*, cette troupe parcourut les provinces et revint à Paris, en 1658. Molière obtint de donner une représentation en présence de Louis XIV, sur un théâtre dressé au Louvre, dans la salle des gardes; il y joua avec ses camarades *Nicomède*, et le *Docteur amoureux*, farce de sa composition. Le roi, satisfait de ces nouveaux comédiens, leur accorda, la même année, le *théâtre de l'hôtel du Petit-Bourbon*, place du Louvre (2), où ils débutèrent, le 3 novembre, par l'*Étourdi* et le *Dépit amoureux*. Deux ans après, l'hôtel du Petit-Bourbon devant être démoli, la troupe de Molière fut placée au grand théâtre construit par Richelieu au Palais-Royal (3); elle y débuta le 5 novembre 1660 et reçut alors le nom de *troupe de Monsieur;* en 1665, elle prit celui de *troupe royale.* Ce théâtre, illustré par les productions de Corneille et de Molière (on y joua le *Tartufe*), et par le talent des Montfleuri et des Baron, se soutint avec un éclat qui alla toujours croissant jusqu'à la mort de Molière (17 février 1673).

Le théâtre du Palais-Royal fut alors donné à l'Opéra (4), et la troupe de Molière, se réunissant à celle du Marais, alla jouer rue Mazarine, au jeu de paume du *Bel-air.* Bientôt après, elle occupa le théâtre de l'hôtel *Guénégaud*, voisin de ce lieu, et bâti, en 1660, pour l'Opéra. Mais lorsqu'en 1674, on voulut réunir le collége Mazarin à l'Université, la Sorbonne exigea que le *théâtre de Guénégaud* fût transféré ailleurs. « Alors, dit un écrivain contemporain, les comédiens marchandèrent

---

(1) Voy. ci-dessus p. 133 et suiv. — (2) T. III, p. 246. — (3) Voy. ci-dessus p. 134 et suiv. — (4) Voy. l'article consacré à ce théâtre.

des places dans cinq ou six endroits; partout où ils alloient c'étoit merveille d'entendre comme les curés crioient. Le curé de Saint-Germain-l'Auxerrois obtint qu'ils ne seroient point à l'hôtel de Sourdis, parce que de leur théâtre on aurait entendu les orgues de l'église, et de l'église on auroit parfaitement bien entendu les violons. Le curé de Saint-André-des-Arts, ayant su qu'ils songeoient à s'établir rue de Savoie, vint trouver le roi, et lui représenta qu'il n'y avoit plus dans sa paroisse que des aubergistes et des coquetiers, et que si les comédiens venoient, son église seroit déserte. Les grands Augustins présentèrent aussi leur requête; mais on prétend que les comédiens dirent à Sa Majesté que ces mêmes Augustins, qui ne vouloient point de leur voisinage, étoient fort assidus spectateurs de la comédie, qu'ils avoient offert de vendre à la troupe des maisons qui leur appartenoient dans la rue d'Anjou, pour y bâtir un théâtre, et que le marché se seroit conclu si le lieu avoit été plus commode. » L'alarme fut grande dans tout le quartier, et les comédiens eurent défense de bâtir dans la rue de Savoie. « Si on continue à les traiter comme on fait, écrivait Boileau à Racine, il faudra qu'ils aillent s'établirent entre la Villette et la porte Saint-Martin; encore ne sais-je s'ils n'auront point sur les bras le curé de Saint-Laurent. » Racine lui répondit : « Ce serait un digne théâtre pour les œuvres de Pradon. »

Malgré cette violente opposition, Louis XIV, par lettres-patentes du 22 octobre 1680, maintint les comédiens en possession de leur local et leur agrégea la troupe de l'*hôtel de Bourgogne*. Il n'y eut plus alors qu'une seule comédie française. L'année suivante, un règlement fixa le sort de ces acteurs. Le théâtre de la rue Guénégaud n'étant point assez vaste, ils achetèrent, dans la rue des Petits-Champs l'hôtel de Rustan et une maison voisine; mais le roi, pour une raison inconnue, annula cette acquisition; un arrêt du conseil du 1er mars 1688, autorisa les *comédiens français ordinaires du roi* (titre qu'ils prennent encore aujourd'hui) à s'établir dans le jeu de paume de l'*Étoile*, rue des Fossés-Saint-Germain (1). Ils y débutèrent le 18 avril 1689. Dès leur installation, ils décidèrent que, chaque mois, on prélèverait sur la recette une certaine somme qui serait distribuée aux communautés religieuses les plus pauvres de Paris. Plusieurs couvents adressèrent à ce sujet d'humbles suppliques à *MM. de l'illustre compagnie de la comédie du roi*. « Messieurs, leur écrivaient les membres d'une congrégation célèbre, les Pères Cordeliers vous supplient très humblement d'avoir la bonté de les mettre au nombre des pauvres religieux à qui vous faites la charité..... L'honneur qu'ils ont d'être vos voisins leur fait espérer que vous leur accorderez l'effet de leurs prières, qu'ils redoubleront

---

(1) Voy. *Théâtre-Français* de la rue des Fossés-Saint-Germain.

envers le Seigneur, pour la prospérité de votre chère compagnie. »
Les comédiens leur accordèrent 3 livres par mois (1). Telle fut l'origine
de la *recette des hôpitaux*.

En 1770, le théâtre de la rue des Fossés-Saint-Germain menaçant ruine, les comédiens français vinrent jouer aux Tuileries, sur le *théâtre des Machines*, construit, en 1662, dans la partie septentrionale du Palais, sur les dessins du machiniste Vigarani, et qui avait été occupé par l'Opéra. Ils y débutèrent le 23 avril 1770, et y restèrent douze ans, tandis qu'on leur construisait un théâtre plus convenable.

Cette nouvelle salle, construite sur l'emplacement de l'hôtel de Condé et connue sous le nom d'*Odéon* (2), fut ouverte au public le 9 avril 1782, sous le titre de *théâtre Français*. Molé, Brizard, Monvel, Préville, tous ces grands artistes qui protègent encore de leur nom notre première scène dramatique, attiraient tout Paris au faubourg Saint-Germain, lorsque la révolution éclata. Des dissidents, causés par les passions politiques, éclatèrent parmi les comédiens, et enfin plusieurs d'entre eux furent incarcérés dans la nuit du 3 au 4 septembre 1793, à la suite des représentations de *Paméla*, comédie de M. François de Neufchâteau.

Dès 1790, Monvel, Talma, Dugazon, madame Vestris et plusieurs autres artistes, avaient quitté leurs camarades et s'étaient réunis aux acteurs du *théâtre des Variétés*, au Palais-Royal, sous la direction de Gaillard et d'Orfeuil. Cette salle, qui appartenait à mademoiselle Montansier, prit successivement les noms de *théâtre Français de la rue Richelieu* (3), de *théâtre de la Liberté et de l'Égalité*, et enfin *de la République*. Cette troupe y débuta le 27 avril 1791, et y resta jusqu'au 16 février 1798. Pendant ce temps, les autres comédiens français, après mille infortunes, étaient parvenus à rouvrir le théâtre du faubourg Saint-Germain, sous le nom d'*Odéon* (1797). Ils n'y purent jouer qu'un mois. Trois mois après, ils le rouvrirent encore une fois, mais ils furent bientôt obligés d'abandonner cette entreprise (13 prairial, an VI, 1er juin 1798).

Le théâtre de la République venait également de fermer, malgré le talent de Talma, de Molé, de Baptiste aîné et de leurs camarades. Sageret, directeur du *théâtre Feydeau*, réunit ces artistes à ses pensionnaires ; puis il loua le théâtre de la république qu'il fit restaurer d'après les dessins de l'architecte Moreau, et les comédiens français retournèrent rue de Richelieu, alors nommée rue de la Loi. Sageret prit en même temps l'Odéon et il s'établit deux théâtres Français, l'un rue de Richelieu et l'autre dans le faubourg Saint-Germain, sans qu'aucun acteur fût exclusivement attaché à l'un des deux. Mais le fardeau était

(1) *Anecd. dram.*, t. I, p. 493. — (2) Voy. *Théâtre de l'Odéon*. — (3) Voy. *Théâtre français* de la rue de Richelieu.

trop lourd pour un seul homme, et les comédiens français firent leur clôture le 5 pluviose, par le *Menteur* et le *Bourru bienfaisant*. Ils quittèrent Paris presque tous et se rendirent dans les grandes villes de province. Les anciens acteurs de l'Odéon, toujours infatigables, se réunirent alors en société et résolurent de tenter encore une fois la fortune. Leurs efforts avaient obtenu quelque succès, grâce à la vogue du fameux drame de *Misantropie et repentir*, lorsqu'un violent incendie, en détruisant l'Odéon, enleva aux malheureux artistes leur dernière espérance (mars 1799). Ils furent réduits à courir de théâtre en théâtre.

Cet état précaire ne pouvait durer plus long-temps. Le ministre François de Neufchâteau et son commissaire Mahéraut, résolurent de réunir tous les comédiens français au théâtre de la rue Richelieu. Mais les auteurs dramatiques s'y opposèrent; ils demandaient deux théâtres Français. Colin d'Harleville, Denis, Legouvé, Arnaud, Demoustier, Picard, Beaumarchais, signèrent cette pétition. On voit que la question d'un second théâtre, si souvent débattue et avec tant de chaleur, n'est pas d'origine récente. Enfin, après de vives discussions, le vœu exprimé par les gens de lettres ne fut pas exaucé, du moins provisoirement, et les comédiens français, au grand complet, débutèrent sur la scène de la rue Richelieu par le *Cid* et l'*Ecole des maris* (30 mai 1799).

Avant la révolution de 1789, le théâtre Français était soumis à des règlements du roi, sous la surintendance d'un premier gentilhomme de la chambre. Il reçut une organisation définitive, par l'ordonnance du 28 nivôse an XI; un des préfets du palais, premier chambellan, en avait la surintendance, et il y avait de plus un commissaire du gouvernement. Ces règlements furent changés par un décret impérial daté de Moscou, en 1812. Depuis 1814, on avait repris les anciens errements, mais la comédie française, à la suite de la démission de son directeur, vient de se réorganiser en société indépendante. Rien cependant n'est encore décidé à cet égard, au moment où nous écrivons.

Opéra ou *Académie royale de musique et de danse*. — L'établissement d'une académie de musique à Paris date du XVIe siècle. Associé avec un nommé Joachim-Thibault de Courville, le célèbre poëte Baïf établit dans sa maison de la rue des Fossés-Saint Victor (à l'endroit où est aujourd'hui le couvent des Dames-Anglaises, n°s 23 et 25), une société de musiciens, autorisée par lettres-patentes de Charles IX, qui s'en déclara le protecteur et le premier auditeur (1). A Courville succéda Jacques Mauduit, greffier des requêtes, assez bon poëte et virtuose

---

(1) T. III, p. 616.

distingué. Ils furent aussi protégés par Henri III. Tous les ballets et mascarades exécutés sous son règne le furent sous leur conduite. En 1581, Catherine de Médicis fit représenter au Louvre le premier drame lyrique joué en France, à l'occasion du mariage de Marguerite de Lorraine. Ronsard et Baïf firent les paroles, Beaulieu et Salmon la musique (1). Baïf étant mort en 1589, son académie fut transférée chez Mauduit, qui, suivant l'esprit du temps, donna à son établissement le titre de *confrérie, société et académie de Sainte-Cécile*. Ce titre ne fit pas fortune, et depuis le 19 septembre 1589 jusqu'en 1659, on ne cite aucun poëme français mis en musique.

Une troupe italienne, attirée en France par Mazarin pour flatter les goûts de la reine Anne d'Autriche, débuta en 1645 sur le théâtre du Petit-Bourbon par la *Festa teatrale* et la *Finta pazza* (2). En 1647, une seconde troupe représenta *Orphée et Eurydice*, la tragédie d'*Andromède* de Corneille, etc. Les troubles de la Fronde firent disparaître ces artistes, qui ennuyaient fort les Parisiens. Lorsque le calme fut rétabli, l'abbé Pierre Perrin, introducteur des ambassadeurs auprès de Gaston d'Orléans, et Cambert, surintendant de la musique de la reine-mère, résolurent de faire revivre ce genre de spectacle, et firent représenter la *Pastorale* à Issy, devant Mazarin, et ensuite à Vincennes devant le roi. Ils furent encouragés par le gouvernement; mais la mort de Mazarin fit suspendre ce spectacle.

Cependant l'abbé Perrin et Cambert ne se découragèrent pas. Des lettres-patentes du 28 juin 1669 leur accordèrent le privilége de faire chanter en public, à Paris et dans toute la France, des pièces de théâtre mises en musique. L'*Opéra* fut alors composé de huit acteurs et six actrices, de douze danseurs et dix danseuses, en tout de cent dix-neuf personnes, qui coûtaient annuellement près de 20,000 écus. Les directeurs s'associèrent le marquis de Sourdéac, machiniste distingué, louèrent le jeu de paume de la rue Mazarine, vis-à-vis celle de Guénégaud, et en mars 1671 la pastorale de *Pomone* (3) fut jouée avec succès sur ce nouveau théâtre. Les représentations durèrent treize mois. Cette pièce fut suivie des *Peines et Plaisirs de l'Amour*, dont la musique était également de Cambert. Mais l'intérêt ne tarda pas à diviser les associés. Le marquis de Sourdéac, sous prétexte de se payer des avances qu'il avait faites, s'empara de la recette. Perrin, piqué de ce

---

(1) *Id., ibid.*

(2) « Ce spectacle, dit Voltaire, dans ses *Questions sur l'Encyclopédie*, ennuya tout Paris. Très peu de gens entendirent l'italien, presque personne ne savait la musique, et tout le monde laissait le cardinal. Cette fête, qui coûta beaucoup d'argent, fut sifflée; et bientôt après les plaisants de ce temps-là firent *le grand ballet et le branle de la fuite de Mazarin, dansé sur le théâtre de la France par lui-même et par ses adhérents*. Voilà toute la récompense qu'il eut d'avoir voulu plaire à la nation. »

(3) *Almanach des théâtres*, 1817, p. 18.

procédé, se dégoûta de son entreprise et consentit que le roi en transférât le privilége au célèbre Lulli, surintendant et compositeur de la musique du roi. Des lettres-patentes du mois de mars 1672, enregistrées au parlement le 27 juin suivant, peuvent être considérées comme le premier document réglementaire de l'Opéra. Louis XIV permit à Lulli « d'établir, y est-il dit, une *Académie royale de musique* dans notre bonne ville de Paris, pour y faire des représentations devant nous, quand il nous plaira, des pièces de musique qui seront composées tant en vers français qu'autres langues étrangères... pour en jouir sa vie durante...; et, pour le dédommager des grands frais qu'il conviendra faire pour lesdites représentations, tant à cause des théâtres, machines, décorations, habits, qu'autres choses nécessaires, nous lui permettons de donner au public toutes les pièces qu'il aura composées, même celles qui auront été représentées devant nous...; faisant très expresses inhibitions et défenses à toutes personnes, de quelque qualité et condition qu'elles soient, même aux officiers de notre maison, d'y entrer sans payer, comme aussi de faire chanter aucune pièce entière en musique, soit en vers français ou autres langues, sans la permission par écrit du sieur Lulli, à peine de 10,000 livres d'amende et confiscation des théâtres, machines, décorations, habits et autres choses...; et, d'autant que nous l'érigeons sur le pied de celles des Académies d'Italie, où les gentilshommes chantent publiquement en musique sans déroger, voulons et nous plaît que tous gentilshommes et damoiselles puissent chanter auxdites pièces et représentations de notredite Académie royale, sans que pour ce ils soient censés déroger audit titre de noblesse et à leurs priviléges (1). » Cette dernière clause, si peu en rapport avec les idées de ce siècle, cessera d'étonner si l'on réfléchit qu'à cette époque, le roi et les plus grands seigneurs de la cour figuraient dans les ballets sur le théâtre de Versailles.

Devenu seul directeur privilégié de l'Académie royale de musique, Lulli transféra son théâtre de la rue Mazarine au jeu de paume du *Bel-Air*, rue de Vaugirard, près le palais du Luxembourg; il s'attacha Quinault pour les *poëmes*, et le célèbre Vigarani pour les machines. L'ouverture du nouveau théâtre eut lieu le 15 novembre 1672, par la première représentation des *Fêtes de l'Amour et de Bacchus* (2), pastorale en trois actes, composée de fragments de différents ballets, tous tirés des divertissements et des diverses comédies de Molière. Cette pièce

---

(1) Félibien, t. IV, *Preuves*, p. 262.

(2) Les répétitions de cet opéra furent faites dans la galerie de l'hôtel de Nevers, qui servait auparavant de bibliothèque au cardinal Mazarin. Mademoiselle de Cartilly, qui n'a pas paru depuis, y représentait *Pomone*. Pour les autres rôles on avait fait venir du Languedoc plusieurs musiciens, entre autres les sieurs Beaumavielle et Rossignol, basses-tailles, Cledière et Tollet, haute-contre, et Mirale, taille. *Bibl. des théâtres*, p. 257.

eut un grand succès. Dans une des représentations que le roi honora de sa présence, M. Le Grand, les ducs de Monmouth, de Villeroi et le marquis de Rassen dansèrent une entrée avec Beauchamps, Saint-André, Fevier et Lapierre, artistes de ce théâtre (1). Molière étant mort en 1672, la salle du Palais-Royal fut donnée à Lulli pour les représentations de l'opéra, où il les continua jusqu'à sa mort, arrivée le 7 mars 1687. On y joua entre autres pièces le *Triomphe de l'Amour*, opéra-ballet, qui avait été exécuté avec un grand succès devant le roi à Saint-Germain; on y vit danser pour la première fois des femmes. Jusqu'alors leurs rôles avaient été joués par de jeunes garçons.

Francine, gendre de Lulli et premier maître d'hôtel du roi, succéda au privilége de son beau-père et en jouit jusqu'en 1712. Francine ayant considérablement endetté l'Opéra, les créanciers nommèrent l'un d'entre eux, le sieur Guinet, payeur des rentes, pour régir et administrer le théâtre. Cette nouvelle administration ne fut pas plus heureuse (2); car en 1724 le théâtre devait plus de 300,000 francs. Le roi le fit alors diriger en son nom, et nomma pour directeur André Deslouches, surintendant de sa musique, et pour caissière la dame Berthelin. Au 1er juin 1730, un arrêt du conseil accorda le privilége de l'Opéra pour trente ans au sieur Gruer, à la charge d'acquitter les dettes du théâtre. Gruer perdit bientôt ce privilége, à la suite d'une orgie qu'il avait faite avec des artistes, et il fut remplacé au mois d'août 1731 par Lecomte, sous-fermier des aides de Paris. Ce directeur fut mis à la retraite le 1er avril 1733, pour avoir refusé une double gratification à la demoiselle Mariette, danseuse, *à qui M. le prince de Carignan voulait du bien* (3). A Lecomte succéda immédiatement Louis-Armand-Eugène de Thuret, ancien capitaine au régiment de Picardie, qui, en l'année 1744, demanda et obtint sa retraite avec une pension viagère de 30,000 francs. Le privilége passa à François Berger, ancien receveur-général des finances, qui, dans une gestion de trois ans et demi, endetta l'Opéra de 450,000 francs; il mourut le 3 novembre 1747.

On essaya, la même année, une régie sous la direction de François

---

(1) *Anecdot. dram.*, t. IV, p. 366. — Les auteurs de ce dictionnaire rapportent en outre le fait suivant : « Louis XIV et toute la cour devant danser dans ce même ballet, ce prince s'étoit rendu au lieu où le ballet devoit s'exécuter. Comme il ne trouva pas toutes choses prêtes, il envoyoit incessamment des valets de pied à Lulli pour savoir quand on commenceroit et pour le faire hâter. Mais voyant que rien n'avançoit, le roi lui envoya un valet de garde-robe pour lui dire qu'il se lassoit d'attendre, et qu'il vouloit absolument que l'on commençât. Ce nouvel émissaire dit à Lulli que le roi étoit dans une grande colère et qu'il ne pouvoit plus attendre. Lulli songeant moins aux ordres pressants qu'on lui apportoit du roi qu'à ce qu'il avait encore à faire, répondit d'un grand sang-froid : « Le roi est le maître, il peut attendre tant qu'il lui plaira. »

(2) Les bals de l'Opéra avaient cependant commencé à cette époque: le premier eut lieu le 2 janvier 1716. — (3) Hurtaut, t. I, p. 180.

Rebel et Francœur, surintendants de la musique du roi; elle ne put tenir que quelques mois, et le privilége fut rétabli et concédé au sieur de Tresfontaine, qui, tout en s'engageant à payer les dettes de ses prédécesseurs, comptait sur les fonds de l'Opéra pour arranger ses propres affaires; sa direction ne dura pas long-temps. Par un arrêt du conseil d'État du 26 août 1749, l'administration fut remise au corps municipal de la ville de Paris, à la charge par ces magistrats d'en rendre compte au ministre de la maison du roi. Ce mode d'administration se maintint jusqu'à Pâques 1757. L'Opéra fut alors affermé pour trente ans à Rebel et Francœur; mais leur administration fut à peu près ruinée par l'incendie de leur théâtre, arrivé le 6 avril 1763 (1). Tandis qu'on reconstruisait leur salle au même endroit, les artistes firent réparer le *théâtre des machines* au château des Tuileries, et y débutèrent le 24 janvier 1764 par la reprise du fameux opéra de *Castor et Pollux*. Pendant cet intervalle, les artistes avaient donné, trois fois par semaine, aux Tuileries des concerts spirituels.

Rebel et Francœur ayant demandé la résiliation de leur traité, la ville la leur accorda en 1767, époque à laquelle leur succédèrent Jean-Claude Triel et Le Breton. La ville s'étant chargée de nouveau de l'Opéra en 1770, la régie en fut confiée à ces deux compositeurs, auxquels on associa les sieurs d'Auvergne, surintendant de la musique du roi, et Joliveau, secrétaire de l'Opéra. La nouvelle salle fut terminée en 1770, et l'ouverture s'en fit le 26 janvier de cette année, par la reprise du fameux opéra de Rameau, *Zoroastre*. En 1773, Rebel fut rappelé en qualité d'administrateur-général de cette régie, toujours continuée par les quatre directeurs désignés. Rebel et Trial étant morts, l'un le 7 novembre 1775 et l'autre en 1776, la régie fut donnée aux officiers des menus-plaisirs, avec le titre de commissaires du roi. Ils conservèrent Le Breton en qualité de directeur. Ces commissaires se retirèrent en 1777, il ne resta que le sieur Buffau, en qualité de commissaire de la ville, et Le Breton, directeur. Un arrêt du conseil du roi, du 18 octobre 1777, accorda la concession de l'entreprise pour douze ans au sieur de Vismes, à compter du 1er avril 1778, avec tous les droits qu'avait le bureau de la ville. De Vismes quitta l'administration de l'Opéra à Pâques 1780, et le roi retira alors à la ville son privilége, afin de faire régir pour son propre compte. Le Breton fut encore nommé directeur et mourut le 14 mai suivant; il eut pour successeurs d'Auvergne et le musicien Gossec. C'est à cette époque que le prix des places du parterre fut porté de 40 à 48 sols. Le caissier fut assujetti à un cautionnement, et la régie confiée à un comité nommé par le roi.

(1) Voy. *Théâtre de l'Opéra*, au Palais-Royal.

Voltaire faisait ainsi l'éloge de l'Opéra :

> Il faut se rendre à ce palais magique,
> Où les beaux vers, la danse, la musique,
> L'art de charmer les yeux par les couleurs,
> L'art plus heureux de séduire les cœurs,
> De cent plaisirs font un plaisir unique.

Ce théâtre était en effet fort brillant, et les noms de Legros, de Larrivée, de Vestris, de Gardel, de Dauberval, de mademoiselle Guimard, de Sophie Arnould, cette spirituelle Parisienne, étaient célèbres dans l'Europe entière. Mais l'administration n'en était pas moins obérée. Dans les années seules 1778 et 1779, la dépense avait dépassé la recette de 700,000 francs, et les frais s'augmentaient chaque jour, à mesure que le public devenait plus exigeant (1). Quoi qu'il en soit, on aurait pu considérer cette époque comme l'une des plus brillantes et des moins onéreuses pour l'Opéra, sans l'affreux incendie du 8 juin 1784, qui détruisit presque en entier son immense mobilier. Comme par enchantement, l'architecte Lenoir bâtit, en soixante-quinze jours, la salle de la Porte-Saint-Martin (2), qui fut ouverte au public le 27 octobre de la même année, par une représentation gratuite en réjouissance de la naissance du dauphin ; on y joua pour la première fois *Adèle de Ponthieu*, opéra en trois actes, paroles de Saint-Marc, musique de Piccini. Après le spectacle, on donna un bal, où les quadrilles furent exécutés par les dames de la halle, les *forts* et les charbonniers (3). En 1794, l'Opéra quitta le boulevard et fut installé dans le théâtre que la demoiselle Montansier avait fait construire rue Richelieu, en face la Bibliothèque royale, et dans lequel sa troupe avait joué la tragédie et la comédie (4). L'inauguration eut lieu le 30 thermidor an II (17 août 1794), par une pièce mêlée de chants et de danses, intitulée : *la Réunion du 10 août*, offerte gratis au *peuple souverain*. Ce fut à cette représentation qu'on vit pour la première fois le parterre garni de banquettes. A la mort du duc de Berry, assassiné le 13 février 1820, par Louvel, au moment où ce prince, quittant le théâtre, reconduisait la duchesse à sa voiture, on ferma cette salle et on en construisit une autre rue Lepelletier, sur un terrain dépendant de l'hôtel Choiseul ; et quoique élevée à titre de salle provisoire, elle sert encore aujourd'hui aux représentations de l'Opéra (5). Depuis la mort du duc de Berry jusqu'à

---

(1) *Almanach des spectacles*, 1816, p. 19. — Je ferai remarquer à ce sujet qu'en 1719 l'Opéra était encore éclairé par des chandelles ; à cette époque, par la munificence du banquier Law, on y substitua des bougies.

(2) Voy. *Théâtre de la Porte Saint-Martin*.

(3) Après l'incendie de l'Opéra, les artistes avaient joué aux Tuileries et sur le théâtre des Menus-Plaisirs. — (4) Voy. *Théâtre de l'Opéra*, rue Richelieu.

(5) Voy. *Théâtre de l'Opéra*, rue Lepelletier.

l'ouverture de cette salle, les artistes de l'Opéra jouèrent au théâtre Favart.

L'Académie royale de musique fut appelée Opéra en 1791, et le public n'a cessé de lui donner ce nom. Sous la révolution, ce théâtre prit les noms d'*Opéra national*, de *théâtre de la République et des Arts*, et enfin celui d'*Académie impériale de musique*. En 1814, ce dernier titre fut remplacé par celui d'*Académie royale de musique* qu'il a conservé jusqu'à présent.

Ce théâtre, unique en son genre dans toute l'Europe par la splendeur du spectacle et la réunion des grands talents qui concourent à son exécution, fut placé, comme nous l'avons vu, par Louis XVI sous la protection du souverain, qui le confia à des administrateurs soumis à l'inspection du ministre et chargea le trésor public de l'excédant des dépenses sur les recettes. Le même ordre fut suivi sous l'empire au moyen d'une subvention qui fut continuée pendant la restauration. Le régime sous lequel il fut alors placé rappelait celui de 1780. Depuis 1830, l'Opéra, qui est toujours subventionné, est conduit par un directeur administrant à ses risques et périls, avec un cautionnement de 300,000 francs comme garantie de sa gestion. Les actes de cet administrateur sont néanmoins soumis au contrôle d'une commission nommée par le roi et ressortissant au ministère de l'intérieur.

Théâtres d'enfants. — Le premier théâtre d'enfants qu'on ait vu à Paris date de 1664. Il y avait à Troyes un organiste fort habile, nommé J.-B. Raisin, dont le talent ne pouvait cependant suffire à l'entretien de sa nombreuse famille. La misère le rendit ingénieux. Il inventa une épinette fort large, à clavier intérieur, dans laquelle il cachait un de ses fils, âgé de quatre ans, qui exécutait à volonté, sur l'invisible clavier, les airs les plus nouveaux sans qu'on soupçonnât la ruse. Cet instrument, qu'il transporta à Paris dans une loge de la foire Saint-Germain, en 1662, lui fit gagner beaucoup d'argent. La cour elle même voulut avoir à Versailles Raisin et son épinette merveilleuse; il n'y obtint pas moins de succès, et lorsque l'organiste, spéculant sur l'intérêt que lui portait le public, conçut le projet de former, avec sa petite famille et d'autres enfants, une troupe de jeunes comédiens, le roi lui en accorda tout de suite la permission. Ces acteurs d'un nouveau genre, qui prirent le titre de *troupe royale de M. le dauphin*, débutèrent, au mois de juin 1664, sur le théâtre du Palais-Royal avec un succès prodigieux. Chaque soir la foule venait rire et applaudir *Tricassin* et l'amusante farce intitulée : l'*Andouillette de Troyes*. Mais à la fin de cette même année, au moment où son entreprise avait le plus de vogue, Raisin mourut en laissant le théâtre à sa femme. Celle-ci aimait à faire grande dépense, à mener joyeuse et folle vie, et lorsqu'elle eut gagné

20,000 écus à Paris, elle voulut tenter la fortune en province, et partit pour Rouen. A peine y était-elle arrivée, qu'elle avait déjà dépensé son petit revenu, en compagnie d'un jeune gentilhomme de mauvaise réputation, qui bientôt l'abandonna lâchement. Tombée dans la misère, et n'ayant plus même assez d'argent pour nourrir ses petits acteurs, elle revint en 1666 à Paris, et pria Molière, alors directeur de la troupe du Palais-Royal, de lui prêter son théâtre pour trois représentations, espérant beaucoup du bénéfice qu'elle devait en retirer. Sa troupe enfantine était au grand complet; elle avait même un nouvel acteur, qui plus tard fit beaucoup parler de lui comme artiste, comme homme du monde, comme auteur dramatique, et qui déjà attirait tout Paris, Michel Boyron, plus connu sous le nom de Baron. Fils d'un marchand d'Issoudun, devenu comédien, il était resté orphelin à l'âge de huit ans, et ses tuteurs ayant dissipé la plus grande partie de ses biens, il se trouva forcé d'entrer chez les petits comédiens dauphins, dont il fut bientôt un des meilleurs sujets. Molière, en excellent camarade, obtint de la cour, pour la veuve Raisin, la permission de jouer sur son théâtre pendant quelques jours, et elle y gagna de l'argent. Du moins elle fut en état de rester à Paris, et d'autres représentations qu'elle donna à la foire Saint-Germain obtinrent une si grande vogue, que les autres salles de spectacle, dit-on, se trouvaient désertes, et que Molière, étonné du talent de Baron, alors âgé de douze ans, eut recours à un ordre du roi pour enlever le jeune artiste, ce qui fit tomber le théâtre de la Raisin. Quel que soit le degré d'authenticité qu'il faille accorder à cette anecdote, il est certain que cette femme, par suite d'une mauvaise administration, fut obligée d'abandonner son entreprise en 1667, et les petits acteurs, qui grandissaient, furent engagés pour la plupart dans les différentes troupes de Paris et de la province. Ceux qui se distinguèrent le plus par la suite furent, avec Baron, les deux frères Raisin, dont le cadet se montra un des meilleurs comiques de son époque (1656-1693).

Dix ans après la clôture du théâtre de *M. le dauphin*, il s'en ouvrit un autre du même genre, dans une des rues les plus fréquentées du Marais. A cette même époque brillait à Paris un peintre nommé *Bamboche*, qui dessinait avec le plus grand succès de petites figures d'enfants, qu'on appelait *Bambochades* ou *Bamboches*. Le directeur de ce nouveau théâtre du Marais, afin de piquer la curiosité du public, donna à son spectacle le titre de *théâtre des Bamboches*, et sa troupe attira assez longtemps une foule considérable. Des circonstances que nous ignorons firent fermer ce joli théâtre, dont la vogue avait été remarquable.

En janvier 1695, les Parisiens coururent à un nouveau spectacle d'enfants. Un célèbre faiseur de marionnettes, nommé Berthrand, monta cette entreprise, dont le succès lui paraissait beaucoup plus certain qu'un jeu de marionnettes qu'il exploitait de foire en foire depuis quelques années. Il ne se trompait pas. Sa loge du préau de la foire Saint-Germain était trop petite pour l'affluence des spectateurs qu'attiraient les élèves de Berthrand. Mais le 10 février de la même année, une ordonnance du lieutenant de police, rendue sur la requête des comédiens français, vint inopinément interrompre le cours de ce brillant succès.

Outre ces théâtres d'enfants, Paris vit se former sous ce règne plusieurs troupes de comédiens d'un intérêt secondaire. Telles furent celle de mademoiselle de Montpensier, qui joua pendant quelques mois, en 1661, rue des Quatre-Vents, et la troupe espagnole, amenée par Marie-Thérèse d'Autriche, qui jouait concurremment avec les Italiens sur le théâtre de l'hôtel de Bourgogne. Ces artistes, peu goûtés du public parisien, furent obligés, en 1672, de retourner en Espagne.

CHAPITRE TROISIÈME.

Topographie.

L'agrandissement de Paris, dont nous avons suivi les progrès continuels, devint, sous le règne de Louis XIV, plus rapide que jamais, surtout lorsque les troubles de la Fronde furent apaisés. Dès le commencement de l'année 1645, on s'occupa d'étendre la ville du côté du nord-est. Un arrêt du conseil du 28 janvier ordonna que toutes les places vides qui se trouvaient entre les portes Saint Denis et Saint-Honoré fussent vendues et couvertes de constructions. L'arrêt fut aussitôt exécuté; plusieurs rues nouvelles furent percées, et l'on bâtit les portes *Gaillon* et *Sainte-Anne* qui furent abattues dans les premières années du siècle suivant.

Les anciennes fortifications de Paris étaient dans un état de dégradation qui les rendait presque inutiles. C'est pourquoi le prévôt des marchands demanda, et il obtint le 7 juillet 1646, la concession des anciens fossés des tours et des murailles de la ville pour y établir des rues et des maisons. Cependant on ne se livra d'abord à ces travaux que du côté de l'Université. Les guerres de Flandre et de Picardie nécessitèrent pendant quelque temps la conservation des remparts du nord.

En 1646, le quai de Nesle, appelé depuis quai Conti, et quai de la Monnaie, était, comme la plupart des quais, dépourvu de trottoirs et de parapets. Du côté du faubourg Saint-Germain, il était bordé par le vaste hôtel de Nesle et par le mur de clôture de ses jardins, et il s'étendait depuis le Pont-Neuf jusques un peu au delà de l'emplacement actuel de la Monnaie. Le 1er juillet 1669 on en ordonna la continuation jusqu'à la rue du Bac. On avait déjà, en 1659, abattu les échoppes dont il était encombré, et l'on y construisit le beau port de *Malacquest* ou *Malaquais*. Ce fut seulement en 1704 que fut bâti le quai de la *Grenouillère*, aujourd'hui quai d'*Orsay*. J'en parlerai tout-à-l'heure.

Ce fut en 1669 que furent établis le quai des Orfèvres et celui de l'Horloge.

Les sieurs de Bellefonds et de Pertuis obtinrent, en 1663, la permission d'établir deux ports sur la Seine, l'un entre le pont et la forteresse de la Tournelle, appelée la maison des Galériens ; l'autre entre la porte Saint-Bernard, et l'arche où la Bièvre se déchargeait dans la Seine. Ces deux ports, qui reçurent le nom de leurs constructeurs, devaient servir au débarquement et à la vente principalement du bois équarri et des vins. Ce fut là que le port au Vin fut dans la suite établi.

L'emplacement du quai *Pelletier* (du pont Notre-Dame à la Grève) était occupé par des teinturiers et des tanneurs, lorsqu'un arrêt du 24 février 1673 obligea ces artisans à s'aller fixer à Chaillot et dans le faubourg Saint-Marcel. Le 17 mars suivant, un autre arrêt ordonna qu'à la place qu'ils quittaient serait établi un quai formant la prolongation du quai de Gèvres. Les travaux furent aussitôt entrepris par les soins de Claude Le Pelletier, prévôt des marchands, et terminés au bout de deux ans. Le quai Pelletier, bâti sur les dessins de Pierre Bullet, est soutenu par une longue voussure au moyen de laquelle il surplombe le bord de la Seine, disposition singulière qu'ont souvent admirée les gens de l'art. On a, dans ces dernières années, élargi et fort embelli le quai Pelletier.

L'année 1670 fut féconde en travaux d'embellissement. A côté du Cours-la-Reine on planta les belles allées d'arbres qu'on appela les Champs-Élysées. En même temps, on travailla aux remparts de la porte Saint-Antoine. On planta d'arbres le boulevard qu'un arrêt du 7 juin 1670 ordonna de continuer jusqu'à la porte Saint-Martin.

En 1671, on abattit la vieille porte Saint-Denis ; on éleva à sa place un superbe arc de triomphe, et l'on continua le boulevard jusqu'à la porte Saint-Honoré, et de là, jusqu'à la rue Royale, augmentant ainsi de beaucoup l'enceinte tracée par Louis XIII (1). Ces travaux furent terminés en 1704. Aussitôt le roi (par arrêt du 18 octobre 1704), ordonna qu'autour des remparts du midi seraient établis des boulevards semblables à ceux qui bordaient la partie septentrionale de la ville. Ces

(1) Voy. plus haut.

boulevards, qu'on nomma *boulevards neufs*, ne furent entièrement achevés qu'en 1761.

En 1685, le président de Fourcy, prévôt des marchands, avait entrepris d'aplanir la montée rude et pénible de la rue des Fossés-Saint-Victor. Il fit pour cela de grands travaux, combla des fossés, et coupa des terres. On peut juger de la difficulté de l'entreprise par la hauteur et les pentes rapides que, malgré ces ouvrages, le quartier Saint-Victor a conservées jusqu'aujourd'hui.

Dans les cours des maisons de la rue des Fossés-Saint-Victor qui sont du côté de la place Maubert, on voit encore des restes de l'ancien mur de la ville, et dans les maisons d'en face on peut juger par la hauteur des terrains situés derrière, combien le sol a été remué par le prévôt de Fourcy. Plusieurs portes de ces maisons sont à présent des fenêtres.

Il restait encore, dans le quartier de la *butte Saint-Roch*, une porte dite de *Gaillon*; comme elle était inutile, elle fut abattue en 1700. Ce quartier éprouva de grands changements. La butte Saint-Roch, sur laquelle étaient plusieurs moulins, produisait un fâcheux effet à la vue et nuisait à l'embellissement de ce quartier. Quatre particuliers demandèrent la permission de l'aplanir; elle leur fut accordée par arrêt du conseil du 15 septembre 1667. Les travaux ne furent terminés que dix ans après. Douze nouvelles rues s'élevèrent comme par enchantement sur ce nouveau terrain.

La capitale prenait de si grands accroissements qu'on voulut y mettre ordre, de manière à pouvoir centraliser l'administration. Henri II, par un édit du mois de novembre 1548, renouvelé en 1554, avait défendu de bâtir au-delà de certaines bornes. Ces ordonnances ne furent pas respectées, et Louis XIII se vit obligé d'en donner de nouvelles en 1627 et 1632. Enfin un arrêt du conseil, en date du 26 janvier 1638, décida qu'on planterait des bornes au-delà desquelles il ne serait point permis de bâtir. Mais on éluda encore une fois ces règlements. Louis XIV, par arrêts de son conseil du 8 janvier 1670, et du 26 avril 1672, mit ordre à cet état de choses; il fit dresser une sorte de carte topographique, et obligea les propriétaires des maisons bâties au-delà des bornes fixées par son prédécesseur, de payer le dixième de la valeur de ces édifices. Ceux qui ne payèrent point cette taxe dans un temps désigné virent leurs maisons abattues, et défenses expresses furent faites de bâtir au-delà des bornes (1).

La capitale n'était divisée qu'en quatre quartiers au xe siècle, et en huit sous le règne de Philippe-Auguste. On en ajouta huit autres sous les règnes de Charles V et de Charles VI. La ville s'étant considérablement accrue du côté du midi, Henri III la partagea en dix-sept quar-

---

(1) Félibien, t. II, p. 1506.

tiers. Enfin une déclaration du roi, en date du 12 décembre 1702, décida que Paris serait désormais divisé en vingt quartiers (1), qui furent ainsi désignés : 1ᵉʳ *la Cité*; 2ᵉ *Saint-Jacques-la-Boucherie*; 3ᵉ *Sainte-Opportune*; 4ᵉ *le Louvre*; 5ᵉ *le Palais-Royal*; 6ᵉ *Montmartre*; 7ᵉ *Saint-Eustache*; 8ᵉ *les Halles*; 9ᵉ *Saint-Denis*; 10ᵉ *Saint-Martin*; 11ᵉ *la Grève*; 12ᵉ *Saint-Paul*; 13ᵉ *Sainte-Avoie*; 14ᵉ *le Temple*; 15ᵉ *Saint-Antoine*; 16ᵉ *la place Maubert*; 17ᵉ *Saint-Benoît*; 18ᵉ *Saint-André*; 19ᵉ *le Luxembourg*; 20ᵉ *Saint-Germain-des-Prés*.

Pont-Royal. — J'ai dit que ce pont, qui sert de passage entre les Tuileries et le quai Voltaire, fut construit sur l'emplacement du *Pont-Barbier* (2). La première pierre en fut posée le 25 octobre 1685, et les travaux furent dirigés aux frais du roi par le frère François Romain, religieux convers de l'ordre de Saint-Dominique. Ce pont est l'un des plus beaux de Paris, il coûta au roi 720,000 livres. Sur un des éperons de la dernière arche, du côté des Tuileries, est une échelle métrique, qui indique la hauteur successive de l'eau et le point où elle s'est élevée dans différentes inondations de la Seine. On appela ce pont *royal* jusqu'en 1792, *national* jusqu'en 1804; il prit alors le nom des *Tuileries* jusqu'en 1814, où on l'appela de nouveau *Pont-Royal*.

Pont de Grammont. — Il va du quai des Célestins à l'île Louviers, et sert exclusivement à l'exploitation des chantiers de bois à brûler qui couvrent cette île. Ce pont a été construit aux frais de la ville vers la fin du XVIIᵉ siècle et élargi en 1736.

Pont-aux-Choux ou *Saint-Louis.* — Ce pont ou ponceau était situé, au XVIIᵉ siècle, sur un égout aujourd'hui couvert par la rue Saint-Louis au Marais. La rue du Pont-aux-Choux en rappelle l'emplacement.

Quais. — Outre les grands travaux d'amélioration qui furent faits aux différents quais de Paris, on en construisit plusieurs autres. — *Quai d'Orçay.* Il commence rue du Bac et au Pont-Royal et finit au palais de la chambre des députés et au pont de la Concorde. Son plus ancien nom est *la Grenouillère* et *quai de la Grenouillère*, parce que ce bord de la Seine était marécageux et peuplé de grenouilles. Il fut commencé du côté du pont des Tuileries, en 1708, pendant l'administration de M. Boucher d'Orçay, prévôt des marchands, qui en posa la première pierre le 3 juillet; il fut en conséquence nommé *d'Orçay*. Ce projet fut bientôt abandonné (3). Bonaparte fit achever ce quai en l'année 1800 et lui donna son nom. En 1814, on lui rendit le nom de *d'Orçay*. — *Quai Pelletier*. Il commence place de Grève et finit au pont Notre-Dame. J'ai parlé plus haut de l'époque de sa construction. —

---

(1) Hurtaut, t. IV, p. 185. — (2) Voy. ci-dessus p. 149. — (3) Hurtaut, t. IV, p. 175.

Quai Voltaire. Il commence rue des Saint-Pères et finit rue du Bac. C'était sous Louis XIV le *quai des Théatins*, nom qui lui venait du couvent de ces religieux, fondé en 1648. A ce monastère succéda un théâtre dont on fit, comme je l'ai dit ailleurs (1), le *café des Muses*, démoli en 1823 et remplacé par le magnifique hôtel de M. Vigier, au n° 21. En 1792, pour honorer la mémoire d'un des plus grands écrivains de la France, on donna à ce quai le nom de *Voltaire*, qui lui est resté. On sait que Voltaire mourut le 30 mai 1778, dans l'hôtel de M. de Villette, son neveu, au n° 23 du quai des Théatins.

Place du Carrousel. — Elle fut ouverte pour dégager la façade occidentale du château des Tuileries, et son nom lui vient du célèbre carrousel que Louis XIV donna les 5 et 6 juin 1662 à sa mère et à la reine, et dont j'ai donné plus haut une ample description. Les maisons qui bordaient cette place du côté de la rue Saint-Nicaise ont été abattues à la suite de l'explosion de la *machine infernale* (7 nivôse an IX) et sont remplacées par la galerie septentrionale qui joindra, lorsqu'elle sera terminée, le Louvre aux Tuileries. La galerie qui est occupée par le musée royal ferme la place du Carrousel du côté du midi. Cette place est bornée à l'est par des maisons qui doivent être abattues. L'hôtel d'Elbeuf et l'hôtel de Longueville, occupés aujourd'hui par les écuries du roi, sont au nombre de ces bâtiments. L'ornement le plus remarquable de la place du Carrousel est l'arc de triomphe élevé à la gloire des armées françaises (2).

Place des Victoires, entre les rues de la Vrillière, de la Feuillade, Croix-des-Petits-Champs, Vide-Gousset, du Petit-Reposoir et des Fossés Montmartre. — François d'Aubusson, duc de la Feuillade, serviteur dévoué, admirateur de Louis XIV, avait fait sculpter une statue pédestre de ce prince et se proposait de la faire élever au milieu d'une place publique. Il acheta donc en 1684 l'hôtel de la Ferté-Senectère qu'il fit abattre. Le prévôt des marchands fit acheter par la ville l'hôtel d'Emery qui était voisin, et l'on commença de suite la construction d'une place dont les travaux furent confiés à l'architecte Prédot. L'impatience du duc de la Feuillade ne lui permit pas d'en attendre la fin pour l'exécution de son projet. Il fit couler en bronze un très beau groupe représentant Louis XIV couronné par la victoire, monument dont l'inauguration eut lieu en 1686, avec des cérémonies si extraordinaires qu'elles semblaient une apothéose. La statue du monarque fut saluée par des salves d'artillerie ; l'encens brûlait à ses pieds, sur le socle était gravée en lettres d'or l'inscription : *Viro immortali*, à l'homme immortel. « J'y

---

(1) Voy. *Couvent des Théatins*.
(2) Voy. *Arc de triomphe du Carrousel*.

étois, dit le duc de Saint-Simon dans ses Mémoires, et je conclus par ces bassesses dont je fus témoin, que si le roi avoit voulu se faire adorer, il auroit trouvé des adorateurs. » Selon l'abbé de Choisy, la Feuillade aurait poussé le fanatisme jusqu'à vouloir acheter un caveau dans l'église des Petits-Pères et le faire creuser jusque sous la statue pour être enterré sous les pieds de son roi.

Louis XIV était représenté vêtu des habits de son sacre et foulant aux pieds un cerbère, symbole de la triple alliance. Derrière lui s'élevait sur un globe une victoire ailée posant sur la tête du roi une couronne de lauriers. Ce groupe, ouvrage de Desjardins, avait treize pieds d'élévation, et aux quatre coins du piédestal on avait placé quatre figures de bronze de douze pieds de haut, représentant des captifs enchaînés dans l'attitude de l'humiliation, de la douleur ou de la colère. Les faces du piédestal étaient remplies par des bas-reliefs : c'étaient la conquête de la Franche-Comté, le passage du Rhin, la paix de Nimègue et la préséance de la France sur l'Espagne. Quatre fanaux d'une dimension extraordinaire et d'un travail admirable éclairaient le monument pendant la nuit.

Le duc de la Feuillade ordonna dans son testament « que tous ses » biens passeroient à son fils aîné et à ses descendants nés et à naître » jusqu'à la fin des siècles ; à leur défaut aux mâles des différentes bran- » ches collatérales, et à défaut de ceux-ci, à la ville de Paris, à la » charge de conserver à perpétuité la statue de Louis XIV dans son » entier et dans toute sa beauté, et de la faire redorer tous les vingt- » cinq ans. » Le testament contenait en outre plusieurs clauses où la prudence humaine avait tout mis en œuvre pour assurer la conservation de ce monument : prudence inutile. Louis XIV avait ratifié complaisamment toutes ces dispositions par lettres-patentes (1681); mais quelque temps après (1699), il ordonna que les fanaux ne fussent plus allumés pendant la nuit. En 1717, un arrêt du conseil alla plus loin et ordonna qu'ils fussent démolis. Un poëte gascon contribua beaucoup, dit-on, à cette mesure en faisant courir ce distique :

> La Feuillade, sandis, je crois qué tu mé bernes,
> De placer le soleil entré quatre lanternes.

L'opinion s'élevait depuis long-temps contre l'existence des quatre esclaves enchaînés. Cette inconvenance était surtout intolérable depuis que la Franche-Comté, représentée sous les traits d'un de ces esclaves, était devenue une province française. Quelques jours avant la fédération du 14 juillet 1790, les figures furent enlevées et déposées dans la cour du Louvre. Elles ont été depuis transférées à l'hôtel des Invalides et adossées à la façade. Le groupe de Louis XIV fut renversé par les vandales révolutionnaires en septembre 1792. En 1793, on éleva sur cette place une pyramide en bois portant les noms des départements et ceux des citoyens morts à la journée du 10 août 1792. La place reçut le nom de *place des Victoires nationales*. Bonaparte, premier consul, posa, le 27 septembre 1800, la première pierre d'un monument consacré à la mémoire des généraux Desaix et Kléber, morts le même jour, Kléber sous le poignard d'un assassin, après la bataille d'Héliopolis, Desaix dans les champs de Marengo.

Ce monument, dont le modèle figuré en charpente, sur les dessins de M. Chalgrin, représentait un temple égyptien renfermant les bustes des deux généraux, ne fut pas exécuté. On en substitua un autre en 1806; il était uniquement consacré à Desaix. Sur un piédestal de douze pieds de face, et dans le style égyptien, s'élevait la statue colossale du héros; elle était nue et adossée à une pyramide sur laquelle étaient gravés les principaux exploits de Desaix. C'était l'ouvrage de M. Dejou. Sous prétexte de corriger quelques défauts, cette statue, dont la nudité était assez ridicule, fut masquée par une charpente. Elle fut enlevée, en 1815, lors de la seconde occupation de la capitale par les armées étrangères. Le piédestal fut démoli ensuite; et le 25 août 1822 fut inaugurée, sur la même place, la statue équestre de Louis XIV, ouvrage de M. Bosio. Malgré quelques imperfections de détail, c'est dans son ensemble un fort beau morceau de sculpture.

Place Vendôme, entre la rue Castiglione et la rue de la Paix. — Le ministre Louvois, pour se signaler dans la surintendance des bâtiments du roi, conçut le projet de faire construire une place magnifique au milieu de laquelle s'élèverait la statue équestre de Louis XIV, et qui porterait le nom de *place des Conquêtes*. Le roi goûta ce plan, et en 1685 il acheta pour l'exécuter l'hôtel de Vendôme avec tous les terrains et les bâtiments environnants, parmi lesquels se trouvait le couvent des Capucines. L'hôtel de Vendôme fut démoli en 1687, et les constructions nouvelles commencèrent sur les dessins de Mansard et aux frais de différents particuliers qui s'étaient rendus adjudicataires des travaux. La place Vendôme devait avoir cent soixante-quinze mètres de long sur cent soixante de large, dimensions qui ont été réduites à cent cinquante mètres sur cent quarante. La place forme un octogone ayant quatre grandes faces et quatre petites. L'architecture des maisons dont elle est bordée est d'une parfaite régularité et présente au pourtour une décoration d'ordre corinthien. Au milieu de chaque face s'avance un corps-de-logis surmonté d'un fronton dans le tympan duquel sont sculptées les armes de France au milieu d'ornements divers. Les chapiteaux des pilastres, les bandeaux des fenêtres et tous les ornements de sculpture ont été exécutés ou dirigés par l'académicien Poulletier.

Ces vastes travaux n'ont pu être achevés qu'à différentes reprises. Louvois avait le projet d'établir dans les immenses bâtiments de cette place une bibliothèque particulière du roi, un hôtel des monnaies et un hôtel des ambassadeurs. Au bout de quelque temps les embarras des finances et les besoins de la guerre nécessitèrent l'interruption de l'ouvrage de Mansard. En 1698, M. de Pontchartrain proposa l'achèvement de la place; mais le roi refusa à cause de la misère du peuple, et l'exécution du grand projet de Louvois fut ajourné à l'année suivante. Le 7 avril 1699, la ville obtint la concession de tous les matériaux, qui étaient considérables, sous la condition de bâtir dans la rue du faubourg Saint-Antoine un hôtel pour la deuxième compagnie des gardes du corps, et s'engagea à faire poursuivre les travaux qui devaient être terminés le 1er octobre 1701. Cependant on n'attendit point cette époque pour inaugurer la statue du roi. La cérémonie eut lieu, avec une magnificence qui rappelait les beaux jours de Louis XIV, le 16 août 1699. Cette statue, fondue d'un seul jet, en 1692, par J. Balthasar Keller, d'après les modèles de Girardon, avait vingt deux pieds de haut : Louis XIV était représenté à cheval, vêtu à l'antique et la tête couverte d'une volumineuse perruque suivant la mode de l'époque. On assure que dans cette statue il entra soixante-dix milliers pesant de métal, et que vingt hommes, assis sur deux rangs autour d'une table, auraient pu être à l'aise dans le ventre du cheval. Le piédestal, haut de trente pieds, était en marbre blanc d'un grand prix, chargé de nombreux ornements en bronze faits par Coustou jeune, et d'inscriptions où étaient rappelés les hauts faits du grand roi.

Le 16 août 1792, ce monument fut renversé avec tant d'autres, et la place reçut le nom de *place des Piques*; néanmoins l'habitude lui conserva, même alors, celui de place Vendôme, qu'elle a repris officiellement à l'avènement de Napoléon.

Sous la régence, l'hôtel Quincampoix étant devenu trop petit pour contenir les agioteurs, l'agiotage s'établit sur la place Vendôme. Mais, sur les sollicitations du chancelier, cette bourse en plein air fut transportée à l'hôtel de Soissons.

Après la célèbre campagne de 1806, Napoléon éleva sur la place Vendôme, à l'endroit même où avait été la statue de Louis XIV, l'un des plus beaux et des plus glorieux monuments de Paris, la *colonne Vendôme* (1).

Champs-Élysées. — C'est la vaste promenade qui forme, du côté de l'ouest, après la place de la Concorde, comme une prolongation du jardin des Tuileries; sa situation admirable l'a fait nommer ainsi, par allusion à l'*Élysée* ou aux *Champs-Élysiens*, séjour heureux des ombres vertueuses dans les religions de l'antiquité. Ce terrain, planté d'arbres

(1) Voy. cet article au règne de Napoléon.

alignés, est limité au sud par le quai; au nord, par les jardins des hôtels du faubourg Saint-Honoré ; à l'est, par la place Louis XV ou de la Concorde, et à l'ouest, par l'allée des Veuves ; il est partagé, de l'est à l'ouest, par la belle avenue de Neuilly. Dans la délimitation de 1702, il faisait partie du quartier du Palais-Royal, mais peu à peu il se peupla, et le décret du 22 juin 1790 ayant divisé Paris en quarante-huit sections, le quartier des Champs-Élysées en forma une. Il compte aujourd'hui au nombre des quarante-huit quartiers de la capitale et fait partie du premier arrondissement municipal.

Les Champs-Élysées étaient, au milieu du XVIIe siècle, couverts de maisonnettes et de jardins. En 1670, cette plaine dite *du Roule* qui s'étendait jusqu'au Roule du côté du nord, et jusqu'à la barrière des Bons-Hommes au midi, fut plantée en partie d'arbres formant plusieurs allées, au milieu desquelles on ménagea des tapis de verdure; cette nouvelle promenade prit dès lors le nom de *Champs-Élysées*. L'allée du milieu, plus gracieuse que les autres et que l'on appelait le *Grand-Cours*, pour la distinguer du *Cours-la-Reine*, dont j'ai parlé plus haut (1), aboutissait dès ce temps-là, d'un côté à l'esplanade où est actuellement la place Louis XV, et de l'autre à l'endroit que l'on appelle aujourd'hui l'*Étoile* (2), en traversant le rond-point. En 1723, le duc d'Antin, surintendant-général des bâtiments, fit arracher les arbres du *Cours-la-Reine* et en fit replanter d'autres alignés dans l'ordre où ils sont maintenant. En 1764, le marquis de Marigny, autre surintendant des bâtiments, fit replanter les Champs-Élysées, excepté les grandes avenues, et y ordonna de grands travaux, qui en ont fait une des plus belles, des plus vastes et des plus agréables promenades du monde. Ce sont aussi ces intendants qui ont disposé ces espaces entourés de gazon qu'on trouve au milieu de cette symétrique forêt, et qui portent encore les noms de *carré Marigny*, *carré d'Antin*. La convention s'occupa aussi d'embellir les Champs-Élysées. Par son décret du 25 floréal, an II (14 mai 1794), elle arrêta diverses dispositions. C'est sur les plans arrêtés par le comité de salut public, que l'entrée des Champs-Élysées, du côté de Paris, a été élargie, et que les chevaux de Coustou furent, plus tard, placés sur les piédestaux construits alors à cette porte sur les dessins de David et d'Hubert. Ces chevaux devaient être flanqués de deux portiques. Quelques jours auparavant, la convention avait décrété que la statue de J.-J. Rousseau, en bronze, serait placée aux Champs-Élysées. Ce monument fut mis au concours, mais il ne fut jamais exécuté (3).

(1) Voy. ci-dessus p. 145.
(2) C'est une grande place circulaire à l'extrémité ouest des Champs-Elysées, à laquelle les avenues des Champs-Elysées et de Neuilly, et les allées des Veuves et d'Antin, qui y aboutissent, donnent la forme d'une étoile.— (3) *Paris pitt.*, t. I, p. 52.

En 1818 et en 1819, on répara les Champs-Élysées, dévastés par les troupes alliées. On afferma les allées et les contre-allées, et on remplaça huit cents pieds d'arbres par six cents nouveaux. On modifia en même temps le système des plantations, à l'effet, dit-on, d'obtenir des perspectives. Un grand nombre d'arbres furent abattus pour former une grande allée qui devait aboutir du faubourg Saint-Honoré au pont suspendu qu'on établissait alors en face de l'hôtel des Invalides. Ce but ne fut pas atteint, et les confrères de M. Lahure, architecte chargé de ce travail, lui en firent des reproches avec d'autant plus de raison qu'il vaut mieux abattre un bâtiment qu'un arbre : on élève une maison en six semaines, et il faut trente ans pour qu'un arbre fasse jouir de son ombrage.

Le long de l'allée latérale du nord, on voit un grand nombre d'hôtels avec de magnifiques jardins, et entre autres l'*Élysée Bourbon*. Du côté de la place Louis XV, les Champs-Élysées sont entourés d'un large et profond fossé, planté d'arbres fruitiers, et l'on pénètre dans la grande avenue par une entrée décorée de deux beaux groupes en marbre blanc, dus au ciseau de Coustou jeune : ils représentent chacun un cheval fougueux retenu par un homme, et font pendant avec les deux autres chevaux, placés à la porte occidentale du jardin des Tuileries. Les groupes de Coustou étaient à l'abreuvoir de Marly depuis 1745 ; ils furent amenés à Paris, en l'an VI de la république, sur un chariot fort curieux que l'on voit encore au Conservatoire des arts et métiers. L'allée dite *des Veuves*, qui borde du côté opposé cette vaste promenade, oblique vers l'ouest, en partant du rond-point, et va, toujours dans cette direction oblique, aboutir sur le quai, près de la pompe à feu. On dit qu'autrefois cette allée était destinée aux veuves, lesquelles ne pouvant guère se montrer dans les promenades publiques en habit de deuil, allaient se confiner dans cette allée solitaire.

Dans le triangle que forment l'allée des Veuves, celle d'Antin et le Cours-la-Reine, et qui borde les Champs-Élysées proprement dits, existait, il y a près de vingt ans, un assez grand emplacement couvert de jardins potagers. A l'époque où l'on construisait tant de nouveaux quartiers dans Paris (1820 à 1825), une compagnie se forma pour bâtir sur ce terrain une nouvelle cité, qui fut construite en partie dans le goût architectural du temps de François Ier, dont elle porte le nom. Deux ou trois petites rues furent en effet bâties par cette société ; elles offrent un coup d'œil des plus pittoresques, surtout la rue qui porte le nom de Jean Goujon. Mais cette entreprise n'a pu réussir, et la *cité de François Ier* se trouve aujourd'hui presque inhabitée [1].

C'est aux Champs-Élysées et dans les carrés adjacents à l'avenue de

---

[1] *Paris pitt.*, t. I, p. 54.

Neuilly qu'ont lieu les réjouissances publiques ; c'est aussi dans cette promenade que s'arrête et tournoie encore maintenant le pèlerinage, un peu négligé, de Longchamp. Indépendamment des jours de fêtes, ce lieu, aujourd'hui, est continuellement animé par le passage des équipages qui se rendent au bois de Boulogne et par les oisifs qu'y attirent les cafés, les concerts, les saltimbanques et une foule de jeux. Pendant l'été, le cirque Franconi s'installe au *carré Marigny*. Depuis 1828, cette belle promenade appartient à la ville de Paris, qui y a fait exécuter plusieurs travaux d'embellissement.

Je dois parler ici de l'*avenue de Neuilly*, qui commence à l'entrée des Champs-Élysées, dont elle fait partie jusqu'au rond-point, et qui se prolonge jusqu'à la barrière de l'Étoile. Cette avenue, qui date de la première plantation des Champs-Élysées, portait autrefois le nom d'*allée du Roule* ; elle était partagée dans sa longueur par un petit pont de pierre, dit *pont d'Antin*, jeté, en 1710, sur l'égout qui passait à l'endroit où est actuellement le rond-point (1). Les allées du Roule, aujourd'hui avenue de Neuilly, consistent en quatre rangées d'arbres, régulièrement plantés et formant, au milieu de deux belles allées, une vaste chaussée. Cette avenue est alignée à la principale allée du jardin des Tuileries et forme ainsi une perspective magnifique ; elle est bordée des deux côtés, jusqu'à sa jonction avec les Champs-Élysées, de superbes habitations et de riches hôtels, coupés par quelques rues transversales, dont les unes aboutissent à la rue parallèle du faubourg du Roule, et les autres à Chaillot. On y voyait entre autres propriétés le *jardin Beaujon*, qui fut ensuite occupé par l'établissement des *Montagnes-Françaises* et le *jardin Marbeuf*, qui avait été disposé en hippodrome, et dans lequel on donnait aussi des fêtes publiques. Ces constructions ont été remplacées par de belles maisons particulières. Il ne reste plus aujourd'hui, de tous ces lieux qui attiraient la foule dans l'avenue de Neuilly, que l'établissement du *Colysée*, situé dans la partie nord du rond-point ; il renferme une salle de bal couverte et une autre sous les arbres du jardin.

Porte Saint-Denis, entre les rues Saint-Denis et du faubourg Saint-Denis, et les boulevards Saint-Denis et Saint-Martin. — J'ai déjà fait mention des anciennes portes Saint-Denis (2). Celle qui existait en dernier lieu entre les rues Neuve-Saint-Denis et Sainte-Apolline fut démolie en 1671, et la ville de Paris décida qu'on érigerait un arc-de-triomphe en mémoire des glorieux exploits de Louis XIV dans la Flandre et la Franche-Comté. Les travaux commencèrent vers la fin de 1672, sur les plans et la direction de l'architecte François Blondel. Les bourgeois

---

(1) Le gouvernement de la Restauration se proposait d'élever un monument au milieu du rond-point, mais il est resté inachevé. — (2) T. III, p. 556 et suiv.

en firent les frais, qui s'élevèrent, selon les mémoires du temps, à environ 500,000 francs. Les sculptures, commencées par Girardon, furent continuées et achevées par Michel Anguier. Les inscriptions latines ont été composées par Blondel, qui donna aussi le sujet des bas-reliefs. De chaque côté, sur la frise, on lit en gros caractère de bronze doré : *Ludovico magno*.

Cet arc de triomphe est l'un des plus beaux monuments du règne de Louis XIV. Du côté de la ville, la face présente deux obélisques de forme pyramidale, engagés dans le mur, chargés de trophées d'armes, terminés par deux globes. Au bas de ces pyramides, et sur les corniches de leurs piédestaux, sont deux statues colossales, dont l'une représente la Hollande sous la figure d'une femme consternée et assise sur un lion terrassé et mourant, qui tient dans une de ses pattes sept flèches qui désignent les sept provinces. L'autre statue est celle d'un fleuve qui tient une corne d'abondance; elle représente le Rhin. Dans le piédestal de chacune de ces pyramides, est percée une petite porte. Dans les tympans du cintre sont deux renommées, l'une embouchant la trompette, l'autre une couronne de laurier à la main. Au-dessus est un bas-relief qui représente le passage du Rhin. Ces diverses sculptures avaient été commencées par Girardon, elles furent, comme je l'ai dit, achevées par Michel Anguier. Cet admirable monument a été restauré en 1808 et 1809.

Porte Saint-Antoine, à l'extrémité de la rue Saint-Antoine, à l'endroit où cette rue aboutit à la partie septentrionale du boulevard. — Cette porte, qui existait depuis long-temps (1), fut agrandie et restaurée par Blondel en 1671 et 1672. C'était un fort bel arc-de-triomphe. Voici la description qu'en donne le *Dictionnaire de Hurtaut* : « Dans le tympan du fronton, qui est sur la porte du milieu du côté de la ville, sont en bas-relief les armes de France et de Navarre. Dans ceux qui sont au-dessus des portes latérales est aussi en bas-relief une copie de la médaille que la ville fit frapper à la gloire de Louis XIV. D'un côté on a mis la tête de ce prince avec cette légende : *Ludovicus magnus Francorum et Navarræ rex*, 1671. De l'autre côté, c'est-à-dire sur le tympan du fronton de l'autre porte latérale, est en bas-relief le revers de la médaille, lequel représente une vertu assise et appuyée sur un bouclier où sont les armes de la ville, avec cette autre légende : *Felicitas publica*; au-dessus on lit *Lutecia*. Dans l'attique est un globe entre deux trophées d'armes, et surmonté d'un soleil, qui était la devise du roi Louis XIV. La devise qui est du côté du faubourg est encore plus richement décorée que celle que l'on vient de décrire. Elle est ornée de refends et d'un grand entablement dorique qui règne sur toute

---

(1) Voy. t. III, p. 566.

la largeur : il est surmonté d'un attique en manière de piédestal continu, aux extrémités duquel sont deux obélisques. Dans les niches pratiquées entre les pilastres sont deux statues qui représentent les suites heureuses de la paix conclue entre la France et l'Espagne, en 1660. Celle qui est à main droite tient une ancre, au bas de laquelle il y a un dauphin. Cette figure allégorique représente l'espérance que la France avait conçue de cette paix, qui avait été cimentée par le mariage de Louis XIV avec Marie-Thérèse d'Autriche, infante d'Espagne. L'autre statue est la Sûreté publique, désignée par cette figure qui s'appuie sur une colonne avec une attitude et un visage tranquilles. Ces deux statues sont de François Anguier. Au-dessus de ces niches sont deux vaisseaux allégoriques à celui que la ville de Paris porte dans l'écusson de ses armes. Sur une espèce de console formée par la clef de la saillie de la voûte du grand portique est un buste de Louis XIV, par Girard Vanopstal, sculpteur ; on l'a peint en bronze pour le détacher du corps de la maçonnerie. Deux figures, qui représentent la Seine et la Marne, sont à demi-couchées sur les impostes, et sont regardées comme des chefs-d'œuvre de sculpture. Les uns disent qu'elles sont de maître Ponce, et les autres de Jean Goujon (1). L'attique est formé par une grande table de marbre noir, au-dessus de laquelle sont les armes de France et de Navarre, en deux écussons joints ensemble, entourés des colliers des ordres de Saint-Michel et du Saint-Esprit, et surmontés d'une couronne fermée. Deux trophées d'armes achèvent de remplir le vide de ce fronton, au-dessus duquel sont deux statues à demi-couchées, vêtues et ayant des tours sur leurs têtes. Celle qui tient sur ses genoux une couronne fermée et fleurdelisée représente la France. L'autre, qui tient un petit bouclier et quelques dards, désigne l'Espagne. Elles se donnent la main en signe d'amitié et d'alliance. L'Hymen, qui est plus haut, au milieu d'un attique, en manière de piédestal continu, semble approuver et confirmer cette union qu'il a fait naître. D'une main il tient son flambeau allumé et de l'autre un *mouchoir*. Les extrémités de ce piédestal continu sont terminées par deux pyramides, aux pointes desquelles sont des fleurs-de-lis doubles et dorées, de même que les boules qui portent ces pyramides. Toutes ces figures, faites par Vanopstal, sont de quatre pieds plus grandes que nature. L'inscription latine qui est gravée en lettres d'or sur la grande table de marbre noir dont on a parlé, fait entendre que la paix des Pyrénées a été faite et cimentée par les armes victorieuses de Louis XIV, par les heureux conseils de la reine Anne d'Autriche, sa mère, par l'auguste mariage de Marie-Thérèse d'Autriche, et par les soins assidus du cardinal Mazarin. Les deux portes qui sont aux côtés de celle du milieu,

(1) Ces figures appartenaient à l'ancienne porte. Après la destruction de cet arc-de-triomphe, elles furent transférées à la maison de Beaumarchais.

qui est la plus grande, n'ont été percées qu'en 1672. » — La porte Saint-Antoine fut démolie en 1778.

Arc-de-triomphe du faubourg Saint-Antoine, à l'extrémité de ce faubourg, au commencement de l'avenue de Vincennes. — Il y eut un concours pour ce monument, qui fut élevé aux frais de la ville; les dessins de Charles Perrault furent acceptés. La première pierre en fut posée le 6 août 1670, mais on se contenta de n'employer la maçonnerie que jusqu'à la hauteur des piédestaux des colonnes. Pour faire juger de l'effet de cette construction, on l'acheva en plâtre. En 1716, le régent fit abattre cet arc-de-triomphe, qui avait coûté 513,755 livres. Il ne nous en reste que le beau dessin de Leclerc, qui se trouve à la bibliothèque du roi. — C'est en cet endroit qu'on dressa un trône pour Louis XIV et la reine Marie-Thérèse d'Autriche, lorsqu'ils firent leur entrée dans Paris, le 26 août 1660 (1).

Porte Saint-Bernard. — J'ai dit que cette porte était située au commencement du quai de la Tournelle (2). Elle fut démolie en partie en 1670, et Blondel fut chargé d'y ériger un nouvel arc-de-triomphe. Il se composait de deux portiques d'égales dimensions. Au-dessus régnait un bas-relief qui occupait presque toute la largeur du monument. Du côté de la ville, on voyait Louis XIV, vêtu à l'antique avec une perruque *in-folio* et assis sur un trône; il recevait des divinités de la mer divers présents qu'il distribuait ensuite à la ville de Paris. Du côté du faubourg, le roi était représenté sous le costume d'une ancienne divinité, dirigeant le gouvernail d'un grand navire (3). Un habile artiste, Baptiste Tuby, avait sculpté toutes les figures. Ce monument fut détruit vers l'an 1787.

Porte de la Conférence. — Cette porte, qu'il ne faut pas confondre, comme l'ont fait quelques historiens, avec la *porte Neuve* (4), fut rebâtie, suivant Germain Brice, à l'époque des conférences du traité des Pyrénées, mais elle portait ce nom bien auparavant. Elle était située entre la Seine et l'extrémité ouest de la terrasse des Tuileries; on l'a démolie en 1740. On ignore à quelle occasion ce nom lui fut donné.

Porte Richelieu. — Cette porte, qui était située rue Richelieu, près celle Feydeau, fut élevée vers le milieu du XVIIe siècle; elle fut démolie en 1701.

Porte Saint-Louis, située sur le *Pont-aux-Choux* et démolie en 1760. Elle était ainsi nommée, sans doute à cause de cette inscription : **Ludovicus Magnus avo divo Ludovico.** Anno M.D.C.LXXIV.

---

(1) Huriaut, t. I, p. 283 et suiv. — (2) Voy. t. III, p. 560.
(3) Pour l'intelligence du premier bas-relief, il faut dire que Louis XIV avait supprimé un impôt placé sur les marchandises qui arrivaient de ce côté par la Seine, et que ce monument lui avait été érigé en reconnaissance de ce bienfait.
(4) Voy. t. III, p. 557.

Cimetière des protestants. — Il était situé au faubourg Saint-Germain. Dans la nuit du 20 août 1671, le peuple voulut le brûler et le profaner; déjà les portes allaient céder, lorsque le guet arriva et dissipa cette émeute (1). Ce cimetière subsista jusqu'au 22 octobre 1685, époque de la suppression totale du culte protestant à Paris et en France (2).

Pompe du pont Notre-Dame, contiguë à ce pont et placée au milieu de sa longueur, du côté oriental. — En 1669, Daniel Jolly, chargé de la direction de la *Samaritaine*, proposa d'établir au pont Notre-Dame une machine semblable. Il se chargea d'élever trente à quarante pouces d'eau de la rivière pour la somme de 20,000 livres. Cette proposition fut acceptée, et cette pompe donna trente pouces d'eau en 1671. Un autre mécanicien, Jacques Demance, éleva en même temps une seconde machine, composée de huit corps de pompe, qui fut placée au-dessous du même pont et qui donna cinquante pouces d'eau. Ces pompes étaient renfermées dans un bâtiment dont la porte était assez remarquable : on y voyait un *Fleuve* et une *Naïade*, deux chefs-d'œuvre de Goujon, qui avaient appartenu à un édifice du Marché-Neuf, démoli pour agrandir cette place. Au-dessus était un médaillon de Louis XIV et une inscription de Santeul, dont voici la traduction par le grand Corneille :

> Que le Dieu de la Seine a d'amour pour Paris !
> Dès qu'il en peut baiser les rivages chéris,
> De ses flots suspendus la descente plus douce
> Laisse douter aux yeux s'il avance ou rebrousse.
> Lui-même à son canal il dérobe ses eaux
> Qu'il y fait rejaillir par de secrètes veines ;
> Et le plaisir qu'il prend à voir des lieux si beaux,
> De grand fleuve qu'il est le transforme en fontaines.

Ces constructions furent réparées en 1678 et 1708 (3). La pompe du pont Notre-Dame donne encore aujourd'hui soixante-dix pouces d'eau de la Seine.

La construction de la pompe du pont Notre-Dame, en procurant aux différents quartiers de Paris une plus grande quantité d'eau, nécessita l'accroissement des fontaines. Nous avons vu plusieurs fois que les concessions d'eau, dont le gouvernement se montrait si prodigue (4), étaient funestes aux besoins du public ; on les révoqua en grande partie sous

(1) Félibien, t. II, p. 1504.
(2) On sait qu'une ordonnance du mois de mars 1661 prescrivait aux protestants de n'enterrer leurs morts qu'au commencement et à la fin du jour.
(3) Une machine hydraulique fut construite, en 1695, au-dessous de la première arche du pont de la Tournelle, du côté de l'île Saint-Louis ; elle n'eut aucun succès et on la démolit en 1707.
(4) Depuis l'an 1634, l'usage s'était établi de gratifier de quatre lignes d'eau chaque prévôt des marchands et chaque échevin qui sortaient de charge.

le règne de Louis XIV. Enfin, lorsque les machines hydrauliques de Jolly et de Demance furent en fonction, un arrêt du conseil d'État, du 22 avril 1671, ordonna qu'il serait établi des conduites nouvelles pour la distribution des eaux ; qu'une fontaine serait construite au faubourg Saint-Marcel, une autre au faubourg Saint-Victor; que la fontaine située près de l'église des Carmes serait transférée dans la place Maubert ; qu'on en construirait une sur la place du Palais-Royal, une autre au-dessus de l'église Saint-Roch, et une troisième dans la rue Richelieu, toutes alimentées par les *eaux de Sa Majesté;* que les eaux provenant des sources du pré Saint-Gervais fourniraient à deux nouvelles fontaines établies, l'une aux *Petits-Carreaux* et l'autre contre le mur des Petits-Pères, rue du Mail; que celles que fournissent les pompes du pont Notre-Dame seraient placées au carrefour de Bussy, au petit marché du faubourg Saint-Germain, au carrefour de la Charité (rue Taranne), à la *Croix-Rouge*, dans le même faubourg ; sur la place du collége des Quatre-Nations, sur la place Dauphine, sur la place de la Bastille, enfin au bas de la rue Saint-Martin (1). Mais cet arrêt important ne fut pas exécuté en entier, et au lieu de quinze fontaines nouvelles, il n'en fut établi que neuf. Celle qui devait être placée près de l'église Saint-Roch le fut près du couvent des Capucins, et la fontaine destinée à la place du collége des Quatre-Nations fut établie sur le quai Conti : ce n'était qu'une bouche d'eau qui fut abandonnée au bout de quelques années. Cependant le nombre des fontaines s'augmenta peu à peu sous ce règne, et on en compte près de trente, dont voici les principales :

Fontaine de la place Saint-Michel, rue de La Harpe, entre les n°ˢ 123 et 125. — Lorsqu'on abattit, en 1684, la porte Saint-Michel, on établit à la place qu'elle occupait cette fontaine, dont Bullet fut l'architecte (1687). Elle se compose d'une niche demi-circulaire, sous un arc assez élevé et décoré de quatre colonnes doriques supportant un fronton. On lit au-dessus deux vers latins de Santeul dont voici la traduction : « Sur cette montagne on peut puiser aux sources de la sagesse ; ne dédaignez pas cependant l'eau pure de cette fontaine. »

Fontaine des Cordeliers, rue de l'Ecole-de-Médecine, près de la rue du Paon. — Cette fontaine, qui occupe la place de l'ancienne *porte Saint-Germain* (2), fut bâtie en 1672, et reconstruite en 1717. C'est un petit avant-corps en forme de deux pilastres sans chapiteau. Deux consoles soutiennent le fronton. Au milieu est une niche en renfoncement, décorée, à la clef, d'un mascaron, et dans la voussure, d'une coquille. On y lisait des vers assez médiocres de Santeul.

Fontaine des Capucins-Saint-Honoré, rue Saint-Honoré, n° 351, au coin de la rue Castiglione. — Construite en 1671, elle fut rebâtie en 1718. Elle se compose d'une façade à deux étages; au milieu du pre-

(1) Arrêt du conseil, cité par M. Dulaure, t. V, p. 327. — (2) T. III, p. 558.

mier on a pratiqué une niche cintrée dans son élévation. Un fronton triangulaire sépare ce premier étage du second, qui est percé d'une croisée au milieu. Un attique sans moulure couronne ce monument. L'eau, qui coule par un mascaron de bronze, provient de la pompe à feu de Chaillot. On a rétabli des vers de Santeul, dont voici la traduction : « Elle est pure l'eau qui coule entre tant de *lieux saints*; garde-toi, qui que tu sois, d'y porter une bouche impure. » Ces vers font allusion à la situation de cette fontaine, qui était placée entre six couvents : les Capucins, les Feuillants, les Jacobins, les Filles de l'Assomption, les Récollets de la Conception et les Capucines.

Fontaine des Carmélites, rue du faubourg Saint-Jacques. — Construite en 1671, cette fondation présente trois faces, dont chacune est ornée de moulures fort médiocres. Elle n'offre aucun ornement de sculpture. Sur la face du milieu est un cartouche au-dessous duquel jaillit un filet d'eau provenant de l'aqueduc d'Arcueil. Le bâtiment est surmonté d'un dôme ou calotte, avec les assises en saillie.

Fontaine d'Alexandre, ou de *La Brosse*, ou de *Saint-Victor*, située au coin des rues de Seine et de Saint-Victor. — Elle fut construite en 1686, et doit son premier nom à une vieille tour à laquelle elle est adossée, tour dépendante de l'ancienne abbaye de Saint-Victor (1). C'est un réservoir d'eau d'Arcueil. La décoration consiste en une urne soutenue par deux dauphins et posée sur un piédestal dans le milieu duquel est un masque de bronze; deux sirènes accompagnent cette urne, qui était anciennement surmontée des armes de la ville; un attique orné d'un fronton brisé, autrefois décoré des armes de France, forme le couronnement. On y lisait un distique de Santeul qui faisait allusion à la bibliothèque de Saint-Victor, et dont voici la traduction : « La même maison qui ouvre dans son intérieur, pour l'usage des citoyens, les sources sacrées de la science, leur distribue en dehors les eaux de la ville. »

Fontaine d'Antin ou de *Louis-le-Grand*, carrefour de Gaillon, entre les rues du Port-Mahon et de la Michodière. — Elle a été construite en 1707 entre les deux égouts de la rue Neuve Saint-Augustin et de la rue Gaillon. Cette fontaine est appuyée contre l'hôtel qui a successivement porté les noms de *Travers*, de *Chamillard*, d'*Antin* et de *Richelieu*. Elle est décorée de deux colonnes d'ordre dorique, dont l'attique est chargé de sculptures, et porte une inscription assez insignifiante. La pompe de Chaillot et celle de Notre-Dame fournissent les eaux de la fontaine d'Antin.

Fontaine Desmarets ou de *Montmorenci*, rue Montmartre, entre les n°s 166 et 168. — Elle fut établie, en 1713, par suite d'une concession d'eau que le contrôleur-général Desmarets fit à la ville, et porta le nom de ce financier.

(1) Voy. *Abbaye de SaintVictor*.

Fontaine Garancière, rue Garancière. — La princesse Anne, palatine de Bavière, veuve de Henri-Jules de Bourbon, prince de Condé, qui jouissait d'un demi-pouce d'eau d'Arcueil, en qualité de propriétaire du Petit-Luxembourg, obtint que le volume de cette concession fût augmenté, et, en reconnaissance, fit élever cette fontaine à ses frais, en 1715. Le monument est simple et construit avec assez de goût. Il se compose d'une niche enchâssée dans un chambranle et surmontée d'une espèce de cartouche encadré dans une moulure. L'eau s'échappe d'un mascaron de bronze. Une inscription latine, effacée pendant la révolution, a été rétablie en 1818 ; elle rapporte les titres de la fondatrice. Cette fontaine est alimentée par le bassin du Luxembourg.

Fontaine Sainte-Avoye, rue du même nom, nos 40 et 42. — Elle est alimentée par la pompe Notre-Dame. La construction de cette fontaine date de 1687. Elle est adossée à une maison de médiocre apparence. Elle présente un avant-corps formant une partie de cercle. Le bâtiment est divisé en deux étages : le premier est orné de refends ; au milieu est une niche dont le cintre est occupé par une conque marine, des stalactites en tapissent le reste. L'étage supérieur est orné de deux dauphins qui soutiennent une espèce d'écusson. Au-dessus est une table surmontée d'un autre écusson. L'édifice est couronné par un fronton demi-circulaire. On y lit deux vers latins assez insignifiants, suivant l'usage.

Fontaine Basfroid, à l'angle de la rue Basfroid et de la rue de Charonne, entre les nos 63 et 65. Construite en 1671, elle forme un avant-corps orné de refends, au milieu duquel est une niche dont une large conque marine remplit le cintre. Au-dessous est une table destinée à une inscription. Un mascaron, placé à la base, verse dans une cuvette l'eau qui arrive à cette fontaine de la pompe à feu de Chaillot. L'édifice est couronné d'un fronton, où sont sculptés les attributs de la navigation, et surchargé d'une calotte, au milieu de laquelle on a pratiqué une lucarne.

Fontaine de Saint-Benoît ou du *collège de France*, place Cambrai. — Elle est placée dans un des pavillons du collége de France. La construction en est très simple : elle présente un avant-corps qui se détache sur des refends, en forme de tombeau. Au milieu de cet édifice est une rosace, du centre de laquelle l'eau tombe dans une cuvette placée à sa base. Cette fontaine était située, autrefois, à l'entrée de la place Cambrai, vis-à-vis l'église Saint-Benoît, dont elle porta le nom. Elle avait été construite en 1624 ; comme elle embarrassait la voie publique, on la transféra dans le lieu où on la voit aujourd'hui. Elle est alimentée par la pompe du Gros-Caillou et la pompe Notre-Dame (1).

(1) Roquefort, p. 162.

Fontaine Boucherat ou *de l'égout du Marais*, rue du même nom, n° 25, au coin de la rue Charlot. — Cette fontaine fut élevée en 1697, sur un terrain cédé à la ville de Paris par Philippe de Vendôme, à l'époque de la paix de Riswich. Elle se compose d'une façade, décorée, au milieu d'une niche peu profonde. De chaque côté sont des pieds droits, ornés de refends, qui supportent un fronton triangulaire, dans le tympan duquel étaient sculptées les armes de la ville. Derrière le fronton s'élève un petit attique qui termine ce monument. Les eaux de la pompe à feu de Chaillot, après avoir traversé une grande partie de la capitale, viennent alimenter cette fontaine, d'où elles sortent par un simple robinet.

Fontaine de la Charité, rue Taranne, entre les n°s 18 et 20.—Elle est d'un caractère simple, mais de mauvais goût; elle a été construite en vertu de l'arrêté de 1671. On y lit deux vers de Santeul, que Dupérier a traduits de la manière suivante :

> Cette eau qui se répand pour tant de malheureux,
> Te dit : répands ainsi tes largesses pour eux. »

Fontaine de Charonne ou *de Trogneux*, placée à la jonction des rues de Charonne et du faubourg Saint-Antoine. Bâtie en 1671, cette fontaine ne présente rien de remarquable ; elle offre cependant cela de curieux, qu'elle est une des premières où furent empreints ces ornements contournés et de mauvais goût que le cavalier Bernin introduisit en France. Elle était alimentée par la pompe Notre-Dame.

Fontaine Colbert, rue de l'Arcade Colbert, entre les n°s 2 et 4. Elle est alimentée par les eaux de la pompe à feu de Chaillot. Cette fontaine, construite vers l'an 1660, a la forme d'une grande porte surmontée d'un fronton.

Fontaine de l'Échaudé, vieille rue du Temple, à l'angle de la rue de Poitou. — Elle a été élevée en 1671, sous la prévôté de Claude Lemercier, et a pris son nom de ce qu'elle tient à une île de maisons en forme de triangle, qui donne sur trois rues, qu'on appelait *Échaudé*. Le monument représente un plan octogone, orné de moulures et divisé en compartiments ; la partie supérieure est surmontée d'un vase. La fontaine de l'Échaudé, alimentée aujourd'hui par la pompe de Chaillot et par celle du pont Notre-Dame, tirait autrefois ses eaux de l'aqueduc de Belleville.

Fontaine Saint-Martin, rue Saint-Martin, au coin de la rue du Vertbois, n°s 232 et 234. — Elle fut bâtie en 1712, sous la condition expresse que son établissement aurait lieu dans une ancienne tour du couvent, sur la rue Saint-Martin, près de l'encoignure de la rue du Vertbois. On accorda aux religieux de ce couvent douze lignes d'eau pour le service de leur maison. Le prévôt des marchands et le corps de ville posèrent la première pierre en grande cérémonie. Le monument se compose d'un grand soubassement qui supporte deux pilastres chargés d'ornements, surmontés d'un piédestal, avec une conque marine qui couronne le cartouche. L'eau sort par un mascaron en bronze et vient de l'aqueduc de Belleville. Les nombreuses inscriptions dont elle était décorée ont disparu à la révolution. Elles contenaient les noms des magistrats de la ville de Paris qui avaient assisté à l'inauguration du monument, et ceux des principaux religieux de l'abbaye (1).

Fontaine des Carmes. — Construite en 1674, elle fut démolie en 1806, et remplacée par la fontaine de la place Maubert (2). L'inscription était de Santeul.

Fontaine et regard de Paradis, rue du même nom, n° 18, au coin de la rue du Chaume, au Marais. — Elle fut élevée vers 1706, époque où l'architecte Lemaire faisait construire l'hôtel de Soubise. L'artiste a composé son monument d'un avant-corps formant une partie de cercle en saillie entre deux pilastres, au milieu d'une niche, et à la porte du réservoir. Un fronton, couronné par un petit dôme, termine le haut de cette fontaine.

Fontaine des Petits-Pères, carrefour du même nom. — Cette fontaine, d'une architecture fort simple, fut construite en 1671. Elle est alimentée par la pompe de Chaillot. Anciennement elle était adossée contre le mur du couvent des Augustins-déchaussés ; elle vient d'être tout-à-fait isolée.

Fontaine du Pot-de-Fer, au coin de la rue du même nom et de la rue Mouffetard. — Construite par ordre du roi, en 1671, elle présente deux façades ornées chacune d'une arcade sans profondeur. Elle est alimentée par l'aqueduc d'Arcueil.

Fontaine de Richelieu, rue du même nom, n° 43, au coin de la rue Traversière. — Ce monument, ordonné par arrêt du 22 avril 1671, est fort peu remarquable. Il va probablement être démoli et fera place au monument qu'on se propose d'élever en l'honneur de Molière.

Fontaine Royale, ou *Joyeuse*, ou de *Saint-Louis*, rue Saint-Louis, au Marais, entre les n°s 11 et 13. — On lui a donné les noms de *Royale*, à cause de sa proximité avec la place Royale ; de *Saint-Louis*, à cause du lieu où elle est située ; et enfin de *Joyeuse*, parce qu'elle était voisine de l'hôtel de ce nom. Elle fut construite entre les années 1687 et 1692, et n'a rien de fort remarquable. L'eau, qui venait de l'aqueduc de Belleville, est remplacée aujourd'hui par celle de la pompe Notre-Dame.

Lanternes. — En 1667, grâce aux perfectionnements qui s'introdui-

(1) Roquefort, p. 192. — Hurtaut, t. III, p. 85 et suiv.
(2) Voy. *Fontaine de la place Maubert*.

saient dans l'administration, un édit du roi supprima l'office de lieutenant civil du prévôt de Paris, qui réunissait les fonctions judiciaires à celles de la police. On le remplaça par deux offices distincts l'un de l'autre : celui de lieutenant du prévôt de Paris pour la police, et celui de lieutenant civil du prévôt de Paris. Le premier lieutenant de police fut M. de La Reynie, auquel on doit l'établissement si utile de l'éclairage de la ville pendant la nuit. Les lanternes permanentes étaient inconnues dans Paris avant lui. Dans les circonstances graves, lorsqu'il y avait du danger à laisser les rues dans leur obscurité habituelle, on ordonnait à tous les propriétaires de placer, à neuf heures du soir, sur la fenêtre du premier étage de leur maison, une lanterne garnie d'une chandelle allumée. C'est ce qui eut lieu en 1524, en 1526 et en 1553. L'usage des particuliers, quand ils sortaient le soir, était de porter avec eux leur lanterne à la main. La Reynie signala son entrée dans l'administration par l'introduction des lanternes fixes dans les rues. Il ordonna qu'on en placerait une au bout de chaque rue et une autre au milieu. Dans l'histoire métallique de Louis XIV, on remarque une médaille frappée à l'occasion de cette innovation précieuse, avec cette légende : *Urbis securitas et nitor; éclat et sécurité de la ville.*

Quoiqu'en 1729 on comptât déjà 1772 lanternes dans la ville, le système établi par le lieutenant de police La Reynie était cependant imparfait. Dans chaque lanterne il n'y avait qu'une chandelle pour tout éclairage. Quelques années après, le lieutenant de police Sartine proposa une récompense à l'inventeur du meilleur procédé pour éclairer Paris. Ce fut alors que l'abbé Matherot de Preguey et le sieur Bourgeois de Châteaublanc imaginèrent les lanternes *à réverbère*, pour l'exploitation desquelles ils obtinrent un privilége le 28 décembre 1745. Ce perfectionnement charma les Parisiens, et l'année suivante, un poëte, Valois d'Orville, publia un ouvrage en l'honneur des nouveaux réverbères. Sous la restauration, le nombre des réverbères était d'environ cinq mille, formant onze mille cinquante becs de lumière servis par cent quarante-deux allumeurs. L'éclairage se divisait en permanent et en variable. Le premier se composait des réverbères allumés toutes les nuits, et l'autre de ceux qui n'étaient point allumés aux époques de clair de lune. Depuis quelques années, l'introduction du gaz a produit dans le système d'éclairage de Paris une révolution qui chaque jour prend un développement et un luxe extraordinaires.

Pompes à incendie. — Sapeurs-Pompiers. — De toute ancienneté l'on se servait à Paris, pour éteindre les incendies, de seaux d'osier doublés en cuir, lorsque, sous l'administration du lieutenant de police d'Argenson, on fit usage pour la première fois des pompes à incendie. La première dont on se servit avait été fabriquée par un comédien nommé Dumouriez de Périez, qui en avait rapporté le modèle d'Allemagne et de Hollande. Le 12 janvier 1705, le roi avait établi une loterie dont le produit devait être appliqué à l'achat de vingt pompes semblables pour les vingt quartiers de Paris. Quelques mois plus tard on eut occasion de les employer dans l'incendie du Petit-Saint-Antoine. L'expérience eut assez de succès pour que l'on songeât à donner de l'extension à cette institution dès l'année suivante. Une ordonnance du 23 février 1716 alloua un fonds annuel de 6,000 livres pour réparer ces vingt pompes qui se trouvaient déjà en mauvais état, pour en établir seize autres et pour entretenir trente-deux hommes destinés à les mettre en activité. En 1722, de ces trente-six machines, il n'en restait que treize ; une nouvelle ordonnance en fit construire seize autres, et décida qu'elles seraient servies par soixante hommes exercés et vêtus d'habits uniformes. Ce fut l'origine du corps des sapeurs-pompiers.

Vers la fin du règne de Louis XV, il y avait dans les divers quartiers de Paris vingt-cinq *pompes du roi*. Les gens qui les servaient étaient distribués dans douze corps-de-garde, sur la porte desquels se trouvait l'inscription *gardes-pompes du roi pour les incendies*. De plus, auprès de chaque dépôt des pompes devaient se trouver logés au moins deux gardes. La garnison de Paris et les moines étaient toujours prêts à aider les pompiers. Le maréchal de Biron, colonel du régiment des gardes-françaises, en 1778, avait ordonné qu'à la première alarme, les sergents se portassent sur les lieux sans attendre aucun ordre, pour donner avec leurs soldats tous les secours nécessaires. Les révérends pères religieux mendiants, dit Hurtaut (1), au premier avis qu'on leur donne d'un incendie, s'y portent à l'instant avec un zèle et un courage sans bornes.

Aujourd'hui les sapeurs-pompiers forment un bataillon composé de six cent trente-six hommes, y compris seize officiers. Leur état-major est placé sur le quai des Orfévres, n° 20. Ils ont quarante corps-de-garde dans Paris, des postes aux abattoirs et dans les spectacles, et deux pompes sur bateaux. Chaque jour, cent trente-quatre d'entre eux sont de service aux spectacles et cent soixante-deux dans les corps-de-garde, qui sont au nombre de quarante. Le reste, divisé en quatre compagnies, est caserné au quai des Orfévres, rue Culture-Sainte-Catherine, n° 9 ; rue de la Paix, n° 4, et rue du Vieux-Colombier, n° 15. Ils ont à leur disposition soixante-treize pompes, sans compter celles qui se trouvent dans les théâtres et dans divers établissements publics. En cas d'incendie, ils ont à leur service deux cent dix-sept prises d'eau et mille trois cent trente-huit tonneaux de porteurs d'eau.

Cour des Miracles, située entre l'impasse de l'Etoile et les rues

(1) T. IV, p. 82.

Neuve-Saint-Sauveur, Damiette et des Forges. — De tous les annalistes qui se sont occupés de Paris, Sauval est celui qui s'est occupé avec le plus d'intérêt, avec le plus de soins et d'étendue, des Cours des Miracles. Les détails qu'il fournit sont d'autant plus précieux, que les Cours des Miracles existaient encore de son temps et qu'il en parle en observateur (1).

Les Cours des Miracles étaient les repaires des bandits qui, pendant la journée, surprenaient la charité des passants en se faisant passer pour pauvres ou pour malades, et qui le soir, rentrés dans les retraites qu'ils habitaient en commun, dépouillaient tout-à-coup leurs haillons et leurs infirmités d'emprunt et se livraient au vol et aux désordres de tout genre. Elles sont peut-être aussi anciennes à Paris, dit Sauval, que les gueux et la gueuserie.

Il y avait un grand nombre de ces Cours des Miracles dans la capitale; mais la plus célèbre est celle où l'on entrait par la rue Neuve-Saint-Sauveur (2). Elle a, comme par excellence, conservé cette dénomination.

« Elle consiste (vers 1650), en une place d'une grandeur très considérable et en un très grand cul-de-sac puant, boueux, irrégulier et non pavé, situé dans l'un des quartiers des plus mal bâtis et des plus sales de la ville. Pour y venir, il se faut souvent égarer dans de petites rues vilaines, puantes, détournées; pour y entrer, il faut descendre une assez longue pente de terre tortue, raboteuse, inégale. J'y ai vu une maison de boue à demi enterrée, toute chancelante de vieillesse et de pourriture, qui n'a que quatre toises en carré, et où logent néanmoins plus de cinquante ménages chargés d'une infinité de petits enfants légitimes, naturels et dérobés. Cette cour, beaucoup plus grande autrefois qu'à présent, étoit environnée de toutes parts de logis bas, enfoncés, obscurs, difformes, faits de terre et de boue, et tous pleins de mauvais pauvres. Quand, en 1630, on porta les fossés et les remparts de la ville au lieu où fut élevée la porte Saint-Denis, les commissaires résolurent de traverser la Cour des Miracles d'une rue qui devoit monter de la rue Saint-Sauveur à la rue Neuve-Saint-Sauveur; mais quoi qu'ils pussent faire, il leur fut impossible d'en venir à bout : les maçons qui commençoient la rue furent battus par les gueux, et ces

(1) Voy. *Antiq. de Paris*. t. I, p. 510-517.
(2) Je me contenterai d'indiquer les autres. C'étaient: *La cour du roi François*, rue Saint-Denis, n° 328; *la cour Sainte-Catherine*, rue Saint-Denis, n° 313; *la cour Brisset*, rue de la Mortellerie, entre les rues Pernelle et de Longpont; *la cour Gentien*, rue des Coquilles; *la cour de la Jusienne*, rue de la Jusienne, n° 23; *les cour et passage du marché Saint-Honoré*, entre les rues Saint-Nicaise-Saint-Honoré et de l'Echelle; *la cour des Miracles*, rue du Bac, n° 63; *la cour des Miracles*, rue de Reuilly, n° 81; *les passage et cour des Miracles*, rue des Tournelles, n° 26. Il y en avait encore une au faubourg Saint-Marcel, et une autre à la butte Saint-Roch.

fripons menacèrent de pis les entrepreneurs et les conducteurs de l'ouvrage. On ne savoit en ce lieu ce que c'étoit que de payer taxes et impositions civiles. Lorsque les sergents y venoient faire leur charge, ils en sortoient sans rien faire que de recevoir des injures et des coups. On s'y nourrissoit de brigandages, on s'y engraissoit dans l'oisiveté, dans la gourmandise et dans toutes sortes de vices et de crimes. Chacun mangeoit le soir avec plaisir ce qu'avec bien de la peine, et souvent avec bien des coups, il avoit gagné tout le jour; car on y appeloit gagner ce qu'ailleurs on appelle dérober; et c'étoit une des lois fondamentales de la Cour des Miracles de ne rien garder pour le lendemain. Chacun y vivoit dans une grande licence : personne n'y avoit ni foi ni loi; où n'y connoissoit ni baptême, ni mariage, ni sacrements. Il est vrai qu'en apparence ils sembloient reconnoître un Dieu; pour cet effet, au bout de leur cour, ils avoient dressé dans une grande niche une image de Dieu le père, qu'ils avoient volée dans quelque église, et où tous les jours ils venoient adresser quelques prières; mais ce n'étoit en vérité qu'à cause que superstitieusement ils s'imaginoient que par là ils étoient dispensés des devoirs dus par les chrétiens à leur pasteur et à leur paroisse, même d'entrer dans l'église pour gueuser et couper des bourses. Des filles et des femmes les moins laides se prostituoient pour deux liards, les autres pour un double, la plupart pour rien. Le jour, il ne se trouvoit en ce lieu que ceux qui étoient tellement malades qu'ils ne se pouvoient remuer; le reste, plein de santé, sortoit de bon matin, teigneux en apparence, la mort sur les lèvres, et par de faux gémissements imposoit aux simples, auxquels ils tâchoient de couper la bourse et d'attraper quelque charité. »

Sauval termine cet article par de curieux détails sur les règlements et l'organisation intérieure à l'observation desquels s'étaient astreints entre eux les habitants de la Cour des Miracles. Leurs officiers se nommaient cagoux, archisuppôts de l'argot; leur chef, ou plutôt leur roi, prenait d'ordinaire le titre de *Grand-Coëce* et quelquefois celui de *roi de Thunes*. Le vulgaire se divisait suivant le genre qu'il exploitait : en Orphelins, Narquois ou gens de la *Petite-Flambe*, Marcandiers, Rifordiers, Malingreux, Capons, Pietrés, Polissons, Francsmitoux, Calots, Sabouleux, Hubins, Coquillarts, Courtauds de boutanche, etc.

On peut croire que ces sociétés de mendiants infâmes s'étaient constituées à Paris depuis un temps assez ancien. Un écrivain du milieu du XVIe siècle, Jacques Tahureau, parle d'une association de gueux qui existait au temps de François Ier et de Henri II, sous le nom de *Bélîtres*, et d'un de ses chefs appelé *Ragot*, qui fit une brillante fortune et s'allia, en mariant ses enfants, à des familles distinguées. On a prétendu que c'est du nom de Ragot qu'est venu celui d'*argot*; langue artificielle qui était le dialecte obligé dans les Cours des Miracles, et qui s'est conservé parmi les voleurs jusqu'à nos jours.

Sous Louis XIV, le nombre des habitants des Cours des Miracles s'était considérablement accru. Suivant quelques calculs fort exagérés sans doute, il s'élevait à quarante mille. Les Parisiens firent à ce sujet des plaintes si vives et si fréquentes qu'on songea sérieusement à étouffer ces abus scandaleux. C'est ce but qu'on se proposa en fondant, en 1656, l'Hôpital-Général (1). Tous les mendiants y furent renfermés ; les *bons pauvres* s'y rendirent sans difficulté, les autres y furent conduits par force.

Depuis cette époque, il ne resta plus dans les Cours des Miracles que le souvenir des méfaits qui s'y étaient commis, et peu à peu les bourgeois honnêtes vinrent s'y loger comme dans les autres quartiers.

Principaux hôtels. Hôtel d'Antin, puis de *Richelieu*, rue Neuve-Saint-Augustin, n° 30. — Il fut construit en 1707 par l'architecte Pierre Levé, pour un riche financier, connu sous le nom de Lacour des Chiens. Le roi, obligé de le prendre en déduction des sommes dont le sieur des Chiens était resté redevable à sa mort, le céda, en 1712, au comte de Toulouse, qui le vendit l'année suivante au duc d'Antin, surintendant des bâtiments (2). Cet hôtel prit, en 1757, le nom d'*hôtel Richelieu*, par suite de l'acquisition qu'en fit le maréchal de ce nom. Il fut alors embelli avec goût. L'escalier fut construit par Brunetti, et les peintures de cet escalier sont d'un élève de Boucher, Dominique Soldini. Les galeries et les appartements furent décorés avec luxe. Dans le jardin étaient plusieurs marbres antiques, entre autres deux statues inachevées, que Michel-Ange avait, dit-on, commencées pour le tombeau du pape Jules II. Le *pavillon d'Hanovre* qui terminait le jardin, et qui subsiste encore, est dû à Chevotet; il fait honneur à cet architecte (3).

Hôtel d'Aumont, rue de Jouy, n° 9. — Bâti par François Mansart. On admirait sur l'un des plafonds l'*apothéose de Romulus*, par Lebrun, et dans le jardin une *Vénus* en marbre, à demi couchée sur des rochers, avec l'*Amour*, par F. Anguier. Cet hôtel est aujourd'hui occupé par les bureaux de la mairie du 9e arrondissement.

Hôtel de Bouillon, quai Malaquais, n° 17. — Bâti pour un trésorier de l'épargne, nommé Macé-Bertrand de la Basinière, il fut acquis depuis par M. de Bouillon. C'est un bel édifice, dans une très belle position. On y admirait deux des meilleurs paysages de Claude de Lorrain ; deux toiles de Teniers et de Rigaud, dix-huit tableaux de Lesueur.

Hôtel de Broglie, rue Saint-Dominique, n°s 70 et 72. — Il y a dans le

(1) Voy. plus haut. — (2) Jaillot, t. II, *quartier Montmartre*, p. 9. — (3) Les derniers restes de l'hôtel Richelieu viennent d'être abattus. Sur leur emplacement s'ouvrira une nouvelle rue qui continuera la rue d'Antin jusqu'au boulevard.

quartier Saint-Germain plusieurs hôtels de ce nom. Le plus remarquable est celui-ci. Bâti en 1704, pour le comte de Revel, frère puîné de Victor Maurice, comte de Broglie, il fut acheté en 1711, par Poulin de Beaumont, payeur de rentes, qui le fit décorer par Boffrand. Il revint ensuite à la famille des de Broglie, et appartint sous l'empire et la restauration au comte Chaptal.

Hôtel Mazarin, rue Neuve-des-Petits-Champs et rue Vivienne. — Cet hôtel, habité par le célèbre ministre de Louis XIV, était l'un des plus riches de Paris. On y comptait plus de quatre cents statues ou bustes, chefs-d'œuvre de la Grèce et de l'ancienne Rome. Il y avait cinq cents tableaux de cent vingt peintres, parmi lesquels sept de Raphael, huit du Titien, trois du Corrège, cinq de Paul Véronèse, etc. La bibliothèque, enrichie par Gabriel Naudé, et qui se composait de plus de quarante mille volumes, était dans une galerie, le long de la rue Richelieu. Après la mort de Mazarin, ce palais fut divisé en deux. La partie la plus considérable porta le nom du cardinal, jusqu'à ce que le roi l'ayant acheté, en 1719, le donna à la *Compagnie des Indes*, qui y établit son hôtel. En 1724, la *Bourse* y fut placée. L'autre partie échut en partage au marquis de Mancini, duc de Nevers, neveu du cardinal, et on le nomma *hôtel de Nevers*. Le roi en fit ensuite l'acquisition et y établit la *Banque royale*. On y plaça enfin, comme je l'ai dit, la *Bibliothèque royale* (1).

Hôtel de Longueville, entre les rues Saint-Thomas et du Carrousel et place du Carrousel. — Cet hôtel a été démoli, il y a quelques années. C'était autrefois l'hôtel de la Vieuville, puis l'hôtel de Luynes et de Chevreuse; il fut alors un des rendez-vous des chefs de la Fronde. La duchesse de Chevreuse le vendit au duc d'Épernon, qui lui donna son nom, et enfin au duc de Longueville. Il avait été bâti sur les dessins de Metezeau, et renfermait quelques peintures de Mignard. En 1749, il appartenait aux fermiers-généraux, qui y établirent la ferme du tabac. Une partie de cet hôtel avait été réunie aux écuries du roi, rue Saint-Thomas-du-Louvre.

Hôtel de Pontchartrain, rue Neuve-des-Petits-Champs, n° 40. — Il fut bâti sur les dessins de Leveaux, pour Hugues de Lionne, secrétaire d'État, et reçut son nom de Philippeaux de Pontchartrain, chancelier de France, qui l'acheta en 1703. Il appartint ensuite au roi qui en fit l'*hôtel du contrôleur-général*. On y voyait de belles peintures des Brunetti père et fils, et de Michel Colonna. Sous l'empire, cet hôtel était occupé par le ministère des finances.

Hôtel Rambouillet, sur l'emplacement de la rue du Carrousel. Les seigneurs de Rambouillet avaient autrefois leur hôtel dans la rue Saint-Honoré; il fut démoli en 1624 pour la construction du Palais-Cardi-

(1) Voy. *Bibliothèque royale*.

nal (1). Charles d'Angennes, marquis de Rambouillet, ayant épousé Catherine de Vivonne, fille de Jean de Vivonne, marquis de Pisani, vint demeurer, après la mort de son beau-père, à l'hôtel de Pisani, rue Saint-Thomas-du-Louvre. Cette maison, qui avait successivement porté les noms d'*hôtel d'O*, de *Noirmoutier*, de *Pisani*, fut alors nommée l'*hôtel de Rambouillet*. Le goût que le marquis et sa femme avaient pour les lettres, et l'accueil qu'ils faisaient à ceux qui les cultivaient, attiraient tous les beaux esprits de la capitale. Là se réunissaient, sous la présidence de mademoiselle de Scudéry, Balzac, Voiture, Godeau évêque de Vence, tous les hommes enfin qui sont connus dans l'histoire littéraire sous le nom de *coterie de l'hôtel de Rambouillet*. Les écrits du temps sont remplis de détails sur cette célèbre réunion. Les uns en ont parlé sous le nom du *palais d'Arthénice*, qui était l'anagramme du nom de baptême de Catherine de Vivonne, et les autres sous celui du palais de Cléomire. — La fille du marquis de Rambouillet ayant épousé un duc de Montausier, l'hôtel prit le nom de son nouveau propriétaire, et en 1690 il fut nommé hôtel d'Uzès. « On se souvient cependant toujours, dit Piganiol, de l'hôtel de Rambouillet, et l'on ne croit pas pouvoir faire un plus bel éloge d'une maison qui sert de retraite aux muses que de la comparer à cet hôtel. »

> De gens choisis un petit nombre,
> Comme à l'hôtel de Rambouillet,
> Y vient, non pas jouer à l'hombre,
> A la bassette, au lansquenet,
> Mais tenir cercle et cabinet.
> Et chacun y fait la figure,
> Ou de Balzac, ou de Voiture,
> Ou de tel autre bel esprit
> Que cet hôtel mit en crédit (2).

Hôtel Lambert, rue Saint-Louis en l'île, n° 2. — Ce magnifique hôtel a pris son nom d'un de ses propriétaires, le président Lambert de Thorigny ; il appartint ensuite au fermier-général Dupin et au marquis du Châtelet-Laumont. Louis Levau en fut l'architecte. La cour est entourée de bâtiments décorés d'ordre dorique. Un perron placé en face de la porte, conduit en un grand pallier, d'où deux escaliers conduisent aux appartements. Dans un renfoncement cintré au bas de l'escalier est une grisaille de Lesueur ; elle représente un *Fleuve* et une *Naïade*. D'admirables tableaux ornaient cette superbe résidence. On y voyait le chef-d'œuvre du Bassan, l'*Enlèvement des Sabines* (3) ; des paysages d'Herman et de Patel ; cinq tableaux de l'*histoire d'Énée*, par Romanelli, etc. Mais les peintures les plus remarquables se trouvaient dans

---

(1) Voy. ci-dessus p. 114. — (2) Piganiol, t. II, p. 350. — (3) Ce tableau avait, dit-on, appartenu au maréchal d'Ancre.

les salles de l'*Amour* et des *Muses* et dans le *cabinet des bains* ; c'était l'œuvre de Lesueur. Au premier étage était la galerie, dite de Lebrun. Ce grand artiste avait dessiné sur le plafond, avec toute la vigueur de son coloris, neuf travaux d'Hercule. Ces peintures furent données en partie à Louis XVI, pour le musée du Louvre, par la famille de La Haye, alors propriétaire de l'hôtel. D'autres tableaux ont été perdus ou enlevés. L'hôtel Lambert n'en conserve pas moins encore de nombreux vestiges de sa splendeur déchue. Il est occupé aujourd'hui par une fabrique de lits militaires.

Hôtel des Fermes, rue de Grenelle-Saint-Honoré, n° 55. — On lit dans Sauval, qu'Isabelle Gaillard, femme du président Baillet, vendit deux maisons, rue de Grenelle, à Françoise d'Orléans, veuve de Louis de Bourbon, premier prince de Condé ; cette vente eut lieu en 1573. Son fils, Charles de Soissons, vendit cet hôtel en 1605, à Henri de Bourbon, dernier duc de Montpensier. Henriette de Joyeuse, sa veuve, s'étant remariée au duc de Guise, le revendit, en 1612, à Roger de Saint-Larri, duc de Bellegarde, grand-écuyer de France, qui le fit rebâtir en partie, et le vendit en 1634 au chancelier Séguier (1). Cet hôtel, qui avait successivement porté les noms de *Condé*, de *Soissons*, de *Montpensier*, de *Bellegarde*, prit alors celui d'*hôtel Séguier*. Le grand-écuyer avait fait agrandir cette résidence par le célèbre architecte Androuet du Cerceau ; Séguier l'embellit encore. Une galerie basse était ornée de tableaux de Vouet, représentant sous des figures allégoriques les principaux faits du règne de Louis XIII ; la galerie supérieure, décorée par le même artiste, était occupée par une partie de la belle bibliothèque du chancelier (2). Les peintures de la chapelle étaient de Lebrun, de Mignard et de Simon Vouet ; on voyait sur l'autel deux statues de *saint Pierre* et de *sainte Marie-Madeleine* par Sarrazin. Anne d'Autriche et ses fils vinrent plusieurs fois visiter le chancelier dans son hôtel. On sait que ce grand magistrat fut le second protecteur de l'Académie française à la fondation de laquelle il avait concouru, et qui tint ses séances chez lui pendant trente ans, c'est-à-dire jusqu'à sa mort, arrivée en 1672. C'est là que l'Académie reçut la visite de Christine, reine de Suède, le 2 mars 1646, et que Mézerai, avec tout l'à propos d'un savant, lui donna lecture de l'article du Dictionnaire si heureusement approprié à la circonstance : *jeux de princes*, qui ne plaisent qu'à ceux qui les font (3). Cet hôtel fut ensuite donné aux fermiers-généraux, qui y établirent leurs bureaux ; ils y restèrent jusqu'à la révolution. En 1776,

(1) Sauval, t. II, p. 67 et 68.
(2) Cette bibliothèque, fort riche, appartint en dernier lieu au duc de Coislin, évêque de Metz, petit-fils du chancelier Séguier. Ce prélat en mourant en légua les manuscrits à l'abbaye de Saint-Germain-des-Prés, d'où ils ont passé à la Bibliothèque du Roi. — (3) M. Charles Nodier, *Paris hist.*, p. 96

une compagnie avait offert de cet emplacement 1,700,000 fr., et l'administration des fermes devait être transférée à la bibliothèque du roi, rue de Richelieu. Aujourd'hui, l'hôtel Séguier, qui a conservé son dernier nom d'*hôtel des Fermes*, est occupé par des Messageries, par l'imprimerie de M. Paul Dupont, les bureaux du journal le *Courrier Français*, etc.

Hôtel de Mesmes, de Saint-Aignan ou *de Beauvillier*, rue Sainte-Avoye, n° 57. — Il fut bâti par le célèbre architecte Lemuet, pour Claude de Mesmes, comte d'Avaux, diplomate distingué, mort en 1650. Cet hôtel, qui est fort bien construit, fut ensuite vendu à Paul de Beauvillier, duc de Saint-Aignan, pair de France, qui l'habita jusqu'à sa mort, arrivée en 1714. Sous Louis XVI, il appartenait à madame de Vergennes. Le 27 février 1786, le fameux contrôleur-général, M. de Calonne, se rendait à un bal, qui avait lieu à cet hôtel, lorsqu'il fut reconnu par le peuple : il ne put pénétrer jusqu'au lieu de la fête et fut obligé de rétrograder au milieu des huées et de se réfugier dans son hôtel. Le peuple, qui était dans une grande misère, se souvenait que le 1er janvier de la même année, M. de Calonne avait, entre autres cadeaux, donné pour étrennes à sa maîtresse un sac de papillotes, enveloppées dans des billets de la caisse d'escompte, accompagné d'une boîte enrichie de diamans et remplie de louis neufs. L'hôtel de Beauvillier est occupé aujourd'hui par les bureaux de la mairie du 7e arrondissement.

Hôtel des Mousquetaires gris, sur l'emplacement actuel du marché Boulainvillier. — On sait que la première compagnie de mousquetaires fut créée, en 1622, par Louis XIII, sous le nom de *grands mousquetaires du roi pour sa garde*. On les logea d'abord chez les habitants du faubourg Saint-Germain, tandis que l'on cherchait un emplacement pour leur bâtir un hôtel. La halle du Pré-aux-Clercs, plus connue sous le nom de la *Halle Barbier*, parut propre à l'exécution de ce projet : ce ne fut toutefois qu'en 1659 que le roi donna ordre à la ville d'acheter cette halle, qui comprenait le carré borné par les rues de Beaune, de Bourbon, du Bac et de Verneuil, ainsi que les vingt-six échoppes ou maisons bâties au pourtour, et d'y faire élever les bâtiments nécessaires. On voit ensuite, par deux arrêts du conseil de 1707 et 1715, que cet édifice, achevé seulement en 1671, commençait déjà à menacer ruine. Il fut alors question d'en rebâtir un nouveau sur une grande place achetée par le roi, rue de Bourgogne et sur le quai d'Orsai ; mais ce terrain ne se trouvant pas assez spacieux, il fallut renoncer à ce projet, et l'on se contenta de rebâtir à neuf l'ancien hôtel. En 1780, il fut acheté par M. de Boulainvillier, qui y fit construire un marché (1).

(1) Voy. *Marché Boulainvillier.*

308   HISTOIRE DE PARIS.

Hôtel des Mousquetaires de la seconde compagnie, ou *Mousquetaires noirs*, rue de Charenton, n° 38. — Ce magnifique hôtel est occupé aujourd'hui, ainsi que je l'ai dit ailleurs (1), par l'hospice des Quinze-Vingts; il fut construit en 1701 aux frais de la ville.

Juridictions particulières à Paris. — Au commencement du règne de Louis XIV, on comptait encore dans la capitale un grand nombre de siéges particuliers de justice. Il y avait huit *justices* royales, six justices particulières et seize ecclésiastiques. On comprend quels conflits devaient résulter d'une pareille organisation. Aussi, le roi, par un édit du mois de février 1674, réunit toutes les justices féodales de la ville et de la banlieue au Châtelet, et créa en même temps un nouveau siège présidial qui, du reste, ne dura que dix années, en sorte qu'en 1684 l'ancien Châtelet demeura la seule cour de justice inférieure de la ville. Les différents seigneurs féodaux que lésait cette innovation s'en plaignirent vivement, et réclamèrent au moins des indemnités en compensation des droits qu'on leur enlevait. Louis XIV accorda quelques dédommagements à plusieurs d'entre eux. Le 23 mai 1680 furent enregistrées au parlement des lettres-patentes obtenues deux ans auparavant par Jules Paul, prieur commendataire de Saint-Martin-des-Champs, par lesquelles le roi déclarait que son intention n'avait point été de réunir au Châtelet les justices de cette église, et conservait au prieuré de Saint-Martin-des-Champs la juridiction qu'il avait sur certaines parties de la ville et des faubourgs. Le 26 mai de l'année suivante, 1681, le parlement enregistra d'autres lettres-patentes qui accordaient à l'archevêque de Paris, François de Harlay, pour lui et ses successeurs, une rente de 6,000 livres par an en supplément de l'indemnité qu'on lui avait donnée pour la suppression des justices du For-l'Évêque et de Saint-Magloire. Enfin, au mois de février 1693, l'abbé de Saint-Germain-des-Prés obtint la confirmation de son droit de haute justice dans l'enclos de son abbaye. Cette juridiction devait être exercée comme par le passé, avec les mêmes honneurs, droits et pouvoirs, par un bailli, un procureur fiscal, un greffier et deux huissiers. Le bailli devait connaître en outre de l'appel des jugements rendus en matière civile par les juges des hautes justices dépendantes du temporel de l'abbaye situées hors de la banlieue de Paris, et jouir du droit de basse justice dans la ville et les faubourgs pour ce qui regardait les cens, les rentes et les autres redevances seigneuriales.

Population. Les documents m'ont manqué jusqu'ici pour évaluer à la fin de chaque période la population de Paris. On trouve seulement des

(1) T. II, p. 76.

renseignements positifs pour les dernières années du règne de Louis XIV. Depuis l'an 1709 jusqu'en 1718 inclusivement, en y comprenant les naissances et les morts de l'Hôtel-Dieu, on a compté à Paris cent soixante-neuf mille huit cent quatre-vingt-huit naissances; quarante-un mille cent quatre-vingt-six mariages; cent soixante-treize mille six cent trente-trois morts. Ce qui, année commune, dans ces dix ans, donne pour les naissances, seize mille neuf cent quatre-vingt-huit; pour les mariages quatre mille cent dix-huit; pour les morts, dix-sept mille trois cent quatre-vingt-treize. Mais il faut remarquer que l'hiver et les maladies contagieuses de 1709 ont fait périr à Paris vingt neuf mille deux cent quatre-vingt-huit personnes. Or en multipliant le nombre des naissances annuelles, seize mille neuf cent quatre-vingt-huit, par le nombre vingt-huit, que des expériences ont jugé le plus convenable pour cette évaluation, on aura pour les sept dernières années du règne de Louis XIV et les trois premières de la régence, une population annuelle de quatre cent soixante-quinze mille six cent soixante-quatre individus (1). Cette évaluation est aussi exacte que peut l'être un calcul approximatif. Je trouve, du reste, des renseignements à ce sujet dans Sauval : « Ces faubourgs, dit-il, ces places, ces ponts et tant de rues, sont remplis de vingt cinq mille maisons qu'occupent plus de *quatre cent vingt mille* habitants, sans comprendre les religieux, les enfants de famille, les écoliers, les clercs, les valets et les vagabonds, et ne faisant passer que pour une seule maison chaque couvent en particulier; et tout de même les hôtels, les hôpitaux, les colléges et les communautés. » Cet écrivain avait pris ces détails, qu'il dit exacts, dans un mémoire rédigé en 1633, par le célèbre Michel Letellier, alors procureur du roi au Châtelet (1).

CHAPITRE QUATRIÈME.

ÉTAT DES LETTRES, DES SCIENCES, DES ARTS, DU COMMERCE ET DE L'INDUSTRIE A PARIS, SOUS LE RÈGNE DE LOUIS XIV.

§ I. Lettres. — Sciences.

Les lettres, les sciences et les arts arrivèrent sous ce règne à leur plus haut point de perfection. La France, puissante et tranquille, après de longues agitations, gouvernée par un homme de goût, qui anima et encouragea le génie, eut enfin son siècle littéraire. Aucune époque n'est

---

(1) *Recherches sur la population*, par Messance, citées par M. Dulaure, t. V, p. 411 et suivantes. — (2) Sauval, t. I, p. 26.

plus fertile en grands hommes, et la plupart sont nés dans la capitale, qui était devenue le centre de toute intelligence et le rendez-vous de tous ceux qui cultivaient les lettres et les arts.

A la tête des Parisiens qui ont illustré par leurs écrits le siècle de Louis XIV, il faut placer *Jean-Baptiste Poquelin*, connu sous le nom de *Molière*. Il naquit sous les piliers des Halles, le 15 janvier 1622, de Jean Poquelin, marchand tapissier, et de Marie Cressé, dont le père exerçait la même profession. Destiné par ses parents à les remplacer dans leur commerce, on ne songea qu'à lui donner une éducation conforme à l'état qu'il devait embrasser. Heureusement il avait un grand-père, qui aimait fort la comédie, et qui le menait quelquefois avec lui à l'hôtel de Bourgogne. Il n'en fallut pas davantage pour lui donner l'envie de s'instruire, et il obtint, à force de prières, d'être envoyé au collége de Clermont où il fit ses études avec Armand de Bourbon, prince de Conti, le spirituel Chapelle, Bernier le célèbre voyageur, et Cyrano de Bergerac. Chapelle avait pour précepteur Gassendi, qui voulut bien admettre à ses leçons Poquelin, ainsi que Bernier et Cyrano. Le voyage de Louis XIII à Narbonne, en 1641, interrompit ces paisibles travaux. Le père de Poquelin, devenu infirme, ne pouvant suivre la cour pour y remplir ses fonctions de valet de chambre tapissier du roi, son fils le remplaça. Mais après sa mort, Poquelin, cédant à une vocation irrésistible, prit le nom de Molière, et s'engagea, comme nous l'avons vu, dans la troupe de l'*illustre théâtre*, au faubourg Saint-Germain. Nous ne suivrons le grand homme ni dans ses courses vagabondes à travers les provinces, ni dans ces laborieux travaux qui donnèrent au théâtre français une splendeur inconnue jusqu'alors, et à Molière une gloire immortelle. On sait que ce fut dans toute la force de son talent que Molière, épuisé de fatigues, trouva la mort sur les planches du théâtre, à la quatrième représentation du *Malade imaginaire* (vendredi 17 février 1673). Molière n'avait que cinquante-un ans. Comme il était mort en état d'excommunication, le curé de Saint-Eustache, sa paroisse, lui refusa la sépulture ecclésiastique. Le roi engagea, dit-on, l'archevêque de Paris à faire cesser ce scandale, et Molière fut enterré au cimetière Saint-Joseph (1). Le jour de ses obsèques (21 février), le peuple se rassembla en tumulte devant sa maison. Sa femme, effrayée, jeta de l'argent par les fenêtres; et la multitude, qui était peut-être venue pour insulter son cadavre, se dissipa, en faisant des prières pour son âme. Les pieux empressements de l'amitié suppléèrent aux pompes religieuses : deux cents personnes, ayant des flambeaux à la main, suivirent le corps que deux

---

(1) Deux ou trois ans après la mort de Molière, il y eut un hiver très rude; sa veuve fit porter cent voies de bois sur la tombe de son mari, et les y fit brûler pour chauffer les pauvres du quartier. La grande chaleur du feu fendit en deux la pierre qui couvrait la tombe. *Anecd. dram.*, t. III, p. 346.

prêtres seulement conduisaient en silence. La femme du comédien Poisson, comédienne elle-même, qui avait connu Molière et joué d'original dans une de ses pièces, nous a laissé de lui ce portrait : « Il n'était ni trop gras, ni trop maigre. Il avait la taille plus grande que petite, le port noble, la jambe belle ; il marchait gravement, avait l'air très sérieux, le nez gros, la bouche grande, les lèvres épaisses, le teint brun, les sourcils noirs et forts et les divers mouvements qu'il leur donnait lui rendaient la physionomie extrêmement comique. A l'égard de son caractère, il était doux, complaisant et généreux. Il aimait fort à haranguer ; et quand il lisait ses pièces aux comédiens, il voulait qu'ils y amenassent leurs enfants, pour tirer des conjectures de leurs mouvements naturels. » — Depuis bientôt deux siècles, tous les genres d'hommages ont été rendus à la mémoire de Molière. La maison où il est né, sous les piliers des Halles, porte à sa façade son buste et une inscription. La maison où il est mort, rue Richelieu, n° 34, vient d'être mise en vente ; il faut espérer, pour l'honneur de la France, qu'elle tombera en de dignes mains. C'est vis-à-vis cette maison qu'on doit élever à notre grand poëte ce monument, dont il est question depuis si longtemps. L'un des plus beaux hommages qu'ait reçus Molière, après sa mort, est l'épitaphe que lui composa La Fontaine :

> Sous ce tombeau gisent Plaute et Térence,
> Et cependant le seul Molière y gît.
> Leurs trois talents ne formaient qu'un esprit,
> Dont le bel art réjouissait la France.
> Ils sont partis ; et j'ai peu d'espérance
> De les revoir, malgré tous mes efforts.
> Pour un long temps, selon toute apparence,
> Térence et Plaute et Molière sont morts.

Le bon La Fontaine ne croyait peut-être pas dire si vrai. L'Académie française, qui n'avait pu admettre Molière au nombre de ses membres, à cause de sa profession de comédien, voulut du moins rendre à sa mémoire les honneurs qu'elle s'était crue obligée de refuser à sa personne. En 1778, elle décida que dans la salle où étaient rangés les portraits des académiciens, serait placé le buste de Molière, portant pour inscription ce monostique heureux, proposé par Saurin :

> Rien ne manque à sa gloire ; il manquait à la nôtre.

Nicolas Boileau-Despréaux, l'une des plus grandes illustrations du règne de Louis XIV, était issu d'une honorable famille qui se rattachait à celle du célèbre prévôt Étienne Boyleau ; il naquit le 1ᵉʳ novembre 1636, à Crosne, près de Paris, selon Louis Racine ; à Paris, selon le plus grand nombre des biographes. Quelques uns d'entre eux ajoutent qu'il vint au monde dans la chambre même où la *Satyre ménippée* avait été composée, dans une maison qui est au coin du quai des Orfèvres et de la rue du Harlay. Il commençait ses études au collége d'Harcourt, lorsqu'il fut atteint de la maladie de la pierre ; l'opération fut très mal faite, et Boileau s'en ressentit toute sa vie. Il acheva ses études au collége de Beauvais, suivit quelque temps le barreau, et fut reçu avocat à l'âge de vingt-un ans. Mais la chicane ne pouvait lui plaire et il passa à la Sorbonne. Il obtint, en cour de Rome, le prieuré de Saint-Paterne, qui lui valut 800 livres de rentes ; mais il le rendit huit ou neuf ans après avec tout ce qu'il avait touché. Ce ne fut qu'après avoir essayé de plusieurs professions que Boileau sentit enfin

<blockquote>Que son astre en naissant l'avait formé poëte ;</blockquote>

et il se livra tout entier à la littérature. Aucun écrivain n'a eu autant de détracteurs et autant d'enthousiastes ; tout en reprochant à Boileau quelques défauts, dont plusieurs appartiennent à son époque, on doit convenir que cet homme éminent, dont il est de mode de faire si peu de cas aujourd'hui, est un des plus admirables poëtes, un des écrivains des plus accomplis qui aient honoré la France. Boileau mourut d'une hydropisie de poitrine, le 13 mars 1711 ; il laissa presque tous ses biens aux pauvres (1). Boileau était historiographe de France, membre de l'Académie française et de celle des inscriptions.

Gilles Boileau, frère aîné de Despréaux, d'abord avocat au parlement, payeur des rentes de l'Hôtel-de-Ville, puis contrôleur de l'argenterie du roi et membre de l'Académie française, né à Paris en 1631, mort dans cette ville en 1669. C'était un homme d'un certain talent, qui a fait plusieurs traductions estimées d'auteurs anciens. On trouve dans les *Siècles littéraires* de l'abbé Sabatier quelques fragments de la traduction en vers du 4e livre de l'*Enéide*, par Gilles Boileau, qui ne sont point sans mérite.

Jacques Boileau, docteur de Sorbonne, frère puîné du précédent, naquit à Paris le 16 mars 1635. Il fit ses études avec succès au collége d'Harcourt, reçut le grade de docteur en théologie, et se fit agréger à la société de Sorbonne. Dans sa jeunesse, il avait formé une bibliothèque assez nombreuse, entièrement composée de livres rares et curieux ; ayant eu le malheur de la perdre dans un incendie qui brûla le pavillon de la maison de Sorbonne où il était logé, il ne témoigna presque aucun regret et s'occupa à former une nouvelle collection, qui, dans la suite, surpassa la première. Nommé doyen, grand-vicaire et official du diocèse de Sens, il remplit ces deux places pendant près de vingt-cinq ans. Il fut pourvu, en 1694, d'un canonicat à la Sainte-Chapelle de Paris, et mourut le 1er avril 1716, dans sa 82e année, doyen d'âge de la Faculté de théologie (2). Jacques Boileau, homme

---

(1) Il fut enterré à la Sainte-Chapelle. Voy. t. II, p. 58.
(2) *Biog. univ.*, article *Jacques Boileau*.

de beaucoup d'esprit et d'une vaste érudition, a laissé un grand nombre d'ouvrages curieux sur l'*Histoire des Flagellants*, la *Confession auriculaire*, les *Habits des prêtres*, etc. Presque tous sont anonymes ou pseudonymes. On lui demandait pourquoi il écrivait toujours en latin : « C'est, dit-il, de peur que les évêques ne me lisent ; ils me persécuteraient »

Paul Scarron, le premier de nos poëtes burlesques, naquit à Paris, vers la fin de 1610 ou au commencement de 1611, d'un conseiller au parlement. Persécuté par sa belle-mère, Scarron, d'un caractère joyeux et insouciant, oublia dans les plaisirs tous ses chagrins. Mais il s'y livra avec si peu de réserve, quoique abbé, que les maladies les plus douloureuses ne tardèrent pas à ruiner sa santé ; enfin à vingt-sept ans, une folie de carnaval le priva entièrement de ses membres, et le rendit, comme il le dit lui-même, *un raccourci de la misère humaine*. Sa belle-mère le dépouilla en même temps de sa fortune. Scarron, dans l'indigence et accablé d'infirmités, ne perdit point sa gaieté et s'occupa de littérature. Ses œuvres burlesques si connues, ses pièces de théâtre et surtout son *Roman comique*, lui firent une grande réputation, mais ne lui donnèrent pas la fortune. En 1652, il épousa mademoiselle d'Aubigné, si célèbre depuis sous le nom de madame de Maintenon, et qui se trouvait alors dans la plus déplorable situation. Scarron était un homme plein d'honneur et de piété, *fort aimé et fort aimable*, dit Ségrais. Aussi était-il en relations avec les plus grands personnages de l'époque. Le grand Turenne, Mignard, se rendaient tous les soirs chez lui, et il était rare de n'y pas trouver mesdames de Sévigné et de la Sablière. Cet excellent homme mourut le 14 octobre 1660, en disant : « Par ma foi, je ne me serais jamais imaginé qu'il fût si facile de se moquer de la mort. » Il plaisanta jusqu'à son dernier soupir (1). De nos jours on a rendu justice au talent du pauvre Scarron, « écrivain très spirituel, dit M. Charles Nodier, dont la réputation a été mal à propos enveloppée dans le discrédit de son genre, et qui mérite au moins une place distinguée parmi les *nouvelliers* les plus ingénieux. » Boileau, qui traitait Scarron avec une grande sévérité, ne se rappelait pas sans doute l'épitaphe de ce poëte, composée par lui-même et pleine de grâce et de finesse :

> Celui qui cy maintenant dort
> Fit plus de pitié que d'envie,
> Et souffrit mille fois la mort
> Avant que de perdre la vie.
> Passant, ne fais ici de bruit,
> Et garde bien qu'il ne s'éveille,
> Car voici la première nuit
> Que le pauvre Scarron sommeille.

(1) Scarron fut enterré à Saint-Gervais, t. I, p. 218.

L'auteur du *Roman comique* habita rue d'Enfer, rue des Douze-Portes, au Marais, et enfin, en dernier lieu, rue de la Tixeranderie, n° 27. Il logeait avec sa femme au deuxième étage, et leur appartement se composait « de deux chambres sur le devant, séparées par l'escalier, d'une cuisine sur la cour, et d'un cabinet où couchait un petit laquais (1). » Cette maison, qui rappelait tant de souvenirs, a été démolie il y a deux ans.

Claude-Emmanuel Luillier, dit *Chapelle*, l'un des poëtes les plus spirituels et des plus « aimables débauchés » qu'ait produits Paris, naquit en 1626, au village de la Chapelle, entre Paris et Saint-Denis, d'où lui vient le nom de *Chapelle*. Il était fils naturel de François Luillier, maître des comptes à Paris, et conseiller au parlement de Metz, qui lui fit donner une excellente éducation et le légitima en 1642. Maître d'une fortune considérable après la mort de son père, lié avec tous les littérateurs de son temps, Chapelle se livra sans réserve à son amour pour le plaisir et l'indépendance. On formerait un volume des bons mots attribués à Chapelle et de toutes ses folles orgies. Ses vers ont du naturel, de la facilité, de l'enjouement et de l'esprit, qualités qui se trouvent au plus haut degré dans le célèbre *Voyage en France*, qu'il écrivit en société avec son ami Bachaumont. « Sa vie voluptueuse et son peu de prétention, dit Voltaire, contribuèrent à la célébrité de ses petits ouvrages. » Chapelle mourut à Paris en septembre 1686, à l'âge d'environ soixante-dix ans.

François Le Coigneux de Bachaumont, né à Paris en 1624, mort dans la même ville en 1702, il était fils d'un président à mortier du parlement. Nommé lui-même conseiller, il joua un certain rôle dans les troubles de la Fronde. Mais il ne tarda pas à se dégoûter de ces intrigues et à se livrer tout entier aux plaisirs et à la littérature. Les plus jolis vers du *Voyage de Montpellier* sont de Bachaumont.

Jean Hesnault ou *Henaut*, fils d'un boulanger de Paris, mort en 1682. On a peu de détails sur la vie de cet homme d'esprit, qui fut cependant lié avec tous les littérateurs de son temps. Ses vers, quoique négligés, sont pleins de grâce et de facilité; on n'oubliera jamais son charmant sonnet de l'*Avorton* et celui sur les *Douceurs de la vie privée*. « Il a montré à madame Deshoulières, dit Bayle, tout ce qu'il savoit et croyoit savoir. » Si l'on en croit Lamonnoye, Boileau regardait Hesnault comme l'un des hommes qui écrivaient le mieux en vers. Pour s'excuser d'en avoir parlé avec mépris dans sa neuvième satire, ainsi que dans le troisième chant du Lutrin, il disait qu'il y avait placé d'abord Boursault, ensuite Perrault; que s'étant réconcilié avec eux, il avait successivement effacé leurs noms et substitué (1701) celui d'Hes-

---

(1) Saint-Foix, t. I, p. 303.

nault, hors d'état de se plaindre puisqu'il n'existait plus. Si le fait est vrai, il ne fait pas honneur au satirique.

Regnard (Jean-François), l'un de nos bons poëtes comiques, naquit à Paris le 8 février 1655, d'un marchand demeurant sous les piliers des halles. Maître d'une fort belle fortune, après la mort de son père, il se mit à voyager. On sait qu'au milieu de ses romanesques aventures, il fut fait prisonnier par un corsaire d'Alger, vendu 1,500 livres et mené à Constantinople, où il subit pendant environ deux ans une captivité assez rigoureuse. Ses talents en cuisine lui valurent enfin sa liberté. Regnard rapporta en France la chaîne qu'il avait traînée dans son esclavage et la conserva toujours dans son cabinet. Entraîné par son humeur vagabonde, il ne resta pas long-temps à Paris. En société avec deux compatriotes, nommés Fercourt et Corberon, il partit pour la Flandre et visita successivement la Hollande, de Danemarck, la Suède, la Laponie, etc. Fixé enfin à Paris, Regnard y acheta une charge de trésorier de France et s'adonna aux plaisirs et à la littérature. Sa maison, située au bout de la rue Richelieu, devint le rendez-vous des amateurs de la bonne chère; les princes de Condé et de Conti furent plusieurs fois au nombre de ses convives. Au milieu de cette vie dissipée, Regnard trouva le temps d'écrire pour le théâtre français et la comédie italienne. Boileau disait de ce grand écrivain qu'il n'était pas médiocrement plaisant, et Voltaire pensait que celui qui ne se plaît pas aux comédies de Regnard n'est pas digne d'admirer Molière. Regnard est en effet notre premier comique après l'auteur de l'*Ecole des Femmes*. Qui ne connaît pas le *Joueur*, le *Distrait*, *Démocrite amoureux*, le *Légataire universel*, les *Ménechmes*, etc? « Ce qu'on remarque dans Regnard, dit Laharpe, ce n'est ni la raison supérieure, ni l'excellente morale, ni l'esprit d'observation, ni l'éloquence de style qu'on admire dans le *Misanthrope*, dans le *Tartufe*, dans les *Femmes savantes*: ses situations sont moins fortes, mais elles sont comiques; et ce qui le caractérise surtout, c'est une gaieté soutenue, qui lui est particulière, un fonds inépuisable de saillies, de traits plaisants: il ne fait pas souvent penser, mais il fait toujours rire. » Regnard mourut en 1709 à sa terre de Grillon, près de Dourdan, des suites d'un excès de table. La relation de ses voyages est fort intéressante.

Regnier-Desmarais (François-Séraphin), né à Paris en 1632, mort dans cette ville le 6 septembre 1713. Il s'occupa de littérature, s'attacha successivement à plusieurs seigneurs, et rendit de grands services au gouvernement en qualité de secrétaire d'ambassade à Rome. Le roi lui donna en récompense le prieuré de Grammont, et Regnier entra alors dans les ordres sacrés. Ses profondes connaissances en linguistique lui firent ouvrir, en 1670, les portes de l'Académie française, et il coopéra avec tant d'activité à la composition du *Dictionnaire*, qu'il fut élu secrétaire perpétuel, en 1684, après la mort de Mézerai. Regnier a fait un grand nombre de poésies françaises, italiennes et espagnoles, des traductions et une *Grammaire française;* ce dernier ouvrage lui a seul survécu. C'était un homme d'honneur et de probité, qui n'eut d'autre défaut qu'un entêtement déplacé; on a dit que ses confrères lui avaient donné le nom d'abbé Pertinax.

Antoine Furetière, si connu par ses querelles littéraires et son humeur satirique, naquit à Paris en 1620, il se fit recevoir avocat, et il exerça la charge de procureur fiscal de l'abbaye de Saint-Germain-des-Prés. Il abandonna ensuite cette profession pour l'état ecclésiastique et obtint l'abbaye de Chalevoy. Reçu membre de l'Académie française en 1662, dans le temps que cette compagnie s'occupait de la rédaction de son *Dictionnaire,* il entreprit d'en faire un pour son compte. L'Académie l'accusa d'avoir profité du travail de ses confrères et d'avoir surpris un privilége sur un faux exposé; elle opposa le privilége exclusif qu'elle avait elle-même, fit supprimer celui de Furetière, et en 1685, vingt-trois ans après sa réception, le bannit de son sein, où elle ne le remplaça point de son vivant. Il plaida contre elle, fit des *factum* et des libelles en vers et en prose, où plusieurs de ses membres étaient fort maltraités. Ces divers écrits, réunis, en 1694, en deux volumes, eurent beaucoup de vogue et sont tout-à-fait oubliés aujourd'hui. Furetière ne vit point la fin de son procès, et il n'eut point la satisfaction de voir paraître son dictionnaire, qui ne fut publié en Hollande que deux ans après sa mort, arrivée le 14 mai 1688. Cet ouvrage, singulièrement augmenté depuis par Basnage et quelques autres savants, jouit encore de quelque estime (1). Furetière, qui était un homme de beaucoup d'esprit, dissipa son talent dans ses querelles particulières et dans mille petits ouvrages inconnus de nos jours. Les littérateurs lisent toujours cependant avec intérêt son *Roman bourgeois.*

Charles Cotin, né à Paris en 1604, mort en 1678; conseiller et aumônier du roi et membre de l'Académie française. L'abbé Cotin n'était pas sans mérite. Il possédait l'hébreu et le syriaque; il avait fait des auteurs grecs une étude assez profonde pour pouvoir réciter par cœur Homère et Platon; il avait des connaissances étendues en théologie et en philosophie; enfin on trouve de très jolis morceaux dans le volume de poésies qu'il a publié. Cotin cependant a été ridiculisé par ses contemporains, et une triste célébrité, due en partie aux satires de Boileau, est restée attachée à son nom. Il paraît que ce fut son caractère envieux qui lui attira la haine de Boileau et aussi celle de Molière, qui se vengea de ses tracasseries en l'introduisant dans sa comédie des *Femmes savantes* sous le nom de *Trissotin,* et acheva ainsi de le couvrir de ri-

---

(1) *Biogr. univ.,* art. *Furetière.*

dicule. Cotin avait pendant seize ans prêché le carême dans les différentes chaires de la capitale: la crainte des critiques de Boileau l'empêcha de faire imprimer ses sermons, qui cependant attiraient la foule et qui sont ainsi restés perdus.

Philippe Quinault était né à Paris, d'un boulanger de la rue de Grenelle-Saint-Honoré, le 3 juin 1635. Dès la plus tendre jeunesse, Quinault manifesta un goût extraordinaire pour le théâtre; il débuta dans la carrière dramatique à l'âge de dix-huit ans, par une pièce qui fut représentée sous les auspices de Tristan-l'Hermite, son protecteur et son ami. Tristan était un mauvais poëte, mais il eut droit à la reconnaissance par la générosité dont il usa envers Quinault; il lui fit partager sa table et son logement, et lui laissa par son testament une somme assez considérable avec laquelle son protégé acheta une place de valet-de-chambre du roi. Après son premier succès, Quinault ne laissa plus s'écouler une année sans produire une pièce de théâtre et quelquefois deux. En 1666, il n'avait pas trente et un ans, et il en avait déjà composé seize. Les plus connus de ses ouvrages sont la *Mère coquette* et l'*Astrate*. Il était encore jeune et Boileau l'était aussi, lorsque dans la verve amère de son esprit satirique ce dernier versa le ridicule sur Quinault comme sur Cotin et tant d'autres; mais le bon goût public et la critique éclairée de quelques écrivains, en tête desquels se distingue Voltaire, auraient suffisamment fait justice de ces attaques, si Boileau lui-même ne les eût désavouées plus tard. « Dites bien à M. Quinault, écrivait-il à Racine en 1687, que je lui suis infiniment obligé de son souvenir. Vous pouvez l'assurer que je le compte présentement au rang de mes meilleurs amis et de ceux dont j'estime le plus le cœur et l'esprit. « En 1660, Quinault se maria avec une jeune et riche veuve qui lui apporta une fortune considérable. Dans son acte de mariage, il prit le titre d'avocat au parlement, et l'année suivante, dans l'acte de naissance de sa fille, ceux de valet-de-chambre du roi et d'écuyer. Il avait promis à sa femme de ne plus écrire pour le théâtre; mais ayant été reçu membre de l'Académie française en 1670, il accueillit avec empressement l'offre que lui fit Molière d'écrire une partie de la *Psyché*, et jusqu'à la fin de sa vie il composa des opéras pour Lulli. Peu de temps après, Quinault acheta une charge d'auditeur en la chambre des comptes, malgré les scrupules de cette compagnie, qui hésitait à compromettre sa gravité en recevant un auteur dramatique dans son sein. Louis XIV s'était épris du talent de Quinault; il se plaisait à lui indiquer lui-même des sujets d'opéra; il le décora du cordon de Saint-Michel et y joignit une pension de 2,000 livres. En 1674, Quinault entra dans l'Académie des inscriptions et belles-lettres. Son talent poétique semblait s'accroître chaque année, lorsqu'après avoir donné son bel opéra d'*Armide*, il cessa tout-à-coup d'écrire. La mort de Lulli l'avait frappé; saisi de scrupules religieux, il quitta le théâtre et commença un poëme sur la destruction du protestantisme en France. Il mourut à Paris le 26 novembre 1688, laissant une succession de 300,000 francs, grande fortune pour l'époque; il fut inhumé dans l'église de Saint-Louis en l'île.

François Colletet, né à Paris, en 1628, mort en 1676. C'est le fils de ce pauvre poëte dont j'ai parlé dans la période précédente (1). Il se fit soldat et fut pris dans une campagne contre les Espagnols. Rendu à la liberté, il revint à Paris, où il entra, comme précepteur, dans une grande maison; mais ne trouvant pas son compte à ce nouveau métier, il chercha une ressource dans sa plume. Ses poésies sont détestables, et les amateurs de curiosités littéraires ne recherchent que son *Traité des langues étrangères, de leurs alphabets et des chiffres*, ouvrage auquel M. Nodier a consacré un article dans ses *Mélanges tirés d'une petite bibliothèque*. Colletet fut toujours misérable. « Un rat de cave, dit Richelet, gagne tous les ans sept ou huit cents francs, tandis que le pauvre François Colletet, qui ne vit que de sa plume, fait poëme sur poëme, et ne gagne pas le quart de cette somme. » Ce n'était pas une raison pour que Boileau insultât grossièrement un homme d'honneur, qui n'avait d'autre tort que d'être malheureux et de ne pas savoir écrire. François Colletet n'a jamais *mendié son pain de cuisine en cuisine*; c'est une injure toute gratuite et qu'on est fâché de trouver dans les beaux vers de Boileau. M. Nodier a reproché avec assez d'amertume au célèbre satirique ce manque de goût et de délicatesse.

Charles Rollin, né à Paris le 30 janvier 1661. Rollin, fils d'un coutelier, était destiné à suivre la profession de son père qui l'avait fait recevoir maître dès son enfance. Un religieux bénédictin des Blancs-Manteaux dont il allait souvent servir la messe, reconnut en lui d'heureuses dispositions pour l'étude, et obtint pour lui une bourse au collége des Dix-Huit. Il acheva son éducation avec beaucoup de succès, et surtout acquit par sa droiture et la douceur de son caractère, l'estime et l'affection de tous ceux qui le connaissaient. Son professeur de seconde, Hersant, le prit tellement en amitié, que, désirant quitter l'Université pour s'attacher à l'éducation de l'abbé de Louvois, fils du ministre, il voulut absolument que Rollin fût son successeur. Il fut obligé pour cela de faire violence à la modestie de son élève qui se trouvait trop jeune pour remplir cette place; et en effet il n'avait que vingt-deux ans (1683). En 1687, Rollin passa à la chaire de rhétorique et il devint professeur d'éloquence au collége Royal en 1688. Il exerça ses fonctions de la manière la plus brillante, et, malgré sa jeunesse, il se distingua entre tous ses collègues de l'Université par sa rigidité pour l'observation

---

(1) Voy. ci-dessus p. 154 et 155.

des règles universitaires, et par les améliorations nombreuses qu'il apporta dans l'enseignement. Après neuf ans de professorat, il quitta la chaire pour se livrer uniquement à l'étude. Nommé recteur à la fin de l'année 1694, et continué dans ses fonctions deux ans de suite, ce qui alors était la preuve d'une rare confiance, il s'acquit les suffrages les plus honorables par la sagesse et la fermeté de son administration. Il était coadjuteur du collège de Beauvais, et se livrait paisiblement à ses utiles travaux, lorsqu'il fut enveloppé, pour quelque temps, dans la disgrâce qui frappa les membres du Port-Royal avec lesquels il était lié d'amitié, et dont il avait défendu les doctrines. Ce ne fut qu'un orage qui passa promptement. Les principaux ouvrages de Rollin sont le *Traité des Études* (1726), et *Histoire ancienne* (1730-1738). Il fut reçu membre de l'Académie des inscriptions en 1701. Personne n'égala le bon professeur en modestie, en simplicité, en désintéressement. Il se refusa à toutes les occasions d'augmenter son revenu, qui dans le temps de sa plus grande aisance ne s'éleva guère à plus de 3,000 livres ; et, par une délicatesse aussi singulière que rare, loin de vendre chèrement ses ouvrages à son libraire, il exigeait de lui la faculté de le dédommager en cas de perte. Il occupait, dans un des quartiers les plus retirés de la ville, une petite maison à peine suffisante pour contenir ses amis, les plus illustres personnages de l'époque, et les étrangers de distinction qui venaient le visiter. Il mourut au milieu des témoignages d'estime, de respect et de reconnaissance de tous ceux qui l'entouraient, le 14 septembre 1741, à l'âge de plus de quatre-vingts ans.

Jean de Santeul, célèbre par ses poésies latines, naquit à Paris (1), le 12 mai 1630, d'une famille ancienne et distinguée par d'honorables alliances. Son père, riche marchand, fut élevé à la dignité d'échevin. Santeul fit ses premières études au collège de Sainte-Barbe, et les termina à celui de Louis-le-Grand, sous le P. Cossart, qui perfectionna le talent de son élève pour la poésie latine. A l'âge de vingt ans, Santeul prit l'habit de chanoine régulier à l'abbaye de Saint-Victor, et ses nombreuses productions lui acquirent bientôt une juste célébrité. Il orna de ses distiques les principaux monuments de Paris, et composa des hymnes religieuses qui renferment des beautés du premier ordre. C'était un excellent homme, de mœurs irréprochables, quoiqu'il eût de grands défauts et entre autres une excessive vanité. La Bruyère l'appelle un *enfant en cheveux gris*. Santeul mourut subitement à Dijon, le 5 août 1697, chez le duc de Bourbon, qui allait présider les états de Bourgogne et qui l'emmenait avec lui ; il périt victime de l'imprudence inconcevable du duc de Bourbon et de ses courtisans, qui lui firent boire un verre de vin dans lequel on avait mêlé du tabac d'Espagne pour voir quel effet produirait sur lui ce breuvage. Ses restes furent déposés dans l'église

(1) Et non à Dijon, comme le dit l'auteur des *Siècles littéraires*.

Saint-Étienne de Dijon, et transportés ensuite à Paris aux frais du duc de Bourbon. Ils furent placés dans le cloître de l'abbaye de Saint-Victor, et on mit sur son tombeau une épitaphe en vers latins composée par Rollin (1).

Claude de Santeul, frère aîné de Jean, naquit à Paris, en 1628, et s'adonna aussi avec succès à la poésie latine. Il vécut dans la retraite, portant l'habit ecclésiastique, sans être néanmoins dans les ordres. Il habita long-temps le séminaire de Saint-Magloire, et c'est de là que lui vient le surnom de *Maglorianus*, par lequel il est distingué de son frère. Nous n'avons de lui qu'un très petit nombre de pièces, qui prouvent un véritable talent.

Henri de Valois, seigneur d'Orcé, né à Paris, en 1603, fit sous la direction des jésuites d'excellentes études, et devint l'ami des savants P. Denis Pétau et Sirmond. Il suivit d'abord la carrière du barreau pour obéir à son père; mais peu de temps après avoir été reçu avocat au parlement de Paris, il fut entraîné par son goût à l'étude de l'histoire et des auteurs anciens. La protection des grands personnages dont il s'était concilié l'estime et son rare savoir lui valurent la place d'historiographe de France qu'il remplit avec honneur en publiant plusieurs bons ouvrages. Jusqu'à l'âge de soixante ans, Henri de Valois, quoique d'une humeur bizarre, et d'un commerce fort désagréable, avait vécu avec sa mère et ses frères. Il conçut alors le projet de se marier, et il épousa en effet (1664) une jeune et belle femme dont il eut sept enfants. Il mourut le 7 mai 1676, et fut inhumé dans l'église de Saint-Nicolas-des-Champs où était le tombeau de sa famille.

Adrien de Valois, seigneur de la Mara, frère du précédent, né à Paris le 14 janvier 1607. Il fit ses classes au collège de Clermont, et lorsqu'elles furent terminées, il se livra avec ardeur à l'étude des antiquités nationales. Son grand ouvrage, intitulé : *Gesta Francorum, seu rerum francicarum* (1646-1658), lui acquit une juste réputation. Louis XIV lui donna le titre d'historiographe du roi avec une pension de douze cents francs. Adrien de Valois publia ensuite d'autres travaux excellents, entre autres sa *Notice des Gaules* (1676). Il mourut à Paris le 2 juillet 1692.

Charles de Valois de la Mara, fils du précédent, né à Paris en 1671, mort en 1747, sans postérité. Il fut antiquaire du roi et membre de l'Académie des inscriptions. Ce savant modeste se fit connaître par quelques travaux d'érudition fort remarquables.

---

(1) Lorsqu'en 1800 on démolit l'abbaye Saint-Victor, les restes de Santeul, renfermés dans un cercueil de plomb, furent portés aux jésuites de la rue Saint-Antoine, et déposés dans un bûcher où on les avait laissés. Ils furent transférés, le 16 février 1818, dans l'église de Saint-Nicolas-du-Chardonnet. Cinq personnes du nom de Santeul assistaient à la cérémonie. *Biogr. univ.*, art. *Santeul*.

LOUIS XIV. 321

Charles Rivière-Dufrény, né à Paris, en 1648, mort en 1724. Cet écrivain spirituel est l'auteur d'un grand nombre de petites comédies, oubliées aujourd'hui pour la plupart, mais qui ne manquent ni d'enjouement, ni d'originalité. On cite comme son chef-d'œuvre la *Réconciliation normande*. Dufrény passait pour petit-fils de Henri IV, et lui ressemblait. Il était valet de garde-robe de Louis XIV qui l'aimait beaucoup, et qui, entre autres places, lui donna celle de contrôleur de ses jardins. Dufrény écrivait fort bien, composait de délicieuses chansons, paroles et musique, et avait un talent remarquable dans l'art qu'illustra Lenôtre. On cite de lui les jardins de Mignaux, près de Poissy, ceux du *Moulin* et du *Chemin-Creux*, dans le faubourg Saint-Antoine, etc. (1). « Louis XIV, dit un écrivain du siècle dernier, ayant pris la résolution de faire faire à Versailles des jardins, dont la grandeur et la magnificence surpassent tout ce qu'on aurait vu et même imaginé jusqu'alors, lui demanda des dessins. Dufrény en fit deux différents. Ce prince les examina et les compara avec ceux qu'on lui avait présentés : il en parut content et ne les refusa que par l'excessive dépense dans laquelle l'exécution l'aurait engagé. » Voltaire a dit de Dufrény :

> Et Dufresny, plus sage et moins dissipateur,
> Ne fût pas mort de faim, digne mort d'un auteur.

Le fait est vrai. J'ai raconté ailleurs une anecdote qui atteste le désordre dans lequel vivait Dufrény (2). Voici un trait, qui peint au naturel le caractère de ce singulier personnage, et qui n'a pas été oublié par Le Sage dans son *Diable boiteux*.. Il s'agit de marquer à différents originaux des places aux Petites-Maisons. « J'y veux envoyer aussi, dit Asmodée, un vieux garçon de bonne famille, lequel n'a pas plus tôt un ducat qu'il le dépense, et qui, ne pouvant se passer d'espèces, est capable de tout faire pour en avoir. Il y a quinze jours que sa blanchisseuse, à qui il devait trente pistoles, vint les lui demander, en disant qu'elle en avait besoin pour se marier à un valet de chambre qui la recherchait. « Tu as donc d'autre argent, lui dit-il, car où diable est le valet de chambre qui voudra devenir ton mari pour trente pistoles ? — Hé ! mais, répondit-elle, j'ai encore, outre cela, deux cents ducats. — Deux cents ducats ! répliqua-t-il avec émotion : malepeste ! tu n'as qu'à me les donner à moi : je t'épouse ; et nous voilà quitte à quitte. » Et la blanchisseuse est devenue sa femme. »

Charles Perrault, frère du célèbre architecte, naquit à Paris, le 12 janvier 1628, et fit ses études au collège de Beauvais. Après avoir plaidé comme avocat, il entra dans l'administration et devint contrôleur-général des bâtiments. Il rendit de grands services aux gens de lettres,

(1) *Anecd. dramat.*, t. III, p. 168. — (2) Voy. ci-dessus, p. 130.

et on fonda d'après ses plans, l'Académie de peinture, de sculpture et d'architecture et celle des sciences. Reçu à l'Académie française en 1671, il proposa deux améliorations qui furent acceptées : la publicité de quelques unes des séances et le scrutin pour l'élection des membres ; l'Académie lui fut encore redevable de son établissement au Louvre, et des jetons qui lui furent assignés à titre de droits de présence. Charles Perrault, qui joua un grand rôle à cette époque par sa querelle des *anciens et des modernes*, a publié un grand nombre d'ouvrages, qui ne méritent guère l'attention. Mais il faut en excepter les *Contes des Fées*, publiés en 1697, et qui sont le chef-d'œuvre du genre. Perrault mourut à Paris, le 16 mai 1703. — Deux autres frères de Perrault se sont fait connaître dans leur temps par quelques écrits. L'un, *Pierre*, l'aîné de la famille, receveur-général des finances de Paris, a publié un *Traité de l'origine des fontaines*; une traduction du *Seau enlevé* de Tassoni, etc. *Nicolas Perrault*, l'un des soixante-dix docteurs exclus de la Sorbonne avec Arnauld, mort en 1661, est l'auteur de la *Morale des Jésuites*.

Duché de Vancy (Joseph-François), valet-de-chambre de Louis XIV, né à Paris en 1668, d'un gentilhomme ordinaire de la chambre du roi. Son père le fit élever avec soin, mais ce fut tout son héritage. Il se fit littérateur, et madame de Maintenon, qui le protégeait, le choisit pour composer des poésies lyriques, à l'usage des élèves de Saint-Cyr. Duché était un homme de goût et de talent, qui composa plusieurs opéras ; le plus connu est celui d'*Iphigénie en Tauride*. Mort en 1704, il était membre de l'Académie des inscriptions et belles-lettres.

Saint-Pavin (Denis-Sanguin de), né à Paris vers le commencement du XVIIe siècle, était fils d'un président aux enquêtes, et fut aussi prévôt des marchands. Sa mère, Isabelle Séguier, était cousine du chancelier de ce nom. Saint-Pavin, pourvu de l'abbaye de Livry, s'adonna tout entier aux plaisirs et à la poésie qu'il cultiva avec succès. Ses épigrammes et ses sonnets sont aimés des gens de goût. Il mourut en 1670. On peut connaître son mérite personnel, dit Voltaire, par cette épitaphe que fit pour lui Fieubet, le maître des requêtes, l'un des esprits les plus polis de son siècle :

> Sous ce tombeau gît Saint-Pavin :
> Donne des larmes à sa fin.
> Tu fus de ses amis peut-être ?
> Pleure ton sort, pleure le sien.
> Tu n'en fus pas ? pleure le tien,
> Passant, d'avoir manqué d'en être.

Louis de Rouvroy, duc de Saint-Simon, né en 1675, fut tenu sur les fonts de baptême par Louis XIV et Marie-Thérèse d'Autriche. Sa haute naissance et ses qualités personnelles lui donnèrent à la cour une fort belle position. En 1715, le duc d'Orléans l'appela au conseil de régence, et le duc de Saint-Simon joua un grand rôle sous ce gouvernement. Après la mort du régent, il perdit beaucoup de son crédit et se retira dans sa terre de La Ferté, où il composa ses *Mémoires* sur la cour de Louis XIV et sur celle du régent. Ce curieux ouvrage ne parut, d'après ses dernières volontés, que long-temps après sa mort, en 1788; il est aujourd'hui entre les mains de tous les gens lettrés. Le duc de Saint-Simon mourut à Paris le 2 mars 1755, à l'âge de quatre-vingts ans.

Etienne Pavillon, neveu du célèbre évêque d'Aleth, naquit à Paris en 1632, d'une bonne et ancienne famille de cette ville. Il exerça pendant dix ans à Metz, avec distinction, la charge d'avocat-général au parlement, et revint ensuite dans la capitale, où il s'acquit, par son caractère et son goût pour la littérature, une belle réputation. Aussi modeste que désintéressé, il fut nommé, en 1691, à l'Académie française, sans l'avoir espéré ni demandé. Celle des inscriptions et belles-lettres lui donna la place vacante par la mort de Racine, et Louis XIV lui accorda une pension de 2,000 livres. Pavillon mourut le 10 janvier 1705, à l'âge de soixante-treize ans. Ses poésies sont assez jolies, mais sans force et sans aucune portée.

Pauline de Grignan, *marquise de Simiane*, petite-fille de madame de Sévigné, née à Paris en 1674, morte dans la même ville en 1737. Ses lettres et ses poésies se lisent encore avec assez de plaisir.

Argonne (Noël, dit Bonaventure d'), né à Paris vers l'an 1634, s'appliqua à la jurisprudence et exerça la profession d'avocat jusqu'à l'âge de vingt-huit ans. Dégoûté du monde, il entra dans l'ordre des Chartreux; mais dans sa retraite il conserva toujours son goût pour la littérature, et entretint les liaisons qu'il avait eues dans le monde. Son ouvrage le plus connu est intitulé : *Mélanges d'histoire et de littérature*, travail curieux qu'il publia sous le pseudonyme de *Vigneul-Marville*; mort en 1704, à la Chartreuse de Gaillon, en Normandie.

Antoine Aubery, avocat au parlement de Paris, né en 1616, mort en 1695. « Les cardinaux de Richelieu et Mazarin, dont il a écrit l'histoire, dit l'auteur des *Siècles littéraires*, doivent peu au mérite de sa plume. On y trouve néanmoins des détails intéressants parce qu'ils ont rapport à des hommes célèbres. »

Michel Baron, l'un de nos plus célèbres comédiens, naquit à Paris en 1652, et fut instruit dans son art par Molière. Baron quitta le théâtre en 1691, y remonta en 1720, et mourut en 1729. Au dire de ses contemporains, c'était un acteur inimitable dans tous les genres. Il a aussi composé plusieurs comédies, dont l'une, l'*Homme à bonnes fortunes*, est restée au répertoire. On a discuté les titres du comédien comme littérateur, et on a attribué ses pièces à d'autres qu'à lui. Mais les preuves n'ont jamais été que des conjectures, et après tout, il vaut mieux laisser jouir Baron d'un bien que personne ne réclame, que de risquer de le dépouiller du sien propre.

Henri Sauval, l'un des personnages les plus intéressants de l'histoire littéraire de Paris, par le zèle et l'on peut dire par le succès avec lequel il s'est livré à l'étude des antiquités de cette ville. Son volumineux ouvrage est une mine précieuse où se trouvent les plus curieux détails de nos annales. Les résultats de ses recherches sont, il est vrai, jetés pêle-mêle et disséminés en désordre dans ses trois énormes volumes, mais sans les travaux de Sauval tout cela eût été perdu. Quant à son style, on l'a souvent condamné comme rempli d'enflure et de mauvais goût ; ce sont, je l'avoue, des défauts dont il n'est pas exempt, mais je regretterais que la plume de Sauval eût été plus châtiée, si, comme je le crois, la correction lui eût enlevé cette diction pittoresque, chaude et colorée qui dans son livre émeut et charme si souvent le lecteur. Du reste, Sauval n'eut pas le temps de mettre la dernière main à son œuvre ni la satisfaction de la publier. Il obtint un privilège pour son impression en 1654 ; mais il mourut en 1669 ou 1670, laissant neuf volumes in-folio en manuscrit, qui contenaient le résultat de vingt années de recherches. Rousseau son ami, auditeur des comptes, entreprit de les revoir et de les corriger ; mais avant d'avoir pu terminer il mourut à son tour. L'ouvrage ne parut qu'en 1724, sous ce titre : *Histoire et recherches des antiquités de la ville de Paris*, trois volumes in-folio. Il est divisé en quatorze livres qui renferment aussi une dissertation latine du mathématicien Pierre Petit, sur la véritable position de Paris ; un discours du docteur de Launoy, sur l'ancienneté de ses églises ; un mémoire d'Aug. Galland, sur les anciens étendards et enseignes de France, et un petit opuscule de Sauval sur les *amours des rois de France*. Henri Sauval était né à Paris vers 1620 ; il se destina d'abord au barreau et exerça la profession d'avocat ; mais bientôt, entraîné par son goût, il abandonna cette carrière pour celle de l'érudition.

Claude Bouteroue, savant antiquaire, né à Paris, conseiller en la cour des monnaies, mort en 1680. On a de lui des *Recherches curieuses des monnoies de France*. Le premier volume de ce bel ouvrage a seul été publié, mais le manuscrit était entre les mains de Fr. Leblanc, qui en a sans doute fait usage dans son *Traité historique des monnoies de France*.

Dominique Bouhours, jésuite, né à Paris en 1628, mort dans cette ville en 1702. C'était un homme de goût, qui a rendu de grands services à notre littérature. Madame de Sévigné disait de lui : « L'esprit lui sort de tous les côtés. » Il a fait un grand nombre d'ouvrages. Les plus connus sont les *Entretiens d'Ariste et d'Eugène*, la *Manière de bien penser dans les ouvrages d'esprit*, et les *Pensées ingénieuses des anciens et des modernes*. Comme le P. Bouhours avait été dans l'usage de publier alternativement des livres de littérature et des écrits religieux, on lui fit cette épitaphe :

> Ci-gît un bel esprit qui n'eut rien de terrestre ;
> Il donnait un tour fin à ce qu'il écrivait.
> La médisance ajoute qu'il servait
> Le monde et le ciel par semestre.

Armand de Bourbon, prince de *Conti*, frère du Grand-Condé, né à Paris en 1629, mort à Pézenas en 1666. On sait quel rôle il joua dans les troubles de la Fronde. Dans les dernières années de sa vie, il était tombé dans une dévotion excessive; il composa plusieurs ouvrages, entre autres un *Traité* contre les spectacles. « Il eût peut-être mieux fait, dit Voltaire, d'écrire contre la guerre civile. »

Géraud de Cordemoy, membre de l'Académie française, né à Paris au commencement du XVIIe siècle, mort en 1684. Ses talents le firent choisir par Bossuet en qualité de lecteur du dauphin. Son principal ouvrage est une *Histoire de France depuis le commencement de la monarchie jusqu'en* 987. Ce travail n'est point sans mérite. — Son fils *Louis*, docteur en Sorbonne et abbé de Fenières, continua par ordre de Louis XIV cette *Histoire de France* ; mais son travail, qu'il conduisit jusqu'en 1060, est resté manuscrit. On a encore de cet ecclésiastique divers petits ouvrages purement ascétiques. Né à Paris en 1651, mort en 1722.

Jacques de la Vallée, seigneur *des Barreaux*, conseiller au parlement de Paris, sa patrie, né en 1602, mort à Châlons-sur-Saône en 1674. Il est connu des gens de lettres par plusieurs petites pièces de vers agréables dans le goût de Sarrazin et de Chapelle. On sait qu'ennuyé d'un procès dont il était rapporteur, il paya de son argent ce que le demandeur exigeait, jeta le procès au feu, et se démit de sa charge (1)

Baudelot de Dairval, membre de l'Académie des inscriptions et belles-lettres, né à Paris en 1648, mort en 1722; homme d'une grande érudition. Il est connu par un excellent *Traité sur les voyages*.

Michel-Antoine Baudran, né à Paris en 1633, mort en 1700. Cet ecclésiastique est l'auteur d'un *Dictionnaire géographique* utile que ses successeurs ont compilé sans le citer.

Beauchâteau, né à Paris d'un comédien de l'hôtel de Bourgogne, fut un des prodiges du siècle de Louis XIV. A l'âge de sept ans, il parlait plusieurs langues et composait des vers avec une grande facilité. « Ses vers, dit un historien, étoient si jolis qu'on avoit peine à se persuader qu'ils fussent de lui; pour s'en convaincre, Anne d'Autriche, le cardinal Mazarin, le chancelier Séguier, le faisoient renfermer dans une chambre et lui prescrivoient des sujets qu'il traitoit avec le même

---

(1) **Voltaire**, *Siècle de Louis XIV.*

agrément que s'ils eussent été à son choix. » Le jeune Beauchâteau, à l'âge de quatorze ans, quitta ses parents et passa en Angleterre, où il fut très bien accueilli par Cromwell. Il s'embarqua ensuite pour la Perse, et on ne sait ce qu'il y est devenu. Les vers de cet enfant ont été recueillis sous le titre de la *Muse naissante du jeune Beauchâteau*, ou la *Lyre du jeune Apollon*.

Nicolas Boindin, si connu dans l'histoire littéraire de cette époque, naquit à Paris en 1676, d'un procureur du roi au bureau des finances. C'était un homme d'esprit et de talent, dont plusieurs comédies (*le Bal d'Auteuil*, *les Trois Gascons*, *le Port de mer*) furent joués avec un grand succès. Il fut reçu en 1706 à l'Académie des inscriptions, et sa place était marquée à l'Académie française, si la profession publique qu'il faisait de l'athéisme ne lui eût donné l'exclusion. Boindin mourut en 1751 ; on lui refusa les honneurs de la sépulture.

Louis Henri de Loménie, comte de Brienne, fils du ministre d'État dont j'ai parlé dans la période précédente (1), né à Paris en 1635, mort en 1698. Après avoir rempli diverses fonctions importantes, il se retira à l'Oratoire ; mais après quelques années passées dans les exercices religieux, il commit tant d'extravagances qu'il reçut l'ordre de sortir de la congrégation. Ses folies continuèrent de plus belle, et il fut renfermé à Saint-Lazare par ordre du roi ; il y resta dix-huit ans. Il mourut paisiblement à l'abbaye de Château-Landon. M. de Brienne publia un grand nombre d'ouvrages de tous genres, oubliés aujourd'hui, mais qui se distinguent cependant par un style élégant et facile.

François Cassandre, l'un des hommes les plus instruits de son siècle, est principalement connu par une excellente traduction de la *rhétorique d'Aristote*. Boileau aimait beaucoup ce savant ; mais Cassandre était doué d'un caractère sauvage qui le rendit malheureux toute sa vie, et qui lui rendirent inutiles et ses talents et l'affection qu'on lui portait. Il mourut en 1695, dans la plus grande misère. Comme on l'exhortait à prier Dieu à ses derniers moments : « Ah ! oui, s'écria-t-il, je lui ai de grandes obligations ; il m'a fait jouer ici-bas un joli personnage (2) ! » C'est Cassandre que Boileau a eu en vue dans ces vers de sa première satire :

> Damon, ce grand auteur, dont la muse fertile
> Amusa si long-temps et la cour et la ville,
> Mais qui n'étant vêtu que de simple bureau
> Passa l'été sans linge et l'hiver sans manteau.

François Catrou, né à Paris le 8 décembre 1659, d'un conseiller-secrétaire du roi, entra chez les jésuites, dont il fut l'une des gloires.

---

(1) Voy. ci-dessus p. 157. — (2) *Les trois siècles de notre littérateur*, t. I, p. 163.

Mort en 1737. Ce savant estimable commença en 1701, avec trois de ses confrères, le célèbre *journal de Trévoux*. Il a publié un grand nombre d'ouvrages, entre autres l'*Histoire générale du Mogol* (1705).

Jean-Antoine du Cerceau, né à Paris le 12 novembre 1670, entra également chez les jésuites, et se fit connaître de bonne heure par ses poésies latines. Il a composé un grand nombre d'ouvrages en vers et en prose assez médiocres. Il est plus connu par ses comédies à l'usage des colléges. La meilleure est celle des *Incommodités de la grandeur;* elle fut représentée par les élèves du collége de Clermont, une fois devant le roi d'Angleterre, une autre fois devant Madame, mère du régent, et enfin au Louvre devant Louis XV et toute la cour. Le P. Du Cerceau était précepteur du prince de Conti (né en 1717). Il l'accompagnait à Véret, château du duc d'Aiguillon, près de Tours. Le jeune prince, montrant beaucoup d'inclination pour la chasse, avait enfin obtenu un fusil et le retournait en tout sens; ce fusil était chargé à balle; le coup partit et tua roide le P. Du Cerceau, le 4 juillet 1730. Le prince de Conti, épouvanté de cet accident, courut par tout le château en criant : « J'ai tué le P. Du Cerceau! j'ai tué le P. Du Cerceau! » et il répétait sans cesse ces paroles du ton le plus douloureux, sans que l'on pût en tirer autre chose pendant quelque temps (1).

René-le-Bossu, né à Paris, en 1631, fit ses études à Nanterre, puis entra chez les chanoines réguliers de Sainte-Geneviève en 1649. Après avoir professé les humanités dans différentes maisons, il vécut dans la retraite, et mourut en 1680. Ses ouvrages sont oubliés à juste titre. « Son *Traité sur le poëme épique*, dit Voltaire, a beaucoup de réputation, mais il ne fera jamais de poëte. »

Madame Deshoulières (Antoinette de La Garde). « De toutes les dames françaises qui ont cultivé la poésie, disait Voltaire, c'est celle qui a le plus réussi, puisque c'est celle dont on a retenu le plus de vers. » Née à Paris, vers 1633 ou 1634, elle fut mariée en 1651 à Guillaume de Fon de Boisguérin, seigneur Deshoulières, gentilhomme poitevin, attaché à Condé, et qui partagea la mauvaise fortune de ce prince pendant les troubles de la Fronde. Sa jeune épouse, ornée de toutes les grâces du corps et de l'esprit, le suivit dans l'exil, et lorsque la paix fut rétablie, vint briller à la cour de France. Elle savait le latin, l'italien, l'espagnol, et composait avec facilité des vers charmants de grâce et de naturel. Ses premiers essais poétiques furent imprimés dans le *Mercure Galant* en 1672. Elle était liée avec les plus illustres personnages de son temps; elle était chantée par les poëtes qui l'avaient surnommée *la dixième Muse* et la *Calliope française*. Elle eut aussi d'illustres ennemis, prit parti pour Pradon contre Racine, fit une satire contre la

---

(1) *Biogr. univ.*, art. *Du Cerceau.*

Phèdre de ce dernier, et fut à son tour ridiculisée par Boileau qui dit d'elle dans sa dixième satire :

>C'est une précieuse,
>Reste de ces esprits jadis si renommés,
>Que d'un coup de son art Molière a diffamés....

Elle fit aussi quelques tragédies, mais qui réussirent si peu, que le public lui donna, par allusion à sa plus belle idylle, le conseil de *retourner à ses moutons*. Les vers qu'elle écrivit pour sa chatte furent beaucoup plus heureux ; ils firent beaucoup de bruit et occupèrent la cour et la ville. En 1684, elle fut nommée membre de l'académie des *Ricovrati* de Padoue, et en 1689, de l'académie d'Arles. En 1688, elle composa à la louange de Louis XIV un poëme qui lui valut une pension de 2,000 livres. Malgré sa célébrité, madame Deshoulières avait toujours vécu dans une condition voisine de la pauvreté. Après l'avoir fait languir pendant douze ans, un cancer au sein l'emporta. Elle mourut à Paris le 17 février 1694.

Sa fille, *mademoiselle Deshoulières* (*Antoinette-Thérèse*), née à Paris en 1662, suivit aussi la carrière des Muses, mais elle n'avait pas hérité de tout le talent de sa mère. Cependant elle la remplaça aux Académies d'Arles et de *Ricovrati*, et eut, en 1687, l'honneur de remporter à l'Académie française un prix de poésie qui lui était disputé par Fontenelle et Dupérier. Comme sa mère, elle vécut dans les privations de la fortune ; elle mourut au même âge et dans les longues douleurs de la même maladie (8 août 1718). Les cendres de la mère et de la fille furent réunies et déposées dans l'église de Saint-Roch.

Hardouin de Beaumont de Péréfixe, né en 1605, du maître-d'hôtel de Richelieu, fit ses études avec un succès qui lui valut la protection du cardinal. Destiné de bonne heure à l'état ecclésiastique, il occupa avec distinction les principales chaires de la capitale. Son mérite le fit désigner en 1644 pour précepteur de Louis XIV. Péréfixe devint en 1648 évêque de Rhodez ; en 1654, l'Académie française le choisit pour remplacer Balzac ; en 1662, Louis XIV l'éleva à la dignité d'archevêque de Paris ; puis il fut nommé proviseur de Sorbonne et commandeur des ordres du roi. Il mourut le 31 décembre 1670, vivement regretté à cause de sa droiture et de la douceur de ses mœurs. Il composa pour son royal élève deux ouvrages, l'un intitulé : *Institutio principes*, est un recueil de maximes qui renferment les devoirs d'un roi enfant ; le second est son *Histoire de Henri IV*, qui seule suffirait pour lui assurer une réputation durable.

François Charpentier, né à Paris le 15 février 1620, destiné d'abord à l'étude des lois où il semblait devoir obtenir de brillants succès, se laissa entraîner par son goût pour les lettres et s'y livra tout entier.

Colbert devina ses talents et fut son protecteur. Le ministre le mit à la tête d'une académie dont son hôtel avait été le berceau, et qui fut depuis l'Académie des inscriptions et belles-lettres. A cette époque (1666), Charpentier appartenait déjà depuis quinze ans à l'Académie française dont il devint plus tard le directeur perpétuel. Il prit part à tous les grands événements littéraires de son époque, et publia un assez grand nombre d'ouvrages, mais dont aucun n'est d'une importance réelle. Charpentier est mort à Paris, le 22 avril 1702.

François Ilharart, abbé *de la Chambre*, né à Paris, le 2 janvier 1698, était un docteur de Sorbonne qui se fit remarquer par le pieux zèle avec lequel il consacra sa vie à l'étude des matières religieuses, et devint chanoine de Saint-Benoît. Il mourut à l'âge de trente-sept ans, laissant plusieurs ouvrages de théologie, de philosophie et de morale.

Jean Chardin, fils d'un bijoutier de la place Dauphine, naquit le 26 novembre 1643. Il avait à peine vingt-deux ans lorsque son père l'envoya aux Indes orientales pour les opérations de son commerce. Le jeune Chardin se rendit en Perse et demeura à Ispahan six années qu'il employa moins aux affaires commerciales qu'à des études profondes sur les institutions, les mœurs et l'histoire du pays. Nommé marchand du roi, six mois après son arrivée à Ispahan, il se trouva, grâce à ce titre, en relation avec tous les grands de la cour, et sut exploiter au profit de la science ses hautes relations. Au mois de mai 1670, il revint à Paris; mais il n'y resta qu'un an. Il repartit le 17 août 1671, et passa encore dix ans dans la Perse et dans diverses autres parties de l'Asie. A son retour, Chardin préféra le séjour de l'Angleterre à celui de sa patrie où la religion protestante dans laquelle il avait été élevé lui fermait le chemin des honneurs. Le roi Charles II lui fit l'accueil le plus honorable, le combla de faveurs et le chargea même de négociations diplomatiques en Hollande. Cependant la préoccupation chérie du célèbre voyageur était la publication des documents qu'il avait rassemblés sur la Perse. La description de son voyage commença d'être imprimée en 1686. C'est une des plus curieuses et des plus utiles relations de ce genre que nous ayons. Le savant orientaliste Langlès en a encore publié une édition en 1811. Chardin est mort à Londres le 25 janvier 1713.

Timoléon Cheminais de Montaigu, né à Paris, le 23 janvier 1652. Il entra dès l'âge de quinze ans chez les jésuites, et commença sa carrière à Orléans, par l'enseignement des humanités. Cheminais était né orateur; il possédait à un degré supérieur tous les talents de la chaire, et surtout celui d'émouvoir ses auditeurs par une onction qui le fit comparer à Racine avant que Massillon fût connu. Il serait devenu l'un des premiers orateurs de son siècle, sans sa mauvaise santé qui l'obligea de quitter la chaire. Sa voix n'ayant plus assez de force pour remplir les vastes églises de la capitale, il allait dans les églises de village, instruire les habitants de la campagne. Il mourut épuisé, le 15 septembre 1689.

Louis Cousin, président en la cour des monnaies, et membre de l'Académie française, né à Paris, en 1627, mort en 1707. Ce savant estimable a publié un grand nombre d'ouvrages; il est surtout connu par ses traductions d'historiens byzantins, et par sa rédaction au *Journal des Savants*, qu'il dirigea pendant quatorze ans. Il légua sa bibliothèque à l'abbaye de Saint-Victor, avec un fonds de 26,666 livres pour l'augmenter, et il fonda six bourses à l'université de Paris.

François Timoléon de Choisy, né à Paris en 1644, mort en 1724, doyen de l'Académie française. Destiné de bonne heure à l'état ecclésiastique, il ne s'abandonna pas moins à tous les plaisirs de la jeunesse; mais il se convertit en 1684, et donna au public des ouvrages religieux qui furent bien accueillis. On n'imprima qu'après sa mort ses *Mémoires pour servir à l'histoire de Louis XIV.* « On y trouve des choses vraies, quelques unes fausses et beaucoup de hasardées ; ils sont écrits dans un style trop familier (1). »

Henri Cochin, l'un des plus célèbres avocats du XVIIIe siècle, naquit à Paris, en 1687, et mourut en 1747. C'était un homme d'une haute probité et d'un talent sévère; il était fort estimé. L'abbé Sabatier rapporte à son sujet l'anecdote suivante : « M. le premier président Portail, s'apercevant qu'il commençoit un plaidoyer d'une voix presque éteinte, l'interrompit pour lui demander ce qu'il avoit : — Rien, monsieur, répondit l'orateur, ce n'est qu'un rhume qui ne m'empêchera pas d'avoir l'honneur de plaider. Alors le premier président, du consentement de la compagnie, ajouta : La cour a trop d'intérêt à vous ménager pour souffrir que vous plaidiez dans l'état où vous êtes. »

Le marquis de Coulanges fut l'un de ces spirituels *viveurs* trop nombreux au XVIIe et au XVIIIe siècle. Né à Paris, en 1631, mort en 1716. Il vendit sa charge de conseiller au parlement pour ne plus faire que des voyages, des dîners et des chansons. Tout le monde connaît le couplet suivant sur l'*Origine de la noblesse:*

> D'Adam nous sommes tous enfants
> La preuve en est connue;
> Et que tous nos premiers parents
> Ont mené la charrue.
> Mais, las de cultiver enfin
> La terre labourée,
> L'un a dételé le matin,
> L'autre l'après-dînée.

M. de Coulanges était cousin-germain et intime ami de madame de Sévigné, qui dans ses *Lettres* parle fort souvent de lui et plus souvent

---

(1) Voltaire, *Siècle de Louis XIV.*

encore de sa femme, nièce du chevalier Le Tellier, cousine du ministre Louvois, et favorite de madame de Maintenon.

Courtilz de Sandras, né à Paris en 1644, mort en 1712. Ce misérable compilateur resta neuf ans à la Bastille, probablement à l'occasion d'un libelle. Il est le créateur de ce genre déplorable connu sous le nom de *Mémoires*, qui infecte notre littérature depuis le règne de Louis XIV.

Pierre Danet, né à Paris vers le milieu du XVIIe siècle, embrassa l'état ecclésiastique et fut pendant long-temps curé dans cette ville. Le duc de Montausier le choisit pour coopérer aux éditions *ad usum delphini*. « C'est un de ces hommes, dit Voltaire, qui ont été plus utiles qu'ils n'ont eu de réputation. Ses *Dictionnaires de la langue latine et des antiquités* furent au nombre de ces livres mémorables faits pour l'éducation du dauphin, et qui, s'ils ne firent pas de ce prince un savant homme, contribuèrent beaucoup à éclairer la France. » Mort en 1709.

Philippe de Courcillon, marquis de Dangeau, arrière-petit-fils de l'illustre Duplessis-Mornay ; naquit en 1638 et mourut à Paris le 9 septembre 1720. Converti de bonne heure à la religion catholique et doué de toutes les qualités nécessaires pour avancer à la cour, il fit rapidement fortune. Il servit avec distinction en Espagne, et de retour en France, il obtint la faveur de la famille royale par les grâces de son esprit et son habileté au jeu. Il possédait à un haut degré l'art des combinaisons mathématiques, et faisait les vers avec facilité. « Un jour qu'il s'alloit mettre au jeu du roi, raconte Fontenelle, il demanda à sa majesté un appartement dans Saint-Germain où étoit la cour. La grâce n'étoit pas facile à obtenir parce qu'il y avoit peu de logement en ce lieu-là. Le roi lui répondit qu'il la lui accorderoit, pourvu qu'il la lui demandât en cent vers qu'il feroit pendant le jeu ; mais cent vers bien comptés ; pas un de plus ni de moins. Après le jeu, où il avait paru aussi peu occupé qu'à l'ordinaire, il dit les cent vers au roi. Il les avoit faits, exactement comptés et placés dans sa mémoire ; et ces trois efforts n'avoient pas été troublés par le cours rapide du jeu. » Dangeau, en 1655, devint colonel du régiment du roi, à la tête duquel il se distingua dans les campagnes de Flandres ; en 1673 il fut nommé envoyé extraordinaire auprès des électeurs du Rhin ; puis gouverneur de Touraine, chevalier d'honneur des deux dauphines de Bavière et de Savoie, conseiller d'État d'épée, chevalier des ordres du roi, grand-maître des ordres royaux et militaires de Notre-Dame-du-mont-Carmel et de Saint-Lazare de Jérusalem. Dans cette dernière dignité, il songea à relever l'ordre de Saint-Lazare, extrêmement négligé depuis long-temps. Il détermina la fondation de plus de vingt-cinq commanderies nouvelles, et fonda un grand établissement lazariste destiné à l'éducation de douze jeunes gentilshommes des meilleures familles du royaume. Cette institution dura dix ans et dut tomber parce que le mauvais état des finances ne permit pas de la soutenir. Depuis 1668, Dangeau était de l'Académie française, où il avait remplacé Scudéri; en 1704 il fut nommé membre honoraire de l'Académie des sciences. Il a laissé en un volumineux manuscrit un *Journal de la cour de Louis XIV, depuis* 1684 *jusqu'en* 1720.

Louis de Courcillon de Dangeau était frère du marquis, et comme lui converti de bonne heure, il devint abbé. A l'exemple de son frère, l'abbé de Dangeau fut revêtu de brillantes dignités. Il fut employé dans quelques négociations diplomatiques et nommé lecteur du roi et camérier du pape. Mais il préférait l'étude à l'éclat de la cour. Il entra dans l'Académie française en 1682, et passa la dernière année de sa vie livré à des travaux littéraires et occupé surtout de la langue et de la grammaire française. Il mourut le 1er janvier 1723 à Paris, où il était né en 1643. On a de lui un grand nombre d'opuscules.

Ferrand (Antoine), conseiller à la cour des aides de Paris, sa patrie, mort dans cette ville en 1719. Il est connu par de fort jolis vers.

Antoine de Pas, marquis de Feuquières, fils d'un militaire distingué, et lui-même excellent général, a laissé des *Mémoires sur la guerre* qui ne sont point sans mérite; c'est le premier écrit de quelque importance qui ait paru en France sur la tactique militaire. Né à Paris en 1648, mort dans la même ville en 1711.

Noël Le Breton, sieur de Hauteroche, auteur dramatique, naquit à Paris en 1617, d'un huissier au parlement. Après une jeunesse désordonnée, il se fit comédien ambulant, et débuta enfin au Théâtre-Français sous le nom de Lebreton. Il mourut en 1707. Hauteroche a donné au théâtre un assez grand nombre de pièces qui obtinrent du succès dans leur nouveauté; on distingue seulement aujourd'hui le *Deuil* et *Crispin médecin*, comédies qui sont restées au répertoire.

Charles-Claude Genest, abbé de Saint-Vilmer, né à Paris en 1635, mort 1719. Il n'est connu aujourd'hui des gens de lettres que par sa tragédie de *Pénélope* (1684), qui fut représentée pendant long-temps et toujours avec succès. Elle lui ouvrit les portes de l'Académie française.

Angélique Poisson de Gomez, fille de Paul Poisson et sœur du dernier comédien de ce nom, née à Paris en 1684, morte à Saint-Germain-en-Laye. Cette dame eut une assez grande réputation dans son temps; ses pièces de théâtre et ses romans sont tout-à-fait oubliés, et c'est justice.

Jean Gallois, abbé de Cores, savant universel, dit Voltaire, et l'un des fondateurs du *Journal des savants*, naquit à Paris en 1632 et y mourut en 1707. Fort aimé de Colbert, on croit que ce fut lui qui donna au ministre le plan de l'Académie des inscriptions; cependant il n'en fut pas membre; il était de l'Académie française et de celle des inscriptions. Après la mort de son illustre protecteur, il obtint la place de garde de la Bibliothèque du roi, et la perdit quelques années après. Pour l'en dédommager, on le nomma professeur de langue grecque au Collége-Royal, et lors du renouvellement de l'Académie des sciences, il fut placé dans la classe de géométrie (1).

Gabriel Guéret, avocat au parlement, né à Paris en 1641, mourut dans la même ville en 1688. Il composa divers petits ouvrages qui donnent une idée avantageuse de son goût et de ses talents, et le *Journal du Palais*, excellente compilation qui atteste ses connaissances en jurisprudence.

J. B. Du Halde, jésuite, né à Paris en 1674, mort dans la même ville en 1743. Il est connu par son excellente *Description de la Chine* (4 vol. in-fol.). « Cet ouvrage, dit un historien du siècle dernier, est ce que nous avons aujourd'hui de plus complet et de plus exact sur ce vaste empire. On l'a traduit dans presque toutes les langues de l'Europe, en entier ou par extraits. Le style en est simple, judicieux, et tel qu'il convient à une description historique. » Du Halde a coopéré avec beaucoup d'activité au célèbre recueil des *Lettres édifiantes et curieuses*.

Barthélemi d'Herbelot, savant orientaliste, naquit à Paris le 14 décembre 1625 et y mourut en 1695. Il eut part aux bienfaits de Louis XIV, qui lui donna la chaire de langue syriaque, fondée au Collége-Royal. Tout le monde connaît la *Bibliothèque orientale*, ouvrage aussi curieux que profond.

Charles de La Rue, jésuite, l'un des meilleurs prédicateurs catholiques, naquit à Paris en 1643. Ses poésies latines sont fort estimées. La Rue était fort lié avec le comédien Baron, et l'on était persuadé de son temps que l'*Andrienne*, l'une des pièces de Baron, devait être attribuée au jésuite et non à l'artiste. Il mourut en 1725 au collége de Louis-le-Grand, à l'âge de quatre-vingt-deux ans.

Le père *Joseph Jouvancy*, célèbre jésuite, né à Paris en 1643. Il entra dans la société de Jésus à l'âge de seize ans et se distingua dès sa jeunesse en professant la rhétorique à Caen, à La Flèche, et enfin à Paris, au collége Louis-le-Grand. Il était si profondément versé dans la connaissance des anciens, que depuis la renaissance des lettres on n'a personne à lui comparer que Maffeï et Muret. Il fut appelé à Rome en 1699 par ses supérieurs, pour travailler à la continuation de l'histoire des jésuites, et mourut en cette ville le 29 mai 1719.

L'abbé *Claude Fleury*, né à Paris le 6 décembre 1640. Il fit ses études au collége de Clermont, où les jésuites élevaient l'élite de la jeunesse française. Il fut reçu avocat au parlement en 1658, et pendant neuf ans

---

(1) *Biogr. univ.*, art. *Gallois*.

fréquenta le barreau. Son goût naturel pour la paix et la solitude le portèrent vers l'état ecclésiastique, et tournèrent ses études vers la théologie, les Saints-Pères, l'histoire ecclésiastique et le droit-canon. En 1672 il fut nommé précepteur du fils du prince de Conti, en 1683 du comte de Vermandois, et l'année suivante il devint sous-précepteur des ducs de Bourgogne, d'Anjou et de Berry. Il se trouva ainsi associé aux travaux de l'illustre Fénelon. En 1696, Fleury obtint le fauteuil que la mort de Labruyère venait de laisser vacant à l'Académie française. Lorsque l'éducation des princes fut achevée, il obtint le riche prieuré d'Argenteuil, et quitta la cour pour se livrer aux soins de l'état ecclésiastique. Mais en 1716 il y fut rappelé par le régent en qualité de confesseur de Louis XV. En 1722 il se démit de cette fonction importante à cause de son grand âge, et mourut le 14 juillet de l'année suivante, dans sa quatre-vingt-troisième année. Il a composé un assez grand nombre d'ouvrages de droit, d'histoire et de morale, parmi lesquels on distingue surtout les *Mœurs des Israélites* et les *Mœurs des Chrétiens*, deux livres qui ont conservé jusqu'à présent l'estime la plus méritée et qui servent encore dans nos collèges à l'éducation de la jeunesse.

Claude-François Fraguier, né à Paris le 28 août 1666, après avoir fait d'excellentes études chez les jésuites, se lia avec ses maîtres et entra dans leur société. Il alla professer à Caen, où il devint l'ami de Huet et de Segrais. De retour à Paris, il se livra aux travaux de l'érudition sans abandonner la culture des lettres. Il entra à l'Académie des inscriptions en 1705 et à l'Académie française en 1708. Après avoir composé plusieurs ouvrages remarquables sur la littérature antique, Fraguier mourut emportant les regrets de tous ceux qui avaient connu son caractère plein de droiture, de désintéressement et d'urbanité (1728).

Nicolas Lhéritier, né à Paris, et mort dans la même ville en 1680. Après avoir donné au théâtre deux tragédies qui ne méritaient point de succès et qui n'en eurent aucun, il s'adonna aux travaux historiques, et ne fut pas plus heureux. Il rédigea un mauvais ouvrage intitulé : *Principaux événements de la Monarchie française*; il fut cependant nommé historiographe de France. « Sa traduction du *Traité de la Paix et de la Guerre* de Grotius, prouve, dit l'abbé Sabatier, que M. Lhéritier était aussi mince traducteur, que poëte médiocre et mauvais histotorien. » — Sa fille, *Marie-Jeanne Lhéritier de Villandon*, cultiva aussi la poésie, et s'acquit quelque célébrité parmi ses contemporains ; mais ses vers médiocres sont depuis long-temps oubliés. Elle mourut le 24 février 1734, à Paris, où elle était née en 1664.

Joseph de La Font, fils d'un procureur au parlement de Paris, naquit dans cette ville en 1686, et mourut à Passy en 1725. Auteur de quelques pièces de théâtre qui auraient pu le rendre célèbre dans la carrière dramatique, si la débauche ne l'avait enlevé dans la force de l'âge.

Marc-Antoine Legrand, acteur de la comédie française, né à Paris le jour où Molière mourut, 6 février 1673. Il eut de nombreux succès comme auteur dramatique, et mourut le 7 janvier 1728, laissant un fils, comédien comme lui, qui mourut en 1758.

Antoine de Lafosse d'Aubigny, fils d'un orfévre de Paris, et neveu du célèbre peintre Lafosse, naquit en 1653. Attaché en qualité de secrétaire à plusieurs seigneurs, il consacra ses loisirs à la littérature, où il obtint de beaux succès. La tragédie de *Manlius*, le triomphe de notre grand acteur Talma, est restée au répertoire. Lafosse mourut en 1708.

La marquise de Lambert, fille d'un maître ordinaire en la chambre des comptes, né à Paris, vers 1647, morte en 1733. Elle fut élevée par Bachaumont, qui avait épousé sa mère en secondes noces. Ses œuvres, qui décèlent un goût délicat et une exquise sensibilité, ont été réimprimées plusieurs fois.

Don Claude Lancelot, célèbre grammairien de Port-Royal, né à Paris en 1615, mort en 1695. Ce savant, qui fut le premier maître de Tillemont et de Racine, a publié un grand nombre d'ouvrages très utiles. Qui ne connaît sa *Grammaire générale* et son *Jardin des racines grecques*?

Jean-Baptiste Labat, religieux dominicain, et voyageur français, naquit à Paris, en 1663. Il était, en 1693, au couvent de la rue Saint-Honoré, lorsqu'il partit pour la Martinique, en qualité de missionnaire. Il ne cessa point dès lors de voyager. Lorsque les Anglais vinrent attaquer la Guadeloupe en 1703, le P. Labat, qui se trouvait alors dans cette île, se montra aussi brave que religieux zélé, et pointa lui-même plusieurs pièces de canon contre les ennemis (1). Il revint à Paris en 1716, et se retira au couvent de la rue du Bac où il s'occupa de la publication de ses voyages et de celle de diverses relations dont on lui avait remis les manuscrits. Le P. Labat est mort le 6 janvier 1738. Ses *Voyages* sont pleins d'intérêt.

Ambroise Lallouette, chapelain de l'église métropolitaine et chanoine de Sainte-Opportune de Paris, né vers 1653, mort en 1724. On a de lui plusieurs ouvrages religieux, fort estimés dans son temps.

Eusèbe Laurière, avocat, né à Paris, en 1659, mort en 1728. « Personne, dit Voltaire, n'a plus approfondi la jurisprudence et l'origine des lois. C'est lui qui dressa le plan du *Recueil des ordonnances*, ouvrage immense qui signale le règne de Louis XIV. »

Guillaume de l'Isle ou *Delisle*, géographe, fils de Claude, historien et

---

(1) *Biogr. univ.*

géographe estimé dans son temps, naquit à Paris en 1675, et y mourut en 1726. Il doit être regardé comme le principal créateur du système de géographie des modernes. Ses travaux et ses belles cartes lui firent ouvrir, en 1702, les portes de l'Académie des sciences. Delisle eut l'honneur d'enseigner la géographie à Louis XV, qui créa pour lui, en 1718, le titre de premier géographe du roi. — Son frère, *Simon-Claude*, né, comme Guillaume, suivant la *Biographie universelle*, en 1675, mort, comme lui, en 1726, s'est occupé d'histoire.

Jacques Lelong, prêtre de l'Oratoire, né à Paris en 1655, mort en 1721. Nommé bibliothécaire du couvent de la rue Saint-Honoré, il passa sa vie dans des travaux assidus. Sa *Bibliothèque sacrée* et sa *Bibliothèque historique de la France* indiquent des recherches immenses. Le P. Malebranche, son ami intime, le raillant un jour sur toutes les peines qu'il se donnait pour découvrir une date ou une anecdote littéraire : « La vérité est si aimable, répondit le savant, qu'on ne doit rien négliger pour la découvrir, même dans les plus petites choses. »

Anne-Marie-Louise d'Orléans, connue sous le nom de *Mademoiselle*, duchesse de Montpensier, née à Paris le 29 mai 1627, morte en 1693. Cette princesse, dont la vie fut si romanesque, a laissé, entre autres ouvrages, des *Mémoires* assez curieux.

Jacques Pousset de Montauban, avocat et échevin à Paris, mort en 1685. Il avait une assez grande réputation au barreau, et il voulut en acquérir une semblable au théâtre ; on ne lit plus depuis long-temps ses tragédies. Montauban était un homme de plaisir, d'une société agréable, lié avec Boileau, Chapelle et Racine ; on dit qu'il eut part à la conception de la comédie des *Plaideurs*.

Nicolas Malebranche, né à Paris, le 6 août 1637, était fils d'un secrétaire du roi. Il entra en 1660 dans la congrégation de l'Oratoire, et c'est là qu'il composa son célèbre livre de la *Recherche de la vérité*, qui fut pour lui la source de tant de querelles. Malebranche mourut en 1715. C'est l'un des plus profonds penseurs qui aient jamais écrit.

Antoine-Jacob de Montfleury, fils d'un comédien célèbre de l'hôtel de Bourgogne, naquit à Paris en 1640, et mourut à Aix en 1685. Il était avocat, mais il n'exerça pas et il travailla pour le théâtre avec succès. La *Femme juge et partie* se joue encore au Théâtre-Français avec les excellentes corrections de M. O. Leroi. La licence qui règne dans les pièces de cet auteur était excessive, même au temps où il écrivit. C'est à Montfleury que Boileau fait allusion dans ces vers de l'*Art poétique* :

> Mais pour un faux plaisant à grossière équivoque,
> Qui, pour me divertir, n'a que la saleté,
> Qu'il s'en aille, s'il veut, sur des treteaux monté,
> Amusant le Pont-Neuf de ses sornettes fades,
> Aux laquais assemblés jouer ses mascarades.

LOUIS XIV.

Jacques Marsollier, né à Paris, en 1647, d'une bonne famille de robe, mort à Uzès, en 1724. Chanoine régulier de Sainte-Geneviève, il consacra ses loisirs à des études historiques; ses ouvrages sont à peu près oubliés aujourd'hui.

Matthieu de Montreuil, né à Paris, en 1620, mort à Valence, en 1692. C'était un de ces petits abbés, grands amateurs de plaisirs et de petits vers, qui pullulaient à cette époque dans la capitale. Ses œuvres ne sont recherchées que des amateurs de curiosités littéraires.

Sébastien Le Nain de Tillemont, historien, fils de Jean Le Nain, maître des requêtes, né à Paris, en 1637. Ce savant homme, élevé à Port-Royal, et qui embrassa l'état ecclésiastique, épuisa sa vie dans de pénibles travaux d'érudition, qui eurent pour résultat l'*Histoire des empereurs*, l'*Histoire ecclésiastique* et une *Vie de Saint-Louis*, restée manuscrite et qui va être prochainement publiée. Mort en 1698.

Jean-Pierre Nicéron, de la même famille que le célèbre opticien (1), naquit à Paris en 1685, et entra dans la congrégation des Barnabites. On consultera toujours avec fruit ses *Mémoires sur les Hommes illustres de la République des lettres* (1727-1745, quarante-trois volumes in-12). Ce compilateur utile et laborieux mourut à Paris en 1738.

Charles Patin, médecin et antiquaire, fils du célèbre *Gui Patin*, né à Paris, en 1633. Il était professeur à la Faculté de médecine et il exerçait sa profession avec le plus grand succès, lorsqu'un fait qu'on n'a pu éclaircir attira sur lui le ressentiment de la cour. Il fut obligé de s'enfuir à l'étranger, tandis qu'on le condamnait aux galères par contumace. Il mourut à Padoue, en 1693, premier professeur de chirurgie. Comme antiquaire, Charles Patin est encore estimé.

Olivier Patru, l'un des plus célèbres avocats du barreau de Paris, naquit dans cette ville, en 1604, d'un procureur au parlement. Après avoir plaidé long-temps, si ce n'est avec profit, du moins avec gloire, il s'occupa exclusivement de littérature et fut admis à l'Académie française. Mais ses ouvrages sont justement oubliés aujourd'hui; il ne lui reste que la réputation d'un homme de goût. Il mourut en 1681. Patru était presque dans l'indigence, lorsque Colbert lui fit accorder une gratification de 500 écus; elle n'arriva que peu de jours avant sa mort.

Pierre Petit, philosophe et poëte latin, né à Paris, en 1617, mort en 1687. Ses écrits sont oubliés, mais il eut la gloire d'être admis au nombre des poëtes latins dont on forma la *Pléiade de Paris* (2).

Louis-Ellies du Pin, docteur de Sorbonne, et professeur de philosophie au Collége royal. C'est l'un des savants qui ont publié les meilleurs ouvrages sur l'histoire de l'église. Sa *Bibliothèque des auteurs ecclésiastiques* est fort estimée. Né à Paris, en 1657 mort en 1719.

(1) Voy. ci-dessus p, 160. — (2) Cette *Pléiade* était composée de Rapin, Commire Larue, Santeul, Ménage, Duperrier et P. Petit.

François Petis de la Croix, fils d'un secrétaire interprète du roi pour les langues turque et arabe, né à Paris en 1653, mort en 1713. C'est l'un de nos meilleurs orientalistes. Louis XIV l'envoya en Turquie et en Perse à l'âge de seize ans, et lui donna, en 1692, la chaire de professeur d'arabe au Collége de France, avec la survivance de la charge dont jouissait son père.

Nicolas-Joseph Poisson, fils d'un marchand de Paris, et prêtre de l'Oratoire, mort en 1710. Connu dans son temps par quelques ouvrages estimés de philosophie et d'érudition sacrée.

Raimond Poisson, fils d'un habile mathématicien, fut le chef d'une famille célèbre dans les annales du théâtre français. Lui-même a laissé la réputation d'un excellent comédien. Il fut en même temps auteur dramatique, mais ses pièces ne lui survécurent pas long-temps. Né à Paris, il y mourut en 1690.

Pasquier Quesnel, prêtre oratorien, fut célèbre par ses écrits théologiques, et par la longue lutte qu'il soutint pendant les querelles du jansénisme. Né à Paris en 1634, il mourut, pauvre et dans l'exil, en 1719.

Jacques Lequien de la Neuville, historien, né à Paris en 1647. Après avoir été successivement militaire et avocat, il s'adonna à la littérature. Ce fut d'après l'avis de Pélisson qu'il entreprit l'*Histoire du Portugal*, dont le succès lui ouvrit, en 1706, les portes de l'Académie des Inscriptions. Quelque temps après, il publia un *Traité de l'origine des Postes*, qui lui valut la direction des postes d'une partie de la Flandre française; c'est un ouvrage curieux. Lequien mourut à Lisbonne en 1728.

Jean Le Bouthilier de Rancé, célèbre réformateur de la Trappe, né à Paris en 1626, mort en 1700. Outre l'excellente édition d'*Anacréon* qu'il publia dans sa jeunesse, il a laissé un grand nombre d'ouvrages religieux.

Eusèbe Renaudot, fils du premier médecin de madame la Dauphine, naquit à Paris, en 1646, et y mourut le 1er septembre 1720. C'était un savant aussi distingué par ses connaissances dans les langues orientales que dans la théologie. L'Académie française l'admit parmi ses membres, en 1689, et deux ans après, il remplaça Quinault à l'Académie des inscriptions. Ses ouvrages sont estimés.

Antoine de Rambouillet de la Sablière, fils d'un des financiers les plus célèbres du XVIIe siècle, n'est connu dans la littérature que par quelques vers assez gracieux. Conrart l'avait surnommé le grand *madrigalier français*. Mort en 1680. — Madame de *la Sablière*, femme d'un grand esprit, l'aida à protéger les gens de lettres et les savants. Personne n'ignore la généreuse hospitalité qu'ils accordèrent à Lafontaine.

Denis de Sallo, sieur de la Coudraye, conseiller au parlement, né à Paris en 1626, mort en 1669. Ce littérateur estimable n'était pas moins distingué par ses qualités privées que par ses talents. On raconta à ce sujet l'anecdote suivante : Pendant la famine qui désola la capitale en 1662, Sallo fut attaqué dans une rue détournée par un malheureux qui lui demanda la bourse : « Je ne vous ferai guère riche, lui dit-il, car je n'ai que trois pistoles ; mais je vous les donne volontiers. » Il fit suivre cet homme par son laquais, qui le vit acheter un pain chez un boulanger et le porter ensuite à ses enfants affamés. Le lendemain, Sallo se fit conduire chez le voleur : c'était un pauvre cordonnier chargé d'une nombreuse famille, et qui manquait d'ouvrage ; en le reconnaissant, cet homme se jeta à ses pieds, le priant de ne pas le perdre : « Je ne viens pas ici dans ce dessein, lui dit-il ; voilà trente pistoles que je vous donne, achetez du cuir, et travaillez pour gagner la vie à vos enfants. » Sallo est l'inventeur des journaux littéraires ; les gazettes politiques existaient déjà (1). Ayant conçu l'idée d'un journal qui présenterait, avec l'analyse des ouvrages nouveaux, l'indication des découvertes les plus importantes dans les sciences, il en obtint le privilége sous le nom du sieur de Hédouville. Le premier numéro de cette feuille parut le lundi 5 janvier 1665, et elle continua de paraître toutes les semaines sous le titre de *Journal des savants*. Cette entreprise eut un grand succès ; mais les critiques de Sallo lui attirèrent un si grand nombre d'ennemis qu'on lui retira le privilége, après les treize premiers numéros. Le *Journal des savants* fut alors rédigé successivement jusqu'en 1701, mais sans régularité, par l'abbé Gallois, l'abbé de Laroque et le président Cousin. A cette époque, la rédaction en fut confiée à huit hommes de lettres, agréés par le roi, et qui se réunissaient toutes les semaines chez l'abbé Bignon. Le *Journal des savants*, dont il paraissait un numéro par mois, se soutint sans interruption jusqu'à la fin de juillet 1792. Les circonstances politiques en ayant fait suspendre la publication, plusieurs littérateurs, parmi lesquels on remarque M. Daunou et Silvestre de Sacy, essayèrent, en 1797, de le relever ; mais après en avoir publié douze numéros ils furent obligés de renoncer à leur

(1) Il est assez remarquable que cette redoutable puissance qu'on appelle la *presse* soit née sous les yeux et avec l'appui de Richelieu. Il existait une compilation historique sous le nom du *Mercure françois*, fondée en 1611, lorsqu'un médecin de Loudun, Théophraste Renaudot, résolut d'établir un second recueil de ce genre. Richelieu qui le protégeoit le nomma d'abord maître-général des *bureaux d'adresses* (qui furent ensuite remplacés par les feuilles d'avis), et lui accorda ensuite le privilége de la *Gazette de France* (1631). Richelieu prit un intérêt tout particulier à cette publication, dont le célèbre généalogiste, P. d'Hozier, avait eu l'idée. Il y envoyait souvent des articles entiers ; il y faisait insérer les traités d'alliance, les capitulations et les dépêches des ambassadeurs lorsqu'elles contenaient des événements que l'on voulait apprendre à toute l'Europe. Renaudot rédigea *le Mercure François* à partir de 1635, sous la surveillance du ministre. — La *Gazette de France* a été continuée jusqu'en 1792.

projet, faute de souscripteurs. Enfin le *Journal des Savants* fut rétabli en 1816 par une ordonnance royale, et depuis cette époque il en paraît un cahier chaque mois, sous les auspices des hommes les plus distingués.

Louis de Sanlecque, poëte, né à Paris en 1652, fils d'un de nos plus habiles graveurs en caractères d'imprimerie. Entré fort jeune dans la congrégation des chanoines de Sainte-Geneviève, il devint professeur d'humanités à leur collége de Nanterre et mourut en 1714, dans son prieuré de Garnai, près de Dreux. Ses vers latins et français ne sont point sans mérite. C'était un excellent homme, mais d'une indolence inouïe. Le toit de sa maison était percé, et toutes les fois qu'il pleuvait, une partie de sa chambre se trouvait inondée; notre poëte ne songeait point à faire réparer le toit; il se contentait de changer son lit de place pour se mettre à l'abri de la pluie.

Jacques Savary des Brulons, fils d'un célèbre négociant, marcha sur les traces de son père. Né en 1657, mort en 1716, inspecteur-général de la douane à Paris. Il laissa incomplet son *Dictionnaire universel de commerce*, qui fut achevé par son frère, l'abbé Savary, mort en 1727.

Paul Tallemant, membre de l'Académie française et de celle des inscriptions, est complètement oublié aujourd'hui. « Il était plus recommandable, dit un biographe, par ses vertus que par ses talents. » Né à Paris en 1652, il y mourut en 1712.

Jacques Tarteron, jésuite, né en 1644, mort en 1720. Il professa avec éclat les humanités et la rhétorique, mais il se fit connaître surtout par ses traductions d'Horace, de Perse et de Juvénal. Ses travaux sont oubliés maintenant.

Tavernier (J.-B.), l'un des plus célèbres voyageurs du XVIIe siècle, naquit à Paris en 1605. A vingt-deux ans il avait déjà parcouru la plus grande partie de l'Europe et parlait les langues de tous les pays qu'il avait vus de manière à pouvoir se passer d'un interprète. Louis XIV voulant lui donner une marque de sa satisfaction pour les services qu'il n'avait cessé de rendre au commerce de la France, lui fit expédier des lettres de noblesse conçues dans les termes les plus honorables. Tavernier mourut à Moscou en 1689. Ses *Voyages* sont fort intéressants.

Melchisedech Thevenot, savant et voyageur, garde de la Bibliothèque du roi. Ses travaux sont estimés. Né à Paris vers 1620, il mourut le 29 octobre 1692 au village d'Issy.

Jean Thevenot, neveu du précédent, né en 1633, ne rendit pas moins de services à l'histoire de la géographie. La relation de ses voyages est pleine d'intérêt; il mourut épuisé de fatigue dans une petite ville de l'Inde, le 28 novembre 1667.

Henri du Trousset de Valincourt, né à Paris en 1653, mort en 1730, secrétaire des commandements du comte de Toulouse. Il remplaça Racine à l'Académie française en 1699, dit un biographe, et l'Académie des sciences l'admit en 1721, comme amateur de physique et de mathématiques. Valincourt était un de ces demi-seigneurs, demi-gens de lettres, qui, n'étant pas assez titrés pour frayer avec les Montmorency, les Mortemart, les Larochefoucauld, et n'ayant pas assez de talent pour rivaliser avec les Corneille, les Boileau, les Racine, les Molière, voulaient jouer le rôle d'auteurs auprès des gens de qualité, et celui d'hommes de qualité auprès des auteurs. Il prospéra cependant dans le commerce de Racine et de Boileau, gagna leur amitié, devint leur collègue dans les Académies, dans la place d'historiographe, et acquit par de petits vers et des morceaux de prose de courte haleine la réputation d'homme de goût. C'est à lui que Boileau adressa sa onzième satire sur le *vrai et le faux honneur*. Un événement qui le servit au mieux dans l'esprit du public fut l'incendie qui consuma, en 1725, sa maison de Saint-Cloud, sa bibliothèque et ses manuscrits; on eut la bonté de croire que des ouvrages importants que l'académicien tenait en réserve, et notamment son *Histoire de Louis XIV*, avaient péri dans cet incendie : ce fut une excellente excuse pour l'humeur paresseuse de Valincourt.

Jean Donneau de Visé ou Vizé, né à Paris en 1640, d'une ancienne famille, mort en 1710. C'était un homme d'esprit; mais ses ouvrages et ses comédies n'ont pu lui survivre. Il doit sa réputation à la création du *Mercure galant*, journal dans lequel, aux nouvelles de la cour, il joignait les anecdotes qu'il pouvait recueillir, des pièces de vers, l'indication des modes, et l'annonce et la critique des ouvrages nouveaux. Il en publiait chaque mois un cahier, dont la réunion forme pour les années 1672 et 1673 six petits volumes in-12. D'autres occupations le forcèrent de suspendre ce journal; mais il le reprit au mois de janvier 1677 et le continua depuis sans interruption. Les critiques souvent grossières de Visé excitèrent un grand scandale, mais augmentèrent la réputation du *Mercure galant*. Son rédacteur dut les bienfaits de la cour aux éloges qu'il y prodiguait sans cesse à Louis XIV. Avec le titre d'historiographe de ce prince, il obtint une pension de 500 écus et un logement au Louvre. Après la mort de Visé, son journal fut continué sous le titre de *Mercure de France;* la collection complète est d'environ *treize cents* volumes (1).

Philippe de Lahire, l'un de nos plus laborieux mathématiciens, né à Paris en 1640. Son père, peintre ordinaire du roi, l'avait instruit dans sa profession d'artiste; mais, à la culture des arts, Lahire joignait l'étude des sciences. Étant, après la mort de son père, tombé dan-

---

(1) *Biog. univ.*, art. *Visé*.

gereusement malade, il alla passer quelques années en Italie pour rétablir sa santé et pour voir les chefs-d'œuvre des grands maîtres. Il revint à Paris en 1664, et grâce à la publication de quelques traités sur les sections coniques et la cycloïde, il fut bientôt connu comme un géomètre habile. L'Académie des sciences le reçut dans son sein en 1678. Dès les années suivantes il fut chargé par le gouvernement de travaux de haute importance. Il se rendit en Bretagne avec son confrère l'académicien Picard, pour assurer l'exactitude de la carte générale de France, entreprise par Colbert; il rectifia le plan de la côte de Gascogne; il détermina la position de Calais et de Dunkerque; il mesura la largeur du détroit de la Manche; enfin, en 1682, il visita les côtes de la Provence; puis il continua la fameuse méridienne commencée par Picard, et cette grande entreprise ayant été interrompue par la mort de Colbert, il fut chargé de faire des nivellements pour amener les eaux à Versailles. Lahire, si savant mathématicien, que, suivant l'expression de Fontenelle, il aurait formé à lui seul toute une académie des sciences, malgré ses travaux continuels et les soins qu'il consacrait à ses fonctions de professeur de mathématiques au collège de France et de professeur d'architecture, trouvait encore le temps de se délasser en peignant des paysages. Il mourut à l'âge de soixante-dix-huit ans, sans douleur et sans infirmités (21 avril 1719). Il est l'auteur d'un grand nombre d'ouvrages scientifiques, dont le plus important est son *Traité de mécanique*. — Son fils aîné, *Gabriel-Philippe de Lahire*, naquit à Paris en 1677. Il était destiné par ses parents à l'état de médecin; mais son goût naturel pour les mathématiques l'emporta. Il fut reçu dès 1699 à l'Académie des sciences, à laquelle il présenta plusieurs mémoires. Son père lui céda sa place de professeur d'architecture; mais il ruina sa santé à force de travail et mourut à quarante-deux ans. — *Jean-Nicolas de Lahire*, fils d'un second lit de Philippe de Lahire, né à Paris en 1685, étudia la médecine, et en 1709 entra comme botaniste à l'Académie des sciences. Il inventa un procédé par lequel on reproduisait les plantes elles-mêmes sur le papier. Il s'était fait connaître comme médecin expérimenté et comme bon peintre de paysages lorsque la mort l'enleva jeune encore, en 1727; il mourut précisément au même âge que son frère.

G.-F.-A. de Lhôpital, marquis de Sainte-Mesme et comte d'Entremont, plus connu sous le nom de marquis de Lhôpital, naquit à Paris en 1661. Issu d'une famille noble, fils d'un lieutenant-général des armées du roi, Lhôpital embrassa la profession de ses ancêtres, celle des armes, et servit en qualité de capitaine de cavalerie. Mais dès sa première jeunesse, il avait montré pour la géométrie un penchant exclusif et une singulière aptitude. Sa vue extrêmement basse l'ayant obligé de fort bonne heure à se démettre de ses fonctions militaires, il revint à Paris et se livra entièrement à ses études favorites. Il se lia avec les plus illustres savants de son époque, entre autres avec Mallebranche et avec Jean Bernouilli de Leipsik. Ce dernier étant venu en France en 1692, il l'emmena dans sa maison de campagne et passa quatre mois à étudier avec lui les théories de Leibnitz. Depuis lors, les travaux de Lhôpital devinrent de plus en plus importants; il étonna l'Europe par sa facilité à résoudre les difficultés les plus ardues de la science. En 1693, il fut nommé membre honoraire de l'Académie, et ce fut trois ans plus tard qu'il publia son admirable *Analyse des infiniment petits*, qui fit une révolution dans la science. Les longs travaux de Lhôpital avaient altéré sa santé; il essaya de les cesser, mais il ne put jamais parvenir à rester plus de quatre jours sans faire de mathématiques. Il mettait la dernière main à son *Traité des sections coniques*, lorsqu'il mourut d'apoplexie, le 2 février 1704.

Nicolas de Malezieu, né à Paris en 1650, avait, à l'âge de quatre ans, appris presque sans maître à lire et à écrire, et à douze ans il avait fini sa philosophie. Doué d'une facilité prodigieuse, il cultivait avec succès les mathématiques et la poésie, les lettres et l'histoire; il était versé dans la littérature grecque et possédait même l'hébreu. Très jeune encore il était l'ami des grands hommes de son siècle, particulièrement de Bossuet et de Fénelon. Il devint précepteur du duc du Maine, puis il fut désigné par madame de Maintenon pour enseigner les mathématiques au duc de Bourgogne. Son attachement à la maison du duc du Maine faillit le perdre sur la fin de sa vie, mais ne se démentit jamais un instant. Il était déjà membre de l'Académie des sciences, lorsqu'en 1701 l'Académie française l'appela dans son sein. Malezieu mourut le 4 mars 1727, âgé de soixante-dix-sept ans. Il a laissé quelques opuscules sans importance.

Claude-Antoine Couplet, né à Paris en 1642, mort en 1722. Après avoir exercé quelque temps la profession d'avocat, il suivit le penchant qui le portait aux sciences mathématiques. Il fut nommé membre de l'Académie des sciences peu après sa formation, et eut la garde du cabinet des machines. Les travaux entrepris pour conduire les eaux à Versailles lui fournirent l'occasion d'exercer ses rares talents pour l'hydraulique. En 1705, le chancelier d'Aguesseau l'engagea de tenter de procurer des eaux à Coulanges-la-Vineuse; Couplet réussit en moins de quatre mois. Il parvint aussi à procurer de meilleures eaux à la ville d'Auxerre, et retrouva une source perdue dans celle de Courson (1).

Antoine Parent, né à Paris en 1666; bon mathématicien. « Il est encore un de ceux qui apprirent la géométrie sans maître. Ce qu'il y a de plus singulier de lui, c'est qu'il vécut long-temps à Paris, libre et heureux, avec moins de 200 livres de rente (2). » Mort en 1716.

---

(1) *Biogr. univ.* — (2) Voltaire, *Siècle de Louis XIV*.

Guillaume Amontons, le meilleur mécanicien de cette époque, naquit à Paris en 1663 et y mourut en 1705, membre de l'Académie des sciences. Il s'était aussi occupé de physique avec un grand succès. Amontons est le véritable inventeur de l'art télégraphique; il en fit deux fois l'expérience publique devant des membres de la famille royale. « Le secret, dit Fontenelle, consistoit à disposer dans plusieurs postes consécutifs des gens qui, par des lunettes de longue vue, ayant aperçu certains signaux du poste précédent, les transmissent au suivant, et toujours ainsi de suite. Ces différents signaux étoient autant de lettres d'un alphabet dont on n'avoit le chiffre qu'à Paris et à Rome. La plus grande portée des lunettes régloit la distance des postes, dont le nombre devoit être le moindre qu'il fût possible; et comme le second poste faisoit des signaux au troisième, à mesure qu'il les voyoit faire au premier, la nouvelle se trouvoit portée de Paris à Rome presque en aussi peu de temps qu'il en falloit pour faire les signaux à Paris. » Le pauvre Amontons n'eut point le bonheur de voir réussir son invention, qui, à la fin du XVIIIe siècle, fit l'admiration de toute l'Europe. « Il avoit, ajoute Fontenelle, une entière incapacité de se faire valoir autrement que par ses ouvrages, ni de faire sa cour autrement que par son mérite; et par conséquent, une incapacité presque entière de faire fortune. »

Gui-Crescent Fagon, naquit le 11 mai 1638, dans le Jardin-des-Plantes de Paris, dont le fondateur et l'intendant, Gui de la Brosse, était son oncle. Dans cet établissement, la langue de la botanique, dit Fontenelle, devint sa langue maternelle. Après avoir terminé ses études, Fagon se livra à la médecine et obtint, dès qu'il eut pris le bonnet de docteur, la chaire de botanique et celle de chimie au Jardin des Plantes. Il fut nommé en 1680 premier médecin de la dauphine, ensuite de la reine, et enfin de Louis XIV en 1693; puis, élu en 1699, membre de l'Académie des sciences. Quoique Fagon n'ait rien écrit, il a laissé des titres durables à la reconnaissance de son pays, par le talent, le zèle et la probité avec lesquels il s'acquitta des fonctions importantes qui lui étaient confiées. Il mourut en 1718.

C.-F. Félix de Tassy, élève de *F. Félix de Tassy*, premier médecin de Louis XIV, lui succéda en 1676, et fut dès sa jeunesse si habile dans son art, que le roi ayant été atteint d'une grave maladie, il fut le seul qui osât exécuter une opération nécessaire (1687). Il mourut à Paris, sa ville natale, le 25 mai 1703, jeune encore et emportant les regrets universels.

II. Beaux-Arts.

Les arts contribuèrent, ainsi que les lettres et les sciences, à l'illustration du règne de Louis XIV, et encore ici nous allons voir les Parisiens à la tête de ce grand mouvement intellectuel. Sous Louis XIII, Simon Vouet, né à Paris, avait dirigé les artistes; sous son successeur, ce fut aussi un enfant de la capitale, Lebrun, qui devint chef de l'école française.

Charles Lebrun naquit à Paris en 1619. Le chancelier Séguier, frappé de ses dispositions, le plaça chez Vouet et l'envoya ensuite à Rome, où il l'entretint à ses frais pendant six années. Rappelé à Paris en 1648, Lebrun acquit en peu de temps une belle réputation. Il fut nommé premier peintre du roi, et obtint en 1662 des lettres de noblesse. Plus tard, Colbert lui fit donner la direction générale de tous les ouvrages de peinture, de sculpture et d'ornement qui se faisaient dans les bâtiments de la couronne. Il fut placé à la tête de la manufacture des Gobelins, où il eut un logement avec un traitement considérable; enfin il fut nommé successivement recteur, chancelier et directeur de l'Académie de peinture. On sait que ce fut Lebrun qui engagea Louis XIV à créer l'école française à Rome, en y envoyant, pour y être entretenus aux frais du gouvernement, les jeunes gens qui avaient remporté à Paris le premier prix, soit de peinture, soit de sculpture. Ce grand artiste mourut à Paris le 12 février 1690. Il serait trop long de citer toutes les productions de Lebrun; ses chefs-d'œuvre sont les *Batailles d'Alexandre*, la *Famille de Darius*, et les peintures qui décorent la grande galerie du palais de Versailles.

Un peintre non moins célèbre, *Charles de Lafosse*, est né également à Paris: c'était le fils d'un joaillier. Après avoir étudié chez Lebrun, il fut envoyé en Italie avec une pension du roi et y perfectionna son beau talent. Il y apprit aussi la pratique de la peinture à fresque. De retour en France, il fut chargé d'exécuter plusieurs grandes compositions qui font encore l'admiration des gens de l'art, entre autres la coupole de l'église des Invalides. Lafosse, né en 1640, mourut à Paris en 1716.

Michel Corneille, né à Paris en 1642, fils et élève d'un peintre assez estimé, qui avait été l'un des douze premiers membres de l'Académie. Michel, connu sous le nom de *Corneille des Gobelins*, a laissé la réputation d'un excellent coloriste. Il eût pu se faire un nom par ses seules gravures. L'esprit et la fermeté de ses eaux-fortes et la correction de son dessin font rechercher le petit nombre d'estampes qu'il a fait paraître, soit d'après quelques grands maîtres, soit d'après ses propres tableaux. Ses principaux ouvrages de peinture furent faits pour des maisons royales ou des églises, et placés dans l'origine à Paris, Lyon, Versailles et Fontainebleau. Ils ont pour la plupart été perdus pendant la révolution. — *Jean-Baptiste Corneille*, son frère, naquit à Paris en 1646, eut aussi son père pour premier maître, et fit le voyage de Rome. L'Académie le reçut en 1676, et dans la suite le nomma professeur. Il travailla principalement pour les églises de Paris, et mourut en 1695. Il a publié des *Éléments de peinture pratique*, 1684 (1).

Noël Coypel, chef d'une famille assez célèbre de peintres, naquit à Paris le 25 décembre 1628. Il a composé un grand nombre de tableaux estimés pour les maisons royales. En 1672, Louis XIV, après lui avoir assigné un logement aux galeries du Louvre, le nomma, sous la surintendance de Colbert, directeur de l'Académie de Rome, et quelques années après directeur perpétuel de l'Académie de peinture, avec une pension de 1,000 écus. Noël Coypel mourut à Paris en 1707. — Son fils, *Antoine*, fut nommé à l'âge de vingt ans premier peintre de Monsieur et devint, en 1715, premier peintre du roi. Il avait donné des leçons de dessin au duc d'Orléans, régent, qui lui accorda une pension de 1,500 francs. Antoine Coypel, né en 1661, mort en 1722, a laissé des tableaux remarquables par la vivacité du coloris, mais empreints d'une afféterie qui devait conduire à ce genre déplorable connu sous le nom de *Pompadour*.

Bon Boullongne, fils de Louis Boullongne, peintre du roi (2), né à Paris en 1649, mort en 1717. Ses tableaux sont dans diverses maisons royales. En 1702, il peignit à fresque, aux Invalides, la chapelle de Saint-Jérôme et ensuite celle de Saint-Ambroise. — *Louis Boullongne*, son frère, né en 1654, mort premier peintre du roi, en 1733, a moins de réputation. C'était cependant un homme de goût et de talent. Ses plus beaux tableaux sont à la chapelle du château de Versailles.

Nicolas Largillière, célèbre peintre de portraits, surnommé le *Van Dyck français*, naquit à Paris en 1656. Ses productions jouissent encore d'une estime méritée. Il mourut en 1746, chancelier de l'Académie de peinture.

Voici les noms de quelques Parisiens qui se distinguèrent à la même époque dans la peinture : *Alexandre Ubelesqui*, connu sous le nom d'*Alexandre*, né en 1649, mort en 1718, peintre d'histoire. — *Nicolas Bertin*, né en 1667, mort en 1736, et *Thomas Blanchet*, né en 1617, mort en 1689, tous deux peintres d'histoire estimés. — *Elisabeth-Sophie Chéron*, née à Paris en 1648, d'un peintre en émail de la ville de Meaux. Cette femme célèbre brilla dans tous les genres. Elle réussit dans le portrait, dans le genre historique, dans la gravure et dans la poésie. Morte en 1711. — *Louis Chéron*, son frère, peintre et graveur, né à Paris en 1660; il mourut à Londres en 1723. — *Charles-Alphonse Du Fresnoy*, né en 1611, mort en 1665, plus habile dans la théorie que dans la pratique de la peinture, sur laquelle il a fait un poëme latin intitulé *de Arte graphicâ*. — *Claude-Guy Hallé*, bon peintre d'histoire, né en 1651, mort en 1736. — *René-Antoine Houasse*, né en 1645, mort

---

(1) *Biogr. univ.* — (2) Voy. ci-dessus, p. 162.

en 1710, l'un des bons élèves de Lebrun. — *Nicolas Loyr*, peintre d'histoire assez estimé, né en 1620, mort en 1679. — *François Marot*, né en 1667, mort en 1719, connu par quelques tableaux de sainteté. — *J.-B. Martin*, né en 1659, mort en 1735, peintre de batailles. — *Charles-François Poerson*, peintre d'histoire et directeur de l'académie de Rome, né en 1652, mort en 1725. — *François Verdier*, l'un des meilleurs élèves de Lebrun, né en 1651, mort en 1730, etc., etc.

Le nombre des architectes s'augmenta considérablement sous ce règne; ainsi que nous allons le voir, les principaux sont Parisiens. *Jules-Hardouin Mansart*, neveu du célèbre *François Mansart* (1), et fils de Jules Hardouin, premier peintre du cabinet du roi, naquit à Paris en 1645. Jules Hardouin, placé sous la direction de son oncle, devint bientôt un artiste habile, et par reconnaissance voulut garder le nom de Mansart. Il s'empara de la faveur de Louis XIV, et grâce à elle, il parvint au plus haut degré de la fortune. C'est lui qui a élevé les châteaux de Marly et du Grand Trianon, celui de Clagny, la maison de Saint-Cyr, la place Vendôme, la place des Victoires, l'église de Notre-Dame de Versailles, les châteaux de Vanvres, de Dampierre, de Lunéville, enfin le château de Versailles et l'hôtel des Invalides, ses deux plus beaux titres de gloire. Malgré le mérite de ces nombreux ouvrages, Jules Mansart n'avait pas le génie de son oncle, et l'on a dit qu'il avait eu moins de talent que de bonheur. Après la construction des Invalides, le roi le décora du cordon de Saint-Michel. Lenôtre et lui furent les premiers artistes qui reçurent cet honneur. Louis XIV lui donna en outre la place de premier architecte et celle de surintendant des bâtiments, arts et manufactures, devenue vacante par la mort de Colbert de Villacerf, en 1699. Se trouvant alors protecteur de l'Académie de peinture, Mansart fit agréer au roi le rétablissement de l'exposition des ouvrages des académiciens qui avait été interrompue depuis quelque temps. Trois mois plus tard, il obtint encore que l'on rétablirait le paiement intégral de la pension de l'Académie que les malheurs de la guerre avaient fait réduire à la moitié. Les grands travaux dont il ne cessa d'être chargé et la faveur constante de Louis XIV furent pour lui la source de biens très considérables. On raconte que pour plaire au monarque, il employait quelquefois les détours du plus habile adulateur, et lui présentait des plans où il avait ménagé des fautes si grossières que le roi les découvrait au premier coup d'œil, et aussitôt Mansart de s'extasier sur les profondes connaissances de Sa Majesté avec un air de bonne foi dont le prince était dupe. Jules-Hardouin Mansart mourut à Marly le 11 mai 1708; son corps, transporté à Paris, fut enterré dans l'église de Saint-Paul sa paroisse. Son tombeau, sculpté par Coysevox.

(1) Voy. ci-dessus p. 162.

fut transféré pendant la révolution dans une des salles du musée des Monuments français. Il a été rendu à sa première place en 1818.

Claude Perrault, l'un de nos plus célèbres architectes, naquit à Paris en 1613. Son père était un avocat au parlement qui lui fit faire des études médicales, après lesquelles le jeune Perrault obtint le titre de docteur de la faculté de médecine. Colbert l'ayant chargé de faire une traduction de Vitruve, le travail auquel il dut se livrer pour acquérir l'intelligence de cet écrivain lui inspira un goût passionné pour l'architecture et développèrent les rares dispositions qu'il avait pour cet art. L'Académie des sciences ayant été établie en 1666, Perrault, nouvellement admis dans cette compagnie, fut chargé de dresser le plan des bâtiments de l'Observatoire. Ce premier essai fut peu heureux; il était loin d'annoncer le génie que son auteur déploya dans la suite. Quelque temps après, Colbert, trouvant indignes de la grandeur de Louis XIV les constructions du Louvre telles que l'architecte Levau les avait commencées, fit un appel au génie des artistes français. Perrault envoya un dessin tellement supérieur à ceux de ses concurrents qu'il obtint sans contestation la préférence. Peu de temps après, l'on vit s'élever ce monument magnifique que l'on peut regarder comme le chef-d'œuvre de l'architecture française et le plus bel édifice qui existe à Paris. L'arc-de-triomphe de la porte Saint-Antoine avait aussi été construit par Claude Perrault, auquel on est également redevable de quelques améliorations dans la pratique de l'art. Outre sa traduction de Vitruve, dont la première édition parut en 1673, il composa plusieurs ouvrages estimés de médecine et d'architectonique. Il mourut à Paris, le 9 octobre 1688, pour avoir, dit-on, disséqué sans précaution un chameau qui avait péri d'une maladie contagieuse.

André Lenôtre, né à Paris en 1613, est le premier qui sut faire un art du dessin et de la disposition des jardins. Son père, surintendant du jardin des Tuileries, le plaça de bonne heure chez Simon Vouet pour apprendre la peinture. Le jeune Lenôtre serait devenu un bon peintre; mais doué d'une imagination féconde et riante, il se livra à l'étude de la décoration des jardins. Il développa dans ses plans une abondance d'idées et une magnificence extraordinaires. Depuis Lenôtre le désir de mieux imiter la nature nous a conduits à nous rapprocher du goût des jardins anglais; mais si ce nouveau genre de décorations est plus agréable, il est loin d'avoir la majesté et la grandeur que l'on admire dans les jardins disposés comme ceux des Tuileries et de Versailles, qui sont les chefs-d'œuvre de Lenôtre. A son retour d'un long et utile voyage qu'il fit en Italie, Lenôtre reçut la croix de Saint-Michel. Louis XIV voulait lui donner des lettres de noblesse.— J'en ai déjà, dit Lenôtre; mes armes sont trois limaçons couronnés d'une pomme de chou. Sire, ajoutait-il, pourrais-je oublier ma bêche à qui je dois les bontés dont vous m'honorez? Il mourut à Paris, en 1700, à l'âge de quatre-vingt-dix ans.

Alexandre-Jean-Baptiste Leblond, né à Paris en 1679, mort en 1719; architecte qui marcha sur les traces de Lenôtre et se rendit célèbre par son habileté dans la décoration des jardins. — On remarque encore parmi les Parisiens qui se sont illustrés dans les arts au temps de Louis XIV : *Robert de Cotte*, architecte de Louis XIV et de Louis XV, né en 1656, mort en 1735. — *Jacques Gabriel*, premier architecte du roi, né à Paris en 1666, mort en 1742. — *Claude de Creil*, génovéfain assez habile en architecture; 1633-1768. — *François d'Orbai*, architecte, mort en 1698. — *Jean Marot*, architecte et graveur. — *Antoine Le Pautre*, architecte, né en 1614, mort en 1691. — *Pierre Le Pautre*, fils du précédent, sculpteur de talent, né en 1660, mort en 1744. — *Étienne Le Hongre*, sculpteur; 1628-1690. — *Claude Ballin*, orfèvre fameux et sculpteur; 1615-1678. — *Philippe Bertrand*, sculpteur; 1664-1724. — *Jacques Buirette*, sculpteur; 1630-1699. — *Augustin Cayot*, sculpteur; 1667-1722. — *René Chauveau*, l'un des élèves les plus distingués de Girardon, né à Paris en 1663, mort en 1722. — *Antoine de Dieu*, sculpteur; 1652-1727. — *Jean-Baptiste Goy*, né à Paris en 1668, s'appliqua dès sa plus tendre jeunesse à la sculpture qu'il quitta à l'âge de vingt-six ans pour embrasser l'état ecclésiastique. Il peignit aussi quelques bons tableaux, et mourut curé de Sainte-Marguerite, en 1738. — *Pierre Le Gros*, de l'Académie, auteur de nombreux ouvrages de sculpture destinés à la décoration de Versailles; il était né à Paris, où il mourut en 1714, à l'âge de quatre-vingt-six ans. — *Pierre Le Gros*, son fils, aussi sculpteur habile; 1600-1719. — *Gilles Guenin*, sculpteur; 1600-1678. — *Louis Lerambert*, sculpteur; 1014-1070. — *Laurent Maynier*, sculpteur; 1618-1700. — *François Du Mont*, sculpteur de talent, né en 1688, mort en 1720. — *Nicolas de Platte-Montagne*, peintre d'histoire peu estimé; 1631-1706. — *Claude Poirier*, sculpteur, né en 1656, mort en 1729. — *Corneille Vanclève*, sculpteur aussi habile que laborieux, né à Paris en 1644, mort en 1735.

André-Charles Boule, né à Paris en 1642. Obligé d'embrasser la profession de son père qui était ébéniste, il s'éleva par ses talents et la perfection de ses ouvrages d'ébénisterie au rang des artistes remarquables de son temps. Louis XIV le nomma graveur ordinaire du sceau, et lui donna un logement au Louvre. Le brevet qui lui fut délivré en cette occasion lui donna les titres d'architecte, de peintre, sculpteur en mosaïque, inventeur de chiffres, etc. — Il mourut dans sa ville natale en 1732.

Sous Louis XIV, grand amateur de musique, cet art fut très florissant. La création de l'Académie royale de musique lui fit faire des progrès rapides. Un célèbre Italien, Lulli, devint chef d'une école qui, sortant des ornières de la routine, remplaça les *ponts-neufs* et les *vaudevilles* par le chant et le récitatif. Les principaux élèves de Lulli sont Parisiens. Nous citerons *Nicolas Clérambault*, né en 1676, mort en 1749 (1). A l'âge de treize ans, il fit exécuter un motet à grand chœur de sa composition. Louis XIV le nomma organiste de Saint-Cyr et surintendant des concerts de madame de Maintenon. Les cantates de Clérambault, et surtout celle d'*Orphée*, jouissent encore d'une certaine réputation. — *Michel-Richard de Lalande*, né en 1657. Ses talents sur l'orgue et le clavecin le firent parvenir à la cour. Louis XIV se plaisait à voir travailler Lalande dans son cabinet ; il lui indiquait des sujets de composition et l'aidait à les corriger ; il le nomma, en 1683, maître de musique de sa chapelle, le maria l'année suivante à Anne Rebel, d'une famille connue depuis dans les arts, et ne cessa de le combler de ses bontés. Lalande mourut à Versailles en 1726. Outre la musique de quelques ballets, il a laissé des motets qui justifient les suffrages de ses contemporains. — *Cambert*, organiste de l'église Saint-Honoré, surintendant de la musique de la reine Anne d'Autriche, et l'un des fondateurs de l'Opéra (2). Lorsque Lulli eut obtenu le privilége de l'abbé Perrin, Cambert se retira en Angleterre, où il mourut en 1677, surintendant de la musique de Charles II. — *Charpentier* (Marc-Antoine), savant compositeur, auteur du fameux opéra de *Médée*, né à Paris en 1634. Il étudia en Italie sous le célèbre Carissimi. Ses productions sont nombreuses : on évalue à plus de vingt-cinq le nombre des ouvrages dramatiques qu'il a mis en musique. C'est lui qui est l'auteur des airs du *Malade imaginaire*, qu'on attribue à tort à Lulli. Vers la fin de sa vie, cet habile artiste quitta la scène et il ne s'exerça plus que sur des paroles latines. Il fut nommé maître de la musique des jésuites de la rue Saint-Antoine, et ensuite de la Sainte-Chapelle, où il fut inhumé. Charpentier mourut en 1702. Il avait coutume de dire qu'il ne connaissait pour son égal que *Lalouette*, maître de musique de Notre-Dame. Quand un jeune homme voulait se destiner à la composition, il lui disait : « Allez en Italie, c'est la véritable source. Cependant je ne désespère pas que quelque jour les Italiens ne viennent apprendre chez nous ; mais je ne serai plus (3). » — *Paschal Colasse*, maître de la chapelle du roi, né à Paris en 1639, mort à Versailles en 1707. Il fut le gendre et l'élève de Lulli, qu'il prit pour modèle, mais d'une manière lourde et servile. On estima cependant jadis son opéra de *Thétis et Pélée* (4). — *Henri Desmarets*, né à Paris en 1661. A l'âge de vingt ans, il concourut pour une des quatre places de maître de la chapelle royale, et son âge seul l'empêcha de l'obtenir. Il faisait secrètement la besogne

(1) Sa famille était depuis Louis XI attachée à la cour. — (2) Voy. ci-dessus p. 272. — (3) *Anecdot. dramat.*, t. III, p. 105. — (4) *Ibid.*, p. 114.

de l'abbé Goupillet, l'un de ces quatre maîtres, ce qui donna lieu à l'aventure suivante : Desmarets étant un soir à la chapelle, pour y entendre un nouveau motet qu'il avait donné secrètement à l'abbé Goupillet, un seigneur, qui voulait passer aux yeux du roi pour connaisseur en musique, pria Desmarets, qu'il ne croyait pas auteur de ce motet, de se mettre à côté de lui et de lui marcher sur le pied à tous les endroits qu'il trouverait de son goût. Desmarets obéit, mais avec tant de complaisance, que le seigneur impatienté finit par lui dire : « Oh ! parbleu, vous m'en apprenez trop pour la première fois ; je n'en veux pas savoir davantage. » Desmarets, accusé de rapt, fut obligé de s'enfuir à l'étranger, et il devint surintendant de la musique du roi d'Espagne et ensuite du duc de Lorraine. Il mourut à Lunéville en 1741. Ses opéras furent estimés dans leur temps (1). — *Destouches* (André-Cardinal), surintendant de la musique du roi et inspecteur-général de l'Académie de musique, avec une pension de 4.000 livres. Il dut cette fortune et sa réputation à son opéra d'*Issé* (1697), dont Louis XIV fut si content qu'il gratifia aussitôt le musicien d'une bourse de 200 louis ; il ajouta que Destouches était le seul qui ne lui eût point fait regretter Lulli. L'auteur d'*Issé* ne fut pas si heureux dans ses autres productions. Il mourut cependant justement estimé à Paris en 1749 ; il y était né en 1672. — *Marin Marais*, né en 1656, mort en 1728, excellent musicien et compositeur estimé ; ses opéras, entre autres celui d'*Alcyone*, furent bien accueillis du public. — *Jean Feri Rebel*, compositeur et premier violon des *vingt-quatre* de la chambre du roi. « Dès l'âge de huit ans, disent les auteurs des *Anecdotes dramatiques*, il jouait du violon à Saint-Germain-en-Laye aux opéras représentés devant le roi. Un jour, à une répétition générale faite en présence d'une partie de la cour, Lulli s'étant aperçu d'un gros rouleau de papier de musique que le petit Rebel avait dans sa poche, le prit, et l'ayant développé, vit que c'étoient les parties d'un acte d'opéra de la composition de cet enfant. Curieux d'entendre une production aussi précoce, Lulli engagea son auditoire à rester, et dit au petit Rebel de distribuer les rôles et les parties de cet acte et de le faire exécuter. On dressa une table dans l'orchestre, sur laquelle on le fit monter pour battre la mesure, et l'on parut très content de sa musique. » Ses symphonies furent applaudies pendant fort long-temps à l'Opéra. Il mourut à Paris en 1747.

III. Industrie. — Commerce.

Nous lisons dans Sauval : « Dans les six corps des marchands se trouvent deux mille sept cent cinquante deux maîtres et plus de cinq mille garçons de boutique. Dans les mille cinq cent cinquante-une

---

(1) *Ibid.*, p. 154.

communautés d'artisans, on compte dix-sept mille quatre-vingts maîtres, trente-huit mille compagnons et six mille apprentis. Le nombre des tireurs de bois flotté va jusqu'à quatre cents, celui des porteurs d'eau jusqu'à six cents, et jusqu'à mille sept cents celui des porteurs de chaises. Les crocheteurs font un corps de deux mille quatre cents au moins. On fait état de quatre mille carrosses roulants au moins, et d'autant de chevaux : et sans tout cela, de quatre cent quatre-vingt-deux mille quatre cents hommes capables de porter les armes. Pour tant d'hommes, il faut par an six cents muids de sel, huit cents barils de maquereaux, deux mille barils de saumon, autant de morue, vingt mille barils de harengs, dix-neuf mille muids de charbon, vingt-sept mille porcs, cinquante mille bœufs, soixante-dix mille veaux, quatre cent seize mille moutons; quatre-vingt mille deux cents muids de blé, deux cent soixante mille *poignées* de morue; et quant aux bêtes, seize mille muids d'avoine et six millions de bottes de foin (1). » Ces curieux renseignements, extraits par Sauval d'un mémoire de Letellier, que j'ai déjà eu occasion de citer, attestent les accroissements du commerce et de l'industrie à Paris pendant cette période.

Ce fut sous le règne de Louis XIV que l'usage du café s'introduisit à Paris. Soliman Aga, ambassadeur de la Porte, l'importa dans la capitale en 1669, et quelques années après, un Arménien, nommé Pascal, établit un *café* à la foire Saint-Germain et au quai de l'École. Cette nouveauté fut bien accueillie du public. Quelque temps après Pascal, un noble Sicilien, François Procope, fonda un établissement du même genre d'abord à la foire Saint-Germain, puis, en 1689, rue des Fossés-Saint-Germain (actuellement rue de l'Ancienne-Comédie), en face du Théâtre-Français. Rendez-vous des gens de lettres pendant de longues années, le café Procope obtint une réputation qu'il conserve encore aujourd'hui. Ces établissements se multiplièrent si rapidement, qu'on en comptait plus de six cents à Paris sous le règne de Louis XIV. Leur nombre s'est encore augmenté depuis 1789. Les plus anciens sont, après le café Procope, celui de la *Régence*, sur la place du Palais-Royal, le café *Manoury*, quai de l'Ecole; celui de *Foy*, au Palais-Royal, etc. Madame de Sévigné s'est doublement trompée en avançant que le café serait aussi vite oublié que Racine.

Le goût de la bonne chère et des plaisirs de la table était fort répandu à Paris, comme il l'est encore aujourd'hui. Les *restaurants* n'existaient point encore; il n'y avait alors que des traiteurs. Louis XIV, en 1645 et en 1663, confirma les priviléges de cette communauté qui lui avaient été donnés par Henri IV en 1599; les membres étaient qualifiés de

---

(1) Sauval, t. I, p. 26.

maîtres-queux, cuisiniers, porte-chape et traiteurs à Paris (1). Ces honorables confrères étaient sans cesse en querelle avec les cabaretiers (2). Les premiers soutenaient qu'eux seuls avaient le privilége de donner à manger ; les autres réclamaient le privilége exclusif de donner à boire. De là une foule de procès qui enrichissaient les procureurs au Châtelet. La révolution mit fin à toutes ces contestations. Les marchands de vin peuvent être restaurateurs si bon leur semble, sous la condition de se conformer au tarif des patentes (3). Les grands seigneurs et les gens de lettres allèrent se divertir pendant long-temps au cabaret et chez les traiteurs. Tout le monde connaît l'*empoisonneur Mignot*, que Boileau a immortalisé dans ses vers. Le poëte avait choisi un autre traiteur sur la place du cimetière Saint-Jean, où il dînait fort souvent avec quelques seigneurs et Racine, La Fontaine, Chapelle, Furetière ; une chambre particulière leur était réservée. « Il y avoit sur la table, dit un écrivain du dernier siècle, un exemplaire de la *Pucelle* de Chapelain, qu'on y laissoit toujours. Si quelqu'un d'entre eux commettoit une faute, soit contre la pureté du langage, soit contre la justesse du raisonnement, il étoit jugé à la pluralité des voix ; et la peine ordinaire étoit de lire un certain nombre de vers de ce poëme. Quand la faute étoit considérable, on condamnoit le délinquant à en lire une vingtaine. Il falloit qu'elle fût énorme, pour être condamné à lire la page entière. »

Le luxe, qui était extrême à la cour, parce que le roi aimait la représentation (4), ne le fut pas moins à la ville. « Tout le monde s'habille avec beaucoup de propreté, écrivait sous Louis XIV un étranger qui avait long-temps habité Paris ; les rubans, les miroirs et les dentelles sont trois choses sans lesquelles les François ne peuvent vivre. Le luxe démesuré a confondu le maître avec le valet, et les gens de la lie du peuple avec les personnes les plus élevées (5). » Les hommes ne gardèrent ni barbe ni *impériale* ; la moustache disparut même peu à peu, à partir de 1680, époque à laquelle le roi la rasa entièrement ; mais ils avaient de vastes perruques, nommées *in-folio*. Elles étaient si volumineuses que les boucles couvraient totalement les deux épaules, et le toupet s'élevait d'environ un pied. Ce goût ridicule prit avec une telle fureur que les hommes firent de ces perruques leur principale parure ; une

---

(1) Hurtaut, t. IV, p. 729.

(2) « Il y a dans Paris, dit Hurtaut, trois sortes de cabarets ; les uns sont *à pot et à pinte*, et vendent en détail ; les autres *à pot et à assiette* ; les troisièmes donnent à manger et logent, et s'appellent proprement *auberges*. »

(3) *Dict., hist.* de MM. Béraud et Dufey.

(4) S'il faut en croire Dangeau, Louis XIV prit un jour « un habit d'une étoffe or et moire brodée de diamants, il y en avait pour *douze millions cinq cent mille livres* ; et l'habit était si pesant qu'il en changea après son dîner. »

(5) Cité par M. Dulaure, t. V, p. 498.

belle perruque de couleur blonde (c'était la nuance la plus recherchée) et *in-folio* coûtait jusqu'à 1,000 écus. Aux perruques blondes succédèrent les perruques blanches, lorsque Louis XIV commença à vieillir; on inventa enfin la poudre à friser, pour remplacer l'usage des perruques blondes et blanches. L'habit appelé *juste-au-corps* était cependant très ample et très long, ayant des manches larges, de gros plis et de grandes poches sur les côtés, à peu près comme les *habits à la française*. Le juste-au-corps était garni par devant de rubans ou de boutons, avec lesquels on se serrait extrêmement la taille; il était attaché au haut-de-chausses, qui était tantôt étroit et tantôt fort large. Les hommes portaient aussi un manteau, une longue rapière, un grand chapeau à haut bord, garni de plumes de toutes couleurs, une cravate avec un nœud de ruban couleur de feu placé sous le menton, de grosses bottes pour monter à cheval, et des bottes molles et fort évasées pour aller à pied (1).

Les femmes avaient une robe à longues manches, retroussée des deux côtés, et ne passant pas le genou, avec un grand jupon. La plupart portaient des masques de velours noir pour conserver la blancheur de leur teint. Elles étaient couvertes de dentelles; leurs tours de gorge et leurs manchettes étaient fort amples; elles portaient sur le devant de la tête une espèce de huppe élevée de quinze pouces, faite avec de la dentelle qu'elles contenaient avec du laiton, et de laquelle pendait par derrière une longue queue en façon de voile. A la fin du règne de Louis XIV, les coiffures furent abaissés, et l'on remplaça les vertugadins par les paniers. Je trouve à ce sujet de curieux détails dans l'extrait d'un manuscrit du président Mesnier, rapporté par M. Alex. Lenoir:

« Les dames ont l'obligation de ces deux modes à deux dames anglaises qui vinrent en France en 1714. Etant venues à Versailles dans le mois de juin ou juillet, elles se présentèrent pour voir souper Louis XIV, qui étoit déjà à table: ceux qui étoient au souper, étonnés de voir la petitesse de leur coiffure, qui n'avoit nul rapport avec celle des dames de France, firent un brouhaha si considérable que le roi demanda avec émotion qui occasionnoit ce bruit; on lui répondit que c'étoient deux dames extraordinairement coiffées, qui se présentoient pour avoir l'honneur de le voir souper. Le roi les ayant aperçues, et étant belles et bien faites, il les fit approcher, et dit tout de suite, en présence des duchesses et des dames qui étoient présentes à souper, que si toutes les femmes étoient raisonnables, elles ne se coifferoient pas autrement que ces deux dames; et il le dit même d'un ton à faire croire que si on paroissoit autrement devant lui, ce ne seroit pas lui faire la cour. Il est aisé de juger qu'il n'en fallut pas davantage pour

---

(1) *Musée des monuments français*, par A. Lenoir, p. 146.

faire prendre le parti aux dames qui étoient présentes au discours du roi, de faire travailler toute la nuit à la diminution de leur coiffure, qui étoit excessivement haute. Cela leur fut très aisé à faire parce qu'elles portoient trois étages de cornettes, en sorte qu'il ne fut question que de la suppression des plus hauts étages avec tous les fils d'archal qui les soutenoient, et de réduire la coiffure au premier étage, que l'on diminua encore de moitié. Les dames, le lendemain, parées de ces nouvelles coiffures, ne manquèrent pas de se trouver à la messe du roi avec un sérieux qu'elles avoient bien de la peine à garder. A la sortie de la messe, le roi leur en fit compliment; il ajouta qu'elles n'avoient jamais été mieux coiffées. Cette mode fut généralement adoptée par toutes les femmes de la cour; celles de la ville les imitèrent, et toutes les cornettes changèrent de forme en un instant. Il reste à parler des paniers de ces femmes anglaises. La scène s'en passa deux jours après à la promenade des Tuileries, où, étant entrées sur le soir, dans la grande allée de ce jardin, l'énorme grandeur de leurs paniers qu'on ne connoissoit pas encore, et qui consistoit en cerceaux de baleines sur lesquels leurs jupes étoient étalées, étonna si fort les spectateurs et leur donna un si violent empressement de les voir, qu'elles pensèrent être étouffées par la foule. Un des bancs adossés aux palissades d'ifs qui étoient aux deux côtés de la grande allée où elles se rangèrent, les sauva de la foule, avec le secours d'un officier des mousquetaires, qui s'y trouvoit assez heureusement pour elles, et empêcha qu'elles ne fussent écrasées par la multitude. Le seul expédient que cet officier put trouver pour les tirer de cette foule, ce fut de les faire passer au travers de la palissade et de les mener à l'orangerie des Tuileries, où il logeoit. C'est à cette fâcheuse aventure de ces deux dames que les paniers doivent leur origine en France. La mode en est venue par degrés, les femmes n'ayant pas osé passer tout d'un coup à ce vaste étalage, parce qu'il leur a paru d'abord immodeste et très indécent. Ce sont les comédiennes qui, les premières, ont commencé à en porter sur le théâtre l'hiver suivant. Les femmes du monde, accoutumées à les imiter d'abord de loin, ont commencé à porter des jupons de crin piqué; après, elles ont porté des *criardes* et un peu de grosse toile bougranée, plissée autour de leurs hanches; ensuite, en 1716, deux dames risquèrent les premières à porter des paniers dans leurs chambres; et comme elles n'osoient pas s'en servir le jour, elles résolurent à attendre le soir pour aller à la promenade des Tuileries; et, pour éviter l'entrée des portes ordinaires, où il y a toujours beaucoup de livrée, elles entrèrent par l'orangerie. Enfin, comme ces deux dames étoient très connues à Paris, on s'accoutuma peu à peu à leurs paniers, et les femmes et les filles en ont porté par la suite, jusqu'aux femmes de chambre. On ne doit pas omettre que les paniers modestes ont aujourd'hui (en 1733) au moins trois aunes de tour, ce qui comprend dix aunes d'étoffe de soie pour faire une jupe. Il y a aussi une sorte de paniers qu'on appelle *jansénistes*, parce qu'ils ne vont que jusqu'aux genoux. »

Les innovations du luxe augmentèrent à Paris le nombre des petits commerçants; quant au grand commerce, on sait avec quelle haute intelligence il fut protégé par Colbert

ONZIÈME ÉPOQUE.

Paris sous Louis XV.

1715-1774.

CHAPITRE PREMIER.

Faits généraux.

Le seul représentant de la famille royale échappé au destin fatal qui avait si cruellement moissonné les héritiers présomptifs du grand roi, était un enfant de cinq ans et demi. Louis XV était né le 15 février 1710. Le duc d'Orléans, son oncle, se rendit dès le lendemain de la mort de Louis XIV (2 septembre) au parlement, et, au mépris des dispositions testamentaires du feu roi, obtint le titre de régent du royaume. Heureux de ce succès, le duc d'Orléans signala le commencement de son administration par des actes d'une sollicitude éclairée, et s'empressa de porter une louable activité partout où l'attention du gouvernement paraissait utile. Il rendit au parlement le droit de remontrances, pourvut au paiement des troupes, assura celui des rentes de l'Hôtel-de-Ville, fixa définitivement le taux des espèces d'or et d'argent; il attaqua les traitants que le peuple hait toujours, ordonna des visites bienveillantes dans les prisons, délivra les captifs, rappela nombre d'exilés, parla de réformer les dépenses de la cour, et enfin ramena dès la fin de l'année dans la capitale, aux applaudissements des Parisiens, le jeune monarque, jusqu'alors élevé à Vincennes.

Ouverte sous ces heureux auspices, la régence aurait été peut-être une époque de prospérité pour la France, si en descendant au tombeau Louis XIV n'eût laissé les finances de l'État dans une effroyable détresse. L'ensemble des charges et dépenses du gouvernement devait monter pour l'année courante à plus de 243 millions, non compris une masse énorme de 743 millions et plus de créances exigibles. Les revenus, qui s'élevaient annuellement à 180 millions, étaient presque totalement absorbés deux années à l'avance, et pour combler ce vide immense qui allait croissant tous les jours, il y avait dans le trésor royal 800,000 livres. Dans ces circonstances difficiles, le duc d'Orléans, dans l'espoir d'éviter une banqueroute imminente, s'abandonna au célèbre écossais, John Law, dont les desseins gigantesques devaient, en peu de temps, rendre au gouvernement son crédit, et à la France sa richesse financière. Le système de Law consistait à remplacer les valeurs réelles par des signes destinés à les représenter par du papier; puis à mettre ces valeurs fictives en circulation forcée, et à payer avec elles toutes les dettes du gouvernement, sauf à rembourser peu à peu en espèces réelles. Le public fut d'abord pris d'un engouement frénétique pour ce système (1717). Depuis le grand seigneur jusqu'au laquais, tout le monde se livrait à l'agiotage et venait se coudoyer à la Bourse de la rue Quincampoix, dans l'antre de l'agio. Les fortunes scandaleuses nées en quelques instants allumaient dans toutes les âmes l'ardeur du jeu, l'amour de la spéculation, la soif du gain (1). Les actions émises par Law arrivèrent à atteindre une hausse de *mille pour cent*. Malgré les cris de quelques gens éclairés ou envieux, malgré la résistance du parlement, l'engouement se prolongea jusqu'en 1720. Mais l'abus fait par Law de l'émission d'actions qu'il ne discontinuait pas de lancer par milliers dans la circulation rendait sa perte inévitable. La confiance publique ne reposait que sur une fiction derrière laquelle se trouvait un abîme que rien ne pouvait plus combler, une banqueroute immense. L'inquiétude commençait à se glisser dans les esprits. Le prince de Conti, pour se venger de Law qui n'avait pas voulu, dit-on, satisfaire sa cupidité en lui donnant autant de papier-monnaie qu'il en voulait, réclama le remboursement des actions qu'il avait en mains, et il fallut trois fourgons pour amener chez lui le prix de ses billets. Chacun voulut obtenir de même le remboursement des siens; mais les premiers seuls ou les plus favorisés y parvinrent. Les actions de Law finirent par perdre quatre-vingt-dix pour cent. Law, malgré ses courageux efforts, ne put rien pour relever le crédit. Effrayé des émeutes populaires qui plus d'une fois alors menacèrent sa vie, il s'enfuit de Paris et quitta la France au mois de décembre 1720. Le gouvernement n'eut plus qu'à procéder à la liquidation d'une banqueroute effrayante dans laquelle les créanciers perdirent plus de la moitié de leurs biens.

(1) Il serait difficile de dépeindre l'espèce de frénésie qui s'empara des esprits à la vue des fortunes aussi énormes que rapides qui se firent alors. Tel qui avait commencé avec un *billet d'état*, à force de trocs contre de l'argent, des actions et d'autres billets, se trouvait des millions au bout de quelques semaines. Il n'y avait plus dans Paris, ni commerce, ni société. L'artisan dans sa boutique, le marchand dans son comptoir, le magistrat et l'homme de lettres dans leurs cabinets, ne s'occupaient que du prix des actions On s'interrogeait là-dessus avant de se saluer; il n'y avait point d'autres conversations dans les cercles, et le jeu des actions remplaçait tous les autres. (Anquetil.) « Il suffisait, disent les mémoires du temps, d'approcher de l'heureuse rue Quincampoix pour faire fortune. Un bossu, dont la bosse allait en pente douce comme un pupitre, en la louant à ceux qui avaient quelques signatures à faire, gagna en peu de temps 50,000 livres. » (*Mém. de la Régence.*)

Au plus fort de ses dangereuses opérations financières, le régent avait eu à lutter contre une conspiration de cour, suscitée par la jalousie d'un fils légitimé de Louis XIV, le duc du Maine, et par l'ambition du cardinal Alberoni qui dirigeait alors l'Espagne, et méditait le bouleversement de l'Europe. Mais ce dernier vit échouer ses projets, et le duc d'Orléans sortit victorieux de la lutte.

Ce furent là tous les événements de la régence. Le caractère de cette époque de transition est tout entier dans sa monstrueuse immoralité. Les dehors religieux de la cour de Louis XIV pendant les dernières années de ce prince n'étaient que le masque de l'hypocrisie. Le grand roi mort, tous les vices, long-temps comprimés, débordèrent sans frein, et un trop grand nombre de seigneurs, à la suite d'un prince corrompu, se jetèrent bruyamment dans les plus ignobles débauches. L'ivrognerie, l'orgie grossière s'étalaient au Palais-Royal et au Luxembourg, séjours du régent et de la duchesse de Berri. De tous ces hommes débauchés, le plus coupable était le régent lui-même, qui, par dépravation autant que par mollesse, ne craignit point d'appeler au gouvernement de l'État, le compagnon de ses honteux plaisirs, Dubois. Grâce à sa facilité pour les affaires et à son incroyable audace, cet homme s'éleva de la plus humble condition et au moyen des actes les plus infâmes, au pouvoir suprême. Ce fut sur le siège jadis occupé par le grand Richelieu, que Dubois, le premier, donna le spectacle d'un ministre français vendu à l'étranger; il était à la solde des Anglais. Heureusement pour la France, ni la régence, ni le duc d'Orléans, ni l'infâme Dubois ne devaient subsister long-temps. Rongé de honteuses maladies, Dubois mourut en blasphémant, au mois de février 1723; dix mois après, le 2 décembre, le duc d'Orléans mourut d'apoplexie entre les bras d'une de ses maîtresses.

Louis XV, sacré à Reims le 21 octobre 1722, avait été déclaré majeur dans un lit de justice tenu solennellement le 22 février 1723. Mais ce prince, qui d'ailleurs fut toujours d'un caractère faible et d'un esprit peu élevé, était trop jeune encore pour prendre en main les rênes de l'État. Aussi, dès que le duc d'Orléans eut fermé les yeux, le prince de Condé, duc de Bourbon, se présenta au roi et demanda la place vacante. Le jeune monarque, assez embarrassé, jeta les yeux, comme pour le consulter, sur son vieux précepteur, M. de Fleury, ancien évêque de Fréjus, qui était auprès de lui. Le prélat baissa la tête et ne fit aucun signe; Louis consentit. Il signa le brevet qui était tout prêt, et le duc de Bourbon obtint ainsi la place de premier ministre qu'ambitionnait M. de Fleury.

Toutefois l'administration du duc de Bourbon et de sa maîtresse madame de Prie, femme ambitieuse et dissolue qui le gouvernait, ne fut pas de longue durée. Elle fut signalée seulement par le renouvellement des rigueurs contre les protestants, et le mariage du roi avec Marie-

Charlotte Leczinska, fille de Sanislas Leczinski, ancien électeur de Posen, qui, porté par Charles XII sur le trône de Pologne, en avait été renversé après la chute de ce prince, et vivait pauvrement à Wissembourg, d'une faible pension que lui payait la France. Cette union fut célébrée le 4 septembre 1725; le roi avait seize ans et Marie en avait vingt-trois. Peu de temps après, l'adresse de l'ancien évêque de Fréjus parvint à supplanter le duc de Bourbon; celui-ci fut exilé et le roi déclara qu'il entendait gouverner par lui-même; mais il confia la direction de toutes les affaires à son précepteur et le fit nommer cardinal.

C'était à l'âge de soixante-treize ans que le cardinal de Fleury atteignait ainsi l'objet de sa longue attente. Son règne fut celui de la médiocrité; il ne produisit point de grands événements, point de réformes importantes pour la prospérité publique, mais ce fut pour le pays une ère précieuse de calme et de repos. Trop vieux pour être bien sensible aux jouissances de la vanité, Fleury n'aimait du pouvoir que le pouvoir même. Pour la première fois depuis bien long-temps la France fut administrée avec économie; les finances ne furent pas livrées à la rapacité de quelques particuliers; d'odieux impôts furent abolis; les variations désastreuses de la monnaie cessèrent et l'énorme déficit des caisses de l'État fut quelque peu diminué. C'était un homme de mœurs modestes et douces auquel on ne connaissait aucun vice. Aussi la cour prit à l'instant, avec cette souplesse qui lui est propre, les allures paisibles et décentes du ministre; à la débauche succéda la galanterie; l'hypocrisie fit des progrès, mais le cynisme, la corruption grossière heureusement disparurent des mœurs.

Fleury eut, dès le commencement, la faiblesse de se laisser entraîner à prendre part aux misérables querelles qui se renouvelèrent sur la constitution *Unigenitus* (1). Les Jansénistes et les Molinistes recommencèrent leurs discussions, leurs pamphlets, et ceux que favorisait le gouvernement, les Molinistes, rappelèrent contre leurs antagonistes les persécutions du jésuite Le Tellier. Le parlement, soutenu par l'ordre turbulent des avocats, s'en mêla, et il fallut, pour faire cesser le tumulte, un événement qui jeta le ridicule sur les deux partis. Quoique j'aie parlé ailleurs de cet événement (2), je ne puis me dispenser d'y revenir ici. Dans le cimetière de Saint-Médard, à Paris, un diacre du nom de *Pâris* avait été enterré en 0727. C'était un janséniste fort honnête homme et très charitable, mais dont la vie n'avait rien eu de remarquable que le zèle ardent qu'il avait mis à attaquer la constitution *Unigenitus*. Tout-à-coup le bruit se répand que le diacre Pâris est un saint, et que des miracles se font sur son tombeau. La foule aussitôt de se presser dans le cimetière de Saint-Médard; les malades, les infirmes se font transporter

---

(1) Voy. sur ces événements, comme aussi sur les divers faits de cette époque, l'article *Parlement*, t. II, aux pages 385 et suivantes. — (2) Voy. *Église Saint-Médard*.

sur la tombe du bienheureux pour recouvrer la santé. Le désir, l'espoir d'une guérison déterminaient souvent sur des organisations malades des symptômes étranges, des convulsions extraordinaires, et peut-être aussi des révolutions nerveuses qui produisaient un effet salutaire, et triomphaient momentanément du mal. La contagion de la sympathie, et la ferveur de l'imagination amenèrent, dit-on, des guérisons réelles, en même temps que l'esprit de parti produisit souvent des effets merveilleux. La foule criait au miracle, et l'on vit renaître dans Paris, au tiers du xviiie siècle, les scènes de la plus déplorable ignorance. Le délire fut tel que l'archevêque fut forcer de motiver la défense qu'il fit de vouer un culte public au diacre Pâris, sur ce qu'il n'avait pas reçu les honneurs de la canonisation. A la fin le désordre qui résultait du concours perpétuel des illuminés, des convulsionnaires, des curieux et des voleurs qui se pressaient à toute heure autour du tombeau, forcèrent l'autorité à intervenir et à ordonner la fermeture du théâtre de ces extravagances. Les adeptes furent réduits à poursuivre dans des maisons voisines le cours de leurs prodiges et ils tombèrent dans les derniers excès du ridicule (1732).

Les années suivantes furent remplies par les diverses vicissitudes d'une guerre continentale qui commença par les efforts malheureux de Stanislas Leczinski pour recouvrer le trône de Pologne. Puis la France, l'Espagne, l'Angleterre et la Savoie se liguèrent pour jeter les impériaux hors de l'Italie. Grâce à une campagne aussi rapide que brillante, la victoire resta aux puissances alliées, et la France y gagna la possession assurée d'une province qu'elle convoitait depuis long-temps, la Lorraine (1735). En 1740, recommença une lutte de la France avec les puissances du Nord, lutte longue et peu décisive qui ne s'arrêta qu'à de courts intervalles, et dura jusqu'au traité de Paris, en 1763. Ce fut pendant cet espace de temps qu'eurent lieu les exploits militaires dont peut s'honorer le règne de Louis XV : la prise de Prague, le combat naval de Toulon, la fameuse victoire de Fontenoy qui amena la conquête de la Flandre (1745), le combat de Raucour, la conquête du Brabant, et tant d'autres hauts faits dus surtout à l'illustre maréchal de Saxe.

Pendant que ces événements se passaient au dehors, à l'intérieur on voyait changer les choses et les hommes. Long-temps avant que la guerre fût aussi animée, le paisible cardinal de Fleury était mort. Il avait quitté ce monde, à l'âge de plus de quatre-vingt-dix ans, arbitre des destinées de l'État jusqu'à son dernier soupir (janvier 1743). Sa simplicité, sa douceur, son esprit d'ordre avaient, comme nous l'avons vu, apaisé les plaies qu'avaient faites à la France les guerres de Louis XIV et les folies du système de Law. C'est à son gouvernement que nous devons la réunion de la Lorraine; enfin grâce à lui, la culture des sciences, qu'il protégeait généreusement, prit un nouveau développement, et c'est à l'ombre de son administration pacifique que naquit l'école des *esprits forts*, c'est-à-dire la grande école philosophique destinée à produire à la fin du xviii⁰ siècle une si grande révolution dans l'état social comme dans l'état politique.

Louis XV, cédant aux suggestions de sa maîtresse, la duchesse de Châteauroux, s'était rendu à Metz pour y concerter le mouvement des armées avec le maréchal de Schmettau, envoyé du roi de Prusse. Il y fut attaqué d'une fièvre putride, qui le réduisit en quelques jours à l'extrémité (août 1744). La désolation fut universelle, et les Parisiens décernèrent alors, à leur roi moribond, le surnom de *bien-aimé*, qui nous paraît aujourd'hui une sanglante raillerie. La joie fut aussi grande que l'avait été la douleur lorsqu'on apprit que Louis était hors de danger. « Paris, dit un écrivain contemporain, n'était qu'une enceinte immense pleine de fous » Louis XV fut vivement ému de ces marques d'affection. « Qu'ai-je donc fait, s'écria-t-il, pour être aimé ainsi ? » Mais cette impression ne dura que peu d'instants ; quelque temps après, la fille du boucher Poisson succédait à madame de Châteauroux, sous le nom de la marquise de Pompadour. La nouvelle favorite ne put enchaîner de suite son royal amant ; la guerre le poursuivait avec acharnement, et ce n'était pas à l'avantage de la France. La sanglante bataille de Fontenoy, gagnée en présence de Louis XV par le maréchal de Saxe (mai 1745), ne put compenser les pertes énormes qu'essuyait notre marine. Enfin les puissances belligérantes, épuisées par une guerre de huit ans, mirent bas les armes, et le 18 octobre 1746, la paix fut signée à Aix-la-Chapelle. Louis XV ne recouvra pas sa marine, et pour prix du sang de ses sujets, des trésors de la France et des victoires du maréchal de Saxe, il transigea, ainsi que ses ennemis l'avaient prévu, en rendant toutes ses conquêtes.

Le gouvernement n'était pas moins déplorable à l'intérieur. Les ministres étaient choisis par la marquise de Pompadour, et renvoyés lorsqu'ils ne cédaient pas à ses caprices ; le peuple était accablé d'impôts, tandis que la cour montrait un luxe inouï ; enfin en même temps que le catholicisme était battu en brèche par Voltaire et son école, de ridicules querelles religieuses venaient jeter dans les esprits de nouveaux germes de trouble et de révolte. Le plus grand malheur, et on ne pouvait y porter remède, c'est que Louis XV s'était déconsidéré aux yeux de ses sujets par son penchant désordonné pour les plaisirs. « Un incident, arrivé en mai 1750, attesta quelle opinion le bas peuple parisien avait de son roi. A défaut de dispositions légales et régulières sur la répression du vagabondage et de la mendicité, la police, quand Paris semblait trop encombré de gens sans aveu, expulsait ou même enlevait pour les colonies les individus dépourvus de profession et de ressources, opération qui s'exécutait avec l'arbitraire le plus brutal et souvent avec l'iniquité la plus infâme. Quelques exempts profitèrent d'une de ces mesures générales pour arracher des enfants à leurs mères, sans doute afin d'extorquer de celles-ci une rançon : aux cris des mères désolées, le peuple s'attroupa, et le bruit courut dans les groupes que les médecins avaient prescrit à Louis XV des bains de sang humain pour ranimer son corps épuisé par la débauche, et que les enfants enlevés étaient destinés à lui rendre cet horrible service. Toutes les mères tremblèrent pour leur progéniture, et passèrent bientôt de la crainte à la fureur ; la population du faubourg Saint-Antoine, théâtre de cette scène étrange, se souleva, courut sus aux exempts, descendit dans Paris, et, grossie par des flots de peuple de tous les quartiers, assaillit l'hôtel du lieutenant de police. Ce peuple était encore neuf à la révolte, les gardes Françaises et Suisses et la maison du roi dissipèrent aisément une multitude désarmée, et plusieurs des mutins furent pendus. Cet événement était néanmoins, sous tous les rapports, d'un menaçant augure (1). »

J'ai parlé ailleurs des fatales et ridicules querelles qui troublèrent Paris à l'occasion de la bulle *Unigenitus*, et des altercations sans cesse renaissantes entre le parlement et la royauté (2). Louis XV voulut frapper un grand coup, et le 13 décembre 1756 il fit enregistrer des édits qui enlevaient aux magistrats toute indépendance et tout moyen d'opposition ; les magistrats répondirent par l'envoi de leur démission (3). L'irritation fut grande dans Paris, à la nouvelle de cet acte d'autorité, et la fermentation des esprits devint telle, que le 5 janvier 1757 le roi montant en carrosse au château de Versailles, fut frappé à la cinquième côte d'un coup de canif. L'assassin, qui ne chercha même pas à s'enfuir, était un laquais de profession, nommé Robert-François Damiens, né dans un village près d'Arras. Il prouva qu'il aurait pu tuer le roi s'il l'avait voulu, et que son intention avait été seulement de le blesser, « Pour lui donner, disait-il, un utile avertissement qui le portât à écouter les représentations de son parlement, et à prendre le parti de son peuple qui périssoit. » Suivant l'usage, chaque parti se renvoya la responsabilité de l'attentat ; mais Damiens n'était qu'un fou, entraîné au régicide par l'exaspération générale. Ce misérable fut exécuté, le 28 mars, en place de Grève, avec une barbarie effroyable. Un arrêt du parlement bannit à perpétuité, sous peine de mort, le père, la femme et la fille du condamné, enjoignit à ses frères et à ses sœurs de changer de nom, et ordonna que la maison où il était né serait rasée jusqu'à ses fondements.

L'attentat de Damiens répandit une si grande consternation dans les masses que les troubles cessèrent aussitôt. Mais le gouvernement n'en fut ni plus fort ni plus digne. Malgré le courage de nos soldats, la

---

(1) M. H. Martin, t. XV, p. 381. — (2) Voy. t. II. à l'article *Parlement*.
(3) T. II, p. 399.

France se vit encore obligée de subir l'humiliation du honteux traité de Paris qui anéantit sa marine au profit de l'Angleterre (10 février 1763).

La guerre terminée, tous les esprits se tournèrent vers un théâtre où s'agitaient des événements non moins graves pour la nation. On était à la veille de l'expulsion des jésuites par le parlement, et de la destruction du parlement par le chancelier Maupeou (1). Les jésuites, qui par leur puissance, leurs richesses, et leurs persécutions toutes récentes contre le jansénisme, s'étaient attiré une multitude d'ennemis, furent victimes de la guerre malheureuse que la France venait de soutenir contre les Anglais. Ces religieux exerçant une grande influence dans une partie de l'Amérique où leurs missionnaires apportaient la civilisation, avaient ouvert avec ce pays un commerce qui devint très considérable. Un d'eux, le P. La Vallette, visiteur-général et préfet apostolique des missions de la Martinique, était à la tête de vastes spéculations, tenait une banque publique, armait des navires, établissait des comptoirs et des commis dans les autres îles de l'Amérique méridionale, et jouissait d'un crédit pour ainsi dire illimité dans toutes les maisons de commerce de la France et même de l'Europe entière. Mais les Anglais capturèrent deux de ses vaisseaux, et cette perte imprévue amena la ruine de deux honorables négociants de Marseille qui avaient, se fiant sur l'arrivée de ces vaisseaux, accepté pour un million et demi des lettres de change souscrites par La Vallette. Après un procès qui eut le plus grand retentissement et dura plusieurs années, la compagnie fut condamnée comme solidaire des opérations du P. La Vallette. C'eût été peu de chose, car ils trouvèrent en peu de temps le moyen de rembourser 12,000 livres; mais les débats de l'affaire avaient forcé les jésuites de mettre à jour les mystérieux statuts de leur institution. Alors pour la première fois l'on avait connu d'une manière claire et précise les liens étroits qui unissaient entre eux tous les membres de cette association, et la soumission aveugle à laquelle ils s'astreignaient envers leur général. On fut effrayé de voir quelle puissance pouvait exercer ce colosse qui avait déjà fait de si grandes choses. Les jésuites étaient perdus. Le parlement, qui était en partie composé de jansénistes, les tenant à son tribunal, se garda de manquer cette occasion de consommer la ruine de ces redoutables ennemis. Après l'audition d'un plaidoyer célèbre dans lequel l'abbé de Chauvelin exposa, sous les couleurs les plus énergiques, combien les jésuites étaient dangereux dans un État, le parlement prononça l'abolition de l'ordre. Le roi, cependant, vivement sollicité par les amis que les jésuites avaient à la cour, suspendit l'exécution de l'arrêt (2 août 1761). Il nomma, pour

(1) J'ai parlé amplement de ce dernier événement à l'article *Parlement*, t. II. p. 391 et suivantes.

juger en dernier ressort, une commission de son conseil qui prit l'avis du clergé français, et après de longues délibérations, conclut enfin à la nécessité, sinon d'anéantir la société des jésuites, au moins d'en modifier l'organisation, et envoya au pape un projet rédigé dans ce but. Mais le général de l'ordre, Ricci, répondit fièrement : *Sint ut sunt, aut non sint!* Qu'ils soient ce qu'ils sont, ou qu'ils ne soient plus.

Sur ces entrefaites, mourut la marquise de Pompadour. Une femme digne de lui succéder, la comtesse du Barry, la remplaça auprès du roi, et son protégé, le duc de Choiseul, la remplaça dans le gouvernement de l'État (avril 1764). L'événement le plus important de l'administration du duc de Choiseul, fut la soumission de l'île de la Corse à la France, en 1769, deux mois avant la naissance de Napoléon. Les dernières années du règne de Louis XV se passèrent dans un état de repos factice semblable au calme qui précède les grands orages. Les finances étaient dans un état déplorable; Choiseul, le seul depuis long-temps qui eût essayé de relever la politique française de la voie d'humiliation où elle était engagée, Choiseul fut exilé à la fin de 1770, par l'influence de la du Barry. Un peuple accablé d'impôts mourait de faim au milieu des spéculations d'une société d'accapareurs, dont le roi faisait partie, dit-on, et les parlements qui plaidaient sa cause étaient aux prises avec des favoris de cour, qui les persécutaient et cherchaient à les dissoudre.

Louis XV, livré tout entier aux petites intrigues de cabinet, et surtout aux honteuses débauches qui absorbaient de plus en plus son existence à mesure qu'il avançait en âge, n'avait d'autre soin que de se tenir éloigné de toutes les affaires d'État. A une inertie excessive, il joignait beaucoup de sens et de sagacité ; il prévoyait d'effrayantes catastrophes ; mais il n'avait pas même la force de songer aux remèdes, et semblait dire : *Après nous le déluge.* Si ce mot qu'on lui attribue n'est pas de lui, il le peint cependant bien tout entier. Tel était l'avenir qu'il léguait à ses successeurs.

Louis XV, âgé de soixante-quatre ans, et après en avoir régné cinquante-neuf, mourut le 10 mai 1774. Ses restes furent transportés à Saint-Denis, sans pompe et sans regrets comme l'avaient été ceux de Louis XIV, et le règne de l'infortuné Louis XVI s'ouvrit sous les tristes auspices des imprécations dont la foule poursuivit la mémoire de ce prince.

CHAPITRE DEUXIÈME.

Monuments.—Institutions.

Filles de Sainte-Marthe, rue de la Muette, n° 10. — Cette communauté fut instituée en 1717, par Elisabeth Jourdain, veuve du sieur Théodon, sculpteur du roi. Le but de la fondatrice était de procurer aux pauvres jeunes filles du faubourg Saint-Antoine une instruction convenable. Cette communauté fut d'abord établie rue du Faubourg-Saint-Antoine, dans une maison appelée le *Pavillon Adam*, que les filles de la Trinité venaient de quitter, et en 1719 elle fut installée rue de la Muette. C'est parmi ces religieuses que furent prises les sœurs chargées des petites écoles des paroisses de Saint-Severin et de Saint-Paul (1). — La communauté des Filles de Sainte-Marthe fut supprimée en 1790; elle est aujourd'hui remplacée par les sœurs de Saint-François et Sainte-Claire, qui desservent plusieurs hospices de Paris. Le couvent de la rue de la Muette est aujourd'hui une maison particulière.

Filles de Saint-Michel ou *de Notre-Dame-de-la-Charité*, rue des Postes, n° 38. — Cette communauté avait été fondée à Caen, en 1641, par le P. Eudes, de l'Oratoire, fondateur de l'ordre des Eudistes; elle présentait un asile aux femmes de vie trop mondaine qui voulaient se repentir. Le cardinal de Noailles, archevêque de Paris, comprenant l'utilité d'un pareil établissement dans la grande capitale, s'associa une personne pieuse, mademoiselle Le Petit de Verno de Chasserais, et établit ces religieuses rue des Postes, en 1724. La chapelle fut bénite sous l'invocation de Saint-Michel, dont on donna le nom à la communauté. Les filles pénitentes qui se présentaient dans cette maison, ou qu'on y recevait en vertu d'ordres supérieurs, étaient logées dans des bâtiments séparés de ceux des religieuses et de ceux des pensionnaires qui y étaient élevées (2). Cette communauté fut supprimée en 1790, et le couvent devint une propriété particulière. Les religieuses qui survécurent aux orages de la révolution se réfugièrent rue Saint-Jacques, n° 193.

Orphelines du Saint-Enfant-Jésus et de la Mère de pureté, rue des Postes, au coin de l'impasse des Vignes, n° 3. — Cette institution avait

---

(1) Jaillot, t. III, *quartier Saint-Antoine*, p. 91.
(2) Jaillot, t. IV, *quartier Saint-Benoît*, p. 205 et suiv.

pour but d'élever un certain nombre de jeunes filles orphelines depuis l'âge de sept ans jusqu'à vingt. D'autres étaient reçues moyennant une pension modique. Fondé vers l'année 1700 par quelques personnes pieuses, cet établissement ne fut cependant confirmé que par lettres-patentes du mois de juillet 1717. Il était dirigé dans l'origine par des filles séculières qui furent remplacées, en 1754, par des religieuses de la communauté de Saint-Thomas de Villeneuve (1). Ces hospitalières y reçurent pendant long-temps des pensionnaires infirmes.

Communauté des Filles de l'Enfant-Jésus ou *des Filles du curé de Saint-Sulpice*, rue de Sèvres, n° 3, au-delà du boulevard. — On avait construit en cet endroit, vers l'année 1700, une maison d'éducation, sous le titre de l'*Enfant-Jésus*, qui, après avoir éprouvé plusieurs changements de destination, fut achetée, en 1724, par le vénérable curé de Saint Sulpice, M. Languet de Gergi. Il plaça dans cet établissement, qui fut autorisé en 1751, trente jeunes filles nobles et pauvres, qui y recevaient une éducation analogue à celle de la maison de Saint-Cyr. Il y fit aussi construire des ateliers de travail pour les filles et les femmes pauvres qui venaient y gagner leur vie. Cette utile institution prospéra long-temps (2). En 1802, les bâtiments furent destinés à l'*hôpital des enfants*, qui les occupe encore (3).

Saint-Pierre du Gros-Caillou, église paroissiale située rue Saint-Dominique-Gros-Caillou, n° 58. — Lorsque le Gros-Caillou fut devenu un bourg assez considérable, on sentit la nécessité d'y bâtir une succursale de Saint-Sulpice, qui était la paroisse de ce bourg. On s'occupa de ce projet dès 1652, mais des obstacles sans nombre vinrent successivement arrêter les travaux. Enfin, le 19 mars 1738, on posa la première pierre de cette église, qui fut bénite sous le titre de l'*Assomption de la Sainte-Vierge*, et nommée par les habitants *Notre-Dame-de-Bonne-Délivrance*; elle est cependant désignée dans les registres de l'archevêché sous le nom de *Saint-Pierre-du-Gros-Caillou, succursale de Saint-Sulpice* (4). Elle devint bientôt église paroissiale. En 1775, on la reconstruisit sur un plan plus vaste et sur les dessins de l'architecte Chalgrin; mais elle n'était pas entièrement terminée lorsqu'éclata la révolution. Elle fut alors démolie. En 1822, on éleva sur le même emplacement et sous le même nom, une nouvelle église qui est d'une belle simplicité. Ce monument est dû au talent de M. Godde, architecte.

Saint-Philippe-du-Roule, église paroissiale, située rue du Faubourg-

(1) Jaillot, t. IV, *quartier Saint-Benoît*, p. 209 et suiv. — (2) Id., t. V, *quartier du Luxembourg*, p. 93. — (3) Voy. *Hôpital des enfants*. — (4) Jaillot, t. V, *quartier du Luxembourg*, p. 85.

du-Roule, nos 8 et 10. — Les habitants du village du Roule (érigé en faubourg en 1722), dépendaient des paroisses de Clichy et de Villiers-la-Garenne. En 1697, ils demandèrent à l'archevêque de Paris, vu l'éloignement de ces deux villages, l'érection de leur chapelle en paroisse. Cette chapelle avait été, dit-on, annexée à un ancien hôpital de lépreux. Le 1er mai 1699, elle fut érigée en paroisse sous l'invocation de Saint-Jacques et de Saint-Philippe. Mais environ un siècle après, le nombre des habitants du quartier s'étant accru d'une manière considérable, on pensa à remplacer l'ancienne église par une autre plus vaste et plus commode, dont les travaux furent commencés en 1769 et terminés en 1784. C'est à Chalgrin que l'on doit Saint-Philippe du Roule. L'architecture de cette église n'est pas sans mérite; elle présente la forme des anciennes basiliques chrétiennes. Le portail, élevé sur un perron de sept marches, se compose de quatre colonnes doriques, couronnées d'un fronton triangulaire, dans le tympan duquel Duvet a sculpté la Religion et ses attributs. Sous le portail est un porche qui établit communication dans la nef et les bas-côtés, dont elle est séparée par six colonnes ioniques. Le maître-autel, isolé à la romaine, est placé dans une niche au fond du sanctuaire. De chaque côté du chœur est une chapelle, l'une sous l'invocation de la Vierge, l'autre sous celle de saint Philippe. Au-dessus de l'ordre intérieur règne, dans toute la longueur de l'église, une voûte ornée de caissons, et éclairée à chaque extrémité par de grands vitraux. La voûte est fort remarquable; elle est construite en sapin d'après le procédé de Philibert Delorme. — Depuis 1802, l'église de Saint-Philippe-du-Roule est la seconde succursale de la paroisse de la Madeleine.

Hôtel des Monnaies, quai de la Monnaie, n° 11. — Ainsi que j'ai déjà eu occasion de le dire, il y eut toujours à Paris, depuis les temps les plus reculés, une fabrique des monnaies, sous la direction du grand-trésorier (1). Elle était établie, sous les premières races, dans les résidences royales, à la suite de la cour; aussi la monnaie était-elle alors appelée *Moneta palatina*. L'hôtel de la Monnaie fut ensuite transféré au palais de la Cité, où il était probablement situé en différents endroits. Saint Louis donna aux religieux de Sainte-Croix une maison où avait été la monnaie royale, et qui était située rue de la Bretonnerie (2). Le nom que porte encore la rue de la Vieille-Monnaie remonte au XIe siècle; il y avait une maison nommée, dans un acte de 1227, *Monetaria et de veteri monetâ* (3). Enfin, au commencement du XIVe siècle, l'hôtel de la Monnaie était situé dans la rue qui porte aujourd'hui ce nom, à l'extrémité du Pont-Neuf et dans la rue Thibault-aux-

---

(1) T. III, p. 351, à l'art. *Cour des monnaies*. — (2) Piganiol, t. II, p. 182.
(3) Jaillot, t. I, *quartier Saint-Jacques-la-Boucherie*, p. 66.

Dez (1). Ce bâtiment n'avait rien de remarquable; il fut démoli en 1778, et sur son emplacement on ouvrit les rues *Boucher* et *Etienne*, nom des deux échevins alors en fonctions.

Le dépérissement de l'hôtel de la rue de la Monnaie faisait vivement sentir depuis long-temps la nécessité de le remplacer (2). Il avait été d'abord décidé qu'il serait établi sur la place Louis XV; déjà les plans avaient été arrêtés, les fondations commencées, et une dépense de 150,000 livres y avait été faite, lorsque tout-à-coup le gouvernement renonça à ce projet. M. de Laverdy, ministre d'État et ancien contrôleur-général des finances, assigna, en 1769, au nouvel édifice l'emplacement de l'hôtel Conti, dont la ville de Paris avait fait l'acquisition en 1750, dans le dessein d'y construire un hôtel-de-ville (3). Les démolitions commencèrent en 1768. Jacques-Denis Antoine, architecte du roi, fut chargé de dresser un plan et d'en diriger les travaux. Le 20 avril 1771, l'abbé Terray, successeur de Laverdy, en posa la première pierre au nom du roi.

L'hôtel de la Monnaie, situé sur un emplacement admirable, est l'un des monuments les plus remarquables de Paris. La façade principale, d'un fort bel aspect, regarde la Seine. Un avant-corps de cinq croisées, appuyé sur deux arrière-corps de onze croisées chacun, forme le milieu de cette façade, large d'environ soixante toises sur une hauteur de seize. Le soubassement, orné de bossages, est percé, dans l'avant-corps, de cinq arcades supportées par six colonnes d'ordre ionique qui s'élèvent jusqu'à la hauteur du deuxième étage. Les croisées du premier sont ornées de chambranles et couronnées par des frontons triangulaires; celles du second sont à fossettes. Dans les arrière-corps du premier étage, trois balcons en saillie, portés par des consoles, donnent du mouvement à cette partie. Cette ordonnance supporte un entablement à console et un attique orné de festons et de six statues placées à l'aplomb des colonnes. Ces statues, exécutées par Lecomte, Pigalle et Mouchi, représentent *la Paix*, *le Commerce*, *la Prudence*, *la Loi*, *la Force* et *l'Abondance*. Les consoles sont couronnées par des médaillons que supporte la saillie. L'arcade du milieu de l'avant-corps sert d'entrée principale. Après l'avoir franchie, on arrive sous un vestibule de

---

(1) « Nous voyons aussi, dit Piganiol, qu'on a fabriqué des espèces à l'hôtel de Nesle et ailleurs; mais ce n'a été que dans des occasions pressantes, ou pour des espèces particulières, comme nous voyons que le roi Henri II ordonna, par son édit du mois de juillet 1553, qu'on fabriquât des *testons au moulin* dans son jardin à Paris, et que cette nouvelle fabrique fut établie au bout du *jardin des Étuves*, dans l'île du Palais. C'est aussi dans ces occasions extraordinaires que Louis XIV et Louis XV en ont successivement fait fabriquer dans des maisons qui sont dans la rue du Petit-Bourbon et qui tiennent au Louvre. »

(2) Sous Louis XIII, la monnaie avait été transférée pendant quelque temps dans une galerie du Louvre. Piganiol, *ibid*. — (3) T. II, p. 519.

vingt-quatre colonnes doriques, posées sur un socle et cannelées; il se divise en trois galeries. Sur la droite est un magnifique escalier conduisant au premier étage: il servait d'entrée aux salles des séances de la cour des monnaies et aux employés principaux de l'établissement. Du même palier partent deux galeries qui réunissent la partie de ce bâtiment que la cage de l'escalier semble séparer. Seize colonnes d'ordre ionique, également cannelées, décorent cet escalier et supportent une voûte percée dans son milieu pour l'éclairer. La cour a quatre-vingt-douze pieds de large et cent dix de profondeur; elle est environnée de galeries couvertes, terminées par une portion circulaire, percée alternativement d'arcades et de portes carrées, au-dessus desquelles étaient placés, dans de petites niches, les bustes de Henri IV, de Louis XIII, de Louis XIV et de Louis XV, qui furent détruits en 1793. Cette partie est décorée de refends et n'a de hauteur que celle du soubassement extérieur: elle est surmontée d'un attique. Quatre colonnes doriques que l'on aperçoit en face annoncent la porte des *balanciers*: elles sont surmontées d'un attique rempli par deux médaillons. La voûte de cette salle est surbaissée et soutenue par des colonnes d'ordre toscan; sa longueur est de soixante-deux pieds sur trente-neuf de large. On y remarque la statue de *la Fortune*, sculptée par Mouchi. Au-dessus de cette pièce est celle des *ajusteurs*; elle est de même dimension et contient cent places. Près de la salle des balanciers est l'emplacement des moulins pour le *laminage*; il a cent douze pieds de long sur trente de large (1). Les pièces nécessaires pour toutes les autres opérations sont voisines et se communiquent, suivant la nature de leurs relations entre elles, de manière à faciliter et accélérer les travaux. « La commodité de ces distributions, dit Hurtaut, est une preuve de l'intelligence de l'architecte, autant que la sagesse de la décoration l'est de son goût. » Cet édifice renferme six cours que l'on a jugées nécessaires pour le service de la fabrication, ce qui a obligé l'architecte de donner moins d'étendue à la cour principale. Ce défaut a été corrigé, en ce sens que les bâtiments qui l'environnent ont reçu moins d'élévation.

La façade de la rue Guénégaud, moins riche que celle du quai Conti, présente une étendue d'environ soixante toises. Son entrée se compose d'un soubassement, dont la décoration est en bossages, et d'un attique. Un pavillon placé à l'extrémité de chacune de ces ailes forme symétrie, et complète, de ce côté, l'ensemble extérieur du bâtiment. Le pavillon du centre, qui fait avant-corps, est décoré de quatre statues représentant les *Eléments*; elles ont été sculptées par Caffiéri et Dupré. C'est par une des fausses portes de cette façade que les ouvriers pénètrent dans les ateliers de l'établissement.

(1) *Paris pitt.*, t. II, p. 412. — Hurtaut, t. III, p. 568 et suiv.

L'hôtel des monnaies, que l'on peut visiter avec des billets délivrés par le directeur, renferme, outre les ateliers, les bureaux de l'administration, les appartements des principaux administrateurs et plusieurs collections fort curieuses. La principale est le *Cabinet minéralogique de Lesage* ou *Musée royal des mines*. Le maître des requêtes Valdec de Lessart, intendant au département des municipalités, ayant engagé M. Necker à faire créer une chaire de chimie métallurgique, Louis XVI, sur la proposition de son ministre, l'établit à la monnaie par arrêt de son conseil du 11 juin 1778. L'un des membres les plus distingués de l'Académie des sciences, M. Lesage, désigné comme professeur de minéralogie docimastique, transporta à l'hôtel des monnaies son cabinet et son laboratoire. Ce cabinet occupe la principale pièce de l'avant-corps du milieu de la façade, du côté du quai; il est décoré avec goût. Lesage mit soixante ans à former cette belle collection, réservée aux élèves de l'École royale des mines. Dans une galerie octogone ont été placés les grands échantillons des différents genres de minéraux; dans l'une des grandes galeries latérales sont rangés ceux qui appartiennent à la France. La nouvelle galerie transversale renferme les modèles des fourneaux et des machines employés à l'exploitation des mines. Le cabinet de minéralogie de la monnaie est ouvert tous les jours depuis dix heures jusqu'à deux, les dimanches et jours de fêtes exceptés.

La *monnaie des médailles*, transférée en 1689 dans l'une des galeries du Louvre, fut réunie à l'hôtel des monnaies, lorsque ce bâtiment fut achevé; elle contient tous les *carrés* et *poinçons* qui ont été frappés en France depuis François Ier. Cet établissement est une division de l'hôtel des monnaies, mais l'exécution des médailles lui appartient exclusivement (1). Les médailles sont exécutées à l'occasion de tous les événements qui concernent la gloire nationale, l'utilité publique ou l'intérêt particulier des chefs du gouvernement; l'Académie des inscriptions est, depuis sa fondation, chargée de la rédaction des légendes. Un *musée monétaire*, ouvert depuis peu d'années, offre une grande et magnifique collection de toutes les monnaies d'or et d'argent frappées en France et à l'étranger. Cette collection est classée par ordre de pays, de siècle et de règne; elle est visible les jours ordinaires depuis dix heures jusqu'à quatre.

Avant 1789, l'administration de l'hôtel était confiée à *deux commissaires du conseil*, dont le premier président de la cour des monnaies faisait partie; ils avaient sous leurs ordres un greffier, un essayeur-général, un graveur-général, un premier commis, trois inspecteurs-généraux dont un adjoint, un directeur et contrôleur de la *monnaie des médailles*,

(1) Au mois de juin 1696, Louis XIV créa, en titre d'office, la charge de *Conseiller du roi directeur de la monnaie des médailles et garde des poinçons et carrés de sa majesté*. Hurtaut, t. III, p. 566.

dix-neuf employés de tous genres désignés sous le nom d'*officiers de la monnaie,* et un aumônier. L'administration actuelle se compose d'un président, de deux commissaires-généraux, d'un directeur des essais, d'un inspecteur-vérificateur, de deux essayeurs, d'un graveur-général, d'un chef des bureaux, de cinq essayeurs du commerce, enfin d'un nombre d'employés et d'ouvriers nécessaires aux besoins du service. Cette administration surveille l'exécution des lois monétaires, l'entretien des hôtels et des ateliers de fabrication (1); elle vérifie les titres des monnaies, etc.

Hôpital militaire du Gros-Caillou, rue Saint-Dominique. Il fut fondé en 1765, par le duc de Biron, pour les gardes françaises. C'est un vaste hôpital, commode, et situé en bon air; il renferme une fort jolie chapelle. Sous la restauration, il était spécialement affecté à la garde royale.

Garde-Meuble de la couronne, place Louis XV, rue Royale n° 2, et rue Saint-Florentin n° 1. — Le dépôt des meubles et bijoux de la couronne était anciennement placé, près du Louvre, à l'hôtel du *Petit-Bourbon* (2). Lorsque cet édifice fut démoli, en 1758, le garde-meuble fut successivement transféré à l'hôtel Conti, à l'hôtel d'Évreux, qui avait appartenu au marquis de Marigni, frère de la marquise de Pompadour, et enfin, vers 1770, dans un des beaux édifices qui décorent la partie septentrionale de la place de la Concorde et qui étaient connus sous le nom de *Colonnades des Tuileries*. Ces belles constructions, séparées par la rue Royale, datent de la même époque que la place; elles ont été élevées sur les plans de l'architecte Gabriel (3). On entrait dans le Garde-Meuble par l'arcade du milieu de la façade : un escalier, orné de bustes, de termes et de statues antiques, conduisait dans plusieurs salles où le public était admis le premier

---

(1) On comptait en France, avant 1789, vingt et un hôtels des monnaies ; aujourd'hui il n'y en a que treize. Ils sont établis à Paris, Bayonne, Bordeaux, La Rochelle, Lille, Lyon, Limoges, Marseille, Nantes, Perpignan, Rouen, Strasbourg et Toulouse. Les pièces frappées à Paris sont marquées de la lettre A.

(2) Voy. t. III, p. 246.

(3) Le bâtiment parallèle à celui du garde-meuble, c'est-à-dire le plus éloigné des Tuileries, était occupé, à l'époque de la révolution, par l'ambassadeur d'Espagne, auquel succéda le limonadier Corazza. On y plaça ensuite l'état-major de la première division militaire. Un décret, rendu le 25 floréal an II (14 mai 1794), sur les embellissements projetés des monuments publics, portait : « Les deux colonnades formant le garde-meuble seront réunies par un arc de triomphal, en l'honneur des victoires remportées par le peuple sur la tyrannie. Cet arc laissera voir la ci-devant église de la Madeleine, qui sera terminée pour devenir un temple à la révolution. » Ce projet n'a pas même reçu un commencement d'exécution.

mardi de chaque mois, depuis la *Quasimodo* jusqu'à la *Saint-Martin*. Le Garde-Meuble était divisé en plusieurs parties. La première salle était consacrée aux armes tant étrangères que françaises (1), au milieu desquelles se trouvaient deux petits canons d'argent damasquinés, offerts en 1684 à Louis XIV par les ambassadeurs du roi de Siam. La salle suivante contenait une immense quantité de tapisseries curieuses, exécutées par les plus habiles ouvriers de l'Europe, et principalement par ceux de Flandre, des Gobelins et de la Savonnerie. Dans les armoires de la troisième salle, on voyait une immense quantité d'objets précieux, tels que vases, coupes, hanaps, etc., et de présents envoyés aux rois de France par des princes étrangers. L'une des armoires renfermait la *chapelle d'or du cardinal de Richelieu*, dont toutes les pièces étaient d'or massif, garnies de diamants. Enfin une grande commode contenait les diamants de la couronne, dont le nombre s'élevait à près de huit mille, suivant un inventaire fait en 1774. L'assemblée constituante déclara les diamants propriété de la nation, et laissa à la famille royale le riche mobilier de la couronne, objet de 16 à 20 millions.

La veille du 14 juillet 1789, le Garde-Meuble fut envahi par le peuple; on y enleva les vieilles armures et les deux canons d'argent du roi de Siam, qui servirent à la prise de la Bastille. — Un vol considérable y fut commis le 17 septembre 1792. Presque tous les diamants, au nombre desquels se trouvaient le *Régent* et le *Sanci* (1), furent volés nuitamment par une bande de malfaiteurs, dont deux furent découverts au moment où ils s'échappaient. On accusa alors la commune de Paris d'avoir fait commettre ce vol afin de se procurer les ressources nécessaires pour exécuter ses projets de domination. Mais quelques jours après, vingt et un de ces voleurs furent arrêtés, et l'on parvint dans la suite à recouvrer la plupart des objets volés.

Sous l'empire, les bijoux et les meubles de la couronne furent transportés du Garde-Meuble de la place de la Concorde dans l'ancien hôtel du duc d'Abrantès, rue des Champs-Élysées, n° 6. Le bâtiment que ce mobilier avait occupé jusqu'alors fut destiné au ministère de la marine et des colonies, qui y est encore aujourd'hui. A cette même époque, on établit sur le pavillon de l'est un télégraphe qui communique avec le port de Brest et toute la ligne. Quant aux objets rares et précieux de

(1) Ces armes se voient actuellement au *Musée d'artillerie*.

(2) Le *Sanci* fut au xve siècle vendu par un Suisse, pour un écu, à Charles-le-Téméraire. Don Antoine, roi de Portugal, le possédait en 1589; il emprunta à Nicolas le Harlay de Sancy, sur ce diamant, qui passait pour le plus beau de l'Europe, la somme de 40,000 livres. Sanci lui en donna 60,000 de plus et garda ce diamant, qui reçut le nom de son propriétaire, et passa ensuite successivement aux mains de Jacques, roi d'Angleterre, et de Louis XIV. Le *Régent*, beaucoup plus beau que le *Sanci*, reçut son nom du duc d'Orléans, régent de France, qui l'acheta deux millions en 1717. Napoléon le fit monter sur la garde de son épée.

l'ancien Garde-Meuble, ils ont été en partie vendus, en partie transportés au Musée d'artillerie et à la Bibliothèque du roi.

Ecole Royale militaire, en face du Champ-de-Mars et du pont d'Iéna. — Cet établissement fut fondé, sur la proposition du célèbre financier Pâris-Duverney, par édit de Louis XV du 22 janvier 1751, dans le but de procurer une éducation militaire gratuite aux enfants de la noblesse française sans fortune. Le nombre des élèves fut fixé à cinq cents ; les conditions d'admission, déterminées par l'édit de création, divisaient les aspirants en huit classes : 1° orphelins dont les pères avaient été tués au service, ou qui étaient morts de leurs blessures, soit au service, soit après s'en être retirés ; 2° orphelins dont les pères étaient morts au service d'une mort naturelle, ou qui ne s'en étaient retirés qu'après trente ans de commission ; 3° enfants qui étaient restés à la charge de leurs mères, leurs pères ayant été tués au service, ou étant morts de leurs blessures, soit au service, soit après s'en être retirés pour cause de blessures ; 4° enfants qui étaient également à la charge de leurs mères, leurs pères étant morts au service, d'une mort naturelle, ou après s'être retirés du service au bout de trente ans de commission ; 5° enfants dont les pères étaient morts au service ; 6° enfants dont les pères avaient quitté le service, à raison de leur âge, de leurs infirmités, ou pour quelque autre cause légitime ; 7° enfants dont les pères n'avaient pas été militaires, mais dont les ancêtres avaient servi ; 8° les enfants de tout le reste de la noblesse qui, par leur indigence, se trouvaient dans le cas d'avoir besoin des secours du roi (1). — Les élèves de ces huit catégories étaient logés, nourris et instruits aux frais de l'État : on admit aussi à l'école un certain nombre de pensionnaires étrangers ou nationaux payant 2,000 livres, à condition qu'ils seraient catholiques et qu'ils feraient preuve de quatre degrés de noblesse. L'instruction élémentaire comprenait les mathématiques, l'histoire, le dessin, les grammaires latine, allemande et italienne, la physique expérimentale, l'écriture, l'équitation, l'escrime et la danse. Le service militaire faisait également partie de l'instruction des élèves.

Le produit des droits sur les cartes à jouer, que le roi abandonna à l'hôtel, forma le premier fonds destiné aux frais de construction et d'ameublement. Ce faible produit ayant bientôt été jugé insuffisant, le roi accorda à l'administration, pour le terme de trente ans, le bénéfice d'une loterie. Enfin par lettres-patentes du 24 juillet 1766, les religieux de la mense abbatiale de l'abbaye de Saint-Jean de Laon furent tenus de payer au trésorier de l'hôtel une rente annuelle de 12,000 livres. Enfin le maréchal de Belle-Isle dota cet établissement d'une rente, qui fut portée à 4,000 livres, en 1760.

(1) Hurtaut, t. II, p. 701.

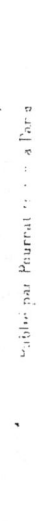

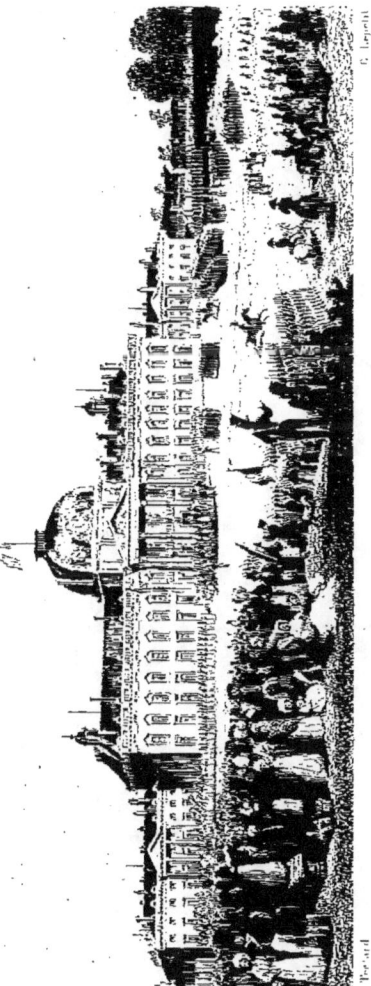

Le bâtiment de l'École militaire est situé dans la plaine de Grenelle, entre les avenues de Lowendhal, de la Bourdonnaye, de Suffren, et le Champ-de-Mars. Il est bâti sur l'emplacement d'une ancienne garenne appartenant à l'abbaye Saint-Germain. Sa construction, commencée en 1752, sur les plans et la direction de Gabriel, architecte du roi, fut terminée en 1756. Pendant que l'édifice s'achevait, l'école s'établissait provisoirement au château de Vincennes, et en 1758 quatre-vingts élèves y étaient admis. L'École militaire est l'un des plus beaux monuments de la capitale. Elle a deux entrées principales : l'une, celle du midi, est fermée par une grille en fer; l'autre, d'un ordre d'architecture plus imposant, a été ouverte sur le Champ-de-Mars. Deux vastes cours précèdent le principal corps de bâtiment; le reste consiste en cours adjacentes, jardins et constructions d'un goût plus simple et mieux approprié aux besoins de l'établissement. Une machine hydraulique, inventée et exécutée par les sieurs Laurent et Gilleron, posée sur quatre grands puits couverts, fournit quarante-quatre muids d'eau par heure (1). On remarque sur les deux faces des bâtiments en ailes, qui s'avancent jusqu'à la première grille, deux frontons ornés de peintures en grisaille à fresque, exécutés par Gibelin; l'effet du bas-relief y est très bien imité. La première de ces peintures, à droite, représente deux athlètes, dont l'un arrête un cheval fougueux; la seconde, à gauche, est une allégorie de l'étude, accompagnée des attributs des sciences et des arts. Au milieu de la cour d'honneur, on voyait autrefois la statue pédestre, en marbre, de Louis XV; cet ouvrage de Lemoine a été déposé depuis au Musée des monuments français. On lisait sur le piédestal cette inscription, gravée en lettres d'or : *Hic amat dici pater atque princeps* (2).

Le principal corps de bâtiment, du côté de la cour, est décoré d'un ordre de colonnes doriques, surmonté d'un ordre ionique; au milieu s'élève un avant-corps d'ordre corinthien, dont les colonnes embrassent les deux étages : il est couronné d'un fronton et d'un attique, avec un dôme orné d'un cadran et de sculptures exécutées par d'Huez. La façade du côté du Champ-de-Mars est décorée d'un seul avant-corps de colonnes corinthiennes semblables au précédent. Au centre est un vestibule à quatre rangs de colonnes d'ordre toscan, ouvert de trois portes sur les deux faces : on y voyait les statues du maréchal de Luxembourg, par Mouchy; de Turenne, par Pajou; du grand Condé, par Lecomte, et du maréchal de Saxe, par d'Huez (3). Au premier étage est la salle du conseil, ornée d'attributs militaires et de tableaux, représentant les batailles de Fontenoy, de Lauwfelt, les siéges de Tournay et de Fri-

---

(1) *Dictionnaire des monuments*, etc., par Roquefort, p. 92. — (2) *Voyage pitt. de Paris*, p. 409. — (3) *Id.*, p. 411.

bourg, par Lepaon. Quelques autres salles étaient décorées de tableaux estimés. Enfin on voyait dans la chapelle dix grandes compositions, représentant divers traits de l'histoire de saint Louis ; ces tableaux étaient signés de Vien, Hallé, Restout, Beaufort, Doyen, etc. (1). La chapelle ne fut construite qu'en 1769 ; elle est d'une grande simplicité. Monsieur, depuis Louis XVIII, l'avait adoptée pour les cérémonies de l'ordre de Saint-Lazare, dont il était le chef, et y tenait chapitre trois fois par an.

En 1768, le duc de Choiseul, alors ministre de la guerre, ordonna la construction d'un observatoire dans l'hôtel de l'École-Militaire. Le célèbre Lalande fut chargé de diriger ce travail, et après de nombreux obstacles, il y établit, en 1774, un grand quart de cercle mural, instrument qui manquait encore à l'Observatoire du faubourg Saint-Jacques. Cet observatoire fut démoli bientôt après, et ne fut reconstruit qu'en 1788, sur l'ordre du maréchal de Ségur, ministre de la guerre. Lalande fit alors exhausser de deux petits étages une partie du bâtiment en aile à gauche de la première cour ; il a fait aussi construire un massif pour porter une lunette, et dans la direction du méridien un mur pour recevoir le quart de cercle. Ces deux beaux instruments et quelques autres servant aux observations des savants sont placés sous la surveillance d'un astronome.

Pendant toute la durée de sa première destination, l'École-Militaire avait une garde composée d'une compagnie d'invalides de soixante-huit hommes pour l'extérieur, et d'une compagnie de sous-officiers pour l'intérieur. L'état-major se composait d'un gouverneur, d'un lieutenant du roi, d'un major, de trois aides et de trois sous-aides majors, de quatre capitaines des portes, de deux écuyers ; l'administration était dirigée par un intendant, un trésorier, un secrétaire du conseil garde des archives, un inspecteur contrôleur-général, un sous-contrôleur. Le spirituel de l'École était confié à cinq docteurs de la maison de Sorbonne et à un chapelain ; l'archevêque de Paris en avait la haute surveillance ; enfin le service de santé était fait par un médecin, un chirurgien major, et un chirurgien herniste. Un conseil d'administration, un conseil d'économie, et un conseil de police, présidés par le ministre de la guerre, dirigeaient la partie financière et disciplinaire de l'École. — La bibliothèque, qui contenait environ cinq mille volumes, a été détruite et dispersée en 1793 (2).

L'École-Militaire, dissoute par ordonnance du 1er février 1776, fut rétablie et réorganisée l'année suivante sur un plan plus vaste et mieux entendu. La vente de l'hôtel et de ses dépendances, prescrite par l'ordonnance de suppression, n'eut pas lieu ; et en 1778 le gouvernement

---

(1) *Voyage pittoresque de Paris*, p. 412 et suiv. — (2) *Paris pitt.*, t. II, p. 246.

remplaça le revenu sur les cartes par une indemnité de quinze millions. Enfin un arrêt du conseil, du 9 octobre 1787, prononça, pour être effectuée au 1er avril suivant, la suppression définitive de l'École. Les élèves furent répartis dans les régiments, ou envoyés dans les douze colléges militaires établis dans les provinces en 1776. Les bâtiments furent donnés à la ville de Paris, et on les destina à remplacer en partie l'Hôtel-Dieu. L'architecte Brongniart reçut l'ordre d'y faire exécuter les changements nécessaires, mais la révolution changea ces nouvelles dispositions. La convention nationale décréta, le 13 juin 1793, la vente de tous les biens formant la dotation de l'hôtel, que l'on tranforma en caserne de cavalerie et en dépôt de farines. Bonaparte, qui avait passé ses premières années à l'École-Militaire, y établit plus tard son quartier-général, et l'on a lu pendant long-temps sur la frise de la façade, du côté du Champ-de-Mars, ces mots : *Quartier Napoléon*. Devenu empereur, il y établit des régiments de sa garde, qui furent remplacés, en 1814, par la garde royale. Aujourd'hui, les vastes bâtiments de cet édifice servent de caserne à différents corps de la garnison de Paris; il y a constamment un parc d'artillerie et une ou plusieurs batteries de cette arme.

L'École-Militaire a été le théâtre de différents événements qui se rattachent presque tous à l'histoire du Champ-de-Mars. Je dois cependant rappeler que ce fut à cette caserne qu'eut lieu, en 1797, l'arrestation des conspirateurs royalistes, de Presle, Brottier et La Villeheurnoy, au moment où ils développaient leur plan au chef d'escadron Malo.

Académie de chirurgie. — J'ai parlé ailleurs avec détails de la confrérie des chirurgiens (1). En 1731, Mareschal, premier chirurgien du roi, et le célèbre de La Peyronie, son successeur désigné, rédigèrent le règlement d'une académie qu'ils voulaient établir pour la chirurgie. La première séance eut lieu le 31 décembre 1731. Le projet de règlement y fut lu ainsi qu'une lettre de M. de Maurepas, qui annonçait l'approbation du roi, puis une déclaration où l'on reconnaît le bon esprit et le style de d'Aguesseau. D'autres édits et déclarations complétèrent l'organisation de cet utile établissement (2). La compagnie fut composée d'un directeur et d'un vice-directeur, d'un secrétaire et d'un commissaire pour la correspondance, de huit conseillers vétérans, de quarante conseillers du comité, de vingt adjoints, de douze associés régnicoles, et de seize associés étrangers. La Peyronie légua un fonds nécessaire pour les jetons de présence de quarante membres, et les émoluments d'un secrétaire perpétuel. Il fonda en outre sept prix annuels, dont l'un

---

(1) Voy. t. II, p. 259 et suiv. — (2) Hurtaut, t. 1, p. 147 et suiv.

était une médaille d'or, de la valeur de 500 livres. Un ancien directeur de l'Académie, Houstet, créa ensuite huit prix pour les jeunes gens de l'*école pratique* de chirurgie. Quatorze professeurs donnaient deux fois par jour des leçons de physiologie, de pathologie, d'hygiène, d'anatomie, de diverses opérations de maladies d'yeux et d'accouchements. Ces professeurs avaient été fondés par La Peyronie, et Louis XVI en nomma un pour la chimie. Ces chaires sont aujourd'hui à *l'École de médecine*. L'Académie de chirurgie, qui se maintint jusqu'à la révolution, tint d'abord ses séances à l'amphithéâtre d'anatomie, situé rue des Cordeliers (aujourd'hui de l'École-de-Médecine), sur l'emplacement actuel de l'École gratuite de dessin. Elle fut ensuite transférée dans le nouveau bâtiment des écoles de chirurgie.

École royale gratuite de dessin, rue de l'École-de-Médecine, n° 5. — Cet utile établissement fut fondé, en 1766, par M. Bachelier, peintre du roi et membre de l'Académie de peinture, pour les ouvriers de Paris qui se destinent aux professions mécaniques. Louis XV autorisa cette école par lettres-patentes du 20 octobre 1767, s'en déclara le protecteur et mit à la tête de l'administration le lieutenant-général de police. Cette école, d'abord ouverte rue Saint-André-des-Arcs, au collége d'Autun, fut transférée en 1776, dans l'ancien amphithéâtre de chirurgie qu'elle occupe encore aujourd'hui. On y admet tous les enfants qui se présentent, et des maîtres distingués leur enseignent gratuitement le dessin, la géométrie pratique, la coupe des pierres, l'architecture civile, etc. Les cours ont lieu tous les jours, excepté le dimanche et le jeudi. Les élèves reçoivent des médailles d'encouragement et des prix. — Il existe, rue de Touraine-Saint-Germain, n° 7, une *École royale gratuite de dessin* pour les jeunes filles : elle est d'une date beaucoup plus moderne que la précédente. On y enseigne la figure, l'ornement, le paysage, les dessins d'animaux et les fleurs ; les cours ont lieu trois fois la semaine.

École des Arts, rue de La Harpe. — Elle fut établie vers l'an 1740, et dirigée par Blondel (Jean-François), professeur royal d'architecture au Louvre, qui y donna pendant trente ans des leçons publiques et particulières de mathématiques, d'architecture, etc. — Deux artistes, Lucotte, architecte, et Poiraton, peintre, fondèrent aussi, en 1765, une *école gratuite des arts* ; mais elle ne paraît pas avoir existé long-temps.

Académies d'armes, de danse, d'écriture. — Sous Louis XIV, fut confirmée l'existence de plusieurs des ces établissements. La compagnie des maîtres d'armes de Paris, fondée sous le règne de Henri III, et autorisée en 1585 par lettres-patentes de ce prince, fut confirmée par tous ses successeurs jusqu'à Louis XIV, qui lui accorda des armoiries et fixa à vingt le nombre de ses membres, disposition que Louis XV fit rigoureusement exécuter.

L'Académie de danse fut établie en 1661 pour entretenir et perfectionner cet art. Ses membres, dont le nombre était fixé à treize, avaient le droit de professer sans lettres de maîtrise, et jouissaient des mêmes privilèges que les officiers commensaux de la maison du roi; ils étaient exempts de taille, de guet, de garde et de tutelle.

Un faussaire que la justice fit punir en 1569, pour avoir contrefait la signature de Charles IX, donna au chancelier de L'Hôpital l'idée de créer une académie d'écriture, et dès l'année 1570 ce magistrat obtint des lettres-patentes pour la formation d'une communauté de *maîtres jurés, écrivains, experts, vérificateurs d'écritures contestées en justice*. L'existence et les privilèges de cette compagnie furent confirmés en 1585, 1595, 1615, 1644, 1697, et par Louis XV en 1727. Ses professeurs enseignaient l'écriture, le calcul, les vérifications et la grammaire. Elle devait se réunir tous les jeudis. Elle avait pris un patron, saint Jean l'évangéliste. Cependant la première ouverture solennelle de ses séances eut lieu seulement le 25 février 1762, en présence d'un brillant concours de magistrats, de personnes distinguées et de gens de lettres. L'année suivante, ses officiers furent présentés au roi à Versailles, et admis à lui offrir une médaille qu'elle avait gravée et d'autres spécimens de ses ouvrages (1). Louis XVI la réorganisa le 23 janvier 1779, et ordonna qu'elle prendrait le nom de *Bureau académique d'écriture*, et serait composée de vingt-quatre membres, vingt-quatre agrégés et vingt-quatre associés, écrivains et graveurs. On y tenait des séances et l'on y formait des élèves. Ce bureau a été remplacé par la société académique d'écriture.

Ecole de Droit, place du Panthéon, n° 8. — La science du droit ecclésiastique et du droit-canon était enseignée depuis long-temps à Paris, lorsqu'en 1384, deux particuliers nommés Gilbert et Philippe Ponce obtinrent l'autorisation de fonder pour cet enseignement un établissement spécial qu'ils placèrent dans une maison de la rue Saint-Jean-de-Beauvais (2).

Cette première école de droit était destinée uniquement à des cours de droit-canon. En 1216, le pape Honorius avait défendu sous des peines sévères l'étude du droit civil, et cette prohibition était encore en vigueur à Paris au XIVe siècle, en sorte que pour étudier le droit civil

(1) Voy. la *Gazette de France* du 15 avril 1763.
(2) Précisément dans la maison où le célèbre imprimeur Robert Estienne établit dans la suite ses ateliers.

les étudiants de cette ville étaient obligés d'aller en province. Le parlement, en 1563 et en 1568, permit temporairement à quelques légistes de professer cette science; mais l'autorisation fut retirée en 1572, et l'article 59 de l'ordonnance de Blois de 1576 porte : « Défendons à ceux de l'Université de Paris d'élire ou graduer en droit civil. » En 1600, Henri IV publia de nouveaux statuts pour la Faculté du droit-canon. Le nombre des professeurs fut fixé à six, dont quatre faisaient leurs leçons au collége de Beauvais et deux au collége de Cambrai. Les articles 34 et 35 de ces statuts réglaient le cérémonial et la réception des docteurs. On revêtait le candidat d'une longue robe d'écarlate qu'on disait être celle de Cujas, et par-dessus laquelle il se ceignait d'une large ceinture. Puis on lui présentait un livre fermé que l'on ouvrait aussitôt pour faire entendre que par l'assiduité de son travail il avait acquis la connaissance des canons; après quoi on lui mettait le bonnet de docteur sur la tête, un anneau d'or au doigt, et les docteurs qui assistaient à sa réception venaient l'embrasser.

Ce fut seulement en 1679 que Louis XIV ordonna le rétablissement de la chaire du droit romain, et en 1780 qu'il plaça un professeur de droit français dans chaque université. Ce professeur français portait le titre de professeur royal et était nommé par le chancelier. Les autres chaires de la Faculté, alors comme aujourd'hui, se donnaient au concours. Outre le professeur du droit français, il y en avait deux pour l'explication des *Institutes* de Justinien; un pour les *Décrétales* de Grégoire IX, un pour le *Décret* de Gratien, et les deux derniers pour le Digeste. L'étude du droit durait trois ans et se comptait par douze trimestres. Au commencement de chaque trimestre, les étudiants étaient astreints à se faire inscrire sur les registres de la Faculté et à payer chaque inscription (1). Ceux de première année étaient admis à *supplier* et à subir un examen dit de *baccalauréat* au commencement d'août. Dans l'intervalle du baccalauréat à la licence, ils étaient obligés d'assister aux thèses et d'y disputer. Le grade de docteur s'obtenait une année après celui de licencié. « Pour être reçus, dit Merices, les docteurs en droit font assaut d'arguments; celui qui a le plus de mémoire démontre son adresse et l'emporte. C'est un tour de force incroyable que de loger dans sa tête cet absurde et indigeste amas de lois, de gloses, de commentaires. Une tête bien organisée en sauterait; celle d'un docteur admet ce chaos que l'on nomme droit civil et canon, le Code, le Digeste, les lois romaines, toute la friperie enfin des siècles effacés. » Un professeur de notre temps, M. Bravard-Veyrières, a été plus loin : il a porté de fréquentes attaques contre l'étude du droit ro-

(1) Mode encore en usage aujourd'hui ; chaque inscription se paye 15 fr.

main, selon lui à peu près inutile chez nous, et surtout contre l'usage qu'on veut conserver encore d'obliger à parler latin dans les cours pour le professorat.

S'il faut en croire M. Dulaure (1), « toutes les facultés de droit, avant la révolution, languissaient dans l'état le plus déplorable. L'enseignement était nul ; les examens, les thèses n'offraient qu'une vaine cérémonie. Le doyen de la Faculté vendait à prix fixe les diplômes de licencié. L'Université de Paris était, il est vrai, plus régulière que celle de Troyes, de Bourges, de Valence et de Reims ; elle vendait sa marchandise plus cher, elle observait des formes, elle faisait des cours. On y subissait des examens et on y soutenait des thèses, mais dont les questions avaient été d'avance communiquées au candidat, qui d'ailleurs était soufflé par un professeur qu'il payait. Un écrivain du règne de Louis XIV dit : « Les écoles de droit sont à la fois l'abus le plus déplorable, la farce la plus ridicule ; les examens, les thèses, y sont de vraies parades. »

L'école de Droit, supprimée pendant la révolution, se réfugia dans deux maisons particulières sous les noms d'*Académie de législation* et d'*Université de jurisprudence;* celle-ci était établie rue de la Harpe, au collége d'Harcourt ; l'autre, rue de Vendôme. Cet état de choses dura jusqu'au 22 ventôse an XII (13 mars 1804), époque où l'Ecole fut réorganisée par un décret impérial. Les étudiants furent astreints à suivre, comme par le passé, trois années de cours pour obtenir le grade de licencié, et quatre pour celui de docteur. Pendant ce temps ils doivent subir, les licenciés, quatre examens et une thèse, et les docteurs deux autres examens et une seconde thèse. Ce règlement est encore en vigueur aujourd'hui.

Depuis ce temps, l'enseignement est devenu de plus en plus vaste, les élèves de plus en plus nombreux, et les grades de plus en plus difficiles à obtenir. L'enseignement comprenait, d'après le décret de 1804: le *droit romain*, le *droit civil français*, le *droit commercial*, la *procédure et le droit criminel*. En 1820, on a ajouté des cours de *droit naturel et des gens* et de *droit administratif;* en 1834 fut créée une chaire d'*histoire du droit constitutionnel des Français;* enfin une ordonnance toute récente (22 mars 1840), vient d'autoriser les professeurs agrégés de la Faculté à ouvrir des cours supplémentaires non obligatoires pour les étudiants.

Le bâtiment de l'École de droit, situé en regard du Panthéon, n'a rien de remarquable, quoiqu'il soit l'ouvrage de Soufflot. La porte d'entrée était couronnée d'un bas-relief et les salles d'intérieur ornées de boiseries et de sculptures qui ont disparu aujourd'hui. Depuis la réor-

(1) T. VI, p. 121.

ganisation, l'École de Droit voit augmenter chaque année le nombre des étudiants; on en compte aujourd'hui environ quatre mille cinq cents. En 1820, les anciens bâtiments ne pouvant plus contenir cette foule, une partie des cours fut transférée à la Sorbonne, puis au collége du Plessis; aussi on fut obligé, vers 1830, d'augmenter l'École d'un vaste amphithéâtre où se tiennent, outre les cours, les assemblées municipales du 12e arrondissement.

Comédie italienne. — Nous avons vu que, le mardi 4 mai 1697, le lieutenant-général de police avait suspendu, par ordre du roi, les représentations des acteurs italiens (1). Ce théâtre resta fermé pendant dix-neuf ans. Enfin le régent ordonna en 1716 à M. Rouillé, conseiller d'État, de former une troupe des meilleurs comédiens d'Italie, et la même année on vit arriver à Paris plusieurs artistes dirigés par Louis Riccobini, homme d'esprit et de mérite, qui se rendit célèbre au théâtre sous le nom de *Lélio*. La nouvelle troupe joua d'abord sur le théâtre du Palais-Royal, alternativement avec l'Opéra, puis elle débuta le 1er juin à l'hôtel de Bourgogne, sous le titre de *comédiens italiens ordinaires de S. A. R. monseigneur le duc d'Orléans, régent*. Après la mort de ce prince, les artistes italiens reçurent du roi une pension de 15,000 livres et devinrent les *comédiens italiens ordinaires de sa Majesté*.

Le répertoire de ce théâtre était fort varié. Il se composait des pièces *à canevas* de l'ancien théâtre italien, des *pièces à machines*, mêlées de divertissements, de parodies, et plus tard enfin de comédies assez agréables. Colalto, Riccobini, Morand, Fagan, Legrand, Boissi, travaillèrent pour cette scène; Marivaux y fit représenter *les Jeux de l'Amour et du Hasard*. Parmi les acteurs de la comédie italienne, on distingue l'excellent arlequin *Antonio Vincentini*, dit Thomassin, mort en 1739. Ce bouffon, si joyeux en scène, était dévoré de mélancolie. Il alla un jour consulter le médecin Dumoulin, qui, ne le connaissant pas, lui conseilla pour toute recette d'aller voir l'arlequin de la comédie italienne. « Dans ce cas, répondit Thomassin, il faut que je meure de ma maladie, car je suis cet arlequin auquel vous me renvoyez. » Le successeur de Thomassin fut *Bertinazzi*, si célèbre sous le nom de Carlin. Tous les écrits du temps sont remplis de son éloge. On lui attribue aussi un grand nombre de saillies spirituelles et d'heureuses reparties. Un soir d'été, il fut obligé de jouer devant deux personnes pour tout public. Quand le spectacle fut fini, Carlin s'avança sur le bord du théâtre et invita un des spectateurs à s'approcher : « Monsieur, lui dit-il, si vous rencontrez quelqu'un en sortant d'ici, faites-moi le plaisir de lui an-

---

(1) T. III, p. 485.

noncer que nous donnerons demain la même pièce qu'aujourd'hui. »
Carlin mourut en 1783. On lui fit cette épitaphe :

> De Carlin pour peindre le sort,
> Très peu de mots doivent suffire :
> Toute sa vie il a fait rire ;
> Il a fait pleurer à sa mort.

N'oublions pas la spirituelle madame Favart, qui de 1749 à 1771 fit courir tout Paris à la comédie italienne.

En 1762, la troupe des comédiens italiens fut réunie à celle de l'Opéra-Comique. Le répertoire changea alors tout-à-fait. Favart et Sédaine y créèrent l'opéra-comique proprement dit ; Piis et Barré y furent les pères du vaudeville, ce genre éminemment parisien. Ce théâtre continua cependant de porter le nom de *Comédie italienne*, quoique tous les artistes fussent Français, à partir de 1780. Parmi les chanteurs, il faut citer avec éloges Laruette, Caillot, Clairval, Trial, madame Gontier, etc. (1). — La salle de l'hôtel de Bourgogne avait été réparée et richement décorée en 1760, par Girault, architecte et ingénieur-machiniste des spectacles du roi (2). Cependant les comédiens italiens obtinrent qu'on leur en construirait une autre près le boulevard, sur l'emplacement de l'hôtel de Choiseul. Ce fut le *théâtre Favart*, qui fut terminé en 1783 (3). Outre les pièces à ariettes, les opéras-comiques, cette troupe joua encore pendant long-temps des comédies. On sait que les jolies pièces de Florian appartenaient à leur répertoire. Mais enfin ce théâtre devint entièrement lyrique, et il prit en 1792 le nom de *théâtre national de l'Opéra-Comique*. Je vais m'en occuper sous ce dernier titre.

Théâtre royal de l'Opéra-Comique. — Il est assez difficile de fixer d'une manière précise l'origine du genre appelé opéra-comique. On sait seulement qu'il prit naissance aux foires Saint-Germain et Saint-Laurent (4). En 1714 ou 1715, le sieur de Saint-Edme et la veuve Baron, qui avaient chacun la direction d'une troupe de comédiens forains, formèrent ensemble une société pour neuf ans, avec l'approbation de l'Académie royale de musique, et d'après un traité passé avec elle, donnèrent à leur spectacle le titre d'Opéra-Comique. Ce spectacle, qui ne se composait que de pièces entièrement en *vaudevilles*, mêlés de danses, fut soutenu des talents de l'illustre auteur de Gil-Blas, de Fu-

(1) Presque tous les artistes de la comédie italienne étaient fort religieux. Quand madame Gontier devait jouer un rôle nouveau, dit Brazier, ses camarades l'ont souvent vue derrière une coulisse se signer très sérieusement et dire tout bas avec émotion : « Mon Dieu ! faites-moi la grâce de bien savoir mon rôle. »
(2) Voy. Hurtaut, t. II, p. 514 et suiv. — (3) Voy. *Théâtre Favart*, à la période suivante. — (4) T. III, p. 184 et suiv.

zelier, de Dorneval, etc.; il obtint un tel succès que, quelques années après, les comédiens français, mécontents de voir leur théâtre abandonné pour le spirituel théâtre de la foire, mirent tout en œuvre pour en obtenir la suppression. Ce fut à la foire Saint-Laurent de l'année 1718 qu'on annonça cette triste nouvelle à l'Opéra-Comique et aux amis de la vieille gaieté française; mais trois ans après, en 1721, les comédiens de la foire firent agir de si puissantes recommandations, qu'on leur permit de représenter des pièces en vaudevilles pendant la foire Saint-Germain; et ils obtinrent le privilége de jouer l'opéra comique à la foire Saint-Laurent de la même année. Ils furent de nouveau privés de ce privilége qu'on ne leur rendit qu'en 1724. Il passa alternativement entre les mains d'Honoré de Pontau, de Devienne, de Jean Monnet et de Berger, jusqu'en 1745, époque à laquelle il fut de nouveau supprimé. Mais en 1752 ce spectacle fut rétabli à la sollicitation du bureau de la ville, qui administrait alors l'Opéra, et le prévôt des marchands en afferma le privilége à Jean Monnet. L'Opéra-Comique redevint le spectacle à la mode, et, grâce aux soins de Monnet, prit un ton plus décent et des formes plus régulières. Trois associés, Corbie, Mouette et le célèbre Favart succédèrent à Monnet, et donnèrent un tel éclat à ce théâtre, que les comédiens italiens, qui étaient loin de prospérer à l'hôtel de Bourgogne, ne virent alors d'autre espoir de se soutenir que dans leur réunion à l'Opéra-Comique. Cette réunion s'opéra le 19 avril 1762. L'Académie royale de musique afferma aux comédiens italiens le privilége de Favart et de ses associés pour la somme de 32,000 livres par an (1).

Les talents réunis de Sedaine, de Marmontel, de Grétry, de Monsigny, de Clairval, de Caillot, soutinrent brillamment l'Opéra-Comique, qui porta pendant assez long-temps le titre de *Comédie-Italienne*. Ainsi que je l'ai dit, ce spectacle quitta, en 1783, l'hôtel de Bourgogne pour le théâtre Favart. Il fut ensuite transféré au *Théâtre de Monsieur*, plus connu sous le nom de *Feydeau* (2), ensuite à la salle Ventadour (3), et enfin actuellement sur le théâtre de la place de la Bourse. Mais ce dernier théâtre va être occupé, au moment où nous écrivons, par la troupe du Vaudeville, et les artistes de l'Opéra-Comique s'emparent de nouveau de la salle Favart que l'on vient de reconstruire avec le plus grand luxe. — Le théâtre royal de l'Opéra-Comique est subventionné; son administration est semblable à celle de l'Opéra.

Théâtre de l'Ambigu-Comique, anciennement boulevard du Temple, n°ˢ 74 et 76, aujourd'hui boulevard Saint-Martin. — Nicolas Médard Audinot, acteur et auteur de la Comédie-Italienne, s'étant retiré de la

---

(1) Hurtaut, t. IV, p. 672. — (2) Voy. *Théâtre Feydeau*.
(3) Voy. *Théâtre Ventadour*.

scène, en 1767, à l'occasion d'un passe-droit, établit deux ans après, à la foire Saint-Germain, un jeu de *bamboches* ou comédiens de bois, dont chaque personnage représentait fidèlement un acteur du théâtre italien. Ce spectacle ayant obtenu la vogue, Audinot se transporta au boulevard du Temple, où il avait fait construire une petite salle, et y donna des représentations de ses *bamboches*, accompagnées de petits ballets d'enfants (juillet 1769). Puis l'année suivante il prit le titre d'*Ambigu-Comique*, et remplaça ses acteurs en bois par de jeunes enfants, qui jouaient des comédies en prose et en vers, des farces, des pantomimes, des *ambigus-comiques*, et représentaient de très jolis divertissements. Cette entreprise eut un tel succès, qu'en 1782 on fut obligé d'agrandir la salle. Plusieurs fois la troupe d'Audinot fut appelée à la cour ; elle fit même partie des fêtes théâtrales données à Choisy, en 1772, et l'année suivante les *Enfants de l'Ambigu-Comique* allèrent encore jouer devant la cour à Montargis, lors du passage de la comtesse d'Artois. Il fallait que ce théâtre gagnât immensément, car les dépenses y étaient excessives. Nous lisons dans les registres de l'ancien Opéra, publiés par la *Revue rétrospective*, à l'article des redevances des divers spectacles forains, qu'Audinot payait à l'Opéra, en 1784, 36 livres par représentation ; et l'année suivante, cette rétribution fut portée à la somme énorme de 30,000 livres par an. Mais cet impôt permit au directeur d'agrandir son spectacle qui ne cessa point de prospérer, malgré les obstacles que lui suscitèrent pendant long-temps MM. les comédiens du roi. Audinot avait placé son nom dans la devise inscrite sur le rideau de scène : *Sicut infantes audi nos* (1). On connaît le joli vers de Delille sur ce théâtre :

Chez Audinot, l'enfance attire la vieillesse.

Audinot se retira au commencement de la révolution avec une honnête aisance. Ses successeurs ne furent pas aussi heureux, et vers 1798 le théâtre de l'Ambigu-Comique, qui était devenu un grand théâtre, allait de mal en pis, lorsqu'un acteur, nommé Corse, en prit la direction. Il mourut en 1816, laissant environ deux millions de fortune. Le théâtre de l'Ambigu, après avoir existé plus d'un demi-siècle, devait finir comme finissent presque toutes les salles de spectacle, par le feu. Il fut incendié dans la nuit du 13 au 14 juillet 1827 (2). On acheta alors un hôtel qui avait appartenu à M. de Jambonne, rue de Bondy, au coin du boulevard Saint-Martin, et le 7 juin 1829 un nouveau théâtre de l'Ambigu fut inauguré de la manière la plus brillante. Madame la duchesse de Berri, cette protectrice infatigable des artistes, assistait à la

---

(1) Cette inscription ne peut se comprendre qu'en ajoutant qu'elle fut mise lorsque des acteurs véritables remplacèrent les enfants.
(2) Sur son emplacement on a construit le *théâtre des Folies dramatiques*.

représentation. La salle, construite par MM. Hitorf et Lecointe, est une des plus jolies de la capitale.

Après diverses chances de bonheur et d'adversité, le théâtre de l'Ambigu-Comique, qui joue le drame à grand spectacle et le vaudeville, est, au moment où nous écrivons, dans une assez belle voie de succès.

Théâtre de Nicolet ou *des grands danseurs*, aujourd'hui *théâtre de la Gaîté*, boulevard du Temple, nos 68 et 70. — Un célèbre *chef de marionnettes*, J.-B. Nicolet, après avoir dirigé pendant long-temps et avec succès une troupe de *sauteurs* aux foires Saint-Germain et Saint-Laurent, résolut d'élever un théâtre sur les boulevards. Il prit à loyer, vers l'an 1759, une salle qu'un nommé Fauré avait fait construire sur le terrain où a existé l'ancien Ambigu-Comique. En 1764, il loua le terrain que le théâtre de la Gaîté occupe encore aujourd'hui, et y fit bâtir une salle (1). Aux exercices des *sauteurs*, Nicolet joignit alors de petites pièces grivoises et des pantomimes arlequinades, qui eurent un grand succès. Le principal auteur du répertoire était un acteur de la troupe, le fameux Taconnet, qui s'est acquis le surnom de *Molière des boulevards*. Malgré la jalousie des comédiens du roi, le *théâtre de Nicolet* ne cessa pas de prospérer, et sa troupe étant allée jouer à Choisy, devant la cour, en 1772, causa tant de plaisir à madame Du Barry, que la favorite lui fit donner le titre de *théâtre des grands danseurs du roi*. En 1792, Nicolet le nomma *théâtre de la Gaîté*, et trois ans après il céda son entreprise à l'acteur Ribié, qui, dans le cours de sa direction, en changea le titre en celui de *théâtre d'Émulation*. La veuve de Nicolet lui rendit, en 1798, sa dénomination de *théâtre de la Gaîté*. C'est en 1806 que fut représentée la célèbre féerie du *Pied de mouton*, qui amusa les Parisiens pendant vingt ans.

En 1808, M. Bourguignon, gendre de la veuve de Nicolet, et directeur de la Gaîté, fit abattre le théâtre construit en 1760, et on en éleva un nouveau, sur les dessins de l'architecte Peyre. Les administrations suivantes obtinrent de grands succès, et le théâtre était en pleine prospérité, lorsqu'un incendie épouvantable vint le réduire en cendres, le 21 février 1835. Neuf mois après, le 19 novembre, le théâtre était reconstruit et ouvert au public. On lit sur la façade de la nouvelle salle : *Théâtre de la Gaîté, fondé en 1760 par J.-B. Nicolet, reconstruit en 1808, incendié le 21 février 1835, réédifié en fer la même année. Bourlat, architecte*. — On joue sur cette scène des drames ou mélodrames et des vaudevilles.

(1) Il éprouva de grandes difficultés, la première fut celle de ne pouvoir élever cette salle plus haut que les remparts de la ville, qui existaient encore à cette époque. *Chroniq. des petits théâtres*, t. I, p. 12.

Théâtre des Associés, depuis *Théâtre de Mme Saqui*, et aujourd'hui *théâtre Dorsay*, boulevard du Temple, n° 62. — Un bateleur, surnommé *le Grimacier*, s'étant associé un entrepreneur de marionnettes, surnomma sa baraque : *théâtre des Associés*. En 1768, on construisit sous ce nom une salle de spectacle où l'on jouait des parades, des comédies, des tragédies. Un nommé Beauvisage dirigeait cette troupe, qui desservait à la fois le boulevard et la foire Saint-Germain. A Beauvisage, succéda l'arlequin Salé, qui à l'époque de la révolution intitula son spectacle : *théâtre Patriotique du sieur Salé*. Après sa mort, en 1795, un pauvre comédien de province, nommé Prévôt, en prit la direction et lui donna le nom de *théâtre Sans Prétention* (1). Ce spectacle fut fermé, par suite du décret impérial de 1807, et remplacé par le *café d'Apollon*, où l'on jouait des pantomimes et de petits vaudevilles. Enfin, en 1815 ou 1816, la célèbre madame Saqui, la reine des funambules, obtint le privilège d'en faire une salle de spectacle, où sa nombreuse famille exécutait la danse de corde, les pantomimes et les arlequinades dans le genre italien. Depuis 1830, le spectacle acrobate de madame Saqui, dirigé par un ancien doreur sur bois, nommé Dorsay, est devenu un théâtre, où l'on joue des vaudevilles et des drames.

Théâtre de Gaudon, rue Saint-Nicaise. — Ce spectacle, où l'on jouait des farces et des parodies, fut fondé en 1769, par un acteur forain, nommé Gaudon ; il n'exista qu'une dizaine d'années. Mais ce qui lui mérite notre attention, c'est qu'il fut le motif d'une querelle burlesque, qui agita, au temps de Louis XV, la cour et la ville. Un cabaretier renommé des Porcherons, Grégoire Ramponneau, qui a donné son nom à une des barrières de Paris, s'avisa un jour de vouloir devenir comédien, et il s'engagea dans la troupe de Gaudon. Le traité fut signé, mais au moment de l'exécuter, le scrupuleux cabaretier allégua sa conscience, invoqua la religion. L'affaire fut portée devant le parlement et se termina à l'amiable, mais elle avait fait grand bruit, et elle augmenta la vogue de Ramponneau. Pour que rien ne manquât à sa gloire, Voltaire composa en sa faveur un plaidoyer, qui est une fort spirituelle *fantaisie*.

Spectacle de Servandoni. — *Waux-Hall de Torré*. — *Spectacle de Ruggieri*. — *Waux-Hall d'hiver de la foire Saint-Germain*. — *Joûtes sur l'eau*. — *Concert spirituel*. — *Théâtres bourgeois ou de société*. — Je dois parler maintenant de plusieurs autres spectacles, qui datent du règne de Louis XV. Un écrivain dont l'esprit de parti est bien connu, M. Dulaure, prétend que « le but caché de ces nombreux établisse-

---

(1) Voy. les *Chroniques des petits théâtres*, t. I.

ments de plaisir se découvre facilement. On voulait, dit-il, que le peuple ne s'occupât que d'acteurs comiques et de scènes frivoles, afin qu'il ne fît aucune attention à la scène politique, alors fort en désordre. » J'avoue que cette explication d'un fait aussi simple me paraît puérile. Le peuple de Paris a toujours été grand amateur de spectacles; il s'écrierait volontiers comme les anciens romains : *Panem et circenses*; rien n'est donc moins étonnant que de voir se multiplier à Paris les jeux et les théâtres, à mesure que le luxe et le bien-être de la civilisation s'augmentaient. En 1730, Jean Servandoni, artiste ingénieux aussi bien que grand architecte, obtint du roi, dont il était le peintre décorateur, la permission d'élever un spectacle de décorations, une espèce de panorama. Il l'établit aux Tuileries dans la *salle des machines*, dont j'ai déjà eu occasion de parler plus d'une fois. Les Parisiens vinrent y admirer successivement une *Vue de l'intérieur de Saint-Pierre de Rome*; la *Descente d'Énée aux enfers*; les *aventures d'Ulysse*, *Héro et Léandre*, etc. (1). Ce spectacle curieux dura pendant plusieurs années. — Ce fut sous le nom étranger de *Waux-Hall* que Torré, fameux artificier italien (2) ouvrit un établissement de danse et de fêtes pyrotechniques sur le boulevard Saint-Martin, le 29 août 1764. Le local était vaste; le parterre contenait douze cents personnes. On exécutait sur le théâtre des pantomimes accompagnées de feux d'artifice. Les *Forges de Vulcain*, représentées en 1766, attirèrent tout Paris. Deux ans après, Torré réunit à son spectacle les bouffons italiens, et donna le divertissement du *mât de cocagne*, exercice introduit à Paris, comme je l'ai dit (3), par les Anglais en 1425, et qui depuis cette époque n'avait pas été renouvelé. Aujourd'hui, ce jeu fait partie de toutes les fêtes publiques. En 1769, Torré fit presque entièrement reconstruire son théâtre et en fit l'ouverture par les *Fêtes de Tempé*. Cet établissement, habilement dirigé, prospéra pendant long-temps. Son fondateur mourut au commencement de mai 1780. Le Waux-Hall, appelé *Waux-Hall d'été*, fut démoli, et la rue de Lancry fut ouverte sur son emplacement. — Deux artificiers célèbres, les frères Ruggieri, donnèrent au public, en 1765, des spectacles d'artifice et d'illumination; leur établissement était situé aux Porcherons. En 1769, ils s'établirent aux boulevards avec la permission de l'Opéra. Leur spectacle, dont il est sans cesse question, ainsi que de celui de Torré, dans la *Correspondance de Grimm* et les *Mémoires* de Bachaumont, obtint la vogue pendant plusieurs an-

(1) On trouve de curieux détails sur le spectacle de Servandoni dans la correspondance de *Grimm et Diderot*.
(2) Torré, qui méritait bien une mention de la part des auteurs de la *Biograpie universelle*, n'était pas un artiste vulgaire. On sait qu'il retrouva le *feu grégeois* des anciens. Le gouvernement français refusa avec raison de mettre en pratique cette terrible découverte. (3) T. III, p. 102.

nées. — Le *Waux-Hall d'hiver* était situé dans l'enclos de la foire Saint-Germain, auprès de la rue Guisarde. Il fut construit en 1769 sur les dessins de l'architecte Lenoir, on l'ouvrit le 3 avril 1770. On y donnait des bals, des concerts ; on y voyait des escamoteurs, des danseurs de corde. Cette entreprise ne fut pas si heureuse que celle de Torré ; elle échoua. Ce Waux-Hall d'hiver fut démoli en 1789. — Le divertissement des *joutes sur l'eau* fut donné pour la première fois à la Râpée le 4 septembre 1768. Les entrepreneurs, encouragés par le succès, firent subir à ce spectacle diverses améliorations, et lui donnèrent successivement les noms de *jeux Pléiens* et d'*Exercice des Élèves de la navigation*. Ces divertissements, qui dans l'origine étaient magnifiques, tombèrent peu à peu et furent transférés au Colysée. Mais depuis longtemps les joutes sur l'eau ont fait partie des réjouissances publiques, et elles se célèbrent encore aujourd'hui avec une certaine solennité. — Le *Concert spirituel*, qui subsista jusqu'à la révolution, fut établi en mars 1725, dans une des salles des Tuileries. Les artistes de l'Opéra y chantaient de la musique sacrée, les jours de fêtes solennelles et pendant la quinzaine de Pâques. — *Théâtres de société*. Le goût du théâtre était si vif à Paris, à cette époque, que nous voyons s'élever partout des spectacles bourgeois. Je me contenterai de citer les théâtres du duc d'Orléans, du maréchal de Richelieu, de la duchesse de Villeroi, etc. Le plus célèbre, après celui du duc d'Orléans, situé à Bagnolet, était celui de la célèbre danseuse de l'Opéra, mademoiselle Guimard. Il était établi dans son bel hôtel de la rue de la Chaussée-d'Antin, n° 9 ; elle en avait un autre à sa maison de campagne de Pantin. Ordinairement les représentations étaient exécutées par les meilleurs artistes des grands théâtres. Mais en décembre 1768 il fut défendu aux comédiens du roi de jouer, sans permission, ailleurs que sur leurs théâtres. Cette défense subsiste encore.

Le Colysée. — On appelait ainsi un vaste édifice entouré de jardins, destiné à des spectacles publics, et situé dans les Champs-Elysées vers l'endroit qu'occupe l'avenue Matignon. Il n'en reste plus aucune trace aujourd'hui. Le bureau de la ville avait autorisé cet établissement, en 1769, pour y faire donner des fêtes à l'occasion du mariage du dauphin Louis XVI. L'architecte Le Camus, qui venait de construire la Halle-au-Blé, fut chargé de la direction du monument ; mais les travaux ne purent être achevés à l'époque où fut célébré le mariage, le 16 mai 1770. Les frais de construction étaient immenses ; les entrepreneurs étaient au moment d'être ruinés, lorsque le gouvernement et l'administration de la ville vinrent à leur secours. Le Colysée, quoique non encore entièrement terminé, fut ouvert au public le 22 mai 1771, et servit désormais à des représentations de tout genre, à des spectacles hydrauliques, à des jeux pyrrhiques, à des danses, à des courses, à des concerts et à d'autres plaisirs encore, la plupart inconnus au x Parisiens. La décoration intérieure de l'édifice répondait par sa richesse et son élégance à sa brillante destination. Les jardins, les cours et les bâtiments occupaient une surface d'environ seize arpents. Néanmoins la destinée du Colysée ne fut pas heureuse. Les directeurs de l'entreprise, malgré tous leurs efforts, ne purent conserver la vogue dont ils avaient besoin assez long-temps pour couvrir les frais énormes qu'il leur avait fallu faire. Ils avaient compté sur une dépense de 700,000 livres, et ils déboursèrent jusqu'à 2,675,500 livres. Au mois de mai 1778, on attendait l'ouverture du Colysée ; mais elle n'eut point lieu. L'édifice construit assez légèrement avait besoin de réparations. Aussi les créanciers, menacés de nouveaux frais, prirent une mesure extrême, et s'opposèrent à l'ouverture. Deux ans après, ils firent procéder à la vente des bâtiments et des terrains. Les rues d'Angoulême et de Ponthieu furent ouvertes sur son emplacement en 1784.

Petite-Poste. — La Petite-Poste de Paris est une invention due à un conseiller du parlement nommé de Chamousset. Elle a commencé son service le 1er juin 1760, et à cette époque, elle distribuait les lettres à leurs adresses neuf fois par jour. Elle formait une administration particulière établie dans la rue des Déchargeurs ; mais elle a été réunie depuis à celle de la grande poste de la rue J.-J. Rousseau. Elle a dans les différents quartiers de Paris deux cents boîtes dans lesquelles ses facteurs recueillent les lettres, les transportent à la grande poste, et de là les répandent rapidement dans toute la ville au moyen de voitures organisées pour cet objet par l'administration des postes. Les lettres sont ainsi distribuées dans Paris, cinq fois par jour en hiver, et six fois en été ; elles sont envoyées aussi plusieurs fois par jour dans la banlieue, c'est-à-dire dans un rayon de trois à quatre lieues autour de la capitale.

On évalue à plus de quatre-vingt-un mille le nombre de lettres et journaux que la Petite-Poste répand chaque jour dans Paris.

Exposition publique de tableaux, au Musée du Louvre. — Les deux premières expositions publiques de tableaux dont fassent mention les historiens de Paris, eurent lieu, l'une en 1673 dans l'une des cours du Palais-Royal ; l'autre en 1704 dans la grande galerie du Louvre. Mais la première solennité de ce genre à laquelle on puisse donner, en toute raison, le nom d'exposition publique, eut lieu sous le règne de Louis XV. En 1740, le contrôleur-général des finances, Orry, en sa qualité de directeur-général des bâtiments, reçut du roi l'ordre de faire exposer tous les ans dans la grande salle du Louvre, aux yeux du public, les ouvrages de peinture et de sculpture composés dans le courant de l'année par les membres de l'Académie royale. Cette exposition, qui avait pour but d'exciter l'émulation parmi les artistes, se fit pour la première fois le 22 août 1740, et dura jusqu'au 15 septembre; les années suivantes, elle fut prolongée jusqu'au 1er octobre. Mais bientôt l'on s'aperçut que les ouvrages étaient trop peu nombreux pour en faire une exposition annuelle, et dès 1745, on arrêta qu'elle n'aurait plus lieu que tous les deux ans. Le monopole de cette institution réservé aux académiciens par l'ordonnance de Louis XV, leur fut enlevé par la révolution; un sage décret du 21 août 1791 autorisa tous les artistes français et étrangers à prendre part aux expositions. Alors l'affluence des exposants devint telle que les salles du Louvre ne pouvaient contenir leurs ouvrages, et l'on fut obligé, en 1796, de rétablir l'exposition annuelle.

Aujourd'hui, l'exposition des tableaux se fait chaque année au Musée du Louvre, et dure depuis le 1er mars jusqu'au 30 avril. Le nombre des ouvrages offerts chaque année à cette exposition publique est très considérable, quoique le jury d'admission en refuse une partie. En 1840 il a été de mille huit cent quarante-neuf; l'année précédente il s'était élevé à deux mille trois cent quatre-vingt-dix-neuf.

CHAPITRE TROISIÈME.

Topographie.

Les accroissements de Paris, pendant cette période, furent immenses. En 1717, l'enceinte de la capitale était de mille trois cent trente-sept hectares quarante-trois centiares à peu près (ce ne peut être qu'une évaluation approximative), et elle augmenta encore sur différents points. Le bourg du Roule fut, en 1722, érigé en faubourg de Paris, et on commença vers cette époque à construire ce magnifique quartier, nommé d'abord *quartier Gaillon*, à cause du voisinage de la porte de ce nom, et qui depuis a reçu le nom de la *Chaussée-d'Antin*. La grande rue de la Chaussée-d'Antin était alors nommée rue de l'*Hôtel-Dieu*, parce qu'elle conduisait à la ferme de l'Hôtel-Dieu, située rue Saint-Lazare (1). Ce quartier ne fut cependant réellement construit que sous le règne de Louis XVI.

Un grand nombre de rues furent percées dans d'autres quartiers. On replanta les Champs-Elysées, comme je l'ai dit ailleurs, et on planta,

---

(1) Jaillot, t. II, *quartier Montmartre*, p. 31.

vers 1760, les boulevards du midi, ainsi que les avenues qui se trouvent entre le boulevard et l'École-Militaire, entre l'hôtel des Invalides et Vaugirard.

Sous Louis XV, l'enceinte de la ville du côté du nord était marquée par les *grands boulevards*. On voyait encore, il y a quelques années, sur les magasins d'un bonnetier, situés au coin de la rue Poissonnière, une inscription du temps portant défense de bâtir au-delà.

Gare, espèce de bassin situé près de la barrière de la Gare, sur la rive gauche de la Seine. Il avait été destiné à mettre les bateaux d'approvisionnement à l'abri des glaces. Mais le parlement s'opposa à cette entreprise, qui resta inachevée.

Champ-de-Mars. — Cette vaste plaine, qui s'étend depuis l'École-Militaire jusqu'à la Seine, fut, jusqu'en l'année 1770, un terrain occupé par des maraîchers. A cette époque, on y traça un immense parallélogramme ou carré long de près de mille mètres sur cinq cents, entouré de fossés des trois côtés, et on le décora du titre de *Champ-de-Mars;* il était alors destiné aux élèves de l'École-Militaire. — C'est dans le Champ-de-Mars que se fit, en 1783, la première expérience aérostatique, par le physicien Charles. — Lors de la fédération du 14 juillet 1790, on établit, du côté de l'École Militaire, de vastes tribunes où devaient être placés le roi, sa famille et les députés de l'assemblée nationale. Afin que tous les spectateurs fussent témoins du serment qui devait s'y prêter, on conçut l'idée de faire des tertres pour contenir les assistants. Pour y parvenir, il fallait enlever plusieurs pieds de terre sur la surface entière du terrain, et la transporter sur les bords pour y former des gradins. Douze mille ouvriers y furent employés, et l'ouvrage avançait peu. On vit alors un de ces traits qui caractérisent l'esprit parisien : les habitants résolurent de prendre part aux travaux. On vit les membres des sections et de la garde nationale, les religieux de divers ordres, des femmes, marchant deux à deux, chargés de pelles, de pioches, de brouettes, se rendre successivement à l'ouvrage, qui fut achevé avec ardeur et promptitude. Je ne raconterai pas ici la cérémonie de la fédération; elle trouvera place dans les *Faits généraux* du règne de Louis XVI.

Le Champ-de-Mars, qui prit le nom de *Champ de la Fédération* et ensuite celui de la *Réunion*, a été le théâtre d'un grand nombre d'événements remarquables. Je citerai les principaux : La cérémonie funèbre relative aux massacres de Nancy, où le jeune Désilles perdit la vie (20 septembre 1790); — Le premier anniversaire de la Fédération; — La sanglante émeute du 17 juillet 1791, dans laquelle le maire de Paris, Bailly et La Fayette firent exécuter la loi martiale; — La fête célébrée le 20 septembre 1791, au sujet de l'acceptation et de la publication de l'acte constitutionnel; — Le deuxième anniversaire de la Fédération; — La fête *nationale*, préparée et disposée par David, pour l'inauguration de la nouvelle constitution (10 août 1793); — La mort de Bailly (11 novembre 1793). Ce vénérable vieillard y fut torturé pendant trois heures. Sa constance lassa ses bourreaux. *Tu trembles, Bailly?* lui dit l'un d'eux. — *C'est de froid*, répondit le martyr; — La *fête des Victoires*, en l'honneur de la prise de Toulon (30 décembre 1793); — La *fête de l'Être suprême*, présidée par Robespierre (8 juin 1794).

Parmi les fêtes ridicules qui se donnèrent au Champ-de-Mars, sous le Directoire, nous citerons celles de l'*Agriculture*, du 14 juillet et du 9 thermidor, la fête du 10 août et celle de la *Vieillesse*. L'anniversaire de la fondation de la république, solennisée le 22 septembre 1796, fut aussi célébrée au Champ-de-Mars. Les fêtes étaient accompagnées de courses à pied, à cheval, en chars, de luttes et de joutes; trente orchestres faisaient danser les citoyens de Paris à la lueur de superbes illuminations. Le 1er vendémiaire an VII (22 septembre 1798), on y fit la première exposition des produits de l'industrie française.

Le lendemain du couronnement de Napoléon, l'empereur fit au Champ-de-Mars la distribution des aigles (3 décembre 1804). Le 1er mai 1815, on y proclama l'acte additionnel aux constitutions de l'empire. Dans cette cérémonie, dite du *Champ-de-Mai*, Napoléon passa en revue toute sa garde et environ soixante mille hommes de la garde nationale de Paris.

Les 27 mars et 2 mai 1831, le roi Louis-Philippe fit à la garde nationale parisienne et aux troupes de ligne rassemblées dans le Champ-de-Mars la distribution solennelle des drapeaux et étendards tricolores. Six ans après, le même lieu fut le théâtre d'un déplorable événement. Au mois de juin 1837, à l'occasion des fêtes données par la ville de Paris pour célébrer le mariage du duc d'Orléans, le Champ-de-Mars fut choisi pour représenter le simulacre de la prise de la citadelle d'Anvers. Des fortifications en terre avaient été préparées dans ce but et devaient être attaquées dans la soirée du jeudi 15. Cette brillante fête fut troublée par des malheurs. Des précautions avaient été prises par l'autorité militaire et par la police afin que les feux de l'attaque ni ceux de la défense n'entraînassent aucun danger; un espace considérable avait été réservé au milieu de l'enceinte pour le jeu de l'artillerie et celui des pièces d'artifice. Cette petite guerre se termina en effet sans que l'on eût à déplorer le moindre accident; mais bientôt des cris sinistres, partis de différents points, vinrent répandre l'effroi dans la foule qui remplissait le Champ-de-Mars : elle s'ébranla dans toutes les directions et se précipita vers les issues, qui furent aussitôt encombrées par les flots de cette immense population. Là, à l'approche des grilles, vingt-trois individus de tout sexe perdirent la vie; un grand nombre fut plus ou moins dangereusement blessé (1).

Depuis long-temps le Champ-de-Mars est un lieu d'exercice, de parade et de revue de troupes. Il sert aux courses que l'on a instituées pour encourager l'éducation des chevaux et qui ont lieu annuellement, en présence du ministre de l'intérieur et du préfet de la Seine.

Place Louis XV, entre le jardin des Tuileries, les Champs-Élysées, le pont Louis XV, et la rue Royale. Cette belle place n'était encore, vers la moitié du xviiie siècle, qu'une esplanade entourée à moitié d'un fossé; elle servait de magasin pour les marbres et communiquait par une barrière et un poste de gabelle avec le port aux marbres, situé lui-même là où sont aujourd'hui le port Louis XVI et l'abreuvoir. Deux grands égouts découverts traversaient les deux extrémités de ce terrain, l'un coulant entre les fossés des Tuileries, l'autre le long des Champs-Élysées (2). La ville de Paris choisit ce terrain pour en faire une place qui serait décorée de la statue de Louis XV. Les travaux commencèrent en 1754, sous la direction de l'architecte Gabriel, et ne furent entièrement terminés qu'en 1772. Le 20 juin 1763, on découvrit la statue équestre, modelée par le célèbre Bouchardon et fondue d'un seul jet par Gor, commissaire des fontes de l'artillerie. Elle avait quatorze pieds de proportion et était posée sur un piédestal de marbre blanc veiné de vingt-un pieds de haut, sur quatorze de long et huit de large, portant sur deux grandes marches de marbre pareil. Louis XV était en costume romain avec une perruque à la moderne. Aux quatre angles du piédestal étaient placées quatre figures colossales, en forme de cariatides de bronze, représentant la Force, la Paix, la Prudence et la Justice. Des guirlandes de laurier, des cornes d'abondance, les armes royales, celles de la ville de Paris, etc., ornaient la corniche du piédestal. Des tables de marbre chargées d'inscriptions, des bas-reliefs de bronze, en couvraient les quatre surfaces, et sur le socle étaient posés deux grands trophées d'armes et de piques antiques. Une magnifique balustrade de marbre blanc entourait ce piédestal, dont les accessoires avaient été exécutés par Pigale.

La statue de Louis XV, que Bouchardon regardait comme son chef-d'œuvre, fut renversée par la populace, le 11 août 1792 (3), et remplacée par une statue colossale de la Liberté, ouvrage de Lemot. C'était une

---

(1) *Paris pitt.*, t. II, p. 366. — (2) *Paris pitt.*, t. I, p. 78.
(3) Cette statue avait été plus d'une fois l'objet de sanglantes railleries. On fit courir le distique suivant, au sujet des cariatides de Sigalle :
    O la belle statue ! ô le beau piédestal !
    Les vertus sont à pied, le vice est à cheval.
On raconte que la dernière année du règne de Louis XV, un individu monta sur le

PLACE DE LA CONCORDE.

statue de maçonnerie et de plâtre coloré en bronze. La place Louis XV reçut en même temps le nom de *place de la Révolution*. Jusqu'à cette époque, elle n'avait servi qu'aux réjouissances publiques (1); elle fut alors transformée en champ de mort : le 21 janvier 1793, l'infortuné Louis XVI y fut décapité ; Marie-Antoinette et plus de mille individus, innocents ou coupables, éprouvèrent le même sort et furent sacrifiés à la Terreur.

Le 14 juillet 1800, à la place de la statue de la Liberté, Lucien Bonaparte, ministre de l'intérieur, posa la première pierre d'une colonne projetée à la gloire des armées françaises. Afin de mieux juger de l'effet qu'elle produirait, on en fit construire, sur l'emplacement même, le modèle en charpente, en toile et en carton. Ce projet fut abandonné. Cette place portait alors le nom de la *Concorde*. Le gouvernement de la restauration prescrivit successivement la réédification de la statue de Louis XV, puis l'érection d'une statue à Louis XVI, qui donna, en 1823, son nom à la place. En 1830, cette place avait repris le nom de la *Concorde* ; mais le nom de place Louis XV a prévalu, et à l'endroit même que devait occuper la colonne nationale, projetée par les consuls, s'élève l'obélisque de Luxor (2).

Depuis la révolution, la place Louis XV fut le théâtre de réjouissances publiques. Ce fut là aussi que les Prussiens, les Autrichiens et les Russes dressèrent un autel, le 10 avril 1814, et chantèrent un *Te Deum*.

Cette place a la configuration d'un octogone. Elle est environnée de fossés de douze pieds de largeur et de quatorze de profondeur, qui la séparent, à l'est, du jardin des Tuileries, et à l'ouest des Champs-Élysées. Ces fossés sont bordés de chaque côté par de belles balustrades en pierre, posées sur un socle, avec un trottoir qui règne au pourtour ; ils communiquent entre eux, du côté des Champs-Élysées, par des ponts de pierre. Il y a dans la partie qui avoisine les Champs-Élysées quatre pavillons décorés en bossage, primitivement destinés aux fontaines, gardes et concierges des Champs-Élysées et du Cours-la-Reine, et aujourd'hui transformés en restaurants. Vers les Tuileries, on voit quatre autres pavillons semblables, dont les socles étaient destinés à porter des figures allégoriques. Composée d'abord de quatre pièces de gazon, entourées de barrières, cette place est aujourd'hui nivelée et ornée de fontaines et d'immenses candélabres dorés. Ces travaux, qui viennent d'être terminés, ont fait de la place Louis XV l'un des endroits les plus dignes d'attirer l'attention des étrangers.

cheval, banda les yeux du monarque, lui attacha au cou une boîte de ferblanc et lui mit sur la poitrine cette inscription : *N'oubliez pas ce pauvre aveugle*.

(1) J'ai parlé dans les *Faits généraux* du règne de Louis XV, de la sanglante catastrophe qui attrista le mariage de Louis XVI. — (2) Voy. *Obélisque de Luxor*.

Marché d'Aguesseau, rue de la Madeleine. — Il doit son nom et son origine à J. A. d'Aguesseau, conseiller honoraire au parlement. Établi en 1723 entre les rues de Surêne et du faubourg Saint-Honoré (1), il fut transféré, le 2 juillet 1746, dans le lieu qu'il occupe encore maintenant. Le propriétaire de ce terrain, Mol de Lurieux, avocat au conseil, le céda, sous la réserve d'un quart dans le privilége. Ce marché se tient tous les jours. Dans l'origine, il n'y avait que six étaux de bouchers et quelques baraques pour les boulangers, fruitiers et poissonniers.

Marché de l'abbaye Saint-Martin. Il n'existe plus; il avait été construit en 1765, sur une partie du territoire de l'abbaye de Saint-Martin-des-Champs. Au milieu de ce marché, dont l'emplacement subsiste, est une fontaine en forme de borne, construite en 1806; elle reçoit ses eaux de la pompe de Chaillot. En 1816, a eu lieu l'ouverture du beau marché Saint-Martin qui remplace aujourd'hui l'ancien (2).

Halle-aux-Veaux. Cette halle, construite sur les dessins de l'architecte Lenoir, entre les rues de Poissy et de Pontoise, fut ouverte, ainsi que je l'ai dit ailleurs (3), le 28 mars 1774.

Halle-au-Blé et aux Farines. — Cette Halle, située sur l'emplacement de l'ancien hôtel de Soissons (4), se trouve placée au centre d'un cercle formé par la rue circulaire de Viarmes. L'ancienne Halle-au-Blé était autrefois entre les rues de la Tonnellerie et de la Fromagerie sur la place des Halles. Cet ancien marché étant devenu trop petit, la ville se détermina, en 1762, à transporter le marché de la place des Halles dans l'hôtel de Soissons qu'elle avait acheté quelques années auparavant. L'édifice fut commencé en 1763, et terminé en 1772 sur les dessins et sous la direction de M. Le Camus de Mézières. C'est un bâtiment de forme ronde de soixante-huit mètres de diamètre hors œuvre, percé de vingt-cinq arcades fermées par des grilles en fer, et au-dessus desquelles on monte par deux escaliers d'une construction admirable à une galerie supérieure où sont déposés les menus grains, dans des corridors voûtés et revêtus en briques. On sentit bientôt la nécessité de couvrir cette construction d'une coupole pour mettre à l'abri les marchandises déposées dans la cour qu'on avait ménagée à l'intérieur. Le 10 septembre 1782, les architectes Legrand et Molinos furent chargés de ce travail et s'en acquittèrent avec une grande habileté. Cette coupole, dans laquelle étaient pratiquées vingt-cinq grandes fenêtres, a cent vingt-deux mètres quarante-cinq centimètres de circonférence et trente-deux mètres quarante-huit centimètres de hauteur depuis le

---

(1) La rue qui aboutit au milieu de celle d'Aguesseau, et qui porte le nom de *rue du Marché*, indique l'emplacement qu'occupait le marché.
(2) Voy. *Marché Saint-Martin*. — (3) Voy. t. III, p. 227. — (4) Voy. t. III, p. 417.

pavé jusqu'à son sommet; elle fut achevée au commencement de l'an 1783. En 1802, toute la toiture de la Halle-au-Blé fut consumée par le feu. Ce ne fut que plusieurs années après qu'on répara le désastre et que sous la direction de M. Brunet on rétablit la coupole avec des fermes de fer coulé couvertes de lames en cuivre. Cet ouvrage, commencé en juillet 1811, dura jusqu'au même mois de l'année suivante. Les vingt-cinq fenêtres de l'ancienne coupole furent remplacées par une lanterne de trente-un pieds de diamètre qui laisse descendre le jour sous la rotonde.

On a laissé subsister adossée à la Halle-au-Blé un débris curieux de l'ancien hôtel de Soissons: c'est la *colonne de Catherine dé Médicis*, espèce d'observatoire où la mère de Charles IX venait se livrer à ses études astrologiques. J'ai donné ailleurs la description de son état ancien et de son état actuel (1).

Fontaine de la rue de Grenelle-Saint-Germain, située entre les n°s 57 et 59 de cette rue. Cette fontaine, achevée en 1739, fut construite aux dépens de la ville. Le sculpteur Edme Bouchardon en fournit les dessins, en sculpta les bas-reliefs et y déploya tout le luxe de décoration en usage au temps de Louis XV. Deux figures à demi-couchées aux côtés d'une grande statue de marbre et représentant la Seine et la Marne aux pieds de la ville de Paris, forment le principal ornement de cet édifice qui compte environ trente mètres d'étendue sur douze de hauteur. La fontaine de Grenelle passait autrefois pour la plus belle de Paris après celle des Innocents. Néanmoins on lui avait infligé le surnom de *la Trompeuse*, parce qu'elle ne donnait point l'eau qu'elle promettait. Ce ne fut que depuis l'établissement des pompes à feu qu'elle cessa d'être stérile.

Fontaine de l'abbaye Saint-Germain-des-Prés. Elle est située près de l'église du même nom, au coin des rues de Childebert et d'Erfurt. Elle fut construite en 1716, sur la proposition que firent les religieux de Saint-Germain de se charger des frais de construction, si la ville voulait leur concéder quarante-quatre lignes sur un pouce d'eau dont les cent autres lignes seraient livrées au public. Vis-à-vis, de l'autre côté de la rue, était un puits qui n'existe plus aujourd'hui et qu'on avait, comme la fontaine, décoré d'un mauvais distique latin.

Fontaine des Blancs-Manteaux, située dans la rue du même nom, n° 10. — Moyennant la somme de 13,000 livres qui leur fut allouée par la ville, les religieux Blancs-Manteaux consentirent à céder l'emplacement et à se charger des frais de construction de cette fontaine. L'édifice fut achevé en 1719.

(1) Voy. t. III, p. 419-420.

Fontaine du Regard-Saint-Jean ou *du Regard-des-Enfants-Trouvés*, au coin de la rue Neuve-Notre-Dame, sur le parvis, en face de la cathédrale. — Cette fontaine, ornée de jolis petits bas-reliefs, fut établie en 1748 lorsqu'on construisit l'édifice des Enfants-Trouvés.

Fontaine du Diable ou *de l'Échelle*, au coin de la rue de l'Échelle et de la rue Saint-Louis (près des Tuileries). — Ce monument, décoré de bas-reliefs allégoriques, a été élevé en 1759.

Fontaines du marché Saint-Martin. — Ces fontaines, dont le nom indique la position, étaient au nombre de deux et furent établies en 1768 par les religieux de l'abbaye de Saint-Martin auxquels le bureau de la ville donna, pour cet effet, un demi-pouce d'eau sur la rivière et autant sur l'aqueduc de Belleville.

Fontaine du Palais-Royal, située sur la place du Palais-Royal, entre la rue de Chartres et la rue Froidmanteau. — Lorsqu'en 1640 le cardinal de Richelieu eut acheté l'hôtel de Sillery pour faire bâtir sur son emplacement son Palais-Cardinal, il fit élever en face de la porte d'entrée une fontaine monumentale qui n'était séparée de l'édifice que par la largeur de la rue. En 1709, le régent Philippe d'Orléans fit abattre les maisons misérables qui se trouvaient dans cet endroit et forma ainsi la place du Palais-Royal à peu près telle que nous la voyons aujourd'hui. La fontaine se trouvait au milieu; mais il paraît qu'au milieu des reconstructions qui eurent lieu alors, elle fut démolie et rétablie un peu plus loin, adossée aux maisons situées vis-à-vis la façade du Palais. Cette fontaine, qui fut appelée le *Château-d'Eau,* passait pour fort belle et était ornée de deux belles statues de Coustou jeune.

En 1762, l'ingénieur Deparcieux proposa un beau projet qui devait alimenter en abondance toutes les fontaines de Paris dont la plupart manquaient trop souvent d'eau. Il offrit de conduire dans la ville les eaux de la petite rivière d'Yvette, qui prend sa source entre Rambouillet et Versailles, et se jette dans la rivière d'Orge près de Juvisy, à cinq lieues de la capitale. Il devait construire pour cela un aqueduc qui aurait eu environ un myriamètre de longueur, et aurait fourni aux Parisiens douze cents pouces d'eau. Ce plan gigantesque demandait trop d'argent pour être exécuté. On l'abandonna. Il fut repris en 1769; l'Académie des sciences fit à ce sujet, le 15 novembre 1775, un rapport dans lequel elle proclamait les grands avantages du projet; mais, comme la première fois, la ville recula devant les énormes dépenses qu'il aurait fallu faire.

Hôtel des Menus-Plaisirs, rue Bergère, n° 2. — Cet édifice, destiné aux services de l'Opéra, renfermait dans ses vastes bâtiments les machines et les décorations de ce théâtre, et une salle particulière où se faisaient les répétitions de l'Opéra et les exercices publics des élèves du

Conservatoire. Il servait de demeure au directeur des fêtes et cérémonies publiques. Ces fonctions auxquelles était attaché le titre d'intendant des menus-plaisirs ont été remplies depuis le temps de Louis XV, jusqu'au règne de Charles X, par MM. Papillon et La Ferté. Sous Napoléon l'hôtel des Menus-Plaisirs est devenu le *Conservatoire de musique*, autrement appelé *Ecole royale de musique et de déclamation*.

Hôtel Guimard. — Cet hôtel, résidence de la fameuse Guimard, danseuse de l'Opéra, était en si haute réputation parmi les gens à la mode et les jeunes élégants de la fin du dernier siècle, qu'il était connu sous le nom de *temple de Terpsichore*. Là se trouvait, comme je l'ai dit plus haut, une salle de spectacle dont l'ouverture se fit en grande solennité au mois de décembre 1772, par la représentation de *la Partie de chasse d'Henri IV*; cette pièce devait être accompagnée d'une petite parade intitulée : *la Vérité dans le Vin* ; mais il paraît qu'elle était trop libre, car l'archevêque de Paris interposa son autorité pour empêcher qu'on la jouât. Le temple de Terpsichore, ouvrage de l'architecte Ledoux, est situé rue de la Chaussée-d'Antin, n° 9.

Hôtel de Belle-Isle, rue de Bourbon. — Bel édifice bâti en 1721, sur les dessins de Bruand, pour Ch. L. Auguste Fouquet, comte de Belle-Isle, maréchal de France.

Hôtel de Matignon, rue de Varennes, n° 23. — Cet hôtel fut commencé en 1721, pour le prince de Tingri, connu sous le nom de maréchal de Montmorency, sur les dessins de l'habile architecte Cortone. Il fut vendu en 1723, avant d'être achevé, à Jacques Goyon de Matignon, comte de Torigny, tige de la maison actuelle des princes de Monaco, qui le garda assez long-temps. Sous l'empire il était occupé par le prince de Talleyrand.

Hôtel de Montmorency, au coin du boulevard et de la rue de la Chaussée-d'Antin. Construit par Ledoux.

Hôtel d'Uzès, rue Montmartre, n° 176. — Cet édifice, remarquable par sa magnificence, était encore un ouvrage de l'architecte Ledoux. Depuis la révolution, la direction générale des douanes l'a occupé pendant longues années.

Population. — Il est encore fort difficile d'évaluer même approximativement la population de Paris sous le règne de Louis XV. Nous ne discuterons point les différentes opinions émises à ce sujet. Je ferai seulement remarquer qu'un dénombrement de Paris, fait en 1694, porte à 720,000 personnes le nombre des habitants de la capitale (1). On pourrait donc porter à près de 900,000 le chiffre éventuel des habitants de Paris, à la fin du règne de Louis XV.

(1) *Descript. hist. de Paris*, par Béguillet, t. I, p. 36 et suiv.

CHAPITRE QUATRIÈME.

ÉTAT DES LETTRES, DES SCIENCES, DES ARTS, DU COMMERCE ET DE L'INDUSTRIE A PARIS, SOUS LE RÈGNE DE LOUIS XV.

§ I. Lettres. — Sciences.

Marie-François Arouet de Voltaire. Voltaire, l'un des hommes les plus illustres qu'ait produits la France, naquit à deux lieues de Paris, au village de Châtenay, le 20 février 1694. Son père était François Arouet, ancien notaire au Châtelet, et trésorier de la chambre des comptes, et sa mère Marguerite d'Aumart, appartenait à une famille noble du Poitou. Il était si faible en naissant qu'on désespérait de sa vie; on fut obligé de l'ondoyer et d'attendre pour le baptiser jusqu'au 21 novembre; cérémonie qui eut lieu dans l'église Saint-André-des-Arcs. Par sa facilité extraordinaire et l'activité de son imagination, le jeune Arouet se fit remarquer dès sa première jeunesse. Il était encore au collège de Louis-le-Grand, dirigé par les jésuites, lorsque son professeur, le P. Lejay, indigné de ses saillies, lui prédit qu'il serait un jour le *porte-étendard* de l'impiété. A l'âge de vingt ans, accusé d'être l'auteur d'un des libelles infâmes qu'on faisait courir sur Louis XIV après sa mort, il fut enfermé à la Bastille et y resta plus d'un an. C'est en sortant de prison qu'il changea son nom d'Arouet contre celui de Voltaire. « J'ai été trop malheureux sous mon premier nom, disait-il; je veux voir si celui-ci me réussira mieux. » *OEdipe*, sa première tragédie, fut joué en 1718, et obtint le plus grand succès. Jusque là, son père, qui voulait le faire entrer dans la magistrature, s'était désolé de ce qu'il appelait sa légèreté d'esprit; mais témoin de son triomphe, il n'apporta plus d'obstacles à ses goûts favoris, et lui permit enfin d'être poëte. Le bonheur de Voltaire ne fut pas de longue durée. D'abord sa tragédie d'*Artémise* (1720) fut outrageusement sifflée; puis celle de *Mariane* eut le même sort (1724); ensuite l'abbé Desfontaines lui vola une partie de son manuscrit de *la Henriade* et le fit imprimer à son profit; enfin, à la suite d'une querelle avec un seigneur de la cour, le chevalier de Rohan-Chabot, il fut mis une seconde fois à la Bastille, et n'obtint sa liberté que six mois après sous la condition de quitter le royaume. Il se retira en Angleterre. Sa réputation d'auteur de *la Henriade* l'y avait précédé, et il fut accueilli avec une généreuse bienveillance par le roi George Ier et la princesse de Galles. Les libéralités du gouvernement anglais et le produit de sa Henriade qu'il publia alors furent le fondement de sa fortune qui devint énorme. Grâce à ses ouvrages, à la faveur des princes, à son économie, à ses spéculations commerciales même, et surtout à un intérêt que le financier Pâris Duverney lui procura dans la fourniture des vivres de l'armée, il se trouvait, à la fin de sa vie, riche d'un revenu de cent soixante mille livres. Au bout de peu de temps, il revint à Paris. Quelques années après, la publication de ses *Lettres philosophiques* lui attira une persécution violente; l'ouvrage fut brûlé par arrêt du parlement et l'auteur décrété de prise de corps. Voltaire voulait quitter la France pour toujours; mais il fut retenu par son amour pour la marquise Du Châtelet, et se retira durant plusieurs années auprès d'elle, à Cirei, sur les confins de la Champagne et de la Lorraine. Là, entraîné par le goût de la savante marquise pour les sciences exactes, il crut un moment que sa vocation était dans l'étude des mathématiques, et publia les *Éléments de la philosophie de Newton*. Mais il effleura seulement ces matières arides. Il avait, peu auparavant, fait représenter sa belle tragédie de *Zaïre*; il donna encore successivement celles d'*Alzire*, de *Mahomet* et de *Mérope*. Bientôt, employé avec succès dans une mission diplomatique, secondé par le marquis d'Argenson, ministre philosophe, et aidé du crédit de madame d'Étiolles (marquise de Pompadour), Voltaire obtint enfin les faveurs de la cour. On lui donna la place de gentilhomme ordinaire du roi et d'historiographe de France. Il reçut plusieurs emplois considérables de 1743 à 1747, et entra en 1746 à l'Académie française. En 1750 il se rendit à Postdam où l'appelait avec instance le roi de Prusse, Frédéric II, qui se piquait de cultiver la poésie française. Voltaire passa plusieurs années à la cour de Berlin, jouissant de la plus haute faveur; mais il tomba dans la disgrâce de Frédéric, et dût quitter ses États. Il se retira à Genève puis à Fernex. Ce village situé à deux lieues de cette ville, sur la frontière de France, devint, grâce à Voltaire et à sa bienfaisance éclairée, l'un des endroits les plus florissants du pays. Il y fit construire un château qu'il appela les *Délices*, et résolut d'y passer le reste de ses jours. Il illustra cette solitude par les célébrités que sa présence y attira; c'est là qu'il recueillit la petite-nièce du grand Corneille; c'est de là qu'il sauva de la plus injuste oppression Syrven et la famille de Calas dont il se déclara courageusement le défenseur. Il revint à Paris au commencement de 1778, et y fut l'objet d'une adulation que jusqu'alors on n'avait accordée qu'aux rois. Voltaire mourut le 3 mai 1778.

Louis-Pierre Anquetil, né à Paris en 1723, entra dans l'ordre des chanoines réguliers de Sainte-Geneviève. Il s'adonna de bonne heure à l'étude de l'histoire, et publia plusieurs ouvrages qui lui ont assuré un rang distingué parmi les historiens, entre autres l'*Esprit de la Ligue*, le *Précis de l'Histoire universelle*, et surtout l'*Histoire civile et politique de la ville de Reims*. Son *Histoire de France*, malgré de nombreux défauts, est encore une de celles qu'on lit le plus. Anquetil mourut le 6 septembre 1808, dans sa quatre-vingt-quatrième année.

Anquetil Duperron (Abraham Hyacinthe), frère du précédent, né à Paris en 1731, orientaliste distingué, fut membre de l'Académie des inscriptions et belles-lettres, et interprète du roi pour les langues orientales. Il a publié divers ouvrages sur l'Inde, des extraits de livres sacrés de cette contrée, et surtout une traduction estimée du Zen-Avesta. Anquetil-Duperron mourut à Paris, le 17 janvier 1805.

François-Thomas-Marie de Baculard d'Arnaud, né à Paris en 1718, d'une famille noble, faisait, dès l'âge de neuf ans, des vers passables. Il fut pendant deux ans le correspondant littéraire du roi de Prusse à Paris, et il alla ensuite à Berlin, où il fut très bien accueilli par le monarque. Quelque temps après son retour à Paris, il se livra à la composition de ses nombreux ouvrages. Son défaut d'économie rendit sa vieillesse fort malheureuse. Il mourut en 1805, dans sa quatre-vingt-septième année. Ses deux principaux ouvrages sont les *Épreuves du sentiment*, et les *Délassements d'un homme sensible*, fort goûtés au dernier siècle, malgré leur prolixité.

Auger (Athanase), né à Paris en 1734, ecclésiastique et professeur d'éloquence au collège de Rouen, possédait une connaissance approfondie de la langue grecque. On lui doit entre autres ouvrages, les traductions des *OEuvres complètes de Démosthène et d'Eschine*, écrites froidement, mais avec pureté; celle des *OEuvres d'Isocrate*, plus estimée; la traduction des *OEuvres de Lysias*, celle des *Harangues tirées d'Hérodote, Thucydide et Xénophon*; les *Discours choisis de Cicéron*; les *Homélies, Discours et Lettres choisis de saint Jean Chrysostôme*; les *Homélies et Lettres choisies de Basile-le-Grand*.

Pierre Hubert Anson, né à Paris le 18 juin 1744, était agrégé de la Faculté de Droit lorsque l'intendant des finances, d'Ormesson, lui confia l'éducation de son fils. Anson fut successivement receveur-général des finances du Dauphiné, membre du comité central des receveurs-généraux, député à l'assemblée constituante, fermier, puis administrateur des postes. Pendant la terreur, en 1793, il n'échappa à la mort qu'en se cachant chez l'un des principaux membres du club des Jacobins, à qui il avait promis une pension qu'il a exactement payée depuis. A de grandes connaissances dans l'administration des finances, Anson joignait beaucoup de goût pour les lettres et il les cultiva avec assez de succès. On a de lui quelques mémoires historiques; une comédie en vers, une traduction en vers d'Anacréon et plusieurs rapports de l'assemblée constituante. Il était encore administrateur des postes, lorsqu'il mourut, le 20 novembre 1810.

L. Anseaume, né à Paris à une époque qui n'est pas connue, et mort dans la même ville en 1784, était souffleur du Théâtre-Italien, pour lequel il composa un très grand nombre de jolies pièces, entre autres *le Peintre amoureux*, *les deux Chasseurs et la Laitière*, *le Tableau parlant*, etc.

Jean-Pierre de Bougainville, né à Paris en 1722. On lui doit une traduction de l'Anti-Lucrèce du cardinal de Polignac, réimprimée plusieurs fois malgré son inexactitude, et plusieurs autres écrits. — *Louis-Antoine de Bougainville*, frère du précédent, né à Paris en 1729, se fit remarquer par ses progrès dans les langues anciennes et dans les sciences exactes; il fut avocat, parcourut ensuite avec honneur la carrière militaire, devint secrétaire d'ambassade, puis aide-de-camp du monarque de Montcalm au Canada, où il se signala avec éclat; il entra dans la marine où il acquit, par ses découvertes, une gloire qui pouvait le disputer à celle qu'il avait acquise comme militaire. Bougainville, auquel le gouvernement avait donné pour une expédition le commandement de la frégate *la Boudeuse* et de la flûte *l'Etoile*, est le premier Français qui ait fait le tour du monde; il découvrit un grand nombre d'îles inconnues dans le grand Océan, et rendit des services éminents à la géographie et à l'art nautique. La relation de ses voyages a été publiée in-4° et in 8° en deux volumes. Bougainville se distingua encore pendant la guerre d'Amérique où il commanda des vaisseaux de ligne; il fut nommé chef d'escadre en 1779, membre de l'Institut en 1796, puis comte et sénateur. Il termina sa longue et glorieuse carrière en 1811.

Antoine-Marin Lemierre, poëte dramatique, né à Paris en 1733, était fils d'un éperonnier. Il reçut une bonne éducation et remporta de nombreuses couronnes dans les concours académiques. Sa tragédie d'*Hypermnestre* est le premier et peut-être le meilleur de ses ouvrages. Elle obtint beaucoup de succès : *Thésée* et *Idoménée* échouèrent, *Artaxercès* fut mieux accueilli; mais les seules tragédies de Lemierre qui se soient maintenues au répertoire, sont, avec Hypermnestre, la *Veuve de Malabar* et *Guillaume Tell*. Le style de Lemierre a de la chaleur et de la rapidité; l'intérêt se soutient jusqu'à la fin, mais sa diction manque de pureté et les situations de ses tragédies ne sont pas assez développées. On a encore de lui un poëme de la peinture, les *Fastes ou les usages de l'année*, en seize chants, et des pièces fugitives. Dans ses productions on remarque de beaux vers et des vers bizarres, beaucoup de verve et souvent de l'originalité, mais peu de correction et de goût. Lemierre mourut à Saint-Germain-en-Laye en 1793.

Pierre-Claude de la Chaussée, natif de Paris, s'est acquis de la réputation par un genre de comédies qu'il a renouvelé et qu'on a appelé le comique larmoyant. *L'Ecole des Mères*, *Mélanide* et *le Préjugé à la mode*, qui sont de ce genre, ont eu du succès. « La Chaussée, dit La Harpe, a tâché de joindre une morale douce et utile à des situations touchantes. » Ce sont des romans en dialogues, mais ces romans peignent des mœurs vraies; ils intéressent et sont versifiés en général avec assez de pureté et d'élégance. La Chaussée était membre de l'Académie française.

Devienne (Charles-Jean-Baptiste d'Agneaux), religieux bénédictin de la congrégation de Saint-Maur, né à Paris en 1728, mérite d'être cité parmi les plus laborieux écrivains de son ordre. Il a laissé entre autres ouvrages une histoire d'Artois, assez estimée, et une Histoire de Bordeaux, qui n'a pas été achevée.

Aubert (l'abbé) chapelain de l'église de Paris, né dans cette ville en 1731. Homme d'esprit et de goût, il a laissé des fables qui ne manquent pas de mérite et s'est fait connaître par la rédaction du *Journal de Trévoux* et des *Petites affiches*.

Antoine-Joseph Dezallier d'Argenville, maître des comptes, né à Paris, mort en 1765. Cet amateur distingué a publié un *Abrégé de la vie des plus fameux peintres*, un *Voyage pittoresque des environs de Paris* et un *Voyage pittoresque de Paris* (1752), que j'ai mis plusieurs fois à profit dans le courant de cet ouvrage.

Charles-Augustin de Ferriol, comte *d'Argental*, né à Paris en 1700, mort en 1788, était fils de M. de Ferriol, président au parlement de Metz, frère de Pont-de-Veyle, l'auteur du *Complaisant* et neveu de la célèbre Mme de Tencin. Le comte d'Argental entretint pendant sa vie entière des relations d'une étroite amitié avec Voltaire. Il lui est échappé un petit nombre de vers pleins de sentiments et de grâce, et il est, dit-on, le véritable auteur du *comte de Comminge* que madame de Tencin publia comme son ouvrage.

Jacques Autreau était à la fois peintre et auteur dramatique, ce qui le mena tout droit à l'hôpital des incurables, où il mourut en 1745 Il était né à Paris. Il avait près de soixante ans, lorsqu'il travailla pour le théâtre; il y obtint cependant de grands succès, et on relit encore avec plaisir sa jolie comédie de *Démocrite devenu fou*.

Joseph Barre, chanoine de Sainte-Geneviève, chancelier de l'Université de Paris, né dans cette ville, mort en 1764 à l'âge de 72 ans. Il a laissé entre autres ouvrages, une *Histoire générale d'Allemagne*, une *Vie du maréchal Fabert* et une *Histoire des lois et des tribunaux*.

Godard de Beauchamp, né à Paris, mort dans cette ville, en 1761, à l'âge de 72 ans. Quoiqu'il ait donné au théâtre un assez grand nombre de pièces, il n'est plus connu que par ses *Recherches sur les théâtres de France*.

Antoine-Gaspard Boucher d'Argis, fils d'un avocat au parlement de Paris, naquit en 1708, exerça lui-même la profession d'avocat et mourut vers 1780, conseiller au Châtelet. On a de lui un grand nombre d'ouvrages estimés sur sa profession.

Charlotte Renger Bourette, connue sous le nom de la *Muse limonadière*, née à Paris en 1714, morte en janvier 1784, tenait un café où se rendaient quelques beaux esprits. Faisant des vers et des couplets de circonstance, elle avait la manie d'en adresser à tous les hommes célèbres; elle en adressa aussi à son porteur d'eau et à sa blanchisseuse. Ces poésies assez médiocres, qui procurèrent à l'établissement de madame Bourette une certaine vogue, furent recueillies sous le titre de la *Muse limonadière* (1755).

Pierre-Jean Boudot, né à Paris en 1689, mort dans la même ville en 1771, censeur royal et attaché à la bibliothèque du roi. Il était petit-fils de l'imprimeur Jean Boudot, connu par son *Dictionnaire latin-français*, et son père était célèbre par ses connaissances bibliographiques. L'abbé Boudot rédigea avec l'abbé Sallier les catalogues de la bibliothèque du roi et de celle du grand-conseil, et travailla à la vaste compilation que publia le marquis de Paulmy sous le titre de *Mélanges d'une grande bibliothèque*. Il est aussi l'un des auteurs de la *Bibliothèque du Théâtre-Français* que l'on a long-temps et faussement attribué au duc de La Vallière. Quelques personnes donnent même à l'abbé Boudot une grande part dans l'*Abrégé chronologique* du président Hénault (1).

Blin de Sainmore (Adrien-Michel-Hyacinthe), naquit à Paris en 1733 de parents réduits à l'indigence par suite du déplorable système de Law. Le jeune poëte travailla sans relâche et il était déjà connu par quelques héroïdes, lorsqu'*Orphanis* parut au Théâtre-Français. C'est une tragédie assez intéressante, qui valut à son auteur une pension sur la *Gazette de France* et la place de censeur royal (1773). En 1786, Louis XVI le nomma garde des archives, secrétaire et historiographe décoré des ordres de Saint-Michel et du Saint-Esprit. La révolution vint renverser la fortune que Blin de Sainmore avait acquise si laborieusement; mais l'empereur nomma cet excellent homme conservateur de la bibliothèque de l'arsenal, et l'auteur d'*Orphanis* mourut dans une honnête aisance, au mois de septembre 1807. Ses poésies sont du reste oubliées aujourd'hui du public.

Secousse (Denis-François), l'un des plus érudits et des plus laborieux historiens du dernier siècle, naquit à Paris le 8 janvier 1691. Il a attaché son nom à la grande collection des *Ordonnances des rois de France*, qu'il continua, après la mort de Laurière, depuis le tome II jusqu'au tome IX. Ce fut lui qui entreprit aussi la *Table chronologique des diplômes*, que Bréquigny a achevée. On lui doit encore un grand nombre de savants mémoires qui font partie du recueil de l'Académie des inscriptions dont il était membre depuis 1722. Secousse mourut à Paris le 15 mars 1754. Il avait rassemblé plus de douze mille volumes sur l'his-

---

(1) Voy. *Biogr. univ.*, art. *Boudot* et *Hénaut*.

toire de France, et il ordonna par son testament que cette précieuse collection serait vendue en détail pour faciliter aux gens de lettres l'acquisition des ouvrages relatifs à leurs études.

Claude Villaret, historien, naquit à Paris vers 1715. Les désordres de sa jeunesse le forcèrent à embrasser la profession de comédien qu'il exerça pendant huit ans. Mais ses amis lui ayant procuré un emploi de premier commis à la chambre des comptes, les habitudes de sa vie se trouvèrent changées. Chargé de mettre en ordre les restes des archives de cette cour, incendiées en 1738, il prit goût à ce travail qui lui fournit l'occasion d'étudier à fond notre histoire. Les libraires Desaint et Saillant le choisirent pour continuateur de l'Histoire de France de Vély, que la mort de l'auteur avait laissée interrompue à l'année 1329. Villaret la continua depuis cette époque jusqu'en 1469, et cette partie de l'ouvrage, supérieure au commencement, est encore aujourd'hui, à beaucoup d'égards, ce qu'on peut lire avec le plus d'intérêt sur cette période de nos annales. Villaret mourut à Paris en février 1766.

Moncrif (*François-Augustin Paradis de*), de l'Académie française, lecteur de la reine, mort à Paris en 1770, âgé de quatre-vingt-trois ans, est auteur, 1° de *l'Art de plaire*, 4 vol. in-12; 2° *Lettres sur les Chats*, in 8°. On a encore de lui plusieurs autres ouvrages agréables, parmi lesquels on distingue ses chansons dont on ne peut assez vanter la grâce et le sel. Les œuvres de Moncrif ont été réunies à Paris, 2 vol. in-8°, ou 2 vol. in-18.

Fagan (*Christophe-Barthélemi*), né à Paris en 1702, est l'auteur d'un grand nombre de pièces de théâtre dont quatre, savoir *l'Étourderie*, *les Originaux*, *le Rendez-vous* et *la Pupille*, sont restées au répertoire. Cette dernière passe pour son meilleur ouvrage. Son style manque en général de délicatesse et d'élégance; mais il avait été le génie de la comédie. Fagan mourut à Paris en 1755.

Crébillon (*Claude-Prosper Jolyot de*), fils du célèbre poëte tragique, né à Paris en 1707, mort en 1777, a publié des romans et d'autres ouvrages écrits avec esprit, mais remplie de détails licencieux; la plupart méritaient l'oubli où ils sont tombés.

Caylus (*Anne-Claude-Philippe, comte de*), né à Paris en 1692, se distingua dans la carrière des armes. Il quitta le service militaire vers 1715, et parcourut la Grèce et la Turquie; il vit les ruines des anciennes villes de l'Asie-Mineure, et revint à Paris en 1717, pour mettre en ordre les nombreux matériaux qu'il avait recueillis. Il se livra aussi à la pratique des beaux-arts, et fit beaucoup de recherches dans ce genre. Il mourut en 1765. Ses nombreuses productions peuvent se diviser en trois classes : Ses romans et facéties; quelques uns de ces romans sont des imitations intéressantes et agréablement écrites de quelques unes de nos anciennes productions littéraires du moyen âge : ses écrits sur les beaux-arts, et ses ouvrages sur l'archéologie ; parmi ceux-ci on remarque un recueil d'antiquités, en sept vol. in-4°, orné de plus de huit cents planches. C'est à lui qu'on doit le magnifique ouvrage des pierres gravées, en 2 vol. in-folio.

Rousseau (Jean-Baptiste), célèbre poëte français, naquit à Paris en 1669. Son père qui était cordonnier et qui jouissait de quelque aisance, le fit étudier dans les meilleurs colléges de Paris. Rousseau y brilla par ses talents et par son esprit ; il se livra ensuite tout entier à la poésie, et se fit bientôt connaître par divers petits ouvrages pleins d'images vives et agréables qui lui acquirent une grande réputation. Mais en 1708, les ennemis qu'il s'était faits par sa poésie libre et satirique, l'accusèrent d'être l'auteur de certains couplets, dans lesquels plusieurs personnes de mérite étaient noircies par les calomnies les plus atroces. Ce procès fit grand bruit, et Rousseau fut banni du royaume à perpétuité. Cependant il a toujours nié de vive voix et par écrit, même au lit de la mort, qu'il fût l'auteur de ces couplets. Depuis cet arrêt, il vécut dans les pays étrangers où il trouva d'illustres protecteurs. Il mourut à Bruxelles avec de grands sentiments de religion en 1741, à l'âge de soixante-douze ans. On a de lui des Cantates, des Épîtres en vers, des Épigrammes, des Poésies diverses, des Comédies en vers et en prose, un Recueil de lettres, etc. Rousseau est regardé avec raison comme le plus excellent de nos poëtes lyriques ; les grandes vérités sont exprimées dans les Odes avec une force, une noblesse et une énergie qui ne se retrouvent dans aucun autre de nos poëtes.

Carmontelle, né à Paris le 20 août 1717, y est mort le 26 décembre 1806. Il avait été lecteur du duc d'Orléans, et l'ordonnateur des fêtes que donnait ce prince. En une matinée il composait une pièce de théâtre d'un ou deux actes, d'après le nom ou le caractère des personnes qui devaient y jouer un rôle. Ses proverbes dramatiques lui ont assigné une place dans la littérature. Ces petites comédies sont le plus joli répertoire connu pour les théâtres de société, et quelques unes, avec quelques développements, auraient été dignes de la scène française. La fécondité de Carmontelle n'était pas moins étonnante que sa facilité. Outre les ouvrages qu'il a fait imprimer, on assure que ses manuscrits pouvaient composer plus de cent volumes.

Sedaine (Michel-Jean), de l'Académie française, né à Paris en 1719, d'un père architecte, fut obligé par l'indigence à se faire tailleur de pierres pour nourrir sa mère et deux frères plus jeunes que lui. Son goût pour le théâtre lui donna l'idée de faire des pièces ; et la facilité de son esprit, la connaissance de la scène lui firent bientôt obtenir des succès en ce genre et abandonner sa profession. Il travailla principalement pour l'Opéra-Comique, et fit un grand nombre d'Opéras, dont la plupart font encore partie du répertoire. Le dialogue de Sedaine est facile et naturel, mais extrêmement incorrect, en sorte que ses pièces, agréables à la représentation, ne supportent pas la lecture. Sedaine était doux, modeste et obligeant, et il mourut en 1797, à soixante-dix-huit ans.

Saurin (*Bernard-Joseph*), fils d'un géomètre distingué, était né à Paris, et y mourut en 1781 ; quoiqu'il exerçât la profession d'avocat, il se livra particulièrement à la littérature et au théâtre. Sa tragédie de *Spartacus* offre de belles scènes, mais la versification en est dure et prosaïque, et on peut faire le même reproche à ses autres ouvrages. Il est auteur du fameux drame ou tragédie bourgeoise de *Beverley* un des premiers essais qui aient été faits en ce genre.

Racine (*Louis*), second fils de l'illustre poëte tragique, naquit à Paris le 6 novembre 1692 ; il s'occupa de poésie contre l'avis de Boileau, et fit paraître, en 1720, son poëme de la Grâce, puis celui de la Religion, qui eut un grand succès. Cet ouvrage offre les grâces de la vérité et de la poésie. Il n'y a point de chant qui ne renferme des traits excellents et un grand nombre de beaux vers. Mais il ne se soutient pas; il y manque de chaleur et de coloris, et il y règne une monotonie qui le rend quelquefois languissant. On a encore de Racine le fils, des Odes, des Épîtres, des Mémoires sur la vie de Jean Racine, des Lettres, des Remarques sur les tragédies de son père, et une traduction de Milton, 3 vol. in-8º, moins estimée que celle de Dupré-de Sainte-Marie.

Contant d'Orville (*André-Guillaume*), né à Paris vers 1730, a travaillé pour les théâtres de province et s'est fait connaître par des romans et des compilations, dont quelques unes ne sont pas dénuées d'intérêt. Contant d'Orville a eu une très grande part à la rédaction des *Mélanges tirés d'une grande bibliothèque*. Il est mort vers le commencement de ce siècle.

Corolet (*N.*), fils d'un procureur à la chambre des comptes, et mort vers 1740, est l'un des plus infatigables *vaudevillistes* de son temps. Il a composé seul ou en société près de cent parodies ou opéras-comiques.

Renou de Chauvigné (*J.-B. Michel*), plus connu sous le nom de *Jaillot*, était petit-fils du célèbre géographe, Hubert Jaillot. Reçu avocat au parlement, il se lança dans le monde où son esprit et quelques pièces de vers le firent bien accueillir; il fut nommé secrétaire d'ambassade à Gênes, et se distingua dans ces fonctions; mais à son retour de Suisse, il abandonna cette carrière et s'associa avec son beau-frère, Bernard-Antoine Jaillot, géographe ordinaire du roi. Les cartes qu'il publia sont fort estimées pour leur exactitude. C'est à lui qu'on doit le *Livre des postes*, qu'il eut le chagrin de se voir enlever par l'administration des postes, qui regarda ce livre comme sa propriété. Mais le principal titre de Jaillot de Chauvigné, c'est l'excellent ouvrage qu'il a intitulé : *Recherches critiques, historiques et topographiques sur la ville de Paris, depuis les commencements connus jusqu'à présent*, Paris 1775, 5 vol. in-8°. C'est le travail le plus complet qui ait été fait sur les antiquités parisiennes, et je me suis servi utilement des matériaux qui y sont rassemblés. Né à Paris en 1700, cet écrivain estimable y mourut au mois d'avril 1780.

Thomas-Simon Gueullette, avocat au parlement, conseiller du roi, substitut du procureur du roi au Châtelet, né à Paris en 1683, mort en 1766, Doué d'un caractère fort gai et possédant une instruction solide, il se délassa de ses travaux judiciaires par la littérature. Les *Mille et Un Quarts d'Heure* et tous ses autres contes de fées furent accueillis avec faveur par le public. Gueullette, qui aimait beaucoup le théâtre et qui a donné plusieurs pièces à la comédie italienne, a traduit la plupart des canevas italiens insérés dans le théâtre de Riccoboni, et a fourni aux frères Parfaict les matériaux nécessaires à l'histoire du théâtre italien [1]. Ce spirituel écrivain est en outre l'éditeur d'un grand nombre d'ouvrages, tels que les *Essais* de Montaigne, les *Œuvres* de Rabelais, etc.

Louis Fuzelier, né à Paris vers 1672, mort en 1752. Poëte médiocre mais plein d'activité et possédant ce qu'on appelle du *métier*, il travailla pour tous les théâtres de la capitale. Son répertoire est immense. Fuzelier eut le privilége du *Mercure*, conjointement avec Labruère, autre faiseur d'opéras, depuis le mois de novembre 1744 jusqu'au 15 septembre 1752.

Dorneval, collaborateur ordinaire de Fuzelier, n'avait pas un talent plus distingué. Il mourut à Paris, sa ville natale, en 1766, employant son temps et sa fortune à la découverte de la pierre philosophale.

Favart (Charles-Simon), l'un de nos plus spirituels et plus féconds auteurs dramatiques, naquit à Paris, le 13 novembre 1710. Il était fils d'un pâtissier en renom, qui se glorifiait d'avoir inventé les échaudés, et qui ne manquait pas d'esprit ; il fit faire de bonnes études à son fils Favart, qui commença de bonne heure à faire des vers, travailla pour le théâtre avec une grande activité, et y obtint des succès mérités. Ses pièces de théâtre sont nombreuses, et presque toutes furent jouées avec applaudissements. On a publié, en 1809, le *Théâtre choisi de Favart*, 3 vol. in-8o, et l'on a eu soin d'y donner la liste chronologique de tous ses ouvrages dramatiques. Favart, qui n'était pas moins estimable par ses qualités sociales et par sa modestie que par son talent, mourut à Paris le 12 mai 1792. — Son fils, qui composa quelques pièces, est mort en 1806, acteur du Théâtre-Italien.

Marc-Antoine Legrand, comédien français et auteur dramatique, fils d'un chirurgien-major des Invalides, naquit à Paris le même jour que

---

[1] *Anecd. dram.*, t. III, p. 220.

Molière y mourut (17 février 1673). Il fut à la fois acteur et auteur; mais il fut plus goûté pour ses ouvrages que pour son jeu. Sa taille était petite et sa figure presque repoussante. Legrand, qui a composé un grand nombre de comédies pour le Théâtre-Français et pour la scène italienne, n'était pas sans mérite. « Ce n'est point un génie que l'on admire, disent les auteurs des *Anecdotes dramatiques*, c'est un bel esprit qui plaît et qui amuse; c'est un des premiers qui aient saisi les circonstances du temps et le vaudeville du jour, pour en faire des sujets de comédie; genre de comique que Boissy a depuis imité et perfectionné. L'usage que Legrand avait du théâtre, comme comédien, lui en avait donné une assez grande connaissance. Une marche régulière et théâtrale est observée jusque dans ses moindres bagatelles, et ses personnages sont toujours dans des positions qui donnent lieu à des plaisanteries. Mais, il faut l'avouer, elles dégénèrent quelquefois en sales et basses bouffonneries, défaut trop ordinaire à ce comédien et qui donne un air de farce à presque toutes ses pièces. » Legrand mourut en 1758, à l'âge de cinquante-six ans, laissant un fils au Théâtre-Français.

Charles Collé, auteur dramatique, naquit à Paris en 1709. Il était fils du procureur du roi au Châtelet, et avait l'honneur d'être cousin de Regnard. Il s'acquit d'abord une certaine réputation par ses amphigouris, genre détestable alors fort à la mode, et par ses couplets, et fut admis dans la société du duc d'Orléans, qui le nomma l'un de ses lecteurs ordinaires. Ce fut pour le théâtre de ce prince qu'il composa ces délicieuses parades dont la gaieté parfaite fait oublier l'obscénité. Collé a donné au Théâtre-Français deux pièces qui sont restées au répertoire, *Dupuis et Desronais*, et la *Partie de Chasse de Henri IV*. Ce spirituel écrivain mourut le 3 novembre 1783, à l'âge de soixante-quinze ans. On a publié en 1805 son *Journal historique* (3 vol. in-8°), qui offre des détails assez curieux sur le monde littéraire de son temps.

Pierre Carlet de Chamblain de Marivaux, l'un des écrivains les plus féconds et les plus ingénieux du XVIII° siècle dans le genre de la comédie ou du roman, naquit à Paris en 1688. Sa famille était originaire de Normandie. Marivaux, qui se consacra tout entier aux lettres, s'acquit bientôt une grande réputation par les romans de *Marianne* et du *Paysan parvenu*, qui sont cependant restés inachevés, et surtout par ses nombreuses pièces de théâtre. Il travailla avec le même succès pour la comédie italienne et le Théâtre-Français. La *Surprise de l'Amour*, les *Jeux de l'Amour et du Hasard*, les *Fausses Confidences*, l'*Épreuve Nouvelle*, le *Legs*, le *Préjugé Vaincu*, seront toujours bien accueillis du public, lorsque ces pièces trouveront pour les représenter des artistes du talent de mademoiselle Mars. Le style de Marivaux est fort précieux, et les imitations qu'on en a faites ont reçu le nom de *Ma-*

rivaudage. « Jamais, dit La Harpe, on ne mit tant d'apprêt à vouloir être simple, jamais on n'a retourné des pensées communes de tant de manières, plus affectées les unes que les autres. » L'abbé Desfontaines disait avec assez d'originalité que Marivaux *brodait à petits points sur des canevas de toiles d'araignée.* Ces reproches sont mérités ; mais l'auteur des *Fausses Confidences* n'en est pas moins un écrivain éminemment spirituel et délicat, qui doit se placer au premier rang de nos auteurs secondaires. Marivaux est mort à Paris en 1763 ; il était membre de l'Académie française. M. Duvicquet a donné une édition complète de ses œuvres.

Toussaint-Gaspard Taconnet, né à Paris en 1730, mort en 1774. Fils d'un menuisier qui lui avait fait faire quelques études, il devint comédien et auteur dramatique ; on l'a surnommé le *Molière des boulevards*. Il attirait tout Paris au théâtre de Nicolet, lorsqu'il jouait un rôle d'ivrogne ou de savetier. Il représentait du reste le premier au naturel ; aussi, quand il voulait exprimer le dernier degré de son mépris pour quelqu'un, disait-il : *Je te méprise comme un verre d'eau.* Cet excellent acteur mourut gaiement à l'hospice de la Charité. Ses pièces sont oubliées aujourd'hui, mais c'est une mine inépuisable de mots grivois, et elles représentent fidèlement les mœurs populaires de l'époque.

Pierre-Charles Roy, fils d'un procureur au Châtelet, naquit à Paris en 1683. Il acquit une certaine réputation par les ouvrages lyriques qu'il donna à l'Opéra. D'un caractère frondeur et souvent méchant, il se fit de nombreux ennemis. Furieux de voir le comte de Clermont l'emporter sur lui dans une élection pour l'Académie, il composa contre le prince une épigramme si violente que le grand seigneur fit bâtonner le poëte. Roy, brisé de coups, ne se releva qu'à peine pour aller mourir chez lui, après quelques jours de souffrances, le 23 octobre 1764. Il était âgé de quatre-vingt-un ans.

François Parfaict, né à Paris en 1698, mort en 1753. Il a composé quelques comédies, mais ses principaux travaux furent l'histoire du théâtre. Il a laissé entre autres ouvrages l'*Histoire générale du Théâtre-Français depuis son origine* (1734-1749, 15 vol. in-12) ; *Mémoires pour servir à l'Histoire des spectacles de la Foire*, par un acteur forain (1743, 2 vol. in-12) ; *Histoire de l'ancien Théâtre-Italien depuis son origine jusqu'à sa suppression* en 1697 (1753, in-12) ; *Dictionnaire des théâtres de Paris* (1756 ou 1767, 7 vol. in-12).—*Claude Parfaict*, frère de François, l'aida dans ses estimables travaux.

Rochon de Chabannes (Marc-Antoine-Jacques), auteur dramatique, né à Paris en 1730. Il travailla pour l'Opéra-Comique, le Théâtre-Français et l'Opéra. Ces pièces sont tombées dans l'oubli ; mais on ne peut refuser à cet auteur de la facilité et de l'esprit. Rochon, que ses mœurs et son caractère faisaient chérir de ses confrères, est mort à Paris en 1800.

Sepher (Pierre-Jacques), bibliophile distingué, docteur en Sorbonne, chanoine de Saint-Étienne-des-Grès, vice-chancelier de l'Université. Ce savant modeste a publié un grand nombre d'éditions estimées. Né à Paris en 1710, mort en 1781.

Marie-Jeanne Laboras de Mézières, femme d'Antoine-François *Riccoboni*, acteur et auteur du Théâtre-Italien. Née à Paris en 1714, de parents ruinés par le système de Law, elle se vit obligée de débuter à la comédie italienne, dont elle se retira en 1761. Cette femme d'esprit ne commença à écrire qu'à l'âge de quarante-trois ans; tout le monde connaît l'*Histoire du marquis de Cressy*; *Ernestine*; l'*Histoire de miss Jenny*, etc. Ces agréables productions ont donné à madame Riccoboni un rang distingué dans notre littérature. Elle mourut le 6 décembre 1792, à l'âge de soixante-dix-huit ans.

Marguerite de Lussan, née à Paris vers la fin de l'année 1682, morte en 1758. Elle débuta en 1730 dans la carrière littéraire par l'*Histoire de la comtesse de Gondès*. Ce roman, qui eut du succès, fut suivi d'autres ouvrages semi-historiques, mais qui valurent dans le temps à leur auteur une certaine réputation.

Jacques Lacombe, avocat et libraire, né à Paris en 1724, mort en 1801. Il était beau-père du célèbre Grétry. Ce laborieux littérateur a publié un grand nombre d'ouvrages de tous genres, parmi lesquels on remarque le *Précis de l'art dramatique des anciens et des modernes*, composé en société avec le spirituel Champfort.

Michel Coltelli, plus connu sous le nom de *Procope Couteau*, était le fils de ce noble Sicilien qui établit à Paris le célèbre café connu sous le nom de Procope. Reçu docteur en médecine, il s'occupa fort peu de sciences, et s'adonna presque entièrement au plaisir de la littérature. Il fit représenter quelques comédies et publia de petits ouvrages qui consolidèrent sa réputation d'homme d'esprit. Procope avait été d'abord destiné à l'état ecclésiastique, et à l'âge de neuf ans il prêcha dans l'église des Cordeliers un sermon grec de sa composition. Né à Paris en 1684, mort à Chaillot en 1753.

Hurtaut (P. Thomas-Nicolas), maître de pension à Paris, ancien professeur de l'école royale militaire, né à Paris en 1719, mort vers la fin du siècle dernier. Il a publié un grand nombre d'ouvrages, dont le plus connu aujourd'hui est le *Dictionnaire historique de Paris et de ses environs* (en société avec Magny), 1779, quatre volumes in-8° avec cartes et planches. Quoique cet ouvrage ne soit en partie qu'une compilation, il est encore recherché. — Le collaborateur de Hurtaut, *Pierre Magny*, né à Paris en 1701, était un ancien commis aux fermes. Outre le *Dictionnaire historique*, il est l'auteur d'almanachs et d'une foule de petits ouvrages assez médiocres.

Alexandre-Nicolas Dupuis, religieux de l'ordre de Cîteaux, né à

Paris. On a d elui plusieurs petits ouvrages d'érudition, dont les principaux sont : l'*Histoire de l'abbaye de Savigny* (dans la *Gallia Christiana*); *Lettre critique sur l'histoire du pontificat d'Eugène III*; le *Nouvel Almanach de Paris* ou *Calendrier des Parisiens illustres*, 1757.

Danville (Jean-Baptiste Bourguignon), premier géographe du roi, pensionnaire de l'Académie des inscriptions et adjoint géographe à l'Académie des sciences, naquit à Paris en 1697, et mourut en 1782. Ce savant homme déploya une sagacité admirable dans ses travaux sur la géographie ancienne, science dont il fut en quelque sorte le créateur ; il détermina la longueur des mesures itinéraires des anciens, et cette connaissance lui fournit le moyen de dresser ses cartes avec une précision extraordinaire ; en sorte qu'aujourd'hui les cartes de Danville n'ont rien perdu de leur prix et sont toujours consultées avec fruit. Sa *Notice des Gaules*, le meilleur ouvrage qui ait été fait sur la géographie ancienne de la France et des contrées voisines, est un chef-d'œuvre d'érudition et de méthode.

Fréret (Nicolas), fils d'un procureur au parlement, naquit à Paris en 1688 ; il fut reçu membre de l'Académie des inscriptions dès l'âge de vingt-cinq ans. L'histoire ancienne fut le principal objet de ses recherches ; il y joignit l'étude de la chronologie, de la géographie et de la mythologie ; il mourut à Paris en 1749. On a de lui plusieurs mémoires savants et curieux, imprimés dans ceux de l'Académie des inscriptions, un Traité de l'origine des Grecs, etc. On lui a attribué faussement un examen critique des apologistes de la religion chrétienne, et les lettres de Thrasybule à Leucippe, ainsi que d'autres ouvrages dirigés contre la religion.

Lebeau (Charles), historien, né à Paris en 1701, secrétaire perpétuel de l'Académie des inscriptions et professeur d'éloquence au collège de France, est connu principalement par son *Histoire du Bas-Empire*, utile et plein de recherches, mais diffuse et fort inférieure à celle de Gibbon. Lebeau a laissé en outre des poésies latines assez estimées et plusieurs mémoires dans le recueil de l'Académie des inscriptions. Il mourut en 1778.

Laurent-Etienne Rondet, savant critique et philologue érudit, né à Paris en 1717, d'une famille de libraires distingués ; il descendait par sa mère de Boudot et de l'imprimeur royal Cramoisy. Il montra de bonne heure une grande piété et une aptitude extraordinaire pour le travail. Ces dispositions de son esprit le portèrent vers l'érudition sacrée et expliquent la part qu'il prit aux grandes entreprises littéraires de ce genre. Le plus important de ses travaux est la *Bible de Vence*, qu'il fit paraître en 1748 en quatorze volumes in-4°. Il publia encore un très grand nombre d'ouvrages de liturgie, de critique et d'histoire ecclésiastique. Doué d'une patience infatigable, il passait au travail quinze heures par jour; il avait une science profonde, mais peu d'élégance et de goût. Ses travaux et sa vie austère hâtèrent sa mort; il mourut d'une attaque d'apoplexie le 1er avril 1785.

François Gervaise, né à Paris en 1660, d'un médecin en réputation attaché au surintendant Fouquet, entra dans l'ordre des Carmes déchaussés, puis dans celui de la Trappe, dont il devint abbé. Il se distingua par les austérités de sa vie monastique et son zèle pour la religion. Il mourut à l'abbaye des reclus de Troyes, âgé de quatre-vingt-onze ans. On a de lui plusieurs ouvrages de théologie et d'histoire.

Nicolas Gervaise, frère de l'abbé de la Trappe, né à Paris en 1663. Il embrassa de bonne heure l'état ecclésiastique, et, à l'âge de vingt ans, partit avec des missionnaires pour le royaume de Siam, où il séjourna environ quatre ans. Il mit ce temps à profit en étudiant avec soin ce pays peu connu, et de retour en France, il publia une *Histoire naturelle et politique du royaume de Siam* (1688), et peu après, une *Description historique du royaume de Macassar*. Il devint curé de Vannes, puis prévôt de Suèvres dans l'église de Saint-Martin-de-Tours. Pendant sa résidence à Suèvres, il composa quelques autres ouvrages, la *Vie de saint Martin de Tours*, l'*Histoire de Boëce*, la *Vie de saint Louis* et celle de l'*abbé de Remée, réformateur de la Trappe*. En 1724, le souverain pontife lui conféra la dignité d'évêque de *Horren*. A peine revêtu de ce titre, le prélat intrépide se mit à la tête de plusieurs ecclésiastiques et se rendit en Amérique, dans l'espérance d'en convertir les populations sauvages à la foi chrétienne. Mais lui et ses compagnons de voyage subirent le sort le plus funeste: ils furent mis à mort par les Caraïbes le 20 novembre 1729.

Claude-Pierre Goujet, chanoine de Saint-Jacques-de-l'Hôpital, né à Paris le 19 octobre 1697, et mort dans la même ville le 1er février 1767. Ce fut l'un des plus laborieux écrivains du XVIIIe siècle et en même temps l'un des plus ardents ennemis de la bulle *Unigenitus*. Malgré ses nombreux et utiles travaux, il fut toujours éloigné par ses puissants ennemis des honneurs et des richesses; le cardinal de Fleury, tout en rendant justice à son mérite, s'opposa à son admission à l'Académie et lui refusa une place dans la rédaction du Journal des savants. Devenu vieux et aveugle, Goujet, qui avait soutenu sa famille avec les faibles ressources qu'il tirait de sa plume, fut obligé de vendre ses livres. Il mourut de chagrin huit jours après. Le plus important et le plus connu de ses ouvrages est sa *Bibliothèque des auteurs français* (en dix-huit volumes in-12).

Pierre-Nicolas Desmolets, né à Paris en 1678. Après avoir fait de bonnes études à Senlis et au collége Mazarin, Desmolets s'attacha à la congrégation de l'Oratoire et en prit l'habit le 2 septembre 1701. Sa rare modestie, son affabilité, son zèle pour les exercices et le bien de la maison lui concilièrent l'affection de ses supérieurs et de ses confrères. Il contracta une étroite amitié avec les PP. Mallebranche, Lami, de la Risse, Pouget et autres oratoriens de mérite, et il termina une partie de leurs ouvrages. Ses travaux nombreux consistent en des éditions et des recueils d'érudition faits avec le plus grand soin. Desmolets mourut le 26 avril 1760, âgé de quatre-vingt-trois ans.

Charles-François Hénault, né à Paris le 8 février 1685. Il avait à peine terminé ses études, que son père, riche fermier-général, lui acheta la lieutenance des chasses et le gouvernement de Corbeil. Il parut presque aussitôt à la cour, et par sa gaieté, son esprit et sa douceur, se concilia des amis nombreux et puissants et devint un homme à la mode, répandu surtout dans la brillante société de la duchesse du Maine. Il s'essaya de bonne heure dans la carrière littéraire, obtint un prix à l'Académie française, et aux jeux floraux l'emporta sur le poëte La Mothe. Il composa deux médiocres tragédies en vers, un drame historique en prose, des comédies, des poésies diverses, quelques dissertations, et fut reçu membre de l'Académie française, de l'Académie des inscriptions, des Académies de Nancy, de Berlin et de Stockholm; enfin il s'acquit une réputation durable par la publication de son *Abrégé chronologique de l'histoire de France*. Malgré ses travaux littéraires, Hénault avait embrassé la magistrature. Il devint président au parlement en 1706, puis surintendant de la maison de la reine. Il mourut à Paris le 24 novembre 1770, après quatre-vingt-cinq ans de la vie la plus douce et la plus heureuse.

Jean-Claude-Adrien Helvétius, né à Paris le 18 juillet 1685, d'une famille de médecins distingués, et médecin lui-même, s'acquit dès son début une si belle réputation, qu'à l'âge de vingt-trois ans, à peine sorti des bancs de l'école, il fut appelé en consultation pour la maladie à laquelle succomba Louis XIV. Il gagna toute la confiance du régent et de la reine Marie Leczinska, dont il devint le premier médecin. Il mourut le 17 juillet 1755, laissant plusieurs ouvrages de médecine peu estimés. — Son fils *Claude-Adrien Helvétius*, né à Paris en 1715 et mort dans la même ville en 1771, effaça le nom de ses aïeux par la composition du fameux livre *de l'Esprit*, où sont exposés avec tant d'art les principes du plus grossier matérialisme. Ce livre excita les plus violents murmures contre Helvétius, qui fut forcé de faire amende honorable au parlement le 22 janvier 1759, humiliation dont son orgueil fut consolé par la célébrité que son livre lui valut en dépit des condamnations officielles.

Attaignant (*Gabriel-Charles de l'*), né à Paris en 1697, fut destiné par sa famille à l'état ecclésiastique et obtint un canonicat à Reims. Il passa toute sa vie à Paris, fréquentant tour à tour la bonne et la mauvaise compagnie. Sa facilité et sa complaisance à faire des impromptus, des chansons, des madrigaux, le faisaient bien accueillir partout. Sur la fin de ses jours, il renonça au monde qu'il avait trop aimé, et se retira chez les pères de la doctrine chrétienne. L'abbé de l'Attaignant mourut à Paris le 10 janvier 1779. Millevoye a donné, en 1810, un choix des poésies de l'Attaignant, in-18. Ce petit volume contient tout ce que l'auteur a fait de mieux, et il y a encore beaucoup de pièces médiocres.

Pierre-Augustin Caron de Beaumarchais, l'écrivain le plus mordant et le génie le plus fougueux de notre littérature, naquit à Paris en 1732; son père était horloger. Après avoir lutté pendant long-temps contre la mauvaise fortune, il parvint à s'enrichir par d'heureuses spéculations. Cet esprit actif, qui sut habilement exploiter le scandale, joua un grand rôle jusqu'à la révolution. Il occupa d'abord toute l'Europe entière par sa querelle avec le célèbre Goëzman, et les curieux mémoires qu'il publia dans cette affaire sont un modèle inimitable dans le genre polémique. Beaumarchais consolida au théâtre sa réputation littéraire. Le *Barbier de Séville* et le *Mariage de Figaro* seront toujours estimés, tant qu'on tiendra compte en France de l'esprit et de la gaieté. Beaumarchais, qui contribua plus que tout autre par ses écrits à la révolution, mourut paisiblement en 1799, dans sa petite maison élevée auprès de la Bastille, sur le boulevard qui porte aujourd'hui son nom.

Philippe Bridart de Lagarde, né à Paris en 1710, s'attacha à la littérature dramatique. C'est à lui qu'on est redevable de l'établissement des costumes historiques sur nos théâtres. Pendant les sept dernières années de sa vie, il rédigea la partie des spectacles du *Mercure de France;* il composa plusieurs comédies et quelques livres de littérature légère. Il mourut à Paris en 1767, instituant Crébillon fils son légataire universel.

Pierre-Jean Mariette, fils du célèbre graveur Jean Mariette, naquit à Paris en 1694, et se rendit recommandable par ses connaissances étendues dans l'histoire de l'art. Il a publié sur cette matière d'excellents ouvrages dont les principaux sont : *Traité des Pierres gravées*, 1750; *Description des Dessins des grands maîtres de l'Italie, des Pays-Bas, de France, du cabinet de M. Crozat*, 1741; *Description des estampes de M. Boyer d'Aguilles*, 1744. Il a travaillé à la *Description de Paris* de Germain de Brice, 1752. On a encore de lui quelques gravures à l'eau forte, d'un style facile. Mariette est mort le 10 septembre 1774.

Claude-Joseph Dorat naquit à Paris le 31 décembre 1734, d'une famille connue depuis long-temps dans la robe. Après avoir suivi le barreau, il entra dans les mousquetaires et abandonna bientôt cette carrière pour se livrer à la littérature. Ses pièces de théâtre sont justement oubliées, mais on lit encore avec plaisir un grand nombre de ses poésies, malgré leur afféterie, et surtout son poëme sur la *Déclamation*. Aucun écrivain n'a été plus raillé, ni plus critiqué; on formerait un recueil considérable des épigrammes lancées contre lui. D'un caractère léger et dissipé, Dorat soutint jusqu'au bout son rôle de petit-maître. Deux heures avant d'expirer, il voulut faire encore sa toilette comme de coutume, et c'est dans son fauteuil, bien coiffé, bien poudré, qu'il rendit le dernier soupir (le 29 avril 1780).

Durozoi ou *de Rosoy* (*Barnabé-Farmain*), littérateur médiocre, connu dans le temps par quelques comédies et des poésies fugitives. Né à Paris en 1745, il périt sur l'échafaud révolutionnaire, le 29 août 1792.

Claude-Henri Watelet, membre de l'Académie française, né à Paris, mort en 1786. Il était receveur-général des finances. Ses travaux sur les beaux arts sont estimés; on distingue également son *Essai sur les Jardins* et son poëme sur la peinture.

Jean-François de Laharpe, naquit à Paris le 20 novembre 1739, d'une famille pauvre, originaire de Suisse. Orphelin avant l'âge de neuf ans, il fut nourri six mois par les Sœurs de la Charité de la paroisse Saint-André-des-Arcs, et il obtint enfin une bourse au collége d'Harcourt, par les soins du respectable chef de cet établissement, l'abbé Asselin. Ses études furent brillantes, mais, au moment de sortir du collége, il fut accusé d'avoir composé une satire contre son bienfaiteur. Son ingratitude, dit un biographe, parut si odieuse, qu'au lieu de le punir dans l'enceinte du collége, on eut recours à l'autorité de M. de Sartine, lieutenant-général de police, qui d'abord le fit conduire à Bicêtre, puis transférer par grâce au For-l'Évêque, où sa détention dura plusieurs mois. Ce fait lui a été reproché plus d'une fois, mais il a déclaré formellement qu'il n'avait jamais lancé le moindre sarcasme contre l'homme à qui il devait le bienfait de l'éducation. Laharpe débuta en 1759, par deux héroïdes, et en 1763 sa tragédie de *Warwick* lui donna une grande célébrité. Mais ses autres tragédies et en général tout son théâtre, y compris son fameux drame de *Mélanie*, sont médiocres. Il y a quelque temps, les comédiens français ont voulu reprendre *Coriolan*; cette tentative a complètement échoué. Les poésies et les nombreux écrits en prose de Laharpe ne se distinguent que par une grande sagesse d'idées, une forme élégante et pure; mais on n'y trouve ni verve, ni chaleur. « Rien ne lui bat au-dessous de la mamelle gauche, » disait Diderot. Le véritable titre de Laharpe, c'est son *Cours de littérature ancienne et moderne* qu'il entreprit en 1786, au *Lycée*, auquel il était attaché comme professeur, et qu'il continua jusqu'à sa mort, autant que le permirent les révolutions politiques. Cet ouvrage trop vanté, mais qui sera toujours consulté, place son auteur au rang de nos meilleurs critiques. Emprisonné pendant la révolution, il échappa à la mort par le 9 thermidor, et mourut à Paris le 11 février 1803, épuisé par le travail, les chagrins sans nombre et une lutte continuelle. C'était un homme d'esprit et de goût, mais d'un caractère inconséquent, entraîné le plus souvent par l'amour-propre, l'égoïsme et de haineuses préventions.

Lefèvre (P. Fr. Alexandre), auteur dramatique, né à Paris en 1741, était fils d'un marchand mercier sur le pont Saint-Michel, et de la même famille que le savant Tannegui Lefèvre. Il devint secrétaire ordinaire et premier lecteur du duc d'Orléans, et donna à la comédie française plusieurs tragédies, oubliées aujourd'hui, mais qui révèlent un certain talent. Lefèvre est mort en 1813, professeur de belles-lettres au prytanée de la Flèche.

Charles Étienne Pesselier, né à Paris en 1712, mort en 1763. Il avait un emploi dans les fermes, et il consacrait ses loisirs à la littérature. Ses *Fables*, ses comédies au Théâtre-Italien, ses ouvrages de finance lui donnèrent dans son temps la réputation d'un écrivain aimable et d'un homme versé dans l'administration financière.

D. Germain Poirier, l'un des membres les plus respectables de la savante congrégation de Saint-Maur, naquit à Paris en 1724. Il était connu par ses profondes connaissances dans l'histoire et dans la diplomatique lorsque la révolution éclata. Il fut alors successivement attaché à la commission des monuments et à la commission temporaire des arts, et l'on dut à son zèle et à son activité la conservation d'un grand nombre de précieux manuscrits. Après l'incendie de la bibliothèque de Saint-Germain des-Prés (20 août 1794), il resta seul au milieu des ruines pour veiller à la garde des manuscrits que les flammes avaient épargnés. En 1796, il fut nommé sous-bibliothécaire à l'Arsenal, et en 1800 il remplaça Legrand d'Aussy à l'Institut. Ce respectable religieux mourut subitement, le 2 février 1803, à l'âge de soixante-dix-neuf ans (1). D. Poirier est l'auteur de plusieurs Mémoires historiques lus à l'Académie des inscriptions, et il a publié avec son confrère D. Précieux, le onzième volume du *Recueil des Historiens de France*.

Jean Le Rond, beaucoup plus connu sous le nom de *D'Alembert*, né à Paris le 16 novembre 1717. On sait que ce célèbre mathématicien philosophe était fils du chevalier Destouches-Canon et de la célèbre madame de Tencin, qui le fit exposer au point du jour sur l'escalier de l'église de Saint-Jean-le-Rond. Attiré par ses cris, le bedeau le recueillit, et le fit baptiser sous le nom de Jean-le-Rond. Son père le fit réclamer, et le plaça secrètement chez la femme d'un vitrier de la rue Michel-le-Comte, qui le nourrit et l'éleva. L'enfant fit d'excellentes études au collège des Quatre-Nations, commença le droit et la médecine qu'il abandonna successivement pour ne s'occuper que de sciences. Il prit alors le nom de *D'Alembert* qu'il rendit célèbre dans l'Eu-

(1) *Biogr. univ.*

rope entière. D'Alembert a été à la fois un géomètre profond, un homme d'esprit et un littérateur distingué. Ses *Mélanges* de littérature, d'histoire et de philosophie sont très intéressants, quoique ses principes philosophiques soient très contestables et que ses appréciations en poésie soient souvent contraires au bon goût. Ses *Éloges* des savants et son *Essai* sur les gens de lettres sont écrits avec indépendance. D'Alembert mourut à Paris le 29 octobre 1783 ; il était de l'Académie des sciences, secrétaire perpétuel de l'Académie française et membre de presque toutes les société savantes ou littéraires de l'Europe.

Charles-Marie de La Condamine, de l'Académie des sciences et de l'Académie française, né à Paris le 28 janvier 1701. On peut dire de lui avec vérité, dit un biographe, que le trait saillant de son caractère, la cause principale de ses succès dans les sciences, dans les lettres et dans le monde, fut la curiosité ; mais une curiosité active, unie à des qualités solides, telles que l'ardeur, le courage et la constance dans les entreprises. Il voyagea dans l'Europe entière, et fut chargé en 1735 avec deux de ses collègues, d'aller déterminer la figure de la terre à l'équateur, pendant que d'autres académiciens la déterminaient au nord ; cette expédition dura dix ans. Sa curiosité pensa lui être fatale plus d'une fois. On lui montra, dans un petit village d'Italie, situé sur les bords de la mer, un cierge que l'on entretenait toujours allumé, et l'on ajouta que s'il venait à s'éteindre, le village serait aussitôt englouti par les flots. « Etes-vous bien sûr de ce que vous dites ? » demanda La Condamine au prêtre qui l'accompagnait ; et comme celui-ci répondit qu'il n'en doutait point : « Eh bien ! reprit le curieux académicien, nous allons voir, » et aussitôt il souffle le cierge et l'éteint. On n'eut que le temps de le dérober à la fureur du peuple. La Condamine périt victime de son imprudente curiosité ; accablé d'infirmités, il voulut se faire opérer par un procédé nouveau, et il en mourut le 4 février 1774. C'était un homme d'une gaieté et d'une philosophie inaltérables. Il a laissé des relations de ses voyages, des *Mémoires* sur l'inoculation, des poésies pleines de naturel, etc.

Pierre-Charles Lemonnier, astronome, de l'Académie des sciences, né à Paris en 1715, fut choisi pour aller avec Maupertuis et Clairault mesurer un degré du méridien sur le cercle polaire. Il donna le premier les éléments du soleil, vérifia l'obliquité de l'écliptique, traça la belle méridienne de Saint-Sulpice, et s'illustra par beaucoup d'autres travaux importants. Il mourut en 1799 à Héril près de Bayeux. Il a composé un grand nombre d'ouvrages, parmi lesquels on distingue l'*Histoire céleste*, in-4º ; les *Institutions astronomiques*, in-4º, la *Théorie des Comètes*, in-8º ; l'*Astronomie nautique*, etc.

Jacques Cassini, fils du célèbre astronome de ce nom, naquit à Paris en 1677, et fut reçu membre de l'Académie des sciences en 1694. Il soutint dignement le nom de son père et s'acquit une grande réputation par ses travaux relatifs à la détermination de la figure de la terre. Mort dans sa terre de Thury, en 1756.

Cassini de Thury (César-François), fils du précédent, maître des comptes, directeur de l'Observatoire, membre de l'Académie des sciences, né à Paris en 1714. La *Carte topographique de la France*, dont il donna l'idée et dont il dirigea l'exécution, est un chef-d'œuvre de géodésie, malgré les défauts inséparables d'un si grand ouvrage. On trouve de lui plusieurs mémoires intéressants dans le recueil de l'Académie. Cassini de Thury mourut de la petite-vérole le 4 septembre 1784.

Alexandre Gui Pingré, astronome distingué, naquit à Paris en 1711, entra dans l'ordre des Génovéfains. Il ne commença qu'à l'âge de trente-huit ans ses travaux astronomiques, qui lui valurent bientôt le titre d'associé libre de l'Académie des sciences, et la place de bibliothécaire de Sainte-Geneviève (1). Pingré est mort le 1er mai 1796, à l'âge de quatre-vingt-quatre ans. Ses mémoires et ses ouvrages sont nombreux; le plus important est sa *Cométographie*, ou *Traité historique et théorique des Comètes* (1783).

Alexis Clairault, né à Paris le 7 mai 1713, fils d'un maître de mathématiques distingué, est l'un de nos premiers géomètres. Enfant extraordinairement précoce, il lisait à l'âge de dix ans les *Sections coniques* du marquis de l'Hôpital. En 1726, âgé seulement de douze ans et huit mois, il présenta à l'Académie des sciences un excellent mémoire, et il fut reçu dans cet illustre corps à l'âge de dix-huit ans, par suite d'une permission spéciale du roi. Clairault a laissé des travaux remarquables, et on compte parmi ses disciples l'illustre et malheureux Bailly ; il mourut le 17 mai 1765.

Bordenave (Toussaint), professeur de chirurgie, né à Paris en 1728, et mort en 1782, a laissé plusieurs ouvrages estimés sur la physiologie et sur la pratique chirurgicale.

Antoine Le Camus, médecin, né à Paris en 1722, mort en 1772. Homme d'esprit et de goût, et d'un talent exercé dans la pratique, il jouit pendant sa vie d'une assez grande réputation. En 1766, il fut nommé professeur de chirurgie. Ses ouvrages sont oubliés aujourd'hui.

Morand (Jean), fameux chirurgien, fut nommé membre de l'Académie en 1722, il le devint de celle de Londres et de beaucoup d'autres. En 1729, il passa en Angleterre pour s'instruire de la pratique du fameux Cheselden. De retour en France, il fut décoré de l'ordre du roi en 1751, et mourut en 1773. On trouve plusieurs de ses mémoires dans ceux de l'Académie des sciences.

Louis Claude Cadet de Gassicourt, chef d'une famille célèbre dans la

(1) On bâtit pour ce savant astronome un petit observatoire au haut de l'abbaye Sainte-Geneviève.

pharmacie parisienne, naquit à Paris en 1731. Son père, chirurgien estimé, était neveu de Vallot, médecin de Louis XIV. Membre de l'Académie des sciences, Cadet de Gassicourt, qui exerçait la profession de pharmacien, trouva encore le temps de publier de savants mémoires sur diverses parties de la chimie. Il est mort le 17 octobre 1799.

Petis De-la-Croix (François), savant orientaliste, et professeur d'arabe au Collége-Royal, fit plusieurs voyages en Orient et en Afrique, par ordre du roi, et mourut en 1713. On a de lui l'*Histoire de Timur-Bey* ou *du grand Tamerlan*, 4 vol. in-12; l'*État de l'empire Ottoman*, 3 vol. in-12; *Histoire de Genghiskan*, in-12; et une traduction des *Mille et un Jours*, 5 vol. in-12.

Dionis-du-Séjour (Achille-Pierre), de l'Académie des sciences, né à Paris en 1734, et mort en 1794, fut un habile mathématicien; il rendit un service signalé à l'astronomie en appliquant l'analyse aux phénomènes célestes. Il a publié plusieurs ouvrages sur cette science; le principal est intitulé : *Traité analytique des mouvements apparents des Corps célestes*, 2 vol. in-4°.

Nicolas-Antoine Boulanger, fils d'un marchand de Paris, né en 1722, mort en 1759. Se distingua dans le corps des ingénieurs des ponts-et-chaussées; mais ce n'est pas à ces fonctions qu'il doit sa réputation. On publia après sa mort plusieurs ouvrages qui firent grand bruit et dont il était l'auteur. Ces ouvrages, et principalement l'*Antiquité dévoilée*, ne se font remarquer que par un style souvent éloquent et par une certaine originalité, mais on n'y trouve ni science ni critique. Boulanger est l'un de ces hommes d'esprit que le parti philosophique a voulu préconiser comme savant et profond politique; le temps en a fait justice.

Chomel (Pierre-Jean-Baptiste), médecin et botaniste, né à Paris en 1671, mort en 1740. Il était membre de l'Académie des sciences. Ses travaux sont estimés, et il fit pendant plusieurs années des cours publics sur la botanique, qui furent très suivis. Son fils *Louis*, mort en 1765, fut aussi médecin et publia quelques bons ouvrages.

Didier Robert de Vaugondy, fils d'un géographe estimé, naquit à Paris en 1723. Ses travaux, qui lui méritèrent le brevet de géographe ordinaire du roi, jouissent encore d'une juste réputation. Il mourut en 1786.

Jacques-Nicolas Bellin, né à Paris en 1703, mort en 1772. Quoique ses travaux soient imparfaits aujourd'hui, on ne doit pas oublier le nom de cet estimable savant, l'un de nos premiers hydrographes. Il fut chargé, en sa qualité d'ingénieur de la marine, de dresser pour le service des vaisseaux les cartes de toutes les côtes des mers connues, et s'en acquitta avec beaucoup de zèle.

II. Beaux-Arts.

A quelques exceptions près, la littérature, sous le règne de Louis XV, porte un cachet remarquable d'afféterie et de banalité : les petits vers de Dorat et les froides tragédies de Laharpe. Il en est de même pour les arts. Aux peintures larges et sévères du siècle de Louis XIV, succédèrent des compositions élégantes et coquettes, mais qui ne représentaient qu'une nature de convention. L'art se mourait peu à peu ; quant à l'architecture, elle subissait la même influence. La décadence fut arrêtée un instant par le spirituel régent, qui était peintre, graveur et musicien habile, et qui protégea les artistes. Louis XV s'occupa médiocrement de l'art ; son rôle fut rempli par quelques financiers, qui enrichirent les peintres et les sculpteurs, par des grands seigneurs, tels que le comte de Caylus, qui les protégèrent, et enfin par la marquise de Pompadour.

Cette reine de boudoir ne se contentait point d'encourager les arts, elle dessinait avec beaucoup de succès. On connaît ce galant madrigal improvisé par Voltaire, qui l'avait surprise dessinant une tête :

> Pompadour, ton crayon divin
> Devrait dessiner ton visage :
> Jamais une plus belle main
> N'aurait fait un plus bel ouvrage.

Les amateurs recherchent *l'œuvre* de madame de Pompadour, qui se compose de soixante-trois estampes, gravées par elle d'après des pierres en creux, exécutées par Guay.

Le chef de cette école maniérée, qui a reçu le nom de *Pompadour*, est un Parisien, *François Lemoine*, né en 1688. Il a exécuté de grands travaux ; entre autres le plafond du *salon d'Hercule* à Versailles, composition qui lui valut la place de premier peintre du roi. Lemoine, d'un caractère mélancolique, aigri par les chagrins, se tua dans un moment de désespoir (4 juin 1737). C'était un homme d'intelligence, mais dont les défauts, exagérés par ses élèves, ont causé le plus grand tort à l'école française.

François Boucher, né à Paris en 1704, mort en 1770. Élève de Lemoine, il imita malheureusement le genre de son maître et devint chef de cette école frivole et musquée qui remplaça la nature par les écarts de la plus folle imagination. Boucher, qui était du reste un homme d'esprit, n'adopta le genre à la mode que pour arriver plus vite à la fortune. Prenant des travaux de toute main, il s'est vanté d'avoir gagné jusqu'à 50,000 livres par an ; quoiqu'il fût modéré dans le prix de ses ouvrages, mais il les faisait avec une extrême rapidité (1). Tout en

---

(1) *Biogr. univ.*

blâmant le genre de Boucher, il faut cependant convenir que quelques unes de ses nombreuses productions sont pleines de grâce et de naïveté.

Jean-François de Troy, fils d'un peintre distingué de portraits, né à Paris en 1679, mort en 1752, directeur de l'Académie de France à Rome. Il a composé plusieurs tableaux, aussi remarquables par le dessin que par le coloris, et ses conseils ont formé plus d'un grand artiste.

Pierre (Jean-Baptiste-Marie), premier peintre du roi, mort à Paris, sa ville natale, en 1789, à l'âge de soixante-quinze ans. Jouissant d'une assez belle fortune, il embrassa, par suite d'une vocation irrésistible, la carrière d'artiste, et s'y distingua bientôt. Ce fut le meilleur élève de de Troy. Les productions de Pierre sont estimées, principalement la coupole de la chapelle de la Vierge à Saint-Roch, qu'il termina en 1756.

Pierre-Jacques Cazes, né à Paris en 1676, mort en 1754. Elève de *Bon Boullongne*, il profita des conseils de ce grand maître et il occupa une place assez distinguée parmi les artistes de cette époque. Un grand nombre d'églises de Paris possèdent des tableaux de Cazes.

Coypel (Charles-Antoine), d'une famille connue dans les arts, naquit à Paris en 1694 et y mourut en 1752. La faveur l'éleva à la place de premier peintre du roi; c'était du reste un artiste d'un talent médiocre. Il s'occupait en même temps de littérature et il a composé beaucoup de pièces de théâtre, dont quelques unes obtinrent du succès dans la nouveauté.

Coypel (Noël-Nicolas), oncle du précédent, né à Paris en 1688, mort en 1734. Il soutint dignement le nom qu'il portait. Son chef-d'œuvre était la coupole de la chapelle de la Vierge à Saint-Sauveur, peinte en 1731 (1).

Doyen (Gabriel-François), naquit à Paris en 1726; son père avait une charge de valet-de-chambre tapissier à la cour. Le jeune Doyen fut admis dans l'école de Vanloo avant d'avoir atteint sa douzième année, et partit à l'âge de vingt ans pour l'Italie, où il travailla sans relâche pendant près de dix ans. En 1758, il fut nommé membre de l'Académie de peinture. Parmi les beaux tableaux de ce maître, on remarque *la Peste des Ardents*, admirable composition qui orne aujourd'hui l'église de Saint-Roch. Au commencement de la révolution, Doyen, cédant aux sollicitations de Catherine II, passa en Russie; il mourut à Saint-Pétersbourg le 5 juin 1806.

Nicolas Bertin, né à Paris en 1667, mort en 1736. Son père était sculpteur. Les productions de Bertin, qui sont assez nombreuses, sont fort estimées.

(1) Voy. t. II, p. 109.

Charles-Michel-Ange Challe, né à Paris en 1718 et mort dans la même ville en 1778, fut un artiste fort estimé de ses contemporains. Il devint professeur de perspective à l'Académie de peinture, dessinateur du cabinet du roi, chevalier de l'ordre de Saint-Michel. Son goût pour la décoration lui fit obtenir la direction des fêtes publiques et des pompes funéraires de la ville de Paris. On ne cite d'autre ouvrage de son pinceau que deux tableaux dont l'un fut destiné à l'église de Saint-Hippolyte. La chaire de Saint-Roch est de sa composition. Il a publié plusieurs ouvrages d'art. — *Simon Challe*, son frère, fut un statuaire de quelque mérite.

Nicolas Le Camus de Mézières, architecte, né le 26 mars 1721 et mort le 27 juillet 1789. L'ouvrage le plus important qu'on lui doive est la Halle au Blé, dont la construction lui a valu une juste renommée. Il a composé plusieurs ouvrages sur l'architectonique, et on lui attribue aussi une *Analyse critique et curieuse des almanachs tant anciens que modernes* (1782, 2 vol. in-12).

Jean-Baptiste Chalgrin, architecte du roi, membre de l'Académie royale, premier architecte et intendant des bâtiments de Monsieur et du comte d'Artois, et premier architecte de l'électeur de Cologne.

Claude de Creil, génovéfain et architecte de talent, né à Paris et mort dans la même ville en 1708.

Jacques Gabriel, né à Paris en 1667, d'un architecte distingué, étudia sous Mansard, devint lui-même un artiste des plus habiles, et contribua par ses talents à l'embellissement des villes de Rennes, de Nantes, de Bordeaux, de Dijon et de Paris. Il fut nommé membre de l'Académie d'architecture, inspecteur-général des bâtiments du roi, premier ingénieur des ponts-et-chaussées du royaume et chevalier de Saint-Michel. Il est mort à Paris en 1742. — Son fils, *Jacques-Ange Gabriel*, succéda à ses différentes places et continua ses nombreux travaux. Il fut chargé de l'achèvement du Louvre d'après les dessins de Perrault; il construisit l'hôtel de Crillon et l'hôtel du Garde-Meuble de la place Louis XV (1772). Le monument dont la construction lui fait sans contredit le plus d'honneur, est l'École-Militaire, qu'il commença en 1751. Il était né à Paris en 1710 et y mourut vers 1782.

Gilles-Marie Oppenord, né en 1672 et mort en 1742, à Paris. Son père, ébéniste du roi, le plaça, pour apprendre l'architecture, chez Mansard, dont il sut gagner l'amitié. Il fut envoyé à Rome, et à son retour s'acquit une réputation solide par quelques bons ouvrages tels que le maître-autel de Saint-Germain-des-Prés et celui de Saint-Sulpice, la décoration de l'ancien Palais Royal et de l'hôtel du Grand-Prieur de France (le Temple). Oppenord avait un talent réel pour le dessin, mais ses plans étaient lourds, son goût bizarre, et c'est principalement son influence qu'on doit accuser des formes recherchées et disgracieuses qui sont le caractère des œuvres d'art du siècle de Louis XV, qu'on regarde avec raison comme l'ère de décadence de l'école française.

Jean-Baptiste Lemoyne, fils d'un sculpteur assez estimé, et sculpteur lui-même, a laissé un grand nom dans l'art, quoique son genre fût plein d'affectation. Il a laissé un grand nombre de travaux, entre autres une statue de Louis XV pour l'École-Militaire. Né à Paris en 1704, il y mourut en 1778.

Pierre Lepautre, sculpteur, d'une famille célèbre dans les arts, naquit à Paris en 1660. On voit dans le jardin des Tuileries les principales statues de cet artiste, qui avait du talent, mais qui sacrifiait souvent le bon goût à l'effet théâtral. Lepautre mourut en 1744.

J.-B. Pigalle, né à Paris en 1714, mort en 1785. Son père était menuisier-entrepreneur des bâtiments du roi. Pigalle n'est parvenu à prendre un rang distingué parmi les sculpteurs qu'à force de travail et de patience. Malgré les défauts assez graves qu'on reproche aux principales productions de cet artiste, elles n'en méritent pas moins l'attention, et le nom de J.-B. Pigalle est justement estimé.

Étienne-Maurice Falconet, d'une famille alliée à celle des médecins célèbres de ce nom, naquit à Paris en 1716. Ainsi que Pigalle, il eut de laborieux et difficiles débuts, mais il triompha de tous les obstacles. En 1766, sa réputation était si grande, qu'il fut appelé en Russie par Catherine II, pour exécuter la statue équestre de Pierre-le-Grand. Ce monument, fait pour immortaliser son auteur, le retint douze ans à Saint-Pétersbourg. Falconet mourut en 1791. Il a laissé plusieurs écrits sur son art.

Thomas Germain, fils d'un habile ciseleur, fut à la fois architecte, sculpteur et orfèvre. Il passa sa jeunesse en Italie et revint à Paris en 1704, précédé d'une grande réputation. Ses travaux lui acquirent une belle fortune, et il mourut en 1748, comblé des bienfaits de tous les princes de l'Europe; il était né à Paris en 1673.

III. Industrie. — Commerce.

Tous les écrivains moralistes de cette période se récrient contre le luxe qui régnait alors à Paris. Je lis dans Saint-Foix, qui fournit des détails fort curieux sur la vie parisienne : « Le luxe entretient, dit-on, les manufactures et fait entrer des millions dans le royaume par ces modes et ces superfluités qu'il invente sans cesse et qui se débitent dans toute l'Europe. Eh bien ! en supposant que l'argent vaut mieux dans un état que des mœurs, tolérons cette sorte de luxe; mais est-il concevable que le gouvernement ne s'éveille pas enfin sur le nombre prodigieux des laquais? Depuis 1720, il a augmenté insensiblement de près de deux tiers dans la capitale et dans les provinces : premièrement, parce qu'il n'y a pas aujourd'hui de moyenne bourgeoise qui ne veuille avoir une espèce de laquais; sa mère n'avait qu'une servante: secondement, parce qu'il n'y avait dans les plus grandes maisons que deux laquais pour *madame* et un valet de chambre et deux laquais pour *monsieur;* au lieu qu'il faut aujourd'hui deux valets de chambre et trois laquais pour *madame* et autant de valets de chambre et de laquais pour *monsieur;* troisièmement, parce que l'on se contentait d'une simple cuisinière et d'une femme pour l'office; aujourd'hui c'est un cuisinier avec ses aides de cuisine et un officier avec ses garçons d'office. Joignez à cette augmentation celle des carrosses et par conséquent des cochers; et vous verrez que, par une dépopulation successive des campagnes, d'année en année, il n'est pas possible que la troisième génération y fournisse la septième partie des hommes nécessaires à la marine et à l'agriculture (1). » L'avenir a prouvé que les craintes de Saint-Foix étaient chimériques; mais elles prouvent les immenses progrès du luxe à Paris. « La plupart des laquais, ajoute-t-il, ont la montre d'or... Le luxe de la table augmente tous les jours, autant et plus par vanité que par gourmandise... Le nombre des carrosses, qui ne montait dans Paris, en 1658, qu'à trois cent dix ou vingt, monte aujourd'hui à plus de quatorze mille. » Les *fiacres* ou *carrosses de louage* étaient également en grande quantité. « On en a compté jusqu'à dix-huit cents dans Paris, dit Hurtaut; aujourd'hui ce nombre est considérablement diminué; l'on estime qu'il n'en existe guère plus de huit cents actuellement. » Ces voitures étaient numérotées par la police, comme elles le sont aujourd'hui. Les cabriolets de place ont pris naissance sous ce règne. On connaît le mot de Louis XV: « Si j'étais lieutenant de police, je défendrais les cabriolets dans Paris. »

De grandes améliorations dans l'administration municipale datent de cette époque. En 1728, les rues furent désignées à tous les coins par des écriteaux. M. de Sartine, lieutenant de police, proposa en 1767 un prix de deux mille livres en faveur de celui qui, au jugement de l'Académie des sciences, trouverait la manière d'éclairer les rues, en combinant ensemble la clarté, la facilité du service et l'économie. Un entrepreneur, nommé Bourgeois de Château-Blanc, fit accepter du bureau de la ville des réverbères, qui furent disposés dans la capitale au nombre de trois mille cinq cents. Le nombre de ces luminaires a considérablement augmenté; aujourd'hui une grande partie des quartiers de Paris est éclairée au gaz.

En 1766, un sieur Roze et un sieur Pontaillé imaginèrent d'offrir un *restaurant* ou *maison de santé*, et d'offrir au public de véritables consommés, dits *restaurants* ou *bouillons de prince*. Leur établissement,

(1) *Essai hist.* t. II, p. 184.

formé d'abord rue des Poulies, fut transporté ensuite à l'hôtel d'Aligre, rue Saint-Honoré. Les restaurateurs, bien distincts des traiteurs, n'avaient le droit de vendre que des crèmes, des potages au riz, au vermicelle, des œufs frais, du macaroni, des chapons au gros sel, des confitures et autres mets de cette légèreté et de cette délicatesse. Ils ne pouvaient fournir des repas complets. La révolution, en supprimant les communautés, détruisit ces entraves, et les traiteurs prirent alors le nom de restaurateurs. On sait à quel degré de perfection est arrivé aujourd'hui l'art des Beauvilliers et des Véry.

C'est de 1760 à 1765 qu'on éleva des bains particuliers sur la rivière. Le plus bel établissement de ce genre, qui date de la révolution, est connu sous le nom de *bains Vigier*.

DOUZIÈME ÉPOQUE.

Paris sous Louis XVI.

1774-1793.

CHAPITRE PREMIER.

Faits généraux.

A Louis XV succéda son petit-fils (10 mai 1774), jeune prince âgé seulement de vingt ans, élevé dans l'ignorance des affaires d'État et d'une grande faiblesse de caractère. Bon, simple, instruit, d'une grande austérité de mœurs, mais également dépourvu des qualités brillantes qui séduisent et de la fermeté qui domine, Louis XVI, avec toutes les vertus d'un honnête homme, était incapable de se gouverner au milieu de la crise qui se préparait. Peut-être un grand génie eût-il pu ne pas succomber à l'orage; mais la destinée de Louis XVI était d'expier en victime innocente les erreurs du siècle passé.

Cependant les deux premières années de son règne furent pleines des plus belles espérances. Le nouveau roi commença par réformer sa cour, et par en bannir ces mœurs honteuses qui avaient souillé le règne de son prédécesseur. Les Maupeou, les Terray, les d'Aiguillon, les Choiseul furent congédiés, et Louis XVI songea avec candeur à se chercher parmi les administrateurs en disgrâce dans l'ancienne cour, des guides habiles, expérimentés et honnêtes. Un instant il pensa à Machault que sous Louis XV on avait vu dans trois ministères donner tant de preuves de lumières et d'intégrité. Mais une intrigue de cour appela, à la place de Machault, un vieillard à l'esprit étroit, égoïste et léger, le comte de Maurepas, exilé depuis vingt-trois ans pour avoir fait une épigramme contre la marquise de Pompadour. Louis fit en même temps un autre choix qui transporta de joie tous les partisans des idées nouvelles. Il nomma contrôleur-général, Turgot, ancien intendant de Limoges, le seul véritable administrateur peut-être qu'il y eût alors en France. Pénétré des théorie des économistes, Turgot joignait à une fermeté d'âme au-dessus de toutes les résistances, une expérience consommée et les idées gouvernementales les plus hardies.

Pour exécuter les grandes réformes qu'il méditait, Turgot aurait voulu que le roi exerçât quelque temps un pouvoir sans contrôle. Malheureusement Louis XVI commença, pour flatter un moment l'opinion, par rétablir les parlements et leur rendre le droit de remontrance; décision qui plut fort aux masses, surtout à Paris. Il augmenta encore sa popularité en exemptant ses sujets du droit de joyeux avénement dont il aurait pu tirer de grosses sommes, en affranchissant les serfs des terres domaniales, et en abolissant la loi rigoureuse qui rendait les taillables solidaires pour le paiement de l'impôt. Les projets de Turgot étaient d'une portée bien plus vaste. Il proposa au conseil du roi l'abolition des restes du régime féodal; l'égale répartition de l'impôt; la liberté de conscience et de culte; la liberté de la presse; la liberté illimitée du commerce; la réorganisation de l'instruction publique; la réforme des lois criminelles de Louis XIV; la création d'un code civil national; la suppression de la plupart des monastères; l'uniformité des poids et mesures; l'établissement d'une constitution libre et le partage du pouvoir entre la royauté et la nation au moyen d'une assemblée élective des députés de toutes les provinces. Mais dès qu'il voulut se mettre à l'œuvre, Turgot fut arrêté par de violentes oppositions, par les parlements surtout qui tenaient à conserver leurs priviléges; et après une lutte qu'il soutint avec courage, il fut vaincu et forcé de quitter le gouvernement. « Le 12 mai 1776, jour de son renvoi, est une des époques les plus fatales pour la France. Ce ministre, supérieur à son siècle, voulait faire sans secousse, par la puissance d'un roi législateur, les changements qui pouvaient seuls nous garantir des révolutions. Ses contemporains égoïstes et superficiels ne le comprirent point; et nous avons expié par de longues calamités leur dédain pour les vertus et les lumières de cet homme d'État (1). »

Néanmoins, les désastreuses conséquences de la retraite de Turgot furent éloignées par deux événements importants : la guerre de l'indépendance américaine, et l'administration du banquier genevois Necker. Jouissant dans le monde commercial d'une immense réputation d'intelligence et de probité, Necker, appelé au maniement des finances en 1777, essaya d'établir sur son crédit personnel ses plans d'économie. Mais après quelques améliorations secondaires projetées autrefois par Turgot, il comprit l'insuffisance de ce système pour tirer l'État de l'abîme; il fut contraint de rétrograder, d'en revenir aux théories de son prédécesseur, et d'attaquer les priviléges en matière d'impôts. Necker, après avoir soutenu les phases onéreuses de la guerre avec les Anglais, fut renvoyé à son tour (1781), et remplacé par un courtisan taré, Calonne. Peu soucieux du bien de l'État, Calonne fit renaître toutes les profusions des règnes passés, livra le trésor public aux créatures de la cour, dépensa en trois ans de paix plus que Necker en cinq ans de

(1) J. Droz; *Hist. du règne de Louis XVI*, 1839, t. I, p. 210.

guerre, et finit par en revenir aussi aux projets de réforme de Turgot. Mais il n'était ni assez fort ni assez considéré pour les exécuter. Il fallut songer, au grand effroi des amis du parti conservateur, à convoquer une assemblée des notables du royaume qui s'ouvrit à Versailles le 22 février 1787. Là, on apprit que les emprunts s'élevaient à un milliard six cent quarante-six millions, et qu'il existait un déficit annuel de cent quarante millions dans les revenus. Cette assemblée n'eut d'autre résultat sensible que de provoquer de nouvelles discordes et de mettre à nu les dispositions menaçantes de la foule. Une nouvelle assemblée des notables, réunie l'année suivante pour remédier au désordre des finances, s'occupa seulement de la convocation des états-généraux qui ouvrirent leur session dans la salle des *Menus* à Versailles, le 5 mai 1789.

L'œuvre de cette mémorable assemblée était de fermer une ère expirante et de créer pour la France une ère nouvelle. Ses premières séances se passèrent en discussions orageuses entre l'ordre de la noblesse et celui du tiers-état. Le clergé hésitait à se déclarer. La ferme attitude du tiers, dans les rangs duquel se trouvaient une foule d'hommes destinés à une éclatante célébrité, lui donna en tous points une supériorité qui devait décider le triomphe des sentiments populaires. Le 20 juin, les députés du clergé devaient se réunir solennellement à ceux du tiers-état. Mais au moment de l'assemblée on trouva les portes de la salle fermées et le local entouré de gardes-françaises. L'assemblée nationale se transporta en masse au jeu de paume de la rue du Vieux-Versailles, et là prêta le serment de ne jamais se séparer jusqu'à ce que la constitution du royaume fût établie sur des fondements solides. Peu de jours après, l'assemblée reprit le cours de ses séances, et un savant, simple et modeste, né dans le sein de la bourgeoisie, l'astronome Bailly, fut appelé à présider les trois ordres désormais égaux. *La famille est complète*, dit-il, en engageant les députés à commencer leurs travaux. Mais le parti de la monarchie ne pouvait voir sans effroi les empiètements de la fraction ardente du tiers-état dont les projets ne se dissimulaient qu'à peine. Le dimanche 12 juillet apparaissent les symptômes d'une insurrection dans la capitale et aux environs. Camille Desmoulins harangue le peuple au Palais-Royal, et après diverses escarmouches livrées dans l'intérieur de la ville, les troupes évacuent Paris pour se remontrer au Champ-de-Mars, et le régiment des gardes-françaises passe tout entier dans les rangs du peuple. A cette nouvelle, l'assemblée constituante se déclare permanente, et la commune de Paris, s'érigeant en corps administratif, décrète l'armement de quarante-huit mille Parisiens organisés en garde nationale. La crise marchait à son dénouement. Le 14 juillet, le peuple s'empara de la Bastille (1).

(1) Voy. le récit de cet événement à l'art. *Bastille*, t. II, p. 630.

La prise de la Bastille et les excès qui la suivirent répandirent la consternation dans Paris. Les électeurs accoururent aussitôt à l'Hôtel-de-Ville, organisèrent une municipalité provisoire (1); et sous la présidence de Bailly, maire de Paris, et du général Lafayette, commandant de la garde nationale, ils firent de généreux efforts pour rétablir l'ordre et intimider la populace. A la nouvelle de ces grands événements, Louis XVI s'écria : « Mais c'est une révolte! « — Non, Sire, lui répondit le vénérable duc de Liancourt, c'est une révolution. » Et il l'engagea à se rendre à Paris pour y ramener le calme par sa présence. J'ai raconté ailleurs le voyage du roi à Paris, démarche nécessaire, mais qui sembla approuver tous les événements passés (2). Necker, chassé par les courtisans, fut rappelé au ministère; le respectable Foulon, qui avait été désigné pour lui succéder, et M. Berthier, intendant de Paris, furent massacrés quelques jours après l'arrivée du roi, et les masses populaires s'ébranlèrent de nouveau, entraînées par les agitateurs et par les discussions de l'assemblée constituante.

Au milieu de cette agitation, le peuple, en proie à la plus horrible famine, reçut la nouvelle, vraie ou fausse, de cette fête des gardes-du-corps à Versailles, où quelques imprudents, échauffés par le vin, avaient, dit-on, foulé aux pieds la cocarde nationale. Une émeute éclata à Paris; les femmes de la halle, réunies à des troupes de brigands, voulurent incendier l'Hôtel-de-Ville, et le désordre était à son comble, lorsque la populace eut l'idée de marcher sur Versailles (3). On connaît les résultats de ces journées tristement célèbres, connues sous le nom des 5 et 6 *octobre*. La famille royale fut ramenée à Paris par une multitude furieuse, qui avait enlevé à Versailles soixante voitures de blé, et qui criait à tue-tête : « Courage! nos amis, nous ne manquerons plus de pain; nous vous amenons le boulanger; la boulangère et le petit mitron. »

Louis XVI, installé aux Tuileries, s'occupa avec zèle de l'approvisionnement de Paris, et, malgré les efforts des agitateurs, le calme sembla renaître. Ce fut alors que la municipalité conçut le projet de réunir les députés de tous les corps de l'armée et de toutes les gardes nationales de France, pour cimenter une union qui devait rendre à la France le calme et la prospérité. Ce fut la *fête de la Fédération*. Lafayette fut chargé de surveiller les préparatifs de cette cérémonie un peu théâtrale, qui devait avoir lieu au Champ-de-Mars. On avait projeté de creuser cette plaine et de transporter la terre sur les côtés, pour en former un large et vaste amphithéâtre. Douze à quinze mille ouvriers y travaillaient sans relâche; mais on craignait que ce travail immense ne pût être achevé en trois semaines. Alors, avec cette vivacité et cet enthou-

---

(1) Voy. plus bas *Municipalité de Paris*. — (2) T. II, p. 511. — (3) Voy. t. II, p. 512.

siasme qui caractérise les Parisiens, on vit une multitude immense se joindre aux travailleurs. Tous les rangs étaient confondus : nobles et roturiers, riches et pauvres, femmes, vieillards, enfants, tous devinrent ouvriers; lorsque neuf heures sonnaient à l'École-Militaire, chacun rejoignait sa section et retournait à ses foyers, à la lumière des torches, au son des violons et des tambours. En peu de jours tout fut disposé pour la cérémonie.

Le 14 juillet, à sept heures du matin, le cortége des fédérés partit de la place de la Bastille aux cris de *vive la nation! vive le roi!* et s'avança vers les Tuileries dans l'ordre suivant : une compagnie de cavalerie de la garde nationale avec quatre trompettes, le commandant à leur tête; une compagnie de grenadiers, précédée d'un corps de musique et de tambours; les électeurs de la ville de Paris; une compagnie de volontaires, les représentants de la commune; le comité militaire, une compagnie de chasseurs; les tambours de la ville; les présidents des districts et les députés des communes fédérées; les soixante administrateurs de la municipalité, entourés des gardes de la ville; les députations des quarante-deux premiers départements par ordre alphabétique, ayant chacune leurs bannières et leurs tambours; les députations de l'armée de terre et de mer, précédées d'une oriflamme portée entre deux maréchaux de France. Venaient ensuite les officiers-généraux, ceux de l'état-major de l'armée, de l'artillerie, du génie, les délégués des différents corps de l'armée, ainsi que les troupes de la maison du roi et des princes, les officiers de la marine, les députés de ce corps, et enfin la députation de quarante-un autres départements. La marche était fermée par deux détachements de grenadiers et de cavalerie de la garde nationale.

La pluie, qui tombait par torrents, n'empêchait point la population de se précipiter au-devant des fédérés, qui répondaient aux acclamations de la foule par les cris de *vivent nos frères les Parisiens!* L'assemblée nationale se réunit au cortége sur la place Louis XV, et marcha entre le bataillon des vétérans et celui des jeunes *élèves de la patrie*. Un pont couvert de fleurs traversait la Seine et aboutissait en face du Champ-de-Mars. Là se présentait un spectacle imposant. Trente rangées de banquettes avaient été disposées graduellement sur les tertres; au milieu de la plaine s'élevait un magnifique autel, dont les quatre escaliers étaient encombrés par trois cents prêtres, revêtus d'aubes blanches et d'écharpes tricolores; à l'entrée du Champ-de-Mars, du côté de la Seine, était un grand arc-de-triomphe à trois portes cintrées et couvert d'inscriptions; à l'autre bout, contre la façade de l'École-Militaire, on avait construit une belle galerie, destinée aux autorités nationales; au milieu était le trône du roi; et non loin de lui, à droite, le fauteuil du président de l'assemblée. Le monarque n'avait autour de lui que quelques officiers de sa maison et deux huissiers de sa chambre avec leurs masses; derrière le président étaient quatre huissiers de l'assemblée, et quatre autres se tenaient en avant sur les premières marches. Enfin une tribune avait été réservée au-dessus de la galerie pour la reine et les personnes de la cour.

La pluie ne cessait pas de tomber. « On diroit, s'écrie un écrivain contemporain, que le ciel repousse, humilie la terre, trop orgueilleuse du spectacle qu'elle étale, *ou que les puissances célestes, déchaînées contre le Champ-de-Mars, prennent parti pour l'aristocratie.* »

Mais la gaieté française brave les fureurs de l'ouragan. Un des bataillons des fédérés, arrivés les premiers, avait déposé les armes et dansé des *farandoles*; tous l'imitent aussitôt, et, en un instant, on vit soixante mille hommes, soldats et citoyens de toutes les classes, de toutes les parties de la France, exécuter une ronde fantastique aux yeux de plus de quatre cent mille spectateurs émerveillés. Pendant ce temps, Lafayette, monté sur un superbe cheval et entouré de ses aides-de-camp, surveillait les préparatifs de la fête, et se multipliait par son activité. La sueur lui coulait sur le visage. Tout-à-coup un homme du peuple perce la foule, s'avance, tenant une bouteille d'une main, un verre de l'autre : « Tenez, mon général, lui dit-il, vous avez chaud, buvez un coup. » Il remplit un grand verre et le présente à Lafayette. Celui-ci regarde un moment l'inconnu, et avale le vin d'un seul trait, à la grande joie du peuple. Dans cette journée mémorable, Lafayette fut, au dire des contemporains, le véritable roi des Français.

Enfin tout le cortége étant entré dans le Champ-de-Mars, les danses cessent et la cérémonie commence. L'évêque d'Autun, M. de Talleyrand-Périgord, célèbre la messe; puis, après avoir béni l'oriflamme donnée par la commune aux vétérans, et les bannières des quatre-vingt-trois départements, il entonne le *Te Deum*, qu'exécutent douze cents musiciens. Alors Lafayette, à la tête de l'état-major de la milice parisienne et des députés de l'armée, monte à l'autel, et jure, au nom des troupes et des fédérés, d'être fidèle à la nation, à la loi, au roi. Ce serment est répété par le président de l'assemblée, par les députés, par le peuple, au milieu des acclamations, au bruit du canon et des fanfares guerrières. Ensuite le roi se lève, et, la main étendue vers l'autel, dit d'une voix forte : « Moi, roi des Français, je jure d'employer le pouvoir que m'a délégué l'acte constitutionnel de l'État à maintenir la constitution décrétée par l'assemblée nationale et acceptée par moi. » Les acclamations redoublent, et bientôt l'enthousiasme est à son comble, lorsque la reine, électrisée par ce sublime spectacle, prend le dauphin dans ses bras et le présente au peuple en s'écriant : « Voilà mon fils, il se réunit ainsi que moi dans ces mêmes sentiments. » Le temps s'était éclairci, et le soleil, radieux, prêtait un nouvel éclat à cette scène solennelle d'un roi et d'un peuple se jurant amour et protection.

Les fêtes durèrent plusieurs jours; on avait interdit la circulation des voitures, pour que le peuple pût se livrer plus aisément aux plaisirs qui se multipliaient à chaque pas. Le dimanche suivant, il y eut une revue de fédérés au Champ-de-Mars, où la famille royale fut accueillie par des cris de joie; puis vinrent les joutes, des feux d'artifice, des banquets, des bals à la Halle-au-Blé et sur l'emplacement de la Bastille. Les Champs-Élysées, entièrement illuminés, offraient un coup d'œil enchanteur; et, suivant l'expression d'un témoin un peu naïf, *ils paraissaient une forêt enchantée, ou plutôt, rendus à leur primitive acception, ils rappelaient en effet cet antique séjour des bienheureux.* Ce calme et cette fraternité pouvaient faire croire que le jour du repos était enfin arrivé; mais, dès que les députés fédérés eurent quitté Paris, la lutte recommença.

Je ne puis entrer ici dans le détail des événements qui signalèrent cette triste époque. Chaque jour était marqué par quelque sinistre événement ou par une nouvelle humiliation faite au roi, qui était presque retenu prisonnier dans son palais. Les républicains s'augmentaient à chaque instant, tandis que les défenseurs de la royauté quittaient la France et abandonnaient leur prince à de perfides suggestions ou à d'imprudents conseils. Enfin Mirabeau, qui était fermement attaché à la constitution, mourut, *emportant avec lui le deuil de la monarchie.* Cette mort était pour la cour une perte irréparable. Louis XVI, abattu et découragé, résolut alors de fuir de Paris et de se retirer auprès du général Bouillé; il voulait de là négocier avec le peuple et l'assemblée. On sait que ce hardi projet manqua entièrement; le roi, arrêté à Varennes, fut ramené à Paris sous bonne escorte, et accompagné de Latour-Maubourg, Pétion et Barnave, députés de l'assemblée. Une multitude silencieuse accueillit aux Tuileries les illustres fugitifs. Des placards ainsi conçus avaient été affichés à chaque carrefour : *Quiconque applaudira le roi sera battu, quiconque l'insultera sera pendu.*

L'assemblée suspendit Louis XVI de ses fonctions; une garde fut donnée à la personne du monarque, à celle de la reine et du dauphin, tandis qu'on instruisait le procès relatif au voyage de Varennes. Ces mesures ne firent qu'irriter les passions populaires. On disait hautement que Louis XVI, ayant trahi ses serments, était déchu du trône. Les constitutionnels s'empressèrent de faire cesser cette dangereuse controverse; les commissaires chargés de faire leur rapport sur l'évasion du roi, déclarèrent qu'il n'y avait pas lieu de mettre le prince en jugement, ni à prononcer contre lui la déchéance. Ces conclusions furent approuvées par l'assemblée, malgré les efforts des républicains. Les agitateurs, n'ayant pu empêcher le décret, avisèrent alors à insurger le peuple. « Mes amis, dit Robespierre au sortir de la séance, tout est perdu, le roi est sauvé. » Et l'émeute éclata. Brissot, auteur du *Patriote français*, et président du comité des recherches, rédigea une pétition, dans laquelle on faisait un appel à la souveraineté du peuple, pour déclarer la déchéance de Louis XVI; cet acte fut porté, le dimanche matin, 17 juillet, au Champ-de-Mars, sur l'autel de la patrie.

Une foule immense vint signer cette pétition. Lafayette reçut l'ordre de dissiper cet attroupement : il y parvint sans effusion de sang. Un seul coup de fusil fut tiré, et ce fut contre le brave et loyal commandant de la garde nationale, qui n'échappa à la mort que par un effet inouï du hasard. Mais à peine les troupes se furent-elles retirées, que le tumulte recommença. Danton et Camille Desmoulins haranguèrent la multitude du haut de l'autel. Deux invalides, qu'on prit pour des espions, furent massacrés, et leurs têtes furent placées sur des piques. Tout était à craindre de cette multitude sanguinaire, lorsque Lafayette et Bailly, précédés d'un détachement de cavalerie, de trois pièces de canon et du drapeau rouge, accoururent à la tête de douze cents gardes nationaux. Ils furent accueillis par des huées : A bas le drapeau rouge! A bas les baïonnettes! Une grêle de pierres accompagne ces vociférations; un coup de feu est même dirigé sur les officiers municipaux. Bailly, toujours impassible, proclame la *loi martiale;* les séditieux ne répondent aux sommations qu'à coups de pierres. Force devait être à la loi. Lafayette ordonne de tirer en l'air, et les mutins se dispersent ; mais ils se rallient bientôt, et les troupes font alors un usage réel de leurs armes. Une trentaine de factieux restèrent, dit-on, sur la place ; mais on exagéra dans le premier moment le nombre des morts, et la terreur qu'inspira cet exemple sévère rétablit le calme pour quelques jours.

La constitution avait été acceptée par le roi ; l'assemblée législative vint remplacer les premiers députés. Dès lors c'en est fait de la monarchie, et les événements qui concourent à sa perte se pressent ici avec rapidité. Tandis que la guerre et l'émeute désolaient les provinces, la disette augmentait à Paris ; les jacobins et les écrivains démagogues excitaient le peuple à la révolte, et au milieu de la fermentation générale, les deux hommes qui, par leur influence sur la multitude, pouvaient encore sauver la monarchie, Bailly et Lafayette, s'étaient retirés. L'état des choses et des esprits faisait donc prévoir une catastrophe prochaine : il n'était besoin que d'une étincelle pour allumer un terrible incendie. Les partis révolutionnaires n'hésitèrent pas, et les répétitions de ce drame sanglant commencèrent Santerre, chef de bataillon de la garde nationale, brasseur de bière dans le faubourg Saint-Antoine; un nommé Alexandre, commandant du quartier Saint-Marceau ; un boucher du faubourg Saint-Germain, nommé Legendre, et d'autres agitateurs plus obscurs, prirent les ordres de leurs chefs et soulevèrent la populace. On annonça que le 20 juin, anniversaire du serment du jeu de Paume, les *bons citoyens* planteraient un mai en l'honneur de la liberté, et présenteraient, les armes à la main, une pétition à l'assemblée et au roi. La municipalité prit toutes les mesures nécessaires pour prévenir ces désordres, mais Pétion ne les fit exécuter qu'en partie, et la plupart des députés, malgré les efforts de leurs collègues, favorisèrent, par leur inaction, un mouvement qu'ils avaient excité. Le 20 juin, dès cinq heures du matin, les attroupements commencèrent dans les faubourgs, et tout ce peuple armé se réunit sur la place de la Bastille, d'où il se dirigea vers les Tuileries. En tête était Santerre avec quelques gardes nationaux et deux pièces de canon.

L'assemblée avait été avertir Rœderer, procureur de la commune, et l'on délibérait, lorsque le peuple, qui s'augmentait à chaque pas, demanda à présenter une pétition et à défiler devant les députés. Une violente discussion s'engagea; mais ceux qui avaient préparé ces désordres finirent par l'emporter, et l'assemblée décida que les pétitionnaires seraient admis à la barre. Il était d'ailleurs difficile de ne point céder à cette multitude exaltée, qui rugissait aux portes des Tuileries, et envahissait déjà les corridors de la salle. Un orateur des faubourgs, nommé Huguenin, prononça une adresse longue et diffuse, mais d'une audace inouïe, et forte de menaces et d'imprécations contre la cour. Le président, après avoir recommandé l'*obéissance aux lois*, accorda aux pétitionnaires la permission de défiler à la barre. Ce fut alors un terrible et singulier spectacle. Santerre, et l'un des brigands des 5 et 6 octobre, le marquis de Saint-Hurugues, parurent les premiers, le sabre à la main. Ils étaient suivis d'hommes armés de haches, qui portaient d'énormes tables sur lesquelles était inscrite la déclaration des droits de l'homme. Des femmes et des enfants dansaient autour de ces tables, en agitant des branches d'olivier et des piques; venaient ensuite les charbonniers, les forts de la Halle, des ouvriers de différentes classes, tous armés de sabres, de fusils, de piques, tous coiffés du fameux bonnet rouge; des bataillons de la garde nationale, qui essayaient d'arrêter le tumulte, puis une ignoble populace, qui hurlait le *ça ira*. On lisait sur d'immenses drapeaux : *La constitution ou la mort! A bas le veto! La nation et la loi! Avis à Louis XVI.* Des culottes déchirées étaient accrochées à de grandes perches, et les tribunes, en les apercevant, applaudissaient aux cris de *Vivent les sans-culottes!* brutale protestation du pauvre contre le riche. Enfin un homme déguenillé portait en haut d'une pique un cœur de veau avec cette inscription : *cœur d'aristocrate.* L'assemblée, qui regardait passer le cortége dans un morne silence, se leva tout entière à cette vue, et ordonna que cet affreux emblème fût détruit. On obéit; mais il reparut à la porte des Tuileries. Cette scène étrange et terrible dura trois heures, car plus de trente mille individus défilèrent devant les députés. Enfin Santerre vint remercier l'assemblée, et lui offrit un drapeau au nom du peuple.

La multitude se pressait contre les grilles du jardin des Tuileries, qui étaient fermées et défendues par la garde nationale. Le roi les fit ouvrir, et le peuple, défilant sous les fenêtres du palais, aux cris de *Vivent les sans-culotte! A bas le veto!* sortit par la porte du jardin qui donne sur le pont Royal, et vint, en traversant les guichets du Louvre, occuper la place du Carrousel. Il voulut pénétrer dans le château; mais des officiers municipaux le haranguèrent, et probablement il se fût retiré, si Santerre, qui sortait de l'assemblée, n'eût ranimé la fureur de cette multitude égarée. On l'en a du moins accusé, quoiqu'il s'écriât, dit-on : *Soyez témoins que je refuse de marcher dans les appartements du roi.* En ce moment deux officiers municipaux, soit par trahison, soit par lâcheté, ordonnèrent aux troupes qui défendaient l'entrée de livrer passage au peuple, qui envahit en un instant tout le château, enfonça les portes à coups de haches, et transporta, à force de bras, une pièce de canon jusqu'au premier étage. Le roi était dans la salle de l'*Œil-de-Bœuf* avec quelques fidèles serviteurs et cinq à six gardes nationaux. Il ordonne d'ouvrir et les furieux se précipitent en rugissant. On le respecte cependant, et ceux qui l'entourent le font placer dans l'embrasure d'une fenêtre, sur une chaise qu'on avait élevée sur une table. Le peuple criait : *Point de veto! Point de prêtres! A bas les aristocrates! Vive la nation! — Oui, vive la nation*, répond Louis XVI ; *je suis son meilleur ami. — Eh bien! prenez cela*, dit Legendre, en lui présentant un bonnet rouge. Le roi s'en couvre, et la multitude d'applaudir. Les acclamations redoublèrent lorsqu'un habitant des faubourgs, à moitié ivre, lui présenta à boire. Louis XVI, qui craignait depuis long-temps d'être empoisonné, n'hésita pas ; s'il faut en croire une gravure de l'époque, il but à la bouteille même, et la foule s'écria : *le roi boit!* Ce malheureux prince montra dans cette journée un courage et une fermeté d'âme admirables. A toutes les menaces, à toutes les demandes, il répondit d'un ton calme : *Ce n'est ni la forme ni le moment de rien obtenir de moi ; je ferai tout ce qu'exige la constitution.* Madame Élisabeth était seule de la famille auprès du roi. La pauvre reine n'avait pu parvenir jusqu'à lui ; elle était dans la salle du conseil, entourée de ses enfants et de quelques gardes nationaux, et le peuple défilait devant elle. Santerre essayait de la rassurer et recommandait le respect aux insurgés ; mais on entendait de temps en temps des vociférations contre l'*Autrichienne* ; sa fille à ses côtés pleurait à chaudes larmes, tandis que le jeune prince, coiffé d'un bonnet rouge, souriait avec la naïveté de son âge à cet étrange spectacle. A la nouvelle de ces désastres, la plupart des députés accoururent aux Tuileries et haranguèrent la multitude. Enfin, à six heures (il y avait déjà deux heures que le peuple avait envahi le château), Pétion arriva. « Ne craignez rien, dit-il au roi, vous êtes au milieu du peuple. » Louis XVI ne répondit à cette insolence que par un mouvement sublime : saisissant la main d'un de ceux qui l'entouraient, il la posa sur son cœur, en disant : « Voyez s'il bat plus vite qu'à l'ordinaire. » Pétion et Santerre engagèrent ensuite le peuple à se retirer. On leur obéit, et en moins d'une heure le château fut évacué.

L'insurrection du 20 juin causa une indignation générale; vingt mille citoyens demandèrent vengeance de l'outrage fait au roi. Tout peut-être n'était pas encore perdu, si le gouvernement eût agi avec autorité. Son inertie et l'approche d'une armée prussienne et autrichienne, commandée par le duc de Brunswick, irritèrent à la fois les esprits et encouragèrent les factieux, qui, prenant chaque jour une nouvelle audace, réclamaient hautement la déchéance de Louis XVI et l'établissement de la république. La fête de la fédération, qui n'avait pas été célébrée l'année précédente, par suite de l'affaire de Varennes, offrit un triste spectacle. « C'était plutôt, dit un écrivain contemporain, un appel au combat, qu'un pacte de citoyens jurant ensemble de se sacrifier pour la même cause. » Le roi, entouré d'un fort détachement de grenadiers, rentra au château, triste et abattu. La reine, qui redoutait un assassinat, le crut sauvé; mais lui, jugeant alors les événements à leur véritable point de vue, apercevait dans le lointain l'échafaud de Charles Ier. Il venait cependant de repousser les offres de Lafayette, qui voulait le sauver à tout prix.

Dès ce moment, les jacobins ne dissimulèrent plus leurs projets. Ils avaient déjà licencié l'état-major de la garde nationale, sous prétexte qu'il était *aristocrate*. Ils chassèrent les compagnies de grenadiers et de chasseurs qui formaient la partie saine de la bourgeoisie; ils firent fermer le club des Feuillants, c'est-à-dire des véritables amis de la constitution; ils éloignèrent de Paris les régiments de ligne et une partie des Suisses; enfin ils formèrent un *comité insurrectionnel*, qui, par son audace et sa déplorable activité, ne justifia que trop bien son titre. Ce fut le directoire secret des fédérés, soldats volontaires, composés des hommes les plus violents et les plus passionnés de toutes les parties de la France. Ils n'auraient dû rester à Paris que pendant la fête du 14 juillet, mais ils refusaient de gagner la frontière, *avant*, disaient-ils, *d'avoir écrasé les ennemis de l'intérieur*. Ils envahissaient chaque jour les tribunes de l'assemblée, et troublaient les séances par leurs menaces et leurs vociférations. Au reste, l'audace des jacobins en était arrivée à un degré inouï. Le 30 juillet, cinq cents fédérés de Marseille entrèrent à Paris. Le même jour, Santerre excita entre ces nouveaux alliés et les grenadiers des Filles-Saint-Thomas une rixe sanglante, qui fut le signal d'une action décisive.

Les sections de Paris s'étaient déclarées permanentes. Elles chargèrent Pétion de proposer en leur nom à l'assemblée la déchéance de Louis XVI. Le maire osa remplir cette mission, et aussitôt des pétitions arrivèrent de tous les côtés pour appuyer cette demande. La section de Mauconseil ne se borna pas à réclamer la déchéance : elle la prononça de sa pleine autorité. L'assemblée désapprouvait hautement cette conduite. La plupart de ses membres voulaient renverser le trône, mais d'une manière légale ; le peuple ne songeait qu'à l'insurrection. Plusieurs tentatives avaient déjà été faites. Le 26 juillet, le directoire des fédérés décida qu'on marcherait le jour même sur les Tuileries ; mais Pétion arrêta ce mouvement ainsi que celui du 30 juillet et du 4 août. Les jacobins résolurent de frapper un grand coup ; le 8 août, l'assemblée discuta la mise en accusation de Lafayette, qui fut acquitté. La populace irritée insulta et maltraita même les députés connus par leurs opinions modérées. Ce fut le prélude du drame sanglant dont Paris allait être le théâtre. Le lendemain, Rœderer, procureur-syndic du département, vint annoncer à l'assemblée que, si elle ne décrétait à l'instant même les mesures les plus énergiques, l'anarchie triomphait. La section des Quinze-Vingts avait décidé que si, dans le jour, l'assemblée ne prononçait pas la déchéance du roi, à minuit elle ferait sonner le tocsin et battre la *générale*. Cet arrêté avait été envoyé aux fédérés et aux quarante-sept autres sections, qui l'avaient toutes approuvé à l'exception d'une seule. Pétion fut appelé : il confirma la déposition de Rœderer, mais il assura qu'il avait pris les dispositions nécessaires pour prévenir le désordre. Les députés se séparèrent à sept heures, dans un trouble et une consternation inexprimables.

Aussitôt les sections se réunissent, et leurs chefs organisent l'insurrection. Danton jette dans une cave l'ignoble Marat, dont la lâcheté égalait la cruauté ; et montant à la tribune des Cordeliers, il appelle le peuple aux armes, tandis que Santerre et d'autres soulèvent les faubourgs. Les fédérés marseillais avaient reçu la veille cinq mille cartouches ; ils s'emparent de quelques canons et rallient autour d'eux une populace furieuse. Les jacobins se rendent au faubourg Saint-Antoine ; et, de concert avec les autres sections, ils cassent la commune et la remplacent par une municipalité insurrectionnelle. A minuit, le tocsin sonnait dans les quartiers de Paris : on n'entendait que des cris de mort et le cliquetis des armes. Cependant, les conspirateurs étaient si incertains du succès, que le Marseillais Barbaroux s'était assuré les moyens de fuir en cas de non-réussite, et s'était pourvu de poison.

La cour avait de faibles ressources : elle pouvait compter au plus sur deux bataillons de la garde nationale, et ses troupes se bornaient à huit ou neuf cents Suisses. Un grand nombre de gentilshommes s'étaient rendus en armes au château ; mais ils avaient été mal accueillis par les soldats citoyens. La division était donc déjà parmi les défenseurs de la royauté. On fit cependant toutes les dispositions possibles ; et le commandant-général de la garde nationale, qui était de service ce jour-là, obtint de Pétion l'ordre formel, et par écrit, de repousser la force par la force. C'était un ancien militaire nommé Mandat. La commune insurrectionnelle redoutait son courage et ses talents ; elle lui donna l'ordre, à quatre heures du matin, de comparaître à l'Hôtel de-Ville. Mandat, qui ignorait le changement de municipalité, s'y rend aussitôt. On l'entoure, on l'accuse d'avoir ordonné à ses troupes de tirer sur le peuple. Mandat se trouble ; il est envoyé à l'Abbaye, et en sortant, la populace l'assassine sur les marches de l'Hôtel-de-Ville. Santerre est nommé à sa place commandant de la garde nationale.

La mort de Mandat fut une grande perte pour le roi dans un pareil moment. Quelques hommes de cœur étaient d'avis d'attaquer subitement les insurgés, qui étaient encore dans une confusion inexprimable. Mais Louis XVI n'avait que le courage de la dignité ; il avait refusé la veille de s'enfuir ; pour éviter une guerre civile, il refusa d'employer la force le premier et s'obstina à rester dans les limites de la légalité. Le peuple entoura toutes les avenues du château vers cinq heures du matin. Le roi, qui avait veillé toute la nuit, fit alors venir Rœderer. Le procureur-syndic de la commune était resté au château ; la reine lui demanda son avis sur le parti qu'il fallait prendre ; Rœderer lui répondit qu'il lui semblait nécessaire que le roi et la famille royale se rendissent à l'assemblée nationale. Marie-Antoinette s'y refusa d'un ton positif. — « Monsieur, répondit-elle, il y a ici des forces ; il est temps enfin de savoir qui l'emportera du roi et de la constitution, ou de la faction. » Puis se tournant vers Louis XVI : « Sire, c'est le moment de vous montrer. » On dit même qu'elle arracha un pistolet des mains d'un des gentilshommes présents, et qu'elle le lui présenta. Si le roi avait eu la même audace, peut-être y avait-il pour lui des chances de succès.

Louis XVI descendit dans les cours pour passer la revue de ses défenseurs. Les grenadiers des Filles-Saint-Thomas, le bataillon des Petits-Pères et les Suisses l'accueillirent avec enthousiasme ; il entendit pour la dernière fois les cris de *vive le roi!* mais les grenadiers de la garde nationale et d'autres bataillons crièrent *vive la nation! A bas le veto! A bas le traître!* Bientôt ils tournèrent leurs canons contre le château et se réunirent aux insurgés. La reine perdit courage. « Tout est perdu, dit-elle : cette espèce de revue a fait plus de mal que de bien. » On entendait les rumeurs menaçantes du peuple, et l'on voyait des fenêtres du conseil l'artillerie des fédérés marseillais et bretons. On avait pillé l'Arsenal, et plus de trente mille hommes armés entouraient le château. Rœderer voyant que l'assemblée n'était pas en nombre pour délibérer et prêter assistance au roi, s'adressa à la multitude et à la garde nationale, et les conjura de prévenir de grands désastres. Il ne fut pas écouté. Il était huit heures ; un officier municipal se précipite dans la salle du conseil, et annonce que les colonnes des insurgés vont commencer l'attaque. — « Eh bien ! que veulent-ils donc ? dit le ministre de la justice. — La déchéance, répond le municipal. — Que l'assemblée prononce donc ! — Mais après cette déchéance, dit la reine, qu'arrivera-t-il ? » L'officier s'inclina sans rien répondre. En ce moment Rœderer arriva. — « Sire, dit-il, votre Majesté n'a pas cinq minutes à perdre ; il n'y a de sûreté pour elle que dans l'assemblée nationale ; l'opinion du département est qu'elle s'y rende sans délai ; vous n'avez pas dans les cours un nombre d'hommes suffisant pour la défense du château ; leur volonté n'est pas non plus bien disposée ; les canonniers, à la seule recommandation de la défensive, ont déchargé leurs canons. » Quoi qu'on en ait dit, le parti proposé par les membres du département était le plus sage. Quelques heures auparavant on pouvait arrêter l'insurrection ; en ce moment il était trop tard. La reine repoussa cependant cette proposition avec la plus grande violence. — « Vous voulez donc, Madame, répliqua Rœderer, vous rendre coupable de la mort du roi, de celle de votre fils, de votre fille, de la vôtre même ? Vous voulez donc voir périr tout ce qui vous est cher, toutes les personnes enfin qui sont ici rassemblées pour vous défendre ? » Le roi, après avoir regardé fixement le procureur-syndic pendant quelques secondes, se leva, et se tournant vers la reine, « Marchons, » dit-il. — « Monsieur Rœderer, ajoute madame Elisabeth, vous répondez de la vie du roi ? — Oui, Madame, sur la mienne ; je marcherai immédiatement devant lui. »

Louis XVI et sa famille se placèrent au milieu d'un détachement de Suisses et de gardes nationaux, et se dirigèrent vers l'assemblée. Les gentilshommes et les serviteurs du château voulaient l'accompagner, Rœderer s'y opposa : il craignait que la vue des *aristocrates* n'augmentât la fureur du peuple. — « *Nous reviendrons bientôt ; restez,* » leur dit la reine d'un ton affectueux. La multitude qui avait envahi la terrasse des Feuillants accueillit l'illustre famille par des cris de mort. Mais, protégée par une députation de l'assemblée, elle parvint à se réfugier dans la salle. « Messieurs, dit le roi, je suis venu ici pour épargner un grand crime ; je me croirai toujours en sûreté avec ma famille au milieu des représentants de la nation. » — « Sire, répondit Vergniaud, qui occupait le fauteuil de la présidence, l'assemblée nationale connaît tous ses devoirs ; elle regarde comme un des plus chers le maintien de toutes les autorités constituées ; elle demeurera ferme à son poste ; nous saurons tous y mourir. » Louis XVI s'était assis à côté du président ; mais sur l'observation que, aux termes de la constitution, on ne pouvait délibérer en présence du roi, on le pria de passer, avec les ministres et sa famille, dans la loge des rédacteurs du *Logotachigraphe*. En ce moment, Rœderer parut à la barre de l'assemblée, et annonça que le peuple attaquait le château. Le bruit du canon retentit et vint jeter dans tous les esprits la consternation et l'effroi.

Le départ du roi avait désorganisé la défense des Tuileries. Les gardes nationaux se croyant abandonnés se retirèrent ou se mirent du côté des assaillants. La gendarmerie quitta son poste aux cris de *vive la nation !* et se réunit aux fédérés. Il ne restait plus que les Suisses et quelques partisans fidèles de la royauté. Ils se retirent dans l'intérieur du château et attendent les événements. A neuf heures, les Marseillais et les Bretons, commandés par un ami de Danton, Westermann, homme de talent et de résolution, forcent la porte royale, sur le Carrousel, et envahissent la cour. Les uns voulaient fraterniser avec les Suisses, d'autres proféraient des cris de mort; mais pas un seul coup de fusil n'avait encore été tiré. Ce fut dans le vestibule que le combat s'engagea, sans qu'on ait jamais pu savoir de quel côté commença l'agression. Les Suisses se battirent avec un tel acharnement et firent un feu si meurtrier, que bientôt les insurgés furent en déroute. Les rues, les quais n'étaient encombrés que de fuyards, et la nouvelle du succès des Suisses, annoncée à la barre de l'assemblée, terrifia les chefs du complot. Si en ce moment le roi et les Girondins avaient pris un parti décisif, tout changeait; mais Louis XVI, faible et indécis, céda à ses scrupules, aux prières peut-être intéressées de quelques députés, et il ordonna aux Suisses des Tuileries de cesser le feu. Un pareil ordre fut donné aux troupes qui accouraient de Rueil.

Les assaillants s'étaient ralliés; ils revinrent bientôt au combat avec une nouvelle ardeur. Un assez grand nombre de Suisses se retirèrent avec M. d'Hervilly, qui avait apporté la défense de faire feu. Mais ceux qui étaient dans les escaliers ou dans les appartements ne purent les suivre, et furent enveloppés par la multitude qui avait envahi le château. Ce ne fut plus alors qu'une scène de désolation. Les Tuileries sont mises à feu et à sang : ses braves défenseurs sont impitoyablement massacrés; tout est pillé, saccagé. Quelques actes d'humanité et de désintéressement, mais en petit nombre, signalèrent cette sanglante journée. On sauva les dames d'honneur de la reine, et l'on fusilla sur la place Vendôme certains individus convaincus de vol. Jusqu'à huit heures du soir, le peuple ne cessa pas de *travailler*, suivant l'expression des jacobins, aux cris de *Vive la nation!* et sans les prompts secours donnés par ordre de l'assemblée, les Tuileries eussent été complétement incendiées.

Dès onze heures du matin, la multitude s'était précipitée dans la salle de l'assemblée, et ses acclamations avaient annoncé à tout Paris que le sort de la monarchie était décidé. Une députation de la commune insurrectionnelle, présidée par Danton, et précédée de trois bannières, sur lesquelles étaient ces mots : *Patrie, liberté, égalité*, se présenta à la barre. Elle demanda ou plutôt elle ordonna la déchéance du roi. D'autres députations appuyèrent le discours de Danton avec une telle violence, que l'assemblée dut céder. « Je viens avec douleur, dit Vergniaud, vous proposer une mesure bien rigoureuse ; » et aussitôt on rend le fameux décret qui suspendait provisoirement de ses fonctions le *chef du pouvoir exécutif*, et convoquait une convention nationale. L'assemblée se déclare en permanence, et adopte les mesures que réclamaient les circonstances. Trois girondins, qui avaient été renvoyés du ministère par la cour, y sont rappelés : Roland, au département de l'intérieur ; Servan, à celui de la guerre ; Clavière, à celui des finances ; Danton est nommé ministre de la justice ; Lebrun et Monge, des affaires étrangères et de la marine. Le sceau de l'Etat est changé ; il portera désormais la figure de la liberté, armée d'une pique, surmontée du bonnet de la liberté, et, pour légende : *Au nom de la nation française*. La formation d'un camp sous Paris est adoptée, et des commissaires investis de pleins pouvoirs sont envoyés aux armées. L'assemblée ne se sépare qu'à trois heures du matin.

A une heure, la famille royale, qui resta pendant quinze heures exposée aux outrages et aux humiliations des vainqueurs, fut transférée dans les cellules de l'ancien couvent des Feuillants. Elle assista aux séances de l'assemblée jusqu'au 13 août, et fut ensuite enfermée au Temple. Les députés avaient ordonné sa translation au palais du Luxembourg ou à l'hôtel du ministre de la justice ; mais la commune, qui était toute-puissante, ne voulut point y consentir, sous prétexte qu'elle ne pourrait répondre de la personne du roi.

La commune, qui avait fait le 10 août et qui voulait en profiter, ne songeait qu'à annihiler tous les pouvoirs. L'assemblée ne fut bientôt plus qu'*un moule à décrets et à proclamations*, l'instrument de la commune et des vengeances populaires. Le parti vainqueur fit abattre toutes les statues des rois, effacer tous les emblèmes de la monarchie, et obtint l'établissement d'un tribunal extraordinaire pour juger *les conspirateurs du 10 août, et autres crimes y relatifs, circonstances et dépendances*. Ce tribunal, composé de Marat, Collot-d'Herbois, Billaud-Varennes, Tallien, et autres *enragés*, suivant l'expression de Danton, jugeait sans appel ; mais ces formes juridiques ne convenaient pas à la commune, qui adopta un moyen plus expéditif. L'armée prussienne, commandée par le duc de Brunswick, avait franchi les frontières et s'était emparée de Longwy ; elle s'avançait sur Verdun, et cette ville une fois prise, les ennemis n'étaient qu'à quarante lieues de la capitale : la terreur fut à son comble. Ce qui ne peut excuser les incroyables atrocités de cette époque, mais ce qui les explique, c'est que les jacobins redoutaient autant le parti royaliste que les Prussiens. A la nouvelle des succès de ces derniers, tous les citoyens coururent aux armes, au milieu d'un enthousiasme général; mais il fallait, dit-on, frapper d'abord les *traîtres* qui conspiraient secrètement et se préparaient à soutenir les armées étrangères. Danton eut l'effroyable audace d'expliquer à ses collègues et au *comité de défense* ce système atroce, dicté par la peur et la colère : « Le 10 août, disait-il, a divisé la France en deux partis, dont l'un est attaché à la royauté, et l'autre veut la république. Celui-ci, dont vous ne pouvez vous dissimuler l'extrême minorité dans l'État, est le seul sur lequel vous puissiez compter pour combattre; l'autre se refusera à marcher; il agitera Paris en faveur de l'étranger, tandis que nos défenseurs, placés entre deux feux, se feront tuer pour le repousser. Il est un directoire royal qui siège secrètement à Paris et correspond avec l'armée prussienne. Vous dire où il se réunit, qui le compose, serait impossible aux ministres; mais pour le déconcerter et empêcher sa funeste correspondance avec l'étranger, *il faut....., il faut faire peur aux royalistes.* » Tous les honnêtes gens furent effrayés de ces paroles, qui n'étaient point sans portée dans la bouche d'un Danton.

La commune ordonne aussitôt que les barrières soient fermées, et elle procède en grand appareil à *l'arrestation des mauvais citoyens qui se cachaient depuis le 10 août.* Douze à quinze mille individus, que leurs opinions royalistes ou modérées rendaient suspects, sont jetés dans les prisons. En même temps trente mille Parisiens, enrégimentés au Champ-de-Mars, partent pour la frontière. Mais la nouvelle de la prise de Verdun arrive dans la nuit du 1er au 2 septembre, et la commune épouvantée n'hésite plus: elle ordonne aux brigands, connus sous le nom de *septembriseurs*, et commandés par quelques hommes audacieux et sanguinaires, de préparer leurs armes. Le dimanche 2 septembre, le tumulte et la consternation régnaient à Paris; la commune seule avait l'énergie du crime. Danton se rend à l'assemblée : « Le canon que vous allez entendre, dit-il, n'est point le canon d'alarme, c'est le pas de charge sur les ennemis de la patrie : pour les vaincre, pour les atterrer, que faut-il? *de l'audace, encore de l'audace, toujours de l'audace!*

A deux heures, le tocsin sonne à Saint-Germain-l'Auxerrois, on bat la générale, on tire le canon d'alarme, les barrières sont fermées. *Les braves travailleurs, qui délivrent la nation de ses ennemis*, se mettent à l'œuvre. Ivres de fureur et de vin, ils massacrent vingt-quatre prêtres qu'on transférait à l'abbaye pour n'avoir point voulu prêter serment. Billaud-Varennes, membre du conseil de la commune, vient encourager les assassins : « *Peuple*, s'écrie-t-il, *tu immoles tes ennemis, tu fais ton devoir. — Il n'y a plus rien à faire ici*, ajoute Maillard, *allons aux Carmes.* » Et les brigands se ruent vers cet ancien couvent, où deux cents prêtres étaient renfermés. Tous sont égorgés. Maillard et ses complices retournent ensuite à l'Abbaye, dont ils enfoncent les portes; et, par une sanglante dérision, ils érigent un tribunal. Chaque prisonnier subit une sorte d'interrogatoire, puis le président ajoute : *Conduisez monsieur à la Force*; et le malheureux, jeté hors du guichet, est mis en pièces par les bourreaux qui l'attendent à la porte. Les mêmes scènes avaient lieu au Châtelet, à la Force, à la Conciergerie, aux Bernardins, à Saint-Firmin (1), à la Salpêtrière, à Bicêtre. La multitude se rendit à cette dernière avec sept pièces de canon.

On s'étonne avec raison que ces massacres aient été exécutés avec tant de sécurité. Où étaient la garde nationale, le ministère, l'assemblée? Tous étaient consternés, et leurs efforts pour arrêter les assassins furent inutiles ; la toute-puissante commune payait et protégeait les *septembriseur*, qui ne cessèrent de *travailler*, le jeudi 6, que lorsque les prisons furent vides. On évalue le nombre des morts, pendant ces désastreuses journées, de six à douze mille. Parmi les innocentes et illustres victimes de la fureur populaire était la princesse de Lamballe, si célèbre par sa beauté et l'amitié que lui portait la reine. Elle comparut à la Force, devant les bourreaux qui formaient le tribunal. « Faites serment, lui dit-on, d'aimer la liberté et l'égalité, faites serment de haïr le roi, la reine et la royauté. — Je ferai le premier serment, je ne puis faire le second, il n'est pas dans mon cœur. — Qu'on *élargisse* madame! » Cette infortunée princesse tombe aussitôt percée de mille coups; son corps est mutilé, mis en lambeaux; sa tête, son cœur, portés au haut d'une pique, sont promenés dans Paris. *Au Temple!* s'écrie la multitude ; et le terrible cortége se précipite vers la prison royale. La commune avait fait tendre, sur le seuil, un ruban tricolore. Le peuple s'arrêta avec respect ; il n'osa pas forcer les portes ; mais cet obstacle redoubla sa fureur, et il demanda à grands cris le roi et la reine, pour leur montrer la tête de leur favorite que, par un raffinement de barbarie, on avait frisée et poudrée avec soin. Un officier municipal voulait amener à la fenêtre les prisonniers, un autre s'y opposa. Un garde national dit enfin à la reine : « C'est la tête de Lamballe qu'on ne veut pas vous laisser voir. » A ces mots, la reine s'évanouit. Interrogé dans la suite sur le nom du municipal qui l'avait pressé de se mettre à la fenêtre, Louis XVI répondit avec noblesse : *Je ne me souviens que du nom de celui qui m'en a empêché.*

Au milieu de ces horreurs, l'historien est heureux de citer quelques traits de courage et de dévouement. Le vénérable instituteur des Sourds et Muets, l'abbé Sicard, était entouré d'assassins : il allait tomber sous leurs coups ; l'un de ses amis se jette sur lui et le couvre de son corps : « Vous n'arriverez à lui, s'écrie-t-il, qu'en marchant sur mon cadavre. »

(1) Voy. *Séminaire Saint-Firmin.*

Et Sicard est sauvé. La fille de Cazotte conserva, par son héroïque courage, les jours de son père ; et mademoiselle de Sombreuil eut le même bonheur, mais on la força de boire du *sang des aristocrates*.

La commune, ayant terminé sa *besogne* à Paris, envoya, dans les départements, une adresse dont Marat fut l'un des signataires, et dans laquelle on engageait la nation à adopter *ce moyen si utile et si nécessaire*. Quelques assassinats eurent lieu ; à Versailles, cinquante prisonniers, et parmi eux se trouvaient deux anciens ministres, furent massacrés par le peuple ameuté. L'assemblée, indignée, sortit enfin de sa stupeur. « Il est temps de briser ces chaînes honteuses, d'écraser cette nouvelle tyrannie, s'écria Vergniaud dans une admirable improvisation ; il est temps que ceux qui ont fait trembler l'homme de bien tremblent à leur tour. » Mais ce fut le dernier acte de cette assemblée législative qui, placée dans des circonstances difficiles, ne montra ni courage ni énergie. Les révolutionnaires modérés avaient été *débordés* par la commune.

Le 28 septembre 1792, la convention nationale entra en séance. Dominée par les jacobins, qui occupaient le haut de la gauche, d'où leur vient le nom de *Montagnards*, l'assemblée décréta l'abolition de la royauté et l'établissement de la république. Enfin, malgré les efforts des *Modérés*, si célèbres dans l'histoire sous le nom de *Girondins*, elle déclara que Louis XVI serait jugé. Cette décision ne fut prise qu'après une violente discussion. Robespierre et Saint-Just voulaient que la convention déclarât Louis XVI *traître envers les Français, criminel envers l'humanité, et qu'elle le condamnât sur-le-champ à mort en vertu de l'insurrection*. Le 11 décembre, l'illustre prisonnier fut amené à la barre de l'assemblée. L'interrogatoire fut fort long et fort partial ; Louis répondit à toutes les accusations avec beaucoup de calme et de présence d'esprit. Lorsque le président lui dit : *Vous avez fait couler le sang du peuple au 10 août*, il s'écria d'une voix forte : « Non, monsieur, ce n'est pas moi. » A six heures il fut reconduit au Temple ; après avoir demandé un conseil, on le lui accorda. Tronchet et Malesherbes, qui s'associèrent un jeune avocat, de Sèze, vinrent travailler chaque jour avec le roi. Il examinait les dossiers avec la plus grande tranquillité. « J'en suis sûr, ils me feront périr, disait-il ; mais n'importe, occupons-nous de mon procès, comme si je devais le gagner ; et je le gagnerai, en effet, parce que ma mémoire sera sans tache. Enfin, le 25 décembre, dernier terme accordé à Malesherbes et à ses nobles amis, la défense fut terminée. Le roi resta seul une partie de la journée pour se préparer à la mort, dont il pressentait l'approche, et ce fut alors qu'il écrivit cet admirable testament, protestation solennelle d'un honnête homme et d'un bon roi au pied de l'échafaud.

Le lendemain, à neuf heures et demie du matin, Louis XVI fut amené sous bonne escorte aux Feuillants. Il parut devant la convention, avec

LOUIS XVI.

Malesherbes, Tronchet, de Sèze, le maire de Paris et Santerre. Sa physionomie était calme et pleine de dignité. « Louis, dit le président, la convention a décrété que vous seriez définitivement entendu aujourd'hui. — Mon conseil, répondit-il, va vous lire ma défense. » Le plaidoyer de de Sèze est admirable de raisonnement et de noblesse. C'est l'éloquence de la probité. Plus d'un député dut frémir à ces énergiques paroles : *Je cherche parmi vous des juges, et je n'y vois que des accusateurs.* Louis ajouta quelques mots au discours de son défenseur; il repoussa avec énergie l'accusation d'avoir fait couler le sang de ses sujets au 10 août. A cinq heures du soir il fut reconduit au Temple.

Un silence morne avait accueilli la défense de Louis XVI; mais lorsque l'illustre prisonnier se fut retiré, alors éclata la tempête. Duhem et quelques autres forcenés demandent qu'on accélère le jugement; mais Lanjuinais s'élance à la tribune et déclare qu'ils ne peuvent rester à la fois *juges, applicateurs de la loi, accusateurs, jurés d'accusation, jurés de jugement.* « Moi, et plusieurs de mes collègues, dit-il en terminant, aimons mieux mourir que de condamner à mort avec la violation des formes, même le tyran le plus abominable. » Cette courageuse profession de foi ne fit qu'augmenter le tumulte, et le président fut obligé de se couvrir. Enfin on décréta que la discussion était ouverte, et que la convention jugerait Louis XVI, toutes affaires cessantes. Ce fut un moment solennel. « On allait résoudre, dit un historien moderne, par un acte de justice ou par un coup d'État, si l'on reviendrait au régime légal, ou si l'on prolongerait le régime révolutionnaire. Le triomphe des girondins ou des montagnards se trouvait dans l'une ou l'autre de ces solutions. » La discussion, commencée le 27 décembre 1792, ne se termina que le 7 janvier 1793. Toutes les opinions avaient été soutenues avec une violence et un acharnement inexprimables. Un homme, qui s'était distingué dans l'assemblée constituante, et qui nous a laissé quelques belles pages sur cette époque, Rabaud-Saint-Étienne, fit entendre du haut de la tribune des paroles prophétiques : « Ce peuple de Londres, s'écria-t-il, qui avait tant pressé le supplice du roi, fut le premier à maudire ses juges et à se prosterner devant son successeur. Lorsque Charles II monta sur le trône, la ville lui donna un superbe repas, le peuple se livra à la joie la plus extravagante, et il courut assister au supplice de ces mêmes juges que Charles immola depuis aux mânes de son père. Peuple de Paris, parlement de France, m'avez-vous entendu? » Les girondins, qui voulaient sauver Louis XVI, ne montrèrent point assez de courage dans une cause qui, après tout, était la leur ; car la mort du roi devait être le signal de la *terreur* et du triomphe de leurs adversaires. Ils ne répondirent aux effroyables déclamations de Robespierre et de Saint-Just, qu'en proposant l'appel au peuple, moyen inefficace qui aurait excité la guerre civile dans toutes les parties du royaume.

Enfin, après de longs débats, le président présenta aux votes de ses collègues les trois questions suivantes : *Louis Capet est-il coupable de conspiration contre la liberté de la nation, et d'attentat contre la sûreté générale de l'État? — Le jugment, quel qu'il soit, sera-t-il envoyé à la sanction du peuple? — Quelle peine lui sera-t-il infligée?* La réponse à la première question fut affirmative à l'unanimité. Quant à la seconde, deux cent quatre-vingt-quatre voix votèrent pour; quatre cent vingt-quatre la repoussèrent. Le 16 janvier, la convention se réunit pour décider du sort de Louis XVI. Le trouble et la consternation régnaient dans Paris. On disait qu'il s'était formé une conspiration pour enlever du Temple la famille royale, et les jacobins déclaraient qu'ils termineraient ce procès *révolutionnairement*. Après avoir pris toutes les mesures nécessaires pour rétablir l'ordre, la convention décida que la séance serait permanente jusqu'à ce que l'arrêt eût été rendu. Il était alors sept heures et demie du soir. Ce fut un spectacle terrible. Chaque député dont le nom sortait de l'urne, montait à la tribune et proclamait à haute voix son vote, que les tribunes accueillaient par des applaudissements ou des imprécations. Les esprits se troublèrent; d'honnêtes gens exprimèrent, sans le vouloir, un sentiment dont ils avaient horreur. Le lendemain 17, à sept heures du soir, le président se leva : « Citoyens, dit-il, je vais proclamer le résultat du scrutin. Vous allez exercer un grand acte de justice : j'espère que l'humanité vous engagera à garder le plus profond silence. Quand la justice a parlé, l'humanité doit avoir son tour. L'assemblée se compose de sept cent quarante-neuf membres. Quinze membres se sont trouvés absents par commission, sept par maladie, un sans cause, cinq non votants, en tout vingt-huit. Le nombre restant est de sept cent vingt-un, la majorité absolue est de trois cent soixante-un. Deux ont voté pour les fers, deux cent vingt-six pour la détention et le bannissement à la paix, ou pour le bannissement immédiat, ou pour la réclusion, et quelques uns y ont ajouté la peine de mort conditionnelle, si le territoire était envahi; quarante-six pour la mort avec sursis, soit après l'expulsion des Bourbons, soit à la paix, soit à la ratification de la constitution. Trois cent soixante-un ont voté pour la mort; vingt-six pour la mort, en demandant une discussion sur le point de savoir s'il conviendrait à l'intérêt public qu'elle fût ou non différée, et en déclarant leur vœu indépendant de cette demande. — Ainsi, pour la mort sans condition, trois cent quatre-vingt-sept; pour la détention, le bannissement ou la mort conditionnelle, trois cent trente-quatre. — Je déclare donc, au nom de la Convention nationale, que la peine qu'elle prononce contre Louis Capet est celle de la mort. »

Les trois défenseurs de Louis XVI se présentèrent ensuite. Ils apportaient une déclaration du monarque, qui en appelait à la nation du jugement de ses représentants. On passa à l'ordre du jour sur leurs réclamations. Les girondins espéraient encore sauver le roi en demandant un sursis, mais ils échouèrent, malgré leurs courageux efforts ; et le 20 janvier, à trois heures du matin, le président déclara que le sursis était rejeté à la majorité de trois cent quatre-vingts voix sur trois cent dix. Louis XVI reçut la signification de son arrêt de mort avec calme et dignité ; il demanda seulement trois jours pour se préparer à mourir, un confesseur qu'il désigna, et la permission de s'entretenir avec sa famille avant ses derniers moments. La Convention refusa le sursis, mais elle consentit aux deux dernières demandes. A six heures du soir, le respectable ecclésiastique choisi par le malheureux prince, M. Edgeworth de Firmont, fut amené au Temple ; Louis XVI s'entretint avec lui, et à huit heures il passa dans la salle à manger, qui était fermée par une porte vitrée, derrière laquelle les officiers municipaux observaient tous ses mouvements. Quelque temps après, la reine, ses enfants et madame Élisabeth vinrent l'y rejoindre. Il ne les avait pas vus depuis long-temps. Ce fut un moment cruel. Lorsqu'il fallut se séparer, le désespoir fut au comble. Enfin, Louis parvint à s'arracher des bras de ses enfants, en leur promettant de les revoir le lendemain à huit heures ; mais lorsqu'il fut rentré dans son appartement, il sentit que cette nouvelle épreuve serait trop forte pour tous, et il ne songea plus qu'à se préparer à la mort. M. Edgeworth ne le quitta que vers minuit.

Le lendemain 21 janvier, à cinq heures du matin, lorsque le fidèle Cléry vint réveiller son maître, suivant l'ordre qu'il en avait reçu, il le trouva profondément endormi. Louis se lève aussitôt, entend la messe, reçoit la communion des mains de M. Edgeworth, et attend avec calme l'escorte qui doit le mener à l'échafaud. Il remercie affectueusement Cléry de ses services, et lui remet son anneau de mariage, un cachet de montre et quelques cheveux. « Vous remettrez, dit-il, la bague à ma femme ; vous lui direz que si je ne l'ai pas fait descendre ce matin, comme je le lui avais promis hier, c'est pour éviter ce qu'aurait eu de cruel le moment de la séparation ; je lègue le cachet à mon fils. » Il était neuf heures. Le bruit des tambours et des canons annonce l'arrivée de Santerre, qu'accompagne une députation de la commune, du département et du tribunal criminel. Louis se lève et demande la permission de parler quelques minutes à son confesseur. Ce court entretien terminé, il présente son testament à un officier municipal, en le priant de le transmettre à la commune. Ce municipal était un ancien prêtre, nommé Jacques Roux, qui lui répondit brutalement : « Je n'ai d'autre mission que de vous conduire à l'échafaud. — Cela est juste, » répliqua le roi ; et il remet les papiers à un autre officier. « Je vous demande, dit-il ensuite aux commissaires, de recommander à la commune les personnes qui ont été à mon service, et de la prier de vouloir bien placer

Cléry auprès de la *reine*, » et se reprenant aussitôt, « *auprès de ma femme.* » Puis, se retournant vers Santerre, il dit d'une voix ferme : *Marchons!*

La voiture qui le mena à la place Louis XV était entourée de forts détachements de cavalerie et d'un grand nombre de canons. Plus de quarante mille hommes étaient en armes, le long de la route; toutes les mesures avaient été prises, en un mot, pour prévenir un mouvement en faveur du malheureux monarque, car les révolutionnaires, effrayés de leur audace, n'étaient point encore certains du succès. Un grand nombre de députés n'avaient condamné Louis XVI que par surprise, pour ainsi dire, par crainte de la populace, ou pour éviter la guerre civile; la saine partie du peuple était morne et attérée, mais nul doute qu'elle n'eût renversé l'échafaud si elle avait été dirigée. Un sinistre événement redoublait les craintes et les soupçons des jacobins : le conventionnel Le Peltetier de Saint-Fargeau, qui avait voté la mort du roi, avait été assassiné, la veille, par un ancien garde-du-corps nommé Pâris, chez Février, restaurateur au Palais-Royal. Mais aucune démonstration hostile n'eut lieu pendant le trajet, qui dura plus d'une heure.

Le roi et M. Edgeworth étaient assis dans le fond de la voiture; sur le devant étaient deux gendarmes. Louis XVI était vêtu d'un habit puce, d'une veste blanche et d'une culotte grise, un chapeau rond cachait ses traits à la multitude; mais lorsqu'il levait les yeux, on voyait que sa physionomie n'était nullement altérée, et cet admirable courage se soutint jusqu'au pied de l'échafaud. Il se déshabilla lui-même ; mais il repoussa les valets du bourreau, qui voulaient achever l'horrible *toilette* et lui lier les mains (1). M. Edgeworth lui dit: « Souffrez cet outrage

---

(1) Il reste, dit M. de Chateaubriand, un étrange monument du courage de Louis XVI; monument pour ainsi dire aussi infernal que le testament de ce monarque est divin. Le ciel et la terre se sont entendus pour louer leur victime, je veux parler de la lettre de Sanson, bourreau à Paris. » Un journal du temps, *le Thermomètre*, ayant publié un récit inexact de la mort de Louis XVI, Sanson réclama contre cette relation qu'il déclarait de toute fausseté. Le rédacteur invita le bourreau à lui envoyer quelques renseignements. Voici la lettre de Sanson, avec toutes les fautes d'orthographe, *c'est un original auquel il n'est pas permis de toucher.* « Citoyen, un voyage d'un instant a été la cause que je n'ais pas eu l'honneur de répondre à l'invitation que vous me faite dans votre journal au sujet de Louis Capet. Voici suivant ma promesse l'exacte vérité de ce qui s'est passé. Descendant de la voiture pour l'exécution, on lui a dit qu'il falait ôter son habit. Il fis quelques difficultés, en disant qu'on pouvait bien l'exécuter comme il étoit. Sur la représentation qu'on lui fit que la chose étoit impossible, il a lui-même aidé à ôter son habit. Il fit encore la même difficulté lorsqu'il s'est agit de lui lier les mains, qu'il donna lui-même lorsque la *personne* qui l'accompagnait lui eut dit que c'étoit un dernier sacrifice. Alors ? il s'informa sy les tambour batteroit toujour; il lui fut répondu que l'on n'en savoit rien, et c'étoit la vérité. Il monta l'échaffaud et voulut foncer sur le devant comme voulant parler. Mais? on lui représenta que la chose était impossible encore ; il se laissa alors conduire à l'endroit où on l'attachat, et où il

comme une dernière ressemblance avec le Dieu qui va être votre récompense. » Alors il se laissa attacher et monta d'un pas ferme les degrés de l'échafaud, après avoir reçu la bénédiction du vertueux prêtre, qui ajouta, en lui jetant un dernier regard : *Fils de saint Louis, montez au ciel..* A peine arrivé au haut de l'échelle, Louis s'avança sur le devant de l'estrade, et faisant signe qu'il voulait parler : « Français, dit-il, je meurs innocent ; je pardonne à mes ennemis, je désire que ma mort..... » Un roulement de tambours, ordonné par Santerre, empêcha le peuple d'en entendre davantage. Les bourreaux s'emparèrent du roi, et à dix heures un quart il avait cessé de vivre. L'un des valets de l'exécuteur saisit la tête par les cheveux et la montra à la multitude, qui fit retentir les airs des cris mille fois répétés de *vive la nation! vive la république!* Mais ces manifestations ne partaient que de la lie du peuple, les honnêtes gens étaient frappés de terreur.

« Ainsi périt, dit M. Mignet, à l'âge de trente-neuf ans, après un règne de seize ans et demi, passé à chercher le bien, le meilleur mais le plus faible des monarques. Ses ancêtres lui léguèrent une révolution. Plus qu'aucun d'eux, il était propre à la prévenir ou à la terminer ; car il était capable d'être un roi réformateur avant qu'elle éclatât, ou d'être ensuite un roi constitutionnel. Il est le seul prince, peut-être, qui, n'ayant aucune passion, n'eut pas celle du pouvoir, et qui réunit deux qualités qui font les bons rois : la crainte de Dieu et l'amour du peuple. Il périt victime des passions qu'il ne partageait pas ; de celles de ses alentours qui lui étaient étrangères, et de celles de la multitude qu'il n'avait pas excitées. Il y a peu de mémoires de rois aussi recommandables. L'histoire dira de lui qu'avec un peu plus de force d'âme, il eût été un roi unique. »

s'est écrié très haut : « Peuple, je meurs innocent. » Ensuite se retournant vers nous, il nous dit : Messieurs, je suis innocent de ce dont on m'inculpe, je souhaite que mon sang puisse cimenter le bonheur des François. » Voilà, citoyen, ses dernières et ses véritables paroles. L'espèce de petit débat qui se fit au pied de l'échaffaud roullait sur ce qu'il ne croyait pas nécessaire qu'il ôtât son habit et qu'on lui liât les mains. Il fit aussi la proposition de se couper lui-même les cheveux. Et pour rendre hommage à la véritée, il a soutenu tout cela avec un sang froid et une fermeté qui nous a tous étonnés. Je reste très convaincu qu'il avait puisé cette fermetée dans les principes de la religion dont personne plus que lui ne paraissoit pénétrée n'y persuadé. Vous pouvez être assuré, citoyen, que voilà la vérité dans son plus grand jour. J'ai l'honneur destre citoyen, votre concitoyen. *Signé,* Sanson. — Paris, ce 20 février 1793, l'an 2e de la république française.

CHAPITRE DEUXIÈME.

Monuments.—Institutions.

Eglise Sainte-Geneviève, aujourd'hui *Panthéon*, située à l'une des extrémités de la place du Panthéon, qui de l'autre s'ouvre sur la rue Saint-Jacques. — Ce gigantesque édifice fut commencé par Louis XV, mais ce fut sous Louis XVI qu'on reprit les travaux long-temps interrompus par la guerre, et qu'on les termina entièrement.

Le cloître et l'église de l'ancienne abbaye Sainte-Geneviève tombaient en ruines (1), lorsque Louis XV ordonna qu'à partir du 1er mars 1755 le prix des billets des trois loteries qui se tiraient chaque mois serait augmenté d'un cinquième, et que la moitié de ce produit serait employée aux frais de construction de Sainte-Geneviève. Les travaux commencèrent en 1757, sur les dessins et sous la conduite de Soufflot, dont le projet avait un attrait de grâce et de nouveauté qui réunissait tous les suffrages. Le roi posa la première pierre d'un des piliers du dôme le 6 septembre 1764. Le plan de Soufflot consistait en une croix grecque de cent mètres de long y compris le péristyle, sur quatre-vingt-un mètres soixante-dix centimètres de large, au centre de laquelle s'élève un dôme de vingt mètres trente-cinq centimètres que supportent quatre piliers si légers qu'à peine aperçoit-on leur massif au milieu du jeu de toutes ces colonnes isolées qui composent les quatre nefs de cette croix. Ce système de légèreté est continué dans les voûtes de l'édifice, où l'on a pratiqué des lunettes évidées avec beaucoup d'art, et qui donnent en quelque sorte l'apparence de la légèreté gothique à ces voûtes circulaires opposées les unes aux autres dans des sens différents et très variés. Ajoutez à cela la fraîcheur d'une exécution toute nouvelle, la blancheur et l'éclat d'une pierre fine et choisie, et une distribution d'ornements de sculpture délicate et placée avec goût, et vous aurez une idée du spectacle dont on a joui pendant quelques mois, lorsque les échafauds qui avaient masqué toutes ces voûtes pendant la construction et l'achèvement des sculptures disparurent (2). L'effet en était merveilleux, dit-on; tout Paris accourait pour admirer ce qu'on était convenu d'appeler le chef-d'œuvre de l'architecture moderne. Après quarante ans d'attente et de travaux non interrompus, ce fut en quelque sorte un moment d'enivrement. Aussi on entendit comme un cri d'alarme général, lorsque des fractures multipliées aux

---

(1) Voy. l'hist. de cette abbaye, t. I, p. 168-182.
(2) Legrand, *Description de Paris*, t. I.

quatre piliers du dôme et aux colonnes les plus rapprochées annoncèrent que le bâtiment menaçait ruine. Il fallut l'encombrer de nouveau d'échafauds. M. Rondelet fut chargé d'exécuter les réparations et additions de résistance jugées nécessaires.

Ce superbe édifice n'était pas encore terminé lorsque, par son décret du 4 avril 1791, l'assemblée nationale changea sa destination, et le consacra à la sépulture des Français qui s'étaient distingués par leurs vertus et leurs talents. M. Antoine Quatremère fut chargé de la direction des changements à opérer pour transformer ce temple en un *Panthéon français*. Pour lui imprimer ce nouveau caractère, il fallut modifier ou changer beaucoup, tant dans l'intérieur que sur la façade. Ce fut ainsi qu'au lieu d'un fronton sur le tympan duquel était une croix de Coustou, entourée de rayons divergents et d'anges qui venaient l'adorer, le sculpteur Moite représenta la Patrie, les bras étendus, tenant dans ses mains des couronnes de chêne qu'elle présentait à l'émulation des citoyens. Sur la frise, on grava, en caractères de bronze, l'inscription suivante :

Aux grands hommes la patrie reconnaissante.

La décoration primitive de toutes les autres parties du monument n'était plus convenable à sa destination nouvelle ; il fallut la changer partout. Sur les tympans, dans les nefs, aux voûtes, on remplaça les sujets de piété qui s'y trouvaient auparavant par des allégories patriotiques.

Les quatre nefs formant les branches de la croix, suivant le plan desquelles l'édifice est élevé, viennent se réunir à un point central sur lequel est assis le dôme. Ce dôme est composé de trois coupoles concentriques dont la troisième forme la calotte extérieure, et la première est percée à jour, de manière à laisser, de l'intérieur de l'église, voir la seconde sur laquelle le célèbre Gros a peint l'apothéose de sainte Geneviève. Ce tableau, la plus vaste et la plus belle, dit-on, des peintures à fresque de France et même de l'Italie, embrasse trois mille deux cent cinquante-six pieds de superficie. Cet immense ouvrage se divise en quatre grands tableaux : le premier représente la fondation de la monarchie par Clovis ; le second, le triomphe de Charlemagne ; le troisième, le règne de saint Louis, et le quatrième, la Restauration, portée sur un nuage entre deux anges qui répandent des fleurs, et personnifiée dans la personne de Louis XVIII. Au fond, entre ces quatre monarques représentant les quatre époques remarquables que la peinture a voulu célébrer, plane le génie de la France.

Le 20 février 1806, un décret de Napoléon rendit le Panthéon au culte ; l'inscription du portail et les figures allégoriques furent enlevées à leur tour.

Enfin, après la révolution de juillet, en 1831, cet édifice subit encore une nouvelle tranformation, et l'église Sainte-Geneviève redevint le Panthéon français. L'inscription, *aux grands hommes la Patrie reconnaissante*, fut replacée ; la croix qui surmontait le dôme fut abattue ; M. David fut chargé de sculpter de nouveau le fronton, et Gérard orna les pendentifs du dôme de peintures dont le magnifique ouvrage de Gros n'efface pas le mérite. Sur le fronton, le sculpteur a représenté la Patrie, le front ceint d'un diadème étoilé, distribuant des couronnes à ceux qui l'ont servi par leurs talents, leurs vertus ou leur courage. A ses pieds sont, d'un côté, la Liberté, de l'autre l'Histoire, qui écrit sur ses tableaux les noms de Hoche, de Bonaparte, de Kléber, tandis que Mirabeau, Lafayette et d'autres encore, reçoivent des couronnes des mains de la Liberté. A droite, le sculpteur a placé des groupes de militaires où l'on remarque surtout Napoléon qui s'élance le premier pour saisir la palme ; là on remarque aussi, représentée par un grenadier épuisé de fatigue, mais toujours résolu, la trente-deuxième demi-brigade, si célèbre dans nos annales républicaines ; le tambour Jean Ritielle, qui battait la charge au plus épais de la mitraille, lors du fameux passage du pont d'Arcole. A gauche sont rangés les représentants des sciences et des arts : dans le premier groupe figurent Malesherbes, Mirabeau, Monge, Fénelon ; dans le second, Manuel, Carnot, Bertholet et Laplace ; l'illustre peintre David, Cuvier et Lafayette composent le troisième ; puis Voltaire et J.-J. Rousseau, auprès d'un autel où s'élèvent des palmes ; près de Rousseau, un jeune homme mourant dépose sur l'autel de la patrie le *Traité de la vie et de la mort* : c'est Bichat. A l'extrême droite du fronton se voient des jeunes gens en costume militaire, qui se livrent à l'étude de calculs et de problèmes : entre eux et le vieux grenadier de la trente-deuxième demi-brigade est un élève blessé mortellement ; un des jeunes gens le regarde avec intérêt et semble dire que lui aussi saura mériter une mort glorieuse.

C'est dans la partie souterraine de l'édifice qu'étaient déposés les restes de ceux qu'on jugeait dignes des vains et fastueux honneurs du Panthéon. Cette crypte est à dix-huit pieds au-dessous du sol de la nef supérieure, son étendue est la même. Après avoir traversé en entrant une voûte très spacieuse, on pénètre, en montant quelques marches jusqu'au fond, jusque sous le porche même, par un passage assez large ; là, sous une ouverture où le jour ne pénètre jamais, on trouve une statue de Voltaire, ouvrage très remarquable de Houdon. A droite et à gauche de ce passage se trouvent comme de petites chapelles ou caveaux mortuaires, qui recèlent les cercueils de quelques hommes célèbres et de beaucoup de grands dignitaires de l'empire.

Les premiers honneurs du Panthéon furent décernés à Mirabeau, mort le 2 avril 1791. Voltaire y fut transporté le 11 juillet et J.-J. Rous-

seau le 16 octobre suivant. Sur le cercueil de Voltaire on lit ces mots :
« Poëte, historien, philosophe, il agrandit l'esprit humain et lui apprit qu'il devait être libre. Il défendit Calas, Sirven, de la Barre et Montbailly; combattit les athées et les fanatiques; il inspira la tolérance; il réclama les droits de l'homme contre la servitude de la féodalité. »
Sur le cercueil de Rousseau l'on a écrit : « Ici repose l'homme de la nature et de la vérité. »

Après eux fut admis au Panthéon un homme d'un faible mérite, Lepelletier-Saint-Fargeau; puis un personnage odieux, Marat, dont les restes furent enlevés peu après pour être jetés dans l'égout de Montmartre. La convention décréta le 8 février 1795, que le Panthéon ne pourrait être ouvert aux citoyens que dix ans après leur mort. En rendant Sainte-Geneviève au culte, Napoléon conserva leur destination à ces cryptes souterraines. Dans les caveaux du Panthéon reposent aujourd'hui les restes de quarante-cinq personnes, parmi lesquelles on doit citer encore le maréchal Lannes, l'amiral Bougainville, le peintre Vien, le géomètre Lagrange, et le père du monument, l'architecte Soufflot.

Dans ces dernières années, on a placé autour du Panthéon une grille qui est presque terminée et aux coins de laquelle se trouvent deux vastes trépieds en bronze qui servent aux illuminations dans les fêtes publiques. A l'intérieur de l'édifice, on a fixé contre les parois de la nef des tables de marbre noir où sont inscrits, en lettres d'or, les noms des citoyens morts dans les journées de juillet 1830.

Couvent des Capucins de la Chaussée-d'Antin et église Saint-Louis-d'Antin, rue Sainte-Croix, n° 5. — L'accroissement de la population dans la Chaussée-d'Antin détermina à établir dans ce nouveau quartier une chapelle, succursale de Saint-Eustache. On décida en même temps que les capucins du faubourg Saint-Jacques seraient transférés dans un couvent bâti à côté de cette chapelle. Les bâtiments du couvent et de la chapelle, commencés en 1780, par l'architecte Brongniart, furent achevés en 1782. Le 15 septembre suivant, les capucins du faubourg Saint-Jacques vinrent occuper le nouveau couvent.

L'architecture de cet édifice était simple et empreinte du style antique qui commençait à s'introduire dans les monuments publics.

Le couvent des capucins de la Chaussée-d'Antin fut supprimé en 1790. Ses bâtiments servirent d'hospice pendant quelques années. En 1800, le gouvernement y fit exécuter de grandes réparations, et en 1802 on y établit un des quatre lycées de Paris, sous le nom de *Lycée Bonaparte*. C'est aujourd'hui le *Collège royal de Bourbon*.

L'église, petite, mais élégamment construite, est aujourd'hui première succursale de la Madeleine, sous le titre de *Saint-Louis*. Suivant la coutume de l'ordre séraphique, elle n'a qu'un bas-côté, et seulement une corniche d'ordre dorique avec des traits d'appareils sur les arcades. On y admire un tableau de Gassier, représentant saint Louis visitant des soldats malades de la peste. Un cippe de marbre noir, surmonté d'un vase cinéraire, y conserve le cœur du comte de Choiseul-Gouffier.

Chapelle Beaujon ou *Saint-Nicolas-du-Roule*, rue du Faubourg-du-Roule, 59. — Le célèbre receveur-général des finances Nicolas Beaujon, après avoir fait achever l'élégant pavillon de la Chartreuse, désira y avoir une chapelle qui servît en même temps de succursale pour ce quartier assez éloigné de la paroisse Saint-Philippe-du Roule. Cette chapelle, élevée vers 1780 sur les dessins de l'architecte Girardin, est sous le vocable de saint Nicolas, patron du propriétaire. Une façade simple est terminée par un grand fronton, dans le tympan duquel est un cadran accompagné de branches de palmiers. La porte, décorée par deux colonnes formant avant-corps, a sa corniche surmontée de deux anges adorateurs sculptés par Vallé. La nef, formée par un parallélogramme, est ornée de deux rangs de colonnes doriques isolées, formant galeries élevées sur le sol. Sur le mur du fond de ces galeries règne un stylobate, au-dessus duquel sont diverses statues de saints dans des niches. La voûte, soutenue par les deux rangs de colonnes, est ornée de caissons carrés simples. Une ouverture au milieu procure seule un beau jour dans cette nef destinée au public. Les deux extrémités de la voûte sont occupées par des bas-reliefs exécutés par Vallé; ils représentent, l'un la Charité et l'autre la Religion. Au bout de la nef est une rotonde formée par huit colonnes ioniques; leur isolement du mur du fond procure une galerie tournante, dans laquelle quatre grandes niches ornées de caissons forment tribunes fermées par des appuis en entrelacs sculptés et fort riches. Au-dessus du stylobate qui règne entre ces tribunes, sont encore des statues de saints dans des niches. La rotonde, ayant été uniquement destinée pour l'usage de la maison, était séparée de la nef par une grille d'appui en fer avec des ornements dorés. Une autre grille d'appui entre les colonnes renferme le sanctuaire, au centre duquel est un autel à la romaine, élevé sur trois marches circulaires. Cet autel, en marbre blanc, a la forme d'un sarcophage porté par des consoles soutenues sur des griffes de lions en bronze; des deux côtés de l'autel sont des espèces de trépieds. Une Descente de croix, bas-relief de bronze doré, orne le milieu du retable. Le pavé du sanctuaire est en compartiments de marbre. Une coupole décorée de caissons octogones, avec rosaces, couronne la rotonde, qui ne reçoit le jour que par l'ouverture formant lanterne au centre.

Hospice Beaujon, rue du Faubourg-du-Roule, 54. — Le financier

Beaujon, fondateur de la chapelle dont je viens de parler, et qui savait ennoblir son immense fortune par des actes de bienfaisance, fit construire en 1784, par l'architecte Girardin, un hospice destiné à recevoir vingt-quatre orphelins des deux sexes. Six places avaient été en outre réservées aux enfants qui annonçaient des dispositions pour le dessin. Beaujon dota de 20,000 livres de rente cet hospice, dont le nom et la destination furent changés par décret de la convention, du 17 janvier 1795. Cette maison fut alors désignée sous le titre d'*Hôpital du Roule* et affectée aux malades. Cette dernière destination lui a été conservée; mais le conseil-général des hospices, par un respect fort bien entendu pour la mémoire du fondateur, a conservé à cet établissement le nom d'Hôpital Beaujon.

Cet hôpital, remarquable par sa belle situation et la propreté qui y règne, est desservi, depuis 1813, par les sœurs de Sainte-Marthe. Il est pourvu de cent cinquante lits environ, dont trente pour les blessés des deux sexes, et le reste pour les autres malades. La proportion générale de la mortalité, qui était dans cet hospice d'environ 1 sur 6 malades il y a vingt ans, n'a été que de 1 sur 7,06 en 1833, 1 sur 7,46 en 1834 et 1 sur 8,28 en 1835.

Municipalité de Paris. — Plusieurs fois, dans le courant de cet ouvrage, j'ai eu occasion de parler de l'administration municipale de Paris, qui était partagée, à l'époque où nous sommes arrivés, entre le parlement, le bureau des finances, la chambre des bâtiments, le lieutenant-général de police ou le Châtelet, le prévôt des marchands et échevins ou le bureau de ville. Cette organisation, qui amenait chaque jour un conflit entre les différentes administrations, était évidemment vicieuse; elle ne pouvait durer au milieu des orages et en présence des intérêts nouveaux que suscitait la révolution. En 1789, Necker divisa Paris en soixante districts (1), pour procéder à la nomination des électeurs qui devaient choisir les quarante députés de la ville aux Etats-Généraux. Le lendemain de la prise de la Bastille, ces quatre cents électeurs se réunirent spontanément à l'Hôtel-de-Ville, où ils administrèrent Paris au milieu du désordre qui augmentait à chaque instant. Quelques jours après (25 juillet), l'assemblée des électeurs fut remplacée par une municipalité provisoire composée de cent vingt députés des districts, sous le titre de *représentants de la commune*, qui eux-mêmes devaient céder leur place à des autorités constituées par la loi. Enfin, aux termes de la loi du 21 mai 1790, la municipalité de Paris fut composée d'un maire (le premier fut le vénérable Bailly), de seize administrateurs, de trente-deux conseillers, de quatre-vingt-seize notables et d'un procureur de la commune.

(1) Voy. *Topographie*, à la fin de cette période.

Le maire et les seize administrateurs composant le bureau, les trente-deux conseillers réunis au bureau, formaient le conseil municipal. On donnait la dénomination de *conseil général* à la réunion du conseil municipal et des quatre-vingt-seize notables. Le travail du bureau était divisé en cinq départements, des *subsistances*, de la *police*, des *finances*, des *établissements publics*, des *travaux publics*. Chaque département rendait compte de ses opérations au conseil municipal et le maire les surveillait. En outre la loi accordait au conseil municipal, la direction et le commandement de la garde nationale parisienne.

Cette administration vraiment municipale, puisqu'elle était le produit complet de l'élection, exista jusqu'au 10 août 1792. Les quarante-huit sections qui composaient Paris nommèrent alors chacune un membre pour remplir la charge d'administrateur du département. C'est de cette révolution que naquit la trop célèbre *commune de Paris*, qui s'empara de tous les pouvoirs réels du maire et des administrateurs municipaux, et qui exerça sa tyrannique autorité non seulement sur la capitale, mais sur la France entière, jusqu'à la chute de Robespierre (1).

Ecole royale des Ponts-et-Chaussées, rue Culture-Sainte-Catherine, n° 27. — L'existence de cette école, fondée en 1747, fut précaire avant la révolution; elle changea plusieurs fois d'emplacement. Elle prit quelque consistance en 1784, par les soins de l'ingénieur Perronnet. Elle fut enfin érigée en institution nationale par une loi du 19 janvier 1791. Une autre loi du 30 vendémiaire an IV fixe le nombre des élèves à trente-six et contient plusieurs dispositions réglementaires. En l'an X, le nombre des élèves fut porté à cinquante; il a été depuis de quatre-vingts. Depuis l'an IV, tous les élèves ont été pris parmi ceux de l'école Polytechnique. L'enseignement est divisé en *études de théorie* et *études pratiques*. Trois professeurs y enseignent la mécanique, la stéréotomie appliquée à la construction des routes, des ponts, à la navigation intérieure et la minéralogie. Les cours de cette dernière partie ont lieu à l'hôtel des Monnaies, sous le titre d'*Ecole de minéralogie docimastique*.

Ecole de minéralogie docimastique, à l'hôtel de la Monnaie. — J'ai déjà eu occasion de parler de ces cours fondés en 1778, en faveur du savant Lesage (2).

École royale des Mines, rue d'Enfer, n° 34. — Le cardinal de Fleury avait projeté cet utile établissement, qui fut mis à exécution par un arrêt du conseil du 19 mars 1783. Il était situé dans l'origine rue de l'U-

(1) *Paris municipe*, par M. Alex. de Laborde, p. 68 et suiv.
(2) Voy. l'article précédent, et plus haut p. 371.

niversité, n° 61. Il se compose d'un conseil qui transmet au ministère tout ce qui concerne les mines, salines, carrières et usines; ce conseil a sous sa direction des ingénieurs et une école pratique de minéralogie, de géologie, de docimasie, d'exploitation des mines, de dessin, de géométrie descriptive. — La collection de minéralogie de cet établissement est fort belle; elle se compose des productions minérales de la France, classées par département, et des principales substances minérales exotiques. Ce cabinet est ouvert au public les jeudis, de onze heures à trois heures, et tous les jours non fériés, aux étrangers, à la même heure.

École de Médecine et de Chirurgie, rue et place de l'École-de-Médecine, n° 14. — Le 14 décembre 1774, Louis XVI posa la première pierre de ce bel édifice, qui fut élevé sur les dessins de l'architecte Gondouin, sur l'emplacement de l'ancien collége de Bourgogne. La façade a trente-trois toises de longueur; elle est décorée d'un péristyle d'ordre ionique à quatre rangs de colonnes, surmonté d'un étage. Au-dessus de la porte d'entrée est un bas-relief, par Berruer; il représente le roi, accompagné de la Sagesse et de la Bienfaisance, accordant des grâces et des priviléges à la chirurgie. Le Génie des arts présente au prince le plan des écoles; le reste du bas-relief est rempli de malades au lit au-dessous. La décoration de la cour est répétée aux extrémités de la façade; mais les arcades sont retranchées dans la largeur de la cour, pour en laisser voir le fond à travers quatre rangs de colonnes. Cette disposition, qui met le péristyle à couvert, sert aussi à étendre le coup d'œil de la cour, à laquelle la petitesse de l'emplacement empêchait de donner une plus grande profondeur. Le même ordre ionique règne au pourtour de la cour et sert d'imposte à un ordre corinthien qui forme le frontispice de l'amphithéâtre. Le fronton de ce frontispice, dont le sujet est l'union de la Théorie et de la Pratique, est également sculpté par Berruer; on a placé au-dessous, dans les entre-colonnements, les portraits en médaillons des cinq chirurgiens célèbres (Jean Pitard, Ambroise Paré, George Maréchal, François de La Peyronnie et Jean-Louis Petit).

L'amphithéâtre, qui peut contenir environ douze cents auditeurs, est parfaitement construit. On y remarque trois belles fresques de Gibelin. Au-dessus de la porte centrale de l'hémicycle, on lit ce dystique de Santeul :

> Ad cœdes hominum prisco amphitheatra patebant:
> Ut longum discant vivere, nostra patent.

L'aile droite du bâtiment est occupée par le doyen de la Faculté et par les bureaux de l'administration; elle contient aussi plusieurs salles, entre autres celle du conseil, ornée des portraits et des bustes de plusieurs professeurs de l'ancienne et de la nouvelle Faculté; on y remarque ceux de Fourcroy, de Cabanis, de Sabatier, de Pinel, de Corvisart, etc., ainsi qu'un beau tableau de Girodet, qui représente *Hippocrate refusant les présents d'Artaxerce*. L'aile gauche est affectée au laboratoire et à l'amphithéâtre de chimie, ainsi qu'à la bibliothèque. Cette bibliothèque est fort belle; on y trouve plus de trente mille vol. Parmi les manuscrits, on remarque les archives de la société royale de médecine, de l'académie et de l'école de chirurgie, et la collection des commentaires écrits par les doyens de l'ancienne Faculté; commencés en 1324, ils finissent en 1786. La façade de l'École et une partie de l'aile droite sont occupées par le Muséum et par le cabinet de physique. Ce Muséum anatomique, divisé en cinq galeries, est l'un des plus beaux de l'Europe.

La Faculté de médecine et de chirurgie se compose de vingt-six professeurs *titulaires* à vie, et de vingt-quatre agrégés *temporaires*. L'enseignement comprend vingt-deux cours, partagés en cours d'été et en cours d'hiver; les cours de clinique sont permanents et au nombre de neuf. Les plus illustres savants professent à l'École de médecine, qui compte plus de trois mille élèves.

Depuis 1830, l'École a reçu plusieurs développements; j'en parlerai ailleurs (1).

École royale de Chant et de Déclamation, plus connue sous le nom de *Conservatoire*, à l'hôtel des Menus-Plaisirs, rue Bergère, n° 22, et rue du Faubourg-Poissonnière (2). Cette institution, qui a pour but de former des musiciens et des artistes des deux sexes pour la comédie française et les théâtres lyriques, fut fondée par arrêt du conseil, en date du 3 janvier 1784, à l'instigation du baron de Breteuil, ministre de la maison du roi. L'ouverture de l'École eut lieu le 1er avril de la même année. Gossec fut nommé directeur, et parmi les professeurs on remarquait Piccini et Langlé, pour le chant; Molé, pour la déclamation; Rigel, pour la musique; et Rodolphe pour la composition. Les élèves avaient en outre des maîtres pour la langue française, l'histoire et la géographie. Deshayes, de l'Opéra, enseignait la danse. Cette école, supprimée en 1792, fut remplacée par une école nationale de musique entièrement consacrée à former des musiciens pour le service des armées. Elle était située à Saint-Joseph, rue Montmartre. Sous le directoire, l'ancien Conservatoire fut rétabli, et aujourd'hui l'enseignement est confié aux professeurs les plus distingués. Le directeur est le célèbre Chérubini. Les élèves pensionnaires sont soumis pour leur admission à un concours; ils portent dans l'intérieur de l'école une espèce d'uniforme. La biblio-

(1) Voy. *Clinique de l'École de médecine* et le *Musée Dupuytren*.
(2) Voy. *Hôtel des Menus-Plaisirs*.

thèque du Conservatoire est ouverte au public, tous les jours, le jeudi excepté, depuis onze heures jusqu'à trois.

En 1786, le duc de Duras avait fait établir une *Ecole de déclamation pour le Théâtre-Français;* Molé, Fleury et Dugazon y formèrent des élèves, parmi lesquels on distingue notre grand tragédien, Talma. Cette école n'eut que quelques années de prospérité.

Ecole ou Institution des Sourds-Muets, rue du Faubourg-Saint-Jacques, nos 254, 256 et 258. — Le fondateur de cette institution fut l'abbé de l'Épée. Sans protection, sans bénéfice, sans autre fortune qu'un patrimoine de douze mille francs de revenus, cet homme justement célèbre parvint, à force de constance et par un désintéressement inouï, à créer un des établissements qui font le plus d'honneur à la France et à l'humanité. On rapporte que l'abbé de l'Epée fut traversé dans ses desseins par l'archevêque de Paris qui le présenta comme suspect de jansénisme. Une circonstance tout-à-fait imprévue révéla l'existence de l'abbé de l'Épée et de son intéressante école. L'empereur Joseph II, pendant son séjour à Paris, vint visiter cette école. Plein d'une juste admiration pour les talents et les succès de l'ingénieux instituteur, il fit partager ses sentiments à la reine Marie-Antoinette, sa sœur, qui voulut voir l'abbé de l'Epée. Bientôt la foule s'y porta, et un arrêt du conseil, du 21 novembre 1778, ordonna que l'Ecole des Sourds-Muets serait établie dans le couvent des Célestins qui avait été supprimé. Mais ce ne fut que sept ans après que le gouvernement s'occupa réellement de l'exécution de ce projet. L'école de l'abbé de l'Epée fut transférée dans les bâtiments des Célestins en 1785, et alors on dota cet établissement d'une gratification annuelle de 3,400 livres. L'abbé de l'Epée mourut en 1790; il fut remplacé par l'abbé Sicard, son élève.

Un décret de l'assemblée constituante, du mois de juillet 1791, affecta une dotation de 12,700 francs à l'institution des Sourds-Muets, qui fut transférée au séminaire de Saint-Magloire, rue du Faubourg-Saint-Jacques (1). Les successeurs du vénérable Sicard, qui mourut en 1822, ont fait prospérer de plus en plus ce bel établissement. Il compte aujourd'hui cent quatre-vingts élèves, dont cent dix garçons et soixante-dix filles, dans cette proportion : à bourse entière, quatre-vingts; à trois-quarts de bourse, dix; à demi-bourse, dix; payant pension, quatre-vingts. Total, cent quatre-vingts. Le prix des bourses est de 500 francs, plus une somme de 320 fr. pour le trousseau. Le prix de la pension est de 900 francs. La durée des études est de six années. Outre la lecture, l'écriture, le calcul et les connaissances plus élevées auxquelles on initie ceux dont l'intelligence se prête à un développement supérieur, chaque

(1) T. III, p. 425.

élève apprend un des cinq métiers suivants : cordonnier, tailleur, menuisier, tourneur et relieur. Les bâtiments de l'École, élevés en 1823, sur les plans de M. Peyre, sont spacieux et bien distribués.

Ecole ou institution des jeunes aveugles, rue Saint-Victor, nos 66 et 68. — Il n'existait point, en France ni à l'étranger, d'établissement pour les jeunes aveugles, lorsque l'abbé Valentin Haüy, frère du minéralogiste de ce nom, voulut tenter pour les aveugles de naissance ce que l'abbé de l'Épée avait fait pour les sourds-muets. Il s'offrit à la *société philanthropique* pour enseigner gratuitement les aveugles-nés dont cette société prenait soin. Son procédé n'était pas nouveau, mais il l'avait perfectionné. La société lui confia, en 1784, douze enfants privés de la vue, qui furent placés à ses frais dans une maison de la rue Notre-Dame-des-Victoires. Cette expérience réussit, et en 1785, l'école des jeunes aveugles fut distraite de la société philanthropique. Les élèves apprenaient la lecture, l'écriture, le calcul, la musique, la géographie, l'art de composer à la casse et d'imprimer ; ils enseignaient aussi à lire à des enfants non privés de la vue.

Malgré ses succès évidents, l'institution de l'abbé Haüy ne fut encouragée que par l'assemblée constituante, qui la réunit d'abord à celle des sourds-muets aux Célestins, et la transféra ensuite au couvent de Sainte-Catherine, rue des Lombards, puis la réunit à l'hôpital des Quinze-Vingts. Quoique entretenu aux frais de l'État, cet établissement n'était point en grande prospérité, lorsque, par ordonnance du 8 février 1815, il fut séparé de l'hôpital et installé dans les bâtiments de l'ancien collége des Bons-Enfants ou séminaire Saint-Firmin, qu'il occupe encore aujourd'hui (1).

L'institution est aux frais de l'État, en partie du moins, puisqu'elle jouit de legs particuliers ; elle est portée au budget de l'intérieur pour une somme qui varie annuellement de 60 à 70,000 francs. — Cent enfants des deux sexes, pensionnaires ou boursiers, y reçoivent la première instruction, apprennent un métier et étudient en outre la musique, pour laquelle ils montrent généralement une grande aptitude.

Hospice Necker, rue de Sèvres, n° 3. — Cet hôpital, où les malades sont reçus comme à l'Hôtel-Dieu, fut fondé par madame Necker, femme du contrôleur-général des finances, en 1778, sur l'emplacement de l'ancien couvent des Bénédictines de Notre-Dame-de-Liesse, instituées en 1626 (2). Cet établissement contient cent trente-six lits. Le portrait de la fondatrice se voit dans la salle de réception.

L'hôpital Necker est desservi par les sœurs de la Charité. Pendant la

---

(1) T. I, p. 509. — (2) Voy. *Bénédictines de N.-D. de Liesse.*

révolution, il porta le nom d'*hospice de l'Ouest*; avant cette époque, il avait celui d'*hospice de Saint-Sulpice et du Gros-Caillou*.

Hospice Cochin, rue du Faubourg-Saint-Jacques, entre les n°s 45 et 47. — Cet établissement, qui porta d'abord le nom d'*hospice de Saint-Jacques-du-Haut-Pas*, fut fondé en 1780 par le vénérable M. Cochin, curé de l'église Saint-Jacques-du-Haut-Pas, né à Paris en 1726, mort en 1783. Les bâtiments furent élevés sur les plans de l'architecte Vieil. Le conseil des hospices a donné à cet établissement le nom de son fondateur, dont il a fait placer le buste en marbre dans la salle principale. Les malades et les blessés sont reçus comme à l'Hôtel-Dieu dans cet hôpital, qui compte aujourd'hui cent trente lits. Il est desservi par les sœurs de Sainte-Marthe.

Hôpital des vénériens, rue des Capucins, n° 1. — Les capucins du faubourg Saint-Jacques ayant été transférés rue Neuve-Sainte-Croix, en 1782, leur couvent fut destiné à servir d'hospice aux vénériens. Les bâtiments, qui ont été réparés, furent bien disposés pour leur nouvelle destination. Cet hôpital, qui renferme six cent cinquante lits, reçoit près de trois mille malades par an, hommes et femmes.

Maison de retraite ou de santé, aujourd'hui *hospice de La Rochefoucauld*, route d'Orléans, près la barrière d'Enfer. — Cette maison fut fondée en 1781 par les religieux de la Charité, pour six militaires et six prêtres indigents et malades. Les bâtiments furent élevés sur les dessins de l'architecte Antoine. Cet hospice, d'abord nommé *maison royale de santé*, fut destiné pendant la révolution aux malades de Bourg-la-Reine et des villages voisins, et reçut le nom d'*hospice national*. En 1796, il fut affecté aux indigents de l'un et de l'autre sexe attaqués d'infirmités incurables. Cette maison, qui porte aujourd'hui le nom d'*hospice de La Rochefoucauld*, a été convertie, en 1802, en un asile pour les employés des hospices et des personnes infirmes âgés de plus de soixante ans, payant une pension de 200 ou 250 francs, ou traitant à forfait de leur admission au moyen d'une somme calculée sur la durée moyenne de la vie, pour laquelle l'administration des hospices s'engage de les loger, nourrir, chauffer, habiller et soigner en santé et en maladie. Il y a cent cinquante lits.

Hospice de Saint-Merri, cloître Saint-Merri. — Il fut fondé en 1783 par M. Viennet, curé de cette paroisse. Il n'y eut d'abord que quatre lits, maintenant il en existe douze, six pour les hommes et six pour les femmes. Les malades y sont soignés par les sœurs de la Charité,

(1) Voy. ci-dessus p. 104.

Mont-de-Piété, rue des Blancs-Manteaux, n° 18, et rue de Paradis au Marais, n° 7. — Organisé à l'instar des monts-de-piété d'Italie, et fondé en faveur de l'Hôpital-Général, par lettres-patentes du 9 décembre 1777, il fut établi dans des maisons qui appartenaient à cet hôpital. La loi du 16 vendémiaire an v a conféré aux hospices de Paris la propriété du Mont-de-Piété. Le 8 ventose de la même année, la commission administrative des hospices arrêta ainsi son organisation définitive : 1° que le Mont-de-Piété serait administré par la commission des hospices ; 2° qu'elle s'adjoindrait cinq administrateurs faisant chacun 100,000 francs de fonds, représentant dix actions ; 3° qu'il devait créer mille actions de 10,000 fr. chacune, ou cinq mille de 20,000 fr. ; 4° que les actions produiraient cinq pour cent d'intérêt, et que les actionnaires jouiraient en outre de la moitié des bénéfices ; 5° que l'autre moitié appartiendrait aux hospices. Ces clauses, approuvées le 3 prairial an v par le directoire exécutif, furent converties en acte de société le 2 messidor an v. Il fut alloué à tous les administrateurs un droit de présence de 15 francs par jour. Cette rétribution avait formé le traitement des administrateurs jusqu'au 1er fructidor an XII.

Par délibération du 12 prairial an VII, il fut décidé que les arrérages de la dette du Mont-de-Piété seraient payés sur les produits du Mont-de-Piété avant aucun partage de bénéfice.

L'administration des hospices avait fait déposer depuis, à la caisse du Mont-de-Piété, presque tous ses revenus, sous la condition d'un intérêt. Un décret impérial, du 8 thermidor an XIII, a ordonné la clôture des maisons de prêt à Paris, et réorganisé l'établissement sur de nouvelles bases. Ce nouveau règlement porte : 1° que les actions du Mont-de-Piété seront remboursées sans délai ; 2° que le Mont-de-Piété sera administré sous l'autorité du ministre de l'intérieur et celle du préfet du département de la Seine, par le conseil d'administration établi par le décret du 25 messidor an XII, et conformément au règlement annexé au décret ; 3° que les délibérations du conseil seront soumises au ministre de l'intérieur par le préfet du département.

Telle est l'organisation du Mont-de-Piété. Les vastes magasins de cet utile établissement reçoivent chaque année plus d'un million de nantissements qui absorbent une somme de plus de 18 millions de prêt, tellement divisés, que les trois quarts ne s'élèvent point par article au-delà de 3 à 12 francs.

Le nombre des engagements est d'environ trois mille par jour. Les registres de l'administration prouvent que les dégagements sont plus nombreux la veille des fêtes.

Les objets ne sont mis en vente que plus de treize mois après le dépôt. De nouvelles facilités viennent d'être accordées aux déposants par un règlement récent.

Les bureaux de l'administration générale et les grands magasins sont établis rue des Blancs-Manteaux, n° 18, et rue de Paradis, n° 7. Une succursale a été établie rue des Petits-Augustins, n° 20.

Loterie royale de France (administration de la), rue Neuve-des-Petits-Champs, n° 42. — Les loteries, sous des noms différents, et entre autres sous celui de tontines, étaient établies en France avant le règne de François Ier, et exploitées par des compagnies particulières et à leur profit. Ce prince leur donna une existence légale en les autorisant.

Louis XIV les mit à la mode. Les lots, composés de bijoux ou de meubles précieux, étaient destinés aux courtisans et surtout aux dames. Avant et depuis le règne de ce prince, des communautés religieuses ont souvent sollicité et obtenu le privilége d'une loterie, qu'elles exploitaient avec plus de bonheur que de délicatesse. La nécessité de subvenir aux besoins du couvent en était moins la cause que le prétexte. Les religieuses de la Présentation, celles de la Madeleine-de-Tresnel, avaient obtenu de semblables priviléges du lieutenant de police d'Argenson. En 1714, les Théatins furent autorisés à former une loterie dont les produits devaient être employés aux frais de construction de leur église. En 1721, le curé de Saint-Sulpice employa le même expédient pour un semblable motif.

Toutes ces loteries furent supprimées par l'édit de Louis XVI, du 30 avril 1776; trois seulement furent conservées, celles de France, de Piété et des Enfants-Trouvés. Une partie des produits fut affectée aux dépenses de construction de la nouvelle église Sainte-Geneviève.

Un décret de la convention nationale, du 28 vendémiaire an II, les supprima. La loterie de France fut exceptée; mais elle fut supprimée à son tour par un décret rendu le mois suivant (25 brumaire an II).

Le directoire rétablit les loteries en 1794. Napoléon augmenta le nombre des roues. Chaque jour fut marqué par un tirage. Aux roues déjà existantes, il ajouta celles de Bordeaux, Lyon, Lille, Strasbourg, Milan, Rome, Hambourg, etc. Les dernières avaient cessé d'exister, du moins pour la France, depuis 1814. Les cinq villes de tirages qui restaient étaient Paris, Strasbourg, Lyon, Lille et Bordeaux. Les tirages avaient lieu trois fois par mois, dans une salle construite pour cette destination en 1788.

Depuis 1837, la loterie est abolie en France. Les bâtiments qu'occupait l'administration ont été abattus.

Société royale d'Agriculture, à l'Hôtel-de-Ville. — Cette société fut autorisée par arrêt du conseil d'État du roi, du 1er mars 1761. Elle se divisait en quatre bureaux pour la généralité de Paris; ces bureaux étaient établis à Meaux, Beauvais, Sens et Paris. Ce dernier était composé de dix-sept membres et d'un secrétaire perpétuel; les associés étaient nombreux. Mais elle cessa d'exister de fait pendant plus de vingt années, et ne tint point d'assemblée. M. Bertin de Sauvigny, intendant de Paris, la rétablit; elle reprit ses séances le 21 avril 1785, à l'hôtel de l'Intendance, et tint une assemblée publique le 30 mars 1786; il y eut une distribution solennelle de prix. Ses instructions, rédigées avec soin, furent dans la suite publiées et répandues dans le ressort de la généralité. Il paraissait chaque trimestre un cahier de ses mémoires.

Un arrêt du conseil du 30 mai 1788 en fit le point central de correspondance des autres sociétés de ce genre établies en France, et lui donna un nouveau réglement en vingt-trois articles. Elle tenait ses séances dans une des salles de l'Hôtel-de-Ville. Elle se composait de quarante associés résidants, cent vingt associés correspondants en France, et d'un nombre illimité d'étrangers. Le prévôt des marchands, le premier et le second échevin, le procureur du roi de la ville, l'intendant de la généralité de Paris, le président de l'assemblée provinciale de l'Ile-de-France, deux membres de la commission intermédiaire de cette assemblée, et les deux procureurs-syndics provinciaux, étaient membres de cette société. Elle était présidée par un directeur ou vicedirecteur; elle avait un agent général et un secrétaire perpétuel.

Chaque année, le dernier jeudi du mois, elle distribuait des prix, un programme et une médaille d'or aux cultivateurs qui avaient fait une heureuse application des procédés et améliorations qu'elle avait indiqués.

Suspendue pendant quelque temps au commencement de la révolution, cette utile institution fut rétablie. Elle reçut, comme toutes les institutions publiques, une organisation nouvelle sous le gouvernement impérial. Un décret du 7 fructidor an XII fixa le nombre des membres résidants à soixante, les associés en France à vingt, et les associés étrangers au même nombre; le nombre des correspondants fut illimité. Placée sous la surveillance du ministre de l'intérieur, elle fut spécialement chargée de tout ce qui est relatif à l'amélioration des produits agricoles. Elle correspond sous le couvert du ministre de l'intérieur. Son président est élu pour un an; les deux vice-présidents, le secrétaire perpétuel, le vice-secrétaire, le trésorier, sont élus pour trois ans, et rééligibles. Elle fait auprès du ministre de l'intérieur les fonctions de commission consultative. Elle s'assemble chaque mercredi à l'Hôtel-de-Ville; les préfets qui se trouvent à Paris peuvent assister aux séances.

Cet établissement a été maintenu depuis 1814, et ses attributions sont restées les mêmes.

Athénée, rue de Valois-du-Palais-Royal, n° 2. — L'établissement connu aujourd'hui sous la dénomination d'Athénée, porta dans le principe les titres de *Musée de Monsieur* et de *Monseigneur le comte d'Artois*, de *Musée de Pilâtre de Rozier*, de *Lycée*, et plus tard celui d'*Athénée*.

Etabli dans la rue Sainte-Avoie en 1781, il fut transféré, après trois ans d'existence, c'est-à-dire en 1784, dans la maison qui forme l'encoignure de la rue Saint-Honoré et de la rue de Valois.

La mort violente de Pilâtre de Rozier, son fondateur, sembla d'abord devoir compromettre l'existence de l'Athénée : les encouragements de ses augustes protecteurs le sauvèrent de la ruine dont il était menacé.

L'Athénée, tel qu'il existe de nos jours, diffère peu de l'ancien musée. C'est aujourd'hui, comme autrefois, un lieu où l'on fait des cours sur diverses branches des sciences et des lettres. Au lieu de 48 francs qu'il en coûtait il y a quarante ans, on paie aujourd'hui 120 francs. L'administration remet à l'abonné une inscription qui donne à ce dernier le droit d'assister à tous les cours, de suivre la bibliothèque matin et soir, de lire tous les journaux, ou de se livrer à la conversation dans la salle réservée pour ce délassement.

De tout temps les femmes ont été admises à l'Athénée, et c'est sans doute à cause de cette classe de souscripteurs que l'administration donne quelques concerts pendant les premiers mois de l'année athénéenne, année qui commence avec le mois de décembre.

Les professeurs les plus célèbres ont été entendus à l'Athénée. La Harpe y lisait les leçons qui ont été réunies ensuite et publiées sous le titre de Lycée. Plus tard, M. Lemercier y fit un cours de littérature qui attira l'attention du public. Je citerai encore les noms des Chénier, des Ginguené, des Thénard.

Nourrices (bureau des), rue Sainte-Appoline, n° 18. — Ce bureau existait déjà au xiii° siècle sous le nom de *Recommanderesses*. C'est là que se rendent les nourrices, qui n'y sont reçues que sur les attestations des autorités locales.

En 1785, le lieutenant de police Le Noir se rendit à cet établissement et y décerna un prix à la meilleure nourrice. Ce prix consistait en une médaille d'or portant d'un côté l'effigie de la reine et de l'autre cette inscription : *A la bonne nourrice;* et en un gobelet d'argent sur lequel était gravé l'historique de ce prix.

Cet établissement est sous la surveillance de l'administration générale des hospices, qui entretient une correspondance très active avec les gens de l'art. Ceux-ci, moyennant de très modiques honoraires, visitent les nourrices et les enfants qui leur ont été confiés, et en rendent comptent à l'administration.

Société libre d'émulation pour l'encouragement des métiers et inventions utiles. — Etablie en 1776, elle s'assembla successivement dans la maison des Prémontrés, rue Hautefeuille, aux Grands-Augustins, à l'hôtel Soubise. L'un des plus fameux chefs des économistes, l'abbé Beaudeau, en était secrétaire. Cette société propageait les nouvelles méthodes reconnues utiles; elle distribuait des prix, des encouragements; mais elle ne put se soutenir faute de fonds, et fut entièrement dissoute en 1780. Cette société a été reconstituée plus tard sur des bases plus larges, sous le titre de *Société d'encouragement pour l'industrie nationale*.

Société philanthropique. — Cette association, fondée en 1780 par quelques particuliers, était formée de personnes charitables, concourant au soulagement des indigents par une contribution annuelle de 30 francs. Elle tenait ses séances dans une des salles du couvent des Grands-Augustins, et ne se composait d'abord que de sept personnes. Jusqu'en 1783, elle ne put soulager que douze ouvriers octogénaires. Mais bientôt ses membres s'augmentèrent de telle sorte que, dès 1787, elle parvint à soulager par ses secours plus de mille pauvres. Elle portait principalement sa sollicitude sur les ouvriers vieux ou infirmes, les mères de famille, les veufs et les veuves chargés de six enfants, et même sur les enfants aveugles pour lesquels Haüy avait fondé un établissement. Les orages de la Révolution n'ont porté aucune atteinte à cette utile institution dont l'administration est toujours en pleine activité et dont les séances se tiennent à l'Hôtel-de-Ville.

Société royale de Médecine. — Cette association, originairement appelée *Société pour l'épizootie*, fut établie par arrêt du Conseil royal, du 29 avril 1776. Elle fut dissoute à la Révolution et remplacée par une autre société qui continua ses travaux, comme elle, correspondit avec les médecins et les chirurgiens de la France et de l'étranger sur tout ce qui touchait à l'art de guérir. Cette nouvelle société elle-même fut remplacée par l'Académie royale de Médecine.

Maisons de jeu. — En 1775, M. de Sartine, lieutenant de police, autorisa les maisons de jeu, qui étaient alors au nombre de douze. Les maîtres de ces tripots devaient payer une rétribution à la police. D'autres maisons s'élevèrent de toutes parts sans autorisation, et, malgré des ordonnances sévères (1), les joueurs trouvèrent sans cesse dans chaque quartier de Paris le moyen de satisfaire leur funeste passion.

(1) Une déclaration du roi, en date du 1er mars 1781, menace les banquiers des jeux du carcan et du fouet.

Ces tripots produisirent à la police, pendant l'année 1786, 103,961 livres (1).

L'Assemblée constituante proscrivit les jeux de hasard, qui furent, de la part de la police, l'objet d'une surveillance peu active pendant la Révolution. Sous l'Empire et sous la Restauration, les maisons de jeu furent affermées à des sommes énormes, et les prix de la ferme figurèrent sur le budget de la ville de Paris qui recevait de l'administration des jeux plus de six millions par année. Enfin le gouvernement obéit à la voix de tous les honnêtes gens, et proscrivit un monopole que réprouvaient à la fois la religion et l'humanité. Le *Cercle des Etrangers, Frascati*, les roulettes du Palais-Royal, tous ces trop célèbres tripots ont été fermés le 1er janvier 1838. Il n'existe plus maintenant à Paris que quelques maisons de jeu clandestines, surveillées par la police, et dont le nombre diminue heureusement chaque jour.

Clubs et sociétés politiques. — Nous avons emprunté aux Anglais le nom et l'usage de ces réunions particulières, dont l'influence est si grande dans les temps de révolution. Il existait, en 1787, un grand nombre de *clubs*, qui avaient pour objet les arts, la littérature ou la politique, lorsque le lieutenant de police les fit fermer. On ne conserva que le *Lycée* et la *Société olympique*, réunion de francs-maçons. Mais les clubs reparurent dès le commencement de la Révolution. Voici les principaux : *Club des Jacobins*, dont le véritable nom était *Société des amis de la Constitution*. Il s'établit, en 1789, dans la salle de la bibliothèque du couvent des Jacobins de la rue Saint-Honoré, et joua un grand rôle pendant la Révolution. En 1792, le nombre de ses membres était de treize cents, et plus de trois cents sociétés départementales correspondaient avec lui. Séide de Robespierre, le club des Jacobins fut fermé le 24 juillet 1794 par ordre de la convention. — *Club monarchique*, ou *Société des amis de la Constitution monarchique*, établi d'abord rue de Chartres, dans les salons du Vauxhall ou Panthéon (depuis Théâtre du Vaudeville). Expulsée de ce lieu en 1791, cette société se réfugia dans l'église Saint-Louis, rue Saint-Antoine; elle n'y resta pas long-temps, et fut bientôt irrévocablement dissoute. On appelait ses membres *monarchiens*. — *Club des Feuillants*, établi en 1790 d'abord au Palais-Royal, et ensuite dans les bâtiments des *Feuillants*, dont il a conservé le nom. Son opinion était la même que celle de la précédente société. — *Club des Cordeliers*. Il tenait ses séances dans le couvent des Cordeliers, rue de l'École-de-Médecine. Marat, Danton et leurs collègues y exerçaient une grande influence; ce club était fameux par l'exagération de ses opinions. — *Club du faubourg Saint-*

---

(1) M. Dulaure, t. VI, p. 393.

Antoine. C'était le plus nombreux des clubs sectionnaires ; il comptait plus de 800 membres.

Théâtre royal de l'Odéon, place de l'Odéon. — Tandis que les comédiens français jouaient ; comme nous l'avons vu (1), sur le *Théâtre des Machines* aux Tuileries, on discutait le projet d'une nouvelle salle de spectacle. Après mille intrigues, on accepta le plan proposé par l'architecte Moreau, et qui devait être exécuté vers le milieu de la rue de l'Odéon. Déjà plus de 100,000 écus étaient dépensés. Le ministre Turgot fit suspendre les travaux en 1774. Un nouveau plan, proposé par les architectes de Wailly et Peyre aîné, fut enfin adopté. Les fondements furent jetés sur un point plus rapproché du Luxembourg, sur l'emplacement de l'ancien hôtel Condé que le prince de ce nom venait de céder à *Monsieur*, depuis Louis XVIII. Monsieur s'était chargé de faire les frais de construction. Une galerie souterraine devait communiquer de son palais à la nouvelle salle de spectacle. Les travaux, commencés en 1779, furent achevés en 1782, et le théâtre fut ouvert au public, le 9 avril de cette année, sous le titre de *Théâtre-Français*. La nouvelle salle, sans rivale alors à Paris, fut généralement admirée ; elle contenait 1,913 places, et le parterre était assis pour la première fois.

J'ai raconté ailleurs l'histoire de la comédie française pendant la Révolution (2). Une partie des artistes de cette troupe s'était installée au théâtre du faubourg Saint-Germain, qui, après avoir pris le nom de *Théâtre de la Nation*, portait celui d'*Odéon*. Ils luttaient contre la mauvaise fortune, lorsque le lundi saint, 18 mars 1799, un incendie, dont on n'a jamais pu découvrir la cause, dévora le théâtre. On ne parvint à sauver que les bustes du foyer et la statue de Voltaire, que les grenadiers du Corps Législatif transportèrent en lieu de sûreté. Ce fut l'Empereur qui fit reconstruire l'Odéon, et l'on trouve à ce sujet le récit suivant dans les *Mémoires sur la vie privée, politique et littéraire de Lucien Bonaparte.* « Napoléon fut instruit en 1807 que les sénateurs avaient en caisse une somme de 1,550,000 fr. Le sénat étant venu en corps pour lui présenter ses hommages, il appelle les questeurs et leur demande combien ils avaient en caisse. — Sire, nous avons bien certainement des fonds, mais il nous serait impossible de déclarer au juste la somme que nous possédons. — Mais dites à peu près. — Nous le répétons à V. M., cela nous est impossible. — Eh bien ! je suis plus avancé que vous, car je sais que vous avez 1,550,000 fr. à votre disposition. Je ne doute pas que votre intention soit d'en faire un usage convenable. — Sire, nous nous réservons cette somme pour faire élever un monument à la gloire de V. M. — Il n'en est pas besoin. Les habi-

---

(1) Voy. ci-dessus, p. 270. — (2) P. 270 et suiv.

tants du faubourg Saint-Germain demandent le rétablissement de la salle de l'Odéon ; vous seriez fort agréables à l'impératrice si vous donniez son nom à ce théâtre. La députation se retira, et se rendit sur-le-champ chez l'impératrice pour obtenir son agrément ; et sitôt qu'elle l'eut obtenu, le Sénat fit restaurer la salle.

La nouvelle salle, construite sur les dessins de Chalgrin, architecte du sénat, et de M. Baraguey, contrôleur des bâtiments du même corps, fut donnée aux comédiens du *Théâtre Louvois*, dirigé par Picard, qui s'étaient réunis à des chanteurs italiens. Le 12 et le 13 juin 1808, les deux troupes débutèrent à l'Odéon, qui prit le titre de *Théâtre de l'Impératrice*. Elles y obtinrent un assez grand succès, sous l'administration de M. Alexandre Duval. Mais la chute de l'Empire fut un événement funeste pour ce théâtre, qui lutta courageusement contre la mauvaise fortune pendant plusieurs années. Enfin l'édifice fut victime d'un second incendie, et, par une singulière coïncidence, ce fut encore pendant la semaine sainte, le vendredi 20 mars 1818. On ne put sauver des constructions intérieures, que les escaliers des quatre angles et la coupole du grand foyer, qui avaient été brûlés en 1799. Reconstruit aussitôt par ordre du roi, sous la direction de l'architecte Baraguey, l'Odéon s'ouvrit, le 30 septembre 1819, sous le titre de *Second Théâtre Français*. Le mérite des acteurs, les tragédies de Casimir Delavigne, les opéras étrangers, traduits par M. Castilblaze, les efforts de différents administrateurs qui succédèrent à Picard, ne purent préserver ce théâtre d'une ruine complète. En 1828, les pauvres comédiens écrivirent à l'intendant de la maison du roi : « Au point où nous en sommes venus, nous ne pouvons cacher que beaucoup d'entre nous, dans la saison la plus rigoureuse de l'année, sont sans pain et seront bientôt sans asile (1). » La fortune n'a pas mieux favorisé l'Odéon depuis 1830. Après des clôtures et des réouvertures sans nombre, après avoir prêté sa riche et magnifique salle à différentes troupes nomades, on a fini par la donner à la troupe des Italiens, qui y donne des représentations, depuis l'incendie de la salle Favart. On dit que ces artistes réclament un autre théâtre : il faut espérer qu'on ne changera plus maintenant l'Odéon de destination. C'est le seul moyen d'utiliser l'une des plus belles salles de spectacle que nous possédions en France.

Théâtre-Français, rue de Richelieu, n° 6. — Cet édifice commencé en 1787, sur les dessins de M. Louis, architecte du Palais-Royal, fut ouvert au public le 15 mai 1790. Il était alors occupé par la troupe des *variétés amusantes*, dont je parlerai bientôt. Ces artistes furent bientôt remplacés par les comédiens français qui firent réparer la salle par l'ar-

---

(1) Voy. *Histoire du théâtre de l'Odéon* dans le *Monde dramatique*, t. V et VI.

chitecte Moreau, et ce théâtre prit successivement les noms de *Théâtre-Français de la rue de Richelieu*, de *théâtre de la Liberté et de l'Égalité*, et enfin *de la République*. Il reprit, au commencement de l'empire, le nom de *Théâtre-Français*. La salle a été restaurée en 1822, sur les dessins de MM. Percier et Fontaine. C'est une des plus belles de France. Le vestibule intérieur, de forme elliptique, est entouré de trois rangs de colonnes doriques, accouplées au premier rang, isolées dans les deux autres. Au milieu s'élève une statue de Voltaire, par Houdon.

Théâtre Feydeau (1), rue Feydeau, n° 19. — Ce théâtre qui porta d'abord le nom de *théâtre de Monsieur*, fut construit pendant les années 1789 et 1790, par les architectes Legrand et Molinos. Le 6 janvier 1791, une troupe de bouffons italiens, qui jouaient aux Tuileries sur le *théâtre des Machines*, depuis quelques années, débuta à cette nouvelle salle. Ils furent remplacés quelques années après par l'Opéra-Comique (2). La troupe italienne s'était associé des comédiens et des chanteurs français, qui se réunirent à la troupe de Favart, et ne formèrent plus qu'une seule troupe d'opéra-comique. Le théâtre Feydeau, abandonné pour la salle Ventadour, fut enfin démoli, et des maisons particulières s'élèvent sur son emplacement. Il était bâti d'une manière fort incommode et n'avait rien de remarquable.

Théâtre Favart, place des Italiens ou Favart. — J'ai dit que les comédiens italiens obtinrent vers 1780 qu'on leur construirait une nouvelle salle et qu'ils abandonneraient l'hôtel de Bourgogne (3). Le nouveau théâtre, qui porte le nom du célèbre auteur dramatique, fut construit de 1781 à 1783, par l'architecte Heurtier, sur l'emplacement de l'hôtel Choiseul, et les comédiens italiens, ou plutôt les artistes de l'Opéra-Comique, y débutèrent le 28 avril 1783. La façade du théâtre est opposée au boulevard; c'est le résultat des exigences des comédiens, qui craignaient de voir assimilée leur salle aux petits théâtres des boulevards. La salle Favart, abandonnée en 1797, fut successivement occupée par des troupes nomades, et enfin par les chanteurs italiens qui l'occupaient encore au mois de janvier 1838, lorsqu'un effroyable incendie est venu la dévaster. Le Théâtre-Italien fut alors transporté à l'Odéon, comme je l'ai dit plus haut, et la salle Favart, reconstruite avec magnificence, vient d'être donnée, au moment où nous écrivons, aux artistes de l'Opéra-Comique.

Ancien théâtre de l'Opéra, aujourd'hui *théâtre de la Porte-Saint-*

---

(1) Il prit le nom de la rue où il était situé. Cette rue fut ainsi nommée à la fin du XVII° siècle de la famille *Feydeau*, qui remplissait à cette époque les premières places de la magistrature. — (2) Voy. ci-dessus, p. 384. — (3) Voy. ci-dessus, p. 383.

Martin, boulevard Saint-Martin, nos 16 et 18. — Après l'affreux incendie du 8 juin 1784, qui détruisit la seconde salle de l'Opéra au Palais-Royal, l'architecte Lenoir, dit *le Romain*, s'engagea à construire en soixante-quinze jours un théâtre au boulevard Saint-Martin, sur l'emplacement où s'élevait autrefois le magasin de la ville. L'Opéra y resta jusqu'en 1794 qu'il fut transféré rue Richelieu (1). Cette salle abandonnée fut ouverte le 14 septembre 1808 pour le nouveau spectacle des *Jeux Gymniques*, mais le public continua à lui donner le nom de *théâtre de la Porte-Saint-Martin*. Livré ensuite à divers entrepreneurs, ce spectacle à travers mille succès et mille revers, après avoir offert successivement au public des ballets, des vaudevilles, des drames, vient de faire faillite, sous la direction de M. Harel, qui luttait depuis long-temps contre la mauvaise fortune avec un courage digne d'un meilleur sort. On prétend que ce théâtre sera bientôt démoli, à la requête des propriétaires voisins, qui redoutent l'incendie. Cette salle provisoire n'est construite qu'en charpente; elle est vaste et assez commode.

Théâtre du Vaudeville. — Ce spectacle, qui porte avec un juste orgueil le titre de *théâtre National*, fut fondé en 1792, par deux auteurs dramatiques estimés, Piis et Barré, et établi rue de Chartres-Saint-Honoré entre les nos 13 et 15, sur l'emplacement du *Wauxhall d'hiver* ou *Petit-Panthéon*. M. Alexandre Lenoir donna le plan de la nouvelle salle, qui fut inaugurée le 12 janvier 1792. Le talent des auteurs et des artistes, qui ont été dirigés pendant plusieurs années par l'excellent Désaugiers, a donné à ce spectacle le premier rang parmi les théâtres secondaires, et il était en pleine voie de prospérité, lorsqu'un incendie détruisit le théâtre de la rue de Chartres, au mois de juillet 1838. On parlait du reste, depuis long-temps, de le faire démolir. Les artistes du Vaudeville allèrent s'établir dans une salle provisoire, construite sur le boulevard Bonne-Nouvelle, et qui après avoir servi à plusieurs entreprises, entre autres au *Gymnase musical*, était alors occupée par le *Café-Spectacle*. Au moment où nous écrivons, le Vaudeville se transporte sur la place de la Bourse à l'ancien théâtre de l'Opéra-Comique (2).

Théâtre Louvois, rue Louvois, n° 8. — Ce théâtre, qui est fermé depuis long-temps, fut construit en 1791, par l'architecte Brongniart. Une troupe de comédiens français y débuta le 1er juillet 1793. Il fut ensuite occupé par les artistes du *théâtre des Troubadours* (3), fermé en l'an IX et réouvert en 1801, après le premier incendie de l'Odéon. Picard et ses artistes y donnèrent des représentations fort suivies jusqu'en 1808.

(1) Voy. ci-dessus p. 276. — (2) Voy. *Théâtre des Nouveautés*. — (3) Voy. *Théâtre des Troubadours*.

Cette salle servit ensuite de magasin à l'Opéra et fut enfin occupée pendant quelque temps par l'*Opera-Buffa*.

Théâtre Molière, rue Saint-Martin, entre les n°s 105 et 107. — Il fut établi en 1792, par M. Boursault, entrepreneur des jeux. La décoration intérieure de la salle était d'un luxe inconnu jusqu'alors; le fond des loges était orné de glaces. Ce théâtre changea souvent de répertoire et d'acteurs. Le *théâtre des Troubadours* et celui des *Variétés-Etrangères* y furent établis pendant quelques années. Il fut supprimé par suite du décret impérial de 1807. En 1831, on essaya de le relever, mais cette tentative n'eut aucun succès. On y donne maintenant des bals publics pendant l'hiver.

Théâtre du Cirque-Olympique, boulevard du Temple. — Quelques années avant la révolution, un Anglais, nommé Astley, établit à Paris un manége et un spectacle de *voltiges*, rue du Faubourg du Temple, n° 24. Franconi père, chef d'une famille d'écuyers dont la réputation est européenne, lui succéda en 1784, et augmenta ce spectacle, qui fut successivement transféré dans le jardin des Capucines (1802), et rue Monthabor (1807). MM. Franconi fils retournèrent enfin au Cirque du faubourg du Temple qu'ils firent réparer, et leur entreprise avait le plus grand succès lorsque le théâtre fut incendié dans la nuit du 15 au 16 mars 1826. Une nouvelle salle fut construite au boulevard du Temple, et ouverte au public le 31 mars 1827. Elle est parfaitement disposée et peut contenir plus de dix-huit cents spectateurs. Ce spectacle est l'un des plus curieux que possède la capitale. On y donne des féeries, des vaudevilles, des pièces militaires et à grand spectacle; la *mise en scène* lutte pour la magnificence avec l'Opéra. Pendant l'été, ce théâtre est fermé; les artistes se reposent; les *clowns* et les écuyers vont faire admirer au Cirque des Champs-Élysées (près le carré Marigny) leur force et leur agilité.

Théâtre de la Cité. — Construit vers 1792, par M. Alexandre Lenoir, qui l'administra quelque temps, il était situé sur l'emplacement de l'église de Saint-Barthélemy (1). Bien que ce spectacle fût situé dans un des quartiers les plus populeux de Paris, sa destinée ne fut jamais brillante; dans l'espace de quinze ans, il fut ouvert et fermé vingt fois. Ouvert le 20 octobre 1792, sous le titre de *théâtre du Palais*, il prit ensuite celui de *Cité-Variétés* et on y représenta des pantomimes, dans lesquelles les chevaux de Franconi jouaient les principaux rôles. En 1802, des chanteurs allemands exploitèrent la salle de la Cité, qu'ils

---

(1) T. I, p. 362.

appelèrent *théâtre de Mozart* (1). Ce malheureux théâtre fut enfin définitivement fermé, et il est occupé aujourd'hui par le *Bal du Prado.*

Théâtre des Menus-Plaisirs, établi dans l'hôtel des Menus-Plaisirs pour les exercices publics des élèves du Conservatoire. Après l'incendie de l'Opéra en 1781, il avait été destiné aux représentations de ce spectacle. Mais l'exiguïté de la scène obligea les artistes à y renoncer. C'est dans cette salle que se tiennent chaque hiver les séances musicales de la *Société des Concerts du Conservatoire.*

Théâtre du Cirque du Palais-Royal (2), bâti en 1787. Il était destiné à donner des bals et des fêtes; on y construisit des loges, une scène et l'on y joua la comédie. Ce fut là qu'eut lieu la première représentation d'une pantomime intitulée *les Capucines aux frontières* (3). La salle du Cirque fut incendiée le 15 décembre 1798, et on construisit à sa place le joli bassin du jardin.

Théâtre des Délassements comiques. — Ce spectacle, situé boulevard du Temple, auprès de l'hôtel Foulon, était dirigé par un homme d'intelligence, nommé Valcour, à la fois directeur, auteur et acteur. Un incendie détruisit en 1787 ce petit théâtre, qui fut reconstruit aussitôt, mais alors Valcour eut à subir la persécution de ses voisins, et le lieutenant de police Lenoir rendit une ordonnance par laquelle il était enjoint au directeur des *Délassements comiques* de ne représenter à l'avenir que des pantomimes, de n'avoir jamais que trois acteurs en scène et d'élever une gaze entre eux et le public. La révolution arriva, et le petit théâtre recouvra sa liberté. Il fut supprimé par le décret impérial de 1807. Potier, l'un des meilleurs comédiens de notre époque, fit ses premiers débuts sur cette modeste scène. Le *théâtre des Délassements comiques* fut démoli sous l'empire et remplacé par une espèce de bicoque, qui a servi successivement à plusieurs saltimbanques.

Théâtre des Élèves pour la danse de l'Opéra, puis *des Variétés amusantes* ou *de Lazzari*, boulevard du Temple. — En 1777, un sieur Teissier, voulant spéculer sur les élèves du Conservatoire, fit construire une petite salle de spectacle sur le boulevard du Temple, vis-à-vis la rue Charlot, qu'il destina aux élèves pour la danse de l'Opéra. Ce théâtre n'ayant pas obtenu de succès fut fermé par ordre du roi, en septembre 1780. Il se releva pendant la révolution, et lorsque celui des *Variétés amusantes*, dont je vais parler, fut érigé en Théâtre-Français, il prit son titre. Un Italien, nommé Lazzari, en devint le directeur : il y faisait représenter des vaudevilles, des ballets et des pantomimes, dans

(1) Brazier, *Chron. des petits théâtres*, t. V. — (2) Voy. ci-dessus p. 118.
(3) Brazier, t. II, p. 339.

lesquels il jouait avec un rare talent les rôles d'arlequin. Le théâtre de Lazzari fut incendié le 31 mai 1798.

Théâtre des Variétés amusantes, puis des *Jeunes Artistes*, rue de Bondi, au coin de la rue de Lancry. — En 1778, un sieur de l'Écluse, célèbre directeur de spectacles forains, fit bâtir un petit théâtre à côté du Wauxhall de Torré. Ce spectacle ouvrit le 12 avril 1779, sous le nom de *Variétés amusantes*, et y obtint un grand succès, grâce à la vogue du fameux Volange, dans *les Battus paient l'amende* et d'autres farces de ce genre. En 1786, cette troupe quitta les boulevards et vint s'établir au Palais-Royal dans le théâtre occupé depuis, comme je l'ai dit, par la Comédie Française. On établit alors une manufacture de papier dans la salle de la rue de Lancry. Mais en 1790 elle fut restaurée, et se rouvrit sous le titre de *Théâtre Français comique et lyrique*; on y jouait l'opéra et la comédie. Enfin quelques années après, ce théâtre prit le nom des *Jeunes Artistes*, et devint une pépinière de bons comédiens. Il fut fermé en 1807, lors du décret qui supprimait les petits spectacles.

Théâtre Beaujolais, depuis de *Montansier*, au Palais-Royal, à l'extrémité de la galerie Montpensier. Un sieur de Beaujolais fit construire, en 1784, au Palais-Royal, une salle de spectacle pour de grandes marionnettes; les comédiens de bois furent remplacés par des enfants, puis par des acteurs véritables, mais qui ne jouaient que la pantomime; d'autres acteurs, placés dans les coulisses, parlaient et chantaient pour eux. Ce spectacle singulier attira quelque temps la foule, puis les directeurs cédèrent leur salle à mademoiselle Montansier, célèbre dans les annales dramatiques. Le nouveau théâtre ouvrit, en 1790, sous le titre des *Variétés*; on y jouait l'opéra, la tragédie et la comédie. Ce fut là qu'on donna pour la première fois *le Désespoir de Jocrisse*, farce célèbre, dans laquelle Baptiste cadet remplissait le principal rôle. En 1793, mademoiselle Montansier fut accusée d'avoir distribué des médailles royalistes, et son théâtre fut fermé. Elle en céda le privilége, et ce spectacle rouvrit sous le nom de *Théâtre de la Montagne*, et, en 1795, il reprit celui de *Variétés*. Le public ne cessa pas cependant de lui donner le nom de sa première directrice. Deux acteurs célèbres, Brunet et Tiercelin, y firent courir tout Paris et excitèrent tellement la jalousie des comédiens français et de l'Opéra-Comique, que ceux-ci parvinrent à obtenir un décret impérial qui obligeait les directeurs des Variétés à quitter la salle Montansier, le 1er janvier 1807. La troupe alla jouer quelques mois au théâtre de la Cité, et débuta, le 24 juin 1807, à la nouvelle salle du boulevard Montmartre (1). Le théâtre Montansier fut alors successive-

(1) Voy. *Théâtre des Variétés*, boulevard Montmartre.

ment occupé par des danseurs de corde, des marionnettes (sous le nom de *Jeux forains*), des chiens savants, et transformé enfin en un café célèbre, connu sous le nom de *Café de la Paix*, et où l'on jouait de petits vaudevilles. Enfin, depuis 1830, c'est le *Théâtre du Palais-Royal*, l'un des spectacles de Paris le plus en vogue (1).

Wauxhall d'été, *Wauxhall de la rue de Chartres*, *Redoute chinoise*, *Combat du Taureau*, *autres spectacles*, etc. — On construisit, en 1785, sur les dessins de l'architecte Mellan, un *Wauxhall d'été*, rue Sanson, n. 3. Il obtint la vogue. Ce n'est plus aujourd'hui qu'un bal public. — Le *Wauxhall d'hiver*, nommé aussi *Petit-Panthéon*, et sur l'emplacement duquel on éleva, comme je l'ai dit, l'ancien théâtre du Vaudeville, fut construit pour servir de succursale à l'Opéra et de salle pour ses bals. Ceux que l'administration y fit donner n'obtinrent qu'un faible succès. La salle fut louée, avant sa destruction, à plusieurs sociétés. — Le public se rendait aussi à un magnifique établissement, situé à la Foire Saint-Laurent, et nommé la *Redoute chinoise*. Ce Wauxhall, construit en 1781, n'existait plus en 1789. — *Combat du Taureau*, à la barrière de Pantin, dite *du Combat*. Il s'ouvrit pour la première fois, le 16 avril 1781, et avait lieu pendant la quinzaine de Pâques. Ce spectacle barbare, qui semble appartenir à d'autres temps que le nôtre, a été long-temps suspendu pendant la révolution. Il a été depuis remis en activité, et il est public tous les dimanches, malgré la défense récente du préfet de police. — Je ne puis donner ici la liste de toutes les entreprises qui attiraient la foule aux boulevards, comme le *Salon de Curtius*, les *cafés Yon*, *Godet*, etc., où l'on jouait de petites pièces; le *Théâtre du Marais*, que fit construire Beaumarchais, rue Culture-Sainte-Catherine, n. 19; et bien d'autres établissements dramatiques, établis pendant le règne de Louis XVI. Il me suffit de faire remarquer qu'en 1791 il existait à Paris 40 théâtres en activité.

CHAPITRE TROISIÈME.

Topographie.

Mur d'enceinte. — *Barrières.* — En 1782, les fermiers-généraux proposèrent à Louis XVI d'enfermer les faubourgs dans un nouveau mur d'enceinte, en faisant percer des ouvertures exclusivement des-

(1) Voy. *Théâtre du Palais-Royal.*

tinées à l'introduction des marchandises nécessaires à la consommation des habitants de la capitale ; un projet si avantageux pour le fisc fut bientôt adopté.

L'architecte Ledoux, sous la direction de la ferme générale, obligée de fournir à toutes les dépenses, fut chargé de ces immenses travaux, qui commencèrent en 1784, et ne furent achevés qu'après plusieurs années.

Ce mur d'enceinte, qui fait encore aujourd'hui la clôture de Paris, n'a pas moins de sept lieues de tour. On y a pratiqué cinquante-cinq barrières ; l'on en comptait soixante autrefois, mais cinq ont été murées : deux au midi : celles de Paillassons et de Croulebarbe, et trois au nord, celles de Riom, des Vertus et des Réservoirs.

Voici les noms et la description succincte de ces cinquante-cinq barrières.

Amandiers-Popincourt (Barrière des). — Elle prend son nom de la rue des Amandiers. — Un bâtiment rectangulaire, surmonté d'un couronnement.

Arcueil (Barrière d'). — Ainsi appelée du village de ce nom, si renommé par son aqueduc, construit en 1613, et qui amène à Paris les eaux de la Bièvre. Un bâtiment à huit arcades et deux frontons.

Aunay (Barrière d'). — A pris son nom de la ferme d'Aunay, située à une très petite distance de Paris. Un bâtiment avec deux péristyles et quatre colonnes.

Belleville (Barrière de). — Prend son nom du village de Belleville. Deux bâtiments avec colonnes et arcades.

Berci (Barrière de). Tire son nom du village de Berci. Deux bâtiments ayant chacun deux péristyles et douze colonnes.

Blanche (Barrière). — Un bâtiment avec trois arcades au rez-de-chaussée.

Boyauderie (Barrière de la). — Un bâtiment surmonté d'un dôme et une guérite.

Charenton (Barrière de) — Ainsi nommée du village de Charenton, où l'on passe la Marne sur un pont à l'extrémité duquel est le village d'Alfort, célèbre par son école vétérinaire. On voit à Charenton plusieurs maisons remarquables ; l'une d'elles, appelée le Séjour du roi, a appartenu au duc de Bourgogne ; l'on remarque aussi un ancien château qui a appartenu à la belle maîtresse de Henri IV, Gabrielle d'Estrées. Deux bâtiments ayant chacun deux péristyles et six colonnes.

Chopinette (Barrière de la). — Un bâtiment avec deux arcades, ornées chacune de six colonnes.

Clichy (Barrière de). — Prend son nom du village de Clichy, à une petite distance de Paris. Il se tint dans ce village un concile sous Dagobert, qui y avait un palais : le célèbre saint Vincent de Paul a desservi la cure de ce lieu. Un bâtiment avec deux péristyles de six colonnes chacun.

Combat (Barrière du). — Elle a pris son nom du cirque voisin, connu par ses hideux combats d'animaux. Un bâtiment qui présente un propilée surmonté d'un dôme.

Courcelles (Barrière de). — Ainsi nommée parce qu'elle est sur la route de Courcelles. — Le pourtour du bâtiment est orné de vingt-quatre colonnes.

Cunette (Barrière de la). — Prend son nom d'une sorte de fortification appelée cunette. Un bâtiment à deux façades, avec arcades, colonnes et fronton.

Denis (Barrière Saint-). — Prend son nom de ce qu'elle est située à l'extrémité du faubourg Saint-Denis : on l'appelle aussi barrière de La Chapelle, parce qu'elle est contiguë au village de ce nom. Un bâtiment à quatre faces, un attique et un couronnement.

École-Militaire (Barrière de l'). — Prend son nom de l'établissement qui fut fondé, sous Louis XV, en faveur de la jeune noblesse française. Deux bâtiments ayant chacun un pavillon.

Enfer (Barrière d'). — S'appelle ainsi, parce qu'elle est à l'extrémité de la rue d'Enfer. Deux grands bâtiments, dont l'un, celui de droite, donne entrée dans les Catacombes.

Fontarabie (Barrière de). — L'on présume qu'elle prend son nom de la victoire remportée par les troupes de la république française sur les Espagnols. Un bâtiment à trois arcades.

Fourneaux (Barrière des). — A pris son nom des fabriques de fourneaux qui étaient près de là. Deux bâtiments avec colonnes, surmontés d'un tambour.

Franklin (Barrière de). — Lorsque le célèbre Franklin vint à Paris, en 1780, en qualité d'ambassadeur des États-Unis d'Amérique, il fixa sa résidence à Passy ; en l'honneur de cet illustre citoyen, la barrière qui conduit à ce village reçut son nom. Le voyage de ce grand homme ne fut pas perdu pour la France, car il y fit adopter l'usage si salutaire des paratonnerres, dont il était l'inventeur. L'architecture de cette barrière ne présente rien de remarquable.

Longchamp (Barrière de). — Un bâtiment à quatre frontons et quatre arcades.

Maine (Barrière du). — Conduisant à la chaussée du Maine. Deux bâtiments avec colonnes et sculptures.

Mandé (Barrière de Saint-). — Conduisant au village de Saint-Mandé. Un bâtiment avec deux façades.

Marie (Barrière de Sainte-). — Elle prend son nom de l'enclos des dames de Sainte-Marie. Deux bâtiments avec façades couronnés d'un cintre.

Martin (Barrière Saint-). — Prend son nom du faubourg Saint-Martin, à l'extrémité duquel elle est située. — Cette barrière est un véritable monument d'architecture ; ses quatre faces présentent chacune un péristyle en saillie, ornés de huit pilastres carrés et isolés, de l'ordre toscan. L'étage circulaire, placé au-dessus du soubassement, se compose d'une galerie percée de vingt arcades, supportée par quarante colonnes accouplées, dont les proportions n'appartiennent à aucun ordre ancien : ce bâtiment est d'un effet très pittoresque.

Martyrs (Barrière des). — Elle a pris ce nom en mémoire du supplice de saint Denis et de ses compagnons, décapités à Montmartre. Un bâtiment carré présentant à la face occidentale un grand cintre soutenu par des pilastres.

Ménilmontant — (Elle prend ce nom parce qu'elle conduit au village de Ménilmontant. Elle est remarquable par deux bâtiments à base rectangulaire et symétriques entre eux : les bâtiments sont en outre ornés chacun de trente-deux colonnes avec arcades.

Monceau (Barrière de). — Prend son nom du hameau de Monceau. Un bâtiment à deux péristyles, avec colonnes en bossage.

Montmartre (Barrière de). — Prend son nom du village de Montmartre. Cette barrière présente un bâtiment rectangulaire, avec colonnes et massifs vermiculés, dont l'architecture doit être citée avec éloge.

Mont-Parnasse (Barrière du). — Prend son nom d'une butte sur laquelle les écoliers de plusieurs colléges de Paris s'assemblaient les jours de congé. Deux bâtiments ayant chacun deux péristyles avec colonnes.

Mouffetard (Barrière). — A pris son nom d'un terrain voisin appelé, comme on l'a vu ailleurs, Mont-Cétard, et par corruption Mouffetard. On l'appelle souvent aussi barrière d'Italie et de Fontainebleau. Deux corps distincts de bâtiments, d'une forme élégante, placés en regard et ornés de cinq arcades de face avec colonnes.

Moulins (Barrière des Deux-). — Tire son nom de deux moulins à vent qui étaient très rapprochés des murs d'enceinte. Deux bâtiments symétriques, mais d'une architecture très simple.

Neuilly (Barrière de). — Construite en 1786, elle porta d'abord le nom de barrière de l'Étoile, parce qu'elle est située à l'entrée d'une grande place circulaire où quatre routes viennent aboutir ; depuis elle a été appelée barrière de Neuilly, parce qu'elle conduit au village de ce nom. La superbe avenue de Neuilly, si riante, si animée, les bâtiments et la belle grille de cette barrière, tout se réunit pour en faire l'entrée la plus remarquable de Paris.

Passy (Barrière de). — Ainsi appelée parce qu'elle conduit au village de Passy. Cette barrière est décorée de douze colonnes, deux arcs, quatre frontons, et deux statues colossales représentant la Bretagne et la Normandie.

Picpus (Barrière de). — A pris son nom du hameau de Picpus qui se trouvait près de là. Un bâtiment avec quatre péristyles et attique.

Reuilly (Barrière de). — Cette barrière a emprunté son nom du village de Reuilly. L'architecture de cette barrière la signale avec avantage parmi tous les monuments de ce genre.

Roule (Barrière du). — Prend son nom de l'ancien village du Roule qui a été, en 1786, enclos dans la capitale. — Un bâtiment orné de quatre avant-corps, un couronnement et un dôme : c'est un des monuments remarquables de l'enceinte de Paris.

Vaugirard (*Barrière de*). — Ainsi appelée du village de Vaugirard. — Deux bâtiments carrés.

Vertus (*Barrière des*). — Tire son nom du village d'Aubervilliers, ou Notre-Dame-des-Vertus. — Un bâtiment avec deux péristyles et un fronton.

Villette (*Barrière de la*). Conduisant au village de la Villette, près du bassin du canal de l'Ourcq. — Deux bâtiments avec arcades.

Vincennes (*Barrière de*). S'appela d'abord barrière du Trône, à cause du trône magnifique qui y fut dressé pour Louis XIV et Marie-Thérèse d'Autriche, lorsqu'ils firent leur entrée dans la capitale, le 26 août 1660. Aujourd'hui elle porte le nom de Vincennes, parce qu'elle conduit au village de ce nom. La barrière de Vincennes mérite sans contredit le premier rang, par le caractère monumental de son architecture ; elle présente deux bâtiments carrés, élevés de cinquante pieds, et distants l'un de l'autre de cinquante toises ; on entre dans ces bâtiments par un porche dont l'arc est soutenu par des pilastres ; les façades sont terminées par une corniche avec consoles, quatre frontons et un couronnement circulaire ; dans l'intervalle des deux monuments, l'on remarque deux superbes colonnes d'ordre dorique, de soixante-quinze pieds de hauteur, dont les piédestaux servent de guérites.

Divisions municipales. Districts, sections, arrondissements. — Lors de l'élection des députés aux états-généraux de 1789, Paris avait été partagé en soixante districts. Après la prise de la Bastille, les Parisiens sentant la nécessité de se partager eux-mêmes et de veiller au maintien de l'ordre, se réunirent et confirmèrent dans leurs fonctions les officiers municipaux qu'ils avaient choisis. Depuis le 13 juillet 1789 jusqu'au 25 juillet de l'année suivante, Paris a été gouverné par les districts. Le décret du 27 juin 1790 substitua aux soixante districts les quarante-huit sections qui prirent chacune un nom de localité telles que : *la section du Palais-Royal, des Tuileries, du faubourg Saint-Denis, des Gobelins*, etc. En 1795, les douze arrondissements succédèrent aux quarante-huit sections. Cette division est celle qui est encore en vigueur aujourd'hui. Seulement chaque arrondissement était d'abord administré par une municipalité spéciale, tandis qu'à présent elle est formée seulement d'un maire et de ses adjoints.

Porte Saint-Martin (1), sur le boulevard de ce nom. L'arc de triomphe connu sous cette dénomination fut érigé en 1674 à la gloire de Louis XIV par la ville de Paris. L'architecte Pierre Bullet composa les dessins et fut chargé de l'exécution de ce monument, qui est situé à l'extrémité de la rue Saint-Martin et sur l'alignement de la porte Saint-Denis. Il a cinquante-quatre pieds de largeur et autant de hauteur; il est percé de trois ouvertures, dont celle du milieu est la plus considérable, et est orné de quatre bas-reliefs. Les deux premiers représentent la prise de Besançon et la rupture de la triple alliance; les deux autres, la prise de Limbourg et la défaite des Allemands par Louis XIV. Ce prince est représenté sous la figure d'Hercule, la tête couverte d'une vaste perruque *in-folio*, la massue à la main, repoussant un aigle. Tous les ouvrages de sculpture sont de Desjardins, Marsy, Lehongre et Legros.

La porte Saint-Martin, dont le couronnement et plusieurs autres parties étaient extrêmement dégradés, a été restaurée, il y a vingt ans, avec beaucoup de soin.

Marché des Innocents, situé entre les rues Saint-Denis, de la Féronnerie, aux Fers et de la Lingerie, sur l'emplacement de l'ancien cimetière des Innocents. En 1786, la salubrité publique depuis long-temps compromise par l'existence d'un cimetière dans le quartier le plus populeux et le plus resserré de la ville, nécessita l'enlèvement des dépouilles mortelles qu'on avait entassées au cimetière des Innocents depuis les temps les plus anciens. J'ai raconté (2) les événements de cette translation qui ne fut entièrement terminée qu'au bout de trois années. Le sol de l'ancien cimetière fut exhaussé, nivelé et pavé; au milieu s'élève la magnifique fontaine des Innocents (3); enfin l'on y établit un marché aux fruits, aux légumes et aux herbages. Le matin, avant le jour, on les vend en gros, et on les revend en détail dans la journée.

Marché et place Sainte-Catherine. En 1783, on commença à construire ce marché sur l'emplacement du couvent des chanoines de Sainte-Catherine-du-Val-des-Écoliers. Il est situé entre les rues d'Ormesson et Caron, et ouvert tous les jours. On appelle place Sainte-Catherine l'entrée du marché du côté de la rue Saint-Antoine.

Marché Boulainvillier. Ce marché, situé entre les rues du Bac, de Béaune, Bourbon et Verneuil, est dû à M. de Boulainvillier, qui, en

(1) C'est par inadvertance que cet article n'a pas été placé, comme il aurait dû l'être, parmi les monuments du règne de Louis XIV. — (2) Voy. t. I, p. 591.
(3) T. III, p. 570.

FONTAINE DES INNOCENTS.

Histoire de France

Publié par Bourat? à Paris.

1780, le fit construire sur l'emplacement de l'hôtel des mousquetaires-gris, qu'il avait acheté. Le même emplacement avait été occupé autrefois par la halle du Pré-aux-Clercs, dite la halle *Barbier*.

Marché Beauvau, faubourg Saint-Honoré. Ce marché fut fondé sous Louis XVI, par madame de Beauvau-Craon, alors abbesse de l'abbaye Saint-Antoine. Ce marché, plus utile que brillant, n'offre nulle ressemblance avec les marchés bâtis depuis. C'est une halle très aérée, divisée en deux vastes hangars bien couverts; elle a une fontaine simple, dont les eaux entretiennent la fraîcheur d'un beau peuplier qui s'élève auprès.

Halle aux Draps et Toiles, entre les rues de la Poterie et de la Petite-Friperie. Elle fut construite en 1786, sur les dessins de Legrand et de Molinos, et sur l'emplacement de l'ancienne halle aux draps. Cette halle a quatre cents pieds de long; elle est éclairée par cinquante croisées. Son escalier, à double rampe, passe pour un chef-d'œuvre. Elle est ouverte tous les jours pour les draps, et cinq jours consécutifs pour les toiles, à compter du premier lundi de chaque mois.

Halle aux Cuirs, rue Mauconseil, n° 34, et rue Française, n° 5. Elle était auparavant rue de la Lingerie. Elle a été construite sur l'emplacement de l'ancien hôtel de Bourgogne, dont le théâtre fut le berceau de la Comédie française, de l'Opéra italien et de l'Opéra-Comique. Cette halle tient tous les jours de la semaine, excepté les dimanches et fêtes.

Halle à la Marée, rue du Marché-aux-Poirées et de la Tonnellerie. C'est la halle où se vendent en gros tous les poissons de mer. Les approvisionnements y viennent directement des ports, et la vente a lieu de trois à quatre heures du matin. Une partie des droits du fief d'Hallebick, famille éteinte depuis long-temps, que devaient payer les marchands de cette halle, avait été cédée à l'Hôtel-Dieu, le 11 janvier 1530, par Marguerite de Neuville, veuve de Pierre Frayer, à qui ce fief était échu par héritage. En 1784, ce marché avait été construit d'après les dessins de Dumas, sur l'emplacement de la cour des Miracles, mais les marchands refusèrent de l'occuper.

Halle aux Poissons en détail. Cette halle fut construite en 1786, sur le Carreau de la Halle. Elle vient d'être rebâtie sur un nouveau plan. Par un règlement spécial de saint Louis, il fallait jadis acheter du roi le droit de vendre le poisson. Des prud'hommes, des jurés des halles, y maintenaient la police, et prélevaient des amendes que sans doute ils infligeaient eux-mêmes aux marchands. Ces prud'hommes étaient nommés par le cuisinier du roi. Ceux qui apportaient du poisson payaient le droit de tonlieu, pour une place aux halles, le droit de vendre, le droit de congé, le droit de hallage, enfin le droit de commission des prud'hommes. Le cuisinier du roi obligeait les prud'hommes à jurer, sur les saints Évangiles, de choisir avec soin le poisson destiné au roi, à la reine, à leurs enfants, d'en fixer le prix d'après leur conscience. Ces prud'hommes étaient exempts de service dans les gardes bourgeoises. Les marchands ne pouvaient étaler leur poisson qu'à la porte du Grand-Pont, aux Pierres-le-Roi et aux Pierres-aux-Poissonniers. Ainsi la surintendance de la marée était une des attributions du cuisinier du roi.

Pompe à feu de Chaillot, quai de Billy, n° 4. Cette pompe, ainsi que celle du Gros-Caillou, fut construite vers 1785, par les frères Perrier, alors à la tête d'une compagnie dite des eaux de Paris. L'édifice présente l'aspect d'une tour carrée, d'un style analogue à sa destination, qui est toute d'utilité. Le mécanisme est du genre de ceux où l'on emploie la vapeur comme moteur : c'est une des premières applications qu'on ait faites, en France, d'un agent merveilleux par sa puissance, agent dont nous revendiquons la découverte et la théorie, mais que les Anglais ont su appliquer avec de grands succès depuis long-temps.

Un canal de sept pieds de large, construit sous le chemin de Versailles, introduit l'eau de la Seine dans un bassin bâti aussi en pierres de taille, dans lequel est plongé le tuyau d'aspiration des pompes Ce bassin, ainsi que le canal, est creusé de trois pieds au-dessous des plus basses eaux : aucun égout ni ruisseau ne peut altérer l'eau qui y est puisée. Le bâtiment contient deux appareils qui peuvent élever et faire monter, en vingt-quatre heures, environ quatre cent mille pieds cubes d'eau, composant quarante-huit mille six cents muids d'eau dans les réservoirs construits sur le haut de la montagne de Chaillot, à une élévation de cent dix pieds. Les machines ont été faites pour se suppléer en cas de réparations; cependant on a donné assez de diamètre aux tuyaux qui montent aux réservoirs, pour les faire marcher ensemble en un cas extraordinaire. C'est des bassins des hauteurs de Chaillot que partent les différentes conduites d'eau, qui sont subdivisées et dirigées de manière à alimenter un grand nombre de maisons particulières, ainsi que des pompes réparties dans plusieurs quartiers, pompes auxquelles les porteurs d'eau viennent, moyennant un droit proportionnel à la capacité de leurs tonneaux, alimenter ces mêmes tonneaux. Il y a des pompes publiques de distribution : d'abord à Chaillot, puis au Roule, à la porte Saint-Honoré, dans la rue de la Chaussée-d'Antin, à la porte Saint-Denis, rue du Temple, etc.

Pompe à feu du Gros-Caillou, rue de la Pompe. Cette pompe à feu distribue l'eau sur la rive gauche de la Seine, celle de Chaillot ne sert que la rive droite de ce fleuve. Au Gros-Caillou, le bâtiment principal est décoré d'arcades ornées de refends. Les deux machines qu'il contient peuvent fournir jusqu'à trente-sept mille cinq cent cinquante hectolitres d'eau en vingt-quatre heures. Les terrains n'étant pas assez élevés pour y former des réservoirs à l'instar de Chaillot, l'eau que les pompes élèvent est déposée au haut d'une tour qui couronne l'édifice et qui a dix pieds d'élévation.

On a eu depuis quelques années l'heureuse idée d'utiliser l'eau chaude que le mode du mécanisme entretient continuellement et qui se trouvait en grande partie perdue. Cette eau chaude est reçue maintenant dans un grand bassin où l'on peut se livrer, en hiver comme en été, à la natation, sous la direction de maîtres attachés à l'établissement.

Le *Pont Louis XVI* communique de la place Louis XVI aux quais d'Orçay et des Invalides. Un édit du mois de septembre 1786 ordonna la construction de ce pont, et affecta à ses frais la somme de 1,000,000 fr. Commencé en 1787, il fut achevé en 1790. Perronnet, premier ingénieur en chef des ponts-et-chaussées, en fournit les dessins ; on employa, dans sa maçonnerie, une partie des pierres provenant de la démolition de la Bastille. Il est fondé sur pilotis et grillage, et repose sur cinq arches très surbaissées. L'arche du milieu a quatre-vingt-seize pieds d'ouverture ; les arches collatérales quatre-vingt-sept, et les deux autres attenantes aux culées ont chacune soixante-quinze pieds. Sa longueur totale entre les culées est de quatre cent soixante-un pieds, et sa largeur de 61. Chaque pile a neuf pieds d'épaisseur ; leurs avant-becs et arrière-becs présentent des colonnes engagées qui soutiennent une corniche couronnée par une balustrade, qui sert de parapet aux trottoirs du pont. Sur les piédestaux de la balustrade, et à l'aplomb des piles de ce pont, l'on avait placé, il y a quelques années, douze statues colossales, représentant : Condé, Turenne, Bayard, Duguesclin, Suger, Richelieu, Sully, Duguay-Trouin, Jean-Bart, Duquesne, Suffren et Tourville. Au dire des connaisseurs ces statues manquaient de vérité et de grandeur, et ne faisaient que surcharger le pont, sans aucun profit réel pour l'art. En mars 1837, elles ont été transportées au château de Versailles. Les piédestaux sont seuls restés, et attendent de nouvelles statues.

Population. A cette époque, ainsi qu'à toutes les autres, il est difficile de fournir des données précises sur le chiffre de la population parisienne. Nous avons vu sous le règne de Louis XV ce chiffre monter à neuf cent mille âmes environ ; il paraît être resté le même sous Louis XVI (1).

(1) Quelques statistiques restreignent considérablement ce nombre. Celle dressée par Buffon en 1776 la porte seulement à 658,000 ; celle de Moheau en 1778, à 670,008 ; celle de Necker en 1784, à 640 ou 680,000 suivant les saisons de l'année. Cette différence s'explique par la considération que ces statistiques comprennent seulement la population fixe et non la population flottante ni les étrangers.

CHAPITRE QUATRIÈME.

ÉTAT DES LETTRES, DES SCIENCES, DES ARTS, DU COMMERCE ET DE L'INDUSTRIE A PARIS, SOUS LE RÈGNE DE LOUIS XVI.

§ I. Lettres. — Sciences.

En appréciant le caractère intellectuel de chaque période, j'ai donné en même temps la biographie des hommes nés à Paris, et qui ont illustré leur patrie par leurs travaux dans les lettres, dans les sciences ou dans les arts. Je ne puis suivre maintenant le même plan. Nous entrons dans l'histoire contemporaine, et il devient de plus en plus difficile de dresser la liste des illustres enfants de la capitale. D'ailleurs, un grand nombre d'entre eux vivent encore, et ils appartiennent également à la république, à l'empire et à notre époque. Je me contenterai donc désormais d'indiquer les traits saillants de la littérature, des sciences et des arts, et d'apprécier en peu de mots les progrès du commerce et de l'industrie pendant la période qui vient de s'écouler et celles que nous avons encore à parcourir.

La littérature, à l'époque où nous sommes arrivés, se divise en deux parties distinctes : la littérature secondaire, celle de Dorat, qui disparut peu à peu devant les préoccupations politiques et ne trouva bientôt plus d'autre asile que l'*Almanach des Muses;* la littérature sérieuse qui trouva de fervents prosélytes et qui se renouvela complétement. Voltaire et son école, en attaquant des abus et des préjugés, avaient attaqué aussi tout ce qu'il faut respecter. Ils laissèrent malheureusement un grand nombre d'élèves. La littérature, sous Louis XVI, ne fut à proprement parler qu'une ardente polémique ; lois, mœurs, religion, gouvernement, les hommes et les choses, tout fut mis en question. Beaumarchais porta les derniers coups à l'édifice social ; Mercier, Linguet et mille autres écrivains pleins de verve et de chaleur, secondèrent leur maître par des pamphlets et des brochures, jusqu'à ce que la révolution eut décrété la liberté de la presse. Ce fut enfin à cette époque que se créa, sous le nom d'économie politique, cette science importante qui a fait de nos jours de si grands progrès et qui s'occupe, en remontant aux sources de la richesse publique, de tracer les théories les plus avantageuses d'agriculture, de manufacture et de commerce. Ici l'influence des idées anglaises sur la France est sensible. Tous les esprits forts allaient en Angleterre, cette *terre classique de la liberté, pour y apprendre à penser.* Aussi la secte des économistes, dont l'un des chefs fut le célèbre Quesnay, médecin de

Louis XVI, s'augmentait-elle chaque jour. Turgot, Malesherbes, Condorcet, Mirabeau, *l'ami des hommes*, se distinguèrent dans ce parti, qui n'avait que de louables intentions.

La poésie, vague souvenir et pâle imitation de Corneille et de Racine, est cultivée cependant par quelques hommes de talent : Laharpe, Lemierre, Delille. L'illustre et malheureux Chénier, en s'inspirant de la muse antique, fait dans la poésie une heureuse révolution. Fabre d'Eglantine, Collin-d'Harleville, Écouchard-Lebrun, Saint-Lambert, Roucher, occupent également une place distinguée parmi les poëtes de cette époque. Les prosateurs sont nombreux et se font remarquer par un style noble et élégant, quoique souvent ampoulé (les *Éloges* de Thomas, les *Contes Moraux* de Marmontel, les écrits politiques et les éloges de Condorcet, les ouvrages de Bernardin de Saint-Pierre. Enfin la linguistique, l'histoire et les différentes branches de l'érudition prirent un nouveau développement par le zèle et les talents des deux Anquetil, de Barthélemy, de Bréquigny, de Larcher, de Silvestre de Sacy, etc.

La littérature n'était donc pas en décadence, mais elle était encore retenue par mille entraves, et une révolution lui était nécessaire. La grande commotion politique qui allait renouveler le monde social devait nécessairement, en changeant les mœurs et les idées, donner à l'art une nouvelle face et lui ouvrir de nouvelles voies. M. de Chateaubriand, on le sait, donna le signal de cette révolution.

Les sciences avaient acquis, en 1789, une supériorité incontestable. Presque tous les grands esprits du xviiie siècle les avaient cultivées, et leur exemple produisit les plus heureux résultats. La médecine, la chirurgie, la chimie, la botanique, l'histoire naturelle, l'astronomie, toutes les études relatives à la nature, firent en peu de temps des progrès extraordinaires, et la France put s'enorgueillir de ses savants. Dans les sciences comme dans les lettres, comme dans les arts, elle fut la première nation du monde. Les noms de Buffon, de Daubenton, de Bailly, de Lalande, de Berthollet, de Monge, de Fourcroy, de Laplace, de Lavoisier, sont immortels.

Le règne de Louis XVI fut signalé par d'importantes découvertes. L'illustre Franklin fit adopter les paratonnerres, et Montgolfier inventa, en 1783, les aérostats ou ballons, qui furent perfectionnés par Charles et Robert. Enfin ce fut vers cette époque que Mesmer, docteur allemand, publia son système du *magnétisme animal*, qui fit tant de bruit (1), et qui divise encore aujourd'hui les savants.

II. Beaux-Arts.

Dans la littérature, le beau antique remplaça le marivaudage ; Ché-

(1) Mesmer fonda à Paris une société appelée des *Enfants de l'harmonie*, qui subsista pendant quelques années.

nier détrôna le gentil Dorat. Il en fut de même pour les arts. Le genre de Boucher et de Wateau ne pouvait survivre à madame de Pompadour. Les artistes revinrent à l'imitation pure de l'antiquité, et la décadence s'arrêta. Un homme d'un mérite incontestable, Joseph-Marie Vien, fonda une nouvelle école française, dont l'élève le plus célèbre fut David (Jacques-Louis), qui fut à son tour chef d'école. Son beau tableau du *Serment des Horaces* fit une révolution dans la peinture à l'exposition de 1786. On ne vit plus que des sujets empruntés à l'histoire grecque et moderne. Cette école fut florissante, comme nous le verrons, pendant la république et sous l'empire. J.-B. Greuze, auteur de charmants tableaux d'intérieur, et Joseph Vernet, peintres de marines et de paysages, méritent également une place distinguée parmi les artistes de cette époque.

La sculpture et l'architecture se régénérèrent comme les autres arts. Giraud, Berruer, Julien, Augustin Pajou, rappelèrent dans leurs œuvres la grâce et la noblesse antiques, tandis que les architectes Boulée et Soufflot luttaient contre le genre contourné et mesquin de l'école de Louis XV. On ne peut que reprocher à ces derniers d'avoir imité d'une manière trop servile l'art antique, et de n'avoir pas compris que les monuments de la Grèce et de Rome ne convenaient pas toujours à notre climat et à nos mœurs. Enfin la musique elle-même éprouva d'importantes réformes. L'illustre Allemand Gluck, chef d'une nouvelle école, fit disparaître celle de Rameau; mais une lutte sérieuse s'engagea entre cette savante école et l'école italienne, dont le représentant était Nicolas Piccini. Elle fut favorable à l'art. Grétry, et sous son inspiration, Dalayrac, Devienne, Dezède, donnèrent à l'opéra-comique de célèbres compositions, qui créèrent ce genre national. Ces différentes écoles, qui datent du règne de Louis XVI, subsistèrent long-temps.

III. Industrie. — Commerce.

L'agitation des esprits et les troubles politiques ne pouvaient que paralyser l'industrie et le commerce à Paris. Les émeutes, la dispersion des familles riches, la disette, le *maximum*, le manque de numéraire, placèrent le commerce dans une déplorable situation.

Au mois de juin 1785, le sieur Turquin fonda à la pointe de l'île Saint-Louis la première *école de natation*. Le prévôt et les échevins la prirent sous leur protection. Dans la suite, plusieurs autres écoles furent établies sur la Seine. Je citerai l'établissement situé au bas du quai d'Orçay, les deux écoles à l'usage des hommes, l'une auprès du môle du Pont-Neuf, l'autre à côté du Pont-Royal, et les deux écoles à l'usage des femmes, placées entre ce dernier pont et le Pont-des-Arts.

TREIZIÈME ÉPOQUE.

Paris sous la République.

1793-1804.

CHAPITRE PREMIER.

Faits généraux.

La *révolution*, dit un jour Vergniaud, *fera comme Saturne, elle dévorera ses propres enfants*. L'illustre Girondin avait prophétisé. La mort du roi fut le signal de cette réaction sanglante si énergiquement dépeinte sous le nom de *Terreur*, et de l'avènement des Montagnards au pouvoir. Au milieu d'une telle crise, les hommes de 89 et les républicains modérés devaient succomber. A partir du 21 janvier, les jacobins furent maîtres de la convention et de Paris. Ils firent suspendre les poursuites contre les septembriseurs, ils exigèrent la création d'un tribunal *criminel extraordinaire* pour juger sans appel les *conspirateurs* et les *contre-révolutionnaires*; ils firent décréter que, sans avoir égard à l'inviolabilité des représentants, ils seraient mis en accusation dès qu'ils seraient fortement présumés de complicité avec les ennemis de l'État; ils exercèrent enfin partout la dictature absolue. Les forces redoutables des puissances coalisées, la révolte de la Vendée, la défection du général Dumouriez, qui, après s'être illustré par ses victoires, alla se jeter dans les rangs ennemis, tout effrayait les Montagnards, qui voulurent, avant de marcher contre l'étranger, se défaire des *traîtres*, des *contre-révolutionnaires* et des *intrigants*. Ils désignaient les Girondins par cette dernière qualification. Le 10 mars, le peuple ameuté par les clubs, prit les armes et tenta d'envahir la salle des séances de la convention, *pour en ôter la partie gangrenée*. Cette insurrection, prévenue à temps, échoua, mais elle ne fut que différée. La populace était dans une effervescence inouïe. Vergniaud a dit avec raison : « Dans les temps de révolution, la lie des nations s'agite et domine un instant les gens de bien. » Robespierre attaqua le premier les Girondins en pleine séance, et d'une manière toute directe. Marat alla plus loin, il osa signer l'adresse suivante : *Citoyens, armons-nous! la contre-révolution est dans le gouvernement, elle est dans le sein de la convention. Citoyens, marchons-y, marchons.* L'assemblée décréta Marat d'accusation. Aussitôt les sections demandent l'expulsion de vingt-deux Girondins. Marat est acquitté par le tribunal révolutionnaire, et porté en triomphe à la convention. Les Girondins, à la vue du danger, montrèrent une grande énergie. Guadet monta à la tribune, et après avoir exposé l'état réel de la question, il demanda que l'assemblée cassât les autorités anarchiques de Paris pour les remplacer par les présidents des sections, et qu'on réunît à Bourges une nouvelle Convention. A peine Guadet eut-il fini de parler, qu'un tumulte épouvantable éclata, et la terrible accusation de *fédéralisme* fut lancée de nouveau contre les Girondins. Barrère, président d'une commission qui venait d'être instituée sous le nom de *Comité de salut public*, proposa un terme moyen. Ce projet, qui fut adopté, consistait à investir de pleins pouvoirs une commission de douze membres de la convention.

Ces nouveaux magistrats, presque tous Girondins, prirent des mesures violentes. Ayant découvert une insurrection qui devait éclater le 22 mai, ils firent arrêter quelques conspirateurs, entre autres le substitut du procureur de la commune, l'infâme Hébert, rédacteur de cet ignoble journal connu sous le nom de *Père Duchêne*. Les sections se déclarèrent aussitôt en permanence et envoyèrent demander à l'assemblée la dissolution de la commission et la mise en liberté d'Hébert et de ses complices. Le président Isnard répondit sévèrement aux pétitionnaires : « Si la représentation nationale, dit-il, était violée par l'une de ces conspirations dont nous sommes entourés depuis le 10 mars, je vous le déclare au nom de la France, Paris serait anéanti ; oui, la France entière tirerait vengeance de cet attentat, et bientôt on chercherait sur quelle rive de la Seine Paris a existé. » Cette réponse augmenta la fureur des montagnards. Le peuple en armes entourait le palais des Tuileries, où la convention tenait ses séances depuis quelque temps, et ces mégères, ces femmes qui n'en avaient que le nom, si tristement célèbres dans les fastes de la révolution sous le nom de *lécheuses de guillotine*, proféraient des cris de mort contre les Girondins. Ceux-ci se découragèrent. Isnard abandonna le fauteuil au jacobin Hérault de Séchelles, et le peuple se précipita dans la salle. « Citoyens, dit le président, *la force de la raison et la force du peuple sont la même chose*. — Cette réponse était absurde, aussi fut-elle fort applaudie. — *Vous nous demandez un magistrat et la justice ; les représentants du peuple vous la rendront*. La multitude envahit les bancs des députés, insulte les Girondins et fait rendre à minuit et demi, au milieu d'un désordre et d'un tumulte inexprimables, un décret qui casse la commission des douze et prononce l'élargissement des prisonniers. Le lendemain, les Girondins parviennent à faire rapporter ce décret, et ils ne mettent Hébert en liberté que provisoirement. A cette nouvelle inattendue, les clubs, les sections s'agitent d'une manière menaçante. Des députations, précédées de bannières portant ces mots : *Résistance à l'oppression*, viennent de nouveau faire entendre à l'assemblée leur langage insolent et hautain. La commune organise en même temps une insurrection contre les Girondins; elle accorde 40 sous par jour aux *sans-culottes*, tant qu'ils seront sous les armes, et nomme commandant-général de ces soldats-bourreaux un certain Henriot, mauvais drôle, qui avait débuté par être laquais et qui s'était fait remarquer par sa férocité dans les massacres de septembre. Tous les préparatifs étant terminés, le 30 mai au soir, on sonne le tocsin, on bat la générale, les barrières sont fermées, et quatre-vingt mille hommes prennent les armes. Il y avait au Pont-Neuf une pièce de canon nommée *canon d'alarme;* on ne pouvait s'en servir sous peine de mort, sans un décret de la convention. Henriot le fait tirer dans la matinée du 31, et les insurgés marchent sur les Tuileries.

Les Girondins montrèrent un véritable courage. Ils protestèrent contre la commune et demandèrent l'arrestation d'Henriot. Les montagnards et les tribunes ne leur répondirent que par des huées. En ce moment arrivèrent des députations qui demandèrent vengeance contre la commission des douze et *beaucoup d'autres coupables*. La multitude envahit aussitôt les bancs des députés. — *Nous ne sommes plus libres*, s'écrie Vergniaud, et il sort suivi d'une grande partie de ses collègues. Mais repoussés par le peuple, ils rentrent au milieu des murmures et des vociférations, et l'on rend à dix heures du soir un décret qui casse les douze, qui met la force publique en réquisition permanente, et qui charge le comité de salut public de rechercher les complots. Le peuple crie *victoire* et se disperse. La commune ordonne d'illuminer la ville entière, et les insurgés font une *promenade civique*, à laquelle une partie de la convention est forcée d'assister. Mais ce n'était qu'un 20 juin; la commune voulut un 10 août, et *pour ne pas laisser le peuple se refroidir*, elle écrivit aussitôt aux sections : « Citoyens, restez debout; les dangers de la patrie vous en font une loi suprême. » On prépare donc une seconde insurrection. Le 1ᵉʳ juin au soir, Marat se rend à l'Hôtel-de-Ville, sonne lui-même le tocsin, et le lendemain dimanche, à dix heures du matin, le palais national des Tuileries est investi par Henriot et les *sans-culottes*. La plupart des Girondins ne s'étaient point rendus à l'assemblée : c'était un courage inutile. Mais Lanjuinais, Barbaroux et d'autres osèrent s'y présenter, et dès le commencement de la séance, l'intrépide Lanjuinais demanda que l'assemblée prît des mesures pour arrêter l'insurrection. — *A bas! à bas!* s'écrient les Montagnards; *il veut la guerre civile! il insulte le peuple!* Lanjuinais persiste. Quelques furieux se précipitent sur la tribune et veulent l'en arracher. Il s'y cramponne et continue son discours. A peine avait-il fini de parler qu'une députation se présente à la barre et demande impérieusement l'arrestation des conspirateurs. Cette insolence révolte la convention, qui décrète l'ordre du jour. Aussitôt les tribunes se vident ; on crie *aux armes*, et les insurgés s'emparent de toutes les issues des Tuileries. Les députés qui veulent sortir sont insultés, frappés et repoussés dans la salle. Danton lui-même, indigné de ces excès, déclare *qu'il faut venger vigoureusement la majesté nationale outragée*. Le président Hérault de Séchelles, suivi de tous les députés et précédé des huissiers, sort de la salle et se dirige vers la porte qui donne sur le Carrousel. Il arrive en présence des canonniers commandés par Henriot, qui, le chapeau sur la tête et le sabre à la main, refuse de livrer passage. « Saisissez ce rebelle, » dit le président aux soldats. — « Canonniers, à vos pièces! » réplique Henriot. Deux pièces de canon sont pointées sur l'assemblée, qui recule et se retire dans le jardin. Ses efforts sont encore inutiles; les insurgés, excités par Marat, ferment toutes les issues. « Je somme, dit alors Marat, je somme les députés qui ont abandonné leur poste d'y retourner. » La convention, humiliée et vaincue par la populace, rentre en séance, et les Montagnards font décréter l'arrestation de trente-deux Girondins. Tous les proscrits n'étaient point entre les mains de la commune. Pétion, Buzot, Barbaroux, et quelques uns de leurs collègues s'enfuirent dans les départements qu'ils soulevèrent; mais cette insurrection fut arrêtée et vingt-un Girondins expièrent sur l'échafaud leur généreux courage (31 octobre 1793).

Au dehors, les émigrés et les armées étrangères, qui faisaient chaque jour de nouveaux progrès ; au-dedans, la guerre civile, un désordre inouï, une misère extrême, tel était l'état de la république après la chute des Girondins. La commune toute-puissante, sous le nom de *conseil-général révolutionnaire*, lutta contre les circonstances avec la plus grande énergie. Elle anéantit les réactionnaires, tandis que la convention, dominée par la Montagne, envoyait trois cent mille hommes aux frontières ; elle *battit monnoie* par tous les moyens imaginables, et pour nourrir le peuple eut recours au *maximum*, c'est-à-dire qu'elle fixa le prix des denrées à un taux bien au-dessous de sa valeur; enfin Hérault de Séchelles rédigea la *constitution de 93*, qui fut acceptée en huit jours. Cette constitution, pleinement démocratique, ne tarda pas à être suspendue, car il ne s'agissait pas en ce moment de telle ou telle forme de gouvernement, il fallait sauver la France, et la convention, nous le verrons plus tard, triompha de tous les obstacles. Le 10 août 1793, une fête magnifique eut lieu au Champ-de-Mars pour inaugurer la nouvelle constitution, et deux jours après, les députés des quarante-quatre mille municipalités de la république vinrent demander à la barre de l'assemblée *l'arrestation de tous les gens suspects et la levée en masse du peuple*. Danton appuya vivement cette demande que Barrère formula dans un rapport au nom du comité de salut public. « La liberté, dit-il, est devenue créancière de tous les citoyens ; les uns lui doivent leur industrie, les autres leur fortune ; ceux-ci leurs conseils, ceux-là leurs bras ; tous lui doivent leur sang. Ainsi donc tous les Français, tous les sexes, tous les âges, sont appelés par la patrie à défendre la liberté. Toutes les facultés physiques et morales, tous les moyens politiques ou industriels lui sont acquis ; tous les métaux, tous les éléments sont ses tributaires. Que chacun occupe son poste dans le mouvement national et militaire qui se prépare. Les jeunes gens combattront, les hommes mariés forgeront les armes, transporteront les bagages et l'artillerie, prépareront les subsistances ; les femmes travailleront aux habits des soldats, feront des tentes et porteront leurs soins hospitaliers dans les asiles des blessés ; les enfants mettront le vieux linge en charpie ; et les vieillards reprenant la mission qu'ils avaient chez les anciens, se feront porter sur les places publiques : ils enflammeront le courage des jeunes guerriers, ils propageront la haine des rois et l'unité de la république. Les maisons nationales seront converties en casernes, les places publiques en ateliers, le sol des caves servira à préparer le salpêtre, tous les chevaux de selle seront requis pour la cavalerie, tous les chevaux de voiture pour l'artillerie ; les fusils de chasse, de luxe, les armes blanches et les piques suffiront pour le service de l'intérieur. La république n'est plus qu'une grande ville assiégée, il faut que la France ne soit plus qu'un vaste camp. »

Ces énergiques mesures furent accueillies et exécutées avec enthousiasme. En peu de temps la république eut pour sa défense quatorze armées et douze cent mille soldats. Les départements insurgés furent soumis, et pour prévenir de nouveaux troubles, on eut recours aux moyens les plus violents. Le 10 octobre, Saint-Just portant la parole au nom du comité de salut, fit adopter un décret qui organisait jusqu'à la paix un *gouvernement révolutionnaire*. La constitution était suspendue, un pouvoir illimité était donné à la convention et au comité de salut public, et une armée de six mille hommes et de douze cents canonniers défendait les nouveaux dictateurs. Chaque citoyen indigent eut 40 sous par jour, afin d'assister aux assemblées de section. Tout individu fut obligé de se présenter à sa section pour demander un certificat de *civisme*. Enfin on rendit la fameuse loi des *suspects*, qui, sur les plus légers motifs, jetait dans les prisons ou envoyait à l'échafaud les prétendus contre-révolutionnaires. « Les propos devinrent des crimes d'État, dit Camille Desmoulins dans son *Vieux Cordelier* ; de là il n'y eut qu'un pas pour changer en crimes les simples regards, la tristesse, la compassion, les soupirs, le silence même. » *Le glaive des lois*, suivant l'expression de Saint-Just, *se promena partout avec rapidité*. L'échafaud fut en permanence sur la place de la Révolution. Parmi les nombreuses victimes immolées à la terreur, fut l'infortunée Marie-Antoinette. Son procès ne fut qu'un assassinat juridique.

Les montagnards, « séparés, par la guerre et par leurs lois, de tous les états et de toutes les formes de gouvernement, voulurent s'en séparer encore davantage. » Ils innovèrent partout; ils changèrent tout ce qui avait existé jusqu'à eux, ce fut un gouvernement révolutionnaire dans toute l'acception du mot. Il fut décrété d'abord que le calendrier républicain remplacerait le calendrier chrétien, et l'ère nouvelle data du 22 septembre 1792, époque de la fondation de la république. Il y eut douze mois égaux de trente jours, qui prirent les noms suivants : *vendémiaire, brumaire, frimaire*, pour l'automne ; *nivôse, pluviôse, ventôse*, pour l'hiver ; *germinal, floréal, prairial*, pour le printemps ; *messidor, thermidor, fructidor*, pour l'été. Chaque mois eut trois décades, qui remplacèrent les quatre semaines ; chaque décade dix jours, qui s'appelèrent *primidi, duodi, tridi, quartidi, quintidi, sextidi, septidi, octidi, nonidi, décadi*. Le jour du repos fut fixé au *décadi*. Il restait cinq jours pour compléter l'année ; on les nomma *complémentaires*, et ils furent réservés pour les *sans-culottides*, fêtes nationales consacrées au *génie*, au *travail*, aux *belles actions*, aux *récompenses* et à l'*opinion*. Cette dernière fête rappelait, par son originalité, les saturnales de l'antiquité ; il devait être permis, pendant vingt-quatre heures, de dire ou d'écrire impunément sur tout homme public. Comme les années bissextiles amenaient six jours complémentaires, au lieu de cinq, cette sixième *sans-culottide* fut consacrée à célébrer la fondation de la république française.

Les jacobins ne s'arrêtèrent point là ; ils voulurent *déchristianiser* la France. Chaumette, Hébert, le Prussien Anacharsis Clootz et quelques autres membres de la puissante commune, propageaient l'athéisme avec une audace inouïe ; ils ne voulaient d'autre culte que celui de la *nature* et de la *raison*. La faction ultra-révolutionnaire des *hébertistes* s'augmenta ; elle força l'évêque de Paris, Gobel, qui du reste était fort méprisable, à abjurer le christianisme à la barre de la convention. Un grand nombre de prêtres eurent la lâcheté de l'imiter. Grégoire, évêque de Blois, réclama seul la liberté des cultes, et refusa, malgré les menaces de la populace. La convention décréta ensuite que le culte catholique serait remplacé par le *culte de la raison*. Aussitôt les églises furent profanées, dépouillées de leurs ornements et de leurs trésors, les cloches fondues, les reliques brûlées et jetées au vent ; les statues de la vierge qui se trouvaient dans des niches au coin des rues furent remplacées par les bustes de Marat et Lepelletier-Saint-Fargeau. Le nouveau culte eut pour temple l'église Notre-Dame. Chaque *décadi* les fonctionnaires devaient s'y rendre en grande cérémonie, y lire l'acte constitutionnel et la déclaration des droits de l'homme, y donner les nouvelles des armées et faire le récit des belles actions qui avaient eu lieu pendant la décade. On prononçait ensuite des discours de morale; et la cérémonie se terminait par des chants républicains. La première fête de la raison fut célébrée d'une manière solennelle le 20 brumaire (10 novembre). La déesse, une pique à la main, assise sur un siége antique, entourée de jeunes filles vêtues de blanc et couronnées de roses, était vêtue d'une draperie blanche; un manteau bleu céleste flottait sur ses épaules; ses cheveux épars étaient recouverts du bonnet de la liberté. C'était une actrice de l'opéra, la femme de l'imprimeur Momoro, l'un des partisans d'Hébert.

Ces ignobles farces, qui se répétèrent sur tous les points de la France, effrayèrent le comité de salut public; la faction ultra-révolutionnaire d'Hébert devenait trop puissante. Robespierre attaqua l'athéisme avec une éloquence qui ne lui était pas ordinaire. « L'athéisme, dit-il, est *aristocratique*. L'idée d'un grand Être qui veille sur l'innocence opprimée et qui punit le crime triomphant est toute populaire. » La convention déclara aussitôt, sur sa proposition, que *toutes violences et mesures contraires à la liberté des cultes étaient défendues*, et la fête de la raison ne se renouvela plus. Ce n'était pas entièrement, il faut le dire, dans un but moral que Robespierre proclamait ces maximes sociales et religieuses; il se défiait des anarchistes, tels qu'Hébert et ses partisans. A dater de ce jour, leur perte fut résolue. Un autre parti l'inquiétait, celui de Danton. Depuis long-temps, Danton était suspect aux jacobins. Les hommes s'usent vite pendant les révolutions. Le général Philippeaux, Westermann, Camille Desmoulins, Hérault de Séchelles et quelques autres révolutionnaires que les excès des jacobins avaient rendus modérés, étaient du parti de Danton. Camille Desmoulins, dans un journal appelé le *Vieux Cordelier*, attaquait chaque jour les terroristes et réclamait un *tribunal de clémence*. Ses écrits étaient lus avec avidité.

Le gouvernement révolutionnaire, c'est-à-dire les comités et la convention, que dominait la Montagne, était donc attaqué de deux côtés, par les *hébertistes*, faction de la commune, immorale, corrompue, ultra-révolutionnaire, anarchiste; par les *dantonistes*, purs républicains, dont l'énergie et le patriotisme ne pouvaient être mis en doute, mais qui ne voulaient point d'échafaud en permanence. Les *brigands* et les premiers *modérés* durent tomber également. Les *hébertistes* furent proscrits; les mécontents du système conventionnel méditèrent une insurrection et arrêtèrent un nouveau plan de gouvernement; mais ils étaient trop faibles, le peuple ne les soutint point, et Saint-Just, le séide le plus fanatique de Robespierre, après avoir fait mettre à l'ordre du jour la *justice* et la *probité*, dénonça les conspirateurs à la tribune. Hébert et ses complices furent arrêtés dans la nuit du 13 au 14 mars, conduits à la prison du Luxembourg, et de là à l'échafaud. — Sept jours après, le terrible comité de salut public signa l'arrestation de Danton et de ses amis.

Arrêtés secrètement dans la nuit du 10 germinal (31 mars), Danton, Camille Desmoulins, Philippeaux, Westermann, parurent, deux jours après, devant le tribunal révolutionnaire. Condamnés à mort, ils reçurent le coup fatal avec courage (5 avril).

Les comités firent décréter, après la chute de leurs ennemis, que *la justice et l'humanité étaient à l'ordre du jour*. En même temps ils envoyèrent à la mort de nouvelles victimes. Tout pliait devant eux ; ils ne s'en montrèrent que plus cruels. « Il n'y a que les morts qui ne reviennent pas, disait Barrère. — Il faut, s'écriait le féroce Collot-d'Herbois, faire éprouver au corps politique la sueur immonde de l'aristocratie ; plus il aura transpiré, mieux il se portera. » Cet atroce gouvernement montra, du reste, de l'habileté et de l'énergie. Il licencia l'armée révolutionnaire qui, dans les derniers temps, avait trop bien justifié son titre ; il supprima les ministères ; les remplaça par douze commissions, dépendantes du comité de salut public ; fortifia le club des jacobins ; centralisa en un mot l'autorité. La guerre fut soutenue contre toutes les puissances coalisées, le peuple nourri aussi bien que possible, et lorsque l'autorité des comités fut établie, on songea à l'organiser.

Billaud-Varennes lut à la convention la théorie du gouvernement populaire. Robespierre exposa, dans un discours remarquable, des idées sur le système religieux et moral qui convenait à la république, et fit décréter que *le peuple français reconnaît l'existence de l'Être suprême et l'immortalité de l'âme*. La liberté des cultes fut proclamée de nouveau. Des fêtes décadaires furent dédiées à *l'Être suprême*, à *la vérité*, à *la justice*, à *la gloire*, à *la frugalité*, à *la piété filiale*, etc. Ce fameux décret du 18 floréal (7 mai 1794) a été justement tourné en ridicule.

La convention était redevenue une *machine à décrets*. Les comités formaient seuls le gouvernement, et Robespierre les dirigeait. Cet homme si nul à la première assemblée, était devenu, à force d'astuce, de patience, d'hypocrisie, le chef véritable, sinon avoué, de la république. Son nom était tout-puissant, et les étrangers eux-mêmes appelaient les soldats français, *soldats de Robespierre*. Une tentative d'assassinat ne fit qu'augmenter sa popularité. Tout en feignant de repousser les viles adulations qu'on lui prodiguait de toutes parts, il s'enivrait secrètement de son triomphe, et la célébration de la fête en l'honneur de l'Être suprême lui offrit une nouvelle occasion de satisfaire sa vanité. Ce jour solennel fut fixé au 20 prairial (8 juin). — Le temps était magnifique, la joie générale ; le peuple croyait que la fin de la terreur était arrivée. Robespierre, nommé président de la convention, ordonna à ses collègues de prendre leur costume de cérémonie. Il arriva fort tard ; son visage rayonnait. Sa mise était élégante ; il avait un bouquet sur le cœur et un bouquet énorme à la main. La convention se plaça sur un amphithéâtre élevé au milieu du jardin des Tuileries. A droite et à gauche étaient des groupes d'enfants, d'hommes, de vieillards et de femmes. Les enfants étaient couronnés de violettes ; les adolescents, de myrte ; les hommes, de chêne ; les vieillards, de pampre et d'olivier. Les femmes tenaient leurs filles par la main et portaient des corbeilles de fleurs. Vis-à-vis de l'amphithéâtre s'élevaient des figures représentant l'athéisme, la discorde, l'égoïsme. Une musique religieuse ouvrit la cérémonie qui avait été réglée par le peintre David, le grand ordonnateur des fêtes de la convention. Après avoir prononcé un discours au sujet de la solennité, le président descendit de l'amphithéâtre, une torche à la main, et mit le feu aux statues de l'athéisme, de la discorde et de l'égoïsme, qui furent remplacées par celle de la sagesse. Au bruit des fanfares et des acclamations du peuple, Robespierre prononça ensuite un second discours, et le cortège se dirigea vers le Champ-de-Mars, où devait s'achever cette pitoyable comédie. Robespierre, le héros de la fête, qui attirait tous les regards, et dont l'orgueil croissait à chaque instant, affecta de marcher quinze pas en avant de ses collègues. Sa vanité le perdit ; il ne sut point cacher ses projets ambitieux et se crut déjà dictateur. Son orgueil révolta tous ses collègues, et les plus audacieux le poursuivirent de leurs sarcasmes. Bourdon de l'Oise lui dit : *Prends garde, la roche Tarpéienne est près du Capitole.*

Les comités d'ailleurs commençaient à redouter le despotisme de Robespierre. Autour du dictateur se rangeaient Saint-Just et Couthon ; mais Billaud-Varennes, Collot-d'Herbois et bien d'autres supportaient impatiemment ce joug. Dans la convention, les amis de Danton, les ennemis du *système de la vertu*, se coalisaient secrètement contre le nouveau gouvernement. Les terroristes s'inquiétèrent de cette opposition naissante, et, deux jours après la fête de l'Être suprême, le 22 prairial, Couthon vint présenter à la convention une loi horrible qui organisait la *terreur*. Le tribunal révolutionnaire fut augmenté. La seule peine prononcée contre les *ennemis du peuple* fut la mort. S'il existait des preuves, soit matérielles, soit *morales*, il ne devait pas être entendu de témoins ; la *règle des jugements* était *la conscience des jurés éclairés par l'amour de la patrie.* Enfin un article portait ces mots : « La loi donne pour défenseurs aux patriotes calomniés des jurés patriotes ; elle n'en accorde point aux conspirateurs. » La convention fut frappée d'effroi en entendant une pareille proposition, et les *indulgents* s'opposèrent fortement à l'acceptation de cette loi. Mais Robespierre était tout-puissant ; le décret fut voté.

Alors commença une *terreur dans la terreur.* Du sang ! toujours du sang ! Barnave, Manuel, la fameuse Du Barry, l'illustre chimiste

Lavoisier, la famille des Malesherbes, madame Elisabeth, tous les grands noms de l'époque avaient péri. Après la loi du 22 prairial, on ne jugea plus des individus, on exécuta les suspects en masse. Depuis le mois de mars 1793, époque où le tribunal révolutionnaire de Paris entra en exercice, jusqu'au mois de juin 1794, il avait condamné cinq cent soixante-dix-sept personnes; du 10 juin (22 prairial) au 9 thermidor (27 juillet), il en condamna mille deux cent quatre-vingt-cinq, ce qui porte en tout le nombre des victimes, jusqu'au 9 thermidor, à mille huit cent soixante-deux. Chaque jour cinquante à soixante individus de toutes les classes, de toutes les opinions, étaient conduits sur la fatale place de la Révolution. *Ça va bien*, disait Fouquier-Tinville, *les têtes tombent comme les ardoises.*

Un tel régime ne pouvait exister plus long-temps, et le parti de la terreur devait périr par ses propres excès. Les factions les plus opposées se réunirent contre Robespierre. Les membres des comités, effrayés de sa tyrannie sanglante, et craignant d'en devenir les victimes, lui devinrent hostiles ouvertement. Robespierre encourageait une secte ridicule, celle d'une vieille femme, nommée Catherine Théot, qui se disait la *mère de Dieu* et annonçait la venue prochaine d'un *messie restaurateur*. Ces fanatiques regardaient Robespierre comme le messie promis, et Catherine Théot l'appelait son fils chéri. Les ennemis du *nouveau Pisistrate* profitèrent de cette occasion pour le décréditer. Ils firent arrêter les sectaires malgré son opposition, et le rapporteur du comité tourna en ridicule les *mystères de la mère de Dieu*. Robespierre furieux ne parut plus au comité et n'assista que rarement aux séances de la convention. Entouré de quelques hommes dévoués que l'on nommait ses gardes du corps, il se rendait chaque soir aux jacobins et dénonçait ses ennemis : « Il faut, disait-il, chasser de la convention tous les hommes corrompus. » Il attaquait même les membres des comités qui lui étaient opposés. Mais il n'était plus le maître tout-puissant de la convention ; pour s'emparer du pouvoir, il fallait un coup d'État. Henriot, commandant de la force armée, la populace, la commune, les jacobins, le tribunal révolutionnaire, lui étaient dévoués. Il retint son frère, qui allait partir pour la frontière d'Italie, et rappela Saint-Just de l'armée. Celui-ci voulait tenter une insurrection : « Oser, disait-il, voilà le secret des révolutions. » Mais Robespierre reculait toujours; il espérait triompher par la peur.

D'après ses ordres, les jacobins se présentèrent, le 7 thermidor, à la barre, pour *déposer dans le sein de la convention les sollicitudes du peuple*. Cette pétition n'avait d'autre but que de préparer les esprits ; elle fut écoutée dans un morne silence. Le lendemain, Robespierre monte à la tribune, et, dans un discours remarquable par le style et l'exposition des faits, il attaque violemment tous ses ennemis ; il déclare

qu'on l'a calomnié en lui attribuant le système de la terreur, et il cherche à séparer sa cause de celle de ses collègues. Après avoir critiqué avec amertume la marche du gouvernement, il termine en disant : « Quel est le remède à ce mal? *Punir les traîtres* ; renouveler les bureaux du comité de sûreté générale ; *épurer* ce comité et le subordonner au comité de salut public; *épurer* le comité de salut public lui-même ; constituer l'unité du gouvernement sous l'autorité suprême de la convention ; écraser ainsi toutes les factions du poids de l'autorité nationale, pour élever sur leurs ruines la puissance de la justice et de la liberté. »
Un silence effrayant accueillit ces paroles; chacun tremblait. La discussion s'engagea alors pour savoir si le discours serait imprimé et envoyé à toutes les municipalités, comme le demandait Couthon. L'assemblée, encore indécise, effrayée, se prononce pour l'affirmative. Mais les membres des comités qui avaient été accusés par Robespierre, se défendent avec l'énergie du désespoir; ils l'attaquent à leur tour. « Il faut arracher le masque, s'écrie Billaud-Varennes, sur quelque visage qu'il se trouve ; j'aime mieux que mon cadavre serve de trône à un ambitieux, que de devenir, par mon silence, complice de ses forfaits. » Enfin, au milieu d'une confusion inexprimable, la convention rapporte le décret qui ordonnait l'impression et renvoie le discours à l'examen des comités.

Robespierre fut surpris de cette résistance inattendue. Il se rendit, après la séance, chez les jacobins, qui l'accueillirent avec enthousiasme. Collot-d'Herbois et tous les députés présents qui avaient voté contre Robespierre, sont menacés, frappés, expulsés du club. Il fallait profiter du moment et se déclarer en insurrection. Mais Robespierre hésita; il voulut, avant de recourir à la force, monter encore une fois à la tribune. Son imprévoyance et sa lâcheté le perdirent. Le soir même, de nouvelles victimes furent conduites à l'échafaud. Parmi elles se trouvaient deux poëtes célèbres, Roucher, l'auteur des *Mois*, et le jeune André Chénier. Au moment de recevoir le coup fatal, ce dernier ne put s'empêcher de s'écrier, en se frappant le front avec désespoir : *Mourir si jeune ! et pourtant il y avait quelque chose là !* Ce furent les dernières victimes de la terreur. Tous les partis avaient oublié leurs ressentiments en face du danger commun. Les montagnards parvinrent à gagner les *modérés*, et Tallien s'engagea à livrer la première attaque.

Le 9 thermidor an II (27 juillet 1794) une grande agitation régna dans Paris dès le matin. Les membres de la commune étaient à leur poste ; les jacobins se déclarèrent en permanence, les députés se rendirent aux Tuileries de bonne heure et organisèrent leur plan d'attaque. Beaucoup d'entre eux désespéraient, mais Tallien anima leur courage. « Ce soir, dit-il, Robespierre ne sera plus. » A midi Saint-Just monte à la tribune et se prépare à lire un violent discours, à peu près semblable à celui que Robespierre avait prononcé la veille. A peine avait-il dit quelques mots, que Tallien l'interrompt. « Il faut s'expliquer, s'écrie-t-il; il faut que le voile soit entièrement déchiré. » Des applaudissements éclatent de toutes parts. Billaud-Varennes prend alors la parole; il raconte ce qu'il a vu et entendu la veille aux jacobins; il déclare que la convention périra si elle est faible. Les députés se lèvent et jurent de sauver la république. Lebas veut défendre les triumvirs; on lui refuse la parole, et Billaud, ne gardant plus aucune mesure, dénonce Robespierre et ses complices, révèle leur plan, leurs projets de dictature. Robespierre, qui jusqu'alors avait fait bonne contenance, s'élance à la tribune; la colère l'a rendu livide.—*A bas! à bas!* s'écrie-t-on de toutes parts. On l'empêche de parler. Tallien le remplace. « Tout-à-l'heure, dit-il, je demandais que le voile fût entièrement déchiré; je m'aperçois qu'il vient de l'être. Les conspirateurs sont démasqués. Je savais que ma tête était menacée, et jusqu'ici j'avais gardé le silence; mais hier j'ai assisté à la séance des jacobins, j'ai vu se former l'armée du nouveau Cromwell, j'ai frémi pour la patrie, et je me suis armé d'un poignard pour lui percer le sein, si la convention n'avait pas le courage de le décréter d'arrestation. » En achevant ses mots, Tallien montre son poignard. Robespierre veut parler, les huées couvrent sa voix. On décrète alors, au milieu des applaudissements, l'arrestation d'Henriot et de son état-major, et toutes les mesures nécessaires pour assurer la tranquillité de la capitale.

Tallien remonte ensuite à la tribune et accuse Robespierre avec une énergie toujours croissante. « Il faut en finir, dit un montagnard; je demande l'arrestation du tyran. — Oui, oui. » Robespierre essaie de parler, le président agite sa sonnette, et l'assemblée entière jette des cris de mort. Robespierre se précipite vers le bureau en écumant de rage : « Pour la dernière fois, président des assassins, dit-il, je te demande la parole; » puis il retombe, épuisé, sur son banc. — « Malheureux, s'écrie un montagnard, le sang de Danton t'étouffe. » — Un autre se lève et dit : « Président, est-ce que cet homme sera encore long-temps le maître de la convention? — Aux voix! aux voix! » L'arrestation est enfin décrétée aux cris de *vive la liberté! vive la république!* Saint-Just et Couthon sont ajoutés au décret; Robespierre jeune, qui aimait tendrement son frère, demande à y être adjoint, ainsi que Lebas; on leur accorde leur demande. Mais les huissiers n'osaient point arrêter ces hommes si redoutés. L'assemblée indignée fait descendre les accusés à la barre, puis les remet à la gendarmerie. Il était cinq heures du soir. Les députés, accablés de fatigue, se séparent et s'ajournent à sept heures. Cette suspension était une grande faute. La commune sut en profiter. Elle appela aux armes toutes les sections, sonna le tocsin, fit fermer les barrières, entretint une correspondance active avec les jacobins, et forma une commission exécutive de douze membres pour diriger l'insurrection. En même temps, Henriot, le sabre à la main, à la tête de son état-major, parcourait les rues. Mais arrivé sur la place du Carrousel, il est arrêté, et transféré dans une salle des comités. Chaque parti montra dans cette fameuse journée une énergie remarquable. La commune ordonna aux concierges des prisons de ne recevoir aucun prisonnier, et fit délivrer Robespierre et ses complices, qui furent reçus à l'Hôtel-de-Ville avec le plus grand enthousiasme. Coffinhal, avec deux cents canonniers, marcha sur les Tuileries, dispersa la garde de l'assemblée et mit Henriot en liberté. Celui-ci fit aussitôt tourner les canons contre la salle de la convention et disposa tout pour l'attaque. C'était un nouveau 31 mai. Les députés, qui venaient de se réunir, délibéraient en tumulte, lorsque le président Collot-d'Herbois se place au fauteuil et se couvre en signe de détresse. « Les comités du gouvernement sont forcés, dit-il, leurs membres dispersés, les rebelles sont en force, la chose publique est perdue, il ne nous reste plus qu'à mourir sur nos chaises curules. Pères conscrits, jurons tous d'y mourir sans lâcheté. » Les députés prêtent ce serment solennel et retournent à leurs places aux cris de *vive la république!* » Sauvons la chose publique, dit un membre, s'il en est temps encore, et du moins mourons utilement pour la patrie. Henriot est en insurrection ; mettons-le hors la loi. — Aux voix ! s'écrie-t-on, et Henriot est hors la loi. — La commune est en insurrection ; déclarons tous les membres hors la loi. — Aux voix ! et tous les membres de la commune sont hors la loi. — Robespierre et ses complices, réfugiés dans le sein de la commune, partagent la rébellion de cette dernière ; mettons Robespierre et ses complices hors la loi. — Aux voix ! et Robespierre et ses complices sont également mis hors la loi.

Ces décrets ne pouvaient sauver la convention. Mais heureusement les canonniers, harangués par les députés, refusèrent de faire feu sur la convention, et Henriot fut obligé de s'enfuir à l'Hôtel-de-Ville. L'assemblée profita de ce premier succès et reprit l'avantage. Barras est nommé commandant de la force armée, sept de ses collègues lui sont adjoints, des commissaires sont envoyés aux sections pour réclamer leur appui. En peu de temps, le Palais-National est entouré de troupes dévouées, et Léonard Bourdon annonce qu'il va marcher sur l'Hôtel-de-Ville. « Pars, lui dit Tallien, et que le jour ne paraisse pas avant que la tête des conspirateurs soit tombée. » Il était minuit (1).

Les troupes conventionnelles reviennent triomphalement aux Tuileries, à trois heures du matin, annoncer que les *traîtres ne sont plus*. « Représentants, dit le président, le lâche Robespierre est là sur un brancard ; vous ne voulez pas sans doute qu'il entre ? — Non, non, s'écrie-t-on de toutes parts ; au supplice les conspirateurs ! » Ces miséra-

(1) Voy. t. II, p. 512, à l'art. *Hotel-de-Ville*.

bles furent transportés dans la salle du comité de salut public. Robespierre fut étendu sur une table, et on lui mit quelques cartons sous la tête. Calme et impassible, il ne disait mot et ne s'inquiétait nullement des injures et des outrages dont on l'accablait. Il essuyait le sang de sa blessure avec un fourreau de pistolet et des morceaux de papier. Son frère et Henriot avaient été ramassés sur le pavé, respirant encore, mais horriblement mutilés. Ils furent tous transférés, au nombre de vingt-un, à la Conciergerie vers neuf heures du matin (28 juillet); le tribunal révolutionnaire constata leur identité et les fit conduire au supplice, le même jour, à quatre heures de l'après-midi. L'affluence des spectateurs était extrême, l'allégresse générale. En Robespierre se résumait, aux yeux de la multitude, le système de la terreur. On se ruait sur la sanglante charrette pour l'apercevoir, et les gendarmes le désignaient avec la pointe de leur sabre. Le peuple poursuivait ces misérables de ses imprécations. Ils étaient tous abattus, à l'exception du stoïque Saint-Just et de Robespierre, qui conserva jusqu'au dernier moment son impassibilité. Il poussa seulement un cri de douleur lorsque les valets du bourreau, pour montrer son visage au peuple, arrachèrent brutalement l'appareil de sa blessure. Au moment où la tête tomba, des acclamations et des applaudissements célébrèrent la chute des terroristes.

Dès le lendemain du 9 thermidor, deux partis furent en présence : d'un côté les comités et les jacobins, que l'on appela la *queue de Robespierre;* de l'autre, la plus grande partie des membres de la convention, sous le nom de *thermidoriens.* La lutte ne tarda pas à s'engager. Pour frapper au cœur le pouvoir de leurs adversaires, les thermidoriens reconstituèrent une partie des comités, qu'ils portèrent au nombre de seize, *épurèrent* les tribunaux et les administrations, abolirent l'horrible loi du 22 prairial, et ouvrirent les prisons. La liberté de la presse fut reconnue, mais en même temps on réduisit les assemblées journalières des sections à une seule pendant la semaine, ou, pour parler le langage du temps, pendant la *décade,* et l'on supprima la solde de 40 sous par jour accordé aux *sans-culottes* qui y assistaient. Enfin les thermidoriens achevèrent cette réaction en attaquant les individus. Fouquier-Tinville, l'infâme Lebon qui avait mis à exécution dans le Pas-de-Calais le système de Marat, le général Rossignol, et d'autres créatures de Robespierre furent décrétés d'arrestation. Lecointre (de Versailles) monta même à la tribune pour accuser Billaud-Varennes, Collot-d'Herbois, Barrère et leurs séides. Cette accusation n'eut pas de suite, mais elle prouva les progrès du parti modéré. Le 21 septembre 1794, on célébra la fête ordonnée depuis long-temps pour placer Marat (1) au Panthéon et en exclure Mirabeau. Mais la convention ne consentit à cette

---

(1) Assassiné par l'héroïque Charlotte Corday, le 13 juillet 1793.

turpitude que pour éviter les apparences d'une trop prompte réaction, et elle continua sa marche contre-révolutionnaire.

Les thermidoriens n'étaient point seulement soutenus par les honnêtes gens, faible ressource en temps de révolution; ils avaient pour eux les jeunes gens que Fréron, membre de la convention et journaliste, avait appelés aux armes contre les terroristes. Cet honorable parti, composés d'individus de toutes les classes et de toutes les opinions, mais réunis contre l'ennemi commun, avait reçu le nom de *jeunesse dorée* et de *muscadins*. Un habit carré et décolleté, de grandes cravates, des souliers très découverts, les cheveux pendants sur les côtés, retroussés par derrière avec des tresses nommées *cadenettes*, et une énorme canne, tel était l'ensemble de leur costume qu'on appelait *costume à la victime*. La *jeunesse dorée* était l'ennemie implacable des jacobins, et avait juré leur perte. Ceux-ci reprirent peu à peu leur audace et se préparèrent à repousser l'attaque. Ils avaient pour eux les clubs, tous les hommes qui avaient joué un rôle sous Robespierre, et qui redoutaient la vengeance des vainqueurs, et enfin la populace qui regrettait la terreur. Chaque jour des rixes sanglantes avaient lieu dans Paris, et principalement au Palais-Royal, entre ces deux partis. Les journalistes, et à leur tête Fréron, rédacteur de l'*Orateur du Peuple*, attaquaient et raillaient sans cesse cette *canaille révolutionnaire* qui fut bientôt proscrite dans toute la France.

« Le lion dort, dit Billaud-Varennes dans une séance du club des jacobins; mais son réveil sera terrible. Tallien, le chef des thermidoriens, faillit être assassiné, et les terroristes, furieux de l'arrestation de leurs principaux chefs, osèrent se présenter à la barre de l'assemblée pour faire entendre leurs protestations. La convention, malgré les efforts des *crétois* (c'est ainsi qu'on nomma les derniers montagnards interdit au célèbre club les affiliations, les correspondances, les pétitions collectives; et pour effrayer les partisans de Robespierre, elle fit décréter d'accusation l'un de ses membres, l'infâme Carrier, et le tribunal révolutionnaire de Nantes. Les jacobins essayèrent d'exciter un mouvement en faveur de leurs complices, mais ils furent prévenus; et le 9 novembre, dans la soirée, la *jeunesse dorée* partit du Palais-Royal et vint assiéger la salle des jacobins. Les fenêtres furent brisées, les clubistes assaillis à coups de pierre, et les *furies de guillotine* rudement fouettées. Enfin de fortes patrouilles, envoyées par les comités, vinrent mettre un terme à ces désordres. Mais deux jours après, la clef de la salle des jacobins fut saisie, et la convention décréta, aux cris de *vive la république!* l'abolition du fameux club des jacobins. « Nous n'avons jamais eu l'intention, dit un député, d'attaquer les sociétés populaires; mais nous avons le droit de fermer les portes là où il s'élève des factions et où l'on prêche la guerre civile. » Une foule d'adresses furent envoyées à la convention pour la féliciter de l'énergie qu'elle déployait contre les *complices de Robespierre*. Les thermidoriens, encouragés par l'opinion publique, poursuivirent partout les terroristes ; ils envoyèrent à l'échafaud Carrier et ses complices, et décrétèrent la mise en accusation de Billaud, de Barrère et de Collot-d'Herbois. Les cultes furent rétablis, le décret d'expulsion contre les prêtres et les nobles fut révoqué. On rouvrit les théâtres, on encouragea le commerce, les sciences, les arts; enfin la convention ordonna la formation d'un musée, l'établissement des écoles primaires et centrales, d'une école normale, des écoles de droit, de médecine et d'art vétérinaire. Ce fut une nouvelle ère de civilisation. On reprenait avec joie les anciennes habitudes de luxe et de plaisirs; on cherchait à oublier le passé. Le buste de Marat, placé dans tous les lieux publics, rappelait d'horribles souvenirs. La *jeunesse dorée* le brisa au théâtre Feydeau, en criant : *A bas les terroristes!* Le lendemain, cette scène se renouvela partout. On promena dans les rues le mannequin de Marat qu'on finit par brûler, et dont les cendres, recueillies dans un vase de nuit, furent jetées dans l'égout de la rue Montmartre, *digne tabernacle d'un tel dieu*, dit un écrivain de l'époque. Un décret de la convention *dépanthéonisa* le chef des jacobins, et pour braver les dernières fureurs des clubistes, tous les Girondins proscrits furent rappelés.

Malheureusement cette nouvelle réaction devait occasionner de nouveaux crimes, de nouveaux désordres. Les rigueurs de l'hiver, le plus rude que l'on connût de mémoire d'homme, les malheurs du temps, l'irrégularité des moyens d'administration, avaient plongé le peuple dans une misère inouïe. La disette devint telle qu'il fallut mettre les habitants de Paris à la ration ; les ouvriers reçurent par jour une livre et demie de pain. Cette mesure excita une extrême fermentation, dont les jacobins profitèrent. Ils prétendirent que le gouvernement, dans son système contre-révolutionnaire, faisait pourrir les grains pour rétablir la royauté, au milieu des malheurs qu'amenèrent la disette; ils n'appelaient plus Boissy-d'Anglas, président du comité des approvisionnements, que *Boissy-famine*. Ils parvinrent à leurs fins, et le pauvre peuple égaré se rappela que sous Robespierre il ne manquait point de vivres, et qu'après tout l'échafaud de la terreur n'était dressé que pour les riches. Le 18 mars 1795, deux sections se soulevèrent et une députation vint demander du pain à l'assemblée. Le ton menaçant des pétitionnaires n'intimida point le président, qui les renvoya à leurs travaux. Mais pour prévenir de plus graves désordres, la convention, sur la proposition de Sieyès, qui reparaissait sur la scène politique, décréta une loi martiale, sous le nom de *loi de grande police*. Trois jours après, nouvelle émeute ; les sections des faubourgs Saint-Antoine et Saint-Marceau se présentent à la barre de l'assemblée, et réclament *du pain*,

LA RÉPUBLIQUE.   505

la liberté des patriotes détenus, et la constitution de 93. Cette dernière demande était insidieuse; la constitution de 93 faite pour le peuple et par le peuple était inexécutable. Après une vive discussion, il fut décidé qu'une commission préparerait à ce sujet des lois organiques. En même temps, les *muscadins*, au nombre de mille à douze cents, repoussent à coups de canne les jacobins qui assiégeaient la salle des séances.

Le procès de Billaud-Varennes et de ses collègues ne fit qu'augmenter l'exaspération du peuple. Plusieurs mouvements eurent lieu en leur faveur; ils furent réprimés. Les jacobins organisèrent alors une véritable insurrection. Le 12 germinal (1er avril), la section de la cité se souleva et appela aux armes toute la population du Temple et du faubourg Saint-Antoine. Les insurgés, armés de bâtons, et portant ces mots écrits sur leurs chapeaux : *Du pain, liberté des patriotes, constitution de 93*, descendirent les quais et les boulevards, et investirent les Tuileries. La salle des séances fut envahie par une multitude furieuse qui insulta et menaça les thermidoriens pendant plusieurs heures; quelques députés *de la crête* osèrent même l'encourager. Enfin les bons citoyens, réunis au son du tocsin, marchèrent contre les insurgés et les dispersèrent. La convention condamna aussitôt, séance tenante, à la déportation les prévenus qui servaient de prétexte aux soulèvements, et décréta d'arrestation dix-sept membres de la crête qui s'étaient montrés favorables aux insurgés. Parmi eux se trouvait Lecointre (de Versailles), qui, depuis la rentrée des Girondins, était redevenu montagnard. La capitale fut mise en état de siége. Le célèbre Pichegru, auquel on adjoignit les députés Barras et Merlin (de Thionville), fut nommé général de la force armée, et des mesures énergiques comprimèrent la sédition, qui se répandait dans les provinces. La convention fit en même temps désarmer près de mille jacobins, et envoya à la mort Fouquier-Tinville et quelques autres séides de Robespierre.

Chaque jour on découvrait une nouvelle conspiration, et les manœuvres des jacobins faisaient craindre une terrible insurrection. Elle ne tarda pas à éclater. Le 30 floréal au soir (19 mai), un manifeste rédigé *au nom du peuple souverain rentré dans ses droits*, fut répandu dans Paris. On y exposait le plan d'une révolution toute démocratique, et on enjoignait aux citoyens et citoyennes de se rendre en masse à la convention, en portant sur leurs chapeaux ces mots : *Du pain et la constitution de 93.* Toute la nuit se passa en préparatifs. Le lendemain mercredi, 1er prairial (20 mai 1795), les insurgés sonnent le tocsin, tirent le canon, battent la générale, et de formidables colonnes, parties des faubourgs et de la cité, s'avancent contre les Tuileries. Il était dix heures, et les sections, fidèles à la convention, n'étaient pas encore réunies. A l'approche du danger, les députés montrèrent un héroïque courage. Ils se déclarèrent en permanence, jurèrent de mourir à leur poste et envoyèrent huit commissaires, parmi lesquels se trouvait Legendre, organiser la défense. A peine étaient-ils partis, que les *furies de guillotines* enfoncent l'une des portes extérieures et se précipitent dans les tribunes, en criant : *du pain! du pain!* Elles menacent du poing tous les députés. Le président se couvre en signe de détresse, et tente inutilement de faire respecter les représentants de la nation. Alors un détachement de soldats et des jeunes gens, armés de fouets de poste, escaladent les tribunes et les font évacuer. Mais, pendant ce temps, les insurgés attaquaient une porte située à gauche du bureau; elle cède enfin sous les coups réitérés de la multitude, qui se jette dans la salle. Les députés, protégés par la gendarmerie, se retirent sur les bancs supérieurs. Quelques sectionnaires défendent le terrain pied à pied, mais ils succombaient sous le nombre, lorsque la section de Grenelle, commandée par le député Auguis, vient à leur secours. Les assaillants sont repoussés dans le salon de la Liberté, et quelques chefs sont arrêtés; ils furent fusillés; plusieurs avaient les poches pleines de pain et d'argent.

Un peu de calme se rétablit alors dans l'assemblée; les insurgés, disait-on, se retiraient. Mais tout-à-coup ils reviennent avec plus d'audace, et le combat recommence. Cette fois il fut meurtrier. Les balles venaient frapper les murs de la salle. Les députés se lèvent avec calme aux cris de *vive la république!* Enfin les défenseurs de la convention sont vaincus, et la multitude envahit la salle. Un jeune député, plein de zèle et de talent, Féraud (des Hautes-Pyrénées), veut arrêter la foule; il est renversé. Il se relève aussitôt, et voyant le président Boissy-d'Anglas menacé par les forcenés, il s'élance pour le couvrir de son corps; mais un coup de pistolet lui fracasse l'épaule. On l'entraîne dans les couloirs, et le peuple, le confondant avec Fréron, lui coupe la tête qu'on place au bout d'une pique. Alors commence une scène impossible à décrire; elle dura près de six heures. Les insurgés apportent en triomphe la tête sanglante de Féraud qu'ils présentent au président; l'héroïque Boissy-d'Anglas, menacé de toutes parts, se lève et se découvre avec respect devant cet horrible trophée. Le tumulte était si grand, que les orateurs du peuple eux-mêmes ne pouvaient se faire entendre. Enfin, à neuf heures du soir, après bien des propositions plus ou moins absurdes, on fit descendre les députés au milieu de la salle et on les parque, pour ainsi dire. Les *crétois* s'emparent du bureau, appuient les demandes des insurgés, et la convention, entourée de piques et de baïonnettes, est obligée de décréter la constitution démocratique et la formation d'un gouvernement révolutionnaire.

Ce simulacre de la convention nationale ne dura point long-temps. Au moment où une commission exécutive, composée de quatre députés montagnards, allait sortir pour s'emparer des pouvoirs et suspendre les comités, les huit commissaires de l'assemblée arrivent à la tête des sections. Legendre parvient à gagner la tribune : « J'invite, dit-il, au nom de la loi, les citoyens armés à se retirer. » — A bas! à bas! s'écrie la multitude. Alors le tambour bat la charge, une lutte violente s'engage des deux côtés ; mais de nouveaux renforts de sectionnaires arrivant à chaque instant, les insurgés furent repoussés, et à minuit la salle était évacuée. Les représentants ne voulurent point cependant se retirer ; ils se mirent en séance. « Il est donc vrai, s'écria l'un d'eux, que cette assemblée, berceau de la république, a manqué encore une fois d'en devenir le tombeau ! Heureusement le crime des conspirateurs est encore avorté. Mais, représentants, vous ne seriez point dignes de la nation, si vous ne la vengiez d'une manière éclatante. » Aussitôt on déclare non avenus les décrets rendus sous les poignards des assassins, et vingt-neuf députés montagnards sont livrés à une commission militaire, comme complices de l'insurrection. A trois heures et demie du matin l'assemblée se sépare. Tout n'était point terminé cependant. Les jacobins se déclarèrent en insurrection permanente, et le lendemain, dans l'après-midi, trois bataillons, bien organisés, partirent du faubourg Saint-Antoine. Le Palais-National fut assiégé de nouveau, et un combat sanglant allait s'engager, lorsque les comités proposèrent à l'assemblée d'envoyer douze commissaires pour parlementer et empêcher que le sang français fût versé encore une fois. Cette mesure réussit. Les sections insurgées déclarèrent qu'elles respectaient la convention et qu'elles voulaient seulement présenter une pétition à la barre de l'assemblée. Les députés furent introduits ; ils firent les mêmes demandes que la veille. Le président, Legendre, leur répondit avec fermeté que les représentants examineraient leurs propositions, puis il les invita aux honneurs de la séance. Les factieux rentrèrent dans leurs faubourgs à onze heures du soir, au grand désespoir de leurs chefs qui voyaient l'inutilité de leurs efforts. Ils ne perdirent point cependant courage. Le lendemain, au moment où l'on conduisait à l'échafaud l'assassin de Féraud, qui avait été arrêté la veille, une troupe déterminée de jacobins fondit sur l'escorte, la dispersa et ramena en triomphe le condamné dans le faubourg Saint-Antoine. Toute la nuit se passa de part et d'autre dans de grands préparatifs. Mais la convention était décidée à frapper les derniers coups. Le 4 prairial (23 mai), le général Menou, à la tête de plus de trente mille hommes, se porta sur le faubourg, et déclara que si les révoltés ne lui livraient aussitôt leurs chefs, leurs armes et l'assassin de Féraud, il aurait recours aux moyens les plus violents. Toute tentative de résistance était désormais inutile ; Menou fut obéi en moins d'une heure.

 La convention abusa peut-être de la victoire. C'est, du reste, l'histoire de tous les partis. Les *patriotes* furent désarmés, jetés dans les prisons pour les plus légers motifs, et traduits devant la commission militaire. Les députés montagnards, les membres des anciens comités, furent poursuivis avec acharnement. Si on frappa des coupables, comme les hommes de *la queue de Robespierre*, on proscrivit d'honorables citoyens, comme le député Robert Lindet, qui avait rendu de si grands services à la cause de la révolution. Six montagnards, membres de la convention, Romme, Goujon, Bourbotte, Duroy, Duquesnoy, Soubrany, furent condamnés à mort. Ils furent envoyés à l'échafaud, mais ils avaient juré de ne pas y arriver. En descendant l'escalier de la Conciergerie, ils s'arrêtèrent un moment et se frappèrent tous successivement avec un couteau et une vieille paire de ciseaux qu'ils avaient cachés dans les plis de leurs vêtements. Romme, Goujon, Duquesnoy, tombèrent morts en criant *vive la république !* Les autres survécurent à leurs blessures, et furent traînés à l'échafaud sanglants et moribonds. Leur courage ne se démentit pas. Un incident horrible signala le supplice de Bourbotte, qui fut exécuté le dernier. Au moment où l'on voulut faire glisser en avant la fatale planche, il se trouva que le couteau n'avait pas été relevé, de sorte que sa tête heurta l'instrument du supplice. Dans cette affreuse position, il ne cessa point de haranguer le peuple (29 prairial — 17 juin). La convention, poussant aussi loin que possible les idées de réaction, détruisit une à une toutes les institutions de la terreur. Le tribunal révolutionnaire fut aboli, ainsi que la constitution de 93; la garde nationale ne fut plus composée que de la bourgeoisie, qui reprit l'influence qu'elle avait perdue au 10 août.

Les redoutables ennemis de la république n'étaient point renversés. Le parti royaliste, profitant habilement du mouvement réactionnaire, reprit courage, se réorganisa et acquit une telle puissance que la convention en fut effrayée. Elle surveilla ces nouveaux adversaires, d'autant plus dangereux qu'ils avaient des partisans dans le sein même de l'assemblée. La *jeunesse dorée*, dont les opinions étaient monarchiques, les journalistes royalistes, les émigrés et les prêtres travaillèrent secrètement, mais de concert et avec zèle, à rétablir l'ancien régime. Ils s'emparèrent des sections et eurent l'adresse d'exciter la bourgeoisie contre la convention, en faisant croire que les représentants allaient continuer la terreur. Ce fut au milieu de cette agitation que la convention soumit à la sanction du peuple la *Constitution de l'an III*. Cette sage administration, la plus convenable pour l'époque, était composée d'un conseil législatif de *cinq cents membres*, et d'un conseil dit *des Anciens*, comme chambre de révision. Ces deux assemblées devaient se renouveler par tiers tous les ans. Le pouvoir exécutif était confié à un *directoire* composé de cinq membres, nommés par les deux conseils, se renouvelant tous les ans par cinquième et soumis au pouvoir législatif. Les *directeurs* avaient les ministres dont ils étaient responsables. Mais il ne suffisait point d'organiser le gouvernement, il fallait le défendre. La convention pensa avec raison qu'elle ne devait point se dessaisir entièrement, dans de pareilles circonstances, des rênes du gouvernement, et elle ajouta à sa constitution deux décrets qui stipulèrent que les deux tiers de ses membres feraient partie du nouveau corps législatif. Les assemblées électorales furent chargées de ce choix. Cette mesure était peu légale, mais elle était politique; elle déjouait les menées de tous les partis et sauvait la république.

L'apparition de ces décrets fit éclater l'orage qui grondait depuis long-temps. Les royalistes y virent la ruine de leurs espérances; ils comptaient s'emparer du pouvoir dans le renouvellement général de tous les membres du gouvernement. Les intrigants, les ambitieux, les jeunes gens, qui voulaient à leur tour jouer un rôle dans la révolution, s'indignèrent de cette espèce de dictature que s'accordait la convention. Tous ces partis se réunirent contre l'ennemi commun, et leurs pamphlets, leurs déclamations entraînèrent les bourgeois des sections, qui ne voyaient point les progrès des partisans du trône et ne craignaient que le retour de la terreur. Une conspiration formidable s'organisa donc contre ceux *qui limitaient*, disait-on, *l'exercice de la souveraineté du peuple*. Les assemblées de province ne se laissèrent pas influencer par les royalistes, et malgré quelques émeutes qui furent facilement réprimées, elles adoptèrent la constitution et les lois additionnelles; mais toutes les sections de Paris, moins une, rejetèrent les décrets, après avoir eu soin d'expulser les patriotes de leur sein. La majorité ne leur étant point cependant acquise, elles se décidèrent, après avoir tenté plusieurs mouvements, à une insurrection. Les honnêtes bourgeois se laissèrent entraîner, suivant l'habitude, et ces éternels amis de l'ordre prirent les armes pour rétablir l'anarchie.

La section *Lepelletier* (anciennement des *Filles-Saint-Thomas*) décida *que les pouvoirs de toute autorité constituante cessaient en présence du peuple assemblé*, et voulant organiser un gouvernement insurrectionnel sous le nom de *comité central*, elle donna ordre aux électeurs de se réunir à l'Odéon. La force armée, précédée de deux canons, fit évacuer la salle. Mais la convention s'effraya de l'audace des sectionnaires, et sur le rapport de M. Daunou, elle employa tous les moyens de répression qui étaient en son pouvoir. On fit prendre les armes aux troupes réglées, et on enrôla, sous le nom de *patriotes de 89*, tous les citoyens de bonne volonté; enfin le général de l'intérieur, Menou, fut chargé, le 12 vendémiaire, de cerner la section Lepelletier et de la désarmer. Cette section s'était déclarée en permanence et avait appelé aux armes tous les bourgeois, en annonçant que la convention avait armé les terroristes et qu'elle voulait rétablir le régime de Robespierre.

Menou, excellent soldat, mais d'un caractère faible et timide, n'obéit qu'avec répugnance aux ordres des comités; il ne se mit en marche qu'à dix heures du soir. La section Lepelletier occupait le couvent des Filles-Saint-Thomas, situé sur l'emplacement actuel de la Bourse. Cernés de toutes parts, les insurgés étaient perdus, et la révolte était arrêtée dès son principe, si Menou n'avait mieux aimé parlementer. Il fut convenu que les troupes conventionnelles se retireraient, à condition que les sectionnaires se sépareraient sur-le-champ; mais à peine Menou fut-il parti que les insurgés revinrent en force, et cette espèce de victoire enhardit toutes les sections. La nuit était affreuse, la pluie tombait par torrent, rien ne les découragea. Les comités insurrectionnels font fermer les barrières, s'emparent de la trésorerie nationale, mettent *hors la loi* presque tous les conventionnels et les patriotes, leurs défenseurs, et réunissent au bruit du tambour tous les sectionnaires. A la vue de ces préparatifs si bien organisés, les représentants craignirent que l'insurrection ne fût beaucoup plus dangereuse qu'ils ne le pensait. Quelques uns accusèrent Menou de trahison et voulaient le faire juger à l'instant. Une discussion orageuse s'éleva; le temps s'écoulait et on ne prenait aucun parti. Enfin à quatre heures et demie du matin, on donna le commandement général de la force armée au député Barras, qui s'était distingué au 9 thermidor. Barras demanda pour second un jeune officier de grand talent, alors attaché au comité topographique de la guerre et dont il vanta l'énergie : c'était Bonaparte. Ce choix fut approuvé. L'activité des deux généraux fut telle, que le 13 vendémiaire au matin (5 octobre 1795), les Tuileries étaient en état de défense. Bonaparte n'avait que huit mille hommes et les insurgés étaient près de quarante mille, mais ils étaient dépourvus d'artillerie, et au lieu de se barricader dans les rues, ils eurent l'imprudence de s'avancer sur le Palais-National. L'armée conventionnelle, habilement disposée par Bonaparte, les attendit de pied ferme. A deux heures, les insurgés commandés par le comte de Maulevrier, un jeune émigré nommé Lafond, et les généraux Danican et Duhoux, commencèrent les hostilités; ils forcèrent les troupes qui occupaient le Pont-Neuf à se replier sur le Louvre. Donican osa sommer la convention de céder aux sectionnaires. Plusieurs députés se déclarèrent pour des mesures conciliatoires; mais Marie-Joseph Chénier, frère de l'illustre poëte, s'écria avec indignation : « Je suis étonné qu'on vienne nous entretenir de ce que demandent les sections en révolte. Il n'y a point de transaction; il n'y a pour la convention nationale que la victoire ou la mort! » La question s'agitait encore, lorsqu'on entendit plusieurs décharges de mousqueterie. Bonaparte fait apporter aussitôt sept cents fusils pour que les représentants pussent se défendre en cas de danger, et il monte à cheval ainsi que Barras.

Il était quatre heures et demie. Les insurgés avaient commencé l'attaque du côté de la rue Saint-Honoré, et l'un de leurs bataillons, posté sur les degrés de l'église Saint-Roch, faisait une vive fusillade. Bonaparte, avec une audace et un courage inouïs, fait avancer des pièces de canon dans la petite rue du Dauphin, située vis-à-vis de l'église. Il parvient à déboucher dans la rue Saint-Honoré, et après un combat acharné, mais de peu de durée, les insurgés sont dispersés. Ils se rallient cependant au Pont-Neuf, et leurs colonnes serrées défilent au pas de charge sur le quai Voltaire. Mais Bonaparte les voyant exposés au feu de l'artillerie, les fait mitrailler sans relâche, et malgré le courage de leurs chefs, les sectionnaires se dispersèrent aussitôt. A sept heures le combat était terminé. Les troupes conventionnelles dégagèrent les environs des Tuileries, dissipèrent tous les rassemblements, et le lendemain elles firent évacuer le Palais-Royal et le couvent des Filles-Saint-Thomas, où les insurgés voulaient se retrancher. Cette affaire avait coûté, de part et d'autre, trois ou quatre cents morts ou blessés. Bonaparte et Barras se présentèrent à la barre de l'assemblée pour recevoir les félicitations des représentants. « C'est le général Bonaparte, dit Barras, dont les dispositions promptes et savantes ont sauvé cette enceinte. » Ainsi finit cette célèbre insurrection du 13 vendémiaire, dont la réussite devait infailliblement amener l'anarchie et la guerre civile. La convention, qui n'avait point attaqué, qui s'était bornée à la défensive, usa de la victoire avec modération. On poursuivit pour la forme les chefs de la révolte, ils furent condamnés par contumace. Un seul fut exécuté, c'était le jeune Lafond, qui avait montré une rare énergie dans cette déplorable entreprise. L'assemblée était au terme de ses travaux; mais avant de se séparer, elle décréta que jusqu'à la paix générale, les émigrés et les contre-révolutionnaires seraient exclus de toutes fonctions; ceux qui ne voudraient pas vivre sous les lois de la république pouvaient quitter la France en emportant leur fortune. Un autre décret prononça la réunion de la Belgique à la France. Enfin le 4 brumaire (26 octobre), les représentants abolirent la peine de mort à dater de la paix générale, changèrent le nom de la place de la Révolution en celui de la place de la Concorde, et portèrent une loi d'amnistie pour tous les faits relatifs à la révolution. A deux heures et demie, le président se leva, et prononça, au milieu des acclamations de la multitude, la formule suivante: « La convention nationale déclare que sa mission est remplie, et que la session est terminée. »

Les anciens membres de la convention se réunirent le 5 brumaire en *assemblée électorale nationale*, pour compléter les *deux tiers* des nouveaux députés, en vertu des célèbres décrets additionnels. Ils se séparèrent ensuite en *conseils des cinq cents et des anciens*, et entrèrent immédiatement en séance. Les anciens étaient présidés par La Réveillère-Lépaux, le corps législatif par un homme d'un rare mérite, M. Daunou. Ils s'occupèrent aussitôt de former le gouvernement et nommer les cinq directeurs. Ce choix était important, aussi les partis s'agitaient en tous sens pour le triomphe de leurs opinions. Les conventionnels, qui étaient en majorité, l'emportèrent, et firent nommer La Réveillère, Sieyès, Rewbell, Letourneur et Barras. Le second ayant refusé, il fut remplacé par Carnot. Ce n'étaient point des hommes supérieurs, mais ils jouissaient d'une excellente réputation et ils se mirent à l'œuvre avec ardeur.

Jamais un gouvernement nouveau ne s'était trouvé dans une situation aussi difficile. Les partis étaient comprimés, non vaincus, et leur audace augmentait chaque jour. Les armées, les administrations étaient livrées à un désordre inouï. Il n'y avait pas un sou en numéraire dans le trésor public, et il était à craindre que le peuple, plongé dans la plus affreuse misère, ne cédât de nouveau aux suggestions des anarchistes. Joignez à cela une démoralisation générale, inouïe. Lorsque les directeurs se rendirent au Luxembourg, qui avait été désigné comme leur palais, ils ne trouvèrent pas un seul meuble. Le concierge leur alluma du feu dans un cabinet, et leur prêta quelques chaises de paille et une petite table boiteuse; ils rédigèrent sur une feuille de papier à lettres l'acte par lequel ils se déclaraient constitués. L'énergie de ces hommes (je ne parle point de Barras) triompha de tous les obstacles. En deux mois ils réorganisèrent le gouvernement, ils rétablirent la confiance, le travail, le commerce, l'abondance. Mais leurs bonnes intentions étaient paralysées par les difficultés de la situation. Ils se trouvaient placés entre deux partis, les démocrates et les royalistes, qui les attaquaient successivement. Les premiers leur reprochaient d'être contre-révolutionnaires; les seconds, de vouloir ressusciter le système de Robespierre.

Les démocrates, proscrits dans les provinces, surtout dans le midi, où l'on fit une sévère recherche des jacobins, s'étaient réunis à Paris, et tenaient un club au Panthéon. Ils avaient pour chef Gracchus Babœuf, homme hardi, d'une imagination malade, d'un fanatisme ardent, qui prêchait dans un assez mauvais journal les doctrines les plus subversives. Le directoire fit fermer le club du Panthéon et surveilla les conspirateurs. Babœuf avait organisé une insurrection dont le but était de rendre le gouvernement *aux vrais, aux purs, aux absolus démocrates*, d'établir *le bonheur commun, la liberté et l'égalité*, en partageant les biens entre tous. Pour réussir, Babœuf ne recula devant aucune mesure; tous les *modérés* devaient être égorgés et la constitution de 93 proclamée au milieu du pillage de la capitale. Le mot d'ordre était : *Ceux qui usurpent la souveraineté doivent être mis à mort par les hommes libres.* Tous les préparatifs étaient terminés, et nul doute que ces hommes désespérés n'eussent réussi, lorsqu'ils furent trahis, et le 21 floréal (mai), veille du jour où l'attaque devait s'exécuter, la police s'empara des chefs de la conspiration. Leurs partisans firent encore une tentative : ils essayèrent une insurrection, le 12 fructidor (29 août), mais la police avertie était sur ses gardes. Quelques jours après, le 22 (9 septembre), huit à neuf cents hommes déterminés, commandés par quelques officiers destitués et par d'anciens membres de la convention, se portèrent, vers onze heures du soir, sur le camp de Grenelle, où ils s'étaient ménagé des intelligences. Mais ils échouèrent encore une fois. Les soldats les reçurent à coups de sabre, et les forcèrent de s'enfuir en laissant un grand nombre de morts et cent trente-deux prisonniers. Les représailles furent violentes. Une commission militaire condamna trente-un des conjurés à la mort, trente à la déportation, vingt-cinq à la détention. La conspiration du camp de Grenelle fut la dernière tentative du parti jacobin. Mais un autre parti beaucoup plus dangereux, parce que ses principes n'effrayaient point la bourgeoisie, menaçait le directoire. Les royalistes, battus au 13 vendémiaire, n'en avaient pas moins continué leurs tentatives. Leurs agents étaient partout. Quelques hommes dévoués à la cause des Bourbons, l'abbé Brottier, un nommé Laville-Heurnois, ancien maître des requêtes, et quelques autres, se mirent à la tête d'une conspiration, qui avait pour but de rappeler en France la famille déchue. Ils s'adressèrent à un chef d'escadron du camp de Grenelle, pour se faire soutenir par les troupes dans une insurrection. Malo (c'était son nom) feignit de les écouter, et les livra au directoire, qui les fit condamner à la détention par des commissions militaires. Peu de temps après, la haute cour de Vienne termina le procès de Babœuf et de ses complices. Babœuf et Darthé, ancien secrétaire de Joseph Lebon, furent seuls condamnés à mort. En entendant leur sentence, ils se frappèrent l'un et l'autre d'un coup de poignard.

Tandis que le directoire affermissait l'ordre à l'intérieur, nos soldats, conduits à la victoire par le général Bonaparte, illustraient le nom français dans les campagnes d'Italie. Mais tous les efforts du gouvernement pour se maintenir étaient inutiles. Comme il arrive toujours après une longue crise politique, les esprits étaient trop agités, trop d'ambitions en jeu, trop d'intérêts froissés, pour que le calme se rétablît aussitôt. La lutte commença aux élections de l'an v (mai 1797). L'opposition se composait des royalistes d'un côté, et de l'autre des constitutionnels, à la tête desquels était Carnot, qui, aveuglé par un sot orgueil, espérait diriger en maître le gouvernement. Je ne parle point des démocrates, dont le parti était sans forces comme sans espérances. Les royalistes l'emportèrent dans les élections ; ils nommèrent président du conseil des anciens un constitutionnel M. Barbé-Marbois, et au corps-législatif le fauteuil fut donné au célèbre général Pichegru qui, depuis long-temps trahissait en secret la république, et négociait avec l'Angleterre. Enfin Barthélemy, ambassadeur en Suisse, ayant été nommé membre du directoire à la place de Letourneur, ce choix enhardit l'opposition, qui espérait s'emparer de lui. Aussi rien ne peut donner une idée de la violence avec laquelle le directoire fut attaqué dans les conseils. Enfin on ne se borna bientôt plus à contrarier la marche du gouvernement, la majorité opposante devint contre-révolutionnaire, dans l'acception de ce mot, et voulut rétablir l'ancien régime. Les nobles émigrés, les prêtres réfractaires rentraient en foule et protestaient à haute voix contre tout ce qui s'était fait depuis 89. On appelait le corps-législatif le *conseil de Louis XVIII*, et un grand nombre de députés étaient désignés sous le nom d'*orateurs de Blankembourg*, ville d'Allemagne où était réfugié le frère de Louis XVI.

Le directoire se mit sur la défensive. Rewbell et La Réveillère s'adjoignirent Barras et paralysèrent ainsi tous les efforts de Carnot et de Barthélemy. Ils changèrent les ministres et nommèrent des hommes tels que Talleyrand, qui venait de rentrer en France et qui leur était dévoué, si toutefois cet habile diplomate a jamais eu quelque conviction ou quelque attachement. En même temps les trois directeurs se rapprochèrent des patriotes modérés, s'appuyèrent sur l'armée, qui envoya des *adresses* terribles contre les *ennemis de la république*, et firent approcher des troupes de Paris. L'opposition craignit alors un coup d'État. Les députés, qui étaient chargés de la police des conseils sous le titre d'*inspecteurs des salles*, faisaient chaque jour de nouveaux rapports sur les mesures hostiles du directoire. Les royalistes les plus hardis voulaient devancer leurs adversaires; mais ils n'avaient ni ressources ni projets bien arrêtés. Les constitutionnels, qui ne désiraient rien moins que le renversement de la république, étaient indécis; ils craignaient d'avoir été trop loin. Cependant le corps législatif décréta la formation de la garde nationale, sur laquelle l'opposition fondait les plus grandes espérances, et se disposa à l'attaque. Mais les trois directeurs n'hésitèrent point comme leurs ennemis : la lenteur est dangereuse dans un coup d'État. Dans la nuit du 17 au 18 fructidor (4 septembre 1797), les troupes cantonnées autour de la ville arrivèrent en silence sous la conduite du général Augereau, et à une heure du matin le château des Tuileries était cerné par douze mille hommes et quarante pièces de canon. La commission des inspecteurs, avertie du danger, fit prendre aussitôt les armes aux douze cents grenadiers du corps législatif. A quatre heures, le canon d'alarme se fit entendre sur le Pont-Neuf. Augereau se présenta avec ses troupes à la grille du Pont-Tournant, et dit aux grenadiers : *Ouvrez, si vous êtes républi-*

cains. Ils ouvrirent aussitôt en criant : *Vive Augereau ! vive le directoire !* Le château fut envahi, et à cinq heures du matin plusieurs députés et les inspecteurs de la salle, parmi lesquels se trouvait Pichegru, étaient conduits au Temple sans qu'on eût à déplorer l'effusion du sang. Barthélemy était arrêté en même temps au Luxembourg ; quant à Carnot, il parvint à s'enfuir et se retira en Suisse.

Les Parisiens, à leur réveil, virent avec étonnement que Paris était en état de siége. De nombreuses proclamations leur annonçaient la découverte d'une conspiration royaliste. D'autres arrêtés prescrivaient les mesures prises par le directoire ; l'un d'eux portait que, conformément à la loi, tout individu qui oserait rappeler la royauté, la constitution de 93 ou la famille d'Orléans, serait sur-le-champ mis à mort, que les personnes et les propriétés seraient respectées, et que tout individu convaincu de pillage serait fusillé. Quelques députés courageux se rendirent aux Tuileries, à huit heures du matin, pour délibérer, mais on leur intima l'ordre de se retirer. Les Anciens devaient se réunir à l'amphithéâtre de l'Ecole de médecine et les Cinq-cents au théâtre de l'Odéon. Les députés opposants, conduits par les présidents des deux conseils, Siméon et Lafond-Ladebat, se présentèrent de nouveau, à onze heures, aux portes du palais législatif ; on leur en refusa l'entrée, et comme ils insistaient, ils furent chargés et dispersés par un détachement de cavalerie. C'était le commencement de la domination militaire. Les représentants se retirèrent pour rédiger une protestation, mais ils reçurent l'ordre de se séparer sur-le-champ, et plusieurs d'entre eux furent arrêtés et conduits au Temple. Le peuple parcourait les rues sans mot dire. On était inquiet, mais il n'y avait plus alors de passions politiques parmi les masses. La bourgeoisie marchande craignait que ce coup d'État n'entravât le commerce, et les basses classes, fatiguées des orages de la révolution, se contentaient de dire, en parlant du directoire et des conseils : « Que ces gueux-là s'arrangent entre eux. » Quelques jacobins essayèrent seulement d'exploiter les événements. Vers cinq heures du soir, quatre à cinq cents hommes, déguenillés pour la plupart, armés de piques, de bâtons, et précédés de deux pièces de canon, descendirent du faubourg Saint-Antoine et se portèrent sur le Luxembourg. Ils venaient féliciter le directoire et lui offrir leur appui *pour en finir*. On se hâta de renvoyer avec de belles paroles ces dangereux alliés. Les députés attachés aux trois directeurs se réunirent aux lieux indiqués, et dès qu'ils se trouvèrent en nombre suffisant pour délibérer, les conseils se mirent en permanence. Un message du directoire leur annonça les motifs du coup d'État, et les engagea à seconder sur-le-champ le gouvernement. Le corps législatif chargea une commission, composée de cinq membres, de rédiger une loi de salut public, qui fut envoyée quelques heures après à la sanction des anciens.

Ce décret célèbre condamnait à la déportation Barthélemy, Carnot, plus de cinquante députés des deux conseils, enfin tous les ennemis déclarés du directoire. Les élections de quarante-huit départements furent annulées. Toutes les mesures rendues par les conseils en faveur des émigrés et des prêtres furent rapportées, l'organisation de la garde nationale suspendue, un pouvoir arbitraire accordé enfin au directoire dans une foule de circonstances. Les cinq-cents approuvèrent sans opposition cette loi, qui établissait une dictature, et dès le lendemain matin les anciens l'approuvèrent. En même temps on décréta la déportation de quarante-deux journalistes. Parmi eux on distinguait M. Michaud, rédacteur de la *Quotidienne*; Laharpe et Fontanes, Suard et Lacretelle, les deux premiers rédacteurs du *Mémorial*, les deux autres du journal intitulé *Nouvelles politiques*. Le même jour, quinze condamnés, parmi lesquels se trouvaient Barthélemy, Pichegru, Bourdon (de l'Oise), Barbé-Marbois, furent envoyés à Rochefort comme galériens, et transférés de là sous le ciel mortel de Cayenne; les autres furent envoyés à l'île d'Oléron.

Merlin (de Douai) et François de Neufchâteau remplacèrent Barthélemy et Carnot. Le directoire ainsi reconstitué, et n'ayant plus à craindre l'opposition des conseils, prit une nouvelle marche. Il devint révolutionnaire. Les nobles émigrés, les prêtres réfractaires furent obligés de s'enfuir de nouveau à l'étranger, et les anciens nobles, considérés comme étrangers, ne purent exercer les droits de citoyen. La guerre fut conduite avec la même énergie, et le directoire se vit pendant quelque temps à l'apogée de la puissance et de la gloire. Le calme ne dura pas long-temps. Les royalistes étaient abattus, mais les patriotes avaient repris toute leur influence depuis le 18 fructidor, et ils attaquaient le directoire qu'ils ne trouvaient pas assez révolutionnaire, tandis que les constitutionnels, de leur côté, faisaient une opposition redoutable. Les élections de floréal an VI (mai 1798) furent favorables aux patriotes. Le directoire, qui avait essayé de neutraliser l'influence des *anarchistes*, se décida à les annuler en partie. La loi du 18 fructidor lui avait accordé le pouvoir de juger les opérations électorales. Cette mesure arbitraire augmenta le mécontentement des esprits, et les défaites de nos armées, l'absence de Bonaparte, qui était en Egypte, l'augmentation des impôts excitèrent une grande fermentation. Les élections de floréal an VII (mai 1799) furent toutes républicaines, et le directoire se vit assailli de toutes parts avec une nouvelle violence. Pour surcroît de malheur, Sieyès, ennemi déclaré de ce gouvernement chancelant, remplaça Rewbell que le sort avait désigné pour ministre sortant. Les mécontents destituèrent le directeur Treillard, s'attachèrent Barras, homme corrompu et sans convictions, et obligèrent Merlin et l'honnête La Réveillère à donner leur démission : « Vous n'hésiterez pas à vous décider, leur dit-on, si vous aimez la république. Vous êtes dans l'impuissance de faire le bien : vous n'aurez jamais ni la confiance de vos collègues, ni celle du peuple, ni celle des représentants, sans laquelle vous ne pouvez faire exécuter les lois. » Gohier, le général Moulins et Roger-Ducos, hommes probes, mais sans aucune puissance, firent alors partie du gouvernement. Cette célèbre journée du 30 prairial (10 juin) fut la contre-partie du 18 fructidor. Le directoire, qui n'était pas aussi nul qu'on a bien voulu le dire, devait nécessairement succomber ; gouvernement de transition, il avait inutilement employé la modération et la violence. Pour réprimer les factions, pour sauver la France, il fallait le despotisme militaire. C'est la suite inévitable de toutes les grandes révolutions, et c'est ce qui explique la révolution du 18 brumaire.

Le directoire, reconstitué au gré des mécontents, n'en fut ni plus calme, ni plus puissant. Sieyès, homme systématique, mais qui comprenait merveilleusement la situation de la république, était chef d'un parti modéré qui voulait former un nouveau gouvernement. Mais Gohier et Moulins soutenaient la constitution de l'an III, et Barras traitait en secret avec Louis XVIII. Tous les partis se séparèrent, les jacobins formèrent un club, les royalistes prirent les armes dans le Midi et l'Ouest. Les défaites de nos armées en Italie et sur le Rhin augmentaient les embarras du directoire. Toutes les mesures proposées par lui étaient critiquées avec amertume, attaquées, le plus souvent repoussées par les conseils. Un nouveau fructidor, un nouveau prairial devenaient inévitables. Sieyès le prévoyait, mais il était sans ressources. Un homme seul pouvait s'emparer du pouvoir dans ces circonstances. Sa popularité était immense et comme il n'appartenait à aucun parti, tous espéraient en lui. C'était Bonaparte qui était allé, après le 18 fructidor, faire la conquête de l'Egypte, et qui avait échappé ainsi, par ce glorieux exil, aux haines des factions et à la jalousie du directoire. Il suivait de loin la marche des affaires. En apprenant les désastres de nos armées et la triste situation de la France, il donna le commandement de l'Egypte au brave Kléber, s'embarqua secrètement avec quelques généraux, et après une traversée périlleuse, il débarqua dans le golfe de Fréjus, le 9 octobre 1799, à huit heures du matin. — Les habitants de la Provence qui, depuis les revers de l'armée française en Italie, craignaient chaque jour l'invasion étrangère, virent dans Bonaparte leur libérateur. En un instant la mer fut couverte d'embarcations, et une multitude, pleine d'enthousiasme et de curiosité, envahit les vaisseaux, en criant : *Vive Bonaparte!* Le conquérant de l'Egypte devait faire *quarantaine,* mais les habitants de Fréjus violèrent les lois sanitaires : « Nous aimons mieux, disaient-ils, la peste que les Autrichiens. » Cette circonstance permit à Bonaparte de partir aussitôt pour Paris. Son débarquement, annoncé par le télégraphe, excita dans la France entière des transports de joie inouïs. On célébra l'arrivée du héros sur tous les théâtres, on fit des feux de joie, toutes les cloches retentirent dans les villes et les villages. Le député Baudin (des Ardennes), républicain passionné, croyant la république perdue si un bras puissant ne venait la soutenir, expira de joie en apprenant cet événement. Bonaparte fit deux cents lieues, au milieu d'une population ivre de bonheur et d'enthousiasme ; c'était une marche triomphale. En quittant Lyon, où les élans avaient été plus vifs que partout ailleurs, il prit une autre route que celle qu'il avait indiquée à ses courriers, et arriva incognito à Paris, le 16 octobre, dans sa petite maison de la rue Chantereine. Deux heures après, il se rendit au directoire. Les soldats de la garde le reconnurent, et crièrent : *Vive Bonaparte !* La nouvelle de son arrivée à Paris produisit le même effet que dans les provinces. Les directeurs et tous les ministres lui donnèrent des fêtes, comme au retour d'Italie, et les salons de Bonaparte furent remplis des hommes les plus illustres de l'époque. Chacun le consultait, s'en remettait à lui ; il était réellement à la tête des affaires ; cependant, avec son habileté ordinaire, il affectait de ne point se mettre en évidence et sortait fort peu. Mais lorsqu'il paraissait en public, avec sa belle figure brunie par le soleil d'Égypte, sa redingote grise et un sabre turc attaché à un cordon de soie, il était accueilli par des *vivat* et des applaudissements frénétiques.

Que va faire Bonaparte? se demandait-on. Il ne le savait pas lui-même ; il observait et attendait les événements. Mais ses frères et ses partisans agissaient pour lui. En moins de quinze jours, l'armée et la plupart des représentants furent du parti de Bonaparte. Enfin Sieyès et Roger-Ducos, qui avaient d'abord montré de la répugnance et de l'hésitation, s'abouchèrent avec lui. Lorsque les esprits furent préparés à force d'intrigues à cette nouvelle révolution, Sieyès et Bonaparte arrêtèrent qu'on suspendrait les conseils pour trois mois, qu'on substituerait aux cinq directeurs trois consuls provisoires, qui, pendant ces trois mois, auraient une espèce de dictature, et seraient chargés de faire une constitution. Toutes les mesures furent prises pour la réussite de ce plan et l'orage éclata. Le 18 brumaire au matin (9 novembre 1799), le conseil des anciens, dont la majorité tenait pour le parti de Bonaparte et de Sieyès, déclara que la liberté de la représentation nationale était menacée dans la capitale, et qu'en vertu de la constitution de l'an III, il ordonnait la translation du corps législatif à Saint-Cloud. Par le même décret, le général fut investi du commandement des troupes et de toute l'autorité nécessaire pour opérer la translation, assurer la tranquillité publique et la sûreté des conseils. Bonaparte avait réuni chez lui les généraux les plus illustres, et les colonels des régiments qui se trouvaient alors à Paris. Il se rendit avec eux aux Tuileries, dès que le décret lui fut annoncé, et se présenta devant le conseil des anciens pour prêter serment à la république. Il monta ensuite à cheval, accompagné d'un brillant état-major, et harangua les troupes dans le jardin des Tuileries. « La république, dit-il, est mal gouvernée depuis deux ans. Vous avez espéré que mon retour mettrait un terme à tant de maux ; vous l'avez célébré avec une union qui m'impose des obligations que je remplis : vous remplirez les vôtres, et vous seconderez votre général avec l'énergie, la fermeté et la confiance que j'ai toujours vues en vous. La liberté, la victoire et la paix replaceront la république française au rang qu'elle occupait en Europe, et que l'ineptie ou la trahison lui ont fait perdre. » Les soldats, qui pour la plupart avaient servi en Italie, sous les ordres de Bonaparte, crièrent avec enthousiasme : *Vive notre général!* A la fin de la journée, par la démission volontaire de Sieyès et par la démission presque forcée de Barras, le directoire était dissous, et Bonaparte se trouva seul chargé du pouvoir. Tous les ministres s'étaient rendus auprès de lui, aux Tuileries, et des proclamations invitèrent les citoyens à l'ordre et au repos, tandis qu'on travaillait, disait-on, à sauver la république de ses périls. L'autorité du général fut donc reconnue partout, bien que le conseil des anciens n'eût pas le droit de nommer un chef suprême de la force armée. La nuit fut assez tranquille, mais on se préparait pour le lendemain. A l'approche de la crise, toutes les ambitions, toutes les haines s'étaient réveillées.

On connaît l'issue du célèbre coup d'État du 18 brumaire. Lorsque le corps législatif se fut retiré devant les baïonnettes de Bonaparte, le président Lucien réunit une cinquantaine des députés partisans du coup d'État, et ils rendirent un décret que le conseil des anciens s'empressa d'approuver. Ce décret prononçait l'abolition du directoire, l'expulsion de soixante-un députés démagogues, l'ajournement du corps législatif à trois mois, la formation de deux commissions temporaires, prises dans les deux conseils, pour rédiger une constitution nouvelle, et enfin la remise du pouvoir exécutif aux mains de trois consuls provisoires, Bonaparte, Sieyès, Roger-Ducos, qui prêtèrent serment de *fidélité inviolable à la souveraineté du peuple, à la république française, une et indivisible, à la liberté, à l'égalité et au système représentatif.* A trois heures du matin la révolution était achevée. Le lendemain les consuls allèrent habiter le palais du Luxembourg (1), et tinrent leur première séance. Il s'agissait d'abord de nommer à la présidence ; mais à peine entré dans le cabinet, Ducos dit en se tournant vers Bonaparte : « Il est bien inutile d'aller aux voix pour la présidence, elle vous appartient de droit. » Sieyès, homme instruit et rusé, mais dont on a trop vanté l'habileté, comptait s'emparer du gouvernement. Il ne voyait dans Bonaparte qu'un soldat ; mais lorsqu'il l'entendit parler des

---

(1) Bonaparte occupait, au Petit-Luxembourg, l'appartement du rez-de-chaussée, à droite, en entrant par la rue de Vaugirard.

affaires du temps, il resta stupéfait devant cette puissance du génie, qui ne s'entendait pas moins en affaires d'administration qu'en opérations de guerre, et le soir il dit dans ses salons : « Messieurs, vous avez un maître. Bonaparte veut tout faire, sait tout faire et peut tout faire. » Sieyès avait prophétisé.

Les commissions réunies pour donner à la France une nouvelle constitution terminèrent leur travail au bout de six semaines. La constitution de l'an VIII se composait d'un tribunat de cent membres, qui discuteraient les lois rédigées par un conseil d'État; d'un corps législatif de deux cent cinquante députés qui les rejetteraient ou les adopteraient en votant et sans discussion; d'un sénat composé de quatre-vingts membres, nommés à vie, qui serait chargé de conserver la constitution et les lois. Sieyès, qui n'avait renversé le directoire que pour arriver au pouvoir, proposa en outre un *grand électeur* nommé à vie, qui habiterait Versailles, avec six millions de revenu et une garde de trois mille hommes, et qui choisirait lui-même deux consuls, celui de la paix et celui de la guerre Il espérait obtenir cette place; mais Bonaparte montra aussitôt l'absurdité de ce projet, et proposa de nommer un premier consul chef de l'État, avec deux consuls secondaires, comme conseil consultatif; les trois chefs du gouvernement étaient élus pour trois ans. Sieyès, furieux, ne voulut pas accepter la place de second consul; on lui donna en échange une belle ferme située dans le parc de Versailles, qui lui rapporta près de 15,000 livres de rente. Roger-Ducos ayant donné également sa démission, Bonaparte, Cambacérès, homme habile et instruit, Lebrun, littérateur distingué et bon administrateur, furent nommés consuls de la république française, en vertu du vote des *trois millions onze mille sept citoyens* qui approuvèrent la constitution de l'an VIII (décembre 1799). Quinze cent soixante citoyens seulement votèrent contre le nouveau gouvernement, qui devait rendre à la France le calme et la prospérité.

Pendant son consulat provisoire, Bonaparte avait réorganisé le gouvernement, il s'était montré grand administrateur et politique habile. Les finances étaient dans un désordre inouï; dès le second jour de son avènement au pouvoir, Bonaparte voulant envoyer un courrier à l'armée d'Italie, ne trouva pas dans le trésor 1,200 francs pour les frais du voyage. L'ordre y fut rétabli, et le gouvernement put suffire à ses nombreuses dépenses. Le ministère fut composé d'hommes capables. En remettant le portefeuille de la justice à M. Abrial, il lui dit : « Citoyen Abrial, je ne vous connais pas, mais on m'a dit que vous étiez le plus honnête homme de la magistrature, c'est pour cela que je vous nomme ministre de la justice. » Cet éloge honore également Bonaparte et Abrial. Enfin l'ordre remplaça l'anarchie, et tous les partis se rallièrent au nouveau gouvernement. « J'oublie le passé, dit le premier consul, j'ouvre un vaste champ à l'avenir. Quiconque marchera droit devant lui sera protégé sans distinction ; quiconque s'écartera à droite ou à gauche sera frappé de la foudre. » Infatigable au travail, et d'une activité remarquable, rien ne lui échappa. Il rappela les exilés, visita les prisons et les colléges, rétablit la liberté des cultes ; il anéantit les brigandages qui infestaient les routes du Midi et soumit la Vendée ; il créa la Banque de France et fit construire deux ponts à Paris, le pont de la *Cité* et celui qui reçut depuis le nom d'*Austerlitz* ; il rétablit le cours de la justice, il organisa sur de nouvelles bases l'administration des provinces, et nomma dix mille maires, cent préfets et quatre cents sous-préfets ; il disciplina l'armée, ranima les esprits, encouragea le commerce, il rendit enfin la France puissante et respectée, et la régénéra, suivant l'expression de M. de Talleyrand, alors ministre des affaires étrangères. N'oublions pas, dans cette esquisse, les grands travaux législatifs qui s'exécutèrent sous la direction de Bonaparte, n'oublions pas enfin que nous lui devons le *Code civil*, monument qui suffirait pour l'immortaliser. C'est ainsi que le premier consul signala son avènement au pouvoir.

La brillante victoire de Marengo et les succès des armes françaises sur tous les points assurèrent à la France de nouvelles conquêtes et lui donnèrent la paix. L'empereur d'Allemagne signa la paix à Lunéville, le 9 février 1801. Les autres souverains de l'Europe imitèrent sa prudence, et l'Angleterre, réduite à ses propres forces, demanda la paix l'année suivante (traité d'Amiens, 25 mars 1802). Bonaparte profita de son repos pour organiser le gouvernement de l'Italie, de la Suisse, de la Hollande, de tous les pays conquis, pour assurer à la France le repos et la prospérité. Un concordat signé avec le pape rendit à la religion catholique son ancienne splendeur ; l'industrie et l'agriculture, les arts et les lettres reçurent un nouvel essor, l'Université fut rétablie, les partis furent réduits à l'impuissance, une amnistie générale rappela les exilés, enfin une loi célèbre vint instituer la *Légion d'Honneur*, noble récompense du courage, du talent et des vertus civiques. Jamais la France, même sous Louis XIV, n'avait été aussi puissante et aussi heureuse. Mais la haine des factions se déchaînait de plus en plus contre le premier consul, et quelques hommes exaltés eurent recours à l'assassinat. Cinq conspirations échouèrent ; la sixième, connue sous le nom de la *machine infernale*, est devenue célèbre. Le 24 décembre 1800 (le 3 nivose, suivant le calendrier républicain), Bonaparte devait se rendre à l'Opéra pour la première représentation du fameux *oratorio* d'Haydn, *la Création du monde*. A sept heures il part avec Lannes, Berthier et M. de Lauriston ; mais à peine sa voiture est-elle engagée dans la rue Saint-Nicaise, qu'une explosion épouvantable se fait entendre. Un baril de poudre et de balles, placé sur une petite charrette, venait d'éclater. Bonaparte, qui sommeillait, se réveille en sursaut. « Nous sommes minés, » s'écrie-t-il, mais il ne se déconcerte pas, et quelques minutes après il entrait au théâtre avec le plus grand calme. La terrible nouvelle se répandit bientôt, et tous les spectateurs témoignèrent alors par leurs *vivat* et leurs acclamations l'intérêt qu'elle portait à l'illustre consul. Bonaparte n'avait été sauvé que par miracle. Les conjurés avaient calculé l'explosion d'après le train ordinaire de sa voiture, mais le cocher était ce jour-là dans un état complet d'ivresse, et il était parti à toutes brides; deux secondes plus tard, le premier consul ne pouvait échapper à la mort. On découvrit les auteurs de cette machine infernale; c'étaient des hommes reniés de tous les partis, et deux d'entre eux, Saint-Régent, ancien officier de marine, et Carbon dit le Petit-François, payèrent de leur tête un crime aussi infâme. Cinquante-six personnes avaient été blessées par l'explosion de la machine, vingt-deux avaient été tuées.

Bonaparte, au milieu des travaux, ne perdait pas de vue le but qu'il s'était proposé. Il voulait arriver au pouvoir suprême, et l'enthousiasme populaire lui aplanissait toutes les voies. Le 7 juin 1802, un sénatus-consulte prolongea de dix années le consulat de Bonaparte, et quelque temps après on soumit au peuple la question suivante : « Napoléon Bonaparte sera-t-il consul à vie? » Des registres, ouverts dans toute la France au secrétariat des administrations, aux greffes des tribunaux, chez les maires et chez les notaires, reçurent les votes des citoyens jouissant des droits politiques. La question fut résolue d'une manière affirmative et à la plus grande majorité, car sur trois millions cinq cent cinquante-sept mille huit cent quatre-vingt-cinq citoyens, il y en eut trois millions trois cent soixante-huit mille deux cent cinquante-neuf qui votèrent en faveur de Napoléon. La France entière applaudit à cette élection, car le premier consul pouvait seul donner au pays la gloire et la prospérité.

CHAPITRE DEUXIÈME.

Monuments.—Institutions.

Palais du conseil des Cinq-Cents, puis du *Corps-Législatif*, aujourd'hui de la *chambre des Députés*, ou *palais Bourbon*, rue de l'Université n° 116. — La duchesse douairière de Bourbon fit commencer ce palais en 1722 sur les dessins et sous la direction de Girardini, architecte italien. Les travaux furent continués ensuite par L'Assurance, élève de Mansard.

Par suite d'augmentations successives, l'hôtel de Brancas, ci-devant Lassay, se trouva joint au palais primitif, de manière qu'ils ne formèrent plus qu'un seul corps de bâtiment. Les princes de la maison de Condé avaient fixé leur résidence à Paris, et avaient orné cette habitation de tout ce que le luxe a de plus recherché et les arts de plus riche et de plus remarquable. Les ameublements, détruits pendant les premiers événements de la révolution, étaient d'une élégance extraordinaire et dignes d'une des maisons les plus considérables d'Europe. Par sa position avantageuse, ce palais situé en face des Champs-Élysées et des Tuileries, et donnant d'un de ses côtés sur l'esplanade des Invalides, ressemblait à la fois à une maison de campagne et à une maison de ville. Élevé d'un seul étage, il était autrefois couronné par une balustrade avec des acrotères servant de piédestaux à des groupes d'enfants. La façade du côté de la Seine était décorée de ces groupes et de colonnes corinthiennes, et offrait dans toute l'étendue de son architecture, fort peu recommandable, des ressauts très nombreux. Son aspect sur cette face se composait de deux pavillons en longueur, formés chacun d'un simple rez-de-chaussée. Mais un de ces pavillons se trouva masqué dans son soubassement et presque enterré, lorsque Louis XVI eut fait bâtir le pont de la Concorde. La petitesse de l'ordonnance générale devint de plus en plus choquante; et cet inconvénient ne disparut que quelques années plus tard, lorsqu'on établit dans ces bâtiments le conseil des *Cinq-Cents*. L'élévation de ce palais, qui n'avait pas encore été terminé après quatre-vingts ans de travaux, a coûté, dit-on, dans cet espace de temps, la somme de vingt-deux millions. L'avenue qui conduisait au perron des appartements du prince de Condé est terminée par une cour de trente toises sur vingt, ou quarante toises de longueur dans toute son étendue. Une galerie vitrée a été pratiquée, conduisant du palais à la salle des séances dans toute la longueur du jardin. Depuis 1830, cette habitation magnifique a été réservée au président de la chambre des députés.

La constitution de l'an III avait créé un *Directoire exécutif* et deux conseils, l'un nommé des *Cinq-Cents* et l'autre des *Anciens*. Le premier établit le lieu de ses séances au palais du Luxembourg et le second dans celui du palais Bourbon, propriété nationale. Ce conseil avait d'abord été placé dans la salle dite du *Manège*, près de la terrasse des Feuillants. Mais cette salle, fort incommode et peu digne d'une représentation nationale, qui avait déjà été occupée par l'assemblée constituante, par l'assemblée législative et par la convention, ne tarda pas à être abandonnée et démolie. Ce fut en l'an III et en l'an IV que le gouvernement fit exécuter les changements que nous voyons aujourd'hui dans le pavillon qui est en face du pont. L'architecte Gisors fut chargé de construire une salle d'assemblée. L'attique qu'il fit élever sur l'ordonnance de ce pavillon en exhuma, il est vrai, un peu la masse, sans pour cela la rendre beaucoup meilleure. Ce défaut parut si choquant, qu'en 1807 on sentit la nécessité de donner à cette façade un autre caractère; et, par les ordres du gouvernement, Poyet éleva le beau péristyle qui sert aujourd'hui de perspective au pont de la Concorde et de pendant à la Madeleine.

Au devant de cette façade, l'architecte construisit un perron de dix-huit pieds d'élévation. L'escalier divisé en deux rampes sur une longueur de cent pieds donne à l'entrée du palais un aspect majestueux. Sur les piédestaux on aperçoit les statues colossales de la Prudence et de la Justice, par Roland et Houdon, et en avant de l'escalier sur les piédestaux de l'enceinte, quatre figures assises, représentant Sully par Beauvallet, L'Hôpital par Deseine, d'Aguesseau par Foucou, et Colbert par Dumont. La façade au-dessus de l'escalier se compose de douze colonnes corinthiennes d'une grande et belle proportion. Elles supportent un entablement et un fronton ornés de bas-reliefs sculptés par Fragonard. Ils représentent la Loi sous des formes colossales; elle est assise et appuyée sur la force et la justice. A droite on aperçoit l'Abondance suivie des Sciences et des Arts, et à gauche, la Paix ramenant le Commerce; aux deux extrémités deux figures de fleuves avec des urnes renversées. Ce fronton est en ce moment l'objet d'une restauration complète.

L'entrée du palais sur la rue est la plus magnifique de toutes celles de Paris. Une grande porte, accompagnée de chaque côté d'une colonnade d'ordre corinthien, annonce un vaste et magnifique édifice. La première cour ne répond à la noblesse de ce vestibule que par son étendue. Mais la seconde cour présente un assez bel ensemble de portiques et de masses bien distribuées. L'avant-corps du bâtiment était autrefois couronné par un groupe représentant Apollon sur un char, entouré des quatre Saisons sous la forme de quatre génies, sculpté par Coustou jeune. On voyait sur la principale porte un cartouche aux armes de la maison de Condé, ayant pour support deux anges, et au fond de la cour, sur les faces latérales, quatre groupes de muses, en pierre de Tonnerre, sculptés par Pajou. Cette ancienne décoration a été totalement changée. Au fond de la seconde cour, s'élève aujourd'hui sur le nu du mur et se détache un portique orné de colonnes corinthiennes. Elles furent construites pour indiquer et annoncer la principale entrée de la salle des séances qui fut reportée depuis sous le péristyle en face du pont. Les deux figures principales qui sont placées sur des piédestaux en avant du portique intérieur, et qui représentent Minerve et la Force, sont dues à Bridan fils et Espercieux; les deux autres figures qui soutiennent le cadran sont de Fragonard.

La salle des séances est demi-circulaire; elle est éclairée par la voûte sur laquelle est inscrite la formule : *Liberté, ordre public*, et disposée en amphithéâtre. Elle a été presque refaite à neuf, mais ce plan a été conservé. Il a été adopté pour la chambre du palais des Pairs, et pour les salles destinées aux cours publics de droit et de médecine. En effet, la voix, dont les sons tendent toujours à monter, parvient plus facilement aux oreilles de ceux qui écoutent, les efforts et la fatigue sont moindres pour celui qui parle. Malgré ces précautions, les parois de la salle en stuc vert antique, avec des assises dont tous les joints sont recouverts de lames de cuivre sur lesquels venaient frapper les sons de la voix, faisaient un écho fatigant et désagréable ; on fut donc obligé, pour éviter cet inconvénient, de les revêtir de draperie. Au centre de la ligne sur laquelle s'appuie le demi-cercle est un renfoncement en forme de cul-de-four, où se trouve le bureau du président, décoré avant 1830 des bustes de Louis XVI, Louis XVII, Louis XVIII et de Charles X, par Deseine ; depuis la révolution, ces bustes ont été remplacés par celui du roi Louis-Philippe. Dans les six niches pratiquées dans le mur à droite et à gauche du bureau on a placé six statues représentant les plus grands orateurs et législateurs de l'antiquité.

La tribune des orateurs, placée au bas de l'estrade du président, est ornée d'un bas-relief de Lemot, dont les figures en marbre blanc, représentant Clio et la Renommée, se détachent sur un fond de porphyre. Des deux côtés de la tribune, sur les parois à droite et à gauche du président, on a placé deux tableaux, représentant le premier, Louis-Philippe, lieutenant-général, se rendant à l'Hôtel-de-Ville ; le second, le roi Louis-Philippe prononçant le serment de fidélité à la charte de 1830, au milieu de tous les députés réunis en assemblée. En face de la tribune, sur le premier rang, est situé le banc où viennent s'asseoir les ministres.

Dans la première salle il n'y avait qu'un rang de tribunes, aujourd'hui il y en a deux. Le premier rang, dans une partie duquel le public est admis, est placé au dessus d'une ordonnance ionienne, en stuc imitant le marbre blanc veiné, qui règne autour de la partie circulaire de la salle et se compose de dix-sept tribunes. Dans le second rang sont placées les tribunes des journalistes et du corps diplomatique. Quatre tribunes sont réservées au différents membres du gouvernement. L'ensemble de la salle, sa forme élégante et les ornements qui décorent la voûte, répondent dignement à l'importance de son objet. Le caractère de grandeur et de dignité qui devrait toujours être retrouvé dans un lieu consacré à la réunion des représentants de la France, n'a point été oublié dans la construction et la décoration de cette salle où se discutent les intérêts du pays.

Autrefois on pénétrait dans la salle des séances par les deux extrémités de l'amphithéâtre et par le mur du fond. Cette dernière avait été supprimée par la construction du péristyle en face du pont, et l'on avait pratiqué, outre le péristyle et l'ancienne façade, une salle des gardes et un salon pour le roi. La salle des gardes qui a été changée et placée du côté de la cour est remarquable par les décorations et les bas-reliefs; à côté a été construite la pièce où le roi vient se placer avant d'entrer dans la salle lors des séances royales. Dans cette enceinte, dite d'attente, on voyait autrefois les portraits des rois Louis XVIII et Charles X, du duc d'Angoulême, du duc de Berry et de la Dauphine. Ces portraits ne se trouvent plus dans la nouvelle salle. De l'autre côté, dans la salle dite des Conférences, on a placé quatre tableaux, savoir : la Mort de Socrate par Peyron; Périclès et Anaxagore par Belle; Philoctète par Le Thierre; OEdipe et Antigone par Thévenin. La bibliothèque, qui était sur la rue, a été transférée dans les bâtiments à gauche de la cour principale. Elle se compose de plus de quatre-vingt mille volumes.

Trois grands bas-reliefs ornaient le mur du porche, formés par les douze colonnes dont nous avons déjà parlé; ils avaient été exécutés sous Napoléon, qui nomma cet édifice *palais du Corps-Législatif*. Ces ornements ont été effacés sous la restauration.

La garde du palais de la chambre des députés, celle de ses archives, le service de ses messagers d'État et huissiers, sont confiés à deux membres de la chambre, sous la dénomination de questeurs, lesquels étaient autrefois choisis par le roi sur la présentation de cinq candidats faite par la chambre. Ils résident au palais, et ne peuvent s'absenter sans la permission de la chambre par qui ils sont nommés aujourd'hui (1).

Palais de la Légion-d'Honneur, rue Bourbon, n° 70. — Ce joli palais fut bâti en 1786 sur les dessins de M. Rousseau, pour le prince de Salm, et porta le nom d'hôtel de Salm jusqu'en 1802. Napoléon fonda la Légion-d'Honneur le 19 mai de la même année. L'inauguration de cet ordre fut célébrée le 14 juillet suivant, et le centre de son administration fut installé à l'hôtel de Salm. Le chef de cette administration reçut le titre de grand-chancelier. Tous les principaux fonctionnaires publics furent décorés immédiatement. Avant 1814, le nombre des chevaliers et des dignitaires de l'ordre n'excédait pas vingt-huit mille sept cents; à la fin de la restauration, il s'élevait à quarante-deux mille; aujourd'hui il est encore plus élevé.

Administration civile, Préfecture de la Seine, maires, etc. — Je vais indiquer les changements survenus pendant cette période dans l'administration municipale. Après le 9 thermidor, la commune de Paris fut administrée par des commissions nationales, nommées par la conven-

(1) *Paris pitt.*, t. II, p. 354 et suiv.

tion, et il en fut ainsi jusqu'en l'an IV, époque de la création du directoire. La ville fut alors divisée en douze municipalités, dont l'administration fut confiée au *département* de la Seine, composé de sept administrateurs. La loi du 28 pluviôse an VIII, qui recomposa tout le système gouvernemental de la France, substitua à ces administrateurs deux préfets, l'un du département et l'autre de la police; ces deux fonctions, dépendantes de l'autorité supérieure, firent disparaître les derniers vestiges du régime municipal (1). La ville fut en même temps divisée en douze arrondissements municipaux (qui se subdivisent en 48 quartiers), ayant chacun un maire et deux adjoints chargés de l'état civil.

Cet ordre de choses subsiste encore aujourd'hui. Le préfet de la Seine, dont la résidence est à l'Hôtel-de-Ville, réunit aux attributions civiles, communes aux préfets, presque toutes les fonctions administratives des maires, non relatives à l'état civil, mais non pas celles de police. Il a l'administration ou surveillance des édifices et des établissements publics, des édifices destinés au culte, des travaux publics, de la grande voirie, des institutions militaires, octrois, halles et marchés de la ville; de ses hôpitaux, hospices et pavés, de ses contributions directes, etc. Près de lui est un *conseil de préfecture*, composé de cinq membres, et un *conseil général du département*, de vingt-quatre membres. Voici les noms des préfets de la Seine, depuis leur création : MM. Frochot, comte Chabrol, Alex. Delaborde, Odilon-Barrot, Bondy et Rambuteau.

Les maires sont nommés par le roi, mais élus et présentés à la sanction du gouvernement par leurs administrés. Les maires ou leurs adjoints sont obligés de venir tous les jours à la mairie, et d'y tenir séance depuis onze heures jusqu'à deux. Ces fonctions, non rétribuées, sont confiées à des personnes choisies parmi les citoyens les plus recommandables.

Il y a en outre, dans chaque arrondissement, un juge de paix, un receveur des contributions directes et un bureau de l'enregistrement des actes civils et de commerce. Dans chaque quartier est un commissaire de police et un bureau de charité.

Préfecture de police, rue de Jérusalem, n° 7. — Dans l'origine, la police de Paris était confiée au prévôt de cette ville (2). « Il présidait en robe au Châtelet, siége de sa juridiction, et portait l'épée à la tête des troupes dont il avait le commandement. Ce double pouvoir était exprimé par ses ornements dans les grandes cérémonies. Il y paraissait vêtu d'une robe de brocart d'or fourrée d'hermine, sur un cheval richement caparaçonné. Deux pages marchaient devant lui, portant chacun au

(1) *Paris municipe*, p. 81.
(2) Voy. sur cette importante juridiction, t. I, p. 380, 440 et suiv.

pagnie d'ordonnances, deux compagnies de sergents, l'une à cheval, l'autre à pied. Ces derniers étaient appelés *sergents à verge*, et étaient chargés de veiller à la sûreté de la ville. Les autres étaient appelés *soldats du guet*, et leur commandant portait le nom de *chevalier du guet*. Il y avait, en outre, pour faire exécuter les règlements de police, des bourgeois qui étaient élus pour chaque quartier ou paroisse, et que l'on appelait *commissaires*. Ils jouissaient d'une immense considération et marchaient de pair avec les principaux officiers de la juridiction. Ils avaient chacun dix sergents sous leurs ordres. Ces charges, qui existaient aussi dans la province, finirent par être vendues, et le mode d'élection disparut entièrement (1). » Cette organisation était celle des temps antérieurs au commencement du xive siècle : la création d'un lieutenant-civil en 1321, et d'un lieutenant-criminel en 1343, la modifia en ce sens, que ces assesseurs du prévôt de Paris l'aidèrent d'abord dans les détails relatifs à leurs fonctions, et que, plus tard, le prévôt se déchargea sur eux de tous les soins de sa charge. Le lieutenant-civil, premier de la prévôté, présidait toutes les assemblées du Châtelet et connaissait de toutes les causes civiles. Le lieutenant-criminel, second de la prévôté, jugeait tous les individus prévenus de délits ou de crimes commis dans les limites de la prévôté. La police, en ce qui touchait plus particulièrement à la sûreté de la ville, relevait de ce dernier. Le prévôt des marchands, chef du *bureau de ville* (2), et le parlement rendu sédentaire à Paris, apportèrent quelques changements dans l'attribution des pouvoirs du prévôt de Paris; mais la police active n'en demeura pas moins à celui-ci et à son lieutenant-criminel.

La capitale était tellement infestée de brigands, que Louis XIV résolut d'y mettre un terme, et, au mois de mars 1667, il créa un lieutenant de prévôt de Paris pour la police, et réunit en lui toutes les fonctions relatives à son emploi. Voici la liste des *lieutenants-généraux de police*, au nombre de quatorze : La Reynie (1667); Marc-René Voyer de Paulmy, marquis d'Argenson (1697); Machault, seigneur d'Arnouville 1718); Marc-Pierre de Paulmy, comte d'Argenson (1720); Tachereau ou Teschereau, seigneur de Baudry et de Linières (1720). — Le comte d'Argenson reprit ses fonctions en 1722. — Ravot, seigneur d'Ombreval (1724); Hérault, seigneur de Fontaine-l'Abbé et de Vaucresson (1725); Feydeau de Marville, seigneur de Dampierre et de Gien (1739); Berryer de Ravenoville (1747 ; Bertin de Bellisle, comte de Bourdeilles, seigneur de Brantôme (1757) ; De Sartine, comte d'Alby (1759); Lenoir (1774) ; bout d'une lance son casque et ses gantelets. Il avait en outre une com-

(1) *Nouveau diction. de police*, introduction, p. 28 et 29.
(2) Le *bureau de ville* s'occupait de tout ce qui intéressait le commerce et l'approvisionnement par eau, la sûreté et la commodité des quais, ports, fontaines, cours et remparts de Paris.

Albert (1775). — Lenoir revint à la police en 1776. — Thiroux de Crosne (1785).

Les fonctions du lieutenant-général de police furent supprimées après la prise de la Bastille et confiées à la municipalité. Après plusieurs changements, on forma un ministère de la *police générale de la république*, en vertu de la loi du 12 nivôse an IV (2 janvier 1796); un arrêté des consuls, du 17 février 1800, nomma en outre un préfet de police spécial à Paris et au département de la Seine. Le ministère de la police, supprimé en 1802, rétabli en 1804, fut réuni par Louis XVIII au ministère de l'intérieur, sous le nom de *direction de la police du royaume*. Cette division subsiste encore. Le préfet de police, dont les attributions sont immenses, pourvoit à la sûreté, à la propreté, à la salubrité, à la suffisance des approvisionnements dans Paris, par l'exécution des lois et des règlements de police. Sous ses ordres immédiats sont les commissaires de police, la police centrale, les inspecteurs, les officiers de paix, le corps de la garde municipale de la ville de Paris, celui des sapeurs-pompiers et une multitude d'agents, parmi lesquels on distingue les *sergents de ville*, vêtus d'un habit bleu, avec boutons aux armes de la ville, portant une épée à leur côté, ayant la tête coiffée d'un chapeau militaire. Le budget de cette administration a été, en 1836, de 7,022,494 fr. Le préfet de police, qui est payé par la ville, à 30,000 fr. d'appointements fixes. Voici la liste des magistrats qui se sont succédé dans ces fonctions : MM. Dubois (1800); Pasquier (1810); Bourienne, comte Réal, Courtin, De Cazes (1815); Anglès (1815); Delavau (1821); De Belleyme (1828); Mangin (1829); Bavoux, Girod (de l'Ain), Treilhard, Baude (1830); Vivien, Saulnier fils (1831); Gisquet (1831); Gabriel Delessert (1837).

L'hôtel de la Préfecture de Police était autrefois, comme je l'ai dit ailleurs (1), la résidence du premier président du parlement de Paris. Pétion, second maire de Paris, s'y installa le 7 mai 1792, et depuis cette époque la police y est constamment restée (2). La prison municipale y a été en même temps établie, d'abord sous le nom de *prison de la mairie* et ensuite sous celui de *prison de dépôt de la préfecture de police*. Jusqu'en 1825, elle était située dans un corps de logis qui avait reçu le nom populaire de *salle Saint-Martin*. Ce bâtiment a été reconstruit, mais la prison du dépôt a conservé parmi le peuple son ancienne dénomination. Les bureaux de cette administration sont fort nombreux.

(1) T. II, p. 342.
(2) Sous Bailly, premier maire, cette administration était établie dans l'ancien *Hôtel des lieutenants-généraux*, rue Neuve des Capucines. Bailly l'occupa après la retraite de Lenoir, pendant les années 1789 et 1790; après lui Pétion, jusqu'au 7 mai 1792. Après Pétion, Pache et Fleuriot demeurèrent à l'hôtel de la présidence, qui fut également le siége du *Bureau central*. *Paris pitt.*, t. I, p. 33.

La bibliothèque se compose de quatre mille volumes environ, parmi lesquels on remarque la *collection du Châtelet* (28 vol. in-fol.), la *collection du Louvre*, et les quarante-trois volumes de la *collection Lamoignon*, qui comprennent les édits, les arrêts et les règlements de police, de 1182 à 1762. Les archives sont assez curieuses. Indépendamment de tous les journaux publiés jusqu'à ce jour, on y trouve un grand nombre de pièces relatives à la révolution (1).

Archives nationales; depuis, *archives de l'empire;* enfin, *archives du royaume*, à l'hôtel Soubise, rue du Chaume. Les archives n'étaient d'abord que le dépôt des papiers de l'assemblée nationale. Par un article de son règlement du 22 juillet 1789, cette assemblée, en les créant, ordonna qu'on y conserverait les *pièces originales qui lui seraient remises et l'une des deux minutes du procès-verbal de ses séances*. Le 14 août suivant, le savant Camus en fut proclamé l'archiviste, et elles furent définitivement constituées sous le nom d'*Archives nationales* par décret du 7 septembre, sanctionné par Louis XVI, le 12 du même mois. Pendant le séjour de la représentation nationale à Versailles, les archives furent placées dans une salle du château ; lorsque cette assemblée se rendit à Paris, elles furent immédiatement transportées dans cette ville, et placées dans la bibliothèque des Feuillants : plus tard on les déposa aux Capucins de la rue Saint-Honoré.

Cet établissement ne tarda pas à devenir l'objet de la sollicitude de la constituante, qui, le 1er juin 1790, ordonna que *les choses les plus importantes y seraient conservées*. Le 7 août, elle y fit déposer les formes, planches, etc., qui avaient servi à la fabrication des assignats, les procès-verbaux d'échange de ces assignats contre les billets de la caisse d'escompte ; il fut décidé que le papier même employé à la confection des assignats serait mis sous la garde de l'archiviste; enfin, le 27 février 1791, on y transporta les caractères de l'imprimerie du Louvre, les machines de l'Académie des sciences et les minutes des greffes des commissions extraordinaires du conseil. Indépendamment de ces divers accroissements, les Archives en avaient reçu d'autres par les offrandes faites à l'assemblée; on y envoyait des livres, des médailles, des estampes, des bustes, etc. Dès cette époque, elles étaient administrées très sévèrement. Aux députés seuls appartenait le droit d'y pénétrer à toute heure du jour; le règlement défendait d'y aller de nuit, et surtout on ne pouvait jamais y porter ni feu ni lumière. Le public n'y pouvait entrer que les lundi, jeudi et samedi. L'archiviste était tenu d'y habiter. Deux commissaires, pris dans le sein de l'assemblée, renouvelés à chaque législature, prenaient connaissance de l'état des ar-

---

(1) *Paris pitt.*, t. I, p. 37.

chives, et rendaient compte de l'ordre qui y régnait. L'assemblée avait en outre décrété, le 30 novembre 1790, la confection d'une double armoire de fer destinée à contenir les objets les plus précieux, et c'est dans cette armoire qu'on renferma l'acte constitutionnel de l'État, et les ustensiles qui avaient servi à la fabrication des assignats de la première émission.

Dès le 7 août 1790, on avait proposé de réunir dans un même local, sous la garde d'un seul dépositaire, le dépôt des minutes extraordinaires du conseil, existant au Louvre; celui des minutes du conseil privé, situé à Sainte-Croix-de-la-Bretonnerie; celui des Augustins, dit des Petit-Pères, où se trouvaient les arrêts en commandement et autres, et celui des minutes du conseil de Lorraine, conservées dans une maison de la rue Hautefeuille. L'article 1er de la loi du 20 février 1793 avait renouvelé ce projet sans qu'il eût, pour cela, été mis à exécution. Le 12 brumaire, Louis-Prosper Lofficial fit un rapport à l'assemblée à ce sujet, et fit adopter, séance tenante, un décret ordonnant la formation de deux sections des archives nationales sous les ordres et la surveillance immédiate de l'archiviste de la république, composée des quatre dépôts précités et d'un cinquième, celui de la maison du roi, dans lequel étaient conservés les titres et états des grands-officiers de la couronne, les originaux des édits, déclarations et lettres-patentes enregistrés dans les tribunaux supérieurs, les minutes des arrêts du conseil, et tout ce qui était émané dudit conseil, relativement aux généralités de Paris, Orléans, Poitiers et La Rochelle.

La première section contenait les titres domaniaux et administratifs; elle fut établie au Louvre.

La deuxième se composait de tout ce qui avait trait à l'histoire, à la justice et au contentieux; elle fut placée au Palais-de-Justice.

Le 14 novembre 1789, Camus avait fait décider que dans les monastères et chapitres où il existait des bibliothèques, on serait tenu de déposer au greffe les catalogues certifiés véritables des livres et des manuscrits. Un décret du 5 septembre 1790 avait ordonné l'inventaire des chartriers des monastères.

C'est à la suite de toutes ces mesures que parut la loi du 7 messidor an II (25 juin 1793). Cette loi constitua les archives sur un nouveau plan, plaça sous leur dépendance tous les dépôts de Paris, et, par un de ses articles, ordonna que les couvents seraient ouverts à une commission créée sous le nom d'*agence temporaire du triage des titres*, chargée d'inventorier les documents qu'elle y trouverait, et de les départir entre les Archives et les bibliothèques.

[1] La commission *temporaire du triage des titres* fut, le 21 avril 1795, remplacée par le *bureau du triage des titres*, composé de dix hommes de lettres et de quatre expéditionnaires. Après avoir été sous la surveil-

lance du ministre de la justice et de celui des finances, cette commission passa sous celle de l'archiviste qui eut alors sous sa direction, 1º le dépôt des actes du corps législatif et des assemblées nationales; 2º le bureau topographique; 3º la section du Louvre; 4º la section du Palais-de-Justice; 5º la bibliothèque (qui avait été fondée aux Archives le 4 mars 1795); 6º le bureau du triage des titres, divisé entre le Louvre et le Palais-de-Justice.

En 1791, Camus fit décréter la suppression des chambres des comptes. Les papiers de celle de Paris furent versés à la section domaniale en 1798. La même année, on y joignit, sur la proposition de M. Daunou, les papiers du Châtelet.

Après le 10 août 1792, on avait transporté les Archives aux Tuileries, lorsque la convention se fut établie dans ce palais. A la suite du 18 brumaire, le premier consul y ayant fixé sa résidence, la représentation nationale se retira au palais Bourbon, qui prit le nom de Palais du Corps Législatif, et les Archives y furent immédiatement réunies. Elles y restèrent jusqu'en 1808. Le 6 mars de cette année, l'hôtel Soubise fut donné aux Archives, dont on commença sur-le-champ le transport, qui ne fut cependant terminé que dans le courant de 1809. Depuis lors elles ont toujours occupé ce local.

A l'époque où elles furent conduites au palais du Corps Législatif, le premier consul, non content d'occuper les Tuileries, avait aussi ordonné l'évacuation du Palais National des sciences et des arts (le Louvre); et le 4 février 1801, la section domaniale et administrative qui dépendait depuis plusieurs années des Archives, leur fut réunie et occupa le premier étage de la partie des bâtiments du palais du Corps-Législatif donnant sur la cour Montesquieu. Au commencement de 1804, le trésor des chartes fut retiré du Palais-de-Justice où il était toujours resté depuis l'évacuation de la Sainte-Chapelle et déposé au palais Bourbon, ainsi que les actes et documents recueillis par le bureau du triage des titres; mais Camus étant mort cette même année, les travaux de classement ne furent faits que par son successeur, M. Daunou.

Dans l'intervalle qui s'écoula de 1804 à 1809, le ministre des finances fit déposer aux Archives six cent quatre-vingt-huit registres concernant les assignats; le ministre de l'intérieur, les actes de l'acceptation de la constitution de l'an VIII, du consulat, de l'hérédité, de la constitution impériale et les papiers relatifs aux anciens colléges. Le président de la cour des comptes, les registres de la comptabilité des anciens receveurs des domaines et bois. Les archives domaniales et partie des archives administratives du département de la Seine furent transportées à l'hôtel Soubise en 1809. Le dépôt des archives du tribunat se fit la même année. En 1810, 1811, 1812, les nombreux et brillants succès des armées françaises donnèrent un accroissement rapide aux Archives de l'empire : on conduisit à l'hôtel Soubise presque en même temps cent deux mille quatre cent trente-cinq liasses, registres ou volumes d'archives pontificales; douze mille quarante-neuf *idem* des archives du Piémont; une portion des archives espagnoles; trente-cinq mille deux cent trente-neuf *idem* d'archives germaniques; cinq mille cartons du ministère de l'intérieur et les papiers Bouillon déposés par le préfet de la Seine. Le 1er octobre 1810 on mit en activité deux commissions créées pour le dépouillement des archives italiennes et germaniques. On devait encore transporter à Paris les parties d'archives triées en Hollande, à Gênes, à Parme, à Florence, à Plaisance, à Pise, à Sienne, à Spolette, à Pérusia, à Genève, à Grenoble et à Dijon. On n'amena qu'un quart des archives de Simancas.

Les désastres de 1813 suspendirent tout-à-coup cette concentration, et enlevèrent aux archives de l'empire toutes ces richesses étrangères. Mais le mouvement progressif que les victoires de Napoléon avaient donné à cet établissement ne fut pas inutile. On avait songé à l'agrandir pour loger tant de richesses nouvelles. On avait commencé par garnir de rayons les péristyles de la cour de l'hôtel Soubise ; on fut ensuite obligé de construire au milieu de cette cour deux pavillons provisoires. Enfin, toutes ces précautions ne suffisant pas, il fallut créer une succursale qu'on établit aux Minimes de la Place-Royale, et louer deux maisons dans la rue des Quatre-Fils, où l'on plaça les bureaux.

Ce fut alors que, pour couper court aux embarras, Napoléon rendit son décret du 21 mars 1812, qui ordonnait la construction, auprès du Champ-de-Mars, d'un palais des Archives qui n'eut malheureusement qu'un commencement d'exécution.

Quoique la durée des fonctions de garde des archives eut été fixée à six ans et plus tard réduite à cinq, Camus en resta toujours titulaire et se maintint dans ses fonctions jusqu'à sa mort, arrivée en 1804. Des missions et des occupations multipliées le détournèrent trop souvent de ses travaux d'archiviste, et si sous son administration les Archives ne furent pas organisées avec cet ordre et cet ensemble qui conviennent à un vaste établissement, il faut sans doute en chercher la cause dans la vie agitée qu'il fut obligé de mener. Ce n'est en effet que son successeur, M. Daunou, qui en fit un tout régulier, quoique parfaitement distinct dans les diverses collections qui le composent. A lui appartient l'idée d'une classification exacte et commode.

Lorsqu'il entra en fonctions les Archives se divisaient en quatre parties : 1º la collection des actes du Corps-Législatif et des assemblées nationales; 2º le bureau topographique; 3º la section domaniale; 4º la section judiciaire. Le premier soin de M. Daunou fut de constituer une cinquième partie qu'il composa du trésor des chartes et des titres recueillis par le bureau du triage, comme je l'ai dit plus haut. En 1809, il détacha de la section domaniale la partie administrative à laquelle il réunit tous les papiers de même nature qui se trouvaient mêlés aux actes du corps législatif, et dès lors il divisa les archives en six sections, ainsi qu'il suit : section législative, section administrative, section historique, section topographique, section domaniale, section judiciaire. Ces six sections furent en outre subdivisées en vingt-quatre séries désignées par les vingt-quatre lettres de l'alphabet.

M. Daunou resta à la tête des archives jusqu'en 1816 ; mais à cette époque il fut remplacé par M. de La Rue, qui remplit les fonctions de garde-général jusqu'en 1830.

En 1830, M. Daunou, rendu à ses anciennes fonctions, les exerce encore aujourd'hui avec le zèle éclairé que mérite l'un de nos plus importants et de nos plus précieux établissements nationaux.

Institut. — Lors des premiers troubles révolutionnaires, les Académies abandonnées à elles-mêmes n'en continuaient pas moins leurs travaux. En 1791 on fixa provisoirement leurs dépenses, jusqu'au moment où Grégoire, en 1793, fit prononcer leur suppression et apposer les scellés sur le lieu de leurs séances. Ces scellés ne tardèrent pas à être levés ; une députation de l'Académie des sciences, admise à la barre de l'assemblée, obtint pour elle et pour les autres académies d'être réintégrées dans leurs droits avec leurs règlements provisoires, jusqu'à la promulgation de la constitution de l'an III, portant au titre X, qu'il y aurait « pour toute la république, un Institut national, chargé de recueillir les découvertes, de perfectionner les arts et les sciences. »

Le 5 brumaire an IV (26 octobre 1795) fut rendue la loi d'organisation de l'Institut. Cette loi réunit sous le titre d'*Institut national des sciences et des arts* toutes les anciennes académies. Il fut divisé en trois classes : la première pour les sciences physiques et mathématiques ; la deuxième pour les sciences politiques et morales ; la troisième pour la littérature et les beaux arts. La première section, comprenant l'ancienne Académie des sciences, fut fixée à soixante membres et soixante associés. La deuxième, qui correspondait à l'Académie des incriptions et belles-lettres, dut avoir trente-six membres et autant d'associés. La troisième enfin, qui réunissait l'Académie française et celles de peinture, de sculpture et d'architecture, eut quarante-huit membres et quarante-huit associés. Il était destiné, suivant les termes du décret, « 1° à perfectionner les sciences et les arts par des recherches non interrompues, par la publication des découvertes, par la correspondance avec les sociétés savantes étrangères ; 2° à suivre, conformément aux lois et arrêts du directoire exécutif, les travaux scientifiques et littéraires qui auront pour objet l'utilité générale et la gloire de la république. » Les trois classes qui le constituaient furent divisées et leurs membres répartis de la manière suivante : 1º *Sciences physiques et mathématiques* : dix sections de six membres résidants et de six associés chacune, désignées sous les titres suivants : 1re mathématiques ; 2e arts mécaniques ; 3e astronomie ; 4e physique expérimentale ; 5e chimie ; 6e histoire naturelle et minéralogie ; 7e botanique et physique végétale ; 8e anatomie et zoologie ; 9e médecine et chirurgie ; 10e économie rurale et art vétérinaire. 2º *Sciences morales et politiques* : six sections ayant chacune six membres à Paris et six associés, les sections ainsi nommées : 1re analyse des sensations et des idées ; 2e morale ; 3e science sociale et législation ; 4e économie politique ; 5e histoire ; 6e géographie. 3o *Littérature et beaux-arts* : huit sections de six membres à Paris et six associés : 1re grammaire ; 2e langues anciennes ; 3e poésie ; 4e antiquités et monuments ; 5e peinture ; 6e sculpture ; 7e architecture ; 8e musique et déclamation.

Pour sa formation, le directoire nomma quarante-huit membres qui élurent les quatre-vingt-seize autres. Les cent quarante-quatre nommèrent les associés. L'Institut une fois organisé, les nominations aux places vacantes devaient être faites par l'Institut sur une liste au moins triple, présentée par la classe où la place vaquait. Il en fut ordonné de même pour les membres associés.

Peu de temps après eut lieu dans les salles du Louvre la première séance publique de l'Institut, à laquelle assista le directoire présidé par Dussaulx. Des discours remarquables y furent prononcés. Lacépède chargé de rendre compte des travaux de la première classe signala ceux de Lalande, Prony, Berthollet, Fourcroy, Vauquelin, Quiton, Cuvier, Sabatier, Daubenton, Hallé, Portal et autres. Anquetil, Grégoire, Dupont de Nemours, Cabanis, De Lille de Salles présentèrent les travaux de la deuxième classe, et Fontanes, David Leroi, Bitaubé, Collin d'Harleville, Andrieux, Lebrun, Wailly, Domergue, Ginguené, au nom de la troisième, firent connaître les leurs. Cette séance solennelle fut terminée, sur la demande de l'Institut, par la lecture du décret qui ordonnait le dépôt des cendres de Descartes au Panthéon.

Cette époque fut féconde en découvertes et en beaux résultats scientifiques. Les applications de la chimie aux arts industriels, l'appréciation des nouvelles découvertes du galvanisme, le rapport sur les poids et mesures, l'adoption du système métrique signalèrent les premiers travaux de la classe des sciences. Si nous joignons aux noms déjà cités ceux de Chaptal, Laplace, Pelletier, Haüy, Desfontaines, etc., on aura une idée de la composition de cette classe. Quelques décrets furent successivement rendus par le directoire, les uns pour fixer le traitement des membres, d'autres pour déterminer l'ordre de leurs séances et les époques auxquelles devaient avoir lieu les comptes-rendus de leurs travaux, et rien dès lors n'en interrompit plus le cours.

Bonaparte fut bientôt admis dans le sein de l'Institut ; et lors de son avénement au consulat il apporta quelques modifications à son organisation, dont la principale consistait à séparer les beaux-arts d'avec la littérature et l'histoire, et d'en faire une quatrième classe. — Ce fut vers cette même époque que la réunion des savants qui, sous le nom d'*Institut d'Egypte*, avaient exploré cette contrée, fut incorporée dans l'Institut national.

En 1806 par décret impérial du 1er mai, l'Institut fut tranféré au collége Mazarin désormais affecté à ses séances (1).

En 1816 l'Institut subit une nouvelle réforme. L'ordonnance du 26 mai supprima la dénomination d'Institut, qui n'en subsista pas moins de fait, et rappela les anciennes dénominations d'académies avec leur même division en Académie française, Académie royale des inscriptions et belles-lettres, Académie royale des sciences et Académie des beaux-arts. L'Académie française reprit ses anciens statuts, ainsi que celle des inscriptions et belles-lettres. L'Académie des sciences et celle des beaux-arts conservèrent à peu de chose près la même division en sections, savoir : la première en onze sections : 1° géométrie ; 2° mécanique ; 3° astronomie ; 4° géographie, et navigation ; 5° physique générale ; 6° chimie ; 7° minéralogie ; 8° botanique ; 9° économie rurale ; 10° anatomie et zoologie ; 11° médecine et chirurgie. — L'Académie des beaux-arts en cinq sections : 1° peinture ; 2° sculpture ; 3° architecture ; 4° gravure ; 5° composition musicale. On ajouta à l'Académie des sciences et à celle des inscriptions une classe d'académiciens libres au nombre de dix pour chacune. — Les membres de chaque Académie purent être élus aux trois autres, après l'abrogation des dispositions du règlement de l'Institut. — Les nouvelles Académies furent installées en séance publique le 25 avril 1816, sous la présidence du duc de Richelieu. Les mêmes dispositions ont été conservées en 1830.

En 1832, sur un rapport de M. Guizot, ministre de l'instruction publique, une ordonnance royale du 27 octobre rétablit l'Académie des sciences morales et politiques fondée par la convention, abolie par arrêté consulaire de l'an xi. La section de géographie et de navigation qui faisait partie de l'Académie des sciences fut réunie à celle-ci. On la divisa en cinq sections ; savoir : philosophie, morale, législation ; droit public et jurisprudence ; économie politique et statistique ; histoire générale et philosophique ; géographie et navigation. Les dix membres de l'ancienne académie qui avaient survécu, auxquels on joignit deux anciens correspondants, formèrent le noyau de la nouvelle. Le nombre en fut fixé à trente, les douze fondateurs auxquels on réunit quatre membres pris dans le corps de l'Institut élirent les quatorze membres

---

(1) Voy. collége des Quatre-Nations.

complémentaires. L'Académie des sciences morales fut complétement organisée en 1833; elle nomme ses correspondants.

Chaque académie a son régime et son budget indépendants; elles n'ont de commun que l'agence, le secrétariat, la bibliothèque et les collections. Chaque académie tient une séance annuelle publique, et elles se réunissent toutes une fois l'année en séance solennelle. Ces séances publiques, dont le but principal est de faire connaître les comptes-rendus des travaux annuels de chaque académie, sont également consacrées à des distributions de prix et à des discours d'apparat. L'origine de ces distributions de prix remonte très haut. La première fondation date des premiers temps de l'Académie française; ce fut Balzac qui, le premier, eut l'idée de fonder un prix d'éloquence. Pélisson, à son exemple, proposa un prix de poésie qui fut fondé à perpétuité par Clermont-Tonnerre, évêque de Noyon. Legouvé, long-temps après, fit la motion à l'Institut d'un prix d'histoire et d'architecture. Enfin, Allier d'Hauteroche, Lalande et surtout Monthyon ont consacré des sommes considérables à l'encouragement des lettres, des sciences, des arts, de la morale et de la vertu. Les gouvernements et les académies elles-mêmes ne sont pas restés en arrière. Les prix Monthyon pour les actes de vertu, les ouvrages de morale, les découvertes ou les perfectionnements dans l'art de guérir, pour les progrès et les encouragements des sciences mécaniques, sont répartis entre l'Académie française et l'Académie des sciences, qui délivrent en outre des prix de leur propre fondation et un prix d'astronomie fondé par Delalande. L'Académie des inscriptions et belles-lettres donne un prix de numismatique de la fondation d'Hauteroche. L'Académie des beaux-arts distribue les grands prix de Rome, fondés par l'État, pour la peinture, la sculpture, l'architecture, la gravure, la composition musicale et le paysage historique. Enfin, le gouvernement a mis un prix à la disposition de l'Académie des sciences morales et politiques pour les sujets de son ressort.

École Polytechnique. — L'école Polytechnique est située rue de la Montagne-Sainte Geneviève, n° 55; elle a été établie dans les bâtiments de l'ancien collége de Navarre réparés et embellis pour cette nouvelle destination. Le but de cette grande institution est de répandre l'instruction des sciences mathématiques, physiques et chimiques, des arts graphiques, et de former des élèves pour les écoles d'application d'artillerie, des divers services du génie militaire, civil et maritime, ainsi que des géographes pour l'armée. On ne peut être admis dans ces écoles sans avoir passé par l'école Polytechnique.

Cette école, connue d'abord sous le nom d'*École centrale des travaux publics*, fut créée à l'époque où la France réclamait le secours d'ingénieurs habiles pour la défense du territoire. Les hommes les plus distingués par leur profond savoir et leur patriotisme éclairé conçurent le projet de réunir l'élite de la France et de la préparer, par leurs leçons, à la belle mission de préserver leur patrie du joug de l'étranger. Ce noble appel fut entendu, et bientôt l'école centrale, à laquelle un décret du 17 septembre 1795 avait assigné le nom d'école Polytechnique, prit le caractère le plus imposant.

Un article du décret de la convention, du 11 mars 1794, portant établissement d'une commission des travaux publics, était ainsi conçu : « Cette commission s'occupera de l'établissement d'une école centrale » des travaux publics, et du mode d'examen et de concours auxquels » seront assujettis ceux qui voudront être employés à la direction de » ces travaux. » D'après un autre décret, du 29 septembre 1795, un concours fut ouvert dans vingt-deux grandes villes de France, et l'on admit trois cent soixante élèves qui fournirent les preuves de leur instruction dans un examen sur l'arithmétique, les éléments d'algèbre et la géométrie. L'on fixa le mode d'enseignement, qui a toujours eu deux branches principales : les sciences mathématiques et les sciences physiques. La première comprend : 1° l'analyse, avec ses applications à la géométrie et à la mécanique ; 2° La géométrie descriptive et le dessin. La deuxième renferme la physique générale et la chimie.

A l'origine, la durée des études pour chaque jour était de neuf heures ; celle du cours entier devait être de trois ans. Les élèves furent divisés en trois classes, qui suivirent alors les cours institués pour chacune des trois années d'étude. Chaque classe ou division fut partagée en brigades de vingt élèves ; chaque brigade eut sa salle d'étude et son laboratoire de chimie, et fut présidée par un chef, choisi parmi les jeunes gens les plus instruits, et capable d'entretenir l'ordre et de lever les difficultés que les élèves rencontraient dans leur travail. Les professeurs avaient été choisis parmi les savants les plus distingués. L'illustre Monge, qui contribua le plus à la création et à la prospérité de l'école, y agrandit la sphère des sciences physiques et mathématiques, perfectionna la géométrie appliquée à la construction, et créa ainsi une science nouvelle, à laquelle il donna le nom de *géométrie descriptive*. Chacune des parties de cette science, telles que la géométrie descriptive pure, qui n'avait jamais été enseignée publiquement, la coupe des pierres, la perspective, la charpente, l'architecture, les ombres, les travaux civils et la fortification, exigeait une collection de dessins et d'épures gravées. Les meilleurs dessinateurs de Paris, dirigés par les instituteurs, s'occupèrent de la confection des dessins qui devaient servir de modèles et être distribués à la suite de chaque leçon ; en même temps, des artistes estimés moulèrent en plâtre des modèles de coupe des pierres et d'architecture. Jusqu'alors l'école avait été dirigée, tant pour l'administration que pour l'instruction, par un conseil formé par les administrateurs et les instituteurs. La loi du 22 octobre 1795 la plaça sous l'autorité du ministre de l'intérieur, et fixa les relations de l'école Polytechnique avec les écoles d'artillerie, du génie, des mines, des ponts-et-chaussées, des constructions de vaisseaux et des ingénieurs-géographes. La durée des études dans ces écoles était au moins de deux ans; et chaque élève ne devant plus acquérir que les connaissances générales de l'ingénieur pour se livrer ensuite plus spécialement au service public de son choix, la durée des cours de l'école, qui était de trois ans, fut réduite à deux, ce qui exigea une nouvelle organisation qui eut lieu le 16 décembre 1799; elle diffère des deux premières par le nombre des agents et par la formation d'un conseil de perfectionnement. Le titre 7 de cette organisation régla la composition du conseil, qui dut s'assembler chaque année pour examiner la situation de l'école, en perfectionner l'instruction, et établir des relations avec les écoles de services publics.

Ainsi, l'ordre intérieur de l'école était réglé avec autant d'habileté que de sagesse; mais rien n'avait été statué sur le sort des élèves externes. Les fondateurs de l'école, redoutant les dangers que Paris présente à une jeunesse livrée à elle-même, avaient cru paralyser ces dangers en confiant les élèves à des amis de leur famille, ou à des maîtres de pension; mais l'expérience vint bientôt attester toute l'insuffisance de ces mesures. C'était à l'époque de l'empire, et tout alors se trouvait soumis à un régime essentiellement militaire; aussi un décret impérial, du 16 juillet 1804, ordonna de caserner les élèves et détermina une nouvelle organisation de l'école Polytechnique. La pension de chacun fut fixée à 800 fr.

L'année suivante, on fit quelques changements dans le plan d'instruction de l'école: les principaux furent la création d'une chaire de grammaire et de belles-lettres; la réunion du cours des mines à celui des travaux et constructions civiles; l'addition d'un cours sur les éléments des machines à celui de géométrie descriptive; l'addition d'un cours de topographie à celui d'art militaire.

Les élèves travaillent dans l'intérieur même de l'école; ils sont distribués par salles pour le dessin de la géométrie descriptive et l'étude de l'analyse; ils ont des laboratoires pour s'exercer aux manipulations chimiques; ils exécutent de leurs propres mains les dessins, les calculs et les opérations chimiques qui ont été l'objet des leçons orales des professeurs. Ce mode d'enseignement est le caractère de l'école Polytechnique.

Telle fut l'organisation de cet établissement depuis son origine jusqu'à la fin du régime impérial, qui porta le nombre des élèves à trois cent quatre-vingt-dix. Ce régime a subi un nouveau changement par l'ordonnance du 4 septembre 1816. On n'y reçoit les candidats qu'à l'âge de seize ans au moins et vingt ans au plus. Le prix du cours entier est de 3,000 francs, et le nombre des élèves est de deux cent cinquante. L'école est placée sous la surveillance d'un conseil de perfectionnement et d'un conseil d'inspection. On y a établi en outre deux autres conseils, l'un d'instruction, et l'autre d'administration.

Depuis 1830, l'école a été retirée des attributions du ministère de l'intérieur et placée dans celles du ministère de la guerre.

Il y a quelques années, l'établissement a été agrandi d'un nouveau bâtiment, qui se compose de deux pavillons avec une façade en arrière-corps : quoique sévère, l'architecture ne manque pas de grâce et d'élégance. Le bâtiment s'élève entre cour et jardin : la cour est spacieuse; il y a dans le milieu un tapis de verdure; on y entre par une grille. Cet établissement possède une bibliothèque considérable. On vient d'élever, rue Descartes, en face de la fontaine Sainte-Geneviève, un beau pavillon orné de sculptures, destiné à des logements d'employés, etc. Ce pavillon a un parloir et un concierge; il sert d'entrée principale aux élèves.

École normale, rue Saint-Jacques, n° 121. — L'École normale fut fondée en vertu d'un décret de la convention, du 30 novembre 1795. Elle est destinée à former des jeunes gens pour l'enseignement supérieur. Des représentants du peuple, commis à cet effet, arrêtèrent les bases de son organisation, et elle fut ouverte le 20 janvier 1795. Elle eut des commencements brillants, mais elle fut supprimée au bout de quelques mois. Peu d'années après, lorsque l'empereur créa l'Université de France, il rétablit (17 mai 1808) l'École normale. Une foule d'hommes distingués dans les sciences et les lettres ont honoré, dès l'origine, les chaires de l'École normale. Lagrange, Monge, Berthollet, Laplace, Volney, Bernardin de Saint-Pierre, Garat, Sicart, y professaient. Leurs cours, comme dans les hautes facultés de droit et de médecine, n'étaient point écrits; ils étaient improvisés, recueillis par des sténographes, puis imprimés avec les discussions qui s'établissaient entre les professeurs et les élèves (1). Les premiers cours de l'École normale, sous la convention, eurent lieu dans l'amphithéâtre du Jardin-des-Plantes. Plus tard l'établissement fut transporté rue des Postes, n° 26; aujourd'hui il occupe le collége du Plessis (2).

Conservatoire des arts et métiers. — Le Conservatoire des arts et métiers, l'un des plus utiles établissements de Paris, est situé rue Saint-Martin, n° 208 et 210, dans les bâtiments de l'ancienne abbaye Saint-Martin-des-Champs.

L'heureuse idée de rassembler dans un seul lieu toutes les séries de

---

(1) On forma ainsi treize volumes de ces cours qui étaient très suivis.
(2) Voy. t. II, p. 437.

matières que l'industrie emploie pour produire, est due à Grégoire, ancien évêque de Blois, célèbre à des titres bien divers; le premier il provoqua au sein de la convention nationale la création du Conservatoire des arts et métiers, et sur son rapport, du 10 octobre 1794, cette assemblée en ordonna l'établissement.

Sur un nouveau rapport que fit Grégoire en 1778, le Conseil des Cinq-Cents décréta qu'une grande partie des bâtiments de l'ancienne abbaye Saint-Martin-des-Champs serait affectée au Conservatoire des arts et métiers. L'année suivante on réunit les machines dans le nouveau local; les trois dépôts suivants en furent le noyau : 1° le dépôt du Louvre où se trouvaient les machines que Pajot d'Ozembrai avait données à l'Académie des sciences, et celles que cette compagnie y avait ajoutées; 2° le dépôt de la rue de Charonne, hôtel de Mortagne, composé de plus de cinq cents machines que l'illustre Vaucanson avait léguées, en 1782, au gouvernement; 3° le dépôt de la rue de l'Université, remarquable par un grand nombre de machines relatives aux travaux agricoles et d'instruments aratoires de diverses contrées.

L'administration du Conservatoire des arts et métiers subit, dans la suite, divers changements. En 1810, on y fonda une école gratuite, dont l'objet est de former des jeunes gens à devenir des artistes habiles et instruits, et des professeurs distingués. Trois cours publics y sont établis; deux pour la mécanique et la chimie appliquée aux arts, et un troisième d'économie industrielle. Il y a aussi une école de dessin et de géométrie descriptive. Si des artistes créent quelques inventions utiles et qu'ils manquent de moyens pour les faire valoir, le conseil les met en rapport avec des capitalistes qui s'entendent avec eux pour les fournir.

En 1817, on renouvela l'organisation du Conservatoire, et on y établit un conseil d'amélioration, composé de savants distingués.

Dans l'impossibilité de donner ici une description suffisante de ce grand établissement, je me contenterai de citer quelques unes de ses principales salles.

Quatorze pièces, galeries, vestibules ou salles, servent à contenir tous les objets de ce précieux dépôt.

La *galerie d'Entrée*, au rez-de-chaussée, offre cent cinq machines en grand : jougs, charrues, semoirs, moulins à bras, scies, machines à élever l'eau, pompes, voitures, treuils, crics, etc.

La *salle d'Agriculture* contient principalement des modèles, et on y compte cinq cent quatre pièces, telles que bêches, pioches, pelles, charrues, semoirs, machines à battre le blé, à cribler, moulins à eau, à vent, machines à vapeur pour élever l'eau, pompes, ruches, etc.

La *salle des Filatures*, divisée en deux parties, offre soixante-dix-huit machines en grand, telles que tours à tirer la soie, moulins, dévidoirs, métiers, cardes, etc.

La *grande galerie* renferme cinq cent trente modèles relatifs à la coupe des pierres et instruments propres à l'architecture.

Dans la *galerie des Échantillons* on voit trois cent soixante-cinq pièces, tant de modèles que de métiers, de grandeur naturelle; on y voit des appareils de distillation, diverses espèces de fourneaux, fours, cheminées, poêles, lampes, machines à dégraisser la laine; tours, dévidoirs, rouets, calandre, et tout ce qui peut concerner la fabrication des étoffes; de plus un grand nombre de modèles relatifs à l'art de la serrurerie, etc.

Le Conservatoire des arts et métiers est enrichi d'une bibliothèque composée principalement de livres relatifs aux sciences et aux arts qui y sont enseignés; elle contient plus de dix mille volumes.

En 1821, le gouvernement ordonna l'établissement de l'amphithéâtre dans une partie de l'ancien cloître. Cet amphithéâtre fut construit d'après les plans de M. Peyre, architecte du Conservatoire des arts et métiers, et terminé en 1823.

Chaque jour le Conservatoire s'enrichit de la précieuse collection, en nature ou en modèle, de tous les instruments employés dans les arts et métiers. Nul brevet d'invention n'est accordé sans que la découverte qui en est l'objet n'y soit déposée. Un ordre admirable règne dans cet établissement, sans égal en Europe.

Musée des monuments français, rue des Petits-Augustins. — Lors de la suppression des couvents et des établissements religieux, la commission des monuments arrêta, en 1791, que le couvent des Petits-Augustins servirait de dépôt aux différents objets d'art que la barbarie révolutionnaire en avait enlevés. Le gouvernement ayant fait placer ces monuments d'une manière convenable, érigea ensuite ce dépôt en *Musée des monuments français*, qui fut ouvert le 1er septembre 1795 et confié à la direction de M. Alex. Lenoir.

Ce musée était divisé de la manière suivante : La nef de l'ancienne église des Augustins renfermait des monuments de toutes les époques, celtiques, grecs, romains, français; on la nommait la salle d'introduction. On y remarquait surtout les tombeaux de Diane de Poitiers, de François Ier, de Henri II, de Charles IX, de Henri III, de Catherine de Médicis, de Richelieu, etc.

Cinq autres salles séparées contenaient les productions des arts de cinq siècles. Cette division commençait au XIIIe siècle, et se terminait au XVIIIe. Le chœur de l'église, appelé la salle du XIIIe siècle, était occupé par les tombeaux de Clovis, les statues couchées de Clovis II, de Charles-Martel, de Pépin et de son épouse, de Hugues-Capet, le tout tiré presque exclusivement de Saint-Denis.

La première salle latérale, comprise dans les bâtiments du couvent, était consacrée aux productions du xiv⁰ siècle : on y voyait les monuments de Philippe-le-Bel, de Louis X, de Charles IV, de Philippe de Valois, de Duguesclin, etc. ; dans la salle du xv⁰ siècle, ceux de Comines, de Charles VII, de la pucelle d'Orléans, de Louis XI, de Charles VIII. La salle du xvi⁰ siècle s'enrichissait des produits des arts de la renaissance, et celle du xvii⁰ des ouvrages précieux des règnes de Henri III, de Henri IV et de Louis XIV. Enfin la salle du xviii⁰ siècle n'était pas moins abondamment pourvue; Coustou, Bouchardon, Lemoine, Pigalle, etc., s'y trouvaient représentés par leurs œuvres.

La cour du musée était ornée des portiques de Gaillon et d'Anet, conservés dans la nouvelle disposition de l'École des Beaux-Arts, et dont nous parlerons ailleurs.

Le jardin du couvent avait été converti en un *élysée*, dénomination mythologique dans le goût du temps. «Un élysée, dit M. Lenoir, que nous ne saurions trop citer, m'a paru convenable au caractère de mon établissement, et le jardin m'a offert tous les moyens d'exécuter mon projet. Dans ce jardin calme et paisible, on voit plus de quarante statues; des tombeaux posés çà et là sur une pelouse verte, s'élèvent avec dignité au milieu du silence et de la tranquillité. Des pins, des cyprès les accompagnent ; des larves et des urnes cinéraires, posées sur les murs, concourent à donner à ce lieu de bonheur la douce mélancolie qui parle à l'âme sensible. Enfin, on y retrouve le tombeau d'Héloïse et d'Abeilard, sur lequel j'ai fait graver le nom de ces infortunés époux, et les illustres restes de Descartes, Molière, La Fontaine, Turenne, Boileau, Mabillon, Montfaucon. » (Préface de l'édition de 1800.)

Ce jardin devint, pendant quelque temps, le rendez-vous obligé, d'abord des *victimes*, puis des *muscadins*, des *incroyables* et du *beau monde*.

Le musée des Petits-Augustins, qui s'accroissait chaque jour par de nouvelles acquisitions, se vit nécessairement enlever beaucoup d'objets au moment du rétablissement du culte après le concordat de 1802. Les églises réclamèrent, fort justement selon moi, ce qu'elles avaient possédé autrefois. En 1815, la suppression du musée fut entièrement opérée. On transféra les tombeaux, statues, bas-reliefs des princes et des princesses des familles royales, dans l'église et dans les caveaux de Saint-Denis. Diverses églises ou maisons religieuses, et plusieurs familles se firent distribuer chacune quelques parties de cette précieuse collection, qui dès lors cessa d'exister. Ce qui en restait perdit la qualification de musée pour recevoir celle de *Dépôt de monuments d'art*.

Bibliothèque de l'Arsenal. — Cette bibliothèque, la plus importante de Paris, après celle du roi, par le nombre et le choix des ouvrages qui la composent, avait été primitivement formée par le comte d'Artois, depuis Charles X. A cet effet, on avait acheté aux héritiers de Paulmy d'Argenson la riche collection que cet amateur éclairé des lettres avait amassée à grands frais. Dans le cours des différentes missions diplomatiques dont il fut chargé, il avait recueilli un grand nombre d'ouvrages d'histoire et de littérature étrangères, auxquels il ajouta plus tard les fonds de Barbazan, de La Curne de Sainte-Palaye et de quelques autres littérateurs. Il avait rassemblé aussi une collection d'estampes, de médailles, et un cabinet d'histoire naturelle.

Ce grand dépôt, commencé en 1785, s'enrichit, en 1787, de la deuxième partie de la bibliothèque du duc de La Vallière, dont M. Nyon a donné le catalogue en six volumes in-octavo. Pendant la révolution, les richesses de cette bibliothèque s'accrurent considérablement; les parties historique et littéraire surtout sont aussi complètes que possible.

Cette bibliothèque, qui avait quitté le nom de *Bibliothèque de Monsieur* pour prendre le nom de *Bibliothèque de l'Arsenal*, dut reprendre son ancien titre en vertu d'une ordonnance du 26 avril 1816; elle quitta de nouveau ce titre à la révolution de 1830.

Les bâtiments qu'elle occupe dépendaient de l'Arsenal. Au nombre des manuscrits qu'elle possède, on remarque plusieurs ouvrages inédits du savant Ducange. Elle est riche d'environ cent quatre-vingt mille volumes imprimés et de six mille manuscrits.

Bibliothèque Saint-Geneviève. — Cette bibliothèque devint publique et fut ouverte tous les jours au travail dès le commencement de la révolution. J'en ai donné ailleurs la description (1).

Administration des lignes télégraphiques, rue de l'Université, n° 9. — Les anciens ont connu les moyens de correspondre avec une extrême rapidité à des distances très éloignées. On sait que les Gaulois étaient parvenus à connaître en peu d'heures un avis transmis de *Genabum* (Orléans) à *Gergovia* (en Auvergne), à une distance de soixante lieues. Végèce cite aussi des correspondances par signes entre les assiégés et leurs auxiliaires. « Quelques uns, dit-il, sur le haut des forteresses et des tours, suspendent des pièces de bois qui, en s'élevant et s'abaissant, font connaître leurs besoins. »

En 1778, le savant auteur de *l'Origine des cultes*, Dupuis, correspondait de Belleville à Bagneux avec un de ses amis, à une distance de trois lieues, en ouvrant ou en fermant tour à tour une des fenêtres qui pouvaient être aperçues des deux points d'observation. Linguet, pendant sa détention à la Bastille, avait proposé un moyen de correspondance par signes. Son projet ne fut pas exécuté.

(1) T. 1, p. 176 et 177.

Le 1er avril 1793, M. Chappe soumit son nouveau procédé télégraphique à la convention nationale. Des commissaires furent nommés pour l'examiner : leur rapport fut favorable ; et le 24 juillet, le système de M. Chappe fut adopté. L'inventeur reçut le titre d'ingénieur du télégraphe avec les appointements de lieutenant du génie. Par ce procédé, la valeur des signes n'est connue que de celui qui transmet le premier, et ils ne peuvent être entendus que de celui qui se trouve au point d'arrivée. M. Chappe s'associa son frère, et tous deux dirigèrent long-temps l'admininistration des télégraphes. Un ancien officier a depuis ajouté un nouveau degré d'utilité à ce système : il paraît avoir trouvé le moyen d'exécuter cette correspondance la nuit et dans les temps brumeux.

On compte à Paris un assez grand nombre de télégraphes :

Le télégraphe établi sur les bâtiments de l'hôtel de l'administration, celui de l'église Saint-Eustache, celui de l'hôtel du ministère de la marine, pour la ligne télégraphique de Brest ; ce télégraphe avait d'abord été placé au-dessus du dôme du Louvre ; celui de l'église des Petits-Pères, pour la ligne de Lille, les deux télégraphes de Saint-Sulpice ; celui de la tour du nord pour la ligne de Strasbourg, celui de la tour du sud pour Lyon et l'Italie. Enfin il y en a un sur une tour de l'ancienne abbaye de Montmartre.

La correspondance de *Paris* à *Calais* s'effectue en trois minutes ; cette ligne comprend vingt-sept télégraphes ; de *Lille*, deux minutes, vingt-deux télégraphes ; de *Strasbourg*, six minutes et demie, quarante-six télégraphes ; de *Toulon*, vingt minutes ; de *Lyon*, huit minutes et demie, cinquante télégraphes ; de *Brest*, huit minutes, cinquante télégraphes.

Administration générale des hôpitaux et hospices civils, rue Neuve-Notre-Dame, n° 2. — Elle fut instituée en 1801 sur les plans de M. Chaptal, ministre de l'intérieur, et se compose d'un *conseil général* formé de dix-sept membres, qui s'assemble en délibération, tous les mercredis, à l'Hôtel-de-Ville. Il a sous sa surveillance tous les hospices et hôpitaux civils de Paris, les enfants abandonnés, le *bureau central d'admission* dans les hôpitaux (1) ; la *pharmacie centrale*, d'abord située au parvis Notre-Dame, dans le bâtiment des Enfants-Trouvés, et transférée en 1822 sur l'emplacement de l'ancienne communauté des Miramiones, quai de la Tournelle, n° 5 ; la *boulangerie générale des hôpitaux* (2) ; le *bureau de la direction des nourrices* (3) ; l'*établissement de filature*, en faveur des indigents, impasse des Hospitalières, n° 2, près la Place-Royale ; les *maisons de secours* distribués dans les douze

---

(1) Voy. ci-dessus, p. 266. — (2) Voy. ci-dessus, p. 131. — (3) Voy. ci-dessus p. 467.

arrondissements de Paris, et enfin les *secours à domicile* qui existaient avant et pendant la révolution, sous le nom de *bureaux de bienfaisance*, etc. Chaque arrondissement renferme, comme je l'ai dit plus haut, un *bureau de charité ou de bienfaisance* présidé par le maire, et composé de ses adjoints, des curés de sa circonscription, du pasteur des églises protestantes, de douze notables nommés par le ministre de l'intérieur, de commissaires des pauvres et de dames de charité, dont le bureau détermine le nombre. Un agent comptable est attaché à chacun de ces bureaux. Leurs secours consistent en distributions de pain, viande, bouillon, soupes économiques, bois, habillements et coucher, médicaments, écoles gratuites, lait pour les mères nourrices, 3 francs par mois en argent aux septuagénaires, 6 francs aux octogénaires et aux aveugles.

Hôpital Saint-Antoine, rue du Faubourg-Saint-Antoine, n°s 206 et 208. — Un décret de la convention, du 17 janvier 1793, convertit en hôpital l'abbaye de Saint-Antoine-des-Champs, supprimée au commencement de la révolution (1). Cet hospice contient deux cent soixante-deux lits. Cet établissement, vaste et commode, bien aéré, est desservi par les sœurs de Sainte-Marthe.

Hôpital des enfants malades, rue de Sèvres, n° 3. — Les bâtiments de cet hôpital, fondé en 1602, étaient occupés, comme je l'ai dit ailleurs (2), par la *communauté des filles de l'Enfant-Jésus* ou des *Filles du curé de Saint-Sulpice*. Cet établissement, qui a pris successivement une immense extension, contient cinq cent cinquante-six lits; on y reçoit, de l'âge de deux à seize ans, les enfants des deux sexes pour les maladies aiguës, chroniques et chirurgicales.

Hospice ou maison d'accouchement, rue de la Bourbe, n° 3, et rue d'Enfer, n° 74. — L'hospice des Enfants-Trouvés, situé auparavant au parvis Notre-Dame, fut transféré, après la suppression de l'abbaye de Port-Royal, dans les bâtiments de cette abbaye, rue de la Bourbe. On y compte trois cent cinquante lits, où chaque année près de trois mille femmes viennent faire leurs couches. On y reçoit les enfants trouvés au-dessous de l'âge de deux ans; les plus jeunes sont envoyés en nourrice en province, avant de passer à l'hospice des orphelins. On y a établi aussi une école d'accouchement, où, depuis 1802, les préfets envoient chaque année une ou plusieurs élèves sages-femmes avec une pension de 600 francs. L'ancienne église de Port Royal est consacrée aux religieuses et aux élèves de l'hospice. On y remarque une fort

---

(1) J'ai parlé de cette abbaye t. I, p. 524 et suiv.
(2) Voy. ci-dessus p. 367.

belle statue de saint Vincent-de-Paul. Depuis 1814, la maison de la rue d'Enfer et celle de la rue de la Bourbe sont régies par deux administrations distinctes : la première est consacrée aux enfants abandonnés, et la seconde aux femmes enceintes.

Maison royale de santé, rue du Faubourg-Saint-Denis, n° 112, ci-devant rue du Faubourg-Saint-Martin. — Cet établissement occupe l'ancienne maison des sœurs grises, autrement dites sœurs de Charité. Pendant la révolution, le gouvernement y avait placé l'école des élèves-trompettes. En 1802, le célèbre chirurgien Dubois a fondé cette maison, qui contient cent vingt-cinq lits. Les malades y sont traités à raison de 2 francs 50 centimes par jour dans les salles communes; de 3 francs dans les chambres à deux ou trois lits; de 5 et de 6 francs dans les chambres particulières.

Clinique interne (école de), à l'hôpital de la Charité. — Elle fut établie en l'an X (1801); les élèves y suivent le développement et le terme des maladies sous les yeux du médecin, qui leur fait ensuite une histoire de la maladie. Si le malade succombe, les faits sont vérifiés par l'inspection du cadavre.

Hospice des Incurables hommes, rue du Faubourg-Saint-Martin, n° 166. — Cet établissement, destiné aux hommes indigents attaqués de maladies graves ou incurables, occupe l'église et le couvent des Récollets, supprimés en 1790, et sert d'asile à quatre ou cinq cents vieillards. Il y fut transporté en 1802, de l'hospice des Incurables de la rue de Sèvres qu'auparavant occupaient en commun les hommes et les femmes, et qui dès lors resta exclusivement affecté à ces dernières (1).

Clinique de l'École de médecine, dans l'ancien couvent des Cordeliers, place de l'École-de-Médecine. — Cet établissement, formé à l'instar de celui de la Charité, a été fondé au commencement de ce siècle. On a détruit, il y a une dizaine d'années, la grande et belle fontaine de l'École de médecine pour ouvrir à la Clinique une entrée sur la place.

Hospice de Sainte-Périne ou *des Vieillards*, rue de Chaillot. — Les religieuses de Sainte-Périne de la Villette, qui avaient été réunies en 1746 à celles de Notre-Dame-de-la-Paix, de Chaillot, ayant été supprimées en 1790 (2), leur maison fut destinée en 1801 à servir d'hospice à des vieillards des deux sexes. En 1807, cette maison

---

(1) Voy. plus haut p. 88. — (2) Voy. ci-dessus p. 258.

fut placée sous la surveillance de l'administration générale des hospices. Elle contenait alors deux cent treize pensionnaires; en 1813 elle n'en contenait plus que cent quatre, et en 1814 il en restait soixante-quatorze seulement. Aujourd'hui cette institution est redevenue florissante.

On doit compter encore parmi les établissements secondaires que la charité publique a fondés ou établis dans la capitale au temps de la république : l'*Hospice de la maison de bienfaisance*, établi au XVIIIe siècle par le curé de Saint-André-des-Arcs, en faveur des pauvres de sa paroisse; la *maison d'éducation des ouvrières indigentes de Saint-Paul*, située dans le passage Sainte-Périne, rue Saint-Antoine; la *maison de secours* du quartier Sainte-Avoie et plusieurs autres maisons de secours situées rue Notre-Dame-des-Victoires, rue du Crucifix-Saint-Jacques et impasse Férou. Un grand nombre de maisons ont été formées dans la suite sur le modèle de celle du passage Sainte-Périne; elles ont pris le nom d'*Écoles de charité*, et leur nombre s'augmenta chaque année ainsi que celui des *salles d'asile*, destinées à la première enfance. Il y a quelques années, on comptait à Paris vingt-quatre asiles, cent vingt écoles primaires et vingt-six classes d'adultes, ce qui fait cent soixante-dix établissements d'instruction primaire, où étaient reçus gratuitement trente et un mille cinq cents individus.

Hôpital militaire du Val-de-Grâce. — L'abbaye du Val-de-Grâce (1) ayant été supprimée en 1790, ses bâtiments furent d'abord convertis en *magasin central* des hôpitaux militaires. Au commencement de l'empire, Napoléon le transforma en véritable hôpital militaire, et ce vaste édifice, qui conserve encore cette destination, est occupé par les malades de la garnison du département de la Seine. Il peut contenir mille cinq cents malades. Les vastes jardins du monastère ont été abandonnés aux militaires convalescents. L'air pur qu'on y respire et son éloignement du centre de Paris, font de cet établissement un des plus sains et des plus salubres de la capitale. L'église était devenue provisoirement le magasin général d'habillement et d'effets destinés au service des hôpitaux militaires. Cependant on avait eu le soin et la précaution de construire un plancher pour conserver le pavé de marbre et une cloison pour préserver l'architecture, ouvrages remarquables par la noblesse et la beauté de leurs proportions. L'autel principal et un riche baldaquin avaient été également garantis et conservés, et les amateurs des arts ne furent point privés de la vue de ce magnifique monument, auquel on a, sous la restauration, fait faire des réparations assez considérables. Les travaux furent commencés à l'extérieur en 1818 et 1819;

---

(1) Voy. plus haut p. 124.

les peintures, dont les couleurs, autrefois si brillantes, avaient été un peu endommagées par le temps, ont été restaurées, et l'église, sous la fin du règne de Louis XVIII, a été rendue au culte.

Bureau des longitudes. — Il est destiné au perfectionnement de la navigation. Il correspond avec les observatoires de France et de l'étranger; il est chargé de rédiger l'*Annuaire de la connaissance des temps*; de perfectionner les tables astronomiques des navigateurs; et de la publication des observations astronomiques et météorologiques. Il réside, ainsi que je l'ai dit ailleurs, à l'Observatoire. Le Bureau des longitudes, qui rend de grands services à la science, a été créé d'après le rapport du représentant du peuple Grégoire, par la loi du 7 messidor an III (25 juin 1795).

Musée royal du Louvre. — Cette magnifique collection a été fondée par un décret de la convention du 27 juillet 1793. Elle s'augmenta rapidement, grâce aux conquêtes de l'armée française, et en 1814, le nombre des tableaux de toutes les écoles s'élevait à mille deux cent vingt-quatre. — En 1797, le directoire ordonna l'ouverture du *Musée des dessins*, dans la galerie d'Apollon : on y voyait les productions des grands maîtres de tous les pays. Ces deux précieuses collections ont été dépouillées en 1815 par les armées étrangères; mais, malgré des pertes à jamais irréparables, le Musée royal du Louvre est encore la plus belle galerie de peinture qui existe dans le monde entier. L'énumération des objets qu'il contient occupe un volumineux catalogue auquel nous renvoyons nos lecteurs. Depuis 1830, le Musée de sculpture et de peinture du Louvre a été augmenté du *Musée espagnol*, du *Musée naval* et d'autres riches galeries dont je parlerai à cette époque.

Galerie des antiques ou de sculpture. — Outre les galeries de peinture, le Louvre renferme un superbe Musée de sculpture, composé en grande partie des dépouilles de l'Italie vaincue. Il fut ouvert au public le 18 brumaire an IX (9 novembre 1800). En 1815, les objets les plus précieux de cette collection, entre autres la *Vénus de Médicis*, le *Laocoon*, l'*Antinoüs du Belvédère*, ont été enlevés par les armées étrangères. Elle n'en est pas moins fort remarquable.

Exposition publique des produits de l'industrie française. — La première eut lieu au Champ-de-Mars, en 1798, sous le ministère de François de Neufchâteau; la seconde en 1801, sous le ministère de M. de Chaptal; la troisième et la quatrième en 1802 et 1806, sur l'esplanade des Invalides, au petit hôtel de Bourbon et dans la cour du Louvre; la cinquième, la sixième et la septième en 1819, 1821 et 1823 dans les galeries du Louvre; la huitième au même endroit. En 1834, l'exposition eut lieu sur la place de la Concorde, dans quatre grands bâtiments en charpente construits exprès, et qui ont été depuis démolis. Celle de 1839 s'est tenue dans de magnifiques pavillons construits en bois dans un des *carrés* des Champs-Élysées.

Octroi. — Les droits d'entrée avaient été supprimés au commencement de la révolution; ils furent rétablis sous le gouvernement directorial, par une loi du 27 vendémiaire an VII, sous le nom d'*Octroi de bienfaisance*. Une partie des produits doit être affectée aux dépenses des hospices, et l'autre aux dépenses municipales. C'est aujourd'hui la branche la plus importante des revenus de la ville de Paris; les droits d'octroi sont évalués à près de 20 millions. La direction des droits d'entrée et d'octroi de Paris est rue Pinon, n° 2.

Théâtre de l'Opéra, place Louvois. — Mademoiselle Montansier, profitant de la loi du 13 janvier 1791, qui laissait à tout citoyen la liberté d'établir une salle de spectacle, fit bâtir un théâtre rue Richelieu, sur l'emplacement de l'ancien hôtel de Louvois. L'architecte Louis fut chargé des travaux. La directrice appelait ce théâtre la *réunion des arts*, parce qu'elle voulait le consacrer à tous les genres. Le prospectus qu'elle répandit la même année en portait la dépense à 9 millions; ce qui fit dès l'instant désigner cette salle sous le titre de *théâtre des neuf millions*. L'ouverture en eut lieu sous le titre de *théâtre des Arts*, mais le gouvernement s'en étant emparé, y établit en 1794 l'Académie de musique (1). Après l'assassinat du duc de Berry (1820), ce théâtre fut démoli, et on éleva sur son emplacement une *chapelle expiatoire*, qui n'était pas encore terminée lors de la révolution 1830. On démolit alors ce nouvel édifice, et on a disposé la *place Louvois* d'une manière fort agréable; au milieu s'élève une fontaine, dessinée et exécutée avec beaucoup de goût.

Théâtre des troubadours. — Piis s'étant brouillé avec Barré, résolut de fonder un théâtre qui ferait concurrence avec celui du Vaudeville, et s'unissant à un comédien-auteur, nommé Léger, il ouvrit un nouveau spectacle chantant qu'ils appelèrent *théâtre des Troubadours*. L'ouverture eut lieu à la salle Molière, le 15 floréal an VII, et le 14 thermidor les artistes se transportèrent à la salle Louvois. Malgré le talent et l'activité des directeurs, ce théâtre n'eut qu'une existence éphémère; il fut fermé vers le milieu de l'an IX. — On ouvrit vers cette époque un théâtre du même genre au boulevard du Temple, sous le nom de *nouveaux Troubadours*. Il eut peu de succès.

(1) Voy. ci-dessus p. 276.

Théâtre des Jeunes Élèves, rue Dauphine, n° 24, en face la rue du Pont-de-Lodi. — Vers 1799 ou 1800, un sieur Metzinger, menuisier en bâtiments, acheta cette maison où était une salle de vente, un club patriotique et un corps de garde; il y construisit une jolie petite salle de spectacle, qui s'ouvrit sous le nom de *théâtre des Jeunes Élèves*. Des enfants, depuis l'âge de six ans jusqu'à seize, y jouaient tous les genres, depuis la tragédie jusqu'au ballet-pantomime. D'excellents comédiens s'y sont formés. Ce théâtre fut fermé en juin 1807; on y joua ensuite la comédie bourgeoise ou l'on y donna des bals; enfin il fut démoli en 1826 et remplacé par une grande et belle maison (1).

Théâtre olympique, rue Chantereine ou de la Victoire, n° 30. — Il fut construit en 1796, sur les dessins de l'architecte Damême ou Dumène. L'opéra italien l'occupa quelques années et fut remplacé par diverses troupes de comédiens. Cette salle, fermée en 1807, prit le nom de *Salle olympique*, et l'on y donna des concerts et des bals. Ce théâtre fut enfin transformé en un établissement de bains qui existe encore.

Victoires nationales (théâtre des), rue du Bac, n° 75. — Ce théâtre, établi en 1798 sous la direction de M. Cuvelier, se composait de la réunion précaire des acteurs de plusieurs autres théâtres. Nos armées s'illustraient chaque jour par de nouvelles victoires. Le théâtre, fondé pour en représenter les principaux traits, ne devait éprouver que l'embarras du choix. Le répertoire pouvait être riche et varié, mais cet établissement dut peut-être au choix malheureux du quartier où il était situé, l'isolement dans lequel il languit pendant quelque temps. Son existence fut à peine aperçue, et nous ne le citons ici que *pour mémoire*. Il fut fermé en 1807. Les bâtiments sont occupés aujourd'hui par un carrossier, et par un bal public appelé *Salon-de-Mars*.

Je ne puis donner ici la liste de tous les spectacles qui s'élevèrent à Paris pendant la révolution ; ce serait d'ailleurs un travail sans intérêt. Toutes ces entreprises dramatiques n'eurent qu'une existence éphémère. La comédie bourgeoise n'était pas moins répandue. « On comptait, dit M. Brazier, plus de deux cents théâtres bourgeois existant dans la capitale; il y en avait dans tous les quartiers, dans toutes les rues, toutes dans les maisons; il y avait le théâtre de l'Estrapade, celui de la montagne Sainte-Geneviève, ceux de la Boule-Rouge, de la rue Montmartre, de la rue Saint-Sauveur, du cul-de-sac des Peintres, de la rue Saint-Denis, du faubourg Saint-Martin, de la rue des Amandiers, de la rue Grenier-Saint-Lazare, etc. On jouait la comédie dans les

---

(1) *Chron. des petits théâtres*, t. I, p. 237 et suiv.

boutiques des marchands de vin, dans les cafés, dans les caves, dans les greniers, dans les hangars. » Le théâtre de société le plus célèbre à cette époque a été celui de M. Doyen, de dramatique mémoire.

CHAPITRE TROISIÈME.

Topographie.

Paris changea peu d'aspect pendant la révolution. Lorsque Bonaporte fut arrivé au pouvoir, on commença seulement ces travaux, qui ont fait de Paris la première ville de l'univers. Voici les travaux d'utilité ou d'embellissement exécutés pendant cette période.

Quai des Invalides. Il commence à la suite du quai d'Orsai, au pont de la Concorde et finit au pont d'Iéna. La première pierre fut posée le 13 messidor an X (2 juillet 1802). Il ne fut achevé que sous la Restauration.

Quai Desaix, sur la rive gauche de la Seine. Il commence au pont Notre-Dame et finit au Pont-au-Change. On le nommait aussi *quai de la Pelleterie*, parce qu'il occupe l'ancien emplacement de la rue de ce nom. Il fut construit en 1802. Le *Marché aux Fleurs* est adjacent à ce quai.

Quai Napoléon ou de la Cité. Il commence au pont de la Cité et finit au pont Notre-Dame; construit de 1803 à 1813, il prit le nom de Napoléon, qui lui fut retiré en 1814 et qu'on lui a rendu depuis 1830.

Pont de la Cité. Ce pont sert de communication entre l'île Saint-Louis et l'île de la Cité; il a remplacé le Pont-Rouge, avec la différence cependant qu'il a été construit quelques toises plus haut. Par la destruction du Pont-Rouge, en 1795, l'île Saint-Louis et l'île de la Cité demeuraient sans communication. Pour obvier à ce grave inconvénient, un arrêté de 1801 ordonna la construction d'un pont sur cette partie de la Seine, et le pont de la Cité, aussitôt entrepris, fut achevé en 1804. Il reposait sur deux arches en charpente de chêne, doublées en cuivre et goudronnées; mais ces arches excessivement surbaissées faisaient présager sa ruine prochaine. Effectivement elles ne tardèrent pas à éprouver un affaissement assez considérable pour que le passage en fût interdit aux voitures; un des trottoirs fut seul permis aux piétons. En 1819, des réparations bien entendues et de forts soutiens qui ont surhaussé les arches ont donné à ce pont toute la solidité désirable : ces travaux ayant rétréci le passage, il ne sert plus qu'aux piétons. Sa

PLACE DU CHATELET.

longueur est environ de deux cents pieds et sa largeur de quarante à quarante-cinq.

Pont des Arts, communique du quai du Louvre à celui de Conti. Les piles et les culées sont en pierre et les arches en fonte. Ce pont, construit d'après les dessins de M. Dillon, fut achevé en 1804, et n'a coûté que neuf cent mille francs ; il est exclusivement réservé aux piétons. Il se compose de neuf arches de fer liées ensemble par des entre-toises. Sa longueur est de cinq cent seize pieds sur une largeur de trente ; son plancher est en bois Le droit de péage est de 5 centimes par personne. Les détachements des troupes de service sont exempts du droit.

Joseph (marché Saint-), rue Montmartre, n° 144. Il fut construit en 1794, sur l'emplacement qu'occupait la chapelle Saint-Joseph, dont il a pris le nom (1). Il est ouvert tous les jours. C'est une propriété particulière.

Châtelet (place du), quatrième arrondissement, quartier du Louvre, et septième arrondissement, quartier des Arcis. Elle commence quais de la Mégisserie et de Gèvres, et finit rue Saint-Denis. Elle a pris son nom du grand Châtelet, sur l'emplacement duquel elle a été construite en 1802. C'est maintenant une des plus jolis places de Paris. D'élégants bâtiments l'entourent ; une fontaine charmante s'élève au milieu. Voy. *Palmier* (fontaine du).

Cour Batave, rue Saint-Denis 124. Au commencement de la révolution, une compagnie de Hollandais ou de Bataves acheta le terrain de l'église du Saint-Sépulcre (et y fit construire les bâtiments qui portent le nom de *Cour Batave*. Les travaux furent dirigés par les architectes Sobre et Happe.

Batave (fontaine de la cour). Cette fontaine, placée dans la cour Batave, avait été construite à la même époque. Au milieu d'un bassin on voyait, sur un socle carré, une figure de femme assise, ayant sur sa tête une couronne murale, et appuyant ses mains sur deux lions placés à ses côtés. Ce n'était qu'une simple et fort médiocre décoration. On l'a démolie en 1822.

Desaix (fontaine de), place Dauphine (1). Elle fut élevée de 1801 à 1803, sur les dessins de MM. Percier et Fontaine, à la mémoire du général Desaix, tué à la bataille de Marengo. Quatre mascarons jettent l'eau dans un bassin circulaire. Au-dessus du soubassement s'élève un

---

(1) Voy. ci-dessus p. 103. — (2) T. II, p. 457. — (3) Voy. t. III, p. 567.

piédestal rond, décoré d'un bas-relief représentant un trophée d'armes modernes, les figures du Nil et du Pô. Deux génies inscrivent, dans des cartouches, les victoires remportées par le héros; au-dessus, un génie militaire pose une couronne de lauriers sur la tête de Desaix. Les sculptures sont dues au ciseau de M. Fortin.

Canal de l'Ourcq. — J'ai déjà eu occasion de dire que Paris éprouvait de continuelles disettes d'eau. Le canal de l'Ourcq vint enfin y porter remède. C'est à MM. Solage et Bossu que nous sommes redevables de cette belle entreprise. En 1799, ces hommes de talent conçurent le hardi projet du canal de l'Ourcq, en prenant les eaux de cette rivière aux environs du moulin de Lizy, près du village de Mareuil-Laferté (département de l'Oise). Ce projet rencontra d'abord de fortes oppositions; mais un décret du mois de mai 1802 mit fin à ces discussions, en autorisant la construction du canal. Un autre décret assigna les fonds nécessaires, et chargea le préfet de la Seine et les ingénieurs des ponts et chaussées de faire commencer les travaux au mois de septembre de la même année. Ils furent suspendus en 1814, et repris avec activité en 1818. La dépense totale s'éleva à 25 millions. Le canal de l'Ourcq sert aujourd'hui de communication avec la Marne et le canal de Saint-Quentin. Sa longueur est de vingt-quatre lieues jusqu'à la Seine, sa pente totale est de trente-une toises et sa vitesse d'un pied par minute. Depuis Mareuil jusqu'au moulin de Lizy, sa largeur est de trente pieds neuf pouces, et depuis Lizy, de dix pieds huit pouces; sa profondeur est de huit pieds (1). Il reçoit dans son cours les ruisseaux de la Grisette, de May, de la Beuvronne et de Terrouane; il amène en vingt-quatre heures dans le bassin de la Villette, à quatre-vingt-trois pieds au-dessus du niveau des plus basses eaux de la Seine, une masse de six cent soixante-douze mille muids d'eau, qui suffisent aux besoins de la capitale (2).

Population. — En 1798, d'après les archives nationales, la population de Paris était de six cent quarante mille cinq cent quatre habitants. En 1802, on la porta approximativement à six cent soixante-douze mille.

(1) Le canal de l'Ourcq est creusé dans la terre sans aucun revêtement de construction; on n'y voit ni sas ni écluses. Les ouvrages d'art consistent seulement en un assez grand nombre de ponts fixes et mobiles. Les travaux de terrasses sont fort beaux, surtout dans le bois de Bondy, où il a fallu faire une profonde tranchée longue de plus de 5,000 toises. — (2) *Paris pitt.*, t. II, p. 177.

CHAPITRE QUATRIÈME.

ÉTAT DES LETTRES, DES SCIENCES, DES ARTS, DU COMMERCE ET DE L'INDUSTRIE A PARIS, SOUS LA RÉPUBLIQUE.

§ I. Lettres. — Sciences.

La tourmente révolutionnaire, en détruisant l'Université et les sociétés savantes, porta un coup fatal à la littérature. Les journaux seuls et les brochures trouvaient alors des lecteurs. La poésie se taisait en face de l'échafaud; l'arène littéraire était abandonnée, sauf quelques rares exceptions, à des écrivains fort médiocres, de misérables libellistes ou quelques beaux esprits jacobins. L'un des membres les plus lettrés de la convention était le célèbre Barrère, que son style fleuri et poétique fit surnommer l'*Anacréon de la guillotine*. Qui se rappelle aujourd'hui les extravagantes élucubrations de Carra et d'Anacharsis Clootz, les œuvres de Collot-d'Herbois, les ordurières déclamations d'Hébert, l'auteur du *Père Duchêne*, et même les écrits philosophiques d'Hérault de Séchelle? La convention ne produisit guère que des orateurs, et l'on citera toujours les noms à jamais illustres de Vergniaud, de Gensonné, de Guadet, d'Isnard. Il faut cependant citer parmi les écrivains de l'époque de la terreur, le spirituel Louvet, l'auteur de *Faublas*, qui a laissé le récit remarquable de sa proscription; madame Roland, auteur de *mémoires* curieux et rédigés avec élégance sur la vie privée et le ministère de son mari; Camille Desmoulins, l'énergique écrivain, dont le *Vieux Cordelier* est un chef-d'œuvre de polémique politique, etc.

Lorsque l'Institut fut formé et qu'un instant de calme vint succéder aux atrocités de la terreur, les gens de lettres reparurent. Le premier consul les encouragea noblement, et la littérature se releva peu à peu. Delille revint d'Angleterre; Chénier (Marie-Joseph), Lebrun, Ducis, Fontanes, Collin d'Harleville, Andrieux, Dusaulx, Cailhava, François de Neufchâteau, N. Lemercier, Monvel, redoublèrent d'efforts et de zèle pour réparer les maux causés aux lettres et aux arts par la guerre et tous les désordres d'une révolution. Des travaux sérieux furent publiés successivement; Anquetil termina son *Précis de l'Histoire universelle*, et son *Histoire de France* parut en 1804. Le théâtre, délivré des inepties et des *comédies révolutionnaires* qui l'encombraient depuis 1793, vit enfin des productions approuvées par le bon goût; Andrieux, Collin d'Harleville, Luce de Lancival, Laya, Picard, Alex. Duval, rendirent aux différentes scènes de Paris leur valeur littéraire. Les écoles se rouvrirent de toutes parts à la voix puissante de Bonaparte, et le mouvement intellectuel, arrêté un instant par les jacobins, prit une nouvelle extension.

Les sciences seules furent cultivées avec un zèle persévérant pendant la terreur. Aussi lorsque le calme fut revenu, le monde savant n'avait perdu que deux de ses illustres membres, Bailly et Lavoisier; mille autres se présentaient à l'admiration de l'Europe entière, et attestaient par leurs grandes découvertes que la France de la révolution n'était point seulement une nation guerrière. Lagrange, Legendre, Laplace, Monge, Berthollet, Lalande, Fourcroy, Haüy, Guyton-Morveau, Dolomieu, Jussieu, Daubenton, Lacépède, le jeune Cuvier, offraient une réunion extraordinaire de talents supérieurs dans tous les genres. Ils avaient échappé à la proscription en se rendant utiles à la république.

II. Beaux-Arts.

Pendant la période que nous venons de parcourir, l'art resta toujours grec par la forme et par le fond. Le chef de l'école de peinture était le célèbre David, grand artiste, qui a eu le malheur de se signaler dans de tristes occasions par des principes exagérés. Je parlerai plus loin de ses élèves et de ses rivaux, qui ne se firent connaître pour la plupart que sous l'empire. Les artistes ne se laissèrent point décourager par les persécutions; ils continuèrent leurs nobles travaux jusqu'au pied de l'échafaud. Robert, emprisonné pendant dix mois et menacé de la mort, n'abandonna point ses pinceaux. Lorsqu'il fut rendu à la liberté, il avait fait cinquante-trois tableaux, sans compter une quantité prodigieuse de dessins que s'étaient disputés ses compagnons d'infortune. Quand les prisonniers de Sainte-Pélagie furent transférés à Saint-Lazare, dans des charrettes découvertes, à la lueur des flambeaux, au milieu des cris de la populace, Robert ne fut occupé, pendant le trajet, qu'à dessiner cette scène d'horreur, dont il fit un tableau très remarquable (1).

La musique fit de grands progrès pendant cette période. Méhul et d'autres grands maîtres se révélèrent, tandis que Garat faisait une révolution dans le chant. Enfin nous devons à l'effervescence révolutionnaire nos deux plus beaux chants populaires: *la Marseillaise* et le *Chant du Départ*.

III. Industrie. — Commerce.

« La république n'est plus qu'une grande ville assiégée, il faut que la France ne soit qu'un vaste camp. » Ces paroles de Barrère expliquent

---

(1) *Biogr. univ.*

suffisamment l'atonie dans laquelle se trouvèrent l'industrie et le commerce pendant la terreur. On ne s'occupa que de la défense de la république, et tous les efforts de l'industrie se portèrent sur la fabrique des armes, leur perfectionnement, etc. Le commerce, ruiné par la guerre, le *maximum*, les émeutes, la famine, ne recouvra sa prospérité que sous le consulat. L'industrie fut alors encouragée dans toutes ses branches par le gouvernement; ce fut en 1798, comme je l'ai dit ailleurs, qu'eut lieu la première exposition *des produits des manufactures de l'industrie française.*

QUATORZIÈME ÉPOQUE.

Paris sous l'Empire.

1804-1814.

CHAPITRE PREMIER.

Faits généraux.

Napoléon, consul à vie, voulut monter plus haut; il résolut de se faire empereur. Le titre de roi était usé; il rappelait d'ailleurs l'ancienne monarchie. « On peut être empereur d'une république, disait Bonaparte, mais non pas roi d'une république; ce sont deux termes qui jurent ensemble. » Le plan du premier consul, qui aspirait à la pourpre des Césars, avait été habilement tracé; il prépara peu à peu les esprits, et lorsque le moment fut venu, il se fit offrir la couronne. La motion partit du tribunat et fut accueillie à l'unanimité, moins une voix. Le corps-législatif s'unit par ses votes au vœu du tribunat, et le 18 mai 1804, un sénatus-consulte conféra le titre d'empereur au premier consul, en établissant dans sa famille l'hérédité du trône impérial. Le sénat se rendit à Saint-Cloud, et son président, Cambacérès, remit à Napoléon le décret relatif à la fondation de l'empire, et qui organisait le nouveau gouvernement. Napoléon répondit au discours de l'orateur : « Tout ce qui peut contribuer au bien de la patrie est essentiellement lié à mon bonheur; j'accepte le titre que vous croyez utile à la nation. Je soumets à la sanction du peuple la loi de l'hérédité; j'espère que la France ne se repentira jamais des honneurs dont elle environnera ma famille. Dans tous les cas, mon esprit ne sera plus avec ma postérité le jour où elle cesserait de mériter l'estime et la confiance de la grande nation. »

Le peuple avait été appelé, pour la forme, à voter sur l'hérédité de la dignité impériale dans la famille Bonaparte. Soixante mille registres reçurent dans les cent huit départements de la France l'opinion des citoyens électeurs. Sur *trois millions cinq cent soixante-quatorze mille huit cent quatre-vingt-dix-huit votants, deux mille cinq cent soixante-neuf* votes furent seuls négatifs. La France adhérait tout entière au nouveau gouvernement, qui devait la doter de tant de gloire. Le président du sénat présenta ce plébiscite à l'empereur, le 1er décembre, et le

L'EMPIRE.

lendemain eut lieu le couronnement. Napoléon, fondant une dynastie, voulut faire consacrer son élection par l'église; et le pape Pie VII se rendit à Paris, où il fut reçu avec tous les honneurs dus au chef de la religion catholique.

Nous n'entrerons point dans les détails du sacre et des fêtes du couronnement, un volume suffirait à peine pour faire connaître ces merveilleuses solennités. Voici cependant un fait que nous ne pouvons passer sous silence. Au milieu de la cérémonie, qui se célébra à Notre-Dame avec une pompe inouïe, au moment où le pape allait ceindre Napoléon de la couronne impériale, celui-ci s'en empara brusquement et se la mit fièrement sur la tête. Il prit ensuite l'autre couronne et la posa sur le front de Joséphine, qui était restée à genoux au pied de l'autel. Pendant trois jours ce ne furent dans Paris que fêtes et réjouissances, célébrées avec ce luxe et ce grandiose que Napoléon seul a su comprendre. La seconde journée des fêtes du couronnement fut consacrée à la distribution des nouveaux drapeaux, qui se fit au Champ-de-Mars. Les aigles impériales furent données aux députations des différents corps de l'armée, de la marine et de la garde nationale. Napoléon se levant ensuite de son trône : « Soldats, s'écria-t-il, voilà vos drapeaux ; ces aigles vous serviront toujours de point de ralliement ; elles seront partout où votre empereur les jugera nécessaires pour la défense de son trône et de son peuple. » Les soldats, pleins d'enthousiasme, auraient voulu porter aussitôt leurs nouvelles enseignes sur les champs de bataille. — Ils n'attendirent pas long-temps.

Il n'entre pas dans le plan de cet ouvrage de raconter les admirables campagnes et les hauts faits du héros d'Austerlitz. Je ne dois mentionner ici que les événements dont Paris a été le théâtre. Après le traité de paix de Tilsitt (juillet 1807), au mois de novembre de la même année, des fêtes magnifiques célébrèrent le retour de la garde impériale. Reçus à la barrière par le corps municipal, ces braves soldats furent invités à un immense banquet qui eut lieu aux Champs-Elysées. Le lendemain, des représentations gratuites à tous les théâtres continuèrent la fête ; deux jours après, le sénat se réunit pour témoigner à l'armée sa reconnaissance et son admiration ; une fête fut donnée à la garde impériale dans le jardin du palais du Luxembourg. — Les années suivantes, ces héros, marchant de nouveau contre les puissances coalisées, s'illustraient par les victoires d'Eckmül, d'Essling, de Wagram.

Le traité de Vienne (1809) donna quelque repos à l'empereur. La France était florissante et tranquille au dedans, triomphante et respectée au dehors. Chaque jour, le nouveau Charlemagne ajoutait quelque conquête à son puissant empire. Roi d'Italie, médiateur de la confédération suisse, protecteur de la confédération du Rhin, empereur des Français, il avait placé ses alliés ou ses frères sur les trônes conquis, et commandait en maître à près de soixante millions d'hommes. La vengeance britannique, il est vrai, suscitait partout des ennemis à la France; mais le blocus continental épuisait peu à peu ses forces et devait la réduire à l'impuissance. Entouré d'une cour de princes et des ambassadeurs de toutes les puissances, le glorieux empereur, confiant dans son génie, semblait braver, du haut de son trône, les coups de la fortune. Pour donner à ce trône des bases solides, pour assurer les destinées de l'empire, il fallait que Napoléon eût un héritier. Joséphine n'était plus en âge de pouvoir lui donner un enfant, la raison d'État commandait impérieusement le divorce, et les plus douces affections du cœur durent être sacrifiées aux intérêts de la politique. Joséphine, toujours résignée, se soumit généreusement à cette séparation; mais l'empereur voulut que sa compagne bien-aimée conservât le rang et le titre d'impératrice. Napoléon avait été heureux dans ses affections domestiques; il n'avait jamais pu reprocher à la bonne Joséphine que son peu d'ordre et son goût excessif pour la dépense. « Les larmes qu'a coûtées cette résolution à l'empereur, dit Eugène Beauharnais au sénat, suffisent à la gloire de ma mère. » La conduite de Joséphine et de son fils, dans cette position délicate, est au-dessus de tout éloge. L'ex-impératrice fut plus vivement regrettée lorsqu'on apprit, après la dissolution du mariage par le sénat et l'officialité de Paris, que Napoléon, indécis entre la princesse royale de Saxe, une grande-duchesse de Russie et une archiduchesse d'Autriche, s'était décidé pour cette dernière. Le peuple, dans sa haine du nom autrichien, pressentit que cette union ne serait pas heureuse, et que Marie-Louise, comme Marie-Antoinette, porterait malheur à son royal époux. Le 11 mars 1810, Berthier, prince de Neufchâtel, épousa solennellement, au nom de son souverain, la fille de François II. Marie-Louise partit le lendemain avec une brillante escorte et prit la route de Compiègne, où l'attendait l'empereur avec toute la cour. Napoléon avait fixé lui-même le cérémonial de l'entrevue, mais dans son impatience de voir sa nouvelle compagne, il sortit furtivement du palais dans une simple calèche, sans livrées, accompagné seulement de son beau-frère, Murat, roi de Naples. Arrivé à Courcelles, auprès de Soissons, il trouva les courriers de l'impératrice qui faisaient disposer le relais; la pluie tombait par torrents; l'empereur, qui n'était vêtu que de la redingote grise de Wagram, s'abrita sous le porche de l'église; lorsqu'arriva la voiture de Marie-Louise, il se précipita vers la portière, l'ouvrit lui-même, et l'écuyer de service n'avait pas eu le temps de l'annoncer qu'il était dans les bras de l'archiduchesse. Ils arrivèrent à Compiègne vers dix heures du soir.

L'entrée de l'empereur et de sa jeune épouse dans leur bonne ville de Paris fut une belle cérémonie. La bénédiction nuptiale, qui fut donnée par le grand-aumônier de France, le cardinal Fesch, assisté du curé de l'église de Saint-Germain-l'Auxerrois, paroisse du château des Tuileries, ne fut pas célébrée avec moins de magnificence. La vaste salle carrée, attenant à la galerie du Louvre, avait été disposée en chapelle et entourée de tribunes pour l'illustre assemblée de princes et de souverains qui devait assister au mariage. Tous les corps de l'État, toutes les dignités civiles et militaires, enfin tous les personnages les plus éminents de l'Europe se trouvaient réunis au nombre de huit mille dans la grande galerie. La France entière accueillit avec joie la jeune impératrice, et ce mariage fit présager à la France une nouvelle ère de prospérité.

Un an après, le 20 mars 1811, la foule impatiente et curieuse encombrait le jardin des Tuileries, tandis que les environs du château offraient le spectacle le plus pittoresque et le plus animé. Napoléon, pâle et inquiet, se promenait à grands pas dans la chambre voisine de celle de l'impératrice. Cet homme, si calme sur les champs de bataille, tremblait comme un enfant. Il s'arrêtait de temps en temps et écoutait à la porte. Tout-à-coup le célèbre chirurgien Dubois se précipite dans l'appartement et annonce à Napoléon qu'il est père d'un enfant. Le nouveau-né resta sept minutes sans donner aucun signe de vie. Napoléon le regarda d'un air triste, mais ne prononça pas un seul mot; il ne s'occupait que de l'impératrice. Pendant ce temps on soufflait quelques gouttes d'eau-de-vie dans la bouche de l'enfant et on le couvrait de serviettes chaudes; il poussa enfin un cri. L'empereur, hors de lui, se précipite sur le berceau, embrasse tendrement son fils, et ouvrant la porte de l'appartement : « Messieurs, s'écrie-t-il, c'est un *roi de Rome*. » Un sénatus-consulte avait décerné ce titre au fils aîné de l'empereur. — Il était huit heures du matin; la foule qui s'augmentait de plus en plus autour du château, attendait avec impatience la grande nouvelle. Les canons des Invalides se font entendre, le calme se rétablit aussitôt. A la vingt-deuxième salve, l'enthousiasme éclate de toutes parts; les airs retentissent des cris mille fois répétés de *vive l'empereur!* Une salve de cent-un coups de canon annonçait à Paris que l'empereur avait un héritier. Les ambassadeurs de tous les souverains de l'Europe vinrent présenter leurs hommages à Napoléon II, le conseil municipal de Paris vota 10,000 livres de rente au premier page qui vint annoncer la naissance de l'enfant bien-aimé. Et l'héritier du puissant empereur, dont la naissance était célébrée par toute l'Europe, devait mourir à Vienne, triste et inconnu, sous le nom de duc de Reichstadt!

Le calme et la sécurité dont jouit Paris sous l'empire, ne furent troublés que par la conspiration du général Mallet. Cet homme audacieux, profitant de l'éloignement de l'empereur, qui était alors en Russie, s'échappe dans la nuit du 23 au 24 octobre 1812, se présente aux casernes et annonce aux soldats la mort de Napoléon. Il fait sortir de la Force les généraux Guidal et Lahorie, fait prendre les armes à un bataillon de la garde de Paris, dont le commandement lui était dévoué, divise cette petite troupe en plusieurs pelotons; et tandis que l'abbé Lafon, l'un des agents les plus actifs du parti royaliste, se dirige sur la préfecture de police avec quelques compagnies, il se rend lui-même à l'état-major de la place pour s'emparer du commandant, le brave général Hullin. Il fut arrêté là, après avoir tenté de tuer Hullin ; et traduit le lendemain devant une commission militaire, ce hardi conspirateur fut fusillé à la plaine de Grenelle avec les deux généraux, ses complices, le 29 octobre.

Le 21 décembre 1813, les Bâlois livrèrent le passage du Rhin à cent mille Autrichiens ; dix jours après l'armée prussienne envahit la France, et les coalisés, au nombre de six cent mille, s'avancèrent jusqu'à Bar-sur-Aube et Châlons-sur-Saône. L'empereur, outre les garnisons des places fortes, ne pouvait leur opposer plus de cent vingt mille hommes. Il appelle aux armes toute la population de douze départements et rend un décret qui met en activité les trente mille hommes de la garde nationale parisienne. « Messieurs, dit-il aux chefs des légions en leur présentant Marie-Louise et le roi de Rome, je pars avec confiance, je remets en vos mains ce que j'ai de plus cher au monde. Deux jours après, le 25 janvier 1814, il part rejoindre son armée, après avoir remis la régence à l'impératrice et à son frère Joseph.

L'armée française ne put résister à la multitude des ennemis, et après le glorieux combat d'Arcis-sur-Aube (mars 1814), les coalisés marchèrent sur Paris. A Doulevent, l'empereur trouva un avis secret du comte de La Valette, directeur-général des Postes : « Il n'y a pas un moment à perdre, disait-il, si l'on veut sauver la capitale. » Deux jours après, il apprend que toutes les forces ennemies se sont réunies et que les souverains ne sont pas éloignés de Paris. L'empereur n'est point abattu. Il compte sur la défense héroïque des Parisiens, en attendant qu'il puisse les secourir, et part aussitôt pour ranimer leur courage. Le 30 mars, à dix heures du soir, il n'était plus qu'à cinq lieues de Paris; il se promenait à pied sur la route du relais de Fromenteau, tandis qu'on changeait de chevaux, lorsqu'il apprend une fatale nouvelle, qui détruit à jamais toutes ses espérances : Paris vient de capituler! — Le 29 au soir, les ennemis étaient arrivés sous les murs de Paris. Le désaccord et la confusion étaient à leur comble dans la capitale. L'impératrice et son jeune fils étaient partis la veille pour Blois; les Parisiens étaient découragés par la trahison; le roi Joseph, ni le général Clarke, ministre de la guerre, n'ont songé à organiser la défense. Les ducs de Raguse et de Trévise voulurent tenter un dernier effort ; huit à dix mille gardes nationaux et les élèves de l'école Polytechnique se joignirent à leurs soldats, et combattirent avec tout le courage du désespoir. On connaît leur héroïque défense à la barrière de Clichy. Mais ils furent écrasés par le nombre, et le roi Joseph, en abandonnant Paris, ordonna aux maréchaux de capituler. L'armistice avait été arrêté à cinq heures du soir. — Napoléon écouta ce funeste récit dans le plus grand silence. Voyant que tout était perdu, il envoya le duc de Vicence à Paris pour traiter avec les alliés. Il était trop tard, la capitulation avait été signée à deux heures du matin, les ennemis allaient entrer dans Paris.

L'empereur, entouré de ses vieux soldats, se rendit à Fontainebleau. La capitulation de Paris, la perte de Bordeaux et de Lyon, qui étaient occupés par les Anglais et les Autrichiens, le découragement et la trahison des chefs de l'armée, tout laissait voir au grand homme que sa cause était perdue. Il attendit les événements. Les alliés redoutaient toujours Napoléon ; malgré ses revers, il leur semblait encore terrible. Ils étaient prêts à négocier avec lui. D'ailleurs quel gouvernement voulait la France? C'est ce qu'ils se demandaient. La masse de la population était frappée de stupeur ; elle n'exprimait aucun désir. Mais le sénat prenant l'initiative, déclara « Napoléon déchu du trône, le droit d'hérédité aboli dans sa famille, le peuple et l'armée déliés envers lui du serment de fidélité. »

L'empereur reprit alors toute son énergie, et, assemblant ses maréchaux, il leur dit qu'il pouvait réunir en peu de temps près de cent vingt mille combattants et qu'il préférait la guerre à une paix déshonorante. On lui répondit que ce serait attirer sur la France toutes les horreurs d'une guerre civile. Il baissa la tête et se tut. Mais tout-à-coup il s'écria : « Eh bien! puisqu'il me faut renoncer à défendre plus long-temps la France, l'Italie n'est-elle pas une retraite digne de moi? Veut-on m'y suivre encore une fois? Marchons vers les Alpes! » Ce projet était digne de Napoléon, mais ses lieutenants n'étaient plus les mêmes hommes. Voyant qu'il ne devait pas compter sur les chefs de l'armée, il envoya à l'empereur Alexandre son acte d'abdication, rédigé de la manière suivante : « Les puissances alliées ayant proclamé que l'empereur Napoléon était le seul obstacle au rétablissement de la paix en Europe, l'empereur, fidèle à son serment, déclare qu'il renonce, pour lui et ses héritiers, aux couronnes de France et d'Italie, et qu'il n'est aucun sacrifice personnel, même celui de la vie, qu'il ne soit prêt à faire aux intérêts de la France. Fontainebleau, 11 avril 1814. »

Un traité fut alors préparé qui devait régler l'avenir de Napoléon. Il est connu dans l'histoire sous le nom de *traité de Paris*. Les alliés et le nouveau gouvernement de la France lui accordaient, en toute souveraineté l'île d'Elbe avec deux millions de revenus, dont un reversible à l'impératrice. Il conservait le titre d'empereur et pourrait emmener avec lui quatre cents de ses vieux soldats.

Aussitôt après la signature du traité, l'armée accéda au gouvernement des Bourbons, et la famille impériale se dispersa. L'impératrice et le roi de Rome, remis entre les mains des Autrichiens, furent conduits à Vienne. La mère de l'empereur, le cardinal Fesch son oncle, cherchèrent un refuge à Rome ; ses frères Joseph, Louis et Jérôme se retirèrent en Suisse. Napoléon, prisonnier dans le château de Fontainebleau, ne put pas même embrasser son fils. Le 20 mars 1814, il partit pour l'île d'Elbe, mais son rôle n'était pas terminé. Il ne s'avouait pas encore vaincu.

« Soldat et premier consul, disait Napoléon en montant sur le trône, je n'ai eu qu'une pensée ; empereur, je n'en ai point d'autre : la prospérité de la France. » Il a tenu ses promesses. On ne peut nier les grands résultats amenés par l'administration impériale, et les bienfaits de ce système politique. Le gouvernement impérial n'était autre que le despotisme ; mais le pouvoir suprême entre les mains d'un tel homme devait opérer de grandes choses. Napoléon, nous l'avons déjà dit, n'était pas seulement un grand capitaine ; habile politique et bon administrateur, il ne montrait pas moins de génie sur le trône qu'à la tête de ses armées. L'empire est détruit ; l'aigle, épuisé de fatigues, est venu expirer dans les champs de Waterloo ; des conquêtes de Napoléon, il ne reste plus que la gloire et le souvenir de glorieux exploits. Mais les actes du législateur, ses utiles travaux, ses grandes et généreuses mesures dont les bienfaits se font encore sentir aujourd'hui, voilà ce qui n'est pas tombé avec lui, voilà ce que la France ne pourra jamais oublier. La victoire d'Austerlitz n'est plus qu'un souvenir, le *code civil* est immortel.

Je ne puis développer ici l'administration impériale, je ne puis raconter toutes les grandes choses qu'exécuta Napoléon pour le bien-être et la prospérité de la France. Empereur, il poursuivit la tâche qu'avait commencée le premier consul. Rien ne lui échappa ; son vaste génie embrassait en même temps les plus hautes questions de politique et les plus petits détails de la police ; il fixe en même temps les statuts de la banque et les réglements de l'opéra. Chaque jour, un nouveau décret venait réformer un abus ou créer un établissement utile. En quelques années, le conseil d'état, sous la présidence de l'empereur, délibéra sur soixante-un mille cent trente-neuf questions !

L'instruction publique attire son attention. Il fonde l'école militaire de Saint-Cyr, l'école de pharmacie, des écoles de droit ; il réorganise l'université. Les lettres et les arts sont protégés, surtout l'art dramatique. L'ami de Talma était fier des beaux talents que renfermait alors la Comédie-Française. Le commerce, l'agriculture, l'industrie, prennent un nouvel essor. La législation commerciale et rurale est organisée et révisée ; des manufactures s'élèvent de toute part ; des encouragements, des prix, des expositions publiques, perfectionnent l'industrie. L'empereur visite la manufacture de toiles peintes de M. Oberkamfp : « Quoi, lui dit-il, vous n'avez pas l'étoile de la légion? — Non, sire, c'eût été l'honneur que j'aurais souhaité le plus. — Voilà la mienne ; j'aime à récompenser ceux qui servent leur patrie comme vous. C'est dans vos ateliers qu'on fait bonne et sûre guerre à l'ennemi ! Au moins n'en coûte-t-il pas une goutte de sang au peuple. » Les manufactures françaises rivalisèrent avec celles de la Grande-Bretagne, et la betterave, dont la culture fut puissamment encouragée, vint affranchir notre commerce des tributs qu'il payait aux produits des Indes anglaises.

Le trésor impérial, si souvent augmenté par la victoire, servit aux travaux d'utilité publique et aux embellissements des principales villes de France. Napoléon y consacra plusieurs centaines de millions. Nous lisons dans le *rapport* qu'il fit adresser, en 1813, aux envoyés des départements : « Comment notre population, notre agriculture et notre cemmerce n'auraient-ils pas prospéré? L'empereur a dépensé trente millions pour les ponts, cinquante-quatre millions pour les canaux, deux-cent soixante-dix-sept millions pour les routes, cent dix-sept millions pour les ports. » Tous ces travaux furent exécutés sans qu'on eût besoin d'accabler le peuple d'impôts. Napoléon avait introduit dans les finances un ordre admirable ; les dépenses étaient proportionnées aux recettes. Jamais, grâce aux conquêtes de la *grande armée*, le trésor public n'était vide, et d'ailleurs le trésor particulier de l'empereur était employé en grande partie aux dépenses d'intérêt général.

Plus de cent millions ont été consacrés par Napoléon aux embellissements de Paris. Il fit achever le Louvre, il fit construire des quais et des ponts magnifiques ; il fit élever la colonne Vendôme, l'arc de triomphe de l'Étoile, celui du Carrousel ; nous ne pouvons faire un pas dans Paris sans que le souvenir de l'empereur ne frappe aussitôt la pensée. Jamais souverain n'a eu des idées aussi grandioses et aussi belles. La guerre interminable qu'il soutenait contre l'Europe empêcha malheureusement l'exécution de projets qui devaient faire de la France un pays de merveilles. Étant un jour au Louvre avec son secrétaire Bourrienne, il étendit la main vers l'église Saint-Germain-l'Auxerrois : « Voilà, dit-il, où je ferai une *rue impériale*; elle ira d'ici à la barrière du Trône. Je veux qu'elle ait cent pieds de large, qu'elle soit plantée, qu'elle ait des galeries. La *rue impériale* doit être la plus belle rue de l'univers. » Après la bataille d'Iéna, l'empereur décrète que sur l'emplacement de la Madeleine il sera élevé *aux frais du trésor de la couronne*, un monument dédié à ses compagnons d'armes, portant sur le frontispice : *L'empereur Napoléon aux soldats de la grande armée*. A Vienne, il décréta l'érection d'un obélisque sur le terre-plein du Pont-Neuf avec cette inscription : *Napoléon au peuple français*. « Tout ce que je veux, disait-il, tout ce que je souhaite, c'est que mon nom soit uni à jamais au nom de la France. » Le génie de Napoléon, jaloux de tous les bienfaits comme de tous les pouvoirs, a dit un écrivain, entreprit de procurer au peuple le bien-être et la richesse pour le dédommager de la liberté; il voulut accaparer la reconnaissance comme la gloire : aussi les plus grands travaux, les plus grandes entreprises ne l'effrayèrent point pour parvenir à ce but, et jamais les intérêts matériels de la ville de Paris n'ont été si étudiés ni si protégés. Paris, tel que le concevait Napoléon, tel qu'il fût parvenu à le créer, aurait surpassé en peu de temps ce qu'il faudra demander à un avenir peut-être très éloigné.

CHAPITRE DEUXIEME.

II. Monuments. — Institutions.

La Bourse. — La Bourse est située entre les rues des Filles-Saint-Thomas et de Feydeau. Depuis long-temps l'importance d'un établissement principal et dans lequel on pût discuter tous les intérêts du commerce et de la banque réclamait la sollicitude et les regards des administrateurs de la ville. Depuis un demi-siècle, le lieu où se rassemblaient les négociants et les financiers avait plusieurs fois changé, et les opérations commerciales souffraient de ces changements continuels. D'ailleurs, tous les bâtiments qui tour à tour avaient été cédés, étaient trop petits pour contenir la foule qui s'y précipitait. L'ancienne Bourse avait été placée dans l'ancien palais Mazarin, puis dans une partie de l'édifice occupé aujourd'hui par le trésor royal. A la révolution elle fut transférée dans l'église des Petits-Pères, et ensuite au Palais-Royal, galerie Virginie. Toutes les opérations financières ne s'étaient pas faites antérieurement dans un lieu spécial; mais le commerce s'étant agrandi et les opérations financières s'étant multipliées, chacun sentit l'indispensable nécessité de ne pas séparer le lieu des négociations; la perte de temps, la difficulté ou plutôt l'impossibilité de se trouver dans plusieurs endroits à la fois, et mille autres raisons encore décidèrent enfin la ville de Paris à construire un édifice assez vaste pour contenir tous les négociants, et assez commode pour réunir la foule des spéculateurs, quel que fût l'objet de leurs affaires commerciales.

Les travaux commencèrent sous la direction de Brongniart, architecte de la ville, homme fort distingué dans son art; et le 24 mars 1808, on posa la première pierre du superbe édifice que nous voyons aujourd'hui. L'emplacement sur lequel il est construit appartenait autrefois

aux religieuses dites Filles-Saint-Thomas : une des rues qui viennent aboutir à la place de la Bourse conserve aujourd'hui ce nom ; toutes les nouvelles maisons qui ont été bâties depuis autour de la Bourse sont placées sur une partie soit des jardins, soit des bâtiments eux-mêmes de cet ancien couvent. Les travaux furent poussés avec vigueur, et ne furent interrompus que pendant les désastres de 1814, quoique déjà ils eussent eu à souffrir, en 1813, de la mort de Brongniart.

M. Labarre, désigné en remplacement de Brongniart, acheva ce bel édifice.

C'est dans l'enceinte de la Bourse que se tiennent les réunions et toutes les assemblées des négociants ; on y a établi aussi le tribunal de commerce. On ne pouvait choisir un lieu plus conforme à un tribunal de ce genre, puisqu'il se trouve placé au sein même de toutes les opérations les plus importantes du commerce général.

Ce monument est construit sur un plan parallélogramme de soixante-neuf mètres ou deux cent douze pieds de longueur ; sa largeur est de quarante-quatre mètres ou cent vingt-six pieds : ce plan est exécuté avec un ordre et une perfection rares. L'élévation complète offre un péristyle parfait. A ses quatre façades s'élèvent, avec une régularité majestueuse, une ordonnance de colonnes corinthiennes élevées sur un soubassement de huit pieds environ ; ces colonnes, soigneusement et légèrement construites, sont au nombre de soixante-six ; leur diamètre n'est que d'un mètre, et leur hauteur de dix mètres ; l'entablement et un attique sont supportés par le péristyle, qui forme autour de l'édifice, à l'intérieur, une superbe galerie ouverte. Le perron par lequel on arrive à cette galerie occupe toute la largeur de la partie occidentale du monument ; il est composé de seize marches en pierres de taille, qui, légèrement inclinées, donnent à cette entrée principale un aspect majestueux et grandiose. La galerie où l'on arrive par cet escalier principal est dans toutes ses parties ornée de nombreux bas-reliefs. Les sujets qu'ils représentent sont relatifs aux opérations du commerce, et représentent les différentes villes, sièges du commerce en France et en Europe.

Un immense vestibule communique à droite aux salles particulières où se tiennent les courtiers de commerce et les agents de change, et à gauche au tribunal de Commerce. Quelquefois les séances du tribunal se tiennent dans une autre salle parallèle à la première, au-dessus de l'entrée principale. La salle la plus grande, celle où se font toutes les opérations de la bourse, est située au rez-de-chaussée et tout-à-fait au centre de l'édifice. Dans sa longueur, elle présente un plan de trente-huit mètres ou de cent seize pieds, et sa largeur un plan de vingt-cinq mètres ou de soixante-seize pieds. Quoique assez grande pour contenir près de deux mille personnes, elle est cependant quelquefois trop petite pour le nombre des spéculateurs.

Après la révolution de juillet, les ornements et les emblèmes de la royauté, tout ce qui pouvait rappeler le règne des Bourbons, sous les auspices desquels la Bourse avait été inaugurée, furent effacés et remplacés.

Après l'achèvement de cet édifice, le quartier s'embellit. La rue Vivienne fut continuée jusqu'aux boulevards; vis-à-vis la façade principale, jusqu'à la rue Richelieu, une nouvelle rue fut ouverte et nommée rue de la Bourse. Le projet d'agrandir la rue Notre-Dame-des-Victoires et de la continuer sur une largeur de soixante pieds jusqu'à la rue Montmartre, a été formé depuis long-temps, mais il n'a point encore reçu son exécution. Quoi qu'il en soit, ce quartier, grâce au monument principal, est devenu un des plus beaux de Paris et le centre de tout le commerce.

Arc-de-Triomphe du Carrousel. — Ce monument, placé à la principale entrée de la cour des Tuileries, fut fondé en 1806, et construit sur les dessins de M. Fontaine : il a quarante-cinq pieds de hauteur, soixante de largeur et vingt et demi d'épaisseur. Comme l'arc de Septime-Sévère, qui lui a servi de modèle, il présente à sa face trois arcades; celle du centre a quatorze pieds d'ouverture, et celles latérales huit et demi. Ses flancs sont percés de deux arcades qui traversent les trois premières, et se trouvent dans l'alignement des guichets, donnant d'un côté sur le quai du Louvre, de l'autre sur la rue de Rivoli. La masse du monument est en pierre de liais. Chacune des deux faces est ornée de huit colonnes de marbre rouge de Languedoc, dont les bases et les chapiteaux, de l'ordre corinthien, sont en bronze; elles soutiennent un entablement en ressaut, qui a sa frise en marbre griotte d'Italie. A l'aplomb de ces colonnes, au-devant de l'attique et au-dessus des bas-reliefs, sont des statues représentant les différents corps qui se trouvaient à la bataille d'Austerlitz. On a sculpté dans la frise des figures allégoriques et des enfants portant des guirlandes. Quatre statues ont été placées dans les amortissements; deux de ces statues sont de Petitot, et les deux autres de Gérard. L'attique est surmonté par un double socle, sur lequel s'élevait un quadrige ou char de triomphe, en plomb doré d'or mat, de forme antique, ouvrage de Lemot; ce char était attelé aux quatre chevaux de bronze, jadis dorés, conquis à Venise, et nommés chevaux de Corinthe; ils paraissaient conduits par la Victoire et la Paix, figures de grande proportion, en plomb doré, coulées d'après les modèles de Lemot. Ce char vide attendait la statue de Napoléon; la volonté du chef, d'abord, et ensuite les événements, n'ont pas permis de l'y placer. Les Renommées, du côté du Carrousel,

tenir près de deux mille personnes, elle est cependant quelquefois trop

COLONNE DE LA PLACE VENDÔME.

L'EMPIRE. 569

ont été sculptées par Dupasquier, et celles du côté du palais par Taunay. Six bas-reliefs en marbre décoraient les faces de ce monument; offraient des sujets relatifs à la campagne de 1805, lesquels étaient indiqués au-dessous par des inscriptions gravées en lettres d'or : le premier, du côté de la place du Carrousel, à gauche, représentait la *capitulation devant Ulm*, sculptée par Cartelier ; le second, à droite, la *bataille d'Austerlitz*, par Espercieux ; le troisième, sur le côté de l'édifice, l'*entrée à Vienne*, par Deseine; le quatrième, sur la face du côté des Tuileries, l'*entrée à Munich*, par Chaudon ; le cinquième, sur la même face, l'*entrevue des deux empereurs*, par Ramey ; le sixième, sur le côté à droite, la *paix de Presbourg*, par Lesueur. Les bas-reliefs, le char, les chevaux et les deux figures qu'on voyait auprès, ont été enlevés par l'ennemi, lorsqu'au mois de juillet 1715 il envahit la capitale.

Colonne de la place Vendôme. — Après la célèbre campagne de 1806, Napoléon forma le projet d'élever une colonne à la grande armée. Ce monument, commencé en 1805, fut achevé en 1810. La colonne de la *place Napoléon*, nom qu'elle prit alors, faite sur le modèle de la colonne Antonine à Rome, mais beaucoup plus belle dans ses détails, a été fondue avec le bronze de douze cents pièces de canon, prises aux Autrichiens et aux Russes, monument durable de succès et de gloire, élevé plutôt en l'honneur d'une grande nation qu'en celui d'un seul homme. C'est sans doute le seul titre qui l'a conservé au milieu des dissensions et des partis. Sa hauteur est de cent trente-deux pieds, son diamètre de douze, sur des fondations de trente. Depuis sa base construite sur l'emplacement du piédestal de la statue de Louis XIV, elle est bâtie en pierre de taille, recouvertes de plaques de bronze de trois pieds huit pouces de hauteur, et séparées les unes des autres par un cordon sur lequel est inscrite l'action représentée dans le tableau au-dessus. Sur les quatre façades du piédestal, on aperçoit en relief toutes les armes nécessaires à la guerre, des trophées d'armes, des obusiers, des canons, des mortiers, des boulets, des carabines, des tambours, des drapeaux et des vêtements militaires. Tous ces ornements sont couronnés de festons de chêne, emblème connu et chéri d'une liberté qui n'était plus, et sont soutenus aux quatre coins par quatre aigles immenses en bronze, de cinq cents livres chacun. Le tour de la colonne représente les différents faits d'armes de cette glorieuse campagne, depuis le départ du camp de Boulogne jusqu'à la bataille d'Austerlitz. Dans l'intérieur du monument a été pratiqué un escalier à vis, dont l'entrée est placée à l'une des faces du piédestal, vis-à-vis du jardin des Tuileries. Cet escalier en spirale conduit à une galerie au-dessus du chapiteau ; cette galerie est dominée par une sorte de calotte de forme circulaire, sur laquelle était placée la statue de Napoléon. L'empereur portait les insignes impériaux, avec le sceptre et le diadème. Au-dessus du chapiteau on lisait cette inscription :

Monument élevé à la gloire de la grande armée, commencé le 25 août 1806, terminé le 5 août 1810, sous la direction de M. Denon, directeur-général, de M. G.-B. Lepère, et de M. Gondoin, architecte.

En 1814, après la prise de Paris, les Russes voulurent en vain mutiler et renverser ce monument. Malgré leurs efforts et ceux de leurs chevaux, ils ne parvinrent à abattre que la statue qui la surmontait.

Mais le 29 juillet 1833, on rendit au monument la statue de son fondateur. Napoléon fut replacé sur la colonne, non tel qu'autrefois, avec les emblèmes de la puissance, mais seulement avec les insignes militaires si connus du peuple et de l'armée. On a dit avec raison : Napoléon, tel qu'on l'a représenté, serait mieux placé dans un corps-de-garde que sur un monument semblable à celui de la place Vendôme. Cette statue, qui paraît à peine de grandeur naturelle, a dix pieds de hauteur; elle a été fondue d'un seul jet dans les fonderies du Roule.

Église de la Madeleine. — J'ai déjà parlé de cette église, commencée en 1764, et dont les travaux furent interrompus par la révolution (1). De 1796 à 1799 de nouveaux projets furent présentés pour élever sur l'emplacement de la Madeleine un monument digne de la grande nation. Sa destination, comme on le pense bien, fut entièrement changée : les uns proposèrent la construction d'une salle pour le corps-législatif; d'autres un musée national, une bibliothèque publique ; d'autres enfin un théâtre, un marché. Les architectes de la capitale attendaient la décision du gouvernement sur l'érection du nouveau monument, lorsqu'un décret daté de Posen, le 2 décembre 1806, fit connaître les intentions de l'empereur à cet égard. Ce décret très remarquable, et devenu historique, nous a paru devoir trouver place ici. Nous le reproduisons dans tout son entier :

Napoléon, etc. Avons décrété et décrétons ce qui suit :

Art 1er. Il sera établi sur l'emplacement de la Madeleine de notre bonne ville de Paris, aux frais du trésor de notre couronne, un monument dédié à la grande armée, portant sur le frontispice : L'EMPEREUR NAPOLÉON AUX SOLDATS DE LA GRANDE-ARMÉE.

Art. 2. Dans l'intérieur du monument seront inscrits sur des tables de marbre les noms de tous les hommes par corps d'armée et par régiment qui ont assisté aux batailles d'Ulm, d'Austerlitz et d'Iéna, et sur des tables d'or massif, les noms de tous ceux qui sont morts sur les champs

---

(4) Voy, ci-dessus p. 266 et suiv.

LA MADELEINE.

Publié par Pourrat frères, à Paris

de bataille. Sur des tables d'argent sera gravée la récapitulation par département des soldats que chaque département a fournis à la grande-armée.

Art. 3. Autour de la salle seront sculptés des bas-reliefs où seront représentés les colonels de chacun des régiments de la grande-armée avec leurs noms; ces bas-reliefs seront faits de manière que les colonels soient groupés autour de leurs généraux de division et de brigade par corps d'armée. Les statues en marbre des maréchaux qui ont commandé des corps ou qui ont fait partie de la grande-armée seront placés dans l'intérieur de la salle.

Art. 4. Les armures, statues, monuments de toute espèce enlevés par la grande-armée dans ces deux campagnes; les drapeaux, étendards et tymbales conquis par la grande-armée, avec les noms des régiments ennemis auxquels ils appartenaient, seront déposés dans l'intérieur du monument.

Art. 5. Tous les ans, aux anniversaires des batailles d'Austerlitz et d'Iéna, le monument sera illuminé, et il sera donné un concert précédé d'un discours sur les vertus nécessaires au soldat, et d'un éloge de ceux qui périrent sur le champ de bataille dans ces journées mémorables.

Un mois avant, un concours sera ouvert pour recevoir la meilleure pièce de musique analogue aux circonstances.

Une médaille d'or de 150 doubles napoléons sera donnée aux auteurs de chacune de ces pièces qui auront remporté le prix.

Dans les discours et odes il est expressément défendu de faire aucune mention de l'empereur.

Art. 6. Notre ministre de l'intérieur ouvrira sans délai un concours d'architecture pour choisir le meilleur projet pour l'exécution de ce monument.

Une des conditions du prospectus sera de conserver la partie du bâtiment de la Madeleine qui existe aujourd'hui, et que la dépense ne dépasse pas trois millions.

Une commission de la classe des beaux-arts de notre Institut sera chargée de faire un rapport à notre ministre de l'intérieur, avant le mois de mars 1807, sur les projets soumis au concours. Les travaux commenceront le 1er mai et devront être achevés avant l'an 1809.

Notre ministre de l'intérieur sera chargé de tous les détails relatifs à la construction du monument, et le directeur de nos musées de tous les détails des bas-reliefs, statues et tableaux.

Art. 7. Il sera acheté cent mille francs de rente en inscriptions sur le grand-livre pour servir à la dotation du monument et à son entretien annuel.

Art. 8. Une fois le monument construit, le grand conseil de la Légion-d'Honneur sera spécialement chargé de sa garde, de sa conservation et de tout ce qui est relatif au concours annuel.

Art. 9. Notre ministre de l'intérieur et l'intendant des biens de notre couronne sont chargés de l'exécution du présent décret. Du camp impérial de Posen, le 2 décembre 1806.   *Signé* NAPOLÉON.

Sur les 92 projets présentés à l'Institut par les concurrents, 4 furent placés en première ligne et adressés à Napoléon, qui avait alors son quartier-général à Tilsitt. L'Institut faisait connaître dans son rapport qu'il avait décerné le premier prix à M. Beaumont, comme celui qui avait le mieux répondu aux conditions du programme. L'empereur en jugea autrement : il donna la préférence au plan de M. Pierre Vignon, qui reçut immédiatement l'ordre de s'occuper des constructions. Les travaux avaient déjà fait de rapides progrès, lorsque, comme en 1790, ils furent arrêtés par un autre événement politique : l'abdication de Napoléon et le retour en France de la famille des Bourbons. Le monument dut encore changer de destination ; on le rendit au culte catholique. M. Vignon continua les travaux en conséquence, et les dirigea avec talent jusqu'en 1828, qu'il termina sa carrière. Le gouvernement le remplaça par M. Huet, qui eut enfin l'honneur d'achever, au moins extérieurement, cet édifice.

L'église de la Madeleine présente un vaste parallélogramme entouré de colonnes d'ordre corinthien de dix-neuf mètres de haut. Son aspect imposant « réunit de la manière la plus heureuse la grace à la majesté, l'élégance à la richesse ; des proportions sveltes, légères, harmonieuses, à un aspect imposant. Les faces antérieure et postérieure ont chacune huit colonnes ; celles de côté en ont dix-huit. La cannelure de ces colonnes, par une particularité d'exécution qui la rend moins profonde dans la partie inférieure, est d'un très bel effet. La sculpture du chapiteau corinthien est ici d'une perfection à laquelle on ne peut rien ajouter. » On arrive sur le parvis de l'église par un grand escalier de 2 degrés partagés au milieu par un petit espace plan. Cet escalier est gardé par une grille en fer. Ce monument d'un excellent goût donne une idée parfaite des temples grecs. L'intérieur, encore inachevé, n'est éclairé par aucune ouverture pratiquée dans les murs. Le jour lui vient d'en haut par cinq coupoles surbaissées qu'on ne peut apercevoir du dehors. La toiture est entièrement couverte en fer et en cuivre. La frise qui règne autour de l'édifice est ornée d'anges, de médaillons, de rosaces et de guirlandes d'un très beau fini. Le fronton antérieur, d'une vaste composition, est rempli par un bas-relief d'une ordonnance grandiose, digne du monument dont il fait partie. Voici la description qu'en donne une publication récente : « A la gauche du Christ, se tient l'Ange vengeur avec son épée ; il repousse et chasse

loin de la jeune convertie l'Impudicité, la Luxure, l'Hypocrisie, l'Avarice. Ce groupe de figures allégoriques se termine par une Ame rebelle poussée dans l'enfer par un démon. Ce dernier épisode remplit l'angle aigu du fronton ; toute cette partie gauche de la composition se rapporte à la vie passée de la Madeleine jusqu'au jour de sa pénitence. A la droite du Christ se tient l'Ange de la résurrection. Après lui s'avancent la Candeur, la Foi et l'Espérance, dont l'attitude et l'expression indiquent leur intercession en faveur de la pécheresse pénitente. Après elle est assise la Charité tenant deux enfants, l'un dans ses bras, l'autre près d'elle ; l'angle aigu de ce côté du fronton est rempli par la résurrection d'un corps dont l'âme a été bonne. Sur la pierre tumulaire de cette élue, on lit ces mots : *Ecce dies salutis*, qui contraste avec le *Vœ impio*, tracé sur la pierre du Méchant placé à l'angle opposé. Dessous la corniche qui sert de base au fronton, dans un cartel qui interrompt les ornements de la frise, on lit :

D. O. M. SVB. INVOC. S. M. MAGDALENÆ.

L'exécution de ce beau travail, auquel on reproche cependant quelques légères imperfections, appartient tout entière à M. Lemaire, qui en a été chargé à la suite d'un concours ouvert par le ministre des travaux publics.

L'intérieur de ce monument, nous l'avons déjà dit, n'est pas encore entièrement achevé et manque de tous les ornements nécessaires à sa destination. Ces travaux complémentaires, nous n'en doutons pas, répondront à la grandeur du style de l'édifice et à son admirable exécution.

Arc de triomphe de l'Étoile, à l'extrémité ouest des Champs-Élysées, hors la barrière de l'Étoile ou de Neuilly. — Un décret impérial, du 18 février 1806, ordonna la construction de cet arc de triomphe, consacré à perpétuer le souvenir des victoires des armées françaises. Les dessins de Chalgrin furent approuvés, et la première pierre fut posée le 15 août de la même année. A l'entrée solennelle de l'impératrice Marie-Louise (1er avril 1810), on éleva en charpente et en toile l'arc de triomphe sous lequel devait passer la princesse. Les bas-reliefs avaient été dessinés par M. Lafitte, peintre d'histoire, dessinateur du cabinet de Napoléon. Les événements de 1814 trouvèrent l'arc de triomphe élevé jusqu'aux voûtes. Mais il resta inachevé, jusqu'après la guerre d'Espagne, en 1823 ; les travaux furent alors repris, en exécution de l'ordonnance royale du 9 octobre de la même année, qui, changeant la destination primitive de l'édifice, décida que cet arc de triomphe consacrerait la mémoire de cette expédition. M. Goust, qui avait remplacé Chalgrin, mort en 1811, puis M. Huyot, dirigèrent les travaux, sous la surveillance d'une commission composée de quatre architectes : MM. Fontaine, Debret, de Gisors et Labarre. L'édifice ne s'élevait cependant que fort lentement, lorsqu'éclata la révolution de 1830. Le nouveau gouvernement le rendit à sa destination première, et les derniers travaux de maçonnerie et de sculpture furent terminés sous la direction de M. Blouet. L'arc de triomphe fut inauguré le 29 juillet 1836. Tous les frais, depuis sa fondation, se sont élevés à près de dix millions.

L'arc de triomphe de l'Étoile est situé sur le point culminant entre l'avenue de Neuilly, qui longe les Champs-Élysées, et la route, ou plutôt les belles allées qui conduisent au pont de ce village (route de Saint-Germain). Il fait face d'un côté à ce pont, et de l'autre au château des Tuileries, avec le grand vestibule duquel il est aligné. L'élévation du terrain, où il appuie sa base, jointe à sa propre hauteur, le font apercevoir de tous les environs et de fort loin. Ce monument, qui surpasse par la grandeur de ses proportions tous ceux du même genre, présente dans son plan une croix régulière. Il est établi sur une fondation en pierres de taille de Château-Landon et de Chérance, de l'espèce la plus dure, qui porte huit mètres trente-sept centimètres de profondeur. Sa principale largeur est de quarante-quatre mètres quatre-vingt-deux centimètres (cent trente-trois pieds), et sa hauteur, au-dessus du sol, de quarante-cinq mètres trente-trois centimètres (cent trente-huit pieds), sa profondeur de vingt-un mètres quatre-vingts centimètres (soixante-huit pieds).

Le grand arc, dont la largeur est de quatorze mètres soixante-deux centimètres (quarante-cinq pieds), et la hauteur de vingt-neuf mètres dix-neuf centimètres (quatre-vingt-sept pieds), est décoré dans son tympan par quatre renommées colossales, dues au ciseau de Pradier. L'arcade qui est percée sur l'axe du boulevard extérieur de Paris, conduisant du Roule à Passy, a huit mètres quarante-cinq centimètres (vingt-six pieds) de largeur, et dix-sept mètres quatre-vingt-six centimètres (cinquante-cinq pieds) de hauteur.

Dans chacun des quatre massifs, on a pratiqué un escalier circulaire qui communique à des salles ménagées dans l'épaisseur de l'attique ; la plus grande de ces salles a neuf mètres trente-six centimètres de longueur, sur treize mètres quarante-six centimètres (quarante-un pieds) de largeur, et sept mètres treize centimètres (vingt-deux pieds) de hauteur. Elle est pénétrée par un second berceau elliptique formant voûte d'arêtes, et présentant quarante mètres huit centimètres (cent-vingt-sept pieds) de longueur, sur dix-sept mètres quarante-huit centimètres (cinquante-quatre pieds) de largeur. Des escaliers tournants, ménagés dans les deux piles de la face du monument, donnent accès à cette grande salle ainsi qu'à la plate-forme qui la surmonte.

Chacune des grandes faces de l'arc présente, dans sa partie inférieure, deux groupes de sculpture de grandes proportions, l'un à droite, l'autre à gauche de la grande voûte. Sur la face du côté des Tuileries, le groupe de droite, composé et exécuté par M. Rude, représente le *départ* (1792). Le groupe de gauche, sur la même face, composé et exécuté par M. Cortot, représente le *triomphe* (1810). Le groupe de droite, sur la face du côté du pont de Neuilly, par M. Etex, représente la *résistance* (1814). Enfin le groupe de gauche, sur la même face, exécuté également par M. Etex, représente la *paix* (1815). Entre l'imposte du grand arc et l'entablement, sont placés deux bas-reliefs sur chacune des grandes faces et un seul bas-relief sur chacune des faces latérales. Le bas-relief de droite, sur la face du côté des Tuileries, représente les funérailles du général Marceau (1796); le bas-relief de gauche, sculpté par M. Seurre aîné, représente la bataille d'Aboukir (1799). Le bas-relief de droite, sur la face du côté du pont de Neuilly, représente le passage du pont d'Arcole (1796); il est de M. Feuchère. Celui de gauche, sur la même face, par M. Chaponnière, représente la prise d'Alexandrie (1798). Le bas-relief de la face latérale de droite, par M. Gecther, représente la bataille d'Austerlitz (1805). Celui de la face latérale de gauche, par M. Marochetti, représente la bataille de Jemmapes (1792).

Les renommées placées dans les quatre tympans des deux grands arcs ont été composées et exécutées par M. Pradier. Dans la frise du grand entablement et tout à l'entour du monument, règne un bas-relief représentant, sur la face du côté de Paris, et en retour sur la moitié des deux faces latérales, le *départ des armées;* et sur la face du côté de Neuilly, et en retour sur l'autre moitié des deux faces latérales, le *retour des armées.* Cette frise a été exécutée par six artistes : MM. Brun, Laitié, Jacquot, Caillouette, Seurre aîné et Rude.

On a inscrit sur trente boucliers, placés dans la hauteur de l'attique, trente noms de nos plus éclatantes victoires : *Valmy. — Jemmapes. — Fleurus. — Montenotte. — Lodi. — Castiglione — Arcole. — Rivoli. — Pyramides. — Aboukir. — Alkmaer. — Zurich. — Héliopolis. — Marengo. — Hohenlinden. — Ulm. — Austerlitz. — Iena. — Friedland. — Somo-Sierra. — Essling. — Wagram. — La Moskowa. — Lutzen. — Bautzen. — Dresde. — Hanau. — Montmirail. — Montereau. — Ligny.*

Les tympans des petits arcs, sous la grande voûte, représentent l'*artillerie* et la *marine.* Le premier de ces sujets a été exécuté par M. Debay père, et le second par M. Seurre jeune. Tous les emplacements, laissés libre dans la grande voûte par la sculpture, sont occupés par les noms des principales victoires de la république et de l'empire. Enfin, quatre listes de six colonnes chacune, gravées sur les parois intérieures des petits arcs, contiennent les noms de trois cent quatre-vingt-quatre généraux, qui ont bien mérité de la patrie sur les champs de bataille.

Ce beau monument se trouve donc parfaitement remplir le but du décret impérial de 1806.

La Morgue, sur la place du Marché-Neuf, entre le pont Saint-Michel et le Petit-Pont. Sa fondation n'est pas très ancienne; c'est en 1804 qu'elle fut construite sur l'emplacement qu'elle occupe aujourd'hui; mais ce n'est que depuis quelques années qu'elle a reçu une organisation et un système d'administration plus complets et propres à remplir des vues de la plus haute utilité. Avant l'époque de la fondation de la nouvelle Morgue, et depuis un temps immémorial, les cadavres trouvés dans les rues de Paris ou dans la Seine étaient portés au Châtelet; et là on les descendait dans une des salles basses de cette prion, dite *basse-geôle*, d'où ils ne pouvaient être vus du public que par une espèce de lucarne grillée, donnant au rez-de-chaussée d'une petite cour intérieure du monument. L'emplacement consacré à cet usage, éclairé par un jour douteux qui n'y pénétrait que par la lucarne, permettait à peine d'en remplir le but. Les corps, rarement reconnus, séjournaient dans ce caveau obscur et privé d'air, où ils devenaient bientôt un foyer d'infection. Nulle précaution de salubrité, nul soin hygiénique n'étaient appelés à combattre une aussi pernicieuse disposition. Ces inconvénients, peu sensibles sans doute dans les premiers temps, durent apparaître avec toute leur gravité lorsque le nombre des morts accidentelles s'accroissait progressivement avec la population, et que les commotions politiques venaient encore y joindre leurs victimes. L'étroit et sombre caveau du Châtelet dut devenir bientôt insuffisant, et de plus en plus funeste aux habitants par son insalubrité. Ce fut sur ces considérations que, par ordonnance de thermidor an XII (1804), le préfet de police Dubois fit fermer la basse-geôle du Châtelet, qui a été démoli depuis, et décida qu'à l'avenir les cadavres retirés de la rivière ou trouvés ailleurs, dans le ressort de la préfecture de police, seraient transportés et déposés dans un local plus convenable, spécialement destiné à cet objet, et auquel on donnerait le nom de *Morgue*: ce nom était déjà consacré par l'usage et affecté depuis long-temps à la salle basse du Châtelet. En exécution de cette ordonnance, on construisit dans la cité, sur la place du Marché-Neuf, entre le pont Saint-Michel et le Petit-Pont, le modeste édifice qui porte ce nom. Construit avec la plus grande simplicité, de forme parallélogramme, sur trente pieds de longueur environ, et d'un seul étage très bas, il se compose d'un grand vestibule en corridor dans lequel le public est admis; de la pièce d'exposition des cadavres, à gauche de l'entrée, séparée de la pièce commune par un grillage vitré; à droite, du bureau du greffe et des concierges, pour le premier plan. En arrière, sur la Seine, sont : la salle des autopsies; une petite pièce dite le lavatoire, où sont examinés les corps apportés et où ceux qui ont été reconnus sont déposés et soigneusement recouverts jusqu'au moment de leur inhumation ; et une pièce mitoyenne où se trouve l'appareil désinfectant, qui consiste en un grand fourneau auquel aboutissent des tuyaux ou ventouses communiquant dans chacune des pièces où sont déposés les corps. L'étage supérieur est destiné au dépôt des effets et dépouilles et au logement des concierges. Les corps déposés sont exposés pendant trois jours aux yeux du public ; s'ils sont reconnus avant ce terme, ils sont retirés, rendus aux parents si ceux-ci les réclament ; et dans le cas contraire, déposés dans le lavatoire jusqu'au moment de l'inhumation, qui a également lieu au bout de ce temps pour les corps non reconnus. Le témoin de l'événement qui a causé la mort de ce malheureux, ou bien ceux qui ont assisté à la levée du cadavre, indépendamment des dépositions qu'ils sont appelés à faire en justice, sont priés, ainsi que les parents réclamants, de fournir au greffier de l'établissement tous les renseignements qui peuvent servir à éclairer les circonstances de la mort et qui peuvent en faire connaître le genre et la cause. Ces renseignements, recueillis avec le plus grand soin, sont des documents précieux dont la statistique et la science pourront un jour tirer un utile parti, et qui ont pu contribuer déjà à éclairer quelques points d'hygiène, de médecine légale et de morale publique.

Le service de la Morgue, dans les attributions de la préfecture de police, et sous l'inspection d'un médecin légiste et hygiéniste, est fait par un greffier et deux concierges. Ce service, continu par sa nature, a cependant une période à peu près invariable d'activité, renfermée dans l'intervalle de neuf heures du matin à neuf heures du soir. On sait avec quelle avide curiosité le peuple se présente à ce repoussant spectacle.

Académie de Paris. A la Sorbonne. — Après la suppression de l'ancienne Université en 1793, l'enseignement public fut réglé sur un plan plus vaste et mieux combiné; les écoles centrales remplacèrent les colléges. Napoléon rétablit l'Université. Le 17 mars 1808 parut un décret contenant les dispositions nécessaires à l'organisation générale du corps enseignant. Ce décret, quoique fort important, est beaucoup trop long pour que nous le rapportions ici. Dans ce décret, l'Université, qui comprend toutes les académies de l'empire, est sous la direction d'un grand-maître, qui a sous ses ordres un chancelier, un trésorier, un conseil composé de trente membres, dont dix sont conseillers à vie, des inspecteurs-généraux, des recteurs d'académies, des inspecteurs d'académies, les doyens des facultés, les principaux des colléges, etc. Ces dispositions sont les mêmes aujourd'hui, à quelques modifications près. Ainsi, par l'ordonnance du 27 février 1821, les vingt-six académies qui composent l'Université ne sont plus divisées qu'en trois arrondissements, dont le premier est formé de la seule académie de Paris. Par cette même ordonnance il est établi des écoles normales partielles près des colléges royaux de Paris qui ont des pensionnaires, et près du collége royal du chef-lieu de chaque académie.

Il y a maintenant dans l'Université cinq ordres de facultés, savoir : 1º des facultés de théologie ; 2º des facultés de droit ; 3º des facultés de médecine ; 4° des facultés des sciences mathématiques et physiques ; 5º des facultés des lettres.

L'Université est composée d'autant d'académies qu'il y a de cours royales.

Les écoles appartenant à chaque académie sont placées dans l'ordre suivant :

1° Les facultés pour les sciences approfondies, et la collation des grades.

2° Les colléges (autrefois lycées) pour les langues anciennes, l'histoire, la rhétorique, la logique, et les éléments des sciences mathématiques et physiques.

3° Les colléges, écoles secondaires communales, pour les éléments des langues anciennes, et les premiers principes de l'histoire et des sciences.

4° Les institutions, écoles tenues par des instituteurs particuliers, où l'enseignement se rapproche de celui des colléges.

5° Les pensions, pensionnats, appartenant à des maîtres particuliers, et consacrés à des études moins fortes que celles des institutions.

6° Les petites écoles, écoles primaires, les écoles d'enseignement mutuel où l'on apprend à lire, à écrire, et les premiers éléments du calcul.

Un inspecteur général est attaché à l'académie de Paris, particulièrement pour ce qui concerne l'administration ; il est sous la direction immédiate du recteur.

Le chef-lieu de l'académie de Paris est l'ancienne maison de Sorbonne, où sont placées les écoles de la faculté de théologie, de la faculté des sciences, de la faculté des lettres, et l'école normale.

Le grand-maître de l'Université fut remplacé, en 1814, par un président du conseil royal d'instruction publique. Une ordonnance royale du 1er juin 1822 a rétabli la charge de grand-maître qui est toujours exercée par le ministre de l'instruction publique. Le ministre préside aussi le conseil royal.

Lycées impériaux aujourd'hui *colléges royaux*. — Napoléon, en organisant l'Université, créa quatre lycées impériaux, le *Lycée Bonaparte*, le *Lycée Napoléon*, le *Lycée Charlemagne* et le *Lycée impérial*. Un cinquième devait être établi dans l'ancien collége d'Harcourt ; les événements politiques arrêtèrent l'exécution de ce projet. — *Lycée Bo-*

naparte, aujourd'hui *collége Bourbon*, rue Neuve-Sainte-Croix-d'Antin, n° 95, établi en 1802, comme je l'ai dit, dans l'ancien couvent des Capucins; c'est un édifice fort remarquable. A la restauration, ce collége prit le nom de *Bourbon*, il ne reçoit que des externes. — *Lycée Napoléon*, aujourd'hui *collége Henri IV*, rue Clovis; les bâtiments, construits sur l'emplacement de l'ancienne abbaye de Sainte-Geneviève, datent de 1744. Fondé en 1802, le lycée Napoléon prit en 1814 le nom d'Henri IV; il reçoit des externes et des internes. — *Lycée*, aujourd'hui *collége Charlemagne*. Il ne reçoit que des externes; fondé en 1802 dans les bâtiments de l'ancienne maison professe des jésuites, rue Saint-Antoine, n° 120. — *Lycée impérial*, aujourd'hui *collége de Louis-le-Grand*, rue Saint-Jacques, n° 125. C'est l'ancien collége de Clermont (1). On y reçoit des internes et des externes. Il s'est élevé depuis l'empire d'autres colléges à Paris; je leur consacrerai également un article spécial.

Nouvelle organisation judiciaire, à Paris. — Je crois devoir donner ici quelques détails sur les cours souveraines et sur les tribunaux établis à Paris par Napoléon.

Cour des comptes. — Elle occupe le même local et remplit à peu près les mêmes fonctions que l'ancienne *Chambre des comptes* (1).

Elle juge les comptes des recettes du trésor, des receveurs-généraux des départements, des régies et administrations des contributions indirectes, des dépenses du trésor, des payeurs généraux, des payeurs d'armées et des divisions militaires, des arrondissements maritimes et des départements, des recettes et dépenses des fonds et revenus spécialement affectés aux départements. Cette cour prend rang immédiatement après la cour de cassation, et jouit des mêmes prérogatives. Elle se divise en trois chambres, et se compose d'un premier président, de trois présidents, de dix-huit maîtres des comptes, de quatre-vingts référendaires de première et deuxième classes, et d'un procureur-général. — *Cour impériale*, aujourd'hui *royale*, au Palais-de-Justice, ancien local de la cour des aides et de la chancellerie du Palais. Elle est composée d'un premier président, cinq présidents, cinquante-quatre conseillers titulaires, douze conseillers auditeurs, un procureur général, quatre avocats généraux, onze substituts et un greffier en chef. Elle se divise en cinq chambres, trois civiles, une d'appel de police correctionnelle et une d'accusation. — *Cour de cassation*, au Palais-de-Justice, ancienne salle de la grand'chambre. Un premier président, trois présidents, quarante-cinq conseillers, un procureur-général, quatre avocats-géné-

(1) Voy. t. III, p. 416. — (1) Voy. t. II, p. 402 et suiv.

raux et un greffier la composent. Elle ne connaît pas du fond des affaires, mais elle casse les arrêts et jugements souverains, pour violation des formes ou fausses applications des lois, et renvoie la connaissance du fond à une cour ou à un tribunal autre que celui dont l'arrêt a été cassé. — *Tribunal de première instance*, au Palais-de-Justice. Il y a un président, sept vice-présidents, trente-quatre juges, parmi lesquels dix d'instruction, quatorze juges suppléants, un procureur du roi, quinze substituts, un greffier en chef et vingt-deux greffiers assermentés. Il se divise en sept chambres. Les quatre premières connaissent des matières civiles, excepté les contestations relatives aux avis de famille et interdictions ainsi que des contentieux des domaines, qui sont réservés à la première chambre, où siège le président ; la cinquième chambre s'occupe de causes sommaires ; les sixième et septième des affaires de police correctionnelle. — *Tribunal de commerce*, palais de la Bourse. Ce tribunal, qui remplace la *juridiction des juges et consuls* (1), se compose d'un président, de huit juges et de seize suppléants choisis parmi les commerçants les plus notables, élus par eux et confirmés par le roi. Ils connaissent entre négociants, marchands et banquiers de leurs transactions ; entre toutes personnes, de contestations relatives aux actes de commerce, de celles des marchands contre leurs commis et serviteurs, pour les faits seulement de leur trafic, des billets faits pour tous les comptables de deniers publics, et des faillites. Ils jugent en dernier ressort jusqu'à 1,000 fr. de capital. — *Tribunaux de paix*. Ainsi que je l'ai dit, il y a un juge de paix dans chaque arrondissement de Paris. Ces magistrats, institués par l'assemblée constituante, ne pouvaient juger dans l'origine qu'assistés de deux assesseurs. Napoléon supprima les deux assesseurs et n'établit que des suppléants qui remplacent les juges, mais ne les assistent pas. — *Tribunal de police municipale*. Il a été établi pour juger les délits de contravention aux règlements de police. Il se compose d'un juge de paix et d'un commissaire de police remplissant les fonctions du ministère public. Il siége au rez-de-chaussée de la première cour du Palais-de-Justice.

Banque de France, rue de la Vrillière, no 3. — Malgré des constructions nouvelles, ou plutôt quelques changements nécessités par la nature de l'établissement, on retrouve en général dans cet édifice le bel hôtel bâti, en 1620, par Mansart, pour le duc de La Vrillière, et qui dans la suite fut occupé par le comte de Toulouse et le duc de Penthièvre, dont il porta successivement les noms. Devenus propriété nationale en 1793, les bâtiments de la banque de France ont été occupés par l'imprimerie du gouvernement jusqu'en 1811, époque à laquelle

(1) Voy. t. III, p. 421 et suiv.

ils ont été disposés pour leur destination actuelle. Dans son origine, qui ne remonte qu'au 22 avril 1806, la banque de France était installée dans l'hôtel qui forme l'encoignure de la rue des Fossés-Montmartre et de la place des Victoires, hôtel appartenant aujourd'hui à M. Ternaux aîné.

Les opérations de la banque consistent, 1° à escompter les effets de commerce; 2° à faire des avances sur les fonds publics en recouvrement, et à époque déterminée; 3° à tenir une caisse de dépôt pour tous effets, titres, matières d'or et d'argent, et diamants; 4° à se charger des recouvrements et paiements pour le compte des particuliers et des administrations.

La banque de France a le privilége d'émettre des billets payables au porteur et à vue.

Les capitalistes qui ont concouru à l'établissement de la banque ont reçu en échange de leurs valeurs des *actions* qui rapportent un intérêt réglé tous les six mois, et basé sur la masse plus ou moins grande des bénéfices. Ces actions, qui, comme la rente, sont une matière susceptible d'échange, peuvent être immobilisées par la volonté du propriétaire, et avoir en conséquence les prérogatives des immeubles. L'usufruit de ces actions peut être cédé.

L'administration supérieure de la banque de France est confiée à quinze régents, trois censeurs et un gouverneur.

Hospice des Orphelins, rue du faubourg Saint-Antoine, n.ºs 124 et 126, nommé précédemment *hôpital des Enfants trouvés* (1). — En 1809, les orphelines habitaient seules cette maison; à cette époque on y réunit les orphelins de l'hôpital de la Pitié. Ce bel établissement peut contenir sept cent cinquante-quatre orphelins des deux sexes de deux à douze ans, placés dans des bâtiments sans communications. Les filles apprennent à lire et à écrire, la couture, la broderie. A l'âge de onze ans, les garçons sont mis en apprentissage à Paris ou envoyés dans les départements pour s'occuper des travaux de l'agriculture et des manufactures.

Maison de santé pour les maladies syphilitiques, rue du faubourg Saint-Jacques, n. 17. — Cet établissement, attenant à l'hôpital des Vénériens, fut fondé en 1809. Il peut contenir soixante malades qui sont soignés avec beaucoup d'égards, à raison de cinq francs et au-dessous par jour.

Musée du Luxembourg. — Marie de Médicis commença cette précieuse collection, qui fut transférée au Louvre en 1780. En 1805, l'em-

---

(1) Voy. ci-dessus p. 266.

pereur la fit replacer au Luxembourg et l'augmenta d'un grand nombre de beaux tableaux. Le roi Louis XVIII ordonna qu'on transportât à la galerie du Louvre les productions de Lesueur, de Vernet et d'autres grands maîtres, et les fit remplacer au Luxembourg par des tableaux d'artistes vivants.

Ce musée occupe une partie des deux ailes septentrionales du palais des Pairs. La terrasse qui longe la rue de Vaugirard sert de communication aux deux divisions qu'il présente. Les grandes salles sont dans l'aile orientale; les petites, dans l'aile opposée. Les grandes sont connues sous le nom de galerie de Lesueur et galerie de Rubens; la galerie de Vernet (Joseph) était il y a quelques années dans les petites salles L'agrégation au musée Royal des tableaux des grands artistes qui viennent d'être nommés n'a pas empêché ces dénominations de subsister. Les grandes salles sont éclairées par le haut, les autres par des fenêtres latérales. En général, le musée du Luxembourg est destiné à l'exposition des morceaux capitaux des peintres vivants, lorsque ces morceaux sont acquis par le gouvernement. Cette exposition n'est pas permanente pour un tableau en particulier; tel maître cède, au bout d'un certain temps, sa place à un autre, ce qui permet à l'administration de varier les plaisirs du public et de neutraliser les inconvénients d'un local trop étroit. Outre ses tableaux, le musée du Luxembourg contient plusieurs statues des premiers sculpteurs modernes. Cependant le règlement en vigueur par rapport aux peintres ne paraît pas être suivi pour l'autre classe d'artistes. La rotonde qui est au centre de la galerie de communication est occupée par la Baigneuse de Julien, morceau un peu maniéré, mais qui est d'une grande délicatesse et offre de charmants contours. Nous ferons ici comme pour le musée Royal, nous renverrons au *Livret* et aux critiques spéciales, pour l'énumération et l'appréciation des objets qui composent le musée du Luxembourg.

Musée d'artillerie. — Cette curieuse et riche collection, qui renferme une grande quantité de machines de guerre et d'armes de différents siècles, fut d'abord placée dans l'ancien bâtiment des Jacobins du faubourg Saint-Germain (1), puis rue de l'Université, n° 13 (2), et enfin aujourd'hui elle est située place Saint-Thomas-d'Aquin, n° 5. Ce musée a fait de grandes pertes en 1815 et à la révolution de 1830. On peut le visiter les jeudis et samedis avec une permission du directeur.

Théâtre des Variétés, boulevard Montmartre, n° 5. — J'ai raconté dans la période précédente l'histoire de la troupe des Variétés. Brunet

(1) Voy. ci-dessus p. 52.
(2) Le bâtiment de la rue de l'Université par où on entrait dans ce musée est aujourd'hui destiné au *Dépôt de la marine*.

et ses camarades débutèrent à la nouvelle salle du boulevard Montmartre le 24 juin 1807. Cet édifice, qui n'a point changé de destination, fait honneur à l'architecte, M. Célerier. Sa façade présente deux étages tétrastyles; son entrée est un vestibule spacieux, agréable et commode. La disposition de la salle et sa décoration sont faites avec goût et discernement; le foyer se distingue par son élégance.

CHAPITRE TROISIÈME.

Topographie.

Marché Saint-Martin, entre le jardin et l'ancienne abbaye Saint-Martin, les rues du Vertbois, de la Croix et de l'ancien marché Saint-Martin. — La première pierre de ce marché, le plus beau de la capitale après le marché Saint-Germain, a été posée le 15 août 1811, et les travaux, achevés en juillet 1817, furent dirigés par l'architecte Petit-Radel. Le monument se compose de deux grands corps de halles de cent quatre-vingt-quatre pieds de long, sur soixante-et-un de large, lesquels peuvent contenir trois cents étaux; au-devant sont placés deux pavillons destinés, l'un à servir de corps-de-garde, et l'autre de bureau à l'inspecteur. La fontaine surtout est charmante.

Marché des Carmes ou *de la place Maubert*, rue de la Montagne-Sainte-Geneviève. — Ce marché, dont le dessin est de M. Vaudoyer, commencé en 1813, ouvert en 1818, fut achevé en 1822. Il offre un quadrilatère dans le genre des marchés de l'abbaye Saint-Germain et de l'abbaye Saint-Martin. Il présente à l'extérieur, sur sa plus grande largeur, dix croisées et trois portes d'entrée; dans l'intérieur, six croisées et une porte donnant sur la cour; sur la petite largeur extérieure huit croisées et trois portes; et dans l'intérieur, quatre croisées et une porte; toutes les croisées sont fermées de persiennes. La boucherie renferme seize étaux. Au milieu de la cour est une fontaine.

Marché à la volaille et au gibier, quai des Augustins, au coin de la rue des Grands-Augustins. — Le marché à la volaille, commencé en 1808, fut achevé en 1811 (1). Il tient les lundis et vendredis depuis le jour jusqu'à midi, les mercredis et samedis jusqu'à deux heures pour la vente en gros, et tous les jours pour le détail. Le marché, construit par M. Happe, en pierre de taille et couvert en ardoises, est spacieux et commode. Il a cent quatre-vingt-dix pieds de long sur cent qua-

(1) L'ancien marché se tenait, depuis 1679, sur le quai des Augustins, qu'il obstruait.

rante-un de large. Il est formé de trois galeries séparées par des piliers supportant des arcades. Le monument est percé de onze arcades sur le quai, de douze sur la rue, fermées de grilles et de persiennes. Soixante boutiques, construites sur le même plan, y sont placées sur trois rangs. La vente en gros se fait dans les galeries du milieu; la troisième galerie, placée du côté de la rue du Pont-de-Lodi, est consacrée à la vente des agneaux.

Marché aux fleurs et arbustes, quai Desaix. — Après avoir long-temps tenu sur le quai de la Mégisserie, ou de la Ferraille, ce marché a été transféré, vers 1805, dans l'endroit où il est aujourd'hui. Quatre rangées d'arbres et deux cuves-fontaines en forment la décoration. Il se tient les mercredis et samedis de chaque semaine; les marchands d'arbres et d'arbustes étalent sur le quai de la Cité (1).

Marché Saint-Germain, sur l'emplacement de l'ancienne foire Saint-Germain, entre les rues Clément, Félibien, Lobineau et Mabillon. — La première pierre en fut posée le 15 août 1813, sur le terrain occupé par les ignobles loges de la foire. Il a été ouvert en 1817. C'est le plus beau marché de détail de la ville de Paris. L'architecte Blondel en a fourni les dessins et les a fait exécuter. Ce marché offre un quadrilatère, dont la construction, à la fois noble, simple et commode, est parfaitement appropriée à son objet. Les halles présentent un coup d'œil magnifique; chaque détaillant y possède une serre pour conserver ses marchandises; les côtés des rues Félibien et Lobineau sont éclairés extérieurement par seize croisées et cinq grilles, et intérieurement par douze croisées et trois grilles. Le côté extérieur des rues Clément et Mabillon présente douze croisées et cinq portes, et intérieurement huit croisées et trois portes. Toutes les croisées sont fermées par des persiennes. Outre une borne-fontaine et un vaste puits, on a transporté dans la cour intérieure du marché la fontaine qui décorait la place Saint-Sulpice.

De l'autre côté de la rue Lobineau se trouve une magnifique boucherie divisée en deux parties, qui renferment trente-six étaux. Au milieu et à l'endroit où sont placés les deux escaliers qui descendent aux serres, est encore une fontaine.

Marché des Jacobins ou *Saint-Honoré*, situé rues Saint-Honoré et Neuve-des-Petits-Champs. Il a été bâti en 1808 sur l'emplacement de l'ancien couvent des Jacobins, fameux depuis par la société des *Amis de la Constitution*, plus connus sous le nom de *Jacobins*, qui y tint ses séances. La pompe à feu de Chaillot alimente les deux fontaines de ce marché.

Marché aux pommes de terre et oignons, près la halle aux draps.

---

(1) Deux autres marchés aux fleurs viennent d'être établis, place de la Madeleine et place Royale.

Établi en 1811, il se tient sur l'emplacement nommé autrefois place du Légat (1).

Halle à la viande, rue des Prouvaires et des Deux-Écus. Cette halle, qui n'était que provisoire, fut commencée en 1813 et terminée en 1818. Elle se tient les mercredis et les samedis, pour les viandes de boucherie et de charcuterie, et les autres jours pour les issues de la volaille.

Marché Saint-Jacques-la-Boucherie. Des marchands fripiers avaient élevé sur l'emplacement de l'église de ce nom un grand nombre d'échoppes et de constructions en bois, qui furent détruites par le feu en 1824. Le propriétaire fit construire de nouvelles boutiques avec un logement au-dessus, le tout en maçonnerie. On y trouve, comme auparavant, de vieux vêtements, que l'on fait passer pour neufs. — Derrière le marché Saint-Jacques-la-Boucherie, sur la petite place, près la rue des Écrivains, il se tient, deux fois la semaine, le mercredi et le samedi, un marché où les habitants de la campagne apportent du beurre, du fromage, des œufs et des légumes.

Linge (Halle au Vieux-), rue et enclos du Temple. Elle fut commencée en 1809, sur les dessins de M. Molinos, et achevée en 1811. Elle se compose de quatre grandes nefs qui contiennent ou peuvent contenir environ 1800 boutiques. Cette halle s'appelle vulgairement le *Temple*. La rotonde a été construite en 1781. La halle au Vieux-Linge est ouverte tous les jours.

Marché des Blancs-Manteaux, Vieille rue du Temple, vis-à-vis la rue des Blancs-Manteaux, commencé en 1811, ouvert en 1819. Il présente six arcades de face. Derrière est une *boucherie* ornée, sur sa façade, de deux têtes de bœuf en bronze, faisant jaillir de l'eau dans deux bassins.

Grenier de réserve. Cet utile édifice occupe l'emplacement du jardin de l'Arsenal, boulevard Bourdon. On en posa la première pierre en 1807. Il a été construit sur les dessins de M. Delannoy, architecte. Ces greniers forment une longue ligne de cinq pavillons carrés, liés par quatre grands corps de bâtiments.

Entrepôt des vins et eaux-de-vie, quai Saint-Bernard. Une halle aux vins avait été établie sous Louis XIV, en 1662. Le projet avait été autorisé dès 1656. Le privilège en avait été accordé aux sieurs de Chamarande, et de Baur, maréchal-de-camp. Les administrations des hôpitaux s'y opposèrent d'abord, et cédèrent enfin, en 1662, à condition qu'elles recevraient la moitié des bénéfices. On joignit à cette halle la chapelle de Saint-Ambroise. Cette halle était insuffisante pour les besoins de la capitale. Le plan d'un nouvel établissement fut arrêté par un décret impérial du 30 mai 1808.

Les travaux commencèrent sous la direction et sur les dessins de

---

(1) Il se vend tous les ans sur ce marché 220,000 setiers de pommes de terre.

M. Gaucher, architecte. La première pierre fut posée le 15 août 1811. Le 30 mai 1812, la charpente d'un des marchés fut posée, et le 17 décembre suivant, le commerce des eaux-de-vie put disposer de deux halles. Le 5 août 1813, quatre autres halles furent livrées au commerce. Les celliers du côté de la Seine furent commencés dans le courant de 1813, et le 8 novembre 1814, cinq celliers du côté du quai furent ouverts aux marchands de vins. Les travaux se ralentirent en 1815, 1816 et 1817. Les masses de constructions commencées ne furent terminées qu'en 1818.

On s'est ensuite occupé de la fondation des bâtiments du côté de la rue Saint-Victor. Ils se composent de vingt-trois celliers, qui peuvent contenir cent soixante mille hectolitres de vins.

Les vins et eaux-de-vie conduits à l'entrepôt peuvent être réexportés hors de la ville sans être assujettis aux droits d'octroi. Cette exportation ne peut avoir lieu que par la rivière ou par les barrières de Bercy et de la Gare. Dans ce dernier cas, les transports doivent suivre le quai et être effectués en deux heures. Les vins destinés à la consommation de Paris ne sont passibles des droits d'octroi qu'au moment de leur sortie de l'entrepôt.

Laines (dépôts des). — Ce lavoir public est situé port de l'Hôpital, n° 35, près du pont d'Austerlitz. Il fut fondé en 1813, et placé sous la surveillance de plusieurs membres du conseil général d'agriculture. On l'établit, le 10 juillet de la même année, dans l'ancienne église de Saint-Julien-le-Pauvre. En 1815, il fut transféré dans le local qu'il occupe actuellement. Ce dépôt a reçu depuis une nouvelle organisation qui a été mise en activité le 1er janvier 1820. Les procédés pour le lavage et la préparation des laines, et la sûreté des marchandises, ont obtenu les suffrages et la confiance du commerce.

Pont d'Iéna. Communique du Champ-de-Mars à la route septentrionale de Versailles. — Commencé en 1806, il fut achevé en 1815. Sa longueur est de quatre cent soixante pieds, sa largeur de quarante-deux pieds. Le plan de sa chaussée est parfaitement horizontal. C'est l'ingénieur Lamandé qui a fourni les plans et dirigé les travaux. Le nom de pont d'Iéna, qui lui fut donné en mémoire de la célèbre victoire d'Iéna, manqua de lui être funeste. Lors de la seconde invasion, les Prussiens résolurent de le détruire. La mine préparée à effet était presque terminée, lorsque l'empereur Alexandre vint par son intervention conserver un monument si nécessaire aux quartiers de l'ouest de Paris. Une ordonnance de S. M. Louis XVIII, rendue au mois de juillet 1815, décida que le pont prendrait le nom de pont des Invalides ou de l'Ecole-Militaire. Depuis la révolution de 1830, il a repris celui de pont d'Iéna.

L'EMPIRE.

Pont d'Austerlitz. — Il communique du Jardin-des-Plantes à l'Arsenal ; commencé en 1802, il fut ouvert aux piétons le 1er janvier 1806, et aux voitures le 5 mars de l'année suivante. Il a été construit sous la direction de M. Lamandé, ingénieur en chef des ponts-et-chaussées, et aux frais d'une compagnie qui doit, pendant 70 ans, l'entretenir et recevoir un péage fixé à 5 c. pour les piétons et à 15 et au-dessus pour les voitures. Les dépenses de cette compagnie se sont élevées à plus de trois millions. Ce pont magnifique est le second à Paris dont les arches aient été construites en fer ; les culées et les piles sont en pierre de taille et fondées sur pilotis. Il repose sur cinq arches en fer fondu, d'une dimension moyenne de 150 pieds. Sa longueur totale est de 400 pieds et sa largeur de 37. La dénomination d'Austerlitz lui a été donnée en mémoire de la célèbre bataille de ce nom, gagnée par les Français le 2 décembre 1805, sur les Russes et les Autrichiens. A la rentrée des Bourbons, les Russes ayant exigé que ce nom lui fût enlevé, une ordonnance lui assigna celui de pont du Jardin du Roi. Mais le peuple n'a jamais cessé de lui conserver ce nom d'Austerlitz qui réveille de si glorieux souvenirs.

Abattoirs. — La plupart des anciennes boucheries de Paris contenaient un abattoir particulier. Cet usage était pour la capitale la source d'une foule d'inconvénients on ne peut plus graves. On vit souvent des bœufs, échappés à la masse qui devait les frapper, porter la mort et l'effroi au milieu d'une foule sans défense. D'un autre côté, l'infection que ces établissements répandaient dans leur voisinage était encore plus dangereuse pour le peuple. Les premiers accidents ne se renouvelaient pas tous les jours, mais, dans l'autre cas, il y avait continuité d'action pestilentielle. Plusieurs projets de tueries à l'extérieur avaient été proposés sous Louis XV et sous Louis XVI, mais le mauvais état des finances ne permit pas les mettre à exécution. Enfin, en 1809, Napoléon rendit une ordonnance qui fixait aux barrières de Paris l'abattage des animaux, et qui portait au nombre de cinq les établissements à ériger. L'ordonnance eut son exécution, et nous possédons aujourd'hui des abattoirs publics qui répondent parfaitement à leur destination et aux vues de salubrité publique qui les ont fait créer. Tous renferment de vastes étables, des magasins considérables, des eaux abondantes et pures.

Abattoir de Villejuif, boulevard de l'Hôpital, près la barrière Mouffetard. — L'architecte Lenoir en dirigea les travaux en 1810. Cet abattoir tire son nom du voisinage de Villejuif.

Abattoir de Grenelle, entre l'avenue et la place de Breteuil, l'avenue de Saxe, la rue des Paillassons, et le chemin de ronde de la barrière de Sèvres. — Cet édifice a été élevé sur les dessins et sous la direction de M. Gisors architecte.

Abattoir du Roule, dans la plaine de Monceau, au bout de la rue de Miroménil. — L'architecte Petit-Radel fut chargé de la direction des travaux de ce bâtiment, lesquels commencèrent en 1810. Cet abattoir, qui a deux cents mètres de largeur, et cent dix-huit de longueur, se compose de quatorze bâtiments.

Abattoir de Montmartre ou de Rochechouart, entre les rues de Rochechouart, de Latour-d'Auvergne, des Martyrs, et les murs de Paris. — Ce monument occupe un terrain de trois cent cinquante mètres de longueur, et cent vingt-cinq de largeur. Il fut commencé en 1811, sous la direction de Poidevin, architecte. Il contient quatre bergeries et autant de bouveries. Chaque corps de tuerie contient six places. Cet abattoir prend son nom de la butte Montmartre, au pied de laquelle il est situé.

Abattoir de Popincourt ou de Ménilmontant, entre les rues de Popincourt, des Amandiers, Saint-Maur et Saint-Ambroise. — Ce vaste édifice, commencé en 1810, sous la direction de M. Happe, architecte, a pris son nom de la proximité de la rue et de la barrière de Ménilmontant, et se compose de vingt-deux bâtiments divers.

Le produit de la location des abattoirs est estimé 300,000 fr.

Quai Morland. — Il commence au pont du Jardin du Roi et finit au pont de Grammont. On le nommait autrefois *quai du Mail,* à cause d'un mail que Henri IV y fit construire, et qui fut détruit vers le milieu du XVIIIe siècle. Le nom de *Morland,* qu'il porte depuis 1806, est celui d'un colonel des chasseurs de la garde impériale, tué à la bataille d'Austerlitz.

Quai Catinat ou de l'Archevêché. — Il commence au pont de la Cité et finit au pont au Double. Commencé en 1809, il fut terminé en 1813.

Quai Saint-Michel. — Il commence au pont Saint-Michel et finit au Petit-Pont. Commencé en 1811, achevé en 1813. Il porta aussi les noms de *Bignon,* prévôt des marchands, qui en avait projeté la construction en 1772, et de Montébello.

Quai nouveau de la Tournelle. — Il s'étend depuis le pont au Double jusqu'au *Port aux Fruits.* Commencé sous l'empire, il fut terminé en 1819.

Catacombes. — Les Catacombes sont des carrières dans lesquelles on a déposé les ossements extraits des anciens cimetières et des églises qu'on a démolies depuis environ quarante années. De courts extraits de la description des catacombes par M. Héricart de Thury, feront parfaitement connaître ce dont il s'agit.

« Les souterrains dans lesquels sont établies les catacombes, dit cet auteur, après avoir fourni les matériaux de construction de nos temples, de nos palais, de tous nos édifices, ont ensuite servi à recueillir les restes de nos aïeux, derniers vestiges de ces générations multipliées, enfouies et ensuite exhumées du sol de notre ville, où elles s'étaient succédé pendant un si grand nombre de siècles. L'idée de former dans les anciennes carrières de Paris ce monument unique, est due à M. Lenoir, lieutenant-général de police; ce fut lui qui en provoqua la mesure en demandant la suppression de l'église des Innocents, l'exhumation de son antique cimetière et sa conversion en place publique.

» En 1780, la généralité des habitants, effrayée des accidents qui eurent lieu dans les caves de plusieurs maisons de la rue de la Lingerie, par le voisinage d'une fosse commune ouverte vers la fin de 1779, et destinée à recevoir plus de deux mille corps, s'adressa au lieutenant-général de police, en démontrant les dangers dont la salubrité publique était menacée par ce foyer de corruption, *dans lequel*, portait la supplique, *le nombre des corps déposés excédant toute mesure et ne pouvant se calculer, on avait exhaussé le sol de plus de huit pieds au-dessus des rues des habitations voisines.*

» M. Guillaumot, premier inspecteur-général, fit exécuter au commencement de 1786 les travaux nécessaires pour disposer d'une manière convenable le lieu destiné à recueillir les ossements exhumés du cimetière des Innocents, et successivement ceux qui seraient retirés de tous les autres cimetières, charniers et chapelles sépulcrales de la ville de Paris. L'état de ces carrières, abandonnées depuis plusieurs siècles, la faiblesse des piliers, leur écrasement, l'affaiblissement du ciel dans un grand nombre d'endroits, les excavations jusqu'alors inconnues des carrières inférieures, les dangers qu'elles présentaient, les piliers des ateliers supérieurs portant à faux, le plus souvent sur les vides des ateliers de dessous, les infiltrations et les pertes du grand aqueduc d'Arcueil, etc., furent autant de motifs qui déterminèrent l'inspection à apporter la plus grande activité dans les travaux. Après avoir fait l'acquisition de la maison connue sous le nom de *Tombe Isoire* ou *Isoard*, située dans la plaine de Mont-Souris, sur l'ancienne route d'Orléans, dite la *Voie Creuse*, on fit un escalier de soixante-dix-sept marches pour descendre dans les excavations, à dix-sept mètres environ de profondeur, et un puits muraillé pour la jetée des ossements. Durant ces premières dispositions, divers ateliers d'ouvriers étaient occupés, les uns à faire des piliers de maçonnerie pour assurer la conservation du ciel des carrières, et de toutes les carrières dont on redoutait l'affaissement; d'autres, à faire communiquer ensemble les excavations supérieures et inférieures, pour en former deux étages de catacombes; d'autres enfin, à construire les murs d'enceinte destinés à cerner toute l'étendue que devait comprendre le nouvel ossuaire. »

Dans les années postérieures à 1786, année dans laquelle ces premiers travaux furent achevés, on continua d'apporter aux catacombes les nouveaux ossements que l'on découvrait. Les restaurations et augmentations qu'elles éprouvèrent en 1810 en ont fait un monument sépucral aussi important par son étendue que par les aspects qu'il présente.

Trente à quarante générations sont venues s'y engloutir, et l'on a estimé que cette population souterraine était huit fois plus nombreuse que celle qui respirait à la surface du sol de Paris. Les ossements sont symétriquement superposés et forment des pans alignés au cordeau entre les piliers qui soutiennent les voûtes des galeries. Trois cordons de têtes contiguës sont destinés sans doute à décorer ces singulières murailles. Des inscriptions apprennent de quel cimetière, de quelle église ces diverses masses ont été extraites ; d'espace en espace on lit aussi des sentences tirées des livres sacrés, des écrivains anciens et modernes.

Les Catacombes ont trois entrées : la première, par le pavillon occidental de la barrière d'enfer ; la seconde, à la Tombe Isoire ; la troisième, dans la plaine de Mont-Souris. La première est la plus fréquentée. On n'est admis qu'en présentant une permission signée de l'inspecteur-général, ou des ingénieurs surveillants. Un escalier étroit, où l'on descend seul à seul, à la profondeur de quatre-vingt-dix pieds, conduit à la première galerie. On y peut marcher deux de front. A droite et à gauche on rencontre d'autres galeries qui se prolongent sous la plaine Mont-Rouge, et sous les faubourgs Saint-Jacques et Saint-Germain. On a tracé à la voûte, dans toute la longueur des catacombes, une ligne noire qui pourrait au besoin diriger le curieux qui se serait égaré dans le labyrinthe des galeries. Celle dite du *Port-Mahon*, parce qu'on y voit un plan en relief de ce lieu, rappelle le souvenir d'un ouvrier nommé Décure, qui, après l'avoir découverte, s'y fit un atelier particulier, auquel il consacrait ses heures de repas. Décure y fit de mémoire le plan en question. On rapporte qu'il périt des suites d'un éboulement occasionné par les percées qu'il entreprit afin de rendre plus facile l'entrée de sa carrière.

On visite aussi deux compartiments qui renferment des échantillons de toutes les substances minérales qui composent le sol des carrières, et une collection de phénomènes ostéologiques recueillis dans la répartition des ossements.

Les travaux relatifs aux Catacombes ont donné l'occasion d'en faire d'autres qui ont eu pour but d'assurer la sécurité des habitants de la rive gauche de la Seine. Cette portion de la capitale était menacée à chaque instant d'être engloutie dans les entrailles de la terre. Des éboulements particuliers, et qui avaient eu des suites très graves, avaient signalé depuis long-temps le danger. Maintenant toute crainte a cessé, le sol a été affermi sur tous les points par des constructions souterraines dirigées avec habileté (1).

Cimetières. — Nous avons eu occasion de dire, en parlant du cimetière des Innocents, que dès 1765 le parlement rendit un arrêt à l'effet de s'opposer aux inhumations dans l'intérieur de la ville : c'est seulement quinze années après que cette réforme salutaire fut accomplie. Les cimetières établis à Paris avant 1780 étaient ceux de la *Charité*, rue des Saints-Pères; de l'*Hôtel-Dieu*, rue Croix-Clamart, faubourg Saint-Marcel; de la *Pitié*, rue Saint-Victor; de *Saint-André-des-Arcs*, rue du même nom; *Saint-Étienne-du-Mont*, vis-à-vis l'église; *Saint-Eustache* : il y en avait deux de ce nom; il en était de même pour la paroisse de *Saint-Benoît*; *Saint-Jean*, au bout de la rue de la Verrerie, converti en marché en 1791 ; *Saint-Joseph*, rue Montmartre, près de la rue du Croissant ; *Saint-Nicolas-des-Champs*, rue Chapon ; *Saint-Nicolas-du-Chardonnet*, entre les rues des Bernardins et Traversine ; *Saint-Roch* ; *Saint-Séverin* ; *Saint-Sulpice* : il y en avait aussi deux de ce nom; enfin le cimetière des *Saints-Innocents*.

Paris n'a plus maintenant que cinq cimetières que nous allons décrire successivement.

Cimetière de Vaugirard, situé à l'entrée du village de ce nom, près du boulevard extérieur.— C'est le moins grand des cimetières de Paris; il renfermait le tombeau de La Harpe.

Cimetière du Mont-Parnasse, entre le boulevard extérieur, le Petit-Mont-Rouge et la Chaussée-du-Maine. — Ce cimetière a été ouvert il y a une vingtaine d'années : on n'y enterrait que les suppliciés et les cadavres sortis de la Morgue ou des hôpitaux voisins. Ses grandes dimensions sont en rapport avec la population de la rive gauche de la Seine, ce qui n'a pas lieu pour les deux autres de ce quartier.

Cimetière Sainte-Catherine, rue des Gobelins. — Il a été fermé en 1793. Ce qui s'y trouve de plus remarquable, c'est le tombeau de Pichegru et du poëte Luce de Lancival.

Cimetière de Mont-Louis ou du Père-Lachaise, situé à l'extrémité des boulevards extérieurs du nord, proche la barrière d'Aunay. — On évalue à quatre-vingts arpents la superficie de ce cimetière, le plus vaste de Paris. C'était autrefois la retraite du confesseur de Louis XIV, le jésuite Lachaise. Une chapelle occupe la place où était la maison. Le parc est divisé en deux parts : l'une est assignée aux enterrements du quartier nord-est ; l'autre, beaucoup plus considérable, se sub-

(1) Je me suis servi pour cette description des Catacombes de l'article publié par M. Roquefort dans son *Diction. des monum. de Paris*.

divise en autant de petits terrains qu'elle contient de tombeaux, et appartient à tous les quartiers de Paris sans exception ; mais le droit d'y être enterré s'achète. La concession des terrains est temporaire ou à perpétuité. Au milieu des tombeaux de ceux qui n'ont été que riches ou titrés, on remarque ceux de Molière, Chénier, Grétry, Méhul, Delille, Parmentier, Fourcroi, Masséna, Girodet; de mesdames Cottin, Dufresnoy ; et le tombeau d'Héloïse et d'Abeilard, que l'on a vu pendant quelques années au musée des Petits-Augustins, y a été transporté.

Le cimetière du Père-Lachaise a été ouvert le 21 mai 1804.

Cimetière de Montmartre, au pied de la butte de ce nom, entre les barrières de Clichy et de Rochechouart. — Ce cimetière, le premier qui ait été ouvert hors Paris, présente une surface inégale. C'est du côté de l'ouest que l'on creuse les fosses communes. L'autre côté a quelques groupes d'arbres. C'est là qu'on peut voir les tombeaux de Saint-Lambert, de Legouvé, de Dazincourt, etc.

Port de la Rapée, sur la rive droite de la Seine.— Établi en 1812 pour les pierres à plâtre, le bois flotté, etc.

Port d'Orsay, anciennement nommé *port de Bonaparte*, sur la rive gauche de la Seine. — C'était l'ancienne *Grenouillère*, dont il est parlé si souvent dans Vadé et autres écrivains grivois du dernier siècle. Construit en 1808.

Fontaines. — Il existait à Paris, en 1806, soixante-six fontaines publiques. Dans ce nombre n'étaient point comprises les fontaines établies dans les palais et dans leurs jardins. Un décret du 2 mai 1806 ordonna l'érection de quinze nouvelles fontaines.

Fontaine de l'École. — Construite en 1806. Elle se compose d'un dé carré, qui s'élève au milieu d'un bassin circulaire et surmonté d'un vase. L'eau jaillit d'un mascaron de bronze placé sur chaque face du soubassement. Ce vase est décoré d'un bas-relief représentant des divinités marines et un triton. Cette fontaine reçoit les eaux d'Arcueil.

Fontaine du Gros-Caillou, place de l'Hospice Militaire du Gros-Caillou entre les n°s 73 et 75.— Construite en 1813, sa masse s'élève sur un plan carré contenu entre huit pilastres d'ordre dorique; la façade principale est décorée de deux statues représentant Mars et la déesse Hygie ; sur les faces latérales est un vase entouré du serpent d'Esculape. La sculpture est due au ciseau de M. Beauvalet. L'eau jaillit par trois mascarons de bronze, et vient de la pompe à feu du Gros-Caillou.

Fontaine du Palmier, place du Châtelet. — Sa forme est un quadrilatère au milieu duquel s'élève du centre d'un bassin de vingt pieds de diamètre une colonne de style égyptien, en forme de palmier. Le dé qui lui sert de base s'appuie sur un soubassement élevé, dont chaque

angle est orné d'une corne d'abondance d'où jaillit l'eau ; au-dessus de la colonne s'élève une boule sur laquelle est posée une Renommée ayant les ailes déployées et les bras tendus, qui tient une couronne civique de chaque main. Au bas sont placées quatre statues, représentant la Justice, la Force, la Prudence et la Vigilance. La colonne, qui n'appartient à aucun ordre, a le fût décoré de feuillages et coupé à des intervalles égaux par des bracelets où sont inscrits, en lettres de bronze, les noms des principales batailles gagnées par les armées françaises. La forme du chapiteau évasée est ornée de plumes et de palmes symétriquement arrangées. Le piédestal, décoré d'un aigle aux ailes déployées, est entouré d'une couronne de lauriers. Ce monument, commencé au mois de septembre 1807, fut terminé en octobre 1808, sur les dessins de l'ingénieur Bralle ; les sculptures sont de Boizot.

La fontaine est alimentée par la pompe Notre-Dame.

Fontaine du Ponceau, rue du même nom, à l'angle où était l'égout. — On construisit en 1808 cette jolie fontaine, en remplacement de celle qui existait au coin de la rue Saint-Denis ; elle se compose d'un hémicycle adossé au mur ; à un milieu s'élève un jet d'eau, qui retombe dans une cuvette circulaire qui sert d'abreuvoir pour les animaux.

Ses eaux viennent du canal de l'Ourcq.

Fontaine de Popincourt, rue du même nom, entre les n°s 49 et 51, vis-à-vis la rue Saint-Ambroise. — Dans un massif couronné d'un fronton d'assez mauvais goût est un bas-relief représentant la Charité ou la Bienfaisance qui allaite un enfant et en cache un autre dans les plis de sa robe, tandis qu'elle présente une coupe d'eau à deux autres enfants altérés. L'eau, qui vient de la pompe à feu de Chaillot, tombe d'un vase renversé dans une cuvette de forme peu agréable. Ce monument a été construit en 1806, sur les dessins de l'ingénieur Bralle, et le bas-relief, qui est estimé, est dû au ciseau de M. Fortin.

Fontaine de Sèvres, rue du même nom, n° 18. — Sous une porte de temple égyptien est une statue qui tient un vase de chaque main ; l'eau en découle dans une cuvette demi-circulaire. Le trop-plein de ce réservoir se vide par un mascaron en bronze, représentant une tête de lion ou de sphynx égyptien.

Cette fontaine, construite en 1806, est alimentée par la pompe à feu du Gros-Caillou ; la sculpture et les ornements sont dus au ciseau de M. Beauvalet.

Fontaine de Vaugirard, rue du même nom, au coin de la rue du Regard, n° 88. — L'architecte a pris pour décoration deux pilastres ornés de sculptures, surmontés d'un fronton. Le bas-relief représente Léda assise au bord de l'Eurotas, ayant sur ses genoux Jupiter transformé en cygne. L'eau jaillit du bec de cet oiseau, et tombe dans une vasque. Un des côtés de la composition est occupé par un Amour qui tire une flèche de son carquois, et l'autre par des roseaux. Sur le pilastre de droite est un gouvernail qu'entrelacent deux dauphins; sur celui de gauche, deux dauphins entrelacent un trident. Cette fontaine, qui est alimentée par l'aqueduc d'Arcueil, est d'un très bon style, et le bas-relief est sagement composé. On voit que l'artiste a voulu imiter l'école du célèbre Goujon. Elle fut construite en 1806, sur les dessins de l'ingénieur Bralle.

Fontaine de la place de l'Ecole-de-Médecine ou *d'Esculape*, place du même nom. — Ce monument, élevé en 1806, sur les dessins de l'architecte Gondouin, consistait en une grotte formée par quatre colonnes d'ordre dorique cannelées, formant trois entre-colonnements, et portant un attique. Les eaux tombaient de la voûte et venaient de la Seine. On a détruit cette fontaine il y a quelques années pour établir la clinique de l'Ecole-de-Médecine.

Fontaine de la Pointe-Saint-Eustache, dite aussi *de Tantale*, entre les rues Montmartre et Montorgueil. — Dans une niche de forme rustique, avec des bossages vermiculés en congélation, M. Bralle, ingénieur hydraulique, a placé un vase où tombe toute l'eau rassemblée d'abord dans une coquille. Ce vase, orné d'un bas-relief, la laisse échapper dans une cuvette demi-circulaire. Au-dessus de la coquille est un mascaron couronné de fruits; il a la bouche béante, les yeux fixés sur la nappe d'eau, dont il paraît avide, et à laquelle il ne peut atteindre. Le monument est terminé par un fronton, au milieu duquel on a sculpté un aigle aux ailes déployées et entouré d'une couronne de lauriers. Cette fontaine a été construite en 1806. Les sculptures sont de M. Beauvalet. Les eaux viennent de la pompe à feu de Chaillot.

Fontaines du marché aux fleurs, quai Desaix. — Elles consistent en deux cuves de forme antique, placées à chacune des extrémités du marché, et du milieu desquelles jaillit l'eau. L'architecte Molinos a fourni les dessins. Elles sont alimentées par la pompe Notre-Dame.

Fontaine du marché Sainte-Catherine, cul-de-sac de la Poissonnerie. — Elle se compose d'une façade, dont le milieu, en avant-corps, est orné de pilastres par-devant, en retour; ces pilastres supportent un fronton triangulaire, derrière lequel s'élève une petite coupole qui se termine par un bout de pyramide.

Le mur qui sert de fond à cet avant-corps ne dépasse point la hauteur du fronton, et chaque côté est percé d'une porte. Des dauphins, des roseaux et des congélations décorent les différentes parties de cette fontaine.

Fontaines du collège de Bourbon anciennement du lycée Bonaparte, rue Sainte-Croix, Chaussée-d'Antin. — En 1806, on a décoré la façade du collège de Bourbon de deux fontaines, qui sont alimentées par la pompe à feu de Chaillot. L'eau sort par trois têtes de lions en bronze, et tombe dans une grande cuve en forme de tombeau antique.

Fontaine Saint-Antoine ou *de la petite Halle*, rue du Faubourg-Saint-Antoine, au coin de la rue de Montreuil. — Cette fontaine, située près d'une halle ou petite boucherie, anciennement dépendante de l'abbaye Saint-Antoine qui est en face, se compose d'un bâtiment carré, dont trois faces seulement sont à découvert. La quatrième façade est masquée par un corps-de-garde. Elle présente la forme d'un piédestal. Au milieu de la façade principale est une niche placée entre deux pilastres simples, lesquels supportent un fronton. Dans l'intérieur de la niche est une table réservée pour une inscription. Un mascaron, placé à la base, verse de l'eau de Seine.

Fontaine des Blancs-Manteaux, rue du même nom, n° 10. — Elle est sans ornements et porte un caractère très simple. Le monument se compose d'une niche carrée, de peu de profondeur, ornée, dans le haut, d'une table en saillie, et au bas, d'un robinet. Deux pieds-droits et un linteau encadrent cette niche, et un fronton triangulaire, soutenu par deux consoles, couronne le monument.

Fontaines du palais de l'Institut, quai de Conti, n° 23. — Deux fontaines absolument semblables coupent des deux côtés les degrés qui conduisent au péristyle du palais des Beaux-Arts. Ce n'est qu'un accessoire dans la décoration de la façade. Chacune se compose de deux lions égyptiens, sur le modèle de ceux que l'on voit à la fontaine de Moïse, place des Thermes, à Rome. Ces lions, en regard, versent de l'eau dans une vasque en quart de cercle. Ils ont deux mètres de long, et sont de fonte de fer. Ils ont été coulés à la fonderie de Creuzot, près Autun, et ont été exécutés en 1809 sur les dessins de M. Vaudoyer, architecte. Ces fontaines sont alimentées par la pompe à feu du Gros-Caillou.

Fontaine du marché Beauvau, ou *Lenoir*. — Très simple dans sa construction, ses eaux, qui viennent de la pompe à feu de Chaillot, tombent dans une cuvette formant un cône tronqué, et entretiennent la fraîcheur d'un gros peuplier qui s'élève auprès. C'est, je pense, le seul arbre de la liberté qui n'ait pas été arraché.

Fontaine du marché aux Chevaux. — Elle a été construite, en 1806, sous la direction de l'ingénieur Bralle; elle se compose d'une borne dans le style antique, décorée d'un aigle sculpté en relief, dans une couronne de lauriers, le tout encadré d'une simple moulure. L'eau jaillit par un mascaron de bronze placé au bas de la borne, et tombe dans un bassin carré. Cette fontaine, dont les ornements ont été sculptés par M. Beauvalet, est alimentée par la pompe à feu du Gros-Caillou.

Fontaine des Incurables, rue de Sèvres, entre les n°s 58 et 60. — Le sculpteur a représenté une figure de style égyptien versant de l'eau de deux cruches qu'elle tient dans ses mains. Elle est alimentée par la pompe à feu du Gros-Caillou.

Fontaine de la place du Parvis-Notre-Dame, place du même nom, n° 2. — Cette fontaine, dite du *Regard de Saint-Jean*, alimentée par la pompe Notre-Dame, est décorée de deux vases, l'un à droite, l'autre à gauche, qui jettent de l'eau dans deux grandes vasques. Elle a été élevée en 1806, sur les dessins de M. Bralle; les sculptures sont de M. Fortin.

Fontaine du marché Saint-Germain, dite aussi fontaine de la *Paix*. — Ce joli monument, construit en forme de tombeau antique, consiste en un massif carré, dont chaque face est surmontée d'un fronton sans support; il décorait la place Saint-Sulpice, et a été transporté en 1824 dans la cour du nouveau marché Saint-Germain. Le but de l'architecte avait été d'élever un monument funéraire à la mémoire de Servandoni : le côté qui faisait face à l'église devait être orné du portrait en médaillon de ce célèbre artiste, et sur l'autre face aurait été gravée une inscription à sa louange. Sur les observations qui furent faites de l'inconvenance d'un tombeau pour orner une place, on le décora de quatre charmants bas-reliefs, sculptés par Espercieux; ils représentent la Paix, l'Agriculture, le Commerce et les Arts. Sur les deux faces du monument sont des conques en marbre, figurant la partie supérieure d'un vase, d'où l'eau tombe dans des cuvettes qui laissent échapper l'eau dans un bassin carré; tous les détails et ornements sont sculptés avec beaucoup de goût. Le plan de cette fontaine avait été imaginé par feu Destournelles. On le trouve gravé dans son Recueil des grands prix d'architecture, mais avec quelques modifications. Son successeur, M. Voinier, a cru sans doute ces changements nécessaires.

Fontaine de la Boucherie Saint-Germain. — Devant les trois portes d'entrée du milieu, et entre les deux escaliers qui descendent aux serres des marchands, est la fontaine de la boucherie. Une figure de grandeur humaine, représentant la Nature, est assise dans une niche; elle tient dans chaque main une corne d'abondance d'où sortent des fruits de toute espèce; l'eau sort d'un mascaron attaché au piédestal, et tombe dans une vasque. Cette statue ne fait pas honneur à l'artiste qui l'a sculptée; il est loin d'avoir fait preuve de talent et de goût.

Fontaine du marché de la place Maubert. — Elle est placé au milieu de la cour intérieure du marché. Sur un stylobate en marbre blanc sont les têtes conjugées du Commerce et de l'Abondance, entourées de guirlandes; au-dessous, le vaisseau, emblème de la ville de Paris. L'eau sort par deux robinets et retombe dans un bassin circulaire.

Fontaine de la place Maubert. Place du même nom. — Adossée au corps-de-garde qui est situé au centre de la place, elle a été faite en 1806, sur les dessins de M. Rondelet, architecte du Panthéon. Sa forme présente une petite masse carrée, ayant sur sa face principale une table cintrée un peu en saillie, qui renferme un mascaron de bronze d'où l'eau tombe dans une cuvette semi-circulaire.

L'eau qui coule de cette fontaine vient de la pompe Notre-Dame et de la pompe à feu du Gros-Caillou. Elle a remplacé l'ancienne fontaine dite des *Carmes*, qui avait été bâtie en 1674, et l'on y conduisit l'eau de la fontaine qui était auprès de ce couvent, et qui fut détruite la même année.

Fontaine du marché Saint-Martin. — M. Gois fils a représenté un groupe d'enfants chargés des attributs de la chasse, de la pêche et du jardinage, lesquels supportent une vaste coupe destinée à recevoir et à répandre l'eau.

Fontaine des Invalides, esplanade des Invalides. — Elle fut exécutée au milieu de l'esplanade, en 1804, sur les dessins de Trepsat. C'était un piédestal carré, sur lequel on avait placé le lion de Saint-Marc, apporté de Venise. Ce lion fut repris par les Autrichiens en 1815; en voulant l'enlever, ils le laissèrent tomber du haut du piédestal; il fut brisé en éclats. Tous les morceaux en furent précieusement recueillis. On les reporta en Italie, où le lion fut raccommodé, et remis à Venise sur la place Saint-Marc. J'ai parlé d'ailleurs du monument mesquin qui remplace aujourd'hui le lion de saint Marc (1).

Château d'eau de Bondy, boulevard Saint-Martin. — Cette belle fontaine, dont les eaux viennent du bassin de la Villette, est composée de trois socles circulaires, au milieu desquels est une double coupe en bronze, entourée de quatre figures de lions accouplés qui lancent de l'eau par la gueule. Il est fâcheux qu'un si beau monument ne soit pas entouré d'une place digne de lui. Il a été inauguré le 15 août 1811, jour de la fête de l'empereur Napoléon qui l'a fait construire.

Fontaine de l'Éléphant, place de la Bastille. — Au milieu d'un vaste bassin de marbre, décoré de bas-reliefs, devait s'élever un éléphant colossal en pierre, recouvert en bronze, faisant jaillir l'eau de sa trompe. Les fondements en furent jetés en 1810; mais on n'a élevé que le modèle en plâtre, sur les dessins de M. Alavoine, et on vient de le détruire pour le remplacer par la *colonne de Juillet*.

Bassin de la Villette. — Le bassin de la Villette, sur lequel on remarque un grand nombre d'écluses, de ponts fixes et mobiles, et qui sert tout à la fois de port pour les bateaux arrivant de la Marne par le canal, et de réservoir pour les rues de Paris, a été construit en 1806 et terminé en 1809. Ce bassin, dont les bords sont plantés de quatre rangées d'arbres, présente une charmante promenade dans la belle saison;

---

(1) Voy. *Hôtel royal des Invalides.*

il est revêtu en maçonnerie sur toutes ses faces. En été, l'on voit des barques légères, dont un vent faible suffit pour enfler les voiles, le sillonner en tous sens; en hiver, une foule de patineurs s'élancent hardiment sur sa surface durcie et la parcourent avec la vitesse de l'oiseau. Mais, comme la vie positive doit passer avant la vie de plaisirs, nous dirons que le bassin de la Villette est le centre du commerce le plus actif : c'est de là que partent chaque semaine des bateaux à vapeur chargés de marchandises pour le Havre et Rouen ; c'est là qu'arrivent par l'Ourcq les productions des départements du nord-est, ainsi que les bateaux de Rouen. Ce bassin présente donc les plus grands avantages aux communes qui se trouvent au nord de Paris.

Ce beau bassin, après avoir fourni l'eau nécessaire aux embellissements et aux besoins d'une grande partie de la capitale, alimente l'aqueduc de ceinture qui renferme les conduits nécessaires à la descente et à la distribution des eaux ; la longueur de cet aqueduc est de quatorze mille sept cents toises depuis la barrière de Pantin jusqu'à la barrière de Monceau. Il fournit journellement un volume de quinze mille sept cent soixante-huit muids d'eau. Après avoir desservi l'abattoir de Rochechouart et arrosé les jardins de Monceau, il se dirige sur l'autre rive de la Seine par le pont Louis XVI et le Pont-Royal, où deux réservoirs le reçoivent et répandent ses eaux abondantes dans le faubourg Saint-Germain. De cet aqueduc partent deux branches, l'une appelée de Saint-Laurent, et l'autre des Martyrs, qui nettoient toutes les immondices sur leur passage et les entraînent dans le grand égout de la rue du Ponceau, qui les précipite à son tour dans la rivière ; elles ont elles-mêmes diverses ramifications qui servent à alimenter les belles fontaines des Innocents et du boulevard de Bondy, ainsi que les bornes-fontaines de la rue Saint-Denis et des rues adjacentes. Deux aqueducs recevant leurs eaux du même bassin, se dirigent vers la Place-Royale, où se trouve un réservoir pour le service du quartier Saint-Antoine, tandis qu'un autre, placé au Temple, alimente les fontaines du Marais.

Canal Saint-Martin. — Le bassin de la Villette fournit également de l'eau au canal Saint-Martin, appelé d'abord canal de la navigation, qui vient aboutir à la gare des fossés de l'Arsenal, après avoir parcouru une distance de trois mille deux cents mètres. Il est revêtu de pierre ; sa largeur est de vingt mètres et sa profondeur de deux mètres. Ce canal passe entre le boulevard extérieur et l'hôpital Saint-Louis, traverse le faubourg du Temple et arrive à la place de la Bastille. Ses deux côtés sont pavés et bordés d'arbres qui présentent une promenade fort agréable ; il y a deux écluses et cinq ponts. La longueur de ce bassin est de trois cent cinquante toises ; sa largeur de trente-six ; la hauteur moyenne de ses eaux est de quatre pieds huit pouces.

L'EMPIRE. 599

Gare de l'Arsenal. — La gare de l'Arsenal, où vient aboutir le canal Saint-Martin, est d'une longueur de cinq cent quatre-vingt-six mètres sur une largeur de cinquante-huit. Le milieu de cette gare, d'une utilité incontestable, étant laissé libre pour l'entrée et la sortie des bateaux, elle ne peut en contenir que soixante-dix à quatre-vingts. Un pont en biais est élevé au-dessus de l'écluse de la gare, au point où ses eaux communiquent à la Seine. Sa longueur est de trois cent vingt toises; sa largeur de trente.

Egouts. — J'ai parlé des anciens égouts de Paris et de l'*égout général*. Voici les égouts modernes les plus remarquables; tous ont été exécutés d'après l'ordre de Napoléon : *Egout de Rivoli*, depuis le palais des Tuileries jusqu'à la rue Saint-Florentin; il a été achevé en 1807. — *De Saint-Denis;* il sert de base à l'aqueduc appelé Galerie de Saint-Laurent. On l'a terminé en 1800. — *De la rue Montmartre*, terminé en 1812. Il sert de conduit aux eaux du canal de l'Ourcq. — *De la rue du Cadran;* il a été le dernier construit; on l'a terminé en 1812. Les égouts de la partie méridionale de Paris, du quartier de la Cité et de l'île Saint-Louis sont moins considérables.

Prisons. — Il existait à Paris sous l'empire huit ou dix prisons. J'ai parlé déjà de plusieurs, telles que la *Conciergerie*, le *Dépôt* de la préfecture de police, etc. Je vais donner quelques détails sur les autres.

Prison de la Grande-Force, rue du Roi-de-Sicile, n° 2, et rue Pavée, n° 22, au Marais. — La Grande-Force est contiguë à la petite. C'était l'ancien hôtel Saint-Pol, lequel a appartenu successivement au duc d'Alençon, au duc de Saint-Pol, décapité sous Charles IX; à Louis de Bouthilliers, comte de Chavigny; au duc de la Force; à Pâris de Montmartel et Duverney, qui le revendirent à mademoiselle Toupel, de qui le comte d'Argenson l'acheta en 1754, pour l'Ecole-Militaire. La construction qui porte aujourd'hui le nom d'École-Militaire rendit disponibles les bâtiments de l'hôtel Saint-Pol, et l'on en fit, en 1782, une vaste prison pour les prévenus de toute espèce, les délits militaires exceptés. La prison de la Force est une des plus vastes et des mieux distribuées de Paris. Elle contient huit cours, dont quatre très spacieuses, et les autres de moyenne grandeur. Depuis Louis XVI les prisonniers pour dettes ont cessé d'être détenus à la Force avec les autres criminels. On montre une des cours de cette prison qui était réservée aux prisonniers pour mois de nourrice, et qu'on appelait cour Vitaulet. On n'y voit plus que des hommes en état de prévention.

Prison de la Petite-Force, rue Pavée, n° 22, au Marais. — Elle fut

(1) T. III, p. 221, et suiv.

originairement établie, en 1785, pour recevoir les prostituées, et cette destination lui a été conservée; seulement, les constructions ont subi les modifications jugées convenables. C'était autrefois l'hôtel de Brienne. Sa façade extérieure présente une masse épaisse; trois portes basses sont pratiquées sous une voûte; la partie supérieure est percée de croisées étroites et fermées par des barreaux.

Prison de Sainte-Pélagie, rue de la Clef, n° 14, dans l'ancien couvent de ce nom (1). — La nouvelle destination de cette maison date de la révolution. Les prévenus ou les condamnés pour délits politiques, quelques prévenus de vol et les individus condamnés à une courte détention y sont détenus. Jadis on y renfermait aussi les prisonniers pour dettes, mais ils sont maintenant détenus dans la prison de la rue de Clichy.

Les Madelonettes, rue des Fontaines, n° 16, prison établie dans le couvent de ce nom depuis la révolution (2). — Les femmes prévenues de délits ou celles qui en subissent la peine y sont détenues; elles y sont occupées à filer ou à coudre.

Prison de l'Abbaye, place Sainte-Marguerite. — Maison d'arrêt pour les militaires coupables de fautes graves dans leur service. Le pilori de l'ancienne abbaye de Saint-Germain exista dans cet endroit jusqu'au seizième siècle. Une prison destinée aux militaires et spécialement aux Gardes-Françaises lui succéda. La prison de l'Abbaye est un bâtiment de forme carrée, et flanqué de petites tourelles; elle a trois étages. Cette prison, peu étendue, est isolée au milieu du quartier populeux et resserré où elle se trouve.

Pendant les premiers temps de la révolution on renferma à l'Abbaye des prisonniers de toutes conditions et de tous âges, et ce fut le théâtre de scènes affreuses et sanglantes. Environ deux cents détenus, parmi lesquels on comptait un grand nombre d'ecclésiastiques, y furent assassinés, en 1792, au commencement de septembre. Parmi les victimes de cette journée, on cite le comte de Montmorin de Saint-Herem, ministre des affaires étrangères sous Louis XVI; l'abbé l'Enfant, prédicateur de Joseph II, et qui le fut ensuite de Louis XVI. C'est là qu'ont été renfermées deux victimes de la révolution qui nous ont laissé de si touchants exemples d'héroïsme et de piété filiale : mesdemoiselles de Sombreuil et Cazotte. Madame Rolland sortit de cette prison le 19 novembre 1794 pour aller à l'échafaud.

Prison de Saint-Lazare, rue du faubourg Saint-Denis, n° 117. — Elle est située dans les bâtiments de l'ancien couvent de Saint-Lazare; c'est une prison de femmes. J'en ai parlé dans le premier volume de cet ouvrage (3).

(1) Voy. ci-dessus p. 261. — (2) Voy. ci-dessus p. 52. — (3) P. 424 et suiv.

Prison de Montaigu (1). — Cette prison, réservée aux militaires depuis 1792, n'était qu'une maison de correction. Elle est remplacée depuis quelques années par la prison pénitentiaire de Saint-Germain-en-Laye.

Hôtel Bazancourt. — Cet hôtel était situé sur le quai Saint-Bernard, n° 33, à l'angle de l'entrepôt général des vins et de la rue de Seine. La Bonninière de Beaumont le possédait lorsque la ville en fit l'acquisition le 20 juillet 1812. L'administration le mit immédiatement, en partie du moins, à la disposition du commandant en chef de la garde nationale de Paris, pour servir de prison aux citoyens militaires de cette même garde jugés par les conseils de discipline établis dans chacune des légions. A la même époque, l'autorité fit préparer l'autre partie de l'hôtel pour y placer les enfants *en correction paternelle*, enfermés alors à Sainte-Pélagie, et cet hôtel les y reçut bientôt. Ces enfants y étaient encore envoyés en 1832. Le ministre de l'intérieur, par sa décision du mois de mars 1819, avait ordonné de disposer cet hôtel pour les condamnés à raison de délits de la presse.

La décision du ministre ne fut point exécutée ; la garde nationale conserva la partie de cet hôtel qu'on lui avait affectée, jusqu'au moment de sa suppression en 1827, et depuis son rétablissement en 1830, jusqu'en 1832 ; et la *correction paternelle*, celle qui lui avait été destinée. L'hôtel Bazancourt était divisé en deux corps de bâtiments séparés par une cour de vingt-cinq pieds carrés, servant de lieu de promenade aux jeunes prisonniers. L'avant-corps, donnant sur le quai, avait trois étages ; le premier était occupé par la chapelle, par le surveillant-principal, et ainsi que le second, par des employés de la préfecture du département ; le troisième servait de prison à la garde nationale. Le second corps avait également trois étages, qui se composaient de vingt-huit chambres pour les jeunes prisonniers. Une salle, au rez-de-chaussée, servait de greffe et d'atelier de tabletterie.

Cette maison recevait annuellement une vingtaine d'enfants.

La paresse, la désobéissance à leurs parents et l'éloignement de la maison paternelle étaient les causes d'emprisonnement de ces jeunes garçons, dont cette punition améliorait peu le moral. On les occupait à faire des cardes à carder le coton pour les mécaniques, et aux premières instructions de l'enfance.

L'hôtel Bazancourt n'avait qu'un premier surveillant, parce qu'il n'était considéré que comme une succursale de Sainte-Pélagie, d'où les vivres étaient apportés. Cet hôtel a été démoli au mois de juin 1832, pour le terrain être employé à l'agrandissement de l'entrepôt des vins.

(1) Voy. t. II, p. 438.

La *maison d'arrêt de la garde nationale* est maintenant rue des Fossés-Saint-Bernard, n₀ 45.

Numérotage des rues. Le numérotage des maisons a souvent varié. On a long-temps suivi la même série de numéros par quartiers, par sections. Le nouveau mode adopté en 1806 ne comprend qu'une série par chaque rue ; un côté par numéros pairs, l'autre par numéros impairs, en partant du point le plus élevé de la Seine pour les rues *longitudinales* ou parallèles au cours de ce fleuve, et du point le plus près de ses rives pour les rues perpendiculaires ou *transversales*. Dans cette double direction, les numéros impairs commencent à gauche, les numéros pairs à droite. Les numéros des rues longitudinales sont rouges ; les numéros des rues transversales, noirs. Cette excellente disposition a été long-temps en vigueur, mais depuis quelques années l'autorité ne surveille point assez les propriétaires, qui font peindre en rouge ou en noir indifféremment les numéros de leurs maisons. J'ajouterai que l'abandon où on laisse les inscriptions des noms des rues (1) n'a pas de moins graves inconvénients. Dans les rues nouvelles ou peu fréquentées, la plupart de ces inscriptions manquent totalement ; dans d'autres elles ne sont placées qu'à l'une des extrémités de la rue ; enfin il n'est pas rare qu'on laisse au premier venu le soin de les badigeonner lui-même. Tout près des restes de la vieille basilique de Saint-Julien-le-Pauvre, qui sert aujourd'hui de chapelle à l'Hôtel-Dieu, le passant le moins lettré ne peut lire sans en être choqué, cet écriteau que le marchand de vins du coin a fait mettre au-dessus de sa boutique : *rue St-Julin*.

Population. En 1806, on élevait la population de la capitale à six cent trente-deux mille habitants. Mais un recensement fait en 1807 et 1808 ne produisit, ainsi qu'il résulte des archives du ministère de l'intérieur, qu'un relevé de cinq cent quatre-vingt mille six cent neuf. Il est vrai que les militaires n'y sont point compris, et que la conscription décimait alors les populations.

(1) Les premières inscriptions au coin de chaque rue ont été placées le 16 janvier 1728. Les noms furent d'abord peints en gros caractères noirs sur des feuilles de fer-blanc ; on les grava ensuite sur la pierre ; plus tard on se contenta de les inscrire en noir, au pinceau, sur un fond jaune également peint et entouré d'une raie bleue.

CHAPITRE TROISIÈME.

ÉTAT DES LETTRES, DES SCIENCES, DES ARTS, DU COMMERCE ET DE L'INDUSTRIE A PARIS, SOUS L'EMPIRE.

Dans les sciences, les arts et les lettres, l'empire poursuivit la voie tracée par la république et conserva ses goûts. La haute littérature continua de subir la grande impulsion donnée par M. de Chateaubriand. L'*Itinéraire de Paris à Jérusalem* parut vers 1806. Autour du vieux La Harpe dont la parole éloquente retentissait encore, se groupa une foule d'écrivains remarquables : Andrieux, le célèbre professeur du collège de France, le ministre Fontanes, le comte Daru, M. de Jouy, auteur de *la Vestale*; MM. Tissot, Jay, Arnaut, auteur de *Régulus*, Luce de Lancival, Alex. Duval, Emm. Dupaty, Michaud, auteur du *Printemps d'un Proscrit* et de l'*Histoire des Croisades*, M. N. Lemercier, M. Auger, les deux Lacretelle, M. Raynouard, l'auteur de la tragédie des *Templiers*, si connu depuis par ses travaux d'érudition et ses études sur la poésie des troubadours. Les poëtes sont en petit nombre; on admire encore Delille, on remarque Baour-Lormian, Millevoye, Parseval de Grandmaison et Creuzé de Lesser, le traducteur des poésies de la Table ronde. Le genre léger de Dorat s'éteint entre les mains de Parny, mort en 1814. La fin des terribles agitations révolutionnaires ramène les beaux jours de la petite littérature et le règne de l'art dramatique. Là, brillent Bouilly, Picard, Barré, Piis, Desfontaines, Gersaint, Guillemin, et à leur tête le président des sociétés bachiques de Momus et du caveau moderne, le fameux Désaugiers.

Les sciences d'érudition languissent étouffées par la grandeur des événements présents, et se réfugient dans le sein de l'Académie des inscriptions et de l'Académie celtique, fondée à Paris en 1805, et remplacée en 1814 par la société royale des antiquaires de France. Mais les sciences exactes continuent leurs vastes progrès. Delambre, Legendre, Lagrange, La Place, Berthollet, ajoutent encore par de nouvelles études à la gloire de leurs travaux. Vauquelin, Chaptal et Biot unissent leurs efforts pour utiliser la chimie au profit de l'industrie et des arts. Montgolfier invente le bélier hydraulique. Les doctrines du docteur Gall, le fondateur de la crâniologie, s'introduisent à Paris, et M. de Puységur rappelle les théories si débattues de Mesmer sur le magnétisme animal. Lacépède publie son *Histoire générale des oiseaux* qui le place à côté de Buffon; Jacques Thouin crée les cultures du Jardin-des-Plantes : enfin Cuvier parvient sous l'empire à l'apogée de son illustration. En

1804, paraissent les relations des voyages dans les îles des mers d'Afrique par M. Bory de Saint-Vincent, en Grèce, en Turquie et en Albanie, par M. de Pouqueville; et en 1810, l'histoire de la célèbre expédition d'Égypte, publiée par Denon.

Sous l'empire, les arts sont encore sous l'influence des sévères inspirations de l'antiquité; le goût du style grec, remis en honneur par les idées républicaines et porté par David à un si haut degré de perfection, règne encore dans toute sa force. Napoléon élève de grands monuments pour perpétuer le souvenir de ses triomphes. Mais le goût exclusif du style grec, la stérile imitation à laquelle sont astreints les artistes, nuit aux progrès de l'art. Autant l'architecture, la peinture et la sculpture avaient été, sous Louis XV, pleines d'afféterie et de ridicule mignardise, autant elles deviennent roides et glaciales. La musique seule se développe avec bonheur, grâce aux élans patriotiques qu'elle imprime aux masses. On compte parmi les architectes célèbres de cette époque : Gondouin et Peyre, auteurs de la colonne Vendôme; Becquet-Beaupré, architecte du pont d'Austerlitz; Chalgrin, mort en 1811, après avoir élevé Saint-Philippe-du-Roule, la tour de Saint-Sulpice, l'hôtel Saint-Florentin, et une partie de l'arc de l'Étoile; A.-T. Brongniart, premier architecte de la Bourse, terminée par Labarre; J. Legrand et Molinos, qui construisirent ensemble la Halle-au-Blé, la Halle-aux-Draps, l'hôtel Marbeuf et la lanterne de Diogène dans le parc de Saint-Cloud; Petit-Radel, Poyet, auteur du frontispice de la Chambre des Députés. A la tête de l'école française de peinture se place l'illustre David, mort en 1825. Après lui l'on doit citer Gérard, auteur des tableaux de Bélisaire, l'Amour et Psyché, la bataille d'Austerlitz, Corinne, l'entrée d'Henri IV à Paris, le sacre de Charles X, le duc d'Anjou déclaré roi d'Espagne, sainte Thérèse. Girodet, mort en 1824; Gros, Guérin, Heine, Lethière, Prud'hon, Regnault, Thevenin, Carle Vernet, la plupart inspirés par les victoires de la France, produisent des chefs-d'œuvre destinés à l'immortaliser. Peintres de genre : Drolling, de Forbin, Granet. Peintres de fleurs : Van Spaendonck, Vandael. Peintres de portraits et de miniatures: J.-J. Augustin, Isabey, Saint. Paysagistes : Bertin, Bidauld, Henri Valenciennes. La manufacture de Sèvres, sous la direction de MM. Brongniart et Isabey, fabrique des vases, des services de table, des statues, œuvres admirables de dessin et de coloris. La manufacture des Gobelins commence à exécuter des copies de tableaux qui, par la perfection, rivalisent avec la peinture; son premier ouvrage en ce genre est la copie des Pestiférés de Jaffa. Graveurs remarquables : Audouin (histoire et portraits); Beisson, Blot, Robert Delaunoy, Bervié, Coiny, Desnoyers, Godefroy, Denis Rée, Masquelier, Vivant Denon (paysages. Expédition d'Égypte); Houel, Duplessis-Bertaux (scènes de la révolution); Blondeau, graveur du dépôt de la guerre; Sémen, graveur du

L'EMPIRE.

dépôt de la marine, et les graveurs des médailles Dupic, Andrieux, Galle, Jeuffroy, Lavy, Merlin, Droz, Dumarest, Gatteaux, Tiolier. Les musiciens ne sont pas moins nombreux ni moins distingués. Ce sont : Beauvarlet-Charpentier, Berton, Catel, Cherubini, Lebrun, Lesueur, Méhul, Paër, Paësiello, Spontini, Winter, Éler, Gaveaux, Nicolo, Plantade, Persuis, Solié, Baillot, Garat, Martin, Elleviou.

Après les longues agitations de la république, il eût fallu pour faire refleurir le commerce et l'industrie nationale une ère de calme et de paix. L'état d'agitation, au contraire, dans lequel les continuelles guerres de Napoléon mirent la France pendant les dix ans que dura son règne refoulèrent durant le même temps le commerce général et l'industrie. Tout demeura en stagnation jusqu'en 1814, à l'exception de quelques spécialités restreintes, telles que le commerce des fournitures de guerre qui fut presque seul à profiter de cet état de choses.

QUINZIÈME ÉPOQUE.

Paris sous la Restauration.

1814-1830.

CHAPITRE PREMIER.

Faits généraux.

Les événements dont je vais parler apppartiennent à l'histoire contemporaine ; ils réveillent encore trop de passions pour que je puisse en donner un récit complet. Je ne dois donner ici qu'un résumé de l'histoire de Paris sous la Restauration.

Tandis que Napoléon paraissait se retirer de la scène politique, le comte d'Artois entrait à Paris. Il dut signer le 23 avril 1814 la *convention de Paris* qui réduisait le territoire de la France à ses anciennes limites du 1er janvier 1792. Louis XVIII, débarqué à Calais le 24 avril, fit son entrée solennelle à Paris le 3 mai suivant, après avoir donné le 2 la *déclaration de Saint-Ouen*, qui consacrait les principes du gouvernement représentatif, et qui, le 2 juin, fut suivie de la promulgation de la Charte. La France devait espérer de trouver enfin du repos sous un gouvernement qui conciliait ainsi spontanément les intérêts de la liberté avec les traditions monarchiques. Malgré les circonstances funestes au milieu desquelles ils arrivaient, les princes de la maison de Bourbon, fort innocents de ces désastres, pouvaient compter, ce semble, sur le dévouement de tous les hommes vraiment amis de leur pays. Mais aux yeux de l'armée et d'une trop grande partie du peuple, les bienfaits du nouveau régime étaient loin de balancer le prestige de gloire qui environnait le nom de l'empereur.

Telles étaient les dispositions des esprits, lorsqu'on apprit tout-à-coup que Napoléon s'échappant de l'île d'Elbe, avait débarqué à Cannes le 1er mars 1815. L'étonnement que causa cette nouvelle est impossible à décrire.

Le gouvernement prenait encore des mesures de défense lorsque Napoléon entrait à Lyon à la tête des troupes envoyées pour le combattre. A Lyon il reprit la souveraineté et reçut les messages de l'armée entière qui se souleva en apprenant le retour de son ancien chef. Le 19 mars à quatre heures du matin, Napoléon entrait dans ce château de Fontainebleau, témoin de ses désastres, tandis que les Bourbons trahis reprenaient la route de l'exil, et le lendemain à neuf heures du soir ses partisans se pressaient dans les jardins des Tuileries pour saluer son arrivée. L'empereur passa par la porte du pavillon de Flore et fut porté jusqu'à ses appartements particuliers sur les bras de ses soldats.

Napoléon comptait avec raison sur le dévouement de l'armée, mais il compta trop sur le peuple. Les grands événements qui venaient de se passer avaient opéré une révolution dans les esprits. On venait de goûter du régime constitutionnel, et l'empereur n'avait été accueilli que parce qu'il voulait rendre le peuple français *le plus libre de tous les peuples de la terre.* Mais Napoléon était toujours le même, c'était un puissant dictateur, et lorsqu'il promulga l'*acte additionnel aux constitutions de l'empire*, la France perdit toutes ses illusions. Profitant alors du refroidissement qui succédait à l'enthousiasme, les partisans de l'ancien gouvernement reprirent courage. Les puissances alliées, au point de vue où elles étaient placées, ne pouvaient considérer le retour de Napoléon en France que comme une infraction aux traités. Elles déclarèrent *qu'il s'était livré à la vindicte publique, et qu'il ne pouvait y avoir ni paix ni trêve avec lui.*

A la nouvelle du décret des puissances coalisées qui le mettait *hors la loi*, Napoléon se prépara à soutenir dignement la lutte. En peu de temps deux cent mille hommes furent sous les armes, la garde nationale fut réorganisée en trois cent trente bataillons, la cavalerie et l'artillerie reçurent plus de soixante mille chevaux. Armes, vivres, munitions, tout fut prêt en quelques mois. Mais avant de rejoindre son armée l'empereur voulut inaugurer sa réinstallation par une cérémonie à la fois politique et religieuse, qui eut lieu le 1er juin 1815, et que l'on nomma *Champ de Mai* (1). Quelques jours après, les députations de l'armée, les électeurs et les représentants se réunirent, au nombre de dix mille, dans les vastes galeries du Louvre; l'empereur leur distribua des aigles. La France voyait avec terreur les approches d'une nouvelle guerre; elle ne voulait que le repos. Napoléon s'attrista de cette situation des esprits. « La crise où nous sommes engagés est forcée, dit-il à la chambre des représentants. N'imitons pas l'exemple du bas-empire, qui, pressé de tous côtés par les Barbares, se rendit la risée de la postérité en s'occupant de discussions abstraites, au moment où le bélier brisait les portes de la ville... Aidez-moi à sauver la patrie. Premier représentant du peuple, j'ai contracté l'obligation que je renouvelle d'employer dans des temps plus tranquilles toutes les prérogatives de la couronne et le peu d'expérience que j'ai acquise, à vous

---

(1) Voy. ci-dessus *Champ-de-Mars*.

seconder dans l'amélioration de nos institutions. » Mais que fallait-il faire pour sauver le territoire? Grave question que le genie seul avait pu résoudre ! Napoléon voulait fortifier les places fortes et défendre pas à pas le territoire national ; mais il céda à l'opinion générale, on lui conseilla de prévenir les ennemis et de changer la face des affaires par une grande victoire. Il céda, mais cette fois encore il se repentit de n'avoir pas suivi sa seule impulsion.

Après la bataille de Waterloo, *sanglante défaite, où, malgré la plus horrible catastrophe, la gloire du vaincu n'a pas souffert et où celle du vainqueur n'a pas augmenté*, Napoléon revint à Paris. Sa cause était perdue. Forcé d'abdiquer, il proclama son fils sous le nom de Napoléon II; mais le duc d'Otrante fit décréter par le gouvernement provisoire que tous ses actes seraient publiés *au nom du peuple français*; l'empereur alla se livrer aux Anglais, et Louis XVIII rentra dans son royaume. Il arriva à Paris le 8 juin 1815. Le peuple était calme, mais toutes les passions étaient en jeu en un pareil moment. M. Decazes, alors préfet de police, reçut les avis les plus alarmants. Si le roi entrait par le faubourg populeux de la rue Saint-Denis, n'était-il pas à craindre quelque attentat? Il proposa à Louis XVIII de faire son entrée par les Champs-Élysées ou le quartier d'Antin; le roi refusa : « Il n'y a plus de ligueurs, dit-il, quand on voit le visage de son roi (1). »

La tranquillité de Paris ne fut point troublée pendant les premières années du règne de Louis XVIII. Ce prince, homme d'esprit, jugeant avec tact les hommes et les circonstances, se méfiant du zèle aveugle des *ultra-royalistes* (2), louvoyait avec adresse au milieu des écueils qu'il rencontrait à chaque instant. L'effervescence des esprits, résultat inévitable de la situation dans laquelle se trouvait la France, l'audace toujours croissante du journalisme, n'avaient encore amené aucun désordre grave, lorsque le duc de Berry fut assassiné par Louvel, au sortir de l'Opéra (14 février 1820). Cet horrible attentat, qui entraîna la chute du ministère Decazes, jeta la capitale dans une profonde stupeur. Les esprits s'aigrirent plus que jamais et la lutte recommença. Au mois de juin de la même année, à la suite de violentes discussions, soulevées à la chambre des députés par une nouvelle loi électorale, des troubles éclatèrent à Paris. Ils furent réprimés avec une rigueur nécessaire, mais qui augmenta l'exaspération des partis. Les violentes attaques de Lafayette, de Benjamin Constant, de Casimir Périer, contre le gouver-

---

(1) M. Capefigue, *Histoire de la Restauration*, t. II, p. 482.

(2) Un jour, à Saint-Denis, au milieu des acclamations publiques de *Vive le roi!* un homme du peuple avait crié *Vive le cochon!* Le procureur du roi le fit poursuivre pour cri séditieux; lorsque le ministre de la justice rendit compte à Louis XVIII de cette anecdote, le roi répondit : « Et vous n'avez pas destitué un magistrat qui a pu croire que le cri *vive le cochon* s'appliquât à moi ! » M. Capefigue, t. V, p. 323.

LA RESTAURATION.

nement, avaient du retentissement au-delà du Palais-Bourbon. On sait quelle agitation produisit l'expulsion de Manuel, qui fut jeté hors de la salle des séances des députés par un piquet de gendarmerie. Un bourgeois nommé Mercier, sergent de la garde nationale, avait refusé d'obéir au président, qui lui ordonnait de s'emparer de Manuel; l'opposition en fit un grand homme, et Paris ne s'occupa pendant plusieurs mois que du sergent Mercier.

Au milieu de l'agitation produite par ces événements et les déclamations des journaux contre le ministère de M. de Villèle, Louis XVIII mourut (16 septembre 1824). Au moment de rendre le dernier soupir, il donna des instructions à son successeur, le comte d'Artois, dont il redoutait les tendances; et lorsqu'on lui présenta le jeune duc de Bordeaux, il ajouta : *Que Charles X prenne garde à la couronne de cet enfant* (1). Le nouveau roi, sans avoir les talents de son frère, était un homme d'esprit et de plus un homme droit, sincère et profondément dévoué aux intérêts de la France. On espéra en lui. « Aussi son entrée à Paris, dit un historien, fut-elle saluée par les plus vives acclamations; les partis semblaient s'être oubliés eux mêmes avec leurs vieilles haines, leur antique ressentiment, dans un enthousiasme commun. Charles X se surpassa en grâces, en bonnes manières; on eût dit une des belles journées des premiers temps de la restauration, ou cette entrée de Henri IV à Paris, que la peinture a éternisée. » Le premier acte du nouveau règne fut l'abolition de la censure, qui fut saluée par d'unanimes acclamations. Mais le calme ne fut pas de longue durée. L'opposition recrutait sans cesse de nouveaux prosélytes, et ses journaux poursuivaient le ministère Villèle avec un acharnement sans égal, lorsque le gouvernement voulant mettre un frein à l'audace de ses adversaires, présenta aux chambres, dans les premiers jours de 1827, une loi contre la presse, connue sous le nom de *loi de justice et d'amour*. Elle fut si mal accueillie que le ministère se vit forcé de la retirer. Tout Paris fut illuminé, mais quelques désordres vinrent encore troubler la joie publique; malgré quelques manifestations hostiles au gouvernement, le roi résolut cependant sur ces entrefaites de passer au Champ-de-Mars une revue de la garde nationale (12 avril 1827). Cette solennité fut magnifique. Le roi, son état-major et sa famille parcoururent les rangs, d'où partaient en majorité les cris de *vive le roi!* Mais lorsque le prince arriva devant la 10e légion, un bataillon joignit à ses expressions d'enthousiasme ces autres cris : *à bas les ministres! à bas les jésuites!* Ils furent répétés dans plusieurs légions, et toujours

---

(1) Les funérailles de Louis XVIII furent le sujet d'un scandale, à la suite d'un différend de juridiction entre le grand-aumônier et l'archevêque de Paris. Le peuple, qui ne vit aucun prêtre à cette pompe royale, s'imagina que le clergé avait voulu protester contre l'auteur de la charte. M. Capefigue, t. IX, p. 7.

avec plus de force. En passant dans les rangs d'une compagnie qui se faisait remarquer par des clameurs obstinées, Charles X dit avec dignité à un garde national qui était sorti des rangs pour crier *à bas les ministres!* « Je suis venu ici pour recevoir des hommages et non des leçons. » Les cris ne se calmèrent point; ils redoublèrent même au départ du roi. Les légions qui défilèrent devant l'hôtel des Finances firent éclater la même réprobation contre M. de Villèle. Ces désordres effrayèrent le ministère, qui demanda au roi le licenciement de la garde nationale parisienne; le roi eut la faiblesse de consentir à ce coup d'État, dont les résultats lui devaient être si funestes.

Au mois de novembre de la même année, les élections de Paris et des départements, à la suite de la dissolution de la chambre des députés, ayant été favorables au *parti libéral*, quelques maisons illuminèrent. Des rassemblements se formèrent dans le quartier Saint-Denis et construisirent des barricades. La force armée intervint, et la répression de ces troubles, qui durèrent plusieurs jours, fut sanglante. L'émeute de la rue Saint-Denis est tristement célèbre dans les annales de Paris.

Le ministère de M. de Martignac, successeur de M. de Villèle, rétablit le calme. La prospérité de la capitale augmentait de jour en jour. Reconnaissons les fautes commises par le gouvernement de la restauration, mais ne nions pas ses nombreux bienfaits : il cicatrisa les plaies de la France. Grâce à ses soins et à la tranquillité qu'il ramena, le commerce prit une nouvelle extension. De 1802 à 1817, le nombre des patentes n'avait augmenté que de cinquante-six mille ; de 1817 à 1829, en douze ans, les patentes s'élevèrent à deux cent cinquante-trois mille (1). Le bien-être se répandit dans la classe populaire. La ville de Paris, sous l'administration de M. Chabrol de Volvic, s'embellissait peu à peu ; les quartiers populeux s'assainissaient, des trottoirs étaient établis dans la plupart des rues, de riches passages s'ouvraient de toutes parts, enfin on mettait la dernière main aux travaux de cette magnifique promenade qui porte le nom de Boulevards intérieurs, et qui présente un spectacle unique au monde.

Le 9 juillet 1830, le prince de Polignac, président du conseil des ministres, faisait annoncer aux Parisiens enthousiasmés la prise d'Alger, conquis en trois semaines par l'armée française. Seize jours après, le ministre faisait paraître des ordonnances célèbres, qui portaient atteinte à la charte et aux libertés publiques, et une révolution éclatait. Dix années déjà se sont écoulées depuis ces grands événements, mais ils réveillent encore trop de passions pour que je ne me borne pas ici à un résumé exact et impartial des faits. Le lundi 26 juillet, la promulgation des ordonnances royales jeta Paris dans l'agitation et dans l'ef-

---

(1) La *France sociale, politique et littéraire*, par Henri Bulwer (1834).

froi ; mais il ne se manifesta aucun trouble sérieux. Le mardi 27, des rassemblements se formèrent de toutes parts ; les ateliers et la plupart des théâtres furent fermés, et le peuple se pressa autour des troupes, en criant : *Vive la charte !* Son attitude devenait de plus en plus hostile. Des barricades furent formées. Un coup de pistolet tiré de la fenêtre d'un hôtel de la rue Saint-Honoré sur les troupes qui stationnaient dans la rue fut le signal qui précipita la fin de cette déplorable lutte. La garde royale, après avoir long-temps supporté, notamment sur la place du Palais-Royal, les outrages et même les attaques de la multitude, reçut l'ordre de repousser la force par la force, et plusieurs des assaillants furent blessés. La foule se dispersa, mais le lendemain tout Paris fut en armes. Des barricades furent élevées dans les principales rues et sur les boulevards, les troupes eurent à essuyer des attaques multipliées, et, après un combat de plusieurs heures, l'Hôtel-de-Ville resta au pouvoir du peuple. Dans la journée, la capitale fut mise en état de siège, et le maréchal Marmont reçut le commandement militaire. Mais toutes les autorités étaient méconnues ; le roi et la cour étaient à Saint-Cloud, le ministère n'avait fait aucun des préparatifs nécessaires pour soutenir les graves mesures qu'il venait de prendre ; les troupes étaient sans ordres, sans vivres, sans munitions. Le 29 au matin, le combat recommença avec un nouvel acharnement. Les casernes, le Louvre, et enfin les Tuileries, après une vive action, tombèrent au pouvoir du peuple ; les troupes, ne pouvant résister, se retirèrent à Saint-Cloud ; tous les emblèmes de la royauté furent brisés, le drapeau tricolore remplaça le drapeau blanc, et quelques jours après, Charles X, signant son abdication et partant en exil, laissait le trône à une nouvelle dynastie.

CHAPITRE DEUXIÈME.

Monuments.—Institutions.

Notre-Dame-de-Lorette, église paroissiale, située rue Olivier et à l'extrémité septentrionale de la rue Laffitte. — L'extension du quartier de la Chaussée-d'Antin, un des plus riches de Paris en constructions magnifiques, fit naître à l'administration la pensée d'y élever une église en remplacement de l'insuffisante chapelle Notre-Dame-de-Lorette, située rue du Faubourg-Montmartre. Dès 1820, on s'occupa du choix d'un emplacement pour l'érection de cet édifice, et l'on adopta celui où il a été élevé depuis. La ville, au moyen d'échanges, d'indemnités et d'acquisitions diverses, se procura les terrains nécessaires ; mais avant de commencer les fouilles, le préfet ouvrit, en 1823, un concours entre six architectes qui furent chargés de présenter un projet d'après un programme rédigé sur les données particulières de M. l'archevêque de Quélen. La commission de concours, composée de cinq architectes, membres de l'Institut, présidée par le préfet assisté du directeur des travaux publics, réunie au mois d'avril 1823, admit le projet présenté par M. Hippolyte Le Bas, qui fut chargé, sous l'inspection de M. Domey, des travaux d'exécution.

On posa la première pierre du monument le 25 août suivant; les travaux commencèrent en 1824, et l'église fut entièrement terminée en 1836. Il convient de remarquer que le sol de cette partie de Paris est, dans les grandes eaux, au-dessous du niveau de la Seine; aussi, dès qu'on entreprit les fouilles de cette église, les eaux vinrent-elles à surgir abondamment, et force fut alors d'élever les constructions sur des planchers et des pilotis.

M. H. Le Bas ayant publié une notice parfaitement exacte sur cette église, qui, quant à son plan, offre à peu près la même disposition que les premières basiliques chrétiennes, et rappelle, quant à ses décorations intérieures, celles qui furent décorées en Italie dans les XVe et XVIe siècles, nous adopterons complètement son travail pour la description du monument. Cette église, isolée de toutes parts, est située dans l'alignement de la rue Laffitte, de manière à être aperçue du boulevard. Sa largeur est de trente-deux mètres (quatre-vingt-dix-pieds dix pouces), et sa longueur de soixante-dix mètres (deux cent quinze pieds 6 pouces). Elle peut contenir plus de trois mille personnes, indépendamment des espaces réservés au service divin. Sa façade principale présente, au milieu, un avant-corps de même largeur que la grande nef, un portique orné de quatre colonnes d'ordre corinthien, de treize mètres de proportion, surmonté d'un riche entablement, dans la frise duquel on lit l'inscription suivante : *Beatæ Mariæ Virgini Lauretanæ*. Ce portique est terminé par un fronton, aux angles duquel sont placées les statues de la *Foi*, par Foyatier; de l'*Espérance*, par Lemaire; de la *Charité*, par Laitié. Le tympan du fronton est occupé par un bas-relief, ouvrage de Nanteuil, représentant des *anges en adoration devant la Vierge et l'Enfant Jésus*. Ces trois groupes, de pierre de Conflans, ont huit pieds d'élévation. Sous le portique, est la grande porte d'entrée principale; et sur les arrière-corps, à droite et à gauche, sont deux portes latérales.

L'intérieur se compose d'un porche d'entrée, au-dessus duquel est placé le buffet d'orgues, dont la partie instrumentale a été exécutée par MM. Cavalié père et fils; d'une grande nef de onze mètres quinze centimètres (trente-quatre pieds) de largeur, sur vingt-neuf mètres vingt-cinq centimètres (quatre-vingt-dix pieds) de longueur, de deux nefs latérales, et de chapelles particulières, formées, les unes et les autres, par quatre rangs de colonnes d'ordre ionique. La nef principale est terminée par le chœur, où sont les stalles, et par un rond-point ou hémicycle, où est placé le maître-autel, composé d'un baldaquin supporté par quatre colonnes corinthiennes de granit oriental, avec bases et chapiteaux en bronze doré et surmonté d'un couronnement de sculpture, dû à M. Elschoëcht. On lit dans la frise : *Gloria in excelsis Deo*. Deux sacristies sont à la proximité du chœur et à l'extrémité des bas-côtés ; elles sont éclairées chacune par une grande croisée en arcade. Le vitrail colorié de celle de gauche a été exécuté à la manufacture royale de Sèvres, d'après les compositions de M. Delorme, pour les deux anges du cintre et pour le sujet principal qui représente une *Assomption de la Vierge*, et sur les dessins de M. Le Bas pour l'ensemble et les ornements. De semblables vitraux ont été exécutés pour la croisée de l'autre sacristie. Quatre chapelles, d'une assez grande dimension, qui occupent les angles des bas-côtés, sont décorées de peintures, comme les autres parties de l'édifice. Elles sont disposées, à commencer de celle à droite en entrant, dans l'ordre indiqué par la nature et par la religion pour le cours de la vie, c'est-à-dire que la première est consacrée *au baptême*, la deuxième *à la communion*, la troisième *au mariage*, et la quatrième *à la mort*. MM. Roger, Perrin, Orsal et Blondel ont été chargés d'en exécuter les peintures.

Six autres chapelles ont été pratiquées sous les bas-côtés de l'église. Elles se présentent dans l'ordre suivant :

La première, à droite en entrant, dédiée à saint Hippolyte, contient trois sujets : le tableau à gauche de la fenêtre représente *Saint Hippolyte ramené à la foi par saint Laurent, qu'il gardait dans sa prison*. Le sujet de celui de droite est le *Martyre du saint* : — Un an après avoir reçu le baptême, saint Hippolyte, ne voulant pas renoncer à la foi, est condamné par l'empereur Maximin à être attaché, et traîné par des chevaux indomptés. — Ces deux tableaux sont de M. Hesse. Le troisième, en retour, représentant les *Funérailles de saint Hippolyte*, est de M. Coutan. Le portrait du saint, qui est au-dessus de l'autel, est de M. Bézard. La cuve en bronze des fonts baptismaux, déposée provisoirement dans cette chapelle, a été exécutée sur les dessins de M. Le Bas. La coupe est supportée par un piédouche orné de poissons ; au pourtour de la coupe est une frise composée de coquilles et de têtes d'agneaux supportant des guirlandes. Elle est fermée d'un couvercle divisé en quatre compartiments, dont les milieux sont occupés par des croix dorées, se détachant sur un fond d'écailles. Elle est surmontée d'une petite statue de *saint Jean-Baptiste*, due au ciseau de M. Durat. Autour de la plinthe qui supporte cette figure est l'inscription : *In nomine Patris et Filii et Spiritus sancti*. Cette inscription, ainsi que la statue et les ornements, sont autant des symboles du baptême. La fonte, exécutée avec une grande perfection, sort des ateliers de M. Quesnel.

La seconde chapelle est consacrée à saint Hyacinthe. Les deux tableaux qui la décorent sont de M. Alfred Johannot. Celui de droite représente une ville ayant été mise à feu et à sang par des Tartares; saint Hyacinthe sort de son monastère, tenant d'une main l'image de la Vierge, et de l'autre le Saint-Sacrement. Il marche ainsi à travers l'incendie et le massacre, sa sainteté le préservant du feu et de la cruauté des barbares. — Le sujet de celui de gauche est : Une dame de qualité avait envoyé son fils pour prier le saint de venir instruire ses vassaux. Le jeune homme s'étant noyé, saint Hyacinthe, aux sollicitations de sa mère éplorée, le rend à la vie. — Le *Portrait du saint*, placé sur l'autel, est de madame Varcollier.

La troisième chapelle, consacrée à sainte Thérèse, a trois tableaux. Celui à droite de la fenêtre représente la sainte qui, à la mort de sa mère, se voue à la Vierge. — Le sujet de celui de gauche est l'*Extase de sainte Thérèse*. Ces deux ouvrages sont de M. Langlois. On voit dans le troisième tableau, en retour, *Sainte Thérèse recevant l'extrême-onction*, ouvrage de M. Caminade. Le *Portrait du saint* est de M. Decaisne.

Sur les bas-côtés, à gauche en entrant, la première chapelle est dédiée à sainte Geneviève. Le premier des trois tableaux de cette chapelle, à gauche, en retour, a pour sujet : Saint Germain d'Auxerre, passant par le bourg où était née sainte Geneviève, remarqua dans cette enfant quelque trace de sa sainteté future : il l'appela à lui du milieu de la foule du peuple, lui fit des exhortations, et lui donna une pièce de monnaie, comme gage de ce que Jésus-Christ la prenait pour son épouse. — M. Dejuine est l'auteur de ce tableau. Le second représente *sainte Geneviève guérissant sa mère aveugle*, et le troisième l'*Apothéose de sainte Geneviève*. Ces deux ouvrages sont de M. Eugène Devéria. Le *Portrait de la patronne de Paris* est de madame Dehérain.

La seconde chapelle, placée sous l'invocation de saint Philibert, n'a que deux tableaux, tous deux de M. Schnetz. Celui de droite représente *saint Philibert secourant des pauvres voyageurs exténués de fatigue et de besoin*, et celui de gauche *saint Philibert rachetant des captifs chez les Germains*. Le *Portrait du saint* est de M. Etex.

La dernière chapelle, consacrée à saint Étienne, contient trois tableaux : celui à gauche de la fenêtre représente *saint Étienne distribuant des aumônes*; celui de droite, *saint Étienne condamné, traîné par le peuple au lieu du supplice*; ces deux tableaux sont de M. Champmartin. Le troisième, en retour, dû au pinceau de M. Couder, représente le *Martyre de saint Étienne*. Le *Portrait du saint* est de M. Goyet. Les deux rangées de colonnes qui forment la nef principale sont surmontées de murs, dans lesquels sont pratiquées les six croisées qui l'éclairent. Sur les huit trumeaux qui séparent les croisées sont représentés, peints sur mur, des sujets tirés de l'histoire de la Vierge : 1° la *Naissance de la Vierge*, par M. Monvoisin; 2° la *Consécration*, par M. Vinchon; 3° le *Mariage de la Vierge*, par M. Langlois; 4° l'*Annonciation*, par M. Dubois; 5° la *Visitation*, par M. Coutan; 6° l'*Adoration des Mages*, par M. Granger; 7° l'*Adoration des Bergers*, par M. Cassel; 8° l'*Assomption*, par M. Dejuine. Le dernier de ces tableaux est le plus parfait de la collection. Les *quatre Prophètes*, Jérémie, Ézéchiel, Isaïe et Daniel, qui occupent les écoinçons des grandes arcades, au-dessus des orgues et à l'entrée du chœur, sont de M. Schnetz et lui font le plus grand honneur. Les deux grands tableaux qui décorent les parois des murs, au-dessus des stalles, font suite à l'histoire de la Vierge : celui de gauche a pour sujet la *Présentation au Temple*, par M. Hesse, et celui de gauche, *Jésus au milieu des Docteurs*, par M. Drolling. Cette dernière composition est la plus remarquable de toutes celles qui décorent la nouvelle église. M. Delorme est l'auteur des *quatre Evangélistes*, peints dans les pendantifs qui supportent la coupole, ainsi que la grande peinture qui décore cette coupole, et dont le sujet est la *Translation de la sainte maison de Lorette* (sancta casa) *par des anges, en présence de la Vierge et de la cour céleste*. Le *Couronnement de la Vierge*, peinture sur fond d'or, qui occupe le cul-de-four de l'émicycle, est de M. Picot.

Indépendamment des ouvrages d'art dont je n'indique qu'une partie, on remarque dans cet édifice quelques autres richesses tenant également à l'art, contribuant à l'harmonie de l'ensemble : tels sont le plafond, le poli que l'on est parvenu à donner aux pierres des colonnes, qui offrent ainsi l'aspect du marbre; les devantures du maître-autel et des autels particuliers, exécutées en lave émaillée de Volvic, sous la direction de M. Hittorff, d'après les dessins de M. Le Bas; les encadrements des peintures, les ornements des frises où sont retracés tous les instruments de la passion; le buffet d'orgues et les pavés des chapelles du chœur et des bas-côtés, en compartiments de marbre de diverses couleurs; enfin les balustrades, les grilles, et tous les ornements d'architecture. On doit citer aussi le riche tapis d'autel, qui sort de la manufacture d'Aubusson.

Au-dessus des niches pratiquées dans les tambours des entrées latérales, sont quatre inscriptions latines faisant connaître : 1° que cette église, sous l'invocation de Notre-Dame-de-Lorette, a été bâtie aux frais de la ville de Paris, et que la première pierre en a été posée le 25 août 1823, sous l'administration de M. le comte Chabrol de Volvic, alors préfet de la Seine; 2° que sous le règne de Louis-Philippe Ier elle a été enrichie d'ouvrages d'art, et entièrement terminée en 1836, par les soins de M. le comte de Rambuteau, pair de France, préfet de la Seine; 3° qu'elle a été consacrée le 15 décembre 1836, par monseigneur l'archevêque de Paris, M. de Rolleau étant curé de cette paroisse; 4° qu'elle a été édifiée, par suite d'un concours, par M. Le Bas, architecte, qui en a commencé les travaux en 1824, et les a terminés en 1836. — L'église Notre-Dame-de-Lorette est charmante et pleine de coquetterie. C'est là son plus grand défaut. Elle ressemble aussi bien à une salle de concert qu'à une église.

Chapelle expiatoire, rue d'Anjou-Saint-Honoré. — Après la fatale journée du 10 août 1792, le cimetière de la Madeleine fut choisi pour recevoir les dépouilles mortelles des victimes des fureurs révolutionnaires. Le vertueux Louis XVI et l'infortunée Marie-Antoinette y trouvèrent un asile après avoir porté leurs têtes sur l'échafaud. En remontant sur le trône de ses pères, Louis XVIII ordonna l'érection d'une chapelle, pour conserver le souvenir du séjour qu'y firent les cendres royales pendant vingt-trois ans. Les architectes Percier et Fontaine furent chargés de la construction de ce monument expiatoire; une allée d'ifs, de cyprès, de cycomores et autres arbres funéraires, conduit au monument, dont l'entrée principale a la forme d'un tombeau antique; des cénotaphes, placés sous cet abri, sont destinés à rappeler les noms et la mémoire des grands personnages dont cette terre reçut la dépouille. A l'entrée de la chapelle est un portique composé de deux colonnes doriques surmontées d'un fronton. On y monte par plusieurs marches, et de nouveaux degrés conduisent à l'intérieur, lequel est en forme de croix, dont trois branches sont terminées par des hémicycles. Au milieu, et sur l'emplacement où furent les corps de Louis XVI et de Marie-Antoinette, est placé l'autel. Dans les hémicycles de droite et de gauche sont leurs statues, et, dans une chapelle souterraine, des monuments leur sont érigés; on a placé dans un caveau particulier tous les ossements trouvés dans l'enceinte du cimetière. Ce monument a été respecté à la révolution de 1830.

Séminaire de Saint-Sulpice, situé sur la place et auprès de l'église Saint-Sulpice, entre les rues Férou et du Pot-de-Fer. — La première pierre de ce bel édifice, dont j'ai déjà parlé (1), fut posée le 21 novembre 1820, par M. le comte Siméon, ministre de l'intérieur, et M. l'archevêque de Paris, Talleyrand de Périgord.

Eglise Saint-Vincent-de-Paul, place Lafayette. — La première pierre en fut posée le 25 août 1824, par M. le préfet de la Seine. Cette église

---

(1) Voy. ci-dessus p. 249.

qui n'est pas encore terminée, est destinée à remplacer la *chapelle de Saint-Vincent-de-Paul*, construite provisoirement sous le consulat, et située rue Montholon, entre les nos 6 et 8. Cette petite chapelle n'offre de remarquable que deux tableaux de mademoiselle Pauline Colson et de Dejuine.

Eglise Saint-Denis du Saint-Sacrement, rue Saint-Louis au Marais. — Cette église fut reconstruite, comme je l'ai dit (1), en 1826, et livrée au culte le jour de Pâques 1835.

Palais du quai d'Orsay, situé entre les rues de Poitiers, de Bellechasse, de Lille et le quai d'Orsay. Ce vaste et bel édifice, qui a été achevé par M. Lacornée, fut commencé en 1810. On devait y placer le ministère des affaires étrangères. Il fut successivement destiné aux ministères de l'intérieur, du commerce, à la Cour des Comptes. Enfin en ce moment il est occupé en partie par le conseil d'État, et depuis près d'un an on y a établi provisoirement des bureaux appartenant au ministère de l'intérieur et à celui du commerce et des travaux publics.

Amphithéâtre d'anatomie, rue d'Orléans-Saint-Marcel, no 2. — Bâti en 1821 ; près de six cents élèves s'y occupent de travaux anatomiques. La destination de son cabinet est de présenter toutes les métamorphoses des organes humains par le jeu de la nature, l'âge, les maladies, les accidents. Il possède une série nombreuse de pièces anatomiques préparées avec le plus grand talent.

Hospice d'Enghien, rue de Babylone, n° 12. — Fondé en 1819 par madame la duchesse de Bourbon, appartenant aujourd'hui à madame la princesse Adélaïde, il renferme soixante lits pour les hommes et quarante pour les femmes, où les malades sont soignés par les sœurs de la charité.

Hospice Leprince, rue Saint-Dominique, n° 45. — Petit hôpital fondé en 1819, d'après les dernières volontés de M. Leprince, où les malades sont soignés par les sœurs de la charité.

Infirmerie de Marie-Thérèse, rue d'Enfer, n° 86. — Cette maison fut fondée par madame la duchesse d'Angoulême pour des prêtres infirmes et des personnes ruinées par la révolution.

Maison de refuge et de travail pour l'extinction de la mendicité, rue

---

(1) Voy. ci-dessus p. 260.

de l'Oursine, n₀ 95 (bis). — Cet établissement a pour but de donner du travail aux malheureux et de les empêcher de se livrer à la mendicité. Ils sont nourris, logés et habillés dans cette maison, moyennant une légère retenue faite sur le prix de leur travail. Elle contient actuellement trois cents lits et ce nombre peut être augmenté. Cette maison, fondée en 1820 par des souscriptions volontaires, admet des internes et des externes. Les internes peuvent sortir en prévenant vingt-quatre heures d'avance. Les infirmes hors d'état de travailler n'y sont pas reçus, ainsi que les individus atteints de maladies.

École royale et spéciale des Beaux-Arts, rue des Petits-Augustins, n° 16, sur l'emplacement du couvent des Petits-Augustins. Cette école, fondée par Louis XVIII le 4 août 1819, comprend l'enseignement de toutes les parties qui entrent dans la peinture, la sculpture et l'architecture. L'enseignement est gratuit à l'école des Beaux-Arts. L'administration est dirigée par un conseil de cinq membres, le président, le vice-président, le président sortant de fonctions, le secrétaire perpétuel et un des membres de la section d'architecture à tour de rôle et successivement toutes les années. La haute surveillance de l'école appartient à ce conseil. La surveillance des détails est exercée par un agent spécial chargé en même temps de la comptabilité. Les élèves nationaux et étrangers sont admis aux cours ordinaires jusqu'à l'âge de trente ans après un concours préalable.

Les concours des grands prix de Rome sont ouverts aux artistes français ou naturalisés qui n'ont pas atteint l'âge de trente ans. Ils concernent la peinture, la sculpture, l'architecture, la musique et la gravure. Les sujets des concours sont donnés par les sections correspondantes de l'Académie des Beaux-Arts.

Le 3 mai 1820, le ministre de l'intérieur vint poser la première pierre du monument commencé sur les dessins de M. Debret. Il vient d'être achevé par M. Duban.

En venant par la rue des Beaux-Arts, en face de laquelle est placée la grille et l'entrée principale du palais, on aperçoit d'abord à droite le charmant portique du château d'Anet, servant de façade à l'ancien bâtiment de l'église des Petits-Augustins. Il aura pour pendant, du côté gauche, un portique du XIIIᵉ siècle. Deux ailes de bâtiments nouveaux, décorés de l'ordre ionique à arcades, se continuent de chaque côté, depuis ces façades jusqu'à l'arc de Gaillon qui est la limite de la première cour.

L'arc s'étend ensuite sur la ligne horizontale perpendiculaire aux bâtiments latéraux dont nous venons de parler, auxquels il se lie par une balustrade. Il forme ainsi une espèce de jubé parallèle avec le bâtiment principal nouvellement construit. L'ensemble de la disposition que

ÉCOLE ROYALE DES BEAUX ARTS.

nous venons de décrire forme au palais proprement dit une riche avant-cour qui sera fermée par une grille en fer du côté de la rue des Petits-Augustins. Au milieu de cette cour s'élève une colonne corinthienne en marbre rouge (de Paros ou de Languedoc), supportant une statue en bronze. Lorsque le portail gothique qu'on doit placer vis-à-vis celui d'Anet aura été érigé, la cour d'entrée offrira le résumé de l'architecture française à ses trois principales époques : le moyen-âge, la renaissance et la transition de l'une à l'autre. Terminons ce qui est relatif à cette première division de l'école des Beaux-Arts par l'examen de l'ancienne église à laquelle le portail d'Anet sert d'entrée.

L'architecte a rappelé dans cette église plusieurs dispositions de la chapelle Sixtine.

Sur le mur du fond est la copie du Jugement dernier de Michel-Ange, exécutée dans les dimensions de l'original, par Sigalon, et retraçant, avec une admirable précision, la fougue vigoureuse et puissante du génie de Buonarotti.

La nef de l'église et l'ancienne chapelle de la reine Marguerite, renfermeront le tombeau des Médicis, tel qu'il existe à Florence dans la chapelle sépulcrale de *san Lorenzo* ; ce qui reste du monument inachevé de Jules II, le *Moïse* et les deux figures d'*esclaves* dont le musée de Paris s'enorgueillit de posséder les originaux, puis la *Pitié*, le *Faune*, le *Bacchus*.

Enfin les œuvres les plus remarquables de Buonarotti, en peinture et en sculpture, y seront rassemblées. On doit aussi, dit-on, y réunir par le moulage les copies des sculptures les plus célèbres en Europe depuis la renaissance.

Au-delà de l'arc de Gaillon s'ouvre une deuxième cour pavée en dalles disposées avec art, au fond de laquelle règne la façade principale du palais. Une vaste flaque antique au milieu de la cour recevra la retombée d'un jet d'eau. Cette cour est fermée du côté opposé à la façade principale par l'arc de Gaillon, au milieu avec ses balustrades, et sur les côtés par deux constructions demi-circulaires, continuation en retraite des bâtiments latéraux de la première cour, et dont la concavité fait face au grand corps du palais. De nombreux débris d'architecture antique du moyen-âge et de la renaissance sont enchâssés dans les parois extérieures des murs de ces hémicycles.

La façade du principal bâtiment, parallèle à l'arc de Gaillon, est disposée de la manière suivante : le rez-de-chaussée pose sur un soubassement, et des piédestaux destinés à recevoir les statues en marbre des élèves de Rome sont adossés au mur entre chaque fenêtre. Ces fenêtres se répètent au premier étage et elles sont alors engagées dans une élégante ordonnance corinthienne qui supporte à son tour un étage attique surmonté d'une frise découpée capricieusement et servant de balustrade à la toiture. La crête de cette toiture est ornée elle-même d'une autre frise en fer, découpée à jour, d'un style léger et élégant. Ces dernières innovations qui témoignent de l'indépendance de l'architecte dans la conception de son œuvre ont été l'objet de quelques critiques dans l'examen desquelles nous n'entreprendrons pas d'entrer. Un perron de six marches précède la grande porte d'entrée de ce bâtiment située dans l'axe de la principale ouverture de l'arc de Gaillon. Au-dessus de la porte on a inscrit en lettres d'or : *Peinture. — Architecture. — Sculpture.* Les portraits en relief de bronze de Philibert Delorme et de Jean Goujon sont placés de chaque côté dans des médaillons de bronze à fond d'or. Au-dessus de ces médaillons, au premier étage, à la hauteur des chapiteaux des colonnes, on voit pareillement les portraits de Poussin et de Lesueur. Enfin, dans la région du deuxième étage, une grande plaque en pierre de Volvic contient l'inscription suivante : *Ecole des Beaux-Arts.*

Après avoir traversé ce bâtiment, on arrive à une troisième cour disposée en carré long entourée de toutes parts d'une architecture simple et froide, contrastant un peu avec les splendeurs qui précèdent. Cette cour est remarquable surtout par son dallage de marbres de différentes couleurs artistement disposés. Des colonnes adossées aux murs, supportant des bustes, en ornent le pourtour. Les grandes portes situées au milieu des deux principaux corps de bâtiment qui correspondent avec l'axe de l'arc Gaillon, sont ornées de magnifiques colonnes en marbre rouge. Les portraits de Périclès, d'Auguste, de Léon X et de François 1er, images des quatre grandes époques de l'histoire des arts, sont disposés deux par deux de chaque côté de ces portes.

Ecole royale des Chartes, à la bibliothèque du roi. — Cette école, qui a pour but de former des jeunes gens à la lecture et à l'intelligence des anciens monuments, et à l'étude des divers dialectes français du moyen-âge, fut fondée par ordonnance royale du 2 mars 1821, et sur le rapport de M. de Gérando. Elle a reçu depuis plusieurs améliorations, et ses cours sont aujourd'hui très suivis. Tous les deux ans, il y a un concours parmi les élèves pour le brevet d'*archiviste-paléographe*.

Institution royale de musique classique, rue de Vaugirard, n° 69. — Cette école, qui a fourni de grands artistes à notre première scène lyrique, entre autres le ténor Duprez, fut fondée sous la restauration par M. Choron, ancien directeur de l'Opéra.

Académie royale de médecine, rue de Poitiers, faubourg Saint-Germain. — C'est une institution fondée en 1820 par le roi Louis XVIII. Cette académie, établie à Paris pour tout le royaume, est spécialement instituée pour répondre aux demandes du gouvernement sur tout ce qui intéresse la santé publique, et principalement sur les épidémies, les maladies particulières à certains pays, les épizooties, les différents cas de médecine légale, la propagation de la vaccine, l'examen des remèdes nouveaux et des remèdes secrets, tant internes qu'externes, les eaux minérales naturelles ou artificielles, etc. Elle est en outre chargée de continuer les travaux de la société royale de médecine et de l'académie royale de chirurgie ; elle s'occupe de tous les objets d'étude et de recherches qui peuvent contribuer aux progrès des différentes branches de l'art de guérir. En conséquence tous les registres et papiers ayant appartenu à la société royale de médecine ou à l'académie royale de chirurgie, et relatifs à leurs travaux, ont été remis à la nouvelle académie et déposés dans ses archives.

L'Académie royale de médecine est divisée en trois sections, une de médecine, une de chirurgie et une de pharmacie. Elle est composée d'honoraires, de titulaires, d'associés et d'adjoints.

Chacune des trois sections de l'Académie élit ses membres honoraires, ses membres titulaires et ses adjoints. Les associés sont élus par l'Académie entière. Toutefois, l'élection des honoraires, titulaires et associés n'est définitive que lorsqu'elle est approuvée par le roi ; quant à l'élection des adjoints, elle doit être confirmée par l'académie entière.

L'Académie s'assemble ou en corps ou par sections. Les séances générales se tiennent une fois tous les trois mois, et les séances des sections deux fois chaque mois. Les séances générales ont pour objet, d'une part, l'administration et les affaires générales de l'Académie, et de l'autre, les matières de science dont la discussion exige le concours de toutes les sections. Les séances des sections sont consacrées aux objets de science et d'étude dont chacune d'elles doit spécialement s'occuper. Lorsqu'il se rencontre des matières qui intéressent à la fois deux sections, ces deux sections se réunissent pour les discuter en commun. Ces mêmes matières sont toujours renvoyées à des commissions mixtes. Les honoraires et les titulaires d'une section assistent, quand ils veulent, aux séances des deux autres sections. Les associés et les adjoints peuvent assister à toutes les séances, soit générales, soit de section.

Indépendamment de ses séances privées, soit générales, soit particulières, l'Académie tient annuellement trois séances publiques, une pour chacune de ses sections. Ces séances sont principalement destinées, 1º à rendre compte des travaux de la section qui occupe la séance ; 2º à faire connaître, par des éloges ou des notices historiques, les membres que cette section a perdus ; 3º à annoncer les sujets de prix qu'elle propose pour l'année courante ; 4º enfin, à proclamer les noms de ceux qui ont remporté les prix proposés antérieurement.

Le bureau général de l'Académie est composé d'un président d'honneur perpétuel, d'un président temporaire, d'un secrétaire et d'un trésorier. Le premier médecin en titre du roi est, de droit, président d'honneur perpétuel de l'Académie. Le président temporaire, le secrétaire et le trésorier sont élus par l'Académie entière, et nécessairement choisis parmi les membres titulaires : ils peuvent être pris indifféremment dans l'une ou dans l'autre des trois sections. Le président ordinaire et le secrétaire sont en fonctions pendant une année, et le trésorier pendant cinq.

Le bureau particulier de chaque section est composé d'un président, d'un vice-président et d'un secrétaire, tous choisis parmi les titulaires de cette section. Les présidents et secrétaires ne sont en fonctions que pendant une année.

L'Académie a un conseil d'administration, composé du président d'honneur perpétuel, du président temporaire et du trésorier de l'Académie, des présidents et des secrétaires des trois sections et du doyen de la faculté de médecine de Paris, lequel est toujours, de droit, membre de l'Académie. Ce conseil est spécialement chargé d'administrer les affaires de l'Académie, et de répartir entre les trois sections les matières dont chacune d'elles doit s'occuper. Il s'assemble une fois par semaine.

Collége royal de Saint-Louis, rue de La Harpe (1). Il fut érigé, ainsi que je l'ai dit, en collége royal le 24 octobre 1820. Son portail ne manque pas d'élégance; sa chapelle est jolie. Il reçoit pensionnaires et externes.

Collége Stanislas, rue Neuve-Notre-Dame-des-Champs, n° 34. — Ce collége n'était qu'un établissement particulier, sous la direction de M. Liautard. Il fut érigé en collége en 1822. Le roi Louis XVIII voulant prouver tout l'intérêt qu'il portait à cet établissement, permit de lui donner un de ses noms. Il ne reçoit que des pensionnaires.

Collége Sainte-Barbe, rue de Reims (2). — C'était un pensionnat célèbre, dirigé par M. Delanneau, lorsqu'il fut érigé en collége par une ordonnance royale, en 1823. Il n'a pas cessé cependant de suivre les cours du collége Louis-le-Grand.

Musée Charles X, aujourd'hui *Musée des antiquités égyptiennes, grecques et romaines*. — Ce musée, ouvert le 4 novembre 1827, est composé de neuf salles de plain-pied, dans l'aile méridionale du Louvre. Les plafonds ont été décorés par MM. H. Vernet, Gros, Abel de Pujol, Pi-

(1) Voy. *Collége d'Harcourt.* — (2) Voy. t. III, p. 346.

cot, Meynier, Heim, Ingres. Tous les vases, toutes les médailles, tous les objets antiques, rares et précieux, gardés dans ce musée, sont renfermés dans des armoires magnifiques, garnies de glaces.

Bibliothèque de la ville. — M. Moriau, procureur du roi de la ville, décédé le 20 mai 1759, désirait qu'il y eût à l'hôtel-de-ville de Paris une bibliothèque à l'instar de celle de l'hôtel-de-ville de Lyon. Dans ce généreux dessein, il fit l'acquisition d'un grand nombre de volumes en tout genre de littérature et de manuscrits curieux, de portefeuilles remplis de cartes géographiques, d'estampes, de plans de villes et de vues de monuments. Il y joignit une collection de médailles, de monnaies et de jetons. Voulant encore être utile après sa mort à ses concitoyens, ce magistrat légua sa bibliothèque à l'hôtel-de-ville, sous la condition qu'elle serait publique. Comme il ne se trouvait pas de vaisseau assez considérable pour contenir les livres donnés par M. Moriau, et pour ceux qui pouvaient y être ajoutés dans la suite, le prévôt des marchands et les échevins firent louer l'hôtel Lamoignon, rue Pavée, au Marais, n° 24. Elle fut ouverte pour la première fois le 23 avril 1763, puis transportée en 1773 à l'ancienne maison professe des Jésuites, rue Saint-Antoine, dans la même galerie qu'occupait la bibliothèque de ces pères.

Sous la restauration, cet établissement, successivement enrichi de plusieurs acquisitions, a été transféré place du Sanhédrin ou du Tourniquet-Saint-Jean, derrière l'hôtel-de-ville. La reconstruction de la plupart des bâtiments de l'hôtel-de-ville a fait transférer provisoirement cette bibliothèque quai d'Austerlitz.

Salle de l'Opéra, rue Lepelletier, n° 10. — Après l'assassinat du duc de Berry, l'Académie de musique fut transférée, comme je l'ai dit en faisant l'histoire de ce théâtre, dans une nouvelle salle construite rue Lepelletier, par l'architecte Debret, sur l'emplacement de l'hôtel de Choiseul. La première représentation eut lieu le 16 août 1821. On a dépensé 2,555,000 francs pour la construction de ce théâtre, que l'on a appelé *salle provisoire*, quoique tout annonce que de long-temps elle ne sera pas remplacée par une salle définitive. Elle est fort belle et peut contenir près de deux mille spectateurs.

Théâtre du Gymnase-Dramatique, anciennement *théâtre de Madame*, boulevard Bonne-Nouvelle, n° 8. — Il a été construit en 1820, sur les dessins des architectes Rougevin et Guerchy. Le frontispice est orné de deux rangées de six colonnes ioniques et corinthiennes, engagées des trois quarts, avec pilastres dans les angles ; dans le fronton, qui règne dans la partie supérieure, est une lyre ; deux muses sont placées dans des niches. La salle, de forme demi-circulaire, est assez jolie. La protection de madame la duchesse de Berry et la collaboration assidue de M. Scribe ont commencé la fortune de ce petit théâtre. L'un des meilleurs comédiens de l'Europe, Bouffé, y attire toujours la foule.

Théâtre Ventadour, rue Neuve-des-Petits-Champs, en face celle de Ventadour. — Cette salle magnifique fut élevée dans les dernières années de la restauration par MM. Guerchy et Huvé. Elle est isolée comme l'Odéon et construite avec toutes les précautions nécessaires pour la garantir d'un incendie. Des pilastres d'ordre dorique et ionique, surmontés d'un attique, décorent la façade, où neuf arcades se présentent; elle est ornée de dix statues représentant Apollon et les neuf Muses. La disposition intérieure de ce théâtre est grandiose. Cette salle a eu d'aussi déplorables destinées que celles de l'Odéon. Successivement occupée par l'Opéra-Comique, des troupes nomades, une entreprise dramatique connue sous le nom de *théâtre Nautique*, elle ne servait plus qu'à des bals publics ou à de grandes réunions, lorsque M. Anténor Joly la réunit, il y deux ans, sous le nom de *théâtre de la Renaissance*. Malgré le talent et le zèle du nouveau directeur, ce spectacle vient encore de fermer.

Théâtre du Panorama-Dramatique, boulevard du Temple, sur l'emplacement du café du Bosquet, à côté de l'ancienne salle de Lazari. Construit avec goût par M. Vincent, il fut ouvert le 4 avril 1825. Son existence fut courte. Il fut fermé le 21 juillet 1823, après des efforts inouïs pour arriver au succès. Son répertoire était le même que ceux l'Ambigu et de la Gaieté. Ce petit théâtre a été démoli et remplacé par une maison particulière.

Théâtre des Nouveautés, aujourd'hui du *Vaudeville*, place de la Bourse. — Cette salle est construite sur l'emplacement de l'ancien passage Feydeau; elle fut ouverte au public le 1er mars 1827, sous le titre de *théâtre des Nouveautés*. Cette entreprise ne fut pas heureuse, et ce théâtre fut fermé le 15 février 1832. Au mois de septembre de la même année, l'Opéra-Comique, abandonnant la salle Ventadour, vint s'y installer. Il est remplacé depuis le 17 mai 1840 par la troupe du Vaudeville. La salle est commode, le foyer est décoré avec goût.

Théâtre des Jeunes-Elèves de M. Comte, passage Choiseul. — En 1814, M. Comte, dont la réputation comme ventriloque et physicien est européenne, conçut le projet de former une troupe de jeunes artistes. Il fit jouer par eux quelques intermèdes dans les séances de physique qu'il donnait à l'hôtel des Fermes, rue de Grenelle-Saint-Honoré, et voyant que le public les accueillait avec intérêt, il transporta son théâtre, en 1818, dans le passage des Panoramas, où il se créa un répertoire de vaudevilles et de pièces féries. Enfin, en 1826, il fit construire dans le passage Choiseul une jolie salle qu'il ouvrit le 23 décembre de la même année, et que sa petite troupe occupe encore aujourd'hui.

Théâtre du Luxembourg, rue de Madame, n° 17. — Ce fut dans l'origine un spectacle forain, connu sous le titre de *Bobineau*, nom du *paillasse* qui faisait la parade à la porte. Depuis 1830, les pantomimes et les danses de corde ont été remplacées par des drames et des vaudevilles. La salle est petite et n'a rien de remarquable.

CHAPITRE TROISIÈME.

Topographie.

Marché à la marée, entre la rue du Marché-aux-Poirées et la rue de la Tonnellerie. — Ce marché, élevé en 1823, présente un quadrilatère bien aéré, où se fait la vente, en gros et en détail, du poisson de mer et d'eau douce. Elevé au-dessus du niveau du pavé, il est totalement dallé en pierres de taille qui, par leur inclinaison, font épancher les eaux. A chacune des extrémités de ce marché se trouve une fontaine.

Fontaine de la Halle à la marée. — Au milieu d'un bassin circulaire s'élève une borne carrée, décorée de quatre mascarons en bronze qui jettent de l'eau. Ce joli et utile monument, qui produit un bon effet, est alimenté par le canal de l'Ourcq.

Pont des Champs-Elysées ou *des Invalides*. — Il communique du quai de la Conférence au quai d'Orsay, au Gros-Caillou. Ce pont élégant, construit en 1819, sous la direction de MM. Vergez et Bayard, ne consiste qu'en trois travées suspendues par des chaînes de fer. Sa longueur est de trois cent soixante-un pieds, et sa largeur de vingt-six environ. Il sert de passage aux plus grosses voitures. Même péage qu'au pont d'Austerlitz.

Pont de Grammont, communiquant de l'île Louviers au quai de l'arsenal, reconstruit en bois en 1824.

Pont de l'Archevêché, du quai de l'Archevêché au quai de la Tournelle. — Ce pont élégant formé de trois arches en pierre, fut construit en 1827, par une compagnie qui y perçoit un droit de péage.

Pont d'Arcole, du quai Napoléon à la place de Grève. — Il se nommait avant 1830 *pont de la Grève*. Il repose sur un seul pilier; son plancher, presque horizontal est supporté par des barres de fer. Ce pont ne sert qu'aux piétons.

Maison de François Ier, aux Champs-Élysées, sur le cours la Reine. — Cette jolie maison, qui était autrefois à Moret, auprès de Fontainebleau, fut vendue en 1826 par le gouvernement à un amateur Les matériaux en furent transportés à Paris et reconstruits par M. Biet, architecte. Ce gracieux monument construit en 1572, est orné de sculptures qu'on attribue à Jean Goujon. On y voit les médaillons de Marguerite, d'Anne de Bretagne, de Diane de Poitiers, de Louis XII, de Henri II, et de François II. L'intérieur de cette maison n'offre rien de remarquable : il est disposé pour servir d'habitation particuliere.

CHAPITRE QUATRIEME:

ÉTAT DES LETTTES, SCIENCES, ARTS, COMMERCE ET INDUSTRIE A PARIS SOUS LA RESTAURATION.

Les quinze années de paix dues à la restauration furent pour les lettres, les arts et l'industrie nationale une ère de progrès et de prospérité. Les souvenirs héroïques de la république et de l'empire étaient assez imposants pour inspirer encore le génie national, et rien n'était plus propre que ces longs jours de calme à favoriser les travaux de tout genre. Aussi devons-nous ajouter un grand nombre de noms célèbres à ceux que nous avons cités dans la période précédente : le comte Joseph de Maistre, MM. Ballanche, de Bonald, l'abbé de La Mennais, de Gerando, de La Romiguière, Portalis, Jouffroy, Cousin, Droz, de Tocqueville, Azaïs, pour les hautes conceptions de la philosophie ou de l'économie politique. Pour les lettres, MM. : Casimir Delavigne, dont le premier et si brillant essai, l'ode sur la *naissance du roi de Rome*, fut composé en 1811; Pierre Lebrun, auteur de Marie Stuart; Alex. Soumet; A. de Lamartine, dont les premières *Méditations poétiques* parurent seulement en 1820; de Féletz; Guizot; Ph. de Ségur; de Marchangy; Tissot; de Barante, l'éloquent historien des ducs de Bourgogne; Béranger; Ch. Nodier; Gail, Salverte; enfin madame de Genlis, madame d'Abrantès, madame Tastu.

La réaction politique opérée par le retour des Bourbons ramena les esprits vers l'étude du passé avec un entraînement qui ne s'est point arrêté depuis, et dont l'influence fut si puissante, que, depuis vingt ans, elle imprime un caractère particulier à la littérature et surtout aux arts. Les vieilles compositions nationales du moyen âge furent rendues à la lumière, remises en honneur et quelquefois imitées. Mais, dans notre rapide aperçu, nous devons nous interdire toutes les appréciations et nous borner à citer des noms.

L'Académie des inscriptions et belles-lettres prit donc une activité nouvelle, et nombre de savants historiens ou érudits s'y groupèrent autour de M. Daunou et du bénédictin dom Brial. Ce furent MM. Quatremère, Amaury-Duval, Raoul-Rochette, Letronne, Naudet, Dureau de la Malle, Hase, Pardessus, Abel Rémusat, Saint-Martin, etc.

L'arène politique retentit de la parole éloquente des Foy, des Manuel, des Benjamin Constant, des Royard-Collard; et P.-L. Courier, en y lançant ses pamphlets politiques, se rendit l'un des plus redoutables ennemis de la restauration. A MM. Lacroix, Biot, Arago, Thénard, de Prony, Gay-Lussac, se joignirent pour les sciences MM. Poisson, Beautemps-Beaupré, Darcet, Brongniart, Beudant, de Mörel-Vindé, Flourens, Geoffroy Saint-Hilaire, Desgenettes, Magendie, Dupuytren.

Dans les arts, la restauration vit briller encore les hommes célèbres que nous avons déjà nommés : Girodet, Guérin, Gros, Gérard, et avec eux : MM. Blondel, Fragonard, Abel de Pujol, Géricault, Ingres, Ary Scheffer, Horace Vernet, Paul Delaroche, Delacroix, Charlet, Léon Coignet, Devéria, Cambon, Chenavard, Cicéri, Redouté, madame de Mirbel; MM. Debret, Huyot, Huvée, Châtillon, Duban, Visconti, architectes. Sculpteurs, MM. Duret, Gayrard, Lemaire, Pradier, Ramey, David, Foyatier, Bosio, Romagnesi, Duseigneur, Etex, Flatters, Marochetti, Ant. Moine, Barre (statuettes), Barye (animaux). Graveurs, MM. Couché, Baquoy, Forster, Martinet, Masquelier, Massart, Réveil, Richomme, Sixdeniers, A. P. Tardieu (histoire); Calamatta, Henriquel-Dupont, Hopword (portraits); Maille, Jazet (aquatinta); Amb. Tardieu, Kardt, Chamoin, Hennequin, Beaupré, (géographie); Barre, Domard, Galle, Gayrard (médailles). La lithographie, inventée en Bavière et introduite à Paris, en 1816, par Geoffroy Engelmann, fournit à l'art une nouvelle branche cultivée aussitôt avec le plus grand succès. En 1815, Louis XVIII fonda le musée du Luxembourg, destiné à conserver les meilleurs ouvrages des artistes vivants. La manufacture de Sèvres continue ses remarquables fabrications. La manufacture des tapis de la Savonnerie produit les beaux tapis de la chambre à coucher de Louis XVIII, du salon de réception du comte d'Artois, du salon de réception de la duchesse de Berry et du salon de la Paix. Un art oublié en France depuis le XVIIe siècle, celui de la peinture sur vitraux, reparaît dès 1814, grâce aux travaux de M. Brongniart à la manufacture de Sèvres et de M. Bontemps à la manufacture de Choisy-le-Roi.

Parmi les musiciens de cette époque on distingue les noms célèbres de Boïeldieu, Hérold, Rossini, Auber, Bellini, Wéber, Paganini, Schubert, Ponchard, Rubini, Tamburini, Lablache, mesdames Catalani, Pasta, Mainvielle-Fodor, Sontag et Malibran; les professeurs Choron, Fétis.

Le commerce long-temps comprimé par la guerre retrouve sous la Restauration une activité nouvelle et s'élève rapidement à l'état le plus prospère. L'industrie, en même temps, prend une immense extension. En 1816 on brûle à Paris les marchandises anglaises pour conserver les manufactures nationales. L'application des machines à vapeur à la fabrication des produits industriels fait naître une révolution en mettant les produits, par l'augmentation de la quantité et par la baisse du prix, à la portée d'un beaucoup plus grand nombre de consommateurs. Dès 1815, l'américain Fulton construit à Paris un bateau à vapeur, le premier qu'on ait vu dans cette ville. Le gouvernement encourage de tous ses efforts les progrès du commerce et de l'industrie, et il est secondé à Paris et dans la plupart des départements par des établissements particuliers ou des sociétés d'encouragement. En 1823, on remarque la Société d'encouragement pour l'industrie nationale qui, cette année, mit au concours vingt prix, dont la valeur s'élevait à quarante-deux mille francs.

SEIZIÈME ÉPOQUE.

Paris sous Louis-Philippe.

1830-1840.

CHAPITRE PREMIER.

Faits généraux.

Après le triomphe populaire des trois journées de juillet 1830, la commission municipale, présidée par le général Lafayette, se présenta le 1er août au Palais-Royal et fut reçue par le duc d'Orléans. Dans cette conférence, le prince présenta aux commissaires ses idées générales sur le gouvernement en de tels termes, que M. de Lafayette s'écria, dit-on : Une telle monarchie est la meilleure des républiques! Quelques jours après, dans une assemblée solennelle, qui eut lieu à l'Hôtel-de-Ville, le duc d'Orléans fut nommé roi des Français sous le nom de Louis-Philippe Ier. Le premier événement politique du nouveau règne fut la réorganisation de la milice bourgeoise qui, licenciée quelques années auparavant, sous le ministère de M. de Villèle, fut rétablie avec enthousiasme dès le mois d'août et de septembre. A peine reconstituée, la garde nationale rendit au pays les plus grands services en comprimant les passions populaires dont la fermentation eût pu faire naître le désordre ; c'est à elle que l'on dut le salut des ministres de Charles X, MM. de Polignac, de Peyronnet, de Chantelauze et Guernon de Ranville, dont le jugement fut prononcé au mois de décembre 1830. On les condamna à la réclusion perpétuelle, et au bout de huit ans ils furent rendus à la liberté.

Au commencement de l'année 1831, dans l'attente d'une guerre étrangère, la France fit des préparatifs militaires pour défendre ses nouvelles institutions. Paris fut témoin à cette occasion de deux grandes solennités qui eurent lieu le 27 mars et le 2 mai. Le roi, ayant à sa droite le maréchal Soult, ministre de la guerre, et à sa gauche le vieux général Lafayette, fit aux gardes nationales parisiennes et aux troupes de ligne la distribution de drapeaux aux couleurs tricolores. Cette cérémonie imposante eut lieu au Champ-de-Mars (1).

(1) Voy. plus haut l'art. *Champ-de-Mars.*

Cependant, au mois de février 1831, les signes d'une violente fermentation s'étaient manifestés à Paris. Sur un léger motif, le peuple avait envahi l'église Saint Germain-l'Auxerrois et l'avait livrée au pillage. De là, il s'était porté contre l'archevêché qu'il avait saccagé et presque réduit à un état de destruction complète. L'archevêque, M. de Quélen, obligé de s'enfuir, dut rester quelque temps caché pour échapper à la fureur de la populace, et pendant trois jours la Seine charria des meubles, des livres précieux, des débris de tout genre arrachés au palais archiépiscopal.

L'année 1832 fut plus effrayante encore, et marquée par de funèbres événements. Un fléau jusqu'alors inconnu dans nos climats fit tout d'un coup irruption dans la capitale qu'il ravagea durant trois mois Le *choléra-morbus*, maladie cruelle contre laquelle étaient impuissants tous les secours de la science, emporta une quantité de victimes. On en compta jusqu'à onze cents par jour. A peine ces ravages avaient-ils cessé que le parti ennemi de la royauté prit les armes. Le sang coula dans les rues de Paris pendant les journées des 5 et 6 juin, et ne s'arrêta que lorsque l'émeute eut été écrasée par la force publique sur les marches de l'église Saint-Merry où s'étaient réfugiés les derniers combattants. Le 14 avril suivant des scènes du même genre se renouvelèrent et amenèrent d'aussi tristes résultats.

Au mois de juillet 1835, un déplorable forfait vint jeter la consternation dans Paris. Le roi avait convoqué la garde nationale et la garnison de la ville pour être passées en revue sur la ligne des boulevards qu'elles occupaient tout entière. Il avait parcouru la plus grande partie de la ligne, suivi des princes et de son état-major; lorsqu'il fut arrivé près de la rue Charlot, une machine infernale dressée dans l'une des maisons du boulevard fit explosion et tua ou blessa quarante personnes, parmi lesquelles se trouva le maréchal Mortier, qui périt aux côtés du roi. Quatre individus saisis à la suite de cette affaire furent mis en jugement devant la chambre des pairs et condamnés, les trois premiers à l'échafaud, le dernier à l'exportation.

Les années suivantes se passèrent dans le repos et le calme. Une seule fois, le 12 mai 1839, un nouveau mouvement du parti républicain éclata de la manière la plus inattendue, et fut refoulé sans avoir produit d'autre résultat que la mort de plusieurs personnes.

Tels sont les faits les plus saillants dont Paris ait été le témoin pendant les dix années qui viennent de s'écouler. Le lecteur comprendra notre extrême brièveté, ou si l'on veut notre sécheresse, sur les faits actuels. C'est à la postérité seule qu'il appartient d'en écrire l'histoire.

CHAPITRE DEUXIÈME.

II. Monuments. — Institutions.

Hôpital et clinique de la Faculté de médecine, place de l'École-de-Médecine. — L'Hôpital de la Faculté a été construit en 1835, sur l'emplacement de l'ancien couvent des Cordeliers. Son entrée, qui a remplacé, comme je l'ai dit, la fontaine à cascade de cette place, est en face le portique de l'école de Médecine. Le péristyle est orné d'une statue d'Esculape montée sur un socle de marbre. L'intérieur de cet hôpital présente au rez-de-chaussée quatre galeries entourant un jardin. Diverses salles contiennent cent quarante lits en fer, soixante-dix pour hommes, soixante-dix pour femmes. Les services sont organisés de manière à offrir aux élèves une instruction pratique. Cet hôpital est parfaitement tenu; rien n'y est négligé sous le rapport des soins que réclament les malades; mais on peut lui reprocher sa construction dans un emplacement trop resserré. Son insalubrité a déjà été plusieurs fois signalée par la nécessité d'en fermer les salles, surtout aux femmes en couches.

Les élèves se livrent aux travaux anatomiques dans plusieurs pavillons élevés en 1834, dans la rue de l'École-de-Médecine, n° 11. On a aussi construit sur ce terrain, dépendant des anciens Cordeliers, plusieurs amphithéâtres pour les cours particuliers.

Jardin de botanique de la Faculté de médecine. — Le prolongement de la rue Racine et la construction de l'hôpital de Clinique ayant enlevé une partie considérable de l'ancien jardin de botanique, le gouvernement concéda à la Faculté, le 4 juillet 1834, la partie est de la pépinière du Luxembourg et les bâtiments qui en dépendent pour y établir un nouveau jardin, qui a été ouvert en 1835, et dont l'entrée se trouve sur la rue d'Enfer.

Musée Dupuytren. — Ce musée d'anatomie pathologique ou morbide a été créé par arrêté de l'Université, le 2 juillet 1835. La fondation de cet utile établissement est due à la munificence de Dupuytren, qui, par son testament, a doté l'école (dont il fut pendant plus de vingt ans l'un des plus illustres professeurs), d'une somme de 200,000 francs pour la création d'une chaire d'anatomie pathologique. Le musée *Dupuytren* est situé dans l'ancien réfectoire des Cordeliers; son entrée principale donne sur la cour de l'école de dissection, dont je viens de parler.

Hospice Villas, rue du Regard, n° 17. — Un honnête commerçant, l'un des fondateurs de l'entrepôt de Bercy, M. de Villas, par son testament, en date du 16 octobre 1832, institua sa légataire universelle l'administration des hospices civils de Paris, à la condition expresse d'établir dans sa maison, rue du Regard, un hospice pour y recevoir des vieillards, hommes et femmes, ayant au moins soixante-dix ans, atteints d'infirmités incurables et inscrits sur le contrôle des pauvres. Le 27 juillet 1835, quinze hommes et quinze femmes, réunissant les conditions imposées par le fondateur, ont été admis dans l'*hospice Villas*.

Colonne de Juillet, place de la Bastille. — Cette colonne de bronze, dont l'inauguration est prochaine, vient d'être élevée pour perpétuer le souvenir de la révolution de 1830. Elle est surmontée d'une statue de la liberté. On lit sur l'une des faces du piédestal : *A la mémoire des citoyens morts pour la défense des lois et de la liberté, dans les glorieuses journées des* 27, 28 *et* 29 *juillet* 1830. Sur les autres faces sont inscrits les noms de ceux qui ont succombé les armes à la main.

Institutions et pensions, Écoles primaires. — Il existe à Paris plus de cent cinquante pensions de garçons et autant de filles. Il y a aussi vingt écoles d'enseignement mutuel, qui reçoivent trois mille élèves. Enfin on compte aujourd'hui dans la capitale cent vingt écoles primaires, vingt-quatre asiles (ou écoles destinées à la première enfance), vingt six classes d'adultes. Ces cent soixante-dix établissements d'instruction primaire reçoivent près de trente-deux mille enfants.

Collége Rollin, rue des Postes, n° 24. — Fondé par M. l'abbé Nicolle, il porta long-temps le nom de *collége Sainte-Barbe*. Au mois de novembre 1830, il reçut le nom de *collége municipal de Rollin* (1). Les bâtiments sont commodes et bien disposés; on n'y reçoit que des pensionnaires. C'est le septième collége de Paris. A la fin de chaque année, des concours généraux sont établis entre les élèves les plus forts de tous les colléges de Paris et de celui de Versailles. Un devoir commun est donné pour chaque classe. Les élèves renfermés dans une des salles de la Sorbonne n'ont à craindre ni fraudes, ni protection, et ne sortent qu'à l'heure fixée. Les prix sont ensuite distribués avec pompe en présence du ministre de l'instruction publique et de tous les membres de l'Université.

Musée du Moyen-Age et de la Renaissance, dans l'aile méridionale du

---

(1) T. III, p. 350.

Louvre, vis-à vis le Pont-des-Arts.—Outre un grand nombre de meubles antiques, il contient la collection des marines de Vernet, la *vie de saint Bruno*, de Lesueur, etc. Il se compose de neuf grandes salles dont les plafonds ont été peints par MM. Alaux, Steuben, Eug. Devéria, Heim, Schnetz, Drolling, Léon Cogniet, Fragonard.

Musée Espagnol. — Ce musée, qui vient d'être établi dans la galerie orientale du Louvre, dite *galerie de la Colonnade*, contient quatre cent cinq tableaux de l'école espagnole, et de quarante-un tableaux de plusieurs maîtres des écoles italienne, allemande et hollandaise.

Musée Naval, au premier étage, dans la partie septentrionale du Louvre. — Ce riche et curieux musée, ouvert il y a trois ans, renferme des modèles de toutes les espèces de bâtiments, des machines à l'usage des vaisseaux, etc. Plusieurs des douze salles de ce musée sont décorées d'un grand nombre de dessins de marine, par Pierre Ozannes, ancien ingénieur.

Obélisque de Luxor ou *Louqsor*, place de la Concorde. — C'est un présent du vice-roi d'Égypte, dont la translation en France, sur un bâtiment construit exprès, joint à tous les frais d'érection, a coûté près de trois millions. Au mois d'avril 1831, ce bâtiment partit pour Alexandrie, sous le commandement de M. de Verninhac Saint-Maur, lieutenant de vaisseau, auquel fut adjoint M. Lebas, ingénieur de la marine, chargé des opérations d'abattage et d'embarquement. Après des travaux et des fatigues sans nombre, M. Lebas parvint à embarquer le monolithe, qui arriva à Paris le 23 décembre 1833. Près de trois ans s'écoulèrent avant qu'on dressât l'obélisque au milieu de la place de la Concorde. Ce temps fut employé à construire les fondations et à préparer le piédestal, qui se compose d'un seul bloc de granit, ayant cinq mètres de haut sur trois de large et pesant à lui seul environ cent mille kilogrammes. Enfin le 25 octobre 1836, au milieu d'un immense concours de spectateurs et en présence de la famille royale, M. Lebas procéda avec le plus grand succès à l'érection de l'obélisque. Ce monolithe décorait à Thèbes le palais de Luxor ou Louqsor. Il a vingt-trois mètres de hauteur et pèse à peu près deux cent cinquante mille kilogrammes. Trois rangées verticales d'hiéroglyphes couvrent ses faces. La rangée du milieu est creusée à la profondeur de quinze centimètres; les deux autres sont à peine taillées. Les cartouches multipliés sur les quatre faces présentent tous le nom et le prénom de Rhamessès ou Sésostris (premier roi de la dix-neuvième dynastie de Manéthon), et contiennent les louanges et le récit de ses travaux. Quoique cet obélisque eût été mieux placé au milieu du Louvre, il contribue à l'embellissement de la place de la Concorde, qui avec ses huit nouvelles statues, ses candélabres et ses deux fontaines, présente aujourd'hui le plus riche et le plus pittoresque coup d'œil.

Théâtre du Palais-Royal (1). — En 1831, M. de Montalivet, ministre de l'intérieur, accorda le privilége d'un nouveau théâtre à MM. Dormeuil et Charles Poirson, qui firent reconstruire par l'architecte Guerchy l'ancienne salle Montansier. L'ouverture eut lieu le 6 juin 1831. C'est l'un des théâtres secondaires les plus aimés du public, quoique le genre de son répertoire soit grivois et fort souvent graveleux.

Théâtre des Folies-Dramatiques, boulevard du Temple, n° 72. — Construit sur l'emplacement de l'ancien Ambigu-Comique par M. Allaux aîné, frère du peintre. L'ouverture eut lieu le 22 janvier 1831. Ce théâtre, qui possède une excellente troupe et un bon répertoire, est fort suivi. C'est là que l'un des comédiens les plus originaux de notre époque, Frédérick Lemaître, a joué la trop fameuse pièce de *Robert-Macaire*.

Théâtre Saint-Antoine, boulevard Beaumarchais. — C'est une petite salle où l'on joue le drame et le vaudeville. Le privilége en fut accordé en 1834 à M. Anténor Joly, qui en fut le premier directeur.

Théâtre du Panthéon, place Saint-Benoît. — En 1832, la petite église de Saint-Benoît fut changée en un théâtre de drame et de vaudeville. La salle est fort petite et n'a rien de remarquable.

Théâtre Saint-Marcel, rue Pascal. — Il a été construit, il y a deux ans, pour la population du faubourg Saint-Marceau. C'est une salle dans le genre des petits théâtres du boulevard. On y joue le drame et le vaudeville.

Théâtre du Gymnase Enfantin, passage de l'Opéra. — Ce théâtre d'enfants, dans le genre du spectacle de M. Comte, a été ouvert en 1831.

Théâtre des Funambules, boulevard du Temple, n° 64. — Ce spectacle, qui existe depuis long-temps, appartenait, comme l'indique son nom, à des danseurs de corde. Depuis 1830, on y joue des vaudevilles et de petits drames; mais le seul attrait de ce théâtre consiste dans des féeries-arlequinades jouées par le pierrot Debureau, à qui un homme d'esprit a donné une grande célébrité.

Théâtre du Petit-Lazzari, même boulevard. — C'était anciennement

(1) Voy. ci-dessus p. 476 et 477.

un spectacle de marionnettes, etc. Depuis 1830, M. Audeville, connu au théâtre sous le nom de Frénoy, y a élevé un petit théâtre de drames et de vaudevilles.

CHAPITRE TROISIEME.

Topographie.

Pont Louis-Philippe. — Il communique du quai de la Cité au port au blé. Sa construction a été terminée dans le mois de mai 1834 ; ce pont suspendu est le premier de la capitale où l'on ait employé les câbles de fil de fer. Les voitures suspendues peuvent seules y passer. Par l'établissement de ce pont, celui de la Cité, situé à une vingtaine de pas, deviendrait en quelque sorte inutile, s'il n'offrait au modeste piéton l'avantage de ne pas payer les cinq centimes que l'on exige sur le pont Louis-Philippe.

Pont du Carrousel, entre le quai Voltaire et le quai du Louvre. — Construit en 1835 par M. Polonceau ; il se compose de trois arches de la plus grande ouverture. Le sol de ce pont est formé d'un cailloutage compacte et solide, et les trottoirs sont en bitume Seyssel. Ce pont est ouvert aux piétons et aux voitures, moyennant péage.

Pont de Bercy, hors de la barrière de la Gare. — Il communique du quai de la Râpée au quai d'Austerlitz. Ce pont repose sur deux arches de pierre qui supportent chacune une arcade ; il sert aux piétons et aux voitures, moyennant péage.

Passerelles et ponceaux. — On a construit, en 1837, pour les piétons, deux passerelles à la pointe orientale de l'île Saint-Louis, l'une allant du quai des Célestins au quai de Béthune, et l'autre du quai de Béthune au quai Saint-Bernard. Les ponts ou *ponceaux* établis sur la Bièvre sont au nombre de six : sur le boulevard des Gobelins, près la barrière de Croulebarbe ; rue Saint-Hippolyte ; rue Mouffetard ; rue du Jardin-des-Plantes ; boulevard et quai de l'Hôpital. Enfin je dois citer les ponts tournants construits sur le canal Saint-Martin.

Egouts. — Le nombre des égouts s'est considérablement accru pendant la période que nous venons de parcourir. En 1830, on évaluait leur étendue à environ quarante mille mètres, dont la dépense peut être estimée, en comptant le mètre à trois cents francs, à la somme de douze millions. La longueur des nouveaux égouts, construits depuis 1830 jusqu'en 1836, est de quarante-un mille mètres, pour lesquels on a dépensé plus de six millions, et depuis cette époque on a exécuté de nouveaux travaux dans divers quartiers de Paris.

Prison de la Dette, rue de Clichy. — C'est un vaste et bel édifice, bien distribué et parfaitement aéré. Depuis 1830 cette prison a remplacé celle de Sainte-Pélagie, qui ne renferme plus, comme je l'ai dit, de détenus pour dettes.

Prison des Jeunes Détenus, dite *prison modèle*, rue de la Roquette, près le cimetière du Père Lachaise. Sa forme est un hexagone; à chaque angle est une tourelle. Au centre s'élève une rotonde où est la chapelle. Six bâtiments de jonction lient les tourelles à la rotonde et divisent la cour en six compartiments égaux. La grande entrée présente un avant-corps et une cour carrée. Le côté opposé a une disposition semblable. Les bâtiments ont trois étages. Ce magnifique établissement, l'un des plus curieux de ce genre, est dû à M. H. Le Bas, architecte. On y renferme les jeunes garçons détenus par autorité de justice ou sur la réquisition de leurs parents.

Dépôt des condamnés, rue de la Roquette. — Cette prison, construite par M. Gau, et qui a coûté plus d'un million, remplace le dépôt de Bicêtre, dont les bâtiments ont été rendus à l'hospice de la vieillesse (hommes) et des aliénés. On y renferme provisoirement les condamnés jusqu'à ce qu'ils soient envoyés aux bagnes ou dans les maisons centrales de réclusion. Cette prison se compose d'un bâtiment carré à quatre étages, au centre duquel est un vaste préau, et dont le rez-de-chaussée est occupé sur deux de ses faces par des ateliers et des promenoirs couverts. Les malades sont traités dans une infirmerie placée à la suite du bâtiment principal et séparée de ce bâtiment par la chapelle.

Nouvelle maison d'arrêt, place de l'hôpital de la Salpêtrière. — Le plan de cette prison, qui doit remplacer l'ancienne prison de la Force, est dû à MM. Lecointe et Gilbert aîné, imprimeurs. Cet immense bâtiment, qui pourra renfermer environ mille trois cents détenus, n'est point encore terminé.

Réservoirs, rue Neuve-Racine. — Ces réservoirs pour les eaux de l'Ourcq ont été commencés en 1836, et viennent seulement d'être achevés. Ils contiennent près de six mille mètres cubes d'eau. Le terrain sur lequel ils sont placés se trouvait anciennement contre l'enceinte de Philippe-Auguste. L'architecture de cet édifice est fort simple et n'a rien de monumental.

CHAPITRE QUATRIEME.

ÉTAT DES LETTRES, SCIENCES, ARTS ET INDUSTRIE A PARIS
DEPUIS 1830.

Si pour l'époque de l'empire et de la restauration nous nous sommes interdit les appréciations littéraires, nous devons être à présent plus sévères que jamais sur ce point et présenter le tableau le plus succinct possible des littérateurs et des artistes qui, depuis 1830, se sont illustrés à Paris. Il nous suffira de nommer MM. de Chateaubriand, Béranger, Vict. Hugo, A. de Vigny, de La Mennais, de Lamartine, C. Delavigne, Guizot, Étienne, Villemain, Thiers, Mignet, Lebrun, Nodier, Scribe, Viennet, Michelet, Rossi. MM. Alex. Dumas, Balzac, J. Janin, madame G. Sand, Soulié, Drouineau, Alph. Karr, de Musset, Gozlan, Barthélemy, Méry, Ém. Deschamps, Aug. Barbier, Brazier, Dumersan, Duvert, Carmouche, Lausanne, romanciers, poëtes et auteurs dramatiques. Dans nos différentes écoles artistiques brillent les noms de MM. Delaroche, Ingres, Ary et Henry Scheffer, H. Vernet, Delacroix, L. Coignet, Steuben, Cl. Boulanger, Ziégler, Flandrin, Charlet, Descamps, Duval Le Camus, Bellangé, Couder, Johannot, Jacquand, Destouches, Amaury Duval, Champmartin, Dubufe, Gudin, E. Lepoitevin, Biart, Cabat, Bracassat, Giroux, Isabey, Raffet, Roqueplan (peinture); Cicéri, Cambon, Filastre, Daguerre, Langlois (décoration et panoramas); Richomme, Tardieu, Calamatta, Mercuri, Lallemand, Jazet, Lemaître, Hopwood, Porret, Thompson (gravure); Bosio, Pradier, Gayrard, Seurre, Triquety, Barre, Elshoect, Barye, Fratin, Mène, Dantan (sculpture); Rossini, Meyerbeer, Ad. Adam, Halevy, Carafa, Donizetti, Pastou, Monpou, Panseron, Mainzer, Dupré, Levasseur, Rubini, mesdames Loïsa Puget, Falcon, Grisi, Damoreau (musique).

Favorisée par les nouvelles institutions politiques, par les efforts du gouvernement secondé par les esprits les plus éclairés et par le vœu général, l'industrie parisienne prend, depuis 1830, une extension immense. Ce progrès développe des effets prodigieux, qui se manifestent surtout dans la richesse et la beauté des monuments publics et dans le luxe admirable des édifices particuliers.

FIN DU QUATRIÈME VOLUME.

TABLE DES MATIÈRES

CONTENUES DANS CE VOLUME.

NEUVIÈME ÉPOQUE.
PARIS SOUS LOUIS XIII.
(1610-1643).
(Suite.)

	Pages.
Chap. I. Faits généraux (suite).	1
Chap. II. Monuments. Institutions.	35
Les Carmes déchaussés.	ib.
Noviciat des jésuites.	37
Minimes de la place Royale.	38
Prêtres de la mission.	41
Ursulines, rue Saint-Jacques.	42
Ursulines, rue Sainte-Avoye.	44
Eglise des Prêtres de l'Oratoire.	ib.
Bénédictines de la Ville-l'Évêque.	47
Jacobins, rue Saint-Honoré	48
Jacobins, faubourg Saint-Germain	51
Les Filles de la Madeleine ou Madelonnettes.	52
Palais du Luxembourg.	53
Petit Luxembourg.	59
Filles de la Visitation Sainte-Marie, rue Saint-Antoine.	ib.
— rue Saint-Jacques.	61
Bénédictins anglais.	ib.
Bénédictines anglaises ou Filles anglaises.	63
Filles du Calvaire, rue de Vaugirard.	ib.
— au Marais.	65
Annonciades célestes ou Filles bleues.	ib.
Annonciades des Dix Vertus.	67
Couvent des Annonciades du Saint-Esprit, aujourd'hui église Saint-Ambroise.	ib.
Notre-Dame de l'Annonciade.	68
Hôpital Notre-Dame de la Miséricorde ou des Cent Filles.	ib.
Les prêtres de la Doctrine chrétienne.	69
Religieuses du Saint-Sacrement.	70
Augustins déchaussés ou Petits-Pères, et église Notre-Dame-des-Victoires.	71
Abbaye de Port-Royal.	74
Hospitalières de la Charité Notre-Dame.	77
Hospitalières de la Roquette.	ib.
Séminaire de Saint-Nicolas-du-Chardonnet.	78
Séminaire des Trente-Trois.	79
Saint-Roch.	80
Filles de Saint-Thomas-d'Aquin.	85
Prieuré de Notre-Dame de Consolation ou du Cherche-Midi.	86
Chanoinesses du Saint-Sépulcre.	87
Hospice des Incurables.	88
Filles du précieux sang.	ib.
Petites Cordelières.	89
Filles de la Croix.	ib.
Filles de Saint-Joseph ou de la Providence.	90
Chanoinesses de Notre-Dame de Lépante et de St-Joseph.	91
Bénédictines de Notre-Dame-de-Liesse.	ib.
Religieuses de Fervaques.	92
Académie française.	ib.
Jardin royal des Plantes.	95
Hôpital des Convalescents.	101
Eglise Sainte-Marguerite.	102
Chapelle Saint-Joseph.	103
Capucins, faubourg Saint-Jacques.	104
Capucins du Marais et église Saint-François-d'Assise.	ib.
Feuillants de la rue d'Enfer.	105
Pères de Nazareth.	ib.
Religieuses de Sainte-Élisa-	

TABLE DES MATIÈRES.

	pages		pages
beth et église de Sainte-Élisabeth.	106	Nettoyage des rues et payage de la ville.	144
Nouveaux convertis.	107	Marché aux chevaux.	145
Nouvelles catholiques.	ib.	Cours la Reine.	ib.
Sœurs de la Charité.	108	Quai Malaquais.	146
Religieuses de Notre-Dame-des-Prés.	109	— de Grèves.	ib.
Carmélites du Marais.	110	— d'Anjou.	147
Feuillantines.	ib.	— de Bourbon.	ib.
Religieuses de l'Assomption et église paroissiale de la Madeleine.	111	— de Béthune.	ib.
		— d'Orléans.	ib.
		Pont Marie.	ib.
Palais-Royal.	114	— de la Tournelle.	ib.
Imprimerie Royale.	119	— Rouge.	148
Couvent et église du Val-de-Grâce.	124	— Barbier.	ib.
		— Saint-Charles.	149
Académie pour la noblesse.	128	— au Double.	ib.
Filles de la Conception.	ib.	Fontaine de la Grève.	ib.
Notre-Dame de Sion.	ib.	— Saint-Séverin.	150
Bureau des domestiques.	129	— des Tournelles.	ib.
Manufacture royale des glaces	130	— du Regard - Saint-Maur.	ib.
Filles de l'Immaculé Conception ou Récollettes.	ib.	— du Chaume.	ib.
		— Sainte-Geneviève.	ib.
Maison de Scipion.	131	— du collége de Navarre.	ib.
Hôpital de Notre-Dame-de-Pitié.	ib.	Château d'eau de l'Observatoire.	149 et 150
Chambre de justice à l'Arsenal.	132	Hôtel de Condé.	150
Chambre du domaine.	ib.	— de Boullion.	151
Théâtres.		— de Royaumont.	ib.
Théâtre d'Avenet.	134	— de Lully.	ib.
— du Palais-Royal.	ib.	— de Nivernais.	ib.
— de l'Estrapade.	135	— de Toulouse.	ib.
— de Marionnettes.	137	Chap. IV. État des lettres, des sciences, des arts, du commerce et de l'industrie à Paris, sous le règne de Louis XIII.	152
— de Tabarin.	138		
Saint-Louis en l'île.	138		
Chap. III. Topographie.	139		
Fossés de la ville. Nouvelle enceinte.	ib.	I. Lettres. Sciences.	ib.
		III Beaux-Arts.	160
		III. Industrie. Commerce.	163

DIXIEME ÉPOQUE.

PARIS SOUS LOUIS XIV.

1643-1715.

Chap. I. Faits généraux.	166	Filles de la Providence.	216
Chap. II. Monuments. Institutions.	204	Bibliothèque du roi.	217
Hôtel royal des Invalides.	ib.	Collége Mazarin ou des Quatre-Nations.	222
Hôpital-Général dit la Salpêtrière.	208	Bibliothèque Mazarine.	242
Théatins.	213	Académie royale des inscriptions et belles-lettres.	226
Filles de la Congrégation de Notre-Dame.	214	— des sciences.	227
Communauté des Frères cordonniers.	215	— de peinture et sculpture.	228
		— d'architecture.	229

TABLE DES MATIÈRES.

	pages.
Observatoire.	ib.
Manufacture royale des Gobelins.	232
Religieuses de la Présentation de Notre-Dame.	234
Hospitalières de la Miséricorde de Jésus dites de Saint-Julien et de Sainte-Basilisse.	235
Filles de Sainte-Geneviève, rue Clovis.	236
Séminaire des prêtres irlandais.	ib.
— des clercs irlandais.	237
Filles de Sainte-Agathe ou du Silence.	238
Prêtres de Saint-François-de-Sales.	ib.
Filles du Saint-Sacrement.	239
Miramiones.	240
Filles de la Société de la Croix	241
— de la Croix.	ib.
Institution ou noviciat de l'Oratoire.	242
Prémontrés réformés.	243
Séminaire et église des Missions étrangères.	244
Abbaye-aux-Bois.	246
Frères des Écoles chrétiennes.	247
Séminaire Saint-Sulpice.	248
— Anglais.	249
— du Saint-Esprit.	ib.
— de St-Pierre et St-Louis.	250
Congrégation de Jésus et Marie ou Eudistes.	251
Hospice des Cordeliers de la Terre-Sainte.	252
Foire Saint-Laurent.	ib.
— Saint-Ovide.	254
Filles de Notre-Dame de la Miséricorde.	255
Notre-Dame de Panthemont.	256
Filles de Sainte-Marguerite et de Notre-Dame des Vertus.	ib.
Filles de l'instruction chrétienne.	257
— de la Visitation à Chaillot.	ib.
— — rue du Bac.	ib.
— de Notre-Dame-de-Bons-Secours.	258
— de la Congrégation de la Croix.	ib.
Institutions de Sainte-Perrine ou de Sainte-Geneviève.	ib.
Filles de la Madeleine de Trainel.	259

	pages.
Filles du Saint-Sacrement et église Saint-Denis du Saint-Sacrement.	ib.
Religieuses anglaises, faubourg Saint-Antoine.	260
Sainte-Pélagie, communauté religieuse.	261
Filles du Bon-Pasteur.	ib.
— de Saint-Thomas-de-Villeneuve.	262
— de Sainte-Valère ou église de Ste-Valère.	ib.
Communautés supprimées.	ib.
Chapelle des Porcherons.	263
Saint-Pierre de Chaillot.	ib.
Chapelle Sainte-Anne.	264
Hôpital des Enfants trouvés, faubourg Saint-Antoine.	ib.
Hôpital des Enfants trouvés, parvis Notre-Dame.	266
Sainte-Madeleine de la Ville-l'Evêque.	ib.
Bibliothèque des avocats.	267
Comédie française.	268
Opéra ou Académie royale de musique et de danse.	271
Théâtres d'Enfants.	277
CHAP. III. Topographie.	279
Pont royal.	282
— de Grammont.	ib.
— aux Choux ou St-Louis.	ib.
Quai d'Orsay.	ib.
— Pelletier.	280 et 282
— des Théatins.	283
Place du Carrousel.	ib.
— des Victoires.	ib.
— Vendôme.	285
Champs-Elysées.	286
Porte Saint-Denis.	289
— Saint-Martin.	id.
— Saint-Antoine.	290
Arc de triomphe du faubourg Saint-Antoine.	292
Porte Saint-Bernard.	ib.
— de la Conférence.	ib.
— Richelieu.	ib.
— Saint-Louis.	ib.
Cimetière des Protestants.	293
Pompe du pont Notre-Dame.	ib.
Fontaine de la place Saint-Michel.	294
— des Cordeliers.	ib.
— des Capucins-St-Honoré.	ib.
— des Carmélites.	295
— d'Alexandre, ou de la Brosse ou de St-Victor.	ib.

TABLE DES MATIÈRES.

	pages.		pages.
Fontaine d'Antin ou de Louis-le-Grand.	ib.	Cour des Miracles.	300
— Desmarets ou de Montmorency.	ib.	Principaux hôtels.	
		Hôtel d'Antin, puis de Richelieu.	303
— Garancière.	296	— d'Aumont.	ib.
— Sainte-Avoye.	ib.	— de Bouillon.	ib.
— Basfroid.	ib.	— de Broglie.	ib.
— de St-Benoît ou du Collége de France.	ib.	— Mazarin.	304
		— de Longueville.	ib.
— Boucherat ou de l'égout du Marais.	297	— de Pontchartrain.	ib.
		— de Rambouillet.	ib.
— de la Charité.	ib.	— Lambert.	305
— de Charonne ou de Trogneux.	ib.	— des Ternes.	306
		— de Mesmes.	307
— Colbert.	ib.	— des Mousquetaires gris.	ib.
— de l'Echaudé.	ib.	— des Mousquetaires noirs.	308
— Saint-Martin.	ib.	Juridictions particulières à Paris.	308
— des Carmes.	298	
— et regard du Paradis	ib.	Population.	ib.
— des Petits-Pères.	ib.	Chap. IV. État des lettres, des sciences, des arts, du commerce et de l'industrie à Paris, sous le règne de Louis XIV.	309
— du Pot-de-Fer.	ib.		
— de Richelieu.	ib.		
— royale ou Joyeuse, de Saint-Louis.	ib.	I. Lettres. Sciences.	ib.
Lanternes.	ib.	II. Beaux-Arts.	344
Pompes à incendies. Sapeurs-pompiers.	299	III. Industrie. Commerce.	351

ONZIÈME ÉPOQUE.

PARIS SOUS LOUIS XV.

(1715-1774).

Chap. I. Faits généraux.	357	Théâtre royal de l'Opéra-Comique.	383
Chap. II. Monuments. Institutions.	366	— de l'Ambigu-Comique.	384
Filles de Sainte-Marthe.	ib.	— de Nicolet, aujourd'hui théâtre de la Gaité.	386
— de Saint-Michel.	ib.	
Orphelines du Saint-Enfant-Jésus.	ib.	— des Associés, depuis théâde Mme Saqui, et aujourd'hui théâtre Dorsay.	387
Filles de l'Enfant-Jésus ou filles du curé de St-Sulpice.	367	— de Gaudon.	ib.
Saint-Pierre du Gros-Caillou.	ib.	Spectacle de Servandoni. — Waux-hall de Torré.—Spectacle de Ruggieri.—Waux-hall d'hiver de la foire St-Germain.—Joûtes sur l'eau. —Concert spirituel. - Théâtres bourgeois ou de Société.	ib.
Saint-Philippe-du-Roule.	ib.		
Hôtel des Monnaies.	368		
Hôpital militaire du Gros-Caillou.	372		
Garde-meuble de la couronne.	ib.		
Ecole royale militaire.	374		
Académie de chirurgie.	377		
École royale gratuite de dessin pour les jeunes gens.	378	Colysée.	389
Autre pour les jeunes filles.	ib.	Petite poste.	390
École des arts, rue de la Harpe.	378	Exposition publique de tableaux au musée du Louvre.	ib.
Académies d'armes, de danse et d'écriture.	ib.	Chap. III. Topographie.	391
Ecole de droit.	379	Gare.	392
Comédie italienne.	382	Champ-de-Mars.	ib.

T. IV. 41

TABLE DES MATIÈRES

	pages		pages
Place Louis XV.	395	Fontaine du Palais-Royal.	398
Marché d'Aguesseau.	396	Hôtel des Menus-Plaisirs.	ib.
— de l'abbaye St-Martin.	ib.	— Guimard.	399
Halle aux veaux.	ib.	— de Belle-Isle.	ib.
— au blé	ib.	— de Matignan.	ib.
— aux farines.	ib.	— de Montmorency.	ib.
Fontaine de la rue de Grenelle-Saint-Germain.	397	— d'Uzès.	ib.
		Population.	ib.
— de l'abbaye St-Germain-des-Prés.	ib.	Chap. IV. État des lettres, des sciences, des arts, du commerce et de l'industrie à Paris, sous le règne de Louis XV.	
— des Blancs-Manteaux.	ib.		
— des Enfants trouvés, parvis Notre-Dame.	398	I. Lettres. Sciences.	400
— du Diable ou de l'Echelle.	ib.	II. Beaux-Arts.	422
— du marché Saint-Martin.	ib.	III. Industrie. Commerce.	425

DOUZIÈME ÉPOQUE.

PARIS SOUS LOUIS XVI.

1774-1793.

Chap. I. Faits généraux.	428	Société libre d'émulation.	468
Chap. II. Monuments. Institutions.	452	— philanthropique.	ib.
Église Sainte-Geneviève, aujourd'hui Panthéon.	ib.	— royale de médecine.	ib.
		Maisons de jeu.	ib.
Couvent des Capucins de la Chaussée-d'Antin, et église Saint-Louis-d'Antin.	455	Clubs et sociétés politiques.	469
		Théâtre royal de l'Odéon.	470
		Théâtre français.	471
Chapelle Beaujon ou Saint-Nicolas-du-Roule.	456	— Feydeau.	472
		— Favart.	ib.
Hospice Beaujon.	ib.	— de l'Opéra, aujourd'hui de la Porte Saint-Martin.	ib.
Municipalité de Paris.	457		
École royale des Ponts et chaussées.	458	— du Vaudeville.	473
		— Louvois.	ib.
— de minéralogie docimastique.	ib.	— Molière.	474
		— du Cirque-Olympique.	ib.
— royale des mines, de médecine et de chirurgie.	459	— de la Cité.	ib.
		— des Menus-Plaisirs.	475
— royale de chant et de déclamation.	460	— du Cirque du Palais-Royal.	ib.
— ou institution des sourds-muets.	461	— des Délassements comiques.	ib.
		— de Lazzari.	ib.
— ou institution des jeunes aveugles.	462	— des Variétés amusantes ou des Jeunes-Artistes.	476
Hospice Necker.	ib.		
— Cochin.	463	— Beaujolais, depuis Montansier.	ib.
— des vénériens.	ib.		
Maison de retraite ou de santé, aujourd'hui hospice de La Rochefoucauld.	ib.	Wauxhall d'été, Wauxhall de la rue de Chartres, Redoute chinoise, Combat du taureau, etc.	477
Hospice Saint-Merry.	ib.		
Mont-de-Piété.	464	Chap. III. Topographie.	ib.
Loterie royale de France.	465	Mur d'enceinte. Barrières.	ib.
Société royale d'agriculture.	ib.	Divisions municipales. Districts, sections, arrondissements.	481
Athénée.	467		
Bureau des nourrices.	ib.		

TABLE DES MATIÈRES.

	pages.		pages.
Porte Saint-Martin.	482	Pompe à feu du Gros-Caillou.	484
Marché des Innocents.	ib.	Pont Louis XVI.	485
— et place Sainte-Catherine.	ib.	Population.	ib.
— Boulainvillier.	ib.	Chap. IV. État des lettres, des sciences, des arts, du commerce et de l'industrie à Paris, sous le règne de Louis XVI.	
— Beauvau.	483		
Halle aux Draps et Toiles.	ib.		
— aux Cuirs.	483		
— à la Marée.	ib.	I. Lettres. Sciences.	486
— aux Poissons en détail.	ib.	II. Beaux-arts.	487
Pompe à feu de Chaillot.	484	III. Industrie. Commerce.	488

TREIZIÈME ÉPOQUE.
PARIS SOUS LA RÉPUBLIQUE.
1793-1804.

Chap. I. Faits généraux.	489	Bureau des Longitudes.	549
Chap. II. Monuments. Institutions.	522	Musée royal du Louvre.	ib.
Palais de la Légion-d'Honneur.	526	Galerie des Antiques ou de Sculptures.	ib.
Administration civile, préfecture de la Seine, maires, etc.	ib.	Exposition publique des produits de l'industrie française.	ib.
Préfecture de police.	527		
Archives nationales.	530	Octroi.	550
Institut.	534	Théâtre de l'Opéra.	ib.
École Polytechnique.	537	— des Troubadours	ib.
— Normale.	540	— des Jeunes-Élèves.	551
Conservatoire des Arts et Métiers.	ib.	— Olympique.	ib.
		— des Victoires national. s.	ib.
Musée des Monuments Français.	542	Chap. III. Topographie.	552
Bibliothèque de l'Arsenal.	543	Quai des Invalides.	ib.
— Sainte-Geneviève.	544	— Desaix.	ib.
Administration des lignes télégraphiques.	ib.	— Napoléon ou de la Cité.	ib.
		Pont de la Cité.	ib.
Administration générale des hôpitaux et hospices civils.	545	— des Arts.	553
		Marché Saint-Joseph.	ib.
Hôpital Saint-Antoine.	546	Place du Châtelet.	ib.
— des Enfants malades.	ib.	Cour Batave.	ib.
— ou maison d'accouchement.	ib.	Fontaine de la cour Batave	ib.
		— de Desaix.	ib.
Maison royale de Santé.	547	Canal de l'Ourcq.	554
Clinique interne.	ib.	Population.	ib.
Hospice des Incurables, hommes.	ib.	Chap. IV. État des lettres, des sciences, des arts, du commerce et de l'industrie à Paris, sous la République.	555
Clinique de l'École de Médecine.	ib.		
Hospice de Sainte-Périne ou des Vieillards.	ib.	I. Lettres. Sciences.	555
		II. Beaux-arts.	556
Hôpital militaire du Val-de-Grâce.	558	III. Industrie. Commerce.	ib.

QUATORZIÈME ÉPOQUE.
PARIS SOUS L'EMPIRE.
1804-1814.

Chap. I. Faits généraux.	558	La Bourse.	566
Chap. II. Monuments. Institutions.	566	Arc de Triomphe du Carrousel.	568

TABLE DES MATIERES.

	pages.
Colonne de la place Vendôme.	569
Eglise de la Madeleine.	570
Arc de Triomphe de l'Étoile.	573
La Morgue.	576
Académie de Paris.	577
Lycées impériaux.	578
Nouvelle organisation judiciaire. — Cour des Comptes. Cour impériale. — Cour de Cassation. — Tribunal de première instance. — Tribunal de Commerce. — Tribunaux de Paix. — Tribunal de Police municipale.	579
Banque de France.	580
Hospice des Orphelins.	581
Maison de Santé pour les maladies syphilitiques.	ib.
Musée du Luxembourg.	ib.
— d'Artillerie.	582
Théâtre des Variétés.	ib.
Chap. III. Topographie.	583
Marché Saint-Martin.	ib.
Marché des Carmes.	ib.
— à la Volaille et au Gibier.	ib.
— aux Fleurs et aux Arbustes.	584
Saint-Germain.	ib.
— des Jacobins ou Saint-Honoré.	ib.
— aux Pommes de terre et Oignons.	ib.
Halle à la Viande.	585
Marché Saint-Jacques-la-Boucherie.	ib.
Linge (Halle au vieux).	ib.
Marché des Blancs-Manteaux.	ib.
Grenier de Réserve.	ib.
Entrepôt des Vins et Eaux-de-vie.	ib.
Laines (dépôt des).	586
Pont d'Iéna.	ib.
— d'Austerlitz.	587
Abattoirs.	ib.
Abattoir de Villejuif.	ib.
— de Grenelle.	ib.
— du Roule.	588
— de Montmartre ou de Rochechouart.	ib.
— de Popincourt ou de Ménilmontant.	ib.
Quai Morland.	ib.
— Catinat ou de l'Archevêché.	ib.
— Saint-Michel.	ib.
— nouveau de la Tournelle.	ib.
Catacombes.	ib.

	pages.
Cimetières.	591
Cimetière de Vaugirard.	ib.
— du Mont-Parnasse.	ib.
— Sainte-Catherine.	ib.
— de Mont-Louis ou du Père-Lachaise.	ib.
— de Montmartre.	592
Port de la Rapée.	ib.
— d'Orsay.	ib.
Fontaines.	ib.
Fontaine de l'École.	ib.
— du Gros-Caillou.	ib.
— du Palmier.	ib.
— du Ponceau.	593
— de Popincourt.	ib.
— de Sèvres.	ib.
— de Vaugirard.	ib.
— de la place de l'École de Médecine.	594
— de la pointe Saint-Eustache.	ib.
Fontaines du Marché-aux-Fleurs.	ib.
Fontaine du Marché-Sainte-Catherine.	ib.
Fontaines du Collége Bourbon.	ib.
Fontaine Saint-Antoine.	595
Fontaine des Blancs-Manteaux.	ib.
— du palais de l'Institut.	ib.
— du marché Beauvau.	ib.
— du marché aux Chevaux.	ib.
— des Incurables.	ib.
— de la place du Parvis Notre-Dame.	596
— du marché St.-Germain.	ib.
— de la Boucherie-Saint-Germain.	ib.
— du marché de la place Maubert.	ib.
— de la place Maubert.	ib.
— du marché Saint-Martin.	597
— des Invalides.	ib.
Château-d'eau de Bondy.	ib.
Fontaine de l'Éléphant.	ib.
Bassin de la Villette.	ib.
Canal Saint-Martin.	598
Gare de l'Arsenal.	599
Égouts.	ib.
Prisons.	ib.
Prison de la Grande-Force.	ib.
— de la Petite-Force.	ib.
— de Sainte-Pélagie.	600
Les Madelonnettes.	ib.
Prison de l'Abbaye.	ib.
— de Saint-Lazare.	ib.

TABLE DES MATIERES. 645

	pages		pages
Prison de Montaigu.	601	CHAP. III. État des lettres, des sciences, des arts, du commerce et de l'industrie à Paris sous l'empire.	603
Hôtel Bazancourt.	ib.		
Numérotage des rues.	602		
Population.	ib.		

QUINZIÈME ÉPOQUE.
PARIS SOUS LA RESTAURATION.
1814-1830.

CHAP. I. Faits généraux.	606	Collége Sainte-Barbe.	622
CHAP. II. Monuments. Institution.	611	Musée Charles X.	ib.
Notre-Dame de-Lorette.	ib.	Bibliothèque de la ville.	623
Chapelle expiatoire.	616	Salle de l'Opéra.	ib.
Séminaire Saint-Sulpice.	ib.	Théâtre du Gymnase dramatique.	ib.
Église Saint-Vincent-de-Paul.	ib.		
Église Saint-Denis-du-Saint-Sacrement.	617	— Ventadour.	624
		— du Panorama dramatique.	ib.
Palais du quai d'Orsay.	ib.	— des Nouveautés.	ib.
Amphithéâtre d'anatomie.	ib.	— des Jeunes-Élèves de M. Comte.	ib.
Hospice d'Enghien.	ib.		
— Leprince.	ib.	— du Luxembourg.	625
Infirmerie de Marie-Thérèse.	ib.	CHAP. III. Topographie.	
Maison de refuge et de travail pour l'extinction de la mendicité.	ib.	Marché à la Marée.	ib.
		Fontaine de la Halle à la Marée.	ib.
		Pont des Champs-Élysées ou des Invalides.	ib.
École royale et spéciale des Beaux-Arts.	618	— de Grammont.	ib.
— des Chartes.	620	— de l'Archevêché.	ib.
Institution royale de musique classique.	ib.	— d'Arcole.	626
		Maison de François Ier.	ib.
Académie royale de Médecine.	ib.	CHAP. IV. État des lettres, sciences, arts, commerce et industrie à Paris sous la restauration.	ib.
Collége royal de Saint-Louis.	622		
— Stanislas.	ib.		

SEIZIÈME ÉPOQUE.
PARIS SOUS LOUIS-PHILIPPE I.
1830-1840.

CHAP. I. Faits généraux.	629	Théâtre Saint-Antoine.	634
CHAP. II. Monuments. Institutions.		— du Panthéon.	ib.
Hôpital et Clinique de la Faculté de Médecine.	631	— Saint-Marcel.	ib.
		— du Gymnase-Enfantin.	634
Jardin botanique de la Faculté de Médecine.	ib.	— des Funambules.	ib.
		— du Petit-Lazari.	ib.
Musée Dupuytren.	ib.	CHAP. III. Topographie.	
Hospice Villas.	632	Pont Louis-Philippe.	635
Colonne de Juillet.	ib.	— du Carrousel.	ib.
Institutions et pensions, écoles primaires.	ib.	— de Bercy.	ib.
		Passerelles et ponceaux.	ib.
Collége Rollin.	ib.	Égouts.	ib.
Musée du Moyen âge et de la Renaissance.	ib.	Prison de la Dette.	636
		— des Jeunes-Détenus.	ib.
— Espagnol.	633.	Dépôt des condamnés.	ib.
— Naval.	ib.	Nouvelle maison d'arrêt.	ib.
Obélisque de Luxor ou Louqsor.	ib.	Réservoirs.	ib.
		CHAP. IV. État des lettres, sciences, arts et industrie à Paris, depuis 1830.	637
Théâtre du Palais-Royal.	634		
— des Folies dramatiques.	ib.		

FIN DE LA TABLE DU QUATRIÈME VOLUME.

www.ingramcontent.com/pod-product-compliance
Lightning Source LLC
Chambersburg PA
CBHW061951300426
44117CB00010B/1299